Hinweise für das
Anbringen von Verkehrszeichen
und Verkehrseinrichtungen

HAV

Verkehrstechnischer Kommentar

Hinweise für das Anbringen von Verkehrszeichen und Verkehrseinrichtungen

HAV

Verkehrstechnischer Kommentar

Begründet von Prof. Dr.-Ing. Siegfried Giesa, Wiesbaden
Fortgeführt von Dipl.-Ing. Matthias Burger, Frankfurt
Prof. Dr.-Ing. J. Stefan Bald, Darmstadt
Dipl.-Ing. Katja Stumpf, Neuberg

14. Auflage

KIRSCHBAUM VERLAG BONN

PAKT FÜR
**VERKEHRS-
SICHERHEIT**

ISBN 978-3-7812-2025-6
© Kirschbaum Verlag GmbH, Fachverlag für Verkehr und Technik
Siegfriedstraße 28, 53179 Bonn
Telefon +49 (0)228 95453-0 · Internet www.kirschbaum.de

Satz und Lithographie: mom-digital.de
Druck: johnen-druck GmbH & Co. KG, Industriegebiet Bornwiese 5, 54470 Bernkastel-Kues
Titelbild: stock.adobe.com
Mai 2025 · Redaktioneller Stand: April 2025 · Best.-Nr. 2025

Vorbemerkung

Die „Hinweise für das Anbringen von Verkehrszeichen und Verkehrseinrichtungen – HAV" basieren auf einem Entwurf, den seinerzeit der Hessische Minister für Wirtschaft und Verkehr unter Mitwirkung des Hessischen Ministers des Innern erstellt hat, um die in der VwV-StVO von den obersten Landesbehörden geforderten gleichen Maßstäbe für Verkehrsschauen festzulegen.

Dieser Entwurf wurde im Arbeitsausschuss „Verkehrszeichen und Verkehrseinrichtungen" der Forschungsgesellschaft für Straßen- und Verkehrswesen unter Leitung von Professor Dr.-Ing. Siegfried Giesa beraten und verabschiedet. Seitdem wurden die HAV ständig fortgeschrieben und dem Stand der rechtlichen und technischen Entwicklung angepasst.

Vorwort zur 14. Auflage

Die 14. Auflage der „Hinweise für das Anbringen von Verkehrszeichen und Verkehrseinrichtungen – HAV" wurde entsprechend den aktuellen Entwicklungen fortgeschrieben. Sie beruht wie die Vorgängerauflagen im Wesentlichen auf den Bestimmungen der Straßenverkehrs-Ordnung (StVO; konstitutive Neufassung vom 6.3.2013) und der Allgemeinen Verwaltungsvorschrift zur Straßenverkehrs-Ordnung (VwV-StVO; vom 26.1.2001). Die letzten inhaltlich berücksichtigten Änderungen sind bei der StVO vom 11.12.2024 (BGBl. 2024 I Nr. 411), bei der VwV-StVO vom 3.4.2025 (BAnz AT 9.4.2025 B2). Die am 10.3.2025 veröffentlichten VwV-StVO-Änderungen bezüglich Großraum- und Schwerlastverkehr treten zum 1.7.2025 in Kraft. Auch sie wurden bereits eingearbeitet. Darüber hinaus wurden alle verfügbaren und für relevant erachteten bundeseinheitlichen Rundschreiben, Erlasse und sonstige Informationen, die das Anbringen von Verkehrszeichen und Verkehrseinrichtungen betreffen, berücksichtigt, einheitlich und zusammenfassend dargestellt und kommentiert. Wegen der teilweise unterschiedlichen Regelungen in den einzelnen Bundesländern kann auf landesspezifische Regelungen nur im Ausnahmefall eingegangen werden, z. B. wenn in einem Bundesland Regelungen von allgemeinem Interesse bestehen.

Die HAV sind damit ein verkehrstechnischer Kommentar der Gesetze, Vorschriften und Erlasse, die das Anbringen von Verkehrszeichen und Verkehrseinrichtungen behandeln. Sie vermitteln zudem Anregungen und Empfehlungen, die sich aus der Praxis ergeben. Dadurch soll erreicht werden, dass das Anbringen der Zeichen und Einrichtungen nach gleichen Maßstäben und einheitlichen Einsatzkriterien erfolgt.

Die Überarbeitung zur vorliegenden 14. Auflage geht vertieft auf die Fragestellungen ein, die sich aus der Umsetzung der zweiten Schilderwaldnovelle 2009/13 ergeben können. Hervorzuheben sind hier

- die Änderung vom 26.9.2015, mit der die Möglichkeit zur Bevorrechtigung elektrisch betriebener Fahrzeuge durch Verkehrszeichenregelungen eingeführt wurde,
- die Änderung vom 14.12.2016, mit der die Anordnung von Tempo 30 auf innerörtlichen Hauptverkehrsstraßen sowie der Benutzungspflicht auf Sonderwegen außerhalb geschlossener Ortschaften erleichtert und ein Sinnbild für E-Bikes eingeführt wurde,
- die Änderung vom 19.10.2017, mit der die Möglichkeit der Anordnung von Beschränkungen oder Verboten auf einzelnen Fahrstreifen durch Anbringung von Vorschriftzeichen auf Fahrstreifentafeln eröffnet wurde,
- die Änderung vom 28.4.2020, mit der u. a. mehrere Sinnbilder neu aufgenommen sowie die Verkehrszeichen „Fahrradzone", „Verbot des Überholens von einspurigen Fahrzeugen durch mehrspurige Kraftfahrzeuge und Krafträder mit Beiwagen", „Parkraumbewirtschaftungszone" und „Radschnellweg" eingeführt worden sind.
- Auf die Änderung vom 11.12.2024, die u. a. neue Ermächtigungen zur Anordnung von Beschränkungen und Verboten zum Umwelt-, Klima- und Gesundheitsschutz eingeführt und

erneut die Anordnung von Tempo 30 auf Hauptverkehrsstraßen erleichtert hat, wird jedoch nur am Rande eingegangen. Hier bleibt zunächst abzuwarten, wie diese mit zahlreichen unbestimmten Rechtsbegriffen versehenen Vorschriften in der Praxis umgesetzt und diese Umsetzung von den Gerichten beurteilt wird.

Die Umsetzung dieser Änderungen ist eine besondere Herausforderung vor dem Hintergrund, dass dabei das Ziel einer möglichst sparsamen Verkehrszeichenanordnung und vorrangigen eigenverantwortlichen Beachtung der allgemeinen Verkehrsvorschriften nicht aus den Augen verloren werden darf. Insbesondere hierfür soll die vorliegende Auflage wichtige Hinweise geben.

Die Gliederung der 14. Auflage setzt die Behandlung der Verkehrszeichen in sachlichem Zusammenhang fort. Noch vorhandene Dopplungen werden durch Verschiebung und Verweis auf andere Abschnitte bereinigt.

Diese Auflage ist somit konsequent nach Anwendungsbezug gegliedert. So ist z. B. Abschnitt 4 den Knotenpunkten, Abschnitt 6 dem fließenden Verkehr (auf der freien Strecke) oder Abschnitt 8 der Wegweisung gewidmet. Zur besseren Orientierung taucht diese Abschnittsgliederung in der Kopfzeile auf. Alle Informationen, die zur Lösung eines Problems benötigt werden, sind zusammenhängend dargestellt. Insbesondere bei der täglichen Arbeit vor Ort ist damit weniger Blättern erforderlich.

Leser, die den Zugang über Verkehrszeichennummern bevorzugen, finden eine entsprechende Sortierung im „Findex" auf Seite 15 ff. Dieser verweist auf den bzw. die Abschnitte, in denen das gesuchte Verkehrszeichen (hauptsächlich) behandelt wird. Sein Grundgerüst bilden die vier Anlagen der StVO, in denen Verkehrszeichen und Verkehrseinrichtungen bildlich dargestellt und ihre Bedeutungen festgelegt sind, sowie der Katalog der Verkehrszeichen, der als Anlage zur VwV-StVO veröffentlicht wird.

Einleitend behandeln die HAV allgemeine Grundsätze. In den anschließenden Abschnitten, in denen die einzelnen Gruppen von Verkehrszeichen und Verkehrseinrichtungen behandelt werden, ist das für die jeweilige Gruppe insgesamt Geltende zu Beginn eines jeden Abschnitts kommentierend zusammengestellt. Es folgen Einzelhinweise für jedes Zeichen, wobei die entsprechenden Textstellen der StVO und der VwV-StVO wiedergegeben und weitere Fundstellen genannt sind. Ferner sind zum Verständnis wichtige Erlasse und Richtlinien abgedruckt.

Ein „Verkehrstechnischer Kommentar" wie die HAV kann nicht alle in der Praxis vorkommenden Möglichkeiten behandeln. Er muss sich darauf beschränken, zu grundsätzlichen Fragen Stellung zu nehmen, Leitlinien aufzuzeigen und die Entwicklung auf dem Sektor Verkehrstechnik zu verfolgen. **Im Zweifel ist immer der Wortlaut der StVO und der VwV-StVO maßgebend.** Anregungen zur Aufnahme weiterer Aspekte oder Fälle, die Ihnen als Leser Ihre Arbeit noch weiter erleichtern können, nehmen die Autoren und der Verlag gerne unter leserservice@kirschbaum.de entgegen.

Inhaltsverzeichnis

Verzeichnis der Abkürzungen

Abs.	Absatz
ARS	Allgemeine(s) Rundschreiben Straßenbau
Art.	Artikel
BAB	Bundesautobahn
BALM	Bundesamt für Logistik und Mobilität (vormals BAG)
BAnz	Bundesanzeiger (zitiert nach Nummer und Jahrgang)
BASt	Bundesanstalt für Straßen- und Verkehrswesen
BGBl.	Bundesgesetzblatt (zitiert nach Jahr, Teil und Seite/Nr.)
BGH	Bundesgerichtshof
BMV	Bundesministerium für Verkehr
BMVBS	Bundesministerium für Verkehr, Bau und Stadtentwicklung
BMVBW	Bundesministerium für Verkehr, Bau- und Wohnungswesen
BMVI	Bundesministerium für Verkehr und digitale Infrastruktur
BMDV	Bundesministerium für Digitales und Verkehr
BNatSchG	Bundesnaturschutzgesetz
BVerwG	Bundesverwaltungsgericht
DIN	Deutsches Institut für Normung e.V.
DTV	Durchschnittlicher täglicher Verkehr
eKFV	Elektrokleinstfahrzeuge-Verordnung
EKrG	Gesetz über die Kreuzung von Bahnen und Straßen
f., ff.	folgende (Singular, Plural)
FG	Forschungsgesellschaft für Straßenwesen (früherer Name)
FGSV	Forschungsgesellschaft für Straßen- und Verkehrswesen
Kfz	Kraftfahrzeug
KOM	Kraftomnibus
Mofa	Fahrrad mit Hilfsmotor (25 km/h)
Nr.	Nummer(n)
OLG	Oberlandesgericht
ÖPNV	Öffentlicher Personennahverkehr
OVG	Oberverwaltungsgericht
Pkw	Personenkraftwagen
Rn.	Randnummer
S.	Seite
StA	Straße und Autobahn (Fachzeitschrift – Organ der FGSV)
StVG	Straßenverkehrsgesetz
StVO	Straßenverkehrs-Ordnung
StVZO	Straßenverkehrs-Zulassungs-Ordnung
SVT	Straßenverkehrstechnik (Fachzeitschrift – Organ der FGSV)
VGH	Verwaltungsgerichtshof
VkBl.	Verkehrsblatt (Amtsblatt des BMDV)
VwV-StVO	Allgemeine Verwaltungsvorschrift zur Straßenverkehrs-Ordnung
VzKat	Katalog der Verkehrszeichen
Z	Zeichen (Verkehrszeichen der StVO)
Zz	Zusatzzeichen (Verkehrszeichen der StVO)

Findex

Verzeichnis der Verkehrszeichennummern

Hinweis:

Die grau unterlegten Felder geben die aktuellen amtlichen Zeichen und Texte der StVO vom 6.3.2013, zuletzt geändert am 11.12.2024, wieder. Die übrigen Felder entsprechen den Inhalten der Anlage „Katalog der Verkehrszeichen (VzKat)“ zur VwV-StVO mit Stand vom 3.4.2025.

Die Spalte „Bisherige Zeichen“ zeigt die Zeichen, deren Aussehen und/oder Bezeichnung sich seit der letzten Änderung der StVO bzw. des VzKat geändert haben.

Die Spalte „Aktuelle Zeichen“ folgt der numerischen Reihenfolge des VzKat.

Die Zeichen des VzKat sind mit dem Zusatz Z (Zeichen) bzw. Zz (Zusatzzeichen) angegeben.

Die Fußnoten zum Findex F2 finden sich am Ende dieses Findex.

Allgemeine und Besondere Gefahrzeichen (nach StVO Anlage 1)

Bisherige Zeichen	lfd. Nr.	Aktuelle Zeichen	Erläuterungen	HAV Abschnitt
Abschnitt 1 Allgemeine Gefahrzeichen (zu § 40 Absatz 6)				
	1	**101**  **Gefahrstelle**	Ein Zusatzzeichen kann die Gefahr näher bezeichnen.	**6.3.4**
		Z 101-10  **Flugbetrieb**	Aufstellung rechts Nur anordnen, wenn besonders begründet	**6.3.4**
		Z 101-20 	Aufstellung links Nur anordnen, wenn besonders begründet	**6.3.4**
		Z 101-11  **Fußgänger-überweg**	Aufstellung rechts Nur anordnen, wenn besonders begründet	**6.3.4**
		Z 101-21 	Aufstellung links Nur anordnen, wenn besonders begründet	**6.3.4**
		Z 101-12  **Viehtrieb**	Aufstellung rechts Nur anordnen, wenn besonders begründet	**6.3.4**
		Z 101-22 	Aufstellung links Nur anordnen, wenn besonders begründet	**6.3.4**
		Z 101-13  **Reiter**	Aufstellung rechts Nur anordnen, wenn besonders begründet	**6.3.4**
		Z 101-23 	Aufstellung links Nur anordnen, wenn besonders begründet	**6.3.4**

Allgemeine und Besondere Gefahrzeichen (nach StVO Anlage 1)

Bisherige Zeichen	lfd. Nr.	Aktuelle Zeichen	Erläuterungen	HAV Abschnitt
		Z 101-14  **Amphibienwanderung**	Aufstellung rechts Nur anordnen, wenn besonders begründet	**6.3.4**
		Z 101-24 	Aufstellung links Nur anordnen, wenn besonders begründet	**6.3.4**
		Z 101-15  **Steinschlag**	Aufstellung rechts Nur anordnen, wenn besonders begründet	**6.3.4**
		Z 101-25 	Aufstellung links Nur anordnen, wenn besonders begründet	**6.3.4**
		Z 101-51  **Schnee- oder Eisglätte**	Nur anordnen, wenn besonders begründet	**6.3.4**
		Z 101-52  **Splitt, Schotter**	Nur anordnen, wenn besonders begründet	**6.3.4**
		Z 101-53  **Ufer**	Nur anordnen, wenn besonders begründet	**6.3.4**
		Z 101-54  **Unzureichendes Lichtraumprofil**	Nur anordnen, wenn besonders begründet	**6.3.4**
		Z 101-55  **Bewegliche Brücke**	Nur anordnen, wenn besonders begründet	**6.3.4**

Allgemeine und Besondere Gefahrzeichen (nach StVO Anlage 1)

Bisherige Zeichen	lfd. Nr.	Aktuelle Zeichen	Erläuterungen	HAV Abschnitt
	2	102  Kreuzung oder Einmündung	Kreuzung oder Einmündung mit Vorfahrt von rechts	4.5.2
	3	103  Kurve		6.6.4
		Z 103-10  Kurve links	**Unternummer Z 103-** 10: links 20: rechts	6.6.4
	4	105  Doppelkurve		6.6.4
		Z 105-10  Doppelkurve zunächst links	**Unternummer Z 105-** 10: zunächst links 20: zunächst rechts	6.6.4
	5	108  Gefälle		6.3.5
Z 108-56 		Z 108-10 	**Unternummer Z 108-** 4–25: mit jeweiligem Gefälle in % Unternummer steht jeweils für den Zahlenwert	6.3.5
	6	110  Steigung		6.3.5
Z 110-58 		Z 110-12 	**Unternummer Z 110-** 4–25: mit jeweiliger Steigung in % Unternummer steht jeweils für den Zahlenwert	6.3.5

Allgemeine und Besondere Gefahrzeichen (nach StVO Anlage 1)

Bisherige Zeichen	lfd. Nr.	Aktuelle Zeichen	Erläuterungen	HAV Abschnitt
	7	112  Unebene Fahrbahn		6.3.5
	8	114  Schleuder- oder Rutschgefahr	Schleuder- oder Rutschgefahr bei Nässe oder Schmutz	6.3.5
	9	117  Seitenwind		6.3.5
		Z 117-10  Seitenwind von rechts	**Unternummer Z 117-** 10: Seitenwind von rechts 20: Seitenwind von links	6.3.5
	10	120  Verengte Fahrbahn		6.7
	11	121  Einseitig verengte Fahrbahn		6.7
		Z 121-10 	**Unternummer Z 121-** 10: Verengung rechts 20: Verengung links	6.7
	12	123  Arbeitsstelle		7.2.3

Allgemeine und Besondere Gefahrzeichen (nach StVO Anlage 1)

Bisherige Zeichen	lfd. Nr.	Aktuelle Zeichen	Erläuterungen	HAV Abschnitt
	13	124  Stau		6.3.5
	14	125  Gegenverkehr		6.3.5
	15	131  Lichtzeichen-anlage		6.3.5
	16	133  Fußgänger		6.3.5
		Z 133-10 	**Unternummer Z 133-** 10: Aufstellung rechts 20: Aufstellung links	6.3.5
	17	136  Kinder		6.3.5
		Z 136-10 	**Unternummer Z 136-** 10: Aufstellung rechts 20: Aufstellung links	6.3.5
	18	138  Radverkehr		6.3.5
		Z 138-10 	**Unternummer Z 138-** 10: Aufstellung rechts 20: Aufstellung links	6.3.5

Allgemeine und Besondere Gefahrzeichen (nach StVO Anlage 1)

Bisherige Zeichen	lfd. Nr.	Aktuelle Zeichen	Erläuterungen	HAV Abschnitt
	19	142  Wildwechsel		6.3.5
		Z 142-10 	**Unternummer Z 142-** 10: Aufstellung rechts 20: Aufstellung links	6.3.5
Abschnitt 2 Besondere Gefahrzeichen vor Übergängen von Schienenbahnen mit Vorrang (zu § 40 Absatz 7)				
	20	151  Bahnübergang		5.4.4
	21	156  Bahnübergang mit dreistreifiger Bake	Bahnübergang mit dreistreifiger Bake etwa 240 m vor dem Bahnübergang. Die Angabe erheblich abweichender Abstände kann an der dreistreifigen, zweistreifigen und einstreifigen Bake oberhalb der Schrägstreifen in schwarzen Ziffern erfolgen.	5.4.4
		Z 156-10 	**Unternummer Z 156-** 10: Aufstellung rechts 11: mit Entfernungsangabe – Aufstellung rechts 20: Aufstellung links 21: mit Entfernungsangabe – Aufstellung links	5.4.4
		Z 157-10  Dreistreifige Bake	**Unternummer Z 157-** 10: Aufstellung rechts 11: mit Entfernungsangabe – Aufstellung rechts 20: Aufstellung links 21: mit Entfernungsangabe – Aufstellung links	5.4.4
	22	159  Zweistreifige Bake	Zweistreifige Bake etwa 160 m vor dem Bahnübergang	5.4.4

Allgemeine und Besondere Gefahrzeichen (nach StVO Anlage 1)

Bisherige Zeichen	lfd. Nr.	Aktuelle Zeichen	Erläuterungen	HAV Abschnitt
		Z 159-10 	**Unternummer Z 159-** 10: Aufstellung rechts 11: mit Entfernungsangabe – Aufstellung rechts 20: Aufstellung links 21: mit Entfernungsangabe – Aufstellung links	**5.4.4**
	23	**162**  **Einstreifige Bake**	Einstreifige Bake etwa 80 m vor dem Bahnübergang	**5.4.4**
		Z 162-10 	**Unternummer Z 162-** 10: Aufstellung rechts 11: mit Entfernungsangabe – Aufstellung rechts 20: Aufstellung links 21: mit Entfernungsangabe – Aufstellung links	**5.4.4**

Bisherige Zeichen	lfd. Nr.	Aktuelle Zeichen	Ge- oder Verbote / Erläuterungen	HAV Abschnitt
Abschnitt 1 Wartegebote und Haltgebote				
	1	**201** 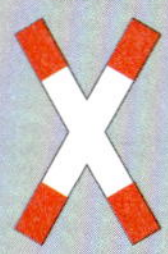 **Andreaskreuz**	1. Wer ein Fahrzeug führt, muss dem Schienenverkehr Vorrang gewähren. 2. Wer ein Fahrzeug führt, darf bis zu 10 m vor diesem Zeichen nicht halten, wenn es dadurch verdeckt wird. 3. Wer ein Fahrzeug führt, darf vor und hinter diesem Zeichen a) innerhalb geschlossener Ortschaften (Zeichen 310 und 311) bis zu je 5 m, b) außerhalb geschlossener Ortschaften bis zu je 50 m nicht parken. 4. Ein Zusatzzeichen mit schwarzem Pfeil zeigt an, dass das Andreaskreuz nur für den Straßenverkehr in Richtung dieses Pfeils gilt. Das Zeichen (auch liegend) befindet sich vor dem Bahnübergang, in der Regel unmittelbar davor. Ein Blitzpfeil in der Mitte des Andreaskreuzes zeigt an, dass die Bahnstrecke eine Spannung führende Fahrleitung hat.	5.4.2
		Z 201-51 	**Unternummer Z 201-** 50: stehend 51: stehend mit Blitzpfeil 52: liegend 53: liegend mit Blitzpfeil Ausführung nach Eisenbahn-Bau- und Betriebsordnung (EBO)	5.4.2
	2	**205**  **Vorfahrt gewähren.**	1. Wer ein Fahrzeug führt, muss Vorfahrt gewähren. 2. Wer ein Fahrzeug führt, darf bis zu 10 m vor diesem Zeichen nicht halten, wenn es dadurch verdeckt wird. Das Zeichen steht unmittelbar vor der Kreuzung oder Einmündung. Es kann durch dasselbe Zeichen mit Zusatzzeichen, das die Entfernung angibt, angekündigt sein.	4.5.3
	2.1		Ist das Zusatzzeichen zusammen mit dem Zeichen 205 angeordnet, bedeutet es: Wer ein Fahrzeug führt, muss Vorfahrt gewähren und dabei auf Radverkehr und Elektrokleinstfahrzeuge im Sinne der eKFV von links und rechts achten. Das Zusatzzeichen steht über dem Zeichen 205.	4.5.3
	2.2		Ist das Zusatzzeichen zusammen mit dem Zeichen 205 angeordnet, bedeutet es: Wer ein Fahrzeug führt, muss der Straßenbahn Vorfahrt gewähren. Das Zusatzzeichen steht über dem Zeichen 205.	4.5.3
	3	**206**  **Halt. Vorfahrt gewähren.**	1. Wer ein Fahrzeug führt, muss anhalten und Vorfahrt gewähren. 2. Wer ein Fahrzeug führt, darf bis zu 10 m vor diesem Zeichen nicht halten, wenn es dadurch verdeckt wird. 3. Ist keine Haltlinie (Zeichen 294) vorhanden, ist dort anzuhalten, wo die andere Straße zu übersehen ist.	4.5.3
	3.1	 	Das Zusatzzeichen kündigt zusammen mit dem Zeichen 205 das Haltgebot in der angegebenen Entfernung an.	4.5.3

Vorschriftzeichen (nach StVO Anlage 2)

Bisherige Zeichen	lfd. Nr.	Aktuelle Zeichen	Ge- oder Verbote	Erläuterungen	HAV Abschnitt
	3.2		Ist das Zusatzzeichen zusammen mit dem Zeichen 206 angeordnet, bedeutet es: Wer ein Fahrzeug führt, muss anhalten und Vorfahrt gewähren und dabei auf Radverkehr und Elektrokleinstfahrzeuge im Sinne der eKFV von links und rechts achten.	Das Zusatzzeichen steht über dem Zeichen 206.	4.5.3
	zu 2 und 3			Das Zusatzzeichen gibt zusammen mit den Zeichen 205 oder 206 den Verlauf der Vorfahrtstraße (abknickende Vorfahrt) bekannt.	4.5.3
	4	208  Vorrang des Gegenverkehrs	Wer ein Fahrzeug führt, hat dem Gegenverkehr Vorrang zu gewähren.		5.2
Abschnitt 2 Vorgeschriebene Fahrtrichtungen					
	zu 5 bis 7		Wer ein Fahrzeug führt, muss der vorgeschriebenen Fahrtrichtung folgen.	Andere als die dargestellten Fahrtrichtungen werden entsprechend vorgeschrieben. Auf Anlage 2 laufende Nummer 70 wird hingewiesen.	4.2
	5	209[1]  Rechts			4.2
		Z 209-10  Links			4.2
		Z 209-30  Geradeaus			4.2
	6	211[1]  Hier rechts			4.2

Bisherige Zeichen	lfd. Nr.	Aktuelle Zeichen	Ge- oder Verbote / Erläuterungen	HAV Abschnitt
		Z 211-10  **Hier links**		4.2
	7	**214[1]**  **Geradeaus oder rechts**		4.2
		Z 214-10  **Geradeaus oder links**		4.2
		Z 214-30  **Rechts oder links**		4.2
	8	**215**  **Kreisverkehr**	1. Wer ein Fahrzeug führt, muss der vorgeschriebenen Fahrtrichtung im Kreisverkehr rechts folgen. 2. Wer ein Fahrzeug führt, darf die Mittelinsel des Kreisverkehrs nicht überfahren. Ausgenommen von diesem Verbot sind nur Fahrzeuge, denen wegen ihrer Abmessungen das Befahren sonst nicht möglich wäre. Mit ihnen darf die Mittelinsel und Fahrbahnbegrenzung überfahren werden, wenn eine Gefährdung anderer am Verkehr Teilnehmenden ausgeschlossen ist. 3. Es darf innerhalb des Kreisverkehrs auf der Fahrbahn nicht gehalten werden.	4.5.3
	9	**220** 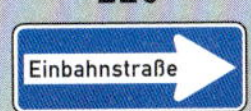 **Einbahnstraße**	Wer ein Fahrzeug führt, darf die Einbahnstraße nur in Richtung des Pfeils befahren. Das Zeichen schreibt für den Fahrzeugverkehr auf der Fahrbahn die Fahrtrichtung vor.	4.4
		Z 220-20 	**Unternummer Z 220-** 10: linksweisend 20: rechtsweisend 40: doppelseitig (-10/-20)	4.4

Vorschriftzeichen (nach StVO Anlage 2)

Bisherige Zeichen	lfd. Nr.	Aktuelle Zeichen	Ge- oder Verbote Erläuterungen	HAV Abschnitt
	9.1		Ist Zeichen 220 mit diesem Zusatzzeichen angeordnet, bedeutet dies: Wer ein Fahrzeug führt, muss beim Einbiegen und im Verlauf einer Einbahnstraße auf Radverkehr und Elektrokleinstfahrzeuge im Sinne der eKFV entgegen der Fahrtrichtung achten. Das Zusatzzeichen zeigt an, dass Radverkehr in der Gegenrichtung zugelassen ist. Beim Vorbeifahren an einer für den gegenläufigen Radverkehr freigegebenen Einbahnstraße bleibt gegenüber dem ausfahrenden Radfahrer der Grundsatz, dass Vorfahrt hat, wer von rechts kommt (§ 8 Absatz 1 Satz 1) unberührt. Dies gilt auch für den ausfahrenden Radverkehr. Mündet eine Einbahnstraße für den gegenläufig zugelassenen Radverkehr in eine Vorfahrtstraße, steht für den aus der Einbahnstraße ausfahrenden Radverkehr das Zeichen 205.	4.4
Abschnitt 3 Vorgeschriebene Vorbeifahrt				
	10	**222**  **Rechts vorbei**	Wer ein Fahrzeug führt, muss der vorgeschriebenen Vorbeifahrt folgen. „Links vorbei" wird entsprechend vorgeschrieben.	4.3
		Z 222-10  **Links vorbei**		4.3
Abschnitt 4 Seitenstreifen als Fahrstreifen, Haltestellen und Taxenstände				
	zu 11 bis 13		Wird das Zeichen 223.1, 223.2 oder 223.3 für eine Fahrbahn mit mehr als zwei Fahrstreifen angeordnet, zeigen die Zeichen die entsprechende Anzahl der Pfeile.	9.3.6
	11	**223.1**  **Seitenstreifen befahren**	Das Zeichen gibt den Seitenstreifen als Fahrstreifen frei; dieser ist wie ein rechter Fahrstreifen zu befahren.	9.3.6
		Z 223.1-50 	**Unternummer Z 223.1-** 50: 2 Fahrstreifen + Seitenstreifen 51: 3 Fahrstreifen + Seitenstreifen 52: 4 Fahrstreifen + Seitenstreifen	9.3.6
	11.1	Ende in ... m	Das Zeichen 223.1 mit dem Zusatzzeichen kündigt die Aufhebung der Anordnung an.	9.3.6

Bisherige Zeichen	lfd. Nr.	Aktuelle Zeichen	Ge- oder Verbote / Erläuterungen	HAV Abschnitt
	12	**223.2**  **Seitenstreifen nicht mehr befahren**	Das Zeichen hebt die Freigabe des Seitenstreifens als Fahrstreifen auf.	**9.3.6**
		Z 223.2-50 	**Unternummer Z 223.2-** 50: 2 Fahrstreifen + Seitenstreifen 51: 3 Fahrstreifen + Seitenstreifen 52: 4 Fahrstreifen + Seitenstreifen	**9.3.6**
	13	**223.3**  **Seitenstreifen räumen**	Das Zeichen ordnet die Räumung des Seitenstreifens an.	**9.3.6**
		Z 223.3-50 	**Unternummer Z 223.3-** 50: 2 Fahrstreifen + Seitenstreifen 51: 3 Fahrstreifen + Seitenstreifen 52: 4 Fahrstreifen + Seitenstreifen	**9.3.6**
	14	**224[2, 3]**  **Haltestelle**	Wer ein Fahrzeug führt, darf bis zu 15 m vor und hinter dem Zeichen nicht parken. Das Zeichen kennzeichnet eine Haltestelle des Linienverkehrs und für Schulbusse. Das Zeichen mit dem Zusatzzeichen „Schulbus“ (Angabe der tageszeitlichen Benutzung) auf einer gemeinsamen weißen Trägerfläche kennzeichnet eine Haltestelle nur für Schulbusse.	**3.6.2**
		Z 224-40  **Haltestelle (doppelseitig)**	**-51**  **Schulbushaltestelle** (mit Zz 1042-36) **Unternummer Z 224-** 51: Schulbushaltestelle 41: Schulbushaltestelle (doppelseitig)	**3.6.2**

Vorschriftzeichen (nach StVO Anlage 2)

Bisherige Zeichen	lfd. Nr.	Aktuelle Zeichen	Ge- oder Verbote	Erläuterungen	HAV Abschnitt
	15	229[2]  Taxenstand	Wer ein Fahrzeug führt, darf an Taxenständen nicht halten, ausgenommen sind für die Fahrgastbeförderung bereitgehaltene Taxen.	Die Länge des Taxenstandes wird durch die Angabe der Zahl der vorgesehenen Taxen oder das am Anfang der Strecke aufgestellte Zeichen mit einem zur Fahrbahn weisenden waagerechten weißen Pfeil und durch ein am Ende aufgestelltes Zeichen mit einem solchen von der Fahrbahn wegweisenden Pfeil oder durch eine Grenzmarkierung für Halt- und Parkverbote (Zeichen 299) gekennzeichnet.	3.6.2
		Z 229 	**Unternummer Z 229-** 10: Anfang – Aufstellung rechts 11: Ende – Aufstellung links 20: Ende – Aufstellung rechts 21: Anfang – Aufstellung links 30: Mitte – Aufstellung rechts 31: Mitte – Aufstellung links Pfeile entsprechend Zeichen 283		3.6.2
	15.1	230  Ladebereich	1. Das Halten und Parken ist nur zum Be- und Entladen von Fahrzeugen zulässig. 2. Das Be- und Entladen muss ohne Verzögerung durchgeführt werden.	Die Länge des Ladebereichs wird durch das am Anfang der Strecke aufgestellte Zeichen mit einem zur Fahrbahn weisenden waagerechten weißen Pfeil und durch ein am Ende aufgestelltes Zeichen mit einem solchen von der Fahrbahn wegweisenden Pfeil oder durch Markierung gekennzeichnet.	3.6.6
		Z 230 	**Unternummer Z 230-** 10: Anfang – Aufstellung rechts 11: Ende – Aufstellung links 20: Ende – Aufstellung rechts 21: Anfang – Aufstellung links 30: Mitte – Aufstellung rechts 31: Mitte – Aufstellung links Pfeile entsprechend Zeichen 283		3.6.6
Abschnitt 5 Sonderwege					
	16	237  Radweg	1. Der Radverkehr darf nicht die Fahrbahn, sondern muss den Radweg benutzen (Radwegbenutzungspflicht). 2. Anderer Verkehr darf ihn nicht benutzen. 3. Ist durch Zusatzzeichen die Benutzung eines Radwegs für eine andere Verkehrsart erlaubt, muss diese auf den Radverkehr Rücksicht nehmen und der andere Fahrzeugverkehr muss erforderlichenfalls die Geschwindigkeit an den Radverkehr anpassen. 4. § 2 Absatz 4 Satz 6 bleibt unberührt.		3.5.3
	17	238  Reitweg	1. Wer reitet, darf nicht die Fahrbahn, sondern muss den Reitweg benutzen. Dies gilt auch für das Führen von Pferden (Reitwegbenutzungspflicht). 2. Anderer Verkehr darf ihn nicht benutzen. 3. Ist durch Zusatzzeichen die Benutzung eines Reitwegs für eine andere Verkehrsart erlaubt, muss diese auf den Reitverkehr Rücksicht nehmen und der Fahrzeugverkehr muss erforderlichenfalls die Geschwindigkeit an den Reitverkehr anpassen.		3.5.5

Vorschriftzeichen (nach StVO Anlage 2)

Bisherige Zeichen	lfd. Nr.	Aktuelle Zeichen	Ge- oder Verbote / Erläuterungen	HAV Abschnitt
	18	239  Gehweg	1. Anderer als Fußgängerverkehr darf den Gehweg nicht nutzen. 2. Ist durch Zusatzzeichen die Benutzung eines Gehwegs für eine andere Verkehrsart erlaubt, muss diese auf den Fußgängerverkehr Rücksicht nehmen. Der Fußgängerverkehr darf weder gefährdet noch behindert werden. Wenn nötig, muss der Fahrverkehr warten; er darf nur mit Schrittgeschwindigkeit fahren.	3.5.2
			Das Zeichen kennzeichnet einen Gehweg (§ 25 Absatz 1 Satz 1), wo eine Klarstellung notwendig ist.	
	19	240  Gemeinsamer Geh- und Radweg	1. Der Radverkehr darf nicht die Fahrbahn, sondern muss den gemeinsamen Geh- und Radweg benutzen (Radwegbenutzungspflicht). Dabei ist auf den Fußverkehr Rücksicht zu nehmen. Der Fußverkehr darf weder gefährdet noch behindert werden. Erforderlichenfalls ist die Geschwindigkeit an den Fußverkehr anzupassen. 2. Anderer Verkehr darf ihn nicht benutzen. 3. Ist durch Zusatzzeichen die Benutzung eines gemeinsamen Geh- und Radwegs für eine andere Verkehrsart erlaubt, muss diese auf den Fußgänger- und Radverkehr Rücksicht nehmen. Erforderlichenfalls muss der Fahrverkehr die Geschwindigkeit an den Fußgängerverkehr anpassen. 4. § 2 Absatz 4 Satz 6 bleibt unberührt.	3.5.3
			Das Zeichen kennzeichnet auch den Gehweg (§ 25 Absatz 1 Satz 1).	
	20	241  Getrennter Rad- und Gehweg	1. Der Radverkehr darf nicht die Fahrbahn, sondern muss den Radweg des getrennten Rad- und Gehwegs benutzen (Radwegbenutzungspflicht). 2. Anderer Verkehr darf ihn nicht benutzen. 3. Ist durch Zusatzzeichen die Benutzung eines getrennten Geh- und Radwegs für eine andere Verkehrsart erlaubt, darf diese nur den für den Radverkehr bestimmten Teil des getrennten Geh- und Radwegs befahren. 4. Die andere Verkehrsart muss auf den Radverkehr Rücksicht nehmen. Erforderlichenfalls muss anderer Fahrzeugverkehr die Geschwindigkeit an den Radverkehr anpassen. 5. § 2 Absatz 4 Satz 6 bleibt unberührt.	3.5.3
			Das Zeichen kennzeichnet auch den Gehweg (§ 25 Absatz 1 Satz 1).	
		Z 241-30 	**Unternummer Z 241-** 30: Radweg links 31: Radweg rechts	3.5.3
	21	242.1[4]  Beginn einer Fußgängerzone	1. Anderer als Fußgängerverkehr darf die Fußgängerzone nicht benutzen. 2. Ist durch Zusatzzeichen die Benutzung einer Fußgängerzone für eine andere Verkehrsart erlaubt, dann gilt für den Fahrverkehr Nummer 2 zu Zeichen 239 entsprechend.	3.5.2

Vorschriftzeichen (nach StVO Anlage 2)

Bisherige Zeichen	lfd. Nr.	Aktuelle Zeichen	Ge- oder Verbote Erläuterungen	HAV Abschnitt
		Z 242.1 	**Unternummer Z 242.1-** 40: doppelseitig (Rückseite Z 242.2)	3.5.2
	22	242.2[4]  Ende einer Fußgänger-zone		3.5.2
	23	244.1[4]  Beginn einer Fahrradstraße	1. Anderer Fahrzeugverkehr als Radverkehr sowie Elektrokleinstfahrzeuge im Sinne der eKFV darf Fahrradstraßen nicht benutzen, es sei denn, dies ist durch Zusatzzeichen erlaubt. Die freigegebenen Verkehrsarten können auch gemeinsam auf einem Zusatzzeichen abgebildet sein. Das Überqueren einer Fahrradstraße durch anderen Fahrzeugverkehr an einer Kreuzung zum Erreichen der weiterführenden Straße ist gestattet. 2. Für den Fahrverkehr gilt eine Höchstgeschwindigkeit von 30 km/h. Der Radverkehr darf weder gefährdet noch behindert werden. Wenn nötig, muss der Kraftfahrzeugverkehr die Geschwindigkeit weiter verringern. 3. Das Nebeneinanderfahren mit Fahrrädern ist erlaubt. 4. Im Übrigen gelten die Vorschriften über die Fahrbahnbenutzung und über die Vorfahrt.	3.5.3
		Z 244.1 	**Unternummer Z 244.1-** 40: doppelseitig (Rückseite Z 244.2)	3.5.3
	24	244.2[4]  Ende einer Fahrradstraße		3.5.3
	24.1	244.3  Beginn einer Fahrradzone	1. Anderer Fahrzeugverkehr als Radverkehr sowie Elektrokleinstfahrzeuge im Sinne der eKFV darf Fahrradzonen nicht benutzen, es sei denn, dies ist durch Zusatzzeichen erlaubt. Die freigegebenen Verkehrsarten können auch gemeinsam auf einem Zusatzzeichen abgebildet sein. 2. Für den Fahrverkehr gilt eine Höchstgeschwindigkeit von 30 km/h. Der Radverkehr darf weder gefährdet noch behindert werden. Wenn nötig, muss der Kraftfahrzeugverkehr die Geschwindigkeit weiter verringern. 3. Das Nebeneinanderfahren mit Fahrrädern und Elektrokleinstfahrzeugen im Sinne der eKFV ist erlaubt. 4. Im Übrigen gelten die Vorschriften über die Fahrbahnbenutzung und über die Vorfahrt.	6.5.7

Bisherige Zeichen	lfd. Nr.	Aktuelle Zeichen	Ge- oder Verbote Erläuterungen	HAV Abschnitt
		Z 244.3  	**Unternummer Z 244.3-** 40: doppelseitig (Rückseite Z 244.4)	6.5.7
	24.2	244.4  Ende einer Fahrradzone		6.5.7
	25	245[1, 2]  Bussonder-fahrstreifen	1. Anderer Fahrverkehr als Omnibusse des Linienverkehrs sowie nach dem Personenbeförderungsrecht mit dem Schulbus-Schild zu kennzeichnende Fahrzeuge des Schüler- und Behindertenverkehrs dürfen Bus-sonderfahrstreifen nicht benutzen. 2. Mit Krankenfahrzeugen, Taxen, Fahrrädern und Bussen im Gelegenheitsverkehr darf der Sonderfahrstreifen nur benutzt werden, wenn dies durch Zusatzzeichen angezeigt ist. 3. Taxen dürfen an Bushaltestellen (Zeichen 224) zum sofortigen Ein- und Aussteigen von Fahrgästen halten. 4. Mit elektrisch betriebenen Fahrzeugen darf der Bus-sonderfahrstreifen nur benutzt werden, wenn dies durch Zusatzzeichen angezeigt ist. 5. Zur Erprobung unterschiedlicher Mobilitätsformen (§ 45 Absatz 9 Satz 4 Nummer 7a) darf der Bus-sonderfahrstreifen nur benutzt werden, wenn dies durch Zusatzzeichen, welches die besondere Mobilitätsform näher bezeichnet, angezeigt ist.	3.5.4
	25.1	 	Mit diesem Zusatzzeichen sind elektrisch betriebene Fahrzeuge auf dem Bussonderfahrstreifen zugelassen.	3.5.4
Abschnitt 6 Verkehrsverbote				
	26		Die nachfolgenden Zeichen 250 bis 261 (Verkehrsverbote) untersagen die Verkehrsteilnahme ganz oder teilweise mit dem angegebenen Inhalt. Für die Zeichen 250 bis 259 gilt: 1. Durch Verkehrszeichen gleicher Art mit Sinnbildern nach § 39 Absatz 7 können andere Verkehrsarten verboten werden. 2. Zwei der nachstehenden Verbote können auf einem Schild vereinigt sein.	3.2.2
	27	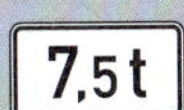 	Ist auf einem Zusatzzeichen eine Masse, wie „7,5 t“, angegeben, gilt das Verbot nur, soweit die zulässige Gesamtmasse dieser Verkehrsmittel einschließlich ihrer Anhänger die angegebene Grenze überschreitet.	3.2.2
	27.1	 	Mit diesem Zusatzzeichen sind elektrisch betriebene Fahrzeuge von Verkehrsverboten (Zeichen 250, 251, 253, 255, 260) ausgenommen.	3.2.2

Vorschriftzeichen (nach StVO Anlage 2)

Bisherige Zeichen	lfd. Nr.	Aktuelle Zeichen	Ge- oder Verbote / Erläuterungen	HAV Abschnitt
	28	250[1,2]  Verbot für Fahrzeuge aller Art	1. Verbot für Fahrzeuge aller Art. Das Zeichen gilt nicht für Handfahrzeuge, abweichend von § 28 Absatz 2 auch nicht für Reiter, Führer von Pferden sowie Treiber und Führer von Vieh. 2. Krafträder und Fahrräder dürfen geschoben werden. 3. Durch Zusatzzeichen können besondere Mobilitätsformen zu Erprobungszwecken (§ 45 Absatz 9 Satz 4 Nummer 7a) befristet bis zum 31. Dezember 2028 vom Verkehrsverbot ausgenommen werden.	3.2.2
	29	251[1,2,8]  Verbot für Kraftwagen	Verbot für Kraftwagen und sonstige mehrspurige Kraftfahrzeuge	3.2.2
	30	253[1,2,8]  Verbot für Kraftfahrzeuge über 3,5 t	Verbot für Kraftfahrzeuge mit einer zulässigen Gesamtmasse über 3,5 t, einschließlich ihrer Anhänger, und für Zugmaschinen. Ausgenommen sind Personenkraftwagen und Kraftomnibusse.	3.2.2
			Das Zeichen kann in einer Überleitungstafel oder in einer Verschwenkungstafel oder in einer Fahrstreifentafel integriert sein. Dann bezieht sich das Verbot nur auf den jeweiligen Fahrstreifen, für den das Verbot angeordnet ist.	
	30.1		Wird Zeichen 253 mit diesen Zusatzzeichen angeordnet, bedeutet dies: 1. Das Verbot ist auf den Durchgangsverkehr mit Nutzfahrzeugen, einschließlich ihrer Anhänger, mit einer zulässigen Gesamtmasse ab 7,5 t beschränkt. 2. Durchgangsverkehr liegt nicht vor, soweit die jeweilige Fahrt a) dazu dient, ein Grundstück an der vom Verkehrsverbot betroffenen Straße oder an einer Straße, die durch die vom Verkehrsverbot betroffene Straße erschlossen wird, zu erreichen oder zu verlassen, b) dem Güterverkehr im Sinne des § 1 Absatz 1 des Güterkraftverkehrsgesetzes in einem Gebiet innerhalb eines Umkreises von 75 km, gerechnet in der Luftlinie vom Mittelpunkt des zu Beginn einer Fahrt ersten Beladeorts des jeweiligen Fahrzeugs (Ortsmittelpunkt), dient; dabei gehören alle Gemeinden, deren Ortsmittelpunkt innerhalb des Gebietes liegt, zu dem Gebiet, oder c) mit im Bundesfernstraßenmautgesetz bezeichneten Fahrzeugen, die nicht der Mautpflicht unterliegen, durchgeführt wird. 3. Ausgenommen von dem Verkehrsverbot ist eine Fahrt, die auf ausgewiesenen Umleitungsstrecken (Zeichen 421, 442, 454 bis 457.2 oder Zeichen 460 und 466) durchgeführt wird, um besonderen Verkehrslagen Rechnung zu tragen.	3.2.2
			Diese Kombination ist nur mit Zeichen 253 zulässig.	

Vorschriftzeichen (nach StVO Anlage 2)

Bisherige Zeichen	lfd. Nr.	Aktuelle Zeichen	Ge- oder Verbote Erläuterungen	HAV Abschnitt
	31	254[1,8]  Verbot für Radverkehr	Verbot für den Radverkehr und den Verkehr mit Elektrokleinstfahrzeugen im Sinne der eKFV	3.2.2
	32	255[1,2,8]  Verbot für Krafträder	Verbot für Krafträder, auch mit Beiwagen, Kleinkrafträder und Mofas	3.2.2
Z 256  Verbot für Mofas		Z 257-50  Verbot für Mofas		3.2.2
Z 258  Verbot für Reiter		Z 257-51  Verbot für Reiter		3.2.2
		Z 257-52  Verbot für Gespann-fuhrwerke	Konnte bisher durch Zeichen 250 mit Sinnbild aus § 39 Abs. 7 und 8 StVO erzeugt werden	3.2.2
		Z 257-53  Verbot für Viehtrieb	Konnte bisher durch Zeichen 250 mit Sinnbild aus § 39 Abs. 7 und 8 StVO erzeugt werden	3.2.2
		Z 257-54  Verbot für Kraft-omnibusse	Konnte bisher durch Zeichen 250 mit Sinnbild aus § 39 Abs. 7 und 8 StVO erzeugt werden	3.2.2

Vorschriftzeichen (nach StVO Anlage 2)

Bisherige Zeichen	lfd. Nr.	Aktuelle Zeichen	Ge- oder Verbote Erläuterungen	HAV Abschnitt
		Z 257-55  **Verbot für Personen-kraftwagen**	Konnte bisher durch Zeichen 250 mit Sinnbild aus § 39 Abs. 7 und 8 StVO erzeugt werden	**3.2.2**
		Z 257-56  **Verbot für Personen-kraftwagen mit Anhänger**	Konnte bisher durch Zeichen 250 mit Sinnbild aus § 39 Abs. 7 und 8 StVO erzeugt werden	**3.2.2**
		Z 257-57  **Verbot für Lastkraft-wagen mit Anhänger**	Konnte bisher durch Zeichen 250 mit Sinnbild aus § 39 Abs. 7 und 8 StVO erzeugt werden	**3.2.2**
		Z 257-58  **Verbot für Kraftfahrzeuge und Züge, die nicht schneller als 25 km/h fahren können oder dürfen**	Konnte bisher durch Zeichen 250 mit Sinnbild aus § 39 Abs. 7 und 8 StVO erzeugt werden	**3.2.2**
		Z 257-59  **Verbot für Elektrokleinst-fahrzeuge im Sinne der Elektrokleinst-fahrzeuge-Verordnung (eKFV)**	Konnte bisher durch Zeichen 250 mit Sinnbild aus § 39 Abs. 7 und 8 StVO erzeugt werden	**3.2.2**

Bisherige Zeichen	lfd. Nr.	Aktuelle Zeichen	Ge- oder Verbote	Erläuterungen	HAV Abschnitt
	33	259[1,2,8]  Verbot für Fußgänger	Verbot für den Fußgängerverkehr		**3.2.2** Verkehrsverbote; **3.5.3** Führung des Radverkehrs
	34	260[1,2]  Verbot für Kraftfahrzeuge	Verbot für Krafträder, auch mit Beiwagen, Kleinkrafträder und Mofas sowie für Kraftwagen und sonstige mehrspurige Kraftfahrzeuge		**3.2.2**
	35	261[1,2]  Verbot für kennzeichnungspflichtige Kraftfahrzeuge mit gefährlichen Gütern	Verbot für kennzeichnungspflichtige Kraftfahrzeuge mit gefährlichen Gütern		**3.4.1**
	zu 36 bis 40		Die nachfolgenden Zeichen 262 bis 266 verbieten die Verkehrsteilnahme für Fahrzeuge, deren Maße oder Massen, einschließlich Ladung, eine auf dem jeweiligen Zeichen angegebene tatsächliche Grenze überschreiten.	Die angegebenen Grenzen stellen nur Beispiele dar.	**3.3**
	36	262[1]  Tatsächliche Masse	Die Beschränkung durch Zeichen 262 gilt bei Fahrzeugkombinationen für das einzelne Fahrzeug, bei Sattelkraftfahrzeugen gesondert für die Sattelzugmaschine einschließlich Sattellast und für die tatsächlich vorhandenen Achslasten des Sattelanhängers.	Das Zeichen kann in einer Überleitungstafel oder in einer Verschwenkungstafel oder in einer Fahrstreifentafel integriert sein. Dann bezieht sich das Verbot nur auf den jeweiligen Fahrstreifen, für den das Verbot angeordnet ist.	**3.3**
	37	263[1]  Tatsächliche Achslast		Das Zeichen kann in einer Überleitungstafel oder in einer Verschwenkungstafel oder in einer Fahrstreifentafel integriert sein. Dann bezieht sich das Verbot nur auf den jeweiligen Fahrstreifen, für den das Verbot angeordnet ist.	**3.3**
	38	264[1]  Tatsächliche Breite		Die tatsächliche Breite gibt das Maß einschließlich der Fahrzeugaußenspiegel an. Das Zeichen kann in einer Überleitungstafel oder in einer Verschwenkungstafel oder in einer Fahrstreifentafel integriert sein. Dann bezieht sich das Verbot nur auf den jeweiligen Fahrstreifen, für den das Verbot angeordnet ist.	**3.3**

Z 262–264 Unternummer steht jeweils für den Zahlenwert

Vorschriftzeichen (nach StVO Anlage 2)

Bisherige Zeichen	lfd. Nr.	Aktuelle Zeichen	Ge- oder Verbote	Erläuterungen	HAV Abschnitt
	39	265[1]  **Tatsächliche Höhe**		Das Zeichen kann in einer Überleitungstafel oder in einer Verschwenkungstafel oder in einer Fahrstreifentafel integriert sein. Dann bezieht sich das Verbot nur auf den jeweiligen Fahrstreifen, für den das Verbot angeordnet ist.	3.3
	40	266[1]  **Tatsächliche Länge**	Das Verbot gilt bei Fahrzeugkombinationen für die Gesamtlänge.		3.3
	41	267  **Verbot der Einfahrt**	Wer ein Fahrzeug führt, darf nicht in die Fahrbahn einfahren, für die das Zeichen angeordnet ist.	Das Zeichen steht auf der rechten Seite der Fahrbahn, für die es gilt, oder auf beiden Seiten dieser Fahrbahn.	4.4
	41.1		Durch das Zusatzzeichen zu dem Zeichen 267 ist die Einfahrt für den Radverkehr und Elektrokleinstfahrzeuge im Sinne der eKFV zugelassen.		4.4
	42	268 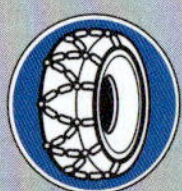 **Schneeketten vorgeschrieben**	Wer ein Fahrzeug führt, darf die Straße nur mit Schneeketten befahren.		3.2.3
	43	269  **Verbot für Fahrzeuge mit wassergefährdender Ladung**	Wer ein Fahrzeug führt, darf die Straße mit mehr als 20 l wassergefährdender Ladung nicht benutzen.		3.4.1
	44	270.1[2]  **Beginn einer Verkehrsverbotszone zur Verminderung schädlicher Luftverunreinigungen in einer Zone**	1. Die Teilnahme am Verkehr mit einem Kraftfahrzeug innerhalb einer so gekennzeichneten Zone ist verboten. 2. § 1 Absatz 2 sowie § 2 Absatz 3 in Verbindung mit Anhang 3 der Verordnung zur Kennzeichnung der Kraftfahrzeuge mit geringem Beitrag zur Schadstoffbelastung vom 10. Oktober 2006 (BGBl. I S. 2218), die durch Artikel 1 der Verordnung vom 5. Dezember 2007 (BGBl. I S. 2793) geändert worden ist, bleiben unberührt. Die Ausnahmen können im Einzelfall oder allgemein durch Zusatzzeichen oder Allgemeinverfügung zugelassen sein. >		**3.4** Verkehrsverbote zum Schutz des Umfeldes; **6.5.8** Innerorts – Umweltzone

Z 265–266 Unternummer steht jeweils für den Zahlenwert

Bisherige Zeichen	lfd. Nr.	Aktuelle Zeichen	Ge- oder Verbote	HAV Abschnitt
			Erläuterungen	
	44		3. Von dem Verbot der Verkehrsteilnahme sind zudem Kraftfahrzeuge zur Beförderung schwerbehinderter Menschen mit außergewöhnlicher Gehbehinderung, beidseitiger Amelie oder Phokomelie oder mit vergleichbaren Funktionseinschränkungen sowie blinde Menschen ausgenommen.	
			Die Umweltzone ist zur Vermeidung von schädlichen Umwelteinwirkungen durch Luftverunreinigungen in einem Luftreinhalteplan oder einem Plan für kurzfristig zu ergreifende Maßnahmen nach § 47 Absatz 1 oder 2 des Bundes-Immissionsschutzgesetzes festgesetzt und auf Grund des § 40 Absatz 1 des Bundes-Immissionsschutzgesetzes angeordnet. Die Kennzeichnung der Umweltzone erfolgt auf Grund von § 45 Absatz 1f.	
		Z 270.1 	**Unternummer Z 270.1-** 40: doppelseitig (Rückseite Z 270.2)	**3.4** Verkehrsverbote zum Schutz des Umfeldes; **6.5.8** Innerorts – Umweltzone
	45	**270.2**  **Ende einer Verkehrsverbotszone zur Verminderung schädlicher Luftverunreinigungen in einer Zone**		**3.4** Verkehrsverbote zum Schutz des Umfeldes; **6.5.8** Innerorts – Umweltzone
	46	 **Freistellung vom Verkehrsverbot nach § 40 Absatz 1 des Bundes-Immissionsschutzgesetzes**	Das Zusatzzeichen zum Zeichen 270.1 nimmt Kraftfahrzeuge vom Verkehrsverbot aus, die mit einer auf dem Zusatzzeichen in der jeweiligen Farbe angezeigten Plakette nach § 3 der Verordnung zur Kennzeichnung der Kraftfahrzeuge mit geringem Beitrag zur Schadstoffbelastung ausgestattet sind.	**3.4.1**
	47	**272**  **Verbot des Wendens**	Wer ein Fahrzeug führt, darf hier nicht wenden.	**4.2**

Vorschriftzeichen (nach StVO Anlage 2)

Bisherige Zeichen	lfd. Nr.	Aktuelle Zeichen	Ge- oder Verbote / Erläuterungen	HAV Abschnitt
	48	273  **Verbot des Unterschreitens des angegebenen Mindestabstandes**	Wer ein Kraftfahrzeug mit einer zulässigen Gesamtmasse über 3,5 t oder eine Zugmaschine führt, darf den angegebenen Mindestabstand zu einem vorausfahrenden Kraftfahrzeug gleicher Art nicht unterschreiten. Personenkraftwagen und Kraftomnibusse sind ausgenommen.	3.3
Abschnitt 7 Geschwindigkeitsbeschränkungen und Überholverbote				
	49	274[1, 2, 6]  **Zulässige Höchstgeschwindigkeit**	1. Wer ein Fahrzeug führt, darf nicht schneller als mit der jeweils angegebenen Höchstgeschwindigkeit fahren. 2. Sind durch das Zeichen innerhalb geschlossener Ortschaften bestimmte Geschwindigkeiten über 50 km/h zugelassen, gilt das für Fahrzeuge aller Art. 3. Außerhalb geschlossener Ortschaften bleiben die für bestimmte Fahrzeugarten geltenden Höchstgeschwindigkeiten (§ 3 Absatz 3 Nummer 2 Buchstabe a und b und § 18 Absatz 5) unberührt, wenn durch das Zeichen eine höhere Geschwindigkeit zugelassen ist. Das Zeichen kann in einer Fahrstreifentafel oder einer Einengungstafel oder einer Aufweitungstafel integriert sein. Dann bezieht sich die zulässige Höchstgeschwindigkeit nur auf den jeweiligen Fahrstreifen, für den die Höchstgeschwindigkeit angeordnet ist.	6.4.1
		Z 274-60 	**Unternummer Z 274-** 5–130: ab 10 in vollen Zehnern, jeweilige Geschwindigkeit in km/h Unternummer steht jeweils für den Zahlenwert	6.4.1
	49.1		Das Zusatzzeichen zu dem Zeichen 274 verbietet Fahrzeugführenden, bei nasser Fahrbahn die angegebene Geschwindigkeit zu überschreiten.	6.4.1
	50	274.1  **Beginn einer Tempo 30-Zone**	Wer ein Fahrzeug führt, darf innerhalb dieser Zone nicht schneller als mit der angegebenen Höchstgeschwindigkeit fahren. Mit dem Zeichen können in verkehrsberuhigten Geschäftsbereichen auch Zonengeschwindigkeitsbeschränkungen von weniger als 30 km/h angeordnet sein.	6.5.5
		Z 274.1 	**Unternummer Z 274.1-** 40: Beginn einer Tempo 30-Zone – doppelseitig (Rückseite Z 274.2) 41: Beginn einer Tempo 20-Zone in verkehrsberuhigten Geschäftsbereichen – doppelseitig (Rückseite Z 274.2-20) 20: Beginn einer Tempo 20-Zone in verkehrsberuhigten Geschäftsbereichen (einseitig)	6.5.5

Z 273 Unternummer steht jeweils für den Zahlenwert

Bisherige Zeichen	lfd. Nr.	Aktuelle Zeichen	Ge- oder Verbote	Erläuterungen	HAV Abschnitt
	51	274.2  **Ende einer Tempo 30-Zone**			6.5.5
		Z 274.2 	**Unternummer Z 274.2-** 20: Ende einer Tempo 20-Zone in verkehrsberuhigten Geschäftsbereichen (einseitig)		6.5.5
	52	275[1]  **Vorgeschriebene Mindestgeschwindigkeit**	Wer ein Fahrzeug führt, darf nicht langsamer als mit der angegebenen Mindestgeschwindigkeit fahren, sofern nicht Straßen-, Verkehrs-, Sicht- oder Wetterverhältnisse dazu verpflichten. Es verbietet, mit Fahrzeugen, die nicht so schnell fahren können oder dürfen, einen so gekennzeichneten Fahrstreifen zu benutzen.	Das Zeichen kann in einer Fahrstreifentafel oder einer Aufweitungstafel integriert sein. Dann bezieht sich die vorgeschriebene Mindestgeschwindigkeit nur auf den jeweiligen Fahrstreifen, für den die Mindestgeschwindigkeit angeordnet ist.	6.4.1
		Z 275-30 	Unternummer (nur volle Zehner) steht jeweils für den Zahlenwert		6.4.1
	zu 53, 54 und 54.4		Die nachfolgenden Zeichen 276 und 277 verbieten Kraftfahrzeugen das Überholen von mehrspurigen Kraftfahrzeugen und Krafträdern mit Beiwagen. Ist auf einem Zusatzzeichen eine Masse, wie „7,5 t" angegeben, gilt das Verbot nur, soweit die zulässige Gesamtmasse dieser Kraftfahrzeuge, einschließlich ihrer Anhänger, die angegebene Grenze überschreitet. Soll mehrspurigen Kraftfahrzeugen und Krafträdern mit Beiwagen das Überholen von einspurigen Fahrzeugen verboten werden, ist Zeichen 277.1 angeordnet.		6.4.1
	53	276[1,2,6,7]  **Überholverbot für Kraftfahrzeuge aller Art**			6.4.1
	54	277[1,2,6,7]  **Überholverbot für Kraftfahrzeuge über 3,5 t**	Überholverbot für Kraftfahrzeuge mit einer zulässigen Gesamtmasse über 3,5 t, einschließlich ihrer Anhänger, und für Zugmaschinen. Ausgenommen sind Personenkraftwagen und Kraftomnibusse.		6.4.1

Vorschriftzeichen (nach StVO Anlage 2)

Bisherige Zeichen	lfd. Nr.	Aktuelle Zeichen	Ge- oder Verbote	Erläuterungen	HAV Abschnitt
	54.1	2,8t	Mit dem Zusatzzeichen gilt das durch Zeichen 277 angeordnete Überholverbot auch für Kraftfahrzeuge über 2,8 t, einschließlich ihrer Anhänger.		6.4.1
	54.2		Mit dem Zusatzzeichen gilt das durch Zeichen 277 angeordnete Überholverbot auch für Kraftomnibusse und Personenkraftwagen mit Anhänger.		6.4.1
	54.3	↑ 2 km ↑		Das Zusatzzeichen zu dem Zeichen 274, 276, 277 oder 277.1 gibt die Länge einer Geschwindigkeitsbeschränkung oder eines Überholverbots an.	6.4.1
	54.4	277.1  **Verbot des Überholens von einspurigen Fahrzeugen für mehrspurige Kraftfahrzeuge und Krafträder mit Beiwagen**	Wer ein mehrspuriges Kraftfahrzeug führt, darf ein- und mehrspurige Fahrzeuge nicht überholen.		6.4.1
	55			Das Ende einer streckenbezogenen Geschwindigkeitsbeschränkung oder eines Überholverbots ist nicht gekennzeichnet, wenn das Verbot nur für eine kurze Strecke gilt und auf einem Zusatzzeichen die Länge des Verbots angegeben ist. Es ist auch nicht gekennzeichnet, wenn das Verbotszeichen zusammen mit einem Gefahrzeichen angebracht ist und sich aus der Örtlichkeit zweifelsfrei ergibt, von wo an die angezeigte Gefahr nicht mehr besteht. Sonst ist es gekennzeichnet durch die Zeichen 278 bis 282.	6.4.1
	56	278  **Ende der zulässigen Höchstgeschwindigkeit**		Das Zeichen kann in einer Fahrstreifentafel oder einer Einengungstafel oder Aufweitungstafel integriert sein. Dann bezieht sich das Zeichen nur auf den jeweiligen Fahrstreifen, für den die zulässige Höchstgeschwindigkeit vorher angeordnet worden war.	6.4.1
		Z 278-60 	**Unternummer Z 278-** 5–130: ab 10 in vollen Zehnern, jeweilige Geschwindigkeit in km/h Unternummer steht jeweils für den Zahlenwert		6.4.1

Bisherige Zeichen	lfd. Nr.	Aktuelle Zeichen	Ge- oder Verbote Erläuterungen	HAV Abschnitt
	57	279  **Ende der vorgeschriebenen Mindestgeschwindigkeit**	Das Zeichen kann in einer Fahrstreifentafel oder einer Einengungstafel integriert sein. Dann bezieht sich das Zeichen nur auf den jeweiligen Fahrstreifen, für den die vorgeschriebene Mindestgeschwindigkeit vorher angeordnet worden war.	6.4.1
		Z 279-30 	Unternummer (nur volle Zehner) steht jeweils für den Zahlenwert	6.4.1
	58	280  **Ende des Überholverbots für Kraftfahrzeuge aller Art**		6.4.1
	59	281  **Ende des Überholverbots für Kraftfahrzeuge über 3,5 t**		6.4.1
	59.1	281.1  **Ende des Verbots des Überholens von einspurigen Fahrzeugen für mehrspurige Kraftfahrzeuge und Krafträder mit Beiwagen**		6.4.1

Vorschriftzeichen (nach StVO Anlage 2)

Bisherige Zeichen	lfd. Nr.	Aktuelle Zeichen	Ge- oder Verbote	Erläuterungen	HAV Abschnitt
	60	282  **Ende sämtlicher streckenbezogener Geschwindigkeitsbeschränkungen und Überholverbote**		Das Zeichen kann in einer Fahrstreifentafel oder einer Aufweitungstafel integriert sein. Dann bezieht sich das Zeichen nur auf den jeweiligen Fahrstreifen, für den die streckenbezogenen Geschwindigkeitsbeschränkungen und Überholverbote vorher angeordnet worden waren.	6.4.1
Abschnitt 8 Halt- und Parkverbote					
	61		1. Die durch die nachfolgenden Zeichen 283 und 286 angeordneten Haltverbote gelten nur auf der Straßenseite, auf der die Zeichen angebracht sind. Sie gelten bis zur nächsten Kreuzung oder Einmündung auf der gleichen Straßenseite oder bis durch Verkehrszeichen für den ruhenden Verkehr eine andere Regelung vorgegeben wird. 2. Mobile, vorübergehend angeordnete Haltverbote durch Zeichen 283 und 286 heben Verkehrszeichen auf, die das Parken erlauben.	Der Anfang der Verbotsstrecke kann durch einen zur Fahrbahn weisenden waagerechten weißen Pfeil im Zeichen, das Ende durch einen solchen von der Fahrbahn wegweisenden Pfeil gekennzeichnet sein. Bei in der Verbotsstrecke wiederholten Zeichen weist eine Pfeilspitze zur Fahrbahn, die zweite Pfeilspitze von ihr weg.	7.2.3
	62	283[2]  **Absolutes Haltverbot**	Das Halten auf der Fahrbahn ist verboten.		3.6
		Z 283 	-10  -20  -30  -11  -21  -31  **Unternummer Z 283-** 10: Anfang – Aufstellung rechts 11: Ende – Aufstellung links 20: Ende – Aufstellung rechts 21: Anfang – Aufstellung links 30: Mitte – Aufstellung rechts 31: Mitte – Aufstellung links		3.6
	62.1	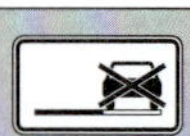	Das mit dem Zeichen 283 angeordnete Zusatzzeichen verbietet das Halten von Fahrzeugen auch auf dem Seitenstreifen.		3.6

Bisherige Zeichen	lfd. Nr.	Aktuelle Zeichen	Ge- oder Verbote Erläuterungen	HAV Abschnitt
	62.2	auf dem Seitenstreifen	Das mit dem Zeichen 283 angeordnete Zusatzzeichen verbietet das Halten von Fahrzeugen nur auf dem Seitenstreifen.	3.6
	63	286[2]  Einge-schränktes Haltverbot	1. Wer ein Fahrzeug führt, darf nicht länger als drei Minuten auf der Fahrbahn halten, ausgenommen zum Ein- oder Aussteigen oder zum Be- oder Entladen. 2. Ladegeschäfte müssen ohne Verzögerung durchgeführt werden.	3.6
		Z 286 	-10  -20  -30  -11  -21  -31  **Unternummer Z 286-** 10: Anfang – Aufstellung rechts 11: Ende – Aufstellung links 20: Ende – Aufstellung rechts 21: Anfang – Aufstellung links 30: Mitte – Aufstellung rechts 31: Mitte – Aufstellung links	3.6
	63.1	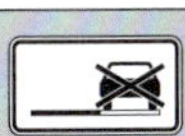	Mit dem Zusatzzeichen zu Zeichen 286 darf auch auf dem Seitenstreifen nicht länger als drei Minuten gehalten werden, ausgenommen zum Ein- oder Aussteigen oder zum Be- oder Entladen.	3.6
	63.2	auf dem Seitenstreifen	Mit dem Zusatzzeichen zu Zeichen 286 darf nur auf dem Seitenstreifen nicht länger als drei Minuten gehalten werden, ausgenommen zum Ein- oder Aussteigen oder zum Be- oder Entladen.	3.6
	63.3		1. Das Zusatzzeichen zu Zeichen 286 nimmt schwerbehinderte Menschen mit außergewöhnlicher Gehbehinderung, beidseitiger Amelie oder Phokomelie oder mit vergleichbaren Funktionseinschränkungen sowie blinde Menschen, jeweils mit besonderem Parkausweis Nummer …, vom Haltverbot aus. 2. Die Ausnahme gilt nur, soweit der Parkausweis gut lesbar ausgelegt oder angebracht ist.	3.6.8
	63.4	Bewohner mit Parkausweis Nr. frei	1. Das Zusatzzeichen zu Zeichen 286 nimmt Bewohner mit besonderem Parkausweis vom Haltverbot aus. 2. Die Ausnahme gilt nur, soweit der Parkausweis gut lesbar ausgelegt oder angebracht ist.	3.6.8

Vorschriftzeichen (nach StVO Anlage 2)

Bisherige Zeichen	lfd. Nr.	Aktuelle Zeichen	Ge- oder Verbote / Erläuterungen	HAV Abschnitt
	63.5		Durch das Zusatzzeichen zu Zeichen 286 wird das Parken für elektrisch betriebene Fahrzeuge innerhalb der gekennzeichneten Flächen erlaubt.	**3.6.8**
	63.6		Durch das Zusatzzeichen zu Zeichen 286 wird das Parken für Carsharingfahrzeuge (§ 39 Absatz 11) innerhalb der gekennzeichneten Flächen erlaubt.	**3.6.8**
	64	**290.1**  **Beginn eines eingeschränkten Haltverbots für eine Zone**	1. Wer ein Fahrzeug führt, darf innerhalb der gekennzeichneten Zone nicht länger als drei Minuten halten, ausgenommen zum Ein- oder Aussteigen oder zum Be- oder Entladen. 2. Innerhalb der gekennzeichneten Zone gilt das eingeschränkte Haltverbot auf allen öffentlichen Verkehrsflächen, sofern nicht abweichende Regelungen durch Verkehrszeichen oder Verkehrseinrichtungen getroffen sind. 3. Durch Zusatzzeichen kann das Parken für Bewohner mit Parkausweis oder mit Parkschein oder Parkscheibe (Bild 318) innerhalb gekennzeichneter Flächen erlaubt sein. 4. Durch Zusatzzeichen kann das Parken mit Parkschein oder Parkscheibe (Bild 318) innerhalb gekennzeichneter Flächen erlaubt sein. Dabei ist der Parkausweis, der Parkschein oder die Parkscheibe gut lesbar auszulegen oder anzubringen.	**3.6.9** Parkdruck – Zonenregelungen; **6.5.9** Innerorts – Haltverbotszone
		Z 290.1 	**Unternummer Z 290.1-** 40: doppelseitig (Rückseite Z 290.2)	**3.6.9** Parkdruck – Zonenregelungen; **6.5.9** Innerorts – Haltverbotszone
	64.1		Durch das Zusatzzeichen zu Zeichen 290.1 wird das Parken für elektrisch betriebene Fahrzeuge innerhalb der gekennzeichneten Flächen erlaubt.	**3.6.9** Parkdruck – Zonenregelungen; **6.5.9** Innerorts – Haltverbotszone
	64.2		Durch das Zusatzzeichen zu Zeichen 290.1 wird das Parken für Carsharingfahrzeuge (§ 39 Absatz 11) innerhalb der gekennzeichneten Flächen erlaubt.	**3.6.9** Parkdruck – Zonenregelungen; **6.5.9** Innerorts – Haltverbotszone

Bisherige Zeichen	lfd. Nr.	Aktuelle Zeichen	Ge- oder Verbote Erläuterungen	HAV Abschnitt
	65	**290.2**  **Ende eines eingeschränkten Haltverbots für eine Zone**		**3.6.9** Parkdruck – Zonenregelungen; **6.5.9** Innerorts – Haltverbotszone
Abschnitt 9 Markierungen				
	66	**293**  **Fußgängerüberweg**	Wer ein Fahrzeug führt, darf auf Fußgängerüberwegen sowie bis zu 5 m davor nicht halten.	**5.3.5**
	67	**294** 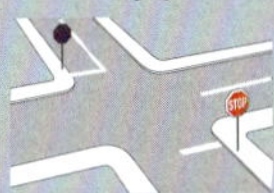 **Haltlinie**	Ergänzend zu Halt- oder Wartegeboten, die durch Zeichen 206, durch Polizeibeamte, Lichtzeichen oder Schranken gegeben werden, ordnet sie an: Wer ein Fahrzeug führt, muss hier anhalten. Erforderlichenfalls ist an der Stelle, wo die Straße eingesehen werden kann, in die eingefahren werden soll (Sichtlinie), erneut anzuhalten.	**4.5.3**
	68	**295**  **Fahrstreifenbegrenzung, Begrenzung von Fahrbahnen und Sonderwegen**	1. a) Wer ein Fahrzeug führt, darf die durchgehende Linie auch nicht teilweise überfahren. b) Trennt die durchgehende Linie den Teil der Fahrbahn oder des Sonderwegs für den Gegenverkehr ab, ist rechts von ihr zu fahren. c) Grenzt sie einen befestigten Seitenstreifen ab, müssen außerorts landwirtschaftliche Zug- und Arbeitsmaschinen, Fuhrwerke und ähnlich langsame Fahrzeuge möglichst rechts von ihr fahren. d) Wer ein Fahrzeug führt, darf auf der Fahrbahn nicht parken, wenn zwischen dem abgestellten Fahrzeug und der Fahrstreifenbegrenzungslinie kein Fahrstreifen von mindestens 3 m mehr verbleibt. 2. a) Wer ein Fahrzeug führt, darf links von der durchgehenden Fahrbahnbegrenzungslinie nicht halten, wenn rechts ein Seitenstreifen oder Sonderweg vorhanden ist. b) Wer ein Fahrzeug führt, darf die Fahrbahnbegrenzung der Mittelinsel des Kreisverkehrs nicht überfahren. c) Ausgenommen von dem Verbot zum Überfahren der Fahrbahnbegrenzung der Mittelinsel des Kreisverkehrs sind nur Fahrzeuge, denen wegen ihrer Abmessungen das Befahren sonst nicht möglich wäre. Mit ihnen darf die Mittelinsel überfahren werden, wenn eine Gefährdung anderer am Verkehr Teilnehmenden ausgeschlossen ist. 3. a) Wird durch Zeichen 223.1 das Befahren eines Seitenstreifens angeordnet, darf die Fahrbahnbegrenzung wie eine Leitlinie zur Markierung von Fahrstreifen einer durchgehenden Fahrbahn (Zeichen 340) überfahren werden. b) Grenzt sie einen Sonderweg ab, darf sie nur überfahren werden, wenn dahinter anders nicht erreichbare Parkstände angelegt sind oder sich Grundstückszufahrten befinden und das Benutzen von Sonderwegen weder gefährdet noch behindert wird. >	**6.2.3** Leiteinrichtungen; **6.4.1** Streckenverbote und -gebote

Z 293–295 Ausführung nach RMS

Vorschriftzeichen (nach StVO Anlage 2)

Bisherige Zeichen	lfd. Nr.	Aktuelle Zeichen	Ge- oder Verbote / Erläuterungen	HAV Abschnitt
	68		c) Die Linie zur Begrenzung von Fahrbahnen oder Sonderwegen darf überfahren werden, wenn sich dahinter eine nicht anders erreichbare Grundstückszufahrt befindet.	
			1. Als Fahrstreifenbegrenzung trennt das Zeichen den für den Gegenverkehr bestimmten Teil der Fahrbahn oder mehrere Fahrstreifen für den gleichgerichteten Verkehr voneinander ab. Die Fahrstreifenbegrenzung kann zur Abtrennung des Gegenverkehrs aus einer Doppellinie bestehen. Die Doppellinie kann voneinander abgesetzt aufgebracht sein, dann kann der verbleibende Zwischenraum in grüner Farbe ausgefüllt sein, was weder einen Mittelstreifen noch eine bauliche Trennung darstellt. 2. Als Fahrbahnbegrenzung kann die durchgehende Linie auch einen Seitenstreifen oder Sonderweg abgrenzen. 3. Als Begrenzung eines Sonderwegs kennzeichnet sie den Verlauf des für den Radverkehr bestimmten Teils des Sonderwegs.	
	69	**296**  **Einseitige Fahrstreifenbegrenzung**	1. Wer ein Fahrzeug führt, darf die durchgehende Linie nicht überfahren oder auf ihr fahren. 2. Wer ein Fahrzeug führt, darf nicht auf der Fahrbahn parken, wenn zwischen dem parkenden Fahrzeug und der durchgehenden Fahrstreifenbegrenzungslinie kein Fahrstreifen von mindestens 3 m mehr verbleibt. 3. Für Fahrzeuge auf dem Fahrstreifen B ordnet die Markierung an: Fahrzeuge auf dem Fahrstreifen B dürfen die Markierung überfahren, wenn der Verkehr dadurch nicht gefährdet wird.	6.4.1
	70	**297**  **Pfeilmarkierungen**	1. Wer ein Fahrzeug führt, muss der Fahrtrichtung auf der folgenden Kreuzung oder Einmündung folgen, wenn zwischen den Pfeilen Leitlinien (Zeichen 340) oder Fahrstreifenbegrenzungen (Zeichen 295) markiert sind. 2. Wer ein Fahrzeug führt, darf auf der mit Pfeilen markierten Strecke der Fahrbahn nicht halten (§ 12 Absatz 1). Pfeile empfehlen, sich rechtzeitig einzuordnen und in Fahrstreifen nebeneinander zu fahren. Fahrzeuge, die sich eingeordnet haben, dürfen auch rechts überholt werden.	4.3
	71	**297.1** 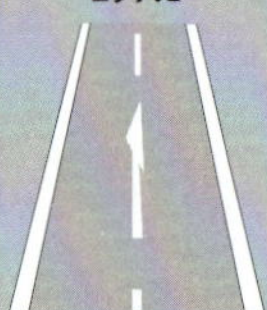 **Vorankündigungspfeil**	Mit dem Vorankündigungspfeil wird eine Fahrstreifenbegrenzung angekündigt oder das Ende eines Fahrstreifens angezeigt. Die Ausführung des Pfeils kann von der gezeigten abweichen.	6.4.1
		Z 297.1 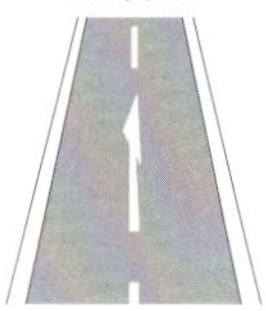 **Z 297.1-21** 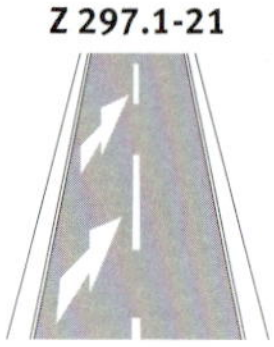	**Unternummer Z 297.1-** 21: zur Anzeige eines Fahrstreifenendes	6.4.1

Z 296–297.1 Ausführung nach RMS

Vorschriftzeichen (nach StVO Anlage 2)

Bisherige Zeichen	lfd. Nr.	Aktuelle Zeichen	Ge- oder Verbote	Erläuterungen	HAV Abschnitt
	72	298 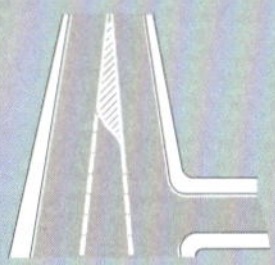 Sperrfläche	Wer ein Fahrzeug führt, darf Sperrflächen nicht benutzen.		4.3
	73	299 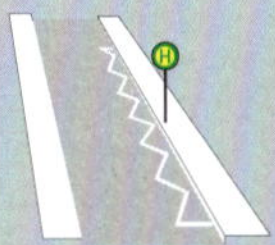 Grenz-markierung für Halt- oder Parkverbote	Wer ein Fahrzeug führt, darf innerhalb einer Grenzmarkierung für Halt- oder Parkverbote nicht halten oder parken.	Grenzmarkierungen bezeichnen, verlängern oder verkürzen ein an anderer Stelle vorgeschriebenes Halt- oder Parkverbot.	3.6.2
	74	Parkflächen-markierung	Eine Parkflächenmarkierung erlaubt das Parken; auf Gehwegen aber nur Fahrzeugen mit einer zulässigen Gesamtmasse bis zu 2,8 t. Die durch die Parkflächenmarkierung angeordnete Aufstellung ist einzuhalten. Wo sie mit durchgehenden Linien markiert ist, darf diese überfahren werden.	Sind Parkflächen auf Straßen erkennbar abgegrenzt, wird damit angeordnet, wie Fahrzeuge aufzustellen sind.	3.6.2

Z 298–299 Ausführung nach RMS

1 Kann fahrstreifenbezogen angeordnet werden
2 Kann durch Zz zeitlich eingeschränkt werden
3 Kann auch doppelseitig gezeigt werden
4 Kann links wiederholt werden
5 Am 10.10.2006 durch Z 270.1 ersetzt
6 Durch Zz kann die Länge des Geltungsbereichs angegeben werden
7 Steht in der Regel beidseitig
8 Die Sinnbilder in den Z 251 bis 255 sowie 259 können auch doppelt nach dem Vorbild von Z 260 angeordnet werden

Richtzeichen (nach StVO Anlage 3)

Bisherige Zeichen	lfd. Nr.	Aktuelle Zeichen	Ge- oder Verbote	Erläuterungen	HAV Abschnitt
Abschnitt 1 Vorrangzeichen					
	1	301  Vorfahrt	Das Zeichen zeigt an, dass an der nächsten Kreuzung oder Einmündung Vorfahrt besteht.		4.5.3
	2	306  Vorfahrtstraße	Wer ein Fahrzeug führt, darf außerhalb geschlossener Ortschaften auf Fahrbahnen von Vorfahrtstraßen nicht parken. Das Zeichen zeigt an, dass Vorfahrt besteht bis zum nächsten Zeichen 205 „Vorfahrt gewähren.“, 206 „Halt. Vorfahrt gewähren.“ oder 307 „Ende der Vorfahrtstraße“.		4.5.3
	2.1		1. Wer ein Fahrzeug führt und dem Verlauf der abknickenden Vorfahrtstraße folgen will, muss dies rechtzeitig und deutlich ankündigen; dabei sind die Fahrtrichtungsanzeiger zu benutzen. 2. Auf den Fußgängerverkehr ist besondere Rücksicht zu nehmen. Wenn nötig, muss gewartet werden.	Das Zusatzzeichen zum Zeichen 306 zeigt den Verlauf der Vorfahrtstraße an.	4.5.3
	3	307  Ende der Vorfahrtstraße			4.5.3
	4	308  Vorrang vor dem Gegenverkehr	Wer ein Fahrzeug führt, hat Vorrang vor dem Gegenverkehr.		5.2.4
Abschnitt 2 Ortstafel					
	zu 5 und 6			Ab der Ortstafel gelten jeweils die für den Verkehr innerhalb oder außerhalb geschlossener Ortschaften bestehenden Vorschriften.	6.5.4 Innerhalb geschlossener Ortschaften; 8.3.9 Ortsbestimmung
	5	310 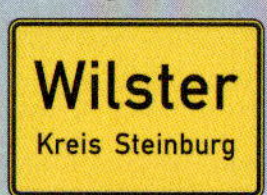 Ortstafel Vorderseite	Die Ortstafel bestimmt: Hier beginnt eine geschlossene Ortschaft.		6.5.4; 8.3.9

Z 310 Ausführung nach RWB

Bisherige Zeichen	lfd. Nr.	Aktuelle Zeichen	Ge- oder Verbote / Erläuterungen	HAV Abschnitt
		Z 310 	**Unternummer Z 310-** 40: doppelseitig (Rückseite Z 311) 41: doppelseitig (Rückseite Z 311.1)	6.5.4; 8.3.9
	6	311  Ortstafel Rückseite	Die Ortstafel bestimmt: Hier endet eine geschlossene Ortschaft.	6.5.4; 8.3.9
		Z 311.1 	Ortstafel Rückseite ohne Zielangabe	6.5.4; 8.3.9
Abschnitt 3 Parken				
	7	314  Parken	1. Wer ein Fahrzeug führt, darf hier parken. 2. a) Durch ein Zusatzzeichen kann die Parkerlaubnis insbesondere nach der Dauer, nach Fahrzeugarten, zugunsten der mit besonderem Parkausweis versehenen Bewohner oder auf das Parken mit Parkschein oder Parkscheibe beschränkt sein. b) Ein Zusatzzeichen mit Bild 318 (Parkscheibe) und Angabe der Stundenzahl schreibt das Parken mit Parkscheibe und dessen zulässige Höchstdauer vor. c) Durch Zusatzzeichen können Bewohner mit Parkausweis von der Verpflichtung zum Parken mit Parkschein oder Parkscheibe freigestellt sein. d) Durch ein Zusatzzeichen mit Rollstuhlfahrersinnbild kann die Parkerlaubnis beschränkt sein auf schwerbehinderte Menschen mit außergewöhnlicher Gehbehinderung, beidseitiger Amelie oder Phokomelie oder mit vergleichbaren Funktionseinschränkungen sowie auf blinde Menschen. e) Die Parkerlaubnis gilt nur, wenn der Parkschein, die Parkscheibe oder der Parkausweis gut lesbar ausgelegt oder angebracht ist. f) Durch Zusatzzeichen kann ein Parkplatz als gebührenpflichtig ausgewiesen sein. 3. a) Durch Zusatzzeichen kann die Parkerlaubnis zugunsten elektrisch betriebener Fahrzeuge beschränkt sein. b) Durch Zusatzzeichen können elektrisch betriebene Fahrzeuge von der Verpflichtung zum Parken mit Parkschein oder Parkscheibe freigestellt sein. Sind Parkscheinautomaten aufgestellt, kann die Freistellung auch allein am Automaten angegeben sein. c) Durch Zusatzzeichen kann die Parkerlaubnis für elektrisch betriebene Fahrzeuge nach der Dauer beschränkt sein. Der Nachweis zur Einhaltung der zeitlichen Dauer erfolgt durch Auslegen der Parkscheibe. Die Parkerlaubnis gilt nur, wenn die Parkscheibe gut lesbar ausgelegt oder angebracht ist. 4. a) Durch Zusatzzeichen kann die Parkerlaubnis zugunsten von mit einem Carsharingausweis versehenen Carsharingfahrzeugen beschränkt sein. >	3.6

Z 310–311.1 Ausführung nach RWB

Richtzeichen (nach StVO Anlage 3)

Bisherige Zeichen	lfd. Nr.	Aktuelle Zeichen	Ge- oder Verbote / Erläuterungen	HAV Abschnitt
	7		Eine Beschränkung auf Fahrzeuge nur eines Carsharingunternehmens oder auf bestimmte Carsharingunternehmen ist nach Maßgabe des Carsharinggesetzes zulässig. Die Beschränkung erfolgt durch die Angabe der entsprechenden Firmenbezeichnung in schwarzer Schrift auf weißem Grund auf einem weiteren Zusatzzeichen. Die Parkerlaubnis gilt nur, wenn der Carsharingausweis im Fahrzeug gut lesbar ausgelegt oder angebracht ist. b) Durch Zusatzzeichen können Carsharingfahrzeuge von der Verpflichtung zum Parken mit Parkschein oder Parkscheibe freigestellt sein. Sind Parkscheinautomaten aufgestellt, kann die Freistellung auch allein am Automaten angegeben sein. — 1. Der Anfang des erlaubten Parkens kann durch einen zur Fahrbahn weisenden waagerechten weißen Pfeil im Zeichen, das Ende durch einen solchen von der Fahrbahn wegweisenden Pfeil gekennzeichnet sein. Bei in der Strecke wiederholten Zeichen weist eine Pfeilspitze zur Fahrbahn, die zweite Pfeilspitze von ihr weg. 2. Das Zeichen mit einem Zusatzzeichen mit schwarzem Pfeil weist auf die Zufahrt zu größeren Parkplätzen oder Parkhäusern hin. Das Zeichen kann auch durch Hinweise ergänzt werden, ob es sich um ein Parkhaus handelt.	
		Z 314  	-10 -20 -30 -31 -50  **Unternummer Z 314-** 10: Anfang (Aufstellung rechts) oder Ende (Aufstellung links) 20: Ende (Aufstellung rechts) oder Anfang (Aufstellung links) 30: Mitte (Aufstellung rechts) 31: Mitte (Aufstellung links) 50: Parkhaus, Parkgarage	3.6
	8	314.1  **Beginn einer Parkraumbewirtschaftungszone**	1. Wer ein Fahrzeug führt, darf innerhalb der Parkraumbewirtschaftungszone nur mit Parkschein oder mit Parkscheibe (Bild 318) parken, soweit das Halten und Parken nicht gesetzlich oder durch Verkehrszeichen verboten ist. 2. Durch Zusatzzeichen können Bewohner mit Parkausweis von der Verpflichtung zum Parken mit Parkschein oder Parkscheibe freigestellt sein. 3. Die Parkerlaubnis gilt nur, wenn der Parkschein, die Parkscheibe oder der Parkausweis gut lesbar ausgelegt oder angebracht ist. 4. a) Durch Zusatzzeichen kann die Parkerlaubnis zugunsten elektrisch betriebener Fahrzeuge beschränkt sein. b) Durch Zusatzzeichen können elektrisch betriebene Fahrzeuge von der Verpflichtung zum Parken mit Parkschein oder Parkscheibe freigestellt sein. Sind Parkscheinautomaten aufgestellt, kann die Freistellung auch allein am Automaten angegeben sein. c) Durch Zusatzzeichen kann die Parkerlaubnis für elektrisch betriebene Fahrzeuge nach der Dauer beschränkt sein. Der Nachweis zur Einhaltung der zeitlichen Dauer erfolgt durch Auslegen der Parkscheibe. Die Parkerlaubnis gilt nur, wenn die Parkscheibe gut lesbar ausgelegt oder angebracht ist. >	**3.6.9** Parkdruck – Zonenregelungen; **6.5.10** Innerorts – Parkraumbewirtschaftungszone

Z 314–314.1 Die Art einer Parkbeschränkung wird durch Zusatzzeichen angezeigt

Bisherige Zeichen	lfd. Nr.	Aktuelle Zeichen	Ge- oder Verbote Erläuterungen	HAV Abschnitt
	8		5. a) Durch Zusatzzeichen kann die Parkerlaubnis zugunsten von mit einem Carsharingausweis versehenen Carsharingfahrzeugen beschränkt sein. Eine Beschränkung auf Fahrzeuge nur eines Carsharingunternehmens oder auf bestimmte Carsharingunternehmen ist nach Maßgabe des Carsharinggesetzes zulässig. Die Beschränkung erfolgt durch eine zusätzliche Angabe der entsprechenden Firmenbezeichnung in schwarzer Schrift auf weißem Grund auf einem weiteren Zusatzzeichen. Die Parkerlaubnis gilt nur, wenn der Carsharingausweis gut lesbar im Fahrzeug ausgelegt oder angebracht ist. b) Durch Zusatzzeichen können Carsharingfahrzeuge von der Verpflichtung zum Parken mit Parkschein oder Parkscheibe freigestellt sein. Sind Parkscheinautomaten aufgestellt, kann die Freistellung auch allein am Automaten angegeben sein. Die Art der Parkbeschränkung wird durch Zusatzzeichen angezeigt.	
		Z 314.1  	**Unternummer Z 314.1-** 40: doppelseitig (Rückseite Z 314.2)	3.6.9; 6.5.10
	9	314.2  **Ende einer Parkraum-bewirtschaf-tungszone**		3.6.9; 6.5.10
	10	315  **Parken auf Gehwegen**	1. Wer ein Fahrzeug führt, darf auf Gehwegen mit Fahrzeugen mit einer zulässigen Gesamtmasse über 2,8 t nicht parken. Dann darf auch nicht entgegen der angeordneten Aufstellungsart des Zeichens oder entgegen Beschränkungen durch Zusatzzeichen geparkt werden. 2. a) Durch ein Zusatzzeichen kann die Parkerlaubnis insbesondere nach der Dauer, nach Fahrzeugarten, zugunsten der mit besonderem Parkausweis versehenen Bewohner oder auf das Parken mit Parkschein oder Parkscheibe beschränkt sein. b) Ein Zusatzzeichen mit Bild 318 (Parkscheibe) und Angabe der Stundenzahl schreibt das Parken mit Parkscheibe und dessen zulässige Höchstdauer vor. c) Durch Zusatzzeichen können Bewohner mit Parkausweis von der Verpflichtung zum Parken mit Parkschein oder Parkscheibe freigestellt sein. d) Durch ein Zusatzzeichen mit Rollstuhlfahrersinnbild kann die Parkerlaubnis beschränkt sein für schwerbehinderte Menschen mit außergewöhnlicher Gehbehinderung, beidseitiger Amelie oder Phokomelie oder mit vergleichbaren Funktionseinschränkungen sowie für blinde Menschen. e) Die Parkerlaubnis gilt nur, wenn der Parkschein, die Parkscheibe oder der Parkausweis gut lesbar ausgelegt oder angebracht ist. 3. a) Durch Zusatzzeichen kann die Parkerlaubnis zugunsten elektrisch betriebener Fahrzeuge beschränkt sein. >	3.6

Z 314.1–315 Die Art einer Parkbeschränkung wird durch Zusatzzeichen angezeigt

Richtzeichen (nach StVO Anlage 3)

Bisherige Zeichen	lfd. Nr.	Aktuelle Zeichen	Ge- oder Verbote / Erläuterungen	HAV Abschnitt
	10		b) Durch Zusatzzeichen können elektrisch betriebene Fahrzeuge von der Verpflichtung zum Parken mit Parkschein oder Parkscheibe freigestellt sein. Sind Parkscheinautomaten aufgestellt, kann die Freistellung auch allein am Automaten angegeben sein. c) Durch Zusatzzeichen kann die Parkerlaubnis für elektrisch betriebene Fahrzeuge nach der Dauer beschränkt sein. Der Nachweis zur Einhaltung der zeitlichen Dauer erfolgt durch Auslegen der Parkscheibe. Die Parkerlaubnis gilt nur, wenn die Parkscheibe gut lesbar ausgelegt oder angebracht ist. 4. a) Durch Zusatzzeichen kann die Parkerlaubnis zugunsten von mit einem Carsharingausweis versehenen Carsharingfahrzeugen beschränkt sein. Eine Beschränkung auf Fahrzeuge nur eines Carsharingunternehmens oder auf bestimmte Carsharingunternehmen ist nach Maßgabe des Carsharinggesetzes zulässig. Die Beschränkung erfolgt durch eine zusätzliche Angabe der entsprechenden Firmenbezeichnung in schwarzer Schrift auf weißem Grund auf einem weiteren Zusatzzeichen. Die Parkerlaubnis gilt nur, wenn der Carsharingausweis gut lesbar im Fahrzeug ausgelegt oder angebracht ist. b) Durch Zusatzzeichen können Carsharingfahrzeuge von der Verpflichtung zum Parken mit Parkschein oder Parkscheibe freigestellt sein. Sind Parkscheinautomaten aufgestellt, kann die Freistellung auch allein am Automaten angegeben sein.	
			1. Der Anfang des erlaubten Parkens kann durch einen zur Fahrbahn weisenden waagerechten weißen Pfeil im Zeichen, das Ende durch einen solchen von der Fahrbahn wegweisenden Pfeil gekennzeichnet sein. Bei in der Strecke wiederholten Zeichen weist eine Pfeilspitze zur Fahrbahn, die zweite Pfeilspitze von ihr weg. 2. Im Zeichen ist bildlich dargestellt, wie die Fahrzeuge aufzustellen sind.	
		Z 315-55 	**Unternummer Z 315-*** 50: halb in Fahrtrichtung links 51: halb in Fahrtrichtung links Anfang (→) 52: halb in Fahrtrichtung links Ende (←) 53: halb in Fahrtrichtung links Mitte (⇄) 55: halb in Fahrtrichtung rechts 56: halb in Fahrtrichtung rechts Anfang (←) 57: halb in Fahrtrichtung rechts Ende (→) 58: halb in Fahrtrichtung rechts Mitte (⇆)	**3.6**
		Z 315-66 	**Unternummer Z 315-*** 60: ganz in Fahrtrichtung links 61: ganz in Fahrtrichtung links Anfang (→) 62: ganz in Fahrtrichtung links Ende (←) 63: ganz in Fahrtrichtung links Mitte (⇄) 65: ganz in Fahrtrichtung rechts 66: ganz in Fahrtrichtung rechts Anfang (←) 67: ganz in Fahrtrichtung rechts Ende (→) 68: ganz in Fahrtrichtung rechts Mitte (⇆)	**3.6**

Bild 315–315-88 Die Art einer Parkbeschränkung wird durch Zusatzzeichen angezeigt

* Die Pfeile in Klammern bei den Unternummern geben jeweils die Pfeildarstellung auf dem Zeichen an

Bisherige Zeichen	lfd. Nr.	Aktuelle Zeichen	Ge- oder Verbote Erläuterungen	HAV Abschnitt
		Z 315-71 	**Unternummer Z 315-*** 70: halb quer zur Fahrtrichtung links 71: halb quer zur Fahrtrichtung links Anfang (→) 72: halb quer zur Fahrtrichtung links Ende (←) 73: halb quer zur Fahrtrichtung links Mitte (⇄) 75: halb quer zur Fahrtrichtung rechts 76: halb quer zur Fahrtrichtung rechts Anfang (←) 77: halb quer zur Fahrtrichtung rechts Ende (→) 78: halb quer zur Fahrtrichtung rechts Mitte (⇆)	3.6
		Z 315-88 	**Unternummer Z 315-*** 80: ganz ganz quer zur Fahrtrichtung links 81: ganz quer zur Fahrtrichtung links Anfang (→) 82: ganz quer zur Fahrtrichtung links Ende (←) 83: ganz quer zur Fahrtrichtung links Mitte (⇄) 85: ganz quer zur Fahrtrichtung rechts 86: ganz quer zur Fahrtrichtung rechts Anfang (←) 87: ganz quer zur Fahrtrichtung rechts Ende (→) 88: ganz quer zur Fahrtrichtung rechts Mitte (⇆)	3.6
		Z 316  Parken und Reisen		3.6.11
		Z 316-50  Parken und Mitfahren		3.6.11
		Z 317  Wanderer-parkplatz		3.6.11
	11	Bild 318  Parkscheibe	Ist die Parkzeit bei elektrisch betriebenen Fahrzeugen beschränkt, so ist der Nachweis durch Auslegen der Parkscheibe zu erbringen.	3.10

Bild 318 Ausführung gemäß VkBl. 1981 S. 447

Richtzeichen (nach StVO Anlage 3)

Bisherige Zeichen	lfd. Nr.	Aktuelle Zeichen	Ge- oder Verbote / Erläuterungen	HAV Abschnitt
Abschnitt 4 Verkehrsberuhigter Bereich				
	12	**325.1**  **Beginn eines verkehrsberuhigten Bereichs**	1. Wer ein Fahrzeug führt, muss mit Schrittgeschwindigkeit fahren. 2. Wer ein Fahrzeug führt, darf den Fußgängerverkehr weder gefährden noch behindern; wenn nötig, muss gewartet werden. 3. Wer zu Fuß geht, darf den Fahrverkehr nicht unnötig behindern. 4. Wer ein Fahrzeug führt, darf außerhalb der dafür gekennzeichneten Flächen nicht parken, ausgenommen zum Ein- oder Aussteigen und zum Be- oder Entladen. 5. Wer zu Fuß geht, darf die Straße in ihrer ganzen Breite benutzen; Kinderspiele sind überall erlaubt.	6.5.6
		Z 325.1 	**Unternummer Z 325.1-** 40: doppelseitig (Rückseite Z 325.2)	6.5.6
	13	**325.2**  **Ende eines verkehrsberuhigten Bereichs**	Beim Ausfahren ist § 10 zu beachten.	6.5.6
Abschnitt 5 Tunnel				
	14	**327**  **Tunnel**	1. Wer ein Fahrzeug führt, muss beim Durchfahren des Tunnels Abblendlicht benutzen und darf im Tunnel nicht wenden. 2. Im Falle eines Notfalls oder einer Panne sollen nur vorhandene Nothalte- und Pannenbuchten genutzt werden.	6.8
		Z 327-50 	**Unternummer Z 327-** 50: mit Längenangabe in m 51: mit Längenangabe in km	6.8
Abschnitt 6 Nothalte- und Pannenbucht				
	15	**328**  **Nothalte- und Pannenbucht**	Wer ein Fahrzeug führt, darf nur im Notfall oder bei einer Panne in einer Nothalte- und Pannenbucht halten.	3.6.2

Bisherige Zeichen	lfd. Nr.	Aktuelle Zeichen	Ge- oder Verbote Erläuterungen	HAV Abschnitt
Abschnitt 7 Autobahnen und Kraftfahrstraßen				
	16	330.1  Autobahn	Ab diesem Zeichen gelten die Regeln für den Verkehr auf Autobahnen.	6.5.2
	17	330.2  Ende der Autobahn		6.5.2
	18	331.1  Kraftfahr-straße	Ab diesem Zeichen gelten die Regeln für den Verkehr auf Kraftfahrstraßen.	6.5.2
	19	331.2  Ende der Kraftfahr-straße		6.5.2
		Z 332  Ausfahrttafel auf der Autobahn	*siehe StVO Anlage 3, Abschnitt 10, lfd. Nr. 60*	8.3.6
		Z 332.1  Ausfahrttafel auf anderen Straßen außerhalb der Autobahn	*siehe StVO Anlage 3, Abschnitt 10, lfd. Nr. 53* **Unternummer Z 332.1-** 20: in Weiß mit Zielen nach Z 432 	8.3.6

Richtzeichen (nach StVO Anlage 3)

Bisherige Zeichen	lfd. Nr.	Aktuelle Zeichen	Ge- oder Verbote	Erläuterungen	HAV Abschnitt
	20	**333**  **Ausfahrt von der Autobahn**		Auf Kraftfahrstraßen oder autobahnähnlich ausgebauten Straßen weist das entsprechende Zeichen mit schwarzer Schrift auf gelbem Grund auf die Ausfahrt hin. Das Zeichen kann auch auf weißem Grund ausgeführt sein.	**8.3.7**
		Z 333.1  **Ausfahrt von anderen Straßen außerhalb der Autobahn**	**Unternummer Z 333.1-** 20: in Weiß (in Verbindung mit Z 332.1-20) 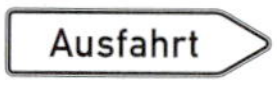		**8.3.7**
	21	**450**  **Ankündigungs-bake**		Das Zeichen steht 300 m, 200 m (wie abgebildet) und 100 m vor einem Autobahnknotenpunkt (Autobahn-anschlussstelle, Autobahnkreuz oder Autobahndreieck). Es steht auch vor einer bewirtschafteten Rastanlage. Vor einem Knotenpunkt kann auf der 300 m-Bake die Nummer des Knotenpunktes angezeigt sein.	**8.3.7**
Abschnitt 8 Markierungen					
	22	**340**  **Leitlinie**	1. Wer ein Fahrzeug führt, darf Leitlinien nicht überfahren, wenn dadurch der Verkehr gefährdet wird. 2. Wer ein Fahrzeug führt, darf auf der Fahrbahn durch Leitlinien markierte Schutzstreifen für den Radverkehr nur bei Bedarf überfahren, insbesondere um dem Gegenverkehr auszuweichen. Der Radverkehr darf dabei nicht gefährdet werden. 3. Auf durch Leitlinien markierten Schutzstreifen für den Radverkehr darf nicht gehalten werden. Satz 1 gilt nicht für Fahrräder und Elektrokleinstfahrzeuge im Sinne der eKFV.	Der Schutzstreifen für den Radverkehr ist in regelmäßigen Abständen mit dem Sinnbild „Radverkehr" auf der Fahrbahn gekennzeichnet.	**6.2.3**
	23	**341**  **Wartelinie**		Die Wartelinie empfiehlt dem Wartepflichtigen, an dieser Stelle zu warten.	**4.5.3**

Z 340–341 Ausführung nach RMS

Bisherige Zeichen	lfd. Nr.	Aktuelle Zeichen	Ge- oder Verbote Erläuterungen	HAV Abschnitt
	23.1	342 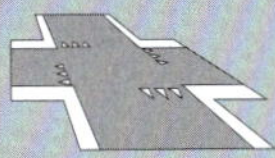 **Haifischzähne**	Die Markierung hebt eine Wartepflicht infolge einer bestehenden Rechts-vor-links-Regelung abseits der Bundes-, Landes- und Kreisstraßen sowie weiterer Hauptverkehrsstraßen und eine durch Zeichen 205 oder 206 angeordnete Vorfahrtberechtigung des Radverkehrs im Zuge von Kreuzungen oder Einmündungen von Radschnellwegen hervor. Im Fall dieser Vorfahrtberechtigung des Radverkehrs sind die Markierungen auf beiden Seiten entlang der Fahrbahnkanten des Radschnellwegs mit den Spitzen in Richtung des wartepflichtigen Verkehrs anzuordnen.	4.5.4
		Z 343 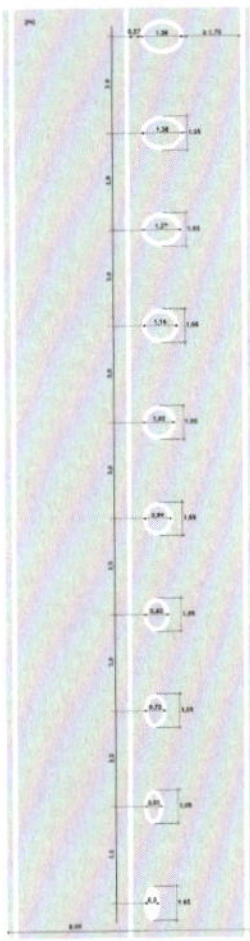 **Kurvenmarkierung für Zweirad Fahrende**	Die Markierung richtet sich an Zweirad Fahrende. Sie hebt die für eine sichere Kurvendurchfahrt empfohlende Fahrlinie hervor. Zweirad Fahrenden wird empfohlen, rechts von der Kurvenmarkierung für Zweirad Fahrende zu fahren und diese auch nicht teilweise zu überfahren. Alle Einheiten in [m] Größe und Absatnd der Markierungen (Linkskurve)	–
Abschnitt 9 Hinweise				
	24	350  **Fußgängerüberweg**		5.3.5
		Z 350-20 	**Unternummer Z 350-** 10: Aufstellung rechts 20: Aufstellung links 40: doppelseitig (-10/-20)	5.3.5

Z 342 Ausführung nach RMS; **Z 343** darf nur auf der in der Bekanntmachung Nr. 185 (VkBl. 2022 S. 804) genannten Strecke im Pilotversuch in NRW eingesetzt werden. Auf anderen Strecken ist es nicht zulässig; **Z 350** Ausführung nach R-FGÜ

Richtzeichen (nach StVO Anlage 3)

Bisherige Zeichen	lfd. Nr.	Aktuelle Zeichen	Ge- oder Verbote Erläuterungen	HAV Abschnitt
	24.1	350.1  Rad-schnellweg	Das Zeichen steht an Radschnellwegen. Es dient der Unterrichtung über den Beginn von Radschnellwegen und der Führung von Radschnellwegen an Knotenpunkten.	3.5.3
		Z 350.1-20 	**Unternummer Z 350.1-** 10: Aufstellung rechts 20: Aufstellung links	3.5.3
	24.2	350.2  Ende des Rad-schnellwegs		3.5.3
		Z 350.2-20 	**Unternummer Z 350.2-** 10: Aufstellung rechts 20: Aufstellung links	3.5.3
	25	354  Wasserschutz-gebiet		3.4.1
	26	356  Verkehrshelfer		5.3.4
	27	357  Sackgasse	Im oberen Teil des Verkehrszeichens kann die Durchlässigkeit der Sackgasse für den Radverkehr und/oder Fußgängerverkehr durch Piktogramme angezeigt sein.	4.4
		Z 357-50 	**Unternummer Z 357-** 50: für Radverkehr und Fußgänger durchlässige Sackgasse 51: für Fußgänger durchlässige Sackgasse 52: für Radverkehr durchlässige Sackgasse	4.4

Bisherige Zeichen	lfd. Nr.	Aktuelle Zeichen	Ge- oder Verbote Erläuterungen	HAV Abschnitt
	zu 28 und 29		1. Durch solche Zeichen mit entsprechenden Sinnbildern können auch andere Hinweise gegeben werden, wie auf Fußgängerunter- oder -überführung, Fernsprecher, Notrufsäule, Pannenhilfe, Tankstellen, Zelt- und Wohnwagenplätze, Autobahnhotel, Autobahngasthaus, Autobahnkiosk. 2. Auf Hotels, Gasthäuser und Kioske wird nur auf Autobahnen und nur dann hingewiesen, wenn es sich um Autobahnanlagen oder Autohöfe handelt.	8.6.3
	28	358  Erste Hilfe		8.6.3
	29	363  Polizei		8.6.3
Z 360-50  Fernsprecher		Z 365-50  Fernsprecher		8.6.3
Z 360-51 		Z 365-51  Notrufsäule		8.6.3
Z 361-50  Tankstelle		Z 365-52  Tankstelle		8.5.3
Z 365-53  Autogas-Tankstelle		Z 365-53  Tankstelle mit Autogas		8.5.3
Z 365-54  Erdgas-Tankstelle		Z 365-54  Tankstelle mit Erdgas		8.5.3

Richtzeichen (nach StVO Anlage 3)

Bisherige Zeichen	lfd. Nr.	Aktuelle Zeichen	Ge- oder Verbote / Erläuterungen	HAV Abschnitt
Z 375  Autobahnhotel		Z 365-55  Autobahnhotel		8.5.3
Z 376  Autobahngasthaus		Z 365-56  Autobahngasthaus		8.5.3
Z 377  Autobahnkiosk		Z 365-57  Autobahnkiosk		8.5.3
Z 378  Toilette		Z 365-58  Toilette		8.5.3
		Z 365-59  Autobahnkapelle		8.5.3
Z 366  Zelt- und Wohnwagenplatz		Z 365-60  Zelt- und Wohnwagenplatz		8.6.4
Z 367  Fremdenverkehrsbüro oder Auskunftsstelle		Z 365-61  Informationsstelle		8.6.4

Bisherige Zeichen	lfd. Nr.	Aktuelle Zeichen	Ge- oder Verbote Erläuterungen	HAV Abschnitt
Z 359  Pannenhilfe		Z 365-62  Pannenhilfe		8.6.3
Z 355  Fußgänger-unter- und -überführung		Z 365-63  Fußgänger-unterführung		5.3.7
Z 355-11  Fußgänger-unter- und -überführung		Z 365-64  Fußgänger-überführung		5.3.7
		Z 365-65  Ladestation für Elektro-fahrzeuge		8.5.3
		Z 365-66  Wasserstoff-tankstelle		8.5.3
		Z 365-67  Wohnmobil-platz		8.6.4
		Z 365-68  Wohnmobil- und Wohn-wagenplatz		8.6.4

Richtzeichen (nach StVO Anlage 3)

Bisherige Zeichen	lfd. Nr.	Aktuelle Zeichen	Ge- oder Verbote	HAV Abschnitt
			Erläuterungen	
		Z 365-69  **Tankstelle mit Flüssigerdgas**		**8.5.3**
		Z 365-70  **Tankmöglichkeit verschiedene Kraftstoffarten**[1]	1) Es sind nur die vorhandenen Kraftstoffarten anzuzeigen	**8.5.3**
		Z 365-71  **Tankmöglichkeit alle Kraftstoffarten**		**8.5.3**
	30	**385**  **Ortshinweistafel**		**8.3.9**
	zu 31 und 32		Die Zeichen stehen außerhalb von Autobahnen. Sie dienen dem Hinweis auf touristisch bedeutsame Ziele und der Kennzeichnung des Verlaufs touristischer Routen. Sie können auch als Wegweiser ausgeführt sein.	**8.5.2**
	31	**386.1** 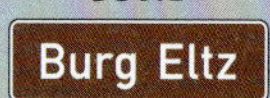 **Touristischer Hinweis**		**8.5.2**
		Z 386.1-10  **Touristischer Hinweis als Wegweiser**	**-11**  **-12**  **Unternummer Z 386.1-** 10: Wegweiser linksabweisend 11: Vorwegweiser linksweisend 12: Pfeilwegweiser linksweisend 20: Wegweiser rechtsweisend 21: Vorwegweiser rechtsweisend 22: Pfeilwegweiser rechtsweisend 30: Vor-/Wegweiser geradeaus 40: Pfeilwegweiser doppelseitig	**8.5.2**

Z 385 Ausführung nach RWB; **Z 386.1** Ausführung nach RtB

Bisherige Zeichen	lfd. Nr.	Aktuelle Zeichen	Ge- oder Verbote Erläuterungen	HAV Abschnitt
		Z 386.1-50  Touristischer Hinweis mit Bezugsziel	**Unternummer Z 386.1-** 50: Variante „in“ 51: Varinate „via“ 52: Variante „Richtung“	8.5.2
		Z 386.1-53 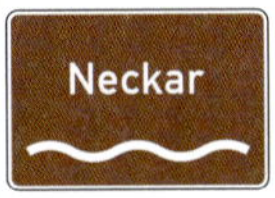 Touristischer Hinweis Fluss oder Kanal		8.5.2
	32	386.2 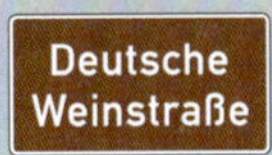 Touristische Route		8.5.2
		Z 386.2-10  Touristische Route als Wegweiser	-11  -12  **Unternummer Z 386.2-** 10: Wegweiser linksabweisend 11: Vorwegweiser linksweisend 12: Pfeilwegweiser linksweisend 20: Wegweiser rechtsweisend 21: Vorwegweiser rechtsweisend 22: Pfeilwegweiser rechtsweisend 30: Vor-/Wegweiser geradeaus	8.5.2
		Z 386.2-51  Touristische Route mit Bezugsziel	**Unternummer Z 386.2-** 51: Variante „via“ 52: Variante „Richtung“	8.5.2
		Z 386.2-53  Touristische Route als Hinweisschild		8.5.2
	33	386.3  Touristische Unterrich-tungstafel	 Das Zeichen steht an der Autobahn. Es dient der Unterrichtung über touristisch bedeutsame Ziele.	8.5.2

Z 386.1–386.3 Ausführung nach RtB

Richtzeichen (nach StVO Anlage 3)

Bisherige Zeichen	lfd. Nr.	Aktuelle Zeichen	Ge- oder Verbote	HAV Abschnitt
			Erläuterungen	
		Z 386.3-50  Erinnerungstafel gemäß „Brocken-Erklärung“	Ausführung gemäß VkBl. 2008 S. 438, 503	8.5.2
	34	390  Mautpflicht nach dem Bundesfernstraßenmautgesetz		8.6.5
		Z 390.2  Ende der Mautpflicht nach dem Bundesfernstraßenmautgesetz		8.6.5
	35	391  Mautpflichtige Strecke		8.6.5
	36	392  Zollstelle		8.6.6
	37	393  Informationstafel an Grenzübergangsstellen		8.6.6

Z 386.2–386.3 Ausführung nach RtB; **Z 393** Ausführung gemäß VkBl. 1981 S. 241

Richtzeichen (nach StVO Anlage 3)

Bisherige Zeichen	lfd. Nr.	Aktuelle Zeichen	Ge- oder Verbote Erläuterungen	HAV Abschnitt
	38	394  Laternenring	Das Zeichen kennzeichnet innerhalb geschlossener Ortschaften Laternen, die nicht die ganze Nacht leuchten. In dem roten Feld kann in weißer Schrift angegeben sein, wann die Laterne erlischt.	–
		Z 394-50 	**Unternummer Z 394-** 50: Schild (70 × 150 mm)	–
Abschnitt 10 Wegweisung				
	39	401  Bundesstraßen		8.3.2
	40	405  Autobahnen		8.3.2
	41	406  Knotenpunkte der Autobahnen	So sind Knotenpunkte der Autobahnen (Autobahnausfahrten, Autobahnkreuze und Autobahndreiecke) beziffert.	8.3.2
		Z 406-51 	**Unternummer Z 406-** 50: ein- oder zweistellige Nummer 51: drei- oder mehrstellige Nummer **In Kombination mit Zeichen 450-52:** 	8.3.2
	42	410  Europastraßen		8.3.2
		Z 415-10  Pfeilwegweiser auf Bundesstraßen	*siehe StVO Anlage 3, Abschnitt 10, lfd. Nr. 47*	8.3.6

Z 401, 405, 410 Ausführung nach RWBA oder RWB; **Z 406, -50, -51** Ausführung nach RWBA; **Z 415** Ausführung nach RWB

Richtzeichen (nach StVO Anlage 3)

Bisherige Zeichen	lfd. Nr.	Aktuelle Zeichen	Ge- oder Verbote Erläuterungen	HAV Abschnitt
		Z 418-20  **Pfeilwegweiser auf sonstigen Straßen**	*siehe StVO Anlage 3, Abschnitt 10, lfd. Nr. 48*	**8.3.6**
		Z 419-20  **Pfeilwegweiser auf sonstigen Straßen mit geringerer Verkehrs-bedeutung**	*siehe StVO Anlage 3, Abschnitt 10, lfd. Nr. 49*	**8.3.6**
		Z 421-20  **Pfeilwegweiser für bestimmte Verkehrsarten**	*siehe StVO Anlage 3, Abschnitt 11, lfd. Nr. 63*	**8.4.4**
		Z 422-20  **Wegweiser für bestimmte Verkehrsarten**	*siehe StVO Anlage 3, Abschnitt 11, lfd. Nr. 64*	**8.4.4**
		Z 430-20  **Pfeilwegweiser zur Autobahn**	*siehe StVO Anlage 3, Abschnitt 10, lfd. Nr. 50*	**8.3.6**
		Z 432-20  **Pfeilwegweiser zu Zielen mit erheblicher Verkehrs-bedeutung**	*siehe StVO Anlage 3, Abschnitt 10, lfd. Nr. 51*	**8.3.6**
		Z 434-51  **Tabellen-wegweiser**	*siehe StVO Anlage 3, Abschnitt 10, lfd. Nr. 52*	**8.3.6**

Z 418–419, 430-434 Ausführung nach RWB; **Z 421, 422** Ausführung nach RUB oder gemäß den Richtlinien für die Anordnung von verkehrsregelnden Maßnahmen für den Transport gefährlicher Güter auf Straßen

Richtzeichen (nach StVO Anlage 3)

Bisherige Zeichen	lfd. Nr.	Aktuelle Zeichen	Ge- oder Verbote / Erläuterungen	HAV Abschnitt
		Z 437  **Straßen-namensschild**	*siehe StVO Anlage 3, Abschnitt 10, lfd. Nr. 54* Ausführung nach RWB: Goethestraße	**8.3.6** Weg-weisung; **8.3.9** Orts-bestim-mung
	43	**438** 		**8.3.5**
	44	**439** 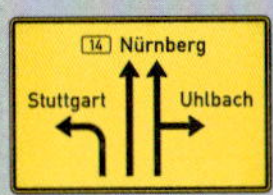		**8.3.5**
	45	**440** 		**8.3.5**
	46	**441** 		**8.3.5**
	zu 47 bis 49		Das Zusatzzeichen „Nebenstrecke" oder der Zusatz „Nebenstrecke" im Wegweiser weist auf eine Straßenverbindung von untergeordneter Bedeutung hin.	**8.3.6**
	47	**415** 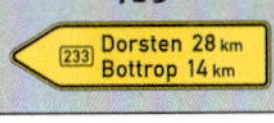	Pfeilwegweiser auf Bundesstraßen	**8.3.6**
		Z 415-10 	**Unternummer Z 415-** 10: linksweisend 20: rechtsweisend 40: doppelseitig	**8.3.6**
	48	**418** 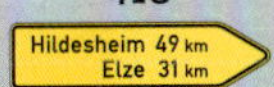	Pfeilwegweiser auf sonstigen Straßen	**8.3.6**
		Z 418-20 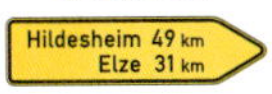	**Unternummer Z 418-** 10: linksweisend 20: rechtsweisend 40: doppelseitig	**8.3.6**

Z 415–418, 438–439 Ausführung nach RWB; **Z 440–441** Ausführung nach RWBA

Richtzeichen (nach StVO Anlage 3)

Bisherige Zeichen	lfd. Nr.	Aktuelle Zeichen	Ge- oder Verbote / Erläuterungen	HAV Abschnitt
	49	419 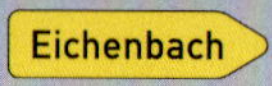	Pfeilwegweiser auf sonstigen Straßen mit geringerer Verkehrsbedeutung	8.3.6
		Z 419-20 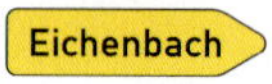	**Unternummer Z 419-** 10: linksweisend 20: rechtsweisend 40: doppelseitig	8.3.6
	50	430 	Pfeilwegweiser zur Autobahn	8.3.6
		Z 430-20 	**Unternummer Z 430-** 10: linksweisend 20: rechtsweisend 40: doppelseitig	8.4.4
	51	432 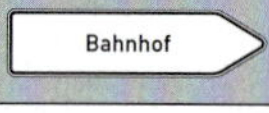	Pfeilwegweiser zu Zielen mit erheblicher Verkehrsbedeutung.	8.3.6
		Z 432-20 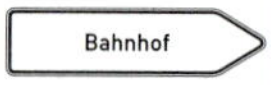	**Unternummer Z 432-** 10: linksweisend 20: rechtsweisend 40: doppelseitig	8.3.6
	52	434 	Der Tabellenwegweiser kann auch auf einer Tafel zusammengefasst sein. Die Zielangaben in einer Richtung können auch auf separaten Tafeln gezeigt werden.	8.3.6
		Z 434-50  Z 434-52  Z 434-53 	**Unternummer Z 434-** 50: kompakte Form 51: teilaufgelöste Form **Unternummer Z 434-** aufgelöste Form (nur innerorts) 52: mit Bundesstraßennummer 53: ohne Bundesstraßennummer	8.3.6
	53	332.1 	Ausfahrt von der Kraftfahrstraße oder einer autobahnähnlich ausgebauten Straße. Das Zeichen kann innerhalb geschlossener Ortschaften auch mit weißem Grund ausgeführt sein.	8.3.6

Z 419, 430–434 Ausführung nach RWB

Bisherige Zeichen	lfd. Nr.	Aktuelle Zeichen	Ge- oder Verbote Erläuterungen	HAV Abschnitt
	54	**437** 	Das Zeichen hat entweder weiße Schrift auf dunklem Grund oder schwarze Schrift auf hellem Grund. Es kann auch an Bauwerken angebracht sein.	**8.3.6** Weg-weisung; **8.3.9** Orts-bestim-mung
		Z 442-20  **Vorwegweiser für bestimmte Verkehrsarten**	*siehe StVO Anlage 3, Abschnitt 11, lfd. Nr. 62*	**8.4.3**
	zu 55 und 58		Die Nummer (Zeichen 406) ist die laufende Nummer der Autobahnausfahrten, Autobahnkreuze und Autobahndreiecke der gerade befahrenen Autobahn. Sie dient der besseren Orientierung.	**8.3.4**
	55	**448**  	Das Zeichen weist auf eine Autobahnausfahrt, ein Autobahnkreuz oder Autobahndreieck hin. Es schließt Zeichen 406 ein.	**8.3.4**
		Z 448-50  **Ankündigungs-tafel auf anderen Straßen außerhalb von Autobahnen**	**Unternummer Z 448-** 50: auf anderen Straßen außerhalb von Autobahnen Ausführung nach RWBA:   	**8.3.4**
	56		Das Sinnbild weist auf eine Ausfahrt hin.	**8.3.4**
	57		Das Sinnbild weist auf ein Autobahnkreuz oder Autobahndreieck hin; es weist auch auf Kreuze und Dreiecke von Autobahnen mit autobahnähnlich ausgebauten Straßen des nachgeordneten Netzes hin.	**8.3.4**
	58	**448.1**  	1. Mit dem Zeichen wird ein Autohof in unmittelbarer Nähe einer Autobahnausfahrt angekündigt. 2. Der Autohof wird einmal am rechten Fahrbahnrand 500 bis 1 000 m vor dem Zeichen 448 angekündigt. Auf einem Zusatzzeichen wird durch grafische Symbole der Leistungsumfang des Autohofs dargestellt.	**8.5.3**

Z 437, 448-50 Ausführung nach RWB; **Z 442-20** Ausführung nach RUB oder gemäß den Richtlinien für die Anordnung von verkehrsregelnden Maßnahmen für den Transport gefährlicher Güter auf Straßen; **Z 448, 448.1** Ausführung nach RWBA

Richtzeichen (nach StVO Anlage 3)

Bisherige Zeichen	lfd. Nr.	Aktuelle Zeichen	Ge- oder Verbote Erläuterungen	HAV Abschnitt
	59	**449** 		**8.3.5**
		Z 449-50 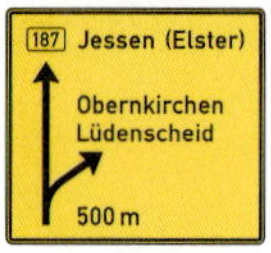 **Vorwegweiser auf anderen Straßen außerhalb von Autobahnen**	**Unternummer Z 449-** 50: auf anderen Straßen außerhalb von Autobahnen	**8.3.5**
	60	**332** 		**8.3.6**
Z 451  **Ankündigungs-bake**		**Z 450-51**  **Ankündigungs-bake**	*siehe StVO Anlage 3, Abschnitt 7, lfd. Nr. 21* **Unternummer Z 450-** 50: einstreifig (100 m) 51: zweistreifig (200 m) 52: dreistreifig (300 m)	**8.3.7**
		Z 450-54  **Ankündigungs-bake**	**Unternummer Z 450-** 53: einstreifig (100 m, gelb) 54: zweistreifig (200 m, gelb) 55: dreistreifig (300 m, gelb)	**8.3.7**
	61	**453** 	Die Entfernungstafel gibt Fernziele und die Entfernung zur jeweiligen Ortsmitte an. Ziele, die über eine andere als die gerade befahrene Autobahn zu erreichen sind, werden unterhalb des waagerechten Striches angegeben.	**8.3.8**
		Z 453-50  **Entfernungs-tafel auf auto-bahnähnlich ausgebauten, zweibahnigen Straßen**	**Unternummer Z 453-** 50: auf autobahnähnlichen ausgebauten, zweibahnigen Straßen	**8.3.8**

Z 449, 450-51, 453 Ausführung nach RWBA; **Z 449-50, 450-54, 453-50** Ausführung nach RWB

Richtzeichen (nach StVO Anlage 3)

Bisherige Zeichen	lfd. Nr.	Aktuelle Zeichen	Ge- oder Verbote / Erläuterungen	HAV Abschnitt
Abschnitt 11 Umleitungsbeschilderung				
	62	442  Vorwegweiser	Vorwegweiser für bestimmte Verkehrsarten	8.4.3
		Z 442-20 	Kfz mit einer zulässigen Gesamtmasse über 3,5 t -24  **Unternummer Z 442-** 10: linksweisend 20: rechtsweisend 50: ohne Pfeilsymbol Im Kreisverkehr 14: linksweisend 24: rechtsweisend 30: geradeausweisend	8.4.3
		Z 442-21 	Kennzeichnungspflichtige Fahrzeuge mit gefährlichen Gütern -15  **Unternummer Z 442-** 11: linksweisend 21: rechtsweisend 51: ohne Pfeilsymbol Im Kreisverkehr 15: linksweisend 25: rechtsweisend 31: geradeausweisend	8.4.3
		Z 442-22 	Fahrzeuge mit wassergefährdender Ladung -32  **Unternummer Z 442-** 12: linksweisend 22: rechtsweisend 52: ohne Pfeilsymbol Im Kreisverkehr 16: linksweisend 26: rechtsweisend 32: geradeausweisend	8.4.3
		Z 442-23 	Radverkehr -33  **Unternummer Z 442-** 13: linksweisend 23: rechtsweisend 53: ohne Pfeilsymbol Im Kreisverkehr 17: linksweisend 27: rechtsweisend 33: geradeausweisend	8.4.3

Z 442–442-23 Ausführung nach RUB oder gemäß den Richtlinien für die Anordnung von verkehrsregelnden Maßnahmen für den Transport gefährlicher Güter auf Straßen

Richtzeichen (nach StVO Anlage 3)

Bisherige Zeichen	lfd. Nr.	Aktuelle Zeichen	Ge- oder Verbote Erläuterungen	HAV Abschnitt
	63	421 	Pfeilwegweiser für bestimmte Verkehrsarten	8.4.4
		Z 421-20 	Kfz mit einer zulässigen Gesamtmasse über 3,5 t **Unternummer Z 421-** 10: linksweisend 20: rechtsweisend 40: doppelseitig	8.4.4
		Z 421-21 	Kennzeichnungspflichtige Fahrzeuge mit gefährlichen Gütern **Unternummer Z 421-** 11: linksweisend 21: rechtsweisend 41: doppelseitig	8.4.4
		Z 421-22 	Fahrzeuge mit wassergefährdender Ladung **Unternummer Z 421-** 12: linksweisend 22: rechtsweisend 42: doppelseitig	8.4.4
	64	422 	Wegweiser für bestimmte Verkehrsarten	8.4.4
		Z 422-20 	Kfz mit einer zulässigen Gesamtmasse über 3,5 t **Unternummer Z 422-** 10: hier links 11: links einordnen 20: hier rechts 21: rechts einordnen 30: geradeaus **-11**  **-30** 	8.4.4
		Z 422-22 	Kennzeichnungspflichtige Fahrzeuge mit gefährlichen Gütern **Unternummer Z 422-** 12: hier links 13: links einordnen 22: hier rechts 23: rechts einordnen 32: geradeaus **-13**  **-32** 	8.4.4
		Z 422-24 	Fahrzeuge mit wassergefährdender Ladung **Unternummer Z 422-** 14: hier links 15: links einordnen 24: hier rechts 25: rechts einordnen 34: geradeaus **-15**  **-34** 	8.4.4
		Z 422-26 	Radverkehr **Unternummer Z 422-** 16: hier links 17: links einordnen 26: hier rechts 27: rechts einordnen 36: geradeaus **-17**  **-36** 	8.4.4

Z 421–422-26 Ausführung nach RUB oder gemäß den Richtlinien für die Anordnung von verkehrsregelnden Maßnahmen für den Transport gefährlicher Güter auf Straßen

Bisherige Zeichen	lfd. Nr.	Aktuelle Zeichen	Ge- oder Verbote / Erläuterungen	HAV Abschnitt
	65		Der Verlauf der Umleitungsstrecke kann gekennzeichnet werden durch	**8.4.4**
	66	**454** 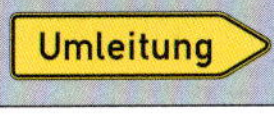	Umleitungswegweiser oder	**8.4.4**
		Z 454-20  **Umleitungs-wegweiser**	**Unternummer Z 454-** 10: linksweisend 20: rechtsweisend 40: doppelseitig	**8.4.4**
	67	**455.1** 	Fortsetzung der Umleitung	**8.4.3** Vorweg-weisung; **8.4.4** Weg-weisung
		Z 455.1–10  **Ankündigung oder Fortsetzung der Umleitung**	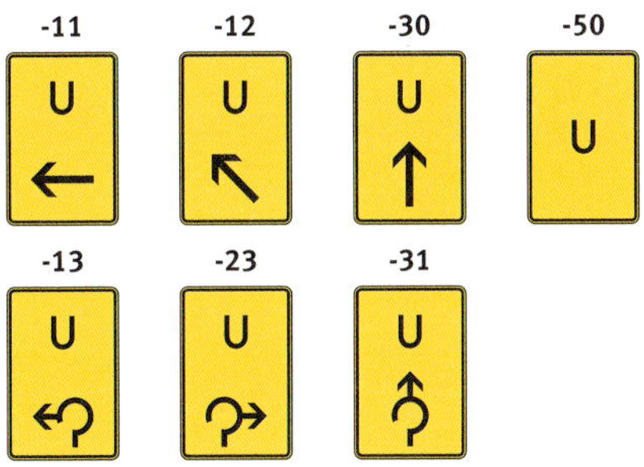 **Unternummer Z 455.1-** 10: Vorankündigung links 11: hier links 12: links einordnen 20: Vorankündigung rechts 21: hier rechts 22: rechts einordnen 30: geradeaus 50: ohne Pfeilsymbol 13: im Kreisverkehr links 23: im Kreisverkehr rechts 31: im Kreisverkehr geradeaus	**8.4.3** Vorweg-weisung; **8.4.4** Weg-weisung
		Z 455.2  **Ende der Umleitung**	*siehe StVO Anlage 3, Abschnitt 11, lfd. Nr. 75* Z 455.2 in Verbindung mit Z 455.1	**8.4.5**
	zu 66 und 67		Die Zeichen 454 und 455.1 können durch eine Zielangabe auf einem Schild über den Zeichen ergänzt sein. Werden nur bestimmte Verkehrsarten umgeleitet, sind diese auf einem Zusatzzeichen über dem Zeichen angegeben.	**8.4.4**
	68		Die temporäre Umleitung kann angekündigt sein durch Zeichen 455.1 oder	**8.4.2**

Z 454, 455.1–455.2 Ausführung nach RUB, bei Bedarf mit Nummerierung

Richtzeichen (nach StVO Anlage 3)

Bisherige Zeichen	lfd. Nr.	Aktuelle Zeichen	Ge- oder Verbote	Erläuterungen	HAV Abschnitt
	69	457.1 		Umleitungsankündigung	**8.4.2**
		Z 457.2  **Ende der Umleitung**	*siehe StVO Anlage 3, Abschnitt 11, lfd. Nr. 74*		**8.4.5**
	70			jedoch nur mit Entfernungsangabe auf einem Zusatzzeichen und bei Bedarf mit Zielangabe auf einem zusätzlichen Schild über dem Zeichen. Soll die Ankündigung nur für bestimmte Verkehrsarten gelten, sind diese auf einem Zusatzzeichen über dem Zeichen angegeben.	**8.4.2**
	71			Die Ankündigung kann auch erfolgen durch	**8.4.2**
	72	458 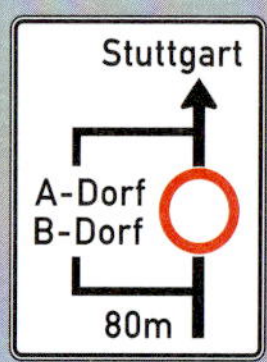		eine Planskizze	**8.4.2**
	73			Das Ende der Umleitung kann angezeigt werden durch	**8.4.5**
	74	457.2 		Ende der Umleitung oder	**8.4.5**
	75	455.2 		Ende der Umleitung	**8.4.5**
	76	460  **Bedarfs-umleitung**		Das Zeichen kennzeichnet eine alternative Streckenführung im nachgeordneten Straßennetz zwischen Autobahnanschlussstellen.	**8.4.3** Vorwegweisung; **8.4.4** Wegweisung

Z 457.1–457.2 Ausführung nach RUB; **Z 458** Ausführung nach RUB, die Entfernungsangabe ist variabel;
Z 455.2–460 Ausführung nach RUB, bei Bedarf mit Nummerierung

Bisherige Zeichen	lfd. Nr.	Aktuelle Zeichen	Ge- oder Verbote Erläuterungen	HAV Abschnitt
		Z 460-30 	-20 -21 -22 -50 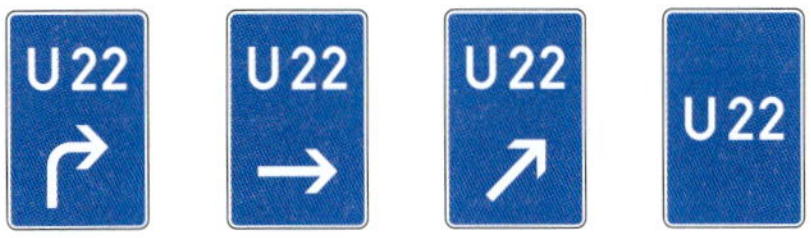 -13 -23 -31  **Unternummer Z 460-** 10: Vorankündigung links 11: hier links 12: links einordnen 20: Vorankündigung rechts 21: hier rechts 22: rechts einordnen 30: geradeau 50: ohne Pfeilsymbol 13: im Kreisverkehr links 23: im Kreisverkehr rechts 31: im Kreisverkehr geradeaus	8.4.4
	77	466 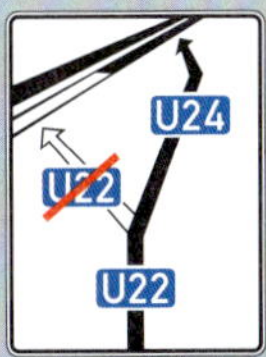 **Weiter-führende Bedarfs-umleitung**	Kann der umgeleitete Verkehr an der nach Zeichen 460 vorgesehenen Anschlussstelle noch nicht auf die Autobahn zurückgeleitet werden, wird er durch dieses Zeichen über die nächste Bedarfsumleitung weitergeführt.	8.4.2
Abschnitt 12 Sonstige Verkehrsführung				
	78	467.1 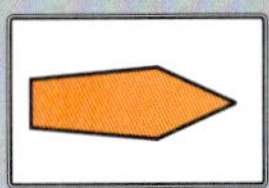 **Umlenkungs-pfeil**	Das Zeichen kennzeichnet Alternativstrecken auf Autobahnen, deren Benutzung im Bedarfsfall empfohlen wird (Streckenempfehlung).	9.3.7
		Z 467.1-20 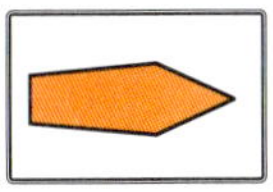 **Umlenkungs-pfeil (Strecken-empfehlung)**	**Unternummer Z 467.1-** 10: linksweisend 20: rechtsweisend 30: geradeaus	9.3.7
	79	467.2 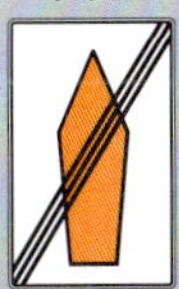	Das Zeichen kennzeichnet das Ende einer Streckenempfehlung.	9.3.7

Z 460–466 Ausführung nach RUB; **Z 467.1–467.2** Ausführung nach RWVZ

Richtzeichen (nach StVO Anlage 3)

Bisherige Zeichen	lfd. Nr.	Aktuelle Zeichen	Ge- oder Verbote Erläuterungen	HAV Abschnitt
	80		Verkehrslenkungstafeln geben den Verlauf und die Anzahl der Fahrstreifen an, wie beispielsweise:	**7.2.3**
	81	**501** 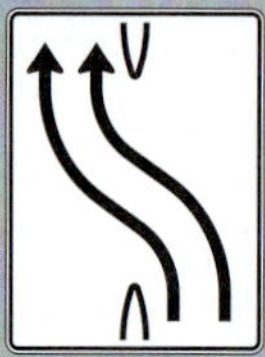 **Überleitungs-tafel**	Das Zeichen kündigt die Überleitung des Verkehrs auf die Gegenfahrbahn an.	**7.2.3**
		Z 501-11  **Überleitungs-tafel ohne Gegenverkehr**	Sind weitere Fahrstreifen vorhanden, ist die Darstellung entsprechend anzupassen **Unternummer Z 501-** 10: 1-streifig nach links 11: 2-streifig nach links 12: 3-streifig nach links 20: 1-streifig nach rechts 21: 2-streifig nach rechts 22: 3-streifig nach rechts	**7.2.3**
		Z 501-14 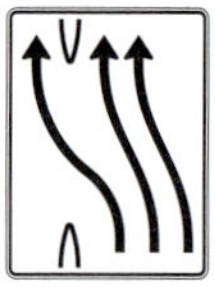	**Unternummer Z 501-** 13: 2-streifig nach links, davon 1 Fahrstreifen übergeleitet 14: 3-streifig nach links, davon 1 Fahrstreifen übergeleitet 15: 3-streifig nach links, davon 2 Fahrstreifen übergeleitet 52: 4-streifig nach links, davon 1 Fahrstreifen übergeleitet* 53: 4-streifig nach links, davon 2 Fahrstreifen übergeleitet* 54: 4-streifig nach links, davon 3 Fahrstreifen übergeleitet*	
		Z 501-24 	**Unternummer Z 501-** 23: 2-streifig nach rechts, davon 1 Fahrstreifen übergeleitet 24: 3-streifig nach rechts, davon 1 Fahrstreifen übergeleitet 25: 3-streifig nach rechts, davon 2 Fahrstreifen übergeleitet 62: 4-streifig nach rechts, davon 1 Fahrstreifen übergeleitet* 63: 4-streifig nach rechts, davon 2 Fahrstreifen übergeleitet* 64: 4-streifig nach rechts, davon 3 Fahrstreifen übergeleitet*	
		Z 501-16 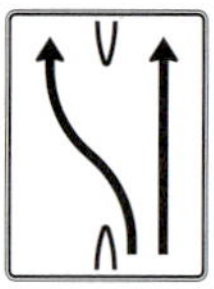	**Unternummer Z 501-** 16: 2-streifig, davon linker Fahrstreifen nach links übergeleitet und rechter Fahrstreifen geradeaus 17: 3-streifig, davon linker Fahrstreifen nach links übergeleitet und die beiden rechten Fahrstreifen geradeaus 18: 3-streifig, davon die beiden linken Fahrstreifen nach links übergeleitet und rechter Fahrstreifen geradeaus 19: 4-streifig, davon linker Fahrstreifen nach links übergeleitet und die drei rechten Fahrstreifen geradeaus* 50: 4-streifig, davon die beiden linken Fahrstreifen nach links übergeleitet und die beiden rechten Fahrstreifen geradeaus* 51: 4-streifig, davon die drei linken Fahrstreifen nach links übergeleitet und rechter Fahrstreifen geradeaus*	

* Größe abweichend vom Standard gemäß VwV-StVO zu den Zeichen 501 bis 546, Randnummer 6: 1 600 × 1 600 mm

Bisherige Zeichen	lfd. Nr.	Aktuelle Zeichen	Ge- oder Verbote Erläuterungen	HAV Abschnitt
		Z 501-26 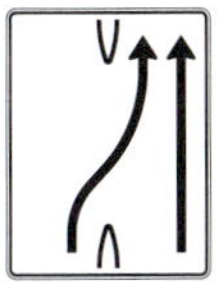 **Überleitungstafel ohne Gegenverkehr**	**Unternummer Z 501-** 26: 2-streifig, davon linker Fahrstreifen nach rechts übergeleitet und rechter Fahrstreifen geradeaus 27: 3-streifig, davon linker Fahrstreifen nach rechts übergeleitet und die beiden rechten Fahrstreifen geradeaus 28: 3-streifig, davon die beiden linken Fahrstreifen nach rechts übergeleitet und rechter Fahrstreifen geradeaus 29: 4-streifig, davon linker Fahrstreifen nach rechts übergeleitet und die drei rechten Fahrstreifen geradeaus* 60: 4-streifig, davon die beiden linken Fahrstreifen nach rechts übergeleitet und die beiden rechten Fahrstreifen geradeaus* 61: 4-streifig, davon die drei linken Fahrstreifen nach rechts übergeleitet und rechter Fahrstreifen geradeaus*	**7.2.3**
		Z 501-75 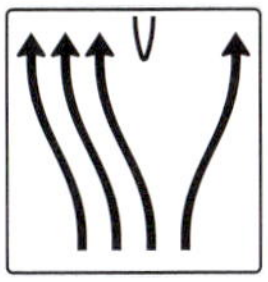	**Unternummer Z 501-** 70: 2-streifig, davon linker Fahrstreifen nach links übergeleitet und rechter Fahrstreifen nach rechts verschwenkt 71: 3-streifig, davon linker Fahrstreifen nach links übergeleitet und die beiden rechten Fahrstreifen nach rechts verschwenkt* 72: 3-streifig, davon die beiden linken Fahrstreifen nach links übergeleitet und rechter Fahrstreifen nach rechts verschwenkt* 73: 4-streifig, davon linker Fahrstreifen nach links übergeleitet und die drei rechten Fahrstreifen nach rechts verschwenkt* 74: 4-streifig, davon die beiden linken Fahrstreifen nach links übergeleitet und die beiden rechten Fahrstreifen nach rechts verschwenkt* 75: 4-streifig, davon die drei linken Fahrstreifen nach links übergeleitet und rechter Fahrstreifen nach rechts verschwenkt*	
		Z 501-85 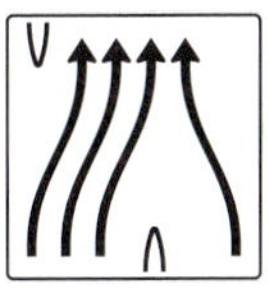	**Unternummer Z 501-** 80: 2-streifig, davon linker Fahrstreifen nach rechts übergeleitet und rechter Fahrstreifen nach links verschwenkt 81: 3-streifig, davon linker Fahrstreifen nach rechts übergeleitet und die beiden rechten Fahrstreifen nach links verschwenkt* 82: 3-streifig, davon die beiden linken Fahrstreifen nach rechts übergeleitet und rechter Fahrstreifen nach links verschwenkt* 83: 4-streifig, davon linker Fahrstreifen nach rechts übergeleitet und die drei rechten Fahrstreifen nach links verschwenkt* 84: 4-streifig, davon die beiden linken Fahrstreifen nach rechts übergeleitet und die beiden rechten Fahrstreifen nach links verschwenkt* 85: 4-streifig, davon die drei linken Fahrstreifen nach rechts übergeleitet und rechter Fahrstreifen nach links verschwenkt*	
		Z 505-11 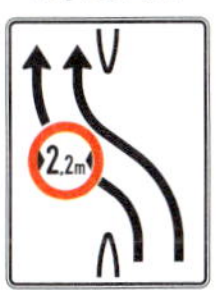 **Überleitungstafel ohne Gegenverkehr mit integriertem Zeichen 264**	**-12** 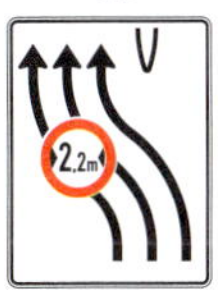 **Unternummer Z 505-** 11: 2-streifig nach links 12: 3-streifig nach links **-21** 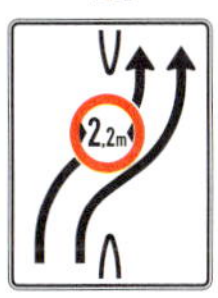 **Unternummer Z 505-** 21: 2-streifig nach rechts 22: 3-streifig nach rechts Z 264 kann auch in andere Verkehrslenkungstafeln integriert sein	**7.2.3**

* Größe abweichend vom Standard gemäß VwV-StVO zu den Zeichen 501 bis 546, Randnummer 6: 1600 × 1600 mm

Richtzeichen (nach StVO Anlage 3)

Bisherige Zeichen	lfd. Nr.	Aktuelle Zeichen	Ge- oder Verbote Erläuterungen	HAV Abschnitt
		Z 511-11  **Verschwenkungstafel ohne Gegenverkehr** **Z 511-26** 	Sind weitere Fahrstreifen vorhanden, ist die Darstellung entsprechend anzupassen **Unternummer Z 511-** 10: 1-streifig nach links 11: 2-streifig nach links 12: 3-streifig nach links 13: 4-streifig nach links 20: 1-streifig nach rechts 21: 2-streifig nach rechts 22: 3-streifig nach rechts 23: 4-streifig nach rechts **Unternummer Z 511-** 25: 1-streifige Verschwenkung auf den Seitenstreifen 26: 2-streifige Verschwenkung, 1- streifig auf den Seitenstreifen 27: 3-streifige Verschwenkung, 1- streifig auf den Seitenstreifen 28: 4-streifige Verschwenkung, 1- streifig auf den Seitenstreifen*	7.2.3
		Z 512-12  **Verschwenkungstafel mit Gegenverkehr**	Sind weitere Fahrstreifen vorhanden, ist die Darstellung entsprechend anzupassen **Unternummer Z 512-** 10: Verschwenkung nach links 1-streifig in Fahrtrichtung und 1-streifig in Gegenrichtung 11: Verschwenkung nach links 1-streifig in Fahrtrichtung und 2-streifig in Gegenrichtung 12: Verschwenkung nach links 2-streifig in Fahrtrichtung und 1-streifig in Gegenrichtung 20: Verschwenkung nach rechts 1-streifig in Fahrtrichtung und 1-streifig in Gegenrichtung 21: Verschwenkung nach rechts 1-streifig in Fahrtrichtung und 2-streifig in Gegenrichtung 22: Verschwenkung nach rechts 2-streifig in Fahrtrichtung und 1-streifig in Gegenrichtung	7.2.3
		Z 513-10 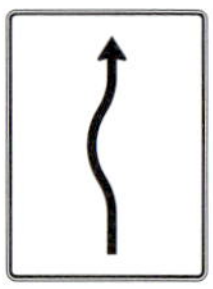 **Verschwenkungstafel kurze Verschwenkung ohne Gegenverkehr**	Sind weitere Fahrstreifen vorhanden, ist die Darstellung entsprechend anzupassen **Unternummer Z 513-** 10: 1-streifig nach links 11: 2-streifig nach links 12: 3-streifig nach links 13: 4-streifig nach links 14: 5-streifig nach links* 20: 1-streifig nach rechts 21: 2-streifig nach rechts 22: 3-streifig nach rechts 23: 4-streifig nach rechts 24: 5-streifig nach rechts*	7.2.3

* Größe abweichend vom Standard gemäß VwV-StVO zu den Zeichen 501 bis 546, Randnummer 6: 1 600 × 1 600 mm

Bisherige Zeichen	lfd. Nr.	Aktuelle Zeichen	Ge- oder Verbote Erläuterungen	HAV Abschnitt
		Z 514-10 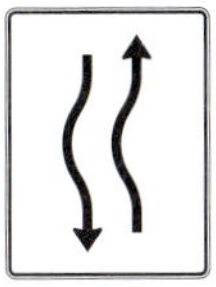 **Verschwen-kungstafel kurze Verschwenkung mit Gegen-verkehr**	Sind weitere Fahrstreifen vorhanden, ist die Darstellung entsprechend anzupassen **Unternummer Z 514-** 10: nach links 1-streifig in Fahrtrichtung und 1-streifig in Gegenrichtung 11: nach links 2-streifig in Fahrtrichtung und 1-streifig in Gegenrichtung 12: nach links 3-streifig in Fahrtrichtung und 1-streifig in Gegenrichtung 13: nach links 1-streifig in Fahrtrichtung und 2-streifig in Gegenrichtung 14: nach links 2-streifig in Fahrtrichtung und 2-streifig in Gegenrichtung 15: nach links 3-streifig in Fahrtrichtung und 2-streifig in Gegenrichtung* 16: nach links 1-streifig in Fahrtrichtung und 3-streifig in Gegenrichtung 17: nach links 2-streifig in Fahrtrichtung und 3-streifig in Gegenrichtung* 18: nach links 3-streifig in Fahrtrichtung und 3-streifig in Gegenrichtung*	**7.2.3**
		Z 514-20 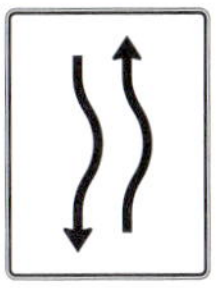	**Unternummer Z 514-** 20: nach rechts 1-streifig in Fahrtrichtung und 1-streifig in Gegenrichtung 21: nach rechts 2-streifig in Fahrtrichtung und 1-streifig in Gegenrichtung 22: nach rechts 3-streifig in Fahrtrichtung und 1-streifig in Gegenrichtung 23: nach rechts 1-streifig in Fahrtrichtung und 2-streifig in Gegenrichtung 24: nach rechts 2-streifig in Fahrtrichtung und 2-streifig in Gegenrichtung 25: nach rechts 3-streifig in Fahrtrichtung und 2-streifig in Gegenrichtung* 26: nach rechts 1-streifig in Fahrtrichtung und 3-streifig in Gegenrichtung 27: nach rechts 2-streifig in Fahrtrichtung und 3-streifig in Gegenrichtung* 28: nach rechts 3-streifig in Fahrtrichtung und 3-streifig in Gegenrichtung*	
		Z 515-11 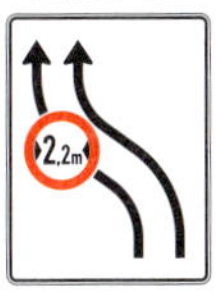 **Verschwen-kungstafel ohne Gegenverkehr mit integriertem Zeichen 264**	**Unternummer Z 515-** 11: 2-streifig nach links 12: 3-streifig nach links 21: 2-streifig nach rechts 22: 3-streifig nach rechts Z 264 kann gemäß Anlage 2 lfd. Nummer 38 StVO auch in anderen Tafeln integriert sein	**7.2.3**

* Größe abweichend vom Standard gemäß VwV-StVO zu den Zeichen 501 bis 546, Randnummer 6: 1600 × 1600 mm

Richtzeichen (nach StVO Anlage 3)

Bisherige Zeichen	lfd. Nr.	Aktuelle Zeichen	Ge- oder Verbote Erläuterungen	HAV Abschnitt
		Z 521-30 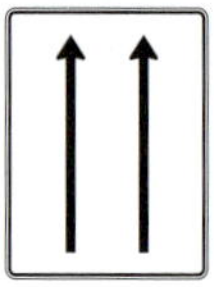 **Fahrstreifentafel ohne Gegenverkehr**	Sind weitere Fahrstreifen vorhanden, ist die Darstellung entsprechend anzupassen **Unternummer Z 521-** 30: 2-streifig in Fahrtrichtung 31: 3-streifig in Fahrtrichtung 32: 4-streifig in Fahrtrichtung 33: 5-streifig in Fahrtrichtung	**7.2.3**
		Z 522-31  **Fahrstreifentafel mit Gegenverkehr**	Sind weitere Fahrstreifen vorhanden, ist die Darstellung entsprechend anzupassen **Unternummer Z 522-** 30: 1-streifig in Fahrtrichtung und 1-streifig in Gegenrichtung 31: 2-streifig in Fahrtrichtung und 1-streifig in Gegenrichtung 32: 1-streifig in Fahrtrichtung und 2-streifig in Gegenrichtung 33: 2-streifig in Fahrtrichtung und 2-streifig in Gegenrichtung 34: 3-streifig in Fahrtrichtung und 2-streifig in Gegenrichtung 35: 2-streifig in Fahrtrichtung und 3-streifig in Gegenrichtung 36: 3-streifig in Fahrtrichtung und 3-streifig in Gegenrichtung 37: 3-streifig in Fahrtrichtung und 1-streifig in Gegenrichtung 38: 1-streifig in Fahrtrichtung und 3-streifig in Gegenrichtung	**7.2.3**
		Z 523-30  **Fahrstreifentafel ohne Gegenverkehr mit integriertem Zeichen 274**	**Unternummer Z 523-** 30: 2-streifig in Fahrtrichtung 31: 3-streifig in Fahrtrichtung Z 274 kann gemäß Anlage 2 lfd. Nummer 49 StVO auch in anderen Tafeln integriert sein	**7.2.3**
		Z 524-31  **Fahrstreifentafel ohne Gegenverkehr mit integriertem Zeichen 253**	**Unternummer Z 524-** 30: 2-streifig in Fahrtrichtung 31: 3-streifig in Fahrtrichtung 32: 4-streifig in Fahrtrichtung 33: 5-streifig in Fahrtrichtung Z 253 kann gemäß Anlage 2 lfd. Nummer 30 StVO auch in anderen Tafeln integriert sein. Anordnung in Verbindung mit Zz 1001-34 oder 1001-35	**7.2.3**
		Z 525-31 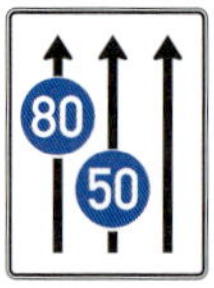 **Fahrstreifentafel ohne Gegenverkehr mit integriertem Zeichen 275**	**Unternummer Z 525-** 31: 3-streifig in Fahrtrichtung Z 275 kann gemäß Anlage 2 lfd. Nummer 52 StVO auch in anderen Tafeln integriert sein	**7.2.3**

Bisherige Zeichen	lfd. Nr.	Aktuelle Zeichen	Ge- oder Verbote / Erläuterungen	HAV Abschnitt
		Z 526-31  **Fahrstreifentafel mit Gegenverkehr mit integriertem Zeichen 275**	**Unternummer Z 526-** 31: 2-streifig in Fahrtrichtung und 1-streifig in Gegenrichtung 33: 2-streifig in Fahrtrichtung und 2-streifig in Gegenrichtung Z 275 kann gemäß Anlage 2 lfd. Nummer 52 StVO auch in anderen Tafeln integriert sein	**7.2.3**
		Z 527-30  **Fahrstreifentafel ohne Gegenverkehr mit integriertem Zeichen 262**	**Unternummer Z 527-** 30: 2-streifig in Fahrtrichtung 31: 3-streifig in Fahrtrichtung Z 262 kann gemäß Anlage 2 lfd. Nummer 36 StVO auch in anderen Tafeln integriert sein. Anordnung in Verbindung mit Zz 1001-34 oder 1001-35	**7.2.3**
		Z 528-30  **Fahrstreifentafel ohne Gegenverkehr mit integriertem Zeichen 263**	**Unternummer Z 528-** 30: 2-streifig in Fahrtrichtung 31: 3-streifig in Fahrtrichtung Z 263 kann gemäß Anlage 2 lfd. Nummer 37 StVO auch in anderen Tafeln integriert sein. Anordnung in Verbindung mit Zz 1001-34 oder 1001-35	**7.2.3**
		Z 529-30 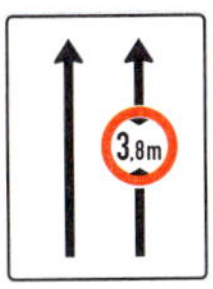 **Fahrstreifentafel ohne Gegenverkehr mit integriertem Zeichen 265**	**Unternummer Z 529-** 30: 2-streifig in Fahrtrichtung 31: 3-streifig in Fahrtrichtung Z 265 kann gemäß Anlage 2 lfd. Nummer 39 StVO auch in anderen Tafeln integriert sein. Anordnung in Verbindung mit Zz 1001-34 oder 1001-35	**7.2.3**

Richtzeichen (nach StVO Anlage 3)

Bisherige Zeichen	lfd. Nr.	Aktuelle Zeichen	Ge- oder Verbote Erläuterungen	HAV Abschnitt
	82	**531** 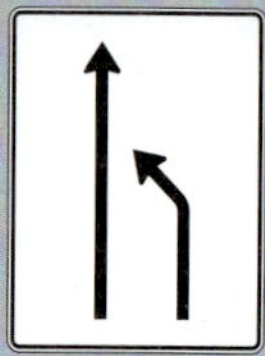 **Einengungstafel**		**4.3** Ordnung im Knotenpunkt; **7.2** Arbeitsstellen
		Z 531-10  **Einengungstafel ohne Gegenverkehr** **Z 531-14** 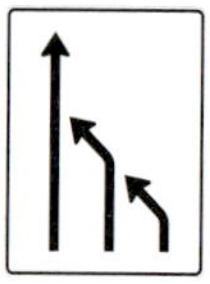	Sind weitere Fahrstreifen vorhanden, ist die Darstellung entsprechend anzupassen **Unternummer Z 531-** 10: Einzug rechts, von 2 auf 1 Fahrstreifen 11: Einzug rechts, von 3 auf 2 Fahrstreifen 12: Einzug rechts, von 4 auf 3 Fahrstreifen 13: Einzug rechts, von 5 auf 4 Fahrstreifen 20: Einzug links, von 2 auf 1 Fahrstreifen 21: Einzug links, von 3 auf 2 Fahrstreifen 22: Einzug links, von 4 auf 3 Fahrstreifen 23: Einzug links, von 5 auf 4 Fahrstreifen **Unternummer Z 531-** 14: Einzug rechts, von 3 auf 1 Fahrstreifen 15: Einzug rechts, von 4 auf 2 Fahrstreifen 16: Einzug rechts, von 5 auf 3 Fahrstreifen* 24: Einzug links, von 3 auf 1 Fahrstreifen 25: Einzug links, von 4 auf 2 Fahrstreifen 26: Einzug links, von 5 auf 3 Fahrstreifen*	**7.2**
		Z 532-10  **Einengungstafel mit Gegenverkehr**	Sind weitere Fahrstreifen vorhanden, ist die Darstellung entsprechend anzupassen **Unternummer Z 532-** 10: Einzug rechts, noch 1 Fahrstreifen und 1 Fahrstreifen in Gegenrichtung 20: Einzug links, noch 1 Fahrstreifen und 1 Fahrstreifen in Gegenrichtung 21: Einzug links, noch 1 Fahrstreifen und 2 Fahrstreifen in Gegenrichtung	**7.2**
		Z 533-29 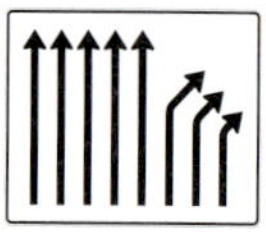 **Trennungtafel ohne Gegenverkehr**	Sind weitere Fahrstreifen vorhanden, ist die Darstellung entsprechend anzupassen **Unternummer Z 533-** 20: 2-streifig durchgehend und 1-streifig rechts ab 21: 3-streifig durchgehend und 1-streifig rechts ab 22: 2-streifig durchgehend und 2-streifig rechts ab 23: 3-streifig durchgehend und 2-streifig rechts ab 24: 4-streifig durchgehend und 1-streifig rechts ab* 25: 4-streifig durchgehend und 2-streifig rechts ab* 26: 4-streifig durchgehend und 3-streifig rechts ab* 27: 5-streifig durchgehend und 1-streifig rechts ab* 28: 5-streifig durchgehend und 2-streifig rechts ab** 29: 5-streifig durchgehend und 3-streifig rechts ab** >	**7.2**

* Größe abweichend vom Standard gemäß VwV-StVO zu den Zeichen 501 bis 546, Randnummer 6: 1600 × 1600 mm
** Größe abweichend vom Standard gemäß VwV-StVO zu den Zeichen 501 bis 546, Randnummer 6: 1600 × 2000 mm

Richtzeichen (nach StVO Anlage 3)

Bisherige Zeichen	lfd. Nr.	Aktuelle Zeichen	Ge- oder Verbote Erläuterungen	HAV Abschnitt
		Z 533-61 	**Unternummer Z 533-** 60: 2-streifig durchgehend und 1-streifig sowie aus dem rechten durchgehenden Fahrstreifen rechts ab 61: 3-streifig durchgehend und 1-streifig sowie aus dem rechten durchgehenden Fahrstreifen rechts ab 62: 4-streifig durchgehend und 1-streifig sowie aus dem rechten durchgehenden Fahrstreifen rechts ab* 63: 5-streifig durchgehend und 1-streifig sowie aus dem rechten durchgehenden Fahrstreifen rechts ab*	**7.2**
		Z 535-11  **Einengungstafel ohne Gegenverkehr mit integriertem Zeichen 279**	**Unternummer Z 535-** 11: Einzug rechts, noch 2 Fahrstreifen in Fahrtrichtung 21: Einzug links, noch 2 Fahrstreifen in Fahrtrichtung Z 279 kann gemäß Anlage 2 lfd. Nummer 57 StVO auch in anderen Tafeln integriert sein	**7.2**
		Z 536-20  **Einengungstafel mit Gegenverkehr mit integriertem Zeichen 279**	**Unternummer Z 536-** 20: Einzug links, noch 1 Fahrstreifen und 1 Fahrstreifen in Gegenrichtung 21: Einzug links, noch 1 Fahrstreifen und 2 Fahrstreifen in Gegenrichtung Z 279 kann gemäß Anlage 2 lfd. Nummer 57 StVO auch in anderen Tafeln integriert sein	**7.2**
		Z 537-30 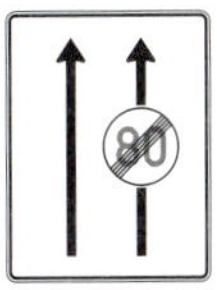 **Fahrstreifentafel ohne Gegenverkehr mit integriertem Zeichen 278**	**Unternummer Z 537-** 30: 2-streifig in Fahrtrichtung 31: 3-streifig in Fahrtrichtung Z 278 kann gemäß Anlage 2 lfd. Nummer 56 StVO auch in anderen Tafeln integriert sein	**7.2**
		Z 538-30 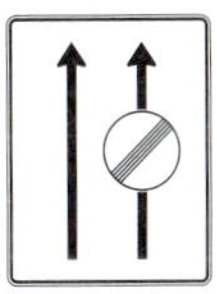 **Fahrstreifentafel ohne Gegenverkehr mit integriertem Zeichen 282**	**Unternummer Z 538-** 30: 2-streifig in Fahrtrichtung 31: 3-streifig in Fahrtrichtung Z 282 kann gemäß Anlage 2 lfd. Nummer 60 StVO auch in anderen Tafeln integriert sein	**7.2**

* Größe abweichend vom Standard gemäß VwV-StVO zu den Zeichen 501 bis 546, Randnummer 6: 1600 × 1600 mm

Richtzeichen (nach StVO Anlage 3)

Bisherige Zeichen	lfd. Nr.	Aktuelle Zeichen	Ge- oder Verbote Erläuterungen	HAV Abschnitt
		Z 541-11 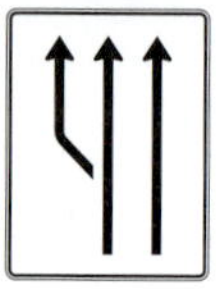 **Aufweitungs-tafel ohne Gegenverkehr**	Sind weitere Fahrstreifen vorhanden, ist die Darstellung entsprechend anzupassen **Unternummer Z 541-** 10: 1-streifig plus Fahrstreifen links 11: 2-streifig plus Fahrstreifen links 12: 3-streifig plus Fahrstreifen links 13: 4-streifig plus Fahrstreifen links 20: 1-streifig plus Fahrstreifen rechts 21: 2-streifig plus Fahrstreifen rechts 22: 3-streifig plus Fahrstreifen rechts 23: 4-streifig plus Fahrstreifen rechts	7.2
		Z 542-10 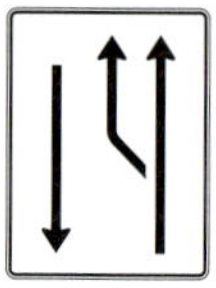 **Aufweitungs-tafel mit Gegenverkehr**	Sind weitere Fahrstreifen vorhanden, ist die Darstellung entsprechend anzupassen **Unternummer Z 542-** 10: 1-streifig plus Fahrstreifen links und 1 Fahrstreifen in Gegenrichtung 11: 1-streifig plus Fahrstreifen links und 2 Fahrstreifen in Gegenrichtung 12: 2-streifig plus Fahrstreifen links und 1 Fahrstreifen in Gegenrichtung 13: 2-streifig plus Fahrstreifen links und 2 Fahrstreifen in Gegenrichtung 14: 1-streifig plus Fahrstreifen links und 3 Fahrstreifen in Gegenrichtung 15: 2-streifig plus Fahrstreifen links und 3 Fahrstreifen in Gegenrichtung*	7.2
		Z 545-11  **Aufweitungs-tafel ohne Gegenverkehr mit integriertem Zeichen 275**	**Unternummer Z 545-** 11: 2-streifig plus Fahrstreifen links Z 275 kann gemäß Anlage 2 lfd. Nummer 52 StVO auch in anderen Tafeln integriert sein	7.2
		Z 546-10  **Aufweitungs-tafel mit Gegenverkehr mit integriertem Zeichen 275**	**Unternummer Z 546-** 10: 1-streifig plus Fahrstreifen links und 1 Fahrstreifen in Gegenrichtung 11: 1-streifig plus Fahrstreifen links und 2 Fahrstreifen in Gegenrichtung Z 275 kann gemäß Anlage 2 lfd. Nummer 52 StVO auch in anderen Tafeln integriert sein	7.2

* Größe abweichend vom Standard gemäß VwV-StVO zu den Zeichen 501 bis 546, Randnummer 6: 1 600 × 1 600 mm

Bisherige Zeichen	lfd. Nr.	Aktuelle Zeichen	Ge- oder Verbote Erläuterungen	HAV Abschnitt
		Z 550-21 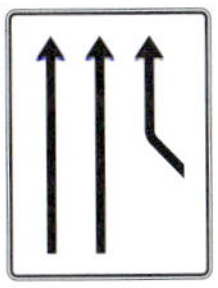 **Zusammenführungstafel an durchgehender Strecke**	Sind weitere Fahrstreifen vorhanden, ist die Darstellung entsprechend anzupassen **Unternummer Z 550-** 20: 1-streifig plus 1 Fahrstreifen von rechts 21: 2-streifig plus 1 Fahrstreifen von rechts 22: 3-streifig plus 1 Fahrstreifen von rechts 23: 2-streifig plus 2 Fahrstreifen von rechts 24: 3-streifig plus 2 Fahrstreifen von rechts 25: 4-streifig plus 1 Fahrstreifen von rechts 26: 4-streifig plus 2 Fahrstreifen von rechts* 27: 4-streifig plus 3 Fahrstreifen von rechts** 28: 5-streifig plus 1 Fahrstreifen von rechts* 29: 5-streifig plus 2 Fahrstreifen von rechts** 60: 6-streifig plus 3 Fahrstreifen von rechts**	**7.2**
		Z 551-21 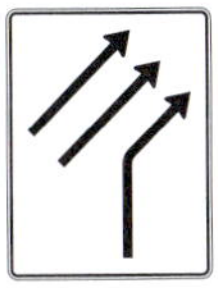 **Zusammenführungstafel an einmündender Strecke**	Sind weitere Fahrstreifen vorhanden, ist die Darstellung entsprechend anzupassen **Unternummer Z 551-** 20: 1-streifig einmündend plus 1-streifig durchgehend 21: 1-streifig einmündend plus 2-streifig durchgehend 22: 2-streifig einmündend plus 2-streifig durchgehend 23: 2-streifig einmündend plus 3-streifig durchgehend 24: 1-streifig einmündend plus 3-streifig durchgehend 25: 1-streifig einmündend plus 4-streifig durchgehend 26: 2-streifig einmündend plus 4-streifig durchgehend* 27: 3-streifig einmündend plus 4-streifig durchgehend* 28: 1-streifig einmündend plus 5-streifig durchgehend* 29: 2-streifig einmündend plus 5-streifig durchgehend* 60: 3-streifig einmündend plus 5-streifig durchgehend*	**7.2**
	82.1	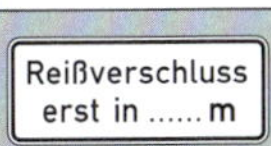	Bei Einengungstafeln wird mit dem Zusatzzeichen der Ort angekündigt, an dem der Fahrstreifenwechsel nach dem Reißverschlussverfahren (§ 7 Absatz 4) erfolgen soll.	**4.3** Ordnung im Knotenpunkt; **7.2** Arbeitsstellen
	83	**590**  **Blockumfahrung**	Das Zeichen kündigt eine durch die Zeichen „Vorgeschriebene Fahrtrichtung" (Zeichen 209 bis 214) vorgegebene Verkehrsführung an.	**4.2** Einschränkung der Fahrbeziehungen; **8.3.7** Orientierung im Knotenpunkt
		Z 590-10 	**Unternummer Z 590-** 10: Blockumfahrung rechts, links, links 11: Blockumfahrung rechts, rechts, rechts	**4.2** Einschränkung der Fahrbeziehungen; **8.3.7** Orientierung im Knotenpunkt

* Größe abweichend vom Standard gemäß VwV-StVO zu den Zeichen 501 bis 546, Randnummer 6: 1600 × 1600 mm
** Größe abweichend vom Standard gemäß VwV-StVO zu den Zeichen 501 bis 546, Randnummer 6: 1600 × 2000 mm

Verkehrseinrichtungen (nach StVO Anlage 4)

Bisherige Zeichen	lfd. Nr.	Aktuelle Zeichen	Ge- oder Verbot Erläuterungen	HAV Abschnitt
Abschnitt 1 Einrichtungen zur Kennzeichnung von Arbeits- und Unfallstellen oder sonstigen vorübergehenden Hindernissen				
	1	600  Absperr-schranke		7.2
		Z 600-35 	**Unternummer Z 600-** 30: 100 × 800 mm 31: 100 × 1 200 mm 32: 100 × 1 600 mm 33: 250 × 1 200 mm 34: 250 × 1 600 mm 35: 250 × 2 000 mm 36: 250 × 2 400 mm 37: 500 × 1 600 mm 38: 500 × 2 000 mm 39: 500 × 2 400 mm 50: 100 × 2 000 mm 51: 100 × 2 400 mm 52: 250 × 800 mm **Unternummer Z 600-** 60: Sperrpfosten (Schraffur waagerecht) **-60** 	7.2
	2	605  Leitbake Pfeil-bake Schraffen-bake		7.2
		Z 605-10  Schraffenbake[1]	**Unternummer Z 605-** 10: Aufstellung rechts 20: Aufstellung links 40: doppelseitig (-10/-20) 41: doppelseitig (-20/-20) 1) weitere Ausführungen nach TL-Leitbake	7.2
		Z 605-11  Pfeilbake[1]	**Unternummer Z 605-** 11: Aufstellung rechts 21: Aufstellung links 42: doppelseitig (-11/-21) 43: doppelseitig (-21/-21) 1) weitere Ausführungen nach TL-Leitbake	7.2
		Z 605-12  Warnbake	**Unternummer Z 605-** 12: Aufstellung rechts 22: Aufstellung links 44: doppelseitig (-12/-22) 45: doppelseitig (-22/-22)	7.2

Bisherige Zeichen	lfd. Nr.	Aktuelle Zeichen	Ge- oder Verbot Erläuterungen	HAV Abschnitt
		Z 605-13  **Warnlichtbake**	**Unternummer Z 605-** 13: Aufstellung rechts 23: Aufstellung links	**7.2**
		Z 605-14  **Warnlichtbake mit integriertem Zeichen 222**	**Unternummer Z 605-** 14: Aufstellung rechts mit Zeichen 222-10 24: Aufstellung links mit Zeichen 222	**7.2**
		Z 610  **Leitkegel**	*siehe StVO Anlage 4, Abschnitt 1, lfd. Nr. 5*	**7.2**
		Z 615  **Fahrbare Absperrtafel**	*siehe StVO Anlage 4, Abschnitt 1, lfd. Nr. 6*	**7.2**
		Z 616  **Fahrbare Absperrtafel mit Blinkpfeil**	*siehe StVO Anlage 4, Abschnitt 1, lfd. Nr. 7*	**7.2**
		Z 620 **-41 -40** 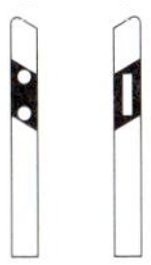 **Leitpfosten**	*siehe StVO Anlage 4, Abschnitt 3, lfd. Nr. 11*	**6.2.3**

Verkehrseinrichtungen (nach StVO Anlage 4)

Bisherige Zeichen	lfd. Nr.	Aktuelle Zeichen	Ge- oder Verbot Erläuterungen	HAV Abschnitt
		Z 625  **Richtungstafel in Kurven**	*siehe StVO Anlage 4, Abschnitt 2, lfd. Nr. 8* **Unternummer Z 625-** linksweisend: 10: 500 × 500 mm 11: 500 × 1 500 mm 12: 500 × 2 000 mm 13: 500 × 2 500 mm 14: 700 × 700 mm 15: 700 × 2 100 mm 16: 700 × 2 800 mm 17: 700 × 3 500 mm rechtsweisend: 20: 500 × 500 mm 21: 500 × 1 500 mm 22: 500 × 2 000 mm 23: 500 × 2 500 mm 24: 700 × 700 mm 25: 700 × 2 100 mm 26: 700 × 2 800 mm 27: 700 × 3 500 mm	**6.6.3**
		Z 626-10  **Leitplatte**	*siehe StVO Anlage 4, Abschnitt 2, lfd. Nr. 9*	**6.7**
		Z 626-30  **Leitplatte**	*siehe StVO Anlage 4, Abschnitt 2, lfd. Nr. 9*	**6.7**
		Z 627-50  **Leitmal**	*siehe StVO Anlage 4, Abschnitt 2, lfd. Nr. 10*	**6.7**
	3	**628**  **Leitschwelle mit Pfeil-bake Schraffen-bake**		**7.2.3**
		Z 628 **-11 -10**  **Leitschwelle mit Leitbake**	**Unternummer Z 628-** 10: Aufstellung rechts (mit Z 605-10) 20: Aufstellung links (mit Z 605-20) 40: doppelseitig (mit Z 605-40) 41: doppelseitig (mit Z 605-41) 11: Aufstellung rechts (mit Z 605-11) 21: Aufstellung links (mit Z 605-21) 42: doppelseitig (mit Z 605-42) 43: doppelseitig (mit Z 605-43) Ausführung nach RSA	**7.2.3**

Bisherige Zeichen	lfd. Nr.	Aktuelle Zeichen	Ge- oder Verbot Erläuterungen	HAV Abschnitt
	4	629  Leitbord mit Pfeil- bake Schraffen- bake		7.2.3
		Z 629 -11 -10  Leitbord mit Leitbake	**Unternummer Z 629-** 10: Aufstellung rechts (mit Z 605-10) 20: Aufstellung links (mit Z 605-20) 40: doppelseitig (mit Z 605-40) 41: doppelseitig (mit Z 605-41) 11: Aufstellung rechts (mit Z 605-11) 21: Aufstellung links (mit Z 605-21) 42: doppelseitig (mit Z 605-42) 43: doppelseitig (mit Z 605-43) Ausführung nach RSA	7.2.3
	5	610  Leitkegel		7.2.3
		Z 610 	**Unternummer Z 610-** 40: Größe = 300 (Ringhöhe 55 mm) 41: Größe = 500 (Ringhöhe 85 mm) 42: Größe = 750 (Ringhöhe 130 mm) 43: Größe = 1 000 (Ringhöhe 180 mm) Ausführung nach TL-Leitkegel	7.2.3
	6	615  Fahrbare Absperrtafel		7.2.3
	7	616 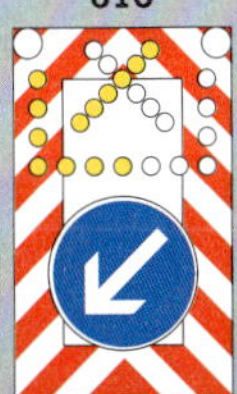 Fahrbare Absperrtafel mit Blinkpfeil		7.2.3

Verkehrseinrichtungen (nach StVO Anlage 4)

Bisherige Zeichen	lfd. Nr.	Aktuelle Zeichen	Ge- oder Verbot Erläuterungen	HAV Abschnitt
		Z 616 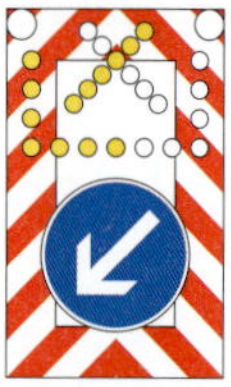	**Unternummer Z 616-** 30: große Ausführung (3600 × 2200 mm) 31: kleine Ausführung (2500 × 1700 mm)	7.2.3
	zu 1 bis 7		Die Einrichtungen verbieten das Befahren der so gekennzeichneten Straßenfläche und leiten den Verkehr an dieser Fläche vorbei. 1. Warnleuchten an diesen Einrichtungen zeigen rotes Licht, wenn die ganze Fahrbahn gesperrt ist, sonst gelbes Licht oder gelbes Blinklicht. 2. Zusammen mit der Absperrtafel können überfahrbare Warnschwellen verwendet sein, die quer zur Fahrtrichtung vor der Absperrtafel ausgelegt sind.	7.2.3
Abschnitt 2 Einrichtungen zur Kennzeichnung von dauerhaften Hindernissen oder sonstigen gefährlichen Stellen				
	8	625  Richtungstafel in Kurven	Die Richtungstafel in Kurven kann auch in aufgelöster Form angebracht sein.	6.6.3
		Z 625-11 	**Unternummer Z 625-** linksweisend: 10: 500 × 500 mm; 11: 500 × 1500 mm; 12: 500 × 2000 mm; 13: 500 × 2500 mm rechtsweisend: 20: 500 × 500 mm; 21: 500 × 1500 mm; 22: 500 × 2000 mm; 23: 500 × 2500 mm	6.6.3
	9	626  Leitplatte		6.7
		Z 626-10 	**Unternummer Z 626-** 10: Aufstellung rechts 20: Aufstellung links	6.7
		Z 626-30 	**Unternummer Z 626-** 30: 750 × 500 mm 31: 1200 × 600 mm 32: 2500 × 500 mm	6.7
	10	627  Leitmal	Leitmale kennzeichnen in der Regel den Verkehr einschränkende Gegenstände. Ihre Ausführung richtet sich nach der senkrechten, waagerechten oder gewölbten Anbringung beispielsweise an Bauwerken, Bauteilen und Gerüsten.	6.7

Bisherige Zeichen	lfd. Nr.	Aktuelle Zeichen	Ge- oder Verbot Erläuterungen	HAV Abschnitt
		Z 627-50 	**Unternummer Z 627-** 10: Anbringung rechts (senkrecht) 20: Anbringung links (senkrecht) 30: waagerecht 50: gebogen Ausführung nach den Richtlinien für die Kennzeichnung von Ingenieurbauwerken mit beschränkter Durchfahrtshöhe über Straßen, VkBl. 2000 S. 337	6.7
Abschnitt 3 Einrichtung zur Kennzeichnung des Straßenverlaufs				
	11	620 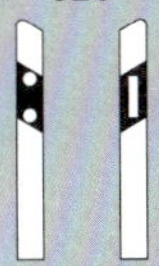 Leitpfosten (links) (rechts)	Um den Verlauf der Straße kenntlich zu machen, können an den Straßenseiten Leitpfosten in der Regel im Abstand von 50 m und in Kurven verdichtet stehen.	6.2.3
		Z 620 -41 -40 	**Unternummer Z 620-** 40: rechts 41: links	6.2.3
Abschnitt 4 Warntafel zur Kennzeichnung von Fahrzeugen und Anhängern bei Dunkelheit				
	12	630  Parkwarntafel		7.5
		Z 630-10 	**Unternummer Z 630-** 10: links vorbei 20: rechts vorbei	7.5

Grundregeln

0

Grundregeln für das Anbringen von Verkehrszeichen und Verkehrseinrichtungen

1 Keine Anbringung ohne Anordnung.

Die Anbringung von Verkehrszeichen und Verkehrseinrichtungen ist ein hoheitlicher Akt. Er dient der Bekanntgabe einer Entscheidung der zuständigen Behörde. Ohne Anordnung angebrachte Verkehrszeichen oder Verkehrseinrichtungen sind nichtig.

2 So wenig wie möglich, so viel wie nötig.

Verkehrszeichen und Verkehrseinrichtungen dürfen nur angeordnet werden, wenn sie aus den in § 45 StVO genannten Gründen, insbesondere der Leichtigkeit oder Sicherheit des Verkehrs, erforderlich sind. Zu viele Verkehrszeichen und Verkehrseinrichtungen überfordern die Verkehrsteilnehmer und werden daher nicht hinreichend beachtet.

Die StVO schreibt vor, dass örtliche Anordnungen durch Verkehrszeichen nur dort zu treffen sind, „wo dies auf Grund der besonderen Umstände zwingend geboten ist" (§ 39 Abs. 1). Verkehrszeichen, die lediglich gesetzliche Regelungen wiedergeben, dürfen nicht angeordnet werden.

Daher gilt:

- Zunächst ist zu prüfen, ob nicht die den Verkehrsteilnehmern auferlegte Eigenverantwortung unter Beachtung der allgemeinen Verkehrsregeln ausreicht, die Situation zu bewältigen.
- Bevor Ge- und Verbote ausgesprochen werden, ist zu prüfen, ob es vielleicht ausreicht, den Verkehrsteilnehmern durch unterstützende Informationen (Gefahrzeichen, situationsgerechte Straßengestaltung o. Ä.) erkennen zu geben oder zu verdeutlichen, dass eine schwierige Situation vorliegt, die dann eigenverantwortlich oder unter Beachtung der allgemeinen Verkehrsregeln bewältigt werden kann.
- Wenn Ge- oder Verbote unvermeidlich sind, so sind solche zu wählen, die den gebotenen Effekt unter Berücksichtigung der zumutbaren Eigenverantwortlichkeit mit einer geringstmöglichen Einschränkung der individuellen Freiheit erreichen (Gebot der Eingriffsminimierung).

3 Keine nichtamtlichen Verkehrszeichen oder Verkehrseinrichtungen verwenden – einheitliche Lösungsschemata anstreben.

Die amtlichen Verkehrszeichen und Verkehrseinrichtungen sind unter Beachtung internationaler Abmachungen sorgfältig ausgewählt und festgelegt worden. Um Missverständnisse auszuschließen, dürfen keine anderen als die amtlich zugelassenen Verkehrszeichen verwendet werden.

Straßenverkehrsanlagen sollen so gestaltet und geregelt sein, dass sie intuitiv sicher befahren werden können. Daher müssen sie entsprechend ihrer verkehrlichen Funktion und dem dafür angemessenen Verhalten einheitlich gestaltet werden.

Das Verhalten im Verkehr ist wegen des Umfangs der zu verarbeitenden Informationen weitgehend „automatisches", durch Reflexe und Prägungen bestimmtes Handeln. Das bewusste Denken des Menschen ist zu langsam, um die Informationsflut zu bewältigen. Es kann allenfalls einige grundsätzliche Entscheidungen bewältigen.

Vereinfacht ausgedrückt, sind Reflexe angeborene und Prägungen anerzogene Reaktionen auf Reize aus der Umwelt. Prägung kann nur langfristig durch Beobachtung, durch (Verkehrs-)Erziehung und durch Übung (Fahrerfahrung) verändert werden.

Daher sind möglichst einheitliche, von den Fahrern „gewohnte" Situationen zu schaffen. Wenn ähnliche Situationen immer wieder gleiche Reaktionen erfordern, wird die Prägung vertieft, was letztendlich zu schnelleren (und damit in der Regel sichereren) Reaktionen führt.

Daher gilt:

- Einheitlichkeit der Regelungen und Zeichen anstreben (Typisierung).
- Regelungen anstreben, die dem gewohnten Handeln möglichst gut entsprechen und bei Abweichungen einsichtig sind.

4 Verkehrszeichen und Verkehrseinrichtungen sind für die Verkehrssicherheit von großer Bedeutung. Sie sind so anzubringen und zu unterhalten, dass sie bei Tag und Nacht aus einem in Bewegung befindlichen Fahrzeug mit raschem und beiläufigem Blick zu erkennen sind.

Dieser Forderung ist besondere Aufmerksamkeit zu schenken. Verkehrszeichen und Verkehrseinrichtungen können nur beachtet werden, wenn sie von den Verkehrsteilnehmern bei Tag und auch bei Nacht zu erkennen sind.

Dabei ist zu berücksichtigen, dass die Erkennbarkeit aus einem in Bewegung befindlichen Fahrzeug anders ist als aus einem haltenden Fahrzeug oder durch einen auf der Straße stehenden Betrachter.

Ferner ist der Tatsache Rechnung zu tragen, dass bei rückstrahlenden Zeichen und Einrichtungen mit zunehmendem Alter die Rückstrahlwirkung abnimmt und sich damit die Nachtsichtbarkeit verschlechtert. Auch Bewuchs kann die Sichtbarkeit beeinträchtigen.

Daher gilt:

- Der Straßenbaulastträger hat im Rahmen seiner Inspektionsfahrten regelmäßig (wöchentlich bis täglich) den Zustand der Straßen einschließlich des Zustands und der Sichtbarkeit der Verkehrszeichen und Verkehrseinrichtungen zu überprüfen.
- Sonderprogramme (z.B. Schilderprüfung als vierteljähriger Schwerpunkt beim Straßenbaulastträger; Sonderschwerpunkte bei den Verkehrsschauen) können sinnvoll sein, um Gewöhnungseffekten zu begegnen.

5 Die Zweckmäßigkeit der angebrachten Verkehrszeichen und Verkehrseinrichtungen ist erforderlichenfalls durch Ortsfremde zu überprüfen.

Die örtliche Verkehrssituation unterliegt einem steten Wandel. Ebenso ändern sich mit der Zeit die für die Anordnung von Verkehrszeichen und Verkehrseinrichtungen maßgeblichen Vorschriften, von der StVO über die VwV-StVO bis zu den Richtlinien zur VwV-StVO. Es gibt deshalb keinen „Bestandsschutz“ für einmal getroffene verkehrsrechtliche Anordnungen. Vielmehr sind Erforderlichkeit, Geeignetheit und Angemessenheit aller Anordnungen regelmäßig am Maßstab der aktuellen örtlichen Situation sowie der aktuellen Vorschriftenlage zu überprüfen. Das wichtigste Instrument hierfür sind die Verkehrsschauen. Bei der Überprüfung von aus Verkehrssicherheitsgründen angeordneten Beschränkungen oder Verboten (z.B. Geschwindigkeitsbeschränkungen) kann es überdies zweckmäßig sein, das Unfallgeschehen zu analysieren und dem mittleren Unfallgeschehen ähnlicher Strecken gegenüberzustellen.

Ortsfremde entdecken Fehler und Mängel der Beschilderung erfahrungsgemäß leichter als Ortskundige. Das gilt besonders für die Sinnfälligkeit der Zielangaben der Wegweisung sowie für das Erkennen von Verkehrszeichen und Verkehrseinrichtungen.

Daher gilt:

- Die Straßenverkehrsbehörde hat zur Überprüfung der Zweckmäßigkeit der angebrachten Verkehrszeichen und Verkehrseinrichtungen regelmäßig Verkehrsschauen durchzuführen.
- Es kann vorteilhaft sein, das Streckennetz regelmäßig durch Ortsfremde befahren und bewerten zu lassen. Auch die Teilnahme Ortsfremder an den Verkehrsschauen ist anzustreben.

6 Wer für das Anordnen oder Anbringen von Verkehrszeichen und Verkehrseinrichtungen verantwortlich ist, muss mit den geltenden Vorschriften und Richtlinien vertraut sein sowie die Örtlichkeit und den üblichen Verkehrsablauf kennen. In der Regel ist es hilfreich, bei Entscheidungen über Beschilderungsmaßnahmen auch die Ergebnisse örtlicher Unfalluntersuchungen zu berücksichtigen.

Durch Beachten dieser Forderung wird erreicht, dass Anordnungen getroffen werden, die verkehrstechnisch sinnvoll sind, der Sicherheit und Leichtigkeit des Verkehrs dienen und gegebenenfalls auch noch eine positive Umweltwirkung besitzen.

Voraussetzung dafür ist, dass diese Aufgaben geeigneten und qualifizierten Kräften übertragen werden, die über ausreichende verkehrsrechtliche und verkehrstechnische Kenntnisse verfügen.

Die in der VwV-StVO vorgesehene Zusammenarbeit von Straßenverkehrsbehörden, Straßenbaulastträgern und Polizei erleichtert die Abwägung der verschiedenen Kriterien durch Argumentation aus verschiedenen Blickwinkeln. Es kann sinnvoll sein, für bestimmte Gesichtspunkte weitere Fachleute hinzuzuziehen.

Daher gilt:

- Bei der Abwägung sind alle relevanten Aspekte, insbesondere die der Sicherheit und Leichtigkeit des Verkehrs, des Umfelds sowie der Wirtschaftlichkeit angemessen zu berücksichtigen.
- Die Behandlung in Fachgremien dient dazu, die im Rahmen des gebundenen Ermessens notwendigen Abwägungen auf eine sachkundige Basis zu stellen. Es besteht kein politischer Entscheidungsspielraum.

Gesetze und Regelwerke

1

1.1 Allgemeines

Für Entscheidungen über das Anbringen von Verkehrszeichen und Verkehrseinrichtungen werden im Regelfall folgende Unterlagen in der jeweils gültigen Fassung benötigt (angegeben ist die bei Redaktionsschluss gültige Fassung):

Straßenverkehrs-Ordnung (StVO) vom 6. März 2013 (BGBl. 2013 I S. 367), die zuletzt durch Artikel 24 der Verordnung vom 11. Dezember 2024 (BGBl. 2024 I Nr. 411) geändert worden ist

Allgemeine Verwaltungsvorschrift zur Straßenverkehrs-Ordnung (VwV-StVO) vom 26. Januar 2001, in der Fassung vom 3. April 2025 (BAnz AT 9.4.2025 B2)

Richtlinien für die wegweisende Beschilderung auf Autobahnen (RWBA 2023)

Richtlinien für die wegweisende Beschilderung außerhalb von Autobahnen (RWB 2000)

Richtlinien für die verkehrsrechtliche Sicherung von Arbeitsstellen an Straßen (RSA 2021)

Richtlinien für die Markierung von Straßen (RMS-1 1993 und RMS-2 1980/1995, derzeit in Überarbeitung, und Teil A Autobahnen, Ausgabe 2019)

Richtlinien für Lichtsignalanlagen (RiLSA 2015)

Richtlinien für Umleitungsbeschilderungen (RUB 2021)

Richtlinien für die touristische Beschilderung (RtB 2008)

Richtlinien für die Anlage und Ausstattung von Fußgängerüberwegen (R-FGÜ 2001)

Katalog der Verkehrszeichen (VzKat 2017).

1.2 Gesetze und Verordnungen

Gesetze und Verordnungen sind für Verwaltung und Bürger unmittelbar bindend. Ausnahmen sind nicht vorgesehen. Allenfalls können Gesetze und Verordnungen Ermessensspielräume belassen, von denen nach gewissen Grundsätzen (siehe Abschnitt 2) bei Einzelfallentscheidungen Gebrauch zu machen ist.

Für das Anbringen von Verkehrszeichen und Verkehrseinrichtungen sind insbesondere die folgenden gesetzlichen Grundlagen maßgebend:

Straßenverkehrsgesetz (StVG) in der Fassung der Bekanntmachung vom 5. März 2003 (BGBl. 2003 I S. 310, 919), das zuletzt durch Artikel 70 des Gesetzes vom 23. Oktober 2024 (BGBl. 2024 I Nr. 323) geändert worden ist

Straßenverkehrs-Ordnung (StVO) vom 6. März 2013 (BGBl. 2013 I S. 367), die zuletzt durch Artikel 24 der Verordnung vom 11. Dezember 2024 (BGBl. 2024 I Nr. 411) geändert worden ist

Eisenbahn-Bau- und -Betriebsordnung (EBO) vom 8. Mai 1967 (BGBl. 1967 II S. 1563), die zuletzt durch Artikel 2 der Verordnung vom 5. April 2019 (BGBl. 2019 I S. 479) geändert worden ist

Verordnung über den Bau und Betrieb der Straßenbahnen (BOStrab) vom 11. Dezember 1987 (BGBl. 1987 I S. 2648), die zuletzt durch Artikel 1 der Verordnung vom 1. Oktober 2019 (BGBl. 2019 I S. 1410) geändert worden ist

Bundesfernstraßengesetz (FStrG) in der Fassung der Bekanntmachung vom 28. Juni 2007 (BGBl. 2007 I S. 1206), das zuletzt durch Artikel 1 des Gesetzes vom 22. Dezember 2023 (BGBl. 2023 I Nr. 409) geändert worden ist

sowie das Straßen- und Wegegesetz des jeweiligen Landes.

Verordnung über Kreuzungsanlagen im Zuge von Bundesfernstraßen (Bundesfernstraßenkreuzungsverordnung – FStrKrV) vom 2. Dezember 1975 (BGBl. 1975 I S. 2984, 2985).

Aktuelle Volltexte der Gesetze und Verordnungen können für eine erste Orientierung als nichtamtliche Fassung im Internet unter www.gesetze-im-internet.de eingesehen werden. Die amtliche Ausgabe erfolgt im Bundesgesetzblatt (www.bgbl.de für ältere Ausgaben; seit 1.1.2023 unter der Verkündungsplattform des Bundes www.recht.bund.de). Aktuelle Gesamtausgaben sind einzeln oder in Sammelbänden in der juristischen Literatur oder in juristischen Datenbanken (z. B. www.juris.de) zu finden.

1.3 Verwaltungsvorschriften

Verwaltungsvorschriften sind dienstliche Anweisungen innerhalb der Verwaltung, die in der Regel von in der Entscheidungshierarchie höherstehenden Einheiten oder Personen gegeben werden, um die Anwendung der geltenden Rechtsordnung (Verfassung, Gesetze, Verordnungen, Rechtsprechungen) und des zur Entscheidung nötigen Ermessens effektiver und einheitlicher zu gestalten. Sie wirken insofern ermessenslenkend.

Daraus ergibt sich, dass Verwaltungsvorschriften von sich aus keine allgemeine Rechtswirkung (Außenwirkung) entfalten. Sie binden lediglich die Mitarbeiter der Verwaltung. Nach außen können sie allenfalls insofern rechtswirksam erscheinen, als die ihnen unterliegenden Verwaltungseinheiten das geltende Recht einheitlich (möglicherweise auch fehlerhaft) auf ihrer Grundlage interpretieren.

Verwaltungsvorschriften müssen nicht immer ausdrücklich als solche bezeichnet werden. Auch Erlasse, Dienstanweisungen, (Verwaltungs-) Richtlinien oder im Bereich des Straßenwesens „Allgemeine Rundschreiben" sind von ihrer Funktion her Verwaltungsvorschriften.

Die Bundesregierung kann zur Ausführung der Bundesgesetze durch die Länder mit Zustimmung des Bundesrats allgemeine Verwaltungsvorschriften erlassen. Das Straßenverkehrsrecht gehört zu den Rechtsvorschriften, welche die Länder als eigene Angelegenheit ausführen (Art. 83, 84 GG). Das Straßenrecht für die Bundesstraßen führen die Länder im Auftrag des Bundes aus (Art. 85, 90 GG).

Die **Allgemeine Verwaltungsvorschrift zur Straßenverkehrs-Ordnung (VwV-StVO)** regelt die Umsetzung der StVO durch die zuständigen Behörden, insbesondere Straßenverkehrsbehörden. Sie ist damit die zentrale Verwaltungsvorschrift für die Anordnung der Verkehrszeichen und Verkehrseinrichtungen.

Zum Redaktionsschluss war aktuell die VwV-StVO vom 26. Januar 2001 in der Fassung vom 3. April 2025 gültig. Sie wurde mit Zustimmung des Bundesrates erlassen.

In den HAV werden jeweils die für die Interpretation des behandelten Gegenstands maßgebenden Teile der VwV-StVO wiedergegeben. Die neueste Fassung wurde dabei inhaltlich berücksichtigt. Auf die Anpassung lediglich formal-redaktioneller Änderungen in Zitierungen wurde im Interesse eines zügigen Erscheinens dieses Werkes verzichtet.

Im Bereich des Straßenverkehrsrechts, also im Zusammenhang mit der den Verkehr regelnden StVO, regelt das für den Verkehr zuständige Bundesministerium (derzeit das Bundesministerium für Digitales und Verkehr – BMDV) die Belange für alle Straßen in Ergänzung zur VwV-StVO durch **Verkehrsblatt-Verlautbarungen**.

Im Bereich des Straßen(bau)rechts, also im Zusammenhang mit der Straßenbaulast, regelt das für den Verkehr zuständige Bundesministerium (derzeit das Bundesministerium für Digitales und Verkehr – BMDV) die Belange der Bundesfernstraßen durch **Rundschreiben (RS)** und **Allgemeine Rundschreiben (ARS)**, die sich vorrangig an die Obersten Straßenbaubehörden der Länder richten (entsprechend den Grundsätzen der Auftragsverwaltung der Bundesfernstraßen durch die Länder). Entsprechende Regelungen der anderen Straßenbaulastträger (Länder, Kreise, Kommunen) werden in ähnlicher Weise getroffen.

Teilweise werden Verwaltungsvorschriften zu abgegrenzten Regelungsbereichen in eigenständigen **(Verwaltungs-)Richtlinien** zusammengefasst und von Zeit zu Zeit als Einheit fortgeschrieben. Die VwV-StVO verweist auf bestimmte Richtlinien, die das BMDV im Einvernehmen mit den zuständigen obersten Landesbehörden im Verkehrsblatt bekannt gibt. Diese Richtlinien gelten damit für den gesamten Geltungsbereich der StVO, unabhängig von der Straßenbaulast. Im Gegensatz dazu sind Richtlinien zum Straßenbau, etwa zum Straßenentwurf, nur für die Straßen anzuwenden, deren Straßenbaulastträger sie für seine Straßen eingeführt hat. Anders als bei den Richtlinien zur StVO setzt hierbei zudem die kommunale Planungshoheit (bei Straßen in kommunaler Baulast) einer durch höhere Stellen vorgegebenen Anwendung enge Grenzen.

Gerade im technischen Bereich hat es sich als sinnvoll erwiesen, durch entsprechende Erlasse auf **Regelwerke anderer Institutionen**, insbesondere der Forschungsgesellschaft für Straßen- und Verkehrswesen (siehe Abschnitt 1.4) hinzuweisen oder sie ganz oder teilweise für verbindlich zu erklären. Gelegentlich werden dabei einzelne Regelungen der einbezogenen Werke ergänzt und kommentiert. Soweit die Regelwerke oder Normen verbindlich einbezogen sind, erhalten sie selbst den Status von Verwaltungsvorschriften.

In der Regel werden die Verwaltungsvorschriften in den Amtsblättern der zuständigen Ministerien veröffentlicht, z. B. beim BMDV im Verkehrsblatt (www.verkehrsblatt.de), teilweise auch im Bundesanzeiger (www.bundesanzeiger.de) oder in den entsprechenden Blättern der Länder.

Für eine erste Orientierung können viele Verwaltungsvorschriften des Bundes als nicht amtliche Fassung im Internet unter www.verwaltungs vorschriften-im-internet.de eingesehen werden. Verwaltungsvorschriften der Länder findet man häufig auf den Webseiten der zuständigen Fachministerien. Zahlreiche Richtlinien des BMDV werden auch auf der Webseite der Bundesanstalt für Straßen- und Verkehrswesen (www.bast.de) zum Herunterladen angeboten.

Aktuelle Gesamtausgaben der mehr verwaltungsorientierten Verwaltungsvorschriften und behördeneigenen Richtlinien sind einzeln oder in Sammelbänden in der juristischen Literatur, als Sonderdrucke der Verkündigungsblätter oder in juristischen Datenbanken (z. B. www.juris.de) zu finden.

Zu den Fundstellen der von anderen Institutionen einbezogenen Regelwerke siehe Abschnitt 1.4.

Eine Liste der aktuell gültigen Allgemeinen Rundschreiben (und einiger Rundschreiben) des BMDV ist im Internet unter www.bmdv.bund.de verfügbar. Die die HAV betreffenden Rundschreiben finden sich im Wesentlichen im Abschnitt 07 Straßenverkehrstechnik und Straßenausstattung, teilweise auch im Abschnitt 02 Planung und Entwurf.

Eine Liste der in den HAV zitierten Rundschreiben, Allgemeinen Rundschreiben und Verkehrsblatt-Verlautbarungen ist in Anlage 5 zu finden.

1.4 Regelwerke und Normen

Regelwerke und Normen werden zum größten Teil von privatrechtlich organisierten Institutionen in Gremien (Ausschüsse, Arbeitskreise usw.) erarbeitet, die aus Vertretern der „interessierten Kreise“ und Fachleuten gebildet werden. Hintergrund dieser Vorgehensweise ist, die „interessierten Kreise“ bei der Erstellung der Regelwerke zu beteiligen. Das erleichtert, alle nötigen Aspekte bei der abwägenden Festlegung und Formulierung zu berücksichtigen, sei es für die allgemeinen Festlegungen des Regelwerks oder für die Abwägungshilfen für die bei der Anwendung des Regelwerks verbleibenden Einzelfallentscheidungen.

Die so erarbeiteten Regelwerke und Normen haben zunächst keine besondere Verbindlichkeit. Sie sind zunächst allenfalls geeignet, als Dokumentation des Standes der Technik oder des Wissens angesehen und im Laufe der Zeit als solche anerkannt zu werden.

Sie können außerdem durch Gesetze, innerbetriebliche Anordnungen oder – im Verwaltungsbereich – durch Verwaltungsvorschriften für verbindlich erklärt werden. Dann ergibt sich ihr Status aus der Verbindlichkeitserklärung (siehe z. B. Abschnitt 1.3).

Im Bereich des Straßenwesens sind in Deutschland als privatrechtlich organisierte Institutionen, die solche Regelwerke erarbeiten und herausgeben, insbesondere zu nennen:

- Forschungsgesellschaft für Straßen- und Verkehrswesen (FGSV), Köln (www.fgsv.de)
- Deutsches Institut für Normung (DIN), Berlin (www.din.de)
- Deutscher Verein des Gas- und Wasserfaches e. V. (DVGW), Bonn (www.dvgw.de).

Die FGSV gliedert ihre Technischen Veröffentlichungen in Regelwerke („R“, hier behandelt) und Wissensdokumente („W“, siehe Abschnitt 1.5).

Die Regelwerke beanspruchen eine größere Verbindlichkeit und werden in der Regel in Abstimmung oder auf Anforderung der Verwaltungen erarbeitet. Sie sind stets innerhalb der FGSV abgestimmt und gliedern sich nach dem Grad ihrer angestrebten Verbindlichkeit in

- Regelwerke R1, die verbindlich formulierte Regelungen zur Planung oder Realisierung technischer Sachverhalte enthalten. Sie umfassen insbesondere **Vertragsgrundlagen** (siehe Abschnitt 12.11) sowie (technische) **Richtlinien**.
- Regelwerke R2, die abgewogene Empfehlungen zur Planung oder Realisierung technischer Sachverhalte enthalten. Sie umfassen insbesondere **Merkblätter** und **Empfehlungen**.

Für die Herstellung und den Vertrieb arbeiten die Institutionen in der Regel mit Verlagen zusammen oder haben eigene Verlage gegründet. Beispiele für solche Kooperationen sind DIN Media (www.dinmedia.de; ehem. Beuth-Verlag) für das DIN und der FGSV Verlag (www.fgsv-verlag.de) für die FGSV.

Eine Liste der in den HAV zitierten technischen Veröffentlichungen der FGSV ist in Anlage 5 zu finden.

1.5 Sonstige Veröffentlichungen

Über die genannten, mehr oder weniger verbindlichen Werke hinaus sind für viele Fragestellungen weitere Informationsquellen hilfreich, die nachfolgend beispielhaft aufgeführt sind.

Öffentliche Verwaltungen

Das für den Verkehr zuständige Bundesministerium, derzeit das Bundesministerium für Digitales und Verkehr (BMDV; www.bmdv.bund.de), gibt direkt oder über die ihm untergeordnete Bundesanstalt für Straßen- und Verkehrswesen (BASt; www.bast.de und bast.opus.hbz-nrw.de) umfangreiche Informationsmaterialien heraus, insbesondere

- die Schluss- und Ergebnisberichte verschiedener Forschungsprogramme
- Informationsbroschüren zu aktuellen Themen.

Insbesondere zur Frage des aktuellen Forschungsstands siehe auch das

- Forschungs-Informations-System (FIS) Mobilität, Verkehr, Stadtentwicklung (www.forschungsinformationssystem.de).

Auch einige Bundesländer geben Broschüren zu aus ihrer Sicht relevanten Themen heraus. Diese sind über die für Verkehr zuständigen Ministerien dieser Länder zu beziehen.

In den USA stellt das U.S. Department of Transportation (DOT) über die Webseite der Federal Highway Administration (FHWA; www.mutcd.fhwa.dot.gov) das

- Manual on Uniform Traffic Control Devices – MUTCD (Handbuch zur einheitlichen Gestaltung der Verkehrszeichen und Verkehrseinrichtungen)

zur Verfügung.

Die für Verkehr zuständigen Ministerien von Bund und allen Bundesländern sind außerdem zusammen mit den gesetzlichen Unfallversicherungsträgern, der Deutschen Verkehrswacht, mit Automobilclubs, Automobilherstellern, Versicherungen, Personenbeförderungsunternehmen, Wirtschaftsverbänden und Gewerkschaften, Kirchen und mit weiteren Institutionen und Organisationen aus Deutschland sowie einigen Mitgliedern aus dem Ausland Mitglied im

- Deutschen Verkehrssicherheitsrat (www.dvr.de).

FGSV

Wie in Abschnitt 1.4 dargestellt, gliedert die Forschungsgesellschaft für Straßen- und Verkehrswesen (FGSV; www.fgsv.de) ihre Technischen Veröffentlichungen in Regelwerke („R“, siehe Abschnitt 1.4) und Wissensdokumente („W“, hier behandelt).

Die in diesem Werk behandelten Wissensdokumente zeigen den aktuellen Stand des Wissens auf und werden nicht unbedingt in Abstimmung oder auf Anforderung der Verwaltungen erarbeitet. Sie gliedern sich nach dem Grad ihrer Abstimmung innerhalb der FGSV in

- Wissensdokumente W1, die innerhalb der FGSV abgestimmt sind. Sie werden in der Regel **Hinweise** genannt.
- Wissensdokumente W2, die den aktuellen Erkenntnisstand innerhalb eines einzelnen FGSV-Gremiums wiedergeben. Dabei handelt es sich um Zwischenstände bei der Erarbeitung von weitergehenden Aktivitäten oder um Informations- und Arbeitshilfen. Sie werden häufig **Arbeitspapiere** genannt.

Die verfügbaren FGSV-Wissensdokumente sind im Katalog des FGSV Verlags (www.fgsv-verlag.de) zu finden.

Ähnliche Institutionen bestehen weltweit und in vielen anderen Staaten. Beispielhaft seien genannt:

- Welt-Straßenverband (PIARC/AIPCR; www.piarc.org)
- American Association of State Highway and Transportation Officials (AASHTO; www.aashto.org).

Verbände

Zahlreiche Verbände von Unternehmen und Verbrauchern stellen verkehrssicherheitsrelevante Informationen zur Verfügung, teilweise mit gut recherchierten Broschürenreihen. Beispielhaft sind hier einige Adressen zusammengestellt:

- Unfallforschung der Versicherer (UDV; www.udv.de) des Gesamtverbands der Deutschen Versicherungswirtschaft e.V. (www.gdv.de)
- Industrieverband Straßenausstattung e.V. (IVSt; www.ivst.de) mit seinen Fachabteilungen
  - Fahrbahnmarkierungen
  - Verkehrssicherung
  - Verkehrszeichen
  - Rückhaltesysteme
- Allgemeiner Deutscher Automobil-Club e.V. (ADAC; www.adac.de).

Grund-sätzliches zur Anordnung

2

2.1 Allgemeines

Diese Hinweise beschäftigen sich mit dem Anbringen von Verkehrszeichen und Verkehrseinrichtungen. Nur mit ihnen dürfen die zuständigen Behörden den Verkehr auf den Straßen regeln und lenken (siehe Abschnitte 2.5 f.). Da solche Regelungen meist die grundgesetzlich garantierte allgemeine Handlungsfreiheit (Art. 2 Abs. 1 GG) beschränken, dürfen sie nur aufgrund eines Gesetzes (i.d.R. des Straßenverkehrsgesetzes und der auf seiner Grundlage erlassenen Straßenverkehrs-Ordnung) und nur nach sorgfältiger Abwägung und im geringstmöglich nötigen Maße getroffen werden. Die angestellten Überlegungen und getroffenen Entscheidungen sind zu dokumentieren und müssen in einer formalen verkehrsrechtlichen Anordnung niedergelegt werden (siehe Abschnitte 2.2 f.).

Angebrachte Verkehrszeichen und Verkehrseinrichtungen werden nach den Straßenbaugesetzen Bestandteil der Straße. Damit sind die jeweiligen Träger der Straßenbaulast verpflichtet, sie in einem dem regelmäßigen Verkehrsbedürfnis genügenden Zustand anzubringen, zu unterhalten und ggf. zu verbessern (siehe Abschnitt 2.2.2). Die Polizei muss die getroffenen Regelungen überwachen und ggf. ahnden (siehe Abschnitt 2.2.2).

So befinden sich die Verkehrszeichen und Verkehrseinrichtungen im Spannungsfeld zwischen verschiedenen Verwaltungszweigen, wobei manche erwünschten Wirkungen auch mit anderen Mitteln erreicht werden können, wenn auch nur nach einer gewissen Vorbereitungszeit oder mit höheren Kosten (z. B. Geschwindigkeitsreduzierung vor Kurven durch Straßengestaltung; siehe Abschnitt 6.6). In diesem Spannungsfeld in der Kooperation der verschiedenen Beteiligten die beste Gesamtlösung für die Gesellschaft zu finden, macht die Beschäftigung mit Verkehrszeichen und Verkehrseinrichtungen reizvoll in jeder Bedeutung dieses Wortes. Dieses Buch soll das Erarbeiten solcher Lösungen erleichtern.

In Abschnitt 2 werden zunächst allgemeine Grundsätze der Verkehrsregelung und Verkehrsleitung besprochen, bevor in den Abschnitten 3 bis 9 dann genauer auf die einzelnen Regelungen, Beschilderungen und Markierungen eingegangen wird.

Dabei beschäftigen sich die Abschnitte 2.2 bis 2.3 zunächst mit den rechtlichen Grundlagen. Abschnitt 2.4 ist der Konzeption zweckmäßiger Regelungen gewidmet, die Abschnitte 2.5 bis 2.8 ihrer Umsetzung in konkrete Verkehrszeichenanordnungen. In Abschnitt 2.9 schließlich wird auf die notwendige laufende Kontrolle eingegangen, die immer wieder zur Überprüfung und Verbesserung der Anordnung führt.

Die Behandlung der einzelnen Aspekte stellt keine Abfolge einzelner Arbeitsschritte dar. Vielmehr werden bei der Konzeption von Regelungen üblicherweise auch schon Gesichtspunkte bedacht, die sich aus den möglichen Einschränkungen bei der späteren Umsetzung oder Überwachung ergeben. Probleme hierbei machen oft ein Überdenken von Regelungen notwendig.

Die Begriffe Verkehrszeichen, (Verkehrs-) Schilder, (Fahrbahn-)Markierungen haben in den letzten Jahrzehnten immer wieder Bedeutungswandel erfahren. Der aktuelle offizielle Begriff ist „Verkehrszeichen", entsprechend der über die europäische Normung eingeführten Nomenklatur unterteilt in „vertikale Verkehrszeichen" und „horizontale Verkehrszeichen".

In den HAV wird der Begriff „Verkehrszeichen" für das abstrakte Zeichen verwendet, dessen Bedeutung und Anwendung durch die StVO und VwV-StVO geregelt ist. Die körperliche Ausbildung, so wie sie an der Straßenanlage aufgestellt oder appliziert wird, wird zur besseren Differenzierung aber nach wie vor als „(Verkehrs-)Schild" oder „(Fahrbahn-)Markierung" bezeichnet.

Diese Unterscheidung zwischen abstraktem Zeichen und körperlicher Ausbildung (als Schild oder Markierung) verdeutlicht auch die zuvor schon angesprochene Aufteilung der primären Zuständigkeiten zwischen Straßenverkehrsbehörden und Straßenbaulastträger, auf die in Abschnitt 2.2.2 noch genauer eingegangen wird: Grob vereinfacht kann man sagen, dass die Straßenverkehrsbehörden primär für die Verkehrszeichen, also das gezeigte Bild, verantwortlich sind, während die Straßenbaulastträger primär dafür verantwortlich sind, das festgelegte Bild darzustellen und für die Verkehrsteilnehmer erkennbar zu machen, eben die körperlichen (Verkehrs-)Schilder, die (Fahrbahn-)Markierungen und die Verkehrseinrichtungen wie Leitpfosten, Lichtsignalanlagen, Parkscheinautomaten usw. Entsprechend dieser Aufteilung behandelt Abschnitt 2 vorrangig die mit den Verkehrszeichen als abstrakter Anordnung verbundenen Punkte, während Abschnitt 12 sich der Umsetzung widmet. Allerdings ist diese Trennung der Übersichtlichkeit wegen nicht ganz konsequent.

Insbesondere in den Abschnitten 2.5 bis 2.8 werden auch Fragen behandelt, die primär den Straßenbaubehörden obliegen, für die aber ein Vorbehalt für Entscheidungen der Straßenverkehrsbehörde besteht und die in der Praxis meist einvernehmlich festgelegt werden.

2.2 Grundlagen

2.2.1 Allgemeines

Verkehrswege, und damit auch die Straßen, sollen als Element der öffentlichen Daseinsfürsorge Ortsveränderungen von Personen und Gütern ausreichend sicher und in angemessener Zeit ermöglichen.

Die Straßenanlage so zu gestalten, dass sie ohne Weiteres den Ansprüchen an die Sicherheit und Leichtigkeit des Verkehrs genügt (wenn sie von vernünftigen und verständigen Verkehrsteilnehmern benutzt wird), ist von jeher ein wesentliches Ziel des **Straßen(bau)rechts**, das in der Bundesrepublik Deutschland im Bundesfernstraßengesetz (FStrG) und den jeweiligen Länderstraßengesetzen niedergelegt ist. Dieser Gesetzeszweig regelt über das Institut der sogenannten Straßenbaulast die Verpflichtung des jeweiligen Straßenbaulastträgers (i. d. R. vertreten durch die Straßenbaubehörden), die Straße „in einem dem regelmäßigen Verkehrsbedürfnis genügenden Zustand zu bauen, zu unterhalten, zu erweitern oder sonst zu verbessern“.

Erst wenn eine solche Gestaltung nicht möglich ist, z. B.

- wegen nicht harmonierender Anforderungen und Verhaltensformen von Verkehrsteilnehmern gleicher oder verschiedener Verkehrsarten,
- wegen des Schutzes anderer Rechtsgüter, insbesondere des Lebens und der körperlichen Unversehrtheit, oder
- wegen der notwendigen Berücksichtigung anderer rechtlicher Rahmenbedingungen (z. B. des Natur- und Landschaftsschutzes, des Gebots des wirtschaftlichen und sparsamen Umgangs mit öffentlichen Finanzmitteln, des Immissionsschutzes, des Gewässerschutzes und vieler anderer mehr),

kann es nötig werden, das Verhalten auf den Straßen zu regeln. Dazu enthält das **Straßenverkehrsrecht** (namentlich das Straßenverkehrsgesetz (StVG) und die auf seiner Grundlage erlassene Straßenverkehrs-Ordnung (StVO)) über allgemeine Regelungen für das Verhalten auf den Straßen hinaus die Ermächtigung und die Verpflichtung für die zuständigen Behörden, vor allem die Straßenverkehrsbehörden, im Einzelfall ein bestimmtes Verhalten anzuordnen (siehe Abschnitt 2.3). Mit den in diesem Buch behandelten Verkehrszeichen und Verkehrseinrichtungen werden die verkehrsrechtlichen Anordnungen der Allgemeinheit bekannt gemacht.

Regelungen des Verkehrs sind Eingriffe in das grundgesetzlich garantierte Recht auf allgemeine Handlungsfreiheit (Art. 2 Abs. 1 GG; „Freie Entfaltung der Persönlichkeit“). Sie dürfen daher nicht willkürlich erfolgen, sondern ausschließlich im Rahmen gesetzlicher Ermächtigung in begründeten Fällen. Daher sind gewisse inhaltliche und formale Voraussetzungen und Abläufe zu beachten, die größtenteils in der StVO selbst und in den „Allgemeinen Verwaltungsvorschriften zur Straßenverkehrs-Ordnung“ (VwV-StVO) niedergelegt sind. Insbesondere sind alle Entscheidungen zu begründen (siehe Abschnitt 2.3). Die HAV versuchen, die wesentlichen Grundlagen übersichtlich zusammenzustellen und zur Begründung Hilfestellungen auch aus verkehrstechnischer und verkehrsverhaltensorientierter Sicht zu geben.

Daraus ergibt sich auch, dass nur geregelt wird, wo dies zwingend erforderlich ist, und dass bei verschiedenen möglichen Regelungen diejenige bevorzugt wird, mit der der Zweck mit den geringsten (mildestmöglichen) Eingriffen erreicht werden kann (Minimierungsgebot; siehe Abschnitte 2.4.2 und 2.4.4).

Beim Verhalten im Straßenverkehr ist außerdem zu beachten, dass

- sehr viele Menschen, teilweise in formellen oder informellen Gruppen,
- häufig in „geschützter“, nur eingeschränkt kommunikativer Umgebung (in Autos)
- unter Zeitdruck

handeln. Dies führt zu besonderen Verhaltensmustern, die sich zum großen Teil psychologisch erklären lassen.

Diese Besonderheiten müssen bei den Regelungen berücksichtigt werden, da sie sonst (oft ohne bösen Willen der Handelnden) nur eingeschränkt befolgt werden. Insbesondere der Zeitdruck führt dazu, dass Informationen nur in beschränktem Umfang aufgenommen werden können und dass das Verhalten von gleichen, meist geprägten („eintrainierten“), aber auch vererbten Verhaltensmustern bestimmt wird. Abschnitt 2.2.5 gibt dazu eine kurze Einführung.

Die allgemeinen Verkehrsregeln und die Verwaltungsvorschriften zur Aufstellung von speziellen Regelungen berücksichtigen diese Besonderheiten des Verhaltens und allgemeiner Verhaltensmuster weitgehend. Trotzdem sind die Kenntnis von und das Gefühl für diese Besonderheiten für alle Entscheidungen notwendig. Die HAV versuchen auch hier Hilfestellung zu geben. Im Einzelfall wird es aber sinnvoll sein, zusätzlich sachkundigen Rat einzuholen.

2.2.2 Straßenbaulastträger, Straßenbaubehörden, Straßenverkehrsbehörden, Polizei

Wie in Abschnitt 2.2.1 schon angedeutet, sind das Straßen(bau)recht, das die Anforderungen an die Gestaltung, den Bau und den Betrieb von Straßen regelt, und das Straßenverkehrsrecht, das das Verhalten der Verkehrsteilnehmer auf diesen Straßen regelt, eng aneinander angelehnt.

Trotzdem ist ihr Vollzug verschiedenen Verwaltungszweigen zugeordnet. Aus verschiedenen Gründen hat man in Deutschland nach dem Zweiten Weltkrieg sehr darauf geachtet, die Verwaltungsvorgänge, die in die Grundrechte der Bürger eingreifen dürfen (und dazu gehört das Straßenverkehrsrecht), in einer möglichst klein gehaltenen und mit dafür ausgebildetem Personal ausgestatteten „Eingriffsverwaltung" zu bündeln. Auf der anderen Seite sind Planung, Bau und Betrieb der Straßen so komplex, dass dafür eine entsprechend ausgebildete Fachverwaltung notwendig ist.

Das führt nun dazu, dass im Bereich der Verkehrszeichen und Verkehrseinrichtungen im Wesentlichen drei Verwaltungszweige zusammenarbeiten müssen (Details siehe Abschnitte 2.3.3 und 2.3.4):

- Den Straßenbaubehörden (für den Straßenbaulastträger oder Wegeeigentümer) obliegt die Sicherstellung der Tauglichkeit der Straßenanlage für den allgemeinen Gebrauch (Straßenbaulast, Verkehrssicherungspflicht). Sie beschäftigt u. a. Personen, die besonderes Fachwissen in der Straßenbautechnik und Straßenverkehrstechnik (einschließlich der Besonderheiten des spezifischen Verhaltens der Verkehrsteilnehmer) haben.
- Den Straßenverkehrsbehörden obliegt die Regelung des Verkehrs auf diesen Straßen, soweit eine solche notwendig ist (Verkehrsregelungspflicht). Sie beschäftigt u. a. Personen, die besonderes Fachwissen in der juristischen und verwaltungsmäßigen Abwicklung von in die Grundrechte eingreifenden Regelungen haben.
- Der Polizei obliegt die Durchsetzung der allgemeinen Verkehrsregeln und der speziell angeordneten Regelungen sowie die Dokumentation des Unfallgeschehens. Sie beschäftigt u. a. Personen, die besonderes Fachwissen in der Kontrolle von Vorgängen und in der Durchsetzung von Regelungen haben. Durch ihre ständige Präsenz im Verkehrsraum kann die Polizei außerdem Missstände im Verkehrsablauf frühzeitig und schnell erkennen.

Aus Praktikabilitätsgründen sind die Grenzen in kleinen Teilbereichen nicht ganz scharf. So dürfen z. B. die Straßenbaubehörden (vorbehaltlich anderer Anordnungen durch die Straßenverkehrsbehörden) nach § 45 Abs. 2 StVO selbstständig Gefahrzeichen anordnen, die auf einen schlechten Straßenzustand hinweisen, oder auch die temporäre Beschilderung von Arbeitsstellen für Straßenbauarbeiten regeln. Auf der anderen Seite darf die Polizei nach § 44 Abs. 2 StVO kurzzeitige Verkehrsregelungen vornehmen.

Außerdem sind die Zuständigkeiten zwar klar abgegrenzt, aber doch miteinander verwoben. So entscheidet beispielsweise die Straßenverkehrsbehörde über die Anordnung einer Regelung, darf sie aber nur durch Verkehrszeichen und Verkehrseinrichtungen (allgemein) verfügen; diese Verkehrszeichen und Verkehrseinrichtungen müssen als Teil der Straßenanlage aber vom Straßenbaulastträger aufgestellt (oder als Markierung angebracht) werden, der auch deren Kosten übernehmen muss; daher muss die Straßenbaubehörde (als Vertreter des Straßenbaulastträgers) vor der Entscheidung gehört werden. In ähnlicher Weise muss die Polizei die getroffenen Regelungen in der Praxis durchsetzen; daher ist auch sie am Entscheidungsprozess zu beteiligen. Oder die Straßenbaubehörde kann Erhaltungsmaßnahmen aufgrund fehlender Haushaltsmittel nicht zeitnah durchführen; die sinnvolle Beschränkung der zulässigen Höchstgeschwindigkeit darf aber nur die Straßenverkehrsbehörde anordnen.

Außerdem müssen die Regelungen mit den baulichen Gegebenheiten, z. B. mit der Straßenbreite oder mit der geometrischen Gestaltung der Knotenpunkte, vereinbar sein. Andere Stellen können in Einzelfällen betroffen sein (z. B. bei Bahnübergängen).

Gesetz- und Verordnungsgeber haben daher vorgesehen, dass in der Regel mindestens Straßenverkehrsbehörde, Straßenbaubehörde

und Polizei bei der Anordnung und Überprüfung von Verkehrszeichen (und Verkehrseinrichtungen) eng zusammenarbeiten (siehe auch Abschnitte 2.3.3 und 2.3.4).

In der Praxis hat sich daher herausgestellt, dass eine weitere und tiefere vertrauensvolle Zusammenarbeit der beteiligten Verwaltungszweige zu den besten Ergebnissen führt, insbesondere wenn die Regelungen auch nach intensiver Diskussion aus den verschiedenen Ausbildungs- und Erfahrungssektoren letztendlich einvernehmlich getroffen werden.

Dazu gehört vor allem, dass sich die Vertreter der beteiligten Verwaltungszweige in ihrem Gebiet gut auskennen, Respekt vor der Kompetenz ihrer Partner haben und das klare Ziel des gemeinschaftlichen Handelns die Verbesserung der Situation für die Allgemeinheit ist.

Zu Abschnitt 2.2.2

FStrG § 1 Einteilung der Bundesstraßen des Fernverkehrs

(4) Zu den Bundesfernstraßen gehören

1. der Straßenkörper; das sind besonders der Straßengrund, der Straßenunterbau, die Straßendecke, die Brücken, Tunnel, Durchlässe, Dämme, Gräben, Entwässerungsanlagen, Böschungen, Stützmauern, Lärmschutzanlagen, Trenn-, Seiten-, Rand- und Sicherheitsstreifen;
2. der Luftraum über dem Straßenkörper;
3. das Zubehör; das sind die Verkehrszeichen, die Verkehrseinrichtungen und -anlagen aller Art, die der Sicherheit oder Leichtigkeit des Straßenverkehrs oder dem Schutz der Anlieger dienen, und die Bepflanzung;

3a. Einrichtungen zur Erhebung von Maut und zur Kontrolle der Einhaltung der Mautpflicht;

4. die Nebenanlagen; das sind solche Anlagen, die überwiegend den Aufgaben der Straßenbauverwaltung der Bundesfernstraßen dienen, z. B. Straßenmeistereien, Gerätehöfe, Lager, Lagerplätze, Entnahmestellen, Hilfsbetriebe und -einrichtungen;
5. die Nebenbetriebe an den Bundesautobahnen (§ 15 Abs. 1).

FStrG § 3 Straßenbaulast

(1) Die Straßenbaulast umfasst alle mit dem Bau und der Unterhaltung der Bundesfernstraßen zusammenhängenden Aufgaben. Die Träger der Straßenbaulast haben nach ihrer Leistungsfähigkeit die Bundesfernstraßen in einem dem regelmäßigen Verkehrsbedürfnis genügenden Zustand zu bauen, zu unterhalten, zu erweitern oder sonst zu verbessern; dabei sind die sonstigen öffentlichen Belange einschließlich des Umweltschutzes sowie behinderter und anderer Menschen mit Mobilitätsbeeinträchtigung mit dem Ziel, möglichst weitreichende Barrierefreiheit zu erreichen, zu berücksichtigen. Betriebswege auf Brücken im Zuge von Bundesautobahnen und Betriebswege auf Brücken im Zuge von Bundesstraßen, die als Kraftfahrstraßen ausgewiesen sind, sind bedarfsabhängig durch den Träger der Straßenbaulast so zu bauen und zu unterhalten, dass auf ihnen auch öffentlicher Radverkehr abgewickelt werden kann.

StVG § 5b Unterhaltung der Verkehrszeichen

(1) Die Kosten der Beschaffung, Anbringung, Entfernung, Unterhaltung und des Betriebs der amtlichen Verkehrszeichen und -einrichtungen sowie der sonstigen vom Bundesministerium für Verkehr und digitale Infrastruktur zugelassenen Verkehrszeichen und -einrichtungen trägt der Träger der Straßenbaulast für diejenige Straße, in deren Verlauf sie angebracht werden oder angebracht worden sind, bei geteilter Straßenbaulast der für die durchgehende Fahrbahn zuständige Träger der Straßenbaulast. Ist ein Träger der Straßenbaulast nicht vorhanden, so trägt der Eigentümer der Straße die Kosten.

(2) Diese Kosten tragen abweichend vom Absatz 1

a) die Unternehmer der Schienenbahnen für Andreaskreuze, Schranken, Blinklichter mit oder ohne Halbschranken;
b) die Unternehmer im Sinne des Personenbeförderungsgesetzes für Haltestellenzeichen;
c) die Gemeinden in der Ortsdurchfahrt für Parkuhren und andere Vorrichtungen oder Einrichtungen zur Überwachung der Parkzeit, Straßenschilder, Geländer, Wegweiser zu innerörtlichen Zielen und Verkehrszeichen für Laternen, die nicht die ganze Nacht brennen;
d) die Bauunternehmer und die sonstigen Unternehmer von Arbeiten auf und neben der Straße für Verkehrszeichen und -einrichtungen, die durch diese Arbeiten erforderlich werden;
e) die Unternehmer von Werkstätten, Tankstellen sowie sonstigen Anlagen und Veranstaltungen für die entsprechenden amtlichen oder zugelassenen Hinweiszeichen;
f) die Träger der Straßenbaulast der Straßen, von denen der Verkehr umgeleitet werden soll, für Wegweiser für Bedarfsumleitungen.

2.2.2 Straßenbaulastträger, Straßenbaubehörden, Straßenverkehrsbehörden, Polizei

StVO
§ 44
Sachliche
Zuständigkeit

(1) Zuständig zur Ausführung dieser Verordnung sind, soweit nichts anderes bestimmt ist, die Straßenverkehrsbehörden. Nach Maßgabe des Landesrechts kann die Zuständigkeit der obersten Landesbehörden und der höheren Verwaltungsbehörden im Einzelfall oder allgemein auf eine andere Stelle übertragen werden.

(2) Die Polizei ist befugt, den Verkehr durch Zeichen und Weisungen (§ 36) und durch Bedienung von Lichtzeichenanlagen zu regeln. Bei Gefahr im Verzug kann zur Aufrechterhaltung der Sicherheit oder Ordnung des Straßenverkehrs die Polizei an Stelle der an sich zuständigen Behörden tätig werden und vorläufige Maßnahmen treffen; sie bestimmt dann die Mittel zur Sicherung und Lenkung des Verkehrs.

VwV-StVO
zu § 44
Sachliche
Zuständigkeit

1 I. Zur Bekämpfung der Verkehrsunfälle haben Straßenverkehrsbehörde, Straßenbaubehörde und Polizei eng zusammenzuarbeiten, um zu ermitteln, wo sich die Unfälle häufen, worauf diese zurückzuführen sind, und welche Maßnahmen ergriffen werden müssen, um unfallbegünstigende Besonderheiten zu beseitigen. Hierzu sind Unfallkommissionen einzurichten, deren Organisation, Zuständigkeiten und Aufgaben Ländererlasse regeln; dies gilt nicht für mit Zeichen 330.1 und 330.2 gekennzeichnete Autobahnen in der Baulast des Bundes. Für die örtliche Untersuchung von Verkehrsunfällen an Bahnübergängen gelten dabei wegen ihrer Besonderheiten ergänzende Bestimmungen.

2 II. Das Ergebnis der örtlichen Untersuchungen dient der Polizei als Unterlage für zweckmäßigen Einsatz, den Verkehrsbehörden für verkehrsregelnde und den Straßenbaubehörden für straßenbauliche Maßnahmen.

...

Zu Absatz 2 Aufgaben der Polizei

7 I. Bei Gefahr im Verzug, vor allem an Schadenstellen, bei Unfällen und sonstigen unvorhergesehenen Verkehrsbehinderungen ist es Aufgabe der Polizei, auch mit Hilfe von Absperrgeräten und Verkehrszeichen den Verkehr vorläufig zu sichern und zu regeln. Welche Verkehrszeichen und Absperrgeräte im Einzelfall angebracht werden, richtet sich nach den Straßen-, Verkehrs- und Sichtverhältnissen sowie nach der Ausrüstung der eingesetzten Polizeikräfte.

8 Auch am Tage ist zur rechtzeitigen Warnung des übrigen Verkehrs am Polizeifahrzeug das blaue Blinklicht einzuschalten. Auf Autobahnen und Kraftfahrstraßen können darüber hinaus zur rückwärtigen Sicherung besondere Sicherungsleuchten verwendet werden.

9 II. Einer vorherigen Anhörung der Straßenverkehrsbehörde oder der Straßenbaubehörde bedarf es in den Fällen der Nummer I nicht. Dagegen hat die Polizei, wenn wegen der Art der Schadenstelle, des Unfalls oder der Verkehrsbehinderung eine länger dauernde Verkehrssicherung oder -regelung notwendig ist, die zuständige Behörde zu unterrichten, damit diese die weiteren Maßnahmen treffen kann. Welche Maßnahmen notwendig sind, haben die zuständigen Behörden im Einzelfall zu entscheiden.

StVO
§ 45
Verkehrszeichen
und Verkehrs-
einrichtungen

(3) Im Übrigen bestimmen die Straßenverkehrsbehörden, wo und welche Verkehrszeichen und Verkehrseinrichtungen anzubringen und zu entfernen sind, bei Straßennamensschildern nur darüber, wo diese so anzubringen sind, wie Zeichen 437 zeigt. Die Straßenbaubehörden legen – vorbehaltlich anderer Anordnungen der Straßenverkehrsbehörden – die Art der Anbringung und der Ausgestaltung, wie Übergröße, Beleuchtung fest; ob Leitpfosten anzubringen sind, bestimmen sie allein. Sie [die Straßenbaubehörden] können auch – vorbehaltlich anderer Maßnahmen der Straßenverkehrsbehörden – Gefahrzeichen anbringen, wenn die Sicherheit des Verkehrs durch den Zustand der Straße gefährdet wird.

VwV-StVO
zu § 45
Verkehrszeichen
und Verkehrs-
einrichtungen

Zu Absatz 1 bis 1e

1 I. Vor jeder Entscheidung sind die Straßenbaubehörde und die Polizei zu hören. Wenn auch andere Behörden zu hören sind, ist dies bei den einzelnen Zeichen gesagt.

...

Zu Absatz 3

54 II. Vor der Entscheidung über die Anbringung oder Entfernung jedes Verkehrszeichens und jeder Verkehrseinrichtung sind die Straßenbaubehörden und die Polizei zu hören, in Zweifelsfällen auch andere Sachverständige. Soweit höhengleiche Kreuzungen von Straßen, Wegen oder Plätzen mit besonderen Bahnkörpern von Straßenbahnen geregelt werden, sind vor jeder Entscheidung das Straßenbahnunternehmen und die nach den personenbeförderungsrechtlichen Vorschriften zuständige Technische Aufsichtsbehörde des Straßenbahnunternehmens zu hören. Ist nach § 5b StVG ein Dritter Kostenträger, so soll auch er gehört werden.

2.2.3 Rechtliche Rahmenbedingungen

Grundsätzlich soll der Straßenverkehr ohne Weiteres

- **auf Straßen, die entsprechend den Anforderungen der Straßenbaulast bereitgestellt sind,**
- **nach den in den ersten Paragrafen der StVO niedergelegten allgemeinen Verkehrsregeln,**
- **in der eigenen Verantwortung der Verkehrsteilnehmer**

ablaufen. Zusätzliche Regelungen sind nur zu treffen, wo diese Grundsätze nicht ausreichen.

Dieses in der Regel funktionierende Vertrauen in die Eigenverantwortlichkeit der Verkehrsteilnehmer ermöglicht über das Verhalten des Einzelnen die flexible Anpassung des Verkehrsablaufs an die jeweiligen Umstände (Verkehr, Witterung, Verkehrsdichte, ...). Auch hier sind Freiheit und Verantwortung eng miteinander verbunden.

Die Einführung lässt schon erkennen, dass verschiedene Rechtsgebiete betroffen sind. Besondere Maßnahmen können insbesondere aus straßenrechtlichen Gründen („Straßenbaulast"), zivilrechtlichen Gründen („Verkehrssicherungspflicht") oder ordnungsrechtlichen Gründen („Verkehrsregelungspflicht") erforderlich werden.

Straßenrechtlich gesehen erlegen die Straßen(bau)gesetze den jeweiligen Trägern der Straßenbaulast auf, die Straßen „in einem dem regelmäßigen Verkehrsbedürfnis entsprechenden Zustand" zu bauen und zu unterhalten. Nur soweit sie dazu unter Berücksichtigung ihrer Leistungsfähigkeit nicht imstande sind, haben sie auf den nicht verkehrssicheren Zustand durch (verdeutlichende oder warnende) Verkehrszeichen und Verkehrseinrichtungen hinzuweisen (was sie jedoch nicht von ihrer Pflicht befreit, diesen Zustand schnellstmöglich zu beseitigen).

Zivilrechtlich gesehen ist derjenige, der vorsätzlich oder fahrlässig das Leben, den Körper, die Gesundheit, die Freiheit, das Eigentum oder ein sonstiges Recht eines anderen widerrechtlich verletzt (z. B. durch das Zurverfügungstellen eines gefährlichen Verkehrsweges), zum Ersatz des daraus entstandenen Schadens verpflichtet.

Dabei sind die materiellen Verpflichtungen aus der Straßenbaulast und der Verkehrssicherungspflicht inhaltlich (nicht rechtssystematisch und nicht im Umfang) sehr ähnlich, sodass an dieser Stelle diesbezüglich zunächst nicht weiter unterschieden wird. Zu den Unterschieden wird auf die einschlägigen straßenrechtlichen Kommentare verwiesen, die dieses Thema breiter behandeln.

Ordnungsrechtlich sind möglicherweise Regelungen nötig, die dem Ausgleich zwischen den eventuell konkurrierenden Interessen verschiedener Verkehrsarten und oder der Abwehr von Gefahren dienen.

Die StVO, die selbst dem ordnungsrechtlichen Bereich zuzuordnen ist, berücksichtigt die straßenrechtlichen und zivilrechtlichen Pflichten z. B. mit § 45 Abs. 3 Satz 3, der den Straßenbaubehörden als Vertreter des Straßenbaulastträgers und als Betreiber der Straße die Befugnis zur Anordnung von Gefahrzeichen einräumt (allerdings sehen sowohl die Straßenbaugesetze als auch die StVO vor, dass die Straßenverkehrsbehörden diese Warnungen durch andere, ihnen geeigneter erscheinende ordnungsrechtliche Maßnahmen ersetzen können, wenn ihnen dies notwendig erscheint; sie dürfen dabei aber nicht unter das sich aus der Straßenbaulast ergebende Sicherungserfordernis zurückfallen).

Die ordnungsrechtliche Komponente, nämlich das Verhalten der Straßenverkehrsteilnehmer, nicht nur durch Bereitstellen von Information und durch explizites Warnen, sondern auch durch direkte Weisung zu beeinflussen, ist nun aus grundsätzlichen Gründen nicht trivial.

Die direkte Weisung stellt grundsätzlich eine Einschränkung der allgemeinen Handlungsfreiheit dar, die durch den Art. 2 Abs. 1 des Grundgesetzes garantiert ist. Sie darf nur beschränkt werden, wenn es eine entsprechende Gesetzesgrundlage gibt und der Eingriff auf das unbedingt nötige Maß beschränkt wird. Einen Eingriffsgrund nennt das Grundgesetz selbst in direktem Zusammenhang, nämlich die Rechte eines jeden auf Leben und körperliche Unversehrtheit (Art. 2 Abs. 2 GG).

Das Gesetz, das im Straßenverkehr Einschränkungen der allgemeinen Handlungsfreiheit vorsieht, ist das Straßenverkehrsgesetz (StVG). Es ermächtigt mit seinem § 6 (siehe auch nachfolgendes Zitat) den für den Verkehr zuständigen Bundesminister, Rechtsverordnungen zu erlassen, um insbesondere

- die Sicherheit und Ordnung auf den öffentlichen Straßen zu erhalten und Belästigungen (z. B. durch Lärm und Abgase) zu vermeiden;
- das Halten und Parken, vor allem bei Großveranstaltungen oder Gebieten mit hohem Parkdruck, zu regeln;

- unter bestimmten Voraussetzungen Fußgängerzonen und verkehrsberuhigte Bereiche einzurichten.

Die Aufzählung im Gesetz ist abschließend. Aus anderen Gründen dürfen keine Einschränkungen des freien individuellen Verhaltens angeordnet werden. Die Ausgestaltung der Einschränkung ist in den Rechtsverordnungen näher bestimmt.

Die aufgrund dieser Ermächtigung erlassene Rechtsverordnung ist die Straßenverkehrs-Ordnung (StVO), die Umstände, Art, Umfang und Methode der möglichen und notwendigen Einschränkungen im Rahmen der Ermächtigung durch das StVG näher bestimmt. § 45 StVO nennt die möglichen Einschränkungsgründe noch einmal ausführlicher. Die das Anordnen von Verkehrszeichen und Verkehrseinrichtungen betreffenden Teile sind anschließend an den Text dieses Abschnitts im Quellenteil wiedergegeben.

Da das Anordnen von Verkehrszeichen (und Verkehrseinrichtungen) ein Vorgang ist, der viele private und öffentliche Belange und Bereiche zum Teil auch emotional berührt („Muss erst ein Kind sterben, bevor die Behörden tätig werden?"), fühlt sich häufig auch die Politik bemüht, auf Entscheidungen im Einzelfall Einfluss zu nehmen.

Rechtssystematisch besteht jedoch kein Freiraum für persönliche oder politische Entscheidungen. Eine Regelung darf nur getroffen werden, wenn ein Eingreifen geboten (§ 45 Abs. 9 StVO verdeutlicht das) und die Regelung geeignet ist. Der Regelungsumfang muss in einem angemessenen Verhältnis zum angestrebten Zweck stehen, im Zweifel ist die Regelung mit den geringsten Eingriffen zu wählen. Ob und in welchem Umfang geregelt wird, ist im Rahmen des (gebundenen) Ermessens zu bestimmen (siehe auch Abschnitt 2.4.2). Wegen der großen Bedeutung auch für die einzelnen Verkehrsteilnehmer ist daher nachvollziehbar mit besonderer Sorgfalt und unter Berücksichtigung der individuellen Freiheit und Verantwortung zwischen den verschiedenen öffentlichen und privaten Belangen abzuwägen.

Zu Abschnitt 2.2.3

GG Art. 2

(1) Jeder hat das Recht auf die freie Entfaltung seiner Persönlichkeit, soweit er nicht die Rechte anderer verletzt und nicht gegen die verfassungsmäßige Ordnung oder das Sittengesetz verstößt.

(2) Jeder hat das Recht auf Leben und körperliche Unversehrtheit. Die Freiheit der Person ist unverletzlich. In diese Rechte darf nur auf Grund eines Gesetzes eingegriffen werden.

GG Art. 3

(1) Alle Menschen sind vor dem Gesetz gleich.

StVG § 6 Verordnungsermächtigungen

(1) Das Bundesministerium für Verkehr und digitale Infrastruktur wird ermächtigt, soweit es zur Abwehr von Gefahren für die Sicherheit oder Leichtigkeit des Verkehrs auf öffentlichen Straßen erforderlich ist, Rechtsverordnungen mit Zustimmung des Bundesrates über Folgendes zu erlassen:

...

2. das Verhalten im Verkehr, auch im ruhenden Verkehr,

...

8. die zur Verhütung von Belästigungen anderer, zur Verhütung von schädlichen Umwelteinwirkungen im Sinne des Bundes-Immissionsschutzgesetzes oder zur Unterstützung einer geordneten städtebaulichen Entwicklung erforderlichen Maßnahmen,
9. die Maßnahmen
   a) über den Straßenverkehr, die zur Erhaltung der öffentlichen Sicherheit oder zu Verteidigungszwecken erforderlich sind,
   b) zur Durchführung von Großraum- und Schwertransporten,
   c) im Übrigen, die zur Erhaltung der Sicherheit und Ordnung auf öffentlichen Straßen oder zur Verhütung einer über das verkehrsübliche Maß hinausgehenden Abnutzung der Straßen erforderlich sind, insbesondere bei Großveranstaltungen,

...

2.2.3 Rechtliche Rahmenbedingungen

StVG
§ 6
Verordnungsermächtigungen

15. die Beschränkung des Straßenverkehrs einschließlich des ruhenden Verkehrs
    a) zugunsten schwerbehinderter Menschen mit außergewöhnlicher Gehbehinderung, mit beidseitiger Amelie oder Phokomelie oder vergleichbaren Funktionseinschränkungen sowie zugunsten blinder Menschen,
    b) zugunsten der Bewohner städtischer Quartiere mit erheblichem Parkraummangel,
    c) zur Erforschung des Unfallgeschehens, des Verkehrsverhaltens, der Verkehrsabläufe oder zur Erprobung geplanter verkehrssichernder oder verkehrsregelnder Maßnahmen,
16. die Einrichtung von Sonderfahrspuren für Linienomnibusse und Taxen,
17. die Einrichtung und Nutzung von fahrzeugführerlosen Parksystemen im niedrigen Geschwindigkeitsbereich auf Parkflächen,
18. allgemeine Ausnahmen von den Verkehrsvorschriften nach Abschnitt I oder von auf Grund dieser Verkehrsvorschriften erlassener Rechtsverordnungen zur Durchführung von Versuchen, die eine Weiterentwicklung dieser Rechtsnormen zum Gegenstand haben.

Rechtsverordnungen nach Satz 1 Nummer 18 über allgemeine Ausnahmen von Verkehrsvorschriften nach diesem Gesetz sind für die Dauer von längstens fünf Jahren zu befristen; eine einmalige Verlängerung der Geltungsdauer um längstens fünf Jahre ist zulässig. Rechtsverordnungen können nicht nach Satz 1 erlassen werden über solche Regelungsgegenstände, über die Rechtsverordnungen nach Absatz 2 erlassen werden dürfen. Die Abwehr von Gefahren für die Sicherheit oder Leichtigkeit des Verkehrs auf öffentlichen Straßen nach Satz 1 umfasst auch den straßenverkehrsrechtlichen Schutz von Maßnahmen zur Rettung aus Gefahren für Leib und Leben von Menschen oder den Schutz zivilrechtlicher Schadensersatzansprüche Unfallbeteiligter.

...

(3) In Rechtsverordnungen nach Absatz 1 oder Absatz 2 können hinsichtlich der dort genannten Gegenstände jeweils auch geregelt werden:

1. die Erteilung, Beschränkung oder Entziehung von Rechten, die sonstigen Maßnahmen zur Anordnung oder Umsetzung, die Anerkennung ausländischer Berechtigungen oder Maßnahmen, die Verwaltungsverfahren einschließlich der erforderlichen Nachweise sowie die Zuständigkeiten und die Ausnahmebefugnisse der vollziehenden Behörden im Einzelfall,
2. Art, Inhalt, Herstellung, Gestaltung, Lieferung, Ausfertigung, Beschaffenheit und Gültigkeit von Kennzeichen, Plaketten, Urkunden, insbesondere von Führerscheinen, und sonstigen Bescheinigungen,
3. die Anerkennung, Zulassung, Registrierung, Akkreditierung, Begutachtung, Beaufsichtigung oder Überwachung von natürlichen oder juristischen Personen des Privatrechts oder von sonstigen Einrichtungen im Hinblick auf ihre Tätigkeiten
   a) der Prüfung, Untersuchung, Beurteilung und Begutachtung von Personen, Fahrzeugen oder Fahrzeugteilen sowie der Herstellung und Lieferung nach Nummer 2,
   b) des Anbietens von Maßnahmen zur Herstellung oder zum Erhalt der Voraussetzungen nach Absatz 1 Satz 1 Nummer 1 Buchstabe b oder
   c) der Prüfung und Zertifizierung von Qualitätssicherungssystemen,
   einschließlich der jeweiligen Voraussetzungen, insbesondere der Anforderungen an die natürlichen oder juristischen Personen des Privatrechts oder an die Einrichtungen, an ihre Träger und an ihre verantwortlichen oder ausführenden Personen, einschließlich der Vorgabe eines Erfahrungsaustausches sowie einschließlich der Verarbeitung von personenbezogenen Daten über die die Tätigkeiten ausführenden oder hieran teilnehmenden Personen durch die zuständigen Behörden, durch die natürlichen oder juristischen Personen des Privatrechts oder durch die Einrichtungen in dem Umfang, der für ihre jeweilige Tätigkeit und deren Qualitätssicherung erforderlich ist,
4. Emissionsgrenzwerte unter Berücksichtigung der technischen Entwicklung zum Zeitpunkt des Erlasses der jeweiligen Rechtsverordnung,
5. die Mitwirkung natürlicher oder juristischer Personen des Privatrechts bei der Aufgabenwahrnehmung in Form ihrer Beauftragung, bei der Durchführung von bestimmten Aufgaben zu helfen (Verwaltungshilfe), oder in Form der Übertragung bestimmter Aufgaben nach Absatz 1 Satz 1 Nummer 1, 5, 6, 7 oder 9 Buchstabe b oder Absatz 2 auf diese Personen (Beleihung), insbesondere
   a) die Bestimmung der Aufgaben und die Art und Weise der Aufgabenerledigung,
   b) die Anforderungen an diese Personen und ihre Überwachung einschließlich des Verfahrens und des Zusammenwirkens der zuständigen Behörden bei der Überwachung oder
   c) die Verarbeitung von personenbezogenen Daten durch diese Personen, insbesondere die Übermittlung solcher Daten an die zuständige Behörde,

2.2.3 Rechtliche Rahmenbedingungen

StVG
§ 6
Verordnungsermächtigungen

6. die Übertragung der Wahrnehmung von einzelnen Aufgaben auf die Bundesanstalt für Straßenwesen oder das Kraftfahrt-Bundesamt oder
7. die notwendige Versicherung der natürlichen oder juristischen Personen des Privatrechts oder der sonstigen Einrichtungen in den Fällen der Nummer 3 oder Nummer 5 zur Deckung aller im Zusammenhang mit den dort genannten Tätigkeiten entstehenden Ansprüche sowie die Freistellung der für die Anerkennung, Zulassung, Registrierung, Akkreditierung, Begutachtung, Beaufsichtigung, Überwachung, Beauftragung oder Aufgabenübertragung zuständigen Bundes- oder Landesbehörde von Ansprüchen Dritter wegen Schäden, die diese Personen oder Einrichtungen verursachen.

(4) Rechtsverordnungen nach Absatz 1 Satz 1 Nummer 1, 2, 5 und 8 oder Absatz 2, jeweils auch in Verbindung mit Absatz 3, können auch erlassen werden

1. zur Abwehr von Gefahren, die vom Verkehr auf öffentlichen Straßen ausgehen,
2. zum Schutz vor schädlichen Umwelteinwirkungen, die von Fahrzeugen ausgehen, oder
3. zum Schutz der Verbraucher.

Rechtsverordnungen nach Absatz 1 Satz 1 Nummer 1, 2, 5 und 8, auch in Verbindung mit Absatz 3, können auch erlassen werden

1. zum Schutz der Bevölkerung in Fußgängerbereichen oder verkehrsberuhigten Bereichen, der Wohnbevölkerung oder der Erholungssuchenden vor Emissionen, die vom Verkehr auf öffentlichen Straßen ausgehen, insbesondere zum Schutz vor Lärm oder vor Abgasen,
2. für Sonderregelungen an Sonn- und Feiertagen oder
3. für Sonderregelungen über das Parken in der Zeit von 22 Uhr bis 6 Uhr.

(5) Rechtsverordnungen nach Absatz 1 oder 2 können auch zur Durchführung von Rechtsakten der Europäischen Gemeinschaft oder der Europäischen Union und zur Durchführung von zwischenstaatlichen Vereinbarungen im Anwendungsbereich dieses Gesetzes erlassen werden.

(6) Rechtsverordnungen nach Absatz 1 Satz 1 Nummer 1, 5 oder 8 oder nach Absatz 2, sofern sie jeweils in Verbindung mit Absatz 4 Satz 1 Nummer 2 oder Satz 2 Nummer 1 erlassen werden, oder Rechtsverordnungen nach Absatz 1 Satz 1 Nummer 12 werden vom Bundesministerium für Verkehr und digitale Infrastruktur und vom Bundesministerium für Umwelt, Naturschutz und nukleare Sicherheit gemeinsam erlassen. Rechtsverordnungen nach Absatz 1 Satz 1 Nummer 11, 13 oder 14 oder nach Absatz 3 Nummer 2 in Verbindung mit Absatz 1 Nummer 1 oder 6 können auch zum Zweck der Bekämpfung von Straftaten erlassen werden. Im Fall des Satzes 2 werden diese Rechtsverordnungen vom Bundesministerium für Verkehr und digitale Infrastruktur und vom Bundesministerium des Innern, für Bau und Heimat gemeinsam erlassen. Rechtsverordnungen nach Absatz 1 Satz 1 Nummer 1, 2, 5 oder 8 oder nach Absatz 2, sofern sie jeweils in Verbindung mit Absatz 4 Satz 1 Nummer 3 erlassen werden, werden vom Bundesministerium für Verkehr und digitale Infrastruktur und vom Bundesministerium der Justiz und für Verbraucherschutz gemeinsam erlassen.

(7) Keiner Zustimmung des Bundesrates bedürfen Rechtsverordnungen

1. zur Durchführung der Vorschriften nach Absatz 1 Satz 1 Nummer 5 in Verbindung mit Absatz 3 oder
2. über allgemeine Ausnahmen nach Absatz 1 Satz 1 Nummer 18, auch in Verbindung mit den Absätzen 3 bis 6.

Vor ihrem Erlass sind die zuständigen obersten Landesbehörden zu hören.

(8) Das Bundesministerium für Verkehr und digitale Infrastruktur wird ermächtigt, durch Rechtsverordnung ohne Zustimmung des Bundesrates, jedoch unbeschadet des Absatzes 6,

1. sofern Verordnungen nach diesem Gesetz geändert oder abgelöst werden, Verweisungen in Gesetzen und Rechtsverordnungen auf diese geänderten oder abgelösten Vorschriften durch Verweisungen auf die jeweils inhaltsgleichen neuen Vorschriften zu ersetzen,
2. in den auf Grund des Absatzes 1 oder 2, jeweils auch in Verbindung mit den Absätzen 3 bis 7 erlassenen Rechtsverordnungen enthaltene Verweisungen auf Vorschriften in Rechtsakten der Europäischen Gemeinschaft oder der Europäischen Union zu ändern, soweit es zur Anpassung an Änderungen jener Vorschriften erforderlich ist, oder
3. Vorschriften der auf Grund des Absatzes 1 oder 2, jeweils auch in Verbindung mit den Absätzen 3 bis 7 erlassenen Rechtsverordnungen zu streichen oder in ihrem Wortlaut einem verbleibenden Anwendungsbereich anzupassen, sofern diese Vorschriften durch den Erlass entsprechender Vorschriften in unmittelbar im Anwendungsbereich dieses Gesetzes geltenden Rechtsakten der Europäischen Gemeinschaft oder der Europäischen Union unanwendbar geworden oder in ihrem Anwendungsbereich beschränkt worden sind.

2.2.3 Rechtliche Rahmenbedingungen

StVG
§ 6
Verordnungsermächtigungen

(9) In den Rechtsverordnungen nach Absatz 1, jeweils auch in Verbindung mit den Absätzen 3 bis 6, kann mit Zustimmung des Bundesrates die jeweilige Ermächtigung ganz oder teilweise auf die Landesregierungen übertragen werden, um besonderen regionalen Bedürfnissen angemessen Rechnung zu tragen. Soweit eine nach Satz 1 erlassene Rechtsverordnung die Landesregierungen zum Erlass von Rechtsverordnungen ermächtigt, sind diese befugt, die Ermächtigung durch Rechtsverordnung ganz oder teilweise auf andere Landesbehörden zu übertragen.

StVO
§ 45
Verkehrszeichen und Verkehrseinrichtungen

(1) Die Straßenverkehrsbehörden können die Benutzung bestimmter Straßen oder Straßenstrecken aus Gründen der Sicherheit oder Ordnung des Verkehrs beschränken oder verbieten und den Verkehr umleiten. Das gleiche Recht haben sie

1. zur Durchführung von Arbeiten im Straßenraum,
2. zur Verhütung außerordentlicher Schäden an der Straße,
3. zum Schutz der Wohnbevölkerung vor Lärm und Abgasen,
4. zum Schutz der Gewässer und Heilquellen,
5. hinsichtlich der zur Erhaltung der öffentlichen Sicherheit erforderlichen Maßnahmen sowie
6. zur Erforschung des Unfallgeschehens, des Verkehrsverhaltens, der Verkehrsabläufe sowie zur Erprobung geplanter verkehrssichernder oder verkehrsregelnder Maßnahmen,
7. zur Verbesserung des Schutzes der Umwelt, darunter des Klimaschutzes, zum Schutz der Gesundheit oder zur Unterstützung der geordneten städtebaulichen Entwicklung, sofern die Leichtigkeit des Verkehrs berücksichtigt ist und die Sicherheit des Verkehrs nicht beeinträchtigt wird, hinsichtlich
   a) der Einrichtung von Sonderfahrstreifen und bevorrechtigenden Lichtzeichenregelungen für Linienbusse und
   b) der Bereitstellung angemessener Flächen für den fließenden und ruhenden Fahrradverkehr sowie für den Fußverkehr.

(1a) Das gleiche Recht haben sie ferner

1. in Bade- und heilklimatischen Kurorten,
2. in Luftkurorten,
3. in Erholungsorten von besonderer Bedeutung,
4. in Landschaftsgebieten und Ortsteilen, die überwiegend der Erholung dienen,
4a. hinsichtlich örtlich begrenzter Maßnahmen aus Gründen des Arten- oder Biotopschutzes,
4b. hinsichtlich örtlich und zeitlich begrenzter Maßnahmen zum Schutz kultureller Veranstaltungen, die außerhalb des Straßenraums stattfinden und durch den Straßenverkehr, insbesondere durch den von diesem ausgehenden Lärm, erheblich beeinträchtigt werden,
5. in der Nähe von Krankenhäusern und Pflegeanstalten sowie
6. in unmittelbarer Nähe von Erholungsstätten außerhalb geschlossener Ortschaften,

wenn dadurch anders nicht vermeidbare Belästigungen durch den Fahrzeugverkehr verhütet werden können.

(1b) Die Straßenverkehrsbehörden treffen auch die notwendigen Anordnungen

1. im Zusammenhang mit der Einrichtung von gebührenpflichtigen Parkplätzen für Großveranstaltungen,
2. im Zusammenhang mit der Kennzeichnung von Parkmöglichkeiten für schwerbehinderte Menschen mit außergewöhnlicher Gehbehinderung, beidseitiger Amelie oder Phokomelie oder mit vergleichbaren Funktionseinschränkungen sowie für blinde Menschen,
2a. im Zusammenhang mit der Kennzeichnung von Parkmöglichkeiten für Bewohner städtischer Quartiere mit einem drohenden oder bestehenden erheblichen Parkraummangel durch vollständige oder zeitlich beschränkte Reservierung des Parkraums für die Berechtigten oder durch Anordnung der Freistellung von angeordneten Parkraumbewirtschaftungsmaßnahmen,
3. zur Kennzeichnung von Fußgängerbereichen und verkehrsberuhigten Bereichen,
4. zur Erhaltung der Sicherheit oder Ordnung in diesen Bereichen sowie
5. zum Schutz der Bevölkerung vor Lärm und Abgasen oder zur Unterstützung einer geordneten städtebaulichen Entwicklung.

Anordnungen nach Satz 1 Nummer 2a sind auch auf Grundlage eines städtebaulich-verkehrsplanerischen Konzepts zur Vermeidung von schädlichen Auswirkungen auf die Umwelt oder zur Unterstützung der geordneten städtebaulichen Entwicklung zulässig, sofern die Leichtigkeit des Verkehrs berücksichtigt ist und die Sicherheit des Verkehrs

StVO
§ 45
Verkehrszeichen und Verkehrseinrichtungen

nicht beeinträchtigt wird. Die Straßenverkehrsbehörden ordnen die Parkmöglichkeiten für Bewohner, die Kennzeichnung von Fußgängerbereichen, verkehrsberuhigten Bereichen und Maßnahmen zum Schutze der Bevölkerung vor Lärm und Abgasen oder zur Unterstützung einer geordneten städtebaulichen Entwicklung im Einvernehmen mit der Gemeinde an.

(1c) Die Straßenverkehrsbehörden ordnen ferner innerhalb geschlossener Ortschaften, insbesondere in Wohngebieten und Gebieten mit hoher Fußgänger- und Fahrradverkehrsdichte sowie hohem Querungsbedarf, Tempo 30-Zonen im Einvernehmen mit der Gemeinde an. ...

...

(1e) Die Straßenverkehrsbehörden ordnen die für den Betrieb von mautgebührenpflichtigen Strecken erforderlichen Verkehrszeichen und Verkehrseinrichtungen auf der Grundlage des vom Konzessionsnehmer vorgelegten Verkehrszeichenplans an. Die erforderlichen Anordnungen sind spätestens drei Monate nach Eingang des Verkehrszeichenplans zu treffen.

...

(2) Zur Durchführung von Straßenbauarbeiten und zur Verhütung von außerordentlichen Schäden an der Straße, die durch deren baulichen Zustand bedingt sind, können die nach Landesrecht für den Straßenbau bestimmten Behörden (Straßenbaubehörde) – vorbehaltlich anderer Maßnahmen der Straßenverkehrsbehörden – Verkehrsverbote und -beschränkungen anordnen, den Verkehr umleiten und ihn durch Markierungen und Leiteinrichtungen lenken. Für Bahnübergänge von Eisenbahnen des öffentlichen Verkehrs können nur die Bahnunternehmen durch Blinklicht- oder Lichtzeichenanlagen, durch rot-weiß gestreifte Schranken oder durch Aufstellung des Andreaskreuzes ein bestimmtes Verhalten der Verkehrsteilnehmer vorschreiben. ...

...

(3) ... Sie [die Straßenbaubehörden] können auch – vorbehaltlich anderer Maßnahmen der Straßenverkehrsbehörden – Gefahrzeichen anbringen, wenn die Sicherheit des Verkehrs durch den Zustand der Straße gefährdet wird.

...

(9) Verkehrszeichen und Verkehrseinrichtungen sind nur dort anzuordnen, wo dies auf Grund der besonderen Umstände zwingend erforderlich ist. Dabei dürfen Gefahrzeichen nur dort angeordnet werden, wo es für die Sicherheit des Verkehrs erforderlich ist, weil auch ein aufmerksamer Verkehrsteilnehmer die Gefahr nicht oder nicht rechtzeitig erkennen kann und auch nicht mit ihr rechnen muss. Insbesondere Beschränkungen und Verbote des fließenden Verkehrs dürfen nur angeordnet werden, wenn auf Grund der besonderen örtlichen Verhältnisse eine Gefahrenlage besteht, die das allgemeine Risiko einer Beeinträchtigung der in den vorstehenden Absätzen genannten Rechtsgüter erheblich übersteigt. Satz 3 gilt nicht für die Anordnung von

1. Schutzstreifen für den Radverkehr (Zeichen 340),
2. Fahrradstraßen (Zeichen 244.1),
3. Sonderwegen außerhalb geschlossener Ortschaften (Zeichen 237, Zeichen 240, Zeichen 241) oder Radfahrstreifen innerhalb geschlossener Ortschaften (Zeichen 237 in Verbindung mit Zeichen 295),
4. Tempo 30-Zonen nach Absatz 1c und kurzen streckenbezogenen Geschwindigkeitsbeschränkungen von 30 km/h (Zeichen 274) auf Streckenabschnitten von bis zu 500 Metern zwischen zwei Tempo 30-Strecken,
5. verkehrsberuhigten Geschäftsbereichen nach Absatz 1d,
6. innerörtlichen streckenbezogenen Geschwindigkeitsbeschränkungen von 30 km/h (Zeichen 274) nach Absatz 1 Satz 1 auf Straßen des überörtlichen Verkehrs (Bundes-, Landes- und Kreisstraßen) oder auf weiteren Vorfahrtstraßen (Zeichen 306) im unmittelbaren Bereich von an diesen Straßen gelegenen Fußgängerüberwegen, Kindergärten, Kindertagesstätten, Spielplätzen, hochfrequentierten Schulwegen, allgemeinbildenden Schulen, Förderschulen, Alten- und Pflegeheimen, Einrichtungen für Menschen mit Behinderungen oder Krankenhäusern,
7. Erprobungsmaßnahmen nach Absatz 1 Satz 2 Nummer 6 zweiter Halbsatz,

7a. Sonderfahrstreifen,

8. Fahrradzonen nach Absatz 1i,
9. Bussonderfahrstreifen (Zeichen 245),
10. Fußgängerüberwegen (Zeichen 293).

Satz 3 gilt ferner nicht für Beschränkungen oder Verbote des fließenden Verkehrs nach Absatz 1 Satz 1 oder 2 Nummer 3 zur Beseitigung oder Abmilderung von erheblichen Auswirkungen veränderter Verkehrsverhältnisse, die durch die Erhebung der Maut nach

2.2.3 Rechtliche Rahmenbedingungen

StVO
§ 45
Verkehrszeichen und Verkehrseinrichtungen

dem Bundesfernstraßenmautgesetz hervorgerufen worden sind. Satz 3 gilt zudem nicht zur Kennzeichnung der in einem Luftreinhalteplan oder einem Plan für kurzfristig zu ergreifende Maßnahmen nach § 47 Absatz 1 oder 2 des Bundes-Immissionsschutzgesetzes festgesetzten Umweltzonen nach Absatz 1f.

(10) Absatz 9 gilt nicht,

1. soweit Verkehrszeichen angeordnet werden, die zur Förderung der Elektromobilität nach dem Elektromobilitätsgesetz oder zur Förderung des Carsharing nach dem Carsharinggesetz getroffen werden dürfen, und
2. für Anordnungen nach Absatz 1 Satz 2 Nummer 7.

FStrG
§ 3
Straßenbaulast

(1) Die Straßenbaulast umfasst alle mit dem Bau und der Unterhaltung der Bundesfernstraßen zusammenhängenden Aufgaben. Die Träger der Straßenbaulast haben nach ihrer Leistungsfähigkeit die Bundesfernstraßen in einem dem regelmäßigen Verkehrsbedürfnis genügenden Zustand zu bauen, zu unterhalten, zu erweitern oder sonst zu verbessern; dabei sind die sonstigen öffentlichen Belange einschließlich des Umweltschutzes sowie behinderter und anderer Menschen mit Mobilitätsbeeinträchtigung mit dem Ziel, möglichst weitreichende Barrierefreiheit zu erreichen, zu berücksichtigen. Betriebswege auf Brücken im Zuge von Bundesautobahnen und Betriebswege auf Brücken im Zuge von Bundesstraßen, die als Kraftfahrstraßen ausgewiesen sind, sind bedarfsabhängig durch den Träger der Straßenbaulast so zu bauen und zu unterhalten, dass auf ihnen auch öffentlicher Radverkehr abgewickelt werden kann.

(2) Soweit die Träger der Straßenbaulast unter Berücksichtigung ihrer Leistungsfähigkeit zur Durchführung von Maßnahmen nach Absatz 1 Satz 2 außerstande sind, haben sie auf einen nicht verkehrssicheren Zustand durch Verkehrszeichen hinzuweisen. Diese hat die Straßenbaubehörde oder auf Bundesautobahnen die Gesellschaft privaten Rechts im Sinne des Infrastrukturgesellschaftserrichtungsgesetzes vorbehaltlich anderweitiger Maßnahmen der Straßenverkehrsbehörde aufzustellen.

(3) Die Träger der Straßenbaulast sollen nach besten Kräften über die ihnen nach Absatz 1 obliegenden Aufgaben hinaus die Bundesfernstraßen bei Schnee- und Eisglätte räumen und streuen. Landesrechtliche Vorschriften über die Pflichten Dritter zum Schneeräumen und Streuen sowie zur polizeimäßigen Reinigung bleiben unberührt.

BGB
§ 823
Schadensersatzpflicht

(1) Wer vorsätzlich oder fahrlässig das Leben, den Körper, die Gesundheit, die Freiheit, das Eigentum oder ein sonstiges Recht eines anderen widerrechtlich verletzt, ist dem anderen zum Ersatz des daraus entstehenden Schadens verpflichtet.

(2) Die gleiche Verpflichtung trifft denjenigen, welcher gegen ein den Schutz eines anderen bezweckendes Gesetz verstößt. Ist nach dem Inhalt des Gesetzes ein Verstoß gegen dieses auch ohne Verschulden möglich, so tritt die Ersatzpflicht nur im Falle des Verschuldens ein.

2.2.4 Die selbsterklärende Straße

Grundsätzlich sollen die Verkehrsteilnehmer die Straße ohne weitere Regelungen eigenverantwortlich nutzen. Die Erfahrung zeigt, dass dies in weiten Teilen des Straßennetzes auch gefahrlos möglich ist. Abgesehen von Regelungen zur Erhöhung der Kapazität (z. B. Vorfahrtregelungen an Knotenpunkten) sind verkehrsrechtliche Regelungen erst dann notwendig, wenn die Verkehrsteilnehmer Gefahren (für sich oder andere) oder Einwirkungen (z. B. Lärm) nicht ausreichend oder sicher erkennen können oder wenn sie diese Gefahren oder Einwirkungen aus welchen Gründen auch immer als zu gering einschätzen.

Eine Straße ist „selbsterklärend", wenn sie alleine durch ihre Gestaltung zu einem angemessenen Verhalten der Verkehrsteilnehmer führt. Dabei berücksichtigt sie die Besonderheiten des menschlichen Verhaltens, auf die in Abschnitt 2.2.5 und in einzelnen Abschnitten dieses Buches noch genauer eingegangen wird (z. B. Abschnitt 3.5.1).

Selbsterklärende Straßen sind vor allem vorteilhaft, da sie die individuelle Freiheit (und Anpassungsfähigkeit an die Randbedingungen wie Tageslicht, Wetter, Disposition) erhalten. Sie zeigen in der Regel auch eine wesentlich höhere Befolgungsrate, da sie über die Automatismen des menschlichen Verhaltens wirken (siehe Abschnitt 2.2.5), was zu geringerem Überwachungsaufwand führt.

Der Wunsch, Straßen selbsterklärend zu gestalten, hat in Deutschland in den 1970er- und 1980er-Jahren zu intensiver Forschung über das intuitive Fahrerverhalten geführt, auch wenn damals der Begriff selbsterklärende Straße noch nicht geprägt war. Die Erkenntnisse sind in den „Richtlinien für die Anlage von Straßen (RAS)" dieser Jahre zu finden. Dieser Ansatz wird derzeit intensiv vor allem in Italien verfolgt und in den USA aufgegriffen.

Der derzeitige Ansatz in Deutschland und den Niederlanden, der den Begriff selbsterklärende Straße über die Typisierung auf Prägung und letztlich über mit der Typisierung verbundene Verhaltensvorgaben doch wieder auf ordnungsrechtliche Maßnahmen reduziert, ist eigentlich nur ein möglicher Teilbereich der selbsterklärenden Straße. Er wird in Deutschland schon seit langer Zeit bei der Gestaltung von Knotenpunkten genutzt (siehe Abschnitt 4). Soweit die Typisierung allerdings lediglich dazu genutzt wird, sie als Anzeichen von Verkehrsregeln zu nutzen (z. B. im Ausland häufig: gelb angestrichene Bordsteine bedeuten eine gewisse Art von Haltverbot) und diese Regeln dann mit Zwang durchgesetzt werden müssen, handelt es sich eigentlich nicht mehr um eine selbsterklärende, sondern allenfalls nur noch um eine typisierte Straße.

Möglicherweise ist eine sinnvolle Anwendung auch von den Randbedingungen abhängig. In bewegtem Gelände mit vielen, auch für die Fahrer direkt erkennbaren und einsichtigen Randbedingungen ist es leichter, intuitiv selbsterklärende Straßen zu konzipieren. In flachem Gelände kann die Typisierung, ggf. auch mit ordnungsrechtlichem Zusatz, notwendig sein.

Wie bereits angedeutet, versuchen die Regelwerke für die Anlage von Straßen die Erkenntnisse aus der Analyse des reaktiven Verhaltens und die Erfahrungen mit dem normalen Verkehrsverhalten zu berücksichtigen.

Neu angelegte Straßen werden daher in der Regel weniger Probleme mit der Verkehrssicherheit aufweisen als der Altbestand, der sich durch Ausbau aus alten Wegen und Wagenstraßen entwickelt hat. Wobei anzumerken ist, dass sich auch für das Fahren auf diesem Bestandsnetz Gewohnheiten und Prägungen herausgebildet haben, sodass auch diese Straßen in weiten Strecken ohne örtliche Beschränkungen oder Verbote sicher befahren werden.

Will man nun Problempunkte verbessern, so kann es häufig helfen, sich Gedanken über das normale reaktive Verhalten der Verkehrsteilnehmer zu machen, das an diesem Problempunkt möglicherweise angestoßen wird. Je nach dem Ergebnis dieser Analyse kann man dann z. B. versuchen,

- die Wahrnehmung zu verbessern,
- die Handlungsreize zu verändern,
- die Verkehrsteilnehmer auf die gefährliche Situation vorzubereiten oder
- ihnen notfalls auch direkte Handlungsanweisungen zu geben (die dann allerdings **bewusst** verarbeitet werden müssen und daher aus verschiedenen Gründen oft weniger wirksam sind).

Damit ergibt sich die folgende Reihenfolge in der Vorgehensweise, die auch immer wieder von der VwV-StVO aufgegriffen wird:

- „Saubere" Gestaltung der Straße, sodass die Verkehrsteilnehmer aus ihrer Situation (Perspektive, Geschwindigkeit, Erlebnis der bisherigen Bewegung) die Straße richtig verstehen können
- Unterstützung der Wahrnehmung durch optische Mittel (Leiteinrichtungen)

2.2.4 Die selbsterklärende Straße

- Warnung vor nicht erkennbaren Gefahren (Leiteinrichtungen, Gefahrzeichen)
- Handlungsempfehlungen (Gefahrzeichen, Geschwindigkeitsempfehlungen)
- Handlungsanweisungen (Ge- und Verbote).

Grundsätzlich sind die zunächst genannten Methoden vorzuziehen und die danach genannten nur anzuwenden, wenn die zunächst genannten keine oder zu geringe Wirkung zeigen oder erwarten lassen.

Zu Abschnitt 2.2.4

StVO § 39 Verkehrszeichen

(1) Angesichts der allen Verkehrsteilnehmern obliegenden Verpflichtung, die allgemeinen und besonderen Verhaltensvorschriften dieser Verordnung eigenverantwortlich zu beachten, werden örtliche Anordnungen durch Verkehrszeichen nur dort getroffen, wo dies auf Grund der besonderen Umstände zwingend geboten ist.

VwV-StVO zu den § 39 bis 43 Allgemeines über Verkehrszeichen und Verkehrseinrichtungen

1 I. Die behördlichen Maßnahmen zur Regelung und Lenkung des Verkehrs durch Verkehrszeichen und Verkehrseinrichtungen sollen die allgemeinen Verkehrsvorschriften sinnvoll ergänzen. Dabei ist nach dem Grundsatz zu verfahren, so wenig Verkehrszeichen wie möglich anzuordnen. Bei der Straßenbaubehörde ist gegebenenfalls eine Prüfung anzuregen, ob an Stelle von Verkehrszeichen und Verkehrseinrichtungen vorrangig durch verkehrstechnische oder bauliche Maßnahmen eine Verbesserung der Situation erreicht werden kann.

VwV-StVO zu § 40 Gefahrzeichen

1 I. Gefahrzeichen sind nach Maßgabe des § 45 Absatz 9 Satz 2 anzuordnen. Nur wenn sie als Warnung oder Aufforderung zur eigenverantwortlichen Anpassung des Fahrverhaltens nicht ausreichen, sollte stattdessen oder bei unabweisbarem Bedarf ergänzend mit Vorschriftzeichen (insbesondere Zeichen 274, 276) auf eine der Gefahrsituation angepasste Fahrweise hingewirkt werden; vgl. hierzu I zu den Zeichen 274, 276, 277 und 277.1.

VwV-StVO zu § 41 Vorschriftzeichen

Zu Zeichen 274 Zulässige Höchstgeschwindigkeit

1 I. Geschwindigkeitsbeschränkungen aus Sicherheitsgründen sollen auf bestehenden Straßen angeordnet werden, wenn Unfalluntersuchungen ergeben haben, dass häufig geschwindigkeitsbedingte Unfälle aufgetreten sind. Dies gilt jedoch nur dann, wenn festgestellt worden ist, dass die geltende Höchstgeschwindigkeit von der Mehrheit der Kraftfahrer eingehalten wird. Im anderen Fall muss die geltende zulässige Höchstgeschwindigkeit durchgesetzt werden. Geschwindigkeitsbeschränkungen können sich im Einzelfall schon dann empfehlen, wenn aufgrund unangemessener Geschwindigkeiten häufig gefährliche Verkehrssituationen festgestellt werden.

...

Zu Zeichen 276 Überholverbot

1 I. Das Zeichen ist nur dort anzuordnen, wo die Gefährlichkeit des Überholens für den Fahrzeugführer nicht ausreichend erkennbar ist.

...

Zu den Zeichen 274, 276, 277 und 277.1

1 I. Die Zeichen sind nur dort anzuordnen, wo Gefahrzeichen oder Richtungstafeln (Zeichen 625) nicht ausreichen würden, um eine der Situation angepasste Fahrweise zu erreichen. Die Zeichen können dann mit Gefahrzeichen kombiniert werden, wenn

2 1. ein zusätzlicher Hinweis auf die Art der bestehenden Gefahr für ein daran orientiertes Fahrverhalten im Einzelfall unerlässlich ist oder

3 2. aufgrund dieser Verkehrszeichenkombination eine Kennzeichnung des Endes der Verbotsstrecke entbehrlich wird.

StVO § 45 Verkehrszeichen und Verkehrseinrichtungen

(9) ... Dabei dürfen Gefahrzeichen nur dort angeordnet werden, wo es für die Sicherheit des Verkehrs erforderlich ist, weil auch ein aufmerksamer Verkehrsteilnehmer die Gefahr nicht oder nicht rechtzeitig erkennen kann und auch nicht mit ihr rechnen muss. ...

...

(10) Absatz 9 gilt nicht,

1. soweit Verkehrszeichen angeordnet werden, die zur Förderung der Elektromobilität nach dem Elektromobilitätsgesetz oder zur Förderung des Carsharing nach dem Carsharinggesetz getroffen werden dürfen, und
2. für Anordnungen nach Absatz 1 Satz 2 Nummer 7.

2.2.5 Berücksichtigung des menschlichen Verhaltens

Angesichts der „Individualität“ und weitgehenden Selbstorganisation des Straßenverkehrs haben die Besonderheiten des menschlichen Verhaltens einen großen Einfluss auf die Abläufe. Die einzelnen Fahrerinnen und Fahrer nehmen ihre Umgebung wahr, verarbeiten diese Informationen, entwickeln Handlungskonzepte, realisieren diese Konzepte.

Dies ist ein äußerst subjektiver und damit individuell unterschiedlicher Prozess. Jeder Verkehrsteilnehmer nimmt die Straße anders wahr, wertet unterschiedlich, reagiert dispositionsbedingt usw., was zu äußerst unterschiedlichem Verhalten führt. Dem Verkehrsgeschehen kommt allerdings zugute, dass der auf die Verkehrsteilnehmer, insbesondere die Fahrzeugführer, einströmende Informationsstrom so groß ist (siehe *Bilder 2.1* und *2.2*), dass er durch „bewusstes Nachdenken“ nur ansatzweise verarbeitet werden kann. Der Großteil der für die Bewegung im Verkehr notwendigen Informationsverarbeitung findet daher im reaktiven Bereich statt und wird vom Bewusstsein allenfalls moderiert („automatisches Handeln“). Dabei spielen Reflexe, Instinkte, Gewohnheiten und Prägungen eine große Rolle. Sind Straßenanlage und automatisches Handeln aufeinander abgestimmt, so wird die Straße mit größerer Wahrscheinlichkeit sicher befahren.

Dabei kann die Anpassung in beiden Richtungen vor sich gehen. Man kann versuchen, die Menschen so zu schulen und zu trainieren, ggf. auch zu regeln und zu überwachen, dass ihr reaktives Verhalten zu den Straßen und zu den jeweiligen Verkehrssituationen passt. Man kann umgekehrt auch versuchen, die Straße so zu gestalten, dass sie dem reaktiven Verhalten der meisten Menschen entspricht.

In der Wirklichkeit werden beide Wege gegangen. So darf man auf der einen Seite z. B. gewisse Arten des Verkehrs erst ausüben, wenn man eine entsprechende Ausbildung (Fahrschule) erfolgreich hinter sich gebracht hat. So sind auf der anderen Seite z. B. in den Regeln zur Anlage von Straßen das „normalerweise“ zu erwartende Verhalten der Verkehrsteilnehmer berücksichtigt (das durch das häufige Auftreten umgekehrt wieder verstärkt wird).

Man muss sich dabei bewusst sein, dass die Teile des reaktiven Verhaltens, die auf Reflexe oder Instinkte aufbauen, zu weltweit ähnlichem Verhalten führen werden, während die Teile des reaktiven Verhaltens, die auf Gewohnheit und Prägung aufbauen, sich kulturell durchaus unterschiedlich entwickeln können. Ein Beispiel für einheitliche Reaktionen sind Leittafeln an Kurven, die in ähnlicher Art in der ganzen Welt zu finden sind. Sie nutzen wohl den Umstand aus, dass kein normaler Mensch mit voller Kraft gegen eine Wand läuft, indem sie mit optischen Mitteln eine „Superwand“ erzeugen. Als Beispiel für kulturell unterschiedliches Verhalten können Knotenpunkte angeführt werden, an denen wesentliche Teile des Verhaltens durch Gewohnheit und Prägung bestimmt sind. So funktionieren z. B. Kreisverkehre mit zwei Fahrstreifen in Einfahrten, Kreisfahrbahn und Ausfahrten in Großbritannien ohne Probleme, während sie auf dem europäischen Kontinent problematisch sind. Während „Linkseinbiegestreifen“ in Frankreich eine Regellösung sind, werden sie in Deutschland nur in Ausnahmefällen angewandt.

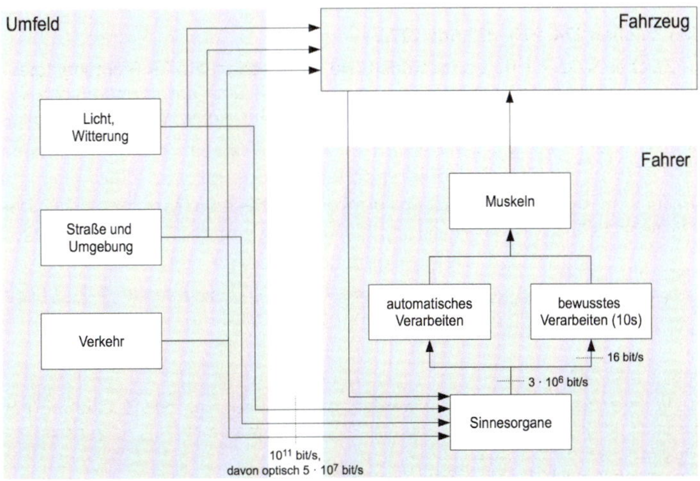

Bild 2.1
Schematische Darstellung der Informationsmenge bei der Bewältigung der Fahraufgabe
Quelle: Nach Durth 1974

2.2.5 Berücksichtigung des menschlichen Verhaltens

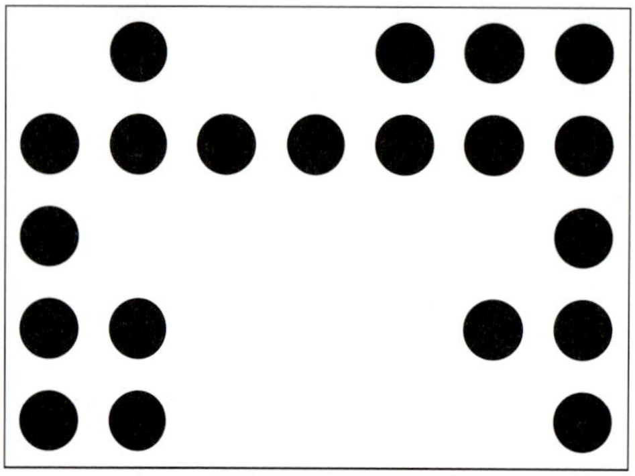

Bild 2.2 Schematische Darstellung von „35 bit" (≙ 2 s · 16 bit/s) Quelle: Nach Durth 1974

Der Vollzug des Straßenverkehrsrechts muss das menschliche Verhalten in vielfacher Weise berücksichtigen:

- Er muss die Individualität respektieren und schätzen, indem er sie nur einschränkt, wo dies notwendig ist (siehe Abschnitt 2.2.3).
- Er muss die Wahrnehmung bei seinen Entscheidungen bedenken:
  - Ist die Straßenanlage mit ihren Einschränkungen ohne Weiteres erkennbar?
  - Muss man das Erscheinungsbild z. B. durch Verkehrseinrichtungen verdeutlichen?
  - Muss man durch Gefahrzeichen vor verdeckten Gefahren warnen?
  - Sind die Verkehrsteilnehmer dort, wo Anordnungen getroffen werden, überhaupt aufnahmebereit, oder sollten die Anordnungen sinnvollerweise entzerrt werden (auch von anderen Wahrnehmungshäufungen)?
- Er sollte mögliche Entscheidungsmuster der Verkehrsteilnehmer bei seinen Entscheidungen bedenken:
  - Werden die Anordnungen von den Verkehrsteilnehmern ohne Weiteres akzeptiert oder könnte eine Begründung die Befolgungsrate erhöhen?

Insbesondere die Frage nach der Akzeptanz durch die Verkehrsteilnehmer führt immer wieder zu grundlegenden Diskussionen. Natürlich kann man sich auf den formalen Standpunkt stellen, dass eine strikte Anweisung (Ge- oder Verbot) als solche zu beachten ist. Andererseits ist bekannt, dass menschliches Verhalten potenziell fehlerhaft ist (manche Quellen geben an, dass etwa jede tausendste Handlung eines Menschen fehlerhaft ist); und für bestimmte Situationen gibt es sogar psychologische Erklärungen für häufigeres Fehlverhalten (z. B. Vorfahrt bei unvollständigen Kreuzungen (Einmündungen), Probleme mit „Zebrastreifen" (als Markierungen von Fußgängerüberwegen) oder wenig benutzten Fußgänger-Signalanlagen).

Das Argument für die Berücksichtigung des „typischen" menschlichen Verhaltens ist, dass sie hilft, das Endziel Sicherheit und Leichtigkeit des gesamten Verkehrs zu erreichen. Ist absehbar, dass gewisse Regelungen wegen menschlicher Unzulänglichkeiten nur eingeschränkt wirksam sind, so sollte das bei der Abwägung berücksichtigt werden.

Außerdem wird immer wieder argumentiert, dass sich Bürger durch für sie unverständliche Regelungen „gegängelt" fühlen und sie sie daher nicht akzeptieren. Inhaltlich ist dies durchaus verständlich, denn immer wieder wird der verantwortungsbewusste, mündige Bürger auch im Straßenverkehr gefordert, und angesichts von für ihn nicht nachvollziehbaren Regelungen soll er nun einfach „nur gehorsam" sein? Der Effekt lässt sich jedoch verringern, indem die beteiligten Behörden versuchen, Vertrauen bei den Verkehrsteilnehmern aufzubauen. Das setzt voraus, dass Regelungen nicht übermäßig getroffen und für die Verkehrsteilnehmer möglichst einsichtig gemacht werden (z. B. durch Gefahrzeichen, zeitliche oder situative Beschränkungen oder auch durch angemessene Öffentlichkeitsarbeit). Außerdem sollte die Qualität der Anordnungen dauerhaft auf hohem Niveau gehalten werden (Verkehrsschauen); das gilt vor allem auch im Bereich von Arbeitsstellen. Dort, wo auch vordergründig nicht einsichtige Regelungen erforderlich und angemessen sind, müssen diese Regelungen dann auch konsequent durchgesetzt werden, ggf. mit andauernder Begründung durch entsprechende Öffentlichkeitsarbeit.

Die VwV-StVO berücksichtigt diese Zusammenhänge durch zahlreiche im Text verstreute Hinweise, auf die hier in den jeweiligen Fachabschnitten eingegangen wird.

2.2.6 Eigenschaften der Verkehrsteilnehmer

Zur menschlichen Informationsaufnahme siehe auch Abschnitt 8.2.2. Nachstehend werden einige mittlere physiologische Werte der Verkehrsteilnehmer angegeben, die für das Anbringen von Verkehrszeichen und -einrichtungen bedeutsam sind:

■ Gesichtsfeld

Das ist der mit unbewegten Augen übersehbare Teil des Raumes. In dem Sehkegel mit einem Winkel von ca. 3° beiderseits der Sehachse liegt das zentrale Gesichtsfeld, der Bereich mit dem schärfsten Sehen (karierter Kreis in *Bild 2.3*). Es kann davon ausgegangen werden, dass dieser Bereich durch geringfügige Augenbewegungen auf einen Sehkegel mit einem Winkel von ca. 10° erweitert wird (schraffierter Kreis in *Bild 2.3*).

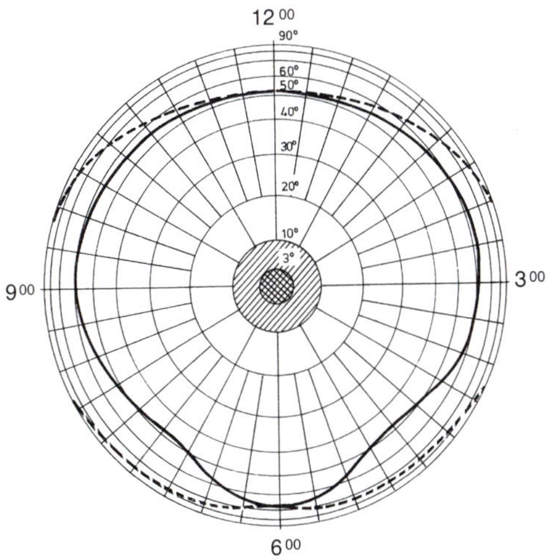

Bild 2.3 Gesichtsfeld
Quelle: Nach Traffic Engineering Handbook

Bild 2.4 Veranschaulichung des zentralen Gesichtsfeldes
Quelle: B. J. Lachenmeyer

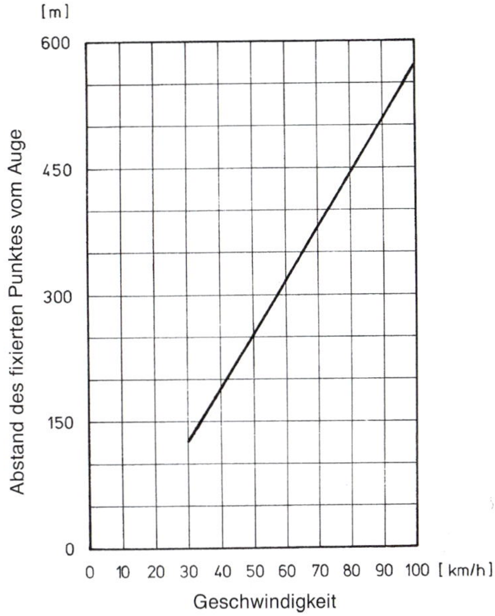

Bild 2.5 Abstand des fixierten Punktes in Abhängigkeit von der Geschwindigkeit
Quelle: Nach Traffic Engineering Handbook

In *Bild 2.4* ist das zentrale Gesichtsfeld anschaulich dargestellt.

Der darüber hinausgehende Teil des Gesichtsfeldes ist der periphere Sehbereich mit einer geringen Sehschärfe. In diesem Bereich ist ferner die Wahrnehmung von Farbunterschieden stark herabgesetzt.

Bild 2.5 zeigt, wie bei zunehmender Geschwindigkeit der von den Augen fixierte Punkt in größere Entfernung rückt; dies führt zu einer Verengung des Gesichtsfeldes (*Bild 2.6*).

Folgende Augenhöhen zum Bestimmen des Sehbereiches für Verkehrsteilnehmer sind anzunehmen:

Pkw, Kraftrad und Radfahrer	ca. 1,2 m über Fahrbahn
Lkw und Omnibus	ca. 2,1 m über Fahrbahn

■ Reaktionszeit

Als Reaktionszeit, also die Zeit, die von Verkehrsteilnehmern benötigt wird, um auf einen Reiz zu reagieren und ein unmittelbares reflexives Handeln – also ohne Einschaltung eines Denkvorganges – auszulösen (Erkennen – Reagieren; z. B. Bremsen im Gefahrenfall), können ca. 0,250 s angenommen werden. Anmerkung: Bis zum Beginn des gewünschten reaktiven Vorgangs sind weitere

Zeiten zu berücksichtigen, z. B. bei Bremsvorgängen die Bewegung des Fußes zum Bremspedal und die Ansprechzeit des Bremssystems (Schwellzeit). Daher werden in den Entwurfsrichtlinien in der Regel längere Reaktionszeiten genannt, die alle Vorgänge vom Reiz bis zum reaktiven Vorgang einschließen und in der Regel je nach Erwartbarkeit der notwendigen Reaktion 1,0 bis 2,0 s betragen.

Entscheidungszeit

Die Entscheidungszeit schwankt von 0,5 bis 4,0 s
Mittelwert: 2,5 s

Dies ist die Zeit, die von Verkehrsteilnehmern benötigt wird, um auf einen Eindruck hin eine Entscheidung zu treffen.

Sie ist abhängig von der Art der Entscheidung, die getroffen werden soll.

Die Entscheidungszeit z. B. auf die Frage „Geradeaus oder rechts abbiegen?“ ist kürzer als die Entscheidungszeit auf die Frage „Überholen oder nicht überholen?“.

Prüfzeit

ist die erforderliche Zeit, um durch Sehen nach rechts und links eine Situation zu überprüfen:

nach links blicken	0,15–0,33 s
links wahrnehmen	0,10–0,30 s
nach rechts blicken	0,15–0,33 s
rechts wahrnehmen	0,10–0,30 s
	0,50–1,26 s

Mittelwert: 0,8 s
(nach Traffic Engineering Handbook)

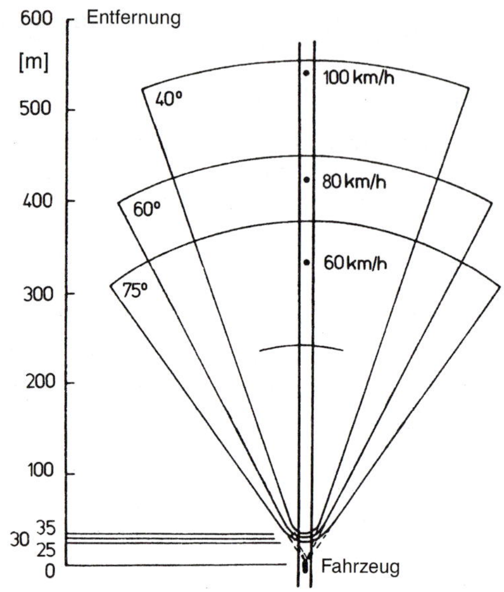

Bild 2.6 Blickpunkte und Blickwinkel in Abhängigkeit von der Fahrgeschwindigkeit

Lesezeit

ist die erforderliche Zeit, um eine Mitteilung (nicht in Verbindung mit Orientierungspfeilen) zu lesen; sie muss von Fall zu Fall ermittelt werden.

Lese- und Orientierungszeit

ist die erforderliche Zeit, um einen Hinweis zu lesen und sich dabei anhand von Richtungspfeilen zu orientieren (Beispiel: Vorwegweiser, Umleitungsschilder).

2.3 Anordnung und Zuständigkeiten

2.3.1 Allgemeines

Grundsätzlich sind verkehrsrechtliche Anordnungen von Verkehrszeichen und Verkehrseinrichtungen Verwaltungsakte, die sich an die Allgemeinheit richten (Allgemeinverfügung). Es gelten die jeweiligen Verwaltungsverfahrensgesetze (VwVfG, für die Behörden der Bundesländer die der Länder, sonst das des Bundes).

In den folgenden Abschnitten wird näher auf die Anordnungserfordernis sowie die jeweiligen Zuständigkeiten eingegangen.

Dabei steht die allgemeine Orientierung im Vordergrund.

Für Detailfragen zu Rechtsgrundlagen und Verfahrensfragen, die über diese allgemeine Orientierung hinausgehen, wird empfohlen, einschlägige juristische Kommentare, z. B. „Karg/Schurig: Kommentar zur Straßenverkehrs-Ordnung mit VwV-StVO“, insbesondere die dortigen Ausführungen zu den §§ 44 und 45 der StVO, zurate zu ziehen.

Zu Abschnitt 2.3.1

VwVfG § 35 Begriff des Verwaltungsaktes

Verwaltungsakt ist jede Verfügung, Entscheidung oder andere hoheitliche Maßnahme, die eine Behörde zur Regelung eines Einzelfalls auf dem Gebiet des öffentlichen Rechts trifft und die auf unmittelbare Rechtswirkung nach außen gerichtet ist. Allgemeinverfügung ist ein Verwaltungsakt, der sich an einen nach allgemeinen Merkmalen bestimmten oder bestimmbaren Personenkreis richtet oder die öffentlich-rechtliche Eigenschaft einer Sache oder ihre Benutzung durch die Allgemeinheit betrifft.

VwVfG § 40 Ermessen

Ist die Behörde ermächtigt, nach ihrem Ermessen zu handeln, hat sie ihr Ermessen entsprechend dem Zweck der Ermächtigung auszuüben und die gesetzlichen Grenzen des Ermessens einzuhalten.

2.3.2 Anordnungserfordernis

Wie ausgeführt, dienen Verkehrszeichen und Verkehrseinrichtungen der „Bekanntmachung“ von Verkehrsregelungen, Adressaten dieser Bekanntmachung sind die Verkehrsteilnehmer. Die Regelungen schränken u. U. verschiedene Grundrechte ein, insbesondere das der allgemeinen Handlungsfreiheit (Art. 2 Abs. 1 GG).

Die Entscheidung über verkehrsrechtliche Regelungen wird in der StVO „anordnen“ genannt. Daher wird immer wieder von der „(verkehrsrechtlichen) Anordnung“ gesprochen. Letztendlich wird der Begriff „Anordnung“ auch in den HAV mit mehreren Bedeutungen gebraucht:

- Anordnung ist die Entscheidung, eine bestimmte Regelung zu verfügen (sie „anzuordnen“). In diesem Sinne wird sie regelmäßig in der StVO (insbesondere § 45) und der VwV-StVO gebraucht.
- Als „verkehrsrechtliche Anordnung“ wird oft das Schriftstück (oder in Ausnahmefällen die Äußerung) der zuständigen Stelle verstanden, mit dem (oder der) der Vorgang des Anordnens (nach dem ersten Punkt der Strichaufzählung) dokumentiert und an die anderen Beteiligten (z. B. die Straßenbaubehörden und die Polizei) weitergegeben wird.
- Unter Anordnen kann man auch den einfachen Vorgang oder die Art und Weise des Arrangierens von Verkehrszeichen und Verkehrseinrichtungen verstehen (wie etwa in dem überhaupt nicht mit Verkehrszeichen zusammenhängenden Satz: „Die Möbel waren geschmackvoll im Raum angeordnet.“).

Diese Mehrdeutigkeit ist in den meisten Fällen nicht schädlich, manchmal sogar gewünscht. In Zweifelsfällen sollte durch die Formulierung klar gemacht sein, welche Bedeutung gemeint ist.

Eine verkehrsrechtliche Anordnung ist als „Verfügung, Entscheidung oder andere hoheitliche Maßnahme, die eine Behörde zur Regelung eines Einzelfalls auf dem Gebiet des öffentlichen Rechts trifft und die auf unmittelbare Rechtswirkung nach außen gerichtet ist“, ein Verwaltungsakt, genauer gesagt eine Allgemeinverfügung, da sie sich an einen „nach allgemeinen Merkmalen bestimmten oder bestimmbaren Personenkreis richtet oder die öffentlich-rechtliche Eigenschaft einer Sache oder ihre Benutzung durch die Allgemeinheit betrifft" [Zitate nach dem Verwaltungsverfahrensgesetz (VwVfG) des Bundes, das aber in den Verwaltungsgesetzen der Länder identisch oder ganz ähnlich formuliert ist].

Die verkehrsrechtliche Anordnung muss daher die Anforderungen erfüllen, die an Verwaltungsakte gestellt werden, insbesondere:

- Sie muss eine Rechtsgrundlage haben (Ermächtigung).
- Sie muss von der zuständigen Stelle verfügt worden sein.
- Sie muss inhaltlich hinreichend bestimmt sein (VwVfG). Die Regelungen müssen so konkret getroffen werden, dass sie hinterher nicht von nicht zuständigen Personen mehr oder weniger willkürlich in verschiedenen Varianten umgedeutet werden können (Konkretisierungsgebot).
- Ihre Regelungen dürfen nicht willkürlich sein, insbesondere gilt:
  - Eventuelle Ermessensentscheidungen sind entsprechend dem Zweck der Ermächtigung auszuüben und müssen die gesetzlichen Grenzen des Ermessens einhalten.
  - Eingriffe in die Grundrechte müssen im Verhältnis zum angestrebten Zweck stehen und dabei möglichst gering sein (Minimierungsgebot, Verhältnismäßigkeit).
- Zur Gewährleistung des Rechtsschutzes sollen die Anordnungen der Regelungen die Begründungen und Abwägungen nachvollziehbar erkennen lassen. Auch wenn Allgemeinverfügungen, die öffentlich bekannt gegeben werden, (bei der Bekanntgabe) nach den Verwaltungsverfahrensgesetzen nicht begründet werden müssen, so erfordern die Grundsätze ordnungsgemäßen Verwaltungshandelns doch die (zumindest interne) Dokumentation des Verwaltungsgangs und die Niederlegung der Begründung (einschließlich ihrer Ermächtigungsgrundlage); dies gilt insbesondere auch vor dem Hintergrund der möglichen gerichtlichen Nachprüfung der Entscheidung oder der gerichtlichen Auseinandersetzung über Haftungsfragen.

Zuständig für den gesamten Vollzug der StVO, einschließlich der Anbringung von Verkehrszeichen, sind zwar die Straßenverkehrsbehörden; die StVO weist jedoch den Straßenbaubehörden und den Straßenbaulastträgern bestimmte Befugnisse zu, in deren Rahmen diese regelmäßig selbst tätig werden können und müssen (oft vorbehaltlich anderer Anordnungen der Straßenverkehrsbehörden).

Vor allem, aber nicht ausschließlich bei der verkehrsrechtlichen Anordnung von Arbeitsstellen wird der Grundsatz der inhaltlich hinreichenden Bestimmtheit in der Praxis oft nicht ausreichend beachtet. Das mag noch angehen, wenn Schilder unwesentlich verschoben werden, ohne dass das inhaltliche Auswirkungen auf den Ablauf des Verkehrs hat. Wenn aber z. B. Durchfahrtsbreiten oder Sperrlängen bei einstreifiger Verkehrsführung verändert werden (was möglicherweise zu einer anderen Abwägung der Durchfahrtsregelung führt), ist die Grenze der Anpassung sicher überschritten. Hier sind verkehrsrechtliche Anordnungen für alle möglichen Bau- und Verkehrsführungsphasen erforderlich. Die für die Anbringung der Verkehrszeichen und Verkehrseinrichtungen Verantwortlichen sind nicht befugt, von der verkehrsrechtlichen Anordnung abzuweichen; diese muss im Gegenzug zeitlich und örtlich präzise bestimmen, wann wo welche Verkehrszeichen und Verkehrseinrichtungen anzubringen und zu entfernen sind.

Zur Bestimmtheit von verkehrsrechtlichen Anordnungen siehe auch die Entscheidung vom BayVGH 11 B 91.2603 vom 17.12.1991, in der eine verkehrsrechtliche Anordnung über die Freigabe und Sperrung eines Zufahrtswegs zum Parkplatz eines Waldgasthofs für unzulässig erklärt wurde, da nach der Anordnung ein Dritter entscheiden sollte, ob der Parkplatz voll sei, ohne dass die Anordnung ausreichend präzise festgelegt hat, wann der Parkplatz „voll" sei.

Ebenfalls zur Bestimmtheit von verkehrsrechtlichen Anordnungen: VGH Baden-Württemberg, Urteil vom 16.12.2009 – 1 S 3263/08: Ein Verkehrszeichen (hier: Haltverbotsschild) ist unwirksam (Schein-Verwaltungsakt bzw. Nichtakt), wenn seiner Aufstellung durch einen Privaten (hier: Umzugsunternehmen) keine verkehrsrechtliche Anordnung durch die Straßenverkehrsbehörde zugrunde liegt. Ein Umzugsunternehmen hatte von der Straßenverkehrsbehörde eine auf § 45 StVO gestützte „Jahresdauergenehmigung" erhalten, die ihm die Aufstellung von Haltverbotsschildern dort gestatten sollte, wo sie dies zum Zweck der Durchführung von Umzügen benötige. Diese „Jahresdauergenehmigung" bewirkte keine wirksame Anordnung von Haltverboten gegenüber der Allgemeinheit der Verkehrsteilnehmer, da es ihr an der nötigen zeitlichen und örtlichen Bestimmtheit mangelte. Zwar bezieht sich dieses Urteil auf die

Anbringung von Verkehrszeichen durch Private, dürfte aber ohne Weiteres auch auf öffentliche Stellen zu übertragen sein, die nicht über die nötigen straßenverkehrsbehördlichen oder straßenbaubehördlichen Befugnisse nach § 45 StVO verfügen. Insoweit sind wohl auch „Jahresdauergenehmigungen" für Auftragnehmer bei Öffentlich-Privaten Partnerschaften (ÖPP) zur Durchführung von „Tagesbaustellen" (Arbeitsstellen kürzerer Dauer) als derartige Scheinverwaltungsakte einzustufen, da es auch ihnen an der nötigen örtlichen und zeitlichen Bestimmtheit mangelt.

Auch andere vorab ohne Bezug auf einen konkreten Einzelfall verfügte Anordnungen, z. B. zur Sperrung bestimmter Straßen bei der Gefahr von Schneebruch, sind vor diesem Hintergrund kritisch zu sehen, zumindest soweit den ausführenden Stellen ein eigenes Ermessen überlassen wird.

Da verkehrsrechtliche Anordnungen Verwaltungsakte sind, besteht Rechtsschutz vor den Verwaltungsgerichten. Siehe dazu BVerwG vom 23.9.2010, 3 C 37.09, wonach innerhalb eines Jahres ab der erstmaligen Kenntnisnahme von der Regelung (dem ersten Befahren der Straße) die gerichtliche Anfechtung zulässig ist. Daneben sind grundsätzlich Verpflichtungsklagen zulässig, die darauf abzielen, die anordnenden Behörden zur Überprüfung einer Anordnung zu verpflichten.

Zu Abschnitt 2.3.2

VwVfG § 37 Bestimmtheit und Form des Verwaltungsaktes; Rechtsbehelfsbelehrung

(1) Ein Verwaltungsakt muss inhaltlich hinreichend bestimmt sein.

VwVfG § 39 Begründung des Verwaltungsaktes

(1) Ein schriftlicher oder elektronischer sowie ein schriftlich oder elektronisch bestätigter Verwaltungsakt ist mit einer Begründung zu versehen. In der Begründung sind die wesentlichen tatsächlichen und rechtlichen Gründe mitzuteilen, die die Behörde zu ihrer Entscheidung bewogen haben. Die Begründung von Ermessensentscheidungen soll auch die Gesichtspunkte erkennen lassen, von denen die Behörde bei der Ausübung ihres Ermessens ausgegangen ist.

(2) Einer Begründung bedarf es nicht,

...

5. wenn eine Allgemeinverfügung öffentlich bekannt gegeben wird.

BVerwG, Urt. v. 23.9.2010, 3 C 37.09

Die Frist für die Anfechtung eines Verkehrsverbotes, das durch Verkehrszeichen bekannt gegeben wird, beginnt für einen Verkehrsteilnehmer zu laufen, wenn er zum ersten Mal auf das Verkehrszeichen trifft. Die Frist wird für ihn nicht erneut ausgelöst, wenn er sich dem Verkehrszeichen später ein weiteres Mal gegenübersieht. ...

2.3.3 Zuständigkeiten im Regelfall

Sachlich zuständig für die Anordnung von Verkehrsregelungen sind nach § 44 StVO die Straßenverkehrsbehörden.

§ 45 StVO, zu deren Erlass das für den Verkehr zuständige Bundesministerium durch § 6 StVG ermächtigt wird, nennt in seinen Absätzen 1, 1a bis 1j und 8 in unterschiedlicher Intensität die Gründe, die Verkehrsregelungen erforderlich machen können („... können ... beschränken oder verbieten und ... umleiten", „... treffen die notwendigen Anordnungen ...", „... ordnen ... im Einvernehmen mit der Gemeinde an", „... ordnen ... auf der Grundlage eines vom ... vorgelegten Verkehrszeichenplans an").

Wie in den vorstehenden Abschnitten ausgeführt, sind die Straßenverkehrsbehörden verpflichtet, solche Regelungen dann und in dem Ausmaß zu treffen, wie sie erforderlich werden (je nach Ermächtigung zur Gewährleistung der Sicherheit oder Ordnung des Verkehrs, zum Schutz der Umwelt usw., allgemein zur „Gefahrenabwehr"). Sie dürfen sich weder einer notwendigen Regelung verschließen (Verkehrsregelungspflicht) noch dürfen sie solche Regelungen im Übermaß treffen

2.3.3 Zuständigkeiten im Regelfall

(um nicht zu stark in die Grundrechte einzugreifen; Grundrechtsschutz).

Nach § 45 Abs. 4 StVO dürfen die zuständigen Stellen den Verkehr nur durch Verkehrszeichen und Verkehrseinrichtungen regeln.

Dabei entscheiden nach § 45 Abs. 3 StVO die Straßenverkehrsbehörden, wo welche Verkehrszeichen und Verkehrseinrichtungen anzuordnen sind. Wie diese ausgestaltet sind (also „die Art der Anbringung und die Ausgestaltung (wie Übergröße oder Beleuchtung)"), entscheiden dann in der Regel die Straßenbaubehörden, die nach § 45 Abs. 5 StVO auch zur Beschaffung, Anbringung, Unterhaltung, Entfernung und zum Betrieb verpflichtet sind (siehe Abschnitt 12.2).

Aus dieser geteilten Zuständigkeit ergeben sich die Vorschriften der VwV-StVO, wonach schon bei den Entscheidungen zu den Verkehrsregelungen die Straßenbaubehörden zu hören sind. Denn nur so können die Besonderheiten, die sich aus (körperlicher) Aufstellung und Betrieb ergeben, bei der Entscheidung über die Regelung als solcher angemessen berücksichtigt werden (ähnliches gilt für die Polizei, die die getroffenen Regeln später durchsetzen muss).

Außerdem wird das Verhalten der Verkehrsteilnehmer auch ganz erheblich beeinflusst vom Erscheinungsbild und der Ausbildung der Straße selbst („selbsterklärende Straße"; siehe Abschnitt 2.2.4) sowie von der Art und Weise, wie die angeordneten Regelungen durchgesetzt werden („Enforcement"). Alleine aus diesem Grund ist es sinnvoll, die dafür zuständigen Stellen, in der Regel die Straßenbaubehörden und die Polizei, bei der Entscheidungsfindung zu beteiligen (siehe Abschnitt 2.3.4).

Die konkrete Zuordnung des Aufgabenbereichs der Straßenverkehrsbehörde zu bestimmten örtlich und hierarchisch gegliederten Verwaltungseinheiten obliegt nach Art. 84 Abs. 1 GG den Ländern und ist dementsprechend von Land zu Land unterschiedlich geregelt. In der Regel werden in den einzelnen Verwaltungsbezirken örtliche Straßenverkehrsbehörden bestimmt, die zumindest in den Flächenländern höheren Einheiten zugeordnet sind.

Oberste Landesbehörde ist das für den Vollzug des Straßenverkehrsrechts zuständige Ministerium. Die VwV-StVO weist gewisse Aufgaben den obersten Landesbehörden zu, wohl um die Wichtigkeit der einheitlichen Anwendung dieser Regelung hervorzuheben, jedoch nicht ohne den Zusatz „oder der von ihr beauftragten Stelle", mit der die Organisationshoheit der Länder respektiert wird.

Mit Wirkung vom 1. Januar 2021 hat die Bundesrepublik Deutschland die Verwaltung für die Bundesautobahnen von der Auftragsverwaltung durch die Länder in die eigene Hand übernommen. Dazu waren umfangreiche Gesetzesänderungen bis hin zu Grundgesetzänderungen notwendig.

In diesem Zusammenhang wurde auch geregelt, dass die meisten verkehrsrechtlichen Zuständigkeiten, welche die Autobahnen betreffen, Stellen des Bundes zufallen. Für die in der HAV zu behandelnden Gegenstände sind diese neuen Zuständigkeiten für die Autobahnen im Wesentlichen in § 44a und in § 45 Abs. 11 der StVO geregelt. Dabei benennt die StVO das Fernstraßen-Bundesamt als zuständige Stelle. Dieses wird ermächtigt, seine Aufgaben ganz oder teilweise an eine „aufgrund des Infrastrukturgesellschaftserrichtungsgesetzes beliehene Gesellschaft privaten Rechts" zu übertragen. Davon wurde Gebrauch gemacht, siehe dazu die Verordnung über die Beleihung der Gesellschaft privaten Rechts im Sinne des Infrastrukturgesellschaftserrichtungsgesetzes (InfrGG-Beleihungsverordnung – InfGGBV) und die Bekanntmachung des Fernstraßen-Bundesamts zur Übertragung der straßenverkehrsrechtlichen Aufgaben vom Fernstraßen-Bundesamt (FBA) auf die Autobahn GmbH des Bundes vom 21. Dezember 2020. Insofern sind fast alle diese Zuständigkeiten auf die Autobahn GmbH übertragen.

Der Wechsel der Zuständigkeiten von den Länderbehörden zum Fernstraßen-Bundesamt und weiter zur Autobahn GmbH des Bundes betrifft dem Verordnungstext zufolge „die mit Zeichen 330.1 und 330.2 gekennzeichneten Autobahnen in der Baulast des Bundes". Die StVO bedient sich hier des ihr eigenen Terminus der „Autobahnen" (vgl. §§ 3, 4, 5, 7, 7a, 11, 15a, 16, 18). Sie konkretisiert das zu den „Autobahnen in der Baulast des Bundes". Dies ist gleichbedeutend mit dem Begriff der Bundesautobahnen in § 1 FStrG. Der Einschub „mit Zeichen 330.1 und 330.2 gekennzeichneten" dient hier ausschließlich der Klarstellung, hat aber keine Verknüpfung der örtlichen Zuständigkeitsgrenzen mit dem Standort dieser Zeichen zur Folge. Die Autobahn in der Baulast des Bundes endet an der Widmungsgrenze: Das Straßenverkehrsrecht muss sich immer in Übereinstimmung mit der straßenrechtlichen Bestimmung einer Straße bewegen. Maßgeblich für die Zuständigkeit ist daher die Stelle, ab bzw. bis zu der eine Straße zur Bundesautobahn gewidmet ist. Mit der Widmungsverfügung wird der Straße ihr öffentlicher Sachstatus verliehen, die Straße einer bestimmten Straßenkategorie zugeordnet und der allgemeine Nutzungsinhalt der Straße durch die Öffentlichkeit festgelegt. Die Zuständigkeit der Straßenverkehrsbehörde für die Bundesautobahnen bzw. der von ihr beliehenen Stelle richtet sich deshalb nach der Widmung zur Autobahn. Der Standort der Zeichen 330.1 und 330.2 ist eine verhaltensrechtliche Abgrenzung und regelt keine Zuständigkeiten.

Das FBA oder die Autobahn GmbH ist damit zuständig für die Regelung des Verhaltens auf den zur Autobahn gewidmeten Teilen des Straßennetzes, auch wenn die dafür notwendigen Verkehrszeichen auf den anderen Straßen angebracht werden müssen. Umgekehrt muss sie als zuständige Straßenbaubehörde Schilder anbringen, die zur Regelung des Verhaltens auf den anderen Straßen notwendig sind.

Die VwV-StVO sieht deshalb vor, dass die Anordnung der Verkehrszeichen und Verkehrseinrichtungen an den Knotenpunkten am Übergang von der Autobahn zum Basisnetz (und umgekehrt) im Benehmen zwischen der nach Landesrecht für das Basisnetz zuständigen Behörde und dem FBA bzw. der Autobahn GmbH zu erfolgen hat. In der Praxis wird es zweckmäßig sein, die (Teil-)Anordnungen auf Grundlage gemeinsamer Pläne und sonstiger Unterlagen zu verfügen, auf denen die Anordnungen der jeweiligen Nachbarzuständigkeit nachrichtlich dargestellt sind.

Im Kern läuft es darauf hinaus, dass sich die beiden Stellen auf die Führung und Regelung des Verkehrs am Übergang von der Autobahn ins Basisnetz einigen müssen.

Zu Abschnitt 2.3.3

StVO § 44 Sachliche Zuständigkeit

(1) Zuständig zur Ausführung dieser Verordnung sind, soweit nichts anderes bestimmt ist, die Straßenverkehrsbehörden. Nach Maßgabe des Landesrechts kann die Zuständigkeit der obersten Landesbehörden und der höheren Verwaltungsbehörden im Einzelfall oder allgemein auf eine andere Stelle übertragen werden.

(2) Die Polizei ist befugt, den Verkehr durch Zeichen und Weisungen (§ 36) und durch Bedienung von Lichtzeichenanlagen zu regeln. Bei Gefahr im Verzug kann zur Aufrechterhaltung der Sicherheit oder Ordnung des Straßenverkehrs die Polizei an Stelle der an sich zuständigen Behörden tätig werden und vorläufige Maßnahmen treffen; sie bestimmt dann die Mittel zur Sicherung und Lenkung des Verkehrs.

StVO § 44a Besondere sachliche Zuständigkeit des Fernstraßen-Bundesamtes

(1) Zuständig für den Erlass von verkehrsrechtlichen Anordnungen nach dieser Verordnung für die mit Zeichen 330.1 und 330.2 gekennzeichneten Autobahnen in der Baulast des Bundes ist das Fernstraßen-Bundesamt. Die Zuständigkeit der Polizei bleibt unberührt. Abweichend von § 44 Absatz 3 erteilt das Fernstraßen-Bundesamt die Erlaubnis nach § 29 Absatz 2, wenn die Veranstaltung ausschließlich auf den mit Zeichen 330.1 und 330.2 gekennzeichneten Autobahnen in der Baulast des Bundes stattfindet. § 46 Absatz 2a bleibt unberührt. Das Fernstraßen-Bundesamt ist Straßenverkehrsbehörde ausschließlich im Rahmen seiner Zuständigkeit nach dieser Verordnung.

(2) Soweit mit den Zeichen 330.1 und 330.2 gekennzeichnete Autobahnen in der Baulast des Bundes betroffen sind, werden abweichend von § 44 Absatz 4 die dort genannten Vereinbarungen mit dem Fernstraßen-Bundesamt abgeschlossen.

(3) Das Fernstraßen-Bundesamt kann nach § 4 Absatz 2 des Fernstraßen-Bundesamt-Errichtungsgesetzes seine Aufgaben der aufgrund des Infrastrukturgesellschaftserrichtungsgesetzes beliehenen Gesellschaft privaten Rechts ganz oder teilweise übertragen. Soweit das Fernstraßen-Bundesamt von dieser Möglichkeit Gebrauch macht, gelten die Regelungen dieser Verordnung in Bezug auf das Fernstraßen-Bundesamt für die aufgrund des Infrastrukturgesellschaftserrichtungsgesetzes beliehene Gesellschaft privaten Rechts in dem Umfang der erfolgten Aufgabenübertragung. Die Aufgabenübertragung ist im Bundesanzeiger bekannt zu geben.

StVO § 45 Verkehrszeichen und Verkehrseinrichtungen

(1) Die Straßenverkehrsbehörden können die Benutzung bestimmter Straßen oder Straßenstrecken aus Gründen der Sicherheit oder Ordnung des Verkehrs beschränken oder verbieten und den Verkehr umleiten. Das gleiche Recht haben sie

1. zur Durchführung von Arbeiten im Straßenraum,
2. zur Verhütung außerordentlicher Schäden an der Straße,

2.3.3 Zuständigkeiten im Regelfall

StVO
§ 45
Verkehrszeichen und Verkehrseinrichtungen

3. zum Schutz der Wohnbevölkerung vor Lärm und Abgasen,
4. zum Schutz der Gewässer und Heilquellen,
5. hinsichtlich der zur Erhaltung der öffentlichen Sicherheit erforderlichen Maßnahmen sowie
6. zur Erforschung des Unfallgeschehens, des Verkehrsverhaltens, der Verkehrsabläufe sowie zur Erprobung geplanter verkehrssichernder oder verkehrsregelnder Maßnahmen,
7. zur Verbesserung des Schutzes der Umwelt, darunter des Klimaschutzes, zum Schutz der Gesundheit oder zur Unterstützung der geordneten städtebaulichen Entwicklung, sofern die Leichtigkeit des Verkehrs berücksichtigt ist und die Sicherheit des Verkehrs nicht beeinträchtigt wird, hinsichtlich
   a) der Einrichtung von Sonderfahrstreifen und bevorrechtigenden Lichtzeichenregelungen für Linienbusse und
   b) der Bereitstellung angemessener Flächen für den fließenden und ruhenden Fahrradverkehr sowie für den Fußverkehr.

(1a) Das gleiche Recht haben sie ferner

1. in Bade- und heilklimatischen Kurorten,
2. in Luftkurorten,
3. in Erholungsorten von besonderer Bedeutung,
4. in Landschaftsgebieten und Ortsteilen, die überwiegend der Erholung dienen,

4a. hinsichtlich örtlich begrenzter Maßnahmen aus Gründen des Arten- oder Biotopschutzes,

4b. hinsichtlich örtlich und zeitlich begrenzter Maßnahmen zum Schutz kultureller Veranstaltungen, die außerhalb des Straßenraums stattfinden und durch den Straßenverkehr, insbesondere durch den von diesem ausgehenden Lärm, erheblich beeinträchtigt werden,

5. in der Nähe von Krankenhäusern und Pflegeanstalten sowie
6. in unmittelbarer Nähe von Erholungsstätten außerhalb geschlossener Ortschaften,

wenn dadurch anders nicht vermeidbare Belästigungen durch den Fahrzeugverkehr verhütet werden können.

(1b) Die Straßenverkehrsbehörden treffen auch die notwendigen Anordnungen

1. im Zusammenhang mit der Einrichtung von gebührenpflichtigen Parkplätzen für Großveranstaltungen,
2. im Zusammenhang mit der Kennzeichnung von Parkmöglichkeiten für schwerbehinderte Menschen mit außergewöhnlicher Gehbehinderung, beidseitiger Amelie oder Phokomelie oder mit vergleichbaren Funktionseinschränkungen sowie für blinde Menschen,

2a. im Zusammenhang mit der Kennzeichnung von Parkmöglichkeiten für Bewohner städtischer Quartiere mit einem drohenden oder bestehenden erheblichen Parkraummangel durch vollständige oder zeitlich beschränkte Reservierung des Parkraums für die Berechtigten oder durch Anordnung der Freistellung von angeordneten Parkraumbewirtschaftungsmaßnahmen,

3. zur Kennzeichnung von Fußgängerbereichen und verkehrsberuhigten Bereichen,
4. zur Erhaltung der Sicherheit oder Ordnung in diesen Bereichen sowie
5. zum Schutz der Bevölkerung vor Lärm und Abgasen oder zur Unterstützung einer geordneten städtebaulichen Entwicklung.

Anordnungen nach Satz 1 Nummer 2a sind auch auf Grundlage eines städtebaulich-verkehrsplanerischen Konzepts zur Vermeidung von schädlichen Auswirkungen auf die Umwelt oder zur Unterstützung der geordneten städtebaulichen Entwicklung zulässig, sofern die Leichtigkeit des Verkehrs berücksichtigt ist und die Sicherheit des Verkehrs nicht beeinträchtigt wird. Die Straßenverkehrsbehörden ordnen die Parkmöglichkeiten für Bewohner, die Kennzeichnung von Fußgängerbereichen, verkehrsberuhigten Bereichen und Maßnahmen zum Schutze der Bevölkerung vor Lärm und Abgasen oder zur Unterstützung einer geordneten städtebaulichen Entwicklung im Einvernehmen mit der Gemeinde an.

(1c) Die Straßenverkehrsbehörden ordnen ferner innerhalb geschlossener Ortschaften, insbesondere in Wohngebieten und Gebieten mit hoher Fußgänger- und Fahrradverkehrsdichte sowie hohem Querungsbedarf, Tempo 30-Zonen im Einvernehmen mit der Gemeinde an. Die Zonen-Anordnung darf sich weder auf Straßen des überörtlichen Verkehrs (Bundes-, Landes- und Kreisstraßen) noch auf weitere Vorfahrtstraßen (Zeichen 306) erstrecken. Sie darf nur Straßen ohne Lichtzeichen geregelte Kreuzungen oder Einmündungen, Fahrstreifenbegrenzungen (Zeichen 295), Leitlinien (Zeichen 340) und benutzungspflichtige Radwege (Zeichen 237, 240, 241 oder Zeichen 295 in Verbindung mit Zeichen 237) umfassen. An

2.3.3 Zuständigkeiten im Regelfall

StVO
§ 45
Verkehrszeichen
und Verkehrs-
einrichtungen

Kreuzungen und Einmündungen innerhalb der Zone muss grundsätzlich die Vorfahrtregel nach § 8 Absatz 1 Satz 1 („rechts vor links“) gelten. Abweichend von Satz 3 bleiben vor dem 1. November 2000 angeordnete Tempo 30-Zonen mit Lichtzeichenanlagen zum Schutz der Fußgänger zulässig.

(1d) In zentralen städtischen Bereichen mit hohem Fußgängeraufkommen und überwiegender Aufenthaltsfunktion (verkehrsberuhigte Geschäftsbereiche) können auch Zonen-Geschwindigkeitsbeschränkungen von weniger als 30 km/h angeordnet werden.

(1e) Die Straßenverkehrsbehörden ordnen die für den Betrieb von mautgebührenpflichtigen Strecken erforderlichen Verkehrszeichen und Verkehrseinrichtungen auf der Grundlage des vom Konzessionsnehmer vorgelegten Verkehrszeichenplans an. Die erforderlichen Anordnungen sind spätestens drei Monate nach Eingang des Verkehrszeichenplans zu treffen.

...

(2) Zur Durchführung von Straßenbauarbeiten und zur Verhütung von außerordentlichen Schäden an der Straße, die durch deren baulichen Zustand bedingt sind, können die nach Landesrecht für den Straßenbau bestimmten Behörden (Straßenbaubehörde) – vorbehaltlich anderer Maßnahmen der Straßenverkehrsbehörden – Verkehrsverbote und -beschränkungen anordnen, den Verkehr umleiten und ihn durch Markierungen und Leiteinrichtungen lenken. Für Bahnübergänge von Eisenbahnen des öffentlichen Verkehrs können nur die Bahnunternehmen durch Blinklicht- oder Lichtzeichenanlagen, durch rot-weiß gestreifte Schranken oder durch Aufstellung des Andreaskreuzes ein bestimmtes Verhalten der Verkehrsteilnehmer vorschreiben. ...

(3) Im Übrigen bestimmen die Straßenverkehrsbehörden, wo und welche Verkehrszeichen und Verkehrseinrichtungen anzubringen und zu entfernen sind, bei Straßennamensschildern nur darüber, wo diese so anzubringen sind, wie Zeichen 437 zeigt. Die Straßenbaubehörden legen – vorbehaltlich anderer Anordnungen der Straßenverkehrsbehörden – die Art der Anbringung und der Ausgestaltung, wie Übergröße, Beleuchtung fest; ob Leitpfosten anzubringen sind, bestimmen sie allein. Sie [die Straßenbaubehörden] können auch – vorbehaltlich anderer Maßnahmen der Straßenverkehrsbehörden – Gefahrzeichen anbringen, wenn die Sicherheit des Verkehrs durch den Zustand der Straße gefährdet wird.

(4) Die genannten Behörden dürfen den Verkehr nur durch Verkehrszeichen und Verkehrseinrichtungen regeln und lenken; in dem Fall des Absatzes 1 Satz 2 Nummer 5 jedoch auch durch Anordnungen, die durch Rundfunk, Fernsehen, Tageszeitungen oder auf andere Weise bekannt gegeben werden, sofern die Aufstellung von Verkehrszeichen und -einrichtungen nach den gegebenen Umständen nicht möglich ist.

...

(7a) Die Besatzung von Fahrzeugen, die im Pannenhilfsdienst, bei Bergungsarbeiten und bei der Vorbereitung von Abschleppmaßnahmen eingesetzt wird, darf bei Gefahr im Verzug zur Eigensicherung, zur Absicherung des havarierten Fahrzeugs und zur Sicherung des übrigen Verkehrs an der Pannenstelle Leitkegel (Zeichen 610) aufstellen.

...

(11) Absatz 1 Satz 1 und 2 Nummer 1 bis 3, 5 und 6, Absatz 1a, 1f, 2 Satz 1 und 4, Absatz 3, 4, 5 Satz 2 in Verbindung mit Satz 1, Absatz 7 sowie Absatz 9 Satz 1 bis 3, 4 Nummer 7 und Satz 6 gelten entsprechend für mit den Zeichen 330.1 und 330.2 gekennzeichnete Autobahnen in der Baulast des Bundes für das Fernstraßen-Bundesamt. Absatz 2 Satz 1 und 4 sowie Absatz 3, 4 und 7 gelten entsprechend für Bundesstraßen in Bundesverwaltung für das Fernstraßen-Bundesamt.

VwV-StVO
zu § 45
Verkehrszeichen
und Verkehrs-
einrichtungen

Zu Absatz 1 bis 1e

1 I. Vor jeder Entscheidung sind die Straßenbaubehörde und die Polizei zu hören. Wenn auch andere Behörden zu hören sind, ist dies bei den einzelnen Zeichen gesagt.

...

Zu Absatz 3

54 II. Vor der Entscheidung über die Anbringung oder Entfernung jedes Verkehrszeichens und jeder Verkehrseinrichtung sind die Straßenbaubehörden und die Polizei zu hören, in Zweifelsfällen auch andere Sachverständige. Soweit höhengleiche Kreuzungen von Straßen, Wegen oder Plätzen mit besonderen Bahnkörpern von Straßenbahnen geregelt werden, sind vor jeder Entscheidung das Straßenbahnunternehmen und die nach den personenbeförderungsrechtlichen Vorschriften zuständige Technische Aufsichtsbehörde des Straßenbahnunternehmens zu hören. Ist nach § 5b StVG ein Dritter Kostenträger, so soll auch er gehört werden.

2.3.4 Besondere Zuständigkeiten

Nicht alle verkehrsrechtlichen Anordnungen werden nach dem im letzten Abschnitt beschriebenen Grundmuster getroffen. Abweichungen sind in der StVO insbesondere vorgesehen:

- in speziellen Situationen, in denen es z. B. wegen speziellen Fachwissens oder wegen vielfältiger Abhängigkeiten zweckmäßig ist, die Zuständigkeit auf andere Stellen zu übertragen (z. B. Straßenbauarbeiten oder Bahnübergänge);
- bei Regelungen, die im örtlichen Zuständigkeitsbereich nur selten angeordnet werden oder von besonderer oder grundsätzlicher Bedeutung sind und daher einer höheren Stelle zumindest zur Zustimmung übertragen werden, vor allem um die Erfahrung aus mehreren Anwendungen zu nutzen und um eine einheitlichere Anwendungspraxis sicherzustellen (z. B. Zeichen 261 und 269);
- bei Vorgängen, die mehrere Verwaltungsbezirke, ggf. sogar mehrere Bundesländer betreffen (z. B. Erlaubnisse für Schwertransporte, Abstimmung von Baumaßnahmen oder großräumige Umleitungsbeschilderungen);
- im Zusammenhang mit besonderen Verwaltungsverfahren (z. B. Abstimmung mit der Straßengestaltung bereits im Planfeststellungsverfahren an Knotenpunkten mit oder ohne Lichtsignalanlagen oder Festlegungen von Schutzgebieten wie Wasserschutzgebieten oder Umweltzonen – „Verkehrsverbotszonen zur Verminderung schädlicher Luftverunreinigungen in Zonen“).

Zu den speziellen Situationen, in denen es z. B. wegen speziellen Fachwissens oder wegen vielfältiger Abhängigkeiten zweckmäßig ist, die Zuständigkeit auf andere Stellen zu übertragen, gehören zunächst einmal die Straßenbauarbeiten und die Anordnungen zur Verhütung von außerordentlichen Schäden an der Straße (§ 45 Abs. 2 StVO). Hier wird die Zuständigkeit auf die Straßenbaubehörden direkt übertragen (vorbehaltlich anderer Anordnungen durch die Straßenverkehrsbehörden). Bei den Straßenbauarbeiten trägt dies dem Umstand Rechnung, dass üblicherweise viele Bauphasen mit möglicherweise unterschiedlichen Regelungen zu berücksichtigen sind und die andauernde Koordinierung dazu zu unnötigem Aufwand führen würde. Bei den Bahnübergängen spielen wohl auch geschichtliche Aspekte eine Rolle, da es den Eisenbahn-Unternehmen (heute: Eisenbahn-Infrastruktur-Unternehmen) schon vor der Einführung des Straßenverkehrsrechts oblag, die Kreuzungen mit den Straßen zu sichern. Anzumerken ist, dass eine solche Übertragung grundsätzlich voraussetzt, dass die Stellen, denen die Anordnungsbefugnis übertragen wird, Personal vorhalten, das im Umgang mit Verwaltungsakten ausgebildet ist.

Dort, wo das nötige Verwaltungswissen für die Anordnung nicht vorhanden ist, oder wenn größerer Koordinierungsbedarf mit anderen verkehrsrechtlichen Belangen gesehen wird, hat der Verordnungsgeber einen anderen Weg gewählt. So verpflichtet er die Bauunternehmer bei Arbeiten, die sich auf den Verkehr auswirken (§ 45 Abs. 6 StVO), oder den Konzessionsnehmer für die Mautgebührenerhebung (§ 45 Abs. 1e StVO), einen (insbesondere fachlich abgestimmten) Verkehrszeichenplan vorzulegen, der dann von der zuständigen Stelle (in der Regel von der Straßenverkehrsbehörde, bei Straßenbauarbeiten von der Straßenbaubehörde) angeordnet wird.

Für die Verkehrsregelung im Zusammenhang mit Großraum- oder Schwertransporten wurde im August 2023 die Straßenverkehrs-Transportbegleitungsverordnung (StTbV) erlassen, die zugelassenen (und besonders ausgebildeten)Transportbegleitern erlaubt, im Zusammenhang mit der Durchführung solcher Transporte den Verkehr mit Verkehrszeichen, Zeichen, Weisungen und Bedienung von Lichtzeichenanlagen zu regeln.

Zu den Regelungen, die den vorgesetzten Behörden vorbehalten sind, sowie solchen, die mehrere Verwaltungsbezirke betreffen, siehe die nachfolgenden Auszüge aus der StVO und der VwV-StVO, insbesondere auch § 44 Abs. 3 StVO, der den Ländern ermöglicht, die in der StVO geregelte Zuständigkeit auch anderen Stellen zu übertragen.

Beschilderungs- und Markierungsmaßnahmen können auch im Rahmen einer Planfeststellung rechtswirksam beschlossen werden, aber nur soweit sie als konzeptioneller Teil der planfestzustellenden Straße anzusehen sind; siehe hierzu auch die

- „Richtlinien für die Planfeststellung nach dem Bundesfernstraßengesetz – PlafeR 19“ (Planfeststellungsrichtlinien 2019), Verkehrsblatt-Dokument Nr. B 5001 Vers. 03/20.

Grundsätzlich sollte der Ermessensspielraum der Straßenverkehrsbörden jedoch nur im unbedingt notwendigen Umfang durch solche Festlegungen eingeschränkt werden, um ihnen zu ermöglichen, auf die sich ggf. ändernden Anforderungen im Laufe der Lebensdauer der Straße angemessen reagieren zu können.

Zu den Einzelheiten siehe z. B. „Karg/Schurig: Kommentar zur Straßenverkehrs-Ordnung mit VwV-StVO“, Erläuterungen zu § 44.

2.3.4 Besondere Zuständigkeiten

Zu Abschnitt 2.3.4

VwV-StVO zu den §§ 39 bis 43 Allgemeines über Verkehrszeichen und Verkehrseinrichtungen

2 Verkehrszeichen, die lediglich die gesetzliche Regelung wiedergeben, sind nicht anzuordnen. Dies gilt auch für die Anordnung von Verkehrszeichen einschließlich Markierungen, deren rechtliche Wirkung bereits durch ein anderes vorhandenes oder gleichzeitig angeordnetes Verkehrszeichen erreicht wird. Abweichungen bedürfen der Zustimmung der obersten Landesbehörde. Die vorstehenden Sätze gelten nicht für Anordnungen, die zur Förderung der Elektromobilität nach dem Elektromobilitätsgesetz, zur Förderung des Carsharing nach dem Carsharinggesetz oder auf Grundlage von § 45 Absatz 1 Satz 2 Nummer 7 getroffen werden.

StVO § 44 Sachliche Zuständigkeit

(3) Die Erlaubnis nach § 29 Absatz 2 und nach § 30 Absatz 2 erteilt die Straßenverkehrsbehörde, dagegen die höhere Verwaltungsbehörde, wenn die Veranstaltung über den Bezirk einer Straßenverkehrsbehörde hinausgeht, und die oberste Landesbehörde, wenn die Veranstaltung sich über den Verwaltungsbezirk einer höheren Verwaltungsbehörde hinaus erstreckt. Berührt die Veranstaltung mehrere Länder, ist diejenige oberste Landesbehörde zuständig, in deren Land die Veranstaltung beginnt. Nach Maßgabe des Landesrechts kann die Zuständigkeit der obersten Landesbehörden und der höheren Verwaltungsbehörden im Einzelfall oder allgemein auf eine andere Stelle übertragen werden.

(3a) Die Erlaubnis nach § 29 Absatz 3 erteilt die Straßenverkehrsbehörde, dagegen die höhere Verwaltungsbehörde, welche Abweichungen von den Abmessungen, den Achslasten, den zulässigen Gesamtmassen und dem Sichtfeld des Fahrzeugs über eine Ausnahme zulässt, sofern kein Anhörverfahren stattfindet; sie ist dann auch zuständig für Ausnahmen nach § 46 Absatz 1 Nummer 2 und 5 im Rahmen einer solchen Erlaubnis. Dasselbe gilt, wenn eine andere Behörde diese Aufgaben der höheren Verwaltungsbehörde wahrnimmt.

(4) Vereinbarungen über die Benutzung von Straßen durch den Militärverkehr werden von der Bundeswehr oder den Truppen der nichtdeutschen Vertragsstaaten des Nordatlantikpaktes oder der Mitgliedstaaten der Europäischen Union ausgenommen Deutschland mit der obersten Landesbehörde oder der von ihr bestimmten Stelle abgeschlossen.

(5) Soweit keine Vereinbarungen oder keine Sonderregelungen für ausländische Streitkräfte bestehen, erteilen die höheren Verwaltungsbehörden oder die nach Landesrecht bestimmten Stellen die Erlaubnis für übermäßige Benutzung der Straße durch die Bundeswehr oder durch die Truppen der nichtdeutschen Vertragsstaaten des Nordatlantikpaktes oder der Mitgliedstaaten der Europäischen Union ausgenommen Deutschland; sie erteilen auch die Erlaubnis für die übermäßige Benutzung der Straße durch die Bundespolizei, die Polizei und den Katastrophenschutz.

VwV-StVO zu § 44 Sachliche Zuständigkeit

Zu Absatz 1

6 Müssen Verkehrszeichen und Verkehrseinrichtungen, insbesondere Fahrbahnmarkierungen, aus technischen oder wirtschaftlichen Gründen über die Grenzen der Verwaltungsbezirke hinweg einheitlich angebracht werden, sorgen die zuständigen obersten Landesbehörden oder die von ihnen bestimmten Stellen für die notwendigen Anweisungen.

StVO § 45 Verkehrszeichen und Verkehrseinrichtungen

(1e) Die Straßenverkehrsbehörden ordnen die für den Betrieb von mautgebührenpflichtigen Strecken erforderlichen Verkehrszeichen und Verkehrseinrichtungen auf der Grundlage des vom Konzessionsnehmer vorgelegten Verkehrszeichenplans an. Die erforderlichen Anordnungen sind spätestens drei Monate nach Eingang des Verkehrszeichenplans zu treffen.

…

(2) Zur Durchführung von Straßenbauarbeiten und zur Verhütung von außerordentlichen Schäden an der Straße, die durch deren baulichen Zustand bedingt sind, können die nach Landesrecht für den Straßenbau bestimmten Behörden (Straßenbaubehörde) – vorbehaltlich anderer Maßnahmen der Straßenverkehrsbehörden – Verkehrsverbote und -beschränkungen anordnen, den Verkehr umleiten und ihn durch Markierungen und Leiteinrichtungen lenken. Für Bahnübergänge von Eisenbahnen des öffentlichen Verkehrs können nur die Bahnunternehmen durch Blinklicht- oder Lichtzeichenanlagen, durch rot-weiß gestreifte Schranken oder durch Aufstellung des Andreaskreuzes ein bestimmtes Verhalten der Verkehrsteilnehmer vorschreiben. Für Bahnübergänge von Straßenbahnen auf unabhängigem Bahnkörper gilt Satz 2 mit der Maßgabe entsprechend, dass die Befugnis zur Anordnung der Maßnahmen der nach personenbeförderungsrechtlichen Vorschriften zuständigen Technischen Aufsichtsbehörde des Straßenbahnunternehmens obliegt. Alle Gebote und Verbote sind durch Zeichen und Verkehrseinrichtungen nach dieser Verordnung anzuordnen.

…

2.3.4 Besondere Zuständigkeiten

StVO
§ 45
Verkehrszeichen und Verkehrseinrichtungen

(6) Vor dem Beginn von Arbeiten, die sich auf den Straßenverkehr auswirken, müssen die Unternehmer – die Bauunternehmer unter Vorlage eines Verkehrszeichenplans – von der zuständigen Behörde Anordnungen nach den Absätzen 1 bis 3 darüber einholen, wie ihre Arbeitsstellen abzusperren und zu kennzeichnen sind, ob und wie der Verkehr, auch bei teilweiser Straßensperrung, zu beschränken, zu leiten und zu regeln ist, ferner ob und wie sie gesperrte Straßen und Umleitungen zu kennzeichnen haben. Sie haben diese Anordnungen zu befolgen und Lichtzeichenanlagen zu bedienen.

(7) Sind Straßen als Vorfahrtstraßen oder als Verkehrsumleitungen gekennzeichnet, bedürfen Baumaßnahmen, durch welche die Fahrbahn eingeengt wird, der Zustimmung der Straßenverkehrsbehörde; ausgenommen sind die laufende Straßenunterhaltung sowie Notmaßnahmen. Die Zustimmung gilt als erteilt, wenn sich die Behörde nicht innerhalb einer Woche nach Eingang des Antrags zu der Maßnahme geäußert hat.

(7a) Die Besatzung von Fahrzeugen, die im Pannenhilfsdienst, bei Bergungsarbeiten und bei der Vorbereitung von Abschleppmaßnahmen eingesetzt wird, darf bei Gefahr im Verzug zur Eigensicherung, zur Absicherung des havarierten Fahrzeugs und zur Sicherung des übrigen Verkehrs an der Pannenstelle Leitkegel (Zeichen 610) aufstellen.

VwV-StVO
zu § 45
Verkehrszeichen und Verkehrseinrichtungen

Zu Absatz 1 bis 1e

3 III. 1. Die Straßenverkehrsbehörde bedarf der Zustimmung der obersten Landesbehörde oder der von ihr bestimmten Stelle zur Anbringung und Entfernung folgender Verkehrszeichen:

4 a) auf allen Straßen der Zeichen 201, 261, 269, 275, 279, 290.1, 290.2, 330.1, 330.2, 331.1, 331.2, 363, 460 sowie des Zusatzzeichens „abknickende Vorfahrt“ (Zusatzzeichen zu Zeichen 306),

5 b) auf Autobahnen, Kraftfahrstraßen und Bundesstraßen: des Zeichens 250, auch mit auf bestimmte Verkehrsarten beschränkenden Sinnbildern, wie der Zeichen 251 oder 253, sowie der Zeichen 262 und 263,

6 c) auf Autobahnen, Kraftfahrstraßen sowie auf Bundesstraßen außerhalb geschlossener Ortschaften: der Zeichen 276, 277, 277.1, 280, 281, 295 als Fahrstreifenbegrenzung und 296,

7 d) auf Autobahnen und Kraftfahrstraßen: der Zeichen 209 bis 214, 274 und 278,

8 e) auf Bundesstraßen: des Zeichens 274 samt dem Zeichen 278 dann, wenn die zulässige Höchstgeschwindigkeit auf weniger als 60 km/h ermäßigt wird.

9 2. Die obersten Landesbehörden sollten jedenfalls für Straßen von erheblicher Verkehrsbedeutung, die in Nummer 1 Buchstabe b bis e nicht aufgeführt sind, entsprechende Anweisungen geben.

10 3. Der Zustimmung bedarf es nicht, wenn jene Maßnahmen zur Durchführung von Arbeiten im Straßenraum oder zur Verhütung außerordentlicher Schäden an den Straßen getroffen werden oder durch unvorhergesehene Ereignisse wie Unfälle, Schadenstellen oder Verkehrsstauungen veranlasst sind.

11 4. Die Straßenverkehrsbehörde bedarf der Zustimmung der obersten Landesbehörde oder der von ihr beauftragten Stelle außerdem für die Anordnung des Schildes nach § 37 Abs. 2 Nr. 1 Satz 8 („Grünpfeil“).

11a 5. Die Straßenverkehrsbehörde bedarf der Zustimmung der obersten Landesbehörde oder der von ihr dafür beauftragten Stelle zur Anordnung der Zeichen 386.1, 386.2 und 386.3. Die Zeichen werden durch die zuständige Straßenbaubehörde aufgestellt.

12 IV. Die Straßenverkehrsbehörde bedarf der Zustimmung der höheren Verwaltungsbehörde oder der von ihr bestimmten Stelle zur Aufstellung und Entfernung folgender Verkehrszeichen auf allen Straßen: der Zeichen 293, 306, 307 und 354 sowie des Zusatzzeichens „Nebenstrecke“.

13 V. Die Straßenverkehrsbehörde bedarf der Zustimmung der obersten Landesbehörde oder der von ihr bestimmten Stelle zur Anordnung von Maßnahmen zum Schutz der Bevölkerung vor Lärm und Abgasen. Das Bundesministerium für Verkehr und digitale Infrastruktur gibt im Einvernehmen mit den zuständigen obersten Landesbehörden „Richtlinien für straßenverkehrsrechtliche Maßnahmen zum Schutz der Bevölkerung vor Lärm (Lärmschutz-Richtlinien-StV)“ im Verkehrsblatt bekannt.

14 VI. Der Zustimmung bedarf es in den Fällen der Nummern III bis V nicht, wenn und soweit die oberste Landesbehörde die Straßenverkehrsbehörde vom Erfordernis der Zustimmung befreit hat.

...

VwV-StVO zu § 45 Verkehrszeichen und Verkehrseinrichtungen

Zu Absatz 2

Zu Satz 1

46 I. Die Straßenverkehrsbehörde ist mindestens zwei Wochen vor der Durchführung der in Satz 1 genannten Maßnahmen davon zu verständigen; sie hat die Polizei rechtzeitig davon zu unterrichten; sie darf die Maßnahmen nur nach Anhörung der Straßenbaubehörde und der Polizei aufheben oder ändern. Ist von vornherein mit Beschränkungen oder Verboten von mehr als drei Monaten Dauer zu rechnen, so haben die Straßenbaubehörden die Entscheidung der Straßenverkehrsbehörden über die in einem Verkehrszeichenplan vorgesehenen Maßnahmen einzuholen.

II. Schutz gefährdeter Straßen

47 1. Straßenbau- und Straßenverkehrsbehörden und die Polizei haben ihr Augenmerk darauf zu richten, dass frostgefährdete, hitzegefährdete und abgenutzte Straßen nicht in ihrem Bestand bedroht werden.

48 2. Für Verkehrsbeschränkungen und Verkehrsverbote, welche die Straßenbaubehörde zum Schutz der Straße außer wegen Frost- oder Hitzegefährdung erlassen hat, gilt Nummer I entsprechend. Die Straßenverkehrsbehörde darf Verkehrsbeschränkungen und Verkehrsverbote, welche die Straßenbaubehörde zum Schutz der Straße erlassen hat, nur mit Zustimmung der höheren Verwaltungsbehörde aufheben oder einschränken. Ausnahmegenehmigungen bedürfen der Anhörung der Straßenbaubehörde.

...

50 4. Für frostgefährdete Straßen stellt die Straßenbaubehörde alljährlich frühzeitig im Zusammenwirken mit der Straßenverkehrsbehörde und der Polizei einen Verkehrszeichenplan auf. Dabei sind auch Vertreter der betroffenen Straßenbenutzer zu hören. Auch die technischen Maßnahmen zur Durchführung sind rechtzeitig vorzubereiten. Die Straßenbaubehörde bestimmt bei eintretender Frostgefahr möglichst drei Tage zuvor den Tag des Beginns und der Beendigung dieser Maßnahmen, sorgt für rechtzeitige Beschilderung, teilt die Daten der Straßenverkehrsbehörde und der Polizei mit und unterrichtet die Öffentlichkeit.

Zu Satz 2

51 I. Dazu müssen die Bahnunternehmen die Straßenverkehrsbehörde, die Straßenbaubehörde und die Polizei hören. Das gilt nicht, wenn ein Planfeststellungsverfahren vorausgegangen ist.

52 II. Für Übergänge anderer Schienenbahnen vgl. Nummer VI zu Zeichen 201; Rn. 11 ff.

BMDV (BGBl. 2023 I Nr. 236) 28. August 2023

Straßenverkehr-Transportbegleitungsverordnung (StTbV) (Auszug)

§ 3 Ausübung der Anordnungsbefugnis

(1) Ein Transportbegleitungsunternehmen hat zur Gewährleistung der sicheren und geordneten Durchführung eines Großraum- oder Schwertransportes die Befugnis, den Verkehr durch die eingesetzten Transportbegleiter vor Ort zu regeln:

1. durch Verkehrszeichen nach Maßgabe des § 45 Absatz 1 Satz 1, Absatz 3 Satz 1 und Absatz 9 Satz 1 bis 3 der Straßenverkehrs-Ordnung und
2. durch Zeichen, Weisungen oder durch Bedienung von Lichtzeichenanlagen nach Maßgabe der §§ 36a und 44 Absatz 2 Satz 1 der Straßenverkehrs-Ordnung.

(2) Verkehrszeichen sind durch lichttechnische Wechselverkehrszeichengeber bekanntzugeben, die am Begleitfahrzeug angebracht sind. Sie gehen den Anordnungen der ortsfest angebrachten Verkehrszeichen vor.

2.3.5 Kostenregelungen

Die Kosten der Beschaffung, Anbringung, Entfernung, Unterhaltung und des Betriebs der Verkehrszeichen und -einrichtungen sind vom Straßenbaulastträger der durchgehenden Fahrbahn zu tragen. Ausnahmen sind vorgesehen für einzelne im Straßenverkehrsgesetz aufgezählte Verkehrszeichen und -einrichtungen oder Anlässe, die eindeutig von anderen Kostenträgern veranlasst (und meist für den Gemeingebrauch nur bedingt notwendig) sind. Die Kosten der Schilder, die keine Verkehrszeichen sind, sondern im Rahmen von Gestattungsverträgen an den Straßen angeordnet werden, sind in der Regel vom Veranlasser zu tragen. Das Nähere regelt der Nutzungsvertrag (siehe Abschnitt 12.10.2).

2.3.5 Kostenregelungen

Zu Abschnitt 2.3.5

StVG
§ 5b
Unterhaltung von Verkehrszeichen

(1) Die Kosten der Beschaffung, Anbringung, Entfernung, Unterhaltung und des Betriebs der amtlichen Verkehrszeichen und -einrichtungen sowie der sonstigen vom Bundesministerium für Verkehr und digitale Infrastruktur zugelassenen Verkehrszeichen und -einrichtungen trägt der Träger der Straßenbaulast für diejenige Straße, in deren Verlauf sie angebracht werden oder angebracht worden sind, bei geteilter Straßenbaulast der für die durchgehende Fahrbahn zuständige Träger der Straßenbaulast. Ist ein Träger der Straßenbaulast nicht vorhanden, so trägt der Eigentümer der Straße die Kosten.

(2) Diese Kosten tragen abweichend vom Absatz 1

a) die Unternehmer der Schienenbahnen für Andreaskreuze, Schranken, Blinklichter mit oder ohne Halbschranken;
b) die Unternehmer im Sinne des Personenbeförderungsgesetzes für Haltestellenzeichen;
c) die Gemeinden in der Ortsdurchfahrt für Parkuhren und andere Vorrichtungen oder Einrichtungen zur Überwachung der Parkzeit, Straßenschilder, Geländer, Wegweiser zu innerörtlichen Zielen und Verkehrszeichen für Laternen, die nicht die ganze Nacht brennen;
d) die Bauunternehmer und die sonstigen Unternehmer von Arbeiten auf und neben der Straße für Verkehrszeichen und -einrichtungen, die durch diese Arbeiten erforderlich werden;
e) die Unternehmer von Werkstätten, Tankstellen sowie sonstigen Anlagen und Veranstaltungen für die entsprechenden amtlichen oder zugelassenen Hinweiszeichen;
f) die Träger der Straßenbaulast der Straßen, von denen der Verkehr umgeleitet werden soll, für Wegweiser für Bedarfsumleitungen.

(3) Das Bundesministerium für Verkehr und digitale Infrastruktur wird ermächtigt, durch Rechtsverordnung mit Zustimmung des Bundesrates bei der Einführung neuer amtlicher Verkehrszeichen und -einrichtungen zu bestimmen, dass abweichend von Absatz 1 die Kosten entsprechend den Regelungen des Absatzes 2 ein anderer zu tragen hat.

(4) Kostenregelungen auf Grund kreuzungsrechtlicher Vorschriften nach Bundes- und Landesrecht bleiben unberührt.

(5) Diese Kostenregelung umfasst auch die Kosten für Verkehrszählungen, Lärmmessungen, Lärmberechnungen und Abgasmessungen.

(6) Können Verkehrszeichen oder Verkehrseinrichtungen aus technischen Gründen oder wegen der Sicherheit und Leichtigkeit des Straßenverkehrs nicht auf der Straße angebracht werden, haben die Eigentümer der Anliegergrundstücke das Anbringen zu dulden. Schäden, die durch das Anbringen oder Entfernen der Verkehrszeichen oder Verkehrseinrichtungen entstehen, sind zu beseitigen. Wird die Benutzung eines Grundstücks oder sein Wert durch die Verkehrszeichen oder Verkehrseinrichtungen nicht unerheblich beeinträchtigt oder können Schäden, die durch das Anbringen oder Entfernen der Verkehrszeichen oder Verkehrseinrichtungen entstanden sind, nicht beseitigt werden, so ist eine angemessene Entschädigung in Geld zu leisten. Zur Schadensbeseitigung und zur Entschädigungsleistung ist derjenige verpflichtet, der die Kosten für die Verkehrszeichen und Verkehrseinrichtungen zu tragen hat. Kommt eine Einigung nicht zustande, so entscheidet die höhere Verwaltungsbehörde. Vor der Entscheidung sind die Beteiligten zu hören. Die Landesregierungen werden ermächtigt, durch Rechtsverordnung die zuständige Behörde abweichend von Satz 5 zu bestimmen. Sie können diese Ermächtigung auf oberste Landesbehörden übertragen.

StVO
§ 45
Verkehrszeichen und Verkehrseinrichtungen

(5) Zur Beschaffung, Anbringung, Unterhaltung und Entfernung der Verkehrszeichen und Verkehrseinrichtungen und zu deren Betrieb einschließlich ihrer Beleuchtung ist der Baulastträger verpflichtet, sonst der Eigentümer der Straße. Das gilt auch für die von der Straßenverkehrsbehörde angeordnete Beleuchtung von Fußgängerüberwegen.

2.4 Konzeption von Regelungen

2.4.1 Allgemeines

In Abschnitt 2.4 wird beschrieben, wie eine sinnvolle und zulässige Verkehrsregelung unter Berücksichtigung der bisher angesprochenen Grundlagen (siehe Abschnitte 2.1 bis 2.3) im Hinblick auf eine spätere Umsetzung (durch Beschilderung, Markierungen oder Verkehrseinrichtungen; siehe Abschnitte 2.5 bis 2.8) konzipiert werden kann.

Im nachfolgenden Abschnitt 2.4.2 wird zunächst auf das Minimierungsgebot eingegangen. Es folgen Ausführungen zur Struktur von Regelungen (Abschnitt 2.4.3) und zu der immer wieder diskutierten Frage, ob unterschiedliche Verkehrsarten durch Regelungen eher durchmischt oder voneinander getrennt werden sollen (Abschnitt 2.4.4). In den Abschnitten 2.4.5 und 2.4.6 werden Hinweise zur Problemanalyse gegeben.

Aus den vorhergehenden Abschnitten ergibt sich, dass Regelungen dann (und nur dann) zu erwägen sind, wenn im Zusammenhang mit dem Verhalten von Verkehrsteilnehmern ein „Problem" auftritt oder aufzutreten droht, also z. B. die Sicherheit und Ordnung des Verkehrs (einschließlich seiner Leichtigkeit) gefährdet ist oder die Auswirkungen des Verkehrs auf das Umfeld übermäßig sind.

Aus dieser Paarung „Problem"-Regelung ergibt sich eine zweckmäßige Vorgehensweise für die Herleitung der Regelung:

- Analyse des Problems mit möglichst genauer Feststellung der Ursachen
- Erarbeiten von Lösungskonzepten: vorrangig durch Ausräumen der Ursachen
- Vergleichende Bewertung der Lösungskonzepte (inwieweit wird das Problem gelöst oder zumindest gemindert; wie groß sind die Eingriffe; sonstige Vor- und Nachteile)
- Entscheidung für die Regelung, die unter Abwägung aller Gesichtspunkte am günstigsten erscheint (die insbesondere das festgestellte Problem mit dem geringsten Eingriff löst oder bei der erreichte Vorteile zu notwendigen Eingriffen im günstigsten Verhältnis stehen).

Dabei reicht es in der Regel nicht aus, als Problemursache „falsches Verhalten" der Verkehrsteilnehmer festzustellen. Insbesondere dann, wenn dieses „falsche Verhalten" nicht nur in Einzelfällen auftritt, ist anzunehmen, dass unter Berücksichtigung typischen menschlichen Verhaltens (siehe Abschnitt 2.2.5) Ursachen für dieses Verhalten zu finden sind, die mit der Gestaltung der Straßenanlage, der Umgebung oder auch anderer verkehrsrechtlicher Regelungen zusammenhängen.

Je besser die Ursache für Probleme ermittelt werden kann, desto gezielter kann durch (neue) Regelungen Abhilfe geschaffen werden.

> Die StVO – und mit ihr alle Verkehrszeichenregelungen – unterscheidet grundsätzlich nicht nach Personen oder Personengruppen, sondern nur nach Art der Verkehrsteilnahme oder dem Verkehrszweck. Sie ist deshalb privilegienfeindlich. Nur drei Personengruppen sind von diesem Grundsatz ausgenommen: Schwerbehinderte, Bewohner städtischer Quartiere mit erheblichem Parkraummangel sowie Nutzer von Elektrofahrzeugen. Für die beiden erstgenannten Personengruppen ist die Grundlage im StVG verankert, für die letztgenannte im Gesetz zur Bevorrechtigung der Verwendung elektrisch betriebener Fahrzeuge (EmoG).

2.4.2 Minimierung der Regelungen

In den bisherigen Abschnitten wurde unter anderem herausgearbeitet, dass Regelungen aus grundsätzlichen rechtlichen Erwägungen nur dort und in dem Umfang getroffen werden dürfen, wo der zu erwartende Nutzen im Verhältnis zum Eingriff in die durch die Verfassung garantierte Freiheit steht und dieser Eingriff möglichst klein ist.

Es gibt darüber hinaus noch verschiedene andere Gründe, die es geraten lassen, das Ausmaß von Regelungen zu minimieren. So kann eine Vielzahl eigentlich unnötiger Regelungen dazu führen, dass über den Gewohnheitseffekt die besonders gefährlichen Stellen nicht mehr als solche erkannt werden. Auch ist es viel effektiver und vor allem zuverlässiger, dem Verkehrsteilnehmer über allge-

2.4.2 Minimierung der Regelungen

meine Verkehrsregeln und über „selbsterklärende Straßen“ zu ermöglichen, eigenverantwortlich zu handeln, als durch eine Vielzahl von Einzelregelungen eine letztendlich doch unübersichtliche Komplexität aufzubauen, die möglicherweise neue Gefahren schafft. Schließlich stellen übermäßig viele Straßenschilder und Markierungen auch eine Beeinträchtigung des Stadt- oder Landschaftsbildes dar.

Andererseits fühlen sich immer wieder Bürger, häufig Anlieger oder Nutzer „schwächerer“ Verkehrsmittel, aber auch Vertreter von Straßenbaulastträgern, in der Pflicht, mehr oder weniger abstrakten Gefahren „sicherheitshalber“ durch Regelungen zu begegnen. Die Erfahrung zeigt, dass angesichts der Behandlung von Einzelfällen häufig ein größerer subjektiver Regelungsbedarf erkannt wird, als das objektiv aus der Gesamtsicht erforderlich erscheint. Dies führt häufig zu sehr emotional geführten Diskussionen.

Das heißt nun nicht, dass keine Regelungen getroffen werden dürften und sollten. Vielmehr wurde schon in Abschnitt 2.2.3 herausgearbeitet, dass es sogar eine Pflicht zur Verkehrsregelung gibt. Denn die Freiheit der Verkehrsteilnehmer kann z. B. auch zu Eingriffen in Schutzgüter bei anderen (Verkehrsteilnehmern oder Straßennachbarn) führen, die durch Eigenverantwortung und allgemeine Regeln alleine nicht angemessen begrenzt werden können. Wenn hier durch Regelungen des Verkehrs ausgeglichenere Verhältnisse geschaffen werden können, dann muss die Freiheit ggf. durch Anordnungen eingeschränkt werden.

Insgesamt gilt: So wenig Regelung wie nötig, so viel Regelung wie nötig.

Initiativen zur Reduzierung der Verkehrszeichen gibt es seit den 1970er-Jahren.

Außerdem gibt es eine umfangreiche Rechtsprechung insbesondere auch zur Verkehrsregelungspflicht.

So stellt z. B. der BGH in der Begründung zu seinem Urteil III ZR 104/87 vom 4. März 1988 unter Erwähnung früherer Urteile zur Amtspflicht der Straßenverkehrsbehörden fest: „Inhaltlich ist diese Amtspflicht darauf gerichtet, für die Sicherheit und Leichtigkeit des Verkehrs zu sorgen und die Einrichtungen für die Regelung des Verkehrs so zu gestalten, dass sie ihrem Zweck gerecht werden, den Verkehr zu erleichtern und Verkehrsgefahren zu verhüten. Die Straßenverkehrsbehörden brauchen allerdings nur insoweit Maßnahmen zu ergreifen, als dies objektiv erforderlich und nach objektiven Maßstäben zumutbar ist. Sie haben deshalb regelmäßig dann keine weiteren Pflichten, wenn die Verkehrsteilnehmer bei zweckgerechter Benutzung der Straße und Anwendung der gebotenen Aufmerksamkeit etwaige Schäden selbst abwenden können. Von den Verkehrsteilnehmern wird dabei in schwierigen Verkehrslagen sogar eine gesteigerte Aufmerksamkeit erwartet. Zudem werden Kenntnisse über besondere Verkehrsgefahren vorausgesetzt. In derartigen Fällen ist eine Warnung nicht geboten, weil ein Kraftfahrer mit der erforderlichen Sorgfalt etwaige Schäden durch vorsichtiges Fahren abwenden kann.“

Kurz: Maßnahmen sind nur zu ergreifen, wenn sie

- objektiv erforderlich und
- nach objektiven Maßstäben zumutbar sind

und

- die Verkehrsteilnehmer bei zweckgerechter Benutzung der Straße etwaige Schäden unter Anwendung der gebotenen Aufmerksamkeit selbst nicht abwenden können.

Außerdem kann bei den Verkehrsteilnehmern

- in schwierigen Verkehrslagen sogar gesteigerte Aufmerksamkeit erwartet und
- Kenntnis über besondere Verkehrsgefahren vorausgesetzt werden.

Eine Warnung sei in derartigen Fällen nicht geboten, weil ein Kraftfahrer mit der erforderlichen Sorgfalt etwaige Schäden durch vorsichtiges Fahren abwehren könne.

StVO und VwV-StVO haben diese Initiativen aufgegriffen und in Änderungen von 1997 und 2009/2013 das (aus allgemeinen Gründen ohnehin schon bestehende) Minimierungsgebot ausdrücklich in Vorschriften verankert, vor allem in den §§ 39 und 45 StVO. § 39 Abs. 1 StVO richtet sich an die Verkehrsteilnehmer und verweist auf die allen Verkehrsteilnehmern obliegende Verpflichtung, die allgemeinen und besonderen Verhaltensvorschriften der StVO eigenverantwortlich zu beachten, und legt fest, dass örtliche Anordnungen durch Verkehrszeichen nur dort getroffen werden dürfen, wo dies „aufgrund der besonderen Umstände zwingend geboten ist“.

§ 45 Abs. 9 StVO richtet sich an die anordnenden Stellen und greift dies auf. Dort werden noch einige zusätzliche Gründe für Anordnungen genannt. Allgemein dürfen danach „Beschränkungen und Verbote des fließenden Verkehrs nur angeordnet werden, wenn aufgrund der besonderen örtlichen Verhältnisse eine Gefahrenlage besteht, die das allgemeine Risiko einer Beeinträchtigung der in den vorstehenden Absätzen genannten Rechtsgüter erheblich übersteigt". Selbst „Gefahrzeichen dürfen nur dort angebracht werden, wo es für die Sicherheit des Verkehrs unbedingt erforderlich ist, weil auch ein aufmerksamer Verkehrsteilnehmer die Gefahr nicht oder nicht rechtzeitig erkennen kann und auch nicht mit ihr rechnen muss".

Allerdings ist kritisch anzumerken, dass die anfangs kurze und knappe Formulierung durch verschiedene Einschübe verwässert wird. Diese waren z. B. für die flächendeckende Einführung von Tempo 30-Zonen notwendig, da die verkehrspsychologisch sinnvolle Umgestaltung der Straßenanlagen in solchen Zonen („selbsterklärende Straße") nicht leistbar war. Die Frage bleibt, ob zumindest ein Teil dieser Formulierungen nach einer gewissen Gewöhnungszeit der Autofahrer wieder entfernt werden kann.

Minimierung kann auch im Hinblick auf die Verbindlichkeit der Anordnung verstanden werden. Erst wenn das umsichtige eigenverantwortliche Verhalten der Verkehrsteilnehmer offensichtlich nicht ausreichend und kritisches Fehlverhalten zu vermeiden ist, können mit zunehmender Verbindlichkeit folgende Anordnungen erwogen werden:

- Hinweise
- Warnungen
- Ge- und Verbote.

Dabei verdeutlichen Hinweise, in erster Linie durch eine eindeutige und optisch führende Straßengestaltung („selbsterklärende Straße"; siehe Abschnitt 2.2.4), durch Leiteinrichtungen oder durch Richtzeichen nach § 42 StVO, lediglich die Situation und erleichtern den Verkehrsteilnehmern ihre Aufgabe.

Warnungen, z. B. durch Gefahrzeichen nach § 40 StVO, enthalten zusätzlich noch die Information, dass eine Gefahr zu erwarten ist, die als Reaktion zumindest erhöhte Aufmerksamkeit, meist aber auch eine Verringerung der Geschwindigkeit (zur Vergrößerung der für Reaktionen verfügbaren Zeit und zur Verringerung der kinetischen Energie) erfordert.

Ge- und Verbote durch Absperreinrichtungen und Vorschriftzeichen nach § 41 StVO zielen darauf ab, das Verhalten der Verkehrsteilnehmer direkt zu beeinflussen.

Dabei zeigt die Erfahrung, unterstützt von psychologischen Erklärungen, dass Ge- und Verbote umso besser befolgt werden, je einsichtiger die getroffenen Regelungen für die Verkehrsteilnehmer sind. Daher sollen Vorschriftzeichen nur dort angeordnet werden, wo eine Regelung aufgrund der besonderen Umstände zwingend erforderlich ist (§ 39 Abs. 1 StVO). Außerdem kann es sinnvoll sein, den Grund des Ge- oder Verbotes durch ein Gefahrzeichen über dem Vorschriftzeichen zu verdeutlichen. Für diese bisher übliche Vorgehensweise fordert die VwV-StVO zu § 40 Rn. 1 seit 2009 allerdings einen „unabweisbaren Bedarf".

In Fällen, wo die Verkehrsteilnehmer die Notwendigkeit einer Anordnung nicht einsehen, besteht die Gefahr, dass sie sich über diese Anordnungen hinwegsetzen aus dem Gefühl heraus, die Beschilderung sei falsch. Das trifft besonders für Zeichen 274 (Geschwindigkeitsbeschränkung) und Zeichen 276 (Überholverbot) zu. **Eine unzweckmäßige oder falsche Anordnung von Ge- und Verbotszeichen verleitet zur Missachtung der Verkehrszeichen und beeinträchtigt damit die Verkehrssicherheit.**

Auch die Regelungsdichte kann kritisch sein. Werden die Verkehrsteilnehmer mit zu vielen Anordnungen innerhalb einer bestimmten Zeitspanne konfrontiert, so sind sie nicht mehr in der Lage, alle gleichzeitig zu erfassen. Dabei ist zu berücksichtigen, dass die tatsächlich aufgenommene Information bei Überforderung wieder abnimmt.

Insbesondere Vorschriftzeichen müssen größtenteils „bewusst" durch die Verkehrsteilnehmer verarbeitet werden. Da dieser Informationsweg nur eine sehr begrenzte Verarbeitungskapazität hat (ca. 16 bit/s; siehe Abschnitt 2.2.5), muss in besonderem Maße darauf geachtet werden, dass Vorschriftzeichen gut erkennbar und möglichst in ausreichendem Abstand zu anderen Verkehrszeichen aufgestellt sind.

Die StVO und die VwV-StVO gehen daher an mehreren Stellen auf die zu vermeidende Häufung von Verkehrszeichen ein (§ 39 Abs. 1 und § 45 Abs. 9 StVO und VwV-StVO zu den §§ 39 bis 43, Rn. 1, 2 und 33 bis 40). Notfalls sind Regelungen räumlich so auszudehnen, dass kritische Häufungen von Verkehrszeichen vermieden werden und den Verkehrsteilnehmern unter Berücksichtigung der gefahrenen Geschwindigkeiten und der ablenkenden Anforderungen aus dem Umfeld genügend Zeit verbleibt, die Anordnungen sicher wahrzunehmen und zu erfassen.

Bei Änderungen bedeutsamer Verkehrsregelungen ist eine ausreichende Warnung und Unterrichtung der Verkehrsteilnehmer notwendig (z. B. durch Presse, regionalen Verkehrsfunk, Informationstafeln).

2.4.2 Minimierung der Regelungen

Zu Abschnitt 2.4.2

StVO
§ 39
Verkehrszeichen

(1) Angesichts der allen Verkehrsteilnehmern obliegenden Verpflichtung, die allgemeinen und besonderen Verhaltensvorschriften dieser Verordnung eigenverantwortlich zu beachten, werden örtliche Anordnungen durch Verkehrszeichen nur dort getroffen, wo dies aufgrund der besonderen Umstände zwingend geboten ist.

VwV-StVO
zu den §§ 39 bis 43
Allgemeines über Verkehrszeichen und Verkehrseinrichtungen

1 I. Die behördlichen Maßnahmen zur Regelung und Lenkung des Verkehrs durch Verkehrszeichen und Verkehrseinrichtungen sollen die allgemeinen Verkehrsvorschriften sinnvoll ergänzen. Dabei ist nach dem Grundsatz zu verfahren, so wenig Verkehrszeichen wie möglich anzuordnen. Bei der Straßenbaubehörde ist gegebenenfalls eine Prüfung anzuregen, ob an Stelle von Verkehrszeichen und Verkehrseinrichtungen vorrangig durch verkehrstechnische oder bauliche Maßnahmen eine Verbesserung der Situation erreicht werden kann.

2 Verkehrszeichen, die lediglich die gesetzliche Regelung wiedergeben, sind nicht anzuordnen. Dies gilt auch für die Anordnung von Verkehrszeichen einschließlich Markierungen, deren rechtliche Wirkung bereits durch ein anderes vorhandenes oder gleichzeitig angeordnetes Verkehrszeichen erreicht wird. Abweichungen bedürfen der Zustimmung der obersten Landesbehörde. Die vorstehenden Sätze gelten nicht für Anordnungen, die zur Förderung der Elektromobilität nach dem Elektromobilitätsgesetz, zur Förderung des Carsharing nach dem Carsharinggesetz oder auf Grundlage von § 45 Absatz 1 Satz 2 Nummer 7 getroffen werden.

3 Verkehrszeichen dürfen nur dort angebracht werden, wo dies nach den Umständen geboten ist. Über die Anordnung von Verkehrszeichen darf in jedem Einzelfall und nur nach gründlicher Prüfung entschieden werden; die Zuziehung ortsfremder Sachverständiger kann sich empfehlen.

4 Beim Einsatz moderner Mittel zur Regelung und Lenkung des Verkehrs ist auf die Sicherheit besonders Bedacht zu nehmen. Verkehrszeichen, Markierungen, Verkehrseinrichtungen sollen den Verkehr sinnvoll lenken, einander nicht widersprechen und so den Verkehr sicher führen.

Die Wahrnehmbarkeit darf nicht durch Häufung von Verkehrszeichen beeinträchtigt werden.

5 Die Leichtigkeit des Verkehrs ist für alle Verkehrsarten mit den zur Verfügung stehenden Mitteln zu erhalten. Die Verkehrssicherheit aller Verkehrsteilnehmer geht der Leichtigkeit des Verkehrs vor. Der Förderung der öffentlichen Verkehrsmittel sowie des nichtmotorisierten Verkehrs ist besondere Aufmerksamkeit zu widmen.

...

11. Häufung von Verkehrszeichen

33 Weil die Bedeutung von Verkehrszeichen bei durchschnittlicher Aufmerksamkeit zweifelsfrei erfassbar sein muss, sind Häufungen von Verkehrszeichen zu vermeiden. Es ist daher stets vorrangig zu prüfen, auf welche vorgesehenen oder bereits vorhandenen Verkehrszeichen verzichtet werden kann.

StVO
§ 40
Gefahrzeichen

(1) Gefahrzeichen mahnen zu erhöhter Aufmerksamkeit, insbesondere zur Verringerung der Geschwindigkeit im Hinblick auf eine Gefahrsituation (§ 3 Absatz 1).

VwV-StVO
zu § 40
Gefahrzeichen

1 I. Gefahrzeichen sind nach Maßgabe des § 45 Absatz 9 Satz 2 anzuordnen. Nur wenn sie als Warnung oder Aufforderung zur eigenverantwortlichen Anpassung des Fahrverhaltens nicht ausreichen, sollte stattdessen oder bei unabweisbarem Bedarf ergänzend mit Vorschriftzeichen (insbesondere Zeichen 274, 276) auf eine der Gefahrsituation angepasste Fahrweise hingewirkt werden; vgl. hierzu I zu den Zeichen 274, 276, 277 und 277.1.

2 II. Die Angabe der Entfernung zur Gefahrstelle oder der Länge der Gefahrstrecke durch andere als die in Absatz 2 und 4 bezeichneten Zusatzzeichen ist unzulässig.

StVO
§ 41
Vorschriftzeichen

(1) Wer am Verkehr teilnimmt, hat die durch Vorschriftzeichen nach Anlage 2 angeordneten Ge- oder Verbote zu befolgen.

2.4.2 Minimierung der Regelungen

StVO § 42 Richtzeichen

(1) Richtzeichen geben besondere Hinweise zur Erleichterung des Verkehrs. Sie können auch Ge- oder Verbote enthalten.

StVO § 45 Verkehrszeichen und Verkehrseinrichtungen

(9) Verkehrszeichen und Verkehrseinrichtungen sind nur dort anzuordnen, wo dies auf Grund der besonderen Umstände zwingend erforderlich ist. Dabei dürfen Gefahrzeichen nur dort angeordnet werden, wo es für die Sicherheit des Verkehrs erforderlich ist, weil auch ein aufmerksamer Verkehrsteilnehmer die Gefahr nicht oder nicht rechtzeitig erkennen kann und auch nicht mit ihr rechnen muss. Insbesondere Beschränkungen und Verbote des fließenden Verkehrs dürfen nur angeordnet werden, wenn auf Grund der besonderen örtlichen Verhältnisse eine Gefahrenlage besteht, die das allgemeine Risiko einer Beeinträchtigung der in den vorstehenden Absätzen genannten Rechtsgüter erheblich übersteigt. Satz 3 gilt nicht für die Anordnung von

1. Schutzstreifen für den Radverkehr (Zeichen 340),
2. Fahrradstraßen (Zeichen 244.1),
3. Sonderwegen außerhalb geschlossener Ortschaften (Zeichen 237, Zeichen 240, Zeichen 241) oder Radfahrstreifen innerhalb geschlossener Ortschaften (Zeichen 237 in Verbindung mit Zeichen 295),
4. Tempo 30-Zonen nach Absatz 1c und kurzen streckenbezogenen Geschwindigkeitsbeschränkungen von 30 km/h (Zeichen 274) auf Streckenabschnitten von bis zu 500 Metern zwischen zwei Tempo 30-Strecken,
5. verkehrsberuhigten Geschäftsbereichen nach Absatz 1d,
6. innerörtlichen streckenbezogenen Geschwindigkeitsbeschränkungen von 30 km/h (Zeichen 274) nach Absatz 1 Satz 1 auf Straßen des überörtlichen Verkehrs (Bundes-, Landes- und Kreisstraßen) oder auf weiteren Vorfahrtstraßen (Zeichen 306) im unmittelbaren Bereich von an diesen Straßen gelegenen Fußgängerüberwegen, Kindergärten, Kindertagesstätten, Spielplätzen, hochfrequentierten Schulwegen, allgemeinbildenden Schulen, Förderschulen, Alten- und Pflegeheimen, Einrichtungen für Menschen mit Behinderungen oder Krankenhäusern,
7. Erprobungsmaßnahmen nach Absatz 1 Satz 2 Nummer 6 zweiter Halbsatz,

7a. Sonderfahrstreifen,

8. Fahrradzonen nach Absatz 1i,
9. Bussonderfahrstreifen (Zeichen 245),
10. Fußgängerüberwegen (Zeichen 293).

Satz 3 gilt ferner nicht für Beschränkungen oder Verbote des fließenden Verkehrs nach Absatz 1 Satz 1 oder 2 Nummer 3 zur Beseitigung oder Abmilderung von erheblichen Auswirkungen veränderter Verkehrsverhältnisse, die durch die Erhebung der Maut nach dem Bundesfernstraßenmautgesetz hervorgerufen worden sind. Satz 3 gilt zudem nicht zur Kennzeichnung der in einem Luftreinhalteplan oder einem Plan für kurzfristig zu ergreifende Maßnahmen nach § 47 Absatz 1 oder 2 des Bundes-Immissionsschutzgesetzes festgesetzten Umweltzonen nach Absatz 1f.

(10) Absatz 9 gilt nicht,

1. soweit Verkehrszeichen angeordnet werden, die zur Förderung der Elektromobilität nach dem Elektromobilitätsgesetz oder zur Förderung des Carsharing nach dem Carsharinggesetz getroffen werden dürfen, und
2. für Anordnungen nach Absatz 1 Satz 2 Nummer 7.

VwV-StVO zu § 45 Verkehrszeichen und Verkehrseinrichtungen

Zu Absatz 9

72 Auf Nummer I zu den §§ 39 bis 43 (Rn. 1) wird verwiesen.

2.4.3 Struktur der Regelungen

Es empfiehlt sich, die vorgesehenen Regelungen logisch und sauber zu strukturieren und räumlich so zu verteilen, dass sie von einem durchschnittlichen und ausreichend aufmerksamen Verkehrsteilnehmer sicher aufgenommen und verarbeitet werden können.

Bewährt haben sich die folgenden Phasen:

- Vorbereiten
- Regeln
- Erinnern
- Aufheben.

In der Vorbereitungsphase soll zunächst die Aufmerksamkeit der möglicherweise mehr oder weniger abgelenkten Verkehrsteilnehmer erregt und darauf hingewiesen werden, dass mit einer besonderen Situation zu rechnen ist. Dies ist umso wichtiger, je größer das Ablenkungspotenzial ist (z. B. bei gleichmäßigen Fahraufgaben wie einer Fernfahrt auf der Autobahn oder bei großer Ablenkung durch verkehrsfremde Informationsreize wie bei einer Fahrt durch eine Geschäftsstraße). Außerdem können hier schon abgestuft (um Überreizung zu vermeiden) die nötigen Informationen gegeben werden, die die Verkehrsteilnehmer für ihre eigenverantwortlichen Handlungsentscheidungen brauchen.

Die Regelungsphase ist die zentrale Phase der Anordnung. Hier ist es wichtig, dass die Regelungsdichte so gewählt wird, dass die einzelne Regelung von einem durchschnittlichen Verkehrsteilnehmer noch sicher erfasst werden kann. Die Regelungsphase soll so gestaltet werden, dass bei den Verkehrsteilnehmern die notwendigen Reaktionen mit ausreichender Sicherheit ausgelöst werden.

Räumlich ausgedehnte Regelungen können es erforderlich machen, die Verkehrsteilnehmer regelmäßig an die Regelung zu erinnern.

Bild 2.7 Gefahrzeichen als „Begründung" für ein Verbot, auf einer Trägerfläche aufgebracht

Schließlich muss bei vielen Regelungen auch das Ende des räumlichen Geltungsbereichs festgelegt werden.

Die Strukturierung in Phasen muss nicht notwendigerweise bedeuten, dass für jede Phase eine eigene Beschilderung erforderlich wird. So kann z. B. bei einer langsam befahrenen Straße ein weithin sichtbares Gefahrzeichen alle Phasen abdecken (Vorbereitung durch weite Sichtbarkeit; Regelung durch Schilderinhalt „Warnung"; Erinnerung und Aufhebung dadurch, dass der Warngrund während einer bestimmten Strecke sichtbar ist und dann nicht mehr). Selbst Streckenverbote benötigen keine Aufhebung, wenn durch geeignete Kombinationen das Ende der Anordnung für die Verkehrsteilnehmer eindeutig erkennbar ist (siehe Abschnitt 6.4.1).

Auch Zonenregelungen können einzelne Phasen abdecken. So werden die Verkehrsteilnehmer z. B. durch § 39 Abs. 1a StVO „Innerhalb geschlossener Ortschaften ist abseits der Vorfahrtstraßen ... mit der Anordnung von Tempo 30-Zonen ... zu rechnen" auf Tempo 30-Zonen vorbereitet; auch eine Erinnerung wird dadurch ersetzt. Eine ausgeprägte Typisierung der Straßengestalt wie die bauliche Gestaltung von verkehrsberuhigten Bereichen kann eine ähnliche Wirkung zeigen.

Die Strukturierung sollte aber bei der Konzeption der Regelung immer bedacht werden (Sind die Verkehrsteilnehmer ausreichend vorbereitet? Ist die Regelung eindeutig, nachvollziehbar und verständlich? Muss die Regelung wiederholt werden? Ist das Ende des Regelungsbereichs eindeutig?). Eine einheitliche Anwendung dieser Struktur erleichtert den Verkehrsteilnehmern, die gewünschte Regelung zu befolgen und zu erkennen, und sollte daher ohne Not nicht missachtet werden.

Strukturierung bedeutet auch, dass an einer Stelle nicht zu viele Regelungen getroffen werden. Diese könnten zu einer Überlastung der Verkehrsteilnehmer und damit zur Gefahr der Nichtbeachtung der Regelungen führen. Bewährt haben sich daher die folgenden Regelungen:

- Stets vorrangig prüfen, ob auf vorgesehene oder bereits vorhandene Regelungen verzichtet werden kann.
- In der Regel nie mehr als drei Regelungen gleichzeitig treffen (Zusatzzeichen zählen nicht mit, sofern es sich um Standardaussagen handelt).
- Nie mehr als zwei Gebote/Verbote an einer Stelle vorsehen; wenn es ausnahmsweise drei sind, darf nur eines für den fließenden Verkehr bestimmt sein.

- Gebote/Verbote für den fließenden Verkehr nur dann kombinieren, wenn sie sich an die gleiche Verkehrsart wenden und die gleiche Strecke oder Stelle betreffen.
- Zeichen 201 „Andreaskreuz“
- Zeichen 350 „Fußgängerüberweg“
- Zeichen 278 bis 282 „Ende der Streckenverbote“

  } müssen stets allein stehen.
- Warnungen dürfen unter bestimmten Voraussetzungen ausnahmsweise als „Begründung“ für ein Verbot vorgesehen werden (*Bild 2.7*).
- Negative Vorfahrtzeichen sollten allein stehen, allenfalls in Verbindung mit den zulässigen Zusatzzeichen.
- Sind an einer Stelle oder kurz hintereinander mehrere Regelungen notwendig, so muss dafür gesorgt werden, dass die wichtigen für den fließenden Verkehr besonders auffallen (siehe Abschnitt 2.7).

Zu Abschnitt 2.4.3

VwV-StVO zu den §§ 39 bis 43 Allgemeines über Verkehrszeichen und Verkehrseinrichtungen

11. Häufung von Verkehrszeichen

33 Weil die Bedeutung von Verkehrszeichen bei durchschnittlicher Aufmerksamkeit zweifelsfrei erfassbar sein muss, sind Häufungen von Verkehrszeichen zu vermeiden. Es ist daher stets vorrangig zu prüfen, auf welche vorgesehenen oder bereits vorhandenen Verkehrszeichen verzichtet werden kann.

34 Sind dennoch an einer Stelle oder kurz hintereinander mehrere Verkehrszeichen unvermeidlich, muss dafür gesorgt werden, dass die für den fließenden Verkehr wichtigen besonders auffallen. Kann dies nicht realisiert werden oder wird ein für den fließenden Verkehr bedeutsames Verkehrszeichen an der betreffenden Stelle nicht erwartet, ist jene Wirkung auf andere Weise zu erzielen (z. B. durch Übergröße oder gelbes Blinklicht).

35 a) Am gleichen Pfosten oder sonst unmittelbar über- oder nebeneinander dürfen nicht mehr als drei Verkehrszeichen angebracht werden; bei Verkehrszeichen für den ruhenden Verkehr kann bei besonderem Bedarf abgewichen werden.

36 aa) Gefahrzeichen stehen grundsätzlich allein (vgl. Nummer I zu § 40; Rn. 1).

37 bb) Mehr als zwei Vorschriftzeichen sollen an einem Pfosten nicht angebracht werden. Sind ausnahmsweise drei solcher Verkehrszeichen an einem Pfosten vereinigt, dann darf sich nur eins davon an den fließenden Verkehr wenden.

38 cc) Vorschriftzeichen für den fließenden Verkehr dürfen in der Regel nur dann kombiniert werden, wenn sie sich an die gleichen Verkehrsarten wenden und wenn sie die gleiche Strecke oder den gleichen Punkt betreffen.

39 dd) Verkehrszeichen, durch die eine Wartepflicht angeordnet oder angekündigt wird, dürfen nur dann an einem Pfosten mit anderen Verkehrszeichen angebracht werden, wenn jene wichtigen Zeichen besonders auffallen.

40 b) Dicht hintereinander sollen Verkehrszeichen für den fließenden Verkehr nicht folgen. Zwischen Pfosten, an denen solche Verkehrszeichen gezeigt werden, sollte vielmehr ein so großer Abstand bestehen, dass der Verkehrsteilnehmer bei der dort gefahrenen Geschwindigkeit Gelegenheit hat, die Bedeutung der Verkehrszeichen nacheinander zu erfassen.

2.4.4 Mischprinzip vs. Trennprinzip

Verkehrsteilnehmer unterscheiden sich in ihren Wünschen und Fähigkeiten teilweise erheblich. Sie wollen unterschiedlich weit fahren oder gehen, dementsprechend unterschiedlich schnell vorankommen, sind unterschiedlich geschützt oder gefährdet, unterscheiden sich in ihrer Fähigkeit, mit den anderen Verkehrsteilnehmern zu interagieren. Fußgänger interagieren z. B. extrem gut untereinander und bewegen sich vergleichsweise langsam (wollen auch nicht weit gehen), sind aber z. B. äußerst gefährdet. Fernreisende in Pkw auf der anderen Seite haben wegen großer Fahrtweiten eine hohe Geschwindigkeitserwartung, sind in ihren Fahrzeugen vergleichsweise gut geschützt, können aber kaum mit anderen Verkehrsteilnehmern interagieren.

2.4.4 Mischprinzip vs. Trennprinzip

Viele Verkehrsarten sind auch in sich sehr inhomogen, z. B. die Kraftfahrzeuge (Krafträder, Pkw, Busse, Lkw, Lkw-Züge) oder die Fahrradfahrer (Familienausflug, Fahrrad als Verkehrsmittel, Sport-Fahrradfahrer).

Zur Bewältigung dieser Unterschiede gibt es grundsätzlich zwei Möglichkeiten: das Mischprinzip und das Trennprinzip. Beim **Mischprinzip**, dem im Grunde natürlichen Ansatz, nutzen alle Verkehrsteilnehmer den Verkehrsraum gemeinsam und nehmen aufeinander Rücksicht. Beim **Trennprinzip** werden einzelnen (in ihrem Verhalten in sich möglichst homogenen) Gruppen jeweils spezielle Verkehrsflächen zugewiesen, in denen sie sich vergleichsweise frei und sicher nach ihrer Eigenart bewegen können.

Beide Prinzipien führen zu Problemen: das Mischprinzip wegen der Inhomogenität der Erwartungen und der Pflicht zur gegenseitigen Rücksichtnahme, das Trennprinzip wegen der begrenzten Flächen und der Schwierigkeit, „reservierte“ Wege zu kreuzen. Das Mischprinzip schränkt vor allem die „schnelleren“ Verkehrsteilnehmer in ihrem Geschwindigkeitswunsch, aber auch die langsameren in ihrer Art der freien Bewegung ein.

Das Trennprinzip schränkt vor allem die flächenorientierten, langsameren Verkehrsteilnehmer in ihrer Bewegungsfreiheit ein, gibt ihnen aber auf der anderen Seite Sicherheit vor Konflikten mit den schnelleren Fahrzeugen (die sich dafür auf „ihren“ Verkehrsflächen umso schneller bewegen können).

Die StVO kennt und unterstützt diese Prinzipien in unterschiedlichen Ausprägungen. Zunächst versuchen die allgemeinen Verkehrsregelungen als die geringste Regelungsstufe, die Elemente beider Prinzipien in schwacher Ausprägung in sich zu vereinigen. Die allgemeinen Verkehrsregeln verpflichten zunächst in § 1 StVO die Verkehrsteilnehmer zur gegenseitigen Rücksichtnahme (Mischprinzip). Sie verpflichten in § 2 StVO als Realisierung des Trennprinzips aber auch insbesondere die langsamen Fahrzeuge, rechts zu fahren (und schnellere links überholen zu lassen). Radfahrer dürfen nur nebeneinander fahren, wenn sie den übrigen Verkehr nicht behindern. Fußgänger haben nach § 25 StVO die Gehwege zu benutzen und Fahrbahnen zügig und quer zur Fahrtrichtung zu überqueren. Dem Mischprinzip wird Rechnung getragen z. B. durch die Regelungen innerhalb geschlossener Ortschaften (siehe Abschnitt 6.5.4), in Tempo 30-Zonen (siehe Abschnitt 6.5.5) und insbesondere in verkehrsberuhigten Zonen (siehe Abschnitt 6.5.6). Das Trennprinzip wird betont durch die Anordnung von Sonderwegen (siehe Abschnitt 3.5), aber auch durch die Ausweisung von Autobahnen und Kraftfahrstraßen mit ihren besonderen Regelungen (siehe Abschnitt 6.5.2).

Im Sinne der Minimierung der Regelungen wird man bei geringem Verkehrsaufkommen und geringem Geschwindigkeitsdruck auf besondere Regelungen verzichten. Mit steigendem Verkehrsaufkommen und/oder Geschwindigkeitsdruck werden dann meist Regelungen nötig. Hilfreich bei der Entscheidung kann der bei den Straßen-Gestaltungsrichtlinien hergeleitete Funktionsbegriff sein. Die Richtlinien sprechen von der Verbindungs-, Erschließungs- und Aufenthaltsfunktion der Straße. Je mehr die Verbindungsfunktion eindeutig überwiegt, wird in der Regel das Trennprinzip, je mehr die Aufenthaltsfunktion überwiegt, das Mischprinzip anzuwenden sein. Problematisch sind Straßen, die ausgeprägte Erwartungen an mehrere Prinzipien haben. Hier sind Anforderungen und zu erwartende Reaktionen der Verkehrsteilnehmer sorgfältig zu ermitteln und gegeneinander abzuwägen, um eine angemessene Regelung zu finden. In der Regel wird mittelfristig eine Funktionstrennung, z. B. durch Umgehungsstraßen (Verlagern der Verbindungsfunktion), anzustreben sein.

Die bauliche Gestaltung der Verkehrsanlage kann und sollte die Regelungen unterstützen. Auf jeden Fall darf sie ihnen nicht widersprechen. So ist es ausgesprochen gefährlich, einen verkehrsberuhigten Bereich mit seinem ausgeprägten Mischprinzip dort anzuordnen, wo eine bauliche Gestaltung mit längslaufenden Bordsteinen Trennung signalisiert (siehe Abschnitte 2.2.5 und 6.5.6).

Umgekehrt sind weniger Probleme zu erwarten, je besser straßenverkehrsrechtliche Regelung und straßenbauliche Gestaltung miteinander harmonieren. Manchmal kann die bauliche Gestaltung auch spezielle Regelungen ganz entbehrlich machen. So können z. B. an städtischen Hauptverkehrsstraßen baulich angelegte Radwege auch ohne Benutzungszwang erheblich zur Verbesserung der Situation beitragen.

Zu Abschnitt 2.4.4

StVO § 1 Grundregeln

(1) Die Teilnahme am Straßenverkehr erfordert ständige Vorsicht und gegenseitige Rücksicht.

(2) Wer am Verkehr teilnimmt hat sich so zu verhalten, dass kein Anderer geschädigt, gefährdet oder mehr, als nach den Umständen unvermeidbar, behindert oder belästigt wird.

StVO § 2 Straßenbenutzung durch Fahrzeuge

(1) Fahrzeuge müssen die Fahrbahn benutzen, von zwei Fahrbahnen die rechte. Seitenstreifen sind nicht Bestandteil der Fahrbahn.

(2) Es ist möglichst weit rechts zu fahren, nicht nur bei Gegenverkehr, beim Überholtwerden, an Kuppen, in Kurven oder bei Unübersichtlichkeit.

...

(4) Mit Fahrrädern darf nebeneinander gefahren werden, wenn dadurch der Verkehr nicht behindert wird; anderenfalls muss einzeln hintereinander gefahren werden. Eine Pflicht, Radwege in der jeweiligen Fahrtrichtung zu benutzen, besteht nur, wenn dies durch Zeichen 237, 240 oder 241 angeordnet ist. Rechte Radwege ohne die Zeichen 237, 240 oder 241 dürfen benutzt werden. Linke Radwege ohne die Zeichen 237, 240 oder 241 dürfen nur benutzt werden, wenn dies durch das allein stehende Zusatzzeichen „Radverkehr frei“ angezeigt ist. Wer mit dem Rad fährt, darf ferner rechte Seitenstreifen benutzen, wenn keine Radwege vorhanden sind und zu Fuß Gehende nicht behindert werden. Außerhalb geschlossener Ortschaften darf man mit Mofas und E-Bikes Radwege benutzen.

(5) Kinder bis zum vollendeten achten Lebensjahr müssen, Kinder bis zum vollendeten zehnten Lebensjahr dürfen mit Fahrrädern Gehwege benutzen. Ist ein baulich von der Fahrbahn getrennter Radweg vorhanden, so dürfen abweichend von Satz 1 Kinder bis zum vollendeten achten Lebensjahr auch diesen Radweg benutzen. Soweit ein Kind bis zum vollendeten achten Lebensjahr von einer geeigneten Aufsichtsperson begleitet wird, darf diese Aufsichtsperson für die Dauer der Begleitung den Gehweg ebenfalls mit dem Fahrrad benutzen; eine Aufsichtsperson ist insbesondere geeignet, wenn diese mindestens 16 Jahre alt ist. Auf zu Fuß Gehende ist besondere Rücksicht zu nehmen. Der Fußgängerverkehr darf weder gefährdet noch behindert werden. Soweit erforderlich, muss die Geschwindigkeit an den Fußgängerverkehr angepasst werden. Wird vor dem Überqueren einer Fahrbahn ein Gehweg benutzt, müssen die Kinder und die diese begleitende Aufsichtsperson absteigen.

StVO § 25 Fußgänger

(1) Wer zu Fuß geht, muss die Gehwege benutzen. Auf der Fahrbahn darf nur gegangen werden, wenn die Straße weder einen Gehweg noch einen Seitenstreifen hat. Wird die Fahrbahn benutzt, muss innerhalb geschlossener Ortschaften am rechten oder linken Fahrbahnrand gegangen werden; außerhalb geschlossener Ortschaften muss am linken Fahrbahnrand gegangen werden, wenn das zumutbar ist. Bei Dunkelheit, bei schlechter Sicht oder wenn die Verkehrslage es erfordert, muss einzeln hintereinander gegangen werden.

(2) Wer zu Fuß geht und Fahrzeuge oder sperrige Gegenstände mitführt, muss die Fahrbahn benutzen, wenn auf dem Gehweg oder auf dem Seitenstreifen andere zu Fuß Gehende erheblich behindert würden. Benutzen zu Fuß Gehende, die Fahrzeuge mitführen, die Fahrbahn, müssen sie am rechten Fahrbahnrand gehen; vor dem Abbiegen nach links dürfen sie sich nicht links einordnen.

(3) Wer zu Fuß geht, hat Fahrbahnen unter Beachtung des Fahrzeugverkehrs zügig auf kurzem Weg quer zur Fahrtrichtung zu überschreiten. Wenn die Verkehrsdichte, Fahrgeschwindigkeit, Sichtverhältnisse oder der Verkehrsablauf es erfordern, ist eine Fahrbahn nur an Kreuzungen oder Einmündungen, an Lichtzeichenanlagen innerhalb von Markierungen, an Fußgängerquerungshilfen oder auf Fußgängerüberwegen (Zeichen 293) zu überschreiten. Wird die Fahrbahn an Kreuzungen oder Einmündungen überschritten, sind dort vorhandene Fußgängerüberwege oder Markierungen an Lichtzeichenanlagen stets zu benutzen.

(4) Wer zu Fuß geht, darf Absperrungen, wie Stangen- oder Kettengeländer, nicht überschreiten. Absperrschranken (Zeichen 600) verbieten das Betreten der abgesperrten Straßenfläche.

(5) Gleisanlagen, die nicht zugleich dem sonstigen öffentlichen Straßenverkehr dienen, dürfen nur an den dafür vorgesehenen Stellen betreten werden.

2.4.5 Vorbereitung – Auswertung von Unfalluntersuchungen

Eine wesentliche Quelle, um Problemstellen im Verkehrsablauf und ihre Ursachen zu erkennen, ist die intensive Beschäftigung mit dem Unfallgeschehen. Dies gilt in erster Linie konkret, bedeutet also die direkte Beschäftigung mit dem tatsächlichen Unfallgeschehen. Dies gilt aber auch abstrakt, indem man durch die Beschäftigung mit dem tatsächlichen Unfallgeschehen ein Gefühl dafür entwickelt, wo und warum auch an anderen Stellen im Netz Probleme auftreten könnten.

Eigentlich interessiert im Zusammenhang mit der Regelung des Verkehrs nicht, welche Unfälle sich in der Vergangenheit ereignet haben, sondern welche Unfälle sich möglicherweise in der Zukunft ereignen könnten (und durch geeignete Maßnahmen verhindert werden sollen).

Allerdings ist es sehr schwer, Unfälle in der Zukunft zu prognostizieren (Risikoanalyse). Eine bewährte Methode für Prognosen, also für Abschätzungen für die Zukunft, ist es, die in der Vergangenheit beobachteten Zusammenhänge auf die Zukunft zu übertragen.

Das ist dann zulässig, wenn die Randbedingungen in der Zukunft nur unwesentlich von denen der Vergangenheit abweichen oder genügend Wissen über die Zusammenhänge vorliegt, um die Auswirkungen der veränderten Randbedingungen auf den Prognosegegenstand abzuschätzen.

Dieser Annahme liegt das übliche Vorgehen in der Straßenverkehrssicherheitsarbeit zugrunde. Man analysiert die Unfälle der vergangenen Jahre und geht davon aus, dass bei ähnlichen Randbedingungen ein ähnliches Unfallgeschehen in den nächsten Jahren zu erwarten ist. Systematische quantitative Risikoanalysen sind mangels geeigneter Ursache-Wirkungs-Modelle und mangels ausreichender systematischer Datengrundlage noch nicht möglich, allenfalls ausgefeilte Regressionsmethoden zur Analyse des tatsächlichen Unfallgeschehens. Siehe dazu z. B. das

- Highway Safety Manual. American Association of State Highway and Transportation Officials (AASHTO), 1st edition, Washington D.C. 2010/2012 [www.highwaysafetymanual.org].

Das Hauptproblem von Unfallanalysen besteht darin, dass Unfälle statistisch gesehen seltene Ereignisse sind. Auch wenn sich an einer Stelle oder in einem Bereich zehn oder fünfzehn Unfälle im Jahr ereignen, was absolut gesehen schon als hoch einzustufen ist, so ist das aus statistischer Sicht selten. Denn zur Ermittlung der Unfallwahrscheinlichkeit sind die Verkehrsvorgänge mit Unfällen ins Verhältnis zu setzen zu vergleichbaren Verkehrsvorgängen ohne Unfall, und das sind selbst auf niedrig belasteten Straßen in der Regel mehrere 100 000, meist aber Millionen. Die

Tabelle 2.1 Beispiel einer Unfallanalyse

	Anzahl der Jahre innerhalb eines Zeitraums von 10 Jahren										
	bei einer durchschnittlichen Anzahl c von Unfällen pro Jahr										
mit k Unfällen	0,5	1	2	3	4	5	6	7	8	9	10
0	6	4	1	0	0	0	0	0	0	0	0
1	3	4	3	1	1	0	0	0	0	0	0
2	1	2	3	2	1	1	0	0	0	0	0
3	0	1	2	2	2	1	1	1	0	0	0
4	0	0	1	2	2	2	1	1	1	0	0
5	0	0	0	1	2	2	2	1	1	1	0
6	0	0	0	1	1	1	2	1	1	1	1
7	0	0	0	0	1	1	1	1	1	1	1
8	0	0	0	0	0	1	1	1	1	1	1
9	0	0	0	0	0	0	1	1	1	1	1
10	0	0	0	0	0	0	0	1	1	1	1

Durch Rundungsfehler ergeben die Spaltensummen nicht unbedingt 10.

einzelnen Eintrittswahrscheinlichkeiten von solchen seltenen Ereignissen streuen naturgemäß sehr stark. Sie lassen sich mithilfe der Poisson-Verteilung beschreiben. Die Poisson-Verteilung wird definiert über:

$$p_c(k) = \frac{c^k}{k!} \cdot e^{-c}$$

mit

$p_c(k)$ Wahrscheinlichkeit für k Realisierungen im Bezugszeitraum

c mittlere Anzahl von Realisierungen im Bezugszeitraum

k Anzahl des Auftretens

In *Tabelle 2.1* ist das Ergebnis einer Beispielberechnung dargestellt. Im Beispielszenario wird ein Zehnjahreszeitraum betrachtet. Jede Spalte der Tabelle steht für eine durchschnittliche Anzahl von Unfällen in diesem Zehnjahreszeitraum, jede Zeile für die Anzahl der Unfälle in einem Jahr. Die Zahlen in der Tabelle geben an, wie oft diese Anzahl der Unfälle im Zehnjahreszeitraum zu erwarten ist.

Diese Tabelle sagt z. B. aus, dass bei einer angenommenen durchschnittlichen Anzahl von 4 Unfällen/Jahr (Spalte für c = 4) im Zehnjahreszeitraum wahrscheinlich jeweils 1 Jahr mit 1 oder 2 Unfällen, jeweils 2 Jahre mit 3, 4 oder 5 Unfällen und jeweils 1 Jahr mit 6 oder 7 Unfällen auftreten werden. Das heißt, selbst wenn sich an der „Gefährlichkeit" dieser Stelle überhaupt nichts ändert, können in einander folgenden Jahren mal 6, mal 1, mal 5 Unfälle auftreten. Solche Schwankungen sind wegen der „statistischen Seltenheit" normal und dürfen nicht als Entwicklung, weder in die eine noch in die andere Richtung, interpretiert werden.

Die Tabelle sagt auch aus, dass eine beobachtete Zahl von z. B. 4 Unfällen in einem Jahr (Zeile für k = 4) mit einer mittleren Anzahl von Unfällen zwischen 2 und 8 verknüpft sein kann, wenn auch eine mittlere Anzahl von 3 bis 5 wahrscheinlicher ist.

Aus diesen Zusammenhängen ergibt sich die immer wieder gestellte Forderung, dass Unfalldaten und ihre Entwicklung nur dann vernünftig analysiert werden können, wenn Daten von mehreren Jahren vorliegen. Daraus ergibt sich ein Zielkonflikt. Kurze Analysezeiträume erlauben zeitnahes Handeln, ihre Ergebnisse sind jedoch mit großen Ungenauigkeiten behaftet. Umgekehrt liefern längere Analysezeiträume genauere Ergebnisse, lassen aber kein zeitnahes Handeln zu. Wie in Abschnitt 2.9.3 genauer ausgeführt, werden daher als Kompromiss meist Analysezeiten von drei Jahren gewählt.

Man kann diese Beschränkung umgehen, indem man das Unfallgeschehen nur als Ausgangspunkt für vertiefte Untersuchungen verwendet und genaue Fahrverhaltensanalysen (siehe Abschnitt 2.4.6) durchführt, z. B. das Geschwindigkeits-, Brems-, Spur- oder Blickverhalten der Verkehrsteilnehmer. Fahrerverhaltensanalysen haben den Vorteil, dass nicht mehr nur ein ganz kleiner Bruchteil der Verkehrsvorgänge in die Analyse eingeht, sondern ein Großteil. Allerdings ist die Sicherheitsrelevanz von „unnormalem" Verhalten jeweils zu überprüfen. Dabei sollte auch berücksichtigt werden, wie Einflüsse der Infrastruktur (Sichtbehinderungen, optische Täuschungen usw.) möglicherweise das Fahrerverhalten beeinflussen.

Häufig empfiehlt es sich auch, dass die zuständigen Sachbearbeiter von Straßenverkehrsbehörde, Straßenbaubehörde und Polizei den kritischen Punkt gemeinsam besichtigen. Dabei ist wesentlich, dass die Situation aus der Sicht der Verkehrsteilnehmer begutachtet wird.

Unfälle können auch mit nicht direkt sichtbaren Eigenschaften der Infrastruktur zusammenhängen. Es empfiehlt sich daher, die Unfälle auf Ähnlichkeiten zu untersuchen. So können vermehrte Nachtunfälle auf eine mangelnde Erkennbarkeit bei Dunkelheit (→ Nachtverkehrsschau) hinweisen, vermehrte Schleuder- oder Auffahrunfälle ein Indiz für verringerte Griffigkeit (→ Griffigkeitsmessung) sein.

Für Unfälle können auch indirekte Zusammenhänge wirksam sein. So können z. B. häufige Rotlichtüberfahrten mit einer unzweckmäßigen Koordinierung der Lichtsignalanlagen benachbarter Knotenpunkte zusammenhängen.

In diesem Zusammenhang sind auch die sogenannten Verkehrskonfliktanalysen zu erwähnen, die vor einigen Jahrzehnten vertieft diskutiert wurden. Die zugrunde liegende Idee war, dass die Anzahl von beobachteten „Konflikten" zwischen Verkehrsteilnehmern oder zwischen Verkehrsteilnehmern und der Straßenanlage ein Indiz für die Gefährlichkeit einer Situation sind. Auch wenn diese Annahme in vielen Fällen zutraf, so stellte sich heraus, dass konfliktträchtige Stellen auch sehr sicher sein können (heute z. B. Kreisverkehrsplätze). Entscheidend scheint zu sein, ob die Verkehrsteilnehmer die Konfliktträchtigkeit rechtzeitig erkennen und ihr Handeln darauf einstellen können. Ist dies der Fall, so sind diese Stellen tendenziell sicherer, ansonsten nicht.

Zur Pflicht und Methodik von regelmäßigen Unfallanalysen siehe Abschnitt 2.9.3.

2.4.6 Vorbereitung – Beobachtung des Verkehrsablaufs und gezielte Verkehrsuntersuchungen

Es ist sinnvoll, an Problemstellen mehr oder weniger systematische Verkehrsbeobachtungen durchzuführen.

Wie im vorigen Abschnitt ausgeführt, leidet die Unfallanalyse an dem Umstand, dass Unfälle aus statistischer Sicht „seltene Ereignisse“ sind und daher nur begrenzt Informationen liefern können. Verkehrsbeobachtungen erlauben es, an Stellen, an denen sich nur wenige Unfälle pro Jahr ereignen, in wenigen Stunden Tausende von Fahrzeugbewegungen zu beobachten.

Selbst wenn man diese Beobachtungen zunächst einmal völlig unstrukturiert durchführt, d. h. lediglich den Verkehrsablauf über eine halbe oder ganze Stunde beobachtet, so wird man häufig schon Erkenntnisse gewinnen.

Für die Beurteilung kann außer reinen Geschwindigkeitsmessungen auch die Beobachtung vieler anderer Details hilfreich sein, z. B. von „Bremspunkten“ (an welchen Stellen leuchten die Bremsleuchten auf), vom Spurverhalten (oft im Gegenlicht auch an Polierspuren auf der Straße zu erkennen), von Blickbewegungen (z. B. von Fahrern, die die Vorfahrt zu beachten haben).

Geschwindigkeitsmessungen sind die häufigsten Messungen im Verkehrsfluss (neben den reinen Verkehrszählungen).

Die Höhe der gefahrenen Geschwindigkeiten zu kennen, ist für bestimmte Entscheidungen (z. B. Festsetzung von Geschwindigkeitsbeschränkungen, Ermittlung des Aufstellortes eines Verkehrszeichens, Bestimmung der Schriftgröße), die beim Anbringen von Verkehrszeichen und Verkehrseinrichtungen zu treffen sind, hilfreich.

Klasse	Klassengrenze	Gemessene Zeit bei 50 m
	32,5 km/h	5,5 s
≈ 35 km/h		
	37,5 km/h	4,8 s
≈ 40 km/h		
	42,5 km/h	4,2 s
≈ 45 km/h		
	47,5 km/h	3,8 s
≈ 50 km/h		
	52,5 km/h	3,4 s
≈ 55 km/h		
	57,5 km/h	3,1 s
≈ 60 km/h		
	62,5 km/h	2,9 s
≈ 65 km/h		
	67,5 km/h	2,7 s
≈ 70 km/h		
	72,5 km/h	2,5 s

Nachfolgend sollen daher einige Hinweise gegeben werden, wie schon mit einfachen Mitteln aussagekräftige Zahlenwerte für das Geschwindigkeitsverhalten gemessen, ausgewertet und interpretiert werden können.

Die einfachste Methode, die Geschwindigkeit eines fahrenden Fahrzeugs zu ermitteln, ist, die Zeit zu messen, die es für die Fahrt entlang einer erkennbar markierten Strecke, z. B. zwischen zwei Leitpfosten oder zwei Farbmarkierungen auf der Straße, benötigt. Dazu benötigt man nur eine Stoppuhr oder eine entsprechende App auf dem Mobiltelefon.

Aus markierter Distanz s und gemessener Zeit t lässt sich die gefahrene Geschwindigkeit über

$$v = \frac{s}{t}$$

unschwer ermitteln (da die Strecke meist in m und die Zeit in s gemessen, die Geschwindigkeit aber in km/h gewünscht wird, ist eine weitere Multiplikation mit 3,6 nötig).

$$1\frac{m}{s} = \frac{1 \cdot 3600\ km}{1\,000 \cdot 1\ h} = 3{,}6\ \frac{km}{h}$$

Nachdem für solche Beobachtungen in der Regel nicht die Einzelwerte der Fahrzeuge, sondern das Gesamtbild des Geschwindigkeitsverhaltens ermittelt werden soll, ist es sinnvoll, Geschwindigkeitsklassen zu bilden, in denen die Fahrzeuge gezählt werden, z. B. bei Messungen in einer Ortsdurchfahrt.

Die entsprechenden Zeiten sind für verschiedene Beobachtungslängen in Anlage 3, Tabelle 1 zu finden.

Anhand der gemessenen Zeiten „klassifiziert“ man die Fahrzeuge und zählt sie z. B. auf einer Strichliste. Dabei müssen auch nicht alle Fahrzeuge gemessen werden. Wichtig ist nur, dass man eine zufällige Auswahl trifft („Zufallsstichprobe“). Gerade im Annäherungsbereich von Gefahrenstellen kann es sinnvoll sein, nur die frei fahrenden Fahrzeuge zu messen (pulkführendes Fahrzeug), bei denen die Geschwindigkeit nicht durch vorausfahrende Fahrzeuge beeinflusst ist.

2.4.6 Vorbereitung – Beobachtung des Verkehrsablaufs, gezielte Verkehrsuntersuchungen

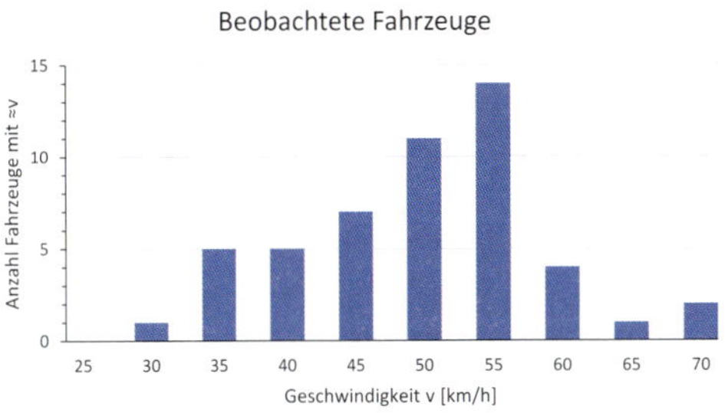

Bild 2.8a Beispiel einer Auswertung

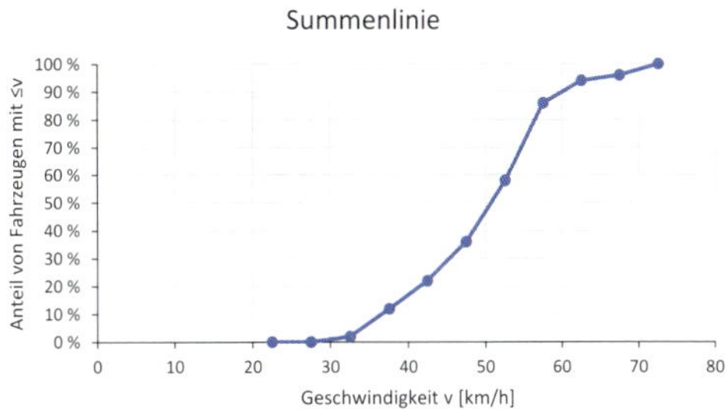

Bild 2.8b Beispiel einer Summenlinie

Um ein ungefähres Bild der Geschwindigkeitsverteilung zu erhalten, ist es erforderlich, die Geschwindigkeit von mindestens etwa 50 Fahrzeugen zu messen.

Mit etwas mehr Aufwand fertigt man eine Videoaufnahme, am besten von einem seitlichen Standort aus an. Wichtig ist, dass Anfangs- und Endpunkt auf der Videoaufnahme zu erkennen sind. Oft ist es möglich, die Zeit der Aufnahme einzublenden, was die Genauigkeit erhöht. Aus Datenschutzgründen sollte der Standort so gewählt werden, dass die Kennzeichen nicht sichtbar sind. Aus dem gleichen Grund kann es auch notwendig sein, die Aufnahme leicht unscharf auszuführen, damit nur die Umrisse des Fahrzeugs, aber ansonsten keine Details erkennbar sind.

Natürlich können die Messungen auch mit einer Radar- oder Infrarotpistole durchgeführt werden. Wichtig ist nur, dass man wirklich eine Zufallsstichprobe misst, also unter Berücksichtigung der zum Aufschreiben benötigten Zeit z. B. jedes dritte oder vierte Fahrzeug oder z. B. jedes zweite oder dritte pulkführende Fahrzeug.

Für umfangreichere Messungen sind auch spezielle Messgeräte verfügbar, die auf, neben oder über der Fahrbahn angebracht werden.

Die so ermittelten Strichlisten werden meist zunächst als sogenannte Häufigkeitsverteilungen dargestellt, d. h. als Prozentwerte, die die Anteile der Fahrzeuge in den jeweiligen Geschwindigkeitsklassen angeben (siehe *Bild 2.8a*). Diese Werte sind allerdings schwer interpretierbar. Auch wenn man sich an die Darstellung erst gewöhnen muss, hat es sich bewährt, die Werte zu sogenannten Summenlinien aufzusummieren. Beginnend mit den kleinen Klassen werden die Häufigkeitswerte aufsummiert, bis sich schließlich (abgesehen von Rundungsfehlern) der Gesamtwert 100 % ergibt. Für die Summenlinie werden die Zwischensummen über den jeweiligen Klassengrenzen aufgetragen (siehe *Bild 2.8b*). Diese Linie gibt damit an, welcher Anteil der Fahrzeuge nicht schneller als die angegebene Geschwindigkeit gefahren ist.

Eine weiter links liegende Kurve bedeutet langsamere, eine weiter rechts liegende schnellere gefahrene Geschwindigkeiten.

Zur Interpretation unterteilt man die Gesamtheit der beobachteten Fahrzeuge normalerweise in langsamere (0–30 %), mittelschnelle (30–70 %) und schnellere (70–100 %) Fahrzeuge. Sie werden charakterisiert durch die Geschwindigkeiten bei 15 % (langsamere Fahrzeuge, nur 15 % der Fahrzeuge fahren langsamer als diese Geschwindigkeit), bei 50 % (mittelschnelle Fahrzeuge; etwa genauso viele Fahrzeuge fahren langsamer und schneller als diese Geschwindigkeit) und bei 85 % (schnellere Fahrzeuge; nur 15 % der Fahrzeuge fahren schneller als diese Geschwindigkeit). Die einzelnen langsamsten oder schnellsten gemessenen Geschwindigkeiten sind in der Regel wenig aussagekräftig, da sie zufallsbedingt sehr stark schwanken. Anzumerken, dass der 50-%-Wert nur dann dem Mittelwert der gefahrenen Geschwindigkeiten entspricht, wenn die Häufigkeitsverteilung der Geschwindigkeiten (annähernd) symmetrisch ist, was in der Regel, insbesondere bei Strecken mit Geschwindigkeitsbeschränkungen, nicht der Fall ist.

Zur Beurteilung der „Verkehrsqualität" wird normalerweise der 50-%-Wert aller Fahrzeuge herangezogen, für die Beurteilung von Sicherheitsfragen der 85-%-Wert (die Geschwindigkeit des mittleren schnellen Fahrers) der frei fahrenden Fahrzeuge, manchmal, z. B. für Sichtweiten an Knotenpunkten, auch der 95-%-Wert.

Der Geschwindigkeitsunterschied zwischen dem 15-%- und dem 85-%-Wert ist ein Maß für die Gleichmäßigkeit des Verkehrsflusses. Er beeinflusst den „Überholdruck" und sollte daher nicht zu groß sein.

2.4.6 Vorbereitung – Beobachtung des Verkehrsablaufs, gezielte Verkehrsuntersuchungen

Soweit die Beobachtungen über normale gemeinsame Ortseinsichten (Verkehrsbehörde, Straßenbaubehörde, Polizei) hinausgehen, haben nach § 5b Abs. 5 StVG die Straßenbaubehörden die Kosten für Verkehrszählungen, Lärm- und Abgasmessungen und -berechnungen zu tragen.

Bei der Durchführung von Verkehrszählungen oder -erhebungen sollten die in den

- „Empfehlungen für Verkehrserhebungen (EVE 2012)“, Ausgabe 2012, FGSV Verlag

enthaltenen Grundsätze beachtet werden.

Zu Abschnitt 2.4.6

§ 5b StVG Unterhaltung von Verkehrszeichen

(1) Die Kosten der Beschaffung, Anbringung, Entfernung, Unterhaltung und des Betriebs der amtlichen Verkehrszeichen und -einrichtungen sowie der sonstigen vom Bundesministerium für Verkehr und digitale Infrastruktur zugelassenen Verkehrszeichen und -einrichtungen trägt der Träger der Straßenbaulast für diejenige Straße, in deren Verlauf sie angebracht werden oder angebracht worden sind, bei geteilter Straßenbaulast der für die durchgehende Fahrbahn zuständige Träger der Straßenbaulast. Ist ein Träger der Straßenbaulast nicht vorhanden, so trägt der Eigentümer der Straße die Kosten.

...

(5) Diese Kostenregelung umfasst auch die Kosten für Verkehrszählungen, Lärmmessungen, Lärmberechnungen und Abgasmessungen.

2.5 Umsetzung – Allgemeines

Die Abschnitte 2.5 bis 2.8 behandeln die Umsetzung der in Abschnitt 2.4 herausgearbeiteten Regelungen. Sie umfasst im Wesentlichen die Anordnung von Verkehrszeichen und Verkehrseinrichtungen (Verkehrsschildern, Fahrbahnmarkierungen oder ggf. anderen Mitteln) in geeigneten Kombinationen an geeigneten Stellen. Durch die Umsetzung wird den Verkehrsteilnehmern die getroffene Regelung „mitgeteilt" und „verdeutlicht".

Nach § 45 Abs. 4 StVO dürfen die zuständigen Behörden den Verkehr in der Regel nur durch Verkehrszeichen und Verkehrseinrichtungen regeln und lenken. Um die allgemeine Verständlichkeit sicherzustellen, dürfen dabei nur Verkehrszeichen und Verkehrseinrichtungen verwendet werden, die in der StVO aufgeführt oder vom für den Verkehr zuständigen Bundesministerium zugelassen sind.

Verkehrszeichen sind im Wesentlichen (Verkehrs-)Schilder (in den Normen: vertikale Verkehrszeichen) und (Fahrbahn-)Markierungen (in den Normen: horizontale Verkehrszeichen; siehe Anmerkung in Abschnitt 2.1). Verkehrseinrichtungen sind die Elemente der Straßenausstattung, die den Verkehrsablauf beeinflussen (z. B. Sperreinrichtungen wie Absperrschranken oder -pfosten, Leiteinrichtungen, Verkehrsbeeinflussungsanlagen), sowie solche, die die Ordnung auf den Verkehrsflächen unterstützen (z. B. Parkscheinautomaten). Keine Verkehrseinrichtungen im Sinne der StVO sind die weiteren Elemente der Straßenausstattung, die den Verkehrszeichen und Verkehrseinrichtungen zwar sehr ähnlich sind, aber keinen ordnungsrechtlichen Einfluss auf das Verkehrsverhalten haben (z. B. Schutzplanken, Wildschutzzäune; siehe Abschnitt 11).

Die Regeln für die Umsetzung berücksichtigen viele wahrnehmungspsychologische Zusammenhänge. Dies sollte bei der Abweichung von der Regelausführung bedacht werden. Notfalls empfiehlt es sich, sachkundigen Rat einzuholen.

Grundsatz: Verkehrszeichen und Verkehrseinrichtungen sind so anzuordnen, dass ein durchschnittlicher Kraftfahrer beim Einhalten der nach § 1 StVO erforderlichen Sorgfalt sie schon „mit einem raschen und beiläufigen Blick" erfassen kann (BGH, Urteil vom 8. April 1970 – IIIZ R 167/68). Der „beiläufige Blick" wird interpretiert als das „nicht suchende Auge".

Folgende Faktoren sind für die Wahrnehmung und damit für die Aufnahme der Informationen von Verkehrszeichen und Verkehrseinrichtungen wichtig:

- Sichtbarkeit
- Auffälligkeit
- Erkennbarkeit
- Lesbarkeit
- Verschwindebereich
- Merkbarkeit und Umsetzbarkeit.

Sichtbarkeit

Die Sichtbarkeit der Verkehrszeichen und Verkehrseinrichtungen ist die Grundvoraussetzung zur Wahrnehmung. Sie müssen zwingend so angebracht werden, dass sie von den Verkehrsteilnehmern gesehen werden können. Sie dürfen demnach nicht durch andere Objekte verdeckt werden.

Auffälligkeit

Eng verbunden mit der Sichtbarkeit der Verkehrszeichen und Verkehrseinrichtungen ist auch die Auffälligkeit. Sie müssen sich von der Umgebung abheben, um aufzufallen. Die Aufmerksamkeit der Fahrer darf nicht auf andere Objekte gelenkt werden. Das ist allerdings allein durch die Gestaltung der Verkehrszeichen und Verkehrseinrichtungen nicht möglich. Daher sind auch Reglementierungen für die Gestaltung des gesamten Straßenraums inklusive der sichtbaren Umgebung sinnvoll und notwendig.

Erkennbarkeit

Sind Verkehrszeichen und Verkehrseinrichtungen wahrgenommen, so müssen die Verkehrsteilnehmer ihre Relevanz möglichst schnell anhand seiner spezifischen Merkmale beurteilen können. Verkehrszeichen und Verkehrseinrichtungen sollten demnach so gestaltet werden, dass die Art des Schildes an der äußeren Form, der Größe, der Farbe, der Gestaltung und ggf. dem Aufstellort erkennbar ist. Das bringt besonders für die wegweisende Beschilderung wichtige Anforderungen an die Systematik mit sich.

Lesbarkeit, Verschwindebereich

Soweit auf den Verkehrszeichen und Verkehrseinrichtungen Texte, Zahlen oder Sinnbilder gezeigt werden, müssen diese so gestaltet und so groß ausgeführt sein, dass sie innerhalb der begrenzten Zeit der Vorbeifahrt ausreichend sicher gelesen werden können (siehe auch Abschnitt 8.2.5). Dabei ist auch zu beachten, dass näher gelegene Verkehrszeichen möglicherweise zur Seite oder nach oben so weit aus dem Sichtfeld herausgewandert sind, dass sie während der Fahraufgabe nicht mehr sicher wahrgenommen werden können (Verschwindebereich).

■ **Merkbarkeit, Umsetzbarkeit**

Die Verkehrsteilnehmer müssen sich die aufgenommenen Informationen merken und sie umsetzen, d. h. deren Inhalt interpretieren und reagieren. Bei zu großer Informationsmenge besteht die Gefahr der Überforderung. Das hat zur Folge, dass dann weniger Information vermittelt wird als beim Angebot der optimalen Informationsmenge. Auch daher sind Häufungen zu vermeiden (siehe Abschnitt 2.4.2).

Vor allem in der VwV-StVO zu den §§ 39 bis 43 (Allgemeines über Verkehrszeichen und Verkehrseinrichtungen) sind zahlreiche Vorschriften und Hinweise zu finden, die für die Ausgestaltung, Kombination und die Positionierung von Verkehrszeichen und Verkehrseinrichtungen wichtig sind.

Sie werden in den folgenden Abschnitten besprochen.

Zu Abschnitt 2.5

StVO
§ 39
Verkehrszeichen

(1) Angesichts der allen Verkehrsteilnehmern obliegenden Verpflichtung, die allgemeinen und besonderen Verhaltensvorschriften dieser Verordnung eigenverantwortlich zu beachten, werden örtliche Anordnungen durch Verkehrszeichen nur dort getroffen, wo dies auf Grund der besonderen Umstände zwingend geboten ist.

...

(2) Regelungen durch Verkehrszeichen gehen den allgemeinen Verkehrsregeln vor. Verkehrszeichen sind Gefahrzeichen, Vorschriftzeichen und Richtzeichen. Als Schilder stehen sie regelmäßig rechts. Gelten sie nur für einzelne markierte Fahrstreifen, sind sie in der Regel über diesen angebracht.

(3) Auch Zusatzzeichen sind Verkehrszeichen. Zusatzzeichen zeigen auf weißem Grund mit schwarzem Rand schwarze Sinnbilder, Zeichnungen oder Aufschriften, soweit nichts anderes bestimmt ist. Sie sind unmittelbar, in der Regel unter dem Verkehrszeichen, auf das sie sich beziehen, angebracht.

(4) Verkehrszeichen können auf einer weißen Trägertafel aufgebracht sein. Abweichend von den abgebildeten Verkehrszeichen können in Wechselverkehrszeichen die weißen Flächen schwarz und die schwarzen Sinnbilder und der schwarze Rand weiß sein, wenn diese Zeichen nur durch Leuchten erzeugt werden.

(5) Auch Markierungen und Radverkehrsführungsmarkierungen sind Verkehrszeichen. Sie sind grundsätzlich weiß. Nur als vorübergehend gültige Markierungen sind sie gelb; dann heben sie die weißen Markierungen auf. Gelbe Markierungen können auch in Form von Markierungsknopfreihen, Markierungsleuchtknopfreihen oder als Leitschwellen oder Leitborde ausgeführt sein. Leuchtknopfreihen gelten nur, wenn sie eingeschaltet sind. Alle Linien können durch gleichmäßig dichte Markierungsknopfreihen ersetzt werden. In verkehrsberuhigten Geschäftsbereichen (§ 45 Absatz 1d) können Fahrbahnbegrenzungen auch mit anderen Mitteln, insbesondere durch Pflasterlinien, ausgeführt sein. Schriftzeichen und die Wiedergabe von Verkehrszeichen auf der Fahrbahn dienen dem Hinweis auf ein angebrachtes Verkehrszeichen.

(6) Verkehrszeichen können an einem Fahrzeug angebracht sein. Sie gelten auch während das Fahrzeug sich bewegt. Sie gehen den Anordnungen der ortsfest angebrachten Verkehrszeichen vor.

VwV-StVO
zu den §§ 39 bis 43
Allgemeines über Verkehrszeichen und Verkehrseinrichtungen

6 II. Soweit die StVO und diese Allgemeine Verwaltungsvorschrift für die Ausgestaltung und Beschaffenheit, für den Ort und die Art der Anbringung von Verkehrszeichen und Verkehrseinrichtungen nur Rahmenvorschriften geben, soll im Einzelnen nach dem jeweiligen Stand der Wissenschaft und Technik verfahren werden, den das Bundesministerium für Verkehr und digitale Infrastruktur nach Anhörung der zuständigen obersten Landesbehörden im Verkehrsblatt erforderlichenfalls bekannt gibt.

StVO
§ 45
Verkehrszeichen und Verkehrseinrichtungen

(4) Die genannten Behörden dürfen den Verkehr nur durch Verkehrszeichen und Verkehrseinrichtungen regeln und lenken; in dem Fall des Absatzes 1 Satz 2 Nummer 5 jedoch auch durch Anordnungen, die durch Rundfunk, Fernsehen, Tageszeitungen oder auf andere Weise bekannt gegeben werden, sofern die Aufstellung von Verkehrszeichen und -einrichtungen nach den gegebenen Umständen nicht möglich ist.

2.6 Umsetzung – Formen, Inhalte und Kombinationen

2.6.1 Allgemeines

In diesem Abschnitt wird auf die Gestaltung der Verkehrszeichen und Verkehrseinrichtungen eingegangen, insbesondere auf die geometrische Gestaltung und die Kombination von verschiedenen Verkehrszeichen und Verkehrseinrichtungen.

Die Verkehrszeichen der StVO und ihre zulässigen Abwandlungen sind im Verkehrszeichenkatalog (VzKat) dargestellt, der als Anlage der VwV-StVO (§§ 39 bis 43, Rn. 8) vom für den Verkehr zuständigen Bundesministerium erstellt und herausgegeben wird. Die zum Zeitpunkt der Drucklegung aktuelle Ausgabe wurde 2017 neu herausgegeben und wird durch bei der BASt erhältliche Dokumente ergänzt (www.bast.de > Verkehrstechnik > Fachthemen > Verkehrszeichen und Symbole).

Der VzKat legt für die (Verkehrs-)Schilder, unabhängig davon, ob sie rechtlich Verkehrszeichen oder Verkehrseinrichtungen sind, die zulässigen Ausführungsvarianten fest und benennt sie eindeutig.

Die Geometrie der Fahrbahnmarkierungen beschreibt er nur grundsätzlich. Diese ist beschrieben in den

- „Richtlinien für die Markierung von Straßen. Teil A: Autobahnen (RMS)", Ausgabe 2019, FGSV Verlag
- „Richtlinien für die Markierung von Straßen. Teil 1: Abmessungen und geometrische Anordnung von Markierungszeichen (RMS-1)", Ausgabe 1993, FGSV Verlag
- „Richtlinien für die Markierung von Straßen. Teil 2: Anwendung von Fahrbahnmarkierungen (RMS-2)", Ausgabe 1980, Berichtigter Nachdruck 1995, FGSV Verlag.

(Die RMS-1 und RMS-2 werden derzeit überarbeitet; mit Neuerscheinungen ist zu rechnen.)

Für die genaue Ausführung anderer Verkehrszeichen und Verkehrseinrichtungen existieren besondere Regelungen, z. B. für wegweisende Beschilderung (siehe Abschnitt 8), Leitpfosten (siehe Abschnitt 6.2.3) oder Absperrgeräte (siehe Abschnitt 7.2).

Dynamische Schilder und Fahrbahnmarkierungen (z. B. in Verkehrsbeeinflussungsanlagen) sind in Anlehnung an die entsprechende statische Beschilderung oder Markierung gestaltet (siehe Abschnitt 9).

Zu Abschnitt 2.6.1

Katalog der Verkehrszeichen (VzKat)

Teil 1 – Allgemeines

1. Grundlagen

(1) Der VzKat enthält alle Verkehrszeichen[1] (inkl. Zusatzzeichen) und Verkehrseinrichtungen gemäß den §§ 39 bis 43 der Straßenverkehrs-Ordnung (StVO) sowie zulässige Varianten von diesen. Außerdem enthält er Verkehrszeichen, die von dem für Verkehr zuständigen Bundesministerium nach Anhörung der zuständigen obersten Landesbehörden durch Verkehrsblattverlautbarung eingeführt sind. Der VzKat umfasst alle bundesweit eingeführten und damit amtlich zugelassenen Verkehrszeichen. Als Anlage zur Allgemeinen Verwaltungsvorschrift zur StVO (VwV-StVO zu den §§ 39 bis 43 Randnummer 8) ist er Bestandteil der VwV-StVO und wird mit ihr eingeführt.

(2) Im Sinne der Einheitlichkeit und Verständlichkeit der Verkehrszeichen für den nationalen sowie internationalen Straßenverkehr sind neben den Ausführungen des VzKat besonders die Vorschriften zu den §§ 39 bis 43 VwV-StVO zu beachten.

(3) Bei Verkehrszeichen mit variablen Inhalten (z. B. Richtzeichen) werden im VzKat in der Regel nicht alle möglichen Ausführungsvarianten wiedergegeben. Die bildliche Darstellung beschränkt sich dann auf das in der StVO enthaltene Verkehrszeichenbeispiel, bei Bedarf um bedeutsame Ausführungsvarianten ergänzt. Im Hinblick auf die konkrete Ausführung solcher Verkehrszeichen und ihre möglichen Varianten findet sich ein Hinweis auf das entsprechende Regelwerk:

- Richtlinien für die wegweisende Beschilderung außerhalb von Autobahnen (RWB)

1 Der Begriff Verkehrszeichen schließt im Folgenden Zusatzzeichen und Verkehrseinrichtungen in der Regel mit ein.

2.6.1 Allgemeines

Katalog der Verkehrszeichen (VzKat)

- Richtlinien für die wegweisende Beschilderung auf Autobahnen (RWBA)
- Richtlinien für die touristische Beschilderung (RtB)
- Richtlinien für Umleitungsbeschilderungen (RUB)
- Richtlinien für Wechselverkehrszeichen an Bundesfernstraßen (RWVZ)
- Richtlinien für die Sicherung von Arbeitsstellen an Straßen (RSA) [jetzt: Richtlinien für die verkehrsrechtliche Sicherung von Arbeitsstellen an Straßen (RSA 21)]
- Richtlinien für die Anordnung von verkehrsregelnden Maßnahmen für den Transport gefährlicher Güter auf Straßen
- Richtlinien für die Kennzeichnung von Ingenieurbauwerken mit beschränkter Durchfahrtshöhe über Straßen
- Eisenbahn-Bau- und Betriebsordnung (EBO).

(4) Damit alle Verkehrszeichen stets ein einheitliches Erscheinungsbild haben, muss auf ein standardisiertes Datenmaterial für Verkehrszeichenhersteller, Druckereien, etc. zurückgegriffen werden können. Hierfür erstellt die Bundesanstalt für Straßenwesen (BASt) von allen Verkehrszeichen digitalisierte Vorlagen und hält diese für PC-gestütztes Zeichnen, Konstruieren und Fertigen vor. Die Digitaldaten sämtlicher amtlicher Verkehrszeichen und Verkehrseinrichtungen können bei der BASt bezogen werden.

(5) Der VzKat ist als Loseblattsammlung konzipiert. Für etwaige Änderungen/Ergänzungen bietet jede Seite den Raum für mindestens ein weiteres Zeichen.

(6) Verkehrszeichen mit einem veränderlichen numerischen Inhalt werden nicht in allen möglichen Varianten dargestellt. Es wird lediglich ein Zeichen abgebildet. Die Varianten werden über die Unternummer festgelegt. Die Unternummer steht dabei für den Zahlenwert im Zeichen (vgl. Nummer 3 Abschnitt (3)).

...

3. Nummernsystem

(1) Zur eindeutigen Unterscheidung der Verkehrszeichen wird jedes Hauptverkehrszeichen mit einer Hauptverkehrszeichennummer versehen. Für die in der StVO enthaltenen Zeichen sind dies die dort definierten Zeichennummern gemäß den §§ 40 bis 43. Hierbei sind bestimmte Hauptnummernbereiche für bestimmte Gruppen von Verkehrszeichen reserviert:

- Gefahrzeichen (§ 40 StVO):
  Z 101 bis 199
- Vorschriftzeichen (§ 41 StVO):
  Z 201 bis 299
- Richtzeichen (§ 42 StVO):
  Z 301 bis 599
- Verkehrseinrichtungen (§ 43 StVO):
  Z 600 bis 699
- sonstige Zeichen der StVO:
  Z 701 bis 799
- Zusatzzeichen (§ 39 bzw. 41 StVO):
  ab Zz 1000

(2) Da es zu Verkehrszeichen zum Teil vielfältige Ausführungsvarianten gibt, wird der Hauptzeichennummer eine Unternummer hinzugefügt. Haupt- und Unternummer sind durch einen Bindestrich verknüpft. Diese numerische Festlegung ist für die Erstellung von Beschilderungsplänen, das Beschaffungswesen sowie für die Schilderfertigung und -lagerung und nicht zuletzt für die Anordnung von Verkehrszeichen von Bedeutung. Die Einteilung der Unternummern erfolgt in der Regel nach dem Richtungsbezug, der im Bild des Verkehrszeichens ausgedrückt wird, oder nach der Seite der Aufstellung:

- für linksweisend, gleichzeitig geradeaus und linksweisend oder bei Aufstellung rechts:

  Unternummer -10 bis -19

Beispiel: Zeichen 133-10
(Aufstellung rechts)

- für rechtsweisend, gleichzeitig geradeaus und rechtsweisend oder bei Aufstellung links:

  Unternummer -20 bis -29

Beispiel: Zeichen 220-20
(rechtsweisend)

Katalog der Verkehrszeichen (VzKat)

– für beidseitig weisend, geradeausweisend oder richtungsneutral (z. B. auch sperrend):

Unternummer -30 bis -39

Beispiel: Zeichen 283-30
(beidseitig weisend)

– für doppelseitig wirksam (z.B. beidseitig bedruckt):

Unternummer -40 bis -49

Beispiel: Zeichen 310-40
(Rückseite Zeichen 311)

– für Zeichen, die sich in das System der o. g. Unternummern nicht einordnen lassen (z. B. Zeichen ohne richtungsweisendes Element):

Unternummer -50 bis -99

Beispiel: Zeichen 314-50
Parkhaus, Parkgarage (Variante von Zeichen 314)

(3) Bei Verkehrszeichen mit variablen Zahlenwerten steht die Unternummer für den im Verkehrszeichen enthaltenen Zahlenwert. Bei Zusatzzeichen gilt dies nur für Zeichen mit Entfernungsangaben – dabei werden die Werte hinter der Unternummer angefügt.

Beispiel:

Beispiel: Zeichen 108-**12**

Beispiel: Zeichen 265-**4,2**

Beispiel: Zeichen 274-**90**

Beispiel: Zeichen 1001-30-**800**

(4) Um die Anzahl der Abbildungen im VzKat auf das notwendige Maß zu beschränken, ist in der Regel nur das Hauptzeichen abgebildet. Wo nötig, werden Ausführungsvarianten mit Unternummern tabellarisch erläutert.

2.6.2 Verkehrsschilder – Formen, Farben, Inhalte

Die Formen und Farben der Verkehrsschilder folgen einfachen Grundschemata, die die Erkennung und Zuordnung erleichtern (siehe *Bild 2.9*).

- **Hinweisschilder** (i. d. R. Richtzeichen) sind rechteckig oder quadratisch. Als Wegweiser folgen sie einem ausgefeilten Farbschema (siehe Abschnitt 8.2.3), ansonsten zeigen sie meist in einer blauen Umrahmung auf weißem Grund schwarze Informationen, einige auch auf blauem Grund weiße Informationen (Sinnbilder oder Schrift).
- **Warnschilder** (i. d. R. Gefahrzeichen) sind gleichseitige Dreiecke mit der Spitze nach oben. Sie zeigen in einer roten Umrahmung auf weißem Grund schwarze Sinnbilder.
- **Ge- und Verbotsschilder** (i. d. R. Vorschriftzeichen) sind runde Verkehrszeichen. Als Verbotsschilder zeigen sie in einer roten Umrahmung auf weißem Grund schwarze Sinnbilder

2.6.2 Verkehrsschilder – Formen, Farben, Inhalte

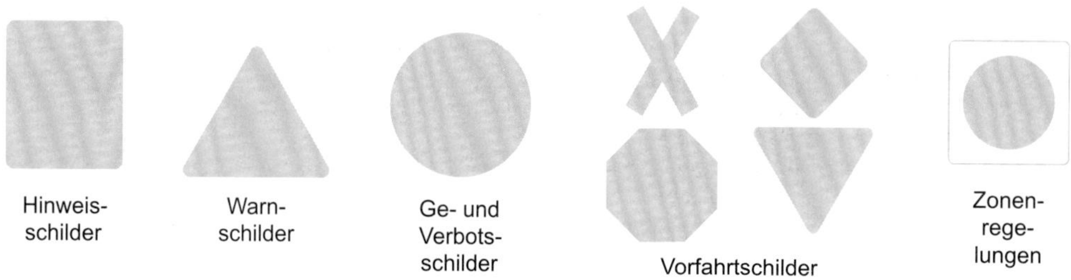

Bild 2.9 Typische Formen von Verkehrsschildern

oder Schrift, als Gebotsschilder auf blauem Grund weiße Sinnbilder oder Schrift. Das Ende der Verbotsstrecke wird durch ein (oft graues) ähnliches Schild markiert, das von links unten nach rechts oben durchgestrichen ist.

- Schilder, die die **Vorfahrt oder den Vorrang** regeln, haben größtenteils eigenständige Formen (Andreaskreuz, Stopp-Schild, Vorfahrt-gewähren-Schild, Vorfahrtstraße), die ermöglichen, es auch von hinten zu erkennen.
- Schilder für **Zonenregelungen** zeigen das Zeichen für die Einzelregelung auf einer weißen, quadratischen Trägertafel. Das Ende der Zonenregelung wird wie bei den Ge- und Verboten durch ein (über die ganze Trägertafel) durchgestrichenes Schild gekennzeichnet.

Der Inhalt der (Verkehrs-)Schilder wird in der Regel durch schwarze Sinnbilder und Schrift auf weißem Grund dargestellt. Auf blau- und braungrundigen Verkehrszeichen (z. B. Gebotszeichen, autobahnbezogene Wegweisung, touristische Wegweisung) werden Sinnbilder und Schrift in Weiß, auf grüngrundigen Verkehrszeichen in Gelb dargestellt.

In aktiv leuchtenden Zeichen, in denen das Signalbild aus Lichtpunkten zusammengesetzt wird (in der Regel Wechselverkehrszeichen), können Schwarz und Weiß vertauscht werden, d. h. es werden z. B. weiße (leuchtende) Sinnbilder und Schriften auf schwarzem (nicht leuchtendem) Hintergrund gezeigt. Dies erleichtert, feine Strukturen des Signalbildes auch noch über größere Entfernungen sicher zu erkennen.

Leiteinrichtungen betonen den Verlauf der Straße. Leitpfosten werden schwarz und weiß, Leiteinrichtungen an besonders engen oder gefährlichen Stellen (z. B. Leitbaken, Leitmale, Richtungstafel in Kurven) sowie **Sperreinrichtungen** (Absperrschranken) weiß und rot gestreift ausgeführt.

Leiteinrichtungen sind normalerweise rechteckig. Soll vermittelt werden, auf welcher Seite vorbeigefahren werden soll, fallen die Streifen nach der Seite, an der vorbeigefahren werden soll (Leitbake, Leitplatte; auf Trenninseln auch symmetrisch nach beiden Seiten), oder werden in Pfeilform ausgeführt (Pfeilbake, Richtungstafel in Kurven). Solche Einrichtungen können durch ihre rot-weiße Streifung auch den **Eindruck eines optisch betonten Hindernisses vermitteln, um eine Bremsreaktion zu provozieren** (Absperrtafeln, Richtungstafeln in Kurven).

Die Festlegung der angemessenen Größe obliegt nach § 45 Abs. 3 StVO in der Regel den Straßenbaubehörden. In begründeten Fällen können und sollen die Straßenverkehrsbehörden dazu Anordnungen treffen. In der Praxis wird man besondere Größen meist gemeinsam festlegen. Siehe Abschnitt 2.3.4.

Zu Abschnitt 2.6.2

VwV-StVO zu den §§ 39 bis 43 Allgemeines über Verkehrszeichen und Verkehrseinrichtungen

III. Allgemeines über Verkehrszeichen

7 1. Es dürfen nur die in der StVO abgebildeten Verkehrszeichen verwendet werden oder solche, die das Bundesministerium für Verkehr und digitale Infrastruktur nach Anhörung der zuständigen obersten Landesbehörden durch Verlautbarung im Verkehrsblatt zulässt.

Die Formen der Verkehrszeichen müssen den Mustern der StVO entsprechen.

...

VwV-StVO zu den §§ 39 bis 43 Allgemeines über Verkehrszeichen und Verkehrseinrichtungen

8 2. Allgemeine Regeln zur Ausführung der Gestaltung von Verkehrszeichen sind als Anlage zu dieser Verwaltungsvorschrift im Katalog der Verkehrszeichen in der aktuellen Ausgabe (VzKat) ausgeführt.

9 Gefahrzeichen können spiegelbildlich dargestellt werden (die einzelnen Varianten ergeben sich aus dem VzKat),

10 a) wenn dadurch verdeutlicht wird, wo die Gefahr zu erwarten ist (Zeichen 103, 105, 117, 121) oder

11 b) wenn sie auf der linken Fahrbahnseite wiederholt werden (Zeichen 117, 133 bis 142); die Anordnung von Gefahrzeichen für beide Fahrbahnseiten ist jedoch nur zulässig, wenn nach den örtlichen Gegebenheiten nicht ausgeschlossen werden kann, dass Verkehrsteilnehmer das nur rechts befindliche Gefahrzeichen nicht oder nicht rechtzeitig erkennen können.

...

V. Allgemeines über Verkehrseinrichtungen

57 Für Verkehrseinrichtungen gelten die Vorschriften der Nummern I, III 1, 2, 4, 5, 6, 10 und 13 sinngemäß.

VwV-StVO zu § 39 Verkehrszeichen

Zu Absatz 2

2 Verkehrszeichen, die als Wechselverkehrszeichen aus einem Lichtraster gebildet werden (sogenannte Matrixzeichen), zeigen die sonst schwarzen Symbole, Schriften und Ziffern durch weiße Lichter an, der sonst weiße Untergrund bleibt als Hintergrund für die Lichtpunkte schwarz. Diese Umkehrung für Weiß und Schwarz ist nur solchen Matrixzeichen vorbehalten.

2.6.3 Verkehrsschilder – Zusatzzeichen

In vielen Fällen müssen die amtlichen Verkehrszeichen mit Zusatzzeichen versehen werden. Zusatzzeichen ergänzen die amtlichen Verkehrszeichen, schränken Ge- oder Verbote ein und beschreiben Gefahren näher. Zusatzzeichen sind in der Regel unter dem betreffenden Verkehrszeichen anzubringen, auf das sie sich beziehen; Abweichungen siehe *Bild 4.19* (Abschnitt 4.5.3) und *Bild 4.27* (Abschnitt 4.5.5).

Als Zusatzzeichen werden in der Regel weiße rechteckige Schilder verwendet, die schwarze Sinnbilder oder Schrift zeigen.

Auch Zusatzzeichen dürfen nicht beliebig entworfen werden. Andere als im VzKat oder vom für den Verkehr zuständigen Bundesministerium bekannt gegebene Zusatzzeichen dürfen nur mit Zustimmung der obersten Landesbehörde oder der von ihr bestimmten Stelle bzw. des FBA angebracht werden.

Daher sind auch die zugelassenen Zusatzzeichen im „Katalog der Verkehrszeichen – VzKat 2021“ enthalten und systematisch nummeriert. Die 1000er Nummern sind für die Zusatzzeichen reserviert (siehe Anlage 1 der HAV).

Um das Erfassen der durch die Verkehrszeichen vermittelten Informationen zu erleichtern, sollten Zusatzzeichen möglichst nur Sinnbilder oder kurze, einheitlich gestaltete Textangaben wie Längen, Abstände, Verkehrsarten o. Ä. zeigen. Andere Texte sind in der kurzen während der Vorbeifahrt zur Verfügung stehenden Zeit, vor allem auch von ausländischen Verkehrsteilnehmern, wesentlich schwerer zu erfassen und zu verarbeiten. Aus diesem Grund sollten auch „ungewohnte“, also anders als in der StVO vorgeschrieben gestaltete Verkehrszeichen nur in absoluten Ausnahmefällen und ausreichender Abstimmung (mit „... der Zustimmung der obersten Landesbehörde ...“) angeordnet werden.

Auf Zusatzzeichen dürfen nur die in § 39 Abs. 7 und 10 StVO dargestellten Sinnbilder verwendet werden (siehe auch Anlage 2 der HAV).

- „Richtlinien für die wegweisende Beschilderung auf Autobahnen (RWBA 2023)“, Ausgabe 2023, BMDV, FGSV Verlag
- „Richtlinien für die wegweisende Beschilderung außerhalb von Autobahnen (RWB 2000)“, Ausgabe 2000, BMVBW, FGSV Verlag.

Mehr als zwei Zusatzzeichen sollten an einem Pfosten nicht angebracht werden, vor allem, wenn sie komplexe und damit nicht so leicht verständliche Informationen enthalten. Gerade bei Vorschriftzeichen ist es wichtig, dass die Zuordnung der Zusatzzeichen zu den Hauptzeichen schnell und eindeutig erfolgen kann. Zusammenhängende Zeichen und Zusatzzeichen sollten möglichst nahe beieinander, sonst mindestens 10 cm voneinander entfernt montiert werden.

2.6.3 Verkehrsschilder – Zusatzzeichen

Bild 2.10
Einschränkung eines Ge- oder Verbots auf bestimmte Verkehrsarten

Bild 2.11
Ausnahme von einem Ge- oder Verbot für bestimmte Verkehrsarten

Zusatzzeichen können z. B. notwendig sein, um den **Inhalt der Verkehrszeichen zu präzisieren**, z. B. um bei Gefahrzeichen (insbesondere Zeichen 101) die Gefahr genauer zu beschreiben, vor der gewarnt werden soll, oder bei Ge- oder Verboten, die sich an Lkw richten, andere als die in der StVO vorgesehenen Grenzen der zulässigen Gesamtmasse anzuordnen.

Eine **zusätzliche Beschränkung auf bestimmte Verkehrsarten** (z. B. bestimmte Fahrzeugarten, Fahrzeuge mit einer bestimmten Masse) wird durch Zusatzzeichen wie 1048 angeordnet, die das Symbol der Verkehrsart, für die das Ge- oder Verbot gilt, zeigen (*Bild 2.10*). Sollen bestimmte Verkehrsarten vom Ge- oder Verbot ausgenommen werden, wird auf einem Zusatzzeichen 1024 das Symbol für die Verkehrsart mit dem Zusatz „frei“ darunter gezeigt (*Bild 2.11*).

Entsprechendes gilt für **Personengruppen** (z. B. Schwerbehinderte, Bewohner; siehe VzKat), die mit Zusatzzeichen wie 1044 bzw. 1020 vom Ge- oder Verbot ausgenommen werden können.

Bild 2.12 zeigt Anwendungsbeispiele.

Auf **das Auftreten unerwarteten Verkehrs** kann bei den Vorschriftzeichen 205 „Vorfahrt gewähren.“ und 206 „Halt. Vorfahrt gewähren.“ durch Zusatzzeichen 1000-32 (Radverkehr in beiden Richtungen), bei Zeichen 205 durch Zusatzzeichen 1048-18 (Schienenbahn) hingewiesen werden, die in diesem Fall ausnahmsweise über dem Hauptzeichen angebracht werden.

Bei Zeichen 220 „Einbahnstraße“ wird durch Zusatzzeichen 1000-32, das hier wie immer unter dem Hauptzeichen gezeigt wird, auf möglicherweise entgegenkommende Radfahrer hingewiesen, wenn die Einbahnstraße für den Radverkehr in beiden Richtungen freigegeben ist (siehe Abschnitt 3.5.3).

Müssen Verkehrszeichen an Stellen angeordnet werden, die mit ihrem Geltungsbereich nicht übereinstimmen (z. B. bei Ge- oder Verboten) oder die für die Verkehrsteilnehmer ungewohnt nah oder entfernt sind (z. B. bei Warnungen oder Hinweisen), so kann der **Beginn des Geltungsbereichs** durch ein Zusatzzeichen wie 1004-30 angezeigt werden, das die zutreffende Entfernung anzeigt.

Auch der **räumliche Geltungsbereich**, z. B. die Ausdehnung in der Länge oder die Gültigkeit eines Verkehrszeichens für abbiegenden Verkehr, kann durch Zusatzzeichen wie 1001-30 oder

Bild 2.12

Vorgeschriebene Fahrtrichtung nur für Lkw

Verkehrsverbot für alle Fahrzeuge, ausgenommen Fahrräder

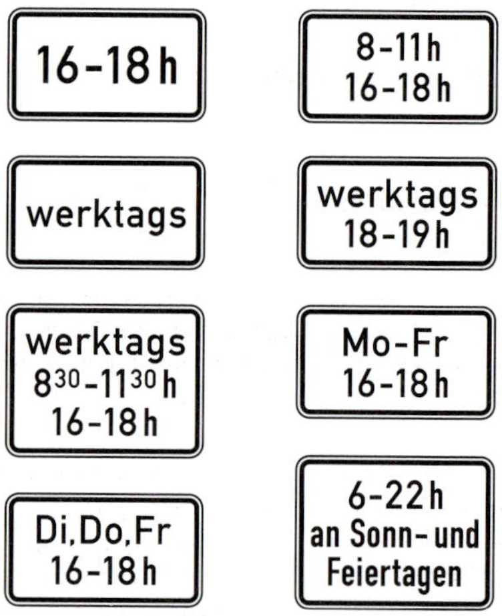

Bild 2.13 Zusatzschilder für zeitliche Beschränkung der Ge- oder Verbote

1000-10 und 1000-11 angeordnet werden (siehe Abschnitt 2.7.2).

Zeitliche Beschränkungen der Ge- oder Verbote durch Zusatzzeichen (*Bild 2.13*) sind nur für die folgenden Vorschriftzeichen zulässig:

224	Haltestelle
229	Taxenstand
230	Ladebereich
245	Bussonderfahrstreifen
250	Verbot für Fahrzeuge aller Art
251	Verbot für Kraftwagen
253	Verbot für Kraftfahrzeuge über 3,5 t
255	Verbot für Krafträder
260	Verbot für Kraftfahrzeuge
261	Verbot für kennzeichnungspflichtige Kraftfahrzeuge mit gefährlichen Gütern
270.1	Beginn einer Verkehrsverbotszone zur Verminderung schädlicher Luftverunreinigungen in einer Zone
274	Zulässige Höchstgeschwindigkeit
276	Überholverbot für Kraftfahrzeuge aller Art
277	Überholverbot für Kraftfahrzeuge über 3,5 t
277.1	Verbot des Überholens von einspurigen Fahrzeugen für mehrspurige Kraftfahrzeuge und Krafträder mit Beiwagen
283	Absolutes Haltverbot
286	Eingeschränktes Haltverbot
290.1	Beginn eines eingeschränkten Haltverbots für eine Zone

Sollen andere Verkehrszeichen nur zu bestimmten Zeiten gelten, so dürfen sie nur während ihrer Geltungszeit sichtbar sein. Auf viel befahrenen Straßen wird empfohlen, dies auch für die Zeichen 274, 276, 277 und 277.1, also für die sich an den fließenden Verkehr wendenden Zeichen anzuwenden. Um die zeitweise Sichtbarkeit zu erreichen, können sie zu den jeweiligen Zeiten angebracht und wieder entfernt oder aber – vor allem bei häufigem oder regelmäßigem Wechseln – als dynamische Verkehrszeichen ausgeführt werden (siehe Abschnitt 12.6.4 und *Bild 2.14*).

Bild 2.14 Beispiel für Wechselverkehrszeichen

Der gezeigte Zeitbereich soll sich in der Regel auf volle Stunden erstrecken.

Bei der Beschilderung sind für die einzelnen Wochentage folgende Abkürzungen anzuwenden:

Montag	Mo
Dienstag	Di
Mittwoch	Mi
Donnerstag	Do
Freitag	Fr
Samstag	Sa
Sonntag	So

Auch eine Einschränkung in der Art, dass das zugeordnete Verkehrszeichen nur **unter bestimmten Umständen** gelten soll (z. B. bei Nässe), ist möglich.

Zur Art und Weise, wie die (Verkehrs-)Schilder und ihre Zusatzzeichen geometrisch kombiniert werden, siehe Abschnitt 2.6.5.

Zu Abschnitt 2.6.3

StVO § 39 Verkehrszeichen

(3) Auch Zusatzzeichen sind Verkehrszeichen. Zusatzzeichen zeigen auf weißem Grund mit schwarzem Rand schwarze Sinnbilder, Zeichnungen oder Aufschriften, soweit nichts anderes bestimmt ist. Sie sind unmittelbar, in der Regel unter dem Verkehrszeichen, auf das sie sich beziehen, angebracht.

VwV-StVO zu den §§ 39 bis 43 Allgemeines über Verkehrszeichen und Verkehrseinrichtungen

III. Allgemeines über Verkehrszeichen

44 14. Sollen Verkehrszeichen nur zu gewissen Zeiten gelten, dürfen sie sonst nicht sichtbar sein. Nur die Geltung der Zeichen 224, 229, 230, 245, 250, 251, 253, 255, 260, 261, 270.1, 274, 276, 277, 277.1, 283, 286, 290.1, 314, 314.1 und 315 darf stattdessen auf einem Zusatzzeichen, z.B. „8–16 h“, zeitlich beschränkt werden. Vorfahrtregelnde Zeichen vertragen keinerlei zeitliche Beschränkungen.

...

VwV-StVO zu den §§ 39 bis 43 Allgemeines über Verkehrszeichen und Verkehrseinrichtungen

16. Zusatzzeichen im Besonderen

46 a) Sie sollten, wenn irgend möglich, nicht beschriftet sein, sondern nur Sinnbilder zeigen. Wie Zusatzzeichen auszugestalten sind, die in der StVO oder in dieser Vorschrift nicht erwähnt, aber häufig notwendig sind, ergibt sich aus dem Katalog der Verkehrszeichen (VzKat) oder aus Verkehrsblatt-Verlautbarungen des zuständigen Bundesministeriums nach Nummer III 1 (Rn. 7). Abweichungen von dort aufgeführten Zusatzzeichen sind nicht zulässig; andere Zusatzzeichen bedürfen der Zustimmung der zuständigen obersten Landesbehörde oder der von ihr bestimmten Stelle. Für die mit Zeichen 330.1 und 330.2 gekennzeichneten Autobahnen in der Baulast des Bundes bedürfen andere Zusatzzeichen der Zustimmung des Fernstraßen-Bundesamts.

47 b) Mehr als zwei Zusatzzeichen sollten an einem Pfosten, auch zu verschiedenen Verkehrszeichen, nicht angebracht werden. Die Zuordnung der Zusatzzeichen zu den Verkehrszeichen muss eindeutig erkennbar sein (§ 39 Abs. 3 Satz 3).

48 c) Entfernungs- und Längenangaben sind auf- oder abzurunden. Anzugeben sind z. B. 60 m statt 63 m, 80 m statt 75 m, 250 m statt 268 m, 800 m statt 750 m, 1,2 km statt 1 235 m.

VwV-StVO zu § 41 Vorschriftzeichen

4 IV. Soll die Geltung eines Vorschriftzeichens auf eine oder mehrere Verkehrsarten beschränkt werden, ist die jeweilige Verkehrsart auf einem Zusatzzeichen unterhalb des Verkehrszeichens sinnbildlich darzustellen. Soll eine Verkehrsart oder sollen Verkehrsarten von der Beschränkung ausgenommen werden, ist der sinnbildlichen Darstellung das Wort „frei“ anzuschließen.

...

Zu den Zeichen 274, 276, 277 und 277.1

4 II. Gelten diese Verbote für eine längere Strecke, kann die jeweilige Länge der restlichen Verbotsstrecke auf einem Zusatzzeichen 1001 angegeben werden.

2.6.4 Fahrbahnmarkierungen

(Fahrbahn-)Markierungen, die **Ge- und Verbote** ausdrücken, sind normalerweise als durchgehende Linien ausgeführt, solche, die **Hinweise** geben, als unterbrochene Linien. Fahrbahnmarkierungen können in Ausnahmefällen auch kurze Texte (z. B. „B 3“) oder Sinnbilder wiedergeben und weisen damit auf Regelungen hin, die durch Verkehrsschilder angeordnet sind.

(Fahrbahn-)Markierungen sind grundsätzlich weiß. Durch den Zusatz retroreflektierender Materialien ist es möglich, sie auch in der Nacht heller als die sie umgebende Fahrbahn erscheinen zu lassen und so die Übereinstimmung von Tag- und Nachtbild sicherzustellen. Nur als vorübergehende Markierungen sind sie gelb und gehen dann den weißen Markierungen vor (siehe Abschnitt 7.2.3).

Es gelten die

- „Richtlinien für die Markierung von Straßen. Teil A: Autobahnen (RMS)“, Ausgabe 2019, FGSV Verlag
- „Richtlinien für die Markierung von Straßen. Teil 1: Abmessungen und geometrische Anordnung von Markierungszeichen (RMS-1)“, Ausgabe 1993, FGSV Verlag
- „Richtlinien für die Markierung von Straßen. Teil 2: Anwendung von Fahrbahnmarkierungen (RMS-2)“, Ausgabe 1980, Berichtigter Nachdruck 1995, FGSV Verlag,

wobei die RMS-1 und -2 für die Autobahnen nicht mehr anzuwenden sind. Für Land- und Stadtstraßen werden die RMS derzeit überarbeitet und voraussichtlich als straßentypenbezogene Regelwerke (wie der bereits erschienene Autobahnteil) neu herausgegeben.

Auf die RMS wurde hingewiesen mit

- ARS 23/2019 (StB 11/7122.3/4-RMS/3240443) „Bekanntgabe der Richtlinien für die Markierung von Straßen (RMS), Teil A: Markierung von Autobahnen“ vom 9. Dezember 2019 (VkBl. 2020 S. 110)
- BMV-VkBl.-Verlautbarung (StV 12/StB 13/36.42/50-12) „Richtlinien für die Markierung von Straßen (RMS). Teil 1: Abmessungen und geometrische Anordnung von Markierungszeichen (RMS-1)“ vom 23. August 1993 (VkBl. S. 667)
- ARS 33/1993 (StB 13/StV 12/38.61.30/144 Va 93) „Richtlinien für die Markierung von Straßen, Teil 1: Abmessungen und geometrische Anordnung von Markierungszeichen (RMS-1)“, Ausgabe 1993, vom 29. September 1993 (VkBl. S. 728)

- BMV RS (StB 13/StV 12/38.60.65 - 50.13/ 13033 F 80) „Richtlinien für die Markierung von Straßen, Teil 2: Anwendung von Fahrbahnmarkierungen (RMS-2)" vom 17. September 1980.

Grundsätzlich ist es in Ausnahmefällen möglich, den Inhalt von (Verkehrs-)Schildern als (Fahrbahn-)Markierungen zu wiederholen. Die technische Ausführung von (Fahrbahn-)Markierungen wird in Abschnitt 12.5 behandelt.

Zu Abschnitt 2.6.4

StVO
§ 39
Verkehrszeichen

(5) Auch Markierungen und Radverkehrsführungsmarkierungen sind Verkehrszeichen. Sie sind grundsätzlich weiß. Nur als vorübergehend gültige Markierungen sind sie gelb; dann heben sie die weißen Markierungen auf. Gelbe Markierungen können auch in Form von Markierungsknopfreihen, Markierungsleuchtknopfreihen oder als Leitschwellen oder Leitborde ausgeführt sein. Leuchtknopfreihen gelten nur, wenn sie eingeschaltet sind. Alle Linien können durch gleichmäßig dichte Markierungsknopfreihen ersetzt werden. In verkehrsberuhigten Geschäftsbereichen (§ 45 Absatz 1d) können Fahrbahnbegrenzungen auch mit anderen Mitteln, insbesondere durch Pflasterlinien, ausgeführt sein. Schriftzeichen und die Wiedergabe von Verkehrszeichen auf der Fahrbahn dienen dem Hinweis auf ein angebrachtes Verkehrszeichen.

VwV-StVO
zu den §§ 39 bis 43
Allgemeines über Verkehrszeichen und Verkehrseinrichtungen

IV. Allgemeines über Markierungen

49 1. Markierungen sind nach den Richtlinien für die Markierung von Straßen (RMS) auszuführen. Das Bundesministerium für Verkehr und digitale Infrastruktur gibt die RMS im Einvernehmen mit den zuständigen obersten Landesbehörden im Verkehrsblatt bekannt.

...

55 7. Durch Schriftzeichen, Sinnbilder oder die Wiedergabe eines Verkehrszeichens auf der Fahrbahn kann der Fahrzeugverkehr lediglich zusätzlich auf eine besondere Verkehrssituation aufmerksam gemacht werden. Von dieser Möglichkeit ist nur sparsam Gebrauch zu machen. Sofern dies dennoch in Einzelfällen erforderlich sein sollte, sind die Darstellungen ebenfalls nach den RMS auszuführen.

56 8. Pflasterlinien in verkehrsberuhigten Geschäftsbereichen (vgl. § 39 Absatz 5 letzter Satz) müssen ausreichend breit sein, in der Regel mindestens 10 cm, und einen deutlichen Kontrast zur Fahrbahn aufweisen.

VwV-StVO
zu § 39
Verkehrszeichen

Zu Absatz 5

Vorübergehende Markierungen

3 I. Gelbe Markierungsleuchtknöpfe dürfen nur in Kombination mit Dauerlichtzeichen oder Wechselverkehrszeichen (z.B. Verkehrslenkungstafel, Wechselwegweiser) angeordnet werden. Als Fahrstreifenbegrenzung (Zeichen 295) sollte der Abstand der Leuchtknöpfe auf Autobahnen 6 m, auf anderen Straßen außerorts 4 m und innerorts 3 m betragen. Werden gelbe Markierungsleuchtknöpfe als Leitlinie angeordnet, muss der Abstand untereinander deutlich größer sein.

2.6.5 Verkehrsschilder – Kombinationen

Grundsätzlich ist es möglich, mehrere Verkehrszeichen an einer Stelle anzuordnen, insbesondere, wenn die kombinierten Verkehrszeichen den gleichen oder einen zusammenhängenden Sachverhalt behandeln.

Allerdings muss berücksichtigt werden, dass die Aufnahmefähigkeit der Verkehrsteilnehmer begrenzt ist. Werden sie mit einem Übermaß von Informationen überfrachtet, so führt das häufig dazu, dass sehr viel weniger Information aufgenommen wird (siehe Abschnitt 8.2.2).

Unter bestimmten Voraussetzungen kann es ausnahmsweise sinnvoll sein, ein an den fließenden Verkehr gerichtetes Vorschriftzeichen mit einem Gefahrzeichen zu kombinieren (siehe Abschnitte 6.3.2 und 6.4.1).

Das Zusammenfassen von (Verkehrs-)Schildern auf Trägertafeln dient in erster Linie einer

Bild 2.15 Zusatzzeichen über angebrachten Verkehrszeichen

besonderen Hervorhebung und sollte auch nur ausnahmsweise und aus diesem Grund erfolgen (siehe Abschnitt 6.3.2).

An einem Pfosten sollen nicht mehr als zwei Vorschriftzeichen angebracht werden. Vorschriftzeichen, die sich auf den fließenden Verkehr beziehen, dürfen an einer Stelle in der Regel nur kombiniert werden, wenn sich beide Zeichen an die gleiche Verkehrsart wenden und sich auf die gleiche Strecke oder auf den gleichen Punkt beziehen. Ein Beispiel für eine sinnvolle Kombination ist Geschwindigkeitsbeschränkung (Zeichen 274) und Überholverbot (Zeichen 276), die sich beide an alle Fahrzeuge richten. Ein Beispiel für eine nicht zulässige Kombination ist Geschwindigkeitsbeschränkung (Zeichen 274) für alle Fahrzeuge und ein Überholverbot für Fahrzeuge über 3,5 t, ausgenommen Pkw und KOM („Lkw-Überholverbot"; Zeichen 277). Ausnahmsweise können drei Vorschriftzeichen an einem Pfosten angebracht werden, wenn sich nur eines von ihnen an den fließenden Verkehr richtet. Dann wird empfohlen, das Zeichen für den fließenden Verkehr als oberstes Zeichen anzubringen.

An einem Pfosten sollen insgesamt nicht mehr als zwei Zusatzzeichen angeordnet werden. Sie gelten nur für das unmittelbar über ihnen angebrachte Zeichen. In bestimmten, in Nr. 2.1, 2.2., 3.2 der Anlage 2 zu § 41 StVO ausschließlich geregelten Fällen werden die Zusatzzeichen über dem Zeichen angebracht, auf das sie sich beziehen (siehe *Bild 2.15*).

Sind zwei Verkehrszeichen an einem Pfosten **nebeneinander** angebracht, sollen erforderliche Zusatzzeichen im Interesse einer unmissverständlichen Beschilderung so angebracht werden, wie *Bild 2.16* beispielhaft zeigt.

Sind zwei Verkehrszeichen an einem Pfosten **übereinander** angebracht, sollen erforderliche Zusatzzeichen so angebracht werden, wie *Bild 2.17* beispielhaft zeigt, um eine klare Zuordnung von Zeichen und zugehörigem Zusatzzeichen erkennen zu lassen.

Zusatzzeichen zu Vorschriftzeichen müssen **unmittelbar unter dem Vorschriftzeichen** angebracht werden (Ausnahme Zeichen 205 und 206, bei dem das Zusatzzeichen mit dem Sinnbild einer anderen Verkehrsart über dem Zeichen anzubringen ist; siehe *Bild 2.15*).

Anmerkung: Bei dem rechten Beispiel in *Bild 2.17* kann das untere Zeichen an das obere Zusatzzeichen herangerückt werden, ohne dass dadurch Unklarheiten entstehen.

Entsprechend dem rechten Beispiel ist auch dann zu beschildern, wenn beide Zusatzzeichen identisch sind.

Bild 2.16 Zusatzzeichen bei nebeneinander angebrachten Verkehrszeichen

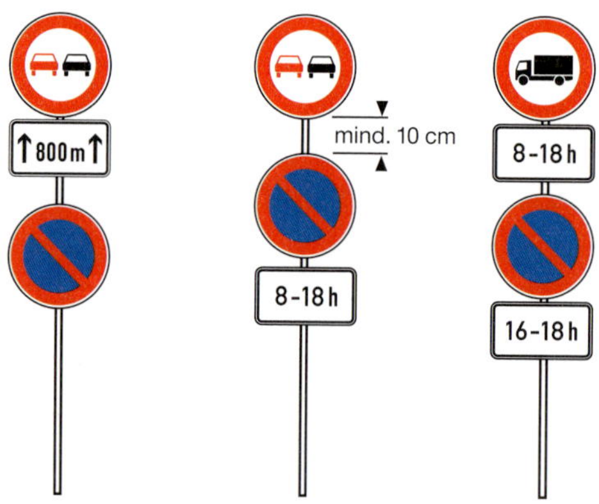

Bild 2.17 Zusatzzeichen bei übereinander angebrachten Verkehrszeichen

2.6.5 Verkehrsschilder – Kombinationen

In Ausnahmefällen kann es auch sinnvoll sein, den Inhalt von (Verkehrs-)Schildern als (Fahrbahn-) Markierung zu wiederholen, z. B. bei der Einfahrt in Tempo 30-Zonen oder als Orientierungshilfe auf Knotenpunktzufahrten mit zahlreichen Fahrstreifen. Solche Markierungen entfalten aber keine eigenständige Rechtswirkung, sondern dienen nur als Hinweis auf ein angebrachtes Verkehrsschild.

Zu Abschnitt 2.6.5

StVO
§ 39
Verkehrszeichen

(3) Auch Zusatzzeichen sind Verkehrszeichen. Zusatzzeichen zeigen auf weißem Grund mit schwarzem Rand schwarze Sinnbilder, Zeichnungen oder Aufschriften, soweit nichts anderes bestimmt ist. Sie sind unmittelbar, in der Regel unter dem Verkehrszeichen, auf das sie sich beziehen, angebracht.

...

(5) Auch Markierungen und Radverkehrsführungsmarkierungen sind Verkehrszeichen. Sie sind grundsätzlich weiß. Nur als vorübergehend gültige Markierungen sind sie gelb; dann heben sie die weißen Markierungen auf. Gelbe Markierungen können auch in Form von Markierungsknopfreihen, Markierungsleuchtknopfreihen oder als Leitschwellen oder Leitborde ausgeführt sein. Leuchtknopfreihen gelten nur, wenn sie eingeschaltet sind. Alle Linien können durch gleichmäßig dichte Markierungsknopfreihen ersetzt werden. In verkehrsberuhigten Geschäftsbereichen (§ 45 Absatz 1d) können Fahrbahnbegrenzungen auch mit anderen Mitteln, insbesondere durch Pflasterlinien, ausgeführt sein. Schriftzeichen und die Wiedergabe von Verkehrszeichen auf der Fahrbahn dienen dem Hinweis auf ein angebrachtes Verkehrszeichen.

VwV-StVO
zu den §§ 39 bis 43
Allgemeines über
Verkehrszeichen
und Verkehrs-
einrichtungen

11. Häufung von Verkehrszeichen

33 Weil die Bedeutung von Verkehrszeichen bei durchschnittlicher Aufmerksamkeit zweifelsfrei erfassbar sein muss, sind Häufungen von Verkehrszeichen zu vermeiden. Es ist daher stets vorrangig zu prüfen, auf welche vorgesehenen oder bereits vorhandenen Verkehrszeichen verzichtet werden kann.

34 Sind dennoch an einer Stelle oder kurz hintereinander mehrere Verkehrszeichen unvermeidlich, muss dafür gesorgt werden, dass die für den fließenden Verkehr wichtigen besonders auffallen. Kann dies nicht realisiert werden oder wird ein für den fließenden Verkehr bedeutsames Verkehrszeichen an der betreffenden Stelle nicht erwartet, ist jene Wirkung auf andere Weise zu erzielen (z. B. durch Übergröße oder gelbes Blinklicht).

35 a) Am gleichen Pfosten oder sonst unmittelbar über- oder nebeneinander dürfen nicht mehr als drei Verkehrszeichen angebracht werden; bei Verkehrszeichen für den ruhenden Verkehr kann bei besonderem Bedarf abgewichen werden.

36 aa) Gefahrzeichen stehen grundsätzlich allein (vgl. Nummer I zu § 40; Rn. 1).

37 bb) Mehr als zwei Vorschriftzeichen sollen an einem Pfosten nicht angebracht werden. Sind ausnahmsweise drei solcher Verkehrszeichen an einem Pfosten vereinigt, dann darf sich nur eins davon an den fließenden Verkehr wenden.

38 cc) Vorschriftzeichen für den fließenden Verkehr dürfen in der Regel nur dann kombiniert werden, wenn sie sich an die gleichen Verkehrsarten wenden und wenn sie die gleiche Strecke oder den gleichen Punkt betreffen.

39 dd) Verkehrszeichen, durch die eine Wartepflicht angeordnet oder angekündigt wird, dürfen nur dann an einem Pfosten mit anderen Verkehrszeichen angebracht werden, wenn jene wichtigen Zeichen besonders auffallen.

40 b) Dicht hintereinander sollen Verkehrszeichen für den fließenden Verkehr nicht folgen. Zwischen Pfosten, an denen solche Verkehrszeichen gezeigt werden, sollte vielmehr ein so großer Abstand bestehen, dass der Verkehrsteilnehmer bei der dort gefahrenen Geschwindigkeit Gelegenheit hat, die Bedeutung der Verkehrszeichen nacheinander zu erfassen.

41 12. An spitzwinkligen Einmündungen ist bei der Aufstellung der Verkehrszeichen dafür zu sorgen, dass Benutzer der anderen Straße sie nicht auf sich beziehen, auch nicht bei der Annäherung; erforderlichenfalls sind Sichtblenden oder ähnliche Vorrichtungen anzubringen.

...

2.6.5 Verkehrsschilder – Kombinationen

VwV-StVO zu den §§ 39 bis 43 Allgemeines über Verkehrszeichen und Verkehrseinrichtungen

45 15. Besteht bei Verkehrszeichen an einem Pfosten kein unmittelbarer Bezug, ist dies durch einen Abstand von etwa 10 cm zu verdeutlichen.

...

47 b) Mehr als zwei Zusatzzeichen sollten an einem Pfosten, auch zu verschiedenen Verkehrszeichen, nicht angebracht werden. Die Zuordnung der Zusatzzeichen zu den Verkehrszeichen muss eindeutig erkennbar sein (§ 39 Absatz 3 Satz 3).

...

55 7. Durch Schriftzeichen, Sinnbilder oder die Wiedergabe eines Verkehrszeichens auf der Fahrbahn kann der Fahrzeugverkehr lediglich zusätzlich auf eine besondere Verkehrssituation aufmerksam gemacht werden. Von dieser Möglichkeit ist nur sparsam Gebrauch zu machen. Sofern dies dennoch in Einzelfällen erforderlich sein sollte, sind die Darstellungen ebenfalls nach den RMS auszuführen.

VwV-StVO zu § 40 Gefahrzeichen

1 I. Gefahrzeichen sind nach Maßgabe des § 45 Absatz 9 Satz 2 anzuordnen. Nur wenn sie als Warnung oder Aufforderung zur eigenverantwortlichen Anpassung des Fahrverhaltens nicht ausreichen, sollte stattdessen oder bei unabweisbarem Bedarf ergänzend mit Vorschriftzeichen (insbesondere Zeichen 274, 276) auf eine der Gefahrsituation angepasste Fahrweise hingewirkt werden; vgl. hierzu I zu den Zeichen 274, 276, 277 und 277.1.

VwV-StVO zu § 41 Vorschriftzeichen

Zu den Zeichen 274, 276, 277 und 277.1

1 I. Die Zeichen sind nur dort anzuordnen, wo Gefahrzeichen oder Richtungstafeln (Zeichen 625) nicht ausreichen würden, um eine der Situation angepasste Fahrweise zu erreichen. Die Zeichen können dann mit Gefahrzeichen kombiniert werden, wenn

2 1. ein zusätzlicher Hinweis auf die Art der bestehenden Gefahr für ein daran orientiertes Fahrverhalten im Einzelfall unerlässlich ist oder

3 2. aufgrund dieser Verkehrszeichenkombination eine Kennzeichnung des Endes der Verbotsstrecke entbehrlich wird.

2.7 Umsetzung – Anbringungsorte

2.7.1 Allgemeines

Die Verkehrszeichen sind so anzubringen, dass die Verkehrsteilnehmer die durch sie gegebenen Warnungen, Ge- und Verbote sowie Hinweise so rechtzeitig wahrnehmen und umsetzen können, dass der gewünschte Zweck erreicht wird.

Mit der Wahl der Anbringungsorte wird auch die in Abschnitt 2.4.3 angesprochene Struktur der Anordnung umgesetzt.

Bei der Anbringung ist auch zu beachten, dass die Verkehrsteilnehmer die Zeichen sicher erkennen können. Bei (Verkehrs-)Schildern ist insbesondere darauf zu achten, dass die Sicht nicht durch zu erwartende Hindernisse (Pflanzungen, große parkende Fahrzeuge) beeinträchtigt werden kann.

Besondere Sorgfalt ist bei spitzwinkligen Einmündungen und Kreuzungen geboten, um zu vermeiden, dass die Benutzer der anderen Straße die Zeichen auf sich beziehen; durch das Anbringen von Sichtblenden kann Abhilfe geschaffen werden.

Zu Abschnitt 2.7.1

VwV-StVO zu den §§ 39 bis 43 Allgemeines über Verkehrszeichen und Verkehrseinrichtungen

III. Allgemeines über Verkehrszeichen

32 10. Es ist darauf zu achten, dass Verkehrszeichen nicht die Sicht behindern, insbesondere auch nicht die Sicht auf andere Verkehrszeichen oder auf Blinklicht- oder Lichtzeichenanlagen verdecken.

2.7.2 Anbringungsort längs der Straße

Vorschriftzeichen und Richtzeichen werden grundsätzlich dort angebracht, wo oder von wo an die von ihnen gegebene Anordnung zu befolgen ist. Gefahrzeichen und Richtzeichen, die nur Hinweise geben, werden so weit entfernt angebracht, dass den Verkehrsteilnehmern genügend Zeit für eine Reaktion bleibt, aber auch so nah, dass der Zusammenhang zwischen dem Verkehrszeichen und der Situation noch erkennbar ist.

Das ist in der Regel bei Zeichen, die sich an den langsamen oder ruhenden Verkehr richten (z. B. Haltverbot, Parkverbot, Verkehrsverbot für Radfahrer), ohne größere Probleme möglich.

Bei den Zeichen dagegen, die sich an den schnelleren Fahrzeugverkehr richten (z. B. Geschwindigkeitsbeschränkung, Überholverbot), ist zu berücksichtigen, dass die Kraftfahrer die anordnenden Verkehrszeichen entsprechend den örtlichen Verhältnissen rechtzeitig erkennen und auf sie angemessen reagieren können. Dabei sollte bedacht werden, dass bei Nacht und abgeblendetem Licht Zeichen nur aus einer begrenzten Entfernung zu erkennen sind. Dazu kann es nötig sein, die Schilder größer auszuführen oder die Kraftfahrer ausnahmsweise durch aufeinanderfolgende Anordnungen (z. B. „Geschwindigkeitstrichter" 120 – 80 – 60) zu führen. Seit der VwV-StVO von 2009 ist die Anwendung solcher Geschwindigkeitstrichter allerdings ausdrücklich auf Autobahnen und autobahnähnliche Straßen beschränkt.

Eine weitere Möglichkeit, die rechtzeitige Erkennbarkeit sicherzustellen, besteht darin, das Vorschriftzeichen in einer der angemessenen Reaktion der Kraftfahrer entsprechenden Entfernung vor dem Gültigkeitsbeginn anzubringen und diese Entfernung dann auf einem Zusatzzeichen (z. B. „100 m") anzugeben. Bei Zeichen, die sich an den ruhenden oder langsamen Verkehr wenden, können solche Zusatzzeichen auch sinnvoll sein, wenn das Zeichen nicht genau am Gültigkeitsbeginn oder Gültigkeitsende angebracht werden kann oder damit Schilderstandorte zusammengefasst werden können, ohne dass die Verständlichkeit darunter leidet.

Die Entfernungsangaben sind dabei so zu runden, dass sie schnell und richtig erfasst werden

2.7.2 Anbringungsort längs der Straße

können, z. B. unter 100 m auf volle 10 m, darüber auf volle 50 m. Über 1 km sind die Entfernungen in km, ggf. mit einer Dezimalstelle, anzugeben.

Einzelheiten über die Ermittlung des Aufstellortes sind ggf. bei den einzelnen Vorschriftzeichen zu finden.

Durch Zusatzzeichen wie 1001-30 kann bei den Zeichen 274, 276 und 277 die **Länge des Geltungsbereichs** angegeben werden. Bei Zeichen 273 ist das die Regel.

Insbesondere bei kurzen Geltungsbereichen kann die Anzahl der Verkehrsschilder bei gleicher Verständlichkeit durch die Angabe der Länge des Geltungsbereichs klein gehalten werden.

Bei längeren Geltungsbereichen kann es sinnvoll sein, die jeweils restliche Länge des Geltungsbereichs auch auf den Wiederholungen anzugeben, damit sich die Verkehrsteilnehmer darauf einstellen können.

Soweit sich der räumliche Geltungsbereich im Querschnitt auf einzelne Elemente bezieht, z. B. auf den Seitenstreifen, sollten nach Möglichkeit allgemein verständliche und im VzKat vorgesehene Sinnbilder verwendet werden. Bezieht er sich auf einzelne Fahrstreifen, so sind die Zeichen über den betreffenden Fahrstreifen oder – wenn das für das entsprechende Zeichen gemäß den Anlagen zur StVO vorgesehen ist – ausnahmsweise auf Verkehrslenkungstafeln (Zeichen 501 ff.) anzubringen.

Vorschriftzeichen müssen wiederholt werden, wenn die Ge- oder Verbote für längere Strecken gelten. Die Abstände, in denen Wiederholungszeichen stehen, sind abhängig von den örtlichen Verkehrsverhältnissen und der Verkehrssituation. Auf Innerortsstraßen sind z. B. kürzere Abstände erforderlich als auf Autobahnen.

Geht man davon aus, dass ein Vorschriftzeichen etwa alle 30 Sekunden wieder in Erinnerung gerufen werden soll, sollten Wiederholungszeichen etwa in folgenden Abständen stehen: 1 000 m auf BAB und BAB-ähnlichen Straßen, 750 m auf gut ausgebauten, schnell befahrenen Außerortsstraßen, 500 m auf weniger gut ausgebauten, langsamer befahrenen Außerortsstraßen, 250 m auf Innerortsstraßen.

Die hier empfohlenen Abstände für Wiederholungszeichen sind kürzer als die bei Gefahrzeichen (siehe Abschnitt 6.3.3). Dies ergibt sich aus der Strafbewehrung der Vorschriftzeichen und dem Umstand, dass sie eine besondere Bedeutung für einen sicheren Verkehrsablauf besitzen.

Auf Streckenabschnitten mit wenig Ablenkung kann man diese Abstände um etwa 50 % verlängern (z. B. 1 500 m anstelle von 1 000 m).

Grundsätzlich soll ein Gebot oder Verbot, das für längere Strecken gilt, überall dort wiederholt werden, wo neue, insbesondere ortsunkundige Verkehrsteilnehmer von kreuzenden oder einmündenden Straßen in die betreffende Gebots- oder Verbotsstrecke einfahren.

Ansonsten sind spezielle Regelungen über den Aufstellort bei den einzelnen Zeichen besprochen.

Zu Abschnitt 2.7.2

StVO
§ 40
Gefahrzeichen

(2) Außerhalb geschlossener Ortschaften stehen sie im Allgemeinen 150 bis 250 m vor den Gefahrstellen. Ist die Entfernung erheblich geringer, kann sie auf einem Zusatzzeichen angegeben sein, wie

(3) Innerhalb geschlossener Ortschaften stehen sie im Allgemeinen kurz vor der Gefahrstelle.

(4) Ein Zusatzzeichen wie

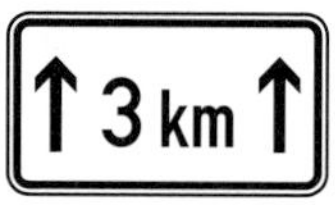

kann die Länge der Gefahrstrecke angeben.

(5) Steht ein Gefahrzeichen vor einer Einmündung, weist auf einem Zusatzzeichen ein schwarzer Pfeil in die Richtung der Gefahrstelle, falls diese in der anderen Straße liegt.

2.7.2 Anbringungsort längs der Straße

StVO
§ 41
Vorschriftzeichen

(2) Vorschriftzeichen stehen vorbehaltlich des Satzes 2 dort, wo oder von wo an die Anordnung zu befolgen ist. Soweit die Zeichen aus Gründen der Leichtigkeit oder der Sicherheit des Verkehrs in einer bestimmten Entfernung zum Beginn der Befolgungspflicht stehen, ist die Entfernung zu dem maßgeblichen Ort auf einem Zusatzzeichen angegeben. Andere Zusatzzeichen enthalten nur allgemeine Beschränkungen der Gebote oder Verbote oder allgemeine Ausnahmen von ihnen. Die besonderen Zusatzzeichen zu den Zeichen 283, 286, 277, 290.1 und 290.2 können etwas anderes bestimmen, zum Beispiel den Geltungsbereich erweitern.

StVO
§ 41
Anlage 2 lfd. Nr. 55

Erläuterung

Das Ende einer streckenbezogenen Geschwindigkeitsbeschränkung oder eines Überholverbots ist nicht gekennzeichnet, wenn das Verbot nur für eine kurze Strecke gilt und auf einem Zusatzzeichen die Länge des Verbots angegeben ist. Es ist auch nicht gekennzeichnet, wenn das Verbotszeichen zusammen mit einem Gefahrzeichen angebracht ist und sich aus der Örtlichkeit zweifelsfrei ergibt, von wo an die angezeigte Gefahr nicht mehr besteht. Sonst ist es gekennzeichnet durch die Zeichen 278 bis 282.

StVO
§ 42
Richtzeichen

(3) Richtzeichen stehen vorbehaltlich des Satzes 2 dort, wo oder von wo an die Anordnung zu befolgen ist. Soweit die Zeichen aus Gründen der Leichtigkeit oder der Sicherheit des Verkehrs in einer bestimmten Entfernung zum Beginn der Befolgungspflicht stehen, ist die Entfernung zu dem maßgeblichen Ort auf einem Zusatzzeichen angegeben.

VwV-StVO
zu den §§ 39 bis 43
Allgemeines über Verkehrszeichen und Verkehrseinrichtungen

III. Allgemeines über Verkehrszeichen

40 b) Dicht hintereinander sollen Verkehrszeichen für den fließenden Verkehr nicht folgen. Zwischen Pfosten, an denen solche Verkehrszeichen gezeigt werden, sollte vielmehr ein so großer Abstand bestehen, dass der Verkehrsteilnehmer bei der dort gefahrenen Geschwindigkeit Gelegenheit hat, die Bedeutung der Verkehrszeichen nacheinander zu erfassen.

VwV-StVO
zu § 41
Vorschriftzeichen

Zu Zeichen 274 Zulässige Höchstgeschwindigkeit

6 IV. Das Zeichen soll so weit vor der Gefahrstelle aufgestellt werden, dass eine Gefährdung auch bei ungünstigen Sichtverhältnissen ausgeschlossen ist. Innerhalb geschlossener Ortschaften sind im Allgemeinen 30 bis 50 m, außerhalb geschlossener Ortschaften 50 bis 100 m und auf Autobahnen und autobahnähnlichen Straßen 200 m ausreichend.

7 V. Vor dem Beginn geschlossener Ortschaften dürfen Geschwindigkeitsbeschränkungen zur stufenweisen Anpassung an die innerorts zulässige Geschwindigkeit nur angeordnet werden, wenn die Ortstafel (Zeichen 310) nicht rechtzeitig, im Regelfall auf eine Entfernung von mindestens 100 m, erkennbar ist.

8 VI. Auf Autobahnen und autobahnähnlichen Straßen dürfen nicht mehr als 130 km/h angeordnet werden. Nur dort darf die Geschwindigkeit stufenweise herabgesetzt werden. Eine Geschwindigkeitsstufe soll höchstens 40 km/h betragen. Der Mindestabstand in Metern zwischen den unterschiedlichen Höchstgeschwindigkeiten soll das 10-fache der Geschwindigkeitsdifferenz in km/h betragen. Nach Streckenabschnitten ohne Beschränkung soll in der Regel als erste zulässige Höchstgeschwindigkeit 120 km/h angeordnet werden.

…

Zu den Zeichen 274, 276, 277 und 277.1

5 III. Die Zeichen 274, 276, 277 und 277.1 sollen hinter solchen Kreuzungen und Einmündungen wiederholt werden, an denen mit dem Einbiegen ortsunkundiger Kraftfahrer zu rechnen ist. Wo innerhalb geschlossener Ortschaften durch das Zeichen 274 eine Geschwindigkeit über 50 km/h zugelassen ist, genügt dagegen dessen Wiederholung in angemessenen Abständen. …

2.7.3 Anbringungsort im Querschnitt

(Verkehrs-)Schilder werden grundsätzlich auf der rechten Straßenseite angebracht.

Auf beiden Seiten der Fahrbahn können sie ausnahmsweise zur besseren Erkennbarkeit, insbesondere an besonders gefährlichen Stellen oder in Rechtskurven, angebracht werden. Das gilt besonders auch, wenn die Gefahr besteht, dass durch ein Fahrzeug ein wichtiges Verkehrszeichen verdeckt werden kann, z. B. auf Autobahnen und autobahnähnlichen Straßen sowie für Straßen mit einem DTV von etwa 3 000 Kfz/24 Std. und mehr. Zeichen 276 (Überholverbot) wird außerorts regelmäßig auf beiden Straßenseiten angeordnet.

Links allein oder über der Straße allein dürfen Verkehrszeichen nur angebracht werden, wenn Missverständnisse darüber, dass sie für den gesamten Verkehr in einer Richtung gelten, nicht entstehen können und sichergestellt ist, dass sie auch bei Dunkelheit auf ausreichende Entfernung deutlich sichtbar sind.

Bewährt hat sich auf weniger befahrenen Straßen, das Ende von Streckenverboten (Zeichen 278 bis 282) nur auf der linken Seite anzubringen, da die Aufmerksamkeit überholwilliger Kraftfahrer auf diese Seite gerichtet ist.

Soweit Fahrstreifen markiert sind, können mit den folgenden **Vorschriftzeichen Anordnungen für einzelne Fahrstreifen** getroffen werden:

- **Zeichen 274** (Zulässige Höchstgeschwindigkeit)
- **Zeichen 275** (Vorgeschriebene Mindestgeschwindigkeit)
- **Zeichen 250 bis 266** (Verbot für Fahrzeuge aller Art oder bestimmte Fahrzeuge).

Die Zeichen sind in der Regel so über den Fahrstreifen anzubringen, dass eindeutig erkennbar wird, auf welche Fahrstreifen sich die einzelnen Zeichen beziehen. Diese Möglichkeit wird vor allem bei Streckenbeieinflussungsanlagen genutzt (siehe *Bild 9.5* und Abschnitt 9.3.5).

Lassen sich die Zeichen so nicht anbringen oder gilt das Fahrstreifengebot oder -verbot nur vorübergehend, können einige Zeichen (z. B. Zeichen 253, 262 bis 265, 274, 275, 282), auch in eine seitlich aufgestellte Verkehrslenkungstafel (Fahrstreifen-, Überleitungs- oder Verschwenkungstafel) integriert werden, auf der die Fahrstreifen durch senkrechte Pfeile dargestellt sind. Diese Aufstellmöglichkeit muss für das jeweilige Zeichen in der StVO ausdrücklich erwähnt sein, z. B. durch Erläuterung in ihren Anlagen.

Ankündigungen sind durch Vorankündigungstafeln mit Entfernungsangaben vorzunehmen (*Bild 2.18*). Eine solche Beschilderung ist jedoch nur zulässig, wenn Verbote für nicht mehr als zwei Streifen erlassen sind.

Wegweiser sollten außerorts bei Richtungsfahrbahnen mit drei und mehr Fahrstreifen über der Fahrbahn angebracht werden, weil seitlich stehende Wegweiser oft durch Lkw oder Busse verdeckt und vom mittleren oder linken Fahrstreifen aus nicht gesehen werden können (siehe Abschnitt 8.3.5).

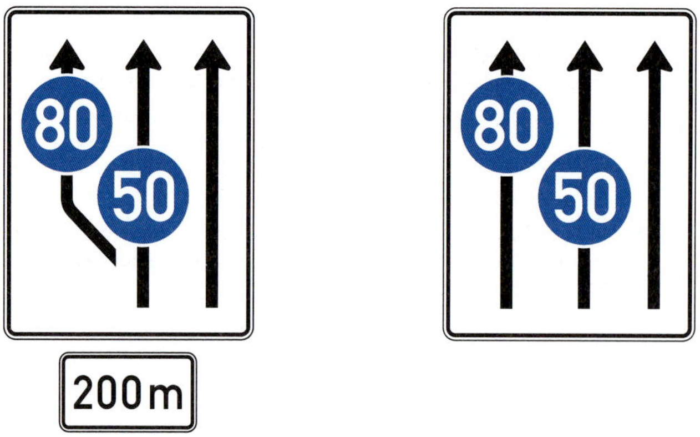

Bild 2.18

Vorankündigung (Z 545-11 mit Zz 1001-30-200) — **Signalisierung (Z 525-31)**
eines Fahrstreifengebots mit seitlich der Fahrbahn stehenden Tafeln

2.7.3 Anbringungsort im Querschnitt

Bei Vorschriftzeichen, die eine bestimmte Fahrtrichtung vorschreiben (Zeichen 209 bis 214), reicht es – besonders innerhalb geschlossener Ortschaften – meist aus, wenn das Zeichen seitlich der Fahrbahn neben dem Fahrstreifen steht, für den es gilt.

Zu Abschnitt 2.7.3

StVO
§ 39
Verkehrszeichen

(2) Regelungen durch Verkehrszeichen gehen den allgemeinen Verkehrsregeln vor. Verkehrszeichen sind Gefahrzeichen, Vorschriftzeichen und Richtzeichen. Als Schilder stehen sie regelmäßig rechts. Gelten sie nur für einzelne markierte Fahrstreifen, sind sie in der Regel über diesen angebracht.

VwV-StVO
zu den §§ 39 bis 43
Allgemeines über Verkehrszeichen und Verkehrseinrichtungen

III. Allgemeines über Verkehrszeichen

9 Gefahrzeichen können spiegelbildlich dargestellt werden (die einzelnen Varianten ergeben sich aus dem VzKat),

10 a) wenn dadurch verdeutlicht wird, wo die Gefahr zu erwarten ist (Zeichen 103, 105, 117, 121) oder

11 b) wenn sie auf der linken Fahrbahnseite wiederholt werden (Zeichen 117, 133 bis 142); die Anordnung von Gefahrzeichen für beide Fahrbahnseiten ist jedoch nur zulässig, wenn nach den örtlichen Gegebenheiten nicht ausgeschlossen werden kann, dass Verkehrsteilnehmer das nur rechts befindliche Gefahrzeichen nicht oder nicht rechtzeitig erkennen können.

...

25 Strecken- und Verkehrsverbote (Abschnitt 6 und 7 der Anlage 2 (zu § 41 Absatz 1) Vorschriftzeichen) gelten grundsätzlich für sämtliche Fahrstreifen einer Fahrtrichtung. Sofern diese nur für einzelne Fahrstreifen gelten sollen, sind diese in der Regel so anzubringen, dass sie dem betreffenden Fahrstreifen zweifelsfrei zugeordnet werden können (Verkehrszeichenbrücken oder Auslegermaste).

26 Muss von einer solchen Anbringung abgesehen werden oder sind die Zeichen nur vorübergehend angeordnet, z. B. bei Arbeitsstellen, sind die Ge- oder Verbotszeichen auf einer Verkehrslenkungstafel (Zeichen 501 ff.) am rechten Fahrbahnrand anzuzeigen (vgl. VwV zu den Zeichen 501 bis 546 Verkehrslenkungstafeln, Rn. 8). Insbesondere außerhalb geschlossener Ortschaften sollen die angeordneten Ge- oder Verbotszeichen durch eine gleiche Verkehrslenkungstafel mit Entfernungsangabe auf einem Zusatzzeichen angekündigt werden.

27 Bei den Zeichen 209 bis 214 und 245 reicht eine Aufstellung rechts neben dem Fahrstreifen, für den sie gelten, aus. Der Grundsatz der allgemeinen Darstellungsmöglichkeit fahrstreifenbezogener Anordnungen auf Verkehrslenkungstafeln (vgl. VwV zu den Zeichen 501 bis 546 Verkehrslenkungstafeln, Rn. 8) bleibt hiervon unberührt.

28 9. Verkehrszeichen sind gut sichtbar in etwa rechtem Winkel zur Fahrbahn rechts daneben anzubringen, soweit nicht in dieser Verwaltungsvorschrift anderes gesagt ist.

29 a) Links allein oder über der Straße allein dürfen sie nur angebracht werden, wenn Missverständnisse darüber, dass sie für den gesamten Verkehr in einer Richtung gelten, nicht entstehen können und wenn sichergestellt ist, dass sie auch bei Dunkelheit auf ausreichende Entfernung deutlich sichtbar sind.

30 b) Wo nötig, vor allem an besonders gefährlichen Straßenstellen, können die Verkehrszeichen auf beiden Straßenseiten, bei getrennten Fahrbahnen auf beiden Fahrbahnseiten aufgestellt werden.

...

43 b) Verkehrszeichen dürfen nicht innerhalb der Fahrbahn aufgestellt werden. In der Regel sollte der Seitenabstand von ihr innerhalb geschlossener Ortschaften 0,50 m, keinesfalls weniger als 0,30 m betragen, außerhalb geschlossener Ortschaften 1,50 m.

VwV-StVO
zu § 41
Vorschriftzeichen

Zu Zeichen 276 Überholverbot

3 III. Außerhalb geschlossener Ortschaften ist das Zeichen in der Regel auf beiden Straßenseiten aufzustellen.

2.7.4 Sonstige Kriterien

Blendgefahr, Hintergrund

In Straßenzügen, die in Ost-West-Richtung verlaufen, kann bei tief stehender Sonne und besonders bei regennasser Straße das Erkennen von Verkehrszeichen erschwert werden. In diesem Falle empfiehlt es sich, zum Aufstellen von Verkehrszeichen wenn möglich Schattenstellen auszunutzen. Achtung auf Blendung durch Reklame- und Straßenbeleuchtung oder durch erleuchtete Schilder in dunklem Umfeld; siehe auch Abschnitt 12.5.5.

Verkehrszeichen und Verkehrseinrichtungen wirken am besten, wenn sie sich gegen den Hintergrund abheben. Vorsicht bei einem Hintergrund, der ähnliche Farben aufweist wie das Verkehrszeichen (z. B. Litfaßsäulen, farbige Reklametafeln). Verkehrszeichen und Zusatzzeichen können auf einer Trägerfläche aufgebracht werden (§ 39 Abs. 2 StVO).

Sichtbehinderung durch Zeichen

Verkehrszeichen können insbesondere im Bereich von Knotenpunkten die Sicht behindern. Beim Aufstellen ist daher stets zu prüfen, ob aus der Sicht des Kraftfahrers, eventuell auch aus der Sicht des Radfahrers oder Fußgängers, der Einblick in kreuzende oder einmündende Straßen oder der Blick auf andere Zeichen oder Signalanlagen durch das Zeichen nicht beeinträchtigt wird. Es gibt Fälle, bei denen sich eine Sichtbehinderung nicht völlig vermeiden lässt. Hier ist beim Aufstellen nach der optimalen Lösung zu suchen (*Anmerkung:* mittlere Augenhöhe für den Fahrer eines Pkw, Krades oder Fahrrades 1,2 m, für den Fahrer eines Lkw oder Omnibusses 2,1 m).

Verschmutzungsgefahr

Verkehrszeichen und Verkehrseinrichtungen, die zu nahe an der Fahrbahn oder zu tief angebracht sind, verschmutzen leicht (Sprüh- und Spritzschmutz). Versuche haben gezeigt, dass der Grad der Verschmutzung abnimmt, wenn man die Verkehrszeichen höher anordnet oder weiter von der Fahrbahn abrückt (*Bild 2.19*). Damit rücken sie allerdings auch weiter aus dem Blickfeld der Verkehrsteilnehmer.

Vorschriftzeichen können, in der Regel zusammen mit „erklärenden“ Gefahrzeichen, **auch an Fahrzeugen angebracht sein**, z. B. zur Sicherung von wandernden Baustellen oder von Schwertransporten. Das Ge- oder Verbot gilt dann von der Vorbeifahrt an diesem Fahrzeug bis dorthin, wo die angezeigte Gefahr erkennbar nicht mehr besteht (oder, soweit die Länge der Anordnung auf einem Zusatzzeichen angegeben wurde, bis zu diesem Abstand vor dem Fahrzeug); siehe Abschnitt 7.4.

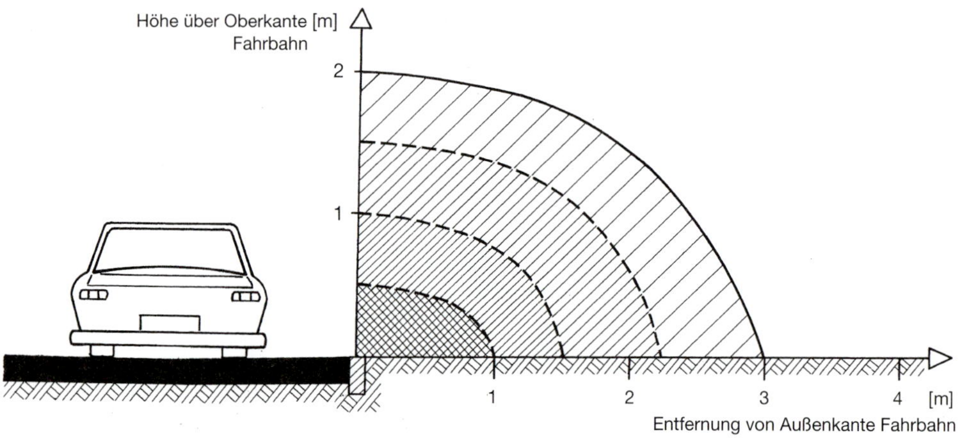

Bild 2.19 Verschmutzungsdiagramm. Oberhalb der durchgezogenen Kurve tritt nur in geringem Maße Spritzverschmutzung auf. Die einzelnen Bereiche sind in Wirklichkeit nicht so scharf getrennt wie in der Darstellung angegeben. Sie sollen Zonen mit etwa gleicher Verschmutzungsgefahr kennzeichnen

Zu Abschnitt 2.7.4

StVO
§ 39
Verkehrszeichen

(6) Verkehrszeichen können an einem Fahrzeug angebracht sein. Sie gelten auch während das Fahrzeug sich bewegt. Sie gehen den Anordnungen der ortsfest angebrachten Verkehrszeichen vor.

VwV-StVO
zu den §§ 39 bis 43
Allgemeines über Verkehrszeichen und Verkehrseinrichtungen

III. Allgemeines über Verkehrszeichen

32 10. Es ist darauf zu achten, dass Verkehrszeichen nicht die Sicht behindern, insbesondere auch nicht die Sicht auf andere Verkehrszeichen oder auf Blinklicht- oder Lichtzeichenanlagen verdecken.

...

41 12. An spitzwinkligen Einmündungen ist bei der Aufstellung der Verkehrszeichen dafür zu sorgen, dass Benutzer der anderen Straße sie nicht auf sich beziehen, auch nicht bei der Annäherung; erforderlichenfalls sind Sichtblenden oder ähnliche Vorrichtungen anzubringen.

2.8 Umsetzung – Art der Ausführung

Die Festlegung der Ausführungsart obliegt nach § 45 Abs. 3 StVO grundsätzlich der Straßenbaubehörde (als Vertreterin des Straßenbaulastträgers), die auch die Kosten für die Anbringung (Aufstellung oder Applikation) und den laufenden Betrieb übernehmen muss (siehe Abschnitt 2.3.5). Es empfiehlt sich allerdings, vor der Anordnung gemeinsam zwischen Straßenverkehrsbehörde und Straßenbaubehörde abzustimmen, ob besondere, z. B. aufmerksamkeitssteigernde Ausführungsarten als sinnvoll oder notwendig erachtet werden.

Da die Wahl der Ausführungsart grundsätzlich dem Straßenbaulastträger obliegt, wird sie in Abschnitt 12.3.2 behandelt. Die dort angeführten Regelwerke berücksichtigen die übliche Auffälligkeitskonkurrenz mit anderen Reizen aus dem Straßenumfeld durch die Wahl unterschiedlicher Schildermaterialien oder durch aktive Beleuchtung.

In bestimmten Fällen, z. B. wenn vor besonders unerwarteten Gefahren gewarnt werden soll, kann es jedoch ausnahmsweise notwendig sein, die Aufmerksamkeit der Verkehrsteilnehmer in besonderem Maße auf ein oder mehrere Verkehrszeichen zu lenken. Dies kann beispielsweise geschehen durch

- Vermeiden der Kombination mit anderen Verkehrszeichen (siehe Abschnitt 2.4.3),
- Anordnung auf beiden Fahrbahnseiten (siehe Abschnitt 2.7.3),
- Wiederholung in engeren Abständen (siehe Abschnitt 2.7.2),
- optische Hervorhebung:
  - besonders große Ausführung
  - Anordnung auf einer Kontrasttafel
  - lichttechnische Hervorhebung
  - Anordnung eines zusätzlichen gelben Blinklichts (§ 38 Abs. 3 StVO).

Auffälligkeitskonkurrenz insbesondere von Vorschriftzeichen mit anderen Elementen der Straßenausstattung oder mit anderen optisch wirksamen Elementen der Umgebung (z. B. Werbung) ist zu vermeiden. Notfalls ist zu prüfen, ob ggf. auf der Grundlage der Regelungen des § 33 StVO oder des in den Straßengesetzen vorgesehenen Anbauverbots erreicht werden kann, dass besonders ablenkende Elemente des Straßenumfelds entfernt oder zumindest weniger ablenkend ausgeführt werden. Zur Beurteilung wurde in

- Reinisch, Romy: Beitrag zur Bewertung der Komplexität des Straßenumfeldes bei Nachtfahrten im übergeordneten Straßennetz unter Berücksichtigung wahrnehmungspsychologischer Aspekte. Dissertation, TU Darmstadt 2010

ein Bewertungsverfahren konzipiert.

Das beste „Alleinstellungsmerkmal" für Verkehrszeichen ist, sie **einzeln** so **anzuordnen**, dass sie nicht in Auffälligkeitskonkurrenz zu anderen Verkehrszeichen oder zu optischen Einflüssen aus dem Umfeld stehen. Das bedeutet, dass man an einer Stelle nur jeweils eine Sache regelt (notfalls auch durch mehrere einander zugeordnete und sich ergänzende Zeichen) und den Aufstellort so wählt, dass aus der Perspektive der Verkehrsteilnehmer neben dem (Verkehrs-)Schild keine anderen ablenkenden Objekte zu sehen sind.

Zusätzlich kann man durch **mehrmalige Anordnung des gleichen Zeichens**, sei es auf beiden Fahrbahnseiten oder kurz hintereinander, eine höhere Wahrscheinlichkeit dafür erreichen, dass das Zeichen wahrgenommen wird. Von dieser Möglichkeit sollte aber nur sparsam Gebrauch gemacht werden.

Die einfachste Möglichkeit, einzelne Verkehrszeichen hervorzuheben, ist, sie in **Übergröße** auszuführen. Sie werden damit besonders auffällig und können bereits aus einer größeren Entfernung erkannt werden.

Eine weitere Möglichkeit, (Verkehrs-)Schilder hervorzuheben, ist, sie auf einer **Trägertafel** – in der Regel einer weißen Fläche mit schwarzem Rand – aufzubringen (siehe *Bilder 2.7* und *4.25*, Abschnitt 4.5.4). Dadurch wird nicht nur der Zusammenhang mehrerer Zeichen und ihrer Zusatzzeichen betont. Die Besonderheit dieser Art der Aufstellung erzeugt auch einen besonderen Aufmerksamkeitseffekt. Schließlich schatten solche Trägertafeln, die aus diesem Grund auch manchmal „Kontrasttafeln" genannt werden, in gewissem Maße auch ablenkende lichttechnische Reize des Hintergrunds ab und machen auf diese Weise die Verkehrszeichen besser erkennbar.

Die Trägertafel und die auf ihr angebrachten Verkehrszeichen sind so zu gestalten, dass einzelne Vorschriftzeichen nicht mit Zonenzeichen verwechselt werden können. Insbesondere aus diesem Grund sieht die VwV-StVO nur die Anbringung mehrerer Verkehrszeichen auf einer gemeinsamen Trägertafel vor.

Verkehrsschilder können auch **lichttechnisch besonders auffällig** gestaltet werden. Dadurch wirken sie für den Betrachter heller, als es üblicherweise zu erwarten wäre:

- Mit einem höheren Retroreflexionsgrad können die Schilder ausgeführt werden, wenn die Auffälligkeitssteigerung nur in der Nacht benötigt wird. So ausgeführte Schilder werfen einen größeren Anteil der auftreffenden Scheinwerfer-(Streu-)Lichtmenge in Richtung des Fahrzeugs zurück und wirken dadurch in der Nacht heller. Am Tag wirken sie aus lichttechnischen Gründen geringfügig dunkler.
- Fluoreszierend ausgeführte Schilder wandeln Energie kurzwelliger (häufig unsichtbarer ultravioletter) Strahlung in langwelligeres sichtbares Licht um und wirken daher in diesem Wellenlängen-(Farb-)Bereich heller als nicht fluoreszierende Ausführungen. Solche Farbstoffe lassen sich nur für bestimmte Farben wirtschaftlich sinnvoll herstellen (insbesondere für Gelb, Gelbgrün, Rosa, Orange, Hellgrün oder Hellblau). Aus fachlich nicht nachvollziehbaren Gründen dürfen die Trägertafeln in Deutschland nur weiß ausgeführt werden, obwohl insbesondere mit fluoreszierender Gestaltung in Ausnahmefällen eine lichttechnische Hervorhebung erreicht werden könnte. Lediglich bei Wegweisern mit hohem Retroreflexionsgrad darf ein passender gelber Farbstoff verwendet werden, mit dem ohne Farbveränderung ausgeglichen werden kann, dass sich die Tagsichtbarkeit verschlechtert, wenn für die Nachtsichtbarkeit im Streulichtbereich Materialien mit hohem Retroreflexionsanteil verwendet werden müssen (siehe Abschnitt 12.3.3).
- Von außen oder innen beleuchtete oder als aktiv leuchtende Zeichen ausgeführte (Verkehrs-) Schilder bedeuten einen deutlich größeren Aufwand bei Herstellung und Betrieb. Dann ist es in der Regel erforderlich, für die Energiezufuhr zu sorgen. Zu berücksichtigen ist außerdem, dass beleuchtete Verkehrszeichen nur in der Nacht auffälliger sind als normal ausgeführte Verkehrszeichen. Aktiv leuchtende (Verkehrs-) Schilder ähneln in ihrem Aufbau Wechselverkehrszeichen (siehe Abschnitt 12), zeigen aber immer das gleiche Zeichen. Die Erfahrung lässt vermuten, dass sie (zumindest derzeit) sicherer erkannt und häufiger befolgt werden als normal ausgeführte Verkehrszeichen. Wegen des erheblichen Aufwands sollten diese aktiv leuchtenden Ausführungen nur in absoluten Ausnahmefällen erwogen werden.
- Die Auffälligkeit eines Verkehrszeichens kann schließlich dadurch erhöht werden, dass es mit einem gelben Blinklicht ergänzt wird. Um die aufmerksamkeitssteigernde Wirkung dieser Kombination von Zeichen und Blinklicht zu erhalten, soll davon besonders sparsam Gebrauch gemacht werden (VwV-StVO zu § 38). In besonderem Maße ist das gelbe Blinklicht dort vertretbar, wo zum einen das Übersehen einer durch Zeichen getroffenen Regelung die Sicherheit erheblich beeinträchtigt (z. B. Vorfahrt gewähren, Fußgängerüberweg, Arbeitsstelle, vorgeschriebene Fahrtrichtung, vorgeschriebene Vorbeifahrt) **und** zum anderen Besonderheiten vorliegen, die mit hoher Wahrscheinlichkeit zu einem Übersehen der Zeichen führen (z. B. schlechte Erkennbarkeit eines Fußgängerüberwegs hinter einer Kuppe oder einer Kurve, Neuregelung provisorisch oder dauernd, Wechsel der Vorfahrt). Steht das betreffende Zeichen auf beiden Straßenseiten, sollte auch das gelbe Blinklicht beiderseits angebracht sein. Bei einer nur vorübergehenden Zuordnung eines gelben Blinklichts zu einem Verkehrszeichen (z. B. in der ersten Zeit nach einer Vorfahrtänderung) dürfen gelb blinkende, transportable Leuchten verwendet werden, die notfalls so abzuschirmen sind, dass das Licht nur in Richtung des ankommenden Verkehrs blinkt. Bei Dauerregelung ist ein normaler Einfeld-Signalgeber zu verwenden. Dann wird auch eine dauerhafte Energieversorgung benötigt. Das Blinklicht soll sich in der Regel über dem Zeichen befinden. Über die Verwendung gelber Blinklichter bei Wechselverkehrszeichen siehe Abschnitt 12.3, bei Arbeitsstellen siehe auch die Regelungen zu Arbeitsstellenbeschilderung in Abschnitt 7.

Zu Abschnitt 2.8

StVO
§ 38
Blaues Blinklicht
und gelbes Blinklicht

(3) Gelbes Blinklicht warnt vor Gefahren. Es kann ortsfest oder von Fahrzeugen aus verwendet werden. Die Verwendung von Fahrzeugen aus ist nur zulässig, um vor Arbeits- oder Unfallstellen, vor ungewöhnlich langsam fahrenden Fahrzeugen oder vor Fahrzeugen mit ungewöhnlicher Breite oder Länge oder mit ungewöhnlich breiter oder langer Ladung zu warnen.

VwV-StVO
zu § 38
Blaues Blinklicht
und gelbes Blinklicht

3 II. Ortsfestes gelbes Blinklicht sollte nur sparsam verwendet werden und nur dann, wenn die erforderliche Warnung auf andere Weise nicht deutlich genug gegeben werden kann. Empfehlenswert ist vor allem, es anzubringen, um den Blick des Kraftfahrers auf Stellen zu lenken, die außerhalb seines Blickfeldes liegen, z. B. auf ein negatives Vorfahrtzeichen (Zeichen 205 und 206), wenn der Kraftfahrer wegen der baulichen Beschaffenheit der Stelle nicht ausreichend klar erkennt, dass er wartepflichtig ist. Aber auch auf eine Kreuzung selbst kann so hingewiesen werden, wenn diese besonders schlecht erkennbar oder aus irgendwelchen Gründen besonders gefährlich ist. Vgl. auch Nummer VI zu § 37 Abs. 2 Nr. 1 und 2; Rn. 14. Im gelben Blinklicht dürfen nur schwarze Sinnbilder für einen schreitenden Fußgänger, ein Fahrrad, eine Straßenbahn, einen Kraftomnibus, einen Reiter oder ein schwarzer Pfeil gezeigt werden.

StVO
§ 39
Verkehrszeichen

(4) Verkehrszeichen können auf einer weißen Trägertafel aufgebracht sein. Abweichend von den abgebildeten Verkehrszeichen können in Wechselverkehrszeichen die weißen Flächen schwarz und die schwarzen Sinnbilder und der schwarze Rand weiß sein, wenn diese Zeichen nur durch Leuchten erzeugt werden.

VwV-StVO
zu den §§ 39 bis 43
Allgemeines über
Verkehrszeichen
und Verkehrs-
einrichtungen

III. Allgemeines über Verkehrszeichen

7 1. ... Mehrere Verkehrszeichen oder ein Verkehrszeichen mit wenigstens einem Zusatzzeichen dürfen gemeinsam auf einer weißen Trägertafel aufgebracht werden. Die Trägertafel hat einen schwarzen Rand und einen weißen Kontraststreifen. Zusatzzeichen werden jeweils von einem zusätzlichen schwarzen Rand gefasst. Einzelne Verkehrszeichen dürfen nur auf einer Trägertafel aufgebracht sein, wenn wegen ungünstiger Umfeldbedingungen eine verbesserte Wahrnehmbarkeit erreicht werden soll.

...

3. Größe der Verkehrszeichen

12 a) Die Ausführung der Verkehrszeichen und Verkehrseinrichtungen ist auf das tatsächliche Erfordernis zu begrenzen; unnötig groß dimensionierte Zeichen sind zu vermeiden.

...

30 b) Wo nötig, vor allem an besonders gefährlichen Straßenstellen, können die Verkehrszeichen auf beiden Straßenseiten, bei getrennten Fahrbahnen auf beiden Fahrbahnseiten aufgestellt werden.

...

11. Häufung von Verkehrszeichen

33 Weil die Bedeutung von Verkehrszeichen bei durchschnittlicher Aufmerksamkeit zweifelsfrei erfassbar sein muss, sind Häufungen von Verkehrszeichen zu vermeiden. Es ist daher stets vorrangig zu prüfen, auf welche vorgesehenen oder bereits vorhandenen Verkehrszeichen verzichtet werden kann.

34 Sind dennoch an einer Stelle oder kurz hintereinander mehrere Verkehrszeichen unvermeidlich, muss dafür gesorgt werden, dass die für den fließenden Verkehr wichtigen besonders auffallen. Kann dies nicht realisiert werden oder wird ein für den fließenden Verkehr bedeutsames Verkehrszeichen an der betreffenden Stelle nicht erwartet, ist jene Wirkung auf andere Weise zu erzielen (z. B. durch Übergröße oder gelbes Blinklicht).

...

40 b) Dicht hintereinander sollen Verkehrszeichen für den fließenden Verkehr nicht folgen. Zwischen Pfosten, an denen solche Verkehrszeichen gezeigt werden, sollte vielmehr ein so großer Abstand bestehen, dass der Verkehrsteilnehmer bei der dort gefahrenen Geschwindigkeit Gelegenheit hat, die Bedeutung der Verkehrszeichen nacheinander zu erfassen.

2.9 Zustandsüberwachung

2.9.1 Allgemeines

Die angebrachten Verkehrszeichen sind dauerhaft in einem Zustand zu erhalten, der der verkehrsrechtlichen Anordnung entspricht. Außerdem sind sie regelmäßig auf ihre Erforderlichkeit, Geeignetheit und Angemessenheit zu überprüfen.

Die dauerhafte Erhaltung der Verkehrszeichen und Verkehrseinrichtungen selbst obliegt dem Straßenbaulastträger, der dafür regelmäßige Streckenkontrollen bis hin zum täglichen und wöchentlichen Rhythmus durchführen und die ggf. erforderlichen Maßnahmen ergreifen muss (siehe Abschnitt 12.12).

Die Überprüfung der Erforderlichkeit, Geeignetheit und Angemessenheit der zugrundeliegenden Anordnung obliegt den Straßenverkehrsbehörden, die dazu unter anderem regelmäßige Verkehrsschauen veranlassen und durchführen müssen (siehe Abschnitt 2.9.2). Außerdem ist es sinnvoll, das aktuelle Unfallgeschehen entsprechend auszuwerten und ggf. zum Anlass zu nehmen, die Anordnungen zu überprüfen (siehe Abschnitt 2.9.3).

2.9.2 Verkehrsschauen

Es gehört zu den Amtspflichten der Straßenverkehrsbehörden, die Verkehrsregelungen regelmäßig auf ihre Erforderlichkeit, Geeignetheit und Angemessenheit zu überprüfen.

Abschnitt IV der VwV-StVO zu § 45 (Verkehrszeichen und Verkehrseinrichtungen) zu Absatz 3 präzisiert diese Überprüfung. Er fordert, dass sie „bei jeder Gelegenheit", mindestens aber als formelle Verkehrsschau alle zwei Jahre erfolgen soll.

Die zuständigen obersten Landesbehörden sorgen durch entsprechende Erlasse dafür, dass bei der Verkehrsschau gleiche Maßstäbe angelegt werden; sie haben von Zeit zu Zeit eigene Landesverkehrsschauen durchzuführen. Eine fällige Verkehrsschau darf nur mit Zustimmung der höheren Verwaltungsbehörde unterbleiben.

Ziel der Verkehrsschau ist nicht die kontinuierliche Überwachung des Zustands der Beschilderung. Dies ist Bestandteil der Straßenbaulast und daher vom Straßenbaulastträger (im Rahmen seiner regelmäßigen Kontrollfahrten) zu leisten (siehe Abschnitt 12 auch zur genaueren Abgrenzung). Die Verkehrsschauen dienen dazu, die Notwendigkeit und Zweckmäßigkeit der Anordnung zu überprüfen und ggf. dahingehend zu Verbesserungen zu kommen. Das schließt auch die Aufhebung inzwischen unzweckmäßiger Anordnungen ein.

Aus der amtlichen Begründung zur Verordnung zur Neufassung der Straßenverkehrs-Ordnung im Jahr 2012 (Bundesrats-Drucksache 428/12):

„Jedes aufgestellte Verkehrszeichen hat seine Begründung oder seine Geschichte. Ein Verkehrszeichen kennzeichnet häufig eine bestimmte Rechtssituation und gewährleistet auch Rechtssicherheit an dem konkreten Aufstellort. Das Wegnehmen des Verkehrszeichens schafft damit in vielen Fällen eine neue Rechtssituation, deren Auswirkungen bedacht werden müssen. Dabei ist künftig das Ziel, den Abbau des ‚Schilderwaldes' – und damit die Eigenverantwortung der Verkehrsteilnehmer und die Möglichkeiten zur Verbesserung der verbleibenden Beschilderung – voranzutreiben, zu berücksichtigen. Indem von den Verkehrsteilnehmern mehr Eigenverantwortung eingefordert wird, ist dies für die Sicherheit und Ordnung des heute massenhaften Straßenverkehrs, da die allgemeinen Verkehrsregeln an jedem Ort und in jeder Verkehrssituation gelten, zielführender als nur punktuell wirksame Verkehrszeichenregelungen. Gleichzeitig bedeutet dies aber auch, dass die baulichen und gestalterischen Merkmale des Straßenraums als primäre Informationsgrundlage für die Verkehrsteilnehmer an Bedeutung gewinnen werden. Zu bedenken ist deshalb auch, dass Verkehrszeichen nicht oder allenfalls nur vorübergehend zum Ausgleich von baulichen Problemen dienen dürfen."

Um die Notwendigkeit und Wirkung der Beschilderung angemessen beurteilen zu können, ist es erforderlich, die Situation aus der Fahrerperspektive, notfalls vom Fahrersitz eines in Bewegung befindlichen Kraftfahrzeugs aus zu beurteilen. Dabei ist insbesondere auch zu berücksichtigen, dass je nach Verkehrszustand, Witterung und Tageszeit sehr unterschiedliche Eindrücke und Wirkungen entstehen können. Insbesondere ist es nötig, Verkehrsschauen auch bei Nacht durchzuführen. Dort, wo für Behinderte und alte Menschen besondere Vorkehrungen zu treffen sind, geben die Kommentare zu DIN 18040-1 und 18040-2, Ausgabe 2012, DIN Media, zweckdienliche Hinweise.

2.9.2 Verkehrsschauen

Außerdem haben sich die folgenden Grundsätze für die Verkehrsschau bewährt:

1. Zu der Verkehrsschau, die alle zwei Jahre zu erfolgen hat – auf Straßen mit erheblicher Verkehrsbedeutung und dort, wo sich Unfälle häufen, alljährlich – sind in der Regel von der Straßenverkehrsbehörde einzuladen:
   - Straßenbaubehörde
   - Träger der Straßenbaulast
   - Polizei
   - sofern erforderlich, sachverständige Vertreter aus Kreisen der Verkehrsteilnehmer (z. B. Automobilclubs, Verkehrswacht).

   Werden Übergänge von Schienenbahnen überprüft, so sind stets auch Vertreter der Bahnunternehmen und die für die technische Bahnaufsicht zuständigen Stellen hinzuzuziehen. Der Einladung sollten Informationen über den Ablauf beigefügt sein.
2. Eine sorgfältig durchgeführte Verkehrsschau für den Bereich einer Straßenverkehrsbehörde dauert in der Regel mehrere Tage. Oftmals ist es jedoch für geladene Sachverständige aus Zeitmangel nicht möglich, an der gesamten Verkehrsschau teilzunehmen. Daher sollte angestrebt werden, die Überprüfung der wichtigen, stark belasteten Straßen und der Bereiche mit besonderen Unfallhäufungen vorzunehmen, solange auch die sachverständigen Vertreter anwesend sind.
3. Um die Dauer der Verkehrsschauen zu begrenzen, empfiehlt es sich, den gesamten Zuständigkeitsbereich in mehrere Teilgebiete aufzugliedern, die einzeln überprüft werden (z. B. zwölf Teilgebiete, von denen alle zwei Monate eines überprüft wird). Für Städte ab etwa 10 000 Einwohnern sollten zweckmäßigerweise gesonderte Verkehrsschauen abgehalten werden.
4. Von Zeit zu Zeit sind Nachtverkehrsschauen abzuhalten, um die Wirkung der Verkehrszeichen und -einrichtungen bei Dunkelheit zu prüfen. Dabei ist besonderes Augenmerk darauf zu richten, ob die Reflexion der Zeichen, die mit zunehmendem Alter nachlässt, noch hinreichend gut ist. Siehe auch unter Abschnitt 2.3.2.
5. Die Übergänge von Schienenbahnen können getrennt geprüft werden. Dadurch kann eine stärkere Vereinheitlichung der zu treffenden Sicherungsmaßnahmen erzielt und die Teilnahme der Vertreter von Bahnunternehmen und technischer Bahnaufsicht effizienter genutzt werden.
6. Oft leiden Verkehrsschauen darunter, dass der Teilnehmerkreis zu groß ist. Es ist daher anzustreben, den Teilnehmerkreis möglichst klein zu halten.
7. Termin und Umfang der Verkehrsschau sind zweckmäßigerweise rechtzeitig der höheren Verwaltungsbehörde anzuzeigen. Eine fällige Verkehrsschau darf nur mit Zustimmung der höheren Verwaltungsbehörde unterbleiben. Es empfiehlt sich, bei den höheren Verwaltungsbehörden ein Verzeichnis der fälligen und abgehaltenen Verkehrsschauen zu führen.
8. Eine wichtige Grundlage für Entscheidungen bei der Verkehrsschau stellen die Unfallunterlagen dar. Es ist dafür zu sorgen, dass dieses Material sowie ggf. andere Unterlagen (z. B. fachliche Anregungen, Verkehrszählergebnisse, aber auch Unterlagen aus der Inventarisierung der Beschilderung, siehe Abschnitt 12.12.2) verfügbar sind.
9. Wenn möglich, soll für die Verkehrsschau ein Kleinomnibus zur Verfügung stehen, damit alle Beteiligten auf der Fahrt und auch beim Halten Beobachtungen austauschen und diskutieren können.
10. Es hat sich als zweckmäßig erwiesen, Kopien der Niederschrift an alle die Stellen zu senden, die für die Ausführung der erforderlichen Maßnahmen zuständig sind, und diese zu bitten, die Erledigung der geforderten Maßnahmen der Straßenverkehrsbehörde zu bestätigen.
11. Die „Grundregeln für das Anbringen von Verkehrszeichen und Verkehrseinrichtungen" (siehe Abschnitt 0) sind stets im Auge zu behalten. Dabei ist auch zu prüfen, ob die örtlich getroffenen Anordnungen von Verkehrszeichen zwingend geboten waren oder ob die Berechtigung für den Verbleib einzelner Zeichen noch gegeben ist.

Weitere Hinweise für die Durchführung von Verkehrsschauen sind enthalten im

- „Merkblatt für die Durchführung von Verkehrsschauen (M DV)", Ausgabe 2013, FGSV Verlag.

Außerdem existiert ein

- „Leitfaden zur Durchführung von Bahnübergangsschauen", Ausgabe 2003,

der vom Bund-Länder-Fachausschuss „Straßenverkehrs-Ordnung" (BLFA-StVO) erarbeitet wurde, vom Eisenbahn-Bundesamt herausgegeben wird und als Webdokument verfügbar ist (https://www.eba.bund.de).

Zu Abschnitt 2.9.2

VwV-StVO zu § 45 Verkehrszeichen und Verkehrseinrichtungen

Zu Absatz 3

56 IV. Überprüfung der Verkehrszeichen und Verkehrseinrichtungen

1. Die Straßenverkehrsbehörden haben bei jeder Gelegenheit die Voraussetzungen für einen reibungslosen Ablauf des Verkehrs zu prüfen. Dabei haben sie besonders darauf zu achten, dass die Verkehrszeichen und die Verkehrseinrichtungen, auch bei Dunkelheit, gut sichtbar sind und sich in gutem Zustand befinden, dass die Sicht an Kreuzungen, Bahnübergängen und Kurven ausreicht und ob sie sich noch verbessern lässt. Gefährliche Stellen sind darauf zu prüfen, ob sie sich ergänzend zu den Verkehrszeichen oder an deren Stelle durch Verkehrseinrichtungen wie Leitpfosten, Leittafeln oder durch Schutzplanken oder durch bauliche Maßnahmen ausreichend sichern lassen. Erforderlichenfalls sind solche Maßnahmen bei der Straßenbaubehörde anzuregen. Straßenabschnitte, auf denen sich häufig Unfälle bei Dunkelheit ereignet haben, müssen bei Nacht besichtigt werden.

57 2. a) Alle zwei Jahre haben die Straßenverkehrsbehörden zu diesem Zweck eine umfassende Verkehrsschau vorzunehmen, auf Straßen von erheblicher Verkehrsbedeutung und überall dort, wo nicht selten Unfälle vorkommen, alljährlich, erforderlichenfalls auch bei Nacht. Das Fernstraßen-Bundesamt oder die auf Grund des § 6 des Infrastrukturgesellschaftserrichtungsgesetzes beliehene Gesellschaft privaten Rechts führen auf den mit Zeichen 330.1 und 330.2 gekennzeichneten Autobahnen in der Baulast des Bundes regelmäßig Verkehrsschauen durch. An den Verkehrsschauen haben sich die für die Autobahn örtlich zuständigen Länder-Polizeien zu beteiligen. Über die Durchführung der Verkehrsschau ist eine Niederschrift zu fertigen. An den Verkehrsschauen haben sich die Polizei und die Straßenbaubehörden zu beteiligen; auch die Träger der Straßenbaulast, die öffentlichen Verkehrsunternehmen und ortsfremde Sachkundige aus Kreisen der Verkehrsteilnehmer sind dazu einzuladen. Bei der Prüfung der Sicherung von Bahnübergängen sind die Bahnunternehmen, für andere Schienenbahnen gegebenenfalls die für die technische Bahnaufsicht zuständigen Behörden hinzuzuziehen. Über die Durchführung der Verkehrsschau ist eine Niederschrift zu fertigen.

58 b) Eine Verkehrsschau darf nur mit Zustimmung der höheren Verwaltungsbehörde unterbleiben.

59 c) Die zuständigen obersten Landesbehörden sorgen dafür, dass bei der Verkehrsschau überall die gleichen Maßstäbe angelegt werden. Sie führen von Zeit zu Zeit eigene Landesverkehrsschauen durch, die auch den Bedürfnissen überörtlicher Verkehrslenkung dienen. Dies gilt nicht für mit Zeichen 330.1 und 330.2 gekennzeichnete Autobahnen in der Baulast des Bundes.

2.9.3 Unfallanalysen

Eines der wesentlichen Ziele von Regelungen des Straßenverkehrs ist es, dessen Sicherheit zu erhöhen. Daher ist es sehr wichtig, das tatsächliche Unfallgeschehen umfassend und selbstkritisch zu analysieren.

Aus diesem Grund werden in Deutschland schon seit vielen Jahren die Verkehrsunfälle systematisch erfasst und ausgewertet. Insbesondere wird für jeden Unfall einer gewissen Schwere ein Unfalldatenblatt angelegt, das vordergründig für eine eventuelle Strafverfolgung und für statistische Zwecke vorgesehen ist. Mit Hilfe solcher Unfalldatenblätter ist aber auch eine systematische Auswertung der örtlichen Unfalldaten möglich. *Bild 2.20* zeigt ein Beispiel für ein solches Formular. Um die Unfallanalyse zu erleichtern, unterscheidet man nach zehn Unfallarten und sieben Unfalltypen. Außerdem sollten für jeden in die Untersuchung einzubeziehenden Unfall mindestens folgende Angaben vorliegen: Unfalldatum, Unfallzeit, Unfallstelle, Unfallhergang, Unfallskizze, besondere Umstände (z. B. Wetter, Straßenzustand, Verkehrsverhältnisse).

Zur Vorbereitung der Entscheidungen über straßenverkehrsrechtliche Maßnahmen werden die Unfallberichte zu Unfalltypen-Steckkarten und – an darin erkennbaren Unfallhäufungspunkten – zu Unfalldiagrammen aufbereitet. Nähere Informationen dazu sind zu finden in:

2.9.3 Unfallanalysen

- „Merkblatt zur Örtlichen Unfalluntersuchung in Unfallkommissionen (M Uko)“, Ausgabe 2012, FGSV Verlag.

Insbesondere ist es wichtig, zunächst diejenigen Stellen zu erkennen, an denen sich absolut oder im Verhältnis zu geeigneten Kenngrößen (z. B. Abschnittslänge, Verkehrsmenge) überdurchschnittlich viele Unfälle ereignen, und dann mit Ursachenforschung (siehe Abschnitt 2.4.5) zu untersuchen, welche Probleme vorliegen, und Verbesserungsvorschläge zu erarbeiten, mit denen diese Häufungen durch Umgestaltung der Straßenanlage oder andere Verkehrsregelungen zukünftig vermieden werden können.

Die absoluten Zahlen der Unfälle, die einer bestimmten Stelle oder einem bestimmten Bereich zuzuordnen sind, haben zunächst einmal nur eine begrenzte Aussagekraft. Sie können zur Priorisierung von Verbesserungsmaßnahmen und in der nötigen Abwägung als Gegengewicht zu den Kosten und sonstigen Nachteilen von solchen Maßnahmen dienen. Will man abschätzen, ob die Unfallzahlen an einer solchen Stelle oder in einem solchen Bereich „nur“ Ausfluss des „normalen“, mit der Nutzung bestimmter Technologien verbundenen Restrisikos (vgl. „allgemeines Risiko“ nach § 45 Abs. 9 Satz 3 StVO) sind oder eher zu hoch, so empfiehlt es sich, die Unfallzahlen auf Vergleichszahlen, z. B. auf die Bevölkerungszahl, die Anzahl der zugelassenen Fahrzeuge oder auf die Anzahl der Verkehrsvorgänge, zu beziehen. In den Regelwerken werden diese bezogenen Größen mit eingeführten Begriffen bezeichnet, z. B. „Unfalldichte“ oder „Unfallkostenrate“. Diese bezogenen oder relativen Unfallkenngrößen eignen sich besser für Vergleiche.

Für großräumige Betrachtungen und Vergleiche können hilfreich sein

- „Empfehlungen für die Sicherheitsanalyse von Straßennetzen (ESN)“, Ausgabe 2003, FGSV Verlag.

Da im Bereich der Unfallanalyse die Zusammenarbeit von Straßenverkehrsbehörden, Straßenbaubehörden und Polizei besonders wichtig ist, sieht die VwV-StVO zu § 44 Sachliche Zuständigkeit vor, dass diese Beteiligten formelle Unfallkommissionen bilden (die in den einzelnen Bundesländern unterschiedlich organisiert sind).

Außerdem haben das Europäische Parlament und der Europäische Rat im Jahr 2008 eine Richtlinie über das Sicherheitsmanagement für die Straßeninfrastruktur (EU-Abl. L 319/59 vom

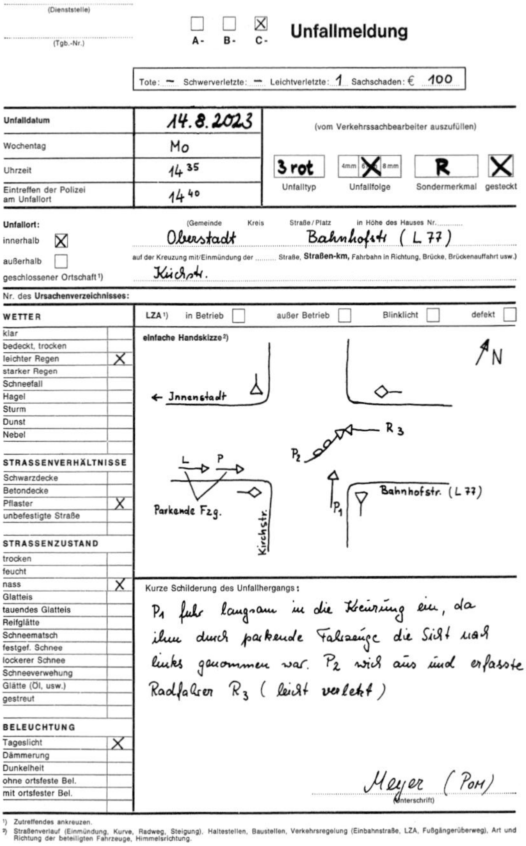

(Dienststelle)

(Tgb.-Nr.)

☐ A- ☐ B- ☒ C-

Unfallmeldung

Tote: – Schwerverletzte: – Leichtverletzte: 1 Sachschaden: € 100

Unfalldatum	14.8.2023	(vom Verkehrssachbearbeiter auszufüllen)
Wochentag	Mo	
Uhrzeit	14³⁵	3 rot (Unfalltyp) – 4mm / ☒ 6mm / 8mm (Unfallfolge) – R (Sondermerkmal) – ☒ (gesteckt)
Eintreffen der Polizei am Unfallort	14⁴⁰	

Unfallort: innerhalb ☒ außerhalb ☐ geschlossener Ortschaft[1])

(Gemeinde Kreis Straße/Platz in Höhe des Hauses Nr. ......) Oberstadt Bahnhofstr (L 77)

auf der Kreuzung mit/Einmündung der ...... Straße, **Straßen-km,** Fahrbahn in Richtung, Brücke, Brückenauffahrt usw.) Kirchstr.

Nr. des **Ursachenverzeichnisses:**

LZA[1]) in Betrieb ☐ außer Betrieb ☐ Blinklicht ☐ defekt ☐

WETTER	
klar	
bedeckt, trocken	
leichter Regen	X
starker Regen	
Schneefall	
Hagel	
Sturm	
Dunst	
Nebel	

STRASSENVERHÄLTNISSE	
Schwarzdecke	
Betondecke	
Pflaster	X
unbefestigte Straße	

STRASSENZUSTAND	
trocken	
feucht	
nass	X
Glatteis	
tauendes Glatteis	
Reifglätte	
Schneematsch	
festgef. Schnee	
lockerer Schnee	
Schneeverwehung	
Glätte (Öl, usw.)	
gestreut	

BELEUCHTUNG	
Tageslicht	X
Dämmerung	
Dunkelheit	
ohne ortsfeste Bel.	
mit ortsfester Bel.	

einfache Handskizze[2])

Kurze Schilderung des Unfallhergangs: P1 fuhr langsam in die Kreuzung ein, da ihm durch parkende Fahrzeuge die Sicht nach links genommen war. P2 wich aus und erfasste Radfahrer R3 (leicht verletzt)

Meyer (PoM)
(Unterschrift)

1) Zutreffendes ankreuzen.
2) Straßenverlauf (Einmündung, Kurve, Radweg, Steigung), Haltestellen, Baustellen, Verkehrsregelung (Einbahnstraße, LZA, Fußgängerüberweg), Art und Richtung der beteiligten Fahrzeuge, Himmelsrichtung.

Bild 2.20 Beispiel eines Formulars, in das in einfachster Form alle für die örtliche Unfalluntersuchung wichtigen Angaben eingetragen werden können Quelle: M Uko

29.11.2008) beschlossen und diese mit einer weiteren Richtlinie im Jahr 2019 fortgeschrieben (EU-Abl. L 305/1 vom 26.11.2019), die unter anderem auch regelmäßige Sicherheitsuntersuchungen und -überprüfungen vorsehen. Die dort beschriebenen Anforderungen werden in Deutschland auch durch die zuvor beschriebene Vorgehensweise weitgehend erfüllt. Hinzu kommen insbesondere Berichtspflichten. Mit der Fortschreibung wurde der Gestaltungsbereich der Richtlinien vom Transeuropäischen Straßennetz auf alle Fernstraßen bis zu der höchsten nationalen Straßenkategorie unterhalb der Kategorie „Autobahn“ ausgeweitet. Außerdem soll besonderes Augenmerk auf die Sicherheit der „ungeschützten Verkehrsteilnehmer“ (wie Fußgänger, Radfahrer) gelegt werden. Nähere Informationen zur Umsetzung in Deutschland sind zu finden im

- ARS 25/2021 (StB 26/7122.1/4-3597316) „Straßeninfrastruktur-Sicherheitsmanagement“ vom 19.11.2021 (VkBl. S. 1160),

in dem auch auf die

- „Richtlinien für das Sicherheitsaudit von Straßen (RSAS)“, Ausgabe 2019, FGSV Verlag

hingewiesen wird.

Zu Abschnitt 2.9.3

StVO § 45 Verkehrszeichen und Verkehrseinrichtungen

(9) ... Insbesondere Beschränkungen und Verbote des fließenden Verkehrs dürfen nur angeordnet werden, wenn auf Grund der besonderen örtlichen Verhältnisse eine Gefahrenlage besteht, die das allgemeine Risiko einer Beeinträchtigung der in den vorstehenden Absätzen genannten Rechtsgüter erheblich übersteigt. ...

VwV-StVO zu § 44 Sachliche Zuständigkeit

1 I. Zur Bekämpfung der Verkehrsunfälle haben Straßenverkehrsbehörde, Straßenbaubehörde und Polizei eng zusammenzuarbeiten, um zu ermitteln, wo sich die Unfälle häufen, worauf diese zurückzuführen sind, und welche Maßnahmen ergriffen werden müssen, um unfallbegünstigende Besonderheiten zu beseitigen. Hierzu sind Unfallkommissionen einzurichten, deren Organisation, Zuständigkeiten und Aufgaben Ländererlasse regeln; dies gilt nicht für mit Zeichen 330.1 und 330.2 gekennzeichnete Autobahnen in der Baulast des Bundes.

Für die örtliche Untersuchung von Verkehrsunfällen an Bahnübergängen gelten dabei wegen ihrer Besonderheiten ergänzende Bestimmungen.

2 II. Das Ergebnis der örtlichen Untersuchungen dient der Polizei als Unterlage für zweckmäßigen Einsatz, den Verkehrsbehörden für verkehrsregelnde und den Straßenbaubehörden für straßenbauliche Maßnahmen.

3 III. Dazu bedarf es der Anlegung von Unfalltypensteckkarten oder vergleichbarer elektronischer Systeme, wobei es sich empfiehlt, bestimmte Arten von Unfällen in besonderer Weise, etwa durch die Verwendung verschiedenfarbiger Nadeln, zu kennzeichnen. Außerdem sind Unfallblattsammlungen zu führen oder Unfallstraßenkarteien anzulegen. Für Straßenstellen mit besonders vielen Unfällen oder mit Häufungen gleichartiger Unfälle sind Unfalldiagramme zu fertigen. Diese Unterlagen sind sorgfältig auszuwerten; vor allem Vorfahrtunfälle, Abbiegeunfälle, Unfälle mit kreuzenden Fußgängern und Unfälle infolge Verlustes der Fahrzeugkontrolle weisen häufig darauf hin, dass die bauliche Beschaffenheit der Straße mangelhaft oder die Verkehrsregelung unzulänglich ist.

4 IV. Welche Behörde diese Unterlagen zu führen und auszuwerten hat, richtet sich nach Landesrecht. Jedenfalls bedarf es engster Mitwirkung auch der übrigen beteiligten Behörden.

5 V. Wenn örtliche Unfalluntersuchungen ergeben haben, dass sich an einer bestimmten Stelle regelmäßig Unfälle ereignen, ist zu prüfen, ob es sich dabei um Unfälle ähnlicher Art handelt. Ist das der Fall, so kann durch verkehrsregelnde oder bauliche Maßnahmen häufig für eine Entschärfung der Gefahrenstelle gesorgt werden. Derartige Maßnahmen sind in jedem Fall ins Auge zu fassen, auch wenn in absehbarer Zeit eine völlige Umgestaltung geplant ist.

Generelle Nutzungs-regelungen

3

3.1 Allgemeines

In Abschnitt 3 werden solche Ge- oder Verbote behandelt, die grundsätzlich regeln, von welchen Verkehrsteilnehmern die Straßenfläche oder Teile von ihr genutzt werden dürfen.

Die klassische Nutzungsregelung ist das Verbot bestimmter Arten von Fahrzeugen (oder anderer Verkehrsteilnehmer) wie Kraftfahrzeugen, Motorrädern, Fahrrädern oder Fußgängern in erster Linie aus verkehrlichen Gründen (behandelt in Abschnitt 3.2) oder das Verbot von Fahrzeugen mit bestimmten momentanen Eigenschaften (Gewicht, Länge, Breite) in erster Linie aus straßen- oder brückenbedingten Gründen (behandelt in Abschnitt 3.3). Weitere Beschränkungen können zum Schutz des Umfelds ausgesprochen werden (siehe Abschnitt 3.4).

Bei den Sonderwegen, also Wegen, die für eine oder wenige Verkehrsarten erstellt und vorgehalten werden (Fußgängerwege, Radwege, Busfahrstreifen) und die in Abschnitt 3.5 behandelt werden, werden in der Regel Nutzungsgebote ausgesprochen, die gleichzeitig diesen Fahrzeugarten verbieten, die restliche Straßenfläche zu nutzen, und die restlichen Verkehrsarten davon ausschließen, den Sonderweg zu benutzen. Aber auch hier ist es möglich, den Sonderweg durch ein Verbot konkurrierender Verkehrsarten anzuordnen (z. B. einen abgesetzten Geh- und Radweg durch das Verbot von Kraftwagen und Krafträdern, ggf. mit dem Zusatz „landwirtschaftlicher Verkehr frei").

Beschränkungen des ruhenden Verkehrs (Halten und Parken) werden in Abschnitt 3.6 behandelt.

Beim Anordnen von allgemeinen Nutzungsregelungen ist die Widmung der Verkehrsfläche nach dem Straßen(bau)recht zu beachten. Durch die Widmung zur öffentlichen Straße wird grundsätzlich das Recht zur allgemeinen Nutzung („Gemeingebrauch") eingeräumt, das nicht ohne Weiteres eingeschränkt werden darf.

Das hängt u. a. damit zusammen, dass für den Bau oder die wesentliche Änderung einer öffentlichen Straße nach sorgfältiger Abwägung aller öffentlichen und privaten Belange gewisse Sonderrechte (z. B. Enteignung, Duldung von Auswirkungen) in Anspruch genommen werden konnten und meist nicht unerhebliche öffentliche Mittel verausgabt wurden. Die Widmung soll sicherstellen, dass angesichts der in die Gesamtabwägung eingestellten Nachteile für die Gesellschaft auch die angestrebten Vorteile realisiert werden. (Wird aufgrund aktueller Entwicklungen diese Gesamtabwägung infrage gestellt, so ist nach Straßenrecht eine neue Gesamtabwägung vorzunehmen, was möglicherweise zu einer Änderung der Widmung oder gar zur Einziehung der Straße führt.)

Straßenrechtliche Widmung und straßenverkehrsrechtliche Nutzungsregelungen müssen also grundsätzlich übereinstimmen. Das schließt nicht aus, dass die Nutzung im Einzelfall aus zwingenden Gründen weiter eingeschränkt wird (Baustellen, Straßenfeste ...), solange die Widmung nicht grundsätzlich infrage gestellt wird. Nicht erlaubt durch straßenverkehrsrechtliche Anordnungen sind aber Erweiterungen der Widmung oder die völlige Aufhebung der wegerechtlichen Öffentlichkeit. Diese Tatbestände müssen vorher straßenrechtlich behandelt werden. Für Einzelheiten wird auf die Kommentierung des Fernstraßengesetzes und der Landesstraßengesetze verwiesen.

Vor allem bei gemeinsamen Geh- und Radwegen entlang schnell befahrener Außerortsstraßen ergeben sich in jüngerer Zeit immer wieder Diskrepanzen zwischen der sich aus den straßenrechtlichen Verfahren ergebenden Zweckbestimmung der Querschnittsteile (Fahrbahn für den schnellen Verkehr, Geh- und Radweg für den im Vergleich dazu langsameren Verkehr) und der von manchen Nutzergruppen gewünschten verkehrlichen Nutzung. Das gilt vor allem dann, wenn diese Wege nicht vorrangig zur Gewährleistung der Sicherheit, sondern zur Förderung der Leichtigkeit des Gesamtverkehrs geplant und gebaut wurden und dann betrieben werden. Die straßenrechtlich vorgesehene (und in die Abwägung eingestellte) Zweckbestimmung kann hier nicht durch die Widmung ausgedrückt werden, da sich die Widmung auf den Gesamtquerschnitt und nicht auf Querschnittsteile, z. B. die Fahrbahn oder den unselbstständigen Geh- und Radweg, bezieht. Näheres dazu im Abschnitt 3.5.3. Das bedeutet jedoch auf der anderen Seite, dass die Entscheidung über die Anordnung einer Benutzungspflicht straßenverkehrsrechtlichen Maßstäben zu folgen hat. Durch die Neufassung von § 45 Abs. 9 StVO (Einfügung der Ausnahme vom Nachweis einer Gefahrenlage, infolge besonderer örtlicher Verhältnisse, die das allgemeine Risiko einer Beeinträchtigung der in den vorstehenden Abs. des § 45 StVO genannten Rechtsgüter erheblich übersteigt, für Sonderwege außerhalb geschlossener Ortschaften) wurde die Anordnung entsprechend solcher Abwägungen erleichtert. Damit werden die Anforderungen an die Erforderlichkeit zur Abwehr bestimmter Gefahren abgeschwächt, ohne jedoch gänzlich in den Hintergrund zu treten. Hinzu kommt, dass die dauerhafte Anordnung bestimmter Nutzungsbeschränkungen bzw. -verbote dem Straßenverkehrsrecht grundsätzlich fremd ist; vielmehr ist dies Sache des Straßenrechts. Möglicherweise wird man hier hinsichtlich Straßenrecht und Entwurf künftig neue Lösungen entwickeln müssen, etwa in Gestalt von Straßen, die auf den auf Kraftfahrstraßen zulässigen Verkehr beschränkt gewidmet und als solche ausgewiesen werden, und parallel verlaufenden, rechtlich eigenständigen Straßen für den übrigen (langsamen) Verkehr.

Wird die Benutzung einer Straße ganz oder für bestimmte Verkehrsarten (z. B. Fahrzeugarten, max. Fahrzeugmassen oder -abmessungen, besondere Gefährdungsarten) verboten, so sind diese Verbote in der Regel nur für den Straßenabschnitt anzuordnen, der tatsächlich nicht benutzbar ist. Gelegentlich ist es sinnvoll, das Verbot für einen größeren Streckenabschnitt anzuordnen, z. B. wenn vor der eigentlichen Engstelle keine Wendemöglichkeit besteht und zwischen dem Verbot und der Engstelle auch keine Ziele für solche Fahrzeuge liegen.

In jedem Fall sollte auf das Verbot schon an der Stelle hingewiesen werden, an der der verbotene Verkehr andere Straßen benutzen muss, um die Verbotsstrecke zu umfahren. Dies gilt insbesondere, wenn sich das Verbot an viele, große oder schwere Fahrzeuge richtet. Damit können unnötige Umwege oder unliebsame Wendemanöver vermieden werden. Die vorzeitigen Hinweise sollen erkennen lassen, wo die eigentliche Sperrung erfolgt, damit Fahrzeuge, die nahe an ihrem Fahrziel sind, sicher entscheiden können, ob sie dem eigentlichen Streckenverlauf folgen müssen (weil sich ihr Ziel vor der Verbotsstrecke befindet) oder die Umleitungsstrecke benutzen müssen (weil sich ihr Ziel hinter der Verbotsstrecke befindet).

Eine Umleitungsbeschilderung (siehe Abschnitt 8.4) ist zu erwägen, wenn die Umfahrung für ortsunkundige Fahrer nicht offensichtlich oder die offensichtliche Umfahrung unerwünscht ist. Bei der Abwägung sind Sicherheit und Leichtigkeit des Verkehrs im Gesamtsystem zu berücksichtigen. Wie viel Aufwand für diese Hinweise um Umleitungsbeschilderungen getrieben werden muss, hängt von der jeweiligen Situation ab, insbesondere davon, wie viele Fahrzeuge betroffen sind oder inwieweit diejenigen, welche die Fahrzeuge führen, ortskundig sind oder nicht usw. So weisen z. B. die „Richtlinien für die Anordnung von verkehrsregelnden Maßnahmen für den Transport gefährlicher Güter auf Straßen" (siehe Abschnitt 3.4.4) ausdrücklich darauf hin, dass es sich „bei den Fahrern von Transporten mit gefährlichen Gütern um Kraftfahrer handelt, die beruflich ein Kraftfahrzeug führen" und dass deswegen „der Beschilderungsaufwand entlang der Umleitungsstrecke entfallen" kann, „sobald auf der Umleitungsstrecke das ursprüngliche Fernziel der Fahrtstrecke erscheint".

Zu Abschnitt 3.1

VwV-StVO zu § 45 Verkehrszeichen und Verkehrseinrichtungen

Zu Absatz 1 bis 1e

45a XIII. Vor der Anordnung von Verkehrsverboten für bestimmte Verkehrsarten durch Verkehrszeichen, wie insbesondere durch Zeichen 242.1 und 244.1, ist mit der für das Straßen- und Wegerecht zuständigen Behörde zu klären, ob eine straßenrechtliche Teileinziehung erforderlich ist. Diese ist im Regelfall notwendig, wenn bestimmte Verkehrsarten auf Dauer vollständig oder weitestgehend von dem durch die Widmung der Verkehrsfläche festgelegten verkehrsüblichen Gemeingebrauch ausgeschlossen werden sollen. Durch Verkehrszeichen darf kein Verkehr zugelassen werden, der über den Widmungsinhalt hinausgeht.

3.2 Allgemeine Nutzungsverbote

3.2.1 Allgemeines

In diesem Abschnitt werden Regelungen beschrieben, die aus allgemeinen verkehrlichen oder umfeldbedingten Gründen die Art des auf der Straße möglichen Verkehrs einschränken, ohne jedoch den Widmungszweck infrage zu stellen.

§ 45 StVO gibt den Straßenverkehrsbehörden das Recht, die Benutzung bestimmter Straßen oder Straßenstrecken u. a. „aus Gründen der Sicherheit und Ordnung des Verkehrs" zu beschränken oder zu verbieten und den Verkehr umzuleiten.

In diesem Abschnitt sind die allgemeinen Nutzungsverbote (Verkehrsverbote) behandelt. Straßen- und brückenbedingte Beschränkungen sind in Abschnitt 3.3, spezielle Anordnungen zum Schutz des Umfeldes in Abschnitt 3.4 behandelt.

3.2.2 Verbot aller Fahrzeuge oder bestimmter Verkehrsarten (Verkehrsverbote)

StVO Anlage 2 Vorschriftzeichen (zu § 41 Absatz 1) Abschnitt 6 Verkehrsverbote		
26		**Ge- oder Verbot** Die nachfolgenden Zeichen 250 bis 261 (Verkehrsverbote) untersagen die Verkehrsteilnahme ganz oder teilweise mit dem angegebenen Inhalt. **Erläuterung** Für die Zeichen 250 bis 259 gilt: 1. Durch Verkehrszeichen gleicher Art mit Sinnbildern nach § 39 Absatz 7 können andere Verkehrsarten verboten werden. 2. Zwei der nachstehenden Verbote können auf einem Schild vereinigt sein.
27		**Ge- oder Verbot** Ist auf einem Zusatzzeichen eine Masse, wie „7,5 t", angegeben, gilt das Verbot nur, soweit die zulässige Gesamtmasse dieser Verkehrsmittel einschließlich ihrer Anhänger die angegebene Grenze überschreitet.
27.1		**Ge- oder Verbot** Mit diesem Zusatzzeichen sind elektrisch betriebene Fahrzeuge von Verkehrsverboten (Zeichen 250, 251, 253, 255, 260) ausgenommen.
28	**Zeichen 250**  **Verbot für Fahrzeuge aller Art**	**Ge- oder Verbot** 1. Verbot für Fahrzeuge aller Art. Das Zeichen gilt nicht für Handfahrzeuge, abweichend von § 28 Absatz 2 auch nicht für Reiter, Führer von Pferden sowie Treiber und Führer von Vieh. 2. Krafträder und Fahrräder dürfen geschoben werden. 3. Durch Zusatzzeichen können besondere Mobilitätsformen zu Erprobungszwecken (§ 45 Absatz 9 Satz 4 Nummer 7a) befristet bis zum 31. Dezember 2028 vom Verkehrsverbot ausgenommen werden.

3.2.2 Verbot aller Fahrzeuge oder bestimmter Verkehrsarten (Verkehrsverbote)

StVO Anlage 2 Vorschriftzeichen (zu § 41 Absatz 1)
Abschnitt 6 Verkehrsverbote

29	**Zeichen 251**  **Verbot für Kraftwagen**	**Ge- oder Verbot** Verbot für Kraftwagen und sonstige mehrspurige Kraftfahrzeuge
30	**Zeichen 253**  **Verbot für Kraftfahrzeuge über 3,5 t**	**Ge- oder Verbot** Verbot für Kraftfahrzeuge mit einer zulässigen Gesamtmasse über 3,5 t, einschließlich ihrer Anhänger, und für Zugmaschinen. Ausgenommen sind Personenkraftwagen und Kraftomnibusse. **Erläuterung** Das Zeichen kann in einer Überleitungstafel oder in einer Verschwenkungstafel oder in einer Fahrstreifentafel integriert sein. Dann bezieht sich das Verbot nur auf den jeweiligen Fahrstreifen, für den das Verbot angeordnet ist.
30.1		**Ge- oder Verbot** Wird Zeichen 253 mit diesen Zusatzzeichen angeordnet, bedeutet dies: 1. Das Verbot ist auf den Durchgangsverkehr mit Nutzfahrzeugen, einschließlich ihrer Anhänger, mit einer zulässigen Gesamtmasse ab 7,5 t beschränkt. 2. Durchgangsverkehr liegt nicht vor, soweit die jeweilige Fahrt a) dazu dient, ein Grundstück an der vom Verkehrsverbot betroffenen Straße oder an einer Straße, die durch die vom Verkehrsverbot betroffene Straße erschlossen wird, zu erreichen oder zu verlassen, b) dem Güterverkehr im Sinne des § 1 Absatz 1 des Güterkraftverkehrsgesetzes in einem Gebiet innerhalb eines Umkreises von 75 km, gerechnet in der Luftlinie vom Mittelpunkt des zu Beginn einer Fahrt ersten Beladeorts des jeweiligen Fahrzeugs (Ortsmittelpunkt), dient; dabei gehören alle Gemeinden, deren Ortsmittelpunkt innerhalb des Gebietes liegt, zu dem Gebiet, oder c) mit im Bundesfernstraßenmautgesetz bezeichneten Fahrzeugen, die nicht der Mautpflicht unterliegen, durchgeführt wird. 3. Ausgenommen von dem Verkehrsverbot ist eine Fahrt, die auf ausgewiesenen Umleitungsstrecken (Zeichen 421, 442, 454 bis 457.2 oder Zeichen 460 und 466) durchgeführt wird, um besonderen Verkehrslagen Rechnung zu tragen. **Erläuterung** Diese Kombination ist nur mit Zeichen 253 zulässig.

3.2.2 Verbot aller Fahrzeuge oder bestimmter Verkehrsarten (Verkehrsverbote)

StVO Anlage 2 Vorschriftzeichen (zu § 41 Absatz 1) Abschnitt 6 Verkehrsverbote		
31	**Zeichen 254**  **Verbot für Radverkehr**	**Ge- oder Verbot** Verbot für den Radverkehr und den Verkehr mit Elektrokleinstfahrzeugen im Sinne der eKFV
32	**Zeichen 255**  **Verbot für Krafträder**	**Ge- oder Verbot** Verbot für Krafträder, auch mit Beiwagen, Kleinkrafträder und Mofas
33	**Zeichen 259**  **Verbot für Fußgänger**	**Ge- oder Verbot** Verbot für den Fußgängerverkehr
34	**Zeichen 260**  **Verbot für Kraftfahrzeuge**	**Ge- oder Verbot** Verbot für Krafträder, auch mit Beiwagen, Kleinkrafträder und Mofas sowie für Kraftwagen und sonstige mehrspurige Kraftfahrzeuge

3.2.2 Verbot aller Fahrzeuge oder bestimmter Verkehrsarten (Verkehrsverbote)

Mit den Zeichen 250 bis 260 kann bestimmten Verkehrsarten das Verkehren auf einer Fahrbahn oder Straße verboten werden (Verkehrsverbot).

Die Verkehrsart wird durch die Art der Verkehrsteilnahme (z. B. zu Fußverkehr, Radverkehr, Lkw-Verkehr) bestimmt. Verbote oder Ausnahmen für bestimmte Personengruppen sind nicht zulässig (Privilegienfeindlichkeit der StVO); es darf nur nach Art der Verkehrsteilnahme unterschieden werden. Verkehrsverbote stellen den schärfsten Eingriff dar, der durch örtliche Anordnungen erfolgen kann. Deshalb ist es besonders wichtig, alle Auswirkungen zu bedenken und gegeneinander abzuwägen. Insbesondere ist zu berücksichtigen, dass der von einem solchen Verbot getroffene Verkehr nicht unterbunden wird, sondern auf andere, unter Umständen noch weniger geeignete Straßen verdrängt wird. Genauere Prognosen über solche Verdrängungseffekte kann ggf. ein verkehrstechnisches Gutachten geben.

Mögliche Gründe für Nutzungsverbote ergeben sich aus § 45 Abs. 1 bis 1b StVO (siehe Zu Abschnitt 2.3.3).

Bei der Abwägung ist insbesondere auch die straßenrechtliche Bestimmung der Straße zu beachten, die wesentliche Grundlage für die bauliche Gestaltung und Finanzierung der Straße war. Verdrängt man etwa „weiträumigen" Verkehr von Bundesstraßen, die nach Straßenrecht „dienen oder zu dienen bestimmt sind" und die für diesen Verkehr gestaltet sind (Lärmschutz, Breite, Belastbarkeit des Aufbaus), auf Kreisstraßen, die je nach Landesstraßengesetz dem „überörtlichen Verkehr" (innerhalb der Kreise oder zwischen den Kreisen) zu dienen bestimmt sind und entsprechend gestaltet sind, so kann das vielfältige Folgen haben bis hin zur Zerstörung der Straße. Umgekehrt kann mit den Zeichen erreicht werden, dass die Straßen bestimmungsgemäß genutzt werden, z. B. indem das schwächer ausgebaute Netz vor anspruchsvollerem Verkehr geschützt wird (Schleichverkehr). Eine umfassende und angemessene Entscheidung erfordert daher rechtzeitige und intensive Beteiligung auch der Straßenbaubehörden (und – über diese – ggf. auch anderer Fachverwaltungen). Dauerhaft dürfen Verkehrsverbote nur angeordnet werden, wenn die straßenrechtliche Widmung der betroffenen Straße entsprechend eingeschränkt wird (Teileinziehung; Vorbehalt des Straßenrechts). Wenn im Zuge von Neu- oder Ausbauplanungen aus planerischen Erwägungen Verkehrsverbote für bestimmte Verkehrsarten angeordnet werden sollen, sollten diese bereits in der Widmung verankert werden (beschränkte Widmung). Dies gilt insbesondere für Kraftfahrstraßen (vgl. Abschnitt 6.5.2).

In jedem Fall ist eine angemessene Erreichbarkeit der Grundstücke, Orte und Regionen zu beachten.

In der Regel ist auf die Verkehrsverbote so rechtzeitig hinzuweisen, dass die betroffenen Fahrzeuge die Verbotsstrecke sinnvoll umfahren können, und eine Umleitungsbeschilderung zu erwägen. Siehe dazu die ausführliche Kommentierung in Abschnitt 3.1.

Dabei verbietet Zeichen 250 jeglichen Fahrzeugverkehr, außer den mit Handfahrzeugen und geschobenen Kraft- und Fahrrädern. Durch Symbole im Zeichen (Zeichen 251 bis 255) kann das Verbot auf bestimmte Verkehrsarten eingeschränkt werden. Außerdem ist es möglich, auf dem Zeichen jedes der in § 39 Abs. 7 Satz 1 StVO gezeigten Sinnbilder (siehe Anlage 2 der HAV) zu zeigen und damit Verbote für diese Verkehrsarten auszusprechen. Umgekehrt können auch bestimmte Verkehrsarten von den Verboten der Zeichen 250 bis 260 durch Zusatzzeichen 1024-XX ausgenommen werden. Grundsätzlich können wie in Zeichen 260 auch zwei Symbole gleichzeitig gezeigt werden. Das Verbot gilt dann für die gezeigten Verkehrsarten.

Die notwendige Sperrung land- und forstwirtschaftlicher Wege (die in der Regel straßenrechtlich als solche gewidmet sind) erfolgt zweckmäßigerweise mit Zeichen 250 und dem Zusatzzeichen „Land- und forstwirtschaftlicher Verkehr frei" (Zusatzzeichen 1026-38 oder 1026-36 bzw. 1026-37). Soll die Zufahrt zu einzelnen Grundstücken, die anders nicht erschlossen sind, erlaubt werden, so kann das widmungsunschädlich durch ein Zusatzzeichen „Zufahrt zum Grundstück ... frei" geschehen. Ein Zusatzzeichen „Anlieger frei" würde dagegen die Umwidmung der Straße bedingen [VGH-Urteil Baden-Württemberg vom 15.4.2004 (4 S 682/03)]. Land- und forstwirtschaftlicher Verkehr bestimmt sich nicht nach der Bauart der benutzten Fahrzeuge, sondern nach dem Verkehrszweck (Bewirtschaftung der durch den betreffenden Weg erreichbaren land- oder forstwirtschaftlichen Flächen). Er kann also auch mit dem Pkw oder mit dem Motorrad erfolgen; andererseits ist nicht jede Fahrt mit dem Ackerschlepper landwirtschaftlicher Verkehr (z. B. Transport von Erntegut zur Weiterverarbeitung über größere Entfernungen).

In Parallellage zu Straßen des überörtlichen Verkehrs kann es sich ggf. anbieten, durch die Anordnung von Verkehrsverboten wie z. B. dem Verbot für Kraftfahrzeuge aller Art (Zeichen 260) und dem Zusatzzeichen „Landwirtschaftlicher Verkehr frei" „de-facto-Sonderwege" einzurichten. Der Vorzug dieser Anordnung ist, dass damit keine Benutzungspflicht verbunden ist. Allerdings liegen die rechtlichen Hürden für eine solche Anordnung aufgrund § 45 Abs. 9 Satz 4 Ziffer 3 StVO höher als für die Anordnung eines „echten" Sonderwegs. Es sollte jedoch stets auch geprüft werden, ob der angestrebte Effekt – langsamer Verkehr (weitestgehend) auf dem Parallelweg, schneller Verkehr auf der Fahrbahn der Straße des überörtlichen Verkehrs – nicht auch ohne Anordnung von Verkehrsverboten oder Sonderwegen erreicht werden kann. Hierbei sollte stets auch die faktische Durchsetzbarkeit solcher Anordnungen im Auge behalten werden.

Die Regelungen können durch Zusatzzeichen auch in anderer Weise verfeinert werden, z. B. durch die zeitliche Begrenzung der Geltungsdauer oder die Begrenzung auf bestimmte Verkehrszwecke. Bei Zeichen 253 kann durch Zusatzzeichen auch die Begrenzung der zulässigen Gesamtmasse auf andere Werte als 3,5 t festgelegt werden.

Um die Begreifbarkeit und damit die Befolgung zu verbessern, wird empfohlen, die Regelungen möglichst einfach zu halten. Das Bundesverwaltungsgericht hat im Zusammenhang mit Beschränkungen zur Mautumfahrung die Anzahl der verfeinernden Zusatzzeichen auf drei beschränkt, um den „Anforderungen an die sofortige Erkennbarkeit des Regelungsgehalts der Verkehrszeichen (Sichtbarkeitsgrundsatz) Genüge zu tragen" [BVerwG-Urteil vom 13.3.2008 (3 C 18.07)].

In jedem Fall empfiehlt es sich im Hinblick auf eine rasche und sichere Verständlichkeit, bei der Anordnung nur solche Fahrzeugarten zu verwenden, die auch schon an anderer Stelle der StVO der Abgrenzung dienen (z. B. § 39 Abs. 7 Satz 1) oder die ansonsten auch von „durchschnittlichen Verkehrsteilnehmern" mit einem „raschen und beiläufigen Blick" verstanden werden können (siehe Abschnitt 2.5).

Die Zeichen können auch fahrstreifenbezogen gezeigt werden und beschränken dann nur den Verkehr auf diesem Fahrstreifen. Zur Anordnung der Zeichen siehe Abschnitt 2.7.3.

Spezielle Zusatzzeichen, die Kindern das Spielen (Zusatzzeichen 1010-10) oder den Wintersport auf der Fahrbahn oder dem Seitenstreifen erlauben (Zusatzzeichen 1010-11), sind seit 2009 in der StVO nicht mehr ausdrücklich vorgesehen. Sollten solche Regelungen unumgänglich sein, so kann die Anordnung von verkehrsberuhigten Bereichen erwogen werden.

Be- und Entladen kann für bestimmte Fahrzeuge und Zeiten durch ein Zusatzzeichen gestattet werden.

Unter bestimmten Voraussetzungen dürfen die Straßenverkehrsbehörden, in deren Bezirk die betreffenden Verkehrsverbote angeordnet sind, für bestimmte Antragsteller Ausnahmen genehmigen (§ 46 Abs. 1 Nummer 11 StVO).

Soweit Ausnahmen in bestimmten Einzelfällen aber für einen unbestimmten Personenkreis gelten sollen, hat das Bundesverwaltungsgericht im Zusammenhang mit der Mautumfahrung entschieden, dass diese durch ein Zusatzzeichen bekannt zu geben sind und nicht nur durch eine schriftlich ergangene und bekannt gemachte Allgemeinverfügung [BVerwG-Urteil vom 13.3.2008 (3 C 18.07)].

Zu Abschnitt 3.2.2

GüKG § 1 Begriffsbestimmungen

(1) Güterkraftverkehr ist die geschäftsmäßige oder entgeltliche Beförderung von Gütern mit Kraftfahrzeugen, die einschließlich Anhänger ein höheres zulässiges Gesamtgewicht als 3,5 Tonnen haben.

StVO § 28 Tiere

(2) Wer reitet, Pferde oder Vieh führt oder Vieh treibt, unterliegt sinngemäß den für den gesamten Fahrverkehr einheitlich bestehenden Verkehrsregeln und Anordnungen. Zur Beleuchtung müssen mindestens verwendet werden:

1. beim Treiben von Vieh vorn eine nicht blendende Leuchte mit weißem Licht und am Ende eine Leuchte mit rotem Licht,
2. beim Führen auch nur eines Großtieres oder von Vieh eine nicht blendende Leuchte mit weißem Licht, die auf der linken Seite nach vorn und hinten gut sichtbar mitzuführen ist.

VwV-StVO
zu § 31
Sport und Spiel

Zu Absatz 1

1 Auch wenn Spielplätze und sonstige Anlagen, wo Kinder spielen können, zur Verfügung stehen, muss geprüft werden, wie Kinder auf den Straßen geschützt werden können, auf denen sich Kinderspiele erfahrungsgemäß nicht unterbinden lassen.

VwV-StVO
zu § 41
Vorschriftzeichen

Zu Zeichen 250 Verbot für Fahrzeuge aller Art

1 Durch Zeichen 250 in Verbindung mit einem Zusatzzeichen (vgl. Nummer III 16 zu den §§ 39 bis 43, Rn. 46) kann ein Sonderfahrstreifen zur Erprobung unterschiedlicher, auch besonderer Mobilitätsformen (vgl. Nummer IV zu Zeichen 245, Rn. 16) angeordnet werden. Das Zeichen ist dann auf einen Fahrstreifen zu beschränken; da die Anordnungen nur vorübergehend erfolgen (§ 52 Absatz 6), kommen hierfür insbesondere Verkehrslenkungstafeln in Betracht (vgl. Nummer III 8 zu den §§ 39 bis 43, Rn. 26). Diese Sonderfahrstreifen sollen markiert werden. Die Markierungen sollen sich an den Vorgaben zu Bussonderfahrstreifen (vgl. Nummer III 2 zu Zeichen 245, Rn. 11) orientieren.

3.2.3 Gebote zur Fahrzeugausrüstung

StVO Anlage 2 Vorschriftzeichen (zu § 41 Absatz 1)
Abschnitt 6 Verkehrsverbote

42	**Zeichen 268**  **Schneeketten vorgeschrieben**	**Ge- oder Verbot** Wer ein Fahrzeug führt, darf die Straße nur mit Schneeketten befahren.

Mit Zeichen 268 kann am Anfang von Strecken (meist Gebirgsstrecken) vorgeschrieben werden, dass diese nur mit Schneeketten befahren werden dürfen. Es darf nur so lange gezeigt werden, wie Schneeketten aufgrund der Wetterlage im Interesse des Verkehrs erforderlich sind.

Bei Anordnung des Zeichens 268 ist darauf zu achten, dass Verkehrsteilnehmer nach Möglichkeit Gelegenheit zum Ausleihen und Montieren der Schneeketten haben, bevor sie den kritischen Straßenabschnitt erreichen. Es kann empfehlenswert sein, das Zeichen als Klappschild auszuführen.

Das Verkehrszeichen adressiert die Führer aller Fahrzeuge, nicht nur von Kraftfahrzeugen. Ob eine Anwendung auf Gespannfuhrwerke oder Handwagen sinnvoll ist, sei dahingestellt, sollte aber bei der Anordnung im Einzelfall auf Relevanz überprüft werden. Ggf. kann sich empfehlen, bestimmte Verkehrsarten durch Zusatzzeichen auszunehmen.

Zu Abschnitt 3.2.3

VwV-StVO
zu § 41
Vorschriftzeichen

Zu Zeichen 268 Schneeketten sind vorgeschrieben

1 Das Zeichen darf nur zu den Zeiten sichtbar sein, in denen Schneeketten wirklich erforderlich sind.

3.3 Straßen- und brückenbedingte Nutzungsverbote

StVO Anlage 2 Vorschriftzeichen (zu § 41 Absatz 1) Abschnitt 6 Verkehrsverbote		
zu 36 bis 40		**Ge- oder Verbot** Die nachfolgenden Zeichen 262 bis 266 verbieten die Verkehrsteilnahme für Fahrzeuge, deren Maße oder Massen, einschließlich Ladung, eine auf dem jeweiligen Zeichen angegebene tatsächliche Grenze überschreiten. **Erläuterung** Die angegebenen Grenzen stellen nur Beispiele dar.
36	**Zeichen 262**  **Tatsächliche Masse**	**Ge- oder Verbot** Die Beschränkung durch Zeichen 262 gilt bei Fahrzeugkombinationen für das einzelne Fahrzeug, bei Sattelkraftfahrzeugen gesondert für die Sattelzugmaschine einschließlich Sattellast und für die tatsächlich vorhandenen Achslasten des Sattelanhängers. **Erläuterung** Das Zeichen kann in einer Überleitungstafel oder in einer Verschwenkungstafel oder in einer Fahrstreifentafel integriert sein. Dann bezieht sich das Verbot nur auf den jeweiligen Fahrstreifen, für den das Verbot angeordnet ist.
37	**Zeichen 263**  **Tatsächliche Achslast**	**Erläuterung** Das Zeichen kann in einer Überleitungstafel oder in einer Verschwenkungstafel oder in einer Fahrstreifentafel integriert sein. Dann bezieht sich das Verbot nur auf den jeweiligen Fahrstreifen, für den das Verbot angeordnet ist.
38	**Zeichen 264**  **Tatsächliche Breite**	**Erläuterung** Die tatsächliche Breite gibt das Maß einschließlich der Fahrzeugaußenspiegel an. Das Zeichen kann in einer Überleitungstafel oder in einer Verschwenkungstafel oder in einer Fahrstreifentafel integriert sein. Dann bezieht sich das Verbot nur auf den jeweiligen Fahrstreifen, für den das Verbot angeordnet ist.

StVO Anlage 2 Vorschriftzeichen (zu § 41 Absatz 1) Abschnitt 6 Verkehrsverbote		
39	**Zeichen 265**  **Tatsächliche Höhe**	**Erläuterung** Das Zeichen kann in einer Überleitungstafel oder in einer Verschwenkungstafel oder in einer Fahrstreifentafel integriert sein. Dann bezieht sich das Verbot nur auf den jeweiligen Fahrstreifen, für den das Verbot angeordnet ist.
40	**Zeichen 266**  **Tatsächliche Länge**	**Ge- oder Verbot** Das Verbot gilt bei Fahrzeugkombinationen für die Gesamtlänge.
48	**Zeichen 273**  **Verbot des Unterschreitens des angegebenen Mindestabstandes**	**Ge- oder Verbot** Wer ein Kraftfahrzeug mit einer zulässigen Gesamtmasse über 3,5 t oder eine Zugmaschine führt, darf den angegebenen Mindestabstand zu einem vorausfahrenden Kraftfahrzeug gleicher Art nicht unterschreiten. Personenkraftwagen und Kraftomnibusse sind ausgenommen.

Mit den Zeichen 262 bis 266 kann eine Straße für Fahrzeuge, die eine bestimmte tatsächliche Masse, eine tatsächliche Achslast, eine Breite, Höhe oder Länge überschreiten, gesperrt werden. Zeichen 273 schreibt einen Mindestabstand schwerer Fahrzeuge vor, um die Gesamtbelastung längerer Brücken beschränken zu können.

Die Gründe für solche Sperrungen liegen in der Regel in der Straßenanlage selbst, insbesondere wenn Kunstbauwerke (z. B. Brücken, Tunnel) zu schmal oder zu wenig tragfähig sind. Aber auch zum Schutz der Straße selbst vor außerordentlichen Schäden kann es erforderlich werden, die tatsächliche Masse oder Achslasten der Fahrzeuge zu beschränken, z. B. wenn der Oberbau (auch zeitweise, z. B. bei Durchfeuchtung oder Frostaufgang) nicht genügend tragfähig ist, die Fahrbahn für regelmäßigen Begegnungsverkehr zu schmal ist oder die wegen des „Nachschleppens" der Fahrzeuge benötigten Verbreiterungen in engen Kurven oder Knotenpunkten fehlen.

Daher werden diese Verbote in der Regel von den Straßenbaubehörden angeregt. Sollten sie im Zusammenhang mit Baustellen an der Straßenanlage nötig werden, können sie sogar von den Straßenbaubehörden selbst angeordnet werden (§ 45 Abs. 2 StVO; siehe Abschnitt 7.2.2).

Die Benutzungsverbote wegen Masse oder Abmessungen sind in der Regel nur für den Straßenabschnitt anzuordnen, der tatsächlich nicht benutzbar ist. Gelegentlich ist es sinnvoll, das Verbot für einen größeren Streckenabschnitt anzuordnen, z. B. wenn vor der eigentlichen Engstelle keine Wendemöglichkeit besteht und zwischen dem Verbot und der Engstelle auch keine Ziele für solche Fahrzeuge liegen.

In der Regel ist auf die Benutzungsverbote so rechtzeitig hinzuweisen, dass die betroffenen Fahrzeuge die Verbotsstrecke sinnvoll umfahren können, und eine Umleitungsbeschilderung zu erwägen. Siehe dazu die ausführliche Kommentierung in Abschnitt 3.1.

Die Masse bei Zeichen 262 bezieht sich bei Zügen auf das einzelne Fahrzeug, bei Sattelkraftfahrzeugen gesondert auf die Sattelzugmaschine einschließlich Sattellast und die Achslast des Sattelanhängers.

Bei Massenangaben ist die tatsächliche vorhandene Masse (im Gegensatz zur zulässigen Gesamtmasse bei Zeichen 253) gemeint. Die Massenangaben sollten in Schritten von 0,5 t abgestuft werden.

Einzelheiten hinsichtlich der Brückenklassen finden sich in einem Erlass des für den Verkehr zuständigen Bundesministeriums vom 3. Januar 1986 (VkBl. 1986 S. 50). Des Weiteren sind die länderseitig ergangenen Erlasse bezüglich Überprüfung von Brücken nach DIN 1072 mit Beiblatt 1 und deren Einstufung in Brückenklassen zu beachten.

Stellen, deren Benutzung wegen ihrer geometrischen Begrenzungen in Höhe oder Breite eingeschränkt sind (Engstellen), werden in Abschnitt 6.7 „Engstellen und Alleen" besonders behandelt, da vielfältige Zusammenhänge zwischen Eigenverantwortung der Fahrer (Erkennbarkeit, Begreifbarkeit), Nutzungsbeschränkungen und Vorrangregelungen bestehen. Zu eventuell notwendigen Einschränkungen bei Tunneln siehe Abschnitt 6.8 „Tunnel".

Die Breiten- und Höhenangaben bei Zeichen 264 und 265 sollen in Schritten von 10 cm abgestuft werden. Die nutzbare Breite soll so angegeben werden, dass ein Fahrzeug, welches diese Breite besitzt, ungefährdet die Engstelle passieren kann. Die nutzbare Breite b, also die Breite, die auf dem Verkehrszeichen erscheint, ergibt sich aus der lichten Breite B abzüglich 0,25 m entlang der beiderseitigen Begrenzung (*Bild 3.1*).

Wurde z. B. eine lichte Breite von B = 2,50 m gemessen, dann ist die nutzbare Breite

$$b = 2{,}50\ \text{m} - (2 \times 0{,}25\ \text{m}) = 2{,}00\ \text{m}.$$

Nutzbare Breiten über 3,00 m sollten nicht angezeigt werden (Grund: max. Fahrzeugbreite einschließlich Ladung bei landwirtschaftlichen Fahrzeugen gemäß § 22 Abs. 2 StVO ist 3,00 m). Wo landwirtschaftliche Fahrzeuge nicht zulässig sind oder sonst niedrigere allgemeine Breitenbeschränkungen gelten, sollten keine nutzbaren Breiten von mehr als 2,60 m angegeben werden (§§ 18 Abs.1, 22 Abs. 2 StVO).

Die lichte Höhe l_H über der Straße (*Bild 3.2*) muss stets größer sein als das auf dem Schild angegebene Maß (nutzbare Höhe). Diese Mehrhöhe ist dadurch bedingt, dass Fahrzeuge beim Fahren schwingen und daher eine genaue Höhenangabe nicht möglich ist; sie ist von Fall zu Fall festzulegen.

Bezüglich des lichten Raumes in Tunneln siehe Abschnitt 6.8.

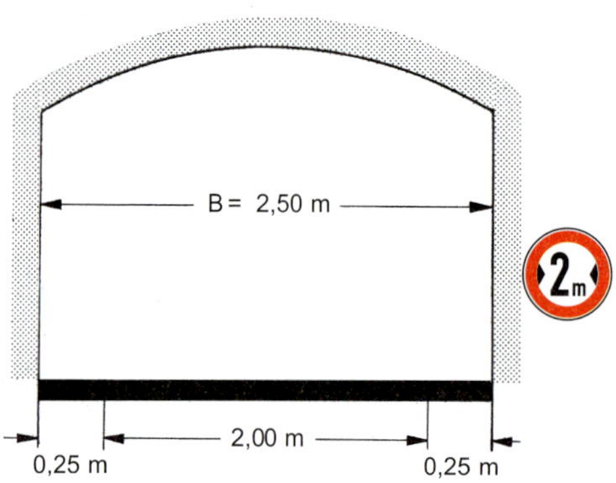

Bild 3.1 Ermittlung der nutzbaren Breite b = 2,50 m – (2 × 0,25 m) = 2,00 m

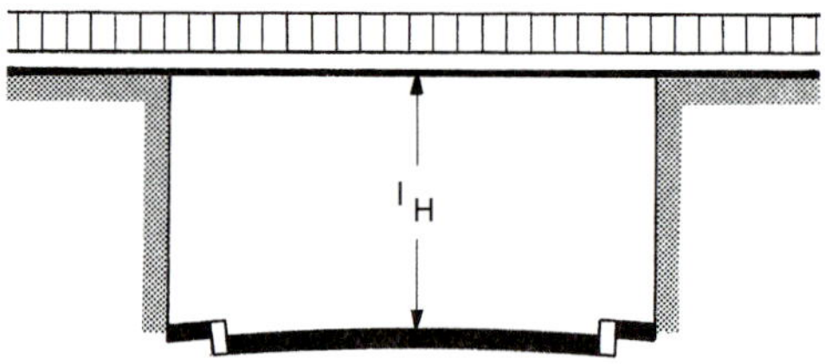

Bild 3.2 Lichte Höhe l_H einer Brücke

Zu Abschnitt 3.3

VwV-StVO
zu § 41
Vorschriftzeichen

Zu den Zeichen 262 und 266

1 Die betroffenen Fahrzeuge sind rechtzeitig auf andere Straßen umzuleiten (Zeichen 421 und 442).

Zu den Zeichen 264 und 265

1 I. Bei Festlegung der Maße ist ein ausreichender Sicherheitsabstand zu berücksichtigen.

2 II. Muss das Zeichen 265 bei Ingenieurbauwerken angebracht werden, unter denen der Fahrdraht einer Straßenbahn oder eines Oberleitungsomnibusses verlegt ist, so ist wegen des Sicherheitsabstandes der Verkehrsunternehmer zu hören.

3 III. Siehe auch Richtlinien für die Kennzeichnung von Ingenieurbauwerken mit beschränkter Durchfahrtshöhe über Straßen.

...

Zu Zeichen 273 Verbot des Fahrens ohne einen Mindestabstand

1 I. Das Zeichen darf dort angeordnet werden, wo Überbeanspruchungen von Brücken oder sonstigen Ingenieurbauwerken mit beschränkter Tragfähigkeit dadurch auftreten können, dass mehrere schwere Kraftfahrzeuge dicht hintereinander fahren. Die Anordnung kommt ferner vor Tunneln in Betracht, bei denen das Einhalten eines Mindestabstandes aus Verkehrssicherheitsgründen besonders geboten ist. In der Regel ist die Länge der Strecke durch Zusatzzeichen anzugeben.

3.4 Verkehrsverbote zum Schutz des Umfeldes

3.4.1 Verfügbare Zeichen

StVO Anlage 2 Vorschriftzeichen (zu § 41 Absatz 1) Abschnitt 6 Verkehrsverbote		
35	**Zeichen 261**  **Verbot für kennzeichnungspflichtige Kraftfahrzeuge mit gefährlichen Gütern**	**Ge- oder Verbot** Verbot für kennzeichnungspflichtige Kraftfahrzeuge mit gefährlichen Gütern
43	**Zeichen 269**  **Verbot für Fahrzeuge mit wassergefährdender Ladung**	**Ge- oder Verbot** Wer ein Fahrzeug führt, darf die Straße mit mehr als 20 l wassergefährdender Ladung nicht benutzen.
44	**Zeichen 270.1**  **Beginn einer Verkehrsverbotszone zur Verminderung schädlicher Luftverunreinigungen in einer Zone**	**Ge- oder Verbot** 1. Die Teilnahme am Verkehr mit einem Kraftfahrzeug innerhalb einer so gekennzeichneten Zone ist verboten. 2. § 1 Absatz 2 sowie § 2 Absatz 3 in Verbindung mit Anhang 3 der Verordnung zur Kennzeichnung der Kraftfahrzeuge mit geringem Beitrag zur Schadstoffbelastung vom 10. Oktober 2006 (BGBl. I S. 2218), die durch Artikel 1 der Verordnung vom 5. Dezember 2007 (BGBl. I S. 2793) geändert worden ist, bleiben unberührt. Die Ausnahmen können im Einzelfall oder allgemein durch Zusatzzeichen oder Allgemeinverfügung zugelassen sein. 3. Von dem Verbot der Verkehrsteilnahme sind zudem Kraftfahrzeuge zur Beförderung schwerbehinderter Menschen mit außergewöhnlicher Gehbehinderung, beidseitiger Amelie oder Phokomelie oder mit vergleichbaren Funktionseinschränkungen sowie blinde Menschen ausgenommen. >

StVO Anlage 2 Vorschriftzeichen (zu § 41 Absatz 1)
Abschnitt 6 Verkehrsverbote

44		**Erläuterung** Die Umweltzone ist zur Vermeidung von schädlichen Umwelteinwirkungen durch Luftverunreinigungen in einem Luftreinhalteplan oder einem Plan für kurzfristig zu ergreifende Maßnahmen nach § 47 Absatz 1 oder 2 des Bundes-Immissionsschutzgesetzes festgesetzt und auf Grund des § 40 Absatz 1 des Bundes-Immissionsschutzgesetzes angeordnet. Die Kennzeichnung der Umweltzone erfolgt auf Grund von § 45 Absatz 1f.
45	**Zeichen 270.2**  **Ende einer Verkehrsverbotszone zur Verminderung schädlicher Luftverunreinigungen in einer Zone**	
46	 **Freistellung vom Verkehrsverbot nach § 40 Absatz 1 des Bundes-Immissionsschutzgesetzes**	**Ge- oder Verbot** Das Zusatzzeichen zum Zeichen 270.1 nimmt Kraftfahrzeuge vom Verkehrsverbot aus, die mit einer auf dem Zusatzzeichen in der jeweiligen Farbe angezeigten Plakette nach § 3 der Verordnung zur Kennzeichnung der Kraftfahrzeuge mit geringem Beitrag zur Schadstoffbelastung ausgestattet sind.

StVO Anlage 3 Richtzeichen (zu § 42 Absatz 2)
Abschnitt 9 Hinweise

25	**Zeichen 354**  **Wasserschutzgebiet**	

Vorstehend dargestellte Verkehrszeichen stellen nur die wichtigsten Verkehrszeichen zur Anordnung von Verkehrsverboten zum Schutz des Umfelds dar. Andere Verkehrsverbote zum Schutz des Umfelds sind grundsätzlich möglich, z. B. Zeichen 251, 253, 255, ggf. mit entsprechenden Zusatzzeichen; vgl. die nachfolgenden Ausführungen.

§ 45 StVO gibt den Straßenverkehrsbehörden das Recht, den Verkehr aus Gründen der allgemeinen Sicherheit und Ordnung, insbesondere aber auch zum Schutz des Umfeldes zu beschränken und zu verbieten. Explizit nennt die StVO folgende Gründe:

- zum Schutz der Wohnbevölkerung vor Lärm und Abgasen (§ 45 Abs. 1 Nr. 3 StVO),
- zum Schutz der Gewässer und Heilquellen (§ 45 Abs. 1 Nr. 4 StVO),
- hinsichtlich der zur Erhaltung der öffentlichen Sicherheit erforderlichen Maßnahmen (§ 45 Abs. 1 Nr. 5 StVO),
- in Bade- und heilklimatischen Kurorten (§ 45 Abs. 1a Nr. 1 StVO),
- in Luftkurorten (§ 45 Abs. 1a Nr. 2 StVO),
- in Erholungsorten von besonderer Bedeutung (§ 45 Abs. 1a Nr. 3 StVO),
- in Landschaftsgebieten und Ortsteilen, die überwiegend der Erholung dienen (§ 45 Abs. 1a Nr. 4 StVO),
- hinsichtlich örtlich begrenzter Maßnahmen aus Gründen des Arten- oder Biotopschutzes (§ 45 Abs. 1a Nr. 4a StVO),
- hinsichtlich örtlich und zeitlich begrenzter Maßnahmen zum Schutz kultureller Veranstaltungen, die außerhalb des Straßenraumes stattfinden und durch den Straßenverkehr, insbesondere durch den von diesem ausgehenden Lärm, erheblich beeinträchtigt werden (§ 45 Abs. 1a Nr. 4b StVO),
- in der Nähe von Krankenhäusern und Pflegeanstalten (§ 45 Abs. 1a Nr. 5 StVO),
- in unmittelbarer Nähe von Erholungsstätten außerhalb geschlossener Ortschaften (§ 45 Abs. 1a Nr. 6 StVO),
- zur Kennzeichnung von Umweltzonen nach § 47 Abs. 1 oder 2 BImSchG (§ 45 Abs. 1f).

Ob die Voraussetzungen der vorstehenden Ermächtigungsnormen im Einzelfall erfüllt sind, bedarf der sorgfältigen Prüfung. Hierzu sei auf die einschlägige juristische Kommentarliteratur verwiesen. Maßnahmen zur Beseitigung oder Abmilderung erheblicher Auswirkungen veränderter Verkehrsverhältnisse, die durch die Erhebung der Maut nach dem Autobahnmautgesetz für schwere Nutzfahrzeuge hervorgerufen worden sind, können ebenfalls aus diesen Gründen angeordnet werden, soweit sie einem oder mehreren der vorgenannten Schutzzwecke dienen. Die strengen Voraussetzungen des § 45 Abs. 9 Satz 3 StVO müssen dann jedoch nicht erfüllt sein (§ 45 Abs. 9 Satz 4 StVO). Für die Anordnung von Umweltzonen auf Grundlage von § 45 Abs. 1f StVO gilt dies ebenso.

Die von den Straßenverkehrsbehörden getroffenen Anordnungen können u. a. sein:

- Anordnungen an den fließenden Verkehr (siehe Abschnitt 6),
- allgemeine Verkehrsverbote, ggf. auch nur für ausgewählte Fahrzeug- oder Verkehrsarten (z. B. für Kraftfahrzeuge ab einer bestimmten Gesamtmasse, siehe Abschnitt 3.2 und Abschnitt 3.3),
- spezielle, nur für den Schutz des Umfelds vorgesehene Regelungen (dieser Abschnitt).

Es ist jeweils die Regelung zu wählen, die den erforderlichen Schutzzweck mit dem kleinsten Eingriff in die Verhaltensfreiheit der Verkehrsteilnehmer erreicht. So ist es nicht notwendig, eine Straße für den Schwerverkehr zu sperren, wenn eine Beschränkung der zulässigen Geschwindigkeit für den Schwerverkehr ausreicht. Oder es ist nicht notwendig, eine Straße für den gesamten Schwerverkehr zu sperren, wenn eine Sperrung für Fahrzeuge mit wassergefährdender Ladung ausreicht. In diesem Fall könnte u. U. sogar ein Hinweis mit Zeichen 354 an solche Fahrzeuge ausreichen, sich vorsichtig zu verhalten.

Anordnungen an den fließenden Verkehr (siehe Abschnitt 6) können die Unfallgefahr und die damit verbundenen Auswirkungen verringern. Zu solchen verkehrsregelnden Maßnahmen gehören:

- Geschwindigkeitsbeschränkung,
- Überholverbot,
- Verbot für Fahrzeuge mit wassergefährdender Ladung.

3.4.2 Schallschutz

Es gelten die

- „Richtinien für straßenverkehrsrechtliche Maßnahmen zum Schutz der Bevölkerung vor Lärm – Lärmschutz-Richtlinien-StV", Ausgabe 2007, BMVBS, FGSV Verlag,

vom 23.11.2007 (VkBl. 2007 S. 767). Diese sehen als Maßnahmen Verkehrslenkung, Lichtzeichenregelung, Geschwindigkeitsbeschränkungen sowie – wenn die anderen Maßnahmen nicht ausreichen – auch Verkehrsverbote vor, allerdings nur außerhalb von Autobahnen, Kraftfahrstraßen und autobahnähnlichen Straßen. Sie geben insbesondere vor, die Verbote nach Verkehrsarten und Geltungszeit auf das nötigste Mindestmaß zu beschränken und die beabsichtigten Vorteile gegen die Nachteile auf den Umleitungsstrecken abzuwägen.

Insbesondere Verbote und Beschränkungen des fließenden Verkehrs sind nicht auf Dauer angelegt, sondern nur so lange, bis der Straßenbaulastträger der grundsätzlich ihm obliegenden Pflicht nachkommt, die mit Hilfe des Straßenverkehrsrechts abgewehrten Gefahren mit eigenen Mitteln abzuwehren. Dies können sowohl Maßnahmen des aktiven Schallschutzes wie der Einbau einer lärmarmen Fahrbahndecke oder der Bau von Lärmschutzwänden oder -wällen sein als auch Maßnahmen des passiven Schallschutzes wie der Einbau von Lärmschutzfenstern, der Schalldämmung von Dächern oder in Schlafräumen auch der Einbau von Lüftungsanlagen.

Maßnahmen des passiven Schallschutzes wirken nur in Innenräumen und führen deshalb nicht zu einer Verminderung der für die Außenfassade berechneten Beurteilungspegel. Da man zur Umsetzung anders als beim Bau von Lärmschutzwänden kein Baurecht benötigt, sind sie jedoch oftmals das Mittel der Wahl, um schnell Abhilfe zu schaffen. Sind betroffene Wohnungen ausreichend mit passivem Schallschutz versorgt, sind straßenverkehrsrechtliche Maßnahmen zum Schutz der Wohnbevölkerung vor Lärm nicht erforderlich, auch wenn die berechneten Beurteilungspegel die Richtwerte der Lärmschutz-Richtlinien-StV oder auch das als ortsüblich hinzunehmende Maß überschreiten. Die Entscheidung über die Anordnung oder Aufhebung straßenverkehrsrechtlicher Maßnahmen zum Schutz der Wohnbevölkerung vor Lärm bedarf deshalb sorgfältiger Sachverhaltsermittlung vor Ort. Die Straßenverkehrsbehörden sollten beim Straßenbaulastträger darauf dringen, alsbald tätig zu werden, wenn straßenverkehrsrechtliche Maßnahmen erforderlich geworden sind.

Zu Abschnitt 3.4.2

BMVBS
S 32/7332.9/
1/781915
23. November 2007

Richtlinien für straßenverkehrsrechtliche Maßnahmen zum Schutz der Bevölkerung vor Lärm (Lärmschutz-Richtlinien-StV), Ausgabe 2007 (Auszug)

Einleitung

Ziel der Richtlinien ist es, den Straßenverkehrsbehörden eine Orientierungshilfe zur Entscheidung über straßenverkehrsrechtliche Maßnahmen (Regelungen durch Verkehrszeichen und Verkehrseinrichtungen) zum Schutz der Wohn-/Bevölkerung vor Straßenverkehrslärm an die Hand zu geben. Sie gelten nur für bestehende Straßen und lehnen sich an die Grundsätze des baulichen Lärmschutzes an bestehenden Straßen (Lärmsanierung) an.[1]

1. Allgemeines

1.1 Ermächtigungsgrundlagen für straßenverkehrsrechtliche Maßnahmen zum Schutz der Wohn-/Bevölkerung vor Lärm sind für Verkehrsbeschränkungen, Verkehrsverbote und Verkehrsumleitungen:

- § 45 Abs. 1 Satz 2 Nr. 3 Straßenverkehrs-Ordnung (StVO),
- § 45 Abs. 1 a StVO,
- § 45 Abs. 1 b Satz 1 Nr. 5 StVO;

1 vgl. Richtlinien für den Verkehrslärmschutz an Bundesfernstraßen in der Baulast des Bundes – VLärmSchR 1997, VkBl. 1997 S. 434. Die Immissionsgrenzwerte für den Neubau oder die wesentliche Änderung von Straßen (Lärmvorsorge nach der Verkehrslärmschutzverordnung – 16. BImSchV) und die Orientierungswerte zur Beurteilung von Geräuschimmissionen in Bauleitverfahren (Beiblatt 1 zu DIN 18005, Teil 1 „Schallschutz im Städtebau") sind hier nicht heranzuziehen.

3.4.2 Schallschutz

BMVBS-Erlass vom 23.11.2007

für andere Verkehrszeichenregelungen:
- § 45 Abs. 3 StVO.

Diese Maßnahmen dürfen nicht zu einer Beschränkung der Widmung durch Untersagung bestimmter Verkehrsarten oder Benutzungszwecke führen (sog. Vorbehalt des Straßenrechts).

1.2 Die Grenze des billigerweise zumutbaren Verkehrslärms ist nicht durch gesetzlich bestimmte Grenzwerte festgelegt. Maßgeblich ist vielmehr, ob die Lärmbeeinträchtigung jenseits dessen liegt, was unter Berücksichtigung der Belange des Verkehrs im konkreten Fall als ortsüblich hingenommen werden muss.[2]

Dabei sind grundsätzlich die nach Gebieten und Tageszeiten gegliederten Richtwerte unter Nummer 2.1 zugrunde zu legen.

1.3 Bei der Würdigung, ob straßenverkehrsrechtliche Maßnahmen in Betracht kommen, ist nicht nur auf die Höhe des Lärmpegels, sondern auf alle Umstände des Einzelfalls abzustellen.[3]

Maßgeblich sind neben der gebietsbezogenen Schutzwürdigkeit und der Schutzbedürftigkeit der Wohn/-Bevölkerung die Besonderheiten des Einzelfalls.[4]

Vor Anordnung straßenverkehrsrechtlicher Maßnahmen ist der Grundsatz der Verhältnismäßigkeit zu beachten und insbesondere das Erfordernis nach § 45 Abs. 9 StVO festzustellen. Die Vor- und Nachteile von Einzelmaßnahmen sind gegeneinander abzuwägen. In diese Abwägung sind auch die unterschiedlichen Funktionen der Straßen (z. B. Autobahnen und Bundesstraßen als integrale Bestandteile des Bundesfernstraßennetzes), das quantitative Ausmaß der Lärmbeeinträchtigungen, die Leichtigkeit der Realisierung von Maßnahmen, eventuelle Einflüsse auf die Verkehrssicherheit, der Energieverbrauch von Fahrzeugen und die Versorgung der Bevölkerung sowie die Auswirkungen von Einzelmaßnahmen auf die allgemeine Freizügigkeit des Verkehrs einzubeziehen. Straßenverkehrsrechtliche Maßnahmen als Mittel der Lärmbekämpfung müssen dort ausscheiden, wo sie die Verhältnisse nur um den Preis neuer Unzulänglichkeiten an anderer Stelle verbessern könnten, die im Ergebnis zu einer verschlechterten Gesamtbilanz führen, etwa weil sie die Sicherheit und Leichtigkeit des Straßenverkehrs in nicht hinnehmbarer Weise beeinträchtigen oder im Hinblick auf eintretende Änderungen von Verkehrsströmen noch gravierendere Lärmbeeinträchtigungen von Anliegern anderer Straßen zur Folge haben.[5]

1.4 Straßenverkehrsrechtliche Lärmschutzmaßnahmen sollen nicht losgelöst von baulichen oder planerischen Lärmschutzmaßnahmen der Straßenbaubehörden oder der Gemeinden angeordnet werden. Sie sollen kein Ersatz für technisch mögliche und finanziell tragbare bauliche oder andere Maßnahmen sein[6], sondern in ein Konzept zur Lärmbekämpfung eingebunden werden, das die zuständigen Stellen erarbeiten.

Straßenverkehrsrechtliche Maßnahmen können sich für Ballungsgebiete und Hauptverkehrsstraßen künftig auch aus Lärmaktionsplänen ergeben (§ 47d Bundes-Immissionsschutzgesetz – BImSchG).

Das BImSchG verweist hinsichtlich der Durchsetzung von auf Lärmaktionsplänen basierenden Maßnahmen auf die jeweils anzuwendenden Rechtsvorschriften (§ 47d Abs. 6 i. V. m. § 47 Abs. 6 BImSchG). Bei straßenverkehrsrechtlichen Maßnahmen ergeben sich die Anordnungsvoraussetzungen aus der Straßenverkehrs-Ordnung und diesen Richtlinien.

2. Grundsätze

...

2.3 Durch straßenverkehrsrechtliche Maßnahmen soll der Beurteilungspegel unter den Richtwert abgesenkt, mindestens jedoch eine Pegelminderung um 3 dB(A) bewirkt werden. Bei der Berechnung der Wirkung einer Maßnahme nach den RLS-90 Abschnitt 4 ist

2 vgl. BVerwG, Urteil vom 22.12.1993 – NZV 1994, S. 244
3 vgl. BVerwG, Urteil vom 13.12.1979 – VkBl. 1980, S. 237; BVerwG, Beschluss vom 18.10.1999 – NZV 2000, S. 386; BVerwG, Urteil vom 15.2.2000 – DAR 2000, S. 423
4 vgl. BVerwG, Urteil vom 4.6.1986 – NJW 1986, S. 2655 f.
5 BVerwG, Urteil vom 4.6.1986 – NJW 1986, S. 2655 f.
6 z. B. aktive und/oder passive Lärmschutzmaßnahmen, Nutzungszuordnung von Verkehrsarten zu bestimmten Hauptverkehrsstraßen bzw. Quartieren, Verlagerung lärmintensiven Gewerbes, Förderung des ÖPNV und des Fahrrad- und Fußgängerverkehrs, Bau lärmarmer Fahrbahndecken, Maßnahmen zur Verflüssigung des Verkehrs (z. B. koordinierte Lichtsignalsteuerung, Parkleitsysteme)
...

BMVBS-Erlass vom 23.11.2007

die Differenz der nicht aufgerundeten Beurteilungspegel zwischen dem Zustand ohne Maßnahmen und dem Zustand mit Maßnahmen aufzurunden.[10]

2.4 Straßenverkehrsrechtliche Maßnahmen sind auf die Zeit zu beschränken (Tag oder Nacht), für die Überschreitungen des Beurteilungspegels nach Nummer 2.2 errechnet worden sind.

2.5 Die zur Vorbereitung straßenverkehrsrechtlicher Maßnahmen notwendigen Lärmberechnungen sind vom Straßenbaulastträger durchzuführen (§ 5b Abs. 5 Straßenverkehrsgesetz – StVG). Darstellungen der Lärmsituation in Lärmkarten (§ 47c BImSchG mit Verordnung über die Lärmkartierung – 34. BImSchV) reichen nicht aus und sind auf Grund des unterschiedlichen Berechnungsverfahrens nach VBUS[11] auch nicht geeignet, um das Überschreiten der Richtwerte nach Nummer 2.1 zu belegen.

Die im Anhang gegebenen Erläuterungen dienen den Straßenverkehrsbehörden zum besseren Verständnis der Lärmberechnungen und des Einflusses von Verkehrsstärke, Verkehrsstruktur, Geschwindigkeit und Fahrweise.

3. Maßnahmen

...

3.4 Verkehrsverbote

Wenn die in den Nummern 3.1 bis 3.3 aufgeführten Maßnahmen zur erforderlichen Pegelminderung im Einzelfall nicht geeignet oder nicht ausreichend sind und auch andere Maßnahmen (vgl. beispielhaft Fußnote 6) nicht in Betracht kommen, kann außerhalb von Autobahnen (Zeichen 330), Kraftfahrstraßen (Zeichen 331) und autobahnähnlichen Straßen auch die Anordnung von Verkehrsverboten (wie Zeichen 250, 251, 253, 255, 260, 262) erwogen werden.

Verkehrsverbote kommen nur in Betracht, wenn die besondere Verkehrsfunktion der jeweiligen Straße und die Verkehrsbedürfnisse dies zulassen, für die ausgeschlossenen Verkehrsarten eine zumutbare und geeignete Umleitungsstrecke vorhanden ist und eine Verlagerung des Straßenverkehrslärms in andere schutzwürdige Gebiete nicht zu befürchten ist. Ausnahmen können allgemein durch Zusatzzeichen (z. B. „Anlieger frei", „Lieferverkehr frei") oder durch Einzelausnahmegenehmigung berücksichtigt werden.

Es ist stets insbesondere anhand der Verkehrsbelastung und der Verkehrsstruktur zu prüfen, ob Verkehrsverbote auf bestimmte Verkehrsarten (z. B. Lkw oder Krafträder) beschränkt werden können. Dabei kann es z. B. genügen, anstelle des gesamten Verkehrs mit Lkw nur den Verkehr mit Lkw oberhalb eines bestimmten zulässigen Gesamtgewichts zu verbieten.

Verkehrsverbote für den gesamten Kraftfahrzeugverkehr dürfen nur angeordnet werden, wenn andere geringere Eingriffe ausscheiden.

Für den ausgeschlossenen Verkehr ist unter Berücksichtigung der Verkehrsbedürfnisse Vorsorge (z. B. ausreichende Park- oder Wendemöglichkeiten, Umleitungsbeschilderung, Wegweisung, Verkehrslenkung) zu treffen.

Sollen Verkehrsverbote zeitlich unbeschränkt und dauerhaft (nicht nur vorübergehend) angeordnet werden, müssen sie im Einklang mit der widmungsgemäßen Bestimmung der Straßen stehen.

...

(VkBl. 2007 S. 767)

---

10 Dies bedeutet, dass nach dieser für die Lärmvorsorge (16. BImSchV) entwickelten Berechnungsvorschrift schon ab einer berechneten Differenz von 2,1 dB(A) straßenverkehrsrechtliche Maßnahmen geeignet sein können.

11 Vorläufige Berechnungsmethode für den Umgebungslärm an Straßen (VBUS) vom 15.5.2006.

3.4.3 Luftverschmutzung

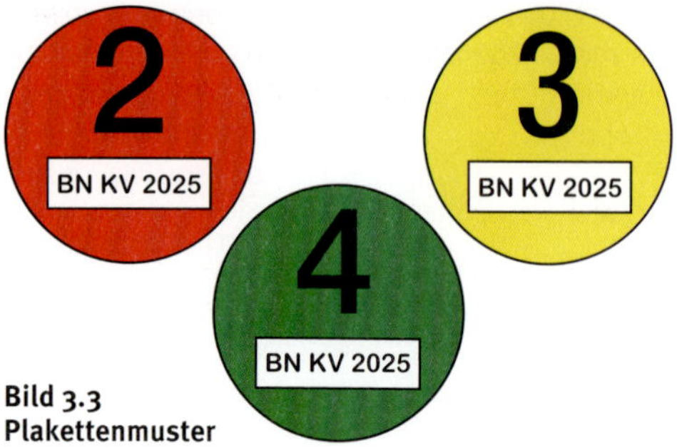

Bild 3.3
Plakettenmuster

Aufgrund § 40 des Bundes-Immissionsschutzgesetzes (BImSchG) beschränken oder verbieten die zuständigen Straßenverkehrsbehörden den Kraftfahrzeugverkehr, soweit ein Luftreinhalteplan oder ein Plan für kurzfristig vorzusehende Maßnahmen nach § 47 Abs. 1 oder 2 BImSchG das vorsehen. Die Luftreinhaltepläne werden von den nach Landesrecht für den Immissionsschutz zuständigen Behörden aufgestellt, wenn festgelegte Grenzwerte für bestimmte Luftschadstoffe, z. B. Feinstaub (PM10) oder Stickstoffdioxid (NO_2) überschritten werden. Nach § 47 Abs. 4 BImSchG sind Maßnahmen im Straßenverkehr, die in einen Luftreinhalteplan aufgenommen werden sollen, im Einvernehmen mit den zuständigen Straßenbau- und Straßenverkehrsbehörden aufzunehmen. Ist eine solche Maßnahmen einmal aufgenommen, ist sie zwingend umzusetzen; die zuständigen Behörden haben dann kein eigenes Ermessen mehr (Rechtsfolgenverweisung).

Eine „klassische" verkehrsrechtliche Maßnahme in Luftreinhalteplänen ist die Anordnung einer Umweltzone. Umweltzonen verbieten den Verkehr mit Kraftfahrzeugen in den entsprechend mit Zeichen 270.1 und 270.2 gekennzeichneten Teilen des Straßennetzes. Ausgenommen hiervon sind einerseits Kraftfahrzeuge, die bestimmte Emissionsnormen einhalten und mit einer entsprechenden roten, gelben oder grünen Plakette gekennzeichnet sind. Des weiteren sind bestimmte Kraftfahrzeuge allgemein von diesem Verkehrsverbot ausgenommen, z. B. Oldtimer mit entsprechendem Kennzeichen („H-Kennzeichen", Fahrzeuge, die Personen befördern mit den Merkzeichen aG, Bl oder H im Schwerbehindertenausweis, oder Motorräder.) Die Gestaltung der Plaketten, die Voraussetzungen für die Erteilung dieser Plaketten (Zuordnung der Kraftfahrzeuge zu bestimmten Schadstoffgruppen) und die v. g. allgemeinen Ausnahmen regelt die 35. BImSchV.

Grundsätzlich können auch andere Beschränkungen oder Verbote in einen Luftreinhalteplan aufgenommen werden, etwa Haltverbote, Geschwindigkeitsbeschränkungen oder Verkehrsverbote für Kraftfahrzeuge mit einer bestimmten Antriebsart, die bestimmte Abgasnormen nicht erfüllen.

Wie aus anderen Gründen angeordnete straßenverkehrsrechtliche Maßnahmen sind auch aus Gründen der Luftreinhaltung angeordnete Beschränkungen und Verbote aufzuheben oder abzumildern, wenn damit zu rechnen ist, dass die maßgeblichen Grenzwerte auch nach Aufhebung oder Abmilderung noch eingehalten werden. Bei Anordnungen, die infolge eines Luftreinhalteplans zu verfügen waren, ist hierzu zunächst der Luftreinhalteplan entsprechend zu ändern. Seit einigen Jahren ist zu beobachten, dass die Immissionswerte insbesondere für Feinstaub (PM10) und Stickstoffdioxid (NO_2) an den verkehrsbezogenen Messstationen im Jahresmittel rückläufig sind. Die Grenzwerte für diese Schadstoffe werden mit Ausnahme einer Messstation bundesweit eingehalten (Stand 2022). Dies ist im Wesentlichen auf die Fortschritte bei der fahrzeugseitigen Abgasreinigungstechnologie und die Verbreitung entsprechend ausgestatteter Fahrzeuge zurückzuführen (und nur zu einem verschwindenden Anteil auf die in den Luftreinhalteplänen enthaltenen Beschränkungen und Verbote des Straßenverkehrs). Allerdings ist auch zu beobachten, dass die zuständigen Behörden keine Eile mit der Fortschreibung von Luftreinhalteplänen haben, wenn die Grenzwerte eingehalten werden, und eine Fortschreibung deshalb eher auf die Abmilderung bestehender Maßnahmen hinausliefe. Vor diesem Hintergrund empfiehlt es sich, zur Berücksichtigung der v. g. straßenverkehrsrechtlichen Notwendigkeit das Einvernehmen nicht für fixe, während der Geltungszeit eines Luftreinhalteplans unveränderliche straßenverkehrsrechtliche Maßnahmen zu erteilen, sondern einen Prüfungs- und Abmilderungsvorbehalt in den Luftreinhalteplan aufnehmen zu lassen. Dann können z. B. Geschwindigkeitsbeschränkungen hinsichtlich ihrer Höhe, ihrer zeitlichen und räumlichen Ausdehnung zeitnah auf das Maß abgemildert werden, was zur Einhaltung der Grenzwerte zwingend geboten ist.

Die Überarbeitung der bestehenden Luftreinhaltepläne sollte in diesem Sinne bei den planaufstellenden Behörden eingefordert werden.

Aufgrund von § 45 Abs. 1 Satz 2 Nr. 3 StVO können die Straßenverkehrsbehörden grundsätzlich auch planunabhängige Maßnahmen anordnen.

Diese Möglichkeit haben sie jedoch nur, soweit die zuständige Behörde keinen Luftreinhalteplan aufgestellt hat; ansonsten ist ihnen dieser Weg versperrt.

Bild 3.3 zeigt die verschiedenen Plaketten.

Verkehrsverbote können durch die in Abschnitt 3.2.2 behandelten Zeichen angeordnet werden. In der Regel wird es allerdings sinnvoll sein, die Beschränkungen auf ganze Zonen auszudehnen, dafür aber auf Fahrzeuge zu beschränken, bei denen mit größeren Luftverschmutzungen zu rechnen ist.

Zeichen 270.1 zeigt den Beginn eines Verkehrsverbots zur Verminderung schädlicher Luftverunreinigungen in einer Zone an. Zeichen 270.2 zeigt entsprechend das Ende einer solchen Zone an. Sie verbieten auf der Grundlage des § 40 Abs. 1 des Bundes-Immissionsschutzgesetzes den Verkehr mit Kraftfahrzeugen innerhalb einer so gekennzeichneten Verkehrsverbotszone für den Fall, dass Maßnahmen zur Vermeidung von schädlichen Umwelteinwirkungen durch Luftverunreinigungen angeordnet werden. Der Aufstellort ist so zu wählen, dass der Verkehr, der nicht in die Umweltzone einfahren darf, möglichst ohne wenden zu müssen auf andere Straßen abgeleitet werden kann (d. h. Beschilderungssystematik wie bei anderen Verkehrsverboten auch). Mit einem Zusatzzeichen zu Zeichen 270.1 können bestimmte Kraftfahrzeuge vom Verkehrsverbot ausgenommen werden.

Bei aus **Gründen der Luftverschmutzung** erlassenen Verkehrsverboten nimmt das Zusatzzeichen 1031, wenn es mit Zeichen 251, 253, 255, 260 oder 270.1 angebracht wird, bestimmte Fahrzeuge der betreffenden Verkehrsart oder Fahrten zu besonderen Zwecken vom Verkehrsverbot aus.

Die Aufstellung der Luftreinhaltepläne obliegt den Umweltbehörden. Insoweit sind die Verkehrsbehörden nur für die verkehrsrechtliche Umsetzung der in diesen Plänen vorgesehenen Verkehrsbeschränkungen zuständig.

Zu Abschnitt 3.4.3

BImSchG i. d. F. vom 26. Juli 2023 § 40 Verkehrsbeschränkungen

Gesetz zum Schutz vor schädlichen Umwelteinwirkungen durch Luftverunreinigungen, Geräusche, Erschütterungen und ähnliche Vorgänge (Bundes-Immissionsschutzgesetz – BImSchG (Auszug)

(1) Die zuständige Straßenverkehrsbehörde beschränkt oder verbietet den Kraftfahrzeugverkehr nach Maßgabe der straßenverkehrsrechtlichen Vorschriften, soweit ein Luftreinhalteplan oder ein Plan für kurzfristig zu ergreifende Maßnahmen nach § 47 Absatz 1 oder 2 dies vorsehen. Die Straßenverkehrsbehörde kann im Einvernehmen mit der für den Immissionsschutz zuständigen Behörde Ausnahmen von Verboten oder Beschränkungen des Kraftfahrzeugverkehrs zulassen, wenn unaufschiebbare und überwiegende Gründe des Wohls der Allgemeinheit dies erfordern.

(2) Die zuständige Straßenverkehrsbehörde kann den Kraftfahrzeugverkehr nach Maßgabe der straßenverkehrsrechtlichen Vorschriften auf bestimmten Straßen oder in bestimmten Gebieten verbieten oder beschränken, wenn der Kraftfahrzeugverkehr zur Überschreitung von in Rechtsverordnungen nach § 48a Absatz 1a festgelegten Immissionswerten beiträgt und soweit die für den Immissionsschutz zuständige Behörde dies im Hinblick auf die örtlichen Verhältnisse für geboten hält, um schädliche Umwelteinwirkungen durch Luftverunreinigungen zu vermindern oder deren Entstehen zu vermeiden. Hierbei sind die Verkehrsbedürfnisse und die städtebaulichen Belange zu berücksichtigen. § 47 Absatz 6 Satz 1 bleibt unberührt.

(3) Die Bundesregierung wird ermächtigt, nach Anhörung der beteiligten Kreise (§ 51) durch Rechtsverordnung mit Zustimmung des Bundesrates zu regeln, dass Kraftfahrzeuge mit geringem Beitrag zur Schadstoffbelastung von Verkehrsverboten ganz oder teilweise ausgenommen sind oder ausgenommen werden können, sowie die hierfür maßgebenden Kriterien und die amtliche Kennzeichnung der Kraftfahrzeuge festzulegen. Die Verordnung kann auch regeln, dass bestimmte Fahrten oder Personen ausgenommen sind oder ausgenommen werden können, wenn das Wohl der Allgemeinheit oder unaufschiebbare und überwiegende Interessen des Einzelnen dies erfordern.

(BGBl. 2023 I Nr. 202)

3.4.4 Fahrzeuge mit gefährlichen Gütern

Mit Zeichen 261 kann die Benutzung von Straßen für Fahrzeuge verboten werden, von denen wegen der durch sie transportierten gefährlichen Güter bei einem Unfall oder einem sonstigen Zwischenfall (z.B. Undichtwerden eines Tanks) eine zusätzliche besondere Gefahrenlage ausgeht. In der Regel wird das durch Zeichen 261 ausgesprochene Verbot zum Schutz exponierter Bauwerke (z.B. Tunnel, Talbrücken, Unterwassertunnel) und bei Gefällstrecken vor Ortschaften anzuordnen sein.

Zeichen 261 kann auch zum Schutz von Kernkraftwerken angeordnet werden, sofern besondere Gegebenheiten dies erfordern.

Über die Definition „Gefährliche Güter" im Rahmen der Verordnung über die innerstaatliche und grenzüberschreitende Beförderung gefährlicher Güter auf der Straße, mit Eisenbahnen und auf Binnengewässern – GGVSEB, siehe Basisregelwerk zum sicheren internationalen Transport gefährlicher Güter auf der Straße des Europäischen Übereinkommens über die internationale Beförderung auf der Straße mit den Anlagen A und B (ADR).

Die Zeichen 269 und 354 dienen vor allem zum Schutz von Wassergewinnungsanlagen.

Mit Zeichen 354 kann, wer ein Fahrzeug führt, das wassergefährdende Ladung transportiert, bei der Benutzung einer Straße, die ein Wasserschutzgebiet durchschneidet oder berührt, auf besondere Vorsicht hingewiesen werden.

Die Länge der Strecke innerhalb des Wasserschutzgebietes kann auf einem weißen Zusatzzeichen angegeben werden; Wiederholungszeichen können bei längeren Strecken erforderlich sein.

Mit Zeichen 269 kann die Benutzung einer Straße, die durch ein Wasserschutzgebiet führt, für Fahrzeuge mit wassergefährdender Ladung verboten werden. In Sonderfällen kann Zeichen 269 auch in Gebieten, die nicht Wasserschutzgebiete sind, verwendet werden (z.B. Seeuferstraße, Straßen auf Talsperrenmauern).

Vor dem Anordnen der Zeichen 261 oder 269 ist zu prüfen, welche Umwege und Umleitungen den mit gefährlichen Gütern beladenen Kraftfahrzeugen zugemutet werden und welche Gefahren durch die Umleitungen ggf. neu geschaffen werden. Zur Vorbereitung der Anordnung durch die Straßenverkehrsbehörde muss ein Entwurf mit Begründung und Umleitungsempfehlung erstellt werden. Dabei sind die Straßenbaubehörde, die Polizei, die Wasserbehörde, ggf. weitere zuständige Behörden (z. B. Gemeinden, Naturschutzbehörden) und ggf. amtliche Sachverständige zu beteiligen. Für die Anordnung selbst ist die Zustimmung der obersten Landesbehörde oder der von ihr bestimmten Stelle notwendig. Einzelheiten enthalten die nachstehend abgedruckten Richtlinien des für den Verkehr zuständigen Bundesministeriums, die mit Erlass vom 9. Dezember 1987 bekannt gegeben wurden.

Die Benutzungsverbote sind in der Regel nur für den Straßenabschnitt anzuordnen, der tatsächlich nicht benutzbar ist. Gelegentlich ist es sinnvoll, das Verbot für einen größeren Streckenabschnitt anzuordnen, z. B. wenn vor der eigentlichen Engstelle keine Wendemöglichkeit besteht und zwischen dem Verbot und der Engstelle auch keine Ziele für solche Fahrzeuge liegen.

In der Regel ist auf die Benutzungsverbote so rechtzeitig hinzuweisen, dass die betroffenen Fahrzeuge die Verbotsstrecke sinnvoll umfahren können, und eine Umleitungsbeschilderung zu erwägen. Siehe dazu die ausführliche Kommentierung in Abschnitt 3.1.

Zu Abschnitt 3.4.4

VwV-StVO
zu § 41
Vorschriftzeichen

Zu Zeichen 261 Verbot für kennzeichnungspflichtige Kraftfahrzeuge mit gefährlichen Gütern

1 I. Gefährliche Güter sind die Stoffe und Gegenstände, deren Beförderung auf der Straße und Eisenbahn nach § 2 Nr. 7 der Gefahrgutverordnung Straße, Eisenbahn und Schifffahrt (GGVSEB) in Verbindung mit den Anlagen A und B des Europäischen Übereinkommens über die internationale Beförderung auf der Straße (ADR) verboten oder nur unter bestimmten Bedingungen gestattet ist. Die Kennzeichnung von Fahrzeugen mit gefährlichen Gütern ist in Kapitel 5.3 zum ADR geregelt.

3.4.4 Fahrzeuge mit gefährlichen Gütern

VwV-StVO zu § 41 Vorschriftzeichen

2 II. Das Zeichen ist anzuordnen, wenn zu besorgen ist, dass durch die gefährlichen Güter infolge eines Unfalls oder Zwischenfalls, auch durch das Undichtwerden des Tanks, Gefahren für das Leben, die Gesundheit, die Umwelt oder Bauwerke in erheblichem Umfang eintreten können. Hierfür kommen z. B. Gefällestrecken in Betracht, die unmittelbar in bebaute Ortslagen führen. Für die Anordnung entsprechender Maßnahmen erlässt das Bundesministerium für Verkehr und digitale Infrastruktur im Einvernehmen mit den obersten Landesbehörden Richtlinien, die im Verkehrsblatt veröffentlicht werden.

...

Zu Zeichen 269 Verbot für Fahrzeuge mit wassergefährdender Ladung

1 I. Das Zeichen ist nur im Benehmen mit der für die Reinhaltung des Wassers zuständigen Behörde anzuordnen.

VwV-StVO zu § 42 Richtzeichen

Zu Zeichen 354 Wasserschutzgebiet

1 I. Es ist an den Grenzen der Einzugsgebiete von Trinkwasser und von Heilquellen auf Straßen anzuordnen, auf denen Fahrzeuge mit wassergefährdender Ladung häufig fahren. In der Regel ist die Länge der Strecke, die durch das Wasserschutzgebiet führt, auf einem Zusatzzeichen (§ 40 Abs. 4) anzugeben.

2 II. Nr. I zu Zeichen 269 (Rn. 1) gilt auch hier.

3 III. Vgl. auch Nr. II zu Zeichen 269 (Rn. 2 bis 8).

4 IV. Es empfiehlt sich, das Zeichen voll rückstrahlend auszuführen.

Anmerkung: Die BMV-Erlasse vom 14. Juni 1988 (VkBl. 1988 S. 500) und vom 21. Juli 1988 (VkBl. 1988 S. 576) sind bei der nachstehenden Wiedergabe der BMV-Richtlinien berücksichtigt.

BMV – StV 12/36.42.41-261 – 9. Dezember 1987

Richtlinien für die Anordnung von verkehrsregelnden Maßnahmen für den Transport gefährlicher Güter auf Straßen

Die fünfte Allgemeine Verwaltungsvorschrift zur Änderung der Allgemeinen Verwaltungsvorschrift zur Straßenverkehrs-Ordnung (VwV-StVO) sieht in „zu Zeichen 261 Verbot für kennzeichnungspflichtige Kraftfahrzeuge mit gefährlichen Gütern" die Einführung von Richtlinien für die Anordnung von verkehrsregelnden Maßnahmen für Gefahrguttransporte auf Straßen vor. Im Einvernehmen mit den für die Straßenverkehrs-Ordnung und Verkehrspolizei zuständigen obersten Landesbehörden gebe ich die „Richtlinie für die Anordnung von verkehrsregelnden Maßnahmen für den Transport gefährlicher Güter auf Straßen – Richtlinie verkehrsregelnde Maßnahmen für Gefahrguttransport –" wegen der Dringlichkeit im Vorwege bekannt.

...

1. Allgemeines

Schwere Unfälle beim Transport gefährlicher Güter geben Veranlassung, die Fahrwege solcher Transporte kritisch zu überprüfen und bestimmte, ungeeignete Streckenabschnitte für derartigen Verkehr zu sperren oder durch geeignete verkehrsbeschränkende Maßnahmen zu entschärfen.

Auflagen zur Fahrwegbestimmung können nach der Verordnung über die innerstaatliche und grenzüberschreitende Beförderung gefährlicher Güter auf Straßen (GGVS) vom 22. Juli 1985 nach § 7 Abs. 1 nur für besonders erlaubnispflichtige Güter der Listen I und II des Anhangs B.8 der Anlage B angeordnet werden.

Aus den Erfahrungen der letzten Zeit können aber auch bei Verkehrsunfällen mit Transporten sonstiger gefährlicher Güter erhebliche Gefahren entstehen. Eine Erweiterung des Anordnungsbereichs der Zeichen 261 und Zeichen 269 StVO ist daher geboten. Die Zeichen sollen künftig nicht nur aufgestellt werden dürfen, wenn die zusätzliche besondere Gefahrenlage im Sinne der bisherigen VwV-StVO-Regelung zu Zeichen 261 StVO auf einer Bauwerksbeschädigung beruht, sondern auch in solchen Fällen, in denen durch einen Verkehrsunfall Gefahren für Leben, Gesundheit und Umwelt in erheblichem Umfang eintreten können.

Bisher wurden die Zeichen 261 und Zeichen 269 StVO relativ selten aufgestellt. Die vorliegende Richtlinie beschreibt die erweiterten zusätzlichen Kriterien, auf deren Grundlage das Straßennetz für den Transport gefährlicher Güter zu bewerten ist.

3.4.4 Fahrzeuge mit gefährlichen Gütern

BMV-Erlass vom 9.12.1987

2. Grundsätze

(1) Die Richtlinien gelten für alle Straßen mit tatsächlich öffentlichem Verkehr.

(2) Verkehrsregelnde Maßnahmen für den Transport gefährlicher Güter sind in erster Linie solche, die durch Aufstellen von Zeichen 261 bzw. Zeichen 269 StVO bestimmte Streckenabschnitte für diese Transporte sperren und hierfür in der Regel durch Aufstellen einer Umleitungsbeschilderung einen alternativen Fahrweg empfehlen.

(3) Bestehen für bestimmte Straßen oder Straßenabschnitte erhebliche Sicherheitsbedenken (vgl. Abschnitt 3), scheidet aber eine Sperrung mangels geeigneter Ausweichstrecken aus, können besondere verkehrsbeschränkende Maßnahmen ergriffen werden, wie z. B. Überholverbote, Verbot des Fahrens ohne einen Mindestabstand, Beschränkung der zulässigen Höchstgeschwindigkeit (s. auch Abschnitt 5). Dabei können innerorts und außerorts unterschiedliche Maßnahmen notwendig sein.

(4) Soll nicht nur der Transport gefährlicher Güter, sondern der Schwerverkehr allgemein untersagt werden, kommen Verbote nach Zeichen 253 StVO (Verbot für Fahrzeuge über einem bestimmten zulässigen Gesamtgewicht) in Verbindung mit Zusatzschild 801 oder nach Zeichen 262 StVO (Verbot für Fahrzeuge über einem angegebenen tatsächlichen Gewicht), wenn nur *beladene* Fahrzeuge von einer bestimmten Strecke ferngehalten werden müssen, in Betracht.

3. Kriterien für die Anordnung verkehrsregelnder Maßnahmen

(1) Durch Anordnung von Zeichen 261 bzw. von Zeichen 269 StVO können Straßenabschnitte für den Transport gefährlicher Güter gesperrt werden, wenn über die zusätzliche besondere Gefahrenlage im Sinne der VwV-StVO zu o. g. Zeichen hinaus folgende örtliche Gegebenheiten vorliegen.

(1.1) Es führt eine längere Gefällstrecke (ab ca. 500 m; bei größerem Gefälle können auch kürzere Gefällstrecken in Betracht kommen) mit einem mittleren Gefälle von mehr als 4 % unmittelbar in eine bebaute Ortslage oder durch eine in besonderer Gefahrenlage befindliche Ansiedlung/ein Gewerbegebiet/ein Industriegebiet hindurch.

(1.2) Es weist eine Ortsdurchfahrt eine enge und/oder kurvenreiche Straßenführung auf, bei der insbesondere entgegenkommende Lastkraftwagen nicht ohne wesentliche Geschwindigkeitsreduzierung oder Halt an Engstellen aneinander vorbeifahren können.

(1.3) Es führt innerorts eine Gefällstrecke von mehr als 4 % Gefälle unmittelbar über eine wartepflichtige oder mit Lichtsignalen geregelte Kreuzung oder Einmündung.

(1.4) Es führt eine längere Gefällstrecke (ab ca. 500 m; bei größerem Gefälle können auch kürzere Gefällstrecken in Betracht kommen) mit einem mittleren Gefälle von mehr als 4 % durch sensible Umwelträume (Naturschutzgebiete jeglicher Art) und/oder weist enge Kurven auf oder endet in einer engen Kurve, die außerdem nicht ohne besondere Gefahren von Lastkraftwagen im Innerortsbereich mit 50 km/h, im Außerortsbereich mit 80 km/h befahren werden können (s. Abschnitt 5).

(2) Ein Verkehrsverbot nach Zeichen 269 StVO kann dort angeordnet werden, wo Gesichtspunkte des Wasser- und Quellenschutzes zu berücksichtigen sind. Im Einzelnen ist zu beachten:

(2.1) Kreuzt eine öffentliche Straße den Fassungsbereich eines Wasser- oder Quellenschutzgebietes (Wasserschutzzone I), so ist in der Regel neben dem Zeichen 354 (Wasserschutzgebiet) auch das Zeichen 269 aufzustellen.

(2.2) Kreuzt eine öffentliche Straße die engere Schutzzone eines Wasser- oder Quellenschutzgebietes (Wasserschutzzone II), so ist neben dem Zeichen 354 das Zeichen 269 aufzustellen, wenn eine zumutbare Umleitung für Fahrzeuge mit wassergefährdender Ladung vorhanden ist und nicht besondere Umstände einen uneingeschränkten Verkehr erfordern.

(2.3) Kreuzt eine öffentliche Straße den Fassungsbereich oder die engere Schutzzone eines Wasser- oder Quellenschutzgebiets (Wasserschutzzone II), so ist in der Regel die Geschwindigkeitsbeschränkung mit Zeichen 274 auf eine zulässige Höchstgeschwindigkeit von z. B. für den Außerortsbereich 60 km/h anzuordnen. Ist entgegen den o. g. Regelungen Zeichen 269 nicht aufgestellt, dann kann die zulässige Höchstgeschwindigkeit auch auf unter 60 km/h festgesetzt werden. Daneben können nach den Erfordernissen des Einzelfalls noch andere Anordnungen getroffen werden, wie z. B. Gewichtsbeschränkungen für Lkw oder Überholverbote für Lkw.

(2.4) Kreuzt eine öffentliche Straße die weitere Schutzzone eines Wasser- oder Quellenschutzgebiets (Wasserschutzzone III), so können in besonderen Fällen nach den Erfor-

BMV-Erlass vom 9.12.1987

dernissen des Einzelfalls Geschwindigkeitsbeschränkungen verfügt und/oder andere Anordnungen getroffen werden.

(2.5) Anordnungen nach (2.3) aus Gründen des Gewässerschutzes sollen außerhalb von Schutzgebieten nur in besonderen Fällen getroffen werden (z. B. zum Schutz von Seen).

(3) Bei Straßentunneln wirken in der Regel keine straßenseitigen, *zusätzlichen* Gefahren auf den Transport gefährlicher Güter. Jedoch muss im Einzelnen geprüft werden, ob andersartige Kriterien, wie in diesem Abschnitt aufgezählt, Verkehrsbeschränkungen erfordern, wie z. B. für Transportverbote von explosionsgefährlichen oder leicht entzündlichen Stoffen.

4. Umleitungsempfehlung

(1) Bei der Sperrung bestimmter Straßen oder Straßenabschnitte ist stets zu prüfen, ob geeignete Umleitungsstrecken zur Verfügung stehen. Durch die Verlagerung von Gefahrgutverkehr darf keine neue Gefahrensituation an anderer Stelle geschaffen werden.

(2) Das Verbot der Durchfahrt für den Transport gefährlicher Güter sollte rechtzeitig angekündigt und mit der örtlich vorhandenen wegweisenden Beschilderung abgestimmt werden. Die Ankündigung erfolgt einheitlich mit dem Zeichen 261 bzw. Zeichen 269 StVO in Verbindung mit dem Zusatzzeichen 741 StVO „nach ... m“ in einem ausreichenden Abstand vor der stationären Wegweisung der jeweiligen Kreuzung bzw. Einmündung. Zur Verdeutlichung der Ankündigung kann das Zeichen 261 bzw. Zeichen 269 StVO in die vorhandene stationäre Wegweisung aufgenommen werden. Hierdurch kann ein besonderer Beschilderungsaufwand vermieden werden.

(3) In besonderen Fällen kann die Umleitung ergänzend durch Zeichen 459 StVO (Planskizze) angekündigt werden. Hierbei sollte von einer möglichst einfachen und einheitlichen Darstellung des Sachverhalts gemäß Anlage ausgegangen werden.

(4) Auf der Ausweichstrecke erfolgt die Umleitungswegweisung je nach örtlichen Gegebenheiten und Erfordernissen mit Hilfe der Zeichen 421 StVO (Wegweiser für bestimmte Verkehrsarten) und Zeichen 442 StVO (Vorwegweiser für bestimmte Verkehrsarten); vgl. auch Anlage.

(5) Da es sich bei den Fahrern von Transporten mit gefährlichen Gütern um Kraftfahrer handelt, die beruflich ein Kraftfahrzeug führen, kann der Beschilderungsaufwand entlang der Umleitungsstrecke entfallen, sobald auf der Umleitungsstrecke das ursprüngliche Fernziel der Fahrtstrecke erscheint.

5. Maßnahmen bei nicht möglicher Umleitung

(1) Kommt eine Sperrung oder Teilsperrung für den Gefahrgutverkehr etwa mangels geeigneter Ausweichstrecken nicht in Betracht, ist u. a. eine Beschränkung der zulässigen Höchstgeschwindigkeit (Zeichen 274 StVO) insbesondere für Sattelkraftfahrzeuge und Züge (Zusatzzeichen 876) zu erwägen. Die Höchstgeschwindigkeit muss dann so weit herabgesetzt werden, dass die betroffenen Fahrzeuge auch nach längerer Abwärtsfahrt noch zum Halten gebracht werden können. Dabei spielen die Stärke des Gefälles, die Länge der Gefällstrecke und der Radius von Kurven eine entscheidende Rolle. Zur Wahl der Höchstgeschwindigkeit kann ein Sachverständigengutachten angezeigt sein.

(2) Die Geschwindigkeitsbeschränkung muss im Übrigen so weit vor dem Beginn der Gefällstrecke einsetzen, dass der Kraftfahrzeugführer noch rechtzeitig in niedrigere Gänge zurückschalten kann. Hinsichtlich der dafür notwendigen Geschwindigkeitsreduzierung sollte nicht die Wirksamkeit der Betriebsbremse, sondern die der Dauerbremse (Motorbremse) berücksichtigt werden.

(3) Es kann sich empfehlen, vor unübersichtlichen Strecken individuell gestaltete Hinweisschilder mit der Warnung vor besonders gefährlichen Gefällstrecken aufzustellen (z. B. vergleichbar mit Hinweisen auf der A8 im Bereich des „Alb-Abstiegs“).

6. Beteiligung, Anordnung

(1) Zur Vorbereitung der Anordnung einer verkehrsregelnden Maßnahme durch die Straßenverkehrsbehörde ist ein Entwurf mit Begründung und Umleitungsempfehlung zu erstellen unter Beteiligung

- der Straßenbaubehörde
- der Polizei
- der Wasserbehörde
- ggf. weiterer zuständiger Behörden, wie z. B. Gemeinden, Naturschutzbehörden etc.
- ggf. amtlicher Sachverständiger.

3.4.4 Fahrzeuge mit gefährlichen Gütern

BMV-Erlass vom 9.12.1987

(2) Die Anordnung selbst bedarf der Zustimmung durch die oberste Landesbehörde oder der von ihr bestimmten Stelle.

(3) Die aufgestellten Verkehrszeichen müssen mindestens vollflächig retroreflektierend ausgeführt sein.

(4) Unabhängig von Überlegungen, bestimmte Streckenabschnitte für den Gefahrgutverkehr zu sperren oder in der Höchstgeschwindigkeit zu beschränken, haben die Straßenverkehrsbehörden zu prüfen, ob die von diesem Verkehr benutzten Gefällstrecken ausreichend mit dem Gefahrzeichen 108 StVO (Gefälle) gekennzeichnet sind. Das Zeichen muss so weit vor dem Beginn der Gefällstrecke stehen, dass sich der Kraftfahrzeugführer noch rechtzeitig darauf einstellen kann. Ein Zusatzzeichen 741 StVO (nach … m) kann sinnvoll sein, wenn der Beginn der Gefällstrecke nicht rechtzeitig wahrgenommen werden kann.

7. Ausnahmegenehmigung

Bei der Erteilung von Ausnahmegenehmigungen nach § 46 Abs. 1 Nr. 11 StVO (z. B. für Anlieger) ist ein strenger Maßstab anzulegen.

Anlage zum BMV-Erlass vom 9.12.1987

Anlage zu den Richtlinien für die Anordnung von verkehrsregelnden Maßnahmen für den Transport gefährlicher Güter auf Straßen

Beispiele für Beschilderungen der Ankündigung und Wegweisung

(1) Ankündigung einer Sperrung

Vz 261 StVO

Vz 741 StVO

Vz 269 StVO

Vz 741 StVO

Vz 438 StVO

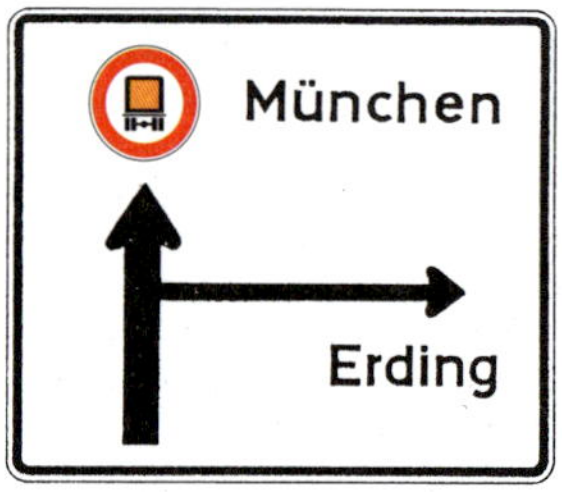

Vz 459 A StVO

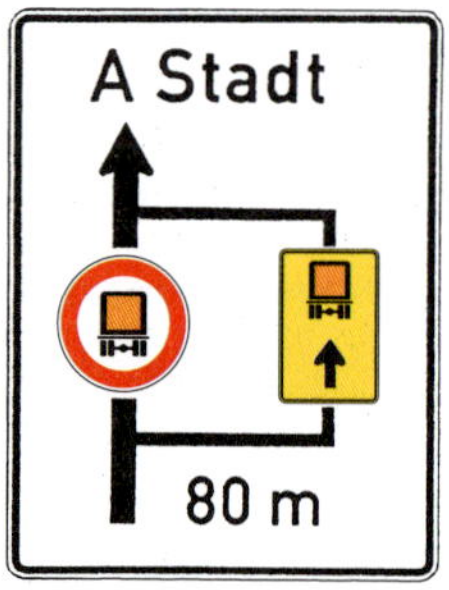

VZ 459 B StVO

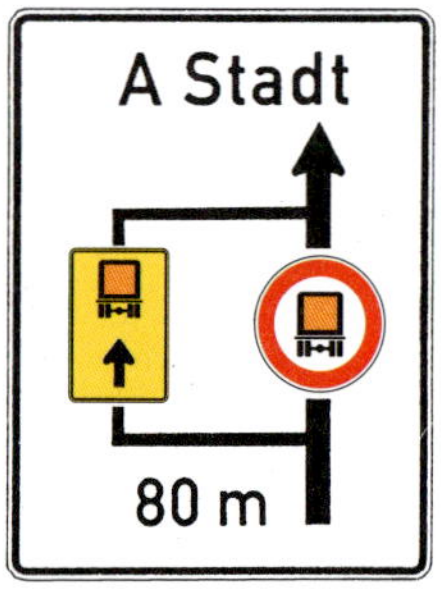

(2) Wegweisung auf der Umleitungsstrecke

Vz 421 StVO

Anlage zum BMV-Erlass vom 9.12.1987

Vz 442 StVO

(VkBl. 1987 S. 857)

Anmerkung: Zeichen 459 StVO ist jetzt Zeichen 458 StVO, Zusatzzeichen 741 StVO ist jetzt Zusatzzeichen 1004-30-150, Zusatzschild 801 ist jetzt Zusatzzeichen 1053-33, Zusatzzeichen 876 ist jetzt Zusatzzeichen 1048-15. Die Verkehrszeichen sind in der heute gültigen Darstellungsform anzuordnen (vgl. VzKat).

BMVI – StB 28/7182.8/3-ARS-16/15-2654847 19. Juli 2016

Richtlinien für bautechnische Maßnahmen an Straßen in Wasserschutzgebieten (RiStWag), Ausgabe 2016 (Auszug)

5 Planungsgrundsätze

5.1 Allgemeines

Bei Straßenplanungen ist schon bei der Voruntersuchung zur Linienbestimmung auf Wasserschutzgebiete besonders zu achten und die Planungsabsicht mit den zuständigen Behörden und den betroffenen Wasserversorgungsunternehmen bzw. Trinkwassertalsperrenbetreibern abzustimmen.

Bei der Abstimmung der Pläne ist grundsätzlich die räumliche Trennung von Straßen und Wasserschutzgebieten anzustreben. Ist eine vollständige Trennung im Einzelfall aus wichtigen Gründen nicht möglich, ist die im Schutzgebiet verlaufende Trasse hinsichtlich des Gewässerschutzes zu optimieren. Die notwendigen baulichen Schutz- und Beweissicherungsmaßnahmen sind in Abstimmung mit den zuständigen Behörden und den Wasserversorgungsunternehmen bzw. Trinkwassertalsperrenbetreibern unter Berücksichtigung der künftigen Verkehrsentwicklung zu treffen.

In Einzugsgebieten von Trinkwassertalsperren sind Straßen so zu planen, dass diese nicht unmittelbar neben einem Gewässer verlaufen oder es kreuzen. Ist das nicht möglich, so ist sicherzustellen, dass Straßenoberflächenwasser nicht oder nicht unbehandelt in das Gewässer gelangt.

Bei der Planung von Straßen in Wasserschutzgebieten sind im Hinblick auf die Verkehrssicherheit grundsätzlich die in den Planungsrichtlinien festgelegten günstigeren Entwurfselemente zu verwenden und optimal aufeinander abzustimmen, z. B. Radien im Lageplan, Halbmesser im Höhenplan, Länge von Linksabbiegespuren, Radien der Ausfahrrampen.

Straßeneinschnitte sind auf besonders begründete Ausnahmefälle zu beschränken. Das für die Trinkwassergewinnung genutzte Grundwasser und die Quellgebiete dürfen unter keinen Umständen angeschnitten werden.

Die zulässige Tiefe von Einschnitten hängt vom geologischen Aufbau und von den hydrogeologischen Verhältnissen des Untergrundes ab. Sie muss so gewählt werden, dass eine möglichst hohe Schutzwirkung der Grundwasserüberdeckung nach Abschnitt 3.6.1 erhalten bleibt.

3.4.4 Fahrzeuge mit gefährlichen Gütern

BMVI-Erlass vom 19.7.2016

Die Baugrund- und Grundwasserverhältnisse sind im Zuge der geotechnischen Untersuchungen gemäß M GUB bzw. M GUB UA (FGSV 2004/2013) genau festzustellen. Ergänzend ist insbesondere die Schutzwirkung der Grundwasserüberdeckung (Abschnitt 3.6.1) im Hinblick auf die erforderlichen Schutzmaßnahmen (Abschnitt 6) zu beurteilen.

Wenn Abdichtungen erforderlich werden, ist deren Planung mit der Gründung von Schutzeinrichtungen oder Sonderbauwerken wie Lärmschutzwänden zu koordinieren. Bei Baumaßnahmen/Vorhaben, die selbst keine Gefährdung von Gewässern verursachen (z. B. Geh- und Radwege) ist zu gewährleisten, dass bestehende oder für die zugehörige Straße geplante Schutzmaßnahmen nach RiStWag nicht beeinträchtigt werden.

Für Brücken in Wasserschutzgebieten – insbesondere bei Trinkwassertalsperren – sind Konstruktionsformen und Bauweisen zu wählen, die vor allem die Gefahr einer gegenüber der Straße vorzeitigen Glatteisbildung mindern. Die Entwässerung der Brücken ist so zu planen und auszuführen, dass eine besonders zuverlässige und schnelle Ableitung auch geringer Wassermengen gewährleistet wird.

Verkehrsregelnde Maßnahmen können die Unfallgefahr und die damit verbundenen Auswirkungen auf die Gewässer verringern. Zu solchen verkehrsregelnden Maßnahmen gehören:

- Geschwindigkeitsbegrenzungen
- Überholverbot
- Verbot für Fahrzeuge mit wassergefährdender Ladung oder mit ADR-Kennzeichnung (ADR)
- Warnbeschilderung.

Maßnahmen, die zur Erhöhung der Verkehrssicherheit beitragen, z. B. Standstreifen, Zusatzfahrstreifen für langsamen Verkehr, dienen auch dem Gewässerschutz, weil sie die Unfallgefahr und die Folgen von Unfällen vermindern.

...

3.5 Sonderwege und Sonderfahrstreifen

3.5.1 Allgemeines

Sonderwege sind solche Teile einer Straße, die speziell für bestimmte Verkehrsarten bereitgestellt werden, z. B. Gehwege, Radwege oder Reitwege. Bussonderfahrstreifen sind keine Sonderwege im engeren Sinne, da sie Bestandteil der Fahrbahn sind; aufgrund der vergleichbaren Funktion werden sie hier mit behandelt. Sie dienen der Umsetzung des Trennprinzips (siehe Abschnitt 2.4.4), bei dem unterschiedlichen Verkehrsarten bestimmte Bereiche des Straßenraums zugeordnet werden. Das Trennprinzip führt dazu, dass der Verkehr in sich homogener und damit sicherer wird, allerdings in der Regel zum Preis eingeschränkter Bewegungsfreiheit, was vor allem von den langsameren und mehr flächenorientierten Verkehrsarten (Fußgänger, Radfahrer) auch als Nachteil empfunden wird. In bestimmten Situationen können Sonderwege das Konfliktpotenzial jedoch auch erhöhen. Dem ist mit sorgfältiger Planung entgegenzuwirken. Bussonderfahrstreifen erhöhen die Leichtigkeit des Verkehrs für deren Nutzer.

Oft können die Verkehrsteilnehmer schon allein aus der baulichen Gestaltung des Sonderwegs herleiten, um welche Art von Sonderweg es sich handelt. So sind z. B. in der Regel innerörtliche Gehwege als solche leicht zu erkennen, da sie seitwärts der Straße, durch einen Bordstein abgetrennt, leicht erhöht geführt werden. Sind zwei solcher Wege vorhanden, so wird der der Fahrbahn nächstgelegene unschwer als („sonstiger“) Radweg, der zweite weiter außerhalb gelegene als Gehweg erkannt. Die oberste Schicht von Reitwegen wird häufig aus lockerem Material hergestellt, das für Fußgänger und Radfahrer „unattraktiv“ ist („selbsterklärende Straße“; siehe Abschnitt 2.2.4).

Reicht das nicht aus, nennt die StVO verschiedene Möglichkeiten, um die spezielle Nutzung von Verkehrsflächen als Sonderwege zu verdeutlichen oder anzuordnen (siehe *Tabelle 3.1*):

- Hinweise (Markierungen und Zusatzzeichen),
- Nutzungsgebote sowie
- Nutzungsverbote (siehe Abschnitte 3.2, 3.3, 3.4).

Tabelle 3.1 Möglichkeiten zur Kenntlichmachung von Verkehrsflächen als Sonderwege

Kenntlichmachung durch bauliche Gestaltung	Kenntlichmachung durch Erläuterung oder Klarstellung	Kenntlichmachung durch Nutzungsgebot (positive Beschilderung)	Kenntlichmachung durch Nutzungsverbot (negative Beschilderung)
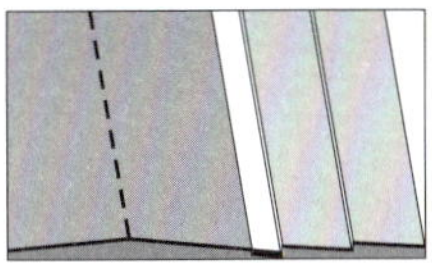	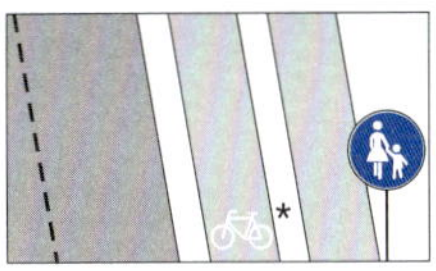	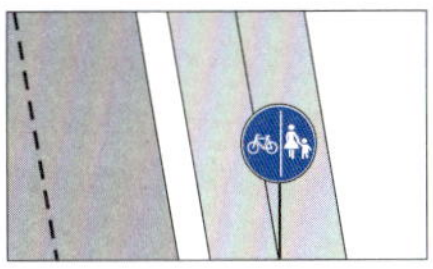	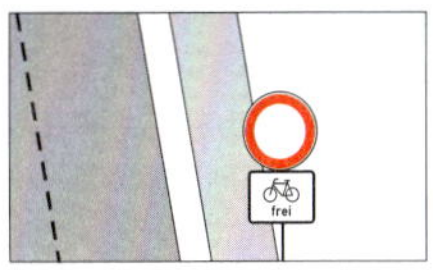
	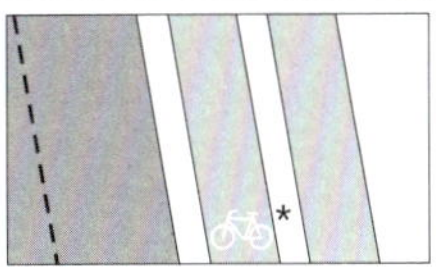		
			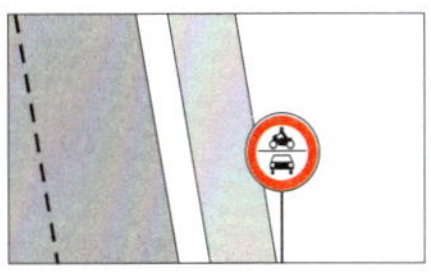

* Ist die Markierung seitlich der Fahrbahn aus technischen Gründen nicht möglich, kann Zz 1010-52 aufgestellt werden.

3.5.1 Allgemeines

Dem Grundsatz folgend, dass so wenige Regelungen wie möglich getroffen werden sollen und nur so viele wie nötig (§ 39 StVO, siehe Abschnitt 2.4.2), sollte zunächst immer geprüft werden, ob die bauliche Gestaltung eines Sonderwegs nicht ausreicht, um seine Bestimmung zu verdeutlichen. Gegebenenfalls kann eine Kenntlichmachung durch Erläuterung hilfreich sein.

Die Kenntlichmachung durch Erläuterung, z. B. durch alleinstehende Zusatzschilder oder Bodenmarkierung mit dem Sinnbild der Verkehrsart, für die der Weg bereitgestellt wird, ist in der StVO nicht ausdrücklich vorgesehen. Gelegentlich ist sie jedoch hilfreich, vor allem wenn die bauliche Gestaltung alleine nicht ausreicht, um eine eindeutige Zuordnung zu ermöglichen, andererseits ein Nutzungsgebot oder -verbot übermäßig erscheint. Bei Gehwegen ist die Anordnung von Zeichen 239 zulässig, wenn eine Klarstellung erforderlich ist; diese Anordnung löst kein Ver oder Gebot aus, da Fußgänger gemäß § 25 Abs. 1 Satz 1 StVO Gehwege benutzen müssen.

Die Anordnung von Nutzungsgeboten ist nur unter den Voraussetzungen des § 45 Abs. 9 StVO zulässig. Soweit sie nicht unter den dortigen, zwischenzeitlich erheblich angewachsenen Katalog von Ausnahmen fällt, muss aufgrund besonderer örtlicher Verhältnisse eine Gefahrenlage bestehen, die das allgemeine Risiko einer Beeinträchtigung der Sicherheit oder Ordnung des Verkehrs oder anderer in § 45 StVO genannter Anordnungszwecke erheblich übersteigt. Außerdem muss die Anordnung des Nutzungsgebots geeignet sein, diese Gefahrenlage abzumildern, und sie muss im Hinblick auf die Verhaltenseinschränkung der betroffenen Verkehrsteilnehmer angemessen sein. Das wird gerade im Zusammenhang mit Radwegen immer wieder diskutiert und war bereits mehrfach Gegenstand oberverwaltungsgerichtlicher Rechtsprechung. So ist beispielsweise das Vorhandensein eines 3,00 m breiten Sonderwegs neben einer schwach belasteten Gemeindeverbindungsstraße kein hinreichender Grund für die Anordnung einer Benutzungspflicht für den Radverkehr mit Zeichen 240 (siehe Abschnitt 3.5.3).

Ein Teil der Verkehrsfläche kann aber auch als Defacto-Sonderweg gekennzeichnet werden, indem den anderen Verkehrsarten die Benutzung verboten wird (siehe Abschnitt 3.2.2). Damit ist die Fläche für bestimmte Verkehrsteilnehmer reserviert (nämlich die nicht verbotenen), ohne dass diesen ein Nutzungsgebot auferlegt ist.

In konsequenter Erweiterung des Gebots dieser Regeln kann auch der gesamte Straßenraum einer Verkehrsart als „Bereich“ zugeordnet werden. Die StVO nennt hier z. B. die Fußgängerzone (siehe Abschnitt 3.5.2), die Fahrradstraße oder die Fahrradzone (siehe Abschnitt 3.5.3). Diese Bereiche werden eingerichtet, um der jeweiligen Verkehrsart eine uneingeschränkte Nutzung der Fläche zu ermöglichen und (mit Ausnahmen) vor allen anderen Verkehrsteilnehmern – insbesondere dem motorisierten Verkehr – zu schützen.

Alle diese Regelungen können durch Zusatzzeichen erweitert oder eingeschränkt werden. So kann z. B. der Radverkehr auf dem Gehweg durch das Zusatzzeichen 1022-10 „Radverkehr frei“ allein oder zum Zeichen 239 „Gehweg“ freigegeben werden (siehe Abschnitt 3.5.3)

Die klarstellenden oder regelnden Zeichen stehen in der Regel am Anfang eines Sonderwegs. Am Ende eines Sonderwegs wird, soweit sich dies nicht hinreichend eindeutig aus der Örtlichkeit ergibt, das entsprechende Zeichen mit dem Zusatzzeichen 1012-31 „Ende“ aufgestellt. Reitwege sind nur zu kennzeichnen, wo ihre Nutzung nicht durch die Beschaffenheit des Weges klar erkennbar ist.

In den weiteren Abschnitten werden zunächst die Fußgänger- und Radwege, dann die Bussonderfahrstreifen und schließlich als sonstige Sonderwege die Reitwege behandelt.

Zu Abschnitt 3.5.1

VwV-StVO zu § 41 Vorschriftzeichen

Zu den Zeichen 237, 240 und 241 Radweg, gemeinsamer und getrennter Geh- und Radweg

...

3 III. Wo das Ende eines Sonderweges zweifelsfrei erkennbar ist, bedarf es keiner Kennzeichnung. Ansonsten ist das Zeichen mit dem Zusatzzeichen „Ende“ anzuordnen.

4 IV. Die Zeichen können abweichend von Nr. III 3 zu den §§ 39 bis 43; Rn. 12 ff. bei baulich angelegten Radwegen immer, bei Radfahrstreifen in besonders gelagerten Fällen, in der Größe 1 aufgestellt werden.

3.5.2 Fußgängerwege

StVO Anlage 2 Vorschriftzeichen (zu § 41 Absatz 1) Abschnitt 5 Sonderwege		
18	**Zeichen 239**  **Gehweg**	**Ge- oder Verbot** 1. Anderer als Fußgängerverkehr darf den Gehweg nicht nutzen. 2. Ist durch Zusatzzeichen die Benutzung eines Gehwegs für eine andere Verkehrsart erlaubt, muss diese auf den Fußgängerverkehr Rücksicht nehmen. Der Fußgängerverkehr darf weder gefährdet noch behindert werden. Wenn nötig, muss der Fahrverkehr warten; er darf nur mit Schrittgeschwindigkeit fahren. **Erläuterung** Das Zeichen kennzeichnet einen Gehweg (§ 25 Absatz 1 Satz 1), wo eine Klarstellung notwendig ist.
21	**Zeichen 242.1**  **Beginn einer Fußgängerzone**	**Ge- oder Verbot** 1. Anderer als Fußgängerverkehr darf die Fußgängerzone nicht benutzen. 2. Ist durch Zusatzzeichen die Benutzung einer Fußgängerzone für eine andere Verkehrsart erlaubt, dann gilt für den Fahrverkehr Nummer 2 zu Zeichen 239 entsprechend.
22	**Zeichen 242.2**  **Ende einer Fußgängerzone**	

Dort, wo aus der baulichen Gestaltung eines Gehwegs nicht klar erkennbar ist, dass es sich um einen Gehweg handelt, oder wo signalisiert werden muss, dass dieser Teil einer Straße Fußgängern vorbehalten bleibt, kann dies mit Zeichen 239 verdeutlicht werden. Das Gleiche gilt, wenn ein Seitenstreifen, der auch für andere Verkehrsteilnehmer benutzbar wäre, den Fußgängern allein vorbehalten werden soll (durch Zeichen 239 ist er dann kein Seitenstreifen mehr, sondern ein Gehweg).

Zeichen 239 kann auch verwendet werden, um Straßen oder selbstständig geführte Wege, die nur für Fußgänger bestimmt sind, eindeutig zu kennzeichnen.

Folgende Anforderungen sollten bei der Auswahl und Gestaltung von Anlagen für den Fußgängerverkehr berücksichtigt werden:

- hohe Verkehrssicherheit,
- Vermeidung subjektiver Ängste gegen Bedrohung,
- umwegfreie Verbindungen,
- leichtes Vorankommen mit hinreichender Bewegungsfreiheit,
- keine Störungen durch andere Verkehrsteilnehmer,

3.5.2 Fußgängerwege

- gute Übersichtlichkeit, Begreifbarkeit und Orientierung,
- Barrierefreiheit.

Weitere Details zur Planung und Gestaltung von Fußgängerverkehrsanlagen finden sich in den

- „Empfehlungen für Fußgängerverkehrsanlagen (EFA)", Ausgabe 2002, FGSV Verlag.

Sollen innerorts nicht nur einzelne Wege, sondern ganze Bereiche für den Fußgängerverkehr freigehalten werden, so kann mit Zeichen 242.1 eine Fußgängerzone angeordnet werden. Das Zeichen ist an allen befahrbaren Zugängen zu den Fußgängerbereichen anzuordnen. Dieses Zeichen verbietet anderen Verkehrsteilnehmern als Fußgängern, den so gekennzeichneten Bereich zu benutzen.

Fußgängerbereiche sind Verkehrsflächen besonderer Zweckbestimmung. Mit der Festlegung einer solchen Zone wird auf das wiederholte Aufstellen von Verkehrszeichen verzichtet. Mit anderen Worten: Das Sichtbarkeitsprinzip, das der Beschilderung generell zugrunde liegt, wird aufgegeben.

Es sollte angestrebt werden, dass das betreffende Gebiet das „Zonenbewusstsein" einer Fußgängerzone vermittelt.

Die Anordnung von Fußgängerbereichen steht nicht im alleinigen Ermessen der Straßenverkehrsbehörde. Es handelt sich hierbei um eine Maßnahme, die im Rahmen einer geordneten städtebaulichen Entwicklung zu sehen ist und die daher nur im Einvernehmen mit der jeweiligen Gemeinde getroffen werden kann. Nach erzieltem Einvernehmen ordnet die Verkehrsbehörde die Kennzeichnung des Fußgängerbereiches an (§ 45 Abs. 1b StVO).

Voraussetzung für eine dauerhafte Anordnung ist die Anpassung der straßenrechtlichen Widmung der betroffenen Straßen (beschränkte Widmung oder Teileinziehung).

Fahrzeugverkehr darf nur nach Maßgabe der straßenrechtlichen Widmung zugelassen werden (siehe Abschnitt 3.1), was durch entsprechende Zusatzzeichen, z. B. Zusatzzeichen 1026-35 „Lieferverkehr frei" mit Zeitangabe (Zusatzzeichen 1040-31), realisiert werden kann. Die Fahrzeugführer dürfen dann im Fußgängerbereich nur im Schritttempo fahren und haben das „Vorgehrecht" der Fußgänger zu beachten.

Zeichen 242.2 ist überall dort am Ende des Fußgängerbereiches aufzustellen, wo den Fußgängern zu ihrer Sicherheit signalisiert werden muss, dass sie den Fußgängerbereich verlassen.

Zeichen 242.2 ist in der Regel entbehrlich, wenn aus dem gesamten baulichen Eindruck unmissverständlich die Grenze eines Fußgängerbereiches erkennbar ist.

Zeichen 242.2 darf auch auf der Rückseite von Zeichen 242.1 angebracht sein, wenn sich dies als zweckmäßig erweist.

Zu Abschnitt 3.5.2

StVO
§ 25
Fußgänger

(1) Wer zu Fuß geht, muss die Gehwege benutzen. Auf der Fahrbahn darf nur gegangen werden, wenn die Straße weder einen Gehweg noch einen Seitenstreifen hat. Wird die Fahrbahn benutzt, muss innerhalb geschlossener Ortschaften am rechten oder linken Fahrbahnrand gegangen werden; außerhalb geschlossener Ortschaften muss am linken Fahrbahnrand gegangen werden, wenn das zumutbar ist. Bei Dunkelheit, bei schlechter Sicht oder wenn die Verkehrslage es erfordert, muss einzeln hintereinander gegangen werden.

(2) Wer zu Fuß geht und Fahrzeuge oder sperrige Gegenstände mitführt, muss die Fahrbahn benutzen, wenn auf dem Gehweg oder auf dem Seitenstreifen andere zu Fuß Gehende erheblich behindert würden. Benutzen zu Fuß Gehende, die Fahrzeuge mitführen, die Fahrbahn, müssen sie am rechten Fahrbahnrand gehen; vor dem Abbiegen nach links dürfen sie sich nicht links einordnen.

(3) Wer zu Fuß geht, hat Fahrbahnen unter Beachtung des Fahrzeugverkehrs zügig auf kurzem Weg quer zur Fahrtrichtung zu überschreiten. Wenn die Verkehrsdichte, Fahrgeschwindigkeit, Sichtverhältnisse oder der Verkehrsablauf es erfordern, ist eine Fahrbahn nur an Kreuzungen oder Einmündungen, an Lichtzeichenanlagen innerhalb von Markierungen, an Fußgängerquerungshilfen oder auf Fußgängerüberwegen (Zeichen 293) zu überschreiten. Wird die Fahrbahn an Kreuzungen oder Einmündungen überschritten, sind dort vorhandene Fußgängerüberwege oder Markierungen an Lichtzeichenanlagen stets zu benutzen.

3.5.2 Fußgängerwege

StVO
§ 25
Fußgänger

(4) Wer zu Fuß geht, darf Absperrungen, wie Stangen- oder Kettengeländer, nicht überschreiten. Absperrschranken (Zeichen 600) verbieten das Betreten der abgesperrten Straßenfläche.

(5) Gleisanlagen, die nicht zugleich dem sonstigen öffentlichen Straßenverkehr dienen, dürfen nur an den dafür vorgesehenen Stellen betreten werden.

VwV-StVO
zu § 41
Vorschriftzeichen

Zu Zeichen 239 Gehweg

1 I. Der Klarstellung durch das Zeichen bedarf es nur dort, wo die Zweckbestimmung des Straßenteils als Gehweg sich nicht aus dessen Ausgestaltung ergibt. Soll ein Seitenstreifen den Fußgängern allein vorbehalten werden, so ist das Zeichen zu verwenden.

2 II. Die Freigabe des Gehweges zur Benutzung durch Radfahrer durch das Zeichen 239 mit Zusatzzeichen „Radverkehr frei" kommt nur in Betracht, wenn dies unter Berücksichtigung der Belange der Fußgänger vertretbar ist.

3 III. Die Beschaffenheit und der Zustand des Gehweges sollen dann auch den gewöhnlichen Verkehrsbedürfnissen des Radverkehrs (z. B. Bordsteinabsenkung an Einmündungen und Kreuzungen) entsprechen.

...

Zu den Zeichen 242.1 und 242.2 Beginn und Ende einer Fußgängerzone

1 I. Die Zeichen dürfen nur innerhalb geschlossener Ortschaften angeordnet werden. Fahrzeugverkehr darf nur nach Maßgabe der straßenrechtlichen Widmung zugelassen werden.

2 II. Auf Nummer XII zu § 45 Abs. 1 bis 1 e wird verwiesen.

3.5.3 Führung des Radverkehrs

StVO Anlage 2 Vorschriftzeichen (zu § 41 Absatz 1) **Abschnitt 5 Sonderwege**		
16	**Zeichen 237**  **Radweg**	**Ge- oder Verbot** 1. Der Radverkehr darf nicht die Fahrbahn, sondern muss den Radweg benutzen (Radwegbenutzungspflicht). 2. Anderer Verkehr darf ihn nicht benutzen. 3. Ist durch Zusatzzeichen die Benutzung eines Radwegs für eine andere Verkehrsart erlaubt, muss diese auf den Radverkehr Rücksicht nehmen und der andere Fahrzeugverkehr muss erforderlichenfalls die Geschwindigkeit an den Radverkehr anpassen. 4. § 2 Absatz 4 Satz 6 bleibt unberührt.
19	**Zeichen 240**  **Gemeinsamer Geh- und Radweg**	**Ge- oder Verbot** 1. Der Radverkehr darf nicht die Fahrbahn, sondern muss den gemeinsamen Geh- und Radweg benutzen (Radwegbenutzungspflicht). Dabei ist auf den Fußverkehr Rücksicht zu nehmen. Der Fußverkehr darf weder gefährdet noch behindert werden. Erforderlichenfalls ist die Geschwindigkeit an den Fußverkehr anzupassen. 2. Anderer Verkehr darf ihn nicht benutzen. 3. Ist durch Zusatzzeichen die Benutzung eines gemeinsamen Geh- und Radwegs für eine andere Verkehrsart erlaubt, muss diese auf den Fußgänger- und Radverkehr Rücksicht nehmen. Erforderlichenfalls muss der Fahrverkehr die Geschwindigkeit an den Fußgängerverkehr anpassen. 4. § 2 Absatz 4 Satz 6 bleibt unberührt. **Erläuterung** Das Zeichen kennzeichnet auch den Gehweg (§ 25 Absatz 1 Satz 1).
20	**Zeichen 241**  **Getrennter Rad- und Gehweg**	**Ge- oder Verbot** 1. Der Radverkehr darf nicht die Fahrbahn, sondern muss den Radweg des getrennten Rad- und Gehwegs benutzen (Radwegbenutzungspflicht). 2. Anderer Verkehr darf ihn nicht benutzen. 3. Ist durch Zusatzzeichen die Benutzung eines getrennten Geh- und Radwegs für eine andere Verkehrsart erlaubt, darf diese nur den für den Radverkehr bestimmten Teil des getrennten Geh- und Radwegs befahren. 4. Die andere Verkehrsart muss auf den Radverkehr Rücksicht nehmen. Erforderlichenfalls muss anderer Fahrzeugverkehr die Geschwindigkeit an den Radverkehr anpassen. 5. § 2 Absatz 4 Satz 6 bleibt unberührt. **Erläuterung** Das Zeichen kennzeichnet auch den Gehweg (§ 25 Absatz 1 Satz 1).

StVO Anlage 2 Vorschriftzeichen (zu § 41 Absatz 1) Abschnitt 5 Sonderwege		
23	**Zeichen 244.1**  **Beginn einer Fahrradstraße**	**Ge- oder Verbot** 1. Anderer Fahrzeugverkehr als Radverkehr sowie Elektrokleinstfahrzeuge im Sinne der eKFV darf Fahrradstraßen nicht benutzen, es sei denn, dies ist durch Zusatzzeichen erlaubt. Die freigegebenen Verkehrsarten können auch gemeinsam auf einem Zusatzzeichen abgebildet sein. Das Überqueren einer Fahrradstraße durch anderen Fahrzeugverkehr an einer Kreuzung zum Erreichen der weiterführenden Straße ist gestattet. 2. Für den Fahrverkehr gilt eine Höchstgeschwindigkeit von 30 km/h. Der Radverkehr darf weder gefährdet noch behindert werden. Wenn nötig, muss der Kraftfahrzeugverkehr die Geschwindigkeit weiter verringern. 3. Das Nebeneinanderfahren mit Fahrrädern ist erlaubt. 4. Im Übrigen gelten die Vorschriften über die Fahrbahnbenutzung und über die Vorfahrt.
24	**Zeichen 244.2**  **Ende einer Fahrradstraße**	
24.1	**Zeichen 244.3**  **Beginn einer Fahrradzone**	**Ge- oder Verbot** 1. Anderer Fahrzeugverkehr als Radverkehr sowie Elektrokleinstfahrzeuge im Sinne der eKFV darf Fahrradzonen nicht benutzen, es sei denn, dies ist durch Zusatzzeichen erlaubt. Die freigegebenen Verkehrsarten können auch gemeinsam auf einem Zusatzzeichen abgebildet sein. 2. Für den Fahrverkehr gilt eine Höchstgeschwindigkeit von 30 km/h. Der Radverkehr darf weder gefährdet noch behindert werden. Wenn nötig, muss der Kraftfahrzeugverkehr die Geschwindigkeit weiter verringern. 3. Das Nebeneinanderfahren mit Fahrrädern und Elektrokleinstfahrzeugen im Sinne der eKFV ist erlaubt. 4. Im Übrigen gelten die Vorschriften über die Fahrbahnbenutzung und über die Vorfahrt.

3.5.3 Führung des Radverkehrs

StVO Anlage 2 Vorschriftzeichen (zu § 41 Absatz 1)
Abschnitt 5 Sonderwege

24.2	**Zeichen 244.4**  **Ende einer Fahrradzone**	

StVO Anlage 3 Richtzeichen (zu § 42 Absatz 2)
Abschnitt 8 Markierungen

22	**Zeichen 340** 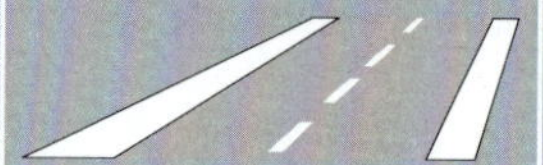 **Leitlinie**	**Ge- oder Verbot** 1. Wer ein Fahrzeug führt, darf Leitlinien nicht überfahren, wenn dadurch der Verkehr gefährdet wird. 2. Wer ein Fahrzeug führt, darf auf der Fahrbahn durch Leitlinien markierte Schutzstreifen für den Radverkehr nur bei Bedarf überfahren, insbesondere um dem Gegenverkehr auszuweichen. Der Radverkehr darf dabei nicht gefährdet werden. 3. Auf durch Leitlinien markierten Schutzstreifen für den Radverkehr darf nicht gehalten werden. Satz 1 gilt nicht für Fahrräder und Elektrokleinstfahrzeuge im Sinne der eKFV. **Erläuterung** Der Schutzstreifen für den Radverkehr ist in regelmäßigen Abständen mit dem Sinnbild „Radverkehr" auf der Fahrbahn gekennzeichnet.

Abschnitt 9 Hinweise

24.1	**Zeichen 350.1**  **Radschnellweg**	**Erläuterung** Das Zeichen steht an Radschnellwegen. Es dient der Unterrichtung über den Beginn von Radschnellwegen und der Führung von Radschnellwegen an Knotenpunkten.

3.5.3 Führung des Radverkehrs

StVO Anlage 3 Richtzeichen (zu § 42 Absatz 2)
Abschnitt 9 Hinweise

24.2	Zeichen 350.2  Ende des Radschnellwegs	

Regelungen zur Führung des Radverkehrs erfordern umfangreiche Überlegungen. Dies hängt unter anderem damit zusammen, dass der Radverkehr in sich nicht homogen ist (siehe nachfolgende Aufzählung). Er ist außerdem sehr empfindlich gegenüber bestimmten Randbedingungen (Wetter, Umwege usw.) Hinzu kommt, dass Radverkehr als umweltfreundliche Verkehrsart derzeit von der Politik sehr unterstützt wird und – nicht zuletzt auch als Folge der mittlerweile verfügbaren E-Bikes in ihren unterschiedlichsten Varianten bis hin zu leicht zu bewegenden Lastenfahrrädern – zunehmend Interesse in der Bevölkerung findet. Dies führt zu einem Teilkollektiv, das einerseits sehr wenig Fahrpraxis hat, dank Motorunterstützung aber erheblich höhere Geschwindigkeiten erreichen kann, als dies mit eigenen Kräften möglich wäre und der eigenen Übung entspräche.

Dieses aktive (Selbst-)Bewusstsein führt in den letzten Jahren immer wieder zu zahlreichen teils grundlegenden Veränderungen der fahrradbezogenen Regelungen in der StVO. Dieser Änderungsprozess ist noch nicht abgeschlossen. Nach wie vor wird insbesondere die (noch verbliebene) Benutzungspflicht von Fahrradwegen infrage gestellt. Der Änderungsprozess wird dadurch erschwert, dass Infrastruktur in der Regel mit Nutzungsdauern von Jahrzehnten gebaut wird und daher die baulichen Anlagen nach einem schnellen Wandel den nun geltenden Nutzungsgewohnheiten und Nutzungsregeln nicht mehr entsprechen. Bei Radverkehrsanlagen wird das an einigen Stellen besonders deutlich, an denen man mit der aufkommenden Popularität des Radverkehrs um die Jahrtausendwende teilweise aufwendig neue Radverkehrsanlagen erstellt hat, die nun – obwohl erst wenig älter als zehn Jahre – nicht mehr oder nur noch sehr eingeschränkt den aktuellen Vorstellungen entsprechen.

Bei der Gestaltung von Wegen für den Radverkehr zeigt sich, dass es aus mehreren Gründen sehr schwierig ist, „Wege“ für diese Nutzergruppe anzulegen und das Verhalten auf diesen zu regeln, denn

- Radfahrer bilden in sich keine homogene Gruppe (Kleinkinder, Schulkinder, Gelegenheitsfahrer, Fahrer, die das Fahrrad als tägliches Transportmittel benutzen, Sport-Radfahrer, Senioren),
- Radfahrer tragen ein großes Risiko schwerer Unfallfolgen, was aber vielen Radfahrern nicht in diesem Maße bewusst ist; in vielen Situationen besteht zudem eine große Diskrepanz zwischen dem Sicherheitsgefühl und dem tatsächlichen Risiko (Eintrittswahrscheinlichkeit) eines Unfalls (objektive/subjektive Sicherheit),
- die Bereitschaft vieler Radfahrer, Regeln zu akzeptieren, ist geringer ausgeprägt als die von motorisierten Verkehrsteilnehmern (sehr individuelles Verkehrsmittel, keine Kennzeichenpflicht, sehr geringes Sanktionierungsrisiko),
- es gibt vielfältige Einflussnahme aus der Politik, da Radverkehr derzeit starkes öffentliches Interesse findet.

Innerorts hat die Diskussion über die Benutzungspflicht dazu geführt, dass dem Radverkehr an vielen Strecken die Wahlmöglichkeit gelassen wurde, den von ihm individuell bevorzugten Straßenteil selbst zu wählen. So können z. B. baulich angelegte Radwege existieren, die aber nicht mit einem Benutzungsgebot belegt sind; Radfahrer mit höherem Geschwindigkeitsanspruch können dann die Fahrbahn benutzen, solche mit höherem (subjektiven) Sicherheitsanspruch den abgetrennten baulich angelegten Radweg. Da der

Geschwindigkeitsunterschied zwischen schnellen Radfahrern und dem innerstädtischen Kfz-Verkehr eher gering ist, ist diese Wahlmöglichkeit oft ohne größere Probleme möglich. Dies gilt umso mehr in Gefällestrecken, in denen zudem die Geschwindigkeitsdifferenz zwischen Radverkehr und (unmittelbar neben einem Radweg laufendem) Fußverkehr umso größer ist.

Außerorts, und dies wird aktuell zunehmend gefordert, ist diese Wahlmöglichkeit mit größeren Problemen verbunden, da der Geschwindigkeitsunterschied zwischen den Radfahrern (auch den schnellen) und dem Kfz-Verkehr in der Regel deutlich größer ist. Das kann (vor allem bei schnell und viel befahrenen Straßen) zu Problemen mit der Sicherheit und dem Verkehrsfluss führen. Trifft der Kfz-Verkehr auf der Fahrbahn auf Radverkehr, muss er oft unerwartet und abrupt abbremsen (aber: Sichtfahrgebot, § 3 Abs. 1 StVO) und Überholmanöver durchführen. Soweit sich daraus erkennbar Probleme für die Sicherheit oder Ordnung des Verkehrs ergeben, kann dies ein Grund dafür sein, ein Benutzungsgebot für einen parallel geführten Radweg zu erwägen. Die Verbesserung des Verkehrsflusses (Leichtigkeit des Verkehrs), die in den letzten Jahrzehnten an vielen Stellen als Begründung für die Anlage parallel geführter Radwege gedient hatte, wird aber nun zunehmend als zulässige Begründung für ein solches Benutzungsgebot infrage gestellt. Sie sei nicht von der „Ordnung des Verkehrs“ erfasst, die zusammen mit der Sicherheit in § 45 Abs. 1 StVO als Grund für zulässige Beschränkungen und Verbote genannt wurde.

Diese Annahme trifft jedoch nicht zu; die Leichtigkeit des Verkehrs ist eng mit der Ordnung des Verkehrs verknüpft. In diesem Zusammenhang ist auch die Verkehrsbedeutung und die eng damit verbundene Widmung der Straße von zentraler Bedeutung. Auf Bundesstraßen wird bei der stets gebotenen Abwägung aller Aspekte des Einzelfalls ein besonders strenger Maßstab anzulegen sein. Der Verordnungsgeber hat diesen Zusammenhängen Rechnung getragen, indem er die Anordnung einer Benutzungspflicht für Sonderwege außerhalb geschlossener Ortschaften von den strengen Voraussetzungen des § 45 Abs. 9 Satz 3 StVO ausgenommen hat (§ 45 Abs. 9 Satz 4 Nr. 3 StVO).

Eine Begründung der Benutzungspflicht über eine gezielte Widmung von Straßenteilen ist nicht möglich, da nur die Straße als Ganzes (mit ihren unselbstständigen Seitenwegen) gewidmet werden kann, nicht aber einzelne Querschnittsbestandteile.

Erste Gedanken und Ideen zu möglichen einheitlichen Vorgehensweisen sind zusammengefasst im

- „Arbeitspapier Einfärbungen, linienhafte Kennzeichnungen und die Wiedergabe von Verkehrszeichen auf der Fahrbahn für den Radverkehr“ (AP VFR), Ausgabe 2021, FGSV Verlag.

Der Inhalt solcher Arbeitspapiere ist, soweit amtliche Verkehrszeichen (einschließlich Markierungen) oder Verkehrseinrichtungen adressiert oder tangiert werden, nicht maßgeblich. Die Vorschriften der StVO, der VwV-StVO sowie der zur VwV-StVO bekannt gegebenen Richtlinien haben stets Vorrang. Die Einfärbungen oder linienhaften Kennzeichnungen dürfen, wenn sie selbst nicht Verkehrszeichen sind, die amtlichen Verkehrszeichen in ihrer Wirkung nicht beeinträchtigen.

In der Neufassung der StVO (2013) wurden die Absätze zum Radverkehr neu strukturiert.

Die Grundlagen zur Gestaltung von Radverkehrsanlagen sind in den

- „Richtlinien für die Anlage von Landstraßen (RAL)“, Ausgabe 2012, FGSV Verlag
- „Richtlinien für die Anlage von Stadtstraßen (RASt 06)“, Ausgabe 2006, FGSV Verlag

enthalten. Detaillierte Informationen zu Radverkehrsanlagen finden sich in den

- „Empfehlungen für Radverkehrsanlagen (ERA)“, Ausgabe 2010, FGSV Verlag.

Für die Anlage von Radverkehrsanlagen siehe außerdem das

- BMVBS-RS (S 11/7123.10/6-1-891608) „Grundsätze für Bau und Finanzierung von Radwegen im Zuge von Bundesstraßen in der Baulast des Bundes 2008“ vom 17.10.2008.

Entlang von Bundesfernstraßen ist danach außerorts der einseitige, getrennt geführte gemeinsame Geh- und Radweg die Regellösung. Innerorts dürfen Schutzstreifen entlang von Bundesfernstraßen in der Regel nur angeordnet werden, wenn eine Fahrgasse von 5,50 m verbleibt, die das gefahrlose Begegnen zweier Lkw erlaubt.

Weitere Einzelheiten über die Führung des Radverkehrs mit zahlreichen Beispielen finden sich in dem Bericht der BASt „Verkehrssichere Anlage und Gestaltung von Radwegen“, Ausgabe 1993; siehe auch „Radverkehrsführung an Haltestellen“, Ausgabe 2000, BASt.

Als generelle Führungsformen des Radverkehrs stehen die in *Tabelle 3.2* aufgezeigten Möglichkeiten zur Verfügung.

Die Fahrradzone mit den Zeichen 244.3 und 244.4 wird in Abschnitt 6.5.7 behandelt.

Tabelle 3.2 Übersicht der Radverkehrsführungen

Führung des Radverkehrs	Benutzungspflicht	Ohne Benutzungspflicht
Mischverkehr auf der Fahrbahn	–	–
Seitenstreifen	Nein	Möglichkeit der Benutzung [Zeichen 295]
Auf der Fahrbahn markierte Radverkehrsanlage	Radfahrstreifen [Zeichen 237, 295] Verkehrsrechtlich nicht Bestandteil der Fahrbahn	Schutzstreifen („Angebotsstreifen") [Zeichen 340, in regelmäßigen Abständen ergänzt durch Markierung „Radverkehr"]
Führung auf Sonderfahrstreifen für Omnibusse des Linienverkehrs	Wenn freigegeben: Im Rahmen des allgemeinen Rechtsfahrgebots, da Bestandteil der Fahrbahn	Bussonderfahrstreifen mit Freigabe für den Radverkehr („Radverkehr frei") [Zeichen 245 und Zusatzzeichen 1022-10]
Gemeinsame Führung mit Fußgängern	Gemeinsamer Geh- und Radweg [Zeichen 240]	Gehweg mit Freigabe für den Radverkehr („Radverkehr frei") [Zeichen 239 und Zusatzzeichen 1022-10]
Vom Gehweg getrennte Radverkehrsanlage	Getrennter Rad- und Gehweg [Zeichen 241]	„Anderer" Radweg (wenn durch die bauliche Anlage nicht erkennbar, Kennzeichnung durch Markierung „Radverkehr")
Baulich vom Gehweg und der Fahrbahn getrennte Radverkehrsanlage	Radweg [Zeichen 237]	„Anderer" Radweg (wenn durch die bauliche Anlage nicht erkennbar, Kennzeichnung durch Markierung „Radverkehr")
Zweirichtungsverkehr	Benutzungspflichtiger Zweirichtungsradweg (außerorts der Regelfall, innerorts der Ausnahmefall) [Zeichen 237, 240, 241]	Freigabe des linken Radwegs (in Ausnahmefällen innerorts) [Zusatzzeichen 1022-10]
Fahrbahn als Radverkehrsanlage	Fahrradstraße oder Fahrradzone; Benutzungspflicht der Fahrbahn, § 2 Abs. 1 StVO [Zeichen 244.1, 244.3]	–

Die Entscheidung für eine Führungsform hängt von verschiedenen Parametern ab. Die ERA 2010 unterscheiden zwischen Entscheidungskriterien und Prüfkriterien.

Entscheidungskriterien sind das **Kfz-Kriterium** (Geschwindigkeitsniveau, Stärke und Zusammensetzung des Kraftfahrzeugverkehrs) und das **Flächenkriterium** (Flächenverfügbarkeit im Straßenraum unter Berücksichtigung aller Nutzungsansprüche). Prüfkriterien sind das **Knotenpunktkriterium** (Art und Dichte der Knotenpunkte und stark befahrener Grundstückszufahrten) und das **Umfeldkriterium** (Art und Intensität der Umfeldnutzung). Weiterhin sind

- die Stärke und Zusammensetzung des Radverkehrs,
- der Streckenverlauf mit Problem- und Engstellen,
- die Längsneigung der Straße,
- Busfahrstreifen oder Straßenbahn im Fahrbahnquerschnitt sowie
- andere ortsbezogene Faktoren und
- das Unfallgeschehen

zu berücksichtigen.

3.5.3 Führung des Radverkehrs

Zur Verbesserung der Verkehrssicherheit kann auf Innerortsstraßen am rechten Fahrbahnrand ein Schutzstreifen für den Radverkehr markiert werden. Der Schutzstreifen wird durch eine Leitlinie (Zeichen 340) optisch von der Fahrbahn, d. h. vom übrigen Verkehr abgetrennt (Schmalstriche im Verhältnis 1 : 1). Die für den übrigen Verkehr verbleibende Fahrbahn sollte mindestens 5,50 m breit sein. Zusätzlich ist in regelmäßigen Abständen das Sinnbild „Radverkehr" zu markieren.

Mit Zeichen 237 wird ein Sonderweg der ausschließlichen Nutzung (Benutzungspflicht) durch den Radverkehr zugewiesen.

In der Regel genügt es, dieses Zeichen in verkleinerter Ausführung zu verwenden (Durchmesser 42 cm).

Gemäß § 2 Abs. 4 StVO darf der Radverkehr auch linke Radwege benutzen, wenn sie durch Zusatzzeichen 1022-10 „Radverkehr frei" in dieser Fahrtrichtung beschildert sind. Eine der Voraussetzungen für die Freigabe linker Radwege für die Gegenrichtung ist eine lichte Breite des Radweges von durchgehend in der Regel 2,40 m, mindestens jedoch 2,00 m. Von dieser Regelung kann nach sorgfältiger Prüfung aller damit verbundenen möglichen Gefahren außerorts bei nur einseitig angelegten Radwegen, innerorts nur in besonderen Ausnahmefällen Gebrauch gemacht werden. Bei allen Zweirichtungsradwegen ist der Gestaltung der Kreuzungen und Einmündungen mit Wartepflicht gegenüber dem Radverkehr besondere Sorgfalt zu widmen.

■ Führung des Radverkehrs in Einbahnstraßen

Die Öffnung der Einbahnstraßen für den Radverkehr in Gegenrichtung hat kein erhöhtes Gefährdungspotenzial für die Radfahrer gezeigt. Ein gewisses Konfliktpotenzial kann bei starkem ortskundigen Fußgängerquerverkehr im Zeitraum nach Freigabe der Gegenrichtung bestehen, da viele Fußgänger gewohnheitsmäßig nur auf Fahrzeugverkehr aus der Richtung der Einbahnstraße achten.

Die Zulassung des Radverkehrs ist je nach Straßentyp in beide Richtungen der Einbahnstraßen möglich. In Einbahnrichtung wird die Führung des Radverkehrs im Wesentlichen wie auf anderen Straßen auch realisiert. Detailinformationen sind in den

- „Empfehlungen für Radverkehrsanlagen (ERA)", Ausgabe 2010, FGSV Verlag

zu finden.

Die geeignete Form der Führung des Radverkehrs entgegen der Einbahnrichtung hängt vom Straßentyp und von der Verkehrsbelastung ab:

Hauptverkehrsstraßen

- abgetrennter Radweg oder Radfahrstreifen;

Erschließungsstraßen

- abgetrennter Radweg oder Radfahrstreifen oder auch eine Führung auf der Fahrbahn.

Für Radwege, die in Einbahnstraßen entgegen der Einbahnrichtung geführt werden, gelten keine besonderen Anforderungen. Die Radwege sollen grundsätzlich im Einrichtungsbetrieb gegen die Einbahnrichtung verlaufen und für den Radverkehr rechts der Fahrbahn liegen. Der Gestaltung von Kreuzungen und Einmündungen mit Wartepflicht gegenüber dem so geführten Radverkehr ist im Hinblick auf die Begreifbarkeit für den wartepflichtigen Verkehr besondere Sorgfalt zu widmen.

Zweirichtungsradwege oder links liegende Einrichtungsradwege gegen die Einbahnrichtung sollten vermieden werden.

Radverkehr gegen die Einbahnrichtung kann in geeigneten Einbahnstraßen (Zeichen 220) mit Zusatzzeichen 1000-32 „Radverkehr kreuzt von links und rechts" und Zusatzzeichen 1022-10 „Radverkehr frei" zu Zeichen 267 „Verbot der Einfahrt" zugelassen werden. Besonders geeignet sind kurze Straßen mit geringem Geschwindigkeitsniveau.

Zu Einbahnstraßen mit Radverkehr in der Gegenrichtung siehe Abschnitt 4.4; zu Radverkehr auf Sonderfahrstreifen für Linienbusse siehe Abschnitt 3.5.4.

Die Freigabe von Gehwegen sollte nur in Betracht gezogen werden, wenn dies nicht mit erheblichen Nachteilen für den Fußverkehr verbunden ist. Hierbei sollte neben dem Aufkommen auch die Zusammensetzung des Fußverkehrs (besonders schützenswerte Teilkollektive) beachtet werden. Bei der Umwandlung gemeinsamer Geh- und Radwege (Zeichen 240) in Gehwege, die für den Radverkehr freigegeben sind, ist zu beachten, dass dies in Ortsdurchfahrten zum Wechsel der Baulast führen kann.

Für den Radverkehr freigegebene Gehwege sollten nicht mittels Fußgängerüberwegen über einmündende oder kreuzende Straßen geführt werden, um der verbreiteten Fehlannahme der Radfahrer nicht Vorschub zu leisten, sie hätten auf Fußgängerüberwegen Vorrang gegenüber kreuzendem Fahrzeugverkehr.

Außerhalb geschlossener Ortschaften dürfen Mofas und E-Bikes Radwege benutzen.

Will man innerhalb geschlossener Ortschaften durch Zeichen 237 gekennzeichnete Wege für Mofas und/oder E-Bikes allgemein freigeben, ist unter Zeichen 237 das Zusatzzeichen 1022-11 „Mofas frei" und/oder das Zusatzzeichen 1022-13 „E-Bikes frei" anzubringen.

Gemeinsame und getrennte Führung von Fußgängern und Fahrradverkehr

Gemeinsame Geh- und Radwege kommen vor allem an Außerortsstraßen und in Randgebieten geschlossener Ortschaften sowie bei selbstständig geführten Wegen infrage. Vor der Anordnung eines gemeinsamen Geh- und Radweges ist sorgfältig zu prüfen, ob dies mit Rücksicht auf ältere Menschen und Kinder bezüglich der Verkehrssicherheit vertretbar ist – die Anordnung der Benutzungspflicht zwingt auch die schnelleren Teilkollektive auf diesen Weg. Auch muss es mit der Sicherheit und Leichtigkeit des Radverkehrs vereinbar sein und die Beschaffenheit der Verkehrsfläche den Anforderungen des Radverkehrs genügen. Bei der Bewertung der Verkehrssicherheit ist zu beachten, dass es bei Unfällen zwischen Radfahrern und Fußgängern – auch mit Personenschaden – eine hohe Dunkelziffer gibt, d.h. viele Unfälle, die nicht polizeilich erfasst werden und nicht in die Unfallstatistik eingehen.

Gemeinsame Geh- und Radwege sollten nicht mittels Fußgängerüberwegen über einmündende oder kreuzende Straßen geführt werden, um der verbreiteten Fehlannahme der Radfahrer nicht Vorschub zu leisten, sie hätten auf Fußgängerüberwegen Vorrang gegenüber kreuzendem Fahrzeugverkehr.

Sofern keine anderen Radverkehrsanlagen vorhanden sind, sollten Bussonderfahrstreifen für den Radverkehr freigegeben werden. Damit kann u.a. vermieden werden, dass der Radverkehr links davon fahren muss und ggf. links und rechts überholt wird (vgl. VwV-StVO zu Zeichen 245).

Nicht jede Straße ist für die Führung von allen Fahrzeugarten geeignet. Mit den Zeichen 251 bis 260 können Verkehrswege für bestimmte Verkehrsarten gesperrt werden (siehe Abschnitt 3.2.2).

Solche Nutzungsverbote (siehe Abschnitt 3.2.2) können in zweierlei Weise sinnvoll sein. Zum einen können gewisse Wege durch das Verbot z.B. von Kraftwagen und Krafträdern für Fußgänger und Radfahrer freigehalten werden, z.B. abseits von Außerortsstraßen geführte landwirtschaftliche Wege (i.d.R. Zeichen 260 mit dem Zusatz „Landwirtschaftlicher Verkehr frei" oder Zeichen 250 mit den Zusatzzeichen „Landwirtschaftlicher Verkehr frei" und „Radverkehr frei"). Auf diesen Wegen sind die angeordneten Nutzungseinschränkungen in der Regel keine eigenständige Entscheidung der Straßenverkehrsbehörde, sondern fußen auf Nutzungseinschränkungen, die sich aus den Rechtsvorschriften ergeben, die Grundlage für den Bau dieser Wege sind.

Zum anderen kann es sinnvoll sein, gewisse Straßen (z.B. Tunnelstrecken) durch ein entsprechendes Verbot von Radverkehr freizuhalten und diesen damit auf andere parallel führende Wege zu verweisen. Solche Verbote müssen den Anforderungen des § 45 Abs. 9 Satz 3 StVO genügen; zudem muss eine geeignete und zumutbare (!) Alternativstrecke zur Verfügung stehen. Bei dauerhafter Anordnung sind entsprechende Einschränkungen der straßenrechtlichen Widmung geboten.

Hierbei ist zu beachten, dass sich die amtliche Wegweisung an den gesamten gemeingebräuchlichen Verkehr richtet, also auch an den Radverkehr. Befinden sich im Verlauf der gesperrten Strecke mit amtlicher Wegweisung versehene Knotenpunkte, ist deshalb auch der Radverkehr im Zuge der Ausweichstrecke entsprechend mit amtlicher Wegweisung zu führen. Um in den einfacheren solcher Fälle dem Radverkehr anzuzeigen, wo er weitergeführt wird, kann Zeichen 442-13 (*Bild 3.4*) angeordnet werden. Näheres zur Umleitungsbeschilderung siehe Abschnitt 8.4.

Endet ein Radweg und steht im weiteren Verlauf der Straße keine andere Radverkehrsanlage zur Verfügung, muss der Radverkehr auf die Fahrbahn wechseln. Hierbei gilt für ihn grundsätzlich § 10 StVO, d.h. er hat sich so zu verhalten, dass eine Gefährdung des Fahrbahnverkehrs ausgeschlossen ist. Um dem Radverkehr das Wech-

Bild 3.4
Vorwegweiser für bestimmte Verkehrsarten (Z 442-13)

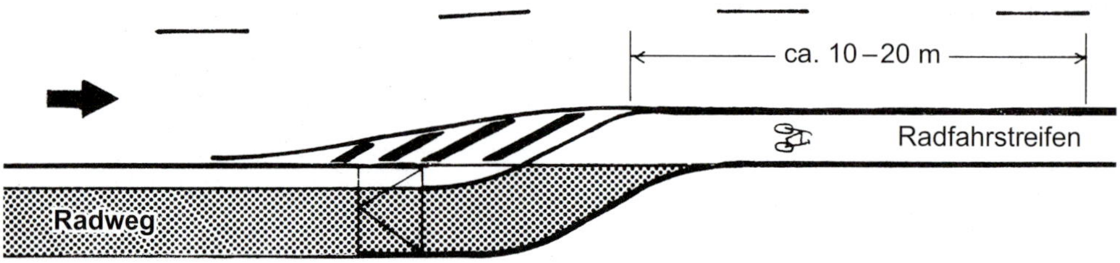

Bild 3.5 Radwegende mit anschließendem kurzem Radfahrstreifen zum gefahrlosen Überleiten des Radverkehrs auf die Fahrbahn
Quelle: HUK-Verband

seln auf die Fahrbahn zu erleichtern, sollte sich innerhalb geschlossener Ortschaften ein kurzer Radfahrstreifen anschließen (*Bild 3.5*), damit sich der auf der Fahrbahn geführte Verkehr und der nun hinzukommende Radverkehr aufeinander einstellen können.

Wechselt ein Weg, der einer bestimmten Verkehrsart zugewiesen ist (z. B. Radweg, Gehweg), auf die andere Straßenseite über, kann der Wechsel für die betreffende Verkehrsart durch das entsprechende Zeichen z. B. mit Zusatzzeichen 1000-10 (Pfeil, Richtung linksweisend) angezeigt werden. Für die Verkehrsteilnehmer der gekreuzten Straße kann eine Warnung erfolgen (z. B. Zeichen 138 „Radverkehr").

Führung des Radverkehrs an Knotenpunkten

Über Kreuzungen und Einmündungen hinweg dienen markierte Radwegefurten als Radverkehrsführung. Sie können auch das Linksabbiegen erleichtern. Das Linksabbiegen im **Kreuzungsbereich** kann durch Abbiegestreifen, aufgeweitete Radaufstellstreifen und Radfahrschleusen (eigene Signalgeber für den Radverkehr oder gesonderte Radfahrstreifen neben oder vor wartenden Fahrzeugen) gesichert werden. Das Linksabbiegen durch **Queren hinter einer Kreuzung oder Einmündung** kann durch Markierung von Aufstellbereichen am Fahrbahnrand bzw. im Seitenraum gesichert werden.

Radwegefurten sind stets an Lichtzeichenanlagen zu markieren (vgl. RMS-1 Abs. 2.4 und 4.8).

Auch für den Radverkehr entlang bevorrechtigter Straßen, der auf Radwegen, Radfahrstreifen oder gemeinsamen Geh- und Radwegen geführt wird, sollten an Knotenpunkten mit den nicht bevorrechtigten Straßen Radwegefurten angelegt werden, entlang von Vorfahrtstraßen sieht die VwV-StVO das ausdrücklich vor. Auf Radwegefurten muss verzichtet werden, wenn der Radverkehr beim Überqueren der Fahrbahn nicht bevorrechtigt ist (u. a. an Kreuzungen und Einmündungen mit der Vorfahrtregelung „Rechts vor Links"), an mehr als 5,00 m abgesetzten Radwegen im Zuge von Vorfahrtstraßen (Zeichen 306) sowie dort, wo dem Radverkehr durch ein (verkleinertes) Zeichen 205 eine Wartepflicht auferlegt wird.

Der Radverkehr kann an Lichtzeichenanlagen durch eigene Lichtzeichen geregelt werden. Sind allerdings keine eigenen Lichtzeichen vorhanden, so muss der Radverkehr die Lichtzeichen für den Fahrverkehr beachten (siehe § 37 Abs. 2 StVO).

Eine kombinierte Signalisierung mit dem Fußverkehr sollte aufgrund der fehlenden Gelbphase sowie den Unterschieden hinsichtlich Räumgeschwindigkeiten und -zeiten allenfalls für eine Übergangszeit bis zur entsprechenden Umrüstung der betroffenen Anlage erfolgen.

Eigene Abbiegefahrstreifen für den Radverkehr können neben den Abbiegestreifen für den Kraftfahrzeugverkehr mit Fahrstreifenbegrenzung (Zeichen 295) markiert werden. Dies kommt jedoch nur dann in Betracht, wenn zum Einordnen

1. an Kreuzungen und Einmündungen von gekennzeichneten Vorfahrtstraßen nur ein Fahrstreifen zu überqueren ist,
2. an Kreuzungen und Einmündungen mit Lichtzeichenanlage nicht mehr als zwei Fahrstreifen zu überqueren sind oder
3. Radfahrschleusen vorhanden sind.

Die Gefahr von Unfällen mit rechtsabbiegenden Kfz kann erheblich verringert werden, indem Radverkehrsführungen für den Geradeausverkehr links von Rechtsabbiegestreifen angeordnet werden. Die Radverkehrsführung sollte am Beginn des Rechtsabbiegestreifens in Geradeausrichtung verlaufen, der Rechtsabbiegestreifen deutlich rechts davon „öffnen".

Bewährt hat sich die Roteinfärbung des Belages bei Radwegefurten und bei Radwegen in Konfliktbereichen. Ein besonderes Augenmerk ist jedoch auf deren Griffigkeit bei Nässe zu legen. Wo Radwege in beiden Richtungen befahren werden, empfiehlt es sich, zusätzlich zur Beschilderung (Zusatzzeichen 1000-32 **über** Zeichen 205 oder 206!) das Sinnbild „Radverkehr" in 2,5-facher Überhöhung mit zwei darunterliegenden, entgegengesetzten Pfeilen als Markierung aufzubringen.

■ Fahrradstraßen

Sollen nicht nur einzelne Wege, sondern die gesamte Fahrbahn im Zuge bestimmter Straßen für den Fahrradverkehr freigehalten werden, so kann eine Fahrradstraße angeordnet werden.

Zeichen 244.1 kennzeichnet den Beginn, Zeichen 244.2 das Ende einer Fahrradstraße. Sie sollten dort eingerichtet werden, wo der Radverkehr die vorherrschende Verkehrsart ist oder in naher Zukunft zu erwarten ist. Sinnvoll ist das Einrichten von Fahrradstraßen aufgrund einer zusammenhängenden Planung für ein Radverkehrsnetz, wobei erforderlichenfalls für eine entsprechende Lenkung des verdrängten Kraftfahrzeugverkehrs Sorge zu tragen ist.

Beschaffenheit und Zustand der Fahrradstraßen sollten so sein, dass eine Benutzung durch den Radverkehr zumutbar ist. Anderer Fahrzeugverkehr darf nur ausnahmsweise zugelassen werden, wenn dies durch Zusatzzeichen angezeigt wird, z. B. Zeichen 244.1 mit Zusatzzeichen 1020-30 „Anlieger frei".

Es kann sich empfehlen, im Bereich von Einmündungen und Kreuzungen oder in einem angemessenen Abstand das Piktogramm „Fahrrad" mit in beide Fahrtrichtungen weisenden Pfeilen auf der Fahrbahn zu markieren.

Im Zuge einer Fahrradstraße befindliche Knotenpunkte sollten durch geeignete Aufpflasterungen so gestaltet werden, dass in der Fahrradstraße zugelassener oder kreuzender Kraftfahrzeugverkehr nur mit mäßiger Geschwindigkeit fährt (*Bild 3.6*).

Beginn und Ende einer Fahrradstraße sollten durch bauliche Gestaltungselemente wie Aufpflasterung oder Fahrbahnverengung deutlich gemacht werden.

Liegt der Fahrradbereich innerhalb einer anderen Zone (z. B. Tempo 30-Zone) und gibt die Fahrradstraße durch Zusatzzeichen 1022-12 und/oder 1024-10 für den Kraftfahrzeugverkehr frei,

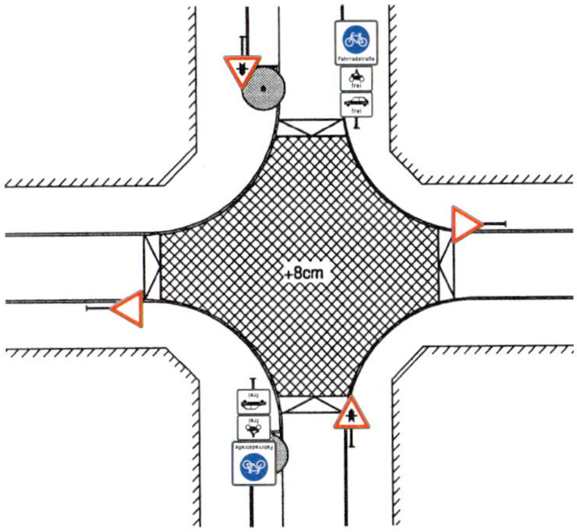

Bild 3.6 Beispiel eines aufgepflasterten Knotenpunktes im Zuge einer Fahrradstraße, als Vorfahrtstraße gekennzeichnet
Quelle: Nach ERA

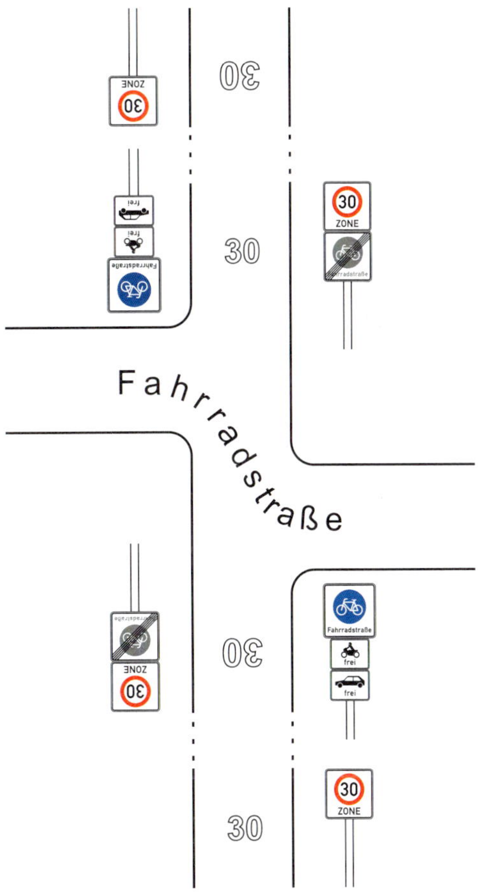

Bild 3.7 Beschilderung einer Fahrradstraße innerhalb einer Tempo 30-Zone

3.5.3 Führung des Radverkehrs

so sollte am Ende des Fahrradbereichs erneut Zeichen 274.1 „Beginn einer Tempo 30-Zone" angeordnet werden (*Bild 3.7*).

■ Radschnellwege

Radschnellwege stellen anders als z. B. Kraftfahrstraßen oder Autobahnen derzeit keine eigene straßenverkehrsrechtliche Kategorie dar. Mit der Anbringung dieser Verkehrszeichen ist deshalb kein Verbot für andere Verkehrsarten verbunden. Soweit erforderlich, ist dieses Verbot durch eigene Verkehrszeichen (z. B. Zeichen 260) anzuordnen. Es ist zu erwarten, dass sich mit zunehmender Menge realisierter Radschnellwege bestimmte Ausbaustandards etablieren. Diese Ausbaustandard lösen insoweit auch eine Erwartungshaltung bei den Nutzern aus. Es ist deshalb zu empfehlen, bei der Entscheidung über die Anordnung dieser Zeichen zu prüfen, ob der Ausbaustandard des betroffenen Schnellwegs in etwa dem entspricht, was bereits realisierte Schnellwege aufweisen.

Aufgrund der anzunehmenden besonderen Verkehrsbedeutung sollte für den Verkehr auf dem Radschnellweg in der Regel Vorfahrt angeordnet werden. Diese Vorfahrtregelung kann insbesondere durch die Anordnung der sogenannten Haifischzähne (Zeichen 342; siehe Abschnitt 4.5.4) flankiert werden.

Zu Abschnitt 3.5.3

StVO
§ 2
Straßenbenutzung durch Fahrzeuge

(4) Mit Fahrrädern darf nebeneinander gefahren werden, wenn dadurch der Verkehr nicht behindert wird; anderenfalls muss einzeln hintereinander gefahren werden. Eine Pflicht, Radwege in der jeweiligen Fahrtrichtung zu benutzen, besteht nur, wenn dies durch Zeichen 237, 240 oder 241 angeordnet ist. Rechte Radwege ohne die Zeichen 237, 240 oder 241 dürfen benutzt werden. Linke Radwege ohne die Zeichen 237, 240 oder 241 dürfen nur benutzt werden, wenn dies durch das allein stehende Zusatzzeichen „Radverkehr frei" angezeigt ist. Wer mit dem Rad fährt, darf ferner rechte Seitenstreifen benutzen, wenn keine Radwege vorhanden sind und zu Fuß Gehende nicht behindert werden. Außerhalb geschlossener Ortschaften darf man mit Mofas und E-Bikes Radwege benutzen.

VwV-StVO
zu § 2
Straßenbenutzung durch Fahrzeuge

Zu Absatz 4 Satz 2

I. Allgemeines

8 1. Die Benutzungspflicht baulich angelegter Radwege wird durch Zeichen 237 angeordnet. Benutzungspflichtige baulich angelegte gemeinsame Geh- und Radwege werden durch Zeichen 240 angeordnet. Die Benutzungspflicht von für den Radverkehr bestimmten Teilen von getrennten Rad- und Gehwegen wird durch Zeichen 241 angeordnet.

9 2. Benutzungspflichtige baulich angelegte Radwege dürfen nur angeordnet werden, wenn ausreichende Flächen für den Fußgängerverkehr zur Verfügung stehen. Sie dürfen nur dort angeordnet werden, wo es die Verkehrssicherheit oder der Verkehrsablauf erfordern. Innerorts kann dies beispielsweise für Vorfahrtstraßen mit starkem Kraftfahrzeugverkehr gelten. Auf Rn. 10 zu Zeichen 274 wird verwiesen.

10 3. Ein Radfahrstreifen ist ein durch Zeichen 237 angeordneter Sonderweg, der mittels Zeichen 295 (Breitstrich: 0,25 m) von der Fahrbahn abgetrennt ist. Zur besseren Erkennbarkeit ist in regelmäßigen Abständen Zeichen 237 oder das Sinnbild Radverkehr als Markierung aufzubringen. Werden Radfahrstreifen an Straßen mit starkem Kraftfahrzeugverkehr oder an Straßen mit einer Geschwindigkeit von über 50 km/h angelegt, ist ein breiter Radfahrstreifen oder ein zusätzlicher Sicherheitsraum zum fließenden Verkehr erforderlich. Befindet sich rechts von dem Radfahrstreifen ein Parkstreifen, kommt ein Radfahrstreifen in der Regel nicht in Betracht, es sei denn, es wird ein zusätzlicher Sicherheitsraum zum ruhenden Verkehr geschaffen. In Kreisverkehren sind Radfahrstreifen nicht zulässig.

11 4. Lässt sich ein Radfahrstreifen nicht verwirklichen, ist die Anordnung eines Schutzstreifens zu prüfen. Ergibt die Prüfung, dass die Anordnung eines Schutzstreifens nicht möglich ist, ist die Freigabe des Gehweges zur Mitbenutzung durch den Radverkehr zu prüfen. Zum Gehweg vgl. zu Zeichen 239.

12 5. Ein Schutzstreifen für den Radverkehr ist ein am rechten Fahrbahnrand mit Zeichen 340 markierter und zusätzlich in regelmäßigen Abständen mit dem Sinnbild „Radverkehr" versehener Teil der Fahrbahn. Er darf nur innerhalb geschlossener Ortschaften auf Straßen mit einer zulässigen Höchstgeschwindigkeit von bis zu 50 km/h markiert

VwV-StVO
zu § 2
Straßenbenutzung
durch Fahrzeuge

werden und nur, wenn die Verkehrszusammensetzung eine Mitbenutzung des Schutzstreifens durch den Kraftfahrzeugverkehr nur in seltenen Fällen erfordert. Er muss so breit sein, dass er einschließlich des Sicherheitsraumes einen hinreichenden Bewegungsraum für den Radverkehr bietet. Befindet sich rechts von dem Schutzstreifen ein Seitenstreifen, kommt ein Schutzstreifen in der Regel nicht in Betracht, es sei denn, es wird ein zusätzlicher Sicherheitsraum zum ruhenden Verkehr geschaffen. Der abzüglich Schutzstreifen verbleibende Fahrbahnteil muss so breit sein, dass sich zwei Personenkraftwagen gefahrlos begegnen können. Schutzstreifen sind in Kreisverkehren nicht zulässig. Zum Schutzstreifen vgl. Nummer II zu Zeichen 340, Rn. 2 ff.

13 Hinsichtlich der Gestaltung von Radverkehrsanlagen wird auf die Empfehlungen für Radverkehrsanlagen (ERA) der Forschungsgesellschaft für Straßen- und Verkehrswesen (FGSV) in der jeweils gültigen Fassung hingewiesen.

II. Radwegebenutzungspflicht

14 Ist aus Verkehrssicherheitsgründen die Anordnung der Radwegebenutzungspflicht mit den Zeichen 237, 240 oder 241 erforderlich, so ist sie, wenn nachfolgende Voraussetzungen erfüllt sind, vorzunehmen.

Voraussetzung für die Anordnung ist, dass

15 1. eine für den Radverkehr bestimmte Verkehrsfläche vorhanden ist oder angelegt werden kann. Das ist der Fall, wenn

a) von der Fahrbahn ein Radweg baulich oder ein Radfahrstreifen mit Zeichen 295 „Fahrbahnbegrenzung“ abgetrennt werden kann oder

b) der Gehweg von dem Radverkehr und dem Fußgängerverkehr getrennt oder gemeinsam benutzt werden kann,

16 2. die Benutzung des Radweges nach der Beschaffenheit und dem Zustand zumutbar sowie die Linienführung eindeutig, stetig und sicher ist. Das ist der Fall, wenn

17 a) er unter Berücksichtigung der gewünschten Verkehrsbedürfnisse ausreichend breit, befestigt und einschließlich einem Sicherheitsraum frei von Hindernissen beschaffen ist. Dies bestimmt sich im Allgemeinen unter Berücksichtigung insbesondere der Verkehrssicherheit, der Verkehrsbelastung, der Verkehrsbedeutung, der Verkehrsstruktur, des Verkehrsablaufs, der Flächenverfügbarkeit und der Art und Intensität der Umfeldnutzung. Die lichte Breite (befestigter Verkehrsraum mit Sicherheitsraum) soll in der Regel dabei durchgehend betragen:

18	aa) Zeichen 237	
	– baulich angelegter Radweg	
	möglichst	2,00 m
	mindestens	1,50 m
19	– Radfahrstreifen (einschließlich Breite des Zeichen 295)	
	möglichst	1,85 m
	mindestens	1,50 m
20	bb) Zeichen 240	
	– gemeinsamer Geh- und Radweg	
	innerorts mindestens	2,50 m
	außerorts mindestens	2,00 m
21	cc) Zeichen 241	
	– getrennter Rad- und Gehweg	
	für den Radweg mindestens	1,50 m

Zur lichten Breite bei der Freigabe linker Radwege für die Gegenrichtung vgl. Nummer II 3 zu § 2 Abs. 4 Satz 3.

22 Ausnahmsweise und nach sorgfältiger Überprüfung kann von den Mindestmaßen dann, wenn es aufgrund der örtlichen oder verkehrlichen Verhältnisse erforderlich und verhältnismäßig ist, an kurzen Abschnitten (z. B. kurze Engstelle) unter Wahrung der Verkehrssicherheit abgewichen werden.

23 Die vorgegebenen Maße für die lichte Breite beziehen sich auf ein einspuriges Fahrrad. Andere Fahrräder (vgl. Definition des Übereinkommens über den Straßenverkehr vom 8. November 1968, BGBl. 1977 II S. 809) wie mehrspurige Lastenfahrräder und Fahrräder mit Anhänger werden davon nicht erfasst. Die Führer anderer Fahrräder sollen in der Regel dann, wenn die Benutzung des Radweges nach den Umständen des Einzelfalles unzumutbar ist, nicht beanstandet werden, wenn sie den Radweg nicht benutzen;

3.5.3 Führung des Radverkehrs

VwV-StVO zu § 2 Straßenbenutzung durch Fahrzeuge

24 b) die Verkehrsfläche nach den allgemeinen Regeln der Baukunst und Technik in einem den Erfordernissen des Radverkehrs genügenden Zustand gebaut und unterhalten wird und

25 c) die Linienführung im Streckenverlauf und die Radwegeführung an Kreuzungen und Einmündungen auch für den Ortsfremden eindeutig erkennbar, im Verlauf stetig und insbesondere an Kreuzungen, Einmündungen und verkehrsreichen Grundstückszufahrten sicher gestaltet sind.

26 Das Abbiegen an Kreuzungen und Einmündungen sowie das Einfahren an verkehrsreichen Grundstückszufahrten ist mit Gefahren verbunden. Auf eine ausreichende Sicht zwischen dem Kraftfahrzeugverkehr und dem Radverkehr ist deshalb besonders zu achten. So ist es notwendig, den Radverkehr bereits rechtzeitig vor der Kreuzung oder Einmündung im Sichtfeld des Kraftfahrzeugverkehrs zu führen und die Radwegeführung an der Kreuzung oder Einmündung darauf abzustimmen. Zur Radwegeführung vgl. zu § 9 Abs. 2 und 3; Rn. 3 ff.

27 3. und bei Radfahrstreifen die Verkehrsbelastung und Verkehrsstruktur auf der Fahrbahn sowie im Umfeld die örtlichen Nutzungsansprüche auch für den ruhenden Verkehr nicht entgegenstehen.

28 III. Über die Anordnung von benutzungspflichtigen Radwegen durch die Zeichen 237, 240 oder 241 entscheidet die Straßenverkehrsbehörde nach Anhörung der Straßenbaubehörde und der Polizei. In die Entscheidung ist, soweit örtlich vorhanden, die flächenhafte Radverkehrsplanung der Gemeinden und Träger der Straßenbaulast einzubeziehen. Auch kann sich empfehlen, zusätzlich Sachkundige aus Kreisen der Radfahrer, der Fußgänger und der Kraftfahrer zu beteiligen.

29 IV. Die Straßenverkehrsbehörde, die Straßenbaubehörde sowie die Polizei sind gehalten, bei jeder sich bietenden Gelegenheit die Radverkehrsanlagen auf ihre Zweckmäßigkeit hin zu prüfen und den Zustand der Sonderwege zu überwachen. Erforderlichenfalls sind von der Straßenverkehrsbehörde sowie der Polizei bauliche Maßnahmen bei der Straßenbaubehörde anzuregen. Vgl. Nummer IV 1 zu § 45 Abs. 3; Rn. 56.

StVO § 37 Wechsellichtzeichen, Dauerlichtzeichen und Grünpfeil

(2) Wechsellichtzeichen haben die Farbfolge Grün – Gelb – Rot – Rot und Gelb (gleichzeitig) – Grün. Rot ist oben, Gelb in der Mitte und Grün unten.

1. An Kreuzungen bedeuten:

Grün: „Der Verkehr ist freigegeben".

Er kann nach den Regeln des § 9 abbiegen, nach links jedoch nur, wenn er Schienenfahrzeuge dadurch nicht behindert.

Grüner Pfeil: „Nur in Richtung des Pfeils ist der Verkehr freigegeben".

Ein grüner Pfeil links hinter der Kreuzung zeigt an, dass der Gegenverkehr durch Rotlicht angehalten ist und dass, wer links abbiegt, die Kreuzung in Richtung des grünen Pfeils ungehindert befahren und räumen kann.

Gelb ordnet an: „Vor der Kreuzung auf das nächste Zeichen warten".

Keines dieser Zeichen entbindet von der Sorgfaltspflicht.

Rot ordnet an: „Halt vor der Kreuzung".

Nach dem Anhalten ist das Abbiegen nach rechts auch bei Rot erlaubt, wenn rechts neben dem Lichtzeichen Rot ein Schild mit grünem Pfeil auf schwarzem Grund (Grünpfeil) angebracht ist. Durch das Zeichen

wird der Grünpfeil auf den Radverkehr beschränkt.

Wer ein Fahrzeug führt, darf nur aus dem rechten Fahrstreifen abbiegen. Soweit der Radverkehr die Lichtzeichen für den Fahrverkehr zu beachten hat, dürfen Rad Fahrende auch aus einem am rechten Fahrbahnrand befindlichen Radfahrstreifen oder aus straßenbegleitenden, nicht abgesetzten, baulich angelegten Radwegen abbiegen. Dabei muss man

3.5.3 Führung des Radverkehrs

StVO
§ 37 Wechsellichtzeichen, Dauerlichtzeichen und Grünpfeil

sich so verhalten, dass eine Behinderung oder Gefährdung anderer Verkehrsteilnehmer, insbesondere des Fußgänger- und Fahrzeugverkehrs der freigegebenen Verkehrsrichtung, ausgeschlossen ist.

Schwarzer Pfeil auf Rot ordnet das Halten, schwarzer Pfeil auf Gelb das Warten nur für die angegebene Richtung an.

Ein einfeldiger Signalgeber mit Grünpfeil zeigt an, dass bei Rot für die Geradeaus-Richtung nach rechts abgebogen werden darf.

2. An anderen Straßenstellen, wie an Einmündungen und an Markierungen für den Fußgängerverkehr, haben die Lichtzeichen entsprechende Bedeutung.

3. Lichtzeichenanlagen können auf die Farbfolge Gelb – Rot beschränkt sein.

...

5. Gelten die Lichtzeichen nur für zu Fuß Gehende oder nur für Rad Fahrende, wird das durch das Sinnbild „Fußgänger" oder „Radverkehr" angezeigt. Für zu Fuß Gehende ist die Farbfolge Grün – Rot – Grün; für Rad Fahrende kann sie so sein. Wechselt Grün auf Rot, während zu Fuß Gehende die Fahrbahn überschreiten, haben sie ihren Weg zügig fortzusetzen.

6. Wer ein Rad fährt, hat die Lichtzeichen für den Fahrverkehr zu beachten. Davon abweichend sind auf Radverkehrsführungen die besonderen Lichtzeichen für den Radverkehr zu beachten. An Lichtzeichenanlagen mit Radverkehrsführungen ohne besondere Lichtzeichen für Rad Fahrende müssen Rad Fahrende bis zum 31. Dezember 2016 weiterhin die Lichtzeichen für zu Fuß Gehende beachten, soweit eine Radfahrerfurt an eine Fußgängerfurt grenzt.

VwV-StVO
zu § 9
Abbiegen, Wenden und Rückwärtsfahren

Zu Absatz 2

3 I. Als Radverkehrsführung über Kreuzungen und Einmündungen hinweg dienen markierte Radwegefurten. Radverkehrsführungen können ferner das Linksabbiegen für den Radverkehr erleichtern. Das Linksabbiegen im Kreuzungsbereich kann durch Abbiegestreifen für den Radverkehr, aufgeweitete Radaufstellstreifen und Radfahrerschleusen gesichert werden. Das Linksabbiegen durch Queren hinter einer Kreuzung/Einmündung kann durch Markierung von Aufstellbereichen am Fahrbahnrand bzw. im Seitenraum gesichert werden.

4 II. Im Fall von Radverkehrsanlagen im Zuge von Vorfahrtstraßen (Zeichen 306) und an Kreuzungen oder Einmündungen mit vorfahrtgebendem Zeichen 301 sind Radwegefurten stets zu markieren. Sie dürfen nicht markiert werden an Kreuzungen und Einmündungen mit Vorfahrtregelung „Rechts vor Links", an erheblich (mehr als ca. 5 m) abgesetzten Radwegen im Zuge von Vorfahrtstraßen (Zeichen 306) oder an Kreuzungen oder Einmündungen mit vorfahrtgebendem Zeichen 301 sowie dort nicht, wo dem Radverkehr durch Zeichen 205 eine Wartepflicht auferlegt wird. Die Sätze 1 und 2 kommen inhaltlich auch zur Anwendung, wenn im Zuge einer Vorfahrtstraße ein Gehweg zur Benutzung durch den Radverkehr freigegeben ist.

5 III. Eigene Abbiegefahrstreifen für den Radverkehr können neben dem Abbiegestreifen für den Kraftfahrzeugverkehr mit Fahrstreifenbegrenzung (Zeichen 295) markiert werden. Dies kommt jedoch nur dann in Betracht, wenn zum Einordnen

1. an Kreuzungen und Einmündungen von gekennzeichneten Vorfahrtstraßen nur ein Fahrstreifen zu überqueren ist,
2. an Kreuzungen und Einmündungen mit Lichtzeichenanlage nicht mehr als zwei Fahrstreifen zu überqueren sind oder
3. Radfahrschleusen vorhanden sind.

6 IV. Bei aufgeweiteten Radaufstellstreifen wird das Einordnen zum Linksabbiegen in Fortsetzung einer Radverkehrsanlage dadurch ermöglicht, dass für den Kraftfahrzeugverkehr auf der Fahrbahn durch eine zusätzliche vorgelagerte Haltlinie (Zeichen 294) mit räumlichem und verkehrlichem Bezug zur Lichtzeichenanlage das Haltgebot angeordnet wird.

7 V. Bei Radfahrschleusen wird das Einordnen zum Linksabbiegen in Fortsetzung einer Radverkehrsanlage dadurch ermöglicht, dass dem Hauptlichtzeichen in ausreichendem Abstand vorher ein weiteres Lichtzeichen vorgeschaltet wird.

Zu Absatz 3

8 I. Der Radverkehr fährt nicht mehr neben der Fahrbahn, wenn ein Radweg erheblich (ca. 5 m) von der Straße abgesetzt ist. Können Zweifel aufkommen oder ist der abgesetzte Radweg nicht eindeutig erkennbar, so ist die Vorfahrt durch Verkehrszeichen zu regeln.

9 II. Über Straßenbahnen neben der Fahrbahn vgl. Nummer VI zu Zeichen 201; Rn. 11 bis 13.

3.5.3 Führung des Radverkehrs

VwV-StVO
zu § 31
Sport und Spiel

Zu Absatz 2

2 I. Die Anordnung des Zusatzzeichens mit dem Sinnbild eines Inline-Skaters und dem Wortzusatz „frei“ kommt vor allem an Aufkommensschwerpunkten des Inline-Skatens/Rollschuhfahrens in Betracht, wenn die Beschaffenheit (Belag und Breite) der Fußgängerverkehrsanlage für diese besonderen Fortbewegungsmittel (vgl. § 24) nicht geeignet ist. Soll ein nicht benutzungspflichtiger Radweg für das Fahren mit Inline-Skates/Rollschuhen freigegeben werden, kann das Zusatzzeichen allein ohne ein entsprechendes „Hauptverkehrszeichen“ angeordnet werden.

3 II. Radwege müssen ausreichend breit sein, um auch in Stunden der Spitzenbelastung ein gefahrloses Miteinander von Radfahrern und Inline-Skatern/Rollschuhfahrern zu gewährleisten.

4 III. Auf Fahrbahnen und Fahrradstraßen darf der Kraftfahrzeugverkehr nur gering sein (z. B. nur Anliegerverkehr). Die zugelassene Höchstgeschwindigkeit darf nicht mehr als 30 km/h betragen.

VwV-StVO
zu § 41
Vorschriftzeichen

Zu den Zeichen 237, 240 und 241 Radweg, gemeinsamer und getrennter Geh- und Radweg

1 I. Zur Radwegebenutzungspflicht vgl. zu § 2 Abs. 4 Satz 2; Rn. 8 ff.

2 II. Zur Radverkehrsführung vgl. zu § 9 Abs. 2; Rn. 3 ff.

3 III. Wo das Ende eines Sonderweges zweifelsfrei erkennbar ist, bedarf es keiner Kennzeichnung. Ansonsten ist das Zeichen mit dem Zusatzzeichen „Ende“ anzuordnen.

4 IV. Die Zeichen können abweichend von Nr. III 3 zu den §§ 39 bis 43; Rn. 12 ff. bei baulich angelegten Radwegen immer, bei Radfahrstreifen in besonders gelagerten Fällen, in der Größe 1 aufgestellt werden.

Zu Zeichen 237 Radweg

1 Zur Radwegebenutzungspflicht und zum Begriff des Radweges vgl. zu § 2 Abs. 4 Satz 2; Rn. 8 ff.

...

Zu Zeichen 240 Gemeinsamer Geh- und Radweg

1 I. Die Anordnung dieses Zeichens kommt nur in Betracht, wenn dies unter Berücksichtigung der Belange der Fußgänger vertretbar und mit der Sicherheit und Leichtigkeit des Radverkehrs vereinbar ist und die Beschaffenheit der Verkehrsfläche den Anforderungen des Radverkehrs genügt.

2 II. An Lichtzeichenanlagen reicht im Regelfall eine gemeinsame Furt für Fußgänger und Radverkehr aus.

Zu Zeichen 241 Getrennter Rad- und Gehweg

1 I. Die Anordnung dieses Zeichens kommt nur in Betracht, wenn die Belange der Fußgänger ausreichend berücksichtigt sind und die Zuordnung der Verkehrsflächen zweifelsfrei erfolgen kann. Zur Radwegebenutzungspflicht vgl. zu § 2 Abs. 4 Satz 2; Rn. 8 ff.

2 II. An Lichtzeichenanlagen ist in der Regel auch eine Führung der Fußgänger durch eine Fußgängerfurt (vgl. Nr. III zu § 25 Abs. 3; Rn. 3 und 5) erforderlich. Zur Lichtzeichenregelung vgl. zu § 37 Abs. 2 Nr. 5 und 6; Rn. 42 ff.

...

Zu den Zeichen 244.1 und 244.2 Beginn und Ende einer Fahrradstraße

1 I. Die Anordnung einer Fahrradstraße aus Gründen der Sicherheit und Leichtigkeit des Straßenverkehrs kommt nur auf Straßen mit einer hohen oder zu erwartenden hohen Fahrradverkehrsdichte, einer hohen Netzbedeutung für den Radverkehr oder auf Straßen von lediglich untergeordneter Bedeutung für den Kraftfahrzeugverkehr in Betracht. Eine hohe Fahrradverkehrsdichte, eine hohe Netzbedeutung für den Radverkehr setzen nicht voraus, dass der Radverkehr die vorherrschende Verkehrsart ist. Eine zu erwartende hohe Fahrradverkehrsdichte kann sich dadurch begründen, dass diese mit der Anordnung einer Fahrradstraße bewirkt wird. Zur Förderung des Radverkehrs kann eine Fahrradstraße auch unter den Maßgaben nach Nummer VII zu § 45 Abs. 1 bis 1e, Rn. 14a ff., angeordnet werden.

3.5.3 Führung des Radverkehrs

VwV-StVO zu § 41 Vorschriftzeichen

2 II. Anderer Fahrzeugverkehr als der Radverkehr und der Verkehr mit Elektrokleinstfahrzeugen darf in Fahrradstraßen nur ausnahmsweise – dann in der Regel durch Anordnung des Zusatzzeichens „Anlieger frei" – zugelassen werden. Daher müssen vor der Anordnung die Bedürfnisse des Verkehrs mit Kraftfahrzeugen, die nicht unter die Elektrokleinstfahrzeuge-Verordnung fallen, ausreichend berücksichtigt werden (alternative Verkehrsführung). Zur effektiven Unterbindung unzulässigen Durchgangsverkehrs können ergänzende Anordnungen in Betracht kommen (vgl. Nummer VII 5 zu § 45 Abs. 1 bis 1e, Rn. 14e).

3 III. Die dem fließenden Verkehr zur Verfügung stehende Fahrbahnbreite kann durch bauliche Maßnahmen oder Sperrflächen eingeengt werden. Auf Senkrecht- oder Schrägparkstände sollte grundsätzlich verzichtet werden.

4 IV. Das Zeichen 244.2 ist entbehrlich, wenn die Fahrradstraße in eine Fußgängerzone (Zeichen 242.1), eine Fahrradzone (Zeichen 244.3), eine Tempo 30-Zone (Zeichen 274.1) oder in einen verkehrsberuhigten Bereich (Zeichen 325.1) übergeht.

Zu den Zeichen 244.3 und 244.4 Beginn und Ende einer Fahrradzone

1 I. Vgl. zu § 45 Abs. 1i.

2 II. Anderer Fahrzeugverkehr als der Radverkehr und der Verkehr mit Elektrokleinstfahrzeugen darf in Fahrradzonen nur ausnahmsweise – dann in der Regel durch Anordnung des Zusatzzeichens „Anlieger frei" – zugelassen werden. Daher müssen vor der Anordnung die Bedürfnisse des Verkehrs mit Kraftfahrzeugen, die nicht unter die Elektrokleinstfahrzeuge-Verordnung fallen, ausreichend berücksichtigt werden (alternative Verkehrsführung). Zur effektiven Unterbindung unzulässigen Durchgangsverkehrs können ergänzende Anordnungen in Betracht kommen (vgl. Nummer VII 5 zu § 45 Abs. 1 bis 1e, Rn. 14e).

3 III. Die VwV zu den Zeichen 274.1 und 274.2 gilt entsprechend.

VwV-StVO zu § 42 Richtzeichen

Zu Zeichen 340 Leitlinie

...

II. Schutzstreifen für Radfahrer

2 1. Die Leitlinie für Schutzstreifen ist im Verhältnis Strich/Lücke 1 : 1 zu markieren und auf vorfahrtberechtigten Straßen an Kreuzungen und Einmündungen als Radverkehrsführung fortzusetzen.

3 2. Auf die Markierung einer Leitlinie in Fahrbahnmitte ist zu verzichten, wenn abzüglich Schutzstreifen der verbleibende Fahrbahnanteil weniger als 5,50 m breit ist.

4 3. Zu Schutzstreifen vgl. auch zu Nummer I 5 zu § 2 Abs. 4 Satz 2.

5 III. Leitlinien sind nach den Richtlinien für die Markierung von Straßen (RMS) auszuführen. Vgl. zu Markierungen (Anlage 3).

6 IV. Vgl. auch Nummer I zu § 7 Abs. 1 bis 3.

...

Zu den Zeichen 350.1 und 350.2 Radschnellweg und Ende eines Radschnellwegs

1 Das Zeichen dient der Kennzeichnung von Radschnellwegen nach Maßgabe der straßenrechtlichen Vorschriften.

...

Zu Zeichen 442 Vorwegweiser für bestimmte Verkehrsarten

1 Das Zeichen 442 kann mit Entfernungsangabe auf einem Zusatzzeichen auch den Beginn einer Umleitung kennzeichnen.

VwV-StVO zu § 45 Verkehrszeichen und Verkehrseinrichtungen

Zu Absatz 1i Fahrradzonen

45i I. Für die Anordnung von Fahrradzonen gilt Nummer XI der VwV zu den Absätzen 1 bis 1e mit Ausnahme der Nummer 3 entsprechend.

45j II. Eine hohe Fahrradverkehrsdichte im Sinne des § 45 Abs. 1i setzt nicht voraus, dass der Radverkehr die vorherrschende Verkehrsart ist. Die Bedürfnisse des Kraftfahrzeugverkehrs müssen jedoch ausreichend berücksichtigt werden (Freigabe insbesondere für Anliegerverkehr).

45k III. Die dem fließenden Verkehr zur Verfügung stehende Fahrbahnbreite soll erforderlichenfalls durch bauliche Maßnahmen oder Sperrflächen eingeengt werden. Auf Senkrecht- oder Schrägparkstände soll grundsätzlich verzichtet werden.

3.5.4 Bussonderfahrstreifen

StVO Anlage 2 Vorschriftzeichen (zu § 41 Absatz 1) Abschnitt 5 Sonderwege		
25	Zeichen 245  Bussonderfahrstreifen	**Ge- oder Verbot** 1. Anderer Fahrverkehr als Omnibusse des Linienverkehrs sowie nach dem Personenbeförderungsrecht mit dem Schulbus-Schild zu kennzeichnende Fahrzeuge des Schüler- und Behindertenverkehrs dürfen Bussonderfahrstreifen nicht benutzen. 2. Mit Krankenfahrzeugen, Taxen, Fahrrädern und Bussen im Gelegenheitsverkehr darf der Sonderfahrstreifen nur benutzt werden, wenn dies durch Zusatzzeichen angezeigt ist. 3. Taxen dürfen an Bushaltestellen (Zeichen 224) zum sofortigen Ein- und Aussteigen von Fahrgästen halten. 4. Mit elektrisch betriebenen Fahrzeugen darf der Bussonderfahrstreifen nur benutzt werden, wenn dies durch Zusatzzeichen angezeigt ist. 5. Zur Erprobung unterschiedlicher Mobilitätsformen (§ 45 Absatz 9 Satz 4 Nummer 7a) darf der Bussonderfahrstreifen nur benutzt werden, wenn dies durch Zusatzzeichen, welches die besondere Mobilitätsform näher bezeichnet, angezeigt ist.
25.1		**Ge- oder Verbot** Mit diesem Zusatzzeichen sind elektrisch betriebene Fahrzeuge auf dem Bussonderfahrstreifen zugelassen.

Zeichen 245 ist dort anzubringen, wo markierte Fahrstreifen den Omnibussen des öffentlichen Verkehrs sowie des Schüler- und Behindertenverkehrs vorbehalten sind. Alle anderen Verkehrsteilnehmer dürfen die so gekennzeichneten Sonderfahrstreifen nicht benutzen.

Im Sinne der mildestmöglichen Maßnahmen sollten Bussonderfahrstreifen, soweit auf der Fahrbahn angeordnet, zeitlich auf die Tageszeiten und Wochentage beschränkt werden, während derer sie aufgrund der vorherrschenden Verkehrslage eine Beschleunigung des Linienbusverkehrs und zuverlässige Einhaltung des Fahrplans bewirken können. Voraussetzung hierfür ist, dass die Führung und Signalisierung an den Knotenpunkten sowie die Führung zwischen den Knotenpunkten eine Mitnutzung durch den übrigen Fahrbahnverkehr zulassen. Bei einer Lage des Bussonderfahrstreifens am rechten Fahrbahnrand kann dieser dann außerhalb der Geltungszeiten ggf. auch zum Halten und Parken benutzt werden.

Solche Bussonderfahrstreifen können rechts, in Einbahnstraßen rechts oder links, in Mittellage oder im Gleisraum von Straßenbahnen sowie auf baulich deutlich abgegrenzten Straßenteilen auch entgegen der Fahrtrichtung angelegt werden. Zur besseren Kennzeichnung kann die Markierung „BUS“ auf der Fahrbahn aufgebracht werden. Bussonderfahrstreifen sind in der Regel gerechtfertigt bei mindestens 20 Omnibussen des Linienverkehrs pro Spitzenstunde.

Durch ein entsprechendes Zusatzzeichen (z. B. 1026-30 „Taxi frei“) kann der Fahrstreifen grundsätzlich für Taxen, Krankenfahrzeuge, elektrisch betriebene Fahrzeuge, Fahrräder und Busse im Gelegenheitsverkehr zur Mitbenutzung freigegeben werden, falls der Sonderfahrstreifen nicht im Gleisraum von Schienenbahnen liegt. An Lichtsignalanlagen muss sichergestellt werden, dass alle zugelassenen Fahrzeugarten in gleicher Weise signalisiert werden, indem entweder keine besonderen Lichtzeichen für den öffentlichen

Personenverkehr gezeigt werden oder für die anderen zugelassenen Nutzergruppen (z. B. den Radverkehr) synchron geschaltete Signalgeber vorgesehen werden.

Eine solche Mitbenutzung soll grundsätzlich zugelassen werden, jedoch muss sichergestellt sein, dass dadurch der Linienverkehr nicht gestört wird.

Liegen Bussonderfahrstreifen im Gleisraum von Schienenbahnen, darf eine Mitbenutzung durch Taxen nicht zugelassen werden. Siehe auch „Richtlinien für die Markierung von Straßen, Teil 2 (RMS-2)“ Abschnitt 3.2.1.

Die Abtrennung des Sonderfahrstreifens soll durch eine Fahrstreifenbegrenzung (Zeichen 295), die in der Regel als Breitstrich auszuführen ist, erfolgen. Zeitlich beschränkt angeordnete Busspuren sind durch eine unterbrochene Linie (Zeichen 340 „Leitlinie“) von der übrigen Fahrbahn abzutrennen.

Dort, wo bei dem meist rechts am Fahrbahnrand gelegenen Bussonderfahrstreifen während verkehrsschwacher Zeiten Ladevorgänge erlaubt werden sollen, kann dies durch ein Zusatzzeichen, z. B. „Be- und Entladen 9–16 h erlaubt“, signalisiert werden, sofern nicht eine Begrenzung des Geltungszeitraums insgesamt geboten ist. Dieses Zusatzzeichen ist nicht im VzKat enthalten und darf daher nur mit Zustimmung der zuständigen obersten Landesbehörde oder der von ihr bestimmten Stelle angeordnet werden (vgl. VwV-StVO zu §§ 39 bis 43, Rn. 46).

Zu Abschnitt 3.5.4

VwV-StVO zu § 41 Vorschriftzeichen

Zu Zeichen 245 Bussonderfahrstreifen

1 Durch das Zeichen werden markierte Sonderfahrstreifen den Omnibussen des Linienverkehrs sowie des Schüler- und Behindertenverkehrs vorbehalten.

2 I. Der Bussonderfahrstreifen soll im Interesse der Sicherheit oder Ordnung des Verkehrs Störungen des Linienverkehrs vermeiden und einen geordneten und zügigen Betriebsablauf ermöglichen. Er kann auch angeordnet werden, um den öffentlichen Personenverkehr gegenüber dem Individualverkehr zu fördern (vgl. Nummer VII zu § 45 Abs. 1 bis 1e, Rn. 14a ff.).

3 II. 1. Auch bei kurzen Straßenabschnitten (z. B. vor Verkehrsknotenpunkten) kann die Anordnung von Bussonderfahrstreifen gerechtfertigt sein.

4 2. Bussonderfahrstreifen dürfen in Randlage rechts, in Einbahnstraßen rechts oder links, in Mittellage allein oder im Gleisraum von Straßenbahnen sowie auf baulich abgegrenzten Straßenteilen auch entgegengesetzt der Fahrtrichtung angeordnet werden.

5 3. Die Sicherheit des Radverkehrs ist zu gewährleisten. Kann der Radverkehr nicht auf einem gesonderten Radweg oder Radfahrstreifen geführt werden, sollte er im Benehmen mit den Verkehrsunternehmen auf dem Bussonderfahrstreifen zugelassen werden. Ist das wegen besonderer Bedürfnisse des Linienverkehrs nicht möglich und müsste der Radverkehr zwischen Linienbus- und dem Individualverkehr ohne Radfahrstreifen fahren, ist von der Anordnung des Zeichens abzusehen.

6 4. Wird anderer Verkehr auf Bussonderfahrstreifen zugelassen, dürfen auf dem Bussonderfahrstreifen keine besonderen Lichtzeichen (§ 37 Absatz 2 Nummer 4 Satz 2, 2. Halbsatz) für den öffentlichen Personenverkehr (Anlage 4 der BOStrab) gezeigt werden, es sei denn, für diese Verkehre werden eigene Lichtzeichen angeordnet.

7 5. Taxen sollen grundsätzlich und elektrisch betriebene Fahrzeuge dürfen auf Bussonderfahrstreifen zugelassen werden, wenn dadurch der Linienverkehr nicht wesentlich gestört wird. Satz 1 gilt nicht für Bussonderfahrstreifen im Gleisraum von Schienenbahnen. Insbesondere für den Übergang der Bussonderfahrstreifen zum allgemeinen Verkehrsraum gilt für die Zulassung von elektrisch betriebenen Fahrzeugen auf diesen Bussonderfahrstreifen, dass die Gewährleistung eines sicheren und flüssigen allgemeinen Verkehrsablaufs stets vorgeht.

8 6. Gegenseitige Behinderungen, die durch stark benutzte Zu- und Abfahrten (z. B. bei Parkhäusern, Tankstellen) hervorgerufen werden, sind durch geeignete Maßnahmen, wie Verlegung der Zu- und Abfahrten in Nebenstraßen, auf ein Mindestmaß zu beschränken.

9 7. Bussonderfahrstreifen im Gleisraum von Straßenbahnen dürfen nur im Einvernehmen mit der Technischen Aufsichtsbehörde nach § 58 Abs. 3 der Straßenbahn-, Bau- und Betriebsordnung angeordnet werden.

3.5.4 Bussonderfahrstreifen

VwV-StVO zu § 41 Vorschriftzeichen

10 III. 1. Zur Aufstellung vgl. Nummer III 8 zu §§ 39 bis 43. Das Zeichen ist an jeder Kreuzung und Einmündung zu wiederholen. Zur Verdeutlichung kann die Markierung „BUS" auf der Fahrbahn aufgetragen werden.

11 2. Die Ausführung der Markierungen richtet sich nach den Richtlinien für die Markierung von Straßen (RMS).

12 3. Bussonderfahrstreifen in Einbahnstraßen entgegen der Fahrtrichtung, die gegen die Fahrbahn des entgegengerichteten Verkehrs baulich abzugrenzen sind, sollen auch am Beginn der Einbahnstraße durch das Zeichen kenntlich gemacht werden. Es kann sich empfehlen, dem allgemeinen Verkehr die Führung des Busverkehrs anzuzeigen.

13 4. Kann durch eine Markierung eine Erleichterung des Linienverkehrs erreicht werden (Fahrstreifen in Mittellage, im Gleisraum von Straßenbahnen oder auf baulich abgesetzten Straßenteilen), empfiehlt es sich, auf das Zeichen zu verzichten.

Die Voraussetzungen für die Einrichtung eines Bussonderfahrstreifens gelten entsprechend.

14 5. Die Leichtigkeit des Verkehrs auf Bussonderfahrstreifen an Kreuzungen und Einmündungen kann durch Abbiegeverbote für den Individualverkehr (z. B. Zeichen 209 bis 214) verbessert werden. Notfalls sind besondere Lichtzeichen (§ 37 Abs. 2 Nr. 4) anzuordnen. Die Einrichtung von Busschleusen oder die Vorgabe bedarfsgerechter Vor- und Nachlaufzeiten an Lichtzeichenanlagen wird empfohlen.

15 6. Ist die Kennzeichnung des Endes eines Bussonderfahrstreifens erforderlich, ist das Zeichen mit dem Zusatzzeichen „Ende" anzuordnen.

16 IV. Zur Erprobung unterschiedlicher Mobilitätsformen kann ein Bussonderfahrstreifen auch freigegeben werden für

- elektrisch betriebene Fahrzeuge (Zusatzzeichen 1024-20),
- Carsharingfahrzeuge (Zusatzzeichen 1024-21),
- mehrfachbesetzte Personenkraftwagen (Zusatzzeichen 1024-22),
- andere besondere Mobilitätsformen durch geeignetes Zusatzzeichen; auf Satz 3 der Rn. 46 zu den §§ 39 bis 43 wird hingewiesen.

3.5.5 Sonstige Wege

StVO Anlage 2 Vorschriftzeichen (zu § 41 Absatz 1) Abschnitt 5 Sonderwege		
17	**Zeichen 238**  **Reitweg**	**Ge- oder Verbot** 1. Wer reitet, darf nicht die Fahrbahn, sondern muss den Reitweg benutzen. Dies gilt auch für das Führen von Pferden (Reitwegbenutzungspflicht). 2. Anderer Verkehr darf ihn nicht benutzen. 3. Ist durch Zusatzzeichen die Benutzung eines Reitwegs für eine andere Verkehrsart erlaubt, muss diese auf den Reitverkehr Rücksicht nehmen und der Fahrzeugverkehr muss erforderlichenfalls die Geschwindigkeit an den Reitverkehr anpassen.

Zeichen 238 ist dort anzuordnen, wo einzelne Straßen und Wege oder Teile davon der ausschließlichen Nutzung für Reiter zugeordnet werden sollen. Für alle anderen Verkehrsarten bedeutet dieses Zeichen ein Verkehrsverbot. Das Zeichen ist allerdings nur notwendig, wenn durch die Ausgestaltung des Weges nicht zweifelsfrei dessen Bestimmung erkennbar ist.

Anders herum können Wege auch für Reiter verboten werden (Zeichen 257-51 „Verbot für Reiter").

Dieses Zeichen wird in der StVO nicht behandelt, sondern ist nur im Katalog der Verkehrszeichen aufgelistet. Die Möglichkeit zur Anordnung ergibt sich aus Anlage 2 zu § 41 StVO, lfd. Nr. 26, Erläuterung Nr. 1.

Zu Abschnitt 3.5.5

VwV-StVO zu § 41 Vorschriftzeichen

Zu Zeichen 238 Reitweg

1 Der Klarstellung durch das Zeichen bedarf es nur dort, wo die Zweckbestimmung eines Straßenteils als Reitweg sich nicht aus dessen Ausgestaltung ergibt.

3.6 Halten und Parken

3.6.1 Allgemeines

Wer aus Gründen anhält, die nicht mit dem Verkehrsfluss zusammenhängen, der hält. Wer darüber hinaus sein Fahrzeug verlässt oder länger als drei Minuten hält, also sein Fahrzeug abstellt, der parkt (§ 12 Abs. 2 StVO).

Grundsätzlich ist Halten und Parken überall am rechten Fahrbahnrand erlaubt, solange der übrige Verkehr nicht „geschädigt, gefährdet oder mehr, als nach den Umständen unvermeidbar, behindert oder belästigt wird" (§§ 1 Abs. 2, 12 Abs. 4 StVO). Ausgenommen von diesem Grundsatz sind Autobahnen, Kraftfahrstraßen sowie das Parken auf Vorfahrtstraßen außerhalb geschlossener Ortschaften.

Probleme treten vor allem auf

- bei beengten Platzverhältnissen, wenn haltende oder parkende Fahrzeuge den fließenden Verkehr behindern oder die erforderliche Sicht einschränken oder wenn haltende oder parkende Fahrzeuge wegen eingeschränkter Sichtverhältnisse nicht rechtzeitig wahrgenommen werden können;
- bei schnellem oder bevorrechtigtem Verkehr, wenn Konflikte zwischen dem Verkehr und anhaltenden oder anfahrenden Fahrzeugen zu erwarten sind;
- bei großem „Parkdruck", wenn sehr viele Fahrzeuge geparkt werden sollen und der vorhandene Raum nicht ausreicht.

Die StVO regelt das Halten und Parken daher zunächst allgemein (§ 12 StVO) und stellt darüber hinaus auch verschiedene Verkehrszeichen bereit, mit denen das Halten und Parken abgestimmt auf die jeweilige Situation geregelt werden kann (siehe Abschnitt 3.6.2). Die allgemeinen Regeln erlauben, in diesen für die Verkehrsteilnehmer in der Regel auch leicht erkennbaren Situationen auf spezielle Haltverbotsbeschilderung zu verzichten. Im Hinblick auf die Vorgabe, Verkehrszeichen nicht anzuordnen, wenn sie nur allgemeine Regelungen wiedergeben, sollte das von den anordnenden Behörden auch bedacht werden (siehe Abschnitt 2.4.2).

Die begriffliche Unterscheidung zwischen Halten und Parken erleichtert differenzierte Regelungen je nach Situation. Nur wenn schon ein kurzzeitig haltendes Fahrzeug zu Problemen führt, so ist das Halten zu verbieten. Wenn nur ein längeres Anhalten zu Problemen führt, so ist nur das Parken zu verbieten. An Stellen, an denen aus sachlichen Erwägungen nur ein eingeschränktes Haltverbot („Parkverbot") angebracht wäre, nur deshalb ein (absolutes) Haltverbot anzuordnen, um eine größere Erkennbarkeit zu erreichen oder im Übertretungsfall ein höheres Verwarnungs- oder Bußgeld festsetzen zu können, ist nicht angemessen.

Allgemein konkretisiert die StVO beim Halten und Parken das allgemeine Rücksichtgebot wie folgt:

Das **Halten** ist insbesondere verboten

- wegen beengter Platz- oder eingeschränkter Sichtverhältnisse
  - an engen und unübersichtlichen Straßenstellen (§ 12 Abs. 1 Nr. 1 StVO),
  - im Bereich von scharfen Kurven (§ 12 Abs. 1 Nr. 2 StVO),
  - 10,00 m vor den Verkehrszeichen „Vorfahrt gewähren." oder „Halt. Vorfahrt gewähren.", wenn diese dadurch verdeckt werden (Anl. 2 lfd. Nr. 2 und 3 i. V. m. § 41 Abs. 1 StVO),
  - auf und bis zu 5,00 m vor Fußgängerüberwegen (Anl. 2 lfd. Nr. 66 i. V. m. § 41 Abs. 1 StVO),
  - links von Fahrbahnbegrenzungslinien, neben denen rechts Fahrzeuge fahren können (Anl. 2 lfd. Nr. 68 i. V. m. § 41 Abs. 1 StVO);
- wegen möglicher Konflikte mit anderem Verkehr
  - auf Einfädelungs- und Ausfädelungsstreifen (§ 12 Abs. 1 Nr. 3 StVO),
  - auf Autobahnen und Kraftfahrstraßen (§ 18 Abs. 8 StVO),
  - auf mit Pfeilen markierten Fahrstreifen (Anl. 2 lfd. Nr. 70 i. V. m. § 41 Abs. 1 StVO),
  - auf Bussonderfahrstreifen (Anl. 2 lfd. Nr. 25 i. V. m. § 41 Abs. 1 StVO),
  - auf Bahnübergängen (§ 12 Abs. 1 Nr. 4 StVO),
  - in verkehrsberuhigten Bereichen (außer zum Ein- und Aussteigen oder zum Be- und Ent-

Bild 3.8 Beispiel für eine amtliche Kennzeichnung einer Feuerwehrzufahrt

laden oder in zum Parken gekennzeichneten Bereichen; Anl. 3 lfd. Nr. 12 i. V. m. § 42 Abs. 2 StVO);
- aus sonstigen Gründen
  - vor und in amtlich gekennzeichneten Feuerwehrzufahrten, siehe *Bild 3.8* (§ 12 Abs. 1 Nr. 5 StVO).

Das **Parken** ist insbesondere verboten

- wegen beengter Platz- oder eingeschränkter Sichtverhältnisse
  - vor und hinter Kreuzungen und Einmündungen bis zu je 5,00 m von den Schnittpunkten der Fahrbahnkanten (§ 12 Abs. 3 Nr. 1 StVO), und, soweit in Fahrtrichtung rechts neben der Fahrbahn ein Radweg baulich angelegt ist, vor Kreuzungen und Einmündungen bis zu je 8,00 m von den Schnittpunkten der Fahrbahnkanten,
  - vor und hinter Andreaskreuzen (5,00 m innerhalb, 50,00 m außerhalb geschlossener Ortschaften; Anl. 2 lfd. Nr. 1 i. V. m. § 41 Abs. 1 StVO),
  - auf schmalen Fahrbahnen gegenüber von Grundstücksein- und -ausfahrten (§ 12 Abs. 3 Nr. 3 StVO);
- wegen möglicher Konflikte mit anderem Verkehr
  - auf Autobahnen und Kraftfahrstraßen
  - auf der Fahrbahn von Vorfahrtstraßen außerhalb geschlossener Ortschaften (Anl. 3 lfd. Nr. 2 i. V. m. § 42 Abs. 2 StVO),
  - rechts von (auch einseitigen) Fahrstreifenbegrenzungslinien, wenn zwischen dem abgestellten Fahrzeug und der Linie weniger als 3,00 m verbleiben (Anl. 2 lfd. Nr. 68 und 69 i. V. m. § 41 Abs. 1 StVO),
  - vor Grundstücksein- und -ausfahrten (§ 12 Abs. 3 Nr. 3 StVO) und vor Bordsteinabsenkungen (§ 12 Abs. 3 Nr. 5 StVO);
- aus sonstigen Gründen
  - wenn es die Benutzung gekennzeichneter Parkflächen verhindert (§ 12 Abs. 3 Nr. 2 StVO),
  - über Schachtdeckeln und anderen Verschlüssen, wenn ausnahmsweise das Parken auf dem Gehweg erlaubt ist (§ 12 Abs. 3 Nr. 4 StVO).

Außerdem ist das Parken von schweren Fahrzeugen oder entsprechenden Anhängern in sensiblen Bereichen (Wohngebieten, Kliniken, Erholungsbereichen) in der Nacht und am Wochenende verboten (§ 12 Abs. 3a StVO).

Zu Abschnitt 3.6.1

StVO
§ 12
Halten und Parken

(1) Das Halten ist unzulässig

1. an engen und an unübersichtlichen Straßenstellen,
2. im Bereich von scharfen Kurven,
3. auf Einfädelungs- und auf Ausfädelungsstreifen,
4. auf Bahnübergängen,
5. vor und in amtlich gekennzeichneten Feuerwehrzufahrten.

(2) Wer sein Fahrzeug verlässt oder länger als drei Minuten hält, der parkt.

(3) Das Parken ist unzulässig

1. vor und hinter Kreuzungen und Einmündungen bis zu je 5 m von den Schnittpunkten der Fahrbahnkanten, soweit in Fahrtrichtung rechts neben der Fahrbahn ein Radweg baulich angelegt ist, vor Kreuzungen und Einmündungen bis zu je 8 m von den Schnittpunkten der Fahrbahnkanten,
2. wenn es die Benutzung gekennzeichneter Parkflächen verhindert,
3. vor Grundstücksein- und -ausfahrten, auf schmalen Fahrbahnen auch ihnen gegenüber,
4. über Schachtdeckeln und anderen Verschlüssen, wo durch Zeichen 315 oder eine Parkflächenmarkierung (Anlage 2 Nummer 74) das Parken auf Gehwegen erlaubt ist,
5. vor Bordsteinabsenkungen.

(3a) Mit Kraftfahrzeugen mit einer zulässigen Gesamtmasse über 7,5 t sowie mit Kraftfahrzeuganhängern über 2 t zulässiger Gesamtmasse ist innerhalb geschlossener Ortschaften

1. in reinen und allgemeinen Wohngebieten,
2. in Sondergebieten, die der Erholung dienen,
3. in Kurgebieten und
4. in Klinikgebieten

3.6.1 Allgemeines

StVO
§ 12
Halten und Parken

das regelmäßige Parken in der Zeit von 22.00 bis 06.00 Uhr sowie an Sonn- und Feiertagen unzulässig. Das gilt nicht auf entsprechend gekennzeichneten Parkplätzen sowie für das Parken von Linienomnibussen an Endhaltestellen.

(3b) Mit Kraftfahrzeuganhängern ohne Zugfahrzeug darf nicht länger als zwei Wochen geparkt werden. Das gilt nicht auf entsprechend gekennzeichneten Parkplätzen.

(4) Zum Parken ist der rechte Seitenstreifen, dazu gehören auch entlang der Fahrbahn angelegte Parkstreifen, zu benutzen, wenn er dazu ausreichend befestigt ist, sonst ist an den rechten Fahrbahnrand heranzufahren. Das gilt in der Regel auch, wenn man nur halten will; jedenfalls muss man auch dazu auf der rechten Fahrbahnseite rechts bleiben. Taxen dürfen, wenn die Verkehrslage es zulässt, neben anderen Fahrzeugen, die auf dem Seitenstreifen oder am rechten Fahrbahnrand halten oder parken, Fahrgäste ein- oder aussteigen lassen. Soweit auf der rechten Seite Schienen liegen sowie in Einbahnstraßen (Zeichen 220) darf links gehalten und geparkt werden. Im Fahrraum von Schienenfahrzeugen darf nicht gehalten werden.

(4a) Ist das Parken auf dem Gehweg erlaubt, ist hierzu nur der rechte Gehweg, in Einbahnstraßen der rechte oder linke Gehweg zu benutzen.

(5) An einer Parklücke hat Vorrang, wer sie zuerst unmittelbar erreicht; der Vorrang bleibt erhalten, wenn der Berechtigte an der Parklücke vorbeifährt, um rückwärts einzuparken oder wenn sonst zusätzliche Fahrbewegungen ausgeführt werden, um in die Parklücke einzufahren. Satz 1 gilt entsprechend, wenn an einer frei werdenden Parklücke gewartet wird.

(6) Es ist platzsparend zu parken; das gilt in der Regel auch für das Halten.

VwV-StVO
zu § 12
Halten und Parken

Zu Absatz 1

1 Halten ist eine gewollte Fahrtunterbrechung, die nicht durch die Verkehrslage oder eine Anordnung veranlasst ist.

StVO
§ 45
Verkehrszeichen und Verkehrseinrichtungen

(1b) Die Straßenverkehrsbehörden treffen auch die notwendigen Anordnungen

1. im Zusammenhang mit der Einrichtung von gebührenpflichtigen Parkplätzen für Großveranstaltungen,
2. im Zusammenhang mit der Kennzeichnung von Parkmöglichkeiten für schwerbehinderte Menschen mit außergewöhnlicher Gehbehinderung, beidseitiger Amelie oder Phokomelie oder mit vergleichbaren Funktionseinschränkungen sowie für blinde Menschen,

2a. im Zusammenhang mit der Kennzeichnung von Parkmöglichkeiten für Bewohner städtischer Quartiere mit einem drohenden oder bestehenden erheblichen Parkraummangel durch vollständige oder zeitlich beschränkte Reservierung des Parkraums für die Berechtigten oder durch Anordnung der Freistellung von angeordneten Parkraumbewirtschaftungsmaßnahmen,

3. zur Kennzeichnung von Fußgängerbereichen und verkehrsberuhigten Bereichen,
4. zur Erhaltung der Sicherheit oder Ordnung in diesen Bereichen sowie
5. zum Schutz der Bevölkerung vor Lärm und Abgasen oder zur Unterstützung einer geordneten städtebaulichen Entwicklung.

Anordnungen nach Satz 1 Nummer 2a sind auch auf Grundlage eines städtebaulich-verkehrsplanerischen Konzepts zur Vermeidung von schädlichen Auswirkungen auf die Umwelt oder zur Unterstützung der geordneten städtebaulichen Entwicklung zulässig, sofern die Leichtigkeit des Verkehrs berücksichtigt ist und die Sicherheit des Verkehrs nicht beeinträchtigt wird. Die Straßenverkehrsbehörden ordnen die Parkmöglichkeiten für Bewohner, die Kennzeichnung von Fußgängerbereichen, verkehrsberuhigten Bereichen und Maßnahmen zum Schutze der Bevölkerung vor Lärm und Abgasen oder zur Unterstützung einer geordneten städtebaulichen Entwicklung im Einvernehmen mit der Gemeinde an.

3.6.2 Verfügbare Zeichen

StVO Anlage 2 Vorschriftzeichen (zu § 41 Absatz 1) **Abschnitt 4 Seitenstreifen als Fahrstreifen, Haltestellen und Taxenstände**		
14	**Zeichen 224**  **Haltestelle**	**Ge- oder Verbot** Wer ein Fahrzeug führt, darf bis zu 15 m vor und hinter dem Zeichen nicht parken. **Erläuterung** Das Zeichen kennzeichnet eine Haltestelle des Linienverkehrs und für Schulbusse. Das Zeichen mit dem Zusatzzeichen „Schulbus" (Angabe der tageszeitlichen Benutzung) auf einer gemeinsamen weißen Trägerfläche kennzeichnet eine Haltestelle nur für Schulbusse.
15	**Zeichen 229**  **Taxenstand**	**Ge- oder Verbot** Wer ein Fahrzeug führt, darf an Taxenständen nicht halten, ausgenommen sind für die Fahrgastbeförderung bereitgehaltene Taxen. **Erläuterung** Die Länge des Taxenstandes wird durch die Angabe der Zahl der vorgesehenen Taxen oder das am Anfang der Strecke aufgestellte Zeichen mit einem zur Fahrbahn weisenden waagerechten weißen Pfeil und durch ein am Ende aufgestelltes Zeichen mit einem solchen von der Fahrbahn wegweisenden Pfeil oder durch eine Grenzmarkierung für Halt- und Parkverbote (Zeichen 299) gekennzeichnet.
15.1	**Zeichen 230**  **Ladebereich**	**Ge- oder Verbot** 1. Das Halten und Parken ist nur zum Be- und Entladen von Fahrzeugen zulässig. 2. Das Be- und Entladen muss ohne Verzögerung durchgeführt werden. **Erläuterung** Die Länge des Ladebereichs wird durch das am Anfang der Strecke aufgestellte Zeichen mit einem zur Fahrbahn weisenden waagerechten weißen Pfeil und durch ein am Ende aufgestelltes Zeichen mit einem solchen von der Fahrbahn wegweisenden Pfeil oder durch Markierung gekennzeichnet.
Abschnitt 8 Halt- und Parkverbote		
61		**Ge- oder Verbot** 1. Die durch die nachfolgenden Zeichen 283 und 286 angeordneten Haltverbote gelten nur auf der Straßenseite, auf der die Zeichen angebracht sind. Sie gelten bis zur nächsten Kreuzung oder Einmündung auf der gleichen Straßenseite oder bis durch Verkehrszeichen für den ruhenden Verkehr eine andere Regelung vorgegeben wird. >

3.6.2 Verfügbare Zeichen

StVO Anlage 2 Vorschriftzeichen (zu § 41 Absatz 1)
Abschnitt 8 Halt- und Parkverbote

61		2. Mobile, vorübergehend angeordnete Haltverbote durch Zeichen 283 und 286 heben Verkehrszeichen auf, die das Parken erlauben. **Erläuterung** Der Anfang der Verbotsstrecke kann durch einen zur Fahrbahn weisenden waagerechten weißen Pfeil im Zeichen, das Ende durch einen solchen von der Fahrbahn wegweisenden Pfeil gekennzeichnet sein. Bei in der Verbotsstrecke wiederholten Zeichen weist eine Pfeilspitze zur Fahrbahn, die zweite Pfeilspitze von ihr weg.
62	**Zeichen 283**  **Absolutes Haltverbot**	**Ge- oder Verbot** Das Halten auf der Fahrbahn ist verboten.
62.1		**Ge- oder Verbot** Das mit dem Zeichen 283 angeordnete Zusatzzeichen verbietet das Halten von Fahrzeugen auch auf dem Seitenstreifen.
62.2		**Ge- oder Verbot** Das mit dem Zeichen 283 angeordnete Zusatzzeichen verbietet das Halten von Fahrzeugen nur auf dem Seitenstreifen.
63	**Zeichen 286**  **Eingeschränktes Haltverbot**	**Ge- oder Verbot** 1. Wer ein Fahrzeug führt, darf nicht länger als drei Minuten auf der Fahrbahn halten, ausgenommen zum Ein- oder Aussteigen oder zum Be- oder Entladen. 2. Ladegeschäfte müssen ohne Verzögerung durchgeführt werden.
63.1		**Ge- oder Verbot** Mit dem Zusatzzeichen zu Zeichen 286 darf auch auf dem Seitenstreifen nicht länger als drei Minuten gehalten werden, ausgenommen zum Ein- oder Aussteigen oder zum Be- oder Entladen.

StVO Anlage 2 Vorschriftzeichen (zu § 41 Absatz 1)
Abschnitt 8 Halt- und Parkverbote

63.2		**Ge- oder Verbot** Mit dem Zusatzzeichen zu Zeichen 286 darf nur auf dem Seitenstreifen nicht länger als drei Minuten gehalten werden, ausgenommen zum Ein- oder Aussteigen oder zum Be- oder Entladen.
63.3		**Ge- oder Verbot** 1. Das Zusatzzeichen zu Zeichen 286 nimmt schwerbehinderte Menschen mit außergewöhnlicher Gehbehinderung, beidseitiger Amelie oder Phokomelie oder mit vergleichbaren Funktionseinschränkungen sowie blinde Menschen, jeweils mit besonderem Parkausweis Nummer …, vom Haltverbot aus. 2. Die Ausnahme gilt nur, soweit der Parkausweis gut lesbar ausgelegt oder angebracht ist.
63.4		**Ge- oder Verbot** 1. Das Zusatzzeichen zu Zeichen 286 nimmt Bewohner mit besonderem Parkausweis vom Haltverbot aus. 2. Die Ausnahme gilt nur, soweit der Parkausweis gut lesbar ausgelegt oder angebracht ist.
63.5		**Ge- oder Verbot** Durch das Zusatzzeichen zu Zeichen 286 wird das Parken für elektrisch betriebene Fahrzeuge innerhalb der gekennzeichneten Flächen erlaubt.
63.6		**Ge- oder Verbot** Durch das Zusatzzeichen zu Zeichen 286 wird das Parken für Carsharingfahrzeuge (§ 39 Absatz 11) innerhalb der gekennzeichneten Flächen erlaubt.
64	**Zeichen 290.1**  **Beginn eines eingeschränkten Haltverbots für eine Zone**	**Ge- oder Verbot** 1. Wer ein Fahrzeug führt, darf innerhalb der gekennzeichneten Zone nicht länger als drei Minuten halten, ausgenommen zum Ein- oder Aussteigen oder zum Be- oder Entladen. 2. Innerhalb der gekennzeichneten Zone gilt das eingeschränkte Haltverbot auf allen öffentlichen Verkehrsflächen, sofern nicht abweichende Regelungen durch Verkehrszeichen oder Verkehrseinrichtungen getroffen sind. 3. Durch Zusatzzeichen kann das Parken für Bewohner mit Parkausweis oder mit Parkschein oder Parkscheibe (Bild 318) innerhalb gekennzeichneter Flächen erlaubt sein. >

3.6.2 Verfügbare Zeichen

StVO Anlage 2 Vorschriftzeichen (zu § 41 Absatz 1) Abschnitt 8 Halt- und Parkverbote		
64		4. Durch Zusatzzeichen kann das Parken mit Parkschein oder Parkscheibe (Bild 318) innerhalb gekennzeichneter Flächen erlaubt sein. Dabei ist der Parkausweis, der Parkschein oder die Parkscheibe gut lesbar auszulegen oder anzubringen.
64.1		**Ge- oder Verbot** Durch das Zusatzzeichen zu Zeichen 290.1 wird das Parken für elektrisch betriebene Fahrzeuge innerhalb der gekennzeichneten Flächen erlaubt.
64.2		**Ge- oder Verbot** Durch das Zusatzzeichen zu Zeichen 290.1 wird das Parken für Carsharingfahrzeuge (§ 39 Absatz 11) innerhalb der gekennzeichneten Flächen erlaubt.
65	**Zeichen 290.2**  **Ende eines eingeschränkten Haltverbots für eine Zone**	
Abschnitt 9 Markierungen		
73	**Zeichen 299**  **Grenzmarkierung für Halt- oder Parkverbote**	**Ge- oder Verbot** Wer ein Fahrzeug führt, darf innerhalb einer Grenzmarkierung für Halt- oder Parkverbote nicht halten oder parken. **Erläuterung** Grenzmarkierungen bezeichnen, verlängern oder verkürzen ein an anderer Stelle vorgeschriebenes Halt- oder Parkverbot.

StVO Anlage 2 Vorschriftzeichen (zu § 41 Absatz 1) **Abschnitt 9 Markierungen**		
74	**Parkflächenmarkierung**	**Ge- oder Verbot** Eine Parkflächenmarkierung erlaubt das Parken; auf Gehwegen aber nur Fahrzeugen mit einer zulässigen Gesamtmasse bis zu 2,8 t. Die durch die Parkflächenmarkierung angeordnete Aufstellung ist einzuhalten. Wo sie mit durchgehenden Linien markiert ist, darf diese überfahren werden. **Erläuterung** Sind Parkflächen auf Straßen erkennbar abgegrenzt, wird damit angeordnet, wie Fahrzeuge aufzustellen sind.
StVO Anlage 3 Richtzeichen (zu § 42 Absatz 2) **Abschnitt 3 Parken**		
7	**Zeichen 314**  **Parken**	**Ge- oder Verbot** 1. Wer ein Fahrzeug führt, darf hier parken. 2. a) Durch ein Zusatzzeichen kann die Parkerlaubnis insbesondere nach der Dauer, nach Fahrzeugarten, zugunsten der mit besonderem Parkausweis versehenen Bewohner oder auf das Parken mit Parkschein oder Parkscheibe beschränkt sein. b) Ein Zusatzzeichen mit Bild 318 (Parkscheibe) und Angabe der Stundenzahl schreibt das Parken mit Parkscheibe und dessen zulässige Höchstdauer vor. c) Durch Zusatzzeichen können Bewohner mit Parkausweis von der Verpflichtung zum Parken mit Parkschein oder Parkscheibe freigestellt sein. d) Durch ein Zusatzzeichen mit Rollstuhlfahrersinnbild kann die Parkerlaubnis beschränkt sein auf schwerbehinderte Menschen mit außergewöhnlicher Gehbehinderung, beidseitiger Amelie oder Phokomelie oder mit vergleichbaren Funktionseinschränkungen sowie auf blinde Menschen. e) Die Parkerlaubnis gilt nur, wenn der Parkschein, die Parkscheibe oder der Parkausweis gut lesbar ausgelegt oder angebracht ist. f) Durch Zusatzzeichen kann ein Parkplatz als gebührenpflichtig ausgewiesen sein. 3. a) Durch Zusatzzeichen kann die Parkerlaubnis zugunsten elektrisch betriebener Fahrzeuge beschränkt sein. b) Durch Zusatzzeichen können elektrisch betriebene Fahrzeuge von der Verpflichtung zum Parken mit Parkschein oder Parkscheibe freigestellt sein. Sind Parkscheinautomaten aufgestellt, kann die Freistellung auch allein am Automaten angegeben sein. c) Durch Zusatzzeichen kann die Parkerlaubnis für elektrisch betriebene Fahrzeuge nach der Dauer beschränkt sein. Der Nachweis zur Einhaltung der zeitlichen Dauer erfolgt durch Auslegen der Parkscheibe. Die Parkerlaubnis gilt nur, wenn die Parkscheibe gut lesbar ausgelegt oder angebracht ist. >

StVO Anlage 3 Richtzeichen (zu § 42 Absatz 2) Abschnitt 3 Parken		
7		4. a) Durch Zusatzzeichen kann die Parkerlaubnis zugunsten von mit einem Carsharingausweis versehenen Carsharingfahrzeugen beschränkt sein. Eine Beschränkung auf Fahrzeuge nur eines Carsharingunternehmens oder auf bestimmte Carsharingunternehmen ist nach Maßgabe des Carsharinggesetzes zulässig. Die Beschränkung erfolgt durch die Angabe der entsprechenden Firmenbezeichnung in schwarzer Schrift auf weißem Grund auf einem weiteren Zusatzzeichen. Die Parkerlaubnis gilt nur, wenn der Carsharingausweis im Fahrzeug gut lesbar ausgelegt oder angebracht ist. b) Durch Zusatzzeichen können Carsharingfahrzeuge von der Verpflichtung zum Parken mit Parkschein oder Parkscheibe freigestellt sein. Sind Parkscheinautomaten aufgestellt, kann die Freistellung auch allein am Automaten angegeben sein. **Erläuterung** 1. Der Anfang des erlaubten Parkens kann durch einen zur Fahrbahn weisenden waagerechten weißen Pfeil im Zeichen, das Ende durch einen solchen von der Fahrbahn wegweisenden Pfeil gekennzeichnet sein. Bei in der Strecke wiederholten Zeichen weist eine Pfeilspitze zur Fahrbahn, die zweite Pfeilspitze von ihr weg. 2. Das Zeichen mit einem Zusatzzeichen mit schwarzem Pfeil weist auf die Zufahrt zu größeren Parkplätzen oder Parkhäusern hin. Das Zeichen kann auch durch Hinweise ergänzt werden, ob es sich um ein Parkhaus handelt.
8	**Zeichen 314.1**  **Beginn einer Parkraum-bewirtschaftungszone**	**Ge- oder Verbot** 1. Wer ein Fahrzeug führt, darf innerhalb der Parkraumbewirtschaftungszone nur mit Parkschein oder mit Parkscheibe (Bild 318) parken, soweit das Halten und Parken nicht gesetzlich oder durch Verkehrszeichen verboten ist. 2. Durch Zusatzzeichen können Bewohner mit Parkausweis von der Verpflichtung zum Parken mit Parkschein oder Parkscheibe freigestellt sein. 3. Die Parkerlaubnis gilt nur, wenn der Parkschein, die Parkscheibe oder der Parkausweis gut lesbar ausgelegt oder angebracht ist. 4. a) Durch Zusatzzeichen kann die Parkerlaubnis zugunsten elektrisch betriebener Fahrzeuge beschränkt sein. b) Durch Zusatzzeichen können elektrisch betriebene Fahrzeuge von der Verpflichtung zum Parken mit Parkschein oder Parkscheibe freigestellt sein. Sind Parkscheinautomaten aufgestellt, kann die Freistellung auch allein am Automaten angegeben sein. c) Durch Zusatzzeichen kann die Parkerlaubnis für elektrisch betriebene Fahrzeuge nach der Dauer beschränkt sein. Der Nachweis zur Einhaltung der zeitlichen Dauer erfolgt durch Auslegen der Parkscheibe. Die Parkerlaubnis gilt nur, wenn die Parkscheibe gut lesbar ausgelegt oder angebracht ist. >

StVO Anlage 3 Richtzeichen (zu § 42 Absatz 2)
Abschnitt 3 Parken

8		5. a) Durch Zusatzzeichen kann die Parkerlaubnis zugunsten von mit einem Carsharingausweis versehenen Carsharingfahrzeugen beschränkt sein. Eine Beschränkung auf Fahrzeuge nur eines Carsharingunternehmens oder auf bestimmte Carsharingunternehmen ist nach Maßgabe des Carsharinggesetzes zulässig. Die Beschränkung erfolgt durch eine zusätzliche Angabe der entsprechenden Firmenbezeichnung in schwarzer Schrift auf weißem Grund auf einem weiteren Zusatzzeichen. Die Parkerlaubnis gilt nur, wenn der Carsharingausweis gut lesbar im Fahrzeug ausgelegt oder angebracht ist. b) Durch Zusatzzeichen können Carsharingfahrzeuge von der Verpflichtung zum Parken mit Parkschein oder Parkscheibe freigestellt sein. Sind Parkscheinautomaten aufgestellt, kann die Freistellung auch allein am Automaten angegeben sein. **Erläuterung** Die Art der Parkbeschränkung wird durch Zusatzzeichen angezeigt.
9	**Zeichen 314.2**  **Ende einer Parkraum-bewirtschaftungszone**	
10	**Zeichen 315**  **Parken auf Gehwegen**	**Ge- oder Verbot** 1. Wer ein Fahrzeug führt, darf auf Gehwegen mit Fahrzeugen mit einer zulässigen Gesamtmasse über 2,8 t nicht parken. Dann darf auch nicht entgegen der angeordneten Aufstellungsart des Zeichens oder entgegen Beschränkungen durch Zusatzzeichen geparkt werden. 2. a) Durch ein Zusatzzeichen kann die Parkerlaubnis insbesondere nach der Dauer, nach Fahrzeugarten, zugunsten der mit besonderem Parkausweis versehenen Bewohner oder auf das Parken mit Parkschein oder Parkscheibe beschränkt sein. b) Ein Zusatzzeichen mit Bild 318 (Parkscheibe) und Angabe der Stundenzahl schreibt das Parken mit Parkscheibe und dessen zulässige Höchstdauer vor. c) Durch Zusatzzeichen können Bewohner mit Parkausweis von der Verpflichtung zum Parken mit Parkschein oder Parkscheibe freigestellt sein. >

3.6.2 Verfügbare Zeichen

StVO Anlage 3 Richtzeichen (zu § 42 Absatz 2) Abschnitt 3 Parken		
10		d) Durch ein Zusatzzeichen mit Rollstuhlfahrersinnbild kann die Parkerlaubnis beschränkt sein für schwerbehinderte Menschen mit außergewöhnlicher Gehbehinderung, beidseitiger Amelie oder Phokomelie oder mit vergleichbaren Funktionseinschränkungen sowie für blinde Menschen. e) Die Parkerlaubnis gilt nur, wenn der Parkschein, die Parkscheibe oder der Parkausweis gut lesbar ausgelegt oder angebracht ist. 3. a) Durch Zusatzzeichen kann die Parkerlaubnis zugunsten elektrisch betriebener Fahrzeuge beschränkt sein. b) Durch Zusatzzeichen können elektrisch betriebene Fahrzeuge von der Verpflichtung zum Parken mit Parkschein oder Parkscheibe freigestellt sein. Sind Parkscheinautomaten aufgestellt, kann die Freistellung auch allein am Automaten angegeben sein. c) Durch Zusatzzeichen kann die Parkerlaubnis für elektrisch betriebene Fahrzeuge nach der Dauer beschränkt sein. Der Nachweis zur Einhaltung der zeitlichen Dauer erfolgt durch Auslegen der Parkscheibe. Die Parkerlaubnis gilt nur, wenn die Parkscheibe gut lesbar ausgelegt oder angebracht ist. 4. a) Durch Zusatzzeichen kann die Parkerlaubnis zugunsten von mit einem Carsharingausweis versehenen Carsharingfahrzeugen beschränkt sein. Eine Beschränkung auf Fahrzeuge nur eines Carsharingunternehmens oder auf bestimmte Carsharingunternehmen ist nach Maßgabe des Carsharinggesetzes zulässig. Die Beschränkung erfolgt durch eine zusätzliche Angabe der entsprechenden Firmenbezeichnung in schwarzer Schrift auf weißem Grund auf einem weiteren Zusatzzeichen. Die Parkerlaubnis gilt nur, wenn der Carsharingausweis gut lesbar im Fahrzeug ausgelegt oder angebracht ist. b) Durch Zusatzzeichen können Carsharingfahrzeuge von der Verpflichtung zum Parken mit Parkschein oder Parkscheibe freigestellt sein. Sind Parkscheinautomaten aufgestellt, kann die Freistellung auch allein am Automaten angegeben sein. **Erläuterung** 1. Der Anfang des erlaubten Parkens kann durch einen zur Fahrbahn weisenden waagerechten weißen Pfeil im Zeichen, das Ende durch einen solchen von der Fahrbahn wegweisenden Pfeil gekennzeichnet sein. Bei in der Strecke wiederholten Zeichen weist eine Pfeilspitze zur Fahrbahn, die zweite Pfeilspitze von ihr weg. 2. Im Zeichen ist bildlich dargestellt, wie die Fahrzeuge aufzustellen sind.

StVO Anlage 3 Richtzeichen (zu § 42 Absatz 2) Abschnitt 3 Parken		
11	**Bild 318**  **Parkscheibe**	**Ge- oder Verbot** Ist die Parkzeit bei elektrisch betriebenen Fahrzeugen beschränkt, so ist der Nachweis durch Auslegen der Parkscheibe zu erbringen.
Abschnitt 6 Nothalte- und Pannenbucht		
15	**Zeichen 328**  **Nothalte- und Pannenbucht**	**Ge- oder Verbot** Wer ein Fahrzeug führt, darf nur im Notfall oder bei einer Panne in einer Nothalte- und Pannenbucht halten.

Auch bei den Halte- und Parkregelungen gibt es negative und positive Regelungen. Mit negativen Regelungen wie Zeichen 286 oder Zeichen 299 wird das Halten (z. B. zu gewissen Zeiten) verboten, mit positiven Regelungen wie Zeichen 315 oder Parkflächenmarkierungen wird das Parken (z. B. an bestimmten Stellen oder für bestimmte Nutzergruppen) ausdrücklich eröffnet (was dann ein Verbot der anderen Gruppen nach sich zieht). Mit entsprechenden Zusatzzeichen kann die mit Zeichen 314 oder 315 verbundene Parkerlaubnis auf bestimmte Fahrzeugarten oder Personenkreise (Bewohner oder Schwerbehinderte) beschränkt oder an bestimmte Voraussetzungen geknüpft werden (z. B. Auslage eines Parkscheins oder Einhaltung einer Höchstparkdauer).

Ziel muss sein, in der Kette negativ – negativ gestaltet – positiv gestaltet – positiv diejenige Darstellung zu finden, die von den Verkehrsteilnehmern am schnellsten und sichersten aufgefasst und verstanden werden kann. Der Duktus der Detailregelungen in der StVO und VwV-StVO lässt erkennen, dass im Zweifel der positiven Regelung der Vorzug zu geben ist, also der Anordnung „Dies ist ein Parkplatz für …“.

Bei den Verkehrszeichen unterscheidet die StVO nicht wie bei den allgemeinen Regeln zwischen Halten und Parken. Sie kennt Verkehrszeichen zum absoluten Verbot des Haltens (Zeichen 283) und zum eingeschränkten Verbot des Haltens (Zeichen 286). Beim eingeschränkten Haltverbot ist es im Gegensatz zum Verbot zum Parken auch erlaubt, das Fahrzeug zu verlassen oder länger als drei Minuten zu halten, um ein- und auszusteigen, zu beladen oder zu entladen.

Zeichen 286 wird verwendet, wo ganztägiges Parken nicht zugelassen werden kann, ohne die Sicherheit und Flüssigkeit des Verkehrs zu beeinträchtigen. Zeitliche Beschränkungen dieses eingeschränkten Haltverbotes – erforderlichenfalls nur an bestimmten Tagen – sind erlaubt (s. auch *Bild 3.12*). Desgleichen kann das Verbot durch ein Zusatzzeichen nur auf bestimmte Verkehrsarten beschränkt werden. Ausnahmsweise kann Zeichen 286 dort aufgestellt werden, wo aus Grün-

Bild 3.9 Verdeutlichung des Geltungsbereichs durch Pfeile

den der Sicherheit und Ordnung des Verkehrs vor Gebäuden Raum für Ein- und Aussteigen, Be- und Entladen freigehalten werden muss (z. B. Theater, öffentliche Gebäude, Kurhaus).

Haltverbote brauchen überall dort nicht angeordnet zu werden, wo das Halten nach § 12 StVO unzulässig ist. Das trifft auch für enge, verkehrsarme Gassen zu, wo nur der Verkehrslage entsprechend gehalten werden darf.

Wenn in Einbahnstraßen das Halten zu beiden Seiten der Fahrbahn untersagt werden soll, müssen die Zeichen 283 und 286 auf beiden Seiten der Fahrbahn aufgestellt werden.

Werden Park- oder Haltverbotsbereiche durch Zeichen angeordnet, so können weiße Pfeile deren Anfang und Ende bezeichnen (*Bild 3.9*).

Den Anfang der Anordnungsstrecke kennzeichnet nach der StVO ein zur Fahrbahn (bei Rechtsaufstellung nach links) weisender, das Ende ein von der Fahrbahn weg (bei Rechtsaufstellung nach rechts) weisender waagerechter Pfeil auf dem Zeichen (*Bild 3.10*). Bei Wiederholungszeichen befinden sich im Zeichen gemäß VzKat zwei nach beiden Seiten weisende Pfeile.

Die Zeichen 283 und 286 gelten nur bis zur nächsten Kreuzung oder Einmündung auf der gleichen Straßenseite wie das angeordnete Haltverbot. Sie müssen auch dann wiederholt werden, wenn die Einmündung nicht auf der gleichen Straßenseite liegt, sofern von dort Verkehr einfahren kann.

Allgemein geltende Halt- und Parkverbote (siehe Abschnitt 3.6.1), insbesondere deren Beginn oder Ende, können durch eine Grenzmarkierung (Zeichen 299) verdeutlicht werden. Auch eine Verlängerung oder Verkürzung ist auf diese Weise möglich.

Die Zick-Zack-Linie wird vorwiegend im Bereich von Straßenkreuzungen und -einmündungen, von Haltestellenschildern öffentlicher Verkehrsmittel und von Bahnübergängen angewendet.

Wichtig ist die deutliche Markierung des Anfangs- und Endstriches mit der ansetzenden Schräglinie, um auch bei verschmutzter Fahrbahn klar erkennen zu lassen, in welcher Richtung das Verbot gilt.

Im Bereich von Bushaltestellen unterliegt die Fahrbahn und damit auch die Markierung einer besonderen Beanspruchung, bedingt durch die beim Anhalten und Anfahren von den Rädern auf die Fahrbahn übertragenen Kräfte. In solchen Fällen genügt es, nur den Anfang und das Ende der Grenzmarkierung aufzubringen, auf den Mittelteil der Zick-Zack-Linie hingegen zu verzichten. Siehe auch unter Abschnitt 12.5 und in den RMS (unterbrochene Zick-Zack-Linie).

Wie in der VwV-StVO zu § 41 zu Zeichen 299 beschrieben und durch das VGH-Urteil Baden-Württemberg vom 26.4.2002 (5 S 108/02) bestä-

Bild 3.10 Kennzeichnung einer längeren Strecke mit eingeschränktem Haltverbot; entsprechend ist auch eine Haltverbotsstrecke zu beschildern. Zeichen mit integrierten weißen Pfeilen sind im spitzen Winkel, also schräg zur Fahrbahn aufzustellen

Bild 3.11
Z 314 mit Zz 1000-10 als Beispiel für einen richtungsbezogenen Hinweis auf einen Parkplatz

tigt, soll Zeichen 299 nicht allgemeine Anwendung finden. So haben Grundstückseigentümer keinen Anspruch auf eine Markierung gegenüber ihrer Ein- und Ausfahrt zur Verbesserung des Ein- und Ausfahrens. Auf schmalen Straßen gilt ohnehin ein gesetzliches Haltverbot gegenüber Ein- und Ausfahrten. Die Notwendigkeit eines zweimaligen Rangierens bedingt noch nicht das gesetzliche Haltverbot.

Richtungsbezogene Hinweise zum Auffinden von Parkplätzen erfolgen durch Zusatzzeichen mit schwarzem Pfeil unter Zeichen 314 (*Bild 3.11*). Parkplätze an Bundesautobahnen (sowohl auf bewirtschafteten als auch auf unbewirtschafteten Rastanlagen) sind durch Zeichen 314, das am Beginn der Parkmöglichkeit aufgestellt wird, zu kennzeichnen. Dabei sollte zumindest an einer dafür geeigneten Stelle Zeichen 314 – in der Regel mit Längsaufstellung – ohne einschränkendes Zusatzzeichen angeordnet werden, um allen Fahrzeugarten eine legale Parkmöglichkeit anzubieten.

Einzelheiten siehe

- „Richtlinien für die wegweisende Beschilderung auf Autobahnen (RWBA 2023)“, Ausgabe 2023, BMDV, FGSV Verlag.

Müssen die Zeichen 283 und 286 an einem Mast angebracht werden, ist Zeichen 283 als das „strengere“ über dem Zeichen 286 zu montieren. Beim Anbringen nebeneinander ist Zeichen 283 auf die der Fahrbahn zugewandten Seite zu setzen.

Um gegenüber dem Zeichen für den fließenden Verkehr optisch zurückzutreten, sollen die Zeichen 283 und 286 in der Regel weder von außen noch von innen beleuchtet sein.

Auch wenn Verkehrszeichen für den ruhenden Verkehr nach der VwV-StVO nicht unbedingt retroreflektierend ausgebildet werden müssen, sollte immer geprüft werden, ob aufgrund der örtlichen Gegebenheiten retroreflektierende Zeichen sinnvoll sind. Dann sollte keine höhere Reflexionsklasse als RA 1 gewählt werden. Innerhalb geschlossener Ortschaften genügt im Allgemeinen eine verkleinerte Ausführung.

Zu Abschnitt 3.6.2

VwV-StVO zu den §§ 39 bis 43 Allgemeines über Verkehrszeichen und Verkehrseinrichtungen

21 7. Verkehrszeichen, ausgenommen solche für den ruhenden Verkehr, müssen rückstrahlend oder von außen oder innen beleuchtet sein. Das gilt auch für Verkehrseinrichtungen nach § 43 Abs. 3 Anlage 4 und für Zusatzzeichen. Werden Zusatzzeichen verwendet, müssen sie wie die Verkehrszeichen rückstrahlend oder von außen oder innen beleuchtet sein. Hinsichtlich lichttechnischer Anforderungen wird auf die EN 12899-1 „Ortsfeste, vertikale Straßenverkehrszeichen“ sowie die einschlägigen Regelwerke der Forschungsgesellschaft für Straßen- und Verkehrswesen (FGSV) verwiesen.

VwV-StVO zu § 41 Vorschriftzeichen

Zu den Zeichen 283 und 286

1 I. Den Anfang einer Verbotsstrecke durch einen zur Fahrbahn weisenden Pfeil zu kennzeichnen, ist zumindest dann zweckmäßig, wenn wiederholte Zeichen aufgestellt sind oder das Ende der Verbotsstrecke gekennzeichnet ist. Eine Wiederholung innerhalb der Verbotsstrecke ist nur angezeigt, wenn ohne sie dem Sichtbarkeitsprinzip nicht Rechnung getragen würde.

2 II. Das Ende der Verbotsstrecke ist zu kennzeichnen, wenn Verbotszeichen wiederholt aufgestellt sind oder wenn die Verbotsstrecke lang ist. Das gilt nicht, wenn die Verbotsstrecke an der nächsten Kreuzung oder Einmündung endet oder eine andere Regelung für den ruhenden Verkehr durch Verkehrszeichen unmittelbar anschließt.

3 III. Verbotszeichen mit Pfeilen sind im spitzen Winkel zur Fahrbahn anzubringen.

…

Zu Anlage 2 lfd. Nummer 74 Parkflächenmarkierung

1 I. Eine Parkflächenmarkierung ist an Parkuhren vorzunehmen und überall dort, wo von der vorgeschriebenen Längsaufstellung abgewichen werden soll oder das Gehweg-

VwV-StVO
zu § 41
Vorschriftzeichen

parken ohne Anordnung des Zeichens 315 zugelassen werden soll. Die erkennbare Abgrenzung der Parkflächen kann mit Markierungen, Markierungsknopfreihen oder durch eine abgesetzte Pflasterlinie erfolgen. In der Regel reicht eine Kennzeichnung der Parkstandsecken aus.

2 II. Das Parken auf Gehwegen darf nur zugelassen werden, wenn genügend Platz für den unbehinderten Verkehr von Fußgängern gegebenenfalls mit Kinderwagen oder Rollstuhlfahrern auch im Begegnungsverkehr bleibt. Für die Beurteilung des unbehinderten Verkehrs sind die Länge der Verengung, das Verhältnis der für das Parken auf Gehwegen in Anspruch genommenen zur gesamten Gehwegfläche, die Dichte des Gehwegverkehrs und die Ausweichmöglichkeiten zu berücksichtigen. Erforderlich ist stets eine Gesamtwürdigung der jeweiligen Umstände. Ferner ist zu beachten, dass die Gehwege und die darunterliegenden Leitungen durch die parkenden Fahrzeuge nicht beschädigt werden können und der Zugang zu Leitungen nicht beeinträchtigt werden kann sowie die Bordsteine ausreichend abgeschrägt und niedrig sind.

Zu Zeichen 299 Grenzmarkierung für Halt- und Parkverbote

1 I. Vgl. zu § 12 Abs. 3 Nummer 1; Rn. 2.

2 II. Die Markierung kann auch vor und hinter Kreuzungen oder Einmündungen überall dort angeordnet werden, wo das Parken auf mehr als 5 m verboten werden soll. Sie kann ferner angeordnet werden, wo ein Haltverbot an für die Verkehrssicherheit bedeutsamen Stellen verlängert werden muss, z. B. an Fußgängerüberwegen. Die Markierung ist nicht an Stellen anzuwenden, an denen sich Halt- und Parkverbote sonst nicht durchsetzen lassen.

3 III. Bei gesetzlichen Halt- oder Parkverboten reicht es in der Regel aus, nur den Beginn und das Ende bzw. den Bereich der Verlängerung durch eine kombinierte waagerechte und abgeknickte Linie zu markieren.

3.6.3 Räumliche oder verkehrliche Gründe

Haltverbote dürfen nur in dem Umfang angeordnet werden, in dem die Verkehrssicherheit, die Flüssigkeit des Verkehrs oder der öffentliche Personennahverkehr es erfordern. Deshalb ist stets zu prüfen, ob eine tages- oder wochenzeitliche Beschränkung durch Zusatzzeichen anzuordnen ist.

Auf Straßen mit fließendem Verkehr, auf denen suchende und (plötzlich) einparkende Fahrzeuge zu Problemen mit der Sicherheit und Leichtigkeit des Verkehrs führen, sollten die Parkregelungen einfacher gehalten werden, damit sie auch aus dem fahrenden Fahrzeug heraus erfasst und verstanden werden können.

Auf Straßen mit weniger ausgeprägt fließendem Verkehr können die Regelungen differenzierter sein, da den Fahrzeugführern für die Aufnahme der Regelungen mehr Zeit zur Verfügung steht.

Sollen Haltverbote (Zeichen 283 und 286) oder Parkplatzkennzeichnungen (Zeichen 314 und 315) nur zu bestimmten Zeiten – gegebenenfalls nur für bestimmte Tage – gelten, so kann das durch Zusatzzeichen angeordnet werden. Sonstige Ausnahmen vom Haltverbot (z. B. „Be- und Entladen von 7 bis 9 h erlaubt") sind nicht zulässig. Hier muss ggf. mit Schilderkombinationen gearbeitet werden (siehe *Bild 3.12*).

Haltverbotzeichen (Zeichen 283 und 286) ohne Zusatzzeichen gelten nur für die Fahrbahn, nicht aber auch für Seitenstreifen (einschließlich Parkstreifen, Parkbuchten o. Ä.). Soll ein durch Verkehrszeichen angeordnetes Haltverbot auch oder nur für Seitenstreifen gelten, sind die dafür in der StVO vorgesehenen Zusatzzeichen anzuordnen.

Bild 3.12
Absolutes Haltverbot und eingeschränktes Haltverbot mit unterschiedlichen zeitlichen Beschränkungen an einem Pfosten übereinander angebracht

Durch die Zeichen 283 und 286 mit dem Zusatzzeichen 1060-31 (bis 31.5.2017: 1052-37) (*Bild 3.13*) wird auch jegliches Halten auf dem Seitenstreifen verboten, durch Zeichen 283 und Zusatzzeichen 1053-34 (bis 31.5.2017: 1052-39) jegliches Halten nur auf dem Seitenstreifen (*Bild 3.14*).

Der Fall links liegender Seitenstreifen in Einbahnstraßen oder sonstigen Fahrbahnen mit Einrichtungsverkehr ist mit den derzeit in der StVO und dem VzKat vorgesehenen Zusatzzeichen nicht regelbar. Hier sollte der Verordnungsgeber gelegentlich ein Zusatzzeichen für diese Fälle einführen.

Zeichen 315 ist dort anzuordnen, wo Fahrzeuge bis 2,8 t zul. Gesamtmasse auf Gehwegen parken dürfen und entsprechende Markierungen auf dem Gehweg nicht möglich sind oder

Bild 3.13 Haltverbot für Fahrbahn und Seitenstreifen (Zz 1060-31; bis 31.5.2017: 1052-37)

Bild 3.14 Haltverbot nur auf dem Seitenstreifen (Zz 1053-34; bis 31.5.2017: 1052-39)

(steht Z 283 allein, gilt das Haltverbot nur für die Fahrbahn)

3.6.3 Räumliche oder verkehrliche Gründe

Bild 3.15 Varianten des Parkens auf Gehwegen; weiße Pfeile in Z 315 kennzeichnen Beginn, Ende und Wiederholung

unzweckmäßig wären. Gemäß § 12 Abs. 3 Nr. 4 StVO besteht ein Parkverbot über Schachtdeckeln und anderen Verschlüssen, selbst wenn durch Zeichen 315 oder eine Parkflächenmarkierung nach § 41 Anlage 2 Abschnitt 9 lfd. Nr. 74 StVO das Parken auf Gehwegen erlaubt ist.

Falls erforderlich, können Deckel und Verschlüsse auf solchen Gehwegen durch Farbmarkierungen gekennzeichnet werden. Die Erlaubnis zum Gehwegparken wird in der Regel durch weiße Markierung (weiße durchgezogene Linie auf dem Gehweg parallel zur Bordsteinkante) ausgedrückt. Zeichen 315 ist dort aufzustellen, wo solche Markierungen noch nicht existieren oder nicht angebracht werden können oder wo weitere Beschränkungen erforderlich sind, die nur durch Zeichen signalisiert werden können (z. B. zeitliche Beschränkung des Parkens auf Gehwegen, Beschränkung für bestimmte Fahrzeugarten oder Bewohnerparken). Diese Beschränkungen wie auch Anfang und Ende der Strecke, entlang der das Parken erlaubt ist, müssen auf einem Zusatzzeichen angegeben werden. Sind die Fahrzeuge anders als auf dem Zeichen abgebildet aufzustellen, ist eine der Varianten von Zeichen 315 zu verwenden (*Bild 3.15*).

Dort, wo eine Parkflächenmarkierung das Parken auf Gehwegen erlaubt, brauchen Zeichen 315 oder die in *Bild 3.15* dargestellten Varianten nicht aufgestellt zu werden. *Bild 3.16* zeigt Muster für eine Markierung auf dem Gehweg. In der Regel sind die zur Bordsteinkante senkrecht verlaufenden Trennstriche zur Abgrenzung der Aufstellflächen für einzelne Fahrzeuge nicht erforderlich. Von parkenden Fahrzeugen freizuhaltende Gehwegflächen im Zuge einer solchen Markierung können mittels kreuzweise

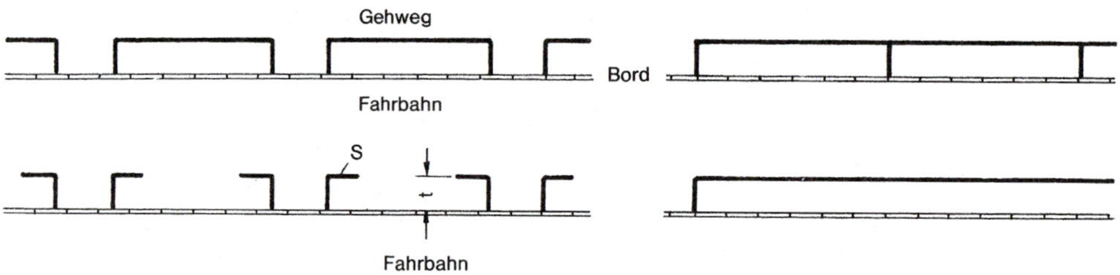

Bild 3.16 Parkflächenmarkierung auf Gehwegen (Muster), hier 12 cm Strichbreite: Längsparkstände ganz oder teilweise auf Gehwegen, t sollte 1 bis 2 m sein, s etwa 1 m. Es muss ausreichend Platz auf dem Gehweg für Fußgänger, Kinderwagen und Rollstuhlfahrer verbleiben Quelle: RMS-2

Bild 3.17 Beispiele für Parkerlaubnis nur für bestimmte Fahrzeugarten

diagonal angeordneter weißer Striche gekennzeichnet werden.

Sollen Haltverbote (Zeichen 283 und 286) oder Parkerlaubnisse (Zeichen 314 und 315) nur für bestimmte Fahrzeugarten gelten, so kann das durch Zusatzzeichen angeordnet werden (*Bild 3.17*).

Vor allem beim Umgang mit Parkdruck können durch Zusatzzeichen bestimmte Personenkreise von den Verbotsregelungen ausgenommen oder ihnen besondere Parkstände zugewiesen werden. Nähere Informationen unter Abschnitt 3.6.5 ff.

Innerhalb einer Haltverbotsstrecke dürfen sich Haltestellen von Kraftfahrlinien oder Schulbussen (Zeichen 224) befinden. In diesem Fall sind keine Zusatzzeichen erforderlich, die den Linien- oder Schulbussen das Halten erlauben.

Zu Abschnitt 3.6.3

VwV-StVO zu § 12 Halten und Parken

Zu Absatz 3 Nr. 1

2 Wo an einer Kreuzung oder Einmündung die Parkverbotsstrecke von 5 bzw. 8 Metern keine ausreichende Sicht in die andere Straße schafft oder das Abbiegen erschwert, ist diese z. B. durch die Grenzmarkierung (Zeichen 299) angemessen zu verlängern. Wo es erforderlich ist, kann auch die Parkverbotsstrecke von 5 bzw. 8 Metern zur Unterstreichung des Verbots entsprechend gekennzeichnet werden.

VwV-StVO zu § 41 Vorschriftzeichen

Zu Zeichen 283 Absolutes Haltverbot

1 I. Das Haltverbot darf nur in dem Umfang angeordnet werden, in dem die Verkehrssicherheit, die Flüssigkeit des Verkehrs oder der öffentliche Personennahverkehr es erfordert. Deshalb ist stets zu prüfen, ob eine tages- oder wochenzeitliche Beschränkung durch Zusatzzeichen anzuordnen ist.

2 II. Befindet sich innerhalb einer Haltverbotsstrecke eine Haltestelle (Zeichen 224), ist ein Zusatzzeichen, das Linienomnibussen das Halten zum Fahrgastwechsel erlaubt, überflüssig.

Zu Zeichen 286 Eingeschränktes Haltverbot

1 I. Das Zeichen ist dort anzuordnen, wo das Halten die Sicherheit und Flüssigkeit des Verkehrs zwar nicht wesentlich beeinträchtigt, das Parken jedoch nicht zugelassen werden kann, ausgenommen für das Be- und Entladen sowie das Ein- und Aussteigen. Das Verbot ist in der Regel auf bestimmte Zeiten zu beschränken (z. B. „9–12 h" oder „werktags").

2 II. Durch ein Zusatzzeichen können bestimmte Verkehrsarten vom Haltverbot ausgenommen werden.

3 III. Zum Bewohnerbegriff vgl. Nummer XI 8 zu § 45 Abs. 1 bis 1e; Rn. 35.

4 IV. Zur Bevorrechtigung von elektrisch betriebenen Fahrzeugen wird auf die VwV zu § 45 Abs. 1g verwiesen. Zeichen 286 soll nur in begründeten Einzelfällen angeordnet werden.

VwV-StVO zu § 42 Richtzeichen

Zu Zeichen 315 Parken auf Gehwegen

1 I. Das Parken auf Gehwegen darf nur zugelassen werden, wenn genügend Platz für den unbehinderten Verkehr von Fußgängern gegebenenfalls mit Kinderwagen oder Rollstuhlfahrern auch im Begegnungsverkehr bleibt. Für die Beurteilung des unbehinderten Verkehrs sind die Länge der Verengung, das Verhältnis der für das Parken auf Gehwegen in Anspruch genommenen zur gesamten Gehwegfläche, die Dichte des Gehwegverkehrs und die Ausweichmöglichkeiten zu berücksichtigen. Erforderlich ist stets eine Gesamtwürdigung der jeweiligen Umstände. Ferner ist zu beachten, dass die Gehwege und die darunterliegenden Leitungen durch die parkenden Fahrzeuge nicht beschädigt werden können und der Zugang zu Leitungen nicht beeinträchtigt werden kann.

2 II. Im Übrigen vgl. zu Parkflächenmarkierungen (lfd. Nummer 74 der Anlage 2).

3 III. Zur Bevorrechtigung von elektrisch betriebenen Fahrzeugen wird auf die VwV zu § 45 Abs. 1g verwiesen.

4 IV. Zur Bevorrechtigung des Carsharing wird auf die VwV zu § 45 Abs. 1h verwiesen.

3.6.4 Bushaltestellen, Taxistände

Zeichen 224 wird an Haltestellen von Straßenbahnen und Linienbussen aufgestellt.

Dieses Zeichen ist u.a. in die StVO aufgenommen worden, weil es gleichzeitig ein Parkverbot von 15,00 m vor und hinter dem Haltestellenschild bedeutet (§ 41 Anlage 2 Abschnitt 4 lfd. Nr. 14 StVO). Eine Verlängerung oder Verkürzung der Parkverbotsstrecke kann durch Zeichen 299 („Zick-Zack-Linie" am Rand der Fahrbahn) angeordnet werden (siehe Abschnitt 3.6.3).

Über die verkehrstechnisch zweckmäßige Anordnung von Bushaltestellen siehe auch

- „Empfehlungen für Anlagen des öffentlichen Personennahverkehrs (EAÖ)", Ausgabe 2013, FGSV Verlag,
- „Richtlinien für die Anlage von Stadtstraßen (RASt 06)", Ausgabe 2006, FGSV Verlag
- Verordnung über den Bau und Betrieb der Straßenbahnen (Straßenbahn-Bau- und Betriebsordnung – BOStrab),
- Verordnung über den Betrieb von Kraftfahrunternehmen im Personenverkehr (BOKraft).

Schulbushaltestellen sind gemäß dem Erlass des für den Verkehr zuständigen Bundesministeriums vom 29. Juli 1980 durch Zeichen 224 mit Zusatzzeichen 1042-36 „Schulbus (Angabe der tageszeitlichen Benutzung)" zu kennzeichnen (VkBl. 1980 S. 526). Hierfür sieht die StVO vor, dass das Zeichen gemeinsam mit dem Zusatzzeichen „Schulbus" und der Angabe der zeitlichen Beschränkung auf einer weißen Trägertafel angeordnet wird (*Bild 3.18*).

An durch Zeichen 224 gekennzeichneten Haltestellen (auch Schulbushaltestellen) gelten besondere Verhaltensvorschriften für die Verkehrsteilnehmer (§§ 16 Abs. 2 und 20 Abs. 1 bis 5 StVO).

Insbesondere bei erheblichem Parkraummangel können auch andere Haltestellen mit einem Zusatzzeichen zur Bekanntgabe der zeitlichen Nutzung gekennzeichnet werden.

Mit Zeichen 229 kann vorgeschrieben werden, wo ein Taxenstandplatz ist und zumindest während bestimmter Tageszeiten regelmäßig betriebsbereite Taxen vorgehalten werden. An Taxenständen ist das Halten verboten; nur betriebsbereite Taxen dürfen warten. Bei der Festlegung eines Taxenstandplatzes ist darauf zu achten, dass er nicht dort angeordnet wird, wo Halten und Parken nach § 12 StVO verboten ist. Auf Zusatzzeichen 1050-31 kann die Anzahl der Taxen angegeben werden.

Als mittlere Länge für ein Taxi sind 5,00 m (besser 6,00 m) anzunehmen. Bei einem Stand für sechs Taxen, die entlang der Bordteinkante stehen sollen, muss demnach eine Gesamtlänge von mindestens 30,00 m vorhanden sein. Falls der Taxenstand nur zu bestimmten Zeiten seiner Bestimmung dient, sind zeitliche Beschränkungen auf einem Zusatzzeichen anzugeben (z.B. bei Taxenständen vor Theatern). Damit kommt zum Ausdruck, dass außerhalb der angegebenen Zeiten das Parken erlaubt ist.

Zeichen 229 steht am Beginn der Verbotsstrecke. Bei einem Taxenstandplatz von mehr als fünf Taxen ist das Zeichen auch am Ende der Verbotsstrecke anzubringen. Die zusätzliche Markierung mit einer „Zick-Zack-Linie" (Zeichen 299) empfiehlt sich nur, wenn Zeichen 229 nur am Beginn der Verbotsstrecke steht (bis zu fünf Taxen) oder aber die Verbotsstrecke besonders lang (mehr als etwa zehn Taxen) oder unübersichtlich ist.

Die Länge des Taxenstandes wird durch die Angabe der Zahl der vorgesehenen Taxen oder das am Anfang der Strecke aufgestellte Zeichen mit einem zur Fahrbahn weisenden waagerechten weißen Pfeil und durch ein am Ende aufgestelltes Zeichen mit einem solchen von der Fahrbahn wegweisenden Pfeil oder durch eine Grenzmarkierung für Halt- und Parkverbote (Zeichen 299) gekennzeichnet.

Bild 3.18 Schulbushaltestelle

Zu Abschnitt 3.6.4

StVO § 16 Warnzeichen

(2) Wer einen Omnibus des Linienverkehrs oder einen gekennzeichneten Schulbus führt, muss Warnblinklicht einschalten, wenn er sich einer Haltestelle nähert und solange Fahrgäste ein- oder aussteigen, soweit die für den Straßenverkehr nach Landesrecht zuständige Behörde (Straßenverkehrsbehörde) für bestimmte Haltestellen ein solches Verhalten angeordnet hat. Im Übrigen darf außer beim Liegenbleiben (§ 15) und beim Abschleppen von Fahrzeugen (§ 15a) Warnblinklicht nur einschalten, wer Andere durch sein Fahrzeug gefährdet oder Andere vor Gefahren warnen will, zum Beispiel bei Annäherung an einen Stau oder bei besonders langsamer Fahrgeschwindigkeit auf Autobahnen und anderen schnell befahrenen Straßen.

StVO § 20 Öffentliche Verkehrsmittel und Schulbusse

(1) An Omnibussen des Linienverkehrs, an Straßenbahnen und an gekennzeichneten Schulbussen, die an Haltestellen (Zeichen 224) halten, darf, auch im Gegenverkehr, nur vorsichtig vorbeigefahren werden.

(2) Wenn Fahrgäste ein- oder aussteigen, darf rechts nur mit Schrittgeschwindigkeit und nur in einem solchen Abstand vorbeigefahren werden, dass eine Gefährdung von Fahrgästen ausgeschlossen ist. Sie dürfen auch nicht behindert werden. Wenn nötig, muss, wer ein Fahrzeug führt, warten.

(3) Omnibusse des Linienverkehrs und gekennzeichnete Schulbusse, die sich einer Haltestelle (Zeichen 224) nähern und Warnblinklicht eingeschaltet haben, dürfen nicht überholt werden.

(4) An Omnibussen des Linienverkehrs und an gekennzeichneten Schulbussen, die an Haltestellen (Zeichen 224) halten und Warnblinklicht eingeschaltet haben, darf nur mit Schrittgeschwindigkeit und nur in einem solchen Abstand vorbeigefahren werden, dass eine Gefährdung von Fahrgästen ausgeschlossen ist. Die Schrittgeschwindigkeit gilt auch für den Gegenverkehr auf derselben Fahrbahn. Die Fahrgäste dürfen auch nicht behindert werden. Wenn nötig, muss, wer ein Fahrzeug führt, warten.

(5) Omnibussen des Linienverkehrs und Schulbussen ist das Abfahren von gekennzeichneten Haltestellen zu ermöglichen. Wenn nötig, müssen andere Fahrzeuge warten.

VwV-StVO zu § 41 Vorschriftzeichen

Zu Zeichen 224 Haltestelle

1 I. Abweichend von Nummer III 3 b) zu §§ 39 bis 43; Rn. 13 darf das Zeichen einen Durchmesser von 350 bis 450 mm haben.

2 II. Auch Haltestellen für Fahrzeuge des Behindertenverkehrs können so gekennzeichnet werden.

3 III. Über die Verkehrsbedienung und die Linienführung sowie den Fahrplan mit Angabe der Haltestellen wird von der nach dem Personenbeförderungsrecht zuständigen Behörde entschieden. Über die Festlegung des Ortes der Haltestellenzeichen vgl. die Straßenbahn-Bau- und Betriebsordnung und die Verordnung über den Betrieb von Kraftfahrunternehmen im Personenverkehr.

4 IV. Schulbushaltestellen werden mit einem Zusatzzeichen „Schulbus (Angabe der tageszeitlichen Benutzung)“ gekennzeichnet.

5 V. Auch andere Haltestellen können insbesondere bei erheblichem Parkraummangel mit einem Zusatzzeichen, auf dem die tageszeitliche Benutzung angegeben ist, gekennzeichnet werden.

6 VI. Soweit erforderlich, kann der Anfang und das Ende eines Haltestellenbereichs durch Zeichen 299 gekennzeichnet werden.

Zu Zeichen 229 Taxenstand

1 I. Das Zeichen darf nur angeordnet werden, wo zumindest während bestimmter Tageszeiten regelmäßig betriebsbereite Taxis vorgehalten werden.

2 II. Für jedes vorgesehene Taxi ist eine Länge von 5 m zugrunde zu legen. Die Markierung durch Zeichen 299 empfiehlt sich nur, wenn nicht mehr als fünf Taxis vorgesehen sind. Dann ist das Zeichen 229 nur am Anfang der Strecke aufzustellen.

3.6.5 Allgemeines zum Umgang mit Parkdruck

Parkdruck ist eines der großen Verkehrsprobleme vor allem von Innenstadtbereichen, aber auch im Einzugsbereich von Großveranstaltungen wie Messen, Kultur- und Sportereignissen. Er entsteht, wenn die Nachfrage nach Parkplätzen das Angebot übersteigt.

Hoher Parkdruck führt dazu, dass die Verkehrsteilnehmer versuchen, jede Möglichkeit zum Abstellen der Fahrzeuge zu nutzen. Dadurch können die Lebensqualität und die Verkehrssicherheit in den betroffenen Gebieten erheblich beeinträchtigt werden. Außerdem kann hoher Parkdruck und die damit verbundene Ausnutzung der Parkmöglichkeiten dazu führen, dass für gewisse Nutzergruppen, die auf (ortsnahe) Parkplätze angewiesen sind (Lieferanten, Bewohner, in ihrer Mobilität eingeschränkte Personen), nicht mehr genügend Parkraum verfügbar ist.

Dabei sind verschiedene Parkraumnutzer zu unterscheiden:

- **Bewohner** des angrenzenden Gebiets wollen ihr Fahrzeug wohnungsnah abstellen (meist in den frühen Abendstunden, grundsätzlich aber über den ganzen Tag verteilt, ohne Zeitbeschränkung).
- **Dienstleister und Lieferanten** wollen Waren und Werkzeuge an den anliegenden Grundstücken be- und entladen (meist tagsüber, in der Regel nur für einen beschränkten Zeitraum).
- **Besucher** oder **Kunden** der naheliegenden Geschäfte wollen nahe am Geschäft oder Dienstleister parken (tagsüber, meist nur für einen beschränkten Zeitraum).
- **Beschäftigte** wollen unweit ihrer Arbeitsstelle parken (meist den ganzen Tag über).

Durch geeignete Regelungen muss dann für einen Ausgleich der Interessen gesorgt werden. Dabei ist auch zu berücksichtigen, inwieweit die einzelnen Nutzergruppen auf das Parken angewiesen sind und inwieweit andere Möglichkeiten bestehen, das Quartier zu erreichen (z. B. mit öffentlichen Verkehrsmitteln) oder zu parken (z. B. öffentlich zugängliche oder private Garagenanlagen). Mögliche Ansätze, auch für flankierende Maßnahmen, sind:

- die Verringerung des Parkdrucks, z. B. durch Ersatzlösungen (z. B. Park-and-Ride-Systeme) oder Unattraktivität bestimmter Formen des Parkens (Zeitbeschränkungen, Gebühren), oder
- eine verträgliche Verteilung des Parkraums, z. B. durch Sonderregelungen für die Gruppen, die auf einen ortsnahen Parkplatz angewiesen sind, oder Zeitbeschränkungen, welche die Mehrfachnutzung des Parkstandes für kürzere Erledigungen ermöglichen.

Dabei sind die verkehrsrechtlichen Möglichkeiten, bestimmte Nutzergruppen direkt zu bevorzugen, auf wenige, gesetzlich ausdrücklich festgelegte Ausnahmen beschränkt (siehe auch Karg/Schurig: Kommentar zur Straßenverkehrs-Ordnung, Erläuterungen zu § 12). Die in der Straßenverkehrs-Ordnung vorgesehenen Möglichkeiten sind in den folgenden Abschnitten behandelt.

Weitere Informationen sind zu finden in:

- „Empfehlungen für Anlagen des ruhenden Verkehrs (EAR)“, Ausgabe 2023, FGSV Verlag,
- „Hinweise zum Einsatz bargeldloser Zahlungsmittel beim Parken“, Ausgabe 2007, FGSV Verlag,
- „Hinweise zu Park+Ride (P+R) und Bike+Ride (B+R)“, Ausgabe 2018, FGSV Verlag,
- „Merkblatt über Schutzmaßnahmen gegen das Parken auf Nebenflächen“, Ausgabe 1993, FGSV Verlag.

3.6.6 Parkdruck – Ladezonen

Zeitliche Beschränkungen eines Haltverbots – ggf. nur für bestimmte Tage – sind zulässig. Sonstige Ausnahmen vom Haltverbot (z. B. „Be- und Entladen von 7 bis 9 h frei“) dürfen dagegen nicht durch Zusatzzeichen geregelt werden. Allenfalls können mehrere Zeichen, z. B. 283/286, mit entsprechenden Zusatzzeichen gezeigt werden (siehe Abschnitt 3.6.3 mit *Bild 3.12*).

Da die Lösung des eingeschränkten Haltverbots immer für alle Verkehrsteilnehmer gilt und die Fläche daher nicht ausschließlich zum Be- und Entladen von Lkw freigehalten werden kann, traten gelegentlich Probleme auf. Zwischenzeitlich wurde das Zeichen 230 „Ladebereich“ eingeführt. So kann ein Bereich trotz Haltverbot zum Be- und Entladen freigegeben werden.

Örtliche Schwierigkeiten kann es außerdem im Bereich von Geschäftsstraßen geben, wenn wegen Richtungspfeilen auf der Fahrbahn (Zeichen 297) nicht gehalten werden darf. Hier kann es sinnvoll sein, die mit Pfeilen gekennzeichnete Strecke zu verkürzen und für den verkürzten Bereich mit Zeichen 283 ein Haltverbot anzuordnen, das mit Zusatzzeichen nur zu den Zeiten starken Verkehrs beschränkt ist.

3.6.7 Parkdruck – Bewohnerparken

Durch die Kennzeichnung von Sonderparkplätzen für Bewohner (*Bild 3.19*) können vor allem Parkmöglichkeiten für die Bewohner städtischer Quartiere mit erheblichem Parkraummangel geschaffen werden.

Die Regelungen sind insbesondere nicht dafür gedacht, in Dorf- und Freizeitbereichen oder Gebieten ohne erheblichen Parkraummangel angewandt zu werden. Sie wurden über Jahre hinweg in mehreren Gerichtsverfahren infrage gestellt, entsprechend fortentwickelt und in der StVO und VwV-StVO so niedergelegt, dass sie versuchen, einen vernünftigen Kompromiss zwischen den Belangen der Bewohner und der „Gäste" des Quartiers zu ermöglichen. Soll von den Regelungen abgewichen werden, wird empfohlen, die entsprechenden Urteile genau zu analysieren und zu prüfen, ob die beabsichtigten Abweichungen ggf. mit diesen kollidieren.

Die VwV-StVO regelt insbesondere:

- Durch Sonderparkberechtigungen kann der Parkdruck für Bewohner städtischer Quartiere mit erheblichem Parkraummangel verringert werden: Bewohnerparkvorrecht. Die Bewohner dieser Gebiete, Bereiche oder Stadtviertel werden dabei ausdrücklich als „Bewohner" und nicht als „Anwohner" bezeichnet.
- Trotzdem wird die Ausdehnung des durch eine einzelne Bevorrechtigungsmaßnahme begünstigten Bereichs auf maximal 1 000 m beschränkt. Dies soll sicherstellen, dass tatsächlich ein räumlicher Bezug zwischen Wohnung und bevorrechtigtem Parken besteht. Entsprechend gilt die angegebene Ausdehnung auch nur für Metropolen und sehr große Städte und das dort zu beobachtende Parkverhalten. In mittleren und kleineren Städten sind entsprechend kleinere Ausdehnungen zu wählen.
- Eine benachbarte Anordnung verschiedener Bevorzugungsbereiche wird in der VwV-StVO ausdrücklich vorgesehen.
- Der Anteil der bevorrechtigten Parkplätze soll in der normalen Geschäftszeit werktags von 9:00 h bis 18:00 h ca. 50 %, zu den restlichen Zeiten 75 % der verfügbaren Parkplätze nicht überschreiten. Bei kleineren Zonen ist eine Gesamtbetrachtung von angrenzenden Vierteln mit Bevorzugung unterschiedlichen Ausmaßes ausdrücklich vorgesehen.
- Inwieweit diese in den Verwaltungsvorschriften vorgegebenen Zeiten an die jeweilige Struktur des Gewerbes im Gebiet (z. B. in der Nähe von Theatern und Konzerthallen oder in „Kneipenvierteln") anzupassen sind, wird die weitere Entwicklung zeigen. In jedem Fall sind die Interessen aller Beteiligten, insbesondere die der Bewohner (die nach den Hauptgeschäftszeiten nach Hause kommen) sowie der Besucher und Besuchten (deren Schwerpunktzeiten ermittelt werden müssen) gegeneinander abzuwägen.
- Eine Kombination mit Parkraumbewirtschaftungsmaßnahmen (z. B. Parkscheibe, Parkuhr, Parkautomat) ist ausdrücklich vorgesehen. Für die allgemein nutzbaren Parkplätze wird sie wegen des notwendigerweise vorhandenen Parkdrucks empfohlen.
- Es wird jedoch auch ausdrücklich erwähnt, dass die Bevorzugung der Bewohner darin bestehen kann, von der Pflicht der Nutzung dieser Einrichtung ausgenommen zu werden (*Bild 3.20*). Eine solche in ausreichendem Umfang angeordnete Mischregelung, die in vielen Städten bereits praktiziert wird, kann die Beachtung der zuvor erwähnten Anteilsregelungen unnötig machen, da Bewohner und Besucher die frei werdenden Parkstände in gleichberechtigter Konkurrenz belegen können.
- Mit dem neu eigeführten Zeichen 314.1 „Parkraumbewirtschaftungszone" besteht die Möglichkeit der Anordnung zonaler Regelungen zum Bewohnerparken, verbunden mit der Pflicht für alle anderen, einen Parkschein oder eine Parkscheibe auszulegen. Damit besteht einerseits ein erhebliches Potenzial zur Verringerung des Schilderwaldes; andererseits ist diese Abweichung vom Sichtbarkeitsgrundsatz für die betroffenen Verkehrsteilnehmer nicht ganz unproblematisch, da solche Zonen – anders als z. B. geschlossene Ortschaften oder Tempo 30-Zonen – nicht „aus sich selbst heraus" zu erkennen sind.

Bild 3.19
Kennzeichnung von Sonderparkplätzen für Bewohner mit Parkausweis mit zeitlicher Einschränkung

3.6.7 Parkdruck – Bewohnerparken

Bild 3.20 Kombination von Parkraumbewirtschaftungsmaßnahmen mit Sonderregelungen für Bewohner

Bild 3.21 Regelbeschilderung von Parkmöglichkeiten für Bewohner mit zeitlicher Einschränkung

- Die Anordnung der Zeichen 286 oder 290.1 mit Zusatzzeichen 1020-32 „Bewohner mit Parkausweis Nr. ... frei“ hat den Vorteil, freie Parkstände auch länger als drei Minuten zum Ein- und Aussteigen oder Be- und Entladen nutzen zu können (*Bild 3.21*). Die Anordnung des Zeichens 290.1 mit Zusatzzeichen signalisiert den Verkehrsteilnehmern darüber hinaus, dass sie in dieses (wegen der Anteilsregelung notwendigerweise sehr eng abgegrenzte) Gebiet zur Parkplatzsuche gar nicht erst einfahren brauchen.
- In allen Fällen der Kombination von Bewohnerparken mit Bewirtschaftungsmaßnahmen für den übrigen Verkehr besteht die Herausforderung, dass zeitliche Beschränkungen nur durch die – für den ruhenden Verkehr zwar mögliche, aber dennoch nicht unproblematische – Anordnung eines dritten Zusatzzeichens möglich ist. Dies gilt zumindest für Parkscheibenregelungen, während – auch dies nicht unbedingt nutzerfreundlich – bei Pflicht zum Auslegen eines Parkscheins zeitliche Einschränkungen auch an den Parkscheinautomaten angegeben werden können. Hier sollte der Verordnungsgeber die Aufnahme entsprechend kombinierter – und in der Praxis anzutreffender – Zusatzzeichen in den VzKat in Erwägung ziehen.

Zu Abschnitt 3.6.7

VwV-StVO zu § 45 Verkehrszeichen und Verkehrseinrichtungen

Zu Absatz 1 bis 1e

...

XI. Sonderparkberechtigung für Bewohner städtischer Quartiere (Bewohnerparkvorrechte)

29 1. Bewohnerparkvorrechte können aus Gründen der Sicherheit oder Leichtigkeit des Straßenverkehrs angeordnet werden in städtischen Quartieren, in denen ein erheblicher Parkraummangel besteht oder droht. Ein erheblicher Parkraummangel besteht, wenn die vorhandenen Parkmöglichkeiten auf den öffentlichen Straßen in einem Gebiet im Durchschnitt zu mehr als 80 Prozent ausgelastet sind. Dabei kann nach Wochentagen und Tageszeiten differenziert werden. Ein erheblicher Parkraummangel droht, wenn aufgrund konkretisierter städtebaulich-verkehrsplanerischer Erwägungen zu erwarten ist, dass diese Schwelle in den nächsten Jahren überschritten werden wird (z. B. aufgrund der Einführung von Parkraumbewirtschaftungsmaßnahmen in angrenzenden Gebieten, absehbarer Bauvorhaben, Reduktion von Parkmöglichkeiten).

29a 2. Werden Bewohnerparkvorrechte zur Vermeidung von schädlichen Auswirkungen auf die Umwelt oder zur Unterstützung der geordneten städtebaulichen Entwicklung angeordnet, müssen sie auf einem Parkraumkonzept beruhen, aus dem sich die verfolgten städtebaulichen Ziele oder zu vermeidenden schädlichen Umweltauswirkungen ergeben. Die Parkraumkonzepte können sich auch auf räumliche Teilgebiete beschränken.

Auf das Vorliegen einer Gefahr für die Sicherheit und Leichtigkeit des Verkehrs, insbesondere auf den Nachweis eines Parkraummangels, kommt es dann nicht an. Die

VwV-StVO zu § 45 Verkehrszeichen und Verkehrseinrichtungen

Auswirkungen auf die Leichtigkeit des Verkehrs sind im Rahmen einer Abwägungsentscheidung der Straßenverkehrsbehörde zu berücksichtigen, soweit nicht bereits im Parkraumkonzept eine planerische Abwägung dazu erfolgt ist.

30 3. Bewohnerparkvorrechte sind vorrangig mit Zeichen 286 oder Zeichen 290.1 mit Zusatzzeichen „Bewohner mit Parkausweis … frei", in den Fällen des erlaubten Gehwegparkens mit Zeichen 315 mit Zusatzzeichen „nur Bewohner mit Parkausweis …" anzuordnen. Werden solche Bewohnerparkvorrechte als Freistellung von angeordneten Parkraumbewirtschaftungsmaßnahmen angeordnet (vgl. Nr. 7), kommen nur Zeichen 314, 314.1 und 315 in Betracht. Die Bezeichnung des Parkausweises (Buchstabe oder Nummer) auf dem Zusatzzeichen kennzeichnet zugleich die räumliche Geltung des Bewohnerparkvorrechts.

31 4. Die Bereiche mit Bewohnerparkvorrechten sind unter Berücksichtigung des Gemeingebrauchs (vgl. dazu Nummer 5) und der örtlichen Gegebenheiten festzulegen. Die maximale Ausdehnung eines Bereiches soll 1 500 m nicht übersteigen. Die Einrichtung mehrerer Bereiche mit Bewohnerparkvorrechten (mit verschiedenen Buchstaben oder Nummern) ist zulässig.

32 5. Innerhalb eines Bereiches mit Bewohnerparkvorrechten dürfen werktags von 9.00 bis 18.00 Uhr nicht mehr als 50 %, in der übrigen Zeit nicht mehr als 75 % der zur Verfügung stehenden Parkfläche für die Bewohner reserviert werden. In kleinräumigen Bereichen mit Wohnbebauung, in denen die ortsangemessene Ausdehnung (vgl. Nr. 4) wesentlich unterschritten wird, können diese Prozentvorgaben überschritten werden, wenn eine Gesamtbetrachtung der ortsangemessenen Höchstausdehnung wiederum die Einhaltung der Prozentvorgaben ergibt. Die Parkflächen zur allgemeinen Nutzung sollen je nach Bedarf zu einem Anteil von bis zu 5 % für Carsharingfahrzeuge reserviert werden. Die Reservierung findet Eingang in das Parkraumkonzept, sofern ein solches vorhanden ist; vgl. dazu oben Nummer 2 (Rn. 29a). Werden innerhalb des Bereiches keine Carsharingfahrzeuge angeboten, kann von einer Reservierung abgesehen werden.

33 6. Für die Parkflächen zur allgemeinen Nutzung empfiehlt sich die Parkraumbewirtschaftung (Parkscheibe, Parkuhr, Parkscheinautomat). Nicht reservierte Parkflächen sollen möglichst gleichmäßig unter besonderer Berücksichtigung ansässiger Wirtschafts- und Dienstleistungsunternehmen mit Liefer- und Publikumsverkehr sowie des Publikumsverkehrs von freiberuflich Tätigen in dem Bereich verteilt sein.

34 7. Bewohnerparkvorrechte können in Bereichen mit angeordneter Parkraumbewirtschaftung (vgl. zu § 13) auch als Befreiung von der Pflicht, die Parkscheibe auszulegen oder die Parkuhr/den Parkscheinautomat zu bedienen, angeordnet werden. Zur Anordnung der Zusatzzeichen vgl. Nr. 3.

35 8. Bewohnerparkausweise werden auf Antrag erteilt. Einen Anspruch auf Erteilung hat, wer in dem Bereich meldebehördlich registriert ist und dort tatsächlich wohnt. Je nach örtlichen Verhältnissen kann die angemeldete Nebenwohnung ausreichen. Die Entscheidung darüber trifft die Straßenverkehrsbehörde ebenfalls im Einvernehmen mit der Stadt. Jeder Bewohner erhält nur einen Parkausweis für ein auf ihn als Halter zugelassenes oder nachweislich von ihm dauerhaft genutztes Kraftfahrzeug. Nur in begründeten Einzelfällen können mehrere Kennzeichen in den Parkausweis eingetragen oder der Eintrag „wechselndes Fahrzeug" vorgenommen werden. Ist der Bewohner Nutzer eines Carsharingunternehmens, ist der Eintrag „wechselnde Carsharingfahrzeuge" einzutragen. Das Bewohnerparkvorrecht gilt dann nur für das Parken eines Carsharingfahrzeuges, das durch eine Carsharingplakette als solches gekennzeichnet ist; darauf ist der Antragsteller schriftlich oder elektronisch hinzuweisen.

36 9. Der Bewohnerparkausweis wird von der zuständigen Straßenverkehrsbehörde erteilt. Ein Bewohnerparkausweis kann auch erteilt werden, ohne ein im Fahrzeug auszulegendes oder anzubringendes Dokument auszustellen, wenn auf andere Weise eine effektive Kontrolle sichergestellt ist. Das kann etwa der Fall sein, wenn eine Kontrolle anhand des Kennzeichens erfolgt (digitaler Bewohnerparkausweis). Mit der Erteilung des Bewohnerparkausweises ist dann der Antragsteller zugleich von der Pflicht zu befreien, einen Parkausweis im Fahrzeug auszulegen oder anzubringen. Soweit eine Kontrolle anhand des Kennzeichens von einer datenschutzrechtlichen Einwilligung des Antragstellers abhängt, ist die Befreiung unter der auflösenden Bedingung des Widerrufs der Einwilligung auszusprechen; im Fall eines Widerrufs ist nachträglich ein physischer Bewohnerparkausweis auszustellen.

3.6.8 Parkdruck – Sonstige Bevorrechtigungen

Zum Ausgleich von erheblichen Nachteilen, die bestimmten Personengruppen insbesondere aufgrund körperlicher Beeinträchtigungen im täglichen Leben erwachsen können, kann es geboten sein, diesen Personengruppen Vorteile bei der Parkplatzsuche zu gewähren. Dies gilt insbesondere für schwerbehinderte Menschen, die auf breitere Stellplätze und kurze Wege angewiesen sind. Solche Vorteile müssen allerdings gesetzlich verankert sein, z. B. im StVG. Vorteile für andere Personengruppen, z. B. für Frauen, sieht das Straßenverkehrsrecht hingegen nicht vor. Entsprechende Festlegungen sind deshalb nur auf privaten Flächen im Rahmen des Rechts des Eigentümers möglich, über die Nutzung seines Eigentums zu verfügen. Damit können Eigentümer dem Wunsch vieler Frauen nach Beleuchtung der Parkplätze und einsehbaren Wegen Rechnung tragen.

Zur Förderung der Elektromobilität, die vor allem innerhalb von Städten vorteilhaft ist, sind auch Parkerleichterungen für Elektrofahrzeuge möglich. Ähnliches gilt auch für das Carsharing, von dem man sich insbesondere positive Umwelteffekte verspricht.

Bestimmte schwerbehinderte Menschen mit entsprechendem Ausweis können im Einvernehmen mit der jeweiligen Gemeinde (§ 45 Abs. 1b StVO) durch Zusatzzeichen 1020-11 vom absoluten Haltverbot ausgenommen werden (vom eingeschränkten Haltverbot sowie bestimmten weiteren Verkehrszeichenanordnungen sind sie durch den Ausweis bereits allgemein weitgehend ausgenommen). Außerdem können für sie mit Zeichen 315 und Zusatzzeichen 1044-11 (*Bild 3.22*) spezielle Parkplätze eingerichtet werden.

Schwerbehinderte Menschen, die bestimmte persönliche Voraussetzungen erfüllen, erhalten den EU-einheitlichen Parkausweis für behinderte Menschen.

Auf mit Zeichen 314 oder 315 und Zusatzzeichen 1044-11 (*Bild 3.22*) gekennzeichneten Parkplätzen dürfen nur der Inhaber des Parkausweises mit der angegebenen Nummer parken sowie Personen, die ein Fahrzeug führen, das dort zum Zweck der Beförderung des Inhabers dieses Parkausweises geparkt ist. An Parkplätzen, die allen Inhabern eines EU-einheitlichen Parkausweises für behinderte Menschen zur Verfügung stehen sollen, ist Zeichen 314 oder 315 mit Zusatzzeichen 1044-10 (Sinnbild Rollstuhlfahrer) anzuordnen. Soweit eine räumliche Begrenzung (durch einen Pfeil) sinnvoll ist, können die Varianten des Zeichens 314 mit Pfeil (Zeichen 314-10, 314-20 oder 314-30) angeordnet werden. Zeichen 315 ist in den im VzKat dargestellten Varianten je nach örtlicher Situation anzuordnen.

Bild 3.22
Parkplatz, der nur von bestimmten Schwerbehinderten mit besonderem Parkausweis benutzt werden darf

Eine zeitliche Beschränkung der Parkdauer, z. B. auf zwei Stunden, ist möglich, um sicherzustellen, dass der Parkraum von einer Mehrzahl von Berechtigten genutzt werden kann (siehe auch VGH Baden-Württemberg, Beschluss vom 22.8.2001, 5 S 69/01).

Eine tageszeitliche und wochentägliche Beschränkung der Geltung dieser Parkregelung wird in der Regel dann geboten sein, wenn diese Parkplätze der Erreichbarkeit bestimmter Einrichtungen wie z. B. Behörden, Arztpraxen oder kulturellen Einrichtungen dienen. Dann ist die tageszeitliche wochentägliche Geltung angemessen auf die Öffnungszeiten abzustimmen.

Weitere Anregungen zur Beschilderung und Verkehrsregelung für den ruhenden Verkehr enthalten die

- „Empfehlungen für Anlagen des ruhenden Verkehrs (EAR)", Ausgabe 2023, FGSV Verlag.

Parkplätze für Frauen werden insbesondere in Parkhäusern in der Nähe der Ausgänge ausgewiesen, um deren Unsicherheitsgefühl vor allem in der Nacht entgegenzuwirken und ihnen die Angst vor der Benutzung dieser Einrichtungen zu nehmen. Bezüglich der Beschilderung von Frauenparkplätzen an bewirtschafteten Rastanlagen der Bundesautobahnen siehe Abschnitt 8.5.3.

Parkplätze für Familien mit Kindern werden häufig auf Parkplätzen von Einkaufsmärkten ausgewiesen. Sie sind in der Regel etwas breiter, um Parkrempler beim Öffnen der Türen zu vermeiden und das Ein- und Ausladen von Kinderwagen zu erleichtern.

Soweit diese Regelungen nicht in der StVO verankert sind, dürfen sie nicht mit amtlichen Verkehrszeichen angeordnet werden. Sind diese

Bild 3.23 Zz 1010-66, 1024-20 und 1053-54

Bild 3.24 Zz 1050-32 und 1026-60

Regelungen eine Festlegung des Eigentümers einer privaten Fläche, sollte diese in allgemeinverständlicher Weise und gut sichtbar durch nichtamtliche Hinweise bekannt gemacht werden. Solche Regelungen können nicht ordnungsrechtlich, sondern nur zivilrechtlich durchgesetzt werden. Auf öffentlichen, dem Gemeingebrauch gewidmeten Flächen sind sie allerdings nicht durchzusetzen und eher ein Signal an die freiwillige Rücksichtnahme und Kooperationsbereitschaft der anderen Verkehrsteilnehmer.

Um Elektromobilität zu fördern, ist es auch möglich, elektrisch betriebene Fahrzeuge zu bevorrechtigen (Zeichen 314, 314.1 oder 315 in Verbindung mit Zusatzzeichen 1010-66 oder Zeichen 286 oder 290.1 in Verbindung mit Zusatzzeichen 1024-20). Durch Zusatzzeichen 1024-20 zu Zeichen 314, 314.1 oder 315 mit Zusatzzeichen zur Beschränkung der Parkzeit (Parkschein, Parkscheibe) können Elektrofahrzeuge auch von den Anordnungen zur Beschränkung der Parkzeit ausgenommen werden (siehe auch § 13 Abs. 5 StVO).

Dabei ist die Bevorrechtigung nicht an die Person, sondern an das Fahrzeug geknüpft. Rechtsgrundlage sind das Gesetz zur Bevorrechtigung der Verwendung elektrisch betriebener Fahrzeuge (Elektromobilitätsgesetz – EMoG) sowie § 45 Abs. 1g StVO. Das EMoG tritt mit Ablauf des 31. Dezember 2026 außer Kraft. Deshalb ist bei auf dieser Grundlage angeordneten Zeichen rechtzeitig zu prüfen, ob weiterhin eine ausreichende Rechtsgrundlage besteht; andernfalls müssen die Zeichen wieder entfernt werden.

Um die Parkberechtigung auf den Ladevorgang einzuschränken, hat das für den Verkehr zuständige Bundesministerium das Zusatzzeichen 1053-54 (siehe *Bild 3.23*) eingeführt. Dieses ist zusätzlich unterhalb von den in *Bild 3.24* abgebildeten Zusatzzeichen anzubringen. Durch diese Anordnung kann eine möglichst intensive Nutzung von Ladesäulen sichergestellt werden, eine entsprechende Befolgung dieser Anordnung vorausgesetzt.

Bestehen aufgrund der besonderen Eigenschaften von Elektrofahrzeugen bestimmte Gefahren, z. B. für die Sicherheit und Ordnung des Verkehrs, können diese durch Anordnungen auf Grundlage des StVG und insbesondere § 45 Abs. 1 StVO abgewehrt werden.

Beim derzeitigen Stand der Technik kann beispielsweise das Liegenbleiben im fließenden Verkehr aufgrund eines leeren Akkus eine solche Gefahr darstellen. Deshalb sind Lademöglichkeiten im öffentlichen Straßenraum durch Zeichen 314 oder 315 in Verbindung mit Zusatzzeichen 1050-32 oder bei angeordneten Haltverboten in Verbindung mit Zusatzzeichen 1026-60 von Fahrzeugen freizuhalten, die nicht elektrisch geladen werden müssen.

Mit Zeichen 314 oder 315 und dem Zusatzzeichen 1010-67 können Parkflächen für Wohnmobile reserviert werden.

Dies kann z. B. zweckmäßig sein, um Flächen für Wohnmobile vorzuhalten, die eigens hierfür hergerichtet und ausgerüstet sind, insbesondere in touristisch bedeutsamen Gebieten. Auf Rastanlagen der Autobahnen sind die Parkplätze in der Regel durch Zeichen 314 und entsprechenden Zusatzzeichen bestimmten Fahrzeugarten zugeordnet. Mit dem Zusatzzeichen können entweder eigene Parkplätze für Wohnmobile ausgewiesen werden, oder es kann durch doppelte Sinnbilder nach dem Muster des Zusatzzeichens 1010-70 die gemeinsame Nutzung mit anderen Fahrzeugarten angeordnet werden, soweit nicht bestimmte Parkplätze allen Fahrzeugarten zugänglich sind (vgl. Abschnitt 3.6.2).

Das neue Sinnbild „Lastenfahrrad", dargestellt in Zusatzzeichen 1010-69 (*Bild 3.25*), soll u. a. der Anordnung spezieller Ladezonen oder von Parkflächen für Lastenfahrräder dienen.

Allerdings würde dies implizieren, dass Lastenfahrräder – anders als Fahrräder und auch Elektrokleinstfahrzeuge im Sinne des § 11 Abs. 5 eKFV – geparkt und nicht abgestellt werden. Es stellt sich

Bild 3.25 Zz 1010-69 und 1022-17

3.6.8 Parkdruck – Sonstige Bevorrechtigungen

die Frage, ob es die Absicht des Verordnungsgebers ist, die Führer von Lastenfahrrädern den allgemeinen Vorschriften zum Halten und Parken (§ 12 StVO) zu unterwerfen. Dies würde z. B. ein Abstellen(!) von Lastenfahrrädern auf Gehwegen untersagen.

Um das Carsharing zu fördern, ist es auch möglich, Carsharingfahrzeuge zu bevorrechtigen (Z 314, 314.1 oder 315 in Verbindung mit Zusatzzeichen 1010-70 oder Zeichen 286 oder 290.1 in Verbindung mit Zusatzzeichen 1024-21). Durch Zusatzzeichen 1024-21 zu Zeichen 314, 314.1 oder 315 mit Zusatzzeichen zur Beschränkung der Parkzeit (Parkschein, Parkscheibe) können Carsharingfahrzeuge auch von den Anordnungen zur Beschränkung der Parkzeit ausgenommen werden (s. *Bild 3.26* und § 13 Abs. 5 StVO).

Bild 3.26 Zz 1010-70 und 1024-21

Dabei ist die Bevorrechtigung nicht an die Person, sondern an das Fahrzeug geknüpft. Rechtsgrundlage ist das Gesetz zur Bevorrechtigung des Carsharings (Carsharinggesetz – CsgG) sowie § 45 Abs. 1h StVO. Um stationsbasiertes Carsharing im öffentlichen Straßenraum zu ermöglichen, können Carsharingparkplätze auch einem bestimmten Unternehmen zugewiesen werden. Dessen Name ist dann auf einem weiteren Zusatzzeichen anzuordnen.

Zu Abschnitt 3.6.8

StVO § 13 Einrichtungen zur Überwachung der Parkzeit

(5) Wer ein elektrisch betriebenes Fahrzeug im Sinne des Elektromobilitätsgesetzes oder ein Carsharingfahrzeug im Sinne des Carsharinggesetzes und der entsprechenden Länderregelungen führt, muss Einrichtungen und Vorrichtungen zur Überwachung der Parkzeit nicht betätigen, soweit dies durch bevorrechtigende Zusatzzeichen zu Zeichen 290.1, 314, 314.1 oder 315 angeordnet ist. Sind im Geltungsbereich einer Anordnung im Sinne des Satzes 1 Parkuhren oder Parkscheinautomaten aufgestellt, gelten deren Anordnungen.

Im Übrigen bleiben die Vorschriften über die Halt- und Parkverbote unberührt.

StVO § 39 Verkehrszeichen

(10) Zur Bevorrechtigung elektrisch betriebener Fahrzeuge kann das Sinnbild

als Inhalt eines Zusatzzeichens angeordnet sein. Zur Unterstützung einer Parkflächenvorhaltung für elektrisch betriebene Fahrzeuge kann das Sinnbild zusätzlich auf der Parkfläche aufgebracht sein. Elektrisch betriebene Fahrzeuge sind die nach § 11 Absatz 2 und 4, jeweils auch in Verbindung mit Absatz 5, der Fahrzeug-Zulassungsverordnung gekennzeichneten Fahrzeuge.

(11) Zur Parkbevorrechtigung von Carsharingfahrzeugen kann das Sinnbild

Carsharing

als Inhalt eines Zusatzzeichens zu Zeichen 314 oder 315 angeordnet sein. Carsharingfahrzeuge sind Fahrzeuge im Sinne des § 2 Nummer 1 und des § 4 Absatz 1 und 2 des Carsharinggesetzes, in denen die Plakette deutlich sichtbar auf der Innenseite der Windschutzscheibe anzubringen ist.

VwV-StVO
zu § 39
Verkehrszeichen

Zu Absatz 10

6 Insbesondere an Orten mit hohem Parkdruck oder an Orten, an denen eine erhöhte Anzahl von Falschparkern zu erwarten ist, soll zur Unterstützung einer Parkflächenvorhaltung für elektrisch betriebene Fahrzeuge von der zusätzlichen Aufbringung des Sinnbildes auf der Parkfläche Gebrauch gemacht werden.

Zu Absatz 11

Zu Satz 1

7 Zur Unterstützung einer Parkflächenvorhaltung für Carsharingfahrzeuge kann das Sinnbild zusätzlich auf der Parkfläche aufgebracht sein. Insbesondere an Orten mit hohem Parkdruck oder an Orten, an denen eine erhöhte Anzahl von Falschparkern zu erwarten ist, soll zur Unterstützung einer Parkflächenvorhaltung für Carsharingfahrzeuge von der zusätzlichen Aufbringung des Sinnbildes auf der Parkfläche Gebrauch gemacht werden.

Zu Satz 2

8 I. Die Plakette wird auf Antrag von der nach Landesrecht zuständigen Behörde für maximal fünf Jahre in stets widerruflicher Weise ausgegeben. Mit dem Antrag sind die Zulassungsbescheinigung Teil I als Nachweis der Haltereigenschaft des Carsharingunternehmens sowie die Vertragsbedingungen und Allgemeinen Geschäftsbedingungen des Carsharingunternehmens zum Nachweis dafür vorzulegen, dass das betreffende Kraftfahrzeug einer unbestimmten Anzahl von Fahrerinnen und Fahrern auf der Grundlage einer Rahmenvereinbarung und einem die Energiekosten mit einschließenden Zeit- oder Kilometertarif oder Mischformen solcher Tarife angeboten wird und selbstständig reserviert und genutzt werden kann. Kann der Nachweis der Haltereigenschaft auch durch sonstige geeignete Unterlagen erbracht werden, so genügt die Vorlage dieser Unterlagen.

9 II. In die Plakette sind von der zuständigen Behörde im jeweils dafür vorgesehenen Sichtfeld mit lichtechtem Stift der Name des Carsharingunternehmens und das Kennzeichen des jeweiligen Fahrzeuges einzutragen. Zudem muss die Plakette mit einem Siegel der ausgebenden Stelle wertgestellt werden. Dabei können auch Dokumentenklebesiegel gemäß Verkehrsblattverlautbarung vom 3. Februar 1997 (VkBl. S. 140) verwendet werden. Für die Gestaltung der Plakette, deren Sicherheitsmerkmale und deren Anbringung wird auf die Verkehrsblattverlautbarung vom 18. August 2020 (VkBl. S. 505) verwiesen.

10 III. Bei einem Carsharingfahrzeug, das nach den Vorschriften seines Herkunftsstaates, der nicht die Bundesrepublik Deutschland ist, zur Teilnahme am Straßenverkehr berechtigt ist, erfolgt die Kennzeichnung ebenfalls durch Plakette.

11 IV. Wird das Fahrzeug auf jemand anderen als auf das Carsharingunternehmen zugelassen, ist dafür Sorge zu tragen, dass die Plakette durch das Carsharingunternehmen entfernt wird.

VwV-StVO
zu § 41
Vorschriftzeichen

Zu Zeichen 286 Eingeschränktes Haltverbot

1 I. Das Zeichen ist dort anzuordnen, wo das Halten die Sicherheit und Flüssigkeit des Verkehrs zwar nicht wesentlich beeinträchtigt, das Parken jedoch nicht zugelassen werden kann, ausgenommen für das Be- und Entladen sowie das Ein- und Aussteigen. Das Verbot ist in der Regel auf bestimmte Zeiten zu beschränken (z.B. „9–12 h" oder „werktags").

2 II. Durch ein Zusatzzeichen können bestimmte Verkehrsarten vom Haltverbot ausgenommen werden.

3 III. Zum Bewohnerbegriff vgl. Nummer XI 8 zu § 45 zu Abs. 1 bis 1e; Rn. 35.

4 IV. Zur Bevorrechtigung von elektrisch betriebenen Fahrzeugen wird auf die VwV zu § 45 Abs. 1g verwiesen. Zeichen 286 soll nur in begründeten Einzelfällen angeordnet werden.

StVO
§ 45
Verkehrszeichen
und Verkehrs-
einrichtungen

(1g) Zur Bevorrechtigung elektrisch betriebener Fahrzeuge ordnet die Straßenverkehrsbehörde unter Beachtung der Anforderungen des § 3 Absatz 1 des Elektromobilitätsgesetzes die dafür erforderlichen Zeichen 314, 314.1 und 315 in Verbindung mit dem dazu vorgesehenen Zusatzzeichen an.

(1h) Zur Parkbevorrechtigung von Carsharingfahrzeugen ordnet die Straßenverkehrsbehörde unter Beachtung der Anforderungen der §§ 2 und 3 des Carsharinggesetzes die

StVO § 45 Verkehrszeichen und Verkehrseinrichtungen

dafür erforderlichen Zeichen 314, 314.1 und 315 in Verbindung mit dem dazu vorgesehenen Zusatzzeichen mit dem Carsharingsinnbild nach § 39 Absatz 11 an. Soll die Parkfläche nur für ein bestimmtes Carsharingunternehmen vorgehalten werden, ist auf einem weiteren Zusatzzeichen unterhalb dieses Zusatzzeichens die Firmenbezeichnung des Carsharingunternehmens namentlich in schwarzer Schrift auf weißem Grund anzuordnen.

VwV-StVO zu § 45 Verkehrszeichen und Verkehrseinrichtungen

Zu Absatz 1g Parkbevorrechtigungen für elektrisch betriebene Fahrzeuge

45b I. Sollen für elektrisch betriebene Fahrzeuge in einem Gemeindegebiet oder in Stadtteilen flächendeckend Parkbevorrechtigungen geschaffen werden, so sind vor der Anordnung zumindest für das jeweilige Gebiet verkehrliche Auswirkungen zu berücksichtigen (z. B. im Rahmen eines Parkraumkonzepts; vgl. Nummer X zu Absatz 1 bis 1e, Rn. 29a), um ein möglichst gleichmäßiges Netz von Stellplätzen, das dem tatsächlichen Bedarf insbesondere an Ladestationen Rechnung trägt, zu gewährleisten. Parkprivilegien sollen insbesondere an Verkehrsknotenpunkten eingerichtet werden, wo der Anschluss an den ÖPV, Carsharing oder andere umweltfreundliche Verkehrsmittel erleichtert wird. Dabei geht die Gewährleistung eines sicheren und flüssigen Verkehrsablaufs aller Verkehrsteilnehmer der Bevorrechtigung vor. In diesem Zusammenhang ist insbesondere die Verträglichkeit der Bevorrechtigung mit den Anforderungen des Öffentlichen Personennahverkehrs zu berücksichtigen. In dem Konzept sind sowohl Stellflächen an Ladestationen als auch nicht stationsbasierte Stellflächen zu berücksichtigen. Die Ausweisung von Stellflächen kommt insbesondere in Innenstadtlagen in Betracht.

45c II. Parkbevorrechtigungen für elektrisch betriebene Fahrzeuge sind mit Zeichen 314, 314.1 oder 315 mit Zusatzzeichen anzuordnen. Sind Parkraumbewirtschaftungsmaßnahmen mit Zeichen 314, 314.1 oder 315 angeordnet, können elektrisch betriebene Fahrzeuge von diesen mit Zusatzzeichen freigestellt werden; eine Freistellung kann auch am Parkscheinautomat durch Aufkleber erfolgen. In diesem Fall muss der Aufkleber deutlich sichtbar auf der Vorderseite des Parkscheinautomaten angebracht werden. Ist dies nicht möglich, so darf die Freistellung ausschließlich durch eine entsprechende Zusatzbeschilderung erfolgen. Für die Gestaltung des Aufklebers wird auf die Verkehrsblattverlautbarung des Bundesministeriums für Verkehr und digitale Infrastruktur vom 18. August 2020 (VkBl. S. 504) verwiesen.

45d III. Die Erlaubnis zum Parken von elektrisch betriebenen Fahrzeugen soll tagsüber zeitlich beschränkt werden. Die maximale Parkdauer an Ladesäulen soll tagsüber in der Zeit von 8 bis 18 Uhr vier Stunden nicht überschreiten.

Zu Absatz 1h Parkbevorrechtigungen für das Carsharing

45e I. Sollen für Carsharingfahrzeuge Parkbevorrechtigungen geschaffen werden, so sollten vor der Anordnung zumindest für das jeweilige Gebiet die verkehrlichen Auswirkungen berücksichtigt werden (z. B. im Rahmen eines Parkraumkonzepts; vgl. Nummer X zu Absatz 1 bis 1e, Rn. 29a), um ein möglichst gleichmäßiges Netz von Stellplätzen, das dem tatsächlichen Bedarf Rechnung trägt, zur Verfügung stellen zu können. In diesem Zusammenhang ist insbesondere die Verträglichkeit der Bevorrechtigung mit den Anforderungen des öffentlichen Personennahverkehrs zu berücksichtigen. Es sind sowohl Stellflächen für alle Carsharingfahrzeuge als auch, nach Bestimmung durch die nach Landesrecht zuständige Behörde, Stellflächen nur für stationsbasiert tätige Carsharingunternehmen im Sinne von § 5 des Carsharinggesetzes oder der entsprechenden Landesregelungen ausgewogen zu berücksichtigen. Die Ausweisung von Stellflächen kommt insbesondere in Innenstadtlagen mit Nähe zum Umweltverbund (ÖPNV, SPNV, Bahnhof) in Betracht.

45f II. Parkbevorrechtigungen für Carsharingfahrzeuge sind mit den Zeichen 314, 314.1 oder 315 mit dem Zusatzzeichen 1010-70 („Carsharing") anzuordnen. Sind Parkraumbewirtschaftungsmaßnahmen angeordnet, können Carsharingfahrzeuge von diesen mit dem Zusatzzeichen 1024-21 („Carsharingfahrzeuge frei") freigestellt werden; eine Freistellung kann auch allein am Parkscheinautomat durch Aufkleber erfolgen. Es gelten die Vorgaben der Nummer II der VwV zu Abs. 1g entsprechend.

45g III. Soll die jeweilige Parkfläche im Rahmen einer Sondernutzungserlaubnis nur einem bestimmten Carsharingunternehmen vorbehalten werden (§ 5 des Carsharinggesetzes oder entsprechende Landesregelungen), ist das Unternehmen namentlich auf einem weiteren Zusatzzeichen, welches unter dem Carsharing-Zusatzzeichen anzubringen ist, aufzuführen. Firmeneigene Logos dürfen nicht verwendet werden.

3.6.9 Parkdruck – Zonenregelungen

Zeichen 290.1 steht an der Grenze einer Zone (in der Regel einer Zone innerhalb der geschlossenen Ortschaft), in der eingeschränktes Haltverbot gilt. Abweichende Regelungen innerhalb der Zone sind durch Verkehrszeichen anzuordnen. Durch ein Zusatzzeichen kann die Benutzung einer Parkscheibe oder das Parken mit Parkschein vorgeschrieben oder das Parken in dafür gekennzeichneten Flächen zugelassen werden (Anlage 2 lfd. Nr. 64 StVO).

In der Zone wird durch den teilweisen Verzicht auf wiederholtes Aufstellen von Zeichen auf das bei der Beschilderung verfolgte Sichtbarkeitsprinzip verzichtet. Daher ist darauf zu achten, dass das betreffende Gebiet dem Kraftfahrer das Bewusstsein vermittelt, sich in einer Zone mit eingeschränktem Haltverbot zu befinden („Zonenbewusstsein"). Dort, wo innerhalb der Zone kürzeres Parken mit Parkscheibe oder Parkschein angeordnet werden soll, sind Parkuhren oder Parkautomaten aufzustellen.

Als Haltverbotszonen sollten baulich abzugrenzende Ortsbereiche ausgewählt werden (z. B. durch Ringstraßen begrenzte Innerortsbereiche, Altstadtviertel). Es empfiehlt sich, endgültig festliegende Zonen in Stadtplänen und Kartenwerken darzustellen.

Innerhalb der durch Zeichen 290.1 gekennzeichneten Zone gelten die Halt- und Parkverbote des § 12 StVO.

Liegt innerhalb der Zone ein durch Zeichen 314 beschilderter Parkplatz, dann muss vor diesem Parkplatz Zeichen 290.2 aufgestellt werden.

Die Tatsache, dass durch diese Zeichen das Abstellen von Fahrrädern auf Gehwegen nicht verboten werden kann, hat zur Folge, dass das Abstellen von Fahrrädern auch auf Bahnhofsvorplätzen (Fußgängerflächen) nicht verboten werden kann (VG-Urteil Lüneburg vom 25.9.2002, 5A 161/01).

Das OVG-Urteil Niedersachsen vom 6.6.2003 (12 LB 68/03) bestätigt, dass die Zeichen 290.1 und 290.2 nicht für das Abstellen von Fahrrädern auf Flächen gelten, die der Fußgängernutzung vorbehalten sind.

In einer mit den Zeichen 314.1 und 314.2 gekennzeichneten Zone darf, soweit es nicht gesetzlich oder durch Verkehrszeichen verboten wird, geparkt werden. Mit Zusatzzeichen wird in der Regel vorgeschrieben, wie das Parken in der Zone bewirtschaftet wird (Parkschein oder Parkscheibe; siehe Abschnitt 3.6.10).

Diese Art der Parkraumbewirtschaftung bietet sich in Bereichen an, wo keine abgeschlossene Fläche (Parkplatz) zur Verfügung steht, sondern der gesamte Straßenraum überall dort, wo Parken erlaubt ist, bewirtschaftet werden soll. So kann der Parktourismus vor allem in innenstadtnahen Wohngebieten gesteuert werden. Relativ kurze Maximalparkdauern und verhältnismäßig hohe Gebühren halten den Parkverkehr aus diesen Gebieten und fördern eventuell die Nutzung öffentlicher Verkehrsmittel oder die Nutzung von (falls vorhanden) Parkhäusern.

Durch Zusatzzeichen darf das Parken eingeschränkt werden oder können Bewohner mit Parkausweis von der Parkschein- oder Parkscheibenpflicht ausgenommen werden.

Zu Abschnitt 3.6.9

VwV-StVO zu § 41 Vorschriftzeichen

Zu den Zeichen 290.1 und 290.2 Beginn und Ende eines eingeschränkten Haltverbots für eine Zone

1 I. Die Zeichen sind so aufzustellen, dass sie auch für den einbiegenden Verkehr sichtbar sind, ggf. auf beiden Straßenseiten.

2 II. Soll das Kurzzeitparken in der gesamten Zone oder in ihrem überwiegenden Teil zugelassen werden, sind nicht Zeichen 290.1, 290.2, sondern Zeichen 314.1, 314.2 anzuordnen.

VwV-StVO zu § 42 Richtzeichen

Zu den Zeichen 314.1 und 314.2 Parkraumbewirtschaftungszone

1 Das Zeichen ist dann anzuordnen, wenn in einem zusammenhängenden Bereich mehrerer Straßen ganz oder überwiegend das Parken nur mit Parkschein oder mit Parkscheibe zugelassen werden soll. Die Art des zulässigen Parkens ist durch Zusatzzeichen anzugeben. Innerhalb der Zone kann an einzelnen bestimmten Stellen das Halten oder Parken durch Zeichen 283 oder 286 verboten werden. Vgl. auch Nummer II zu den Zeichen 290.1 und 290.2; Rn. 2.

3.6.10 Parkdruck – Parkscheibe, Parkuhr, Parkautomat

Außerhalb von Zonen kann auf Plätzen und Straßenabschnitten durch Zeichen 314 mit Zusatzzeichen 1040-32 oder Zeichen 315 mit Zusatzzeichen 1040-32 die Benutzung von Parkscheiben (Bild 318 StVO) vorgeschrieben werden. Zusatzzeichen 1040-32 zeigt das blaue Symbol einer Parkscheibe sowie den Zusatz „... Stunden" (siehe auch Abschnitt 3.6.2).

Die Gestaltung der Parkscheibe hat das für den Verkehr zuständige Bundesministerium mit Erlass vom 24.11.1981 geregelt.

■ Parkscheibe

Darf nur in Haltverbotszonen oder dort, wo Zeichen 314 oder 315 aufgestellt ist, eingesetzt werden.

Parkplätze, auf denen die Verwendung von Parkscheiben vorgeschrieben ist, werden durch Zeichen 314 mit Zusatzzeichen 1040-32 (Symbol Parkscheibe „... Stunden") gekennzeichnet. Zeichen 314 mit Zusatzzeichen 1053-31 „mit Parkschein" kennzeichnet den Geltungsbereich von Parkscheinautomaten, Zeichen 314 mit Zusatzzeichen 1053-32 „gebührenpflichtig" kennzeichnet gebührenpflichtige Parkplätze, die nach § 45 Abs. 1b Nr. 1 StVO im Zusammenhang mit Großveranstaltungen eingerichtet werden dürfen. Auf diesen Parkplätzen darf abweichend von § 13 Abs. 1 und 2 StVO auch ohne Betätigung der dort genannten Einrichtungen zur Überwachung der Parkzeit für die Dauer der zulässigen Parkzeit halten, wer die durch zusätzlich vorhandene Vorrichtungen oder Einrichtungen (Taschenparkuhren oder Mobiltelefone) notwendigen Vorkehrungen getroffen hat (11. Ausnahmeverordnung zur StVO vom 28.1.2005, BGBl. I S. 229).

■ Parkuhr und Parkscheinautomat

Sie erlauben im Bereich des Zeichens 286 das Halten während des Laufens der Uhr oder mit gültigem Parkschein für die Dauer der zulässigen Parkzeit (§ 13 StVO). Ein- oder Aussteigen sowie Ladegeschäfte sind zulässig; die Parkuhr braucht dabei nicht in Gang gesetzt zu werden, der Parkschein ist nicht erforderlich. Wo Parkuhren stehen, braucht Zeichen 286 nicht aufgestellt zu werden.

Zu Abschnitt 3.6.10

StVO
§ 13
Einrichtungen zur Überwachung der Parkzeit

(1) An Parkuhren darf nur während des Laufens der Uhr, an Parkscheinautomaten nur mit einem Parkschein, der am oder im Fahrzeug von außen gut lesbar angebracht sein muss, für die Dauer der zulässigen Parkzeit gehalten werden. Ist eine Parkuhr oder ein Parkscheinautomat nicht funktionsfähig, darf nur bis zur angegebenen Höchstparkdauer geparkt werden. In diesem Fall ist die Parkscheibe zu verwenden (Absatz 2 Satz 1 Nummer 2). Die Parkzeitregelungen können auf bestimmte Stunden oder Tage beschränkt sein.

(2) Wird im Bereich eines eingeschränkten Haltverbots für eine Zone (Zeichen 290.1 und 290.2) oder einer Parkraumbewirtschaftungszone (Zeichen 314.1 und 314.2) oder bei den Zeichen 314 oder 315 durch ein Zusatzzeichen die Benutzung einer Parkscheibe (Bild 318) vorgeschrieben, ist das Halten und Parken nur erlaubt

1. für die Zeit, die auf dem Zusatzzeichen angegeben ist, und,
2. soweit das Fahrzeug eine von außen gut lesbare Parkscheibe hat und der Zeiger der Scheibe auf den Strich der halben Stunde eingestellt ist, die dem Zeitpunkt des Anhaltens folgt.

Sind in einem eingeschränkten Haltverbot für eine Zone oder einer Parkraumbewirtschaftungszone Parkuhren oder Parkscheinautomaten aufgestellt, gelten deren Anordnungen. Im Übrigen bleiben die Vorschriften über die Halt- und Parkverbote unberührt.

(3) Die in den Absätzen 1 und 2 genannten Einrichtungen zur Überwachung der Parkzeit müssen nicht betätigt werden, soweit die Entrichtung der Parkgebühren und die Überwachung der Parkzeit auch durch elektronische Einrichtungen oder Vorrichtungen, insbesondere Taschenparkuhren oder Mobiltelefone, sichergestellt werden kann. Satz 1 gilt nicht, soweit eine dort genannte elektronische Einrichtung oder Vorrichtung nicht funktionsfähig ist.

3.6.10 Parkdruck – Parkscheibe, Parkuhr, Parkautomat

StVO
§ 13
Einrichtungen zur Überwachung der Parkzeit

(4) Einrichtungen und Vorrichtungen zur Überwachung der Parkzeit brauchen nicht betätigt zu werden

1. beim Ein- oder Aussteigen sowie
2. zum Be- oder Entladen.

(5) Wer ein elektrisch betriebenes Fahrzeug im Sinne des Elektromobilitätsgesetzes oder ein Carsharingfahrzeug im Sinne des Carsharinggesetzes und der entsprechenden Länderregelungen führt, muss Einrichtungen und Vorrichtungen zur Überwachung der Parkzeit nicht betätigen, soweit dies durch bevorrechtigende Zusatzzeichen zu Zeichen 290.1, 314, 314.1 oder 315 angeordnet ist. Sind im Geltungsbereich einer Anordnung im Sinne des Satzes 1 Parkuhren oder Parkscheinautomaten aufgestellt, gelten deren Anordnungen. Im Übrigen bleiben die Vorschriften über die Halt- und Parkverbote unberührt.

Anmerkung: Zeichen 290.1 und 290.2 sind gemäß der VwV-StVO so aufzustellen, dass sie auch für den einbiegenden Verkehr sichtbar sind, ggf. auf beiden Straßenseiten.

VwV-StVO
zu § 13
Einrichtungen zur Überwachung der Parkzeit

Zu Absatz 1

1 I. Wo Parkuhren aufgestellt sind, darf das Zeichen 286 nicht angeordnet werden.

2 II. Parkuhren und Parkscheinautomaten sind vor allem dort anzuordnen, wo kein ausreichender Parkraum vorhanden ist und deshalb erreicht werden muss, dass möglichst viele Fahrzeuge nacheinander für möglichst kurze genau begrenzte Zeit parken können.

3 III. Vor der Anordnung von Parkuhren und Parkscheinautomaten sind die Auswirkungen auf den fließenden Verkehr und auf benachbarte Straßen zu prüfen.

4 IV. Parkraumbewirtschaftung empfiehlt sich nur dort, wo eine wirksame Überwachung gewährleistet ist.

5 V. Über Parkuhren und Parkscheinautomaten in Haltverbotszonen vgl. Nummer II zu Zeichen 290.1 und 290.2, Rn. 2.

VI. Der Parkschein soll mindestens folgende, gut lesbare Angaben enthalten:

6 1. Standort des Parkscheinautomaten

7 2. Datum und

8 3. Ende der Parkzeit.

9 VII. Für die Festlegung und die Höhe der Parkgebühren gelten die Parkgebührenordnungen (§ 6a Abs. 6 StVG).

Zu Absatz 2

10 I. Das Parken mit Parkscheibe darf nur in Haltverbotszonen (Zeichen 290.1) und Parkraumbewirtschaftungszonen (Zeichen 314.1) sowie in Verbindung mit Zeichen 314 oder 315 angeordnet werden. Zur Anordnung des Parkens mit Parkscheibe in Haltverbotszonen vgl. Nummer II zu Zeichen 290.1 und 290.2; Rn. 2.

11 II. Auf der Vorderseite der Parkscheibe sind Zusätze, auch solche zum Zwecke der Werbung, nicht zulässig.

Zu Absatz 5

11a Zur Bevorrechtigung von elektrisch betriebenen Fahrzeugen wird auf die Verwaltungsvorschrift zu § 45 Abs. 1g verwiesen. Zur Bevorrechtigung von Carsharingfahrzeugen wird auf die Verwaltungsvorschrift zu § 45 Abs. 1h verwiesen.

VwV-StVO
zu § 42
Richtzeichen

Zu Bild 318 Parkscheibe

1 Einzelheiten über die Ausgestaltung der Parkscheibe gibt das Bundesministerium für Verkehr und digitale Infrastruktur im Einvernehmen mit den zuständigen obersten Landesbehörden im Verkehrsblatt bekannt.

3.6.11 Parkplätze

Zeichen 314 ist dort anzuordnen, wo ein Hinweis auf einen Parkplatz erforderlich ist.

Das gilt auch für größere Parkplätze und Parkhäuser, die von Privatpersonen betrieben werden. Auf Parkmöglichkeiten an der Bordsteinkante oder besonders angelegten Parkstreifen braucht ein Hinweis durch dieses Zeichen nicht zu erfolgen.

In der Regel steht Zeichen 314 an der Einfahrt zu einem Parkplatz.

Zeichen 314 kann auch auf Straßen, die als Vorfahrtstraßen beschildert sind und auf denen außerorts das Parken daher verboten ist, aufgestellt werden, wenn eine dringende Notwendigkeit besteht, Parkmöglichkeiten zu schaffen (z. B. Straßen in Fremdenverkehrs- oder Wintersportgebieten). Über die Kennzeichnung von „Parken-und-Reisen"-(Park-and-Ride)-Parkplätzen siehe Zeichen 316.

Die Zeichen 316, 316-50 und 317 sind Varianten des Zeichens 314. Sie enthalten keine verbindlichen Verhaltensanweisungen für den Verkehrsteilnehmer und werden daher von der StVO in den Katalog der Verkehrszeichen (VzKat) verlagert.

Zeichen 316 dient zur Kennzeichnung von Parkplätzen in der Nähe von Haltestellen öffentlicher Verkehrsmittel, meist in den Außenbezirken von Großstädten gelegen, auf denen Kraftfahrer ihre Fahrzeuge abstellen und zur Weiterfahrt auf öffentliche Verkehrsmittel umsteigen können.

P+R-Parkplätze dienen der Entlastung der Innenstädte vom Individualverkehr.

Gemäß dem ARS 9/2001 vom 14.2.2001 S 28/ S 32/38.60.70-40/100 Va 2000 II soll eine Aufnahme in die wegweisende Beschilderung von Autobahnanschlussstellen nur erfolgen, wenn durch einen ausreichend großen Parkplatz (> 500 Stellplätze) und einen ausreichend dichten Fahrtakt (≤ 10 min) des angeschlossenen öffentlichen Verkehrs ein großer Anteil des Fernverkehrs auf den ÖPNV umsteigen kann.

Mittels Wegweisern nach den Zeichen 432 und 434 und dem Sinnbild P+R kann der Verkehr in geeigneter Weise zu solchen Parkplätzen geführt werden.

Zeichen 317 soll an solchen Parkplätzen – Autobahnparkplätze ausgenommen – aufgestellt werden, die über öffentliche Straßen erreichbar sind und an denen Rundwanderwege beginnen und enden.

Wandererparkplätze brauchen keine geschlossene Deckenbefestigung aufzuweisen. Eine der Landschaft angepasste Befestigung wie Kiesschüttung oder Trittrasen ist ausreichend. Daher entfällt in der Regel auch eine Kennzeichnung der einzelnen Pkw-Stellplätze.

Kraftfahrzeuganhänger (also auch Wohnwagenanhänger) ohne Zugfahrzeug dürfen nicht länger als zwei Wochen geparkt werden, es sei denn auf entsprechend gekennzeichneten Parkplätzen.

Siehe auch bei Zeichen 314 „Parken".

Parkplätze, auf denen Kraftfahrzeuganhänger ohne Zugfahrzeug länger als zwei Wochen parken dürfen, sind durch entsprechende Zusatzzeichen auszuweisen. Es kann hierfür das in *Bild 3.17* dargestellte Zusatzzeichen (mittleres Zusatzzeichen) verwendet werden.

Zu Abschnitt 3.6.11

VwV-StVO zu § 42 Richtzeichen

Zu Zeichen 314 Parken

1 I. Das Zeichen ist bei der Kennzeichnung von Parkplätzen im Regelfall an deren Einfahrt anzuordnen.

2 II. Zur Kennzeichnung der Parkerlaubnis auf Seitenstreifen oder am Fahrbahnrand ist es nur anzuordnen, wenn

3 a) dort das erlaubte Parken durch Zusatzzeichen beschränkt werden soll oder

b) für Verkehrsteilnehmer nicht erkennbar ist, dass dort geparkt werden darf, und eine Parkflächenmarkierung nicht in Betracht kommt.

VwV-StVO zu § 42 Richtzeichen

4 III. Als Hinweis auf größere öffentlich oder privat betriebene Parkplätze und Parkhäuser ist es nur dann anzuordnen, wenn deren Zufahrt für die Verkehrsteilnehmer nicht eindeutig erkennbar ist, aber nur im unmittelbaren Bereich dieser Zufahrt. Durch zwei weiße dachförmig aufeinander zuführende Schrägbalken über dem „P“ kann angezeigt werden, dass es sich um ein Parkhaus handelt. Nicht amtliche Zusätze im unteren Teil des Zeichens mit der Angabe „frei“, „besetzt“ oder der freien Zahl von Parkständen bzw. Stellplätzen sind zulässig.

5 IV. Durch Zusatzzeichen mit dem Sinnbild eines Fahrrades kann auf Parkflächen für Fahrräder hingewiesen werden.

6 V. Zur Bevorrechtigung von elektrisch betriebenen Fahrzeugen wird auf die VwV zu § 45 Abs. 1g verwiesen.

7 VI. Zur Parkbevorrechtigung für das Carsharing wird auf die VwV zu § 45 Abs. 1h verwiesen.

3.6.12 Pannenbuchten

Mit Zeichen 328 werden Nothalte- oder Pannenbuchten beschildert. Dabei handelt es sich um neben der Fahrbahn für den Fahrzeugverkehr befestigte Stellflächen, die in Notfällen (Panne) kurzzeitig zum Halten genutzt werden können.

Nothalte- oder Pannenbuchten sind überwiegend in Tunneln oder auf schmalen Gebirgsstraßen zu finden, weil es dort sonst im Falle eines auf der Fahrbahn haltenden Fahrzeugs zu gefährlichen Verkehrsbehinderungen kommt. In Tunneln sind diese Buchten meistens mit Notrufsäulen ausgestattet.

Die Ausweisung von Nothalte- und Pannenbuchten ist nur dort geboten, wo ansonsten wegen aus anderen Gründen dort haltender oder parkender Fahrzeuge erhebliche Gefahren für die Sicherheit oder Ordnung des Verkehrs zu besorgen wären. Auf Autobahnen oder Kraftfahrstraßen ist die Ausweisung von Nothalte- und Pannenbuchten aufgrund § 18 Abs. 8 StVO nicht erforderlich (und damit nicht zulässig), da diese Buchten zum Seitenstreifen gehören.

Mit Zeichen 328 kann auch eine Nothalte- oder Pannenbucht – auch auf Autobahnen oder Kraftfahrstraßen – angekündigt werden. Dann ist zum Zeichen 328 das Zusatzzeichen 1004-30 (in … m) anzubringen.

Zu Abschnitt 3.6.12

VwV-StVO zu § 42 Richtzeichen

Zu Zeichen 328 Nothalte- und Pannenbucht

1 I. Das Zeichen steht am Beginn einer Nothalte- und Pannenbucht. Bei besonderen örtlichen und verkehrlichen Gegebenheiten kann Zeichen 328 auch als Vorankündigung in ausreichendem Abstand (z. B. in Tunnel ca. 300 m) vor einer Nothalte- und Pannenbucht aufgestellt werden; dann ist zum Zeichen 328 das Zusatzzeichen 1004 (in … m) anzubringen.

2 II. Hinsichtlich der Anordnung des Zeichens Notrufsäule (Zeichen 365-51) wird auf die Richtlinien für die Ausstattung und den Betrieb von Straßentunneln (RABT) verwiesen.

Knotenpunkte

4

4.1 Allgemeines

In Abschnitt 4 werden die Regelungen behandelt, die im Zusammenhang mit Knotenpunkten von Straßen notwendig oder sinnvoll sind.

Wichtig sind dabei insbesondere das Ordnen der verschiedenen Verkehrsströme im Knotenpunkt (Abschnitt 4.3) und Regelungen der Vorfahrt (Abschnitt 4.5). Manchmal kann es aus Gründen der Sicherheit und Leichtigkeit des Verkehrs auch notwendig sein, einzelne Fahrbeziehungen zu unterbinden (Abschnitt 4.2). Abschnitt 4.4 ist Besonderheiten einzelner angrenzender Straßen gewidmet (Einbahnstraßen, Sackgassen).

Knotenpunkte („Kreuzungen", „Einmündungen", „Kreisverkehre") sind Verknüpfungen mehrerer Straßen und damit mehrerer Verkehrsströme. Überall dort, wo sich Verkehrsströme kreuzen oder zusammengeführt werden, entstehen Konfliktpunkte. An einer Standardkreuzung bilden zwölf Verkehrsströme insgesamt 24 Konfliktpunkte (*Bild 4.1*).

Auch wenn Vorfahrtregelungen die wichtigste und häufigste Art der Regelungen an Knotenpunkten sind, werden zunächst die Nutzungsbeschränkungen und dann die Vorfahrtregelungen behandelt, um innerhalb des Gesamtwerks den Zusammenhang mit den vorher behandelten Nutzungseinschränkungen und den nachfolgenden Verhaltensregelungen im Verkehrsablauf zu schaffen.

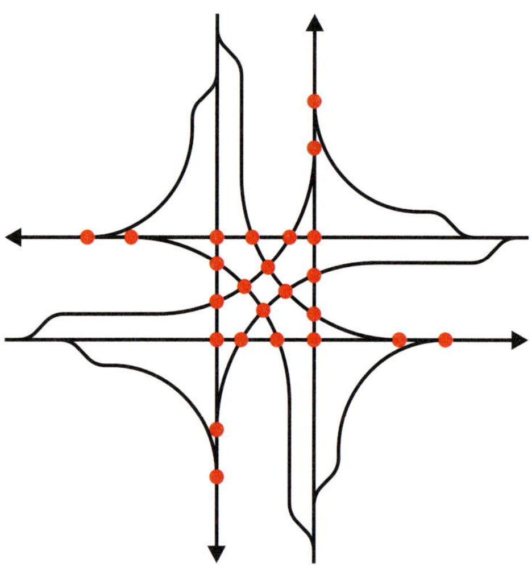

Bild 4.1 Verkehrsströme und Konfliktpunkte an einer Standardkreuzung

Aufgabe der baulichen Gestaltung und der verkehrsrechtlichen Regelungen von Knotenpunkten ist, die Sicherheit und Leichtigkeit der miteinander an den Konfliktpunkten konkurrierenden Verkehrsströme zu gewährleisten. Dabei sind die Randbedingungen zu beachten und die unterschiedlichen Gestaltungsmöglichkeiten gegeneinander abzuwägen. So führen vor allem bei höher belasteten Knotenpunkten häufig Lösungen mit größerer Kapazität (Leistungsfähigkeit, Verkehrsqualität, „Leichtigkeit") zu Problemen mit der Sicherheit, sichere Lösungen aber zu Kapazitätsproblemen. Beide Ziele können dann häufig nur mit größerem Flächeneinsatz und/oder höheren Kosten erreicht werden. Hier gilt es, eine an den Einzelfall angepasste Kompromisslösung zu finden.

In den nachfolgenden Absätzen soll zunächst ein kurzer Überblick über die Zusammenhänge gegeben werden. Eingehendere Ausführungen zur Knotenpunktgestaltung sind in den Regelwerken zur Straßengestaltung enthalten, insbesondere in den

- „Richtlinien für die Anlage von Autobahnen (RAA)", Ausgabe 2008, FGSV Verlag
- „Richtlinien für die Anlage von Landstraßen (RAL)", Ausgabe 2012, FGSV Verlag
- „Richtlinien für die Anlage von Stadtstraßen (RASt 06)", Ausgabe 2006, FGSV Verlag
- „Richtlinien für Lichtsignalanlagen (RiLSA) – Lichtzeichenanlagen für den Straßenverkehr", Ausgabe 2015, FGSV Verlag
- „Merkblatt für die Anlage von Kreisverkehren", Ausgabe 2006, FGSV Verlag.

Außer den eben genannten Regelwerken ist zur einheitlichen Gestaltung von Turbokreiseln folgendes Arbeitspapier verfügbar:

- Arbeitspapier Turbokreisverkehre, Ausgabe 2015, FGSV Verlag.

Das Regelwerk unterscheidet im Wesentlichen planfreie, teilplanfreie, teilplangleiche und plangleiche Knotenpunkte, bei Letzteren Standard-Knotenpunktformen und Kreisverkehre.

Aufgabe der Verkehrszeichen und -einrichtungen ist es, bei einfacheren Knotenpunkten vorzugeben, nach welchen Regeln die möglichen Konflikte gelöst werden sollen (in der Regel Vorfahrtregelungen, aber auch Führungen der einzelnen Ströme mit Markierungen), und den Verkehrsablauf zu vereinfachen, um Konflikte von vornherein zu vermeiden (in der Regel durch Fahrtrichtungsgebote).

Je stärker ein Knotenpunkt ausgelastet und je unübersichtlicher er ist, desto mehr sind klare Regelungen über den Ablauf erforderlich.

Gerade bei Entscheidungen zu Knotenpunkten ist immer die Gesamtsicht im Netz zu wahren. Fahrtrichtungsgebote und Probleme mit der Verkehrsqualität (Wartezeiten) verdrängen Verkehr auf andere Routen, führen dort zu mehr Verkehr und können dann vor allem an anderen Knotenpunkten zu Problemen führen.

Die Regelwerke für den Straßenentwurf haben als Gestaltungsprinzipien für eine sichere und taugliche Knotenpunktgestaltung als wesentliche Ziele herausgearbeitet:

- Erkennbarkeit
- Begreifbarkeit
- Benutzbarkeit.

Dabei bedeutet **Erkennbarkeit**, dass der Knotenpunkt rechtzeitig erkennbar ist, um Entscheidungen über die Fahrtrichtungswahl und Anpassung des Fahrverhaltens zu ermöglichen.

Dabei bedeutet **Begreifbarkeit**, dass die Verkehrsteilnehmer rechtzeitig und ohne Probleme entscheiden können, wie sie sich im Knotenpunkt verhalten müssen.

Dabei bedeutet **Benutzbarkeit**, dass die vorgesehene Benutzung, z. B. das Abbiegen in eine Nebenstraße, auch tatsächlich möglich ist. Gerade mit größeren Fahrzeugen ist das aus geometrischen Gründen nicht immer der Fall.

Die verkehrstechnische Ausstattung sollte diese Ziele unterstützen oder, soweit z. B. bei einfachen Knotenpunkten keine Wechselwirkung zur baulichen Gestaltung besteht, selbst nach diesen Zielen gestaltet sein.

Erkennbarkeit und Begreifbarkeit werden – außer durch die bauliche Gestaltung – vor allem durch die Wegweisung (siehe Abschnitt 8) unterstützt. Das Gefahrzeichen 102 dient dazu, auf einen nicht ohne Weiteres erkennbaren Knotenpunkt mit Vorfahrtregelung „Rechts vor Links“ hinzuweisen (siehe Abschnitt 4.4). Aber auch Wegweiser, die Fahrtrichtung regelnde Zeichen und Markierungen oder vorfahrtregelnde Zeichen und ihre Vorankündigung, selbst Straßennamenschilder können einen Beitrag zur Erkennbarkeit und Begreifbarkeit von Knotenpunkten liefern.

4.2 Einschränkung der Fahrbeziehungen

StVO Anlage 2 Vorschriftzeichen (zu § 41 Absatz 1) Abschnitt 2 Vorgeschriebene Fahrtrichtungen		
zu 5 bis 7		**Ge- oder Verbot** Wer ein Fahrzeug führt, muss der vorgeschriebenen Fahrtrichtung folgen. **Erläuterung** Andere als die dargestellten Fahrtrichtungen werden entsprechend vorgeschrieben. Auf Anlage 2 laufende Nummer 70 wird hingewiesen.
5	**Zeichen 209**  **Rechts**	
6	**Zeichen 211**  **Hier rechts**	
7	**Zeichen 214**  **Geradeaus oder rechts**	

StVO Anlage 2 Vorschriftzeichen (zu § 41 Absatz 1) Abschnitt 6 Verkehrsverbote		
47	Zeichen 272  Verbot des Wendens	**Ge- oder Verbot** Wer ein Fahrzeug führt, darf hier nicht wenden.
StVO Anlage 3 Richtzeichen (zu § 42 Absatz 2) Abschnitt 12 Sonstige Verkehrsführung		
		3. Blockumfahrung
83	Zeichen 590  Blockumfahrung	**Erläuterung** Das Zeichen kündigt eine durch die Zeichen „Vorgeschriebene Fahrtrichtung" (Zeichen 209 bis 214) vorgegebene Verkehrsführung an.

Mit Zeichen 209 bis 214 können an Kreuzungen und Einmündungen eine oder mehrere Fahrtrichtungen vorgeschrieben (und damit andere ausgeschlossen) werden. Das kann z. B. erforderlich sein, wenn durch das Unterbinden von Ein- oder Abbiegeströmen die Sicherheit und Leichtigkeit im Knotenpunkt erhöht werden kann oder die einmündende Straße z. B. wegen mangelnder Breite als Einbahnstraße ausgewiesen werden muss (auf Verdrängungseffekte ist zu achten).

Die Zeichen dürfen neben den Fahrstreifen stehen, für die sie gelten. Sie dürfen auch außerhalb von Knotenpunkten und an Grundstücksausfahrten (z. B. bei Parkhäusern) verwendet werden.

Die Zeichen können in Verbindung mit Signalgebern von Lichtsignalanlagen gezeigt werden, wenn ihnen der gesamte Richtungsverkehr einer Fahrbahn folgen muss. Werden sie nicht mit Grünpfeilen, sondern mit vollem Grünlicht gezeigt, sind nicht unbedingt alle „feindlichen" Verkehrsströme gesperrt. So können z. B. Fußgängerfurten, die Fahrzeuge beim Abbiegen kreuzen müssen, für die Fußgänger freigegeben sein.

Für die anderen Fahrtrichtungen leitet der VzKat entsprechende Verkehrszeichen aus den Darstellungen der StVO her. *Bild 4.2* zeigt die im VzKat vorgesehenen Kombinationen. Ein Anpassen der Pfeilrichtungen an den tatsächlichen Straßen-

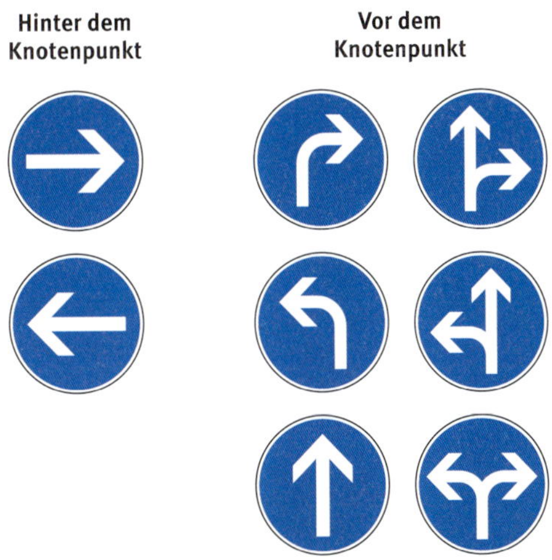

Bild 4.2 Varianten der Z 209 bis 214

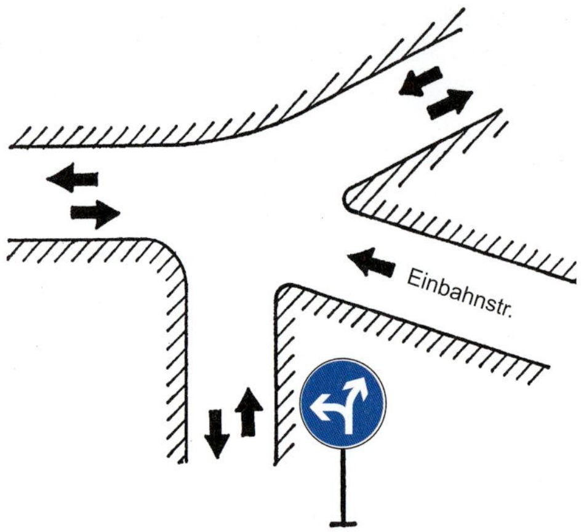

Bild 4.3 Z 214 mit einer an den tatsächlichen Straßenverlauf angepassten Pfeilgestaltung

verlauf darf nur erfolgen, wenn dies zur Klarstellung der Situation notwendig ist (VwV-StVO zu § 41 zu den Zeichen 209 bis 214, Rn. 1; siehe *Bild 4.3*). Insoweit lässt diese Spezialvorschrift eine Abweichung von der allgemeinen Vorgabe der VwV-StVO zu §§ 39 bis 43, Rn. 7 ausdrücklich zu. Dennoch sollte hiervon nur sparsam Gebrauch gemacht werden.

Im Gegensatz zu Zeichen 209, das eine Vorankündigung für eine vorgeschriebene Fahrtrichtung darstellt, besagt Zeichen 211, dass die Fahrtrichtungsänderung „hier" (direkt vor dem Schild) vorzunehmen ist.

Die Zeichen 209 und 214 stehen in der Regel unmittelbar vor dem Knotenpunkt. Zeichen 211 steht unmittelbar hinter der Stelle, an der abzubiegen ist. Wird Zeichen 209 angeordnet, ist die zusätzliche Anordnung von Zeichen 214 in der Regel entbehrlich; dasselbe gilt umgekehrt. Zeichen 209 und 214 sind nicht geeignet, bei mehrstreifigen Knotenpunktzufahrten Fahrstreifenzuteilungen anzuordnen.

Sollen die Zeichen in Verbindung mit Signalgebern von Lichtsignalanlagen eingesetzt werden, sollten sie auf der rechten Straßenseite bei Dämmerung und Dunkelheit erleuchtet oder beleuchtet sein. Bei Zeichen auf der linken Seite genügt es, wenn sie voll rückstrahlen. Dürfen an einem Knotenpunkt alle baulich vorhandenen Fahrtrichtungen gewählt werden, hat die Anordnung von Zeichen 209 bis 214 zu unterbleiben; die Fahrstreifenzuteilung ist dann durch die hierfür vorgesehenen Verkehrszeichen anzuordnen (vgl. VwV-StVO zu § 41 zu den Zeichen 209 bis 214, Rn. 3).

Das Gebot einer bestimmten Fahrtrichtung kann durch Zusatzzeichen auf bestimmte Verkehrsarten oder Fahrzeuge beschränkt werden (siehe *Bild 2.14*). Im Gegensatz zu Zeichen 220 „Einbahnstraße" gebietet Zeichen 211 nur die Fahrtrichtung im Knotenpunkt. Auf der Straße, in die ein- oder abgebogen wird, kann also Verkehr in Gegenrichtung vorhanden sein.

Bei Einbahnstraßen ist daher Zeichen 220, bei Straßen mit Verkehr in beiden Richtungen dagegen Zeichen 211 zu verwenden (*Bilder 4.4* und *4.5*).

Über die empfohlenen Einschränkungen bei der Verwendung der Zeichen 209, 214 und 214-10 vor Knotenpunkten mit der Vorfahrtregelung „Rechts vor Links" siehe Abschnitt 4.5.2 Vorfahrtregelung „Rechts vor Links".

Das Aufstellen und Entfernen des Zeichens 209 bedarf auf Autobahnen und Kraftfahrstraßen der Zustimmung der obersten Landesbehörde oder der von ihr bestimmten Stelle (VwV-StVO zu § 45 zu Abs. 1 bis 1e, Rn. 7).

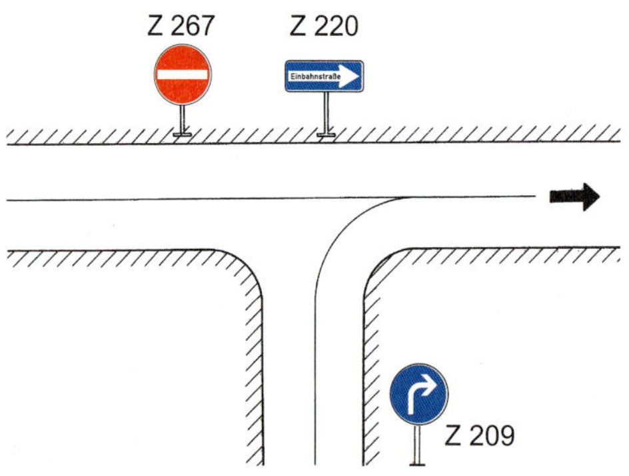

Bild 4.4 Verwendung von Z 220 bei Einbahnstraßen. Zur Anordnung von Z 209 vgl. Abschnitt 4.5.2

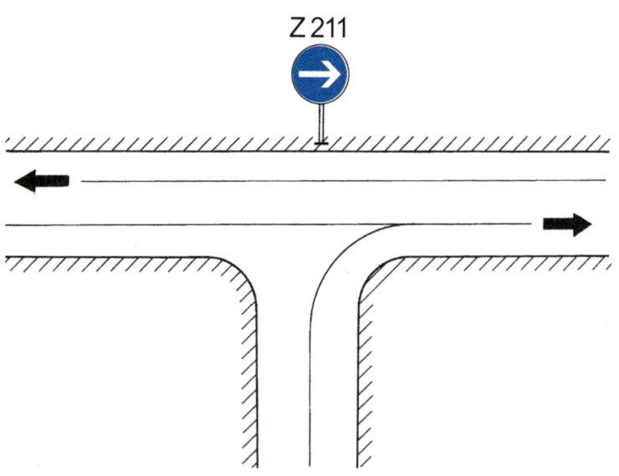

Bild 4.5 Verwendung von Z 211 bei Straßen mit Verkehr in beiden Richtungen

Mit Zeichen 272 kann das Wenden für Fahrzeuge verboten werden. In der Regel erfolgt die Anordnung an Knotenpunkten. Auf Straßen, bei denen die Verkehrsrichtungen durch einen Mittelstreifen voneinander getrennt sind, in gewissen Abständen aber aus Betriebsgründen Mittelstreifen-Überfahrten bestehen, auf denen ein Wenden zwar baulich möglich wäre, aber eine erhebliche Gefahr darstellen würde, ist das Wenden in der Regel bereits durch die Anordnung von Fahrbahnbegrenzungen (Zeichen 295) verboten.

Zeichen 272 darf auf Autobahnen (Zeichen 330.1) und Kraftfahrstraßen (Zeichen 331.1) nicht aufgestellt werden, weil dort das Wenden gemäß § 18 Abs. 7 StVO verboten ist (VwV-StVO zu §§ 39 bis 43, Rn. 2).

Zeichen 272 „Wendeverbot" wird in der Regel vor Knotenpunkten angeordnet, wenn aus Gründen der Sicherheit und Leichtigkeit des Verkehrs dort ein Wenden der Fahrzeuge untersagt werden muss. Dies kann der Fall sein, wenn z. B. wendender Verkehr in Konflikt mit einem durch Lichtsignalgeber mit grünem Pfeil freigegebenen Verkehrsstrom geraten könnte oder eine besondere Gefahr von Auffahrunfällen mit oder hinter wartenden Fahrzeugen besteht, die wenden wollen, insbesondere bei gesichert geführten Linksabbiegern. Eine Beschränkung auf bestimmte Fahrzeugarten kann zweckmäßig sein, wenn große Fahrzeuge wegen beengter Verhältnisse nicht in einem Zug wenden könnten, zurücksetzen müssten und hiervon besondere Gefahren für die Sicherheit und Ordnung des Verkehrs ausgingen.

Zeichen 590 ist in der Regel nur innerhalb von Ortschaften aufzustellen, wo eine mit den Zeichen 209 bis 214 „Vorgeschriebene Fahrtrichtung" ausgeschilderte schwierige Verkehrsführung oder Blockumfahrung angekündigt werden soll.

Dieses im Zeichen 590 dargestellte Muster für eine Verkehrsführung deutet an, dass im weiteren Verlauf der Straße das Linksabbiegen verboten ist oder im Interesse des Verkehrsflusses durch die dargestellte Verkehrsführung umgangen werden soll. Damit wird die Einsatzmöglichkeit von Zeichen 590 umrissen. Eine sehr sparsame Verwendung ist angezeigt.

Eine möglichst vereinfachte Darstellung des Straßen- und Umleitungsverlaufs muss angestrebt werden (siehe Abschnitte 8.2 und 8.4.2), und die Gestaltungsregeln der allgemeinen Wegweisung sind zu beachten (siehe Abschnitte 8.3 und 8.4).

Zu Abschnitt 4.2

VwV-StVO zu § 41 Vorschriftzeichen

Zu den Zeichen 209 bis 214 Vorgeschriebene Fahrtrichtung

1 I. In Abweichung von den abgebildeten Grundformen dürfen die Pfeilrichtungen dem tatsächlichen Verlauf der Straße, in die der Fahrverkehr eingewiesen wird, nur dann angepasst werden, wenn dies zur Klarstellung notwendig ist.

2 II. Die Zeichen „Hier rechts" und „Hier links" sind hinter der Stelle anzuordnen, an der abzubiegen ist, die Zeichen „Rechts" und „Links" vor dieser Stelle. Das Zeichen „Geradeaus" und alle Zeichen mit kombinierten Pfeilen müssen vor der Stelle stehen, an der in eine oder mehrere Richtungen nicht abgebogen werden darf.

3 III. In Verbindung mit Lichtzeichen dürfen die Zeichen nur dann angebracht sein, wenn für den gesamten Richtungsverkehr ein Abbiegever- oder -gebot insgesamt angeordnet werden soll. Sie dürfen nicht nur fahrstreifenbezogen zur Unterstützung der durch die Fahrtrichtungspfeile oder Pfeile in Lichtzeichen vorgeschriebenen Fahrtrichtung angeordnet werden.

4 IV. Vgl. auch Nr. IV zu § 41; Rn. 4 und über die Zustimmungsbedürftigkeit Nr. III 1 Buchstabe d zu § 45 Abs. 1 bis 1e; Rn. 7.

...

Zu Zeichen 272 Wendeverbot

1 Nr. III zu Zeichen 209 bis 214; Rn. 3 gilt entsprechend.

4.3 Ordnung im Knotenpunkt

StVO Anlage 2 Vorschriftzeichen (zu § 41 Absatz 1) Abschnitt 3 Vorgeschriebene Vorbeifahrt		
10	**Zeichen 222**  **Rechts vorbei**	**Ge- oder Verbot** Wer ein Fahrzeug führt, muss der vorgeschriebenen Vorbeifahrt folgen. **Erläuterung** „Links vorbei" wird entsprechend vorgeschrieben.
Abschnitt 9 Markierungen		
70	**Zeichen 297**  **Pfeilmarkierungen**	**Ge- oder Verbot** 1. Wer ein Fahrzeug führt, muss der Fahrtrichtung auf der folgenden Kreuzung oder Einmündung folgen, wenn zwischen den Pfeilen Leitlinien (Zeichen 340) oder Fahrstreifenbegrenzungen (Zeichen 295) markiert sind. 2. Wer ein Fahrzeug führt, darf auf der mit Pfeilen markierten Strecke der Fahrbahn nicht halten (§ 12 Absatz 1). **Erläuterung** Pfeile empfehlen, sich rechtzeitig einzuordnen und in Fahrstreifen nebeneinander zu fahren. Fahrzeuge, die sich eingeordnet haben, dürfen auch rechts überholt werden.
71	**Zeichen 297.1**  **Vorankündigungspfeil**	**Erläuterung** Mit dem Vorankündigungspfeil wird eine Fahrstreifenbegrenzung angekündigt oder das Ende eines Fahrstreifens angezeigt. Die Ausführung des Pfeils kann von der gezeigten abweichen.
72	**Zeichen 298** 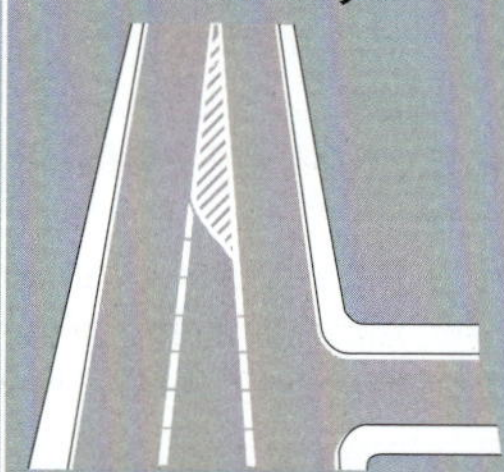 **Sperrfläche**	**Ge- oder Verbot** Wer ein Fahrzeug führt, darf Sperrflächen nicht benutzen.

StVO Anlage 3 Richtzeichen (zu § 42 Absatz 2) **Abschnitt 12 Sonstige Verkehrsführung**		
		2. Verkehrslenkungstafeln
82	**Zeichen 531**  **Einengungstafel**	
82.1	Reißverschluss erst in ...... m	**Erläuterung** Bei Einengungstafeln wird mit dem Zusatzzeichen der Ort angekündigt, an dem der Fahrstreifenwechsel nach dem Reißverschlussverfahren (§ 7 Absatz 4) erfolgen soll.

Zur Ordnung des Verkehrs in Knotenpunkten werden, vor allem in größeren Knotenpunkten, Verkehrsinseln eingebaut, welche die Verkehrsströme führen und voneinander trennen. Fußgängern geben sie vor allem innerorts die Möglichkeit, sich außerhalb des Verkehrsraums der Fahrzeuge gefahrlos aufzuhalten. Mit Zeichen 222 kann angeordnet werden, an welcher Seite der Insel der Verkehr vorbeifahren muss. Zwischen dem Zeichen und dem Verkehr, an den es sich wendet, darf kein Gegenverkehr vorhanden sein.

Andere Beispiele: Haltestelleninseln, Anfang eines Fahrbahnteilers, Querungshilfen für Fußgänger, Arbeitsstellen.

Zeichen 222 wird am Beginn der Vorbeifahrt angebracht. An der Spitze von Verkehrsinseln oder Fahrbahnteilern braucht allgemein nur Zeichen 222 angebracht zu werden und dies auch nur dort, wo nicht zweifelsfrei erkennbar ist, auf welcher Seite vorbeizufahren ist. Wird das Zeichen angeordnet, so ist bei der Positionierung besonders auf die Sichtbarkeit der auf der Insel wartenden Fußgänger zu achten. Die Anbringung der Zeichen 222 und 267 untereinander an einem Pfosten ist unzulässig, da widersprüchlich. Auch Leitplatten unter Zeichen 222 sind in der Regel nicht anzuordnen (VwV-StVO zu § 41 zu Zeichen 222, Rn. 2). Allerdings ist die zusätzliche Anordnung einer Fahrbahnmarkierung als Fahrstreifenbegrenzung (Zeichen 295) außerorts vor Inseln erforderlich, innerorts kann sie sich außerhalb von Tempo 30-Zonen empfehlen. Zur Anordnung siehe auch Abschnitt 5.3.2.

Eine Ausnahme bilden die Inselspitzen, die von Autobahnein- und Autobahnausfahrten gebildet werden (siehe *Bild 4.6*). Zur Sicherung gegen falsches Einfahren in die Autobahn kann es hier zweckmäßig sein, zusätzlich zu Zeichen 222 auch noch Zeichen 267 aufzustellen, jedoch auch dort keinesfalls untereinander an einem Pfosten. Zeichen 267 ist erforderlichenfalls beiderseits des Ausfahrtastes aufzustellen (siehe *Bild 4.6*).

In der Regel empfiehlt es sich außerdem, Zeichen 222 um ca. 15° in Richtung der Linksabbieger zu drehen, damit diese das Zeichen besser erkennen können.

Darf an einem Hindernis rechts und links vorbeigefahren werden, so ist dies in der Regel durch Leitplatten (Zeichen 626, siehe Abschnitt 5.2.2) mit nach beiden Seiten abfallenden rot-weißen Streifen und durch Fahrbahnmarkierungen zu signalisieren, keinesfalls jedoch durch eine Kombination der Zeichen 222-10 „Links vorbei“ und 222 „Rechts vorbei“.

Sperrflächen (Zeichen 298) unterstützen den Fahrweg durch schräg aufgebrachte Streifen. Sie dürfen nicht überfahren werden.

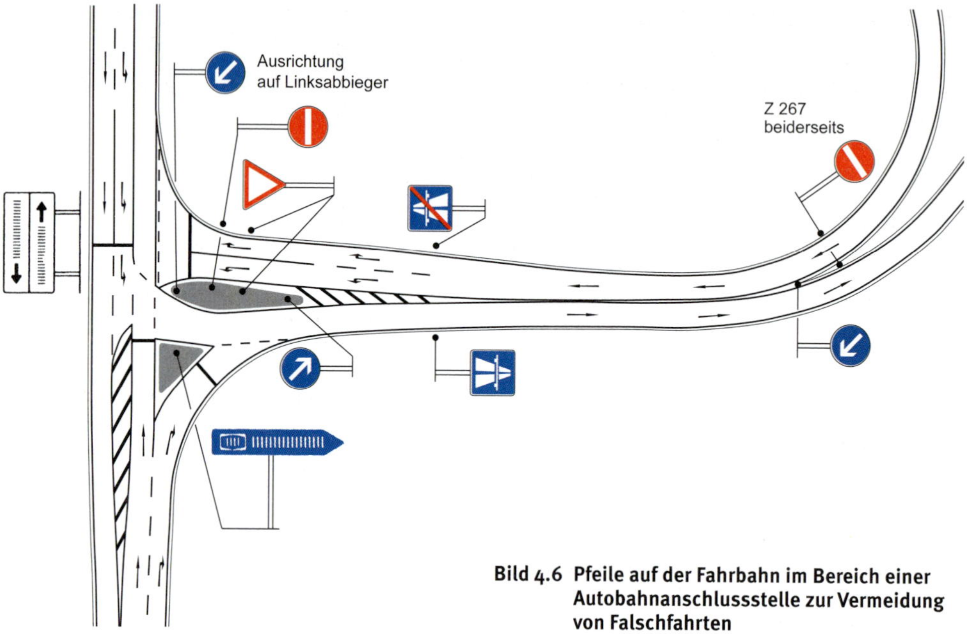

Bild 4.6 Pfeile auf der Fahrbahn im Bereich einer Autobahnanschlussstelle zur Vermeidung von Falschfahrten

Insbesondere bei für den Fahrzeugführer unerwarteten Hindernissen in der Fahrbahn, z. B. Haltestelleninseln oder Querungshilfen für Fußgänger, empfiehlt es sich, die Zeichen stark retroreflektierend auszubilden und konsequent so nah wie möglich an dem Rand anzuordnen, an dem vorbeigefahren werden soll. Weitere Maßnahmen, z. B. Kombination mit Leitplatten, ein weißer Anstrich der Inselspitzen oder die (gestalterisch oft unerwünschte) Anordnung von Reflektoren an den Bordsteinen, sind dann in der Regel entbehrlich.

Um die gegenüber den Streckenabschnitten geringere Kapazität (Leistungsfähigkeit) des Knotenpunkts auszugleichen, werden im Knotenpunktbereich vor allem bei höher belasteten Knotenpunkten mehrere Fahrstreifen vorgesehen. Insbesondere empfiehlt sich dies für die Linksabbieger/-einbieger, da bei diesem Verkehrsstrom zum einen die Behinderung am größten ist, zum anderen auch Sicherheitsprobleme durch auffahrende nachfolgende Fahrzeuge zu befürchten sind. Außerdem können Fahrstreifen für Rechtsabbieger/-einbieger oder weitere Fahrstreifen für den Geradeausverkehr sinnvoll sein. Durch Zeichen 297 (Pfeilmarkierung) wird die Zweckbestimmung dieser Fahrstreifen verdeutlicht.

Von den so markierten Fahrstreifen muss den Pfeilen entsprechend geradeaus weitergefahren oder abgebogen werden, wenn für alle markierten Fahrstreifen einer Fahrtrichtung Pfeilmarkierungen angeordnet sind. Außerdem darf auf so markierten Fahrstreifen nicht gehalten werden. Der Geradeauspfeil kann mit dem nach rechts weisenden Pfeil kombiniert werden. Die Kombination Geradeauspfeil und linksweisender Pfeil ist nur dann zweckmäßig, wenn Geradeaus- und Linksabbiegeverkehr zur gleichen Zeit unbehindert abfließen können (z. B. vom Knotenpunkt wegführende Einbahnstraßen, Signalprogramme ohne gleichzeitige Freigabe von Strömen mit Vorrang nach § 9 StVO). Die Zuweisung der einzelnen Fahrspuren für bestimmte Richtungen (z. B. für Geradeausverkehr, für Rechtsabbieger) soll auf Grundlage geeigneter Daten, z. B. von Stromzählungen, erfolgen. Oft genügt dafür eine repräsentative Zählung über mehrere Stunden. Bei signalgeregelten Knotenpunkten sind Fahrstreifenzuweisung, Signalprogramm und Verkehrsnachfrage sorgfältig aufeinander abzustimmen.

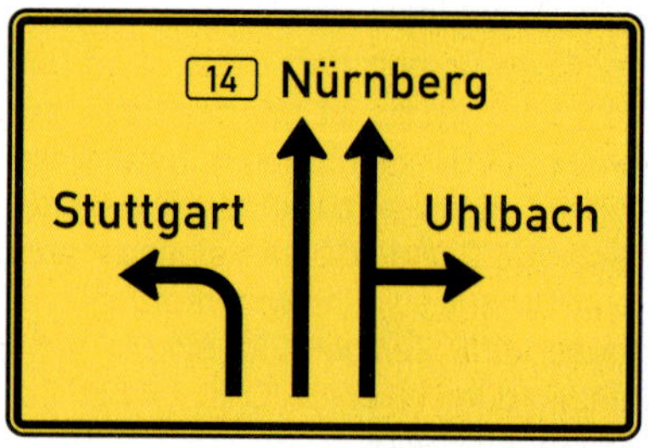

Bild 4.7 Gegliederte Vorwegweiser (Z 439)

Vergleiche auch Abschnitt 2.6.4 und die

- „Richtlinien für die Markierung von Straßen – Teil 1: Abmessungen und geometrische Anordnung von Markierungszeichen (RMS-1)“, Ausgabe 1993, FGSV Verlag,
- „Richtlinien für die Markierung von Straßen – Teil 2: Anwendung von Fahrbahnmarkierungen (RMS-2)“, Ausgabe 1980, Berichtigter Nachdruck 1995, FGSV Verlag.

Wo es erforderlich ist, kann durch Vorwegweiser eine Vorankündigung der Sortierspuren erfolgen. Hierzu werden in der Regel „fahrstreifengegliederte Vorwegweiser“ (*Bild 4.7*) verwendet, vgl. auch Zeichen 439.

Bei hochbelasteten, großzügig ausgebauten oder komplexen Knotenpunkten kann es erforderlich sein, fahrstreifenbezogene Wegweisung über Kopf anzuordnen.

Ein Anpassen der Pfeile an besondere örtliche Gegebenheiten ist möglich. Mit Pfeilen auf der Fahrbahn darf auch in Einbahnstraßen die erlaubte Verkehrsrichtung angezeigt werden. Dies ist jedoch nur sinnvoll, wenn trotz Beschilderung Zweifel auftreten, wie zu fahren ist.

Pfeile auf den Fahrbahnen können in Einzelfällen auch im Bereich von Autobahnanschlussstellen dazu verwendet werden, den Verkehrsteilnehmern den richtigen Fahrweg zu bestätigen und so mögliche Falschfahrten zu verhindern (*Bild 4.6*). Im Übrigen werden vom für den Verkehr zuständigen Bundesministerium nach Abstimmung mit den Ländern generell verkehrstechnische und verkehrsrechtliche Maßnahmen zum Schutz gegen Falschfahrten auf Autobahnen empfohlen (siehe *Tabelle 4.1*).

Bild 4.8 Einengungstafel (Z 531-20) und markierter Vorankündigungspfeil (Z 297.1-21) bei endenden Fahrstreifen

In einer Knotenpunkteinfahrt dürfen für eine bestimmte Richtung nur so viele Fahrstreifen markiert werden, wie in der entsprechenden Ausfahrt vorhanden sind. Werden insbesondere bei lichtsignalgeregelten Knotenpunkten aus Gründen der Kapazität (Leistungsfähigkeit) mehr Fahrstreifen benötigt, so ist die entspre-

Tabelle 4.1 Generelle Maßnahmen zum Schutz gegen das Falschfahren auf Autobahnen

BAB-Netz	1. Individuelle Überprüfung aller Anlagen an den Autobahnen (bauliche Ausführung, Beschilderung, Markierung)
Autobahnkreuze, -dreiecke, Anschlussstellen	2. Schilder in Übergröße 3. Zeichen 209 und/oder Zeichen 209-30 an Autobahnkreuzen und -dreiecken (außer an Verflechtungsstrecken nach RAL-K-2) 4. Zeichen 209-30 an Knotenpunkten mit fehlender Verkehrsbeziehung (z. B. unvollständiges Autobahndreieck) 5. Zeichen 267 beidseitig an Einmündung der Ausfahrt in die nachgeordnete Straße mit Tropfen (Anschlussstellen) 6. Zeichen 267 beidseitig an Trenninselspitze der Ein- und Ausfahrtrampe (Anschlussstellen) 7. Zeichen 295 zur Trennung der Ein- und Ausfahrtrampe 8. Verlängerung der Markierung Zeichen 295 an Hauptfahrbahnen 9. Leitpfostenrückseite ohne Rückstrahler
Nebenanlagen	10. Zeichen 267 an großflächigen Einrichtungen beidseitig an den Zufahrten 11. Abfahrtanzeige als Rechteckschild ausführen 12. An stumpfwinklig ausgeführten Abfahrten Zeichen 209
Baustellen	13. Trennung der gegenläufigen Behelfsstreifen mit doppelter Markierungsknopfreihe bzw. Doppellinie 14. Deutliche Ausführung der Überleitbereiche, dichte Anordnung der Beleuchtung

chende Ausfahrt ebenfalls auf die entsprechende Fahrstreifenanzahl zu erweitern und in ihrer Länge so zu dimensionieren, dass sie einen dem Signalprogramm entsprechenden Fahrzeugpulk aufnehmen kann. Soweit die entsprechende Einengung nicht ohne Weiteres zu erkennen ist, ist sie durch Zeichen 531 anzukündigen. Innerhalb geschlossener Ortschaften – ausgenommen Autobahnen und Kraftfahrstraßen – sollte auf dessen Anordnung verzichtet werden. Der entsprechende Hinweis auf den „Reißverschluss" ist in der Regel nötig, da die Anordnung ja wegen der hohen Verkehrsdichte notwendig wurde. Hinweise auf das Einordnen nach dem Reißverschlussprinzip sollen nicht gegeben werden, da dies bereits durch die StVO vorgeschrieben ist (§ 7 Abs. 4), vgl. VwV-StVO zu §§ 39 bis 43, Rn. 2 Satz 1. Um die reibungslose Anwendung des Reißverschlussprinzips zu ermöglichen, ist auf die Anordnung von Überholverboten im Bereich der Fahrstreifenreduktion zu verzichten.

Für endende Fahrstreifen sehen die RMS-1 besondere Pfeilformen vor (siehe StVO sowie Zeichen 297.1 und Abschnitt 2.5 der RMS-1). So kann bei einer Fahrstreifenreduktion durch markierte Vorankündigungspfeile den Verkehrsteilnehmern neben anderen Hilfen (z. B. Zeichen 531 Einengungstafel) das rechtzeitige Einordnen angezeigt werden (*Bild 4.8*).

Zu Abschnitt 4.3

StVO
§ 7
Benutzung von Fahrstreifen durch Kraftfahrzeuge

(4) Ist auf Straßen mit mehreren Fahrstreifen für eine Richtung das durchgehende Befahren eines Fahrstreifens nicht möglich oder endet ein Fahrstreifen, ist den am Weiterfahren gehinderten Fahrzeugen der Übergang auf den benachbarten Fahrstreifen in der Weise zu ermöglichen, dass sich diese Fahrzeuge unmittelbar vor Beginn der Verengung jeweils im Wechsel nach einem auf dem durchgehenden Fahrstreifen fahrenden Fahrzeug einordnen können (Reißverschlussverfahren).

VwV-StVO
zu § 7
Benutzung von Fahrstreifen durch Kraftfahrzeuge

Zu Absatz 3

3 Werden innerhalb geschlossener Ortschaften auf Straßen mit mehreren Fahrstreifen für eine Richtung Leitlinien markiert, so ist anzustreben, dass die Anzahl der dem geradeausfahrenden Verkehr zur Verfügung stehenden Fahrstreifen im Bereich von Kreuzungen und Einmündungen nicht dadurch verringert wird, dass ein Fahrstreifen durch einen Pfeil auf der Fahrbahn (Zeichen 297) nur einem abbiegenden Verkehrsstrom zugewiesen wird. Wenn das Abbiegen zugelassen werden muss, besondere Fahrstreifen für Abbieger aber nicht zur Verfügung stehen, so kommt unter Umständen die Anbringung kombinierter Pfeile, z. B. Geradeaus/Links, in Frage.

VwV-StVO
zu § 41
Vorschriftzeichen

Zu Zeichen 222 Rechts vorbei

1 I. Das Zeichen ist anzuordnen, wo nicht zweifelsfrei erkennbar ist, an welcher Seite vorbeizufahren ist.

2 II. Wenn das Zeichen angeordnet wird, ist in der Regel auf eine Kenntlichmachung der Hindernisse durch weitere Verkehrszeichen und Verkehrseinrichtungen zu verzichten. Die zusätzliche Anordnung von Zeichen 295 ist außerorts vor Inseln erforderlich, innerorts kann sie sich außerhalb von Tempo 30-Zonen empfehlen.

3 III. Kann an einem Hindernis sowohl rechts als auch links vorbeigefahren werden, verbietet sich die Anordnung des Zeichens. In diesen Fällen kommt die Anordnung von Leitplatten (Zeichen 626) und/oder von Fahrbahnmarkierungen in Betracht.

...

Zu Zeichen 297.1 Vorankündigungspfeil

1 I. Aus Gründen der besseren Erkennbarkeit für den Kraftfahrer wird empfohlen, zur Ankündigung des Endes eines Fahrstreifens eine abweichende Ausführung des Pfeils zu verwenden. Diese gibt das Bundesministerium für Verkehr und digitale Infrastruktur nach Anhörung der zuständigen obersten Landesbehörden im Verkehrsblatt bekannt.

2 II. Auf Nr. IV zu §§ 39 bis 43 Allgemeines über Verkehrszeichen und Verkehrseinrichtungen wird verwiesen.

VwV-StVO zu § 42 Richtzeichen

Zu den Zeichen 501 bis 546 Verkehrslenkungstafeln

1 I. Verkehrslenkungstafeln umfassen Überleitungstafeln (Zeichen 501 und 505), Verschwenkungstafeln (Zeichen 511 bis 515), Fahrstreifentafeln (Zeichen 521 bis 526), Einengungstafeln (Zeichen 531 bis 536), Aufweitungstafeln (Zeichen 541 bis 546), Trennungstafeln (Zeichen 533) und Zusammenführungstafeln (Zeichen 543 und 544). Die Zeichen sind im amtlichen Katalog der Verkehrszeichen (VzKat) dargestellt.

2 II. Verkehrslenkungstafeln werden 200 m vor dem Bezugspunkt aufgestellt. Abweichend davon beträgt der Abstand zum Bezugspunkt auf Straßen innerhalb geschlossener Ortschaften mit einem Fahrstreifen pro Richtung zwischen 50 und 100 m. Bei Straßen innerhalb und außerhalb geschlossener Ortschaften mit mehr als einem Fahrstreifen pro Richtung wird eine weitere Verkehrslenkungstafel etwa 400 m vor dem Bezugspunkt angeordnet. Auf Straßen mit baulich getrennten Richtungsfahrbahnen sind Verkehrslenkungstafeln beidseitig der Fahrbahn aufzustellen.

3 III. Der Abstand zum Bezugspunkt ist durch ein Zusatzzeichen (Zeichen 1004 „Entfernungsangabe“) anzuzeigen.

...

6 VI. Die Standardgröße beträgt 1 600 × 1 250 mm (Höhe × Breite). Bei einer Aufstellung innerorts kann das Maß auf 70 % der Standardgröße verringert werden (1 120 × 875 mm).

7 VII. Zusatzzeichen zu Verkehrslenkungstafeln haben eine Höhe von 500 mm und sind in der Breite an die Breite der Verkehrslenkungstafel anzupassen.

4.4 Angrenzende Straßen (Einbahnstraßen, Sackgassen)

StVO Anlage 2 Vorschriftzeichen (zu § 41 Absatz 1) Abschnitt 2 Vorgeschriebene Fahrtrichtungen		
9	**Zeichen 220**  **Einbahnstraße**	**Ge- oder Verbot** Wer ein Fahrzeug führt, darf die Einbahnstraße nur in Richtung des Pfeils befahren. **Erläuterung** Das Zeichen schreibt für den Fahrzeugverkehr auf der Fahrbahn die Fahrtrichtung vor.
9.1		**Ge- oder Verbot** Ist Zeichen 220 mit diesem Zusatzzeichen angeordnet, bedeutet dies: Wer ein Fahrzeug führt, muss beim Einbiegen und im Verlauf einer Einbahnstraße auf Radverkehr und Elektrokleinstfahrzeuge im Sinne der eKFV entgegen der Fahrtrichtung achten. **Erläuterung** Das Zusatzzeichen zeigt an, dass Radverkehr in der Gegenrichtung zugelassen ist. Beim Vorbeifahren an einer für den gegenläufigen Radverkehr freigegebenen Einbahnstraße bleibt gegenüber dem ausfahrenden Radfahrer der Grundsatz, dass Vorfahrt hat, wer von rechts kommt (§ 8 Absatz 1 Satz 1), unberührt. Dies gilt auch für den ausfahrenden Radverkehr. Mündet eine Einbahnstraße für den gegenläufig zugelassenen Radverkehr in eine Vorfahrtstraße, steht für den aus der Einbahnstraße ausfahrenden Radverkehr das Zeichen 205.
Abschnitt 6 Verkehrsverbote		
41	**Zeichen 267**  **Verbot der Einfahrt**	**Ge- oder Verbot** Wer ein Fahrzeug führt, darf nicht in die Fahrbahn einfahren, für die das Zeichen angeordnet ist. **Erläuterung** Das Zeichen steht auf der rechten Seite der Fahrbahn, für die es gilt, oder auf beiden Seiten dieser Fahrbahn.
41.1		**Ge- oder Verbot** Durch das Zusatzzeichen zu dem Zeichen 267 ist die Einfahrt für den Radverkehr und Elektrokleinstfahrzeuge im Sinne der eKFV zugelassen.

StVO Anlage 3 Richtzeichen (zu § 42 Absatz 2)
Abschnitt 9 Hinweise

27	**Zeichen 357**  **Sackgasse**	**Erläuterung** Im oberen Teil des Verkehrszeichens kann die Durchlässigkeit der Sackgasse für den Radverkehr und/oder Fußgängerverkehr durch Piktogramme angezeigt sein.

Mit Zeichen 220 wird eine Straße als Einbahnstraße ausgewiesen, d. h., der Fahrzeugverkehr ist nur in der angegebenen Richtung, nicht aber in der Gegenrichtung erlaubt.

Die Anordnung von Einbahnstraßen kann z. B. erforderlich sein, wenn

- die Fahrbahnbreite unter Berücksichtigung der Verkehrsstärke und notwendiger Parkmöglichkeiten einerseits sowie Ausweichmöglichkeiten zum Vorbeilassen des Gegenverkehrs andererseits nicht für einen Zweirichtungsverkehr ausreicht,
- der Verkehrsablauf an angrenzenden Knotenpunkten vereinfacht werden muss,
- durch die Ausweisung von „Einbahnstraßen-Zwillingen" die Kapazität (Leistungsfähigkeit) des gesamten Netzes erhöht werden kann oder
- durch ausgeklügelte Ausweisung von Einbahnstraßen Wohngebiete für den Erschließungsverkehr erreichbar, für den Durchgangsverkehr (Schleichverkehr) aber unattraktiv gemacht werden sollen.

Beim Einrichten von Einbahnstraßen ist stets zu berücksichtigen, dass dadurch das Anfahren von Zielen erschwert wird, Umwegfahrten erzeugt werden und räumliche Verkehrsverlagerungen erfolgen. Die systematische Anordnung von Einbahnstraßen-Zwillingen kann die Orientierung wieder erleichtern.

Bild 4.9 Z 353, das seit 2013 nicht mehr in der StVO enthalten ist und gemäß § 53 Abs. 2 Nr. 4 StVO noch bis 31.10.2022 gültig war

Zeichen 220 ist zu Beginn von Einbahnstraßen und an allen Knotenpunkten im Verlauf der Einbahnstraßen aufzustellen (falls erforderlich beidseitig), wo dem Verkehrsteilnehmer angezeigt werden soll, dass diese Straße nur in einer Richtung befahren werden darf. In jedem Fall ist in Einbahnstraßen Zeichen 220 zum Anzeigen der Fahrtrichtung zu verwenden und nicht Zeichen 209-30. Zeichen 353 (siehe *Bild 4.9*), das nicht die gleiche Bedeutung wie Zeichen 220 hatte, sondern nur auf die Fortgeltung einer Einbahnstraße in deren Verlauf hinwies und quer zur Fahrtrichtung aufgestellt wurde, hat sich in Deutschland nicht durchsetzen können und ist daher 2013 wieder aus der StVO entfernt worden. Angeordnete Zeichen blieben aber noch bis 31.10.2022 gültig.

Wird mit Zeichen 220 eine Einbahnstraße angeordnet, ist die Einfahrt aus der Gegenrichtung mit Zeichen 267 zu unterbinden.

Im Gegensatz zu Zeichen 250, das die dahinter liegende Straße für den gesamten Fahrzeugverkehr in alle Richtungen sperrt, wird mit Zeichen 267 nur die Einfahrt verboten. Es ist daher mit regelmäßigem Verkehr aus der Straße heraus zu rechnen.

Der Umstand, dass die Einfahrt in die Straße verboten ist, bedingt nicht unbedingt, dass die dahinter liegende Straße eine Einbahnstraße ist. Gründe wie die notwendige Regelung des Verkehrsablaufs in Knotenpunkten oder die Vermeidung von Schleichverkehr können es erfordern, die Einfahrt in eine Straße zu verbieten, ohne diese selbst (auch für die Anwohner) als Einbahnstraße betreiben zu müssen. In solchen Fällen empfiehlt es sich jedoch, den Einfahrtsbereich entsprechend baulich zu gestalten.

Durch Zusatzzeichen Ausnahmen vom Einfahrverbot zu gestatten, sollte grundsätzlich unter-

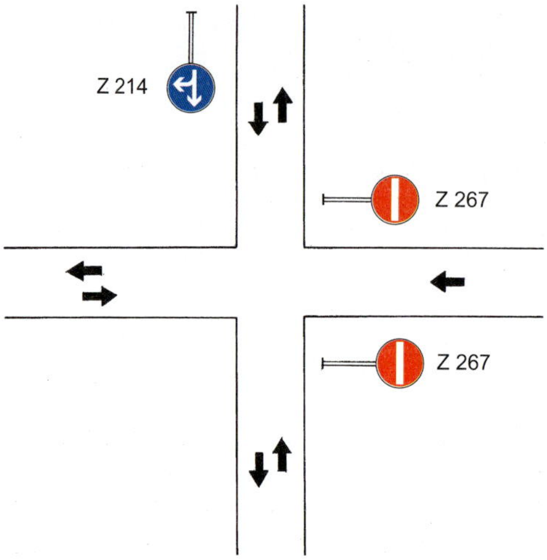

Bild 4.10 Beidseitig aufgestelltes Z 267, sofern die Gefahr besteht, dass der von „Süden" kommende Verkehrsteilnehmer das erste Zeichen übersehen und nach „Osten" abbiegen könnte. Siehe auch die Erläuterungen zu *Bild 4.11* (Abschnitt 4.5)

bleiben. Für den Radverkehr sollten jedoch Ausnahmen regelmäßig erfolgen, soweit die Voraussetzungen der VwV-StVO zu § 41 zu Zeichen 220 erfüllt sind (siehe unten).

Es kann erforderlich sein, Zeichen 267 sowohl rechts als auch links der gesperrten Einfahrt aufzustellen, um zu gewährleisten, dass es nicht übersehen wird (*Bild 4.10*).

Eine Vorankündigung des Einfahrverbots durch Zeichen 209/214 kann insbesondere außerhalb von Tempo 30-Zonen zweckmäßig sein, wenn kein Missverständnis bezüglich der Vorfahrtregelung entstehen kann.

Zum Übergang einer Einbahnstraße in eine Straße mit Gegenverkehr siehe Abschnitt 6.3.5 (Zeichen 125).

Unter bestimmten Voraussetzungen können Einbahnstraßen für Radverkehr in Gegenrichtung freigegeben werden.

Folgende Bedingungen müssen erfüllt sein, um von dieser Regelung Gebrauch zu machen:

- eine zulässige Höchstgeschwindigkeit in der Einbahnstraße von nicht mehr als 30 km/h
- ausreichende Begegnungsbreite, ausgenommen an kurzen Engstellen; bei Linienbusverkehr oder bei stärkerem Lkw-Verkehr mindestens 3,50 m
- übersichtliche Verkehrsführung an und zwischen den Knotenpunkten
- ein Schutzraum für den Radverkehr, wo es orts- und verkehrsbezogen erforderlich ist.

Vor der Entscheidung, in Einbahnstraßen Radverkehr in der Gegenrichtung zuzulassen, ist eine eingehende Untersuchung und Dokumentation des anzutreffenden Verkehrs- und Unfallgeschehens sinnvoll. Anschließend empfiehlt es sich, die Entwicklung des Unfallgeschehens zu beobachten. Aufgrund der hohen Dunkelziffer (d.h. polizeilich nicht erfasst) bei Unfällen ohne Kfz-Beteiligung ist dem Konfliktpotenzial zwischen Radverkehr und querendem Fußverkehr besondere Aufmerksamkeit zu widmen.

Straßenbahnverkehr in beiden Richtungen ist in Einbahnstraßen mit dem Sinn und Zweck solcher Straßen nicht vereinbar und sollte möglichst vermieden werden; sofern nicht zu umgehen, sollte zumindest für die der Einbahnstraße entgegenlaufende Straßenbahn ein besonderer Bahnkörper geschaffen werden (siehe auch *Bild 5.12*).

Mit Zeichen 357 können die Fahrzeugführer informiert werden, dass die so gekennzeichnete Straße eine Sackgasse ist.

Eine solche Kennzeichnung empfiehlt sich vor allem, wenn am Ende der Straße keine Wendemöglichkeit besteht oder häufig Verkehr irrtümlich in die Straße einfährt, der eigentlich eine Durchfahrtsmöglichkeit sucht. Das bewusste Einrichten von Sackgassen durch Unterbrechen von Durchfahrtsmöglichkeiten kann aus Gründen der Verkehrsberuhigung sinnvoll sein (siehe auch die vom Verkehrstechnischen Institut der Deutschen Versicherer – Abteilung Straßenverkehr herausgegebenen Empfehlungen „Verkehrserschließung von Wohnbereichen", 1986).

Sind Sackgassen für Fuß- oder Radverkehr durchlässig, sind bei Anordnung des Zeichens 357 dessen entsprechende Varianten (Zeichen 357-50, -51 oder -52) vorzusehen. Da zahlreiche Zeichen 357 im Bestand angebracht wurden, bevor diese Varianten zur Verfügung standen, sollten Sackgassen mit schon seit Längerem angeordneten Zeichen 357 auf vorhandene Durchlässigkeit überprüft und ggf. die Beschilderung ausgetauscht werden.

In kurzen, verkehrsunbedeutenden Sackgassen innerorts, wo vorwiegend nur Anliegerverkehr anzutreffen ist und wo sich die Einfahrt in die betreffende Sackgasse optisch nicht anbietet, kann auf Zeichen 357 verzichtet werden.

Zu Abschnitt 4.4

VwV-StVO
zu § 41
Vorschriftzeichen

Zu Zeichen 220 Einbahnstraße

1 I. Das Zeichen 220 ist stets längs der Straße anzubringen. Es darf weder am Beginn der Einbahnstraße noch an einer Kreuzung oder Einmündung in ihrem Verlauf fehlen. Am Beginn der Einbahnstraße und an jeder Kreuzung ist das Zeichen dergestalt anzubringen, dass es aus beiden Richtungen wahrgenommen werden kann.

2 II. Bei Einmündungen (auch bei Ausfahrten aus größeren Parkplätzen) empfiehlt sich die Anbringung des Zeichens 220 gegenüber der einmündenden Straße, bei Kreuzungen hinter diesen. In diesem Fall soll das Zeichen in möglichst geringer Entfernung von der kreuzenden Straße angebracht werden, damit es vom kreuzenden Verkehr leicht erkannt werden kann.

3 III. Geht im Verlauf eines Straßenzuges eine Einbahnstraße in eine Straße mit Gegenverkehr über, s. zu Zeichen 125.

4 IV. 1. Beträgt in Einbahnstraßen die zulässige Höchstgeschwindigkeit nicht mehr als 30 km/h, soll Radverkehr in Gegenrichtung zugelassen werden, wenn

5 a) eine ausreichende Begegnungsbreite vorhanden ist, ausgenommen an kurzen Engstellen; bei Linienbusverkehr oder bei stärkerem Verkehr mit Lastkraftwagen muss diese mindestens 3,5 m betragen,

6 b) die Verkehrsführung im Streckenverlauf sowie an Kreuzungen und Einmündungen übersichtlich ist,

7 c) für den Radverkehr dort, wo es orts- und verkehrsbezogen erforderlich ist, ein Schutzraum angelegt wird.

8 Bei der Begegnungsbreite im Sinne von Satz 1 Buchstabe a handelt es sich um den unter Berücksichtigung der örtlichen Gegebenheiten tatsächlich beim Begegnen der am Verkehr Teilnehmenden zur Verfügung stehenden Raum.

9 2. Das Zusatzzeichen 1000-32 ist an allen Zeichen 220 anzuordnen. Wird durch Zusatzzeichen der Fahrradverkehr in der Gegenrichtung zugelassen, ist bei Zeichen 267 das Zusatzzeichen 1022-10 („Radverkehr frei") anzubringen.

Zu Zeichen 267 Verbot der Einfahrt

1 Für Einbahnstraßen vgl. zu Zeichen 220.

VwV-StVO
zu § 42
Richtzeichen

Zu Zeichen 357 Sackgasse

1 I. Das Zeichen ist nur anzuordnen, wenn die Straße nicht ohne Weiteres als Sackgasse erkennbar ist.

2 II. Ist die Durchlässigkeit einer Sackgasse für Radfahrer und Fußgänger nicht ohne Weiteres erkennbar, ist im oberen Teil des Zeichens je nach örtlicher Gegebenheit ein Sinnbild für „Fußgänger" oder „Fahrrad" in verkleinerter Ausführung in das Zeichen zu integrieren.

4.5 Vorfahrt an Knotenpunkten

4.5.1 Allgemeines

■ Grundsätze für die Vorfahrtregelung

1. Jede Vorfahrtregelung soll so sinnfällig sein, dass sie unter Berücksichtigung der baulichen und verkehrsmäßigen Gegebenheiten dem natürlichen Verhalten der Verkehrsteilnehmer entspricht.

2. Die Vorfahrtregelung für einen Straßenzug soll möglichst stetig sein. Sie ist, wo immer möglich, durch bauliche Gestaltung und Fahrbahnmarkierungen zu unterstützen.

3. Die Vorfahrtregelung „Rechts vor Links" sollte – insbesondere außerhalb von geschwindigkeitsbeschränkten Zonen (Zeichen 274.1) und verkehrsberuhigten Bereichen (Zeichen 325.1) – an Kreuzungen nur gelten, wenn folgende vier Bedingungen erfüllt sind:

a) Die kreuzenden Straßen besitzen annähernd den gleichen Querschnitt und die gleiche, geringe Verkehrsbedeutung.
b) Keine der Straßen erweckt den Eindruck, bevorrechtigt zu sein (z. B. infolge von Straßenbahngleisen, Baumreihen, durchgehender Straßenbeleuchtung).
c) Die Sichtweite nach rechts ist aus allen Zufahrten etwa gleich groß.
d) In beiden Straßen wird nur in einem Fahrstreifen je Richtung gefahren.

4. Einmündungen von rechts sollte die Vorfahrt grundsätzlich genommen werden, ausgenommen, beide Straßen dienen überwiegend dem Anliegerverkehr und weisen nur geringen Verkehr auf.

5. Die Klassifizierung einer Straße allein darf keinesfalls entscheidend für die Vorfahrtregelung sein. Bei der Auswahl der Vorfahrtstraßen ist der Blick auf das gesamte Straßennetz wichtig. In aller Regel wird man daher

a) Bundesstraßen (auch in Ortsdurchfahrten),
b) **sonstige Innerortsstraßen** des überörtlichen Verkehrs (Landes- und Kreisstraßen) oder Straßen mit überwiegendem Durchgangsverkehr,
c) **Außerortsstraßen** mit nicht nur ganz geringer Verkehrsbedeutung (siehe VwV-StVO zu § 8, Rn. 8)

als Vorfahrtstraßen kennzeichnen. Bei Außerortsstraßen begründet die Kennzeichnung als Vorfahrtstraße mit Zeichen 306 zudem das Parkverbot auf der Fahrbahn.

6. Innerhalb von Ortschaften ist eine Straße zudem dann als Vorfahrtstraße zu beschildern, wenn entweder

a) auf der Straße mehr als 50 km/h zugelassen sind (§ 45 Abs. 8 StVO) oder
b) die Straße eine gewisse Bedeutung als innerstädtische Verbindungs- oder Ausfallstraße oder für den ÖPNV besitzt oder
c) trotz geringerer Verkehrsbedeutung eine Straße von entsprechender Länge optisch den Eindruck vermittelt, vorfahrtberechtigt zu sein, *und* der Verkehr auf dieser Straße stärker als der Verkehr auf den querenden Straßen ist.

7. Knotenpunkte mit Lichtzeichenanlagen (Lichtsignalanlagen) müssen immer eine Vorfahrtregelung durch Zeichen erhalten, damit bei abgeschalteten Signalanlagen ein sicherer Verkehrsablauf gewährleistet ist. Dann sind die vorfahrtregelnden Verkehrszeichen an derselben Aufstellvorrichtung anzubringen wie die Signalgeber.

8. Eine sinnvolle Vorfahrtregelung (gleichgültig, ob durch Zeichen oder „Rechts vor Links") bei Knotenpunkten mit mehr als vier Zufahrten ist oft dadurch zu erreichen, dass einzelne Zufahrten gesperrt (z. B. Anordnung von Einbahnstraßen) oder verlegt werden (siehe *Bild 4.17*). Ist dies nicht möglich und reichen die Platzverhältnisse hierfür aus, können solche Knotenpunkte auch als Kreisverkehre organisiert werden.

9. Bei der Vorfahrtregelung sind die Belange der öffentlichen Verkehrsmittel, insbesondere linienmäßig verkehrender, gebührend zu berücksichtigen (z. B., sofern möglich, immer Vorfahrt für Straßen, auf denen Schienenbahnen verkehren).

10. Besondere Aufmerksamkeit hinsichtlich der zu treffenden Maßnahmen ist dort erforderlich, wo eine Wartepflicht vor Radwegen angeordnet werden soll, auf denen Radverkehr in beiden Richtungen zugelassen ist.

11. Vorfahrtregelnde Zeichen dürfen keine zeitliche Beschränkung erhalten.

Man unterscheidet grundsätzlich Vorfahrtregelung an Einzelknoten und nach Vorfahrtstraßen.

■ Vorfahrtstraßen

Eine Vorfahrtstraße ist eine Straße, deren Verkehr durch Anordnung von Zeichen 306 durchgehend die Vorfahrt eingeräumt wird. Die Vorfahrt sollte allenfalls bei der Kreuzung mit anderen Vorfahrtstraßen genommen werden. In der Regel sind Vorfahrtstraßen die Straßen, die eine überwiegende Verbindungsfunktion haben. Innerhalb geschlossener Ortschaften sind Straßen des überörtlichen Verkehrs („klassifizierte Straßen") als Vorfahrtstraßen auszuweisen, soweit nicht an einzelnen Knotenpunkten eine Wartepflicht anzuordnen ist (vgl. Punkt 5 der vorstehenden Grundsätze).

Um entscheiden zu können, ob eine Straße Vorfahrtstraße wird oder nicht, ist zuvor das gesamte Straßennetz zu betrachten. Es empfiehlt sich, zur besseren Übersicht einen Plan aufzustellen, der alle Vorfahrtstraßen eines Gebietes zeigt.

In der Regel sollte eine Vorfahrtstraße nur dann eingerichtet werden, wenn ein Straßenzug eine besondere Bedeutung im Straßennetz besitzt und mehrere Knotenpunkte aufweist, an denen diesem Straßenzug Vorfahrt eingeräumt werden kann.

Innerhalb geschlossener Ortschaften sollten alle Straßen des überörtlichen Verkehrs (Bundes-, Landes- und Kreisstraßen) sowie die für den innerörtlichen Verkehr wichtigen Hauptverkehrsstraßen als Vorfahrtstraßen beschildert werden, um die „Typbildung" zu unterstützen und insbesondere einen Kontrapunkt zu den Tempo 30-Zonen (siehe Abschnitt 6.5.5, Zeichen 274.1) zu bilden.

Straßen, in deren Verlauf vier oder mehr hintereinander folgende Knotenpunkte positiv zu beschildern sind, sollten entsprechend der VwV-StVO zu § 42 zu Zeichen 301, Rn. 4 Vorfahrtstraßen werden. Von diesem Grundsatz wird man zweckmäßigerweise aber dann abweichen, wenn eine solche Straße nur geringe Bedeutung für den überörtlichen Verkehr besitzt, wenig Verkehr aufweist und auch sonst nicht die Bedingungen für eine Vorfahrtstraße erfüllt.

Alle eine Vorfahrtstraße kreuzenden oder in sie einmündenden Straßen müssen negative Vorfahrtzeichen („Vorfahrt gewähren." oder „Halt. Vorfahrt gewähren.") erhalten. Feld- und Waldwege (§ 8 Abs. 1 Satz 2 Nr. 2 StVO) sind nur in Zweifelsfällen (z. B. wenn es sich um ungewöhnlich gut ausgebaute Wege handelt) zu beschildern, wobei erforderlichenfalls allein die negativen Vorfahrtzeichen genügen (also kein positives Vorfahrtzeichen).

4.5.2 Vorfahrtregelung „Rechts vor Links“

StVO Anlage 1 Allgemeine und Besondere Gefahrzeichen (zu § 40 Absatz 6 und 7) Abschnitt 1 Allgemeine Gefahrzeichen (zu § 40 Absatz 6)		
2	**Zeichen 102**  **Kreuzung oder Einmündung**	Kreuzung oder Einmündung mit Vorfahrt von rechts

Der Grundsatz „Rechts vor Links“ kann zwar häufig angewendet werden, jedoch meist nur an **Kreuzungen und Einmündungen von Straßen mit geringer Verkehrsbedeutung** (z. B. Straßen in Wohngebieten mit überwiegendem Anliegerverkehr). Wird eine der unter Punkt 3 der „Grundsätze der Vorfahrtregelung“ (Abschnitt 4.5.1) genannten vier Bedingungen a, b, c und d nicht erfüllt, dann ist es angezeigt, die Vorfahrt durch Zeichen zu regeln. Die Regelung „Rechts vor Links“ sollte aus Gründen der Stetigkeit für ganze Straßenzüge angewendet werden. Befindet sich im Zuge einer solchen Straße mit Vorfahrtregelung „Rechts vor Links“ ein Kreisverkehr, kann hier eine Vorfahrtregelung durch Zeichen erfolgen, weil die besondere bauliche Anlage eines Kreisverkehrs die Stetigkeit eines Straßenverlaufs ohnehin unterbricht und der Verkehrsteilnehmer dies in der Regel auch bewusst wahrnimmt.

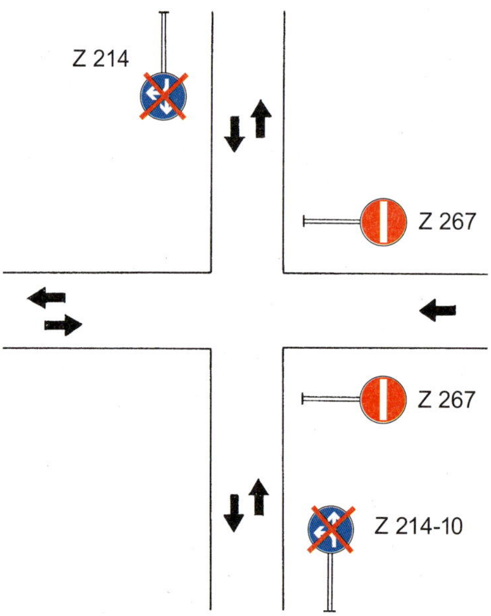

Bild 4.11 Bei der Vorfahrtregelung „Rechts vor Links“ sollte Z 214-10 „Vorgeschriebene Fahrtrichtung – geradeaus oder links“ nicht aufgestellt werden. Auch Z 214 „Vorgeschriebene Fahrtrichtung geradeaus oder rechts“ sollte dort entfallen. Gleiches gilt an Einmündungen für Z 209-30

Vor Kreuzungen und Einmündungen ohne Vorfahrtregelung durch Verkehrszeichen sollte Zeichen 214-10 „Vorgeschriebene Fahrtrichtung – geradeaus oder links“ nicht aufgestellt werden. Der weiße Geradeauspfeil steht psychologisch in gewissem Widerspruch zum Rechts-vor-Links-Gebot und könnte Konfliktsituationen begünstigen (*Bild 4.11*). Örtliche Verhältnisse sind kritisch zu prüfen. Zumindest in Tempo 30-Zonen ist die Anordnung der Zeichen 209 und 214 in der Regel vollständig entbehrlich.

Mit Zeichen 102 kann vor einer schwer erkennbaren Kreuzung oder Einmündung gewarnt werden, an der die Vorfahrt nicht durch Vorfahrtzeichen geregelt ist und somit der von rechts kommende Verkehr Vorfahrt hat.

An Zufahrten, von denen aus der Knotenpunkt gut erkennbar ist und auch zu übersehen ist, dass es sich um zwei vorfahrtsmäßig gleichrangige Straßen handelt, ist es nicht geboten, Zeichen 102 anzuordnen. Oft reicht eine sorgfältige Festlegung des Aufstellorts des Straßennamensschildes (Zeichen 437) als Hinweis auf den Knotenpunkt aus (siehe Abschnitt 8.3.6). Innerhalb geschlossener Ortschaften kann auf Zeichen 102 in der Regel verzichtet werden.

4.5.3 Vorfahrtregelung durch Zeichen

StVO Anlage 2 Vorschriftzeichen (zu § 41 Absatz 1) Abschnitt 1 Wartegebote und Haltgebote		
2	**Zeichen 205**  **Vorfahrt gewähren.**	**Ge- oder Verbot** 1. Wer ein Fahrzeug führt, muss Vorfahrt gewähren. 2. Wer ein Fahrzeug führt, darf bis zu 10 m vor diesem Zeichen nicht halten, wenn es dadurch verdeckt wird. **Erläuterung** Das Zeichen steht unmittelbar vor der Kreuzung oder Einmündung. Es kann durch dasselbe Zeichen mit Zusatzzeichen, das die Entfernung angibt, angekündigt sein.
2.1		**Ge- oder Verbot** Ist das Zusatzzeichen zusammen mit dem Zeichen 205 angeordnet, bedeutet es: Wer ein Fahrzeug führt, muss Vorfahrt gewähren und dabei auf Radverkehr und Elektrokleinstfahrzeuge im Sinne der eKFV von links und rechts achten. **Erläuterung** Das Zusatzzeichen steht über dem Zeichen 205.
2.2		**Ge- oder Verbot** Ist das Zusatzzeichen zusammen mit dem Zeichen 205 angeordnet, bedeutet es: Wer ein Fahrzeug führt, muss der Straßenbahn Vorfahrt gewähren. **Erläuterung** Das Zusatzzeichen steht über dem Zeichen 205.
3	**Zeichen 206**  **Halt. Vorfahrt gewähren.**	**Ge- oder Verbot** 1. Wer ein Fahrzeug führt, muss anhalten und Vorfahrt gewähren. 2. Wer ein Fahrzeug führt, darf bis zu 10 m vor diesem Zeichen nicht halten, wenn es dadurch verdeckt wird. 3. Ist keine Haltlinie (Zeichen 294) vorhanden, ist dort anzuhalten, wo die andere Straße zu übersehen ist.
3.1		**Erläuterung** Das Zusatzzeichen kündigt zusammen mit dem Zeichen 205 das Haltgebot in der angegebenen Entfernung an.

4.5.3 Vorfahrtregelung durch Zeichen

StVO Anlage 2 Vorschriftzeichen (zu § 41 Absatz 1) Abschnitt 1 Wartegebote und Haltgebote		
3.2		**Ge- oder Verbot** Ist das Zusatzzeichen zusammen mit dem Zeichen 206 angeordnet, bedeutet es: Wer ein Fahrzeug führt, muss anhalten und Vorfahrt gewähren und dabei auf Radverkehr und Elektrokleinstfahrzeuge im Sinne der eKVF von links und rechts achten. **Erläuterung** Das Zusatzzeichen steht über dem Zeichen 206.
zu 2 und 3		**Erläuterung** Das Zusatzzeichen gibt zusammen mit den Zeichen 205 oder 206 den Verlauf der Vorfahrtstraße (abknickende Vorfahrt) bekannt.
Abschnitt 2 Vorgeschriebene Fahrtrichtungen		
8	**Zeichen 215**  **Kreisverkehr**	**Ge- oder Verbot** 1. Wer ein Fahrzeug führt, muss der vorgeschriebenen Fahrtrichtung im Kreisverkehr rechts folgen. 2. Wer ein Fahrzeug führt, darf die Mittelinsel des Kreisverkehrs nicht überfahren. Ausgenommen von diesem Verbot sind nur Fahrzeuge, denen wegen ihrer Abmessungen das Befahren sonst nicht möglich wäre. Mit ihnen darf die Mittelinsel und Fahrbahnbegrenzung überfahren werden, wenn eine Gefährdung anderer am Verkehr Teilnehmenden ausgeschlossen ist. 3. Es darf innerhalb des Kreisverkehrs auf der Fahrbahn nicht gehalten werden.
StVO Anlage 3 Richtzeichen (zu § 42 Absatz 2) Abschnitt 1 Vorrangzeichen		
1	**Zeichen 301**  **Vorfahrt**	**Ge- oder Verbot** Das Zeichen zeigt an, dass an der nächsten Kreuzung oder Einmündung Vorfahrt besteht.

StVO Anlage 3 Richtzeichen (zu § 42 Absatz 2)
Abschnitt 1 Vorrangzeichen

2	**Zeichen 306**  **Vorfahrtstraße**	**Ge- oder Verbot** Wer ein Fahrzeug führt, darf außerhalb geschlossener Ortschaften auf Fahrbahnen von Vorfahrtstraßen nicht parken. Das Zeichen zeigt an, dass Vorfahrt besteht bis zum nächsten Zeichen 205 „Vorfahrt gewähren.“, 206 „Halt. Vorfahrt gewähren.“ oder 307 „Ende der Vorfahrtstraße“.
2.1		**Ge- oder Verbot** 1. Wer ein Fahrzeug führt und dem Verlauf der abknickenden Vorfahrtstraße folgen will, muss dies rechtzeitig und deutlich ankündigen; dabei sind die Fahrtrichtungsanzeiger zu benutzen. 2. Auf den Fußgängerverkehr ist besondere Rücksicht zu nehmen. Wenn nötig, muss gewartet werden. **Erläuterung** Das Zusatzzeichen zum Zeichen 306 zeigt den Verlauf der Vorfahrtstraße an.
3	**Zeichen 307**  **Ende der Vorfahrtstraße**	

StVO Anlage 2 Vorschriftzeichen (zu § 41 Absatz 1)
Abschnitt 9 Markierungen

67	**Zeichen 294** 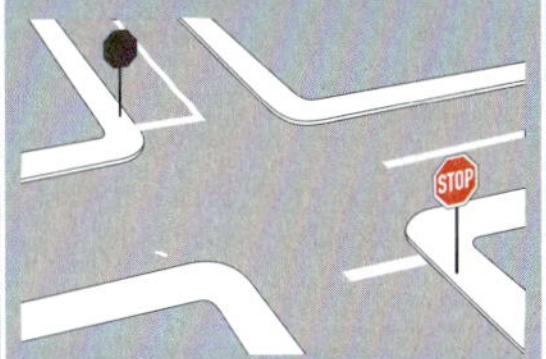 **Haltlinie**	**Ge- oder Verbot** Ergänzend zu Halt- oder Wartegeboten, die durch Zeichen 206, durch Polizeibeamte, Lichtzeichen oder Schranken gegeben werden, ordnet sie an: Wer ein Fahrzeug führt, muss hier anhalten. Erforderlichenfalls ist an der Stelle, wo die Straße eingesehen werden kann, in die eingefahren werden soll (Sichtlinie), erneut anzuhalten.

4.5.3 Vorfahrtregelung durch Zeichen

StVO Anlage 3 Richtzeichen (zu § 42 Absatz 2)
Abschnitt 8 Markierungen

23	**Zeichen 341** 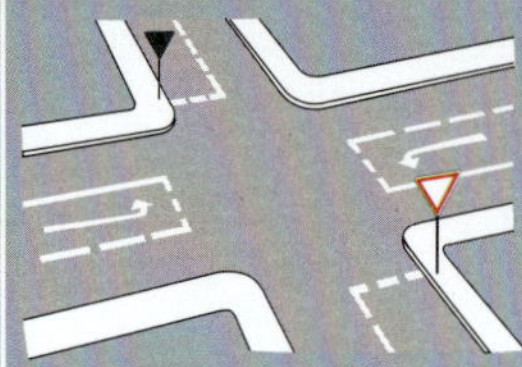 **Wartelinie**	**Erläuterung** Die Wartelinie empfiehlt dem Wartepflichtigen, an dieser Stelle zu warten.

Zeichen 205 oder 206 sind vor Kreuzungen, Einmündungen oder sonstigen Knotenpunkten aufzustellen, wenn angeordnet werden soll, dass dem Verkehr einer anderen Straße die Vorfahrt zu gewähren ist.

Zeichen 215 wird ausschließlich zusammen mit Zeichen 205 verwendet und zeigt an, dass der Knotenpunkt als Kreisverkehr betrieben wird. Die Verwendung ist nachfolgend näher beschrieben.

Zeichen 301 zeigt an, dass der Verkehrsteilnehmer an der nächsten Kreuzung oder Einmündung Vorfahrt hat. Zeichen 306 gibt die Vorfahrt für alle folgenden Kreuzungen und Einmündungen bis zu Zeichen 205, 206 oder 307. Zeichen 307 bedeutet das Ende der mit Zeichen 306 angeordneten Vorfahrtstraße.

Die Haltlinie (Zeichen 294) unterstützt Zeichen 206 (das Stoppschild) in seiner Wirkung und ordnet an, wo der wartepflichtige Verkehr anzuhalten hat.

Die Wartelinie (Zeichen 341) unterstützt Zeichen 205.

Jede Kreuzung oder Einmündung, bei der eine Vorfahrtregelung durch Zeichen erfolgt, ist sowohl negativ als auch positiv zu beschildern. Ausgenommen hiervon sind nur Fälle, in denen ausnahmsweise eine Klarstellung erforderlich ist. Dies kann insbesondere bei außergewöhnlich gut ausgebauten Feld- oder Waldwegen sowie an Ausfahrten von verkehrsberuhigten Bereichen (Zeichen 325.1) in andere Straßen der Fall sein. Dann reicht im Allgemeinen eine negative Beschilderung (Zeichen 205) für den wartepflichtigen Verkehr aus. Dabei ist zu beachten, dass sich der Begriff Feld- und Waldweg im Sinne der StVO nicht nach seinem äußeren Erscheinungsbild definiert, sondern nach der Verkehrsbedeutung. Ist die Situation unklar, sollte deshalb die Vorfahrtregelung evtl. durch Beschilderung verdeutlicht werden, auch wenn der Fahrer der nicht bevorrechtigten Straße immer vorsichtig an die Kreuzung heranzufahren hat. Auf die positive Beschilderung kann auch dann verzichtet

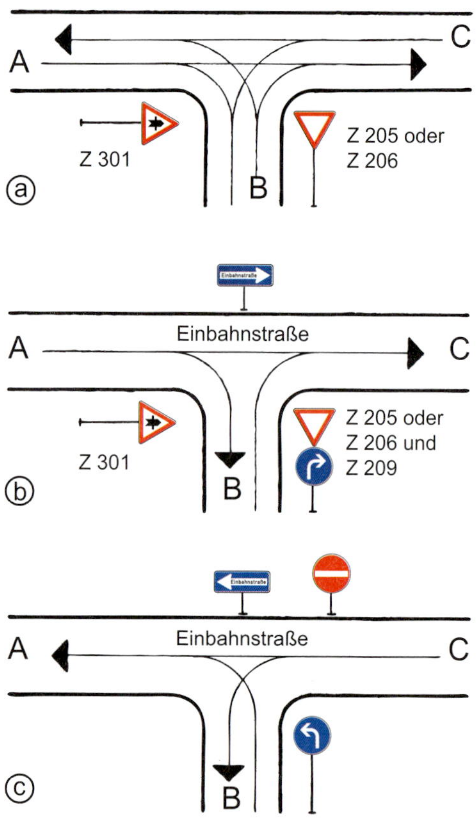

Bild 4.12 Vorfahrtregelung an Einmündungen. Fall C reduziert sich auf die Grundregel „Rechts vor Links“. Zwischen Z 301 und dem Knotenpunkt, für den das Zeichen gelten soll, sollte kein Feld- oder Waldweg einmünden

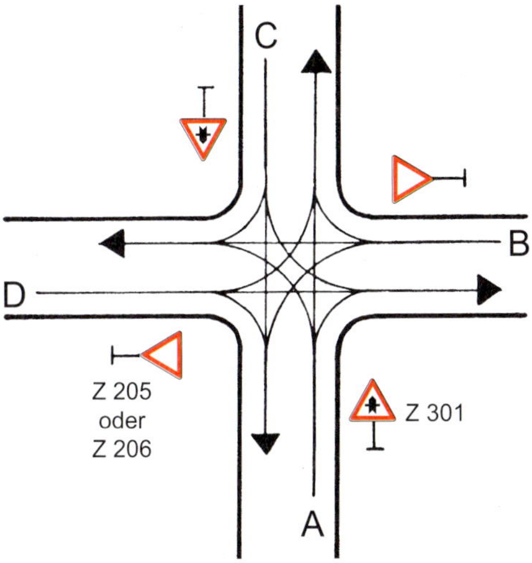

Bild 4.13 Vorfahrtregelung an einer Kreuzung

werden, wenn die Knotenpunkte so dicht aufeinanderfolgen, dass ortsfremde Verkehrsteilnehmer durch die Häufung positiver Vorfahrtzeichen verwirrt werden könnten.

Die *Bilder 4.12*, *4.13*, *4.17* und *4.18* zeigen einige Beispiele für die Beschilderung bei Vorfahrtregelung durch Zeichen. Zusätzlich erforderliche Ankündigungszeichen oder links stehende Wiederholungszeichen sind hier nicht dargestellt.

a) Das Aufstellen negativer Vorfahrtzeichen

Beim Aufstellen negativer Vorfahrtzeichen (Zeichen 205 und 206) ist besondere Sorgfalt anzuwenden, da diese Zeichen von entscheidender Bedeutung für die Verkehrssicherheit sind. **Gute und rechtzeitige Erkennbarkeit bei Tag und Nacht muss gewährleistet sein**. Insbesondere ist dauerhaft sicherzustellen, dass die Zeichen nicht (durch Bepflanzung, andere Schilder o. Ä.) verdeckt werden.

Kreuzungen und Einmündungen sollten für jeden durch ihre bauliche Beschaffenheit erkennbar sein. Ist dies nicht der Fall, sollten bei der Straßenbaubehörde bauliche Veränderungen angeregt werden.

In der Regel ist als negatives Vorfahrtzeichen Zeichen 205 (Vorfahrt gewähren) zu wählen. Zeichen 206 (Halt. Vorfahrt gewähren.) ist dann erforderlich, wenn

- die Sichtverhältnisse aus der wartepflichtigen Straße schlecht sind (z. B. Einmündung in einer Innenkurve),
- es wegen der örtlichen Verhältnisse schwierig ist, die Geschwindigkeit auf der anderen Straße zu beurteilen, oder
- die Verkehrsteilnehmer aus Gründen der Sicherheit zu besonderer Aufmerksamkeit und Vorsicht ermahnt werden sollen (z. B. bei Unfallhäufungen, die sich aus der Unfallauswertung ergeben haben).

Zeichen 205 wie auch 206 müssen unmittelbar vor der Kreuzung oder Einmündung stehen.

Außerhalb geschlossener Ortschaften sollen die Zeichen 100 bis 150 m vor der Kreuzung oder Einmündung angekündigt werden, wenn die Vorfahrtregelung andernfalls aufgrund der örtlichen Gegebenheiten (Straßenverlauf, gefahrene Geschwindigkeit, mögliche Verdeckung durch andere Fahrzeuge) nicht rechtzeitig und zuverlässig genug erkennbar wäre, und zwar:

- Zeichen 205 durch Zeichen 205 mit Zusatzzeichen 1004, welches die Entfernung (auf 10 m abgerundet) angibt,
- Zeichen 206 durch Zeichen 205 mit Zusatzzeichen 1004-32, welches das Wort „STOP“ enthält und die Entfernung „100 m“ angibt.

Innerhalb geschlossener Ortschaften ist eine Ankündigung in der Regel nicht erforderlich.

Wo aus Gründen der guten Erkennbarkeit erforderlich, ist es oft auch ratsam, die negativen Vorfahrtzeichen auf beiden Seiten oder ausnahmsweise auch über der Fahrbahn anzuordnen (z. B. breite Straßen, Straßen mit starkem oder schnellem Verkehr).

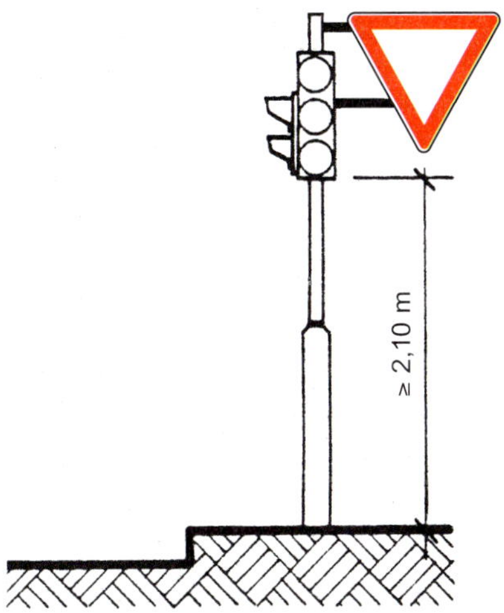

Bild 4.14 Lichtsignalgeber mit negativem Vorfahrtzeichen

4.5.3 Vorfahrtregelung durch Zeichen

Bei **Lichtzeichenanlagen** sind die negativen Vorfahrtzeichen in der Regel unter oder neben der Anlage am gleichen Pfosten anzubringen. Knotenpunkte mit Lichtzeichenanlagen müssen immer eine Vorfahrtregelung durch Zeichen erhalten, damit bei abgeschalteter Anlage ein sicherer Verkehrsablauf gewährleistet ist (*Bild 4.14*).

Übergroße negative Vorfahrtzeichen können dort verwendet werden, wo infolge hoher Geschwindigkeiten ein Zeichen schon aus größerer Entfernung erkannt werden muss oder Häufungen von Verkehrszeichen auftreten (Gefahr, dass das Vorfahrtzeichen übersehen wird).

Bei den Zeichen 205 und 206 sind nach dem

- „Merkblatt für die Wahl der lichttechnischen Leistungsklasse von vertikalen Verkehrszeichen und Verkehrseinrichtungen (M LV)", Ausgabe 2011, FGSV Verlag

wegen der besseren Sichtbarkeit bei Nacht außerorts stark retroreflektierende Folien der Retroreflexions-Klasse 2 (früher „Typ 2") zu verwenden. Bei hell erleuchtetem Umfeld und vielen Lichtquellen sind Folien der Retroreflexions-Klasse 3 (früher „Typ 3") erforderlich. Das Gleiche gilt für innerorts. Hier können Zeichen 205 und 206 zudem beleuchtet sein.

Ein **Beleuchten** der negativen Vorfahrtzeichen ist dann geboten, wenn

- im Zuge der wartepflichtigen Straße eine Straßenbeleuchtung vorhanden ist, die den Eindruck einer durchgehenden Straße entstehen lässt,
- die Zeichen im Zusammenhang mit Lichtzeichenanlagen angebracht sind und die Anlage abgeschaltet ist (solange die Lichtzeichenanlage in Betrieb ist, dürfen negative Vorfahrtzeichen nicht erleuchtet sein) oder
- das Umfeld so hell erleuchtet ist, dass dadurch das Erkennen der Zeichen beeinträchtigt wird. Das kann z. B. dann der Fall sein, wenn in der Nähe befindliche Verkehrszeichen beleuchtet oder erleuchtet sind.

In jedem Fall müssen die Verhältnisse bei Dunkelheit geprüft werden.

Wartelinien sind dort anzubringen, wo Führer von Fahrzeugen, die infolge einer Vorfahrtregelung oder aufgrund allgemeiner Verhaltensvorschriften der StVO warten müssen, ausreichende Übersicht besitzen.

Eine Wartelinie ist in der Regel nicht erforderlich, wenn der Fahrbahnrand der Straße mit vorfahrtberechtigtem Verkehr markiert ist (Randmarkierung) oder die Stelle, von der aus man die erforderliche Übersicht besitzt, so weit in der Straße mit vorfahrtberechtigtem Verkehr liegt, dass eine Wartelinie unangebracht wäre.

Haltlinien sind dort anzubringen, wo der Verkehr in Beachtung der Lichtzeichen eines Verkehrssignals, des Haltgebots eines Zeichen gebenden Polizeibeamten oder eines Stoppschildes (Zeichen 206) anhalten soll.

Die Haltlinie ist so anzuordnen, dass der Fahrer des haltenden Fahrzeugs ausreichende Sicht auf das Lichtzeichen, den Zeichen gebenden Beamten oder den Verkehr auf der anderen Straße hat. Außerdem ist darauf zu achten, dass der Fußgängerverkehr durch haltende Fahrzeuge möglichst nicht behindert wird.

Erforderlichenfalls muss der Fahrzeugführer an der Stelle, wo die Straße eingesehen werden kann, in die eingefahren werden soll (Sichtlinie), erneut halten.

In Verbindung mit Zeichen 206 stellt die Haltlinie besonders bei Nacht einen wertvollen Hinweis dar, wo der Verkehrsteilnehmer zu halten hat. Bei Einbahnstraßen wird die Haltlinie über die gesamte Fahrbahn angeordnet.

Siehe auch unter Abschnitt 2.6.4 und in den

- „Richtlinien für die Markierung von Straßen – Teil 1: Abmessungen und geometrische Anordnung von Markierungszeichen (RMS-1)", Ausgabe 1993, FGSV Verlag
- „Richtlinien für die Markierung von Straßen – Teil 2: Anwendung von Fahrbahnmarkierungen (RMS-2)", Ausgabe 1980, Berichtigter Nachdruck 1995, FGSV Verlag.

b) Das Aufstellen positiver Vorfahrtzeichen

Vorfahrtstraßen

Eine Vorfahrtstraße wird durch Zeichen 306 gekennzeichnet. *Bild 4.15* zeigt die Grundsätze der Beschilderung von Vorfahrtstraßen. Innerhalb geschlossener Ortschaften wird Zeichen 306 **vor jeder** Kreuzung sowie Einmündung von rechts aufgestellt. Außerhalb geschlossener Ortschaften steht Zeichen 306 am Anfang einer Vorfahrtstraße und ist in der Regel **hinter jeder** Kreuzung oder Einmündung zu wiederholen. Die Wiederholung auch hinter Einmündungen von links ist erforderlich, da

- Zeichen 306 das Parkverbot auf der Fahrbahn begründet und
- damit auch für Ortsunkundige eindeutig geregelt ist, dass sie an der nächsten Kreuzung oder Einmündung Vorfahrt haben.

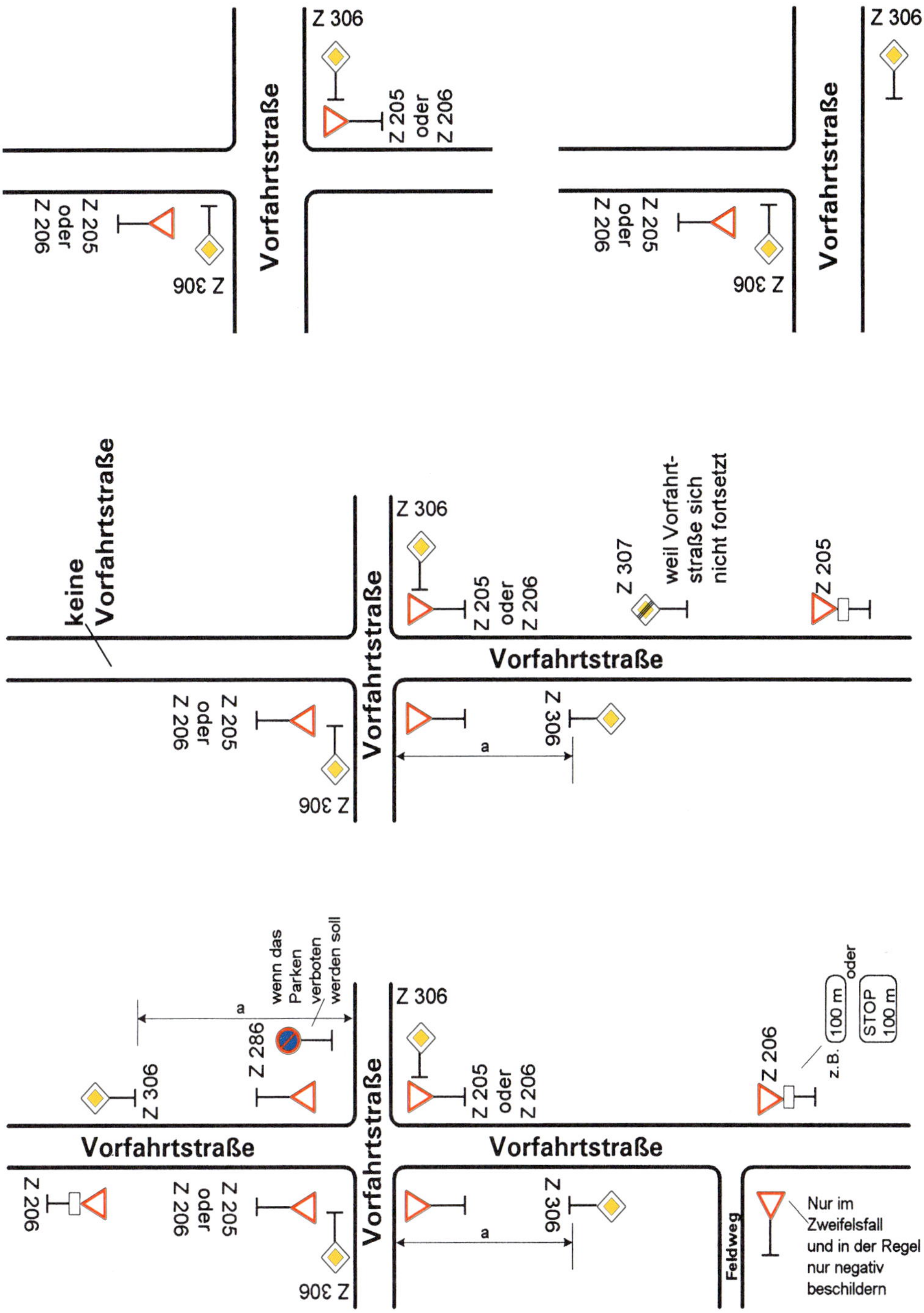

Bild 4.15 Grundsätze der Beschilderung von Vorfahrtstraßen außerhalb geschlossener Ortschaften. Ob eine Vorankündigung der Z 205 oder 206 erforderlich ist, muss geprüft werden. Abstand a muss so groß sein (ca. 50 m und mehr), dass Z 306 nicht irrtümlich als zur Vorfahrtregelung des Knotenpunkts gehörend angesehen wird. Standort von Z 306: innerorts in der Regel vor, außerorts in der Regel hinter dem Knotenpunkt

4.5.3 Vorfahrtregelung durch Zeichen

Bild 4.16
Anzeige des „merging" (Z 551-21)

Wenn ein hinter dem Knotenpunkt angebrachtes Zeichen 306 schlecht zu erkennen wäre (z. B. weiträumige Kreuzung), dann ist es eventuell sinnvoll, es in oder vor dem Knotenpunkt anzubringen.

Wenn eine Vorfahrtstraße außerhalb geschlossener Ortschaften durch eine Kreuzung mit Wartepflicht unterbrochen wird, ist bei der Festlegung des Aufstellorts von Zeichen 306 hinter der Kreuzung sorgfältig darauf zu achten, dass dieses Verkehrszeichen nicht irrtümlich auf den vorgelagerten Knotenpunkt bezogen werden kann (vgl. *Bild 4.15*).

Nur dann, wenn sich im Zuge einer Vorfahrtstraße die Knotenpunkte häufen und die Zeichen 306 so dicht aufeinanderfolgen, dass ortsfremde Verkehrsteilnehmer durch die Vielzahl der Schilder verwirrt werden könnten, kann – wenn die Sicherheit es erfordert – an einzelnen Knotenpunkten auf das Aufstellen von Zeichen 306 verzichtet werden. Die negative Beschilderung ist dann auch allein ohne positive Vorfahrtzeichen wirksam.

Außerhalb geschlossener Ortschaften soll das Ende einer Vorfahrtstraße (nicht aber deren einzelne Unterbrechung, z. B. bei einer Kreuzung mit einer anderen Vorfahrtstraße) in der Regel sowohl mit Zeichen 307 als auch mit den Zeichen 205 oder 206 angeordnet werden. Innerhalb geschlossener Ortschaften ist Zeichen 307 entbehrlich. An dessen Stelle kann Zeichen 205 mit Entfernungsangabe als Vorankündigung angeordnet werden, wenn das aufgrund besonderer örtlicher Verhältnisse ausnahmsweise erforderlich ist.

Damit es beim Einsatz der Zeichen 306 und 307 nicht zu Verwechslungen beider Zeichen kommt, ist bei deren Anordnung besondere Sorgfalt geboten: Beide Zeichen, deren äußere Abmessung und Form gleich sind, besitzen eine völlig gegensätzliche Bedeutung. Daher kann eine Verwechslung erhebliche Gefahren bedeuten.

Beim Zusammenführen zweier Autobahnen wird man in der Regel auf eine positive Beschilderung verzichten können; auch die negative Beschilderung ist nur erforderlich, wenn sich aus der Örtlichkeit nicht hinreichend zweifelsfrei ergibt, welche der zusammengeführten Fahrbahnen die durchgehende Fahrbahn im Sinne von § 18 Abs. 3 StVO

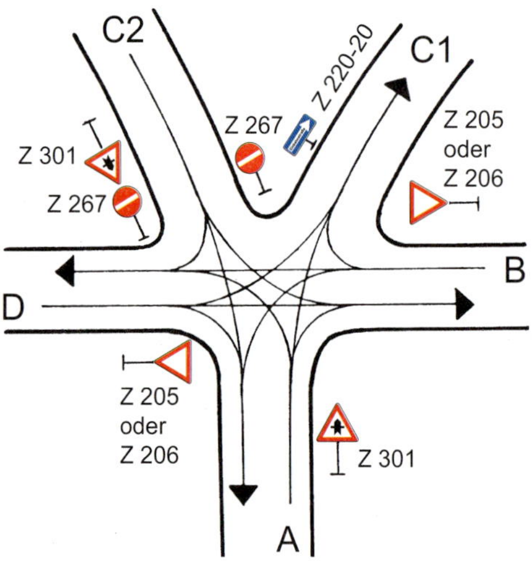

Bild 4.17 Beispiel für die Vorfahrtregelung an einem Knotenpunkt mit mehr als vier Zufahrten

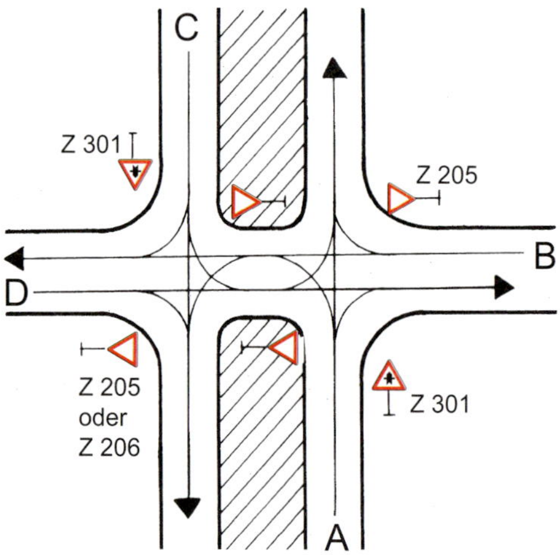

Bild 4.18 Bei einer vorfahrtberechtigten Straße mit breitem Mittelstreifen ist zu prüfen, ob auf dem Mittelstreifen die negativen Vorfahrtzeichen ausnahmsweise zu wiederholen sind, um vor der zweiten Richtungsfahrbahn an die Wartepflicht zu erinnern. Im Regelfall sind sie jedoch entbehrlich

ist. In Zweifelsfällen sowie an Nebenfahrbahnen und auf Rastanlagen kann als positive Beschilderung Zeichen 301 aufgestellt werden. Wird eine positive Vorfahrtbeschilderung angeordnet, ist die Anordnung der negativen Vorfahrtbeschilderung für den anderen Knotenpunktarm zwingend. Es sind beim spitzwinkligen Zusammentreffen zweier Richtungsfahrbahnen auch Regelungen möglich und erprobt, bei denen das in Amerika bewährte Prinzip des „merging“ in Form eines Zusammenführens ohne Vorfahrtregelung Anwendung findet. Hierfür sind entsprechende Markierungen und Verkehrslenkungstafeln (siehe *Bild 4.16*) erforderlich. Dann darf keine der zusammengeführten Fahrbahnen den Eindruck einer durchgehenden Fahrbahn erwecken.

Einzelne Kreuzungen und Einmündungen

Die Vorfahrt an einer einzelnen Kreuzung oder Einmündung wird durch Zeichen 301 zum Ausdruck gebracht. Es ist unmittelbar vor der Kreuzung oder Einmündung aufzustellen.

c) Kreisverkehre

Das

- „Merkblatt für die Anlage von Kreisverkehren“, Ausgabe 2006, FGSV Verlag

beschäftigt sich mit allen in Deutschland bekannten Kreisverkehrsarten: Minikreisverkehre, kleine Kreisverkehre und große Kreisverkehre. Die dort dargestellten Verkehrszeichenanordnungen sind nicht maßgeblich; diese hat entsprechend StVO, VwV-StVO, RWB und RMS zu erfolgen. Das Merkblatt für die Anlage von Kreisverkehren ist kein Regelwerk zur VwV-StVO, wie es die vorstehend genannten sind.

Kreisverkehre stellen die denkbar einfachste Vorfahrtsituation her, indem sie einen in der Regel einstreifigen Fahrzeugstrom mit Wartepflicht gegenüber einem in der Regel ebenfalls einstreifigen Fahrzeugstrom rechts einbiegen lassen. Aufgrund des Verlaufs der Kreisfahrbahn ist die Geschwindigkeit des bevorrechtigten Stroms in der Regel sehr niedrig. Kreisverkehre führen dazu, dass der Verkehr vergleichmäßigt wird. In der Realität stellt sich bei ausreichend gleichmäßiger Belastung ein pulsierender Verkehrsablauf ein, der zum Ausgleich der Wartezeiten auf allen Zufahrten, also zu Verbesserungen auf der sonst untergeordneten Fahrbahn, aber auch zu Verschlechterungen auf der sonst übergeordneten Fahrbahn führt. Bei stark dominierenden Fahrströmen ist wichtig, dass diese an der Einfahrt zumindest gelegentlich durch kreuzende Fahrzeuge auf der Kreisfahrbahn unter-

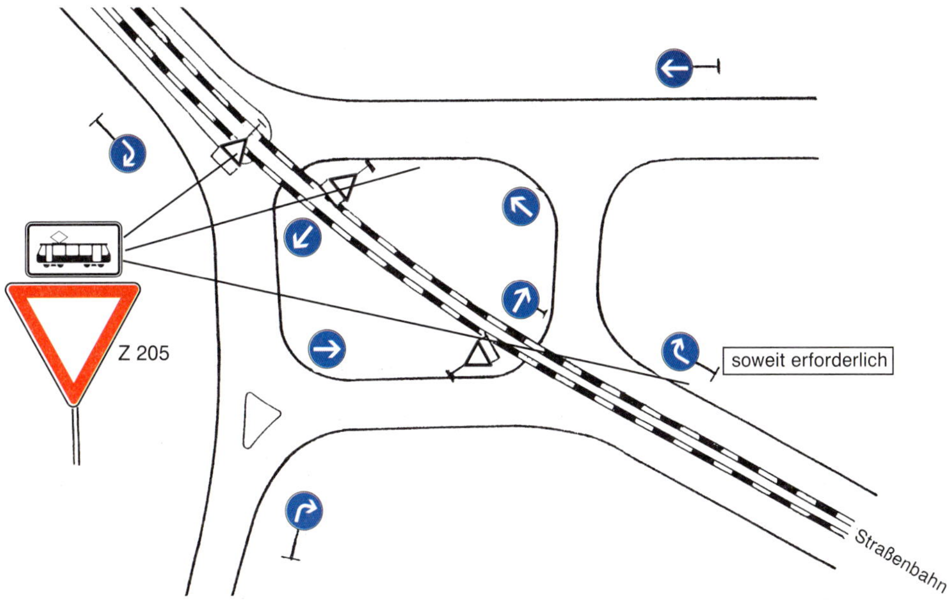

Bild 4.19 Straßenbahnen, die bei Kreisverkehr die Mittelinsel überqueren, ist regelmäßig Vorfahrt vor dem Verkehr im Kreis zu geben. Sinngemäß gilt diese Regelung auch für Fälle, wo der Verkehr im Kreis vorfahrtberechtigt ist. Zz 1010-56 Straßenbahn wird entgegen der Regelanordnung, die ein Anbringen der Zusatzzeichen dicht unter den Verkehrszeichen vorsieht, über Z 205 angebracht. Die Anordnung von Z 209 oder 211 erfolgt je Teilknotenpunkt in der Regel alternativ und in Abhängigkeit von den örtlichen Verhältnissen (Sichtbarkeit, Begreifbarkeit)

4.5.3 Vorfahrtregelung durch Zeichen

Bild 4.20 Vorfahrtregelung bei Einfahrt in einen Kreisverkehr durch Kombination von Z 205 und 215

brochen werden, da sonst die Fahrzeuge auf den folgenden Einfahrten keine Lücken zum Einfahren erhalten. Ist dies nicht zu allen Zeiten des Tages sichergestellt, sollten andere Knotenpunktformen erwogen werden.

Wegen des Zeichens 205 haben die Kraftfahrer bei der Einfahrt die Vorfahrt der bereits im Kreis befindlichen Fahrzeuge zu gewähren. Beim Einfahren wird (im Gegensatz zum Vorbild Großbritannien) der Fahrtrichtungsanzeiger nicht benutzt, das beabsichtigte Verlassen des Kreisverkehrs ist jedoch auch aus Gründen der Leistungsfähigkeit mit dem rechten Fahrtrichtungsanzeiger anzukündigen. Durch die Vorfahrt der Kreisfahrbahn wird verhindert, dass der Kreisverkehr vollläuft.

Kreisverkehre sind vor allem dann vorteilhaft, wenn stärkere Ein- und Abbiege- sowie kreuzende Ströme zu bewältigen sind und die Verbindungsfunktion der übergeordneten Straße nicht wesentlich überwiegt. Die größten positiven Effekte insbesondere im Hinblick auf die Verkehrssicherheit lassen sich außerhalb geschlossener Ortschaften erreichen, wenn sie zwei kreuzende Straßen in etwa gleicher Verkehrsbedeutung und Verkehrsbelastung verknüpfen. Sie sollten nicht zum Einsatz kommen, wenn der Verkehr auf der kreuzenden Straße extrem schwächer als auf der durchgehenden Straße ist. Sie sollten auch nicht zum Einsatz kommen, um Straßen mit stark unterschiedlicher Verkehrsbedeutung miteinander zu verknüpfen, etwa eine Bundesstraße mit einer Gemeindestraße, oder wenn zu bestimmten Zeiten mit Überlastungssituationen zu rechnen ist und bestimmte Verkehrsströme bevorzugt bedient werden müssen.

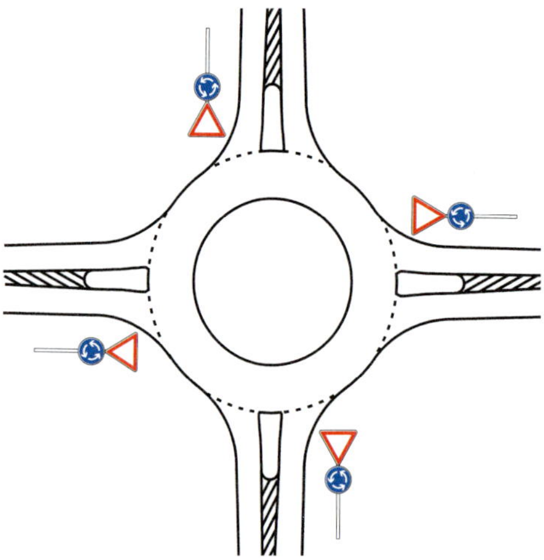

Bild 4.21 Regelbeschilderung eines Kreisverkehrs

Ein wesentlicher Grundsatz bei der Anwendung von Kreisverkehren ist, dass der Verkehr auf der Kreisfahrbahn die Vorfahrt gegenüber dem auf den Zufahrten erhält (Ausnahme: wenn eine Straßenbahnstrecke den Kreisverkehr über die Mittelinsel hinweg kreuzt und diese aus Sicherheitsgründen dann bevorrechtigt geführt wird, siehe *Bild 4.19*). Zeichen 215 verdeutlicht, dass es sich bei einem Kreisverkehr um einen einheitlichen Knotenpunkt (mit mehreren Ein-/Ausfahrten als Teilknoten) handelt, in dem besondere Verhaltensregeln gelten, die in § 8 StVO Vorfahrt beschrieben sind. Da Zeichen 215 keine vorfahrtregelnde Funktion hat, wird es ausschließlich zusammen mit (und zwar unter) Zeichen 205 verwendet (*Bild 4.20*) und dabei immer gleichzeitig an allen Zufahrten eines Kreisverkehrs angeordnet. Die Regelbeschilderung eines Kreisverkehrs vereinfacht sich dadurch erheblich (siehe *Bild 4.21*).

Bei regelkonformer Ausführung ist davon auszugehen, dass Kreisverkehre durch die Verkehrszeichenausstattung und die bauliche Gestaltung für den durchschnittlich aufmerksamen Verkehrsteilnehmer ausreichend und rechtzeitig zu erkennen sind. Eine vorsorgliche Anordnung weiterer Verkehrszeichen sollte deshalb in der Regel unterbleiben oder auf die ersten Betriebswochen eines neuen Kreisverkehrs beschränkt bleiben. Soweit es infolge regelmäßig auftretender Konflikte oder des Unfallgeschehens – ausgenommen Alkoholunfälle! – unumgänglich erscheint, die Erkennbarkeit der Mittelinsel zu verbessern, empfiehlt die VwV-StVO zu § 41 zu Zeichen 215, außerorts innerhalb der Zufahrt auf der Kreisverkehrsinsel anstelle der früher oft benutzten Zeichen 211 besser Richtungstafeln (Zeichen 625) anzuordnen. In den Zulaufstrecken allein wegen des Kreisverkehrs angeordnete Geschwindigkeitsbeschränkungen sind in der Regel entbehrlich; der Kreisverkehr regelt das Geschwindigkeitsniveau durch die bauliche Gestaltung, einschließlich jener der zulaufenden Straßen. In den Annäherungsbereichen ist erforderlichenfalls die Wartepflicht anzukündigen (Zeichen 205 mit Zusatzzeichen 1004-30). Aus Sicht der Verkehrsteilnehmer ist diese Situation vergleichbar mit der Annäherung an eine Einmündung mit Wartepflicht und sollte deshalb grundsätzlich mit vergleichbaren Anordnungen angekündigt werden.

Zeichen 215 verdeutlicht grundsätzlich und eindeutig die Notwendigkeit, die Insel entgegen dem Uhrzeigersinn zu umfahren. Es ist zu überlegen, Zeichen 215 und andere die Fahrtrichtung oder die Vorbeifahrt vorschreibende Zeichen mit stark retroreflektierenden Folien (der Retroreflexions-Klasse 2 oder 3 (früher „Typ 2 oder 3“)) auszustatten, um trotz der für Retroreflexion ungünstigen Farbe Blau auch nachts eine gute Erkennbarkeit zu erreichen. Es sollte insbesondere außerhalb geschlossener Ortschaften besonderes Augenmerk darauf gelegt werden, dass die Kombination der Zeichen 205 und 215 aus möglichst großer Entfernung zu erkennen ist und nicht durch Bepflanzung o. Ä. verdeckt wird.

VwV-StVO zu § 41 zu Zeichen 215 schreibt vor, den Kreisverkehr außerorts mit der Wegweisung (Zeichen 438 mit entsprechender Darstellung des Kreisverkehrs) anzukündigen.

Radverkehr kann auf der Kreisfahrbahn oder auf einem mehr oder weniger abgesetzten Radweg um den Kreisverkehr geführt werden. Weniger abgesetzte Radwege werden durch die Kombination aus den Zeichen 205 und 215 auf den Kreisverkehrszufahrten mit geschützt, an weiter entfernten Radwegen muss zur Klarstellung Zeichen 205 angeordnet werden. Aufgrund der niedrigen Geschwindigkeiten auf der Kreisfahrbahn sollte jedoch stets geprüft werden, ob die Führung des Radverkehrs mit dem übrigen Fahrzeugverkehr auf der Kreisfahrbahn insbesondere im Hinblick auf die Vermeidung von Konflikten mit Abbiegern das geringere Konfliktpotenzial birgt.

d) Abknickende Vorfahrt

Die abknickende Vorfahrt darf nur ausnahmsweise angewendet werden. Abknickende Vorfahrten müssen durch geeignete optische Führungen kenntlich gemacht werden (z. B. Fahrbahnmarkierung, optische Leiteinrichtungen, Vorwegweiser, Beleuchtung). Dadurch wird dem Verkehrsteilnehmer die Fortsetzung eines Straßenzuges verdeutlicht, die Vorfahrt somit sinnfällig.

Sofern möglich, ist ein Umbau anzustreben, der die bevorrechtigten Knotenpunktarme optisch als einen zusammenhängenden Straßenzug erscheinen lässt. Bei eventuellen Ummarkierungen ist sicher auszuschließen, dass entfernte alte Markierungen unter besonderen Licht- und Umweltverhältnissen (Gegenlicht, Regen) als „Phantommarkierungen“ der neuen Vorfahrtregelung widersprechen.

Fußgängerverkehr über eine Vorfahrtstraße ist im Bereich einer abknickenden Vorfahrt durch geeignete Absperrungen zu unterbinden. In einiger Entfernung sind Vorkehrungen zu treffen,

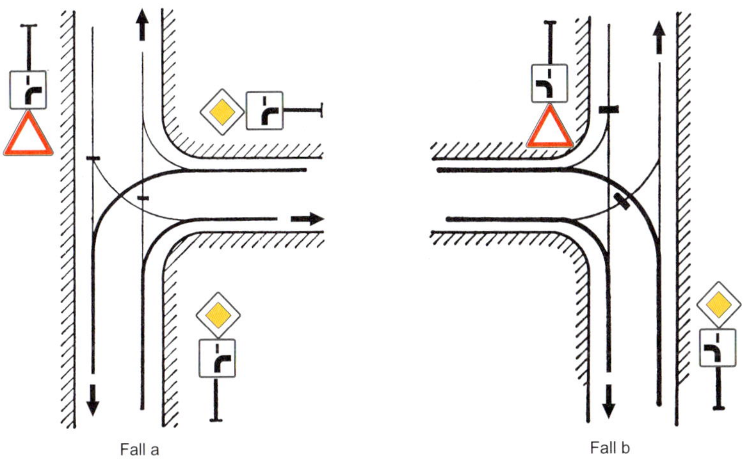

Bild 4.22 Einmündung mit (a) rechts abknickender und (b) links abknickender Vorfahrtstraße; Z 307 – falls erforderlich – ist hier nicht dargestellt

4.5.3 Vorfahrtregelung durch Zeichen

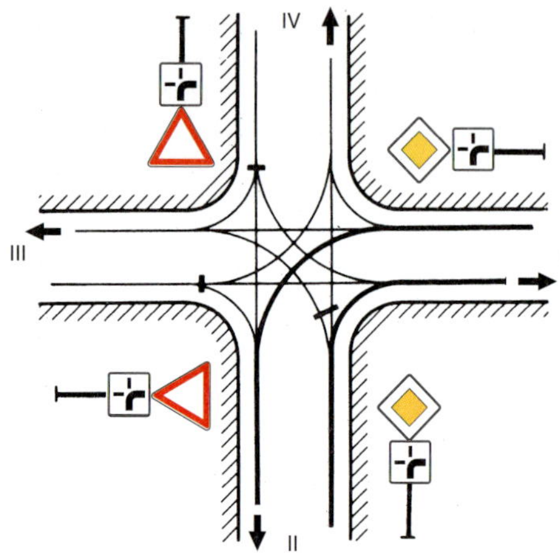

Bild 4.23 Vorfahrtbeschilderung einer Kreuzung mit abknickender Vorfahrtstraße. Z 307 ist hier nicht dargestellt

Auf das positive Vorfahrtzeichen mit Zusatzzeichen für die Fahrtrichtung von II kommend kann zweckmäßigerweise dann verzichtet werden, wenn die Gefahr besteht, dass von II kommende Verkehrsteilnehmer aufgrund der örtlichen Situation annehmen, dass die Vorfahrtstraße geradeaus weiterführt. In solchen Fällen kann es zu schweren Zusammenstößen mit Verkehrsteilnehmern kommen, die von I her in die Kreuzung einfahren. Beim Fehlen dieses positiven Vorfahrtzeichens gilt für die Verkehrsteilnehmer von II der Grundsatz: „Rechts vor Links“. Diese Regelung hat sich in vielen Fällen ausgezeichnet bewährt

um dem Fußgänger das sichere Überqueren der Fahrbahn zu ermöglichen.

Das Zusatzzeichen für abknickende Vorfahrt darf **nur mit Zeichen 306, nicht aber mit Zeichen 301** kombiniert werden. Sofern im Zuge einer Straße, die nicht Vorfahrtstraße ist, an einer Kreuzung oder an Einmündungen eine abknickende Vorfahrt angeordnet werden muss, sind vor der Kreuzung oder Einmündung Zeichen 306 mit Zusatzzeichen, dahinter Zeichen 307 aufzustellen. An allen übrigen Knotenpunkten kann, sofern erforderlich, die Vorfahrt durch Zeichen 301 gegeben werden.

Die Zusatzzeichen für abknickende Vorfahrt sollten die tatsächliche Situation des Straßenverlaufs wiedergeben, müssen aber der durch den VzKat vorgegebenen Gestaltung entsprechen.

Die *Bilder 4.22* und *4.23* zeigen einige Beispiele für die Beschilderung der abknickenden Vorfahrt.

4.5.4 Zusätzliche Maßnahmen zur Verdeutlichung der Vorfahrt

StVO Anlage 3 Richtzeichen (zu § 42 Absatz 2)
Abschnitt 8 Markierungen

23.1	Zeichen 342 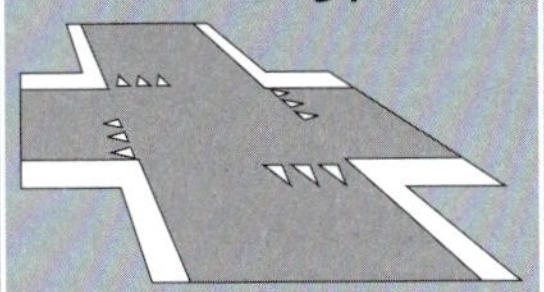 Haifischzähne	**Erläuterung** Die Markierung hebt eine Wartepflicht infolge einer bestehenden Rechts-vor-links-Regelung abseits der Bundes-, Landes- und Kreisstraßen sowie weiterer Hauptverkehrsstraßen und eine durch Zeichen 205 oder 206 angeordnete Vorfahrtberechtigung des Radverkehrs im Zuge von Kreuzungen oder Einmündungen von Radschnellwegen hervor. Im Fall dieser Vorfahrtberechtigung des Radverkehrs sind die Markierungen auf beiden Seiten entlang der Fahrbahnkanten des Radschnellwegs mit den Spitzen in Richtung des wartepflichtigen Verkehrs anzuordnen.

Durch zusätzliche Maßnahmen ist dafür Sorge zu tragen, dass ein Knotenpunkt gut zu erkennen und die Vorfahrtregelung leicht zu begreifen ist.

Besondere Aufmerksamkeit ist hierbei den wartepflichtigen Zufahrten zu schenken.

Als äußerst wirksam zur Unterstützung der Vorfahrtregelung hat sich die Fahrbahnmarkierung erwiesen. Wichtig ist eine deutliche Fahrbahnbegrenzung der vorfahrtberechtigten Straße im Bereich des Knotenpunktes, welche die Vorfahrtverhältnisse optisch unterstreicht (*Bild 4.24*).

Ist Zeichen 206 aufgestellt, ist in der Regel eine Haltlinie (Zeichen 294) anzuordnen. Von der Haltlinie aus sollen die wartepflichtigen Verkehrsteilnehmer die vorfahrtberechtigte Straße überblicken können.

Ist eine ausreichende Erkennbarkeit eines Knotenpunktes nicht gegeben, sollten Straßenverkehrsbehörde oder Polizei bei der Straßenbaubehörde bauliche Veränderungen anregen. Wird kein Umbau realisiert, kann durch

- Wiederholen der Verkehrszeichen über der Fahrbahn,
- optisch verzerrte Wiedergabe aufgestellter Zeichen auf der Fahrbahn,
- besondere Beleuchtung, erforderlichenfalls gelbes Blinklicht in Kombination mit Zeichen 205 oder 206,

die Auffälligkeit erhöht werden.

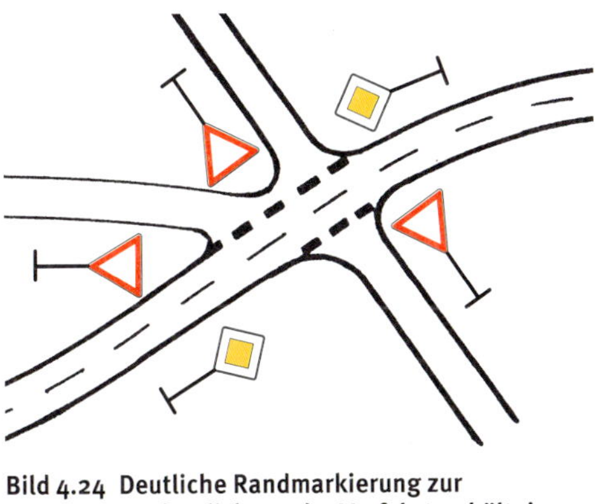

Bild 4.24 Deutliche Randmarkierung zur Verdeutlichung der Vorfahrtverhältnisse

Insbesondere außerorts ist die intuitive Begreifbarkeit der Vorfahrtsituation essenziell für die Verkehrssicherheit. Von entscheidender Bedeutung hierfür ist die bauliche Gestaltung der Straße und des unmittelbaren Umfelds nach einheitlichen, für die Verkehrsteilnehmer reproduzierbaren Grundsätzen. Deshalb sollte die Vorfahrtregelung dem ankommenden Fahrzeugführer durch die optische Gestaltung (z. B. Bepflanzung) oder durch bauliche Maßnahmen (z. B. Versatz der untergeordneten Straßen, Einbau von Inseln an den Zufahrten mit Wartepflicht) verdeutlicht werden.

Auf Straßen mit schnellerem und stärkerem Verkehr sowie immer dann, wenn eine vorgesehene Regelung von den Verkehrsteilnehmern nicht erwartet wird, kann eine Vorankündigung der Vorfahrtregeln sinnvoll sein (Zeichen 205 mit Zusatzzeichen 1004-30 oder -32).

Wird an einem Knotenpunkt die **Vorfahrt geändert**, so empfiehlt es sich, einige Monate lang mit entsprechenden Schildern auf diese Änderung hinzuweisen. Dies ist vor allem dann erforderlich, wenn viele „ortskundige" Verkehrsteilnehmer diesen Knotenpunkt befahren. Es hat sich als zweckmäßig erwiesen, in der übergeordneten Straße

4.5.4 Zusätzliche Maßnahmen zur Verdeutlichung der Vorfahrt

Bild 4.25 Hinweis auf eine geänderte Vorfahrt (auf einer Trägertafel)

in entsprechender Entfernung Zeichen 101 mit Zusatzzeichen 1008-30 „Vorfahrt geändert", in der untergeordneten Straße Zeichen 205, ebenfalls mit Zusatzzeichen 1008-30, aufzustellen, und zwar so, dass die Zeichen sehr auffällig sind, z. B. angebracht auf einer entsprechend großen weißen Trägertafel (*Bild 4.25*).

Eine Änderung der Vorfahrt liegt auch dann vor, wenn an die Stelle der Vorfahrtregelung „Rechts vor Links" eine Vorfahrtregelung durch Zeichen tritt oder umgekehrt. In letzterem Falle ist, soweit erforderlich, in entsprechender Entfernung Zeichen 102 mit Zusatzzeichen 1008-30 aufzustellen.

Bei **Grundstückszufahrten, Fußgängerbereichen, verkehrsberuhigten Bereichen** kann, wenn es zur Klarstellung des Vorfahrtverhaltens notwendig ist, für den auf die Fahrbahn einfahrenden Verkehr Zeichen 205 aufgestellt werden. Da Verkehrszeichenregelungen den allgemeinen Verkehrsvorschriften vorgehen (§ 39 Abs. 2 StVO), der an diesen Stellen anzuwendende § 10 StVO jedoch anders als Zeichen 205 eine Wartepflicht nicht nur gegenüber dem Fahrzeugverkehr, sondern u. a. auch gegenüber dem Fußgängerverkehr fordert, sollte diese Anordnung nur sehr sparsam und bei unabweislicher Erforderlichkeit ergehen.

Zusätzliche Maßnahmen zur Verdeutlichung der Vorfahrt sind wichtig für die Verkehrssicherheit und müssen mit Sorgfalt festgelegt werden.

Mit Änderung vom 28.4.2020 hat der Verordnungsgeber das neue Verkehrszeichen 342 unter der Bezeichnung „Haifischzähne" unter der lfd. Nr. 23.1 in Anlage 3 zu § 42 Abs. 2 StVO ergänzt. Mit dieser Markierung sollen zum einen bestehende Rechts-vor-Links-Regelungen und zum anderen eine durch Zeichen 205 oder 206 angeordnete Wartepflicht gegenüber dem (Rad-)Verkehr auf Radschnellwegen hervorgehoben werden können. Ausweislich der Begründung (vgl. BR-Drs. 591/19) wird damit im ersten Fall eine bereits bestehende Verwaltungspraxis nachträglich legalisiert. Im zweiten Fall soll damit die Vorfahrtberechtigung von Radverkehr besonders gekennzeichnet werden. Interessanterweise sieht die Begründung dies auch für die Markierung an baulich angelegten Radwegen im Zuge vorfahrtberechtigter Straßen vor; der – insoweit maßgebliche – Verordnungstext sieht diese Möglichkeit jedoch nicht vor. Gemäß Begründung eignet sich diese visuelle Unterstützung der Vorfahrtberechtigung besonders für Radwege mit Zweirichtungsverkehr. Weshalb dies so sein soll, wird nicht näher ausgeführt.

Mit dieser Änderung entfernt sich der Verordnungsgeber weiter von der mit der Neuverkündung der StVO 2013 verfolgten Intention, die Verkehrssicherheit durch sparsame, aber wohlüberlegte Verkehrszeichenanordnungen zu erhöhen, damit verbunden eine Überfrachtung mit Informationen zu vermeiden und die eigenverantwortliche Befolgung der jederzeit und überall geltenden allgemeinen Verkehrsvorschriften – somit auch der Rechts-vor-Links-Regel – durch die Verkehrsteilnehmer in den Vordergrund zu stellen. Bei schlechter Erkennbarkeit von Knotenpunkten mit Rechts-vor-Links-Regel ist in diesem Sinne vorrangig sorgfältig zu prüfen, ob diese durch eine geeignete Positionierung der Straßennamensschilder (Zeichen 437, vgl. Abschnitt 4.5.2) verbessert werden kann. Dabei ist insbesondere darauf zu achten, dass der wartepflichtige Verkehr diese rechtzeitig erkennen kann. Dies gilt auch für von rechts kommende Einbahnstraßen; dass der Fahrverkehr hier keine Fahrmöglichkeit nach rechts hat, darf entgegen der mancherorts üblichen Praxis kein Grund sein, die Straßennamensschilder für diese Straßen dort wegzulassen. Auch die von einer Einbahnstraßenregelung nicht betroffenen Fußgänger – und ggf. Radfahrer – sind für diese Unterstützung ihrer Orientierung dankbar. Weiterhin ist für die kritische Beurteilung der Erforderlichkeit der Anordnung von Haifischzähnen an Knotenpunkten mit Rechts-vor-Links-Regelung von Bedeutung, dass sich die besonderen Sorgfaltspflichten bereits aus § 8 Abs. 2 StVO ergeben – auch an den gemäß VwV-StVO zu § 42 zu Zeichen 342 für dessen Anordnung besonders in Betracht kommenden „schlecht einsehbaren Kreuzungen und Einmündungen […], die eine besondere Sorgfalt erfordern". Nicht zuletzt spricht für die Entbehrlichkeit einer solchen Verkehrszeichenregelung die VwV-

StVO zu § 40 zu Zeichen 102, wonach eine Anordnung dieses Zeichens innerhalb geschlossener Ortschaften in der Regel entbehrlich ist. Nichts anderes kann für ein Verkehrszeichen gelten, das letztlich dieselbe Funktion erfüllen soll. Im Ergebnis kann von einer Anordnung von Haifischzähnen an Knotenpunkten mit Rechts-vor-Links-Regelung zumindest für Straßen innerhalb geschlossener Ortschaften deshalb nur abgeraten werden.

Weshalb für die Markierung Radschnellwege kreuzender oder einmündender Straßen mit angeordneter Wartepflicht andere Verkehrszeichen erforderlich sein sollen als bei anderen Straßen mit vorfahrtberechtigtem Verkehr (nämlich die Wartelinie, Zeichen 341), ist nicht so recht nachvollziehbar. Es handelt sich in beiden Fällen um den identischen Verkehrsvorgang, und zwar die Wartepflicht des einen Fahrzeugstroms gegenüber einem anderen Fahrzeugstrom. Im Sinne des Radverkehrs als gleichberechtigtem Bestandteil des Fahrzeugverkehrs sollte hier für den identischen Verkehrsvorgang auch eine identische Verkehrszeichenanordnung zu erwarten sein. Durch die jetzigen Regelungen der StVO wird den Straßenverkehrsbehörden jedoch nichts anderes übrig bleiben, als an Kreuzungen und Einmündungen im Zuge von Radschnellwegen Haifischzähne anzuordnen, wenn eine Unterstützung der durch die Zeichen 205 oder 206 angeordneten Wartepflicht durch Markierungen erforderlich sein sollte. Immerhin sehen die jetzigen Regelungen keine generelle Kennzeichnung auf diese Weise vor, es bleibt daher bei der Einzelfallprüfung nach den Maßstäben des § 45 Abs. 9 Satz 1 StVO.

4.5.5 Vorfahrt Radverkehr

Voraussetzung für ein richtiges Vorfahrtverhalten des entlang einer Straße, auf Radwegen oder Radfahrstreifen geführten Radverkehrs sind ausreichende Sichtbeziehungen zwischen Kraftfahrzeug- und Radverkehr. Wo immer erforderlich, sind unzureichende Sichtbeziehungen durch geeignete Maßnahmen zu verbessern. Bei abgesetzten Radwegen, die in größerer (mehr als ca. 5,00 m) Entfernung von der Fahrbahn verlaufen, sollte dem Radfahrer vor dem Kreuzen einer querenden Straße durch ein verkleinertes Zeichen 205 die Wartepflicht verdeutlicht werden. Dann darf auch keine Furtmarkierung angeordnet werden (vgl. VwV-StVO zu § 9 Abs. 2, Rn. 4).

Ob ein Radweg als abgesetzt anzusehen ist, muss neben der vorgenannten Entfernung von der Fahrbahn anhand des optischen Gesamteindrucks und der örtlichen Gegebenheiten entschieden werden. Erheblich abgesetzte Radwege nehmen nicht an der Vorfahrt der Straße teil, an der sie verlaufen. Werden einseitig neben einer Straße verlaufende Radwege für den Gegenverkehr freigegeben („linker Radweg"), dann entstehen an Kreuzungen und Einmündungen wie auch an verkehrsreichen Grundstücksausfahrten neue Konflikte. Gilt in einem solchen Fall an Kreuzungen und Einmündungen die Vorfahrtregelung „Rechts vor Links", so sollte

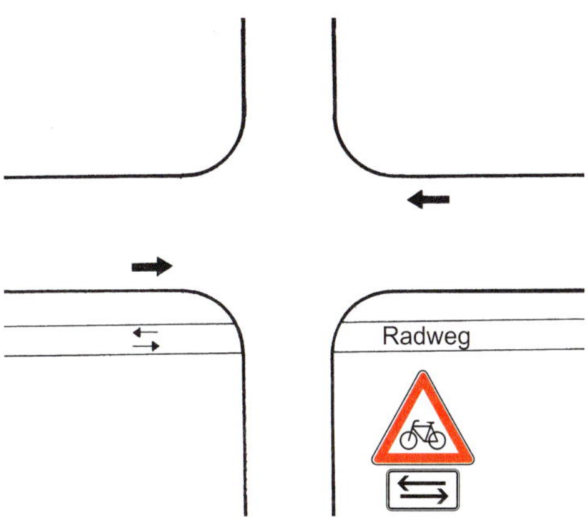

Bild 4.26 Mögliche Warnung vor Radwegen mit Radverkehr in beiden Richtungen. Vorfahrtregelung „Rechts vor Links" und Entfernung von mehr als ca. 5,00 m von der Fahrbahn schließen Markierung der Radwegefurt aus

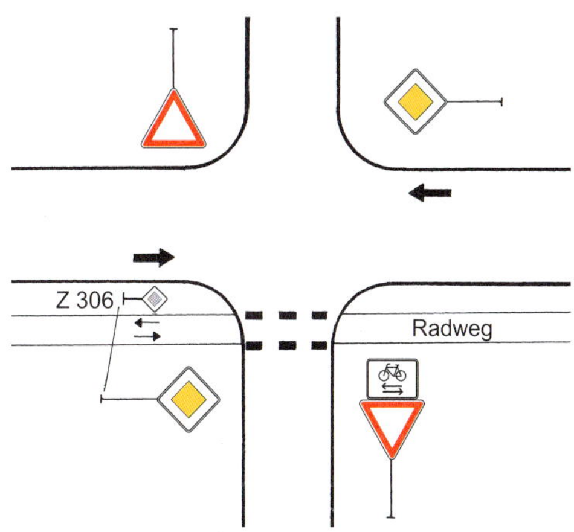

Bild 4.27 Vorfahrtregelung für einen Radweg entlang einer Vorfahrtstraße mit Radverkehr in beiden Richtungen (Z 205 mit darübergesetztem Zz). Die Markierung der Radfahrerfurt ist zwingend vorgeschrieben

gemäß *Bild 4.26* vor den in beiden Richtungen verkehrenden Radfahrern gewarnt werden (siehe auch Abschnitt 6.3.5).

Bei Vorfahrtregelung mit Verkehrszeichen ist auf der untergeordneten Straße über dem Zeichen 205 das Zusatzzeichen 1000-32 (Sinnbild eines Fahrrads mit zwei daruntergesetzten entgegengerichteten waagerechten Pfeilen) anzuordnen, soweit der Radweg im Zuge der übergeordneten Straße verläuft (*Bild 4.27*).

Falls erforderlich, kann der von der Vorfahrtstraße abbiegende Kraftfahrzeugverkehr durch Zeichen 138 „Radverkehr" mit Zusatzzeichen 1000-30 auf die besonderen Gefahren beim Kreuzen des Radwegs aufmerksam gemacht werden. Handelt es sich um einen abgesetzten Radweg, ist wie oben beschrieben zu verfahren.

Es ist zu beachten, dass die Markierung einer Radfahrerfurt zwingend vorgeschrieben ist; siehe VwV-StVO zu § 9 zu Abs. 2, Rn. 4.

Zu Abschnitt 4.5

VwV-StVO zu § 2 Straßenbenutzung durch Fahrzeuge

Zu Absatz 4 Satz 3 und Satz 4

38 6. An Kreuzungen und Einmündungen sowie an verkehrsreichen Grundstückszufahrten ist für den Fahrzeugverkehr auf der untergeordneten Straße das Zeichen 205 „Vorfahrt gewähren." oder Zeichen 206 „Halt. Vorfahrt gewähren." jeweils mit dem Zusatzzeichen mit dem Sinnbild eines Fahrrades und zwei gegengerichteten waagerechten Pfeilen (1000-32) anzuordnen. Zum Standort der Zeichen vgl. Nr. I zu Zeichen 205 und 206. Bei Zweifeln, ob der Radweg noch zu der vorfahrtberechtigten Straße gehört vgl. Nr. I zu § 9 Abs. 3; Rn. 8.

38a III. Gemeinsame Geh- und Radwege ohne Benutzungspflicht können durch Aufbringung der Sinnbilder „Fußgänger" und „Radverkehr" gekennzeichnet werden.

StVO § 8 Vorfahrt

(1) An Kreuzungen und Einmündungen hat die Vorfahrt, wer von rechts kommt. Das gilt nicht,

1. wenn die Vorfahrt durch Verkehrszeichen besonders geregelt ist (Zeichen 205, 206, 301, 306) oder
2. für Fahrzeuge, die aus einem Feld- oder Waldweg auf eine andere Straße kommen.

(1a) Ist an der Einmündung in einen Kreisverkehr Zeichen 215 (Kreisverkehr) unter dem Zeichen 205 (Vorfahrt gewähren) angeordnet, hat der Verkehr auf der Kreisfahrbahn Vorfahrt. Bei der Einfahrt in einen solchen Kreisverkehr ist die Benutzung des Fahrtrichtungsanzeigers unzulässig.

VwV-StVO zu § 8 Vorfahrt

Zu Absatz 1

Verkehrsregelung an Kreuzungen und Einmündungen

1 I. 1. Kreuzungen und Einmündungen sollten auch für den Ortsfremden schon durch ihre bauliche Beschaffenheit erkennbar sein. Wenn das nicht der Fall ist, sollten bei der Straßenbaubehörde bauliche Veränderungen angeregt werden.

2 2. Bei schiefwinkligen Kreuzungen und Einmündungen ist zu prüfen, ob für den Wartepflichtigen die Tatsache, dass er an dieser Stelle andere durchfahren lassen muss, deutlich erkennbar ist und ob die Sicht aus dem schräg an der Straße mit Vorfahrt wartenden Fahrzeug ausreicht. Ist das nicht der Fall, so ist mit den Maßnahmen zu Nr. I 1 und II zu helfen; des Öfteren wird es sich empfehlen, bei der Straßenbaubehörde eine Änderung des Kreuzungswinkels anzuregen.

3 II. Die Verkehrsregelung an Kreuzungen und Einmündungen soll so sein, dass es für den Verkehrsteilnehmer möglichst einfach ist, sich richtig zu verhalten. Es dient der Sicherheit, wenn die Regelung dem natürlichen Verhalten des Verkehrsteilnehmers entspricht. Unter diesem Gesichtspunkt sollte, wenn möglich, die Entscheidung darüber getroffen werden, ob an Kreuzungen der Grundsatz „Rechts vor Links" gelten soll oder eine Regelung durch Verkehrszeichen vorzuziehen ist und welche Straße dann die Vorfahrt erhalten soll. Bei jeder Regelung durch Verkehrszeichen ist zu prüfen, ob die Erfassbarkeit der Regelung durch Längsmarkierungen (Mittellinien und Randlinien, die durch retroreflektierende Markierungsknöpfe verdeutlicht werden können) im Verlauf der Straße mit Vorfahrt verbessert werden kann.

VwV-StVO zu § 8 Vorfahrt

4 1. Im Verlauf einer durchgehenden Straße sollte die Regelung stetig sein. Ist eine solche Straße an einer Kreuzung oder Einmündung mit einer Lichtzeichenanlage versehen oder positiv beschildert, so sollte an der nächsten nicht „Rechts vor Links" gelten, wenn nicht der Abstand zwischen den Kreuzungen oder Einmündungen sehr groß ist oder der Charakter der Straße sich von einer Kreuzung oder Einmündung zur anderen grundlegend ändert.

5 2. Einmündungen von rechts sollte die Vorfahrt grundsätzlich genommen werden. Nur wenn beide Straßen überwiegend dem Anliegerverkehr dienen (z.B. Wohnstraßen) und auf beiden nur geringer Verkehr herrscht, bedarf es nach der Erfahrung einer Vorfahrtbeschilderung nicht.

6 3. An Kreuzungen sollte der Grundsatz „Rechts vor Links" nur gelten, wenn

a) die kreuzenden Straßen einen annähernd gleichen Querschnitt und annähernd gleiche, geringe Verkehrsbedeutung haben,

b) keine der Straßen, etwa durch Straßenbahngleise, Baumreihen, durchgehende Straßenbeleuchtung, ihrem ortsfremden Benutzer den Eindruck geben kann, er befinde sich auf der wichtigeren Straße,

c) die Sichtweite nach rechts aus allen Kreuzungszufahrten etwa gleich groß ist und

d) in keiner der Straßen in Fahrstreifen nebeneinander gefahren wird.

7 4. Müsste wegen des Grundsatzes der Stetigkeit (Nr. 1) die Regelung „Rechts vor Links" für einen ganzen Straßenzug aufgegeben werden, weil für eine einzige Kreuzung eine solche Regelung nach (Nr. 3) nicht in Frage kommt, so ist zu prüfen, ob nicht die hindernde Eigenart dieser Kreuzung, z. B. durch Angleichung der Sichtweiten beseitigt werden kann.

8 5. Der Grundsatz „Rechts vor Links" sollte außerhalb geschlossener Ortschaften nur für Kreuzungen und Einmündungen im Verlauf von Straßen mit ganz geringer Verkehrsbedeutung gelten.

9 6. Scheidet die Regelung „Rechts vor Links" aus, so ist die Frage, welcher Straße die Vorfahrt zu geben ist, unter Berücksichtigung des Straßencharakters, der Verkehrsbelastung, der übergeordneten Verkehrslenkung und des optischen Eindrucks der Straßenbenutzer zu entscheiden. Keinesfalls darf die amtliche Klassifizierung der Straßen entscheidend sein.

10 a) Ist eine der beiden Straßen eine Vorfahrtstraße oder sind auf einer der beiden Straßen die benachbarten Kreuzungen positiv beschildert, so sollte in der Regel diese Straße die Vorfahrt erhalten. Davon sollte nur abgewichen werden, wenn die Verkehrsbelastung der anderen Straße wesentlich stärker ist oder wenn diese wegen ihrer baulichen Beschaffenheit dem, der sie befährt, den Eindruck vermitteln kann, er befände sich auf der wichtigeren Straße (z. B. Straßen mit Mittelstreifen oder mit breiter Fahrbahn oder mit Straßenbahngleisen).

11 b) Sind beide Straßen Vorfahrtstraßen oder sind auf beiden Straßen die benachbarten Kreuzungen positiv beschildert, so sollte der optische Eindruck, den die Fahrer von der von ihnen befahrenen Straße haben, für die Wahl der Vorfahrt wichtiger sein als die Verkehrsbelastung.

12 c) Wird entgegen diesen Grundsätzen entschieden oder sind aus anderen Gründen Missverständnisse über die Vorfahrt zu befürchten, so muss die Wartepflicht entweder besonders deutlich gemacht werden (z. B. durch Markierung, mehrfach wiederholte Beschilderung), oder es sind Lichtzeichenanlagen anzubringen. Erforderlichenfalls sind bei der Straßenbaubehörde bauliche Maßnahmen anzuregen.

13 7. Bei Kreuzungen mit mehr als vier Zufahrten ist zu prüfen, ob nicht einzelne Kreuzungszufahrten verlegt oder gesperrt werden können. In anderen Fällen kann die Einrichtung von der Kreuzung wegführender Einbahnstraßen in Betracht kommen.

14 8. Bei der Vorfahrtregelung sind die Interessen der öffentlichen Verkehrsmittel besonders zu berücksichtigen; wenn es mit den unter Nr. 6 dargelegten Grundsätzen vereinbar ist, sollten diejenigen Kreuzungszufahrten Vorfahrt erhalten, in denen öffentliche Verkehrsmittel linienmäßig verkehren. Kann einer Straße, auf der eine Schienenbahn verkehrt, die Vorfahrt durch Verkehrszeichen nicht gegeben werden, so ist eine Regelung durch Lichtzeichen erforderlich; keinesfalls darf auf einer solchen Kreuzung die Regel „Rechts vor Links" gelten.

VwV-StVO
zu § 8
Vorfahrt

15 III. 1. Als Vorfahrtstraßen sollen nur Straßen gekennzeichnet sein, die über eine längere Strecke die Vorfahrt haben und an zahlreichen Kreuzungen bevorrechtigt sind. Dann sollte die Straße so lange Vorfahrtstraße bleiben, wie sich das Erscheinungsbild der Straße und ihre Verkehrsbedeutung nicht ändern. Bei der Auswahl von Vorfahrtstraßen ist der Blick auf das gesamte Straßennetz besonders wichtig.

16 a) Bundesstraßen, auch in ihren Ortsdurchfahrten, sind in aller Regel als Vorfahrtstraßen zu kennzeichnen.

17 b) Innerhalb geschlossener Ortschaften gilt das auch für sonstige Straßen mit durchgehendem Verkehr.

18 c) Außerhalb geschlossener Ortschaften sollten alle Straßen mit erheblicherem Verkehr Vorfahrtstraßen werden.

19 2. Im Interesse der Verkehrssicherheit sollten im Zuge von Vorfahrtstraßen außerhalb geschlossener Ortschaften Linksabbiegestreifen angelegt werden, auch wenn der abbiegende Verkehr nicht stark ist. Linksabbiegestreifen sind um so dringlicher, je schneller die Straße befahren wird.

20 3. Über die Beschilderung von Kreuzungen und Einmündungen vgl. Nr. VI zu den Zeichen 205 und 206 (Rn. 6), von Vorfahrtstraßen vgl. zu den Zeichen 306 und 307.

21 IV. Über die Verkehrsregelung durch Polizeibeamte und Lichtzeichen vgl. zu § 36 Abs. 2 und 4; Rn. 3 ff. sowie Nr. IV zu den Nrn. 1 und 2 zu § 37 Abs. 2; Rn. 12.

StVO
§ 10
Einfahren
und Anfahren

Wer aus einem Grundstück, aus einer Fußgängerzone (Zeichen 242.1 und 242.2), aus einem verkehrsberuhigten Bereich (Zeichen 325.1 und 325.2) auf die Straße oder von anderen Straßenteilen oder über einen abgesenkten Bordstein hinweg auf die Fahrbahn einfahren oder vom Fahrbahnrand anfahren will, hat sich dabei so zu verhalten, dass eine Gefährdung anderer Verkehrsteilnehmer ausgeschlossen ist; erforderlichenfalls muss man sich einweisen lassen. Die Absicht einzufahren oder anzufahren ist rechtzeitig und deutlich anzukündigen; dabei sind die Fahrtrichtungsanzeiger zu benutzen. Dort, wo eine Klarstellung notwendig ist, kann Zeichen 205 stehen.

VwV-StVO
zu den §§ 39 bis 43
Allgemeines über
Verkehrszeichen
und Verkehrs-
einrichtungen

11. Häufung von Verkehrszeichen

33 Weil die Bedeutung von Verkehrszeichen bei durchschnittlicher Aufmerksamkeit zweifelsfrei erfassbar sein muss, sind Häufungen von Verkehrszeichen zu vermeiden. Es ist daher stets vorrangig zu prüfen, auf welche vorgesehenen oder bereits vorhandenen Verkehrszeichen verzichtet werden kann.

34 Sind dennoch an einer Stelle oder kurz hintereinander mehrere Verkehrszeichen unvermeidlich, muss dafür gesorgt werden, dass die für den fließenden Verkehr wichtigen besonders auffallen. Kann dies nicht realisiert werden oder wird ein für den fließenden Verkehr bedeutsames Verkehrszeichen an der betreffenden Stelle nicht erwartet, ist jene Wirkung auf andere Weise zu erzielen (z. B. durch Übergröße oder gelbes Blinklicht).

...

39 dd) Verkehrszeichen, durch die eine Wartepflicht angeordnet oder angekündigt wird, dürfen nur dann an einem Pfosten mit anderen Verkehrszeichen angebracht werden, wenn jene wichtigen Zeichen besonders auffallen.

40 b) Dicht hintereinander sollen Verkehrszeichen für den fließenden Verkehr nicht folgen. Zwischen Pfosten, an denen solche Verkehrszeichen gezeigt werden, sollte vielmehr ein so großer Abstand bestehen, dass der Verkehrsteilnehmer bei der dort gefahrenen Geschwindigkeit Gelegenheit hat, die Bedeutung der Verkehrszeichen nacheinander zu erfassen.

VwV-StVO
zu § 40
Gefahrzeichen

Zu Zeichen 102 Kreuzung oder Einmündung mit Vorfahrt von rechts

1 Das Zeichen darf nur angeordnet werden vor schwer erkennbaren Kreuzungen und Einmündungen von rechts, an denen die Vorfahrt nicht durch Vorfahrtzeichen geregelt ist. Innerhalb geschlossener Ortschaften ist das Zeichen im Allgemeinen entbehrlich.

StVO
§ 41
Vorschriftzeichen

(2) Vorschriftzeichen stehen vorbehaltlich des Satzes 2 dort, wo oder von wo an die Anordnung zu befolgen ist. Soweit die Zeichen aus Gründen der Leichtigkeit oder der Sicherheit des Verkehrs in einer bestimmten Entfernung zum Beginn der Befolgungspflicht stehen, ist die Entfernung zu dem maßgeblichen Ort auf einem Zusatzzeichen angegeben. Andere Zusatzzeichen enthalten nur allgemeine Beschränkungen der Gebote oder Verbote oder allgemeine Ausnahmen von ihnen. Die besonderen Zusatzzeichen zu den Zeichen 283, 286, 277, 290.1 und 290.2 können etwas anderes bestimmen, zum Beispiel den Geltungsbereich erweitern.

VwV-StVO
zu § 41
Vorschriftzeichen

Zu Zeichen 205 Vorfahrt gewähren.

1 I. Ist neben einer durchgehenden Fahrbahn ein Fahrstreifen vorhanden, welcher der Einfädelung des einmündenden Verkehrs dient, ist das Zeichen am Beginn dieses Fahrstreifens anzuordnen. Vgl. Nr. I zu § 7 Abs. 1 bis 3; Rn. 1. An Einfädelungsstreifen auf Autobahnen und Kraftfahrstraßen ist das Zeichen im Regelfall nicht erforderlich (vgl. § 18 Abs. 3).

2 II. Über Kreisverkehr vgl. zu Zeichen 215.

3 III. Nur wenn eine Bevorrechtigung der Schienenbahn auf andere Weise nicht möglich ist, kann in Ausnahmefällen das Zeichen 205 mit dem Zusatzzeichen mit Straßenbahnsinnbild (1048-19) [jetzt Zz 1010-56] angeordnet werden, insbesondere wo Schienenbahnen einen kreisförmigen Verkehr kreuzen oder wo die Schienenbahn eine Wendeschleife oder ähnlich geführte Gleisanlagen befährt. Für eine durch Zeichen 306 bevorrechtigte Straße darf das Zeichen mit Zusatzzeichen nicht angeordnet werden.

Zu Zeichen 206 Halt. Vorfahrt gewähren.

I. Das Zeichen 206 ist nur dann anzuordnen, wenn

1 1. die Sichtverhältnisse an der Kreuzung oder Einmündung es zwingend erfordern,

2 2. es wegen der Örtlichkeit (Einmündung in einer Innenkurve oder in eine besonders schnell befahrene Straße) schwierig ist, die Geschwindigkeit der Fahrzeuge auf der anderen Straße zu beurteilen, oder

3 3. es sonst aus Gründen der Sicherheit notwendig erscheint, einen Wartepflichtigen zu besonderer Vorsicht zu mahnen (z. B. in der Regel an der Kreuzung zweier Vorfahrtstraßen).

4 II. Zusätzlich ist im Regelfall eine Haltlinie (Zeichen 294) dort anzubringen, wo der Wartepflichtige die Straße übersehen kann. Bei einem im Zuge der Vorfahrtstraße (Zeichen 306) verlaufenden Radweg ist die Haltlinie unmittelbar vor der Radwegefurt anzubringen.

Zu den Zeichen 205 und 206 Vorfahrt gewähren. und Halt. Vorfahrt gewähren.

1 I. Die Zeichen sind unmittelbar vor der Kreuzung oder Einmündung anzuordnen.

2 II. Die Zeichen sind nur anzukündigen, wenn die Vorfahrtregelung aufgrund der örtlichen Gegebenheiten (Straßenverlauf, Geschwindigkeit, Verkehrsstärke) anderenfalls nicht rechtzeitig erkennbar wäre. Innerhalb geschlossener Ortschaften ist die Ankündigung in der Regel nicht erforderlich. Außerhalb geschlossener Ortschaften soll sie 100 bis 150 m vor der Kreuzung oder Einmündung erfolgen. Die Ankündigung erfolgt durch Zeichen 205 mit der Entfernungsangabe auf einem Zusatzzeichen. Bei der Ankündigung des Zeichens 206 enthält das Zusatzzeichen neben der Entfernungsangabe zusätzlich das Wort „Stop".

3 III. Das Zusatzzeichen mit dem Sinnbild eines Fahrrades und zwei gegenläufigen waagerechten Pfeilen (1000-32) ist anzuordnen, wenn der Radweg im Verlauf der Vorfahrtstraße für den Radverkehr in beide Richtungen freigegeben ist.

4 IV. Wo eine Lichtzeichenanlage steht, sind die Zeichen in der Regel unter oder neben den Lichtzeichen am gleichen Pfosten anzubringen.

5 V. Nur wo eine Straße mit Wartepflicht in einem großräumigen Knoten eine Straße mit Mittelstreifen kreuzt und für den Verkehrsteilnehmer schwer erkennbar ist, dass es sich um die beiden Richtungsfahrbahnen derselben Straße handelt, ist zusätzlich auf dem Mittelstreifen eines der beiden Zeichen aufzustellen.

6 VI. Jede Kreuzung und Einmündung, in der vom Grundsatz „Rechts vor Links" abgewichen werden soll, ist sowohl positiv als auch negativ zu beschildern, und zwar sowohl innerhalb als auch außerhalb geschlossener Ortschaften. Ausgenommen sind Ausfahrten aus verkehrsberuhigten Bereichen (Zeichen 325.1, 325.2) sowie Feld- und Waldwege, deren Charakter ohne Weiteres zu erkennen ist. Straßeneinmündungen, die wie Grundstückszufahrten aussehen, sowie Einmündungen von Feld- und Waldwegen können einseitig mit Zeichen 205 versehen werden.

7 VII. Zusatzzeichen „abknickende Vorfahrt"

Über die Zustimmungsbedürftigkeit vgl. Nr. III 1 Buchstabe a zu § 45 Abs. 1 bis 1 e, Rn. 4; über abknickende Vorfahrt vgl. ferner zu den Zeichen 306 und 307 und Nr. III zu Zeichen 301; Rn. 3.

...

VwV-StVO
zu § 41
Vorschriftzeichen

Zu Zeichen 215 Kreisverkehr

1 I. Ein Kreisverkehr darf nur angeordnet werden, wenn die Mittelinsel von der Kreisfahrbahn abgegrenzt ist. Dies gilt auch, wenn die Insel wegen des geringen Durchmessers des Kreisverkehrs von großen Fahrzeugen überfahren werden muss. Zeichen 295 als innere Fahrbahnbegrenzung ist in Form eines Breitstrichs auszuführen (vgl. RMS).

2 II. Außerhalb geschlossener Ortschaften ist der Kreisverkehr mit Vorwegweiser (Zeichen 438) anzukündigen.

3 III. Die Zeichen 205 und 215 sind an allen einmündenden Straßen anzuordnen. Ist eine abweichende Vorfahrtregelung durch Verkehrszeichen für den Kreisverkehr erforderlich, ist Zeichen 209 (Rechts) anzuordnen.

4 IV. Die Anordnung von Zeichen 215 macht eine zusätzliche Anordnung von Zeichen 211 (Hier rechts) auf der Mittelinsel entbehrlich. Außerhalb geschlossener Ortschaften empfiehlt es sich, auf baulich angelegten, nicht überfahrbaren Mittelinseln gegenüber der jeweiligen Einfahrt vorrangig Zeichen 625 (Richtungstafel in Kurven) anzuordnen.

5 V. Wo eine Straßenbahn die Mittelinsel überquert, darf Zeichen 215 nicht angeordnet werden. Der Straßenbahn ist regelmäßig Vorfahrt zu gewähren; dabei sind Lichtzeichen vorzuziehen.

6 VI. Der Fahrradverkehr ist entweder wie der Kraftfahrzeugverkehr auf der Kreisfahrbahn zu führen oder auf einem baulich angelegten Radweg (Zeichen 237, 240, 241). Ist dieser baulich angelegte Radweg eng an der Kreisfahrbahn geführt (Absatzmaß max. 4–5 m), so sind in den Zufahrten die Zeichen 215 (Kreisverkehr) und 205 (Vorfahrt gewähren) vor der Radfahrerfurt anzuordnen. Ist der baulich angelegte Radweg von der Kreisfahrbahn abgesetzt oder liegt der Kreisverkehr außerhalb bebauter Gebiete, ist für den Radverkehr Zeichen 205 anzuordnen.

7 VII. Zur Anordnung von Fußgängerüberwegen auf den Zufahrten vgl. R-FGÜ.

StVO
§ 42
Richtzeichen

(2) Wer am Verkehr teilnimmt, hat die durch Richtzeichen nach Anlage 3 angeordneten Ge- oder Verbote zu befolgen.

VwV-StVO
zu § 42
Richtzeichen

Zu Zeichen 301 Vorfahrt

1 I. Das Zeichen steht unmittelbar vor der Kreuzung oder Einmündung.

2 II. An jeder Kreuzung und Einmündung, vor der das Zeichen steht, muss auf der anderen Straße das Zeichen 205 oder das Zeichen 206 angebracht werden.

3 III. Das Zusatzzeichen für die abknickende Vorfahrt (hinter Zeichen 306) darf nicht zusammen mit dem Zeichen 301 angeordnet werden.

4 IV. Das Zeichen ist für Ortsdurchfahrten und Hauptverkehrsstraßen nicht anzuordnen. Dort ist das Zeichen 306 zu verwenden. Im Übrigen ist innerhalb geschlossener Ortschaften das Zeichen 301 nicht häufiger als an drei hintereinander liegenden Kreuzungen oder Einmündungen zu verwenden. Sonst ist das Zeichen 306 zu verwenden. Eine Abweichung von dem Regelfall ist nur angezeigt, wenn die Bedürfnisse des Buslinienverkehrs in Tempo 30-Zonen dies zwingend erfordern.

5 V. Über Kreisverkehr vgl. zu Zeichen 215.

Zu den Zeichen 306 und 307 Vorfahrtstraße und Ende der Vorfahrtstraße

1 I. Innerhalb geschlossener Ortschaften ist die Vorfahrt für alle Straßen des überörtlichen Verkehrs (Bundes-, Landes- und Kreisstraßen) und weitere für den innerörtlichen Verkehr wesentliche Hauptverkehrsstraßen grundsätzlich unter Verwendung des Zeichens 306 anzuordnen (vgl. zu § 45 Abs. 1 bis 1 e).

2 II. Das Zeichen 306 steht in der Regel innerhalb geschlossener Ortschaften vor der Kreuzung oder Einmündung, außerhalb geschlossener Ortschaften dahinter.

3 III. An jeder Kreuzung und Einmündung im Zuge einer Vorfahrtstraße muss für die andere Straße das Zeichen 205 oder Zeichen 206 angeordnet werden; siehe aber auch § 10.

4 IV. 1. Das Zeichen 306 mit dem Zusatzzeichen „abknickende Vorfahrt" ist immer vor der Kreuzung oder Einmündung anzubringen. Über die Zustimmungsbedürftigkeit vgl. Nr. III 1 Buchstabe a zu § 45 Abs. 1 bis 1e; Rn. 4.

5 2. Die abknickende Vorfahrt ist nur anzuordnen, wenn der Fahrzeugverkehr in dieser Richtung erheblich stärker ist als in der Geradeausrichtung. Der Verlauf der abknickenden Vorfahrt muss deutlich erkennbar sein (Markierungen, Vorwegweiser).

VwV-StVO zu § 42 Richtzeichen

6 3. Treten im Bereich von Kreuzungen oder Einmündungen mit abknickender Vorfahrt Konflikte mit dem Fußgängerverkehr auf, ist zum Schutz der Fußgänger das Überqueren der Fahrbahn durch geeignete Maßnahmen zu sichern, z. B. durch Lichtzeichenregelung für die Kreuzung oder Einmündung oder Geländer.

7 V. Wird eine weiterführende Vorfahrtstraße an einer Kreuzung oder Einmündung durch Zeichen 205 oder 206 unterbrochen, darf das Zeichen 307 nicht aufgestellt werden. Zeichen 306 darf in diesem Fall erst an der nächsten Kreuzung oder Einmündung wieder angeordnet werden.

8 VI. Endet eine Vorfahrtstraße außerhalb geschlossener Ortschaften, sollen in der Regel sowohl das Zeichen 307 als auch das Zeichen 205 oder das Zeichen 206 angeordnet werden. Innerhalb geschlossener Ortschaften ist das Zeichen 307 entbehrlich. Anstelle des Zeichens 307 kann auch das Zeichen 205 mit Entfernungsangabe als Vorankündigung angeordnet werden.

...

Zu Zeichen 342 Haifischzähne

1 I. Haifischzähne sind so aufzubringen, dass die Spitzen der Dreiecke in Richtung des wartepflichtigen Verkehrs zeigen.

2 II. Soll die Markierung eine Vorfahrtberechtigung des Radverkehrs im Zuge von Kreuzungen oder Einmündungen von Radschnellwegen hervorheben, ist sie auf beiden Seiten entlang der Fahrbahnkanten über die gesamte Fahrbahnbreite anzuordnen. Eine entsprechende Markierung empfiehlt sich insbesondere bei Zweirichtungsradwegen.

3 III. Eine Anordnung zur Hervorhebung einer Wartepflicht für den Fahrverkehr infolge einer bestehenden Rechts-vor-links-Regelung abseits der Bundes-, Landes- und Kreisstraßen sowie weiterer Hauptverkehrsstraßen kommt insbesondere an schlecht einsehbaren Kreuzungen und Einmündungen in Betracht, die besondere Sorgfalt erfordern.

Sonstige Vorrangregelungen

5

5.1 Allgemeines

In Abschnitt 5 werden Situationen behandelt, an denen außerhalb von Knotenpunkten geregelt werden muss, wer den Vorrang hat, also das Recht hat, seine Bewegung vorrangig fortzusetzen.

Abschnitt 5.2 ist Engstellen entlang von Straßen gewidmet, Abschnitt 5.3 dem die Straßen abseits der Knotenpunkte kreuzenden Fußgängerverkehr. Abschnitt 5.4 behandelt Bahnübergänge.

5.2 Vorrang an Engstellen

StVO Anlage 2 Vorschriftzeichen (zu § 41 Absatz 1) Abschnitt 1 Wartegebote und Haltgebote		
4	**Zeichen 208**  **Vorrang des Gegenverkehrs**	**Ge- oder Verbot** Wer ein Fahrzeug führt, hat dem Gegenverkehr Vorrang zu gewähren.
StVO Anlage 3 Richtzeichen (zu § 42 Absatz 2) Abschnitt 1 Vorrangzeichen		
4	**Zeichen 308**  **Vorrang vor dem Gegenverkehr**	**Ge- oder Verbot** Wer ein Fahrzeug führt, hat Vorrang vor dem Gegenverkehr.

Mit den Zeichen 208 und 308 kann der Vorrang an für die Begegnung zu schmalen Engstellen (siehe Abschnitt 6.7) geregelt werden, wenn für die Verkehrsteilnehmer ansonsten nicht ohne Weiteres zu erkennen ist, wer nach § 6 StVO Vorrang hat, oder wenn der Vorrang bewusst anders als in § 6 StVO geregelt werden soll.

An Engstellen mit weniger als zwei vollen Fahrstreifen ist eine klare Regelung erforderlich, welche Verkehrsrichtung zuerst fahren darf. Nach § 6 StVO muss entgegenkommende Fahrzeuge durchfahren lassen, wer an einer Fahrbahnverengung oder einem Hindernis auf der Fahrbahn links vorbeifahren will. Eine Regelung durch Verkehrszeichen ist (nur) dann erforderlich, wenn die Ausbildung der Engstelle und deren Beschilderung mit Leitplatten oder Gefahrzeichen in Verbindung mit § 6 StVO nicht ohne Weiteres erkennen lässt, dass Fahrzeuge wartepflichtig sind (siehe Abschnitt 6.7).

Zeichen 208 ist dort anzuordnen, wo die Weiterfahrt verboten werden soll, wenn Gegenverkehr vorhanden ist. Mit diesem Zeichen wird dem aus der Gegenrichtung kommenden Verkehr (Gegenverkehr) das Vorrecht eingeräumt, eine Engstelle zuerst zu befahren. Der Gegenverkehr wird durch Zeichen 308 über die angeordnete Regelung informiert.

Voraussetzung für eine solche Regelung ist, dass die Engstelle für eine Begegnung mehrspuriger Fahrzeuge zu schmal ist. Welcher Fahrtrichtung dabei der Vorrang zu gewähren ist, muss aufgrund der örtlichen Gegebenheiten entschieden werden (z. B. Verkehrsstärke und -richtung, Längsneigung, Lage der Engstelle). Eine Warnung durch Gefahrzeichen (z. B. Zeichen 121) sollte vor allem für den wartepflichtigen Verkehr erfolgen.

Zeichen 208 ist an der Stelle anzubringen, an der die Verkehrsteilnehmer bei vorhandenem Gegenverkehr anhalten sollen. Falls erforderlich, empfiehlt es sich, eine zusätzliche Kennzeichnung durch eine Fahrbahnmarkierung aufzubringen (siehe auch Abschnitt 6.7).

Zeichen 208 braucht nicht aufgestellt zu werden, wenn es sich um verkehrsarme, enge Ortsstraßen handelt. Solche Straßen sind ohnehin mit der erforderlichen Sorgfalt zu befahren. Auch bei kurzen, übersichtlichen Engstellen auf nur mäßig befahrenen Straßen ist eine Regelung durch Schilder in der Regel nicht notwendig, weil sich die Verkehrsteilnehmer gegenseitig verständigen können, wer zuerst die Engstelle durchfährt. In verkehrsberuhigten Bereichen ist auf die Regelung stets, in geschwindigkeitsbeschränkten Zonen in der Regel zu verzichten.

Bei längeren Gegenverkehrsstrecken und bei Gegenverkehrsstrecken mit schlechten Sichtverhältnissen kann dagegen sogar eine Verkehrsregelung durch Lichtzeichen notwendig sein, um einen reibungslosen Verkehrsablauf zu gewährleisten. Auch bei größeren Verkehrsmengen kann eine Verkehrsregelung durch Lichtzeichen notwendig sein, um zu lange Wartezeiten auf der nicht berechtigten Zufahrt zu vermeiden und durch Pulkbildung die Kapazität zu erhöhen (durch Vermeidung der Verlustzeiten, die beim Leerfahren der Engstelle bis zur möglichen Einfahrt aus der Gegenrichtung entstehen). Um bei verkehrsschwachen Zeiten zu lange Wartezeiten zu vermeiden, sind in der Regel mehrere Signalprogramme für die verschiedenen Belastungszeiten oder eine verkehrsabhängige Regelung der Anlage sinnvoll (siehe Abschnitt 9.3.3).

Zeichen 208 muss wie alle Vorschriftzeichen voll rückstrahlend sein. Hierbei sind stets stark retroreflektierende Folien der Retroreflexions-Klasse 2 (früher „Typ 2“) zu verwenden.

Beim Aufstellen ist darauf zu achten, dass der rote Pfeil nach oben weist.

Wird Zeichen 208 angeordnet, so ist auch Zeichen 308 anzuordnen. Es weist die Verkehrsteilnehmer darauf hin, dass der Gegenverkehr, sofern er noch nicht in die Engstelle eingefahren ist, zu warten hat.

Es empfiehlt sich, Zeichen 308 an der Stelle anzubringen, an der die Verkehrsteilnehmer gegebenenfalls zu warten haben, bis bereits eingefahrener Gegenverkehr die Engstelle passiert hat.

Zu Abschnitt 5.2

StVO § 6 Vorbeifahren

Wer an einer Fahrbahnverengung, einem Hindernis auf der Fahrbahn oder einem haltenden Fahrzeug links vorbeifahren will, muss entgegenkommende Fahrzeuge durchfahren lassen. Satz 1 gilt nicht, wenn der Vorrang durch Verkehrszeichen (Zeichen 208, 308) anders geregelt ist. …

VwV-StVO zu § 41 Vorschriftzeichen

Zu Zeichen 208 Dem Gegenverkehr Vorrang gewähren.

I. Das Zeichen ist nur dann anzuordnen, wenn

1 1. bei einseitig verengter Fahrbahn dem stärkeren Verkehrsfluss abweichend von § 6 Vorrang eingeräumt werden muss oder

2 2. bei beidseitig verengter Fahrbahn für die Begegnung mehrspuriger Fahrzeuge kein ausreichender Raum vorhanden und der Verengungsbereich aus beiden Fahrtrichtungen überschaubar ist. Welcher Fahrtrichtung der Vorrang einzuräumen ist, ist auf Grund der örtlichen Verhältnisse und der beiderseitigen Verkehrsstärke zu entscheiden.

3 II. Am anderen Ende der Verengung muss für die Gegenrichtung das Zeichen 308 angeordnet werden.

4 III. In verkehrsberuhigten Bereichen ist auf die Regelung stets, in geschwindigkeitsbeschränkten Zonen in der Regel zu verzichten.

VwV-StVO zu § 42 Richtzeichen

Zu Zeichen 308 Vorrang vor dem Gegenverkehr

1 Das Zeichen steht vor einer verengten Fahrbahn. Am anderen Ende der Verengung muss das Zeichen 208 angeordnet werden (vgl. zu Zeichen 208, Rn. 3).

5.3 Querende Fußgänger

5.3.1 Allgemeines

Fußgänger haben nach den allgemeinen Verkehrsregeln beim Überqueren der Fahrbahn „den Fahrzeugverkehr zu beachten", d. h. grundsätzlich hat der Fahrzeugverkehr Vorrang vor den querenden Fußgängern. Wenn die Verkehrslage es erfordert, dürfen sie die Fahrbahn nur an bestimmten Stellen, nämlich an Kreuzungen und Einmündungen, an Lichtzeichenanlagen innerhalb von Markierungen oder an durch Zeichen 293 gekennzeichneten Fußgängerüberwegen (§ 25 StVO) queren.

Unter Berücksichtigung der Anforderungen an die Sicherheit und Leichtigkeit aller Verkehrsarten ist das freie Überqueren nur bei mäßigem Fahrzeugverkehr und vereinzeltem Fußgänger-Querungsbedarf vertretbar. Bei höherem Fahrzeugverkehr und/oder größerem Querungsbedarf besteht gewöhnlich Regelungsbedarf, wozu es vielfältige Gestaltungsmöglichkeiten gibt. Dabei sind Fußgängerüberwege (FGÜ), realisiert durch Zeichen 293 mit Zeichen 350 (umgangssprachlich als „Zebrastreifen" bekannt), nur eine von mehre-

Tabelle 5.1 Fußgängerquerungshilfen im Vergleich

	Wirkungsweise	Vorteile	Nachteile
Gehwegverbreiterung	Bauliche Maßnahme zur Verbesserung der Sicht	– Meist wenig aufwendig herzustellen	– Erleichtert nur die Sichtverbindung, aber nicht die Querung selbst
Mittelinsel (Fußgängerschutzinsel)	Bauliche Maßnahme, um den Überquerungsvorgang in mehrere und damit leichter bewältigbare Teilquerungen aufzuteilen	– Erleichtert die Überquerung, da jeweils nur der Fahrzeugstrom einer Richtung beachtet werden muss – Erleichtert die Überquerung, da zwei Lücken in einzelnen Fahrzeugströmen eher auftreten als eine gemeinsame Lücke in zwei Fahrzeugströmen	– Erfordert große Längenentwicklung zur Verziehung der Fahrstreifen – Unter Umständen aufwendig herzustellen
„Zebrastreifen"	Verhaltensvorschrift, dreht die Vorrangverhältnisse generell um	– Erleichtert die Überquerung, da die Fahrzeuge wartepflichtig werden	– Fahrzeuglenker reagieren häufig nicht oder zu spät – Führt zur Behinderung des Fahrzeugverkehrs
Fußgänger-Lichtsignalanlage	Verkehrsrechtliche/ Bauliche Maßnahme, um den Fahrzeugstrom immer wieder kurzzeitig zu unterbrechen	– Erleichtert die Überquerung	– Hohe Installations- und Betriebskosten – Wird unter bestimmten Umständen von den Fahrzeuglenkern missachtet – Unter Umständen unnötige Wartezeiten für Fußgänger und/ oder Fahrzeuge
Fußgänger-Querungsbauwerke (Über-/Unterführung)	Brückenbauwerk	– Vermeidet Konflikte zwischen Fahrzeugen und Fußgängern	– Wird häufig nicht angenommen – Sehr aufwendig

ren Möglichkeiten, Fußgängern das Queren der Fahrbahn zu erleichtern (siehe hierzu *Tabelle 5.1*).

Mit zunehmendem Fahrzeug- oder Fußgängerverkehr wird man – soweit nicht Tempo 30-Zonen oder gar Fußgängerzonen (siehe Abschnitt 3.5.2) sinnvoll erscheinen – zunächst versuchen, den querenden Fußgängerverkehr räumlich zu bündeln.

An den so entstehenden bevorzugten Querungsstellen kann man dann die Fußgängerströme gezielt sichern, ihnen das Überqueren erleichtern oder sie gar, z. B. durch Fußgängerüberwege oder Lichtsignalanlagen, bevorrechtigen.

Dabei gilt, dass die „schärferen" Methoden der Bevorrechtigung, also Fußgängerüberwege oder Lichtsignalanlagen, nur bei einer ausreichenden Fußgängerfrequenz eingerichtet werden sollten, weil sonst die Wahrscheinlichkeit der versehentlichen Nichtbeachtung steigt, was letztlich zu einer größeren Gefährdung führt.

Um eine Entscheidungshilfe zu geben, sollen zunächst die verschiedenen Möglichkeiten der Fußgängerquerungshilfen vergleichend gegenübergestellt werden (siehe *Tabelle 5.1*):

- Bei **vorgezogenen Aufstellflächen (Gehwegverbreiterungen oder „Caps")** werden die Bordsteine so weit zur oder in die Fahrbahn geführt, dass eine Fahrbahnverengung erkennbar ist und bessere Sichtverbindungen zwischen den Fußgängern und den Kraftfahrern aufgebaut werden können.
- Durch **Mittelinseln** wird erreicht, dass sich die querenden Fußgänger nur auf den Fahrzeugstrom einer Fahrtrichtung konzentrieren müssen und in der Mitte der Fahrbahn geschützt verharren können, um sich dann auf den Fahrzeugstrom der anderen Richtung zu konzentrieren.
- Mit **Gefahrzeichen** können die Fahrzeugführer zu besonderer Vorsicht gegenüber kreuzendem, aber auch längslaufendem Fußgängerverkehr angehalten werden. **Verkehrshelfer** helfen außerdem vor allem kreuzenden Kindern, die Kreuzungssituation mit ihren Gefahren richtig einzuschätzen und auch ihre Ängste und Unsicherheiten zu bewältigen.
- **Fußgängerüberwege** (FGÜ oder umgangssprachlich „Zebrastreifen") drehen die normalen Vorrangverhältnisse durch Markierungen und Beschilderung um und geben den Fußgängern Vorrang vor den Fahrzeugen.
- **Fußgänger-Lichtsignalanlagen** sind Lichtsignalanlagen, die vorwiegend zum Schutz und zur Erleichterung der Fußgängerquerung erstellt wurden.
- Die mit Abstand aufwendigste Methode der **Kreuzungssicherung** sind Kreuzungsbauwerke, also Fußgängerunter- oder -überführungen, die allerdings von den Fußgängern aus verschiedenen Gründen häufig nicht angenommen werden.

Die genannten Maßnahmen lassen sich wie in der *Tabelle 5.2* dargestellt mehr oder weniger gut kombinieren.

Weitere Entscheidungshilfen für die Auswahl einer geeigneten Maßnahme sind zu finden in:

Tabelle 5.2 Möglichkeiten der Kombination von Fußgängerquerungshilfen

	Gehwegverbreiterung	Mittelinsel	„Zebrastreifen"
Fußgänger-Lichtsignalanlage	Nicht nötig (außer wenn die Anlage zu Zeiten schwachen Verkehrs abgeschaltet werden soll)	Nicht nötig, sollte (außer bei ohnehin zweibahnigen Straßen) vermieden werden, um die Erkennbarkeit typischer Situationen zu fördern	Schließt sich aus
„Zebrastreifen"	Ergänzt sich, gut kombinierbar	Nicht nötig, sollte (außer bei sehr breiten Fahrbahnen) vermieden werden, um die Erkennbarkeit typischer Situationen zu fördern	
Mittelinsel	Ergänzt sich, gut kombinierbar		

5.3.1 Allgemeines

- „Richtlinien für die Anlage von Stadtstraßen", Ausgabe 2006 (RASt 2006), Abschnitt 6.1.8. (Anzumerken ist, dass das für den Verkehr zuständige Bundesministerium mit RS S 11/ 7122.3/4-RASt-816754 vom 3.11.2008 auf dieses Regelwerk hinweist, in diesem aber gleichzeitig deutlich macht, dass ihm andere von ihm erlassene Regelungen vorgehen, und dass es weitere Einschränkungen bei der Anwendung auf Bundesfernstraßen für nötig hält.)
- „Empfehlungen für Fußgängerverkehrsanlagen (EFA)", Ausgabe 2002, FGSV Verlag, Abschnitte 3.1.5, 3.3 und 5.3.

Zur Sicherung von Schulwegen, bei der das Thema Fußgängerquerung eine zentrale Rolle einnimmt, können die Broschüren des Gesamtverbandes der Deutschen Versicherungswirtschaft e. V. (GdV) mit den Titeln „Neue Schule – Neue Wege; Informationen zur Schulwegsicherung für Eltern, Schulen und Behörden" (2006) und „Planerheft Schulwegsicherung" (2010, aktualisierte Auflage) hilfreich sein, die dieser zusammen mit dem Deutschen Verkehrssicherheitsrat e. V. (DVR) herausgibt.

Auf die verschiedenen Arten von Fußgängerquerungshilfen wird in den folgenden Abschnitten im Einzelnen eingegangen.

Zu Abschnitt 5.3.1

StVO § 25 Fußgänger

(3) Wer zu Fuß geht, hat Fahrbahnen unter Beachtung des Fahrzeugverkehrs zügig auf kurzem Weg quer zur Fahrtrichtung zu überschreiten. Wenn die Verkehrsdichte, Fahrgeschwindigkeit, Sichtverhältnisse oder der Verkehrsablauf es erfordern, ist eine Fahrbahn nur an Kreuzungen oder Einmündungen, an Lichtzeichenanlagen innerhalb von Markierungen, an Fußgängerquerungshilfen oder auf Fußgängerüberwegen (Zeichen 293) zu überschreiten. Wird die Fahrbahn an Kreuzungen oder Einmündungen überschritten, sind dort vorhandene Fußgängerüberwege oder Markierungen an Lichtzeichenanlagen stets zu benutzen.

(4) Wer zu Fuß geht, darf Absperrungen, wie Stangen- oder Kettengeländer, nicht überschreiten. Absperrschranken (Zeichen 600) verbieten das Betreten der abgesperrten Straßenfläche.

(5) Gleisanlagen, die nicht zugleich dem sonstigen öffentlichen Straßenverkehr dienen, dürfen nur an den dafür vorgesehenen Stellen betreten werden.

VwV-StVO zu § 25 Fußgänger

Zu Absatz 3

1 I. Die Sicherung des Fußgängers beim Überqueren der Fahrbahn ist eine der vornehmsten Aufgaben der Straßenverkehrsbehörden und der Polizei. Es bedarf laufender Beobachtungen, ob die hierfür verwendeten Verkehrszeichen und Verkehrseinrichtungen den Gegebenheiten des Verkehrs entsprechen und ob weitere Maßnahmen sich als notwendig erweisen.

2 II. Wo der Fahrzeugverkehr so stark ist, dass Fußgänger die Fahrbahn nicht sicher überschreiten können, und da, wo Fußgänger den Fahrzeugverkehr unzumutbar behindern, sollten die Fußgänger entweder von der Fahrbahn ferngehalten werden (Stangen- oder Kettengeländer), oder der Fußgängerquerverkehr muss unter Berücksichtigung zumutbarer Umwege an bestimmten Stellen zusammengefasst werden (z. B. Markierung von Fußgängerüberwegen oder Errichtung von Lichtzeichenanlagen). Erforderlichenfalls ist bei der Straßenbaubehörde der Einbau von Inseln anzuregen.

...

6 IV. Über Fußgängerüberwege vgl. zu § 26.

7 V. Wenn nach den dort genannten Grundsätzen die Anlage von Fußgängerüberwegen ausscheidet, der Schutz des Fußgängerquerverkehrs aber erforderlich ist, muss es nicht immer geboten sein, Lichtzeichen vorzusehen. In vielen Fällen wird es vielmehr genügen, die Bedingungen für das Überschreiten der Straße zu verbessern (z. B. durch Einbau von Inseln, Haltverbote, Überholverbote, Geschwindigkeitsbeschränkungen, Beleuchtung).

5.3.2 Bauliche Querungshilfen

Bauliche Querungshilfen, das sind vor allem Gehwegverbreiterungen („Caps") und Mittelinseln, ändern grundsätzlich nichts am Vorrang des Fahrzeugverkehrs. Sie erleichtern jedoch dem Fußgängerverkehr das Überqueren, indem sie die zu überquerende Fahrbahnbreite verringern, im Falle der Mittelinsel auch die Beachtung des Vorrangs durch Trennung des Fahrzeugstroms in seine beiden Richtungen erleichtern und schließlich durch die bauliche Gestaltung auch den Fahrzeugverkehr auf die möglicherweise querenden Fußgänger aufmerksam machen.

Gehwegverbreiterungen eignen sich vor allem dort, wo gebündelte Fußgängerströme über Fahrbahnen mit schwächerem Fahrzeugverkehr geführt werden. Der Fahrzeugstrom sollte während des ganzen Tageslaufs ausreichend viele längere Lücken aufweisen. Die Gehwegverbreiterungen erhöhen die Sicherheit durch bessere Sichtverhältnisse.

Mittelinseln (Fußgängerschutzinseln) eignen sich auch gut bei stärkerem Verkehr. Wenn die Platzverhältnisse ausreichen, können mehrere Inseln in dichter Folge angeordnet werden, was die Querungsverhältnisse entlang einer längeren Strecke verbessert. Interessant zu beobachten ist, dass Fahrzeugführer an Mittelinseln häufig vor allem älteren Fußgängern oder Kindern freiwillig den Vorrang lassen, was wegen des Schutzes der Mittelinsel in der Regel auch zu keinen Sicherheitsproblemen führt.

Bauliche Querungshilfen, vor allem Mittelinseln, haben den Vorteil, dass sie relativ häufig entlang einer Straße angelegt werden können, ohne den fließenden Verkehr dadurch zusammenbrechen zu lassen. Auf diese Weise kann auf Straßen mit nur einem Fahrstreifen pro Richtung eine relativ hohe Querungsqualität für den Fußgängerverkehr erreicht werden.

Werden Fußgängerschutzinseln angelegt, so sollen sie **mindestens** eine Breite von 1,60 m (Kinderwagenlänge), besser eine Breite von 1,80–2,00 m (Fahrradlänge) aufweisen.

In der Regel reicht als Beschilderung einer Mittelinsel ein Zeichen 222 für jede Fahrtrichtung aus (siehe *Bild 5.1*). Damit die Farbe Blau insbesondere nachts und bei schlechten Witterungsbedingungen gut zu erkennen ist, wird empfohlen, eine hoch-retroreflektierende Ausführung zu wählen. Das Zeichen sollte asymmetrisch möglichst nahe an dem Rand der Insel angeordnet werden, an dem die Fahrzeuge vorbeifahren sollen. Außerorts muss, innerorts kann außerhalb von Tempo 30-Zonen die Verkehrsführung durch eine Fahrstreifenbegrenzungslinie (Zeichen 295) verdeutlicht werden.

Bild 5.1 Beschilderung einer Mittelinsel

Zu Abschnitt 5.3.2

StVO § 3 Geschwindigkeit

(2a) Wer ein Fahrzeug führt, muss sich gegenüber Kindern, hilfsbedürftigen und älteren Menschen, insbesondere durch Verminderung der Fahrgeschwindigkeit und durch Bremsbereitschaft, so verhalten, dass eine Gefährdung dieser Verkehrsteilnehmer ausgeschlossen ist.

VwV-StVO zu § 41 Vorschriftzeichen

Zu Zeichen 222 Rechts vorbei

2 II. Wenn das Zeichen angeordnet wird, ist in der Regel auf eine Kenntlichmachung der Hindernisse durch weitere Verkehrszeichen und Verkehrseinrichtungen zu verzichten. Die zusätzliche Anordnung von Zeichen 295 ist außerorts vor Inseln erforderlich, innerorts kann sie sich außerhalb von Tempo 30-Zonen empfehlen.

5.3.3 Warnung mit Gefahrzeichen

In bestimmten Fällen kann es ausreichend, aber auch notwendig sein, auf kreuzende Fußgänger oder insbesondere kreuzende Kinder durch Gefahrzeichen hinzuweisen. Siehe dazu Abschnitt 6.3.5 „Fußgänger, Kinder und Radverkehr“.

5.3.4 Verkehrshelfer

StVO Anlage 3 Richtzeichen (zu § 42 Absatz 2)
Abschnitt 9 Hinweise

26	Zeichen 356  Verkehrshelfer	

Verkehrshelfer sind in der Regel besonders ausgewählte und ausgebildete Bürger (z. B. ältere Schüler, „Schülerlotsen“, oder Eltern, „Elternlotsen“), die zu gewissen Zeiten und an bestimmten Stellen schwächeren Verkehrsteilnehmern (z. B. Schülern auf dem Schulweg) beim Überqueren der Straße behilflich sind. Sie dürfen keine Weisungen erteilen oder Zeichen nach § 36 StVO zeigen, sondern die Fahrzeugführer nur warnend auf Gefahren aufmerksam machen. Allerdings kann die Missachtung einer solchen Warnung ein Verstoß gegen § 1 Abs. 2 StVO sein.

Zusätzlich unterstützen sie die schwächeren Verkehrsteilnehmer bei der Auswahl geeigneter Lücken im Verkehrsstrom und „geben ihnen Sicherheit“, wenn Fahrzeuge anhalten, um die Fußgänger queren zu lassen.

Mit Zeichen 356 wird angekündigt, wo der Fahrverkehr mit dem Einsatz von Verkehrshelfern rechnen muss. Damit ist das Zeichen gleichzeitig eine Warnung vor Stellen, an denen die allgemeinen Rücksichtgebote der §§ 1 Abs. 2 und 3 Abs. 2a StVO vermehrt zum Tragen kommen können.

Der Einsatz von Verkehrshelfern bietet sich vor allem dort an, wo das Überqueren für erwachsene Menschen objektiv ohne besondere Gefährdung möglich ist, für die schwächeren Bevölkerungsgruppen aber Probleme bereitet, und wo andere Sicherungsmöglichkeiten wie Fußgängerüberwege oder Fußgänger-Lichtsignalanlagen nicht infrage kommen, weil deren für einen dauerhaft sicheren Betrieb notwendigen Einsatzbedingungen nicht erfüllt werden. Typische Anwendungsfälle sind Querungen von Schulwegen über dörfliche Ortsdurchfahrten oder über Schulzufahrtsstraßen.

Zu Abschnitt 5.3.4

StVO § 1 Grundregeln

(2) Wer am Verkehr teilnimmt hat sich so zu verhalten, dass kein Anderer geschädigt, gefährdet oder mehr, als nach den Umständen unvermeidbar, behindert oder belästigt wird.

StVO § 3 Geschwindigkeit

(2a) Wer ein Fahrzeug führt, muss sich gegenüber Kindern, hilfsbedürftigen und älteren Menschen, insbesondere durch Verminderung der Fahrgeschwindigkeit und durch Bremsbereitschaft, so verhalten, dass eine Gefährdung dieser Verkehrsteilnehmer ausgeschlossen ist.

VwV-StVO zu § 25 Fußgänger

Zu Absatz 3

4 2. Wo der Fußgängerquerverkehr dauernd oder zeitweise durch besondere Lichtzeichen geregelt ist, sind Fußgängerfurten zu markieren. Sonst ist diese Markierung, mit Ausnahme an Überwegen, die durch Schülerlotsen, Schulweghelfer oder sonstige Verkehrshelfer gesichert werden, unzulässig.

5 3. Mindestens 1 m vor jeder Fußgängerfurt ist eine Haltlinie (Zeichen 294) zu markieren; nur wenn die Furt hinter einer Kreuzung oder Einmündung angebracht ist, entfällt selbstverständlich eine Haltlinie auf der der Kreuzung oder Einmündung zugewandten Seite.

VwV-StVO zu § 42 Richtzeichen

Zu Zeichen 356 Verkehrshelfer

1 I. Verkehrshelfer sind Schülerlotsen, Schulweghelfer oder andere Helfer für den Fußgängerverkehr.

2 II. An Lichtzeichenanlagen und Fußgängerüberwegen ist das Zeichen nicht anzuordnen.

5.3.5 Fußgängerüberwege (Zebrastreifen)

StVO Anlage 2 Vorschriftzeichen (zu § 41 Absatz 1) Abschnitt 9 Markierungen		
66	**Zeichen 293**  **Fußgängerüberweg**	**Ge- oder Verbot** Wer ein Fahrzeug führt, darf auf Fußgängerüberwegen sowie bis zu 5 m davor nicht halten.
StVO Anlage 3 Richtzeichen (zu § 42 Absatz 2) Abschnitt 9 Hinweise		
24	**Zeichen 350**  **Fußgängerüberweg**	

Fußgängerüberwege („Zebrastreifen") sind Stellen, an denen durch Markierung (Zeichen 293) *und* Beschilderung (Zeichen 350) den Fußgängern Vorrang gegenüber dem fahrenden Verkehr eingeräumt wird.

Fußgängerüberwege (FGÜ) sind aus verkehrspsychologischer Sicht nicht unumstritten, da der Vorrang der (als schwach empfundenen) Fußgänger gegenüber dem (als stark empfundenen) Fahrzeugverkehr unterbewusst als „falsch" empfunden wird. Das führt gelegentlich zu Fehlreaktionen, genauer gesagt, der Vorrang der Fußgänger wird nicht beachtet. Die Vielzahl der Fahrzeuge führt dann absolut gesehen zu nicht hinnehmbaren Unfallzahlen (wenn sich bei einem durchschnittlichen täglichen Verkehr von 10 000 Fz jeder Hunderttausendste falsch verhält, so ist das immerhin schon eine Fehlerrate von 1 innerhalb von 10 Tagen).

Umgekehrt fühlen sich insbesondere schwache Verkehrsteilnehmer auf den Fußgängerüberwegen sehr sicher. Es nutzt dem ungeschützten Fußgänger bei einem Unfall aber nur wenig, formal „im Recht gewesen" zu sein. Fußgängerüberwege sollen daher nur mit größter Vorsicht, unter Abwägung aller Vor- und Nachteile und nur innerhalb ihrer engen Einsatzgrenzen angeordnet werden. Falsche Anwendung kann zu einer Verringerung der Sicherheit statt zu einer Erhöhung führen. Eine Anordnung im Zuge einer Vorfahrtstraße ist gefährlich, da dies den angesprochenen Konflikt noch mehr verschärfen würde.

5.3.5 Fußgängerüberwege (Zebrastreifen)

Tabelle 5.3 Einsatzbereiche für FGÜ
Quelle: R-FGÜ

Fg/h \ Kfz/h	0–200	200–300	300–450	450–600	600–750	über 750
0–50						
50–100		FGÜ möglich	FGÜ möglich	FGÜ empfohlen	FGÜ möglich	
100–150		FGÜ möglich	FGÜ empfohlen	FGÜ empfohlen		
über 150		FGÜ möglich				

Fußgängerüberwege eignen sich nur dort, wo gebündelte Fußgängerströme über Fahrbahnen geführt werden sollen, auf denen der Fahrzeugverkehr nicht zu schnell fährt, der Verkehr z. B. durch „Zonenbewusstsein" auf das eventuelle Anhalten auch für „Schwächere" vorbereitet ist und das häufige Anhalten nicht zu Leistungsfähigkeitsproblemen führt. Werden diese später noch im Einzelnen diskutierten Voraussetzungen nicht erfüllt, kann es zu Unfällen kommen, die in der Regel zulasten der (ungeschützten) Fußgänger gehen, auch wenn diese formal „im Recht" sind.

Für die Anlage von Fußgängerüberwegen wird auf die

- „Richtlinien für die Anlage und Ausstattung von Fußgängerüberwegen (R-FGÜ)", Ausgabe 2001, FGSV Verlag,

hingewiesen als rechtlich unverbindliche Empfehlung. Ergänzend zu den Regelungen der R-FGÜ finden sich in neueren „Spartenregelwerken", z. B. den

- „Empfehlungen für Fußgängerverkehrsanlagen (EFA)", Ausgabe 2002, FGSV Verlag und
- „Richtlinien für die Anlage von Stadtstraßen (RASt 06)", Ausgabe 2006, FGSV Verlag oder
- „Empfehlungen für Anlagen des öffentlichen Personennahverkehrs (EAÖ)", Ausgabe 2013, FGSV Verlag.

Aussagen zur Auswahl und Gestaltung von Fußgängerüberwegen, die wertvolle Anregungen insbesondere in Grenzbereichen geben können (in Zweifelsfällen gelten allerdings nach dem Hinweisschreiben vom 3.11.2008 des für den Verkehr zuständigen Bundesministeriums zu den RASt 06 die StVO und die R-FGÜ).

Die wichtigsten Regelungen lassen sich wie folgt zusammenfassen:

- Fußgängerüberwege dürfen nur innerhalb geschlossener Ortschaften in Straßenabschnitten angeordnet werden, auf denen die zulässige Höchstgeschwindigkeit nicht mehr als 50 km/h beträgt. Wegen des grundsätzlichen Widerspruchs der Aussagen sollten sie auf Vorfahrtstraßen nicht angeordnet werden.
- Fußgängerüberwege dürfen bzw. sollen nicht angelegt werden in der Nähe von Lichtsignalanlagen, über Straßen mit „Grünen Wellen", über Straßen mit Sonderverkehren (Bussonderfahrstreifen, Straßenbahnen ohne eigenen Gleiskörper) und über bevorrechtigte Straßen an Kreuzungen mit abknickender Vorfahrt.
- Auf gute Sichtverbindungen zwischen Fußgängern und Fahrzeugen ist zu achten. Die R-FGÜ schreiben Mindestwerte vor.
- Die Verkehrsstärke der Fußgänger- und Fahrzeugströme sollte in bestimmten Grenzen liegen (siehe *Tabelle 5.3*).
- Die für den Fahrzeug-Längsverkehr nutzbare Fahrbahnbreite sollte 6,50 m nicht übersteigen.

Die Fußgängerüberwege werden mit Zeichen 293 markiert. Die Markierung des Überwegs sollte mit

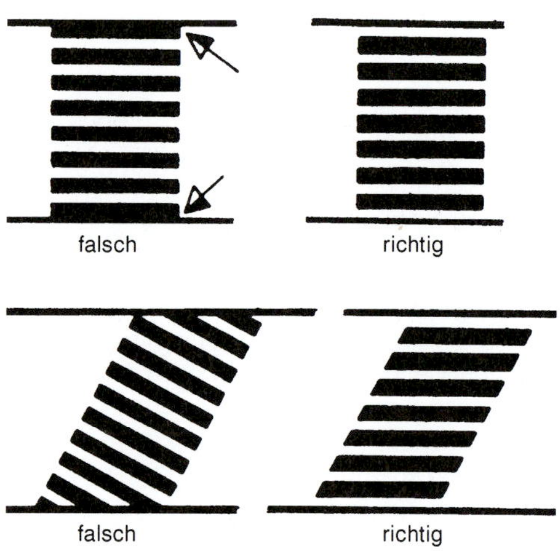

Bild 5.2 Markierung von Zebrastreifen (siehe auch „Richtlinien für die Markierung von Straßen – RMS")

5.3.5 Fußgängerüberwege (Zebrastreifen)

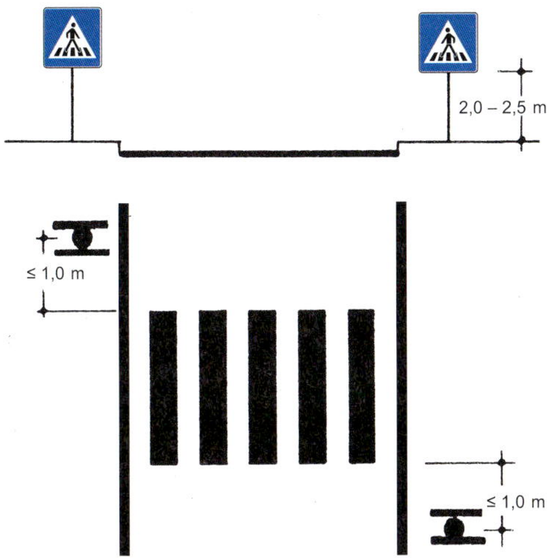

Bild 5.3 Beispiel für eine sinnvolle Anordnung von Verkehrszeichen an FGÜ

einer Regelbreite von 4,00 m (mindestens 3,00 m) rechtwinklig zur Fahrbahn aufgebracht werden (*Bild 5.2*; in engen Kurven sollten die Streifen dem Fahrbahnverlauf folgen).

Die Beschilderung erfolgt immer (außer in ohnehin wartepflichtigen Zufahrten von Knotenpunkten, siehe *Bild 5.3*) zusätzlich mit den Zeichen 350 und 350-20.

Diese müssen allein stehen und dürfen nicht mit anderen Verkehrsschildern kombiniert werden. Die Zeichen 350 und 350-20 stehen unmittelbar vor dem Fußgängerüberweg mindestens auf beiden Seiten, eventuell auch über der Fahrbahn.

Um das richtige Verhalten an Fußgängerüberwegen („Zebrastreifen") zu fördern, werden diese wie folgt so einheitlich wie möglich ausgestattet:

- Ausreichende Beleuchtung des Fußgängerüberwegs selbst, damit Fußgänger rechtzeitig und sicher erkannt werden können, zur Verbesserung der Erkennbarkeit ggf. mit einer anderen Farbe als die allgemeine Straßenbeleuchtung.
- Sicherstellung einer ausreichenden Erkennbarkeit der Beschilderung bei Nacht durch ortsfeste Beleuchtung, Reflexfolie der Retroreflexions-Klasse 3 (früher „Typ 3") und/oder innenbeleuchtete Ausführung der Beschilderung.
- Im Annäherungsbereich (30–50 m) Ersatz der Leitlinie (Zeichen 340) durch eine nicht unterbrochene Fahrstreifenbegrenzungslinie (Zeichen 295).
- Vor allem vor Schulen oder Werksausfahrten sollten die Fußgänger durch Geländer zu den Fußgängerüberwegen geführt werden (*Bild 5.4*).

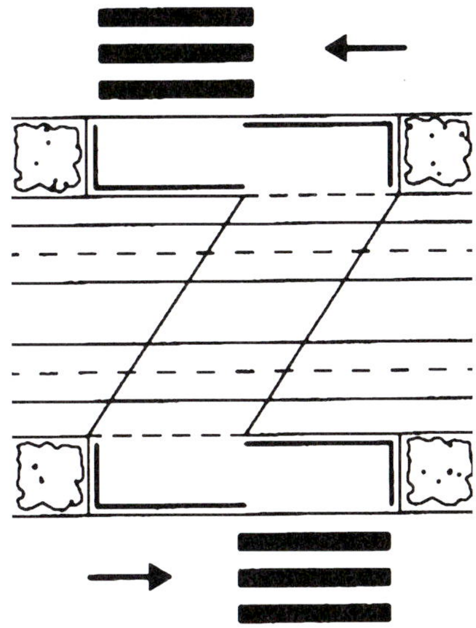

Bild 5.4 Absperrgeländer im Zuge eines Fußgängerüberwegs über Gleisanlagen auf besonderem Bahnkörper, vor Schulen, Werksausfahrten oder über ÖV-Trassen Quelle: EAÖ

Fußgängerüberwege sind außerdem sukzessive behindertengerecht auszustatten. Das gilt insbesondere für das Absenken der Bordsteine, aber auch für die Anordnung von Taststreifen.

Sollte ausnahmsweise die normale Ausstattung eines Fußgängerüberwegs (Markierung, Beschilderung, Beleuchtung) nicht ausreichen, so kann die Aufmerksamkeit durch gelbes Blinklicht an den Zeichen 350 auf den Fußgängerüberweg gelenkt werden. Sollte auch das nicht ausreichen, kann durch Gefahrzeichen 101-11/-13 in ausreichender Entfernung auf den Fußgängerüberweg hingewiesen werden (siehe *Bild 5.5* sowie die Abschnitte 6.3.1 und 6.3.4).

Bild 5.5 Möglichkeiten, in Ausnahmefällen aus größerer Entfernung auf Fußgängerüberwege hinzuweisen

5.3.5 Fußgängerüberwege (Zebrastreifen)

Zu Abschnitt 5.3.5

StVO § 26 Fußgängerüberwege

(1) An Fußgängerüberwegen haben Fahrzeuge mit Ausnahme von Schienenfahrzeugen den zu Fuß Gehenden sowie Fahrenden von Krankenfahrstühlen oder Rollstühlen, welche den Überweg erkennbar benutzen wollen, das Überqueren der Fahrbahn zu ermöglichen. Dann dürfen sie nur mit mäßiger Geschwindigkeit heranfahren; wenn nötig, müssen sie warten.

(2) Stockt der Verkehr, dürfen Fahrzeuge nicht auf den Überweg fahren, wenn sie auf ihm warten müssten.

(3) An Überwegen darf nicht überholt werden.

(4) Führt die Markierung über einen Radweg oder einen anderen Straßenteil, gelten diese Vorschriften entsprechend.

VwV-StVO zu § 26 Fußgängerüberwege

1 I. Einsatzbereiche

1. Fußgängerüberwege dürfen nur innerhalb geschlossener Ortschaften und nicht auf Straßen angelegt werden, auf denen schneller als 50 km/h gefahren werden darf.

2 2. Die Anlage von Fußgängerüberwegen kommt in der Regel nur in Frage, wenn auf beiden Straßenseiten Gehwege vorhanden sind.

3 3. Fußgängerüberwege dürfen nur angelegt werden, wenn nicht mehr als ein Fahrstreifen je Richtung überquert werden muss. Dies gilt nicht an Kreuzungen und Einmündungen in den Straßen mit Wartepflicht.

4 4. Fußgängerüberwege müssen ausreichend weit voneinander entfernt sein; das gilt nicht, wenn ausnahmsweise zwei Überwege hintereinander an einer Kreuzung oder Einmündung liegen.

5 5. In der Nähe von Lichtzeichenanlagen oder über gekennzeichnete Sonderfahrstreifen nach Zeichen 245 dürfen Fußgängerüberwege nicht angelegt werden. Auch eine eingerichtete Grüne Welle kann dagegensprechen, einen Fußgängerüberweg anzulegen.

6 6. In der Regel sollen Fußgängerüberwege zum Schutz der Fußgänger auch über Radwege hinweg angelegt werden.

7 II. Lage

1. Fußgängerüberwege sollten möglichst so angelegt werden, dass die Fußgänger die Fahrbahn auf kurzem Weg überschreiten.

8 2. Fußgängerüberwege sollten dort liegen, wo der Querungsbedarf des Fußverkehrs besteht. Wo Umwege für Fußgänger zum Erreichen des Überwegs unvermeidbar sind, empfehlen sich z. B. Geländer.

9 3. Bei Fußgängerüberwegen an Kreuzungen und Einmündungen ist zu prüfen, ob es nicht ausreicht, über die Straße mit Vorfahrt nur einen Fußgängerüberweg anzulegen. Bei Einbahnstraßen sollte dieser vor der Kreuzung oder Einmündung liegen. An Kreuzungen und Einmündungen mit abknickender Vorfahrt darf ein Fußgängerüberweg auf der bevorrechtigten Straße nicht angelegt werden.

10 4. Vor Schulen, Werksausgängen und dergleichen sollten Fußgänger nicht unmittelbar auf den Fußgängerüberweg stoßen, sondern durch Absperrungen geführt werden.

11 5. Im Zuge von Straßen mit Straßenbahnen ohne eigenem Bahnkörper sollen Fußgängerüberwege nicht angelegt werden. Fußgängerüberwege über Straßen mit Schienenbahnen auf eigenem Bahnkörper sollen an den Übergängen über den Gleisraum mit versetzten Absperrungen abgeschrankt werden.

12 III. Ausgestaltung

1. Die Markierung erfolgt mit Zeichen 293.

13 2. Auf Fußgängerüberwege wird mit Zeichen 350 hingewiesen. In wartepflichtigen Zufahrten ist dies in der Regel entbehrlich.

14 3. Fußgängerüberwege sind behindertengerecht auszugestalten.

VwV-StVO zu § 26 Fußgängerüberwege

15 4. Die Straßenverkehrsbehörden und Straßenbaulastträger müssen die Einhaltung der Beleuchtungskriterien nach den Richtlinien für die Anlage und Ausstattung von Fußgängerüberwegen (R-FGÜ) gewährleisten (§ 45 Abs. 5 Satz 2). Gegebenenfalls notwendige Beleuchtungseinrichtungen sind durch die Straßenverkehrsbehörde anzuordnen.

16 IV. Richtlinien

Im Übrigen wird auf die Richtlinien für die Anlage und Ausstattung von Fußgängerüberwegen (R-FGÜ) mit der Maßgabe hingewiesen, dass die in den R-FGÜ vorgegebenen verkehrlichen Voraussetzungen als rechtlich unverbindliche Empfehlungen zu erachten sind.

VwV-StVO zu § 41 Vorschriftzeichen

Zu Zeichen 293 Fußgängerüberweg

1 Vgl. zu § 26.

VwV-StVO zu § 42 Richtzeichen

Zu Zeichen 350 Fußgängerüberweg

1 Das Zeichen darf nicht in Kombination mit anderen Zeichen aufgestellt werden. Auf Nummer III 2 zu § 26 wird hingewiesen.

5.3.6 Fußgänger-Lichtsignalanlagen

Fußgänger-Lichtsignalanlagen eignen sich vor allem dort, wo starke und gebündelte Fußgängerströme über stark belastete oder mehrstreifige Fahrbahnen geführt werden müssen. Um eine Gewöhnung der Fahrzeugführer an „Dauergrün“ zu vermeiden, sollten sie nur dort angelegt werden, wo eine ausreichende Nutzung durch Fußgänger zu erwarten ist.

Generell gilt:

- Sobald mehrere Fahrstreifen in einer Richtung überquert werden müssen, eignen sich nur Lichtsignalanlagen als Querungshilfen.
- Bushaltestellen sollten möglichst hinter der Querungshilfe angeordnet werden, um bessere Sichtverhältnisse zu erhalten.

Die sogenannte „unvollständige Knotenpunktsignalisierung“, also eine Fußgänger-Lichtsignalanlage direkt an einem Knotenpunkt, mit der auch der Fahrzeugverkehr auf dem Knotenpunkt geregelt werden soll, wird derzeit kontrovers diskutiert.

Zu den Lichtsignalanlagen siehe Abschnitt 9.3.

5.3.7 Kreuzungsbauwerke

Soweit für die Führung des Fußgängerquerverkehrs Unterführungen eingerichtet sind, kann auf diese durch Zeichen 365-63 hingewiesen werden, um die Fußgänger vom direkten Überqueren der Fahrbahn abzuhalten.

Ein Hinweis auf Überführungen ist in der Regel entbehrlich, da diese besser sichtbar sind. Trotzdem kann auch hier Hinweiszeichen 365-64 sinnvoll sein, zum einen, um die Fußgänger zur Benutzung zu motivieren, zum anderen, um die Wege zu den Aufgängen erkennbar zu machen.

Wegen der meist geringen Attraktivität von Fußgängerbauwerken (Umwege, Höhenunterschiede, Angst vor Belästigungen und Angriffen) wird in der Regel insbesondere bei Einrichtungsfahrbahnen mit ausgesprochener Pulkbildung durch nahe gelegene Lichtsignalanlagen zu überlegen sein, ob das Überschreiten der Fahrbahn im Bereich von Fußgängerbauwerken durch Geländer erschwert werden muss.

Da Zeichen 365 keine verbindliche Verhaltensanweisung für den Verkehrsteilnehmer enthält, wird es nur im VzKat geführt.

Z 365-63

Fußgänger-unterführung

Z 365-64

Fußgänger-überführung

5.4 Bahnübergänge

5.4.1 Allgemeines

Bahnübergänge (BÜ) sind höhengleiche Kreuzungen von Eisenbahnen sowie von Straßenbahnen auf unabhängigem oder besonderem Bahnkörper mit Straßen, Wegen oder Plätzen. Näheres wird geregelt für Eisenbahnen in der Eisenbahn-Bau- und Betriebsordnung (EBO), für Straßenbahnen (das sind auch U-Bahnen und Stadtbahnen) in der Bau- und Betriebsordnung für Straßenbahnen (BOStrab). Um das Verhalten des Straßenverkehrs zu beeinflussen, sind in der Straßenverkehrs-Ordnung (StVO) zusätzliche Zeichen vorgesehen.

Durch die Kennzeichnung mit Andreaskreuzen (Zeichen 201) wird den Straßen- und Wegebenutzern signalisiert, dass der Schienenverkehr Vorrang vor dem Straßenverkehr hat. Die Andreaskreuze werden an den Stellen angeordnet, vor denen die Straßen- und Wegebenutzer warten müssen, wenn der BÜ nicht überquert werden darf. Bei Eisenbahnen darf in Hafen- oder Industriegebieten unter bestimmten Bedingungen auf das Aufstellen von Andreaskreuzen verzichtet werden, wenn an deren Einfahrten Andreaskreuze mit einem Zusatzzeichen „...-Gebiet, Schienenfahrzeuge haben Vorrang“ angeordnet sind.

Aus rechtssystematischen Gründen ist der jeweilige Bahnunternehmer zur Sicherung der BÜ verpflichtet. Dies geschieht in der Regel durch technische Sicherungen:

Technische Sicherungen bei Eisenbahnen	 bei Straßenbahnen
Blinklichter* oder Lichtzeichen	Lichtzeichen
Blinklichter* oder Lichtzeichen mit Halbschranken	Lichtzeichen mit Halbschranken
Lichtzeichen mit Schranken	
Schranken	

* Sollen als neue technische Sicherung nicht mehr verwendet werden

In besonderen Fällen, vor allem bei sehr schwachem Verkehr auf der Straße oder dem Weg sowie niedrigen Geschwindigkeiten auf der Schienenbahn, kann nach EBO/BOStrab ausnahmsweise eine Sicherung durch Übersicht auf die Bahnstrecke, bei Eisenbahnen auch durch hörbare Signale der Eisenbahnfahrzeuge ausreichen. Die Sicherung durch die Übersicht auf die Bahnstrecke ist gegeben, wenn die Wegebenutzer die Bahnstrecke so weit und aus einem solchen Abstand übersehen können, dass sie bei Anwendung der im Verkehr erforderlichen Sorgfalt den BÜ ungefährdet überqueren oder vor ihm anhalten können.

BÜ von Fuß- und Radwegen dürfen generell durch die Übersicht auf die Bahnstrecke oder durch hörbare Signale der Eisenbahnfahrzeuge gesichert werden. Bei Hauptbahnen und Straßenbahnen (nicht unbedingt bei Nebenbahnen) müssen zusätzlich Umlaufsperren, Drehkreuze oder ähnlich wirkende Einrichtungen angeordnet werden.

Für Privatwege gelten besondere Regelungen.

Nach § 14 Eisenbahnkreuzungsgesetz (EKrG) sind vom Eisenbahnunternehmer die Schranken, Warnkreuze (Andreaskreuze) und Blinklichter, vom Straßenbaulastträger die Sichtflächen, Warnzeichen und Merktafeln (Baken) sowie andere der Sicherung des sich kreuzenden Verkehrs dienende Straßenverkehrszeichen und -einrichtungen auf ihre Kosten zu erhalten und in Betrieb zu halten. Bei Neuanlage oder Änderung können Ausgleichszahlungen (Ablösungen) gefordert werden (§ 15 EKrG).

Um die straßenseitige Sicherung und die einheitliche Gestaltung der BÜ zu gewährleisten, hat der Unterausschuss „Verkehrssicherheit an Bahnübergängen“ des Bund-Länder-Fachausschusses Straßenverkehrs-Ordnung (BLFA StVO) den

- „Leitfaden zur Durchführung von Bahnübergangsschauen“, Ausgabe 2002, BLFA StVO

entwickelt und zur Anwendung empfohlen. Er enthält insbesondere eine Prüfliste mit einer Reihe bedeutsamer Fragestellungen sowie Regelpläne mit Vorschlägen, wie Standardsituationen einheitlich beschildert und markiert werden können.

Hinsichtlich der technischen Sicherung von BÜ ist anzumerken, dass die zuständigen Fachleute der Bahnunternehmen über gute Kenntnisse und Erfahrungen bezüglich der einzelnen Sicherungsmaßnahmen verfügen. Die Grundsätze für Planung, Bau und Instandhaltung der BÜ enthält die

- Richtlinie 815 „Bahnübergangsanlagen planen und instandhalten“, Ausgabe 2008, Deutsche Bahn (DB).

Sie ist für die Sicherung der BÜ verbindlich.

Zu Abschnitt 5.4.1

Deutsche Bahn Ril 815

Die Richtlinie der Deutschen Bahn „Bahnübergangsanlagen planen und instandhalten" – Ril 815 ist aktualisiert, Ausgabe vom 1.11.2008.

Nicht bundeseigene Eisenbahnen „Vorschrift für die Sicherung der Bahnübergänge bei Nicht bundeseigenen Eisenbahnen (BÜV – NE)".

Eisenbahn-Bau- und Betriebsordnung (EBO)

§ 11 Bahnübergänge

(1) Bahnübergänge sind höhengleiche Kreuzungen von Eisenbahnen mit Straßen, Wegen und Plätzen. Übergänge, die nur dem innerdienstlichen Verkehr dienen, und Übergänge für Reisende gelten nicht als Bahnübergänge.

(2)

Hauptbahnen	Nebenbahnen
Auf Strecken mit einer zugelassenen Geschwindigkeit von mehr als 160 km/h sind Bahnübergänge unzulässig.	

(3) Auf Bahnübergängen hat der Eisenbahnverkehr Vorrang vor dem Straßenverkehr. Der Vorrang ist durch Aufstellen von Andreaskreuzen (Anlage 5 Bild 1) zu kennzeichnen. Dies ist nicht erforderlich an Bahnübergängen von

1. Feld- und Waldwegen, wenn die Bahnübergänge ausreichend erkennbar sind,
2. Fußwegen,
3. Privatwegen ohne öffentlichen Verkehr, die als solche gekennzeichnet sind,
4. anderen Straßen und Wegen über Nebengleise, wenn die Bahnübergänge für das Befahren mit Eisenbahnfahrzeugen durch Posten vom Straßenverkehr freigehalten werden.

(4) Die Andreaskreuze sind an den Stellen anzubringen, vor denen Straßenfahrzeuge und Tiere angehalten werden müssen, wenn der Bahnübergang nicht überquert werden darf.

(5) An Bahnübergängen in Hafen- und Industriegebieten darf auf das Aufstellen von Andreaskreuzen verzichtet werden, wenn an den Einfahrten Andreaskreuze mit dem Zusatzschild „Hafengebiet, Schienenfahrzeuge haben Vorrang" oder „Industriegebiet, Schienenfahrzeuge haben Vorrang" angebracht sind. Dies gilt nicht für Bahnübergänge, die nach Absatz 6 technisch gesichert sind.

(6) Bahnübergänge sind durch

1. Lichtzeichen (Anlage 5 Bild 2) oder Blinklichter (Anlage 5 Bild 4) oder
2. Lichtzeichen mit Halbschranken (Anlage 5 Bild 3) oder Blinklichter mit Halbschranken (Anlage 5 Bild 5) oder
3. Lichtzeichen mit Schranken (Anlage 5 Bild 3) oder
4. Schranken

technisch zu sichern, soweit nachstehend keine andere Sicherung zugelassen ist. Als neue technische Sicherungen sollen Blinklichter und Blinklichter mit Halbschranken nicht mehr verwendet werden.

(7)

Hauptbahnen	Nebenbahnen
	Bahnübergänge dürfen gesichert werden 1. bei schwachem Verkehr (Absatz 13) durch die Übersicht auf die Bahnstrecke (Absatz 12) oder bei fehlender Übersicht auf die Bahnstrecke an eingleisigen Bahnen durch hörbare Signale der Eisenbahnfahrzeuge (Absatz 18), wenn die Geschwindigkeit der Eisenbahnfahrzeuge am Bahnübergang höchstens 20 km/h – an Bahnübergängen von Feld- und Waldwegen höchstens 60 km/h – beträgt;

5.4.1 Allgemeines

EBO

Hauptbahnen	Nebenbahnen
	2. bei mäßigem Verkehr (Absatz 13) und eingleisigen Bahnen durch die Übersicht auf die Bahnstrecke in Verbindung mit hörbaren Signalen der Eisenbahnfahrzeuge (Absatz 18) oder bei fehlender Übersicht auf die Bahnstrecke – mit besonderer Genehmigung (§ 3 Abs. 2) – durch hörbare Signale der Eisenbahnfahrzeuge, wenn die Geschwindigkeit der Eisenbahnfahrzeuge am Bahnübergang höchstens 20 km/h – an Bahnübergängen von Feld- und Waldwegen höchstens 60 km/h – beträgt.

(8)

Hauptbahnen	Nebenbahnen
Bahnübergänge über Nebengleise dürfen wie Bahnübergänge über Nebenbahnen (Absatz 7) gesichert werden.	

(9) Bahnübergänge von Fuß- und Radwegen dürfen durch die Übersicht auf die Bahnstrecke (Absatz 12) oder durch hörbare Signale der Eisenbahnfahrzeuge (Absatz 18) gesichert werden. Außerdem

Hauptbahnen	Nebenbahnen
müssen	dürfen

Umlaufsperren oder ähnlich wirkende Einrichtungen angebracht sein.

(10) Bahnübergänge von Privatwegen

Hauptbahnen	Nebenbahnen
ohne öffentlichen Verkehr, die als solche gekennzeichnet sind, dürfen gesichert werden bei einer Geschwindigkeit der Eisenbahnfahrzeuge am Bahnübergang von höchstens 140 km/h a) durch die Übersicht auf die Bahnstrecke (Absatz 12) und Abschlüsse oder b) durch Abschlüsse in Verbindung mit einer Sprechanlage zum zuständigen Betriebsbeamten.	1. ohne öffentlichen Verkehr, die als solche gekennzeichnet sind, dürfen gesichert werden a) durch die Übersicht auf die Bahnstrecke (Absatz 12) oder b) durch hörbare Signale der Eisenbahnfahrzeuge (Absatz 18), wenn ihre Geschwindigkeit am Bahnübergang höchstens 60 km/h beträgt, oder c) durch Abschlüsse in Verbindung mit einer Sprechanlage zum zuständigen Betriebsbeamten oder d) mit besonderer Genehmigung (§ 3 Abs. 2) durch Abschlüsse; 2. mit öffentlichem Verkehr in Hafen- und Industriegebieten dürfen bei schwachem und mäßigem Verkehr (Absatz 13) gesichert werden a) durch die Übersicht oder b) durch Abschlüsse, wenn die Geschwindigkeit der Eisenbahnfahrzeuge am Bahnübergang höchstens 20 km/h beträgt.

Abschlüsse (z. B. Sperrbalken, Tore) sind von demjenigen, dem die Verkehrssicherungspflicht obliegt, verschlossen, mit besonderer Genehmigung (§ 3 Abs. 2) nur geschlossen zu halten.

(11) Eine Sicherung nach den Absätzen 6 bis 10 ist nicht erforderlich, wenn der Bahnübergang durch Posten gesichert wird. Der Posten hat die Wegebenutzer so lange durch Zeichen anzuhalten, bis das erste Eisenbahnfahrzeug etwa die Straßenmitte erreicht hat.

(12) Die Übersicht auf die Bahnstrecke ist vorhanden, wenn die Wegebenutzer bei richtigem Verhalten auf Grund der Sichtverhältnisse die Bahnstrecke so weit und in einem solchen Abstand übersehen können, dass sie bei Anwendung der im Verkehr erforderlichen Sorgfalt den Bahnübergang ungefährdet überqueren oder vor ihm anhalten können.

EBO

(13) Bahnübergänge haben

1. schwachen Verkehr, wenn sie neben anderem Verkehr in der Regel innerhalb eines Tages von höchstens 100 Kraftfahrzeugen überquert werden,
2. mäßigen Verkehr, wenn sie neben anderem Verkehr in der Regel innerhalb eines Tages von mehr als 100 bis zu 2500 Kraftfahrzeugen überquert werden,
3. starken Verkehr, wenn sie neben anderem Verkehr in der Regel innerhalb eines Tages von mehr als 2500 Kraftfahrzeugen überquert werden.

(14) Weisen Bahnübergänge während bestimmter Jahreszeiten oder an bestimmten Tagen abweichend von der Einstufung nach Absatz 13 eine höhere Verkehrsstärke auf, so müssen sie, haben sie eine niedrigere Verkehrsstärke, so dürfen sie während dieser Zeiten entsprechend gesichert werden.

(15) Das Schließen der Schranken – ausgenommen Anrufschranken (Absatz 17) – ist auf den Straßenverkehr abzustimmen

1. durch Lichtzeichen oder
2. durch mittelbare oder unmittelbare Sicht des Schrankenwärters oder
3. bei schwachem oder mäßigem Verkehr durch hörbare Zeichen.

(16) Bahnübergänge mit Schranken – ausgenommen Anrufschranken (Absatz 17) und Schranken an Fuß- und Radwegen – müssen von der Bedienungsstelle aus mittelbar oder unmittelbar eingesehen werden können. Dies ist nicht erforderlich, wenn das Schließen der Schranken durch Lichtzeichen auf den Straßenverkehr abgestimmt und das Freisein des Bahnüberganges durch technische Einrichtungen festgestellt wird.

(17) Anrufschranken sind Schranken, die ständig oder während bestimmter Zeiten geschlossen gehalten und auf Verlangen des Wegebenutzers, wenn dies ohne Gefahr möglich ist, geöffnet werden. Anrufschranken sind mit einer Sprechanlage auszurüsten, wenn der Schrankenwärter den Bahnübergang von der Bedienungsstelle aus nicht einsehen kann.

(18) Vor Bahnübergängen, vor denen nach den Absätzen 7 bis 10 hörbare Signale der Eisenbahnfahrzeuge gegeben werden müssen, sind Signaltafeln aufzustellen.

(19) Ein Bahnübergang, dessen technische Sicherung ausgefallen ist, muss – außer bei Hilfszügen nach § 40 Absatz 6 – durch Posten nach Absatz 11 gesichert werden. Ein Zug, der mit dem Triebfahrzeugführer allein besetzt ist, darf, nachdem er angehalten hat und die Wegebenutzer durch Achtung-Signal gewarnt sind, den Bahnübergang ohne Sicherung durch Posten befahren.

Verordnung über den Bau und Betrieb der Straßenbahnen (BOStrab)

§ 16 Bahnkörper

(4) Bahnkörper sind straßenbündige, besondere oder unabhängige Bahnkörper. Straßenbündige Bahnkörper sind mit ihren Gleisen in Fahrbahnen oder Gehwege eingebettet. Besondere Bahnkörper liegen im Verkehrsraum öffentlicher Straßen, sind jedoch vom übrigen Verkehrsraum mindestens durch Bordsteine oder Hecken oder Baumreihen oder andere ortsfeste körperliche Hindernisse getrennt. Zum besonderen Bahnkörper gehören auch Bahnübergänge nach § 20 Absatz 1 Satz 3 mit Vorrang für die Straßenbahn, wenn sie entsprechend § 20 Absatz 3 oder 4 gesichert sind. Unabhängige Bahnkörper befinden sich auf Grund ihrer Lage oder Bauart außerhalb des Verkehrsraums öffentlicher Straßen. Zum unabhängigen Bahnkörper gehören auch die Bahnübergänge nach § 20 Absatz 1 Satz 2.

(5) An den für das Überqueren durch Fußgänger vorgesehenen Stellen über einen besonderen Bahnkörper müssen zwischen diesem und unmittelbar angrenzenden Fahrbahnen Aufstellflächen für Fußgänger vorhanden sein, wenn das durchgängige Überqueren von Bahnkörper und Straße nicht durch Lichtzeichen geregelt ist. Im Übrigen bleibt die Verantwortung des Straßenbaulastträgers unberührt.

(6) Bei Fahrbetrieb ohne Fahrzeugführer muss durch Einfriedungen oder auf andere Weise das unbefugte Betreten, Befahren oder Benutzen des Bahnkörpers verhindert sein. Wenn es die Betriebssicherheit erfordert, kann die Technische Aufsichtsbehörde dies auf bestimmten Streckenabschnitten auch bei anderen Betriebsarten verlangen.

...

§ 20 Bahnübergänge

(1) Die Straßenbahn hat an höhengleichen Kreuzungen von besonderen und unabhängigen Bahnkörpern mit Straßen, Wegen und Plätzen (Bahnübergängen) Vorrang, soweit die Straßenverkehrs-Ordnung dies bestimmt. Bahnübergänge über unabhängige Bahnkörper sind nach den nachfolgenden Vorschriften zu sichern. An anderen Bahnübergängen oder an Kreuzungen im Bereich straßenbündiger Bahnkörper ist darauf hinzuwirken, dass der Straßenbahnverkehr durch den übrigen Verkehr nicht mehr als unvermeidbar beeinträchtigt wird.

5.4.1 Allgemeines

BOStrab

(2) Bahnübergänge im Sinne des Absatzes 1 Satz 2 mit Vorrang für die Straßenbahn sind durch Übersicht auf die Bahnstrecke zu sichern. Diese ist vorhanden, wenn die übrigen Verkehrsteilnehmer die Bahnstrecke so weit und aus einem solchen Abstand einsehen können, dass sie bei Anwendung der im Verkehr erforderlichen Sorgfalt den Bahnübergang ungefährdet überqueren oder vor ihm anhalten können. Die Übersicht kann nur durch eine technische Sicherung im Sinne des Absatzes 5 ersetzt werden. Bei Bahnübergängen von Fuß- und Radwegen auf Streckenabschnitten mit Fahren auf Sicht genügt eine Lichtzeichenanlage.

(3) Bahnübergänge im Sinne des Absatzes 1 Satz 2 mit Vorrang für die Straßenbahn müssen nach Absatz 5 technisch gesichert sein, wenn auf dem Bahnübergang Straßenbahnen auf Zugsicherung fahren, auf der kreuzenden Straße schneller als 50 km/h gefahren werden darf oder der Bahnübergang innerhalb eines Tages in der Regel von mehr als 100 Kraftfahrzeugen überquert wird.

(4) Bahnübergänge im Sinne des Absatzes 1 Satz 2 von Fuß- oder Radwegen mit gegebener Übersicht müssen mit Umlaufsperren, ähnlich wirkenden Einrichtungen oder mit einer Lichtzeichenanlage ausgerüstet sein. Abweichend von Satz 1 kann auf Umlaufsperren, ähnlich wirkende Einrichtungen oder eine Lichtzeichenanlage verzichtet werden, wenn nach den örtlichen Verhältnissen dafür kein Erfordernis besteht und die Technische Aufsichtsbehörde zustimmt. Umlaufsperren sind so zu gestalten, dass die Wegebenutzer der Fahrtrichtung der Straßenbahn entgegen gehen müssen.

(5) Eine technische Sicherung erfordert

1. Lichtzeichen mit der Farbfolge Gelb – Rot nach Anlage 1 Bild 2, die mit Halbschranken nach Anlage 1 Bild 3 verbunden sein können und
2. Überwachungssignale Bü 0 und Bü 1 nach Anlage 4 vor dem Bahnübergang oder eine in Zugsicherungsanlagen eingebundene Überwachung der Einrichtungen nach Nummer 1.

Auf Streckenabschnitten mit Fahren auf Sicht dürfen anstelle der in Satz 1 bezeichneten Überwachungssignale auch Fahrsignale nach Anlage 4 unmittelbar vor dem Bahnübergang verwendet werden.

BOStrab Anlage 1 (zu § 20 Absatz 5 Nummer 1)

Kennzeichnung und Sicherung von Bahnübergängen

Bild 1 Andreaskreuz

Der Blitzpfeil in der Mitte des Andreaskreuzes zeigt an, dass die Strecke elektrische Fahrleitung hat

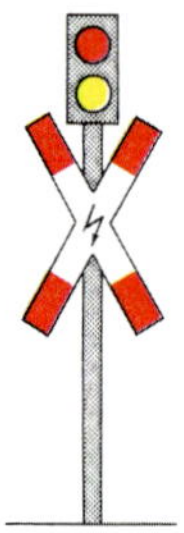

Bild 2 Lichtzeichen

Bei beengten Verhältnissen darf das Andreaskreuz neben oder über dem Lichtzeichen angebracht sein

Bild 3 Lichtzeichen mit Halbschranke

Bei beengten Verhältnissen gelten die Angaben zu Bild 2 entsprechend

Die Halbschranke darf auch senkrecht gestreift sein

5.4.1 Allgemeines

StVO
§ 19
Bahnübergänge

(1) Schienenfahrzeuge haben Vorrang

1. auf Bahnübergängen mit Andreaskreuz (Zeichen 201),
2. auf Bahnübergängen über Fuß-, Feld-, Wald- oder Radwege und
3. in Hafen- und Industriegebieten, wenn an den Einfahrten das Andreaskreuz mit dem Zusatzzeichen „Hafengebiet, Schienenfahrzeuge haben Vorrang" oder „Industriegebiet, Schienenfahrzeuge haben Vorrang" steht.

Der Straßenverkehr darf sich solchen Bahnübergängen nur mit mäßiger Geschwindigkeit nähern. Wer ein Fahrzeug führt, darf an Bahnübergängen vom Zeichen 151, 156 an bis einschließlich des Kreuzungsbereichs von Schiene und Straße Kraftfahrzeuge nicht überholen.

(2) Fahrzeuge haben vor dem Andreaskreuz, zu Fuß Gehende in sicherer Entfernung vor dem Bahnübergang zu warten, wenn

1. sich ein Schienenfahrzeug nähert,
2. rotes Blinklicht oder gelbe oder rote Lichtzeichen gegeben werden,
3. die Schranken sich senken oder geschlossen sind,
4. ein Bahnbediensteter Halt gebietet oder
5. ein hörbares Signal, wie ein Pfeifsignal des herannahenden Zuges, ertönt.

Hat das rote Blinklicht oder das rote Lichtzeichen die Form eines Pfeils, hat nur zu warten, wer in die Richtung des Pfeils fahren will. Das Senken der Schranken kann durch Glockenzeichen angekündigt werden.

(3) Kann der Bahnübergang wegen des Straßenverkehrs nicht zügig und ohne Aufenthalt überquert werden, ist vor dem Andreaskreuz zu warten.

(4) Wer einen Fuß-, Feld-, Wald- oder Radweg benutzt, muss sich an Bahnübergängen ohne Andreaskreuz entsprechend verhalten.

(5) Vor Bahnübergängen ohne Vorrang der Schienenfahrzeuge ist in sicherer Entfernung zu warten, wenn ein Bahnbediensteter mit einer weiß-rot-weißen Fahne oder einer roten Leuchte Halt gebietet. Werden gelbe oder rote Lichtzeichen gegeben, gilt § 37 Absatz 2 Nummer 1 entsprechend.

(6) Die Scheinwerfer wartender Kraftfahrzeuge dürfen niemanden blenden.

VwV-StVO
zu § 41
Vorschriftzeichen

Zu Zeichen 201 Andreaskreuz

3 III. Wo in den Hafen- und Industriegebieten den Schienenbahnen Vorrang gewährt werden soll, müssen Andreaskreuze an allen Einfahrten angeordnet werden. Vorrang haben dann auch Schienenbahnen, die nicht auf besonderem Bahnkörper verlegt sind. Für Industriegebiete kommt eine solche Regelung nur in Betracht, wenn es sich um geschlossene Gebiete handelt, die als solche erkennbar sind und die nur über bestimmte Zufahrten erreicht werden können.

IV. Weitere Sicherung von Übergängen von Schienenbahnen mit Vorrang

4 1. Wegen der ständig zunehmenden Verkehrsdichte auf den Straßen ist die technische Sicherung der bisher nicht so gesicherten Bahnübergänge anzustreben. Besonders ist darauf zu achten, ob Bahnübergänge infolge Zunahme der Verkehrsstärke einer technischen Sicherung bedürfen. Anregungen sind der höheren Verwaltungsbehörde vorzulegen.

...

V. Straßenbahnen und die übrigen Schienenbahnen (Privatanschlussbahnen)

9 1. Über die Zustimmungsbedürftigkeit der Aufstellung und Entfernung von Andreaskreuzen vgl. Nummer III zu § 45 Abs. 1 bis 1e; Rn. 3 ff. Außerdem sind, soweit die Aufsicht über die Bahnen nicht bei den obersten Landesbehörden liegt, die für die Aufsicht zuständigen Behörden zu beteiligen; sind die Bahnen Zubehör einer bergbaulichen Anlage, dann sind auch die obersten Bergbaubehörden zu beteiligen.

10 2. Der Vorrang darf nur gewährt werden, wenn eine solche Schienenbahn auf besonderem oder unabhängigem Bahnkörper verlegt ist, dies auch dann, wenn der besondere Bahnkörper innerhalb des Verkehrsraums einer öffentlichen Straße liegt. Eine Schienenbahn ist schon dann an einem Übergang auf besonderem Bahnkörper verlegt, wenn dieser an dem Übergang endet. Ein besonderer Bahnkörper setzt mindestens voraus, dass die Gleise durch ortsfeste, körperliche Hindernisse vom übrigen Verkehrsraum abgegrenzt und diese Hindernisse auffällig kenntlich gemacht sind; abtrennende Bordsteine müssen weiß sein.

5.4.1 Allgemeines

VwV-StVO zu § 41 Vorschriftzeichen

11 VI. 1. Straßenbahnen auf besonderem oder unabhängigem Bahnkörper, der nicht innerhalb des Verkehrsraums einer öffentlichen Straße liegt, ist in der Regel durch Aufstellung von Andreaskreuzen der Vorrang zu geben. An solchen Bahnübergängen ist schon bei mäßigem Verkehr auf der querenden Straße oder wenn auf dieser Straße schneller als 50 km/h gefahren wird, die Anbringung einer straßenbahnabhängigen, in der Regel zweifarbigen Lichtzeichenanlage (vgl. § 37 Abs. 2 Nr. 3) oder von Schranken zu erwägen. Auch an solchen Bahnübergängen über Feld- und Waldwege sind Andreaskreuze dann erforderlich, wenn der Bahnübergang nicht ausreichend erkennbar ist; unzureichende Übersicht über die Bahnstrecke kann ebenfalls dazu Anlass geben.

12 2. a) Liegt der besondere oder unabhängige Bahnkörper innerhalb des Verkehrsraums einer Straße mit Vorfahrt oder verläuft er neben einer solchen Straße, bedarf es nur dann eines Andreaskreuzes, wenn der Schienenverkehr für den kreuzenden oder abbiegenden Fahrzeugführer nach dem optischen Eindruck nicht zweifelsfrei zu dem Verkehr auf der Straße mit Vorfahrt gehört. Unmittelbar vor dem besonderen Bahnkörper darf das Andreaskreuz nur dann aufgestellt werden, wenn so viel Stauraum vorhanden ist, dass ein vor dem Andreaskreuz wartendes Fahrzeug den Längsverkehr nicht stört. Wird an einer Kreuzung oder Einmündung der Verkehr durch Lichtzeichen geregelt, muss auch der Straßenbahnverkehr auf diese Weise geregelt werden, und das auch dann, wenn der Bahnkörper parallel zu einer Straße in deren unmittelbarer Nähe verläuft. Dann ist auch stets zu erwägen, ob der die Schienen kreuzende Abbiegeverkehr gleichfalls durch Lichtzeichen zu regeln oder durch gelbes Blinklicht mit dem Sinnbild einer Straßenbahn zu warnen ist.

13 b) Hat der gleichgerichtete Verkehr an einer Kreuzung oder Einmündung nicht die Vorfahrt, ist es nur in Ausnahmefällen möglich, der Straßenbahn Vorrang zu gewähren.

StVO § 45 Verkehrszeichen und Verkehrseinrichtungen

(2) ... Für Bahnübergänge von Eisenbahnen des öffentlichen Verkehrs können nur die Bahnunternehmen durch Blinklicht- oder Lichtzeichenanlagen, durch rot-weiß gestreifte Schranken oder durch Aufstellung des Andreaskreuzes ein bestimmtes Verhalten der Verkehrsteilnehmer vorschreiben. ...

VwV-StVO zu § 45 Verkehrszeichen und Verkehrseinrichtungen

Zu Absatz 1 bis 1e

3 III. 1. Die Straßenverkehrsbehörde bedarf der Zustimmung der obersten Landesbehörde oder der von ihr bestimmten Stelle zur Anbringung und Entfernung folgender Verkehrszeichen:

4 a) auf allen Straßen der Zeichen 201, 261, 269, 275, 279, 290.1, 290.2, 330.1, 330.2, 331.1, 331.2, 363, 460 sowie des Zusatzzeichens „abknickende Vorfahrt“ (Zusatzzeichen zu Zeichen 306),

...

Zu Absatz 2

Zu Satz 2

51 I. Dazu müssen die Bahnunternehmen die Straßenverkehrsbehörde, die Straßenbaubehörde und die Polizei hören. Das gilt nicht, wenn ein Planfeststellungsverfahren vorausgegangen ist.

52 II. Für Übergänge anderer Schienenbahnen vgl. Nr. VI zu Zeichen 201; Rn. 11 ff.

5.4.2 Andreaskreuz

StVO Anlage 2 Vorschriftzeichen (zu § 41 Absatz 1)
Abschnitt 1 Wartegebote und Haltgebote

1	**Zeichen 201** 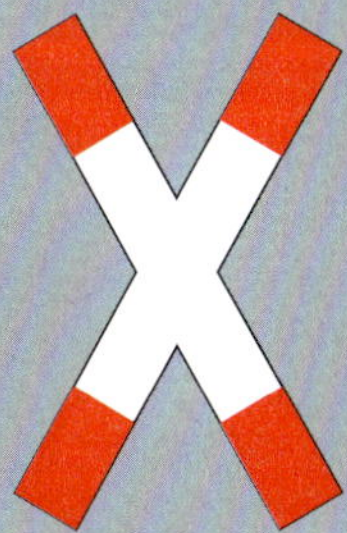 **Andreaskreuz**	**Ge- oder Verbot** 1. Wer ein Fahrzeug führt, muss dem Schienenverkehr Vorrang gewähren. 2. Wer ein Fahrzeug führt, darf bis zu 10 m vor diesem Zeichen nicht halten, wenn es dadurch verdeckt wird. 3. Wer ein Fahrzeug führt, darf vor und hinter diesem Zeichen a) innerhalb geschlossener Ortschaften (Zeichen 310 und 311) bis zu je 5 m, b) außerhalb geschlossener Ortschaften bis zu je 50 m nicht parken. 4. Ein Zusatzzeichen mit schwarzem Pfeil zeigt an, dass das Andreaskreuz nur für den Straßenverkehr in Richtung dieses Pfeils gilt. **Erläuterung** Das Zeichen (auch liegend) befindet sich vor dem Bahnübergang, in der Regel unmittelbar davor. Ein Blitzpfeil in der Mitte des Andreaskreuzes zeigt an, dass die Bahnstrecke eine Spannung führende Fahrleitung hat.

Mit dem Andreaskreuz wird dem Straßenverkehrsteilnehmer angezeigt, wo eine Straße höhengleich die Gleise eines Schienenwegs kreuzt, dessen Fahrzeuge Vorrang gegenüber dem Straßenverkehr haben.

BÜ von Eisenbahnen des öffentlichen Verkehrs müssen auch dann durch Andreaskreuze gekennzeichnet sein, wenn die Bahn **nicht** auf besonderem Bahnkörper verlegt ist.

BÜ der übrigen Schienenbahnen (z. B. Anschlussgleise, Werksbahnen, Grubenbahnen, Feldbahnen) und Straßenbahnen sollen nur dann mit Andreaskreuzen gekennzeichnet werden, wenn die Bahn an dem Übergang auf besonderem Bahnkörper verlegt ist. Ein besonderer Bahnkörper ist im Bereich von BÜ auch dann anzunehmen, wenn die Gleise innerhalb des Verkehrsraums einer öffentlichen Straße auf besonderem Bahnkörper verlegt sind oder wenn die Gleise nur auf der einen Seite des Übergangs auf besonderem Bahnkörper liegen, auf der anderen Seite dagegen in die Fahrbahn einer Straße eingebettet sind. Bei diesen BÜ sollen die übrigen Schienenbahnen nur dann Vorrang erhalten, wenn die örtlichen Verhältnisse es erfordern (z. B. starkes Gefälle der Bahnstrecke und daher langer Bremsweg der Bahn, Erschwernisse beim Wiederanfahren) oder bei starkem Bahnverkehr. Straßenbahnen auf besonderem Bahnkörper, der nicht im Verkehrsraum einer Straße liegt, ist in der Regel der Vorrang zu geben.

Wo bei Straßenbahnen der besondere Bahnkörper innerhalb des Verkehrsraums einer vorfahrtberechtigten Straße oder unmittelbar daneben liegt, brauchen Andreaskreuze dann nicht aufgestellt zu werden, wenn **klar erkennbar** ist, dass der Schienenverkehr zum Verkehr der vorfahrtberechtigten Straße gehört und damit die Vorfahrt durch die negativen Vorfahrtzeichen abgedeckt ist (*Bild 5.6*). Wo der parallel zur Straßenbahn verlaufende Verkehr keine Vorfahrt besitzt, sollte auch die Straßenbahn keinen Vorrang erhalten.

Andreaskreuze sind nicht erforderlich an BÜ von

1. Feld- und Waldwegen, wenn die BÜ ausreichend erkennbar sind,
2. Fußwegen,
3. Privatwegen ohne öffentlichen Verkehr, die als solche gekennzeichnet sind,
4. anderen Straßen und Wegen über Nebengleise, wenn die BÜ für das Befahren mit Eisenbahnfahrzeugen durch Posten oder Lichtzeichen vom Straßenverkehr freigehalten werden.

Wo in einem Hafen- oder Industriegebiet den Schienenbahnen Vorrang gewährt wird, müssen

5.4.2 Andreaskreuz

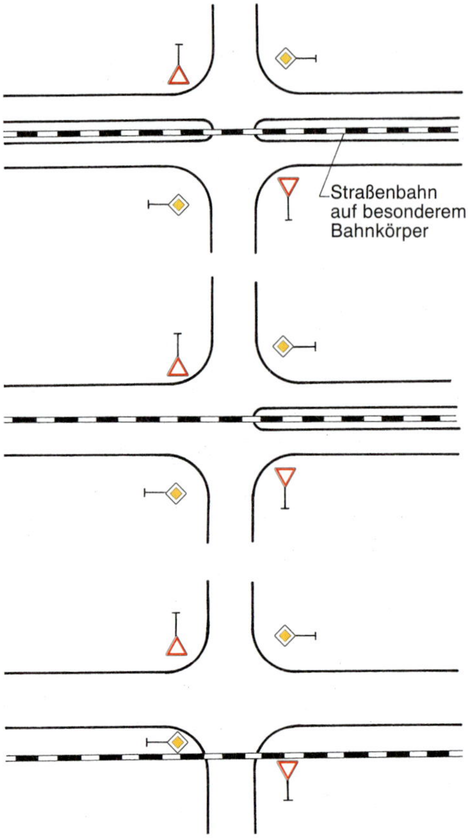

Bild 5.6 Vorfahrtregelung ohne Andreaskreuze bei Straßenbahnen auf besonderem Bahnkörper. Nur anzuwenden, wenn zweifelsfrei erkennbar ist, dass der Schienenverkehr zum Verkehr der vorfahrtberechtigten Straße gehört

an allen Einfahrten Andreaskreuze mit dem Zusatzschild „Hafengebiet, Schienenfahrzeuge haben Vorrang“ (Zusatzzeichen 1008-33) oder „Industriegebiet, Schienenfahrzeuge haben Vorrang“ (Zusatzzeichen 1008-32) aufgestellt werden. Dann haben auch die Schienenbahnen Vorrang, die nicht auf besonderem Bahnkörper verlegt sind.

Andreaskreuze sind an den Stellen anzubringen, vor denen Straßenfahrzeuge und Tiere angehalten werden müssen, wenn der BÜ nicht überquert werden darf, in der Regel 3,00 m von der Gleisachse entfernt. Bei nicht rechtwinkligen BÜ ist der Abstand nach den Festlegungen der Ril 815 zu ermitteln (siehe nachstehend abgedruckten Auszug aus der Ril 815). Er darf nur aus zwingenden Gründen vergrößert werden, z. B. bei Einmündung von Seitenwegen oder bei steil gegen die Bahn abfallenden Wegen. Bei beschrankten Übergängen soll das Andreaskreuz möglichst nahe an der Schranke stehen.

Andreaskreuze stehen als Straßenverkehrszeichen in der Regel auf beiden Straßenseiten. Bei Feld- und Waldwegen – wenn überhaupt – sowie bei Straßen mit schwachem Verkehr genügt ein Andreaskreuz auf der rechten Straßenseite. Es ist links aufzustellen, wenn dadurch eine bessere Sicht auf das Andreaskreuz gegeben ist.

Das Andreaskreuz darf nur dann unmittelbar vor dem besonderen Bahnkörper einer Straßenbahn aufgestellt werden, wenn genügend Stauraum für ein vor dem Andreaskreuz wartendes Fahrzeug vorhanden ist, sodass der parallel zur Straßenbahn verlaufende Fahrzeugverkehr nicht gestört wird. Dort, wo der Verkehr durch Lichtzeichen geregelt wird, kann der die Schienen kreuzende Abbiegeverkehr in die Lichtzeichenregelung mit einbezogen oder durch gelbes Blinklicht mit dem Sinnbild einer Straßenbahn gewarnt werden.

Andreaskreuze dürfen nicht mit anderen Verkehrsschildern kombiniert werden.

Bei Strecken mit elektrischen Fahrleitungen ist ein Blitzpfeil in der Mitte des Andreaskreuzes anzubringen (Zeichen 201-51). In Ortschaften und bei beengten Verhältnissen darf das Andreaskreuz um 90° gedreht (liegend) angebracht und vom üblichen Höhenmaß abgewichen werden.

Werden zwei oder mehr BÜ nur durch ein Andreaskreuz gekennzeichnet, so ist die Zusatztafel mit Angabe der Anzahl der BÜ unter dem Andreaskreuz anzubringen (*Bild 5.7*).

Unter Andreaskreuzen vor abzweigenden Straßen ist die Zusatztafel mit Hinweispfeil so anzubringen, dass der Pfeil zum BÜ zeigt, um zu verdeutlichen, dass das Andreaskreuz nur für diese Fahrtrichtung gilt (*Bilder 5.8*, *5.9* und *5.10*).

Bild 5.7 Zusatzschild 2 Bahnübergänge

Bild 5.8 Hinweispfeil (Zz 1000-21) unter Andreaskreuz

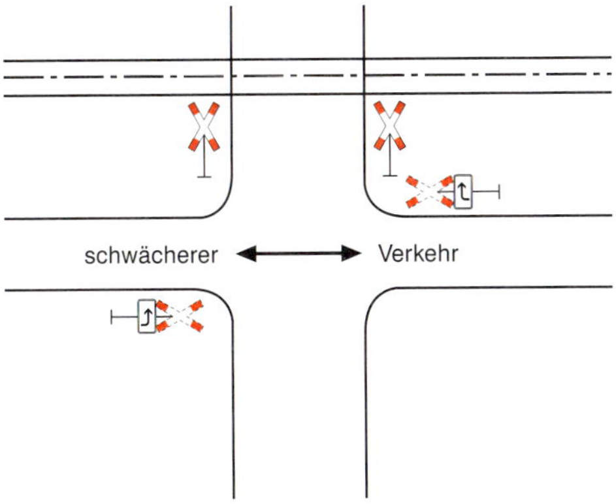

Bild 5.9 Parallelstraße zu den Bahngleisen mit schwächerem Verkehr. Gestrichelt gezeichnete Andreaskreuze mit Hinweispfeil können, wenn die örtlichen Gegebenheiten es erfordern, zusätzlich aufgestellt werden

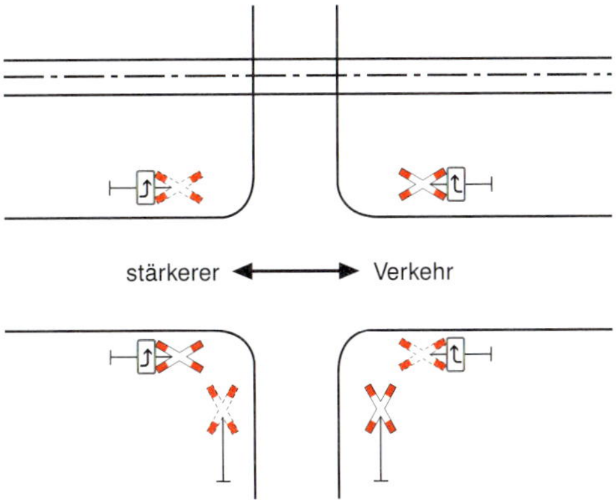

Bild 5.10 Parallelstraße zu den Bahngleisen mit stärkerem Verkehr. Gestrichelt gezeichnete Andreaskreuze mit Hinweispfeil können, wenn die örtlichen Gegebenheiten es erfordern, zusätzlich aufgestellt werden

Andreaskreuze müssen rückstrahlend sein. An Feld- oder Waldwegen ist dies zwar nicht zwingend vorgeschrieben, wird aber dringend empfohlen. Hierbei sollen stets stark retroreflektierende Folien mindestens der Retroreflexions-Klasse 2 (früher „Typ 2") verwendet werden.

Einzelheiten über die Sicherung der Andreaskreuze und der Lichtzeichen und Blinklichter durch Schutzplanken enthält Ril 815 der DB-AG (*Bilder 5.11*, *5.12*). *Bild 5.13* zeigt eine Beispiel-Gesamtdarstellung von Straßenverkehrszeichen, Markierungen und Halbschranken.

Die maßgeblichen Lichtraumumgrenzungen der Straße, die nach der zulässigen Geschwindigkeit für den Straßenverkehr unterschiedlich sein können, sind zu beachten. Dabei wird nach Verkehrsraum, der planmäßig durch Fahrzeuge, Radfahrer und Fußgänger eingenommen wird, und den darüber hinausgehenden Lichtraumbegrenzungen unterschieden (siehe Ril 815, Bild 10).

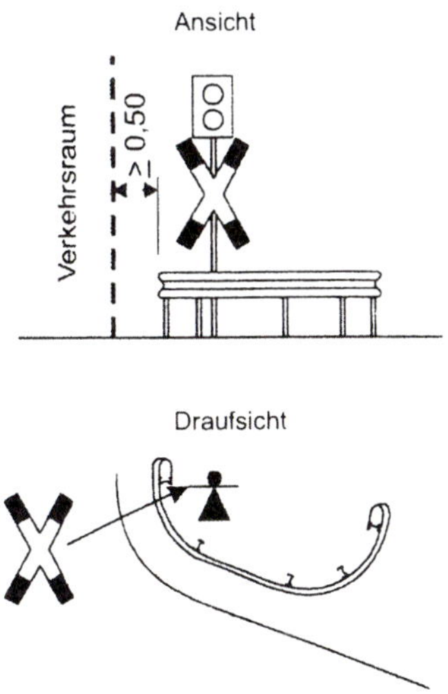

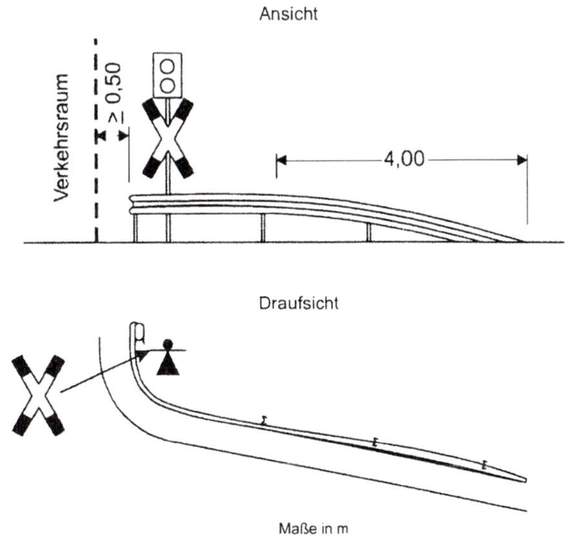

Sicherung der Andreaskreuze und Lichtzeichen durch Schutzplanken

Bild 5.11 Abgebogene Schutzplanke

Bild 5.12 Parallel verlaufende Schutzplanken

Quelle: Ril 815 DB AG

5.4.2 Andreaskreuz

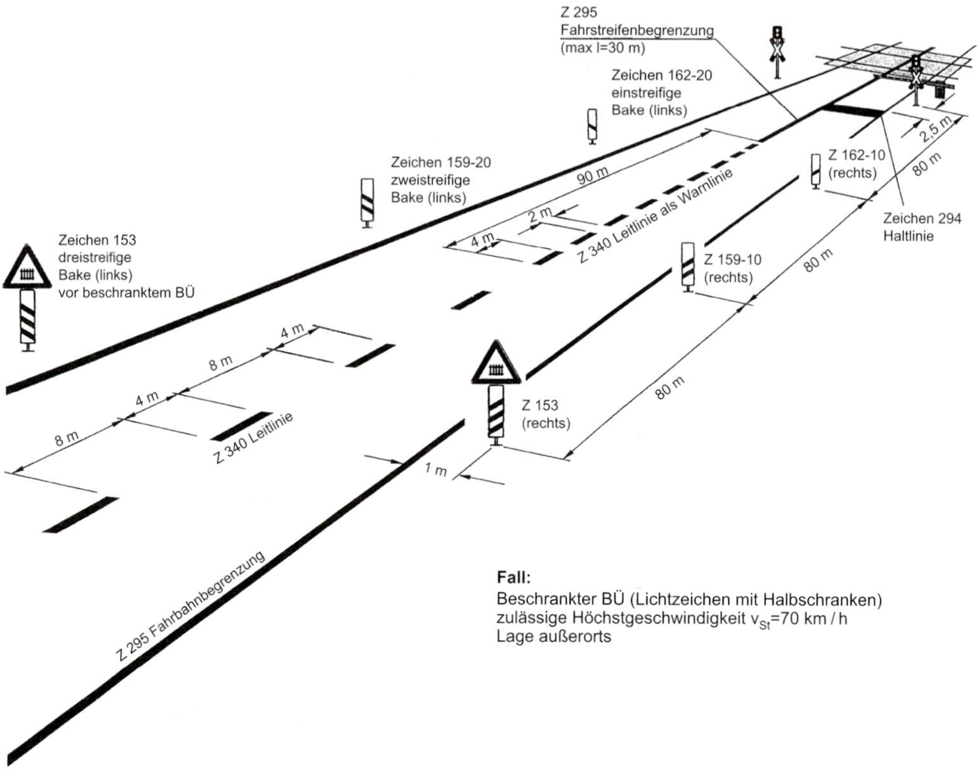

Bild 5.13 Beispiel zu Straßenverkehrszeichen und Markierungen vor BÜ Quelle: Ril 815 DB AG

Beispiele für das Aufstellen von Andreaskreuzen und Lichtzeichen siehe nachstehend abgedruckten Auszug aus der Ril 815.

In bestimmten Fällen darf die Lichtraumumgrenzung eingeschränkt werden, ebenso sind verschiedene Einbauten (z. B. Verkehrszeichen) zulässig. Es ist zu beachten, dass die unterschiedlichen Lichtraumumgrenzungen innerorts und außerorts entscheidend für die seitlichen Abstände der Verkehrszeichen und -einrichtungen sowie der Straßensignale und Schranken sind. Es sei hier nochmals darauf hingewiesen, dass zum Schutz der Straßensignale vor Beschädigung durch Straßenfahrzeuge Schutzplanken eingebaut werden können. Diese sollen 75 cm über die Oberkante der befestigten Fläche reichen und dürfen bis auf 50 cm an den Verkehrsraum der Fahrbahnen herangesetzt werden.

Weitere Einzelheiten über die konstruktive Gestaltung der Schutzplanken sind in Abschnitt 10.2 zu finden.

Zu Abschnitt 5.4.2

Siehe auch zu Abschnitt 5.4.1

VwV-StVO zu § 41 Vorschriftzeichen

Zu Zeichen 201 Andreaskreuz

1 I. Die Andreaskreuze sind in der Regel möglichst nahe, aber nicht weniger als 2,25 m vor der äußeren Schiene aufzustellen.

2 II. Andreaskreuze sind am gleichen Pfosten wie Blinklichter oder Lichtzeichen anzubringen. Mit anderen Verkehrszeichen dürfen sie nicht kombiniert werden.

VwV-StVO
zu § 41
Vorschriftzeichen

3 III. Wo in den Hafen- und Industriegebieten den Schienenbahnen Vorrang gewährt werden soll, müssen Andreaskreuze an allen Einfahrten angeordnet werden. Vorrang haben dann auch Schienenbahnen, die nicht auf besonderem Bahnkörper verlegt sind. Für Industriegebiete kommt eine solche Regelung nur in Betracht, wenn es sich um geschlossene Gebiete handelt, die als solche erkennbar sind und die nur über bestimmte Zufahrten erreicht werden können.

...

V. Straßenbahnen und die übrigen Schienenbahnen (Privatanschlussbahnen)

9 1. Über die Zustimmungsbedürftigkeit der Aufstellung und Entfernung von Andreaskreuzen vgl. Nummer III zu § 45 Abs. 1 bis 1e; Rn. 3 ff. Außerdem sind, soweit die Aufsicht über die Bahnen nicht bei den obersten Landesbehörden liegt, die für die Aufsicht zuständigen Behörden zu beteiligen; sind die Bahnen Zubehör einer bergbaulichen Anlage, dann sind auch die obersten Bergbaubehörden zu beteiligen.

10 2. Der Vorrang darf nur gewährt werden, wenn eine solche Schienenbahn auf besonderem oder unabhängigem Bahnkörper verlegt ist, dies auch dann, wenn der besondere Bahnkörper innerhalb des Verkehrsraums einer öffentlichen Straße liegt. Eine Schienenbahn ist schon dann an einem Übergang auf besonderem Bahnkörper verlegt, wenn dieser an dem Übergang endet. Ein besonderer Bahnkörper setzt mindestens voraus, dass die Gleise durch ortsfeste, körperliche Hindernisse vom übrigen Verkehrsraum abgegrenzt und diese Hindernisse auffällig kenntlich gemacht sind; abtrennende Bordsteine müssen weiß sein.

11 VI. 1. Straßenbahnen auf besonderem oder unabhängigem Bahnkörper, der nicht innerhalb des Verkehrsraums einer öffentlichen Straße liegt, ist in der Regel durch Aufstellung von Andreaskreuzen der Vorrang zu geben. An solchen Bahnübergängen ist schon bei mäßigem Verkehr auf der querenden Straße oder wenn auf dieser Straße schneller als 50 km/h gefahren wird, die Anbringung einer straßenbahnabhängigen, in der Regel zweifarbigen Lichtzeichenanlage (vgl. § 37 Abs. 2 Nr. 3) oder von Schranken zu erwägen. Auch an solchen Bahnübergängen über Feld- und Waldwege sind Andreaskreuze dann erforderlich, wenn der Bahnübergang nicht ausreichend erkennbar ist; unzureichende Übersicht über die Bahnstrecke kann ebenfalls dazu Anlass geben.

12 2. a) Liegt der besondere oder unabhängige Bahnkörper innerhalb des Verkehrsraums einer Straße mit Vorfahrt oder verläuft er neben einer solchen Straße, bedarf es nur dann eines Andreaskreuzes, wenn der Schienenverkehr für den kreuzenden oder abbiegenden Fahrzeugführer nach dem optischen Eindruck nicht zweifelsfrei zu dem Verkehr auf der Straße mit Vorfahrt gehört. Unmittelbar vor dem besonderen Bahnkörper darf das Andreaskreuz nur dann aufgestellt werden, wenn so viel Stauraum vorhanden ist, dass ein vor dem Andreaskreuz wartendes Fahrzeug den Längsverkehr nicht stört. Wird an einer Kreuzung oder Einmündung der Verkehr durch Lichtzeichen geregelt, muss auch der Straßenbahnverkehr auf diese Weise geregelt werden, und das auch dann, wenn der Bahnkörper parallel zu einer Straße in deren unmittelbarer Nähe verläuft. Dann ist auch stets zu erwägen, ob der die Schienen kreuzende Abbiegeverkehr gleichfalls durch Lichtzeichen zu regeln oder durch gelbes Blinklicht mit dem Sinnbild einer Straßenbahn zu warnen ist.

13 b) Hat der gleichgerichtete Verkehr an einer Kreuzung oder Einmündung nicht die Vorfahrt, ist es nur in Ausnahmefällen möglich, der Straßenbahn Vorrang zu gewähren.

Deutsche Bahn
Ril 815

Ril 815 „Bahnübergangsanlagen planen und instandhalten", Ausgabe 2008 (Auszug)

5 Andreaskreuze aufstellen

Ausführung und Aufstellung von Andreaskreuzen

(1) Andreaskreuze müssen der Eisenbahn-Bau- und Betriebsordnung (EBO) Anlage 5, Bild 1 (Zeichen 201 nach StVO) entsprechen. Sie müssen, außer an Feld- und Waldwegen, vollflächig rückstrahlend ausgeführt werden.

Andreaskreuze sind außer in den in § 11 Abs. 3 Satz 3 EBO genannten Fällen an allen BÜ aufzustellen.

Hinweise:

Soweit Andreaskreuze nur für den Verkehr in einer abzweigenden Richtung gelten sollen, sind sie mit einem Zusatzzeichen nach StVO (Richtungspfeil) zu kennzeichnen.

Bei Gleisen mit Fahrleitung ist die Ausführung mit einem Blitzpfeil in der Mitte zu wählen.

5.4.2 Andreaskreuz

Deutsche Bahn Ril 815

Andreaskreuze anordnen

(2) Andreaskreuze müssen so angeordnet werden, dass sie für den Straßenverkehr auf ca. 50 m Entfernung zu erkennen sind. Lässt die Straßenführung oder -beschaffenheit nur eine geringere Geschwindigkeit als 50 km/h zu, darf diese Entfernung bis auf 20 m verringert werden.

Bei der Wahl des Standorts der Andreaskreuze sind die jeweiligen örtlichen Gegebenheiten zu berücksichtigen. Dabei sind alle möglichen Verkehrsbeziehungen am BÜ (z. B. Parallelstraßen zur Bahn) mit einzubeziehen.

Andreaskreuze sind beiderseits der Straße aufzustellen.

An einem BÜ können entsprechend der Örtlichkeit mehrere Andreaskreuze auf einer oder beiden Seiten des BÜ erforderlich werden.

Hinweis:

Beim Aufstellen mehrerer Andreaskreuze sind deren Einflüsse auf die Berechnung der Sicherung (Sperrstrecke d) zu berücksichtigen.

Andreaskreuze an Feld- und Waldwegen

(3) Bei Feld- und Waldwegen ist es zulässig, nur ein Andreaskreuz auf der rechten Straßenseite aufzustellen. Wenn die Sicht nicht ausreicht, darf das Andreaskreuz auch links aufgestellt werden.

Ankündigung von BÜ in Hafen- und Industriegebieten

(4) In Hafen- und Industriegebieten darf bei BÜ ohne technische Sicherung auf das Aufstellen von Andreaskreuzen verzichtet werden, wenn an den Einfahrten Andreaskreuze mit dem Zusatzschild „Hafengebiet, Schienenfahrzeuge haben Vorrang“ oder „Industriegebiet, Schienenfahrzeuge haben Vorrang“ angebracht sind (vgl. EBO § 11, Abs. 5).

Andreaskreuze an BÜ ohne technische Sicherung aufstellen

(5) Andreaskreuze sollen bei rechtwinkligen BÜ *ohne* technische Sicherungen beiderseits der Straße, in einem lichten Abstand von 3,00 m zur Mitte des jeweils äußeren Gleises, bei $v_{St} \leq 50$ km/h in einem lichten Abstand $a \geq 1{,}00$ m vom Fahrbahnrand aufgestellt werden (vgl. Bilder 5 bis 7).

Bei rechtwinkligen BÜ *mit* technischer Sicherung, ohne Schranken, sollen Andreaskreuze beiderseits der Straße, in einem lichten Abstand von 3,00 m zur Mitte des jeweils äußeren Gleises, bei $v_{St} \leq 50$ km/h in einem lichten Abstand $a \geq 1{,}00$ m, bei $50 < v_{St} \leq 70$ km/h in einem lichten Abstand $a \geq 1{,}25$ m vom Fahrbahnrand entfernt aufgestellt werden (vgl. Bilder 5 bis 7), bei mehrspurigen Straßen ggf. auch zusätzlich über der Fahrbahn (vgl. Abs. 12).

Die für den Straßenverkehr freizuhaltenden Räume nach Richtlinie 815.0020, Tabelle 2 sind hierbei zu berücksichtigen.

Hinweise:

Der Abstand von 3,00 m von der Gleismitte entspricht dem Abstand von 2,25 m von der äußeren Schiene (vgl. VwV-StVO zu § 41 Vorschriftzeichen, zu Zeichen 201 Andreaskreuz).

Die Grenze des Regellichtraums verläuft in einem Abstand von 2,50 m von der Gleismitte, das entspricht einem Abstand von 1,75 m von der äußeren Schiene.

Andreaskreuze bei spitzem Kreuzungswinkel aufstellen

(6) Bei Fahrbahnbreiten $b \geq 5{,}50$ m und spitzem Kreuzungswinkel soll das rechte Andreaskreuz, vom Schnittpunkt der Straßenmitte (Leitlinie, Fahrstreifenbegrenzung) mit der Grenze des Regellichtraums der Bahn ausgehend, rechtwinklig zur Straßenmitte angeordnet werden (vgl. Bild 5).

Wenn die Fahrbahnbreite weniger als $b < 5{,}50$ m beträgt, ist, statt von der Straßenmitte, von einer fiktiven Fahrstreifenbegrenzung von 3,00 m auszugehen (vgl. Bild 6).

Hinweise:

Eine Fahrstreifenbegrenzung (StVO Zeichen 295, 296) oder Leitlinie (StVO Zeichen 340) in Straßenmitte wird nicht aufgebracht, wenn die Straßenbreite kleiner als 5,50 m ist.

Deutsche Bahn
Ril 815

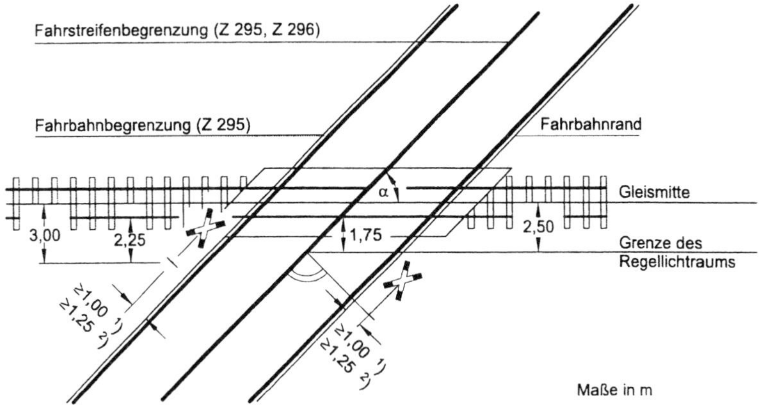

1) bei $v_{St} \leq 50$ km/h
2) bei technischen Sicherungen und $50 < v_{St} \leq 70$ km/h

Bild 5 Andreaskreuze bei spitzem Kreuzungswinkel mit Fahrstreifenbegrenzung oder Leitlinie bei Straßenbreite b ≥ 5,50 m anordnen

Fahrbahnbegrenzungen (StVO Zeichen 295) werden auch auf Fahrbahnen unter 5,50 m Breite aufgebracht.

Andreaskreuze bei stumpfem Kreuzungswinkel aufstellen

(7) Bei stumpfem Kreuzungswinkel sind die Andreaskreuze mindestens im Abstand von 2,25 m von der äußeren Schiene anzuordnen (vgl. Bild 7).

Dicht hintereinander liegende BÜ kennzeichnen

(8) Liegen im Zuge einer Straße zwei BÜ so dicht hintereinander, dass die Aufstelllänge für das gefahrfreie Anhalten von Straßenfahrzeugen zwischen den Gleisen nicht ausreicht, sind zwischen den BÜ keine Andreaskreuze anzubringen, die übrigen Andreaskreuze jedoch mit dem Zusatzschild „2 Bahnübergänge" zu versehen (vgl. Bild 8).

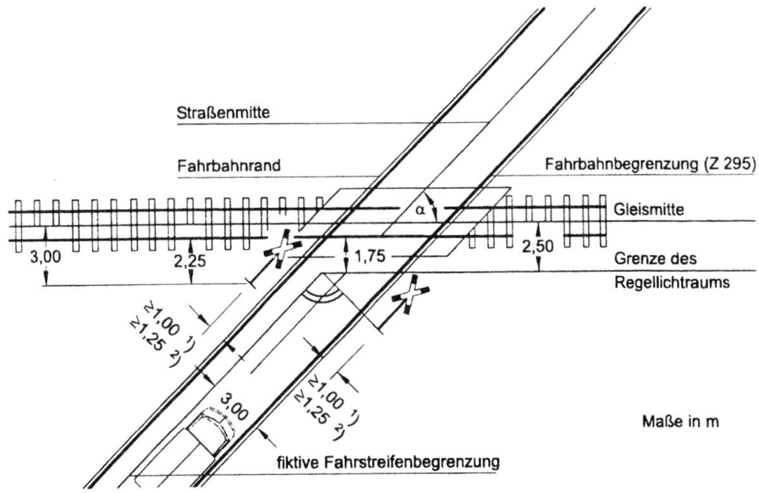

1) bei $v_{St} \leq 50$ km/h
2) bei technischen Sicherungen und $50 < v_{St} \leq 70$ km/h

Bild 6 Andreaskreuze bei spitzem Kreuzungswinkel und Straßenbreite b < 5,50 m anordnen

5.4.2 Andreaskreuz

Deutsche Bahn
Ril 815

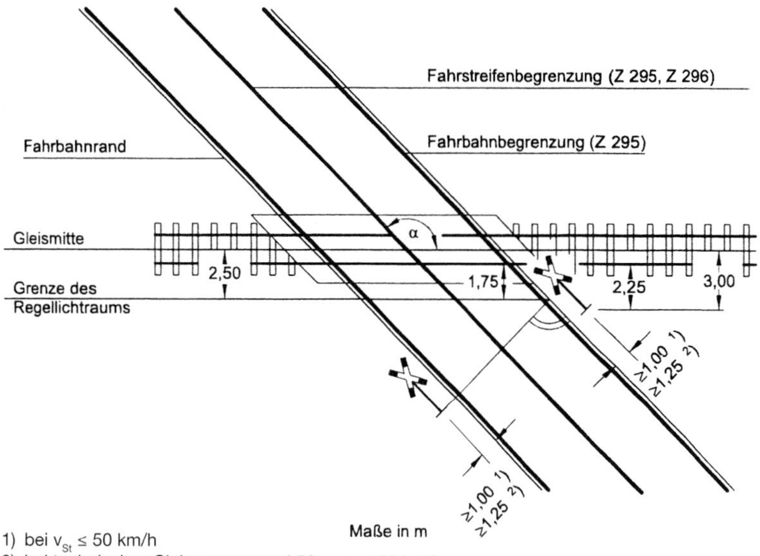

1) bei $v_{St} \leq 50$ km/h
2) bei technischen Sicherungen und $50 < v_{St} \leq 70$ km/h

Bild 7 Andreaskreuze bei stumpfem Kreuzungswinkel mit oder ohne Fahrstreifenbegrenzung oder Leitlinie anordnen

Hinweis:

Als Aufstelllänge wird die Fahrzeuglänge l_{St} mit einem Sicherheitszuschlag von 5,00 m angenommen (vgl. Ril 815.0020, Abschn. 1. Abs. 2).

Die Zusatzzeichen dürfen auch über dem Andreaskreuz angeordnet werden, wenn die Auffälligkeit damit verbessert wird.

Schutzbügel an Andreaskreuzen anbringen

(9) Wenn Fuß- und/oder Radwege neben Straßen liegen und deswegen Andreaskreuze aufgestellt sind, ist im Einzelfall zu prüfen, ob an diesen Andreaskreuzen unten Schutzbügel anzubringen sind.

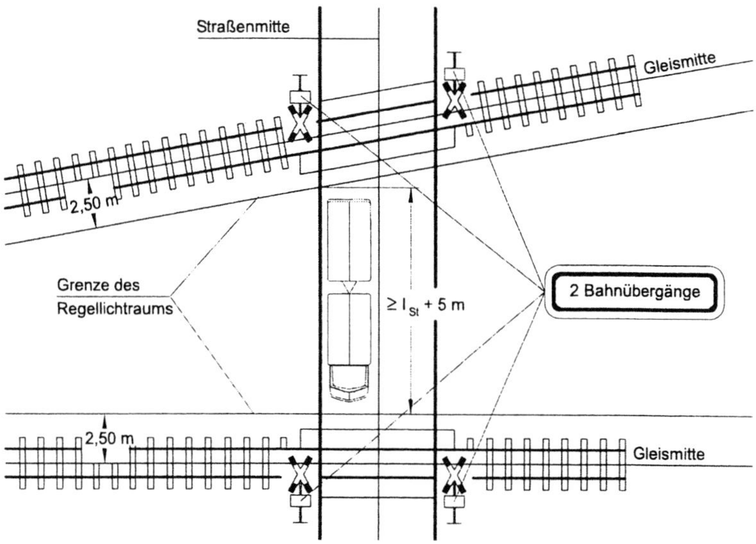

Bild 8 Zwei dicht hintereinander liegende BÜ kennzeichnen

Deutsche Bahn Ril 815

Privatübergänge kennzeichnen

(10) Privatübergänge ohne öffentlichen Verkehr müssen beiderseits der Bahn durch Schilder nach Bild 9 gekennzeichnet werden (vgl. 815.0010, Abschn. 3, Abs. 8).

Bestehende Schilder mit ähnlichen Aufschriften dürfen verbleiben.

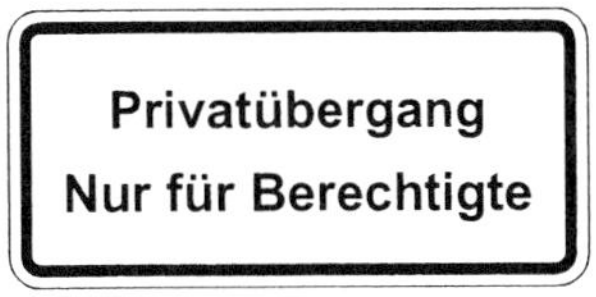

Bild 9 Schild an Privatübergängen

Andreaskreuze an BÜ mit technischer Sicherung anordnen

(11) An BÜ mit Lichtzeichen oder Blinklichtern mit oder ohne Schranken oder Halbschranken sollen Andreaskreuze am Signalmast, unter Einhaltung der lichten Räume und Sicherheitsräume für den Straßenverkehr nach Richtlinie 815.0020, Tabelle 2, stehend angebracht werden (vgl. Bild 10).

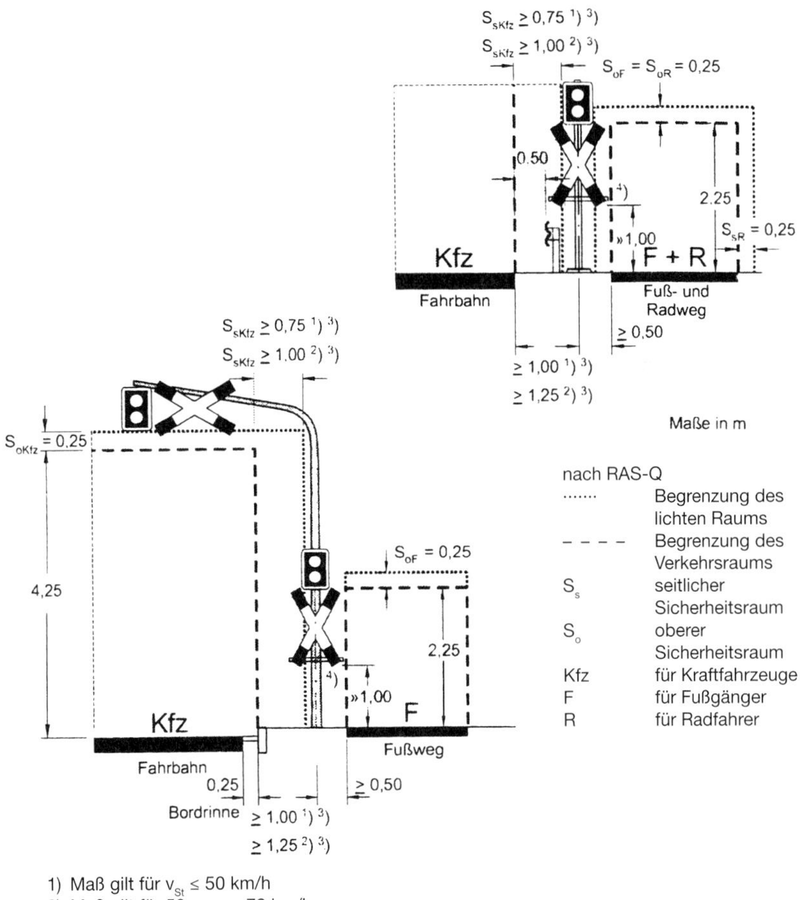

1) Maß gilt für $v_{St} \leq 50$ km/h
2) Maß gilt für $50 < v_{St} \leq 70$ km/h
3) Unterschreitung um 0,25 m zulässig neben Hochborden oder befestigten Seitenstreifen
4) Schützbügel bei Bedarf

Die Maße gelten nur für Lichtzeichen mit Durchmesser 200 mm

Bild 10 Andreaskreuze bei BÜ mit technischen Sicherungen anordnen

5.4.2 Andreaskreuz

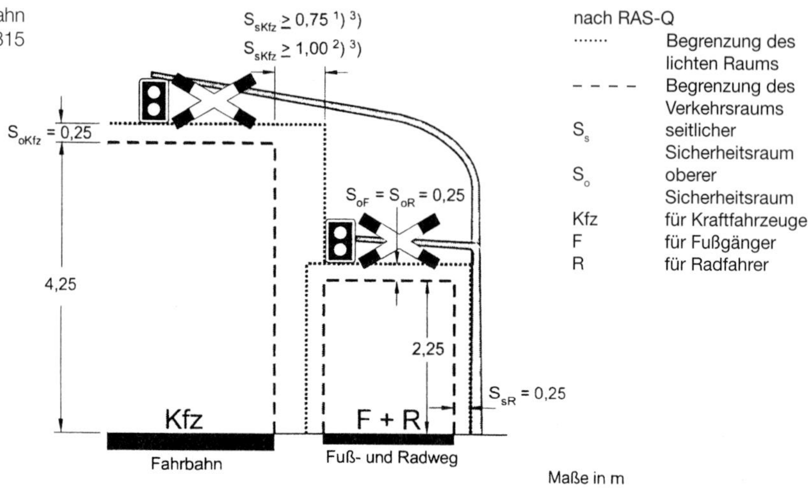

1) Maß gilt für $v_{St} \leq 50$ km/h
2) Maß gilt für $50 < v_{St} \leq 70$ km/h
3) Unterschreitung um 0,25 m zulässig neben Hochborden oder befestigten Seitenstreifen

Bild 11 Beispiel für das Anbringen von Andreaskreuzen an Peitschenmasten über den Verkehrsräumen

Andreaskreuze bei technischer Sicherung und beengten Verhältnissen anbringen

(12) Bei beengten Verhältnissen darf das Andreaskreuz neben oder über dem Lichtzeichen oder Blinklicht, das der BÜ-Sicherung dient, über den Verkehrsräumen an Peitschenmasten oder Auslegern, um 100 gon (90°) gedreht (liegend), angebracht werden (vgl. Bild 11).

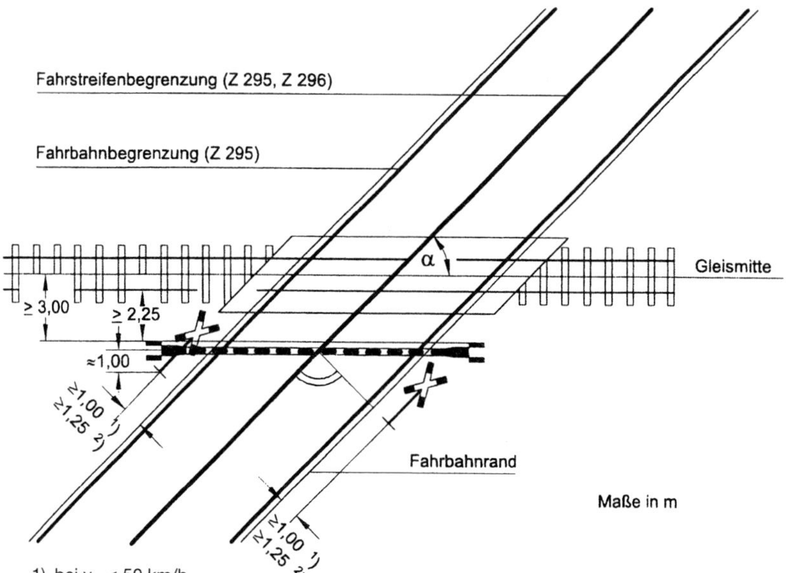

1) bei $v_{St} \leq 50$ km/h
2) bei $50 < v_{St} \leq 70$ km/h

Bild 12 Andreaskreuze bei spitzem Kreuzungswinkel und parallel zum Gleis angeordneten Schranken aufstellen

5.4.2 Andreaskreuz

Deutsche Bahn
Ril 815

Andreaskreuze bei spitzwinkligen Kreuzungen mit gleisparallelen Schranken anbringen

(13) Bei zum Gleis parallelen Schranken an spitzwinkligen Kreuzungen soll das rechte Andreaskreuz, vom Schnittpunkt der Schrankenachse mit der Straßenmitte ausgehend, rechtwinklig zur Straßenmitte bei $v_{St} \leq 50$ km/h in einem Abstand $a \geq 1{,}00$ m, bei $50 < v_{St} \leq 70$ km/h in $a \geq 1{,}25$ m vom Fahrbahnrand aufgestellt werden.

Die für den Straßenverkehr freizuhaltenden Räume nach Richtlinie 815.0020, Tabelle 2 sind hierbei zu berücksichtigen.

Das linke Andreaskreuz soll in ca. 1,00 m Abstand von der Mitte des Schrankenantriebs (gemessen senkrecht zur Schranke) aufgestellt werden (vgl. Bild 12).

Andreaskreuze bei stumpfwinkligen Kreuzungen mit gleisparallelen Schranken anbringen

(14) Bei zum Gleis parallelen Schranken an stumpfwinkligen Kreuzungen soll das rechte Andreaskreuz in ca. 1,00 m Abstand von der Mitte des Schrankenantriebs angeordnet werden.

Andreaskreuze bei rechtwinklig zur Straßenachse angeordneten Schranken anbringen

(15) Bei rechtwinklig zur Straßenachse angeordneten Schranken und bei Halbschranken soll das rechte Andreaskreuz in ca. 1,00 m Abstand zum Schrankenantrieb und das linke gegenüberliegend aufgestellt werden.

Können die Maste der Straßensignale, z.B. wegen parallel geführter Fuß- und Radwege, nicht im Regelabstand vom Verkehrsraum der Straße aufgestellt werden, dürfen die Signalgeber und Andreaskreuze (liegend) an einem Peitschenmast nach Bild 11 angebracht werden.

Hinweise:

Es können auch mehrere Signalgeber an einem Mast angeordnet werden, wobei ein Signalgeber auf den (entfernteren) Annäherungsbereich, der andere Signalgeber auf den Nahbereich (Wartebereich) ausgerichtet werden kann. In diesem Fall darf der Abstand vom Verkehrsraum bis etwa 2,50 m betragen.

Die Haltlinie (Z 294) darf nicht in die als Begrenzung der Sperrstrecke gedachte Linie hinein ragen (vgl. hierzu Ril 815.0032, Anhang 1, S. 101).

5.4.3 Technische Sicherungen (Lichtzeichen, Blinklichter, Schranken)

Durch technische Sicherungen (Lichtzeichen, Blinklichter, Schranken) wird der Vorrang der Eisenbahnfahrzeuge gegenüber dem Straßenverkehr konkret verdeutlicht, indem das Herannahen des Zugs angezeigt und in ein Haltgebot umgesetzt wird (Lichtzeichen, Blinklichter) sowie ggf. der Zugang zum Bahnkörper physikalisch erschwert (Halbschranken) oder unmöglich gemacht wird (Vollschranken).

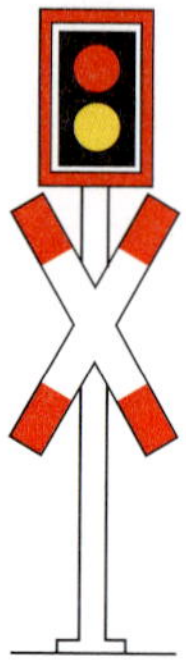

Bild 5.15 Andreaskreuz mit Lichtzeichen

Die althergebrachte Form des warnenden Haltgebots an BÜ ist das rote Blinklicht. Es wurde lange Zeit beibehalten, um durch den Unterschied zu normalen Lichtsignalanlagen die besondere Gefährdung auszudrücken. Da sich jedoch in der Bevölkerung zunehmend eine andere Interpretation verbreitete, nämlich die, das rote Blinklicht sei im Gegensatz zum Dauerlicht nur eine Warnung und kein Haltgebot, wird nunmehr auch bei BÜ das nicht blinkende rote Licht verwendet, das einige Sekunden mit gelbem Licht angekündigt wird (Lichtzeichenanlagen). Neue Anlagen werden ausschließlich als Lichtzeichenanlagen erstellt. Alte Anlagen können noch weiter als Blinklichtanlagen betrieben werden, sollten jedoch bei Erneuerungen oder größeren Änderungen auf Lichtzeichenanlagen umgerüstet werden (siehe RiL 815).

Durch Halbschranken und Schranken wird das Haltgebot auch physikalisch durchgesetzt. Dabei haben Halbschranken, also Schranken nur für die auf den BÜ zuführenden Fahrstreifen, den Vorteil, dass der BÜ-Bereich ohne Weiteres verlassen werden kann, auch wenn die Schranken geschlossen sind. Dadurch kann das Schließen der Halbschranken vollautomatisch nach einer gewissen Vorankündigung mit Lichtzeichen erfolgen. Die nicht vollständige Absperrung wird aber gelegentlich von Straßenverkehrsteilnehmern missbraucht, um den BÜ in Slalomfahrt auch bei geschlossenen Schranken zu queren, was immer wieder zu schweren Unfällen führt. Vollschranken, also Schranken über die gesamte Straßenbreite (*Bild 5.14*), werden erst vollständig geschlossen, wenn der BÜ-Bereich vollständig geräumt ist. Das bedingt, dass die Schranke manuell bedient werden muss und der Bediener direkte oder indirekte (Videoanlage) Sicht auf den BÜ hat, oder dass aufwendige Freimeldeanlagen notwendig sind.

Innerorts sind besondere Überlegungen notwendig, um auch den Fußgängerverkehr ausreichend abzusichern.

Wenig benutzte BÜ können auch mit Anrufschranken gesichert werden. Diese sind in der Grundstellung geschlossen und werden nur auf Anforderung des Straßenbenutzers (mittels Klingel- oder Sprechanlage) geöffnet.

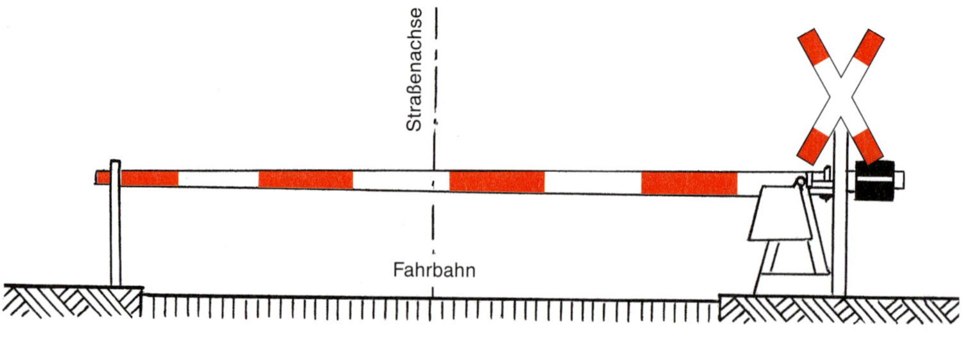

Bild 5.14 Schranken zum Sperren der gesamten Fahrbahnbreite

5.4.3 Technische Sicherungen (Lichtzeichen, Blinklichter, Schranken)

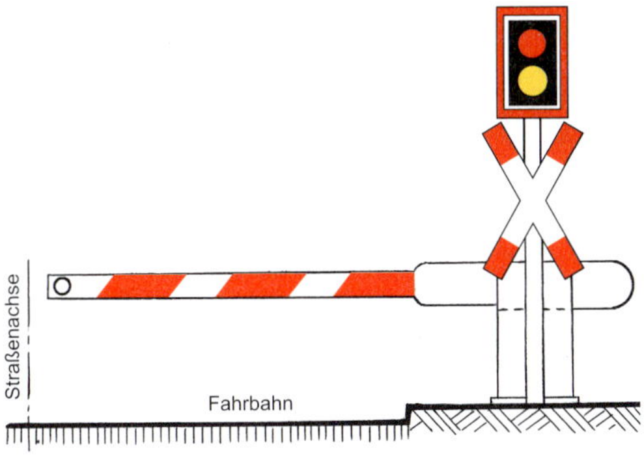

Bild 5.16 Beispiel einer Halbschranke mit Lichtzeichen

Trotz ihrer optischen Ähnlichkeit sind BÜ-Sicherungsanlagen Eisenbahnsignalanlagen mit vielfältigen Überwachungsschaltungen und daher in Beschaffung wie in Betrieb aufwendiger als normale Lichtsignalanlagen.

Lichtzeichen müssen der Anlage 5 zu § 11 EBO entsprechen. Sie müssen zuerst „Gelb“ und nach der Gelbzeit „Rot“ zeigen. Sie sind mit dem Andreaskreuz kombiniert aufzustellen (siehe *Bild 5.15*). Bei mehrgleisigen Strecken dürfen Lichtzeichen nur in Verbindung mit Schranken oder Halbschranken verwendet werden (siehe *Bild 5.16*).

Zu Abschnitt 5.4.3

Siehe auch zu Abschnitt 5.4.2

VwV-StVO zu § 37 Wechsellichtzeichen, Dauerlichtzeichen und Grünpfeil

Zu Nummer 3

47 Die Farbfolge Gelb-Rot darf lediglich dort verwendet werden, wo Lichtzeichenanlagen nur in größeren zeitlichen Abständen in Betrieb gesetzt werden müssen, z. B. an Bahnübergängen, an Ausfahrten aus Feuerwehr- und Straßenbahnhallen und Kasernen. Diese Farbfolge empfiehlt sich häufig auch an Wendeschleifen von Straßenbahnen und Oberleitungsomnibussen. Auch an Haltebuchten von Oberleitungsomnibussen und anderen Linienomnibussen ist ihre Anbringung zu erwägen, wenn auf der Straße starker Verkehr herrscht. Sie oder Lichtzeichenanlagen mit drei Farben sollten in der Regel da nicht fehlen, wo Straßenbahnen in eine andere Straße abbiegen.

VwV-StVO zu § 41 Vorschriftzeichen

Zu Zeichen 201 Andreaskreuz

IV. Weitere Sicherung von Übergängen von Schienenbahnen mit Vorrang

4 1. Wegen der ständig zunehmenden Verkehrsdichte auf den Straßen ist die technische Sicherung der bisher nicht so gesicherten Bahnübergänge anzustreben. Besonders ist darauf zu achten, ob Bahnübergänge infolge Zunahme der Verkehrsstärke einer technischen Sicherung bedürfen. Anregungen sind der höheren Verwaltungsbehörde vorzulegen.

5.4.4 Annäherungsbereich auf der Straße

StVO Anlage 1 Allgemeine und Besondere Gefahrzeichen (zu § 40 Absatz 6 und 7) Abschnitt 2 Besondere Gefahrzeichen vor Übergängen von Schienenbahnen mit Vorrang (zu § 40 Absatz 7)		
20	**Zeichen 151**  **Bahnübergang**	
21	**Zeichen 156**  **Bahnübergang mit dreistreifiger Bake**	Bahnübergang mit dreistreifiger Bake etwa 240 m vor dem Bahnübergang. Die Angabe erheblich abweichender Abstände kann an der dreistreifigen, zweistreifigen und einstreifigen Bake oberhalb der Schrägstreifen in schwarzen Ziffern erfolgen.
22	**Zeichen 159**  **Zweistreifige Bake**	Zweistreifige Bake etwa 160 m vor dem Bahnübergang
23	**Zeichen 162**  **Einstreifige Bake**	Einstreifige Bake etwa 80 m vor dem Bahnübergang

5.4.4 Annäherungsbereich auf der Straße

Der Straßenverkehr wird vor einem Bahnübergang in der Regel durch Gefahrzeichen (Zeichen 151) und drei Bakenreihen gewarnt.

Dabei stehen die dreistreifigen Baken mit den Gefahrzeichen 240 m, die zweistreifigen Baken 160 m und die einstreifigen Baken 80 m vom Andreaskreuz entfernt beiderseits der Straße (*Bild 5.17*). Die Streifen der Baken sind zur Fahrbahn hin geneigt. Müssen bedingt durch die örtlichen Verhältnisse die Baken in erheblich anderen Abständen aufgestellt werden, so ist der Abstand in Metern oberhalb der Schrägstreifen in schwarzen Ziffern, auf 10 m abgerundet, anzugeben (z. B. 100 m; *Bild 5.18*).

Auf die Baken kann allenfalls verzichtet werden

- innerorts, wenn der Bahnübergang gut erkennbar ist und nicht schneller als 50 km/h gefahren werden darf;
- außerorts ausnahmsweise auf Straßen mit geringer Verkehrsbedeutung, auf denen sehr langsam gefahren wird, vor Bahnübergängen, die rechtzeitig erkennbar sind.

Dann wird die Entfernung vom Gefahrzeichen bis zum BÜ durch ein Zusatzzeichen angegeben.

Mit Zeichen 151 wird vor allen Bahnübergängen gewarnt.

Das Überholen von Kraftfahrzeugen im BÜ-Bereich (in der Regel vom Warnzeichen/der dreistreifigen Bake bis zur Kreuzung selbst) ist verboten.

Vor BÜ, die ausnahmsweise durch Übersicht oder durch hörbare Signale der Eisenbahnfahrzeuge, also nicht technisch, gesichert sind (keine Schranken, keine Halbschranken, kein Blinklicht, kein Lichtzeichen), kann es erforderlich sein, eine zulässige Höchstgeschwindigkeit vorzuschreiben, um den rechnerischen Nachweis dieser Sicherungsarten zu ermöglichen. Zeichen 274 ist dann auf den ein- und zweistreifigen Baken anzubringen (VwV-StVO zu Zeichen 201).

Bild 5.18 Baken, die in erheblich anderen Abständen als 240 m, 160 m und 80 m vom BÜ aufgestellt sind, hier 100 m statt 160 m

Durch geeignete Fahrbahnmarkierungen vor BÜ kann die Sicherheit des Verkehrs erhöht werden.

Für Gefahrzeichen und Baken sollen stets stark retroreflektierende Folien der Retroreflexions-Klasse 2 (früher „Typ 2") verwendet werden. Bei hell erleuchtetem Umfeld und vielen Lichtquellen ist zu prüfen, ob Folien der Retroreflexions-Klasse 3 (früher „Typ 3") erforderlich sind.

Anmerkung für BÜ, bei denen die Schienenbahnen nicht den Vorrang besitzen, also Andreaskreuze nicht aufgestellt sind:

Hier soll Zeichen 101 mit einem Zusatzschild, welches das Sinnbild einer Lok zeigt (Zusatzzeichen 1048-18), ausnahmsweise nur dann aufgestellt werden, wenn es im Interesse des Straßenverkehrs erforderlich erscheint, die Verkehrsteilnehmer zu warnen, also z. B. dann, wenn die Sichtverhältnisse schlecht sind oder der Übergang häufig von Zügen befahren wird (siehe auch Abschnitt 6.3.5 „Unebene Fahrbahn" (Zeichen 112)).

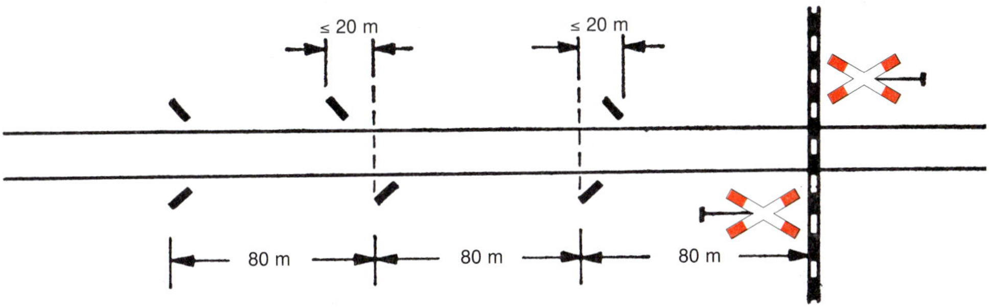

Bild 5.17 Baken, die nicht gegenüber aufstellbar sind: Abweichung bis zu 20 m ohne Aufschrift möglich

5.4.4 Annäherungsbereich auf der Straße

Zu Abschnitt 5.4.4

StVO
§ 19
Bahnübergänge

(1) Schienenfahrzeuge haben Vorrang

1. auf Bahnübergängen mit Andreaskreuz (Zeichen 201),
2. auf Bahnübergängen über Fuß-, Feld-, Wald- oder Radwege und
3. in Hafen- und Industriegebieten, wenn an den Einfahrten das Andreaskreuz mit dem Zusatzzeichen „Hafengebiet, Schienenfahrzeuge haben Vorrang“ oder „Industriegebiet, Schienenfahrzeuge haben Vorrang“ steht.

Der Straßenverkehr darf sich solchen Bahnübergängen nur mit mäßiger Geschwindigkeit nähern. Wer ein Fahrzeug führt, darf an Bahnübergängen vom Zeichen 151, 156 an bis einschließlich des Kreuzungsbereichs von Schiene und Straße Kraftfahrzeuge nicht überholen.

VwV-StVO
zu § 37
Wechsellichtzeichen, Dauerlichtzeichen und Grünpfeil

Zu Absatz 2

6 IV. Die Haltlinie (Zeichen 294) sollte nur so weit vor der Lichtzeichenanlage angebracht werden, dass die Lichtzeichen aus einem vor ihr wartenden Personenkraftwagen noch ohne Schwierigkeit beobachtet werden können (vgl. aber Nr. III 3 zu § 25; Rn. 5). Befindet sich z. B. die Unterkante des grünen Lichtzeichens 2,10 m über einem Gehweg, so sollte der Abstand zur Haltlinie 3,50 m betragen, jedenfalls über 2,50 m. Sind die Lichtzeichen wesentlich höher angebracht oder muss die Haltlinie in geringerem Abstand markiert werden, so empfiehlt es sich, die Lichtzeichen verkleinert weiter unten am gleichen Pfosten zu wiederholen.

VwV-StVO
zu § 40
Gefahrzeichen

Zu den Zeichen 151 bis 162 Bahnübergang

1 I. Die Zeichen sind außerhalb geschlossener Ortschaften in der Regel für beide Straßenseiten anzuordnen.

2 II. In der Regel sind die Zeichen 156 bis 162 anzuordnen. Selbst auf Straßen von geringer Verkehrsbedeutung genügt das Zeichen 151 allein nicht, wenn dort schnell gefahren wird oder wenn der Bahnübergang zu spät zu erkennen ist.

3 Innerhalb geschlossener Ortschaften genügt das Zeichen 151, wenn nicht schneller als 50 km/h gefahren werden darf und der Bahnübergang gut erkennbar ist.

VwV-StVO
zu § 41
Vorschriftzeichen

Zu Zeichen 201 Andreaskreuz

5 2. Auf die Schaffung ausreichender Sichtflächen an Bahnübergängen ohne technische Sicherung ist hinzuwirken. Wo solche Übersicht fehlt, ist die zulässige Höchstgeschwindigkeit vor dem Bahnübergang angemessen zu beschränken. Das Zeichen 274 ist über den ein- oder zweistreifigen Baken (Zeichen 159 und 162) anzubringen.

6 3. Dort, wo Längsmarkierungen angebracht sind, empfiehlt es sich, auch eine Haltlinie (Zeichen 294), in der Regel in Höhe des Andreaskreuzes zu markieren. Zur Anordnung einer einseitigen Fahrstreifenbegrenzung (Zeichen 296) vgl. zu § 19 Abs. 1.

7 4. Vgl. auch zu den Zeichen 151 bis 162.

8 5. Bevor ein Verkehrszeichen oder eine Markierung angeordnet oder entfernt wird, ist der Betreiber des Schienennetzes zu hören.

5.4.5 Abstimmung mit nahe gelegenen Straßen-Knotenpunkten (BÜSTRA)

Es ist Sorge dafür zu tragen, dass auf BÜ kein Rückstau, z.B. durch benachbarte Straßen-Knotenpunkte, entsteht.

Kann die Vorfahrt des benachbarten Knotenpunkts nicht so geregelt werden, dass alle Verkehrsströme, die vom BÜ auf den Knotenpunkt zuströmen, Vorfahrt haben (auch für alle Abbiegeströme), so ist eine Lichtsignalanlage anzuordnen, die bei einem herannahenden Zug sicherstellt, dass sich ein eventueller Rückstau auf dem BÜ rechtzeitig auflöst (sogenannte BÜSTRA-Anlage).

Einzelheiten sind im nachstehend abgedruckten Erlass des für den Verkehr zuständigen Bundesministeriums, BMV-StV 4/36.42.37-01 vom 17.7.1972 geregelt. Ein einfaches Beispiel für eine solche Anlage zeigt *Bild 5.19*.

Wenn die im Bereich des Straßenverkehrs zu schaltenden Aufgaben nicht zu aufwendig sind, können sie inzwischen auch in die BÜ-Anlage integriert werden. *Bild 5.20* zeigt als Beispiel eine solche Anlage, bei der Fußgängerquerungsanlagen im BÜ-Bereich in die BÜ-Anlage integriert wurden.

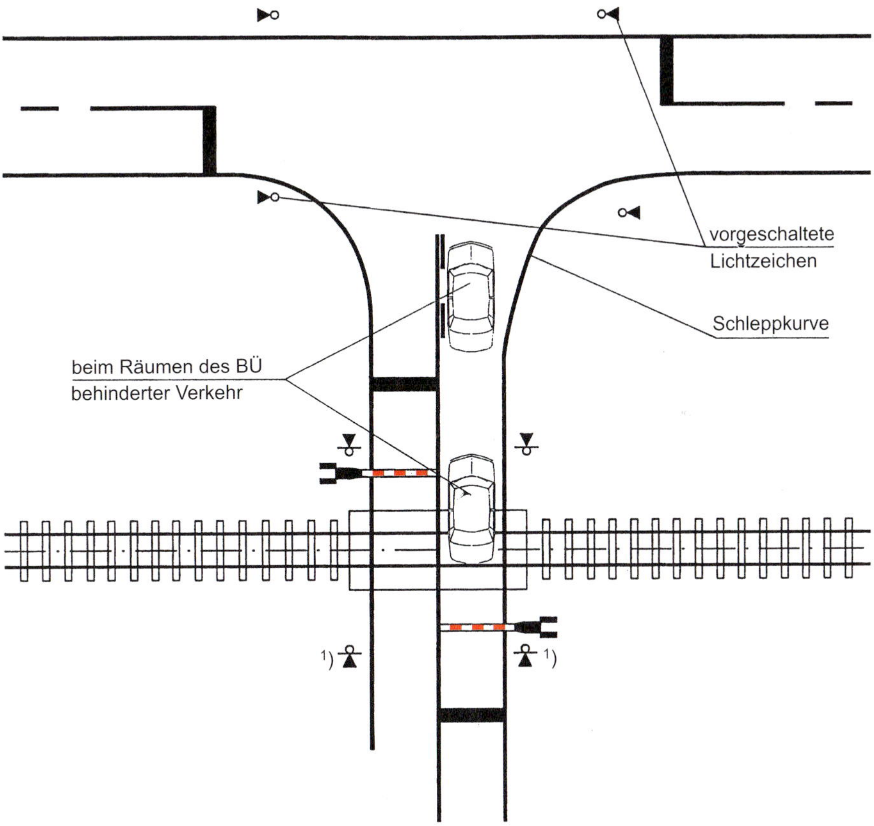

1) können in bestimmten Fällen gemeinsam mit den vLz angeschaltet werden

Bild 5.19 Beispiel für das Anordnen vorgeschalteter Lichtzeichen (vLz). Sie dürfen nur bei Lichtzeichen, nicht jedoch bei Blinklichtern verwendet werden und dürfen nur Gelb und Rot anzeigen; Grün ist nicht zugelassen Quelle: Nach Ril 815 DB AG

5.4.5 Abstimmung mit nahe gelegenen Straßen-Knotenpunkten

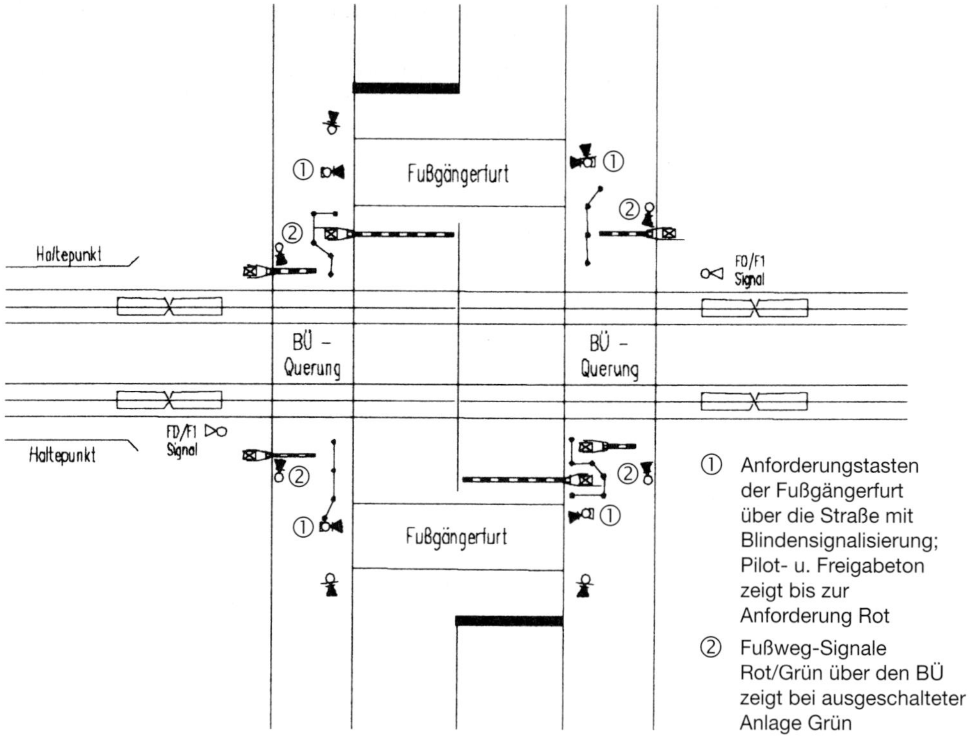

Bild 5.20 Beispiel für eine in die BÜ-Sicherungsanlage integrierte Fußgängerquerungsanlage

Quelle: signal+draht 2003

Zu Abschnitt 5.4.5

BMV – StV
4/36.42.37-01
17. Juli 1972

Richtlinien über Abhängigkeiten zwischen der technischen Sicherung von Bahnübergängen und der Verkehrsregelung an benachbarten Straßenkreuzungen und -einmündungen (BÜSTRA)

BMV-StV 4/36.42.37-01 vom 17.7.1972 unter Berücksichtigung der Änderungen vom 19.1.1977 (VkBl. 1977 S. 90) und vom 13.1.1984 (VkBl. 1984 S. 38)

1. Geltungsbereich

1.1 Liegen Kreuzungen so nahe an Bahnübergängen, dass das Sichern des BÜ oder die Verkehrsabwicklung an der Kreuzung bei gesperrtem BÜ beeinträchtigt wird, dass ein von der Kreuzung ausgehender Rückstau auf den BÜ nicht ausgeschlossen werden kann, so sind die Regelungen des Straßenverkehrs und die der BÜ-Sicherung aufeinander abzustimmen.

1.2 Dem Aufbau und der Abhängigkeit zwischen den technischen Einrichtungen zur Verkehrsregelung und der BÜ-Sicherung sind diese Richtlinien zu Grunde zu legen.

1.3 Sie sind anzuwenden beim Bau neuer Lichtzeichen- oder Kreuzungsanlagen sowie bei wesentlichen Umbauten oder Änderungen bestehender Anlagen. Sie gelten für alle BÜ der DB und nach Einführung durch die zuständigen Landesbehörden auch für die BÜ der NE.

2. Zweck der Abhängigkeiten

Die in den Abschnitten 3 und 4 beschriebenen Maßnahmen sollen den Straßenverkehr zum BÜ frühzeitig unterbrechen, so dass die jeweilige BÜ-Sicherung ohne Behinderung des Schienenverkehrs wirksam werden kann. Müssen Eisenbahnfahrzeuge jedoch vor dem BÜ

BMV-Erlass vom 17.7.1972

anhalten und wird die Beeinflussung von Hand betätigt, so ist die für den Straßenverkehr günstigste Schaltung zu wählen.

Ein Rückstau auf den BÜ und die Kreuzung soll vermieden werden. Sollte sich dennoch ein Rückstau auf dem BÜ bilden, so muss das rechtzeitige Räumen des BÜ erreicht werden können.

3. Maßnahmen am Bahnübergang

3.1 Art der technischen Sicherung

Für die Art der technischen BÜ-Sicherung (Schranken oder Lichtzeichen, Letztere auch in Verbindung mit Halbschranken) und ihre konstruktive Ausbildung gelten die Vorschriften der EBO, ESBO, BOA und die ergänzenden Bestimmungen der DB sowie der NE. Blinklichter mit oder ohne Halbschranken sollen hierbei nicht mehr verwendet werden.

Alle Einrichtungen, die für die Sicherung des BÜ unmittelbar benutzt werden, sind Bestandteil der technischen BÜ-Sicherung; dies gilt auch für die Lichtzeichen am BÜ, die in wenigstens ein Lichtzeichenprogramm zur Verkehrsregelung an der Kreuzung einbezogen sind.

Die den BÜ sichernden sowie die zum rechtzeitigen Räumen des BÜ von zurückgestauten Fahrzeugen vorgesehenen LZG müssen auf der anderen Fahrbahnseite oder über der Fahrbahn wiederholt werden.

3.2 Zeitkonstante des BÜ

Bei abhängigen Anlagen setzt sich der jeweilige Gesamt-Zeitbedarf für die Beeinflussung des Straßenverkehrs und das Sichern des BÜ (= Zeitkonstante t_k) aus zwei Teilzeiten zusammen ($t_k = t_{k1} + t_{k2}$);

diese sind

t_{k1} = Zeitbedarf für die Beeinflussung des Straßenverkehrs, um das Sichern des BÜ (Zeitbedarf t_{k2}) zu ermöglichen (vgl. 4.2).

t_{k2} = Zeitbedarf für das Sichern des BÜ, wenn keine benachbarte Kreuzung den Verkehrsablauf beeinflussen würde.

Die Teilzeit t_{k1} ist von der Straßenverkehrsbehörde, die Teilzeit t_{k2} von der Bahnverwaltung zu ermitteln.

3.3 Signalabhängigkeit

Zur Erhöhung der Sicherheit sind in der Regel die den BÜ schützenden Eisenbahnsignale (z.B. Hauptsignale, Überwachungssignale) und die BÜ-Sicherungseinrichtungen voneinander abhängig zu schalten. Im Rahmen der technischen Möglichkeiten ist sicherzustellen, dass das Eisenbahnfahrzeug bei Ausfall der BÜ-Sicherungseinrichtung rechtzeitig vor dem BÜ zum Halten gebracht werden kann.

4. Maßnahmen an Straßenkreuzungen und -einmündungen

4.1 Art der Einrichtungen zur Verkehrsregelung

Für die Verkehrsregelung an der Kreuzung gelten die Vorschriften der StVO und der VwV-StVO.

Alle Einrichtungen für die Abhängigkeit mit der BÜ-Sicherung (einschl. der Schaltung und Energieversorgung für die Notsignalisierung nach 4.8.2) müssen den Sicherheitsanforderungen der Bahnverwaltung entsprechen.

4.2 Zeitbedarf für die Beeinflussung des Straßenverkehrs

Bei der Ermittlung des Zeitbedarfs für die Beeinflussung des Straßenverkehrs (t_{k1} nach 3.2) ist zu beachten, dass die Teilzeit t_{k1} im Augenblick der Beeinflussung der LZA beginnt; sie endet, sobald mit der Sicherung des BÜ begonnen werden kann.

Die erforderlichen Mindestgrünzeiten und Zwischenzeiten sowie gewisse Verzögerungen für das Räumen des BÜ bei Behinderungen durch Abbieger an der Kreuzung sind zu berücksichtigen. Hierbei ist von einer Beeinflussung in demjenigen Signalisierungszustand auszugehen, der den größten Zeitbedarf bis zum Beginn der Vollbeeinflussung (siehe 4.3) erfordert. Bei Berechnung des größten Zeitbedarfs kann es sich empfehlen, in besonderen Fällen (z.B. grüne Wellen) auch die Verhältnisse des Straßenverkehrs verstärkt zu berücksichtigen, sofern dem nicht überwiegende Interessen des Eisenbahnverkehrs entgegenstehen.

5.4.5 Abstimmung mit nahe gelegenen Straßen-Knotenpunkten

BMV-Erlass vom 17.7.1972

4.3 Vollbeeinflussung

Vor einer Zugfahrt werden alle LZG so geschaltet, dass das zügige Räumen des BÜ sichergestellt ist und die Zufahrten zum BÜ gesperrt werden.

4.4 Teilbeeinflussung

Wenn es zum Verbessern der Verkehrsabwicklung an der Kreuzung geboten erscheint, soll nach dem Räumen des BÜ der Straßenverkehr, der den BÜ nicht kreuzt, mit besonderem Lichtzeichenprogramm geregelt werden. Das ist nur möglich, wenn der BÜ durch Schranken gesichert ist oder der Verkehr, der den BÜ kreuzen würde, durch Lichtzeichen – im Allgemeinen mit Pfeilen – besonders geregelt wird.

4.5 Aufhebung der Beeinflussung

Mit Aufheben der Sperrung des BÜ ist die Voll- oder Teilbeeinflussung aufzuheben.

4.6 Nachbeeinflussung

Wo es die Verkehrsverhältnisse erfordern, kann nach Aufheben der Sperrung des BÜ die erste Grün-Phase derjenigen Verkehrsrichtung zugeteilt und auch verlängert werden, die durch die Sperrung des BÜ am meisten behindert war.

4.7 Zeiten geringen Straßenverkehrs

Das Ausschalten der LZA in Zeiten geringen Straßenverkehrs ist nur zulässig, wenn die LZA beim Verkehren von Schienenfahrzeugen die Sicherung des BÜ wieder übernimmt. Bei ausgeschalteter LZA ist gelbes Blinklicht an den Zufahrten zum BÜ nicht zulässig.

4.8 Maßnahmen bei Ausfall der Lichtzeichenanlage

4.8.1 Wo es die Verkehrsverhältnisse zulassen, soll den über den BÜ führenden Straßen die Vorfahrt gegenüber den anderen Straßen gegeben werden. Dies hat den Vorteil, dass sich bei Ausfall der LZA in der Regel kein Rückstau über den BÜ bilden kann. Ist jedoch auf der vorfahrtberechtigten Straße mit häufigem Linksabbiegeverkehr, der nicht verboten werden kann, und hierdurch bedingtem Rückstau über den BÜ zu rechnen, dann sind die gleichen Maßnahmen zu treffen wie bei fehlender Vorfahrt für diese Verkehrsrichtung (siehe 4.8.2).

4.8.2 Hat die über den BÜ führende Straße keine Vorfahrt, so muss bei Ausfall der LZA eine „Notsignalisierung" an der Kreuzung wirksam sein.

Die LZA der „Notsignalisierung" sind, wie unter 4.3 (Vollbeeinflussung) angegeben, zu schalten.

4.8.3 Farbsprünge entgegen der allgemein gültigen Lichtzeichenfolge, auch von Grün auf Rot, sowie Verkürzungen der Mindestgrünzeiten oder Verlängerungen von Gelb- oder Rot/Gelb-Zeiten über die übliche Dauer hinaus dürfen nur in Notfällen in Kauf genommen werden, insbesondere wenn die Lichtzeichenanlage zu einem Zeitpunkt ausfällt, in dem das Eisenbahnfahrzeug nicht mehr rechtzeitig vor dem BÜ angehalten werden kann.

4.8.4 An Eisenbahnstrecken mit schwachem Güterverkehr darf bei Handeinschaltung nach dem Anhalten der Eisenbahnfahrzeuge vor dem BÜ auf eine Notsignalisierung entsprechend 4.8.2 verzichtet werden.

Bei starkem Straßenverkehr im Sinne von § 11 Abs. 10 EBO muss jedoch die Funktion der Lichtzeichen für die Bahnübergangssicherung durch eine Notstromversorgung sichergestellt sein.

4.8.5 Bei Ausfall der LZA ist gelbes Blinklicht an den Zufahrten zum BÜ nicht zulässig.

5. Vereinbarungen über Planung, Bau und Betrieb der Anlagen

5.1 Planung

Bei der Planung sind die Möglichkeiten von straßenbau- und eisenbahntechnischen Verbesserungen zu prüfen. Die Art der technischen BÜ-Sicherung und die Art der Verkehrsregelung sowie die gegenseitigen Abhängigkeiten sind von der Bahnverwaltung, der Straßenverkehrsbehörde und sonstigen zuständigen Stellen im gegenseitigen Einvernehmen zu planen.

Bei der Planung sind die Verkehrsverhältnisse unter Berücksichtigung der übersehbaren Verkehrsentwicklung eingehend zu untersuchen.

5.4.5 Abstimmung mit nahe gelegenen Straßen-Knotenpunkten

BMV-Erlass vom 17.7.1972

5.2 Abnahme, Inbetriebnahme

Die Anlagen sind nach den dafür geltenden Vorschriften von den zuständigen Behörden gemeinsam abzunehmen; das Ergebnis der Abnahme ist schriftlich festzulegen.

Während eines überwachten Probebetriebs und einige Zeit nach der endgültigen Inbetriebnahme sind das Verhalten der Verkehrsteilnehmer und die Auswirkungen auf Schienen- und Straßenverkehr zu beobachten.

5.3 Wartung, Entstörung

5.3.1 Die Einzelheiten der Wartung und Entstörung sind in einer Vereinbarung der zuständigen Stellen festzulegen.

5.3.2 Die beteiligten Stellen unterrichten einander rechtzeitig über Arbeiten, die die Abhängigkeiten zwischen der BÜ-Sicherung und der LZA und damit die Sicherheit beeinträchtigen können. Die Aufsichtsführenden haben zu prüfen, ob und welche Sicherheitsmaßnahmen zu treffen sind.

5.3.3 Störungen, die die Sicherheit am BÜ oder den Eisenbahnbetrieb beeinträchtigen, sind einer überwachenden Stelle der Bahn durch technische Mittel automatisch anzuzeigen. Die nach Maßgabe der Vereinbarung (5.3.1) für die Entstörung zuständigen Stellen sind unverzüglich zu unterrichten. Ein schnelles Beseitigen der Störungen ist anzustreben.

Anwendungsbeispiele

Beispiel 1

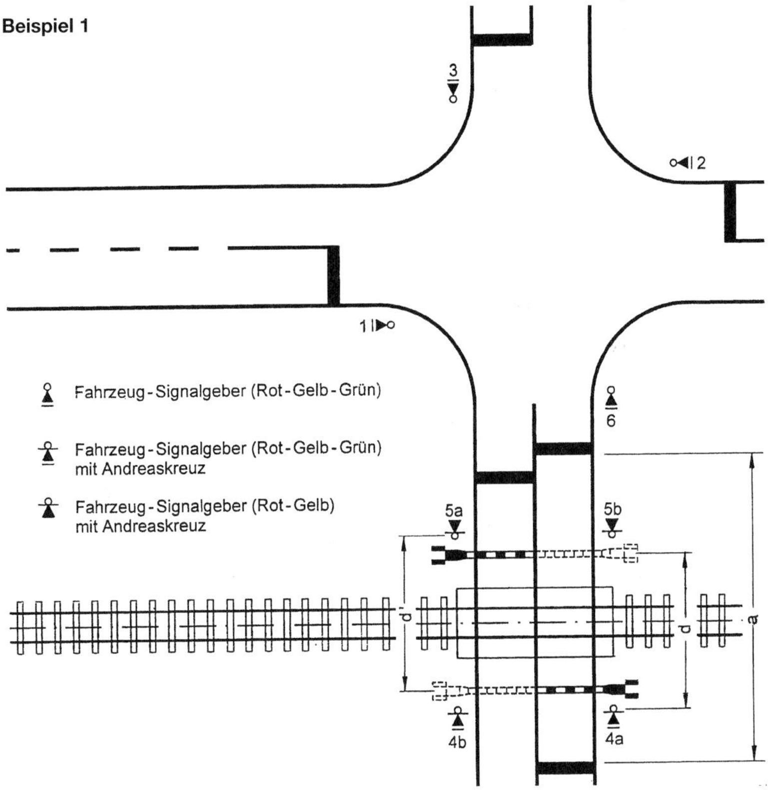

Bei diesem und den folgenden vereinfachten Beispielen wurde davon ausgegangen, dass jeweils nur ein Fahrstreifen je Zufahrtsrichtung zur Kreuzung zur Verfügung steht. Signalgeber mit Pfeil-, Fußgänger- oder Radfahrer-Sinnbildern sowie Wiederholungssignalgeber sind nicht dargestellt.

5.4.5 Abstimmung mit nahe gelegenen Straßen-Knotenpunkten

BMV-Erlass vom 17.7.1972

Jede Einzelplanung erfordert ein eingehendes Überprüfen der örtlichen Gegebenheiten, daher sind Abweichungen von diesem und den folgenden Anwendungsbeispielen denkbar.

Ist a so groß, dass der Abbau eines Rückstaus auf den BÜ unverhältnismäßig lange dauern würde, so ist ein Rückstau auf den BÜ zu verhindern. Hierzu ist der Signalgeber 4 mit 3 Leuchtfeldern (Grün, Gelb, Rot) auszuführen. Die Signalgeber 4 und 6 sind progressiv zueinander zu schalten („Grüne Welle"). Bei Bedarf kann die Grünzeit am Signalgeber 4 etwas kürzer als am Signalgeber 6 gehalten werden. Der Signalgeber 5 hat nur 2 Leuchtfelder (Gelb und Rot) und wird nur bahnabhängig geschaltet.

Ist a so klein, dass der Abbau eines Rückstaus auf den BÜ ausreichend schnell möglich ist und daher zugelassen werden kann, so kann der Signalgeber 4 ebenfalls mit nur 2 Leuchtfeldern (Gelb und Rot) ausgestattet werden, die nur bahnabhängig zu schalten sind (Farbfolge: Dunkel-Gelb-Rot-Dunkel, also ohne Rot und Gelb gleichzeitig). Auf VwV-StVO zu § 37 Abs. 2 Nr. 3 wird hingewiesen.

Die Strecke a wird gemessen von der Haltlinie vor Signalgeber 4 bis zur Haltlinie vor Signalgeber 6. Die Strecke d bzw. d' ist die Sperrstrecke, die für den erforderlichen Zeitbedarf zum Räumen des BÜ mitbestimmend ist. Sie wird bei Anlagen mit Signalgebern von der Haltlinie vor Signalgeber 4 oder 5 gemessen, jeweils bis zum Schrankenbaum jenseits des BÜ, beim Fehlen von Schranken oder Halbschranken bis zur Grenze des Regellichtraumes jenseits der Gleise.

Beispiel 2

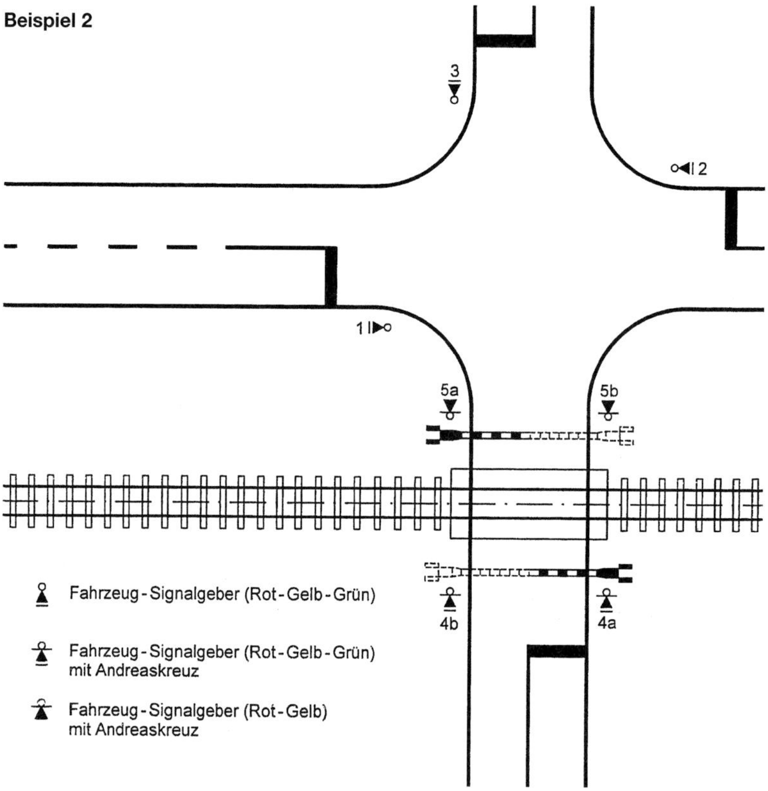

Der Abstand BÜ/Kreuzung und örtliche Verhältnisse lassen nicht zu, dass zwischen BÜ und Kreuzung Fahrzeuge aufgestaut werden können. Die Zufahrt vom BÜ zur Kreuzung ist dann durch den Signalgeber 4 zu regeln. Der Signalgeber 5 hat nur 2 Leuchtfelder (Gelb und Rot) und wird nur bahnabhängig geschaltet.

5.4.5 Abstimmung mit nahe gelegenen Straßen-Knotenpunkten

BMV-Erlass vom 17.7.1972

Beispiel 3

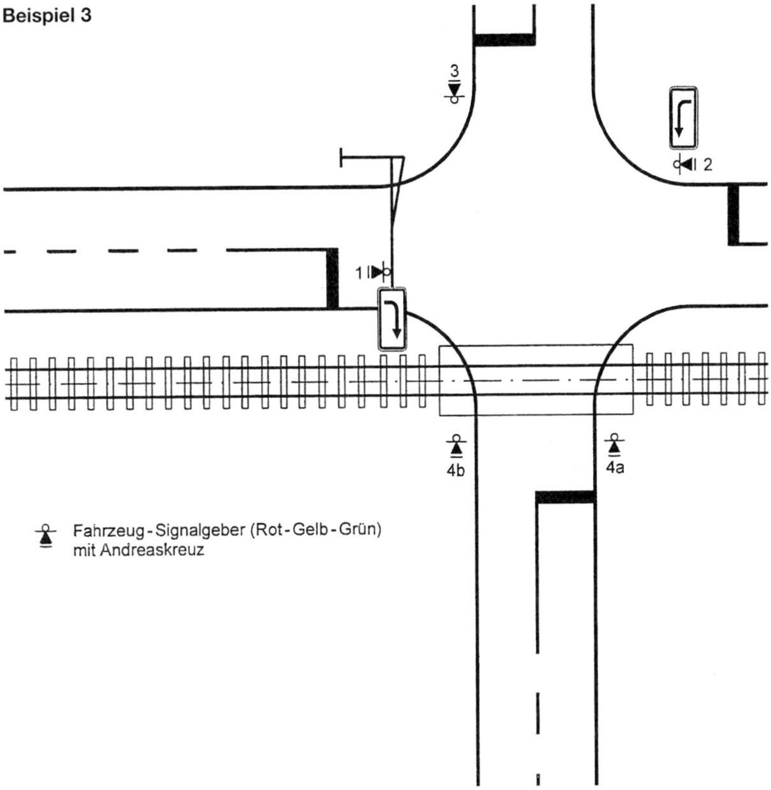

Ist wegen zu geringen Abstands zwischen BÜ und Kreuzung weder das Aufstellen von Signalgebern noch von Andreaskreuzen und/oder Schranken möglich und kann auf Schranken verzichtet werden, so sind für die Sicherung des BÜ Lichtzeichen und Andreaskreuze ggf. an besonderen Konstruktionen (z.B. Peitschenmaste und dgl.) anzubringen. Alle Signalgeber dienen sowohl der BÜ-Sicherung als auch der Verkehrsregelung an der Kreuzung.

Hinweis:

Die notwendigen Schaltungen zur zeitgerechten Räumung des BÜ sind zu berücksichtigen.

Fließender Verkehr

6

6.1 Allgemeines

Abschnitt 6 befasst sich mit dem fließenden Verkehr auf der freien Strecke.

Wie in Abschnitt 2.2.4 dargelegt, ergibt sich aus der straßenrechtlichen Straßenbaulast und der zivilrechtlichen Verkehrssicherungspflicht, dass

1. die Straßen „selbsterklärend" gestaltet sein sollen. Ein verantwortlicher und aufmerksamer Verkehrsteilnehmer soll in der Lage sein, die Straße unter Beachtung der allgemeinen Verkehrsregeln (z. B. § 1, § 2 Abs. 1, 2, § 3, § 5, § 25 StVO) zu Verkehrszwecken sicher zu benutzen und die immer vorhandenen typischen Gefahren ohne Weiteres zu erkennen.

Nur wenn Gefahren nicht ohne Weiteres zu erwarten und zu erkennen sind, so sind

2. die entsprechenden Gefahrstellen ausreichend zu kennzeichnen, z. B. allgemein durch Leitplatten, Leitmale oder Markierungen, in Kurven durch Richtungstafeln oder dichter aufgestellte Leitpfosten (siehe Abschnitt 6.2), oder aber
3. warnende Verkehrszeichen anzuordnen (siehe Abschnitt 6.3).

Durch diese von den Straßenbaubehörden grundsätzlich in eigener Zuständigkeit (§ 45 Abs. 3 Satz 3 StVO) anzuordnenden Maßnahmen dürfte den Pflichten aus der Straßenbaulast und der Verkehrssicherungspflicht in der Regel entsprochen werden können.

Häufig sind solche verdeutlichenden und warnenden Maßnahmen auch ausreichend, um den Anforderungen aus der Verkehrsregelungspflicht zu genügen.

Gelegentlich wird es allerdings erforderlich sein, aus besonderen Gründen, z. B. aus Gründen der Leistungsfähigkeit, wegen der Berücksichtigung anderer öffentlicher Belange wie Lärm- oder Gewässerschutz, wegen einer für notwendig erachteten Homogenität im Verkehrsablauf, wegen eines erforderlichen Interessenausgleichs mit anderen Verkehrsteilnehmern oder anderer (sich nicht aus der Straßenanlage ergebenden) Gefahren, die für die Verkehrsteilnehmer nicht ohne Weiteres erkennbar sind, nicht nur zu leiten oder zu warnen, sondern

4. den Verkehr durch Ge- oder Verbote zu beschränken (siehe Abschnitt 6.4).

Wie in Abschnitt 2.2.4 näher ausgeführt, ist immer das Regelungsmittel zu wählen, das den gewünschten Zweck mit dem geringsten Eingriff in die grundgesetzlich garantierte Freiheit erfüllt. Dabei ist die Verhältnismäßigkeit zu wahren: Für einen kleinen weiteren Gewinn z. B. an Sicherheit sind auch nur entsprechend kleine Eingriffe zulässig.

Konkret bedeutet das:

- Wenn es ausreicht, die Situation z. B. durch Leiteinrichtungen zu verdeutlichen, so ist keine Warnung oder Regelung nötig.
- Wenn es ausreicht, vor einer Gefahr zu warnen, so ist keine Regelung nötig.
- Wenn es ausreicht, eine kleine oder einfache Regelung zu treffen, so ist keine komplizierte und einschneidende Regelung nötig.

Grundsatz: So wenig wie möglich, so viel wie nötig!

Umgekehrt verdeutlicht diese Hierarchie aber auch die Verpflichtung aus der Straßenbaulast, die Straßenanlage so zu gestalten, dass die Verkehrsteilnehmer ohne Weiteres in der Lage sind, den Verkehr „sicher und leicht" abzuwickeln. Warnungen mit Verkehrszeichen sind nur zulässig, wenn die Leistungsfähigkeit des Straßenbaulastträgers aus zwingenden Gründen nicht gegeben ist oder die Straßenanlage aus Gründen der Abwägung mit anderen Rechtsgütern zwingend anders gestaltet werden musste. Bei der Änderung der VwV-StVO zum 1.9.2009 wurde daher an weiteren Stellen der Hinweis aufgenommen, dass vorrangig die Verbesserung der Straßenanlage zu prüfen und Beschilderung nur als Notbehelf anzusehen sei.

Eine entsprechende Gestaltung der Straßenanlage setzt ein Auseinandersetzen mit dem normalen und typischen Fahrerverhalten voraus. Wesentliche Inhalte dieser Verhaltensmuster waren und sind Gegenstand der Forschung im Bereich des Straßenentwurfs. Die entsprechenden Erkenntnisse sind in die straßenbaulichen Regelwerke eingeflossen. So wurde z. B. mit der Linienführungsrichtlinie von 1973 (RAL-L-1 1973) der Abgleich der zu erwartenden gefahrenen Geschwindigkeiten mit der dem Entwurf zugrunde liegenden Geschwindigkeit und eine abgestufte Wahl der Krümmungsradien eingeführt. Wesentliche Gestaltungsleitlinien für Knotenpunkte sind Erkennbarkeit und Begreifbarkeit. Derzeit werden Verhaltensmuster bei der Erkennbarkeit von Gefahrstellen untersucht.

Zur „Selbsterklärung" der Straße kann eine Typisierung beitragen. Bei entsprechender Gestaltung der Straßenanlage und entsprechender Prägung/Erziehung der Verkehrsteilnehmer wird es dann möglich, über die Wahrnehmung der Straßenanlage bestimmte Verhaltensmuster anzustoßen. So werden z. B. durch Hochborde abgetrennte Seitenwege als Gehwege erkannt (siehe Abschnitt 3.5.1, *Tabelle 3.1*). Klassische Beispiele solcher Typbildung im StVO-Bereich sind die „Geschlossenen Ortschaften" oder die Autobahnen. In den letzten Jahren hinzugekommen sind z. B. die „Verkehrsberuhigten Bereiche" und die „Tempo 30-Zonen". Die derzeit neuen Entwurfsrichtlinien sehen vor, in dieser Weise auch verschiedene typische Außerortsstraßen zu unterscheiden.

In den folgenden Abschnitten wird zunächst darauf eingegangen, wie das „normale" Verhalten der Verkehrsteilnehmer durch Leiteinrichtungen verstärkt aktiviert wird, dann, wie vor gefährlichen Situationen durch Gefahrzeichen gewarnt werden kann. Ein weiterer Abschnitt ist den darüber hinausgehenden Ge- und Verboten gewidmet. Räumlich abgegrenzte Bereiche mit besonderem Verhalten, Kurven, Engstellen und Alleen sowie Tunnelbereiche werden jeweils in eigenen Abschnitten behandelt.

Zu Abschnitt 6.1

StVO § 1 Grundregeln

(1) Die Teilnahme am Straßenverkehr erfordert ständige Vorsicht und gegenseitige Rücksicht.

(2) Wer am Verkehr teilnimmt hat sich so zu verhalten, dass kein Anderer geschädigt, gefährdet oder mehr, als nach den Umständen unvermeidbar, behindert oder belästigt wird.

StVO § 2 Straßenbenutzung durch Fahrzeuge

(1) Fahrzeuge müssen die Fahrbahn benutzen, von zwei Fahrbahnen die rechte. Seitenstreifen sind nicht Bestandteil der Fahrbahn.

(2) Es ist möglichst weit rechts zu fahren, nicht nur bei Gegenverkehr, beim Überholtwerden, an Kuppen, in Kurven oder bei Unübersichtlichkeit.

...

(4) Mit Fahrrädern darf nebeneinander gefahren werden, wenn dadurch der Verkehr nicht behindert wird; anderenfalls muss einzeln hintereinander gefahren werden. ... Wer mit dem Rad fährt, darf ferner rechte Seitenstreifen benutzen, wenn keine Radwege vorhanden sind und zu Fuß Gehende nicht behindert werden. ...

StVO § 3 Geschwindigkeit

(1) Wer ein Fahrzeug führt, darf nur so schnell fahren, dass das Fahrzeug ständig beherrscht wird. Die Geschwindigkeit ist insbesondere den Straßen-, Verkehrs-, Sicht- und Wetterverhältnissen sowie den persönlichen Fähigkeiten und den Eigenschaften von Fahrzeug und Ladung anzupassen. Beträgt die Sichtweite durch Nebel, Schneefall oder Regen weniger als 50 m, darf nicht schneller als 50 km/h gefahren werden, wenn nicht eine geringere Geschwindigkeit geboten ist. Es darf nur so schnell gefahren werden, dass innerhalb der übersehbaren Strecke gehalten werden kann. Auf Fahrbahnen, die so schmal sind, dass dort entgegenkommende Fahrzeuge gefährdet werden könnten, muss jedoch so langsam gefahren werden, dass mindestens innerhalb der Hälfte der übersehbaren Strecke gehalten werden kann.

(2) Ohne triftigen Grund dürfen Kraftfahrzeuge nicht so langsam fahren, dass sie den Verkehrsfluss behindern.

(2a) Wer ein Fahrzeug führt, muss sich gegenüber Kindern, hilfsbedürftigen und älteren Menschen, insbesondere durch Verminderung der Fahrgeschwindigkeit und durch Bremsbereitschaft, so verhalten, dass eine Gefährdung dieser Verkehrsteilnehmer ausgeschlossen ist.

StVO § 5 Überholen

(2) Überholen darf nur, wer übersehen kann, dass während des ganzen Überholvorgangs jede Behinderung des Gegenverkehrs ausgeschlossen ist. Überholen darf ferner nur, wer mit wesentlich höherer Geschwindigkeit als der zu Überholende fährt.

StVO § 25 Fußgänger

(1) Wer zu Fuß geht, muss die Gehwege benutzen. Auf der Fahrbahn darf nur gegangen werden, wenn die Straße weder einen Gehweg noch einen Seitenstreifen hat. Wird die Fahrbahn benutzt, muss innerhalb geschlossener Ortschaften am rechten oder linken

StVO
§ 25
Fußgänger

Fahrbahnrand gegangen werden; außerhalb geschlossener Ortschaften muss am linken Fahrbahnrand gegangen werden, wenn das zumutbar ist. Bei Dunkelheit, bei schlechter Sicht oder wenn die Verkehrslage es erfordert, muss einzeln hintereinander gegangen werden.

(2) Wer zu Fuß geht und Fahrzeuge oder sperrige Gegenstände mitführt, muss die Fahrbahn benutzen, wenn auf dem Gehweg oder auf dem Seitenstreifen andere zu Fuß Gehende erheblich behindert würden. Benutzen zu Fuß Gehende, die Fahrzeuge mitführen, die Fahrbahn, müssen sie am rechten Fahrbahnrand gehen; vor dem Abbiegen nach links dürfen sie sich nicht links einordnen.

StVO
§ 39
Verkehrszeichen

(1) Angesichts der allen Verkehrsteilnehmern obliegenden Verpflichtung, die allgemeinen und besonderen Verhaltensvorschriften dieser Verordnung eigenverantwortlich zu beachten, werden örtliche Anordnungen durch Verkehrszeichen nur dort getroffen, wo dies auf Grund der besonderen Umstände zwingend geboten ist.

6.2 Selbsterklärende Straße und Leiteinrichtungen

6.2.1 Allgemeines

Wie eingangs und in Abschnitt 2.2.4 ausgeführt, ist das erste Ziel, die Straße in ihrer Anlage so zu gestalten, dass sie sich „selbst erklärt“, dass ein durchschnittlicher Verkehrsteilnehmer mit angemessener Aufmerksamkeit sie so wahrnimmt, dass er sich „richtig“ verhält.

Dies wird vor allem dadurch erreicht, indem die Straßen nach Möglichkeit geometrisch so gestaltet werden, dass die Verkehrsteilnehmer auf ihre Fahraufgabe rechtzeitig und deutlich vorbereitet werden (siehe Abschnitt 6.2.2).

Zusätzlich hat es sich jedoch als notwendig erwiesen, die Straßengestalt allgemein durch Leiteinrichtungen zu kennzeichnen, um ihre Erkennbarkeit vor allem auch in der Nacht und bei schlechten Sichtverhältnissen zu gewährleisten (siehe Abschnitt 6.2.3).

Die Gestaltung und die Ausstattung mit Leiteinrichtungen von Kurvenbereichen werden in Abschnitt 6.6.3, die von Knotenpunktbereichen in Abschnitt 4.3 und die von Baustellen in den Abschnitten 7.2 und 7.4 behandelt.

6.2.2 Selbsterklärende Gestaltung der Straße

Die selbsterklärende Gestaltung von Straßen wird weitgehend im Entwurfs-Regelwerk, vor allem den „Richtlinien für die Anlage von Straßen“ (heute teilweise aufgegliedert in Autobahnen, Landstraßen, Stadtstraßen, ...), behandelt. In diese Richtlinien sind langjährige Erfahrungen und Forschungsergebnisse zum Fahrerverhalten eingeflossen.

Daher sollen hier nur die wesentlichen Gesichtspunkte angeschnitten werden. Für die Details wird auf das Entwurfs-Regelwerk verwiesen. Teilweise kann es dabei sinnvoll sein, auch ältere Angaben oder ausländische Quellen zu berücksichtigen, da das aktuelle deutsche Regelwerk in diesem Aspekt sehr stark gekürzt wurde.

Eine selbsterklärende Straße bietet den Fahrzeugführern durch ihre bauliche Gestaltung, ggf. auch durch ihre nicht bewusst wahrgenommenen Ausstattungselemente (Markierungen, Schutzeinrichtungen), alle Informationen, die für das sichere Befahren (insbesondere die Geschwindigkeits- und Fahrspurwahl) erforderlich sind. Das gilt auch für die Erkennbarkeit von Ausnahmesituationen und das Bereitstellen von Informationen, um solche Ausnahmesituationen bewältigen zu können.

Als nicht kurvenbezogene Beispiele können genannt werden:

- Es sollen bei der Trassierung Bereiche vermieden werden, in denen die vor den Fahrzeugführern liegende Fahrbahn stückweise nicht zu sehen ist (tauchen, flattern).
- Es sollen bei der Trassierung Bereiche vermieden werden, die Sichtweiten zwischen der halben und der ganzen erforderlichen Überholsichtweite aufweisen.

Eine Möglichkeit der Selbsterklärung ist die Typisierung und die Prägung der Fahrzeugführer auf diese Typen (sei es durch Erfahrungen oder Ausbildung). Wenn die Typen geschickt gewählt sind, sie insbesondere ausreichend als solche erkennbar sind, kann dies eine sehr effektive Vorgehensweise sein. Darauf beruht z. B. die Ausweisung von „Geschlossenen Ortschaften“ oder „Verkehrsberuhigten Bereichen“.

Die Typisierung findet jedoch ihre Grenzen, wenn ein vielfältiges Anwendungsgebiet abgedeckt werden muss. Dann ist entweder eine zu große Anzahl von Typen nötig, um das Anwendungsspektrum abzudecken, was dazu führt, dass sie nicht mehr ausreichend erkennbar sind, oder die gewählten Typen passen nicht zum jeweiligen Anwendungsfall, was zu Problemen der Durchsetzung oder zu vielfältigen Ausnahmekonstruktionen führt. In diesem Dilemma befindet sich derzeit die Gestaltung von Außerortsstraßen. In solchen Fällen kann es helfen, Unterbereiche zu verschiedenen Verhaltensmustern zu typisieren, die dann sinnvoll kombiniert werden.

6.2.3 Leiteinrichtungen

StVO Anlage 4 Verkehrseinrichtungen (zu § 43 Absatz 3)
Abschnitt 3 Einrichtung zur Kennzeichnung des Straßenverlaufs

11

Zeichen 620

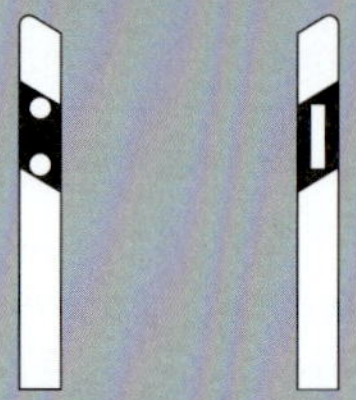

Leitpfosten
(links) (rechts)

Um den Verlauf der Straße kenntlich zu machen, können an den Straßenseiten Leitpfosten in der Regel im Abstand von 50 m und in Kurven verdichtet stehen.

StVO Anlage 3 Richtzeichen (zu § 42 Absatz 2)
Abschnitt 8 Markierungen

22

Zeichen 340

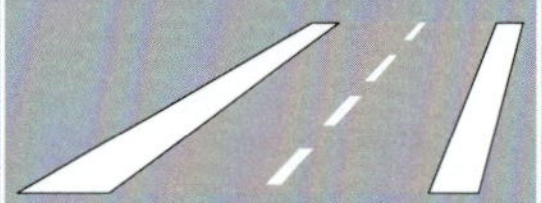

Leitlinie

Ge- oder Verbot

1. Wer ein Fahrzeug führt, darf Leitlinien nicht überfahren, wenn dadurch der Verkehr gefährdet wird.
2. Wer ein Fahrzeug führt, darf auf der Fahrbahn durch Leitlinien markierte Schutzstreifen für den Radverkehr nur bei Bedarf überfahren, insbesondere um dem Gegenverkehr auszuweichen. Der Radverkehr darf dabei nicht gefährdet werden.
3. Auf durch Leitlinien markierten Schutzstreifen für den Radverkehr darf nicht gehalten werden. Satz 1 gilt nicht für Fahrräder und Elektrokleinstfahrzeuge im Sinne der eKFV.

Erläuterung

Der Schutzstreifen für den Radverkehr ist in regelmäßigen Abständen mit dem Sinnbild „Radverkehr" auf der Fahrbahn gekennzeichnet.

StVO Anlage 2 Vorschriftzeichen (zu § 41 Absatz 1)
Abschnitt 9 Markierungen

68

Zeichen 295

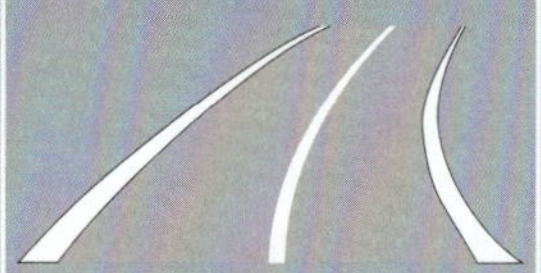

Fahrstreifenbegrenzung, Begrenzung von Fahrbahnen und Sonderwegen

Ge- oder Verbot

1. a) Wer ein Fahrzeug führt, darf die durchgehende Linie auch nicht teilweise überfahren.
   b) Trennt die durchgehende Linie den Teil der Fahrbahn oder des Sonderwegs für den Gegenverkehr ab, ist rechts von ihr zu fahren.
   c) Grenzt sie einen befestigten Seitenstreifen ab, müssen außerorts landwirtschaftliche Zug- und Arbeitsmaschinen, Fuhrwerke und ähnlich langsame Fahrzeuge möglichst rechts von ihr fahren.
   d) Wer ein Fahrzeug führt, darf auf der Fahrbahn nicht parken, wenn zwischen dem abgestellten Fahrzeug und der Fahrstreifenbegrenzungslinie kein Fahrstreifen von mindestens 3 m mehr verbleibt.

>

StVO Anlage 2 Vorschriftzeichen (zu § 41 Absatz 1)
Abschnitt 9 Markierungen

68		2. a) Wer ein Fahrzeug führt, darf links von der durchgehenden Fahrbahnbegrenzungslinie nicht halten, wenn rechts ein Seitenstreifen oder Sonderweg vorhanden ist. b) Wer ein Fahrzeug führt, darf die Fahrbahnbegrenzung der Mittelinsel des Kreisverkehrs nicht überfahren. c) Ausgenommen von dem Verbot zum Überfahren der Fahrbahnbegrenzung der Mittelinsel des Kreisverkehrs sind nur Fahrzeuge, denen wegen ihrer Abmessungen das Befahren sonst nicht möglich wäre. Mit ihnen darf die Mittelinsel überfahren werden, wenn eine Gefährdung anderer am Verkehr Teilnehmenden ausgeschlossen ist. 3. a) Wird durch Zeichen 223.1 das Befahren eines Seitenstreifens angeordnet, darf die Fahrbahnbegrenzung wie eine Leitlinie zur Markierung von Fahrstreifen einer durchgehenden Fahrbahn (Zeichen 340) überfahren werden. b) Grenzt sie einen Sonderweg ab, darf sie nur überfahren werden, wenn dahinter anders nicht erreichbare Parkstände angelegt sind oder sich Grundstückszufahrten befinden und das Benutzen von Sonderwegen weder gefährdet noch behindert wird. c) Die Linie zur Begrenzung von Fahrbahnen oder Sonderwegen darf überfahren werden, wenn sich dahinter eine nicht anders erreichbare Grundstückszufahrt befindet. **Erläuterung** 1. Als Fahrstreifenbegrenzung trennt das Zeichen den für den Gegenverkehr bestimmten Teil der Fahrbahn oder mehrere Fahrstreifen für den gleichgerichteten Verkehr voneinander ab. Die Fahrstreifenbegrenzung kann zur Abtrennung des Gegenverkehrs aus einer Doppellinie bestehen. Die Doppellinie kann voneinander abgesetzt aufgebracht sein, dann kann der verbleibende Zwischenraum in grüner Farbe ausgefüllt sein, was weder einen Mittelstreifen noch eine bauliche Trennung darstellt. 2. Als Fahrbahnbegrenzung kann die durchgehende Linie auch einen Seitenstreifen oder Sonderweg abgrenzen. 3. Als Begrenzung eines Sonderwegs kennzeichnet sie den Verlauf des für den Radverkehr bestimmten Teils des Sonderwegs.

Leiteinrichtungen verdeutlichen den Verlauf der Straße auch bei Nacht und schlechten Sichtverhältnissen.

Leitpfosten (Zeichen 620) werden in regelmäßigen Abständen (~50 m) am Fahrbahnrand aufgestellt. Tagsüber sind sie über ihre kontrastreiche Gestaltung (weißer Pfosten mit schwarzem Kontrastfeld), nachts durch Retroreflektoren (rechteckiger Streifen auf der rechten und zwei runde Reflektoren auf der linken Fahrbahnseite) erkennbar. Ihr regelmäßiger Abstand von 50 m, der nur in Ausnahmefällen, z. B. in Kurven, ermäßigt werden darf, erleichtert das Schätzen von Entfernungen. Dieses Längenmaß von 50 m wird im Übrigen bei allgemeinen Verkehrsregeln, z. B. zur Wahl der Geschwindigkeit und Beleuchtung bei Nebel, aufgegriffen, sodass indirekt die Regel gilt: Wenn zeitweise kein Leitpfosten sichtbar ist, beträgt die Sichtweite weniger als 50 m und dann muss man .../darf man nicht ...

6.2.3 Leiteinrichtungen

Um zu gewährleisten, dass Leitpfosten einheitlich angeordnet und ausgeführt werden, sind nachstehende Grundsätze über die Verwendung von Leitpfosten mit Erlass des für den Verkehr zuständigen Bundesministeriums vom 16.3.1957 zur Anwendung empfohlen worden. Siehe ferner auch nachstehenden BMV-Erlass vom 6.2.1992.

Wegen der Zulassung von Rückstrahlern für Leitpfosten an Bundesfernstraßen gibt das für den Verkehr zuständige Bundesministerium von Zeit zu Zeit eine Liste der zugelassenen Rückstrahler für Leitpfosten bekannt. Es wird ausdrücklich erwähnt, dass es sich um eine „rein technische Prüfung und Zulassung handelt und patentrechtliche Fragen hiervon nicht berührt werden".

Im Rahmen der technischen Weiterentwicklung finden auch Leitpfosten Verwendung, die sich beim Überfahren umbiegen und anschließend wieder in die ursprüngliche Position zurückfedern. Tages- und Nachtkennzeichnung entsprechen den herkömmlichen Leitpfosten, nicht jedoch der Pfostenquerschnitt, der aus statischen Gründen anders gestaltet ist.

Für das Anbringen der Leitpfosten sind die Straßenbaubehörden allein zuständig (§ 45 Abs. 3 StVO).

Auch **Längsmarkierungen** wirken leitend. In der Regel wird bei Außerortsstraßen in der Mitte eine Leitlinie (Zeichen 340), an den Rändern je eine Fahrbahnbegrenzungslinie (Zeichen 295) markiert, die wegen ihrer retroreflektierenden Ausführung auch nachts deutlich zu erkennen ist und den Fahrbahnverlauf (einschließlich der Querneigung) erkennen lässt. Ist die Fahrbahn für den unbehinderten Begegnungsverkehr zu schmal, werden nur die Fahrbahnbegrenzungslinien markiert. Ist die Fahrbahn so breit, dass mehr als zwei Fahrstreifen angeordnet werden können, werden die Fahrstreifen mit Leitlinien oder Fahrstreifenbegrenzungslinien (Zeichen 295) getrennt, je nachdem, ob die Linien überfahren werden dürfen oder nicht. Außerdem können die seitlichen Fahrbahnbegrenzungslinien etwas entfernt vom Fahrbahnrand markiert werden, um befestigte Seitenstreifen zu erhalten.

Fahrbahnbegrenzungslinien werden auf Autobahnen und Straßen mit Seitenstreifen als Breitstrich (≥ 25 cm) ausgeführt. Der äußere Rand von Seitenstreifen darf nicht markiert werden (außer in Bereichen, in denen zu bestimmten Tageszeiten das Befahren des Seitenstreifens durch Zeichen 223.1 erlaubt ist). In Kreisverkehren ist Zeichen 295 als innere Fahrbahnbegrenzung in Form eines Breitstrichs auszuführen; siehe

- „Merkblatt für die Anlage von Kreisverkehren", Ausgabe 2006, FGSV Verlag.

Innerorts wird in der Regel zumindest außerhalb der Vorfahrtstraßen auf Längsmarkierungen verzichtet, da sie zum einen wegen der Straßenbeleuchtung nicht notwendig sind und zum anderen durch die Betonung der Längsrichtung auch beschleunigend wirken können, was innerorts in der Regel unerwünscht ist.

An Fahrzeug-Rückhaltesystemen (Schutzplanken usw.) werden normalerweise keine Leiteinrichtungen angebracht. Für den Fall, dass dies ausnahmsweise doch sinnvoll sein sollte, wurden die

- „Hinweise zur Nutzung von Fahrzeug-Rückhaltesystemen als Träger von Leiteinrichtungen (H FL)", Ausgabe 2008, FGSV Verlag

erarbeitet.

Leiteinrichtungen, die das Erkennen und Begreifen von Kurven erleichtern (Richtungstafeln), werden in Abschnitt 6.6.3 behandelt. Leiteinrichtungen, die der Führung des Verkehrs in Knotenpunkten dienen (Sperrflächen, Einengungstafeln), werden in Abschnitt 4.3 behandelt. Leiteinrichtungen, die Einengungen kennzeichnen (Leitplatten, Leitmale), werden in Abschnitt 6.7 behandelt. Temporäre Leiteinrichtungen, die zur Sicherung von Arbeitsstellen dienen (Absperrschranken, Pfeil- und Leitbaken, Leitschwellen, Leitborde, Überleittafel), werden in den Abschnitten 7.2 und 7.4 behandelt.

Zu Abschnitt 6.2.3

BMV – StB – 4 – Bl – 116 Ums 57 – 16. März 1957

Anordnung und Ausführung von Leitpfosten und Leitplanken an Bundesfernstraßen

[Auszugsweise Wiedergabe aus „Hinweise für die Anordnung und Ausführung von senkrechten Leiteinrichtungen an Bundesfernstraßen" (HLB 1957)]

Anmerkung: Die Änderung gemäß Erlass BMV vom 20. August 1968, StB 4 – Bl. 4019 W 67 II – zu Punkt 5.2.1 ist im vorliegenden Text berücksichtigt.

BMV-Erlass
vom 16.3.1957

Leitpfosten
[Abb. 4]

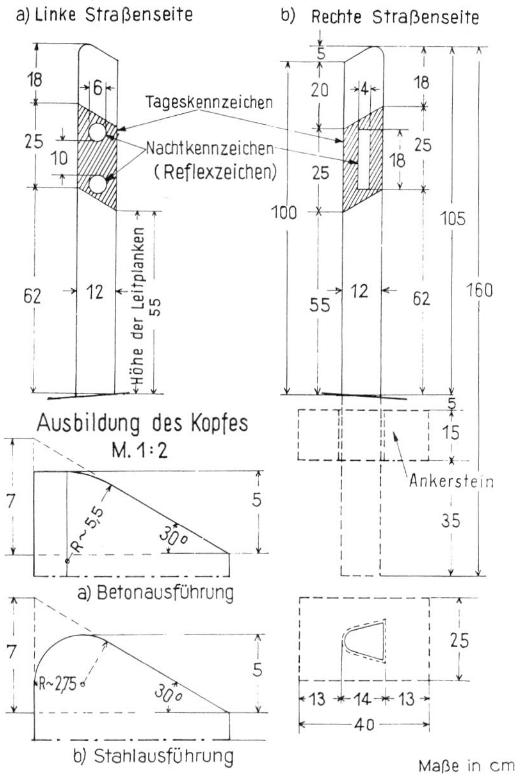

Querschnitt der Leitpfosten
[Abb. 5]

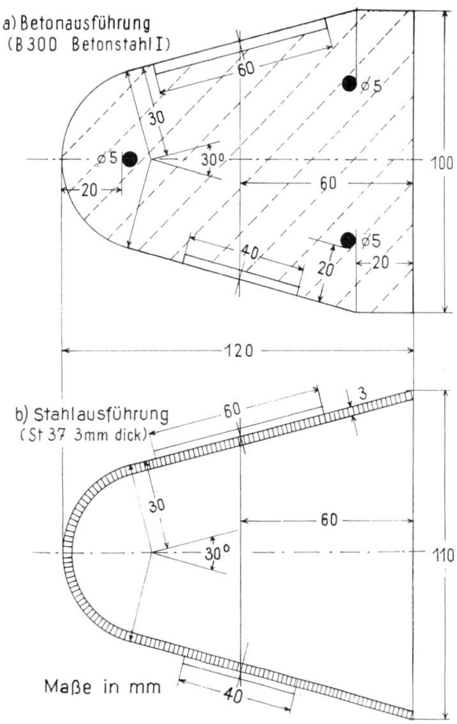

Anmerkung: Heute werden Leitpfosten weitgehend aus Kunststoff gefertigt.

6.2.3 Leiteinrichtungen

BMV-Erlass vom 16.3.1957

5. Leitpfosten

5.1 Zweck

Die Leitpfosten sind eine aus den Leitsteinen und Leitpflöcken entwickelte Leiteinrichtung, die die seitliche Grenze des Verkehrsraumes und den Verlauf der Straße anzeigt. Leitpfosten sind künftig bei Straßen mit mittlerem und starkem Verkehr anstelle der Leitsteine und Leitpflöcke anzuwenden.

5.2 Form und Farbe

5.2.1 Die Leitpfosten sind 12 cm breite weiße Pfosten mit einem Tageskennzeichen und einem Nachtkennzeichen für Kraftfahrer. Ihre Höhe beträgt 100 cm über dem Fahrbahnrand. Sie werden aus Beton oder Stahlblech hergestellt (Abb. 4). Kunststoffe können in der Form der Beton- und Stahlblechausführungen verwendet werden.

Holzpfosten sind in der Form der Betonausführungen zugelassen, wenn sie nach den Vorschriften der Dt. Bundespost über die Imprägnierung von Leitungsmasten aus Holz imprägniert worden sind. Für das Tränkverfahren gilt die FTZ-Richtlinie Rl. Nr. VI A 02 (05) und für die anzuwendenden Holzschutzmittel die FTZ-Richtlinie Rl. Nr. VI A 09. Der Pfosten soll bis auf den im Erdboden stehenden Teil von 45 cm Länge weiß gestrichen sein. Der weiße Anstrich darf durch die Imprägnierung nicht Schaden leiden.

5.2.2 Um besonders deutlich erkennbar zu sein, werden die Sichtflächen der Leitpfosten der Fahrbahn zugewendet. Die Leitpfosten haben deshalb einen winkelförmigen Grundriss. Der Scheitel des Winkels befindet sich an der auf der Straßenseite befindlichen Kante des Leitpfostens. Der Winkel beträgt 30° (Abb. 5).

5.3 Tages- und Nachtkennzeichnung

5.3.1 Das Tageskennzeichen ist ein 25 cm hoher schwarzer Streifen, der mit einer Neigung von 30° von der Außenseite der Straße nach der Fahrbahnseite fallend unter einem 20 cm hohen weißen Kopf angebracht ist. Durch diese Neigung des Streifens unterscheiden sich die Leitpfosten auf der linken und auf der rechten Seite der Straße. Dies erleichtert in Krümmungen das Zurechtfinden, vor allem bei Neuschnee und Nebel.

Anordnung der Leitpfosten
[Abb. 6]

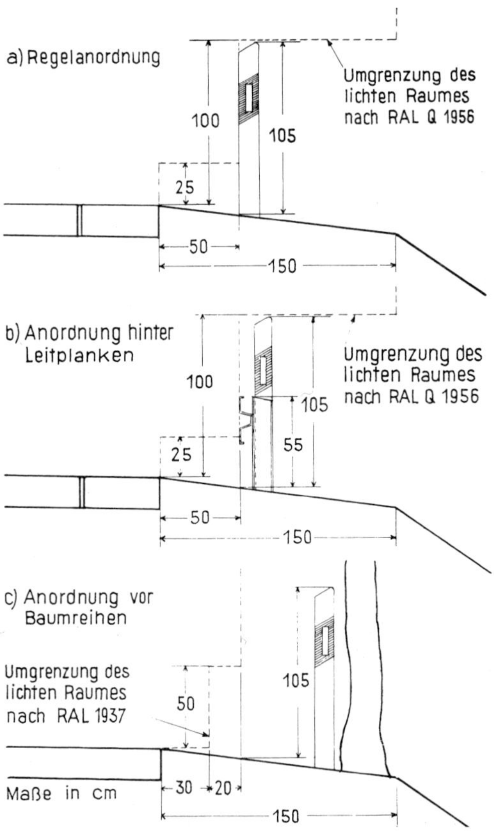

BMV-Erlass vom 16.3.1957

5.3.2 Als Nachtkennzeichen dienen Reflexzeichen. Sie sind auf der rechten Seite als senkrecht stehendes Rechteck mit den Maßen 4 × 18 cm ausgebildet. Auf der linken Seite wird das Nachtkennzeichen durch zwei im Abstand von 10 cm übereinander angebrachte runde Reflexzeichen von 6 cm Durchmesser dargestellt. Die Nachtkennzeichen sind im Regelfall auf beiden Seiten weiß.

5.3.3 Zur Fahrbahn einspringende Abschnitte des Straßenrandes erhalten Leitpfosten mit gelbem Nachtkennzeichen. Das Gleiche gilt für die Eckleitpfosten an Straßeneinmündungen (s. 5.6.5).

5.3.4 Für die weißen Reflexzeichen sind Reflexstoffe zu wählen, die das Licht in der Farbe der Scheinwerfer zum Ausgangspunkt zurückstrahlen, für die gelben Reflexzeichen solche, die das Licht im Farbton 1007 RAL – 840 R oder einem möglichst ähnlichen Farbton zurückwerfen. Die angestrahlten Reflexzeichen sollen eine gleichmäßige Leuchtdichte aufweisen, nicht glitzern oder bei der Vorbeifahrt plötzlich aufblitzen. Es sind Weitwinkelreflexstoffe von hoher Leuchtkraft zu verwenden. Der Rückstrahlwert soll mehr als das 20-fache der diffusen weißen Magnesiumoxidfläche betragen.

5.4 Aufstellung

5.4.1 Die Leitpfosten werden im unbefestigten Randstreifen aufgestellt. Der seitliche Abstand der Leitpfosten von der Fahrbahn beträgt mindestens 0,5 m, gerechnet von der äußersten befestigten Kante der Straßenoberfläche (Abb. 6). Bei Vorhandensein von Leitplanken stehen die Leitpfosten unmittelbar hinter den Holmen der Leitplanken. Werden bei Straßen ohne Leit- und Seitenstreifen (siehe RAL-Q 1956) die unbefestigten Randstreifen vom Verkehr mit in Anspruch genommen (haltende Fahrzeuge, Fußgänger- und Radverkehr), so kann der seitliche Abstand von der Fahrbahn vergrößert werden. Sie sollen hierbei jedoch in einer Flucht und in voller Breite vor vorhandenen Baumreihen zu stehen kommen.

5.4.2 Die Leitpfosten sollen senkrecht und gut ausgerichtet stehen. Die Befestigung im Boden soll einer Lockerung von Hand widerstehen. Bei einem Aufprall eines Kraftfahrzeuges soll der Leitpfosten ohne größeren Schaden an Straße und Fahrzeug nachgeben. Diesem Zweck dient die Ausführung aus gefaltetem Stahlblech oder aus Beton mit einer künstlichen, unmittelbar über der Erdoberfläche liegenden Bruchstelle. Der Einbau der Leitpfosten und die Auswechslung beschädigter Pfosten soll schnell erfolgen können. Zu diesem Zweck können die auf Bild 4 dargestellten vorgefertigten Ankersteine angewendet werden.

5.5 Abstände

Der gegenseitige Abstand der Leitpfosten längs der Straße beträgt in der Geraden und in der Ebene 50 m. Es sollen auf jeder Straßenseite – in Krümmungen unter 200 m Halbmesser

Tafel 1: Abstand der Leitpfosten in Krümmungen

Krümmungshalbmesser	Abstand in der Krümmung	Übergang vor und hinter der Krümmung		
		Erster Abstand	Zweiter Abstand	Dritter Abstand
m	m	m	m	m
20	3	6	10	20
30	3	7	11	21
40	4	9	15	31
50	5	12	20	40
60	6	15	24	48
70	7	17	29	50
80	8	20	33	50
90	9	23	38	50
100	10	25	42	50
200	15	28	45	50
300	20	36	50	50
400	30	50	50	50
500	40	50	50	50
600 u. mehr	50	50	50	50

6.2.3 Leiteinrichtungen

BMV-Erlass vom 16.3.1957

Tafel 2: Abstand der Leitpfosten in Kuppen

Halbmesser der Kuppen-ausrundung	Abstand in der Kuppen-ausrundung	Abstand vor und hinter der Kuppenausrundung		
		Erster Abstand	Zweiter Abstand	Dritter Abstand
m	m	m	m	m
100	5	8	17	34
150	6	10	20	41
200	7	12	23	47
250	8	13	26	50
300	9	15	29	50
400	11	17	33	50
500	12	19	37	50
600	13	21	41	50
800	16	24	48	50
1 000	17	27	50	50
1 500	21	33	50	50
2 000	25	39	50	50
2 500	28	43	50	50
3 000	31	47	50	50
4 000	35	50	50	50
5 000	40	50	50	50
6 000	43	50	50	50
8 000 u. mehr	50	50	50	50

Anmerkung: Bezüglich Neuregelung der Abstände siehe nachstehenden BMV-Erlass vom 6. Februar 1992. Diese Neuregelung ist bei den Tafeln 1 und 2 bereits berücksichtigt.

auf der Kurvenaußenseite – mindestens immer 5 Leitpfosten sichtbar sein. In Krümmungen und auf Kuppen ist der Abstand aus diesem Grund zu verringern. Empfehlungen für den Abstand in Krümmungen sind in Tafel 1, für den Abstand auf Kuppen in Tafel 2 gegeben. Der Übergang zu und von den verringerten Abständen soll allmählich durch Anordnung von 3 Übergangsabständen erfolgen. Auch hierüber enthalten die Tafeln 1 und 2 Angaben.

Ist die zwischen zwei Krümmungen mit Leitpfosten zu besetzende gerade Strecke nicht in 50-m-Abstände einteilbar, so können die 3 Übergangsabstände zu beiden Seiten der geraden Strecke abgeändert werden, doch so, dass ein allmählicher Übergang gewahrt bleibt.

Bemerkung

Die angegebenen Abstandsmaße gelten für die Außenseite der Krümmung. Bei Krümmungshalbmessern bis zu 100 m ist jedem zweiten Leitpfosten auf der Außenseite ein Leitpfosten auf der Innenseite gegenüberzustellen. Den drei Leitpfosten im Übergang auf der Außenseite stehen ebenfalls drei auf der Innenseite gegenüber.

Bei Krümmungshalbmessern über 100 m ist jedem Leitpfosten auf der Außenseite ein Leitpfosten auf der Innenseite gegenüberzustellen.

5.6 Anwendung

5.6.1 Um das Fahren in der Dunkelheit, bei Nebel oder bei Neuschnee zu erleichtern, ist anzustreben, dass die Straßenzüge durchgehend mit Leitpfosten ausgerüstet werden. Vorzugsweise sollen Leitpfosten auf den Teilstrecken durchgehend angeordnet werden, wo häufig Änderungen des Straßenquerschnitts und des Straßenverlaufs auftreten. Mindestens jedoch sind diejenigen Einzelabschnitte mit Leitpfosten zu versehen, auf deren Länge sich die Änderungen der Straßenlage erstrecken, es sei denn, dass für diese Abschnitte andere senkrechte Leiteinrichtungen angeordnet werden.

6.2.3 Leiteinrichtungen

BMV-Erlass vom 16.3.1957

5.6.2 Werden Leitpfosten an Straßen angeordnet, bei denen Seitenstreifen für Mopeds, Radfahrer und Fußgänger oder Sommerwege angelegt sind, so ist der Rand der Fahrbahn durch Bodenrückstrahler nach HMB 54 zusätzlich kenntlich zu machen.

5.6.3 Bei zwei- und mehrspurigen Straßen mit ungeteilter Fahrbahn sind die Leitpfosten auf beiden Seiten der Fahrbahn aufzustellen. Bei mehrspurigen Straßen mit geteilter Fahrbahn (Autobahnen) sind nur auf der rechten Seite jeder Einzelfahrbahn Leitpfosten aufzustellen.

5.6.4 Leitpfosten mit gelben Nachtkennzeichen sind auf zur Fahrbahn einspringenden Abschnitten des Straßenrandes dann anzuwenden, wenn die Fahrbahnbreite wesentlich verringert wird und ein vorsichtiges Fahren mit erheblich herabgesetzter Geschwindigkeit erforderlich ist.

5.6.5 Bei Einmündungen und Kreuzungen ist ein Leitpfosten mit gelbem Nachtkennzeichen im Zuge der durchgehenden Straße etwa am Ende des Ausrundungsbogens jeder Ecke aufzustellen. So ist auch bei Ein- und Ausmündungen von Beschleunigungs- und Verzögerungsspuren zu verfahren. Innerhalb des Bereichs der Ein- und Ausmündungen sind, soweit erforderlich, Leitpfosten mit weißem Nachtkennzeichen anzuordnen, falls nicht wesentliche Fahrbahnverengungen innerhalb der Ein- und Ausmündungen Leitpfosten mit gelbem Nachtkennzeichen bedingen.

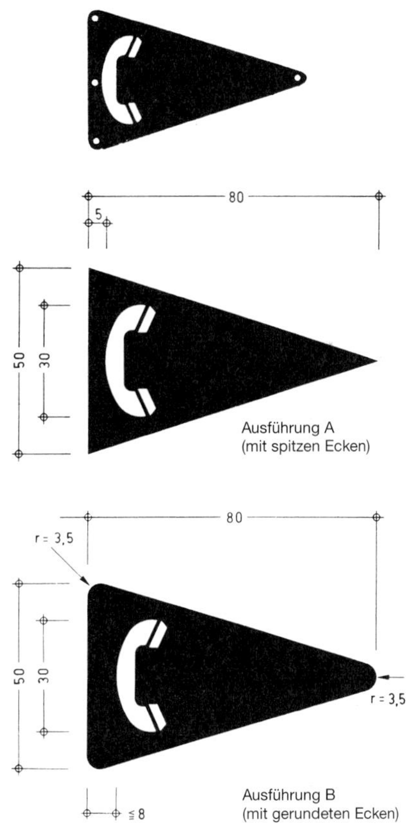

Ausführung A (mit spitzen Ecken)

Ausführung B (mit gerundeten Ecken)

Maße in [mm]

Anmerkung: Durch Pfeilzeichen auf den Leitpfosten kann auf die nächstgelegene Notrufsäule hingewiesen werden (vgl. Erlass des BMV vom 15. November 1980 [VkBl. 1980 S. 795]).

Dieses Pfeilzeichen wird an den Leitpfosten am rechten Fahrbahnrand angebracht. Die Spitze des Pfeils zeigt in Richtung der nächstgelegenen Notrufsäule.

6.2.3 Leiteinrichtungen

BMV – StB
13/38.60.65-60/16
Va 92
6. Februar 1992

Veränderung der Leitpfostenabstände auf Bundesfernstraßen in nebelreichen Gebieten

Inkrafttreten der zwölften Verordnung zur Änderung straßenverkehrsrechtlicher Vorschriften vom 15. Oktober 1991, Bundesgesetzblatt I S. 199

Zur Verbesserung der Verkehrssicherheit auf den Straßen ist die vorgenannte Verordnung am 20. Oktober 1991 in Kraft gesetzt worden. Inhalt dieser Verordnung ist es, sicherzustellen, dass bei Sichtweiten von weniger als 50 m die Geschwindigkeit höchstens 50 km/h beträgt und Kraftfahrzeuge mit einem zulässigen Gesamtgewicht über 7,5 t nicht überholen. Dabei wird davon ausgegangen, dass die Fahrzeugführer die vorhandene Sicht anhand der aufgestellten Leitpfosten abschätzen können.

Aus diesem Grunde ist es notwendig, die in den Hinweisen für die Anordnung und Ausführung von senkrechten Leiteinrichtungen (HLB) mit Änderungen vom 16. März 1957 im Kap. 5.5 festgelegten Abstände der neuen Rechtslage anzupassen. Der Nachsatz im ersten Satz des Kap. 5.5 (Abstände), bei nebelreichen Strecken Abstände von 25 m zu verwenden, ist daher zu streichen. Hiernach beträgt der einheitliche Abstand für Leitpfosten 50 m. Die übrigen Ausnahmen bleiben bestehen.

Ich bitte, ggf. vorhandene kürzere Leitpfostenabstände umgehend zu korrigieren und die neue Regelung ab sofort anzuwenden.

Zu Abschnitt 6.2.3 – Leitpfosten

StVO
§ 2
Straßenbenutzung durch Fahrzeuge

(3a) Der Führer eines Kraftfahrzeuges darf dies bei Glatteis, Schneeglätte, Schneematsch, Eisglätte oder Reifglätte nur fahren, wenn alle Räder mit Reifen ausgerüstet sind, die unbeschadet der allgemeinen Anforderungen an die Bereifung den Anforderungen des § 36 Absatz 4 der Straßenverkehrs-Zulassungs-Ordnung genügen. …

StVO
§ 3
Geschwindigkeit

(1) … Beträgt die Sichtweite durch Nebel, Schneefall oder Regen weniger als 50 m, darf nicht schneller als 50 km/h gefahren werden, wenn nicht eine geringere Geschwindigkeit geboten ist. …

StVO
§ 4
Abstand

(3) Wer einen Lastkraftwagen mit einer zulässigen Gesamtmasse über 3,5 t oder einen Kraftomnibus führt, muss auf Autobahnen, wenn die Geschwindigkeit mehr als 50 km/h beträgt, zu vorausfahrenden Fahrzeugen einen Mindestabstand von 50 m einhalten.

StVO
§ 5
Überholen

(3a) Wer ein Kraftfahrzeug mit einer zulässigen Gesamtmasse über 7,5 t führt, darf unbeschadet sonstiger Überholverbote nicht überholen, wenn die Sichtweite durch Nebel, Schneefall oder Regen weniger als 50 m beträgt.

StVO
§ 17
Beleuchtung

(3) … Nebelschlussleuchten dürfen nur dann benutzt werden, wenn durch Nebel die Sichtweite weniger als 50 m beträgt.

StVO
§ 18
Autobahnen und Kraftfahrstraßen

(6) Wer auf der Autobahn mit Abblendlicht fährt, braucht seine Geschwindigkeit nicht der Reichweite des Abblendlichts anzupassen, wenn

1. die Schlussleuchten des vorausfahrenden Kraftfahrzeugs klar erkennbar sind und ein ausreichender Abstand von ihm eingehalten wird, oder
2. der Verlauf der Fahrbahn durch Leiteinrichtungen mit Rückstrahlern und, zusammen mit fremdem Licht, Hindernisse rechtzeitig erkennbar sind.

…

(11) Lastkraftwagen mit einer zulässigen Gesamtmasse über 7,5 t, einschließlich ihrer Anhänger, sowie Zugmaschinen dürfen, wenn die Sichtweite durch erheblichen Schneefall oder Regen auf 50 m oder weniger eingeschränkt ist, sowie bei Schneeglätte oder Glatteis den äußerst linken Fahrstreifen nicht benutzen.

VwV-StVO
zu § 43
Verkehrseinrichtungen

Zu Absatz 3 Anlage 4 Abschnitte 2 und 3

8 IV. Leitpfosten sollen nur außerhalb geschlossener Ortschaften angeordnet werden.

Zu Abschnitt 6.2.3 – Leitwirkung der Markierung

StVO
§ 7
Benutzung von Fahrstreifen durch Kraftfahrzeuge

(1) Auf Fahrbahnen mit mehreren Fahrstreifen für eine Richtung dürfen Kraftfahrzeuge von dem Gebot möglichst weit rechts zu fahren (§ 2 Absatz 2) abweichen, wenn die Verkehrsdichte das rechtfertigt. Fahrstreifen ist der Teil einer Fahrbahn, den ein mehrspuriges Fahrzeug zum ungehinderten Fahren im Verlauf der Fahrbahn benötigt.

...

(3) Innerhalb geschlossener Ortschaften – ausgenommen auf Autobahnen (Zeichen 330.1) – dürfen Kraftfahrzeuge mit einer zulässigen Gesamtmasse bis zu 3,5 t auf Fahrbahnen mit mehreren markierten Fahrstreifen für eine Richtung (Zeichen 296 oder 340) den Fahrstreifen frei wählen, auch wenn die Voraussetzungen des Absatzes 1 Satz 1 nicht vorliegen. Dann darf rechts schneller als links gefahren werden.

(3a) Sind auf einer Fahrbahn für beide Richtungen insgesamt drei Fahrstreifen durch Leitlinien (Zeichen 340) markiert, dann dürfen der linke, dem Gegenverkehr vorbehaltene, und der mittlere Fahrstreifen nicht zum Überholen benutzt werden. Dasselbe gilt für Fahrbahnen, wenn insgesamt fünf Fahrstreifen für beide Richtungen durch Leitlinien (Zeichen 340) markiert sind, für die zwei linken, dem Gegenverkehr vorbehaltenen, und den mittleren Fahrstreifen. Wer nach links abbiegen will, darf sich bei insgesamt drei oder fünf Fahrstreifen für beide Richtungen auf dem jeweils mittleren Fahrstreifen in Fahrtrichtung einordnen.

(3b) Auf Fahrbahnen für beide Richtungen mit vier durch Leitlinien (Zeichen 340) markierten Fahrstreifen sind die beiden in Fahrtrichtung linken Fahrstreifen ausschließlich dem Gegenverkehr vorbehalten; sie dürfen nicht zum Überholen benutzt werden. Dasselbe gilt auf sechsstreifigen Fahrbahnen für die drei in Fahrtrichtung linken Fahrstreifen.

(3c) Sind außerhalb geschlossener Ortschaften für eine Richtung drei Fahrstreifen mit Zeichen 340 gekennzeichnet, dürfen Kraftfahrzeuge, abweichend von dem Gebot möglichst weit rechts zu fahren, den mittleren Fahrstreifen dort durchgängig befahren, wo – auch nur hin und wieder – rechts davon ein Fahrzeug hält oder fährt. Dasselbe gilt auf Fahrbahnen mit mehr als drei so markierten Fahrstreifen für eine Richtung für den zweiten Fahrstreifen von rechts. Den linken Fahrstreifen dürfen außerhalb geschlossener Ortschaften Lastkraftwagen mit einer zulässigen Gesamtmasse von mehr als 3,5 t sowie alle Kraftfahrzeuge mit Anhänger nur benutzen, wenn sie sich dort zum Zwecke des Linksabbiegens einordnen.

(4) Ist auf Straßen mit mehreren Fahrstreifen für eine Richtung das durchgehende Befahren eines Fahrstreifens nicht möglich oder endet ein Fahrstreifen, ist den am Weiterfahren gehinderten Fahrzeugen der Übergang auf den benachbarten Fahrstreifen in der Weise zu ermöglichen, dass sich diese Fahrzeuge unmittelbar vor Beginn der Verengung jeweils im Wechsel nach einem auf dem durchgehenden Fahrstreifen fahrenden Fahrzeug einordnen können (Reißverschlussverfahren).

VwV-StVO
zu § 7
Benutzung von Fahrstreifen durch Kraftfahrzeuge

Zu den Absätzen 1 bis 3

1 I. Ist auf einer Straße auch nur zu gewissen Tageszeiten mit so dichtem Verkehr zu rechnen, dass Kraftfahrzeuge vom Rechtsfahrgebot abweichen dürfen oder mit Nebeneinanderfahren zu rechnen ist, empfiehlt es sich, die für den gleichgerichteten Verkehr bestimmten Fahrstreifen einzeln durch Leitlinien (Zeichen 340) zu markieren. Die Fahrstreifen müssen so breit sein, dass sicher nebeneinander gefahren werden kann.

2 II. Wo auf einer Straße mit mehreren Fahrstreifen für eine Richtung wegen ihrer baulichen Beschaffenheit nicht mehr wie bisher nebeneinander gefahren werden kann, ist durch geeignete Markierungen, Leiteinrichtungen, Hinweistafeln oder dergleichen zu zeigen, welcher Fahrstreifen endet. Auf Straßen mit schnellem Verkehr ist zu prüfen, ob eine Geschwindigkeitsbeschränkung erforderlich ist.

Zu Absatz 3

3 Werden innerhalb geschlossener Ortschaften auf Straßen mit mehreren Fahrstreifen für eine Richtung Leitlinien markiert, so ist anzustreben, dass die Anzahl der dem geradeausfahrenden Verkehr zur Verfügung stehenden Fahrstreifen im Bereich von Kreuzungen und Einmündungen nicht dadurch verringert wird, dass ein Fahrstreifen durch einen Pfeil auf der Fahrbahn (Zeichen 297) nur einem abbiegenden Verkehrsstrom zugewiesen wird. Wenn das Abbiegen zugelassen werden muss, besondere Fahrstreifen für Abbieger aber nicht zur Verfügung stehen, so kommt unter Umständen die Anbringung kombinierter Pfeile, z. B. Geradeaus/Links, in Frage.

6.2.3 Leiteinrichtungen

VwV-StVO
zu § 41
Vorschriftzeichen

Zu Zeichen 295 Fahrstreifenbegrenzung und Fahrbahnbegrenzung

Zu Nummer 1 Fahrstreifenbegrenzung

1 I. Das Zeichen ist zur Trennung des für den Gegenverkehr bestimmten Teils der Fahrbahn in der Regel dann anzuordnen, wenn die Straße mehr als einen Fahrstreifen je Richtung aufweist. In diesen Fällen ist die Fahrstreifenbegrenzung in der Regel als Doppellinie auszubilden. Auf Straßen mit nur einem Fahrstreifen je Richtung ist das Zeichen nur dann anzuordnen, wenn das Befahren des für den Gegenverkehr bestimmten Teils der Fahrbahn aus Verkehrssicherheitsgründen nicht zugelassen werden kann. In diesen Fällen soll zuvor eine Leitlinie von ausreichender Länge angeordnet werden, deren Striche länger sein müssen als ihre Lücken (Warnlinie). Die durchgehende Linie ist dort zu unterbrechen, wo das Linksab- und -einbiegen zugelassen werden soll. Soll das Linksab- oder -einbiegen nur aus einer Fahrtrichtung zugelassen werden, ist an diesen Stellen die einseitige Fahrstreifenbegrenzung (Zeichen 296) anzuordnen.

2 II. Zeichen 295 ist außerdem anzuordnen, wenn mehrere Fahrstreifen für den gleichgerichteten Verkehr vorhanden sind, ein Fahrstreifenwechsel jedoch verhindert werden soll. Die Fahrstreifen müssen dann mindestens 3 m breit sein.

3 III. In den übrigen Fällen reicht eine Abgrenzung vom Gegenverkehr durch eine Leitlinie (Zeichen 340) aus.

4 IV. Wegen der Zustimmungsbedürftigkeit vgl. Nummer III 1 c zu § 45 Abs. 1 bis 1 e; Rn. 6.

Zu Nummer 2 Fahrbahnbegrenzung

5 Außerhalb geschlossener Ortschaften ist auf Straßen zumindest bei starkem Kraftfahrzeugverkehr der Fahrbahnrand zu markieren.

VwV-StVO
zu § 42
Richtzeichen

Zu Zeichen 340 Leitlinie

1 I. Der für den Gegenverkehr bestimmte Teil der Fahrbahn ist in der Regel durch Leitlinien (Zeichen 340) zu markieren, auf Fahrbahnen mit zwei oder mehr Fahrstreifen für jede Richtung durch Fahrstreifenbegrenzungen (Zeichen 295). Die Fahrstreifenbegrenzung sollte an Grundstückszufahrten nur dann unterbrochen werden, wenn andernfalls für den Anliegerverkehr unzumutbare Umwege oder sonstige Unzuträglichkeiten entstehen; wenn es erforderlich ist, das Linksabbiegen zu einem Grundstück zuzulassen, das Linksabbiegen aus diesem Grundstück aber verboten werden soll, kommt gegebenenfalls die Anbringung einer einseitigen Fahrstreifenbegrenzung (Zeichen 296) in Frage. Fahrstreifenbegrenzungen sind nicht zweckmäßig, wenn zu gewissen Tageszeiten Fahrstreifen für den Verkehr aus der anderen Richtung zur Verfügung gestellt werden müssen. Vgl. § 37 Abs. 3.

6.3 Warnung vor Gefahren

6.3.1 Allgemeines

Gefahrzeichen sollen die Verkehrsteilnehmer auf besondere Gefahren aufmerksam machen, die auch „ein sorgfältiger, durchschnittlicher Verkehrsteilnehmer“ unter „Anwendung der gebotenen Aufmerksamkeit“, „in schwierigen Verkehrslagen sogar einer gesteigerten Aufmerksamkeit“, nicht ausreichend erkennen kann (Zitate aus BGH-Urteil III ZR 104/87 vom 24.3.1988). Sie sollen ihnen ermöglichen, sich rechtzeitig auch auf solche Gefahren einzustellen, z. B. durch eine Erhöhung der Aufmerksamkeit und, seit der Neufassung der StVO 2013, insbesondere durch eine Verringerung der Geschwindigkeit.

Gefahrzeichen sind also nur dort anzuordnen oder anzubringen, wo sie für die Sicherheit des Verkehrs unbedingt erforderlich sind, weil auch ein sorgfältiger, durchschnittlicher Verkehrsteilnehmer unter Anwendung der gebotenen, in schwierigen Verkehrslagen gesteigerten Aufmerksamkeit (siehe oben; § 1 Abs. 1 StVO) die Gefahr nicht oder nicht rechtzeitig erkennen kann, auch nicht mit ihr rechnen muss und sich daher nicht ohne Weiteres auf sie einzustellen vermag. Das trägt dem Umstand Rechnung, dass wegen des Gewöhnungseffekts eine zu häufige Verwendung die Warnung an den wirklichen Gefahrstellen „entwerten“ würde. Zu häufige Warnung an unnötigen Stellen würde damit indirekt zu zusätzlicher Gefährdung an den Stellen führen, an denen eine Warnung durch Zeichen nötig ist.

Die Anordnung oder Anbringung von einigen Gefahrzeichen (siehe *Bild 6.1*) – wie auch die Anordnung mancher anderer Zeichen und Einrichtungen – leitet sich vor allem aus der Straßenbaulast ab. Die Straßenbaugesetze des Bundes und der Länder verpflichten die Straßenbaubehörden als Träger der Straßenbaulast, die Verkehrsanlagen in einem dem regelmäßigen Verkehrsbedürfnis genügenden Zustand zu bauen, zu unterhalten, zu erweitern oder sonst zu verbessern. Sind sie dazu ausnahmsweise nicht in der Lage, haben sie auf einen nicht verkehrssicheren Zustand durch Verkehrszeichen hinzuweisen (siehe dazu beispielhaft § 3 Fernstraßengesetz). § 45 Abs. 3 StVO erlaubt den Straßenbaubehörden folgerichtig sogar, Gefahrzeichen selbst anzubringen, wenn die Sicherheit des Verkehrs durch den Zustand der Straße gefährdet wird. Dann aber haben sie unverzüglich die Straßenverkehrsbehörde zu informieren. Damit wird der Straßenverkehrsbehörde insbesondere die Möglichkeit eröffnet, zu prüfen, ob die vom Zustand der Straße ausgehende Gefahr so erheblich ist, dass aus Verkehrssicherheitsgründen weitergehende Anordnungen, wie z. B. Geschwindigkeitsbeschränkungen oder Verkehrsverbote für bestimmte Verkehrsarten, angeordnet werden müssen (Verkehrsregelungspflicht der Straßenverkehrsbehörde). Es versteht sich von selbst, dass aufgestellte Gefahrzeichen wieder entfernt und angeordnete Beschränkungen und Verbote aufgehoben werden müssen, wenn der Straßenbaulastträger die auslösende Gefahr beseitigt hat.

Bild 6.1 Gefahrzeichen sind gleichseitige dreieckige Verkehrszeichen, deren eine Spitze nach oben weist

Auch zur Durchführung von Straßenbauarbeiten können die Straßenbaubehörden erforderliche Gefahrzeichen vorbehaltlich anderer Anordnungen der Straßenverkehrsbehörde selbst anordnen (§ 45 Abs. 2 StVO).

Ansonsten werden Gefahrzeichen nach § 45 Abs. 3 StVO von den Straßenverkehrsbehörden angeordnet.

Die Verwendung von Gefahrzeichen muss sich auf das unbedingt erforderliche Maß beschränken. Die auslösende Gefahr sollte zumindest mittelfristig durch verkehrstechnische oder bauliche Maßnahmen beseitigt oder zumindest besser erkennbar gemacht werden (selbsterklärende Straße, siehe Abschnitt 6.2). Dann sind die Gefahrzeichen wieder zu entfernen, die aufgrund der beseitigten oder besser erkennbar gemachten Gefahr aufgestellt worden waren.

Maßgeblich für die Entscheidung über Gefahrzeichen sind insbesondere die restriktiven Vorgaben

6.3.1 Allgemeines

des § 45 Abs. 9 Satz 2 StVO und der VwV-StVO zu den einzelnen Gefahrzeichen. Um darüber hinaus den Gebrauch von Gefahrzeichen weiter einzuschränken, wurden mit der Änderung der StVO im April 2013 einige Gefahrzeichen nicht mehr ausdrücklich in der StVO aufgeführt. Dies sind im Besonderen die Gefahrzeichen Schnee- oder Eisglätte, Steinschlag, Splitt und Schotter, bewegliche Brücke, Ufer, Fußgängerüberweg und Flugbetrieb. Sie beschreiben ganz spezielle Situationen, die bereits nach alter Rechtslage nur in Ausnahmefällen angeordnet werden sollten. Bei besonderen Gefahrenlagen dürfen nach § 39 Abs. 8 StVO die Sinnbilder für diese Gefahren und einige weitere Sinnbilder, wie Viehtrieb oder Reiter (siehe § 39 StVO), auch zukünftig noch im Dreieck gezeigt werden (siehe auch Abschnitt 6.3.4). In diesen Fällen wird den anordnenden Behörden jedoch eine besondere Prüfpflicht auferlegt (VwV-StVO zu § 39 Abs. 8). Maßstab ist, wie zuvor ausgeführt, der „sorgfältige, durchschnittliche, in besonderen Situationen auch gefahrenbewusste Verkehrsteilnehmer". Der in der VwV-StVO zu § 39 Abs. 8 enthaltene Prüfauftrag sollte im Sinne einer einheitlichen Verkehrszeichensystematik zugunsten der Darstellung des Sinnbilds im Gefahrzeichen ausfallen, zumal die entsprechenden Zusatzzeichen nicht (mehr) im VzKat enthalten sind.

Bei der Beurteilung, ob ein Gefahrzeichen zwingend erforderlich ist, sind auch die Umgebung der Gefahrstelle, ihre Lage im Netz und andere Umstände, die nach der Erfahrung die Erwartung des durchschnittlichen Autofahrers und seine Aufmerksamkeit beeinflussen, zu berücksichtigen. So wird z. B. außerorts vor manchen Gefahren eher zu warnen sein, da die Geschwindigkeiten höher sind und die Aufmerksamkeit der Fahrer niedriger ist. Je nach Ausbauzustand der Straße können Geschwindigkeitsniveau und Erwartungshaltung der Verkehrsteilnehmer stark zwischen unterschiedlichen Straßen differieren.

Innerorts kann es ausnahmsweise erforderlich sein, vor bestimmten Gefahren zu warnen, z. B. wegen einer unerwarteten und unvermeidbaren Dichte von ablenkenden Informationen, die nicht unterbunden werden können. Die Voraussetzung, wonach die Verkehrsteilnehmer nur vor Gefahren zu warnen sind, mit denen sie nicht rechnen müssen, impliziert auch, dass in der Regel nur vor **nicht absehbaren Änderungen** der Verkehrssituation zu warnen ist – also z. B. vor dem Übergang von einem Straßenabschnitt mit gestreckter Linienführung zu einem Straßenabschnitt mit engen Kurven oder vor dem Übergang von einer ebenen zu einer unebenen Fahrbahn. Das bedeutet umgekehrt, dass im Verlauf einer Strecke mit linienhaft auftretender Gefahr (z. B. mit Schlaglöchern übersäte Fahrbahn, dichte Folge enger Kurven) im weiteren Verlauf nicht mehr durch Gefahrzeichen zu warnen ist, da die Gefahr dann offensichtlich ist.

Es wird empfohlen, in der Begründung der verkehrsrechtlichen Anordnung alle widerstreitenden Argumente für oder gegen eine Anordnung und die getroffene Abwägungsentscheidung aktenkundig zu machen. Um möglichen Ansprüchen aus einer angeblichen Verletzung der Verkehrssicherungspflicht (als Straßenbaulastträger) oder der Verkehrsregelungspflicht (als Straßenverkehrsbehörde) begegnen zu können, sollte diese Abwägung insbesondere auch dann aktenkundig gemacht werden, wenn sie dazu geführt hat, dass ein Gefahrzeichen nicht angeordnet wurde. Zur Verkehrssicherungspflicht gehört auch, als Straßenbaubehörde die Straßenverkehrsbehörde über die festgestellte Gefahrensituation und ergriffene Maßnahmen zu informieren. Die o. g. Abwägungsgründe bieten bei späterer Überprüfung der Anordnung zudem eine gute Grundlage, zu prüfen, ob die seinerzeit ausschlaggebenden Anordnungsgründe nach wie vor gegeben sind oder die Anordnung aufzuheben ist.

Zu Abschnitt 6.3.1

FStrG
§ 3
Straßenbaulast

(1) Die Straßenbaulast umfasst alle mit dem Bau und der Unterhaltung der Bundesfernstraßen zusammenhängenden Aufgaben. Die Träger der Straßenbaulast haben nach ihrer Leistungsfähigkeit die Bundesfernstraßen in einem dem regelmäßigen Verkehrsbedürfnis genügenden Zustand zu bauen, zu unterhalten, zu erweitern oder sonst zu verbessern; dabei sind die sonstigen öffentlichen Belange einschließlich des Umweltschutzes sowie die Belange der Menschen mit Behinderungen und der Menschen mit Mobilitätsbeeinträchtigungen mit dem Ziel, möglichst weitreichende Barrierefreiheit zu erreichen, zu berücksichtigen. Betriebswege auf Brücken im Zuge von Bundesautobahnen und Betriebswege auf Brücken im Zuge von Bundesstraßen, die als Kraftfahrstraßen ausgewiesen sind, sind

FStrG
§ 3
Straßenbaulast

bedarfsabhängig durch den Träger der Straßenbaulast so zu bauen und zu unterhalten, dass auf ihnen auch öffentlicher Radverkehr abgewickelt werden kann.

...

(2) Soweit die Träger der Straßenbaulast unter Berücksichtigung ihrer Leistungsfähigkeit zur Durchführung von Maßnahmen nach Absatz 1 Satz 2 außerstande sind, haben sie auf einen nicht verkehrssicheren Zustand durch Verkehrszeichen hinzuweisen. Diese hat die Straßenbaubehörde oder auf Bundesautobahnen die Gesellschaft privaten Rechts im Sinne des Infrastrukturgesellschaftserrichtungsgesetzes vorbehaltlich anderweitiger Maßnahmen der Straßenverkehrsbehörde aufzustellen.

VwV-StVO
zu den §§ 39 bis 43
Allgemeines über Verkehrszeichen und Verkehrseinrichtungen

1 I. ... Bei der Straßenbaubehörde ist gegebenenfalls eine Prüfung anzuregen, ob an Stelle von Verkehrszeichen und Verkehrseinrichtungen vorrangig durch verkehrstechnische oder bauliche Maßnahmen eine Verbesserung der Situation erreicht werden kann.

VwV-StVO
zu § 39
Verkehrszeichen

Zu Absatz 8

5 Vor Anordnung eines Gefahrzeichens mit einem Sinnbild aus § 39 Abs. 8 ist zu prüfen, ob vor der besonderen Gefahrenlage nicht mit dem Zeichen 101 und einem geeigneten Zusatzzeichen gewarnt werden kann.

StVO
§ 40
Gefahrzeichen

(1) Gefahrzeichen mahnen zu erhöhter Aufmerksamkeit, insbesondere zur Verringerung der Geschwindigkeit im Hinblick auf eine Gefahrsituation (§ 3 Absatz 1).

StVO
§ 45
Verkehrszeichen und Verkehrseinrichtungen

(3) Im Übrigen bestimmen die Straßenverkehrsbehörden, wo und welche Verkehrszeichen und Verkehrseinrichtungen anzubringen und zu entfernen sind, bei Straßennamensschildern nur darüber, wo diese so anzubringen sind, wie Zeichen 437 zeigt. Die Straßenbaubehörden legen – vorbehaltlich anderer Anordnungen der Straßenverkehrsbehörden – die Art der Anbringung und der Ausgestaltung, wie Übergröße, Beleuchtung fest; ob Leitpfosten anzubringen sind, bestimmen sie allein. Sie können auch – vorbehaltlich anderer Maßnahmen der Straßenverkehrsbehörden – Gefahrzeichen anbringen, wenn die Sicherheit des Verkehrs durch den Zustand der Straße gefährdet wird.

...

(9) ... Dabei dürfen Gefahrzeichen nur dort angeordnet werden, wo es für die Sicherheit des Verkehrs erforderlich ist, weil auch ein aufmerksamer Verkehrsteilnehmer die Gefahr nicht oder nicht rechtzeitig erkennen kann und auch nicht mit ihr rechnen muss. ...

6.3.2 Inhalt von Gefahrzeichen

Gefahrzeichen haben eine weiße Fläche und einen roten Rand. In der Mitte der weißen Fläche werden **bestimmte Sinnbilder** gezeigt, die die **Gefahr bezeichnen**, vor der gewarnt wird (siehe Abschnitt 6.3.5). Bei der Warnung vor anderen Gefahren wird im weißen Feld ein Ausrufezeichen gezeigt (siehe Abschnitt 6.3.4); die Art der Gefahr sollte dann durch ein Zusatzzeichen angegeben werden, das nach Möglichkeit nur ein Sinnbild zeigt. Texte sind nur zu verwenden, wenn kein geeignetes Zusatzzeichen mit Sinnbild im VzKat zur Verfügung steht, da sie von fremdsprachigen Fahrern kaum und von deutschsprachigen Fahrern langsamer und weniger sicher verstanden werden. Zur Verwendung von Zusatzzeichen, die nicht im VzKat enthalten sind, vgl. VwV-StVO zu §§ 39 bis 43 StVO, Rn. 46.

Die Sinnbilder der Gefahrzeichen können bei bestimmten Zeichen spiegelbildlich dargestellt werden, wenn die Zeichen auf der linken Seite wiederholt werden (siehe Abschnitt 6.3.3) und wenn dadurch verdeutlicht wird, wo oder von wo die Gefahr zu erwarten ist. Bei Zeichen mit gerichteter Bewegungsdarstellung (z. B. Kinder, Wildwechsel) soll diese zur Straße hin ausgerichtet sein, um die (unbewusst wahrgenommene) gefühlte Betroffenheit der Fahrer und damit ihre Aufmerksamkeit zu erhöhen (siehe dazu *Bild 6.2*).

Gefahrzeichen stehen grundsätzlich allein. Nur „bei unabweisbarem Bedarf“ dürfen sie erklärend über einem Vorschriftzeichen (insbesondere Beschränkung der zulässigen Höchst-

6.3.2 Inhalt von Gefahrzeichen

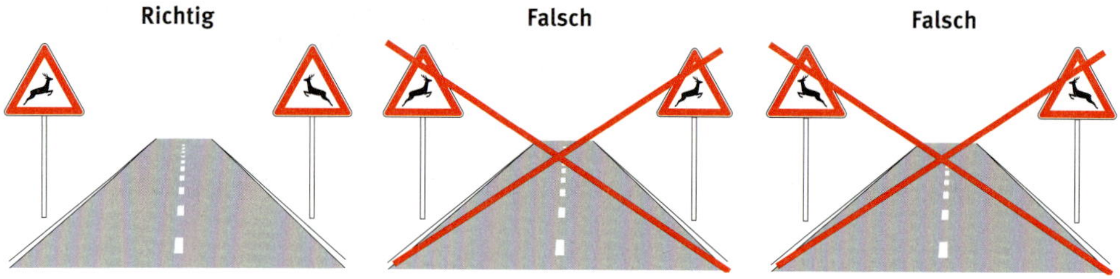

Bild 6.2 Die richtige spiegelbildliche Anordnung verstärkt die Wirkung

geschwindigkeit (Zeichen 274) oder Überholverbot (Zeichen 276, 277)) angeordnet werden. Das trägt dem aus der Psychologie bekannten Umstand Rechnung, dass Ge- und Verbote eher akzeptiert werden, wenn ihr Grund bekannt ist, und hilft damit, das eigenverantwortliche Handeln der Kraftfahrer zu fördern. Die Beschränkung auf den „unabweisbaren Bedarf" dient dazu, andere Vorschriftzeichen nicht zu entwerten (siehe Erläuterungen zu den Zeichen 274, 276, 277 und 277.1). Sie drückt darüber hinaus den Willen des Verordnungsgebers aus, wonach die alleinige Anordnung von Gefahrzeichen in der Regel ausreicht und zusätzliche Verbote oder Beschränkungen entbehrlich sind. Dies gilt insbesondere im Hinblick auf die seit 2013 durch § 40 Abs. 1 StVO ausdrücklich vorgeschriebene Reduktion der Fahrgeschwindigkeit.

Durch **Zusatzzeichen** kann die Aussage der Gefahrzeichen präzisiert werden.

Kann die reguläre Entfernung zur Gefahrstelle (siehe Abschnitt 3.2.2) nicht eingehalten werden und ist das für die Kraftfahrer nicht anderweitig erkennbar, so kann bei wesentlicher Unterschreitung (vgl. § 40 Abs. 2 StVO) die Entfernung vom Zeichen zur Gefahrstelle durch das Zusatzzeichen 1004-30 (*Bild 6.3*) angegeben werden. Der VzKat sieht eine Rundung auf volle 50 m vor. Eine Ausnahme von der ausschließlichen Möglichkeit der Unterschreitung des Regelabstands wird durch die RSA für Arbeitsstellen normiert (vgl. RSA 21, Teil D, Regelpläne für Arbeitsstellen längerer Dauer).

Bei unerwartet langen Gefahrstellen kann die Länge mit einem Zusatzzeichen wie 1001-30 (*Bild 6.3*) angegeben werden. Bei einem Wiederholungszeichen wird die Restlänge angegeben. Auch bei diesem Zusatzzeichen sollte die Entfernung sinnvoll gerundet werden.

Wird vor einer Gefahr gewarnt, die sich erst unmittelbar nach einem Abbiegevorgang ergibt (z. B. vor einem Übergang über eine parallel führende Bahnstrecke), so wird das durch Zusatzzeichen 1000-11/1000-21, in Ausnahmefällen, wenn vor dem Gefahrzeichen abgebogen wird, auch durch Zusatzzeichen 1000-10/1000-20 (*Bild 6.3*) angegeben.

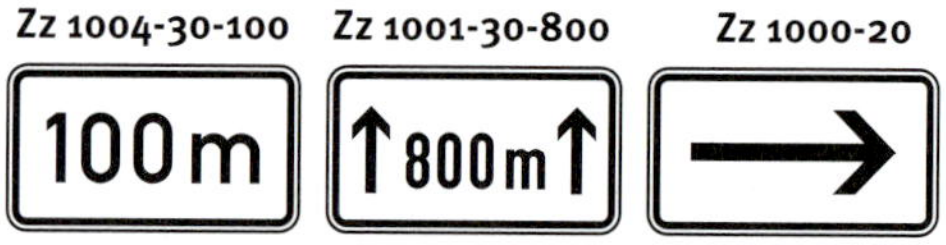

Bild 6.3 Zusatzzeichen mit Entfernungs- und Richtungsangabe

Die Zusatzzeichen werden unmittelbar unter dem Gefahrzeichen angeordnet.

Weitere Hervorhebung kann durch eine Kontrasttafel (siehe Abschnitt 2.8) oder notfalls auch durch ein über dem Gefahrzeichen angebrachtes gelbes Blinklicht (siehe Abschnitt 2.8) erreicht werden, wenn Verkehrsbeobachtungen oder das Unfallgeschehen zeigen, dass ein Gefahrzeichen nicht ausreichend erkannt wird, und die Voraussetzungen der VwV-StVO zu §§ 39 bis 43 StVO, Rn. 7 bzw. zu § 38, Rn. 3 erfüllt sind.

Zu Abschnitt 6.3.2

VwV-StVO zu den §§ 39 bis 43 Allgemeines über Verkehrszeichen und Verkehrseinrichtungen

9 Gefahrzeichen können spiegelbildlich dargestellt werden (die einzelnen Varianten ergeben sich aus dem VzKat),

10 a) wenn dadurch verdeutlicht wird, wo die Gefahr zu erwarten ist (Zeichen 103, 105, 117, 121) oder

11 b) wenn sie auf der linken Fahrbahnseite wiederholt werden (Zeichen 117, 133 bis 142); die Anordnung von Gefahrzeichen für beide Fahrbahnseiten ist jedoch nur

VwV-StVO
zu den §§ 39 bis 43
Allgemeines über
Verkehrszeichen
und Verkehrs-
einrichtungen

zulässig, wenn nach den örtlichen Gegebenheiten nicht ausgeschlossen werden kann, dass Verkehrsteilnehmer das nur rechts befindliche Gefahrzeichen nicht oder nicht rechtzeitig erkennen können.

...

11. Häufung von Verkehrszeichen

35 a) Am gleichen Pfosten oder sonst unmittelbar über- oder nebeneinander dürfen nicht mehr als drei Verkehrszeichen angebracht werden; bei Verkehrszeichen für den ruhenden Verkehr kann bei besonderem Bedarf abgewichen werden.

36 aa) Gefahrzeichen stehen grundsätzlich allein (vgl. Nummer I zu § 40; Rn. 1).

StVO
§ 40
Gefahrzeichen

(2) Außerhalb geschlossener Ortschaften stehen sie im Allgemeinen 150 bis 250 m vor den Gefahrstellen. Ist die Entfernung erheblich geringer, kann sie auf einem Zusatzzeichen angegeben sein, wie

(3) Innerhalb geschlossener Ortschaften stehen sie im Allgemeinen kurz vor der Gefahrstelle.

(4) Ein Zusatzzeichen wie

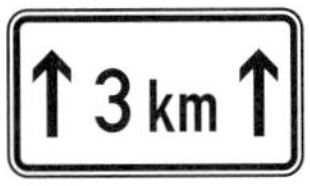

kann die Länge der Gefahrstrecke angeben.

(5) Steht ein Gefahrzeichen vor einer Einmündung, weist auf einem Zusatzzeichen ein schwarzer Pfeil in die Richtung der Gefahrstelle, falls diese in der anderen Straße liegt.

VwV-StVO
zu § 40
Gefahrzeichen

1 I. Gefahrzeichen sind nach Maßgabe des § 45 Abs. 9 Satz 2 anzuordnen. Nur wenn sie als Warnung oder Aufforderung zur eigenverantwortlichen Anpassung des Fahrverhaltens nicht ausreichen, sollte stattdessen oder bei unabweisbarem Bedarf ergänzend mit Vorschriftzeichen (insbesondere Zeichen 274, 276) auf eine der Gefahrsituation angepasste Fahrweise hingewirkt werden; vgl. hierzu I zu den Zeichen 274, 276, 277 und 277.1.

2 II. Die Angabe der Entfernung zur Gefahrstelle oder der Länge der Gefahrstrecke durch andere als die in Abs. 2 und 4 bezeichneten Zusatzzeichen ist unzulässig.

VwV-StVO
zu § 41
Vorschriftzeichen

Zu den Zeichen 274, 276, 277 und 277.1

1 I. Die Zeichen sind nur dort anzuordnen, wo Gefahrzeichen oder Richtungstafeln (Zeichen 625) nicht ausreichen würden, um eine der Situation angepasste Fahrweise zu erreichen. Die Zeichen können dann mit Gefahrzeichen kombiniert werden, wenn

2 1. ein zusätzlicher Hinweis auf die Art der bestehenden Gefahr für ein daran orientiertes Fahrverhalten im Einzelfall unerlässlich ist oder

3 2. aufgrund dieser Verkehrszeichenkombination eine Kennzeichnung des Endes der Verbotsstrecke entbehrlich wird.

6.3.3 Aufstellung und Ausführung von Gefahrzeichen

Gefahrzeichen müssen **so weit vor der Gefahrstelle aufgestellt** werden, dass die Fahrer noch genügend Zeit haben, um auf die Warnung zu reagieren. Die Entfernung hängt neben der Geschwindigkeit auch davon ab, ob die Fahrzeuge im Gefahrenfall halten müssen oder nur ihre Geschwindigkeit herabsetzen sollen.

Im Allgemeinen sind Gefahrzeichen außerhalb geschlossener Ortschaften 150 bis 250 m vor der durch sie angezeigten Gefahrstelle anzuordnen, innerhalb geschlossener Ortschaften kurz vor der Gefahrstelle. Ausnahmen werden bei den einzelnen Zeichen behandelt.

Mithilfe der Bremswegtabelle in Anlage 3 der HAV kann für Sonderfälle ermittelt werden, wo bei gemessener oder geschätzter Geschwindigkeit eines Verkehrsstroms Gefahrzeichen aufzustellen sind. Dabei sind die Einflüsse von Längsneigung und Deckenart zu berücksichtigen.

Muss das Gefahrzeichen in einer wesentlich anderen Entfernung aufgestellt werden, z. B. aus Gründen der Sichtbarkeit, der Vermeidung von Schilderhäufungen oder mangels Aufstellmöglichkeit, und können die Fahrzeugführer das Gefahrzeichen nicht zuordnen oder ihre Reaktion nicht angemessen vorbereiten, so kann auf die unerwartete Entfernung mit einem Zusatzzeichen hingewiesen werden (siehe Abschnitt 6.3.2).

Auf der linken Straßenseite können bestimmte Gefahrzeichen in Ausnahmefällen wiederholt werden, wenn zu befürchten ist, dass der Verkehrsteilnehmer das nur rechts aufgestellte Gefahrzeichen nicht oder nicht rechtzeitig erkennen kann, oder wenn dadurch verdeutlicht wird, von wo die Gefahr zu erwarten ist (was die Aufmerksamkeit an die richtige Stelle lenken, z. B. bei der Warnung vor Kindern oder Wild, oder die gefühlte Betroffenheit und damit die Wirksamkeit erhöhen soll).

Bei unerwartet langen Gefahrstrecken sollte deren ungefähre **Länge durch Zusatzzeichen angegeben werden** (siehe Abschnitt 6.3.2). Eine regelmäßige Wiederholung der Gefahrzeichen sollte hingegen nur dann erfolgen, wenn die Gefahr im Zuge des weiteren Straßenverlaufs nicht offensichtlich ist (offensichtlich ist sie z. B. bei durchgehend unebener Fahrbahnoberfläche oder dichter Folge enger Kurven). Geht man davon aus, dass die durch ein Gefahrzeichen übermittelte Warnung etwa eine Minute im Gedächtnis des Fahrers haften bleibt, müssten Gefahrzeichen bei einer längeren Gefahrstrecke, bei der die Gefahr im weiteren Verlauf nicht offensichtlich ist, in Abhängigkeit von der Geschwindigkeit in folgenden Abständen wiederholt werden:

- BAB und BAB-ähnliche Straßen (120 km/h) — etwa alle 2,0 km
- gut ausgebaute, schnell befahrene Außerortsstraßen (100 km/h) — etwa alle 1,5 km
- weniger gut ausgebaute, langsam befahrene Außerortsstraßen (60 km/h) — etwa alle 1,0 km
- Innerortsstraßen — etwa alle 0,5 km.

Diese Abstände bieten einen Anhalt für die praktische Beschilderung, wobei die örtlichen Gegebenheiten die Aufstellorte stark beeinflussen können. So wird man z. B. die Warnung vor Wildwechsel möglichst vor solchen Stellen wiederholen, wo eine verstärkte Wildwechselgefahr besteht. Grundsätzlich sollte eine Warnung durch Gefahrzeichen, die für längere Strecken gilt, überall dort wiederholt werden, wo mit dem Einbiegen einer erheblichen Zahl Ortsunkundiger zu rechnen ist und die Gefahr nicht so offensichtlich ist, dass vom Zeitpunkt des Einbiegens an eine der Gefahr angemessene Fahrweise (§§ 1 Abs. 1, 3 Abs. 1 StVO) vorausgesetzt werden kann.

Über Kopf werden Gefahrzeichen in der Regel nur als Wechselverkehrszeichen von Streckenbeeinflussungsanlagen gezeigt (siehe Abschnitt 9.3.5). Ansonsten kommt eine Über-Kopf-Anordnung nur in Betracht, wenn bei mehreren Fahrstreifen eine zum Äußersten verstärkte Warnung gezeigt werden soll (z. B. Warnung vor übermäßigem Gefälle auf Autobahnen).

Eine Verstärkung der Gefahrwarnung durch ergänzende Markierung kommt vor allem innerorts in Betracht, und auch dort nur, wo die Gefahrwarnung durch Verkehrszeichen nicht ausreicht. Die Wiederholung des Gefahrzeichens auf der Fahrbahn hat jedoch nur hinweisenden Charakter und kann die Anordnung des Schilds nicht ersetzen.

Auf Autobahnen und sonstigen schnell befahrenen Straßen sind Gefahrzeichen in großer Ausführung mit einer Seitenlänge von 126 cm (Größe 3, VwV-StVO zu den §§ 39 bis 43 III, Rn. 13 b) zu verwenden. Wiederholungen erfolgen in normaler Größe.

Gefahrzeichen müssen – wenn sie nicht ausnahmsweise von innen oder außen beleuchtet sind – wie alle Verkehrszeichen voll retroreflektierend ausgeführt sein. Um sicherzustellen, dass sie jederzeit zuverlässig erkannt werden, sollte insbesondere bei stark ablenkenden Umfeldbedingungen eine höhere Reflexionsklasse gewählt werden (einheitlich für das Gefahrzeichen und alle zugeordneten Zusatzzeichen).

Zu Abschnitt 6.3.3

VwV-StVO zu den §§ 39 bis 43 Allgemeines über Verkehrszeichen und Verkehrseinrichtungen

9 Gefahrzeichen können spiegelbildlich dargestellt werden (die einzelnen Varianten ergeben sich aus dem VzKat),

10 a) wenn dadurch verdeutlicht wird, wo die Gefahr zu erwarten ist (Zeichen 103, 105, 117, 121) oder

11 b) wenn sie auf der linken Fahrbahnseite wiederholt werden (Zeichen 117, 133 bis 142); die Anordnung von Gefahrzeichen für beide Fahrbahnseiten ist jedoch nur zulässig, wenn nach den örtlichen Gegebenheiten nicht ausgeschlossen werden kann, dass Verkehrsteilnehmer das nur rechts befindliche Gefahrzeichen nicht oder nicht rechtzeitig erkennen können.

...

16 e) Auf Autobahnen und autobahnähnlich ausgebauten Straßen ohne Geschwindigkeitsbeschränkung werden Verbote und vergleichbare Anordnungen zunächst durch Verkehrszeichen der Größe 3 nach den Vorgaben des VzKat angekündigt, Wiederholungen erfolgen bei zweistreifigen Fahrbahnen in der Regel in der Größe 2.

StVO § 40 Gefahrzeichen

(2) Außerhalb geschlossener Ortschaften stehen sie im Allgemeinen 150 bis 250 m vor den Gefahrstellen. Ist die Entfernung erheblich geringer, kann sie auf einem Zusatzzeichen angegeben sein, wie

(3) Innerhalb geschlossener Ortschaften stehen sie im Allgemeinen kurz vor der Gefahrstelle.

(4) Ein Zusatzzeichen wie

kann die Länge der Gefahrstrecke angeben.

(5) Steht ein Gefahrzeichen vor einer Einmündung, weist auf einem Zusatzzeichen ein schwarzer Pfeil in die Richtung der Gefahrstelle, falls diese in der anderen Straße liegt.

VwV-StVO zu § 40 Gefahrzeichen

1 I. Gefahrzeichen sind nach Maßgabe des § 45 Abs. 9 Satz 2 anzuordnen. Nur wenn sie als Warnung oder Aufforderung zur eigenverantwortlichen Anpassung des Fahrverhaltens nicht ausreichen, sollte stattdessen oder bei unabweisbarem Bedarf ergänzend mit Vorschriftzeichen (insbesondere Zeichen 274, 276) auf eine der Gefahrsituation angepasste Fahrweise hingewirkt werden; vgl. hierzu I zu den Zeichen 274, 276, 277 und 277.1.

2 II. Die Angabe der Entfernung zur Gefahrstelle oder der Länge der Gefahrstrecke durch andere als die in Abs. 2 und 4 bezeichneten Zusatzzeichen ist unzulässig.

6.3.4 Allgemeine Warnung vor Gefahren

StVO Anlage 1 Allgemeine und Besondere Gefahrzeichen (zu § 40 Absatz 6 und 7) Abschnitt 1 Allgemeine Gefahrzeichen (zu § 40 Absatz 6)		
1	**Zeichen 101**  **Gefahrstelle**	Ein Zusatzzeichen kann die Gefahr näher bezeichnen.

Zeichen 101 ist das „generische" Gefahrzeichen. Es ist dort anzuordnen, wo eine Warnung vor einer Gefahr unerlässlich ist (siehe Abschnitt 6.3.1), es aber kein spezielles Gefahrzeichen mit einem dieser Gefahr entsprechenden Sinnbild gibt. Zusätzlich trägt Zeichen 101 die Bedeutung in sich, dass die Gefahr neu, nur kurzzeitig usw. ist. Beispiele für die Anwendung sind „Verschmutzte Fahrbahn", „Straßenschäden", „Vorfahrt geändert". Zeichen 101 darf dauerhaft nicht anstelle der Zeichen 102 bis 151 verwendet werden.

Um die Aufmerksamkeit der Verkehrsteilnehmer in die richtige Richtung zu lenken, ist es empfehlenswert, die Gefahr, vor der gewarnt wird, durch ein Zusatzzeichen mit einem entsprechenden Sinnbild (siehe Anlage 2 der HAV), notfalls auch mit einem erklärenden Text, zu verdeutlichen (Anlage 1 lfd. Nr. 1 StVO). Sinnbilder sollten vor Texten bevorzugt werden, da sie schneller erfasst werden können und für nicht Deutsch sprechende Fahrzeugführer leichter verständlich sind (vgl. Abschnitt 6.3.2).

Einige in § 39 Abs. 8 StVO ausdrücklich genannte Sinnbilder können bei besonderen Gefahrenlagen mit besonderer Begründung ausnahmsweise auch im Gefahrzeichen selbst (anstelle des Ausrufezeichens) genannt werden (*Bilder 6.4* und *6.5*).

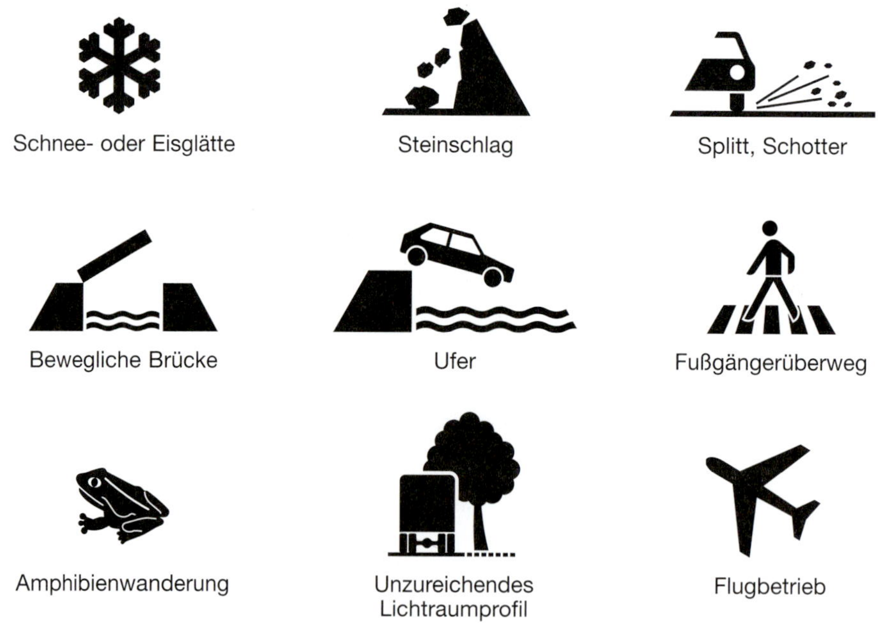

Bild 6.4 Privilegierte Sinnbilder gemäß § 39 Abs. 8 StVO

6.3.4 Allgemeine Warnung vor Gefahren

Bild 6.5 Beispiel für Warnung bei besonderen Gefahrenlagen

Die so entstehenden Gefahrzeichen waren bis zur StVO-Änderung vom 1.4.2013 direkt als Gefahrzeichen in der StVO enthalten. Um ihren übermäßigen Gebrauch einzudämmen, sie aber in Ausnahmefällen trotzdem noch verwenden zu können, wurde das in Abschnitt 6.3.1 beschriebene Verfahren mit der besonderen Begründungspflicht gewählt.

Wird an einem Knotenpunkt die **Vorfahrtregelung geändert**, empfiehlt es sich, in den dann untergeordneten Knotenästen durch Zeichen 101 mit Zusatzzeichen 1008-30 „Vorfahrt geändert" zu warnen. Für mehr Informationen siehe Abschnitt 4.5.4.

Vor **Bahnübergängen**, bei denen die Schienenbahn nicht den Vorrang hat (keine Andreaskreuze), kann Zeichen 101 mit einem Zusatzzeichen, welches das Sinnbild einer Lok zeigt (Zusatzzeichen 1048-18), aufgestellt werden, wenn es im Interesse des Straßenverkehrs erforderlich ist, vor dem Bahnübergang zu warnen (z. B. dann, wenn oft Schienenfahrzeuge verkehren). Näheres siehe Abschnitt 5.4.4.

Vor **Schnee- und Eisglätte** ist nur zu warnen, wo diese öfter unerwartet und für die Fahrzeugführer nicht ohne Weiteres erkennbar auftritt (z. B. bei Brücken mit Stahlfahrbahnplatten im Zuge von Kaltluftströmen). Bei der Entscheidung, ob das Zeichen aufzustellen ist oder nicht, sind entlang eines Straßenzugs stets gleiche Maßstäbe anzulegen. Die Warnung soll jeweils rechtzeitig vor Eintritt des Winters angebracht und nach Beendigung der Frostgefahr wieder entfernt werden (je nach Großwetterlage von Ende Oktober bis Anfang April).

Vor auf die Fahrbahn herabgefallenen oder heruntergerollten Steinen (**Steinschlag**) soll nur gewarnt werden, wenn diese Gefahr tatsächlich besteht (weil die neben der Straße liegenden Felspartien wegen ihres Materials und ihrer Schichtung tatsächlich verwitterungsgefährdet sind) und die Felspartien von der Straße nicht zu erkennen oder nicht ohnehin, wie in gebirgigem Gelände, zu vermuten sind. Besteht die Gefahr des unvermuteten Steinschlags, so reicht es nicht aus, nur vor der Gefahr zu warnen. Vielmehr muss versucht werden, die Gefahr durch Sicherung der Felspartien oder durch Auffangeinrichtungen zwischen Fels und Straße zu verringern (z. B. Netze, Betonschutzwände oder zusätzliche Holme an Stahlschutzplanken). Muss bis zur Einrichtung solcher Sicherungen temporär gewarnt werden, so kann ein Ausnahmefall vorliegen, der die Anordnung des Sinnbilds „Steinschlag" im Dreieck (Zeichen 101-15/-25, früher Zeichen 115) rechtfertigt. Das Zeichen sollte auf der linken Straßenseite spiegelbildlich wiederholt werden, wenn sich der Hang links der Straße befindet (siehe *Bild 6.6*).

Vor **Splitt und Schotter** ist nur zu warnen, wenn – z. B. im Zusammenhang mit Erhaltungsarbeiten an der Straßendecke – die Fahrzeugführer unerwartet auf ein Straßenstück treffen, auf dem loser Splitt oder Schotter den Kraftschluss zwischen Reifen und Fahrbahn beeinträchtigen oder, nachdem er von den Reifen aufgeschleudert wurde,

Bild 6.6 Beidseitige Beschilderung zur Warnung vor Steinschlag

andere Verkehrsteilnehmer gefährden kann. Da die Warnung in der Regel nur zeitweise notwendig ist, weil sich der lose Splitt innerhalb einiger Tage nach Beendigung der Arbeiten entweder festgefahren hat oder von der Fahrbahnoberfläche entfernt wurde und sich dann wieder normale Verhältnisse einstellen, bietet sich zur Warnung eine Kombination aus Zeichen 101 und Zusatzzeichen 1007-32 „Rollsplitt" an.

Bewegliche Brücken sind unmittelbar an der Stelle, an der der Verkehr halten muss, durch Lichtsignale, Schranken oder Posten abzusichern. Insofern ist eine Warnung nur notwendig, wenn diese Sicherungsmaßnahmen unerwartet auftreten, z. B. im Zuge einer schnell befahrenen Vorfahrtstraße, und auch nicht rechtzeitig erkannt werden können. Eine Warnung alleine durch das Gefahrzeichen reicht als Sicherung für eine bewegliche Brücke nicht aus.

Vor einem **ungesicherten Ufer** ist nur zu warnen, wo eine Straße senkrecht oder schräg auf ein Ufer zuläuft, das Ufer nicht durch entsprechende bauliche Einrichtungen gesichert ist und die Gefahr besteht, dass Fahrzeuge über die Ufermauer stürzen. Für den Verkehr, der parallel zum Ufer entlangfährt, ist eine Warnung meist nicht erforderlich, es sei denn, die Uferstraße weist Punkte auf, an denen für die Verkehrsteilnehmer die Gefahr des Überfahrens der Ufermauer deshalb besteht, weil z. B. infolge des kurvigen Verlaufs dieser Straße die Gefahrstelle auch bei der notwendigen Aufmerksamkeit nicht rechtzeitig zu erkennen ist. In Hafengebieten braucht vor einem ungesicherten Ufer in der Regel nicht gewarnt zu werden.

Notwendige Warnungen vor **Fußgängerüberwegen** werden in Abschnitt 5.3.5 behandelt.

Vor **Amphibienwanderungen** kann zu bestimmten Zeiten durch Zeichen 101-14/-24 gewarnt werden. Das Zusatzzeichen 1006-37 wurde aus dem VzKat 2017 gestrichen.

Notwendige Warnungen vor **unzureichendem Lichtraumprofil durch Bäume** werden in Abschnitt 6.7 behandelt.

Vor **Flugverkehr** muss nur gewarnt werden, wenn die Fahrzeugführer durch überraschend auftretenden Lärm oder Schattenwurf erschreckt werden können. Ein entsprechendes Gefahrzeichen soll in der Regel nur auf Straßen mit schnellem Verkehr aufgestellt werden, die im Bereich von Flugschneisen liegen und in niedriger Höhe überflogen werden. Eine spiegelbildliche Ausführung zusätzlich aufzustellen, empfiehlt sich immer dann, wenn die den gefährdenden Fluglärm oder Schattenwurf verursachenden Flugzeuge von beiden Seiten anfliegen (Zeichen 101-10/-20, früher Zeichen 144-20).

Vor **Viehtrieb** ist nur zu warnen, wo öffentliche Straßen, die dem schnellen Kraftverkehr dienen, häufig wiederkehrend von Tieren überquert werden oder wenn Tiere oftmals auf diesen Straßen entlanggetrieben werden (z. B. Schafherden, Auftrieb zur Alm). Das Zeichen „berechtigt" nicht zum Viehtrieb, sondern warnt nur vor unvermeidbarem. Wird vor Viehtrieb aus besonderem Anlass gewarnt (z. B. Auftrieb zu einem Viehmarkt), so sollte Zeichen 101 mit Zusatzzeichen 1010-55 verwendet werden. Eine spiegelbildliche Ausführung ist zulässig für Schilder, die links aufgestellt sind, sofern die Gefahr auch von links droht (Zeichen 101-22, früher Zeichen 140-20).

Ist das Bankett, also der direkt neben der Straße liegende unbefestigte Seitenstreifen, in einem Zustand, dass er auch durch schwerere, aber der StVZO entsprechende Fahrzeuge bei vorsichtiger und langsamer Fahrt nicht gefahrlos befahren werden kann, und ist dieser Zustand „nicht jedem einsichtigen Kraftfahrer erkennbar", so hat der Straßenbaulastträger darauf durch Verkehrszeichen (siehe *Bild 6.7*) hinzuweisen.

Hierzu kann die Straßenbaubehörde auf Grundlage von § 45 Abs. 3 Satz 3 StVO eine Kombination aus Zeichen 101 und Zusatzzeichen 1007-60 anordnen. Wie bei solchen Anordnungen üblich und vorgeschrieben, hat sie die Straßenverkehrsbehörde über diese Anordnung zu informieren.

Dies ergibt sich aus den Straßengesetzen, z. B. § 3 Abs. 2 FStrG, und der Rechtsprechung des BGH (BGH III ZR 110/66 v. 16.12.1968). Die neuere Rechtsprechung hat dies präzisiert und insbesondere herausgearbeitet, dass keine Verpflichtung des Straßenbaulastträgers zur besonderen Befestigung des Banketts besteht, sondern nur zur Warnung durch Verkehrszeichen.

Die Warnung vor der nicht ohne Weiteres erkennbaren Unbefahrbarkeit des Banketts ist beson-

Bild 6.7 Zz 1007-60 „Seitenstreifen nicht befahrbar"

ders dann erforderlich, wenn die Benutzung des Banketts nicht zu vermeiden oder sinnvoll ist, z. B. bei sehr engen Straßen zur (auch langsamen) Begegnung oder auf zweibahnigen Straßen ohne Seitenstreifen zum seitlichen Abstellen von Pannenfahrzeugen. Eine Warnung ist dagegen nicht unbedingt erforderlich, wenn der Randstreifen durch entsprechende Fahrzeuge überhaupt nicht benutzt werden kann, z. B. wenn Schutzplanken angeordnet sind oder nahestehende große Bäume die Benutzung des Banketts zum Ausweichen möglich machen.

Zur Warnung vor einem solchen unbefahrbaren, aber nicht als unbefahrbar erkennbaren Bankett war in der StVO bisher Zeichen 388 vorgesehen. Das Zeichen ist seit der Änderung vom 1.4.2013 nicht mehr in der StVO enthalten.

Die Begründung für die Änderungsverordnung führt aus, dass die Optik des Zeichens 388 auf ein Zusatzzeichen schließen lasse. Es entspräche damit nicht der in der StVO üblichen Gestaltung eigenständiger Gefahrzeichen. Falls notwendig, könne statt des Zeichens 388 mit einem verbal gestalteten Zusatzzeichen (1007-60) zu Zeichen 101 auf einen nicht befahrbaren Seitenstreifen hingewiesen werden.

Ob in Zeiten des zusammenwachsenden Europas mit zahlreichen nicht deutschsprachigen Fahrzeugführern der (Rück-)Schritt zu einem verbal gestalteten Zusatzzeichen wirklich zielführend ist, mag dahingestellt bleiben. Auch viele deutsche Kraftfahrer können mit den Begriffen „Seitenstreifen" oder „Bankett", das dann nach dem verbal gestalteten Zusatzzeichen „nicht befahrbar" sein soll, nicht direkt etwas anfangen. Vielleicht wird in den nächsten Jahren ja ein besseres Sinnbild gefunden.

Mit **weiteren Zusatzzeichen** unter dem Zeichen 101 kann, wenn es unter bestimmten Voraussetzungen zweckdienlich ist (siehe Abschnitt 6.3.3), auf die Entfernung der Gefahrstelle, die Länge der gefährlichen Strecke oder die Richtung zur Gefahrstelle hingewiesen werden (siehe Abschnitt 6.3.2).

Zu Abschnitt 6.3.4

VwV-StVO zu § 40 Gefahrzeichen

Zu Zeichen 101 Gefahrstelle

1 I. Das Zeichen darf nicht anstelle der Zeichen 102 bis 151 dauerhaft verwendet werden.

2 II. Vor Schienenbahnen ohne Vorrang darf nur durch dieses Zeichen samt einem Zusatzzeichen z.B. mit dem Sinnbild „Straßenbahn" (1048-19) [durch Zz 1010-56 ersetzt] oder dem Sinnbild aus Zeichen 151 gewarnt werden, bei nicht oder kaum benutzten Gleisen auch durch Zeichen 112.

VwV-StVO zu § 44 Sachliche Zuständigkeit

Zu Absatz 2

Aufgaben der Polizei

7 I. Bei Gefahr im Verzug, vor allem an Schadenstellen, bei Unfällen und sonstigen unvorhergesehenen Verkehrsbehinderungen ist es Aufgabe der Polizei, auch mit Hilfe von Absperrgeräten und Verkehrszeichen den Verkehr vorläufig zu sichern und zu regeln. Welche Verkehrszeichen und Absperrgeräte im Einzelfall angebracht werden, richtet sich nach den Straßen-, Verkehrs- und Sichtverhältnissen sowie nach der Ausrüstung der eingesetzten Polizeikräfte.

8 Auch am Tage ist zur rechtzeitigen Warnung des übrigen Verkehrs am Polizeifahrzeug das blaue Blinklicht einzuschalten. Auf Autobahnen und Kraftfahrstraßen können darüber hinaus zur rückwärtigen Sicherung besondere Sicherungsleuchten verwendet werden.

6.3.5 Warnung vor speziellen Gefahren

■ Gefälle, Steigung

StVO Anlage 1 Allgemeine und Besondere Gefahrzeichen (zu § 40 Absatz 6 und 7) Abschnitt 1 Allgemeine Gefahrzeichen (zu § 40 Absatz 6)		
5	Zeichen 108  Gefälle	
6	Zeichen 110  Steigung	

Mit den Zeichen 108 und 110 kann vor gefährlichen Längsneigungen gewarnt werden, die schwer zu erkennen sind oder die aufgrund der Streckencharakteristik nicht vermutet werden. An gefährlichen Gefällstrecken besteht die Gefahr, dass Fahrzeuge ihre Geschwindigkeit nicht mehr kontrollieren können, z. B. weil bei starkem Gefälle das Bremsvermögen von vornherein nicht ausreicht oder weil bei langen Gefällstrecken die Bremskraft durch Überhitzung absinkt (Fading). An gefährlichen Steigungsstrecken besteht die Gefahr, dass Fahrzeuge auf vorausfahrende auffahren, die steigungsbedingt nur mit geringer Geschwindigkeit fahren.

Eine besondere Gefahr kann z. B. dann entstehen, wenn sich innerhalb der Gefällstrecke oder an deren Ende Knotenpunkte, Kurven oder Engstellen befinden, die nur mit verminderter Geschwindigkeit durchfahren werden dürfen.

Es hängt wesentlich von den geografischen Verhältnissen und der damit verbundenen Erwartungshaltung der Kraftfahrer ab, ob die Zeichen 108 und 110 anzuordnen sind oder nicht. Auf gebirgigen Straßen kann ein starkes Gefälle noch ungefährlich sein, weil es erwartet wird und im Verlauf eines Straßenzugs wiederholt vorkommt. Im Flachland dagegen kann das gleiche Gefälle schon als gefährlich anzusehen sein.

In der Regel werden Beobachtungen des Fahrerverhaltens oder die örtliche Unfallauswertung brauchbare Unterlagen liefern, um zu entscheiden, ob die Zeichen aufzustellen sind.

Bei einem als gefährlich gekennzeichneten Gefälle muss in der Gegenrichtung nicht unbedingt vor der Steigung gewarnt werden. Eine Warnung vor Steigungsstrecken ist besonders dann notwendig, wenn es bedingt durch die Steigung zu großen Geschwindigkeitsunterschieden zwischen den einzelnen Fahrzeugarten kommen kann, welche die Verkehrsteilnehmer zu erhöhter Aufmerksamkeit zwingen, weil gesonderte Kriechspuren nicht vorhanden sind (siehe Abschnitt 6.4.5).

Auf den Zeichen 108 und 110 sollten nur volle Prozentzahlen verwendet werden (z. B. 5 %, 6 %, 7 %). Wenn die Länge der Gefahrstrecke, insbesondere einer Gefällstrecke, nicht ohne Weiteres ersichtlich ist, sollte sie auf einem Zusatzzeichen angezeigt werden.

Wenn Zeichen 108 oder 110 als Warnung oder Aufforderung zur eigenverantwortlichen Anpassung des Fahrerverhaltens nicht ausreicht, kann stattdessen (oder bei unabweisbarem Bedarf ergänzend) eine Geschwindigkeitsbeschränkung angeordnet werden.

Dort, wo Notfallspuren angelegt sind, ist eine zusätzliche Beschilderung erforderlich, die dem Einzelfall angepasst sein muss.

Zu den Zeichen 108 Gefälle und 110 Steigung

VwV-StVO zu § 40 Gefahrzeichen

Zu den Zeichen 108 Gefälle und 110 Steigung

1 Die Zeichen dürfen nur dann angeordnet werden, wenn der Verkehrsteilnehmer die Steigung oder das Gefälle nicht rechtzeitig erkennen oder wegen besonderer örtlicher Verhältnisse oder des Streckencharakters die Stärke oder die Länge der Neigungsstrecke unterschätzen kann. Die Länge der Gefahrstrecke kann auf einem Zusatzzeichen angegeben werden.

Unebene Fahrbahn

StVO Anlage 1 Allgemeine und Besondere Gefahrzeichen (zu § 40 Absatz 6 und 7)
Abschnitt 1 Allgemeine Gefahrzeichen (zu § 40 Absatz 6)

7	**Zeichen 112**  **Unebene Fahrbahn**	

Mit Zeichen 112 kann auf sonst gut ausgebauten Straßen vor Unebenheiten in der Fahrbahn gewarnt werden, die beim Überfahren mit den auf der betreffenden Straße gefahrenen Geschwindigkeiten für die Verkehrsteilnehmer gefährlich werden können, mit denen sie aber nicht rechnen müssen oder die schwer zu erkennen sind.

Ob eine Gefährdung der Sicherheit vorliegt, kann in Zweifelsfällen durch Testfahrten ermittelt werden. Dabei wird festgestellt, mit welcher Geschwindigkeit man die unebene Fahrbahnstelle ohne Gefahr überfahren kann. Es empfiehlt sich, die Geschwindigkeit bei solchen Testfahrten um jeweils etwa 10 km/h zu steigern. Man bricht ab, wenn man glaubt, dass eine weitere Geschwindigkeitserhöhung verkehrsgefährdend werden könnte. Liegt die Geschwindigkeit, bei der man abbricht, unter der zu erwartenden v_{85}-Geschwindigkeit der betreffenden Straße, ist Zeichen 112 aufzustellen. Zur Definition der v_{85}-Geschwindigkeit vgl. Abschnitt 2.4.6 und VwV-StVO zu Zeichen 274, Rn. 2, 3. Die Notwendigkeit, sich bei (z. B. wegen ihrer Trassierung oder ihres allgemeinen Zustands) langsamer befahrenen Straßen an der (dort höheren) allgemeinen zulässigen Höchstgeschwindigkeit (z. B. 100 km/h auf normalen Landstraßen) zu orientieren, muss im Einzelfall abgewogen werden, erscheint aber generell nicht gegeben.

Bei längeren Strecken mit solchen Unebenheiten kann die Länge der Unebenheitsstrecke auf einem Zusatzzeichen angegeben werden. Vor einer besonders unebenen Stelle (z. B. Querrinne) kann es sich empfehlen, das Zeichen zu wiederholen, wobei die Entfernung auf einem Zusatzzeichen anzugeben ist (Zusatzzeichen 1004-30).

Zeichen 112 darf auch zur Warnung vor Unebenheiten infolge von Gleisen verwendet werden, wenn die Gleise nicht oder nur selten von Schienenfahrzeugen befahren werden und die Schienenbahnen keinen Vorrang besitzen (siehe auch VwV-StVO zu Zeichen 101) und daher vor dem Bahnübergang nicht ohnehin schon mit Zeichen 151 gewarnt wird.

6.3.5 Warnung vor speziellen Gefahren

Zu Zeichen 112 Unebene Fahrbahn

VwV-StVO
zu § 40
Gefahrzeichen

Zu Zeichen 112 Unebene Fahrbahn

1 I. Das Zeichen ist nur für sonst gut ausgebaute Straßen und nur dann anzuordnen, wenn Unebenheiten bei Einhaltung der jeweils zulässigen Höchstgeschwindigkeit oder der Richtgeschwindigkeit auf Autobahnen eine Gefahr für den Fahrzeugverkehr darstellen können.

2 II. Es ist empfehlenswert, die Entfernung zwischen dem Standort des Zeichens und dem Ende der Gefahrstelle anzugeben, wenn vor einer unebenen Fahrbahn von erheblicher Länge gewarnt werden muss.

3 III. Vgl. auch Nummer II zu Zeichen 101; Rn. 2.

■ Schleuder- oder Rutschgefahr

StVO Anlage 1 Allgemeine und Besondere Gefahrzeichen (zu § 40 Absatz 6 und 7) Abschnitt 1 Allgemeine Gefahrzeichen (zu § 40 Absatz 6)		
8	Zeichen 114  Schleuder- oder Rutschgefahr	Schleuder- oder Rutschgefahr bei Nässe oder Schmutz

Mit Zeichen 114 kann dort gewarnt werden, wo die Fahrbahngriffigkeit z. B. bei Nässe oder Verschmutzung für die Verkehrsteilnehmer nicht ohne Weiteres erkennbar und unerwartet niedrig ist und damit Schleuder- oder Rutschgefahr besteht.

Ein Wechsel des Straßenbelags bietet in der Regel für sich allein keinen Anlass zum Aufstellen eines Gefahrzeichens. Wenn aus der Art des Fahrbahnbelags zu erkennen ist, dass Schleudergefahr besteht und dieser Belag zudem sinnvoll und deutlich wahrnehmbar begrenzt ist, braucht kein Zeichen aufgestellt zu werden. Wo aber ein griffiger Belag in einen anderen übergeht, der bei Nässe rutschgefährlich wird, ist außerhalb der geschlossenen Ortschaft Zeichen 114 zur Warnung **für die in den rutschgefährlichen Abschnitt einfahrenden Verkehrsteilnehmer** sinnvoll (siehe *Bild 6.8*). Leider werden solche Stellen meistens erst durch Unfälle bekannt und lassen sich schwer vorausbestimmen. Richtwerte zur Beurteilung der Griffigkeit enthält das

Bild 6.8 Z 114 ist nicht mit Zz 1053-35 „bei Nässe" zu kombinieren, da dies bereits in der Bedeutung des Z 114 enthalten ist

6.3.5 Warnung vor speziellen Gefahren

- „Merkblatt zur Bewertung der Straßengriffigkeit bei Nässe (M BGriff)“, Ausgabe 2012, FGSV Verlag.

Dabei ist Zeichen 114 nur anzuordnen, wenn die Gefahr auf einem vergleichsweise kurzen Abschnitt besteht. Bei längeren Strecken mit niedriger Griffigkeit sollte anstelle der Warnung die zulässige Höchstgeschwindigkeit bei Nässe beschränkt werden (siehe Abschnitt 6.4.2).

Vor verschmutzter Fahrbahn (landwirtschaftlicher Verkehr, Ausfahrten von Baustellen, Kiesgruben o. Ä.) muss nur gewarnt werden, wenn die Verkehrsgefährdung nicht oder nur schwer erkennbar ist und die Verschmutzung nicht sofort beseitigt werden kann. Nach VwV-StVO zu § 32 Abs. 1 sind die zuständigen Stellen vielmehr gehalten, vom Verursacher notfalls unter Androhung von Bußgeld zu verlangen, Verschmutzungen zu vermeiden oder jeweils unverzüglich beseitigen zu lassen, oder aber diese notfalls gegen Kostenerstattung selbst zu beseitigen.

Zu Zeichen 114 Schleuder- oder Rutschgefahr

VwV-StVO
zu § 32
Verkehrshindernisse

Zu Absatz 1

1 I. Insbesondere in ländlichen Gegenden ist darauf zu achten, dass verkehrswidrige Zustände infolge von Beschmutzung der Fahrbahn durch Vieh oder Ackerfahrzeuge möglichst unterbleiben (z. B. durch Reinigung der Bereifung vor Einfahren auf die Fahrbahn), jedenfalls aber unverzüglich beseitigt werden.

2 II. Zuständige Stellen dürfen nach Maßgabe der hierfür erlassenen Vorschriften die verkehrswidrigen Zustände auf Kosten des Verantwortlichen beseitigen.

VwV-StVO
zu § 40
Gefahrzeichen

Zu Zeichen 114 Schleuder- oder Rutschgefahr bei Nässe oder Schmutz

1 I. Das Zeichen ist nur dort anzuordnen, wo die Gefahr nur auf einem kurzen Abschnitt besteht. Besteht die Gefahr auf längeren Streckenabschnitten häufiger, ist stattdessen die zulässige Höchstgeschwindigkeit bei Nässe zu beschränken. Innerhalb geschlossener Ortschaften ist das Zeichen in der Regel entbehrlich.

2 II. Vor der Beschmutzung der Fahrbahn ist nur zu warnen, wenn die verkehrsgefährdende Auswirkung schwer erkennbar ist und nicht sofort beseitigt werden kann; vgl. Nummer I zu § 32 Abs. 1; Rn. 1.

Seitenwind

StVO Anlage 1 Allgemeine und Besondere Gefahrzeichen (zu § 40 Absatz 6 und 7) Abschnitt 1 Allgemeine Gefahrzeichen (zu § 40 Absatz 6)		
9	Zeichen 117  Seitenwind	

Mit Zeichen 117 kann vor allem außerorts vor Stellen gewarnt werden, an denen aufgrund der örtlichen Gegebenheiten böige Winde auftreten, die für Kraftfahrzeuge gefährlich werden können (z. B. Waldschneisen, hohe Talbrücken).

Wenn eine Straße infolge ihrer Lage (z. B. Küstennähe, frei liegende Straße auf Gebirgskamm) über längere Abschnitte hinweg windgefährdet ist und normalerweise auch ohne eine Warnung mit Seitenwinden gerechnet werden muss, ist dieses Gefahrzeichen nicht erforderlich.

Das zusätzliche Aufstellen von Windsäcken hat an solchen Straßen nach den bisherigen Erfahrungen nicht zu einer Verbesserung der Verkehrssicherheit beitragen können; es sollte daher unterbleiben. Wenn eine Straßenverkehrsbehörde dennoch das Anbringen eines Windsacks anordnet, so kann die Straßenbaubehörde nicht die Kosten tragen, weil es sich hierbei um keine amtliche Verkehrseinrichtung handelt.

Stau

StVO Anlage 1 Allgemeine und Besondere Gefahrzeichen (zu § 40 Absatz 6 und 7) Abschnitt 1 Allgemeine Gefahrzeichen (zu § 40 Absatz 6)		
13	Zeichen 124  Stau	

Mit Zeichen 124 kann vor Streckenabschnitten gewarnt werden, auf denen es häufig zu Staubildung kommt und dadurch Gefahren entstehen, die auch aufmerksame Verkehrsteilnehmer nicht rechtzeitig erkennen können.

In der Regel ist Zeichen 124 nur auf stark belasteten, schnell befahrenen Straßen vor solchen Streckenabschnitten erforderlich, auf denen es erfahrungsgemäß häufig zu Stauungen kommt. Oft wird sich die Ausführung von Zeichen 124 als Wechselverkehrszeichen, das nur bei Bedarf gezeigt wird, in mechanischer oder lichttechnischer Bauart empfehlen. Auch im Zusammenhang mit Streckenbeeinflussungsanlagen ist Zeichen 124 einzusetzen (siehe Abschnitt 9.3.5).

Zu Zeichen 124 Stau

Siehe auch „Richtlinien für Wechselverkehrszeichen an Bundesfernstraßen (RWVZ)".

Gegenverkehr

StVO Anlage 1 Allgemeine und Besondere Gefahrzeichen (zu § 40 Absatz 6 und 7) Abschnitt 1 Allgemeine Gefahrzeichen (zu § 40 Absatz 6)		
14	Zeichen 125  Gegenverkehr	

Mit Zeichen 125 kann dort gewarnt werden, wo eine Fahrbahn, die sonst nur Verkehr in einer Richtung aufweist, nunmehr in beiden Richtungen befahren wird und dies nicht ohne Weiteres erkennbar ist.

Dort, wo eine Fahrbahn, die sonst nur in einer Richtung befahren wird, in beiden Richtungen Verkehr aufweist (z. B. Sperrung einer Fahrbahn der Autobahn wegen Bauarbeiten mit Gegenverkehr auf der anderen Fahrbahn), ist das Zeichen

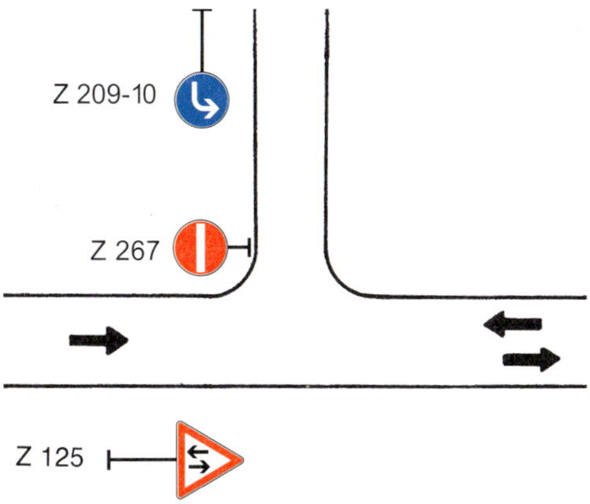

Bild 6.9 Übergang einer Einbahnstraße in eine Straße mit Verkehr in beiden Richtungen

„Gegenverkehr“ zur Warnung der Verkehrsteilnehmer erforderlich. Bei längeren im Gegenverkehr befahrenen Richtungsfahrbahnen kann das Zeichen in angemessenen Abständen wiederholt werden, wenn die Fahrbahn nicht von sich aus erkennen lässt, dass sie in beiden Richtungen für den Verkehr freigegeben ist.

Zeichen 125 kann ebenfalls dort verwendet werden, wo eine Einbahnstraße in ihrer geradlinigen Fortsetzung in eine Straße mit Verkehr in beiden Richtungen übergeht (*Bild 6.9*).

Die auf diesem Zeichen gezeigten zwei Pfeile, je einer rechts und einer links, könnten die Assoziation eines Richtungsverkehrs mit zwei Spuren in einer Richtung erwecken, sind also optisch widersprüchlich.

Zu Zeichen 125 Gegenverkehr

VwV-StVO zu § 40 Gefahrzeichen

Zu Zeichen 125 Gegenverkehr

1 Das Zeichen ist nur dann anzuordnen, wenn eine Fahrbahn mit Verkehr in einer Richtung in eine Fahrbahn mit Gegenverkehr übergeht und dies nicht ohne Weiteres erkennbar ist.

Lichtzeichenanlage

StVO Anlage 1 Allgemeine und Besondere Gefahrzeichen (zu § 40 Absatz 6 und 7)
Abschnitt 1 Allgemeine Gefahrzeichen (zu § 40 Absatz 6)

15	Zeichen 131  Lichtzeichenanlage	

Zeichen 131 dient der Warnung vor einer Lichtzeichenanlage. Innerorts ist es anzuordnen, wenn eine Lichtzeichenanlage nicht ohne Weiteres oder nicht rechtzeitig genug erkennbar ist, um auch nach Umschaltvorgängen vor ihr anzuhalten. Außerorts ergänzt das Zeichen begründend die Geschwindigkeitsbegrenzung, die in der Regel vor Lichtzeichenanlagen anzuordnen ist.

Zeichen 131 kann auch als Warnung vor zweifeldigen Signalgebern (rot/gelb) verwendet werden.

Innerhalb geschlossener Ortschaften ist dieses Zeichen nur sehr selten erforderlich, denkbar ist eine Aufstellung z. B. hinter engen Kurven oder nach Inbetriebnahme einer neuen Signalanlage.

Außerorts wird Zeichen 131 in der Regel zusammen mit der Geschwindigkeitsbeschränkung an einem Mast aufgestellt. Eine solche Geschwindigkeitsbeschränkung auf maximal 70 km/h ist außerorts in der Regel notwendig, um beim Signalwechsel von „Grün“ nach „Rot“, abgestimmt auf die im Schaltprogramm der Lichtzeichenanlage festgelegte Gelb-Zeit, eine zuverlässige Entscheidung zwischen „noch Durchfahren“ und „Anhalten“ zu ermöglichen. Zeichen 131 lenkt darüber hinaus die Aufmerksamkeit der Fahrzeugführer auf die Lichtzeichenanlage und deren mögliche Signalwechsel (siehe *Bild 6.10*).

Bei schlechten Sichtverhältnissen in der Knotenzufahrt kann es zur Vermeidung von Auffahrunfällen sinnvoll sein, über dem Zeichen 131 gelbes Blinklicht zu zeigen, vorzugsweise nur zu den Signalzeiten, an denen die so gewarnten Fahrzeuge die Signalanlage bei „Rot“ erreichen werden.

Vor Bahnübergängen mit Lichtzeichen wird nur mit Zeichen 151 und nicht mit Zeichen 131 gewarnt (siehe Abschnitt 5.4.4).

Bild 6.10
Z 131 in Kombination mit Z 274 zur Warnung vor Lichtzeichenanlagen außerorts

Zu Zeichen 131 Lichtzeichenanlage

VwV-StVO
zu § 40
Gefahrzeichen

Zu Zeichen 131 Lichtzeichenanlage

1 Das Zeichen ist innerhalb geschlossener Ortschaften nur anzuordnen, wenn die Lichtzeichenanlage für die Fahrzeugführer nicht bereits in so ausreichender Entfernung erkennbar ist, dass ein rechtzeitiges Anhalten problemlos möglich ist. Außerhalb geschlossener Ortschaften ist das Zeichen stets in Verbindung mit einer Geschwindigkeitsbeschränkung vor Lichtzeichenanlagen anzuordnen; vgl. III. zu Zeichen 274.

VwV-StVO
zu § 41
Vorschriftzeichen

Zu Zeichen 274 Zulässige Höchstgeschwindigkeit

5 III. Außerhalb geschlossener Ortschaften ist die zulässige Höchstgeschwindigkeit vor Lichtzeichenanlagen auf 70 km/h zu beschränken.

Fußgänger, Kinder und Radverkehr

StVO Anlage 1 Allgemeine und Besondere Gefahrzeichen (zu § 40 Absatz 6 und 7) Abschnitt 1 Allgemeine Gefahrzeichen (zu § 40 Absatz 6)		
16	Zeichen 133  Fußgänger	
17	Zeichen 136  Kinder	
18	Zeichen 138  Radverkehr	

Mit den Zeichen 133, 136 und 138 können Fahrzeugführer vor Verkehrsteilnehmern gewarnt werden, die auch ohne Bevorrechtigung außerhalb von Kreuzungen für den Fahrzeugverkehr unerwartet und nicht ohne Weiteres erkennbar, aber doch häufiger die Fahrbahn kreuzen, auf sie geleitet oder längs auf ihr geführt werden.

Auch wenn an solchen Stellen in der Regel der Kraftfahrzeugverkehr bevorrechtigt ist, ist doch geboten, vor diesen „schwächeren" Verkehrsteilnehmern zu warnen, da sie durch spezifische Eigenheiten der erhöhten Aufmerksamkeit der Fahrzeugführer bedürfen. Gewarnt werden muss nur, wenn in der speziellen Situation eine erhöhte Aufmerksamkeit der Fahrzeugführer erforderlich ist, z. B. weil die Querungsstelle schlecht einsehbar ist, die Kreuzungszeiten im Verhältnis zur Annäherungszeit sehr groß sind und/oder mit Fußgängern, Kindern oder Radfahrern an dieser Stelle nicht zu rechnen ist, wenn sich außerorts häufiger Fußgänger oder Radfahrer unerwartet längs der Straße bewegen oder wenn innerorts in Ausnahmefällen keine Gehwege angelegt sind.

Vor **Fußgängern** muss vor allem gewarnt werden, da diese eine gewisse Zeit benötigen, um die Fahrbahn zu kreuzen und bei Führung längs der Fahrbahn vor allem in der Nacht nur schwer zu erkennen sind. Zur Beschilderung von Fußgängerüberwegen siehe Abschnitt 5.3.5.

Vor kreuzenden oder ungesichert auf die Fahrbahn laufenden Kindern ist besonders zu warnen, da diese sich häufig sehr unberechenbar verhalten. Insofern erinnert das Zeichen auch an die besonderen Pflichten der Fahrzeugführer gegenüber Kindern (siehe § 3 Abs. 2a StVO), wenn diese nicht ohnehin ersichtlich sind.

In der Regel sollte an solchen Stellen vorrangig versucht werden, die Gefahr durch eine technische Sicherung zu verringern. In Tempo 30-Zonen

6.3.5 Warnung vor speziellen Gefahren

Bild 6.11 Beidseitige Beschilderung zur Warnung vor Kindern

ist eine Warnung vor Kindern nur in Ausnahmefällen erforderlich.

Dort, wo ein regelmäßiger Schülerlotsendienst besteht, empfiehlt es sich, statt Zeichen 136 das Zeichen 356 „Verkehrshelfer" anzuordnen (siehe auch Abschnitt 5.3.4).

Radfahrer sind eine sehr heterogene Verkehrsgruppe. Entsprechend können auch die Gründe sehr unterschiedlich sein, warum vor ihnen gewarnt werden muss. In Ausflugsgebieten können besondere unerwartete Gefahren z. B. von Familien mit kleineren Kindern ausgehen, die die Fahrbahn entlang einer Fahrrad-Ausflugsstrecke kreuzen, entlang von Fahrrad-Pendler-/Schülerstrecken dagegen von der vergleichsweise hohen Geschwindigkeit der Radfahrer.

Vor dem Ende eines Radwegs muss in der Regel nicht mit Zeichen 138 gewarnt werden. Sollte das Ende nicht ohne Weiteres erkennbar sein, wird es lediglich mit Zeichen 237 ff. und dem Zusatzzeichen „Ende" gekennzeichnet. Zeichen 138 kommt jedoch in Betracht, wenn am Ende eines einseitig angelegten Zweirichtungs-Radwegs der Radverkehr außerorts oder am Ortseingang an einer unübersichtlichen Stelle kreuzen muss (siehe auch Abschnitt 3.5.3).

Werden die Zeichen auf der linken Straßenseite wiederholt, z. B. weil das rechts aufgestellte Zeichen nicht ausreichend erkennbar ist oder weil die Aufmerksamkeit der Kraftfahrer auf die linke Straßenseite gelenkt werden soll, sind die Zeichen dort spiegelbildlich aufzustellen (siehe Abschnitt 6.3.2; siehe *Bild 6.11*).

Zu den Zeichen 133 Fußgänger, 136 Kinder und 138 Radverkehr

StVO § 3 Geschwindigkeit

(2a) Wer ein Fahrzeug führt, muss sich gegenüber Kindern, hilfsbedürftigen und älteren Menschen, insbesondere durch Verminderung der Fahrgeschwindigkeit und durch Bremsbereitschaft, so verhalten, dass eine Gefährdung dieser Verkehrsteilnehmer ausgeschlossen ist.

VwV-StVO zu § 40 Gefahrzeichen

Zu Zeichen 133 Fußgänger

1 Das Zeichen ist nur dort anzuordnen, wo Fußgängerverkehr außerhalb von Kreuzungen oder Einmündungen über oder auf die Fahrbahn geführt wird und dies für den Fahrzeugverkehr nicht ohne Weiteres erkennbar ist.

Zu Zeichen 136 Kinder

1 I. Das Zeichen darf nur angeordnet werden, wo die Gefahr besteht, dass Kinder häufig ungesichert auf die Fahrbahn laufen und eine technische Sicherung nicht möglich ist. Die Anordnung des Zeichens ist in Tempo 30-Zonen in der Regel nicht erforderlich (vgl. Nummer XII zu § 45 Abs. 1 bis 1 e).

2 II. Vgl. auch zu § 31; Rn. 1.

Zu Zeichen 138 Radfahrer

1 Das Zeichen ist nur dort anzuordnen, wo Radverkehr außerhalb von Kreuzungen oder Einmündungen die Fahrbahn quert oder auf sie geführt wird und dies für den Kraftfahrzeugverkehr nicht ohne Weiteres erkennbar ist. Vgl. III zu den Zeichen 237, 240 und 241.

VwV-StVO zu § 41 Vorschriftzeichen

Zu den Zeichen 237, 240 und 241 Radweg, gemeinsamer und getrennter Geh- und Radweg

3 III. Wo das Ende eines Sonderweges zweifelsfrei erkennbar ist, bedarf es keiner Kennzeichnung. Ansonsten ist das Zeichen mit dem Zusatzzeichen „Ende" anzuordnen.

Wildwechsel

StVO Anlage 1 Allgemeine und Besondere Gefahrzeichen (zu § 40 Absatz 6 und 7) Abschnitt 1 Allgemeine Gefahrzeichen (zu § 40 Absatz 6)		
19	Zeichen 142  Wildwechsel	

Mit Zeichen 142 kann an Straßen mit schnellem Verkehr vor den Gefahren durch kreuzendes Wild gewarnt werden, wo dieses häufig unerwartet öffentliche Straßen überquert.

Wildwechselschilder sind nur zur Sicherung des Fahrzeugverkehrs vor einem regelmäßig und häufig benutzten Wildwechsel (Haupt- oder Dauerwechsel) erforderlich. Weil Wildwechsel im Gegensatz zu manchen anderen Gefahrpunkten örtlich nicht genau festliegen, ist Zeichen 142 entsprechend früh genug anzuordnen. Auf einem Zusatzzeichen kann die Streckenlänge angegeben werden, auf der mit Wildwechsel bzw. noch mit Wildwechsel gerechnet werden muss.

Die Gefahrstellen, an denen mit Zeichen 142 gewarnt wird, sind im Benehmen mit den zuständigen Jagd- und Forstbehörden sowie nach Anhörung der Jagdausübungsberechtigten festzulegen, um die Wildverhältnisse angemessen berücksichtigen zu können. Dabei dient Zeichen 142 vorrangig als Warnung für den Fahrzeugführer und nicht dem Schutz des Wildes.

Untersuchungen über Wildunfälle haben gezeigt, dass neben dem Aufstellen von Gefahrzeichen weitere flankierende Maßnahmen sinnvoll sind, um die Sicherheit zu erhöhen. Siehe auch „Chamener Modell", eine unter Beteiligung des Deutschen Jagdschutzverbands und des ADAC durchgeführte Untersuchung, herausgegeben vom ADAC, Abt. STV. Zu diesen Maßnahmen zählen u. a. Wildbrücken, Wildäcker und Duftzäune. Ferner wird vorgeschlagen, Straßenränder und -böschungen nicht mit Lupinen, Klee oder Luzernen zu begrünen, weil diese Pflanzen das Wild anziehen.

Für Straßen ohne planfreie Knotenpunkte sind Wildschutzzäune nur sinnvoll, um zu verhindern, dass Wild in den durch die Zäune geschützten Bereich eindringt und dann dort gefangen ist (siehe Abschnitt 11.2 und „Richtlinien für Wildschutzzäune an Bundesfernstraßen"). Dort, wo Schutzzäune errichtet sind, ist Zeichen 142 entbehrlich.

Wird Zeichen 142 auf der linken Straßenseite wiederholt, z. B. weil das rechts aufgestellte Zeichen nicht ausreichend erkennbar ist oder weil die Aufmerksamkeit der Fahrzeugführer auf die linke Straßenseite gelenkt werden soll, ist es dort spiegelbildlich aufzustellen (siehe Abschnitt 6.3.3; siehe *Bild 6.12*).

Bild 6.12 Beidseitige Beschilderung zur Warnung vor Wildwechsel

6.3.5 Warnung vor speziellen Gefahren

Zu Zeichen 142 Wildwechsel

VwV-StVO
zu § 40
Gefahrzeichen

Zu Zeichen 142 Wildwechsel

1 I. Das Zeichen darf nur für Straßen mit schnellem Verkehr für bestimmte Streckenabschnitte angeordnet werden, in denen Wild häufig über die Fahrbahn wechselt. Diese Gefahrstellen sind mit den unteren Jagd- und Forstbehörden sowie den Jagdausübungsberechtigten festzulegen.

2 II. Auf Straßen mit Wildschutzzäunen ist das Zeichen entbehrlich.

6.4 Streckenverbote und -gebote

6.4.1 Allgemeines

StVO Anlage 2 Vorschriftzeichen (zu § 41 Absatz 1)
Abschnitt 7 Geschwindigkeitsbeschränkungen und Überholverbote

49	**Zeichen 274**  **Zulässige Höchstgeschwindigkeit**	**Ge- oder Verbot** 1. Wer ein Fahrzeug führt, darf nicht schneller als mit der jeweils angegebenen Höchstgeschwindigkeit fahren. 2. Sind durch das Zeichen innerhalb geschlossener Ortschaften bestimmte Geschwindigkeiten über 50 km/h zugelassen, gilt das für Fahrzeuge aller Art. 3. Außerhalb geschlossener Ortschaften bleiben die für bestimmte Fahrzeugarten geltenden Höchstgeschwindigkeiten (§ 3 Absatz 3 Nummer 2 Buchstabe a und b und § 18 Absatz 5) unberührt, wenn durch das Zeichen eine höhere Geschwindigkeit zugelassen ist. **Erläuterung** Das Zeichen kann in einer Fahrstreifentafel oder einer Einengungstafel oder einer Aufweitungstafel integriert sein. Dann bezieht sich die zulässige Höchstgeschwindigkeit nur auf den jeweiligen Fahrstreifen, für den die Höchstgeschwindigkeit angeordnet ist.
49.1		**Ge- oder Verbot** Das Zusatzzeichen zu dem Zeichen 274 verbietet Fahrzeugführenden, bei nasser Fahrbahn die angegebene Geschwindigkeit zu überschreiten.
52	**Zeichen 275**  **Vorgeschriebene Mindestgeschwindigkeit**	**Ge- oder Verbot** Wer ein Fahrzeug führt, darf nicht langsamer als mit der angegebenen Mindestgeschwindigkeit fahren, sofern nicht Straßen-, Verkehrs-, Sicht- oder Wetterverhältnisse dazu verpflichten. Es verbietet, mit Fahrzeugen, die nicht so schnell fahren können oder dürfen, einen so gekennzeichneten Fahrstreifen zu benutzen. **Erläuterung** Das Zeichen kann in einer Fahrstreifentafel oder einer Aufweitungstafel integriert sein. Dann bezieht sich die vorgeschriebene Mindestgeschwindigkeit nur auf den jeweiligen Fahrstreifen, für den die Mindestgeschwindigkeit angeordnet ist.

6.4.1 Allgemeines

StVO Anlage 2 Vorschriftzeichen (zu § 41 Absatz 1)
Abschnitt 7 Geschwindigkeitsbeschränkungen und Überholverbote

zu 53, 54 und 54.4		**Ge- oder Verbot** Die nachfolgenden Zeichen 276 und 277 verbieten Kraftfahrzeugen das Überholen von mehrspurigen Kraftfahrzeugen und Krafträdern mit Beiwagen. Ist auf einem Zusatzzeichen eine Masse, wie „7,5 t" angegeben, gilt das Verbot nur, soweit die zulässige Gesamtmasse dieser Kraftfahrzeuge, einschließlich ihrer Anhänger, die angegebene Grenze überschreitet. Soll mehrspurigen Kraftfahrzeugen und Krafträdern mit Beiwagen das Überholen von einspurigen Fahrzeugen verboten werden, ist Zeichen 277.1 angeordnet.
53	**Zeichen 276**  **Überholverbot für Kraftfahrzeuge aller Art**	
54	**Zeichen 277**  **Überholverbot für Kraftfahrzeuge über 3,5 t**	**Ge- oder Verbot** Überholverbot für Kraftfahrzeuge mit einer zulässigen Gesamtmasse über 3,5 t, einschließlich ihrer Anhänger, und für Zugmaschinen. Ausgenommen sind Personenkraftwagen und Kraftomnibusse.
54.1		**Ge- oder Verbot** Mit dem Zusatzzeichen gilt das durch Zeichen 277 angeordnete Überholverbot auch für Kraftfahrzeuge über 2,8 t, einschließlich ihrer Anhänger.
54.2		**Ge- oder Verbot** Mit dem Zusatzzeichen gilt das durch Zeichen 277 angeordnete Überholverbot auch für Kraftomnibusse und Personenkraftwagen mit Anhänger.
54.3		**Erläuterung** Das Zusatzzeichen zu dem Zeichen 274, 276, 277 oder 277.1 gibt die Länge einer Geschwindigkeitsbeschränkung oder eines Überholverbots an.

StVO Anlage 2 Vorschriftzeichen (zu § 41 Absatz 1)
Abschnitt 7 Geschwindigkeitsbeschränkungen und Überholverbote

54.4	**Zeichen 277.1**  **Verbot des Überholens von einspurigen Fahrzeugen für mehrspurige Kraftfahrzeuge und Krafträder mit Beiwagen**	**Ge- oder Verbot** Wer ein mehrspuriges Kraftfahrzeug führt, darf ein- und mehrspurige Fahrzeuge nicht überholen.
55		**Erläuterung** Das Ende einer streckenbezogenen Geschwindigkeitsbeschränkung oder eines Überholverbots ist nicht gekennzeichnet, wenn das Verbot nur für eine kurze Strecke gilt und auf einem Zusatzzeichen die Länge des Verbots angegeben ist. Es ist auch nicht gekennzeichnet, wenn das Verbotszeichen zusammen mit einem Gefahrzeichen angebracht ist und sich aus der Örtlichkeit zweifelsfrei ergibt, von wo an die angezeigte Gefahr nicht mehr besteht. Sonst ist es gekennzeichnet durch die Zeichen 278 bis 282.
56	**Zeichen 278**  **Ende der zulässigen Höchstgeschwindigkeit**	**Erläuterung** Das Zeichen kann in einer Fahrstreifentafel oder einer Einengungstafel oder Aufweitungstafel integriert sein. Dann bezieht sich das Zeichen nur auf den jeweiligen Fahrstreifen, für den die zulässige Höchstgeschwindigkeit vorher angeordnet worden war.
57	**Zeichen 279**  **Ende der vorgeschriebenen Mindestgeschwindigkeit**	**Erläuterung** Das Zeichen kann in einer Fahrstreifentafel oder einer Einengungstafel integriert sein. Dann bezieht sich das Zeichen nur auf den jeweiligen Fahrstreifen, für den die vorgeschriebene Mindestgeschwindigkeit vorher angeordnet worden war.

6.4.1 Allgemeines

StVO Anlage 2 Vorschriftzeichen (zu § 41 Absatz 1) Abschnitt 7 Geschwindigkeitsbeschränkungen und Überholverbote		
58	**Zeichen 280**  **Ende des Überholverbots für Kraftfahrzeuge aller Art**	
59	**Zeichen 281**  **Ende des Überholverbots für Kraftfahrzeuge über 3,5 t**	
59.1	**Zeichen 281.1**  **Ende des Verbots des Überholens von einspurigen Fahrzeugen für mehrspurige Kraftfahrzeuge und Krafträder mit Beiwagen**	
60	**Zeichen 282**  **Ende sämtlicher streckenbezogener Geschwindigkeitsbeschränkungen und Überholverbote**	**Erläuterung** Das Zeichen kann in einer Fahrstreifentafel oder einer Aufweitungstafel integriert sein. Dann bezieht sich das Zeichen nur auf den jeweiligen Fahrstreifen, für den die streckenbezogenen Geschwindigkeitsbeschränkungen und Überholverbote vorher angeordnet worden waren.

StVO Anlage 2 Vorschriftzeichen (zu § 41 Absatz 1)
Abschnitt 9 Markierungen

68

Zeichen 295

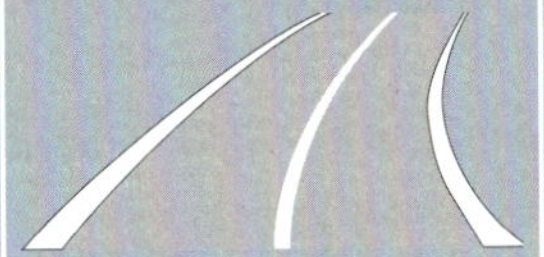

Fahrstreifenbegrenzung, Begrenzung von Fahrbahnen und Sonderwegen

Ge- oder Verbot

1. a) Wer ein Fahrzeug führt, darf die durchgehende Linie auch nicht teilweise überfahren.
   b) Trennt die durchgehende Linie den Teil der Fahrbahn oder des Sonderwegs für den Gegenverkehr ab, ist rechts von ihr zu fahren.
   c) Grenzt sie einen befestigten Seitenstreifen ab, müssen außerorts landwirtschaftliche Zug- und Arbeitsmaschinen, Fuhrwerke und ähnlich langsame Fahrzeuge möglichst rechts von ihr fahren.
   d) Wer ein Fahrzeug führt, darf auf der Fahrbahn nicht parken, wenn zwischen dem abgestellten Fahrzeug und der Fahrstreifenbegrenzungslinie kein Fahrstreifen von mindestens 3 m mehr verbleibt.
2. a) Wer ein Fahrzeug führt, darf links von der durchgehenden Fahrbahnbegrenzungslinie nicht halten, wenn rechts ein Seitenstreifen oder Sonderweg vorhanden ist.
   b) Wer ein Fahrzeug führt, darf die Fahrbahnbegrenzung der Mittelinsel des Kreisverkehrs nicht überfahren.
   c) Ausgenommen von dem Verbot zum Überfahren der Fahrbahnbegrenzung der Mittelinsel des Kreisverkehrs sind nur Fahrzeuge, denen wegen ihrer Abmessungen das Befahren sonst nicht möglich wäre. Mit ihnen darf die Mittelinsel überfahren werden, wenn eine Gefährdung anderer am Verkehr Teilnehmenden ausgeschlossen ist.
3. a) Wird durch Zeichen 223.1 das Befahren eines Seitenstreifens angeordnet, darf die Fahrbahnbegrenzung wie eine Leitlinie zur Markierung von Fahrstreifen einer durchgehenden Fahrbahn (Zeichen 340) überfahren werden.
   b) Grenzt sie einen Sonderweg ab, darf sie nur überfahren werden, wenn dahinter anders nicht erreichbare Parkstände angelegt sind oder sich Grundstückszufahrten befinden und das Benutzen von Sonderwegen weder gefährdet noch behindert wird.
   c) Die Linie zur Begrenzung von Fahrbahnen oder Sonderwegen darf überfahren werden, wenn sich dahinter eine nicht anders erreichbare Grundstückszufahrt befindet.

Erläuterung

1. Als Fahrstreifenbegrenzung trennt das Zeichen den für den Gegenverkehr bestimmten Teil der Fahrbahn oder mehrere Fahrstreifen für den gleichgerichteten Verkehr voneinander ab. Die Fahrstreifenbegrenzung kann zur Abtrennung des Gegenverkehrs aus einer Doppellinie bestehen. Die Doppellinie kann voneinander abgesetzt aufgebracht sein, dann kann der verbleibende Zwischenraum in grüner Farbe ausgefüllt sein, was weder einen Mittelstreifen noch eine bauliche Trennung darstellt.

>

6.4.1 Allgemeines

StVO Anlage 2 Vorschriftzeichen (zu § 41 Absatz 1) Abschnitt 9 Markierungen		
68		2. Als Fahrbahnbegrenzung kann die durchgehende Linie auch einen Seitenstreifen oder Sonderweg abgrenzen. 3. Als Begrenzung eines Sonderwegs kennzeichnet sie den Verlauf des für den Radverkehr bestimmten Teils des Sonderwegs.
69	**Zeichen 296** 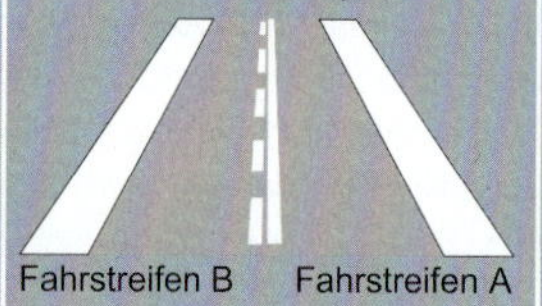 **Einseitige Fahrstreifenbegrenzung**	**Ge- oder Verbot** 1. Wer ein Fahrzeug führt, darf die durchgehende Linie nicht überfahren oder auf ihr fahren. 2. Wer ein Fahrzeug führt, darf nicht auf der Fahrbahn parken, wenn zwischen dem parkenden Fahrzeug und der durchgehenden Fahrstreifenbegrenzungslinie kein Fahrstreifen von mindestens 3 m mehr verbleibt. 3. Für Fahrzeuge auf dem Fahrstreifen B ordnet die Markierung an: Fahrzeuge auf dem Fahrstreifen B dürfen die Markierung überfahren, wenn der Verkehr dadurch nicht gefährdet wird.
71	**Zeichen 297.1** 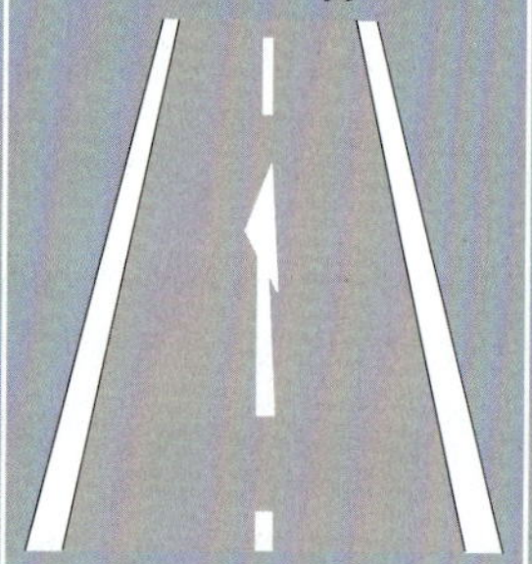 **Vorankündigungspfeil**	**Erläuterung** Mit dem Vorankündigungspfeil wird eine Fahrstreifenbegrenzung angekündigt oder das Ende eines Fahrstreifens angezeigt. Die Ausführung des Pfeils kann von der gezeigten abweichen.

Überblick

Streckenverbote werden dort angeordnet, wo das Verhalten der Kraftfahrer über eine bestimmte Strecke meist aus für sie zunächst nicht einsichtigen Gründen geregelt werden muss und z. B. Leiteinrichtungen oder Gefahrzeichen nicht ausreichen.

Mit der Neuverkündung der StVO 2013 hat der Verordnungsgeber den Begriff der Streckenverbote aus der StVO gestrichen und durch die Begriffspaarung „Geschwindigkeitsbeschränkungen und Überholverbote" ersetzt. Dies dürfte insbesondere der schon länger zurückliegenden Einführung des Zeichens 274.1 (Beginn einer Tempo 30-Zone) geschuldet sein, das aus naheliegenden Gründen nur schwer in diese Kategorie einzuordnen ist. Im vorliegenden Werk behalten wir den hergebrachten Begriff aus Gründen der Praktikabilität bei, weisen ihm aber einen im Hinblick auf die tatsächliche Wirkung bestimmter Verkehrszeichen leicht abgewandelten Bedeutungsgehalt zu.

Grundsätzlich gilt, dass die Verkehrsteilnehmer ihr Verhalten auf Grundlage der strengen, jederzeit und überall geltenden allgemeinen Vorschriften der StVO in eigener Verantwortung und aus eigener Einsicht bestimmen (siehe Abschnitte 6.1 und 2.2.5). Auf Einflüsse, die wichtig für diese Entscheidungen sind, soll durch entsprechende Gestaltung der Straßenanlage, notfalls auch durch Verkehrseinrichtungen und Warnzeichen hingewiesen werden (siehe Abschnitte 6.2 und 6.3). Dennoch verbleiben immer wieder Situationen, in denen das Fahrerverhalten zu ihrem eigenen Schutz oder zum Schutz anderer Personen oder Güter reglementiert werden muss.

Daraus ergibt sich zunächst, dass Streckenverbote erst angeordnet werden dürfen, wenn sich die anderen Möglichkeiten der Verhaltensbeeinflussung im konkreten Einzelfall als nicht ausreichend erwiesen haben. Nur in besonders gefahrgeneigten Einzelfällen oder wenn sich aus der VwV-StVO oder den dazu erlassenen Richtlinien konkrete Vorgaben ergeben, sollten sie ohne vorlaufend angeordnete mildere Maßnahmen sofort angeordnet werden. Außerdem ist eine Regelung zu wählen, die möglichst gering in das eigenverantwortliche Handeln der Fahrer eingreift. Die jeweiligen Gründe und Entscheidungen sind in der verkehrsrechtlichen Anordnung zu dokumentieren.

Gründe für die Anordnung von Streckenverboten können sein:

- Sicherheit auf der freien Strecke (siehe Abschnitt 6.4.2);
- Sicherheit an gefährlichen Stellen (siehe Abschnitt 6.4.3):
  - Kurven (siehe Abschnitt 6.6),
  - Knotenpunkten (siehe Abschnitt 4),
  - Lichtsignalanlagen (siehe Abschnitt 9.3.3),
  - Arbeitsstellen (siehe Abschnitt 7.2),
  - Bahnübergängen (siehe Abschnitt 5.4.4),
  - Engstellen und Alleen (siehe Abschnitt 6.7),
  - Ankündigung von Ortsdurchfahrten (siehe Abschnitt 6.5.4),
  - Straßenschäden (siehe Abschnitt 6.3.5),
  - anderen gefährlichen Stellen (siehe Abschnitt 6.3.5);
- Schutz des Umfelds vor:
  - Immissionen (siehe Abschnitt 6.4.4),
  - Fahrzeugen mit gefährlicher Ladung (siehe Abschnitt 3.4.4);
- Sicherstellung des gleichmäßigen Verkehrsflusses (siehe Abschnitt 6.4.5);
- Ermöglichen eines schnelleren Verkehrsflusses (siehe Abschnitt 6.4.5);
- sonstige Gründe (siehe Abschnitt 6.4.6):
  - Durchführung von Kontrollen,
  - Verhüten von Schäden an der Straße,
  - Erforschen des Unfallgeschehens, des Verkehrsverhaltens, des Verkehrsablaufs oder zur Erprobung von Maßnahmen.

Diese einzelnen Fälle sind in den angegebenen Abschnitten einzeln behandelt. Nachfolgend werden noch allgemeine Hinweise für die Anordnung von Streckenverboten gegeben.

Streckenverbote bedürfen in der Regel einer ausführlichen Begründung, in der die Sicherheit (und häufig auch Ansprüche aus dem Umfeld der Straße), die Leichtigkeit des Verkehrs und ggf. auch noch andere Einflüsse gegeneinander, insbesondere aber gegen die grundgesetzlich gewährte allgemeine Handlungsfreiheit abgewogen werden müssen. Maßstab für diese Abwägungen ist § 45 Abs. 9 Satz 3 StVO.

Streckenverbote können auch dynamisch in Verkehrsbeeinflussungsanlagen gezeigt werden (siehe Abschnitte 9.3.4, 9.3.5, 9.3.7), um in Abhängigkeit vom Verkehrsablauf oder der Umfeldsituation nur genau dann wirksam zu sein, wenn dies für eine Verbesserung der Sicherheit und Leichtigkeit des Verkehrs erforderlich ist. Dann sind in der Anordnung die jeweiligen zum Schaltprogramm führenden Entscheidungswege, insbesondere Steuerungslogik und -parameter sowie Standardprogramme, festzulegen (ggf. unter Bezugnahme auf entsprechende allgemeine Richtlinien).

Bedeutung der einzelnen Zeichen

Die zulässige Höchstgeschwindigkeit ist in der StVO in den §§ 3 und 18 für bestimmte Straßentypen und Fahrzeugarten sowie in weiteren Paragrafen für weitere räumlich abgegrenzte Bereiche allgemein geregelt (siehe auch Abschnitt 6.6).

Mit Zeichen 274 kann im Einzelfall eine davon abweichende zulässige Höchstgeschwindigkeit angeordnet werden.

Zulässige Höchstgeschwindigkeiten höher als 130 km/h dürfen auch auf Autobahnen nicht angeordnet werden. Dies trägt dem Umstand Rechnung, dass Beschränkungen der zulässigen Höchstgeschwindigkeiten auch eine geschwindigkeitssteigernde Wirkung haben können. Dies stünde in diesem Fall der Intention des Verordnungsgebers entgegen, dass auf Autobahnen und anderen Straßen ohne generelle Geschwindigkeitsbeschränkung nicht schneller als 130 km/h gefahren werden sollte.

Der Effekt einer Geschwindigkeitserhöhung langsamerer Pkw-Fahrer bei angeordneten Geschwindigkeitsbeschränkungen ist mehrfach belegt, besonders eindrücklich in der wissenschaftlichen Dokumentation der Einführung der allgemeinen Geschwindigkeitsbeschränkung auf Landstraßen. Dadurch wurden zwar einerseits die (gefährlichen) hohen Spitzengeschwindigkeiten unterbunden, andererseits war aber ein deutlicher Anstieg der durchschnittlichen Geschwindigkeiten zu beobachten. Beide Effekte zusammen bewirken eine

Angleichung der gefahrenen Geschwindigkeiten (Verringerung der statistischen Streuung). Dies mindert den Überholdruck und – soweit das Überholen möglich ist – die Anzahl der Überholvorgänge. Da das Überholen insbesondere auf Landstraßen zu den gefährlichsten Verkehrsvorgängen gehört, ist dieser Effekt durchaus erwünscht und kann im Einzelfall maßgeblich zum Sicherheitsgewinn von Geschwindigkeitsbeschränkungen beitragen.

Die Erfahrung zeigt, dass die meisten Verkehrsteilnehmer ihre Fahrgeschwindigkeit so wählen, dass sie in der Lage sind, die Fahraufgabe vernünftig und sicher zu erledigen. Nur wenn aufgrund von örtlichen Unfalluntersuchungen angenommen werden muss, dass die Fahrzeugführer selbst bei ausreichender Aufmerksamkeit nicht erkennen können, dass eine bestimmte Strecke oder Stelle nur mit einer verminderten Geschwindigkeit befahren werden darf und mildere Maßnahmen wie z. B. Gefahrzeichen oder Überholverbote keine ausreichende Wirkung gezeigt haben, ist durch Zeichen 274 eine zulässige Höchstgeschwindigkeit vorzuschreiben. Als zulässige Höchstgeschwindigkeit sollte dann gewählt werden

- in der Regel die Geschwindigkeit, die vorher von ca. 85 % der unbeeinflussten Fahrzeugführer nicht überschritten wurde (zur Ermittlung dieser Geschwindigkeit siehe Abschnitt 2.4.6);
- und nur wenn diese Geschwindigkeit aus nachvollziehbaren Gründen offensichtlich zu hoch ist, eine den Fahrbahnbedingungen, den Verkehrsgegebenheiten sowie den Sichtverhältnissen angemessene Geschwindigkeit.

Viele Planungsregelwerke, insbesondere RAA, RAL und RASt, legen bei Unterschreitung bestimmter Entwurfsstandards die Anordnung von Geschwindigkeitsbeschränkungen nahe. Diese Regelwerke dienen der wesentlichen Änderung von Straßen im Bestand oder dem Neubau von Straßen. Dabei verfolgen sie das Ziel, für die künftige, prognostizierbare Nutzung der jeweiligen Straße die optimale Sicherheit (und in der Regel auch Leichtigkeit) des Verkehrs zu ermöglichen. Sie folgen damit dem Vorsorgeprinzip der Leistungsverwaltung. Straßenverkehrsrechtliche Anordnungen wie z. B. Geschwindigkeitsbeschränkungen sind jedoch keine Maßnahmen der Leistungsverwaltung, sondern der Eingriffsverwaltung. Da sie unmittelbar in die individuelle allgemeine Handlungsfreiheit eingreifen, sind die Beurteilungsmaßstäbe streng und Eingriffsschwellen sehr hoch. Die Nichteinhaltung bestimmter Entwurfsstandards begründet deshalb keine Anordnung von Geschwindigkeitsbeschränkungen oder sonstigen Beschränkungen oder Verboten des Verkehrs.

Allgemeiner Beurteilungsmaßstab für die Anordnung von Geschwindigkeitsbeschränkungen ist § 45 Abs. 9 Satz 3 StVO. Demnach dürfen Geschwindigkeitsbeschränkungen aus Verkehrssicherheitsgründen nur angeordnet werden, wenn aufgrund besonderer örtlicher Verhältnisse eine Gefahrenlage besteht, die das allgemeine Risiko einer Beeinträchtigung der Verkehrssicherheit erheblich übersteigt. Bei Straßen im Bestand ist dies in der Regel nur dann der Fall, wenn die Unfallrate erheblich über der mittleren Unfallrate vergleichbarer Straßen (als Maßstab für das allgemeine Risiko) liegt. Bei neuen oder erst noch zu bauenden Straßen ist das Unfallgeschehen naturgemäß noch nicht bekannt. Auch hier ist der Maßstab des allgemeinen Risikos jedoch am Bestandsnetz – genauer: den Teilen des Bestandsnetzes, für die keine örtlichen Geschwindigkeitsbeschränkungen angeordnet sind – anzusetzen: Welche Sichtweiten herrschen vor, welche Breiten, Kurvenradien, Längs- und Querneigungen, Griffigkeiten usw. In der Regel wird man dann feststellen, dass der Ausbaustandard der neuen Straße auch bei stellenweiser Unterschreitung einzelner Entwurfsparameter des Regelwerks deutlich über dem liegen wird, was man im Mittel des Bestands vorfinden wird. Weiterhin wird man feststellen, dass, obwohl der weit überwiegende Teil des Bestandsnetzes die planerischen Anforderungen (Entwurfsparameter usw.) an neue Straßen nicht erfüllt, dort (nach wie vor) überwiegend keine Geschwindigkeitsbeschränkungen aus Verkehrssicherheitsgründen erforderlich sind: Die Verkehrsteilnehmer sind also in den allermeisten Situationen sehr wohl in der Lage, ihre Geschwindigkeit entsprechend den allgemeinen Vorschriften insbesondere des § 3 Abs. 1 StVO der jeweiligen örtlichen Situation anzupassen. So kann z. B. Hinweisen auf Nichteinhaltung der durch das Regelwerk vorgesehenen (modellhaft ermittelten) Haltesichtweiten stets entgegnet werden, dass die Verkehrsteilnehmer aufgrund von § 3 Abs. 1 StVO ohnehin nur so schnell fahren dürfen, dass sie innerhalb der überschaubaren Strecke anhalten können.

Aus diesem Grund ist auch die Festlegung von Geschwindigkeitsbeschränkungen aus Verkehrssicherheitsgründen im Rahmen der Planfeststellung strikt abzulehnen. Solche Festlegungen unterstellen aufgrund theoretischer Überlegungen den Verkehrsteilnehmern, zu einem angemessenen Verhalten im Rahmen der allgemeinen Vorschriften außerstande zu sein. Der Straßenverkehrsbehörde unterstellen sie, im Erfordernisfall nicht zu einer angemessenen Reaktion imstande zu sein und schränken damit ihre Entscheidungsspielräume unnötig ein. Insbesondere bauen sie, da in der Regel auf Dauer angelegt, sehr hohe bürokratische Hürden auf für Anpassungen an eine positive Unfallentwicklung – z. B. zu erwarten durch stetig verbesserte Fahrzeugtechnik. Solche Festlegungen sind, einmal getroffen, nur durch aufwendige Planänderungsverfahren wieder aus der Welt zu bekommen.

Andere Planungsregelwerke, z. B. die RPS, beziehen sich aktuell noch auf „zulässige Höchstgeschwindigkeiten" als Planungsgröße. Die Anwendung straßenverkehrsrechtlicher Kategorien in Regelwerken für Planung, Bau oder Betrieb von Straßen ist aufgrund der vorstehend beschriebenen Zusammenhänge jedoch nicht zweckmäßig. Insbesondere verleitet sie zu dem Umkehrschluss, wonach bei Nichterfüllung der für die jeweilige „zulässige Höchstgeschwindigkeit" vorgesehenen Anforderungen die Anordnung einer Geschwindigkeitsbeschränkung in der Höhe geboten sei, mit der die im Regelwerk geforderten Anforderungen erfüllt wären. Dieser Umkehrschluss ist jedoch unzulässig und der Verkehrssicherheit abträglich. Er hat in der Vergangenheit beispielsweise dazu geführt, dass neben einer Bundesstraße – bis dahin mit den allgemein zulässigen 100 km/h befahrbar – ein Radweg gebaut wurde. Aus nicht nachvollziehbaren Gründen wollte sich der Baulastträger auf dem Trennstreifen zwischen Fahrbahn und neuem Radweg den Einbau eines Fahrzeug-Rückhaltesystems sparen. Im Gegenzug hat er bei der Straßenverkehrsbehörde eine Geschwindigkeitsbeschränkung von 70 km/h beantragt und angeordnet bekommen. Im Endergebnis hatte man einen schon allein aufgrund des Baus des Radwegs sichereren Zustand als vorher. Dennoch war anders als vorher nun eine Geschwindigkeitsbeschränkung angeordnet. Letztlich dient die Verweigerung solcher unsinnigen Anordnungen der Verkehrssicherheit, indem sie den Baulastträger zwingt, der ihm obliegenden Pflicht zum Einbau erforderlicher Fahrzeug-Rückhaltesysteme nachzukommen anstatt eine Scheinsicherheit durch die Anordnung solcher Geschwindigkeitsbeschränkungen zu schaffen. Das Beispiel ist auf viele andere Konstellationen übertragbar. Regelwerke zu Planung, Bau oder Betrieb von Straßen sollten deshalb künftig bei notwendiger Bezugnahme auf Geschwindigkeitskriterien straßenverkehrsrechtlich neutrale Geschwindigkeitsbegriffe wählen wie z. B. „Planungsgeschwindigkeit" oder „ortsübliche Geschwindigkeit".

Aus Verkehrssicherheitsgründen sollten Geschwindigkeitsbeschränkungen im Bestand – abgesehen von den in StVO und VwV-StVO behandelten Sonderfällen wie z. B. Arbeitsstellen, vor Lichtzeichenanlagen außerorts oder vor Schulen und Kindertagesstätten – aufgrund von § 45 Abs. 9 Satz 3 StVO nur angeordnet werden, wenn Häufungen geschwindigkeitsbedingter Unfälle (zur Definition von Unfallhäufungen vgl. z. B. M Uko) festgestellt wurden und mildere Maßnahmen wie z. B. Gefahrzeichen oder Überholverbote keine ausreichende Wirkung erzielt haben. Die mit Unfallhäufungen regelmäßig zu befassende Unfallkommission sollte ihre Arbeit dann jedoch nicht mit der Empfehlung einer Geschwindigkeitsbeschränkung als abgeschlossen betrachten, sondern aus der örtlichen Unfalluntersuchung stets auch straßenbauliche Maßnahmen herleiten, mit der die identifizierte Gefahrenlage auf mittlere bis längere Sicht nachhaltig beseitigt werden kann. Dann ersetzt die straßenbauliche Maßnahme die zuvor angeordnete Geschwindigkeitsbeschränkung, d. h. die Geschwindigkeitsbeschränkung wird nach Abschluss der straßenbaulichen Maßnahme aufgehoben. Erst mit einem solchen Vorgehen ist der Tatsache ausreichend Rechnung getragen, dass verkehrsrechtliche Maßnahmen, insbesondere Beschränkungen und Verbote des fließenden Verkehrs, grundsätzlich nur vorübergehend anzuordnen sind. Oftmals genügen bereits mit geringem Aufwand umsetzbare Maßnahmen wie Griffigkeitsverbesserungen, Anpassungen der Querneigung oder (Wieder-)Herstellung von Sichtbeziehungen durch Grünpflege oder kleinere Erdbauarbeiten, um größere positive Effekte auf die Verkehrssicherheit zu bewirken als die zuvor angeordnete Geschwindigkeitsbeschränkung.

Mit der Änderung der VwV-StVO im Jahr 2017 hat man in der VwV-StVO zu Zeichen 274 eine Regelung eingefügt, wonach, wenn auf einer einbahnigen zweistreifigen Landstraße der Abstand zwischen zwei Streckenabschnitten mit Geschwindigkeitsbeschränkungen weniger als 600 m beträgt, ein „Lückenschluss", d. h. die durchgehende Anordnung einer Geschwindigkeitsbeschränkung, in Betracht kommt. Begründet wurde dies mit einer Verstetigung des Verkehrsflusses und der Vermeidung gefährlicher Überholvorgänge (vgl. z. B. BR-Drs. 85/17(B)). Das bedeutet für die Prüfung im Einzelfall, dass erhebliche Gefahren insbesondere im Hinblick auf diese beiden Aspekte bestehen. Die Anwendung dieser Vorschrift setzt aber auch voraus, dass die beiden Geschwindigkeitsbeschränkungen, zwischen denen die „Lücke geschlossen" werden soll, dem Grunde und dem Umfang nach gerechtfertigt sind: Nicht jede Kreuzung oder Einmündung erfordert beispielsweise Tempo 70. Vor lichtzeichengeregelten Knotenpunkten außerorts ist Tempo 70 anzuordnen. Gemäß VwV-StVO zu Zeichen 274 ist es außerorts im Allgemeinen ausreichend, das Zeichen 50–100 m vor der Gefahrstelle aufzustellen. In der Praxis ist jedoch zu beobachten, dass die Zeichen oftmals schon 300 m oder mehr vor der Lichtsignalanlage aufgestellt sind. Auch dadurch können unnötigerweise Abstände von weniger als 600 m zwischen zwei Streckenabschnitten mit Geschwindigkeitsbeschränkung entstehen. Auch die Umsetzung des seit 2009 vorgeschriebenen Entfalls der Geschwindigkeitstrichter auf Landstraßen (vgl. VwV-StVO zu Zeichen 274, Rn. 8) ist geeignet, die „Lücke" zwischen zwei Geschwindigkeitsbeschränkungen zu vergrößern. Neben dem Lückenschluss sollte deshalb stets geprüft werden, ob durch sachgerechte Festlegung von Beginn und Ende der Geschwindigkeitsbeschränkungen die Streckenabschnitte ohne Geschwindigkeitsbeschränkung auf mehr als 600 m verlängert werden können.

Auf Autobahnen sollen keine zulässigen Höchstgeschwindigkeiten unter 80 km/h angeordnet werden. Geschwindigkeitsbeschränkungen von weniger als 80 km/h können insbesondere bei dichtem Verkehr dazu führen, dass sich der Verkehrszustand niedriger Geschwindigkeit nach stromaufwärts (gegen die Fahrtrichtung) ausbreitet und in der Folge auch dort besteht, wo diese niedrige Geschwindigkeit noch nicht angeordnet ist und die ankommenden Verkehrsteilnehmer nicht mit so niedrigen Geschwindigkeiten rechnen. Dies erhöht die Gefahr der Ausprägung von Stauwellen und Auffahrunfällen. Der (vermeintliche) Sicherheitsgewinn durch eine sehr niedrige Geschwindigkeitsbeschränkung wird damit durch Sicherheitseinbußen an anderer Stelle kompensiert, im ungünstigsten Fall überkompensiert. Je niedriger die Geschwindigkeitsbeschränkung, desto größer ist dieser Effekt. Es gibt auf Autobahnen keine „sichere Seite" im Hinblick auf die Höhe von Geschwindigkeitsbeschränkungen. Geschwindigkeitsbeschränkungen von weniger als 60 km/h sind deshalb in jedem Fall zu vermeiden, zumal sie im Widerspruch zum gesetzlichen Widmungszweck der Bundesautobahnen als Straßen für den schnellen Kraftfahrzeugverkehr stehen (vgl. § 1 Abs. 3 FStrG).

Auch das Überholen ist in der StVO zunächst allgemein geregelt, vor allem in § 5 (Überholen), aber auch in § 7a (Ausfädelungsstreifen), § 19 (Bahnübergänge), § 20 (Busse mit Warnblinklicht) und in § 26 (Fußgängerüberwege).

Mit den Zeichen 276 und 277 kann im Einzelfall ein darüber hinausgehendes Überholverbot angeordnet werden.

Das kann vor allem dort geboten sein, wo die Gefährlichkeit des Überholens für den Fahrzeugführer nicht ausreichend erkennbar ist, z. B. wegen unklarer Sichtverhältnisse, nicht ausgebauter Kreuzungen, starker Steigung, starken Gefälles oder besonderer Verkehrsbedingungen (z. B. Arbeitsstelle).

Unklare Sichtverhältnisse können sich insbesondere aus Sichtweiten ergeben, die so groß sind, dass sie vielen Verkehrsteilnehmern eine sichere Überholmöglichkeit suggerieren, die aber tatsächlich nicht gegeben ist, weil dafür die Sichtweite noch zu gering ist.

Auch lange Geraden, auf denen erfahrungsgemäß die Entfernungen und die Geschwindigkeiten entgegenkommender Fahrzeuge nur sehr schwer abgeschätzt werden können, oder gestreckte Linienführungen mit entsprechend hohen Geschwindigkeiten können Anlass für die Anordnung eines Überholverbots sein, wenn häufiges Fehlverhalten zu beobachten ist oder sogar Unfälle zu beklagen sind.

Die Anordnung ausnahmsloser Überholverbote (Zeichen 276 ohne einschränkendes Zusatzzeichen) auf Strecken mit zwei oder mehr markierten Fahrstreifen für eine Fahrtrichtung steht im Widerspruch zum Zweck der durch Markierung angeordneten Überholfahrstreifen. Sind die Fahrstreifen so schmal, dass ein sicheres Überholen nicht möglich ist, ist ggf. auf die Anordnung von Überholfahrstreifen (durch entsprechende Markierung) zu verzichten. Auf der dann überbreiten einstreifigen (statt zu schmalen zweistreifigen) Fahrbahn steht die Anordnung eines Überholverbots nicht im Widerspruch zur Einteilung der Fahrbahn. Nur dann ist versetztes Fahren zweckmäßig. Vor Fahrstreifenreduktionen vereitelt die Anordnung von Überholverboten die Anwendung des Reißverschlussprinzips; hierfür muss überholt werden dürfen. Vergleiche zu dieser Thematik auch RSA 21, Teil A, Abschnitt 2.5 Abs. 15 letzter Satz; da nicht nur für Arbeitsstellen relevant, sollte diese Regelung in die VwV-StVO übernommen werden.

Anders als bei Zeichen 295 oder 296 kann bei Zeichen 276 durch die Möglichkeit der Anordnung von Zusatzzeichen der Regelungsgehalt auf das tatsächlich Erforderliche eingeschränkt werden, indem beispielsweise durch die Anordnung von Zusatzzeichen 1049-11 das Überholen landwirtschaftlicher Zugmaschinen erlaubt wird. Außerdem bleibt bei Anordnung von Zeichen 276 das Überholen langsamer Fahrzeuge wie z. B. Mofas, Mopeds oder Gespannfuhrwerken erlaubt, was bei Zeichen 295 und entsprechend schmalen Fahrstreifen nicht der Fall ist. Diese Ausnahmen sind insbesondere im Hinblick auf Überholverbote aufgrund von zum Überholen schnellerer Fahrzeuge unzureichenden Sichtverhältnissen sachgerecht, da das Überholen dieser langsameren Fahrzeuge deutlich kürzerer Überholwege bedarf und dementsprechend auch schon bei geringeren Sichtweiten sicher möglich ist.

Zeichen 276 verbietet allen Kfz, Zeichen 277 nur den Kfz mit einer zulässigen Gesamtmasse von mehr als 3,5 t, einschließlich ihrer Anhänger, sowie den Zugmaschinen (ausgenommen Pkw und Busse), andere mehrspurige Kfz und Krafträder mit Beiwagen zu überholen.

Mit Zeichen 295, einer durchgehenden weißen Markierungslinie, kann verboten werden, den für den Gegenverkehr vorgesehenen Teil der Fahrbahn zu benutzen oder zwischen verschiedenen Fahrstreifen der gleichen Fahrtrichtung zu wechseln (Fahrstreifenbegrenzungslinie).

Als Abgrenzung zum Gegenverkehr kann die Fahrstreifenbegrenzungslinie als Doppellinie ausgeführt sein. Bei Fahrbahnen mit mehr als einem Fahrstreifen je Richtung sowie in Rampen von Autobahnknotenpunkten mit streckenweisem Gegenverkehr ist das die Regel. Ist bei einer Doppellinie eine der Linien unterbrochen (Zeichen 296 Einseitige Fahrstreifenbegrenzung), so gilt sie für die Fahrzeuge, die normalerweise auf der unterbrochenen Seite fahren, als Leitlinie (Zeichen 340), für die Gegenrichtung als Fahrstreifenbegrenzungslinie.

Die Verwendung der durchgehenden weißen Markierungslinie am Fahrbahnrand (Fahrbahnbegrenzungslinie) ist in Abschnitt 6.2.3 behandelt.

Die Verwendung von Fahrstreifenbegrenzungslinien und ihrer aufgeweiteten Form, der Sperrfläche (Zeichen 298), ist in Abschnitt 4.3 behandelt.

Überholverbot und Abgrenzung zum Gegenverkehr mit einer (einfachen oder doppelten) Fahrstreifenbegrenzungslinie haben nicht die gleiche Bedeutung:

- Bei einem Überholverbot ist es verboten, andere mehrspurige Fahrzeuge und Krafträder mit Beiwagen zu überholen, auch wenn die Mittellinie nicht überfahren wird. Die Regelung ist geeignet, den Verkehrsablauf durch das Verbieten der Überholvorgänge zu vergleichmäßigen.
- Bei einer Fahrstreifenbegrenzungslinie zum Gegenverkehr hin dürfen auch mehrspurige Fahrzeuge überholt werden, solange die Linie nicht überfahren wird. Die Regelung ist geeignet, eine Gefährdung des Gegenverkehrs zu vermeiden.

Bei schmalen Fahrbahnen ist damit die Fahrstreifenbegrenzungslinie, bei breiteren Fahrbahnen (ggf. auch mit Seitenstreifen, vgl. § 5 Abs. 6 Satz 3 StVO) das Überholverbot die stärkere Einschränkung. Daher ist im Einzelfall unter Abwägung aller Einflüsse abzuwägen, welche Regelung den beabsichtigten Zweck am ehesten erfüllt. Grundsätzlich sind auch Konstellationen denkbar, in denen beide Einschränkungen notwendig sind. Dies kann dann der Fall sein, wenn sowohl die Benutzung des Fahrstreifens für den Gegenverkehr als auch das Überholen unterbunden werden muss, der Fahrstreifen aber so breit ist, dass zumindest bestimmte Überholvorgänge innerhalb des eigenen Fahrstreifens möglich sind (Zeichen 295 das legale Überholen also nicht vollständig unterbindet). Insofern ist die Einschränkung der VwV-StVO zu § 41 zu Zeichen 276 Überholverbot Rn. 2, die die gleichzeitige Anordnung beider Maßnahmen explizit ausschließt, wenn das Überholen bereits durch Zeichen 295 unterbunden ist, folgerichtig und geeignet, „Gürtel-und-Hosenträger-Anordnungen" zu unterbinden. Es bedeutet nämlich im Umkehrschluss, dass Zeichen 276, soweit das Überholen zu unterbinden ist, aber durch Zeichen 295 – insbesondere aufgrund breiter Fahrstreifen – nicht unterbunden wird, angeordnet werden kann. Wobei entsprechend dem Legalitätsprinzip von einer Befolgung von Zeichen 295 auszugehen ist, d. h. die zusätzliche Anordnung von Zeichen 276 nicht der vermeintlichen Beseitigung von Befolgungsdefiziten dienen darf.

Die StVO regelt auf verschiedene Weise auch allgemein, dass nicht beliebig langsam gefahren werden darf.

§ 3 Abs. 2 schreibt vor, dass Kfz nicht ohne triftigen Grund so langsam fahren dürfen, dass sie den Verkehrsfluss behindern. Nach § 5 Abs. 6 muss der Führer eines langsameren Fahrzeugs sogar notfalls warten, um unmittelbar folgenden Fahrzeugen das Überholen zu ermöglichen. Für bestimmte Straßenarten, namentlich die Autobahnen und Kraftfahrstraßen, ist vorgeschrieben, dass die bauartbedingte Höchstgeschwindigkeit der sie benutzenden Fahrzeuge einen gewissen Mindestwert erreichen muss.

Mit Zeichen 275 kann im Einzelfall angeordnet werden, dass die Fahrzeuge mindestens mit der angezeigten Mindestgeschwindigkeit fahren müssen.

Langsamer darf nur gefahren werden, wenn die Straßen-, Verkehrs-, Sicht- oder Wetterverhältnisse dazu verpflichten. Seit der Neufassung der VwV-StVO im Zuge der StVO-Novelle 2009 dürfen Mindestgeschwindigkeiten nur noch fahrstreifenbezogen angeordnet werden. Der rechte Fahrstreifen muss ohne vorgeschriebene Mindestgeschwindigkeit befahrbar bleiben. Innerhalb geschlossener Ortschaften darf Zeichen 275 nicht angeordnet werden.

Die Anordnung von Mindestgeschwindigkeiten kommt deshalb insbesondere an Steigungsstrecken von Autobahnen und autobahnähnlichen Straßen mit drei oder mehr Fahrstreifen in Betracht. Dort besitzen Mindestgeschwindigkeiten das Potenzial, Gefahren für die Sicherheit und Ordnung des Verkehrs gezielter abzuwehren als dies z. B. mit der Anordnung von Lkw-Überholverboten der Fall ist: Gefahrauslösend ist in solchen Situationen nicht, dass eine bestimmte Fahrzeugart überholt, sondern die niedrige Geschwindigkeit des überholenden Fahrzeugs. Um diese Gefahren abzuwehren, kommt es also darauf an, die Benutzung der Überholfahrstreifen durch langsame Fahrzeuge zu unterbinden. Hierfür kann es erforderlich sein, einen voll beladenen schwach motorisierten Kleintransporter auf den rechten Fahrstreifen zu verweisen, während das Überholen eines unbeladenen, gut motorisierten Lkw ohne Weiteres vertretbar ist. Gerade bei sehr starkem Lkw-Verkehr kann es vorkommen, dass die Anordnung eines Lkw-Überholverbots aufgrund neuer Gefahren an anderer Stelle, z. B. Bildung von Lkw-Staus am Fuß der Steigungsstrecke, nicht zielführend wäre, aber dennoch Maßnahmen zugunsten der Sicherheit und Ordnung im Zusammenhang mit langsam überholenden Fahrzeugen erforderlich sind.

Leider sind die Rechtsfolgen einer Unterschreitung von Mindestgeschwindigkeiten bei Weitem geringer als die einer Missachtung des Lkw-Überholverbots. Zudem gibt es bis heute keine Abstufung der Rechtsfolgen (Bußgeldhöhe usw.) in Abhängigkeit von der Höhe einer Unterschreitung der Mindestgeschwindigkeit. Angesichts der weiter ansteigenden Lkw-Verkehrsmengen und einer zunehmenden Anzahl vierstreifiger Steigungsstrecken wäre eine Anpassung und Ausdifferenzierung der Rechtsfolgen einer Unterschreitung angeordneter Mindestgeschwindigkeiten sehr wünschenswert.

Streckenverbote enden,

- wo sich dies eindeutig aus der Örtlichkeit ergibt und das Verbot zusammen mit einem entsprechenden Gefahrzeichen angeordnet ist
- nach der auf einem Zusatzzeichen angegebenen Länge oder
- dort, wo dies durch eines der Zeichen 278, 279, 280, 281 oder 282 angeordnet wird.

Zeichen 278 besagt, dass lediglich die örtliche Geschwindigkeitsbeschränkung aufgehoben ist, nicht aber generelle Geschwindigkeitsbeschränkungen, die aufgrund der StVO für bestimmte Fahrzeugarten außerorts gelten (z. B. zulässige Höchstgeschwindigkeit für Lkw ab 3,5 t und Omnibusse außerhalb geschlossener Ortschaften), oder die für geschlossene Ortschaften geltende generelle Geschwindigkeitsbeschränkung; letztere wird durch die Ortstafel (Zeichen 311) aufgehoben.

Bei der Anordnung der Zeichen 278 bis 282 ist jeweils im Einzelfall zu prüfen, ob für die weitere Strecke wirklich kein über die allgemeinen Vorschriften hinausgehendes Streckenverbot besteht, also z. B. eine Geschwindigkeitsbeschränkung auf eine andere, im Allgemeinen höhere Geschwindigkeit oder ein Überholverbot für eine andere Fahrzeuggruppe oder mit einer anderen zeitlichen Festlegung. Das bedeutet beispielsweise:

- An eine Strecke mit Tempo 60 schließt eine Strecke mit Tempo 80 an: → Zeichen 274-80 statt Zeichen 278-60.
- An eine Strecke mit allgemeinem Überholverbot (oder sogenanntem „Kategorienüberholverbot" in Arbeitsstellen auf Autobahnen) schließt eine Strecke mit Lkw-Überholverbot an: → Zeichen 277 statt Zeichen 280.

Mit der Neufassung der VwV-StVO im Zuge der Schilderwaldnovelle 2009 hat man die sehr umfangreichen Regelungen zur Beschilderungssystematik deutlich reduziert. Aus Gründen der Verständlichkeit und richtigen Signalwirkung wird jedoch die Anwendung folgender Grundsätze empfohlen:

- Beschilderung des Endes einer Geschwindigkeitsbeschränkung innerhalb geschlossener Ortschaften: → Zeichen 274-50 statt durch Zeichen 278
- Keine Anordnung einschränkender Zusatzzeichen zu Zeichen 278 bis 282, auch wenn

die damit aufgehobenen Streckenverbote entsprechend eingeschränkt sind
- Keine Kombination der Zeichen 278 bis 282 mit den Zeichen 274 bis 277
- Keine Kombination der Zeichen 278 bis 282 mit Gefahrzeichen (vgl. hierzu auch VwV-StVO zu §§ 39 bis 43, Rn. 36).

Allgemein ist zu empfehlen, bei Streckenverboten, die nur für kurze Strecken gelten, in stärkerem Maß als bislang Längenangaben auf Zusatzzeichen anzuordnen, z. B. bei Tempo 70 vor Lichtsignalanlagen außerorts. Dies erspart u. a. die Anordnung der aufhebenden Verkehrszeichen und trägt somit zur Lichtung des Schilderwalds bei.

Anordnung

Die angeordneten Regelungen sollten für die betroffenen Verkehrsteilnehmer möglichst einsichtig sein. Eine Erkenntnis der (Verkehrs-)Psychologie besagt, dass Regelungen, die für die Betroffenen begründet erscheinen, besser befolgt werden. Diese Erkenntnis hat z. B. in den 1960er-Jahren zur Regelung in der VwV-StVO (vor 2009) geführt, Streckenverbote vor Gefahrstellen durch das zusätzliche Anordnen des entsprechenden Gefahrzeichens zu erklären (VwV-StVO alte Fassung zu den §§ 39 bis 43, Rn. 33).

Die beiden Schilderwaldnovellen der Jahre 1997 und 2009/13 verfolgen hingegen einen anderen Ansatz. Dieser ist insbesondere charakterisiert durch

- größere Bedeutung des Straßenraums als Informationsquelle für das richtige Verhalten („selbsterklärende Straße"),
- größere Eigenverantwortung der Verkehrsteilnehmer,
- bessere Akzeptanz und Befolgung durch weniger statt mehr Verkehrszeichen,
- Vorrang von Gefahrenwarnungen vor Beschränkungen und Verboten.

Die VwV-StVO vom 1.9.2009 regelt zunächst in ihrem Abschnitt zu den §§ 39 bis 43 nur noch, dass Gefahrzeichen grundsätzlich alleine stehen.

Auch aus Gründen der Akzeptanz sollten die getroffenen Regelungen maßvoll sein. Sie sollten sich am Verhalten „vernünftiger" Verkehrsteilnehmer orientieren und vor allem auch das Umfeld der Straße berücksichtigen. Daher die Regelung in der VwV-StVO, die Geschwindigkeit, die von 85 % der unbeeinflussten Kraftfahrer gewählt wird, als Maßstab anzusetzen. Dahinter steht die Zielsetzung von Geschwindigkeitsbeschränkungen, nicht primär das Geschwindigkeitsniveau allgemein abzusenken, sondern die Spitzengeschwindigkeiten zu eliminieren, da in der Regel diese zu einem auffälligen Unfallgeschehen geführt haben – unter Berücksichtigung der Tatsache, dass Unfälle auch bei einer festgestellten Häufung immer noch statistisch seltene Ereignisse sind. Geschwindigkeitsbeschränkungen sind – wie andere Beschränkungen und Verbote des fließenden Verkehrs auch – grundsätzlich als vorläufig zu betrachten. Mittel- bis langfristig ist es Aufgabe des Straßenbaulastträgers, Maßnahmen zu ergreifen, die ihrerseits geeignet sind, festgestellte Gefahren abzuwehren und damit die angeordnete Geschwindigkeitsbeschränkung zu ersetzen. Das können je nach Gefahrenlage beispielsweise Griffigkeitsverbesserungen, Beseitigungen abflussschwacher Zonen, Sichtfeldverbesserungen, Anpassungen der Straßenraumgestaltung oder Schallschutzmaßnahmen sein.

Werden Geschwindigkeitsbeschränkung und Überholverbot zusammen angeordnet und die Zeichen an einem Pfosten befestigt, dann ist Zeichen 274 oben, Zeichen 276 oder 277 unten anzubringen. Die gemeinsame Anbringung an einem Pfosten ist aber nur angezeigt, wenn sich die Verbote auf dieselbe Strecke beziehen und an dasselbe (Teil-)Kollektiv richten (vgl. VwV-StVO zu §§ 39 bis 43, Rn. 38). Die Kombination aus Zeichen 274 und 277 kommt deshalb nur in Betracht, wenn die zulässige Höchstgeschwindigkeit weniger als 80 km/h beträgt (allgemeine Geschwindigkeitsbeschränkung für Kfz über 3,5 t, ausgenommen Pkw).

Streckenverbote können durch Zusatzzeichen auf **bestimmte Fahrzeugarten** beschränkt werden. Entsprechend können gewisse Fahrzeugarten von

Bild 6.13 Überholverbot, ausgenommen das Überholen von Kfz und Zügen, die nicht schneller als 25 km/h fahren können oder dürfen (Zz 1049-11)

6.4.1 Allgemeines

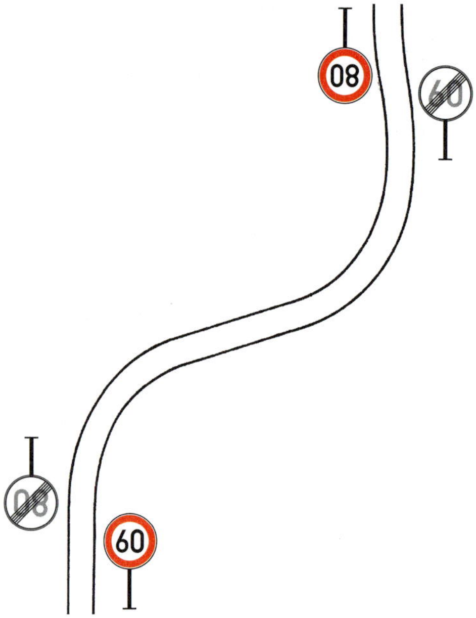

Bild 6.14 Anfang, Ende und Höhe einer Geschwindigkeitsbeschränkung können für Richtung und Gegenrichtung voneinander abweichen

den Verboten ausgenommen werden. Bei Überholverboten kann durch Zusatzzeichen auch geregelt werden, dass gewisse Fahrzeugarten, z. B. Kfz oder Züge, die nicht schneller als 25 km/h fahren dürfen, überholt werden dürfen (*Bild 6.13*).

Mit Zusatzzeichen 1053-33 zu Zeichen 277, welches eine Massenangabe (7,5 t) enthält, kann das Überholverbot auf Kfz beschränkt werden, deren zulässige Gesamtmasse einschließlich Anhänger 7,5 t überschreitet. Die derzeitigen Regelungen der StVO und des VzKat lassen die Angabe anderer Fahrzeugmassen nicht zu.

Die Zeichen 274, 276, 277 und 277.1 dürfen durch ein Zusatzzeichen auch **zeitlich beschränkt** werden.

Beginn und Ende der Überholverbotsstrecke sollten stets durch örtliche Erkundung ermittelt werden.

Höhe sowie zeitliche und räumliche Ausdehnung von Geschwindigkeitsbeschränkungen sind separat für jede Fahrtrichtung festzulegen. Entsprechend werden diese in der Regel für Richtung und Gegenrichtung voneinander abweichen (*Bild 6.14*).

Besondere Beachtung verlangen die Verhältnisse bei Nacht und schlechter Sicht, weil dann Gefahrenpunkte schwerer wahrzunehmen sind.

Streckenverbote, vor allem, wenn sie die Geschwindigkeit regeln, können fahrstreifenbezogen angeordnet werden (siehe nachfolgend unter „Aufstellung").

Streckenverbote gelten ab dem Standpunkt der Schilder oder dem Beginn/Ende der Markierung.

Können Schilder oder Markierungen nicht so rechtzeitig erkannt werden, dass sie ab ihrem Standort befolgt werden können, so ist es sinnvoll, sie entsprechend anzukündigen.

Auf Autobahnen und autobahnähnlichen Straßen können Geschwindigkeitsbeschränkungen stufenweise herabgesetzt werden. Eine Geschwindigkeitsstufe soll höchstens 40 km/h betragen. Der Mindestabstand in Metern zwischen den unterschiedlichen Höchstgeschwindigkeiten soll das 10-Fache der Geschwindigkeitsdifferenz in km/h betragen. Nach Streckenabschnitten ohne Beschränkung soll in der Regel als erste zulässige Höchstgeschwindigkeit 120 km/h angeordnet werden.

Tabelle 6.1 Zustimmungsvorbehalte der obersten Landesbehörde oder der von ihr bestimmten Stelle bei Streckenverboten

Zustimmung der obersten Landesbehörde erforderlich	auf Kraftfahrstraßen	auf Bundesstraßen	
		außerhalb geschlossener Ortschaften	innerhalb geschlossener Ortschaften
Geschwindigkeits-beschränkungen $\geq$ 60 km/h	×	–	–
Geschwindigkeits-beschränkungen $<$ 60 km/h	×	×	×
Überholverbote	×	×	–
Fahrstreifenbegrenzungslinie	×	×	–

× erforderlich – nicht erforderlich

Auf Landstraßen sind – außer in bestimmten Ausnahmefällen von Ortstafeln – seit 2009 keine Geschwindigkeitstrichter mehr vorgesehen. Das bedeutet, dass vorhandene Geschwindigkeitstrichter aufzuheben sind. Diese Vorschrift ist bislang nur sehr unvollständig umgesetzt; darauf sollte deshalb bei Verkehrsschauen ein Augenmerk gelegt werden.

Eine Fahrstreifenbegrenzungslinie, die den für den Gegenverkehr bestimmten Teil der Fahrbahn abtrennt, wird durch eine Warnlinie (das ist eine Leitlinie mit langen Strichen und kurzen Lücken) mit mehreren Zeichen 297.1 Vorankündigungspfeil angekündigt.

Verkehrsverbote sind in angemessenen Abständen, in jedem Fall nach Kreuzungen und Einmündungen von anderen Straßen zu wiederholen, an denen mit dem Einbiegen ortsunkundiger Fahrzeugführer zu rechnen ist. Die Abstände sind entsprechend den örtlichen und den Verkehrsverhältnissen zu wählen. Auch auf Autobahnen sollten die Abstände 1 000 m nicht übersteigen. Es kann sinnvoll sein, keine festen Abstände zu wählen, sondern die Wiederholungszeichen dort aufzustellen, wo die zusätzliche Information für die Fahrzeugführer besonders wertvoll ist, z. B. bei einer Geschwindigkeitsbeschränkung wegen einer kurvenreichen Strecke unmittelbar vor einem Streckenstück mit besonders engen Kurven oder aber auch vor einem eher großzügigen Streckenstück, auf dem die Beschränkung aus gutem Grund weitergelten soll.

Da Streckenverbote häufig einen nicht unerheblichen Eingriff in die Leichtigkeit des Verkehrs bedeuten, sind in der VwV-StVO zu § 45 die in *Tabelle 6.1* dargestellten Zustimmungsvorbehalte der obersten Landesbehörde oder der von ihr bestimmten Stelle vorgesehen. Nur bei Maßnahmen zur Durchführung von Arbeiten im Straßenraum, zur Verhütung außerordentlicher Schäden

Bild 6.15
Mit Einsätzen von verkleinerten Zeichen in Fahrstreifentafeln können Streckenge- oder verbote auch fahrstreifenbezogen gezeigt werden, wenn die Anordnung über den Fahrstreifen unverhältnismäßig ist

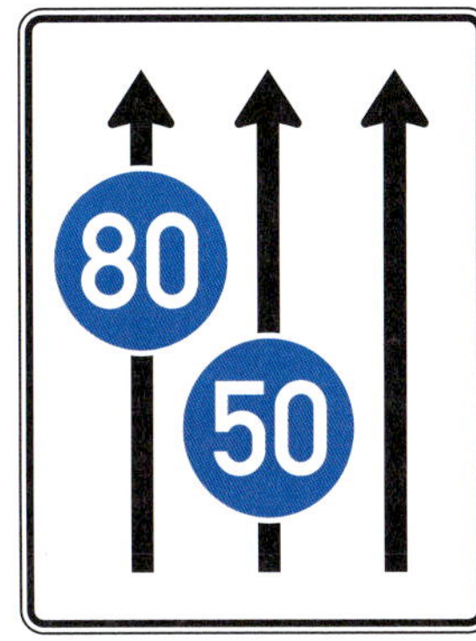

oder durch unvorhergesehene Ereignisse ist diese Zustimmung nicht notwendig (siehe VwV-StVO zu § 45 Abs. 1 bis 1e, Rn. 10). Einzelne Landesbehörden haben die Zustimmungsvorbehalte für bestimmte Verbote per Erlass aufgehoben.

Aufstellung

Streckenverbote und deren Ende werden, sofern nicht Markierung, normalerweise mit Verkehrszeichen auf der rechten Straßenseite angeordnet. Auf schnell befahrenen Straßen kann es zweckmäßig sein, sie auch auf der linken Straßenseite zu zeigen. Für Überholverbote auf Außerortsstraßen ist das die Regel.

Werden Streckenverbote fahrstreifenbezogen angeordnet, ist zu prüfen, ob sie über den Fahrstreifen gezeigt werden können (siehe Abschnitt 2.7.3). Ist das nicht möglich, können sie auch als Einsätze von Fahrstreifentafeln (Zeichen 521 ff.) gezeigt werden (*Bild 6.15*).

Dies empfiehlt sich vor allem bei der Ankündigung von Fahrstreifenerweiterungen (mit Regelung der zulässigen Höchst- oder Mindestgeschwindigkeiten) oder von Fahrstreifenreduktionen (mit Aufhebung der zulässigen Höchst- oder Mindestgeschwindigkeiten).

Zu Abschnitt 6.4.1

StVO
§ 3
Geschwindigkeit

(1) Wer ein Fahrzeug führt, darf nur so schnell fahren, dass das Fahrzeug ständig beherrscht wird. Die Geschwindigkeit ist insbesondere den Straßen-, Verkehrs-, Sicht- und Wetterverhältnissen sowie den persönlichen Fähigkeiten und den Eigenschaften von Fahrzeug und Ladung anzupassen. Beträgt die Sichtweite durch Nebel, Schneefall oder Regen weniger als 50 m, darf nicht schneller als 50 km/h gefahren werden, wenn nicht eine geringere Geschwindigkeit geboten ist. Es darf nur so schnell gefahren werden, dass innerhalb der übersehbaren Strecke gehalten werden kann. Auf Fahrbahnen, die so schmal sind, dass dort entgegenkommende Fahrzeuge gefährdet werden könnten, muss jedoch so langsam gefahren werden, dass mindestens innerhalb der Hälfte der übersehbaren Strecke gehalten werden kann.

6.4.1 Allgemeines

StVO
§ 3
Geschwindigkeit

(2) Ohne triftigen Grund dürfen Kraftfahrzeuge nicht so langsam fahren, dass sie den Verkehrsfluss behindern.

(2a) Wer ein Fahrzeug führt, muss sich gegenüber Kindern, hilfsbedürftigen und älteren Menschen, insbesondere durch Verminderung der Fahrgeschwindigkeit und durch Bremsbereitschaft, so verhalten, dass eine Gefährdung dieser Verkehrsteilnehmer ausgeschlossen ist.

(3) Die zulässige Höchstgeschwindigkeit beträgt auch unter günstigsten Umständen

1. innerhalb geschlossener Ortschaften für alle Kraftfahrzeuge 50 km/h,
2. außerhalb geschlossener Ortschaften

a) für
   aa) Kraftfahrzeuge mit einer zulässigen Gesamtmasse über 3,5 t bis 7,5 t, ausgenommen Personenkraftwagen,
   bb) Personenkraftwagen mit Anhänger,
   cc) Lastkraftwagen und Wohnmobile jeweils bis zu einer zulässigen Gesamtmasse von 3,5 t mit Anhänger sowie
   dd) Kraftomnibusse, auch mit Gepäckanhänger, 80 km/h,

b) für
   aa) Kraftfahrzeuge mit einer zulässigen Gesamtmasse über 7,5 t,
   bb) alle Kraftfahrzeuge mit Anhänger, ausgenommen Personenkraftwagen, Lastkraftwagen und Wohnmobile jeweils bis zu einer zulässigen Gesamtmasse von 3,5 t, sowie
   cc) Kraftomnibusse mit Fahrgästen, für die keine Sitzplätze mehr zur Verfügung stehen, 60 km/h,

c) für Personenkraftwagen sowie für andere Kraftfahrzeuge mit einer zulässigen Gesamtmasse bis 3,5 t 100 km/h.
   Diese Geschwindigkeitsbeschränkung gilt nicht auf Autobahnen (Zeichen 330.1) sowie auf anderen Straßen mit Fahrbahnen für eine Richtung, die durch Mittelstreifen oder sonstige bauliche Einrichtungen getrennt sind. Sie gilt ferner nicht auf Straßen, die mindestens zwei durch Fahrstreifenbegrenzung (Zeichen 295) oder durch Leitlinien (Zeichen 340) markierte Fahrstreifen für jede Richtung haben.

(4) Die zulässige Höchstgeschwindigkeit beträgt für Kraftfahrzeuge mit Schneeketten auch unter günstigsten Umständen 50 km/h.

StVO
§ 5
Überholen

(2) Überholen darf nur, wer übersehen kann, dass während des ganzen Überholvorgangs jede Behinderung des Gegenverkehrs ausgeschlossen ist. Überholen darf ferner nur, wer mit wesentlich höherer Geschwindigkeit als der zu Überholende fährt.

(3) Das Überholen ist unzulässig:

1. bei unklarer Verkehrslage oder
2. wenn es durch ein angeordnetes Verkehrszeichen (Zeichen 276, 277) untersagt ist.

(3a) Wer ein Kraftfahrzeug mit einer zulässigen Gesamtmasse über 7,5 t führt, darf unbeschadet sonstiger Überholverbote nicht überholen, wenn die Sichtweite durch Nebel, Schneefall oder Regen weniger als 50 m beträgt.

...

(6) Wer überholt wird, darf seine Geschwindigkeit nicht erhöhen. Wer ein langsameres Fahrzeug führt, muss die Geschwindigkeit an geeigneter Stelle ermäßigen, notfalls warten, wenn nur so mehreren unmittelbar folgenden Fahrzeugen das Überholen möglich ist. Hierzu können auch geeignete Seitenstreifen in Anspruch genommen werden; das gilt nicht auf Autobahnen.

StVO
§ 18
Autobahnen und
Kraftfahrstraßen

(5) Auf Autobahnen darf innerhalb geschlossener Ortschaften schneller als 50 km/h gefahren werden. Auf ihnen sowie außerhalb geschlossener Ortschaften auf Kraftfahrstraßen mit Fahrbahnen für eine Richtung, die durch Mittelstreifen oder sonstige bauliche Einrichtungen getrennt sind, beträgt die zulässige Höchstgeschwindigkeit auch unter günstigsten Umständen

1. für
   a) Kraftfahrzeuge mit einer zulässigen Gesamtmasse von mehr als 3,5 t, ausgenommen Personenkraftwagen,
   b) Personenkraftwagen mit Anhänger, Lastkraftwagen mit Anhänger, Wohnmobile mit Anhänger und Zugmaschinen mit Anhänger sowie
   c) Kraftomnibusse ohne Anhänger oder mit Gepäckanhänger 80 km/h,

StVO § 18 Autobahnen und Kraftfahrstraßen

2. für

   a) Krafträder mit Anhänger und selbstfahrende Arbeitsmaschinen mit Anhänger,

   b) Zugmaschinen mit zwei Anhängern sowie

   c) Kraftomnibusse mit Anhänger oder mit Fahrgästen, für die keine Sitzplätze mehr zur Verfügung stehen, 60 km/h,

3. für Kraftomnibusse ohne Anhänger, die

   a) nach Eintragung in der Zulassungsbescheinigung Teil I für eine Höchstgeschwindigkeit von 100 km/h zugelassen sind,

   b) hauptsächlich für die Beförderung von sitzenden Fahrgästen gebaut und die Fahrgastsitze als Reisebestuhlung ausgeführt sind,

   c) auf allen Sitzen sowie auf Rollstuhlplätzen, wenn auf ihnen Rollstuhlfahrer befördert werden, mit Sicherheitsgurten ausgerüstet sind,

   d) mit einem Geschwindigkeitsbegrenzer ausgerüstet sind, der auf eine Höchstgeschwindigkeit von maximal 100 km/h (V_{set}) eingestellt ist,

   e) den Vorschriften der Richtlinie 2001/85/EG des Europäischen Parlaments und des Rates vom 20. November 2001 über besondere Vorschriften für Fahrzeuge zur Personenbeförderung mit mehr als acht Sitzplätzen außer dem Fahrersitz und zur Änderung der Richtlinien 70/156/EWG und 97/27/EG (ABl. L 42 vom 13.2.2002, S. 1) in der jeweils zum Zeitpunkt der Erstzulassung des jeweiligen Kraftomnibusses geltenden Fassung entsprechen und

   f) auf der vorderen Lenkachse nicht mit nachgeschnittenen Reifen ausgerüstet sind, oder

   g) für nicht in Mitgliedstaaten der Europäischen Union oder in Vertragsstaaten des Abkommens über den Europäischen Wirtschaftsraum zugelassene Kraftomnibusse, wenn jeweils eine behördliche Bestätigung des Zulassungsstaates in deutscher Sprache über die Übereinstimmung mit den vorgenannten Bestimmungen und über jährlich stattgefundene Untersuchungen mindestens im Umfang der Richtlinie 96/96/EG des Rates vom 20. Dezember 1996 zur Angleichung der Rechtsvorschriften der Mitgliedstaaten über die technische Überwachung der Kraftfahrzeuge und Kraftfahrzeuganhänger (ABl. L 46 vom 17.2.1997, S. 1) in der jeweils geltenden Fassung vorgelegt werden kann, 100 km/h.

(6) Wer auf der Autobahn mit Abblendlicht fährt, braucht seine Geschwindigkeit nicht der Reichweite des Abblendlichts anzupassen, wenn

1. die Schlussleuchten des vorausfahrenden Kraftfahrzeugs klar erkennbar sind und ein ausreichender Abstand von ihm eingehalten wird oder
2. der Verlauf der Fahrbahn durch Leiteinrichtungen mit Rückstrahlern und, zusammen mit fremdem Licht, Hindernisse rechtzeitig erkennbar sind.

VwV-StVO zu § 41 Vorschriftzeichen

3 III. Für einzelne markierte Fahrstreifen dürfen Fahrtrichtungen (Zeichen 209 ff.) oder Höchst- oder Mindestgeschwindigkeiten (Zeichen 274 oder 275) vorgeschrieben oder das Überholen (Zeichen 276, 277 oder 277.1) oder der Verkehr (Zeichen 245 oder 250 bis 266) verboten werden.

4 IV. Soll die Geltung eines Vorschriftzeichens auf eine oder mehrere Verkehrsarten beschränkt werden, ist die jeweilige Verkehrsart auf einem Zusatzzeichen unterhalb des Verkehrszeichens sinnbildlich darzustellen. Soll eine Verkehrsart oder sollen Verkehrsarten von der Beschränkung ausgenommen werden, ist der sinnbildlichen Darstellung das Wort „frei“ anzuschließen.

…

Zu Zeichen 274 Zulässige Höchstgeschwindigkeit

8 VI. Auf Autobahnen und autobahnähnlichen Straßen dürfen nicht mehr als 130 km/h angeordnet werden. Nur dort darf die Geschwindigkeit stufenweise herabgesetzt werden. Eine Geschwindigkeitsstufe soll höchstens 40 km/h betragen. Der Mindestabstand in Metern zwischen den unterschiedlichen Höchstgeschwindigkeiten soll das 10-fache der Geschwindigkeitsdifferenz in km/h betragen. Nach Streckenabschnitten ohne Beschränkung soll in der Regel als erste zulässige Höchstgeschwindigkeit 120 km/h angeordnet werden.

…

6.4.1 Allgemeines

VwV-StVO
zu § 41
Vorschriftzeichen

13 XI. Innerhalb geschlossener Ortschaften ist die Geschwindigkeit im unmittelbaren Bereich von an Straßen gelegenen Kindergärten, -tagesstätten, -krippen, -horten, allgemeinbildenden Schulen, Förderschulen für Menschen mit Behinderungen, Alten- und Pflegeheimen, Einrichtungen für Menschen mit Behinderungen (z. B. Wohnheime, Tageseinrichtungen oder Werkstätten) oder Krankenhäusern in der Regel auf Tempo 30 km/h zu beschränken, soweit die Einrichtungen über einen direkten Zugang zur Straße verfügen oder im Nahbereich der Einrichtungen starker Ziel- und Quellverkehr mit all seinen kritischen Begleiterscheinungen (z. B. Bring- und Abholverkehr mit vielfachem Ein- und Aussteigen, erhöhter Parkraumsuchverkehr, häufige Fahrbahnquerungen durch Fußgänger, Pulkbildung von Radfahrern und Fußgängern) vorhanden ist. Dies gilt insbesondere auch auf klassifizierten Straßen (Bundes-, Landes- und Kreisstraßen) sowie auf weiteren Vorfahrtstraßen (Zeichen 306). Im Ausnahmefall kann auf die Absenkung der Geschwindigkeit verzichtet werden, soweit etwaige negative Auswirkungen auf den ÖPNV (z. B. Taktfahrplan) oder eine drohende Verkehrsverlagerung auf die Wohnnebenstraßen zu befürchten ist. In die Gesamtabwägung sind dann die Größe der Einrichtung und Sicherheitsgewinne durch Sicherheitseinrichtungen und Querungshilfen (z. B. Fußgängerüberwege, Lichtzeichenanlagen, Sperrgitter) einzubeziehen. Die streckenbezogene Anordnung ist auf den unmittelbaren Bereich der Einrichtung und insgesamt auf höchstens 300 m Länge zu begrenzen. Die beiden Fahrtrichtungen müssen dabei nicht gleich behandelt werden. Die Anordnungen sind, soweit Öffnungszeiten (einschließlich Nach- und Nebennutzungen) festgelegt wurden, auf diese zu beschränken.

13a Innerhalb geschlossener Ortschaften ist die Geschwindigkeit auch entlang hochfrequentierter Schulwege in der Regel auf Tempo 30 km/h zu beschränken. Dies gilt insbesondere auch auf klassifizierten Straßen (Bundes-, Landes- und Kreisstraßen) sowie auf weiteren Vorfahrtstraßen (Zeichen 306). Im Ausnahmefall kann auf die Absenkung der Geschwindigkeit verzichtet werden, soweit etwaige negative Auswirkungen auf den ÖPNV (z. B. Taktfahrplan) oder eine drohende Verkehrsverlagerung auf die Wohnnebenstraßen zu befürchten sind. In die Gesamtabwägung sind Sicherheitsgewinne durch Sicherheitseinrichtungen und Querungshilfen (z. B. Lichtzeichenanlagen, Sperrgitter) einzubeziehen.

Die beiden Fahrtrichtungen müssen dabei nicht gleich behandelt werden. Die Anordnungen sind, soweit Öffnungszeiten (einschließlich Nach- und Nebennutzungen) festgelegt wurden, auf diese zu beschränken. Hochfrequentierte Schulwege sind Straßenabschnitte, die innerhalb eines Stadt- oder Dorfteils eine Bündelungswirkung hinsichtlich der Wege zwischen Wohngebieten und allgemeinbildenden Schulen haben. Diese Wege können auch im Zusammenhang mit der Nutzung des ÖPNV bestehen. Ihre Lage ist begründet darzulegen. Sie kann sich auch aus Schulwegplänen ergeben, die von den betroffenen Schulen und der zuständigen Straßenverkehrsbehörde sowie gegebenenfalls Polizei und Straßenbaubehörde erarbeitet wurden.

13b Innerhalb geschlossener Ortschaften kann die Geschwindigkeit auch im unmittelbaren Bereich von Fußgängerüberwegen auf Tempo 30 km/h beschränkt werden. Dies gilt insbesondere auch auf klassifizierten Straßen (Bundes-, Landes- und Kreisstraßen) sowie auf weiteren Vorfahrtstraßen (Zeichen 306). In die Gesamtabwägung sind Sicherheitsgewinne durch Sicherheitseinrichtungen (z. B. Sperrgitter) einzubeziehen. Die Beschränkung auf Tempo 30 km/h kommt insbesondere dann in Betracht, wenn die für Fußgängerüberwege bei Tempo 50 km/h erforderlichen Sichtweiten nicht sichergestellt werden können oder Fahrzeugführende ihre Fahrgeschwindigkeit bei Annäherung an den Fußgängerüberweg regelmäßig nicht derart verringern, dass den querungswilligen Fußgängern ihr Vorrang erkennbar eingeräumt werden wird. Die Anordnung ist auf insgesamt höchstens 300 m Länge zu begrenzen. Die beiden Fahrtrichtungen müssen dabei nicht gleich behandelt werden.

14 XII. Liegt innerhalb geschlossener Ortschaften zwischen zwei Geschwindigkeitsbeschränkungen nur ein kurzer Streckenabschnitt (bis zu 500 Meter), so kommt zur Verstetigung des Verkehrsflusses eine Absenkung der Geschwindigkeit auch zwischen den beiden in der Geschwindigkeit beschränkten Streckenabschnitten in Betracht. Dieses fördert nicht nur die Verkehrssicherheit, sondern trägt auch zur Verringerung der verkehrsbedingten Lärm- und Abgasbelastung bei.

…

Zu Zeichen 276 Überholverbot

1 I. Das Zeichen ist nur dort anzuordnen, wo die Gefährlichkeit des Überholens für den Fahrzeugführer nicht ausreichend erkennbar ist.

VwV-StVO zu § 41 Vorschriftzeichen

2 II. Wo das Überholen bereits durch Zeichen 295 unterbunden ist, darf das Zeichen nicht angeordnet werden.

3 III. Außerhalb geschlossener Ortschaften ist das Zeichen in der Regel auf beiden Straßenseiten aufzustellen.

4 IV. Zur Verwendung des Zeichens an Gefahrstellen vgl. Nummer I zu § 40; Rn. 1.

Zu Zeichen 277 Überholverbot für Kraftfahrzeuge über 3,5 t

1 I. Das Zeichen sollte nur auf Straßen mit erheblichem und schnellem Fahrverkehr angeordnet werden, wo der reibungslose Verkehrsablauf dies erfordert. ...

...

Zu Zeichen 277.1 Überholverbot von einspurigen Fahrzeugen

1 I. Zeichen 277.1 soll nur dort angeordnet werden, wo aufgrund der örtlichen Gegebenheiten, insbesondere aufgrund von Engstellen, Gefäll- und Steigungsstrecken, oder einer regelmäßig nur schwer zu überblickenden Verkehrslage ein sicherer Überholvorgang von einspurigen Fahrzeugen nicht gewährleistet werden kann.

2 II. Im Übrigen wird auf die Nummern III und IV der VwV zu Zeichen 276 „Überholverbot" verwiesen.

Zu den Zeichen 274, 276, 277 und 277.1

1 I. Die Zeichen sind nur dort anzuordnen, wo Gefahrzeichen oder Richtungstafeln (Zeichen 625) nicht ausreichen würden, um eine der Situation angepasste Fahrweise zu erreichen. Die Zeichen können dann mit Gefahrzeichen kombiniert werden, wenn

2 1. ein zusätzlicher Hinweis auf die Art der bestehenden Gefahr für ein daran orientiertes Fahrverhalten im Einzelfall unerlässlich ist oder

3 2. aufgrund dieser Verkehrszeichenkombination eine Kennzeichnung des Endes der Verbotsstrecke entbehrlich wird.

4 II. Gelten diese Verbote für eine längere Strecke, kann die jeweilige Länge der restlichen Verbotsstrecke auf einem Zusatzzeichen 1001 angegeben werden.

5 III. Die Zeichen 274, 276, 277 und 277.1 sollen hinter solchen Kreuzungen und Einmündungen wiederholt werden, an denen mit dem Einbiegen ortsunkundiger Kraftfahrer zu rechnen ist. Wo innerhalb geschlossener Ortschaften durch das Zeichen 274 eine Geschwindigkeit über 50 km/h zugelassen ist, genügt dagegen dessen Wiederholung in angemessenen Abständen. ...

6 IV. Vgl. auch Nummer IV zu § 41; Rn. 4 und über die Zustimmungsbedürftigkeit Nummer III 1 c und e zu § 45 Abs. 1 bis 1 e; Rn. 6 und 8.

...

Zu Zeichen 295 Fahrstreifenbegrenzung und Fahrbahnbegrenzung

Zu Nummer 1 Fahrstreifenbegrenzung

1 I. Das Zeichen ist zur Trennung des für den Gegenverkehr bestimmten Teils der Fahrbahn in der Regel dann anzuordnen, wenn die Straße mehr als einen Fahrstreifen je Richtung aufweist. In diesen Fällen ist die Fahrstreifenbegrenzung in der Regel als Doppellinie auszubilden. Auf Straßen mit nur einem Fahrstreifen je Richtung ist das Zeichen nur dann anzuordnen, wenn das Befahren des für den Gegenverkehr bestimmten Teils der Fahrbahn aus Verkehrssicherheitsgründen nicht zugelassen werden kann. In diesen Fällen soll zuvor eine Leitlinie von ausreichender Länge angeordnet werden, deren Striche länger sein müssen als ihre Lücken (Warnlinie). Die durchgehende Linie ist dort zu unterbrechen, wo das Linksab- und -einbiegen zugelassen werden soll. Soll das Linksab- oder -einbiegen nur aus einer Fahrtrichtung zugelassen werden, ist an diesen Stellen die einseitige Fahrstreifenbegrenzung (Zeichen 296) anzuordnen.

2 II. Zeichen 295 ist außerdem anzuordnen, wenn mehrere Fahrstreifen für den gleichgerichteten Verkehr vorhanden sind, ein Fahrstreifenwechsel jedoch verhindert werden soll. Die Fahrstreifen müssen dann mindestens 3 m breit sein.

3 III. In den übrigen Fällen reicht eine Abgrenzung vom Gegenverkehr durch eine Leitlinie (Zeichen 340) aus.

4 IV. Wegen der Zustimmungsbedürftigkeit vgl. Nummer III 1 c zu § 45 Abs. 1 bis 1 e; Rn. 6.

...

6.4.1 Allgemeines

StVO
§ 45
Verkehrszeichen und Verkehrseinrichtungen

(1) Die Straßenverkehrsbehörden können die Benutzung bestimmter Straßen oder Straßenstrecken aus Gründen der Sicherheit oder Ordnung des Verkehrs beschränken oder verbieten und den Verkehr umleiten. Das gleiche Recht haben sie

1. zur Durchführung von Arbeiten im Straßenraum,
2. zur Verhütung außerordentlicher Schäden an der Straße,
3. zum Schutz der Wohnbevölkerung vor Lärm und Abgasen,
4. zum Schutz der Gewässer und Heilquellen,
5. hinsichtlich der zur Erhaltung der öffentlichen Sicherheit erforderlichen Maßnahmen sowie
6. zur Erforschung des Unfallgeschehens, des Verkehrsverhaltens, der Verkehrsabläufe sowie zur Erprobung geplanter verkehrssichernder oder verkehrsregelnder Maßnahmen,
7. zur Verbesserung des Schutzes der Umwelt, darunter des Klimaschutzes, zum Schutz der Gesundheit oder zur Unterstützung der geordneten städtebaulichen Entwicklung, sofern die Leichtigkeit des Verkehrs berücksichtigt ist und die Sicherheit des Verkehrs nicht beeinträchtigt wird, hinsichtlich
   a) der Einrichtung von Sonderfahrstreifen und bevorrechtigenden Lichtzeichenregelungen für Linienbusse und
   b) der Bereitstellung angemessener Flächen für den fließenden und ruhenden Fahrradverkehr sowie für den Fußverkehr.

(1a) Das gleiche Recht haben sie ferner

1. in Bade- und heilklimatischen Kurorten,
2. in Luftkurorten,
3. in Erholungsorten von besonderer Bedeutung,
4. in Landschaftsgebieten und Ortsteilen, die überwiegend der Erholung dienen,

4a. hinsichtlich örtlich begrenzter Maßnahmen aus Gründen des Arten- oder Biotopschutzes,

4b. hinsichtlich örtlich und zeitlich begrenzter Maßnahmen zum Schutz kultureller Veranstaltungen, die außerhalb des Straßenraums stattfinden und durch den Straßenverkehr, insbesondere durch den von diesem ausgehenden Lärm, erheblich beeinträchtigt werden,

5. in der Nähe von Krankenhäusern und Pflegeanstalten sowie
6. in unmittelbarer Nähe von Erholungsstätten außerhalb geschlossener Ortschaften,

wenn dadurch anders nicht vermeidbare Belästigungen durch den Fahrzeugverkehr verhütet werden können.

(1b) Die Straßenverkehrsbehörden treffen auch die notwendigen Anordnungen

1. im Zusammenhang mit der Einrichtung von gebührenpflichtigen Parkplätzen für Großveranstaltungen,
2. im Zusammenhang mit der Kennzeichnung von Parkmöglichkeiten für schwerbehinderte Menschen mit außergewöhnlicher Gehbehinderung, beidseitiger Amelie oder Phokomelie oder mit vergleichbaren Funktionseinschränkungen sowie für blinde Menschen,

2a. im Zusammenhang mit der Kennzeichnung von Parkmöglichkeiten für Bewohner städtischer Quartiere mit einem drohenden oder bestehenden erheblichen Parkraummangel durch vollständige oder zeitlich beschränkte Reservierung des Parkraums für die Berechtigten oder durch Anordnung der Freistellung von angeordneten Parkraumbewirtschaftungsmaßnahmen,

3. zur Kennzeichnung von Fußgängerbereichen und verkehrsberuhigten Bereichen,
4. zur Erhaltung der Sicherheit oder Ordnung in diesen Bereichen sowie
5. zum Schutz der Bevölkerung vor Lärm und Abgasen oder zur Unterstützung einer geordneten städtebaulichen Entwicklung.

Anordnungen nach Satz 1 Nummer 2a sind auch auf Grundlage eines städtebaulich-verkehrsplanerischen Konzepts zur Vermeidung von schädlichen Auswirkungen auf die Umwelt oder zur Unterstützung der geordneten städtebaulichen Entwicklung zulässig, sofern die Leichtigkeit des Verkehrs berücksichtigt ist und die Sicherheit des Verkehrs nicht beeinträchtigt wird. Die Straßenverkehrsbehörden ordnen die Parkmöglichkeiten für Bewohner, die Kennzeichnung von Fußgängerbereichen, verkehrsberuhigten Bereichen und Maßnahmen zum Schutze der Bevölkerung vor Lärm und Abgasen oder zur Unterstützung einer geordneten städtebaulichen Entwicklung im Einvernehmen mit der Gemeinde an.

VwV-StVO zu § 45 Verkehrszeichen und Verkehrseinrichtungen

Zu Absatz 1 bis 1e

3 III. 1. Die Straßenverkehrsbehörde bedarf der Zustimmung der obersten Landesbehörde oder der von ihr bestimmten Stelle zur Anbringung und Entfernung folgender Verkehrszeichen:

4 a) auf allen Straßen der Zeichen 201, 261, 269, 275, 279, 290.1, 290.2, 330.1, 330.2, 331.1, 331.2, 363, 460 sowie des Zusatzzeichens „abknickende Vorfahrt" (Zusatzzeichen zu Zeichen 306),

...

6 c) auf Autobahnen, Kraftfahrstraßen sowie auf Bundesstraßen außerhalb geschlossener Ortschaften: der Zeichen 276, 277, 277.1, 280, 281, 295 als Fahrstreifenbegrenzung und 296,

7 d) auf Autobahnen und Kraftfahrstraßen: der Zeichen 209 bis 214, 274 und 278,

8 e) auf Bundesstraßen: des Zeichens 274 samt dem Zeichen 278 dann, wenn die zulässige Höchstgeschwindigkeit auf weniger als 60 km/h ermäßigt wird.

9 2. Die obersten Landesbehörden sollten jedenfalls für Straßen von erheblicher Verkehrsbedeutung, die in Nummer 1 Buchstabe b bis e nicht aufgeführt sind, entsprechende Anweisungen geben.

10 3. Der Zustimmung bedarf es nicht, wenn jene Maßnahmen zur Durchführung von Arbeiten im Straßenraum oder zur Verhütung außerordentlicher Schäden an den Straßen getroffen werden oder durch unvorhergesehene Ereignisse wie Unfälle, Schadenstellen oder Verkehrsstauungen veranlasst sind.

...

14 VI. Der Zustimmung bedarf es in den Fällen der Nummern III bis V nicht, wenn und soweit die oberste Landesbehörde die Straßenverkehrsbehörde vom Erfordernis der Zustimmung befreit hat.

6.4.2 Sicherheit auf der freien Strecke

Ergeben Unfallauswertungen, dass ein bestimmter Streckenabschnitt unfallträchtig ist, ohne dass besonders gefährliche Stellen (siehe Abschnitt 6.4.3) erkennbar sind, so kann es notwendig sein, auch ganze Streckenabschnitte mit Streckenverboten zu belegen.

Mögliche Gründe für Geschwindigkeitsbeschränkungen können sein:

- Eine einbahnig zweistreifige Straße wird als Fernverkehrsstraße genutzt und ist auch entsprechend großzügig trassiert, was zu einer **hohen Geschwindigkeitserwartung** der Fahrzeugführer führt; zusammen mit einem hohen Anteil von Schwerverkehr (mit fahrzeugartabhängiger Höchstgeschwindigkeit von 60/80 km/h) erzeugt das einen **hohen Überholdruck**, der angesichts hoher Verkehrsmengen zu schweren Unfällen führt.
- Durch die Polierwirkung des Verkehrs ist die **Griffigkeit der Fahrbahndecke** abgesunken; auch „normales" Bremsen oder Kurvenfahren führt an die Grenze des Kraftschlusses zwischen Reifen und Fahrbahn; insbesondere bei nasser Fahrbahn sind vermehrt Unfälle im Längsverkehr oder Fahrunfälle, ggf. mit Abkommen von der Fahrbahn (auch auf geraden Streckenabschnitten) zu beobachten.
- Zwischen zwei benachbarten Gemeindeteilen findet in größerem Maße **Fuß**- oder **Radverkehr** statt, ohne dass entsprechende Sonderwege vorhanden sind.

In jedem Fall sollte versucht werden, den oder die Gründe für das Fehlverhalten der Fahrzeugführer und damit für die Unfälle zu ermitteln. Dabei können Fahrerverhaltensbeobachtungen – notfalls mithilfe sachverständiger Gutachter – hilfreich sein.

Ergibt sich daraus z. B., dass die geltende Höchstgeschwindigkeit von der Mehrheit der Fahrzeugführer nicht eingehalten wird, ist diese (im Wege der Verkehrsüberwachung) durchzusetzen.

Bild 6.16 Geschwindigkeitsbeschränkung bei Nässe

6.4.2 Sicherheit auf der freien Strecke

Bevor Streckenverbote angeordnet werden, ist außerdem zu prüfen, ob die Gefahren nicht durch bauliche Maßnahmen beseitigt werden können, in den zuvor genannten Situationen z. B. durch Umbau/Ummarkierung der Strecke zu einem dreistreifigen Querschnitt, durch Verbessern/Erneuern der Fahrbahndecke oder durch Anlegen eines Seitenwegs als Geh- und Radweg. Dazu sollten entsprechende Gespräche mit dem Baulastträger stattfinden, in denen auch die allgemeinen Verpflichtungen aus der Baulast diskutiert werden (siehe z. B. § 3 FStrG oder entsprechende Paragrafen der Landes-Straßenbaugesetze). Die Gespräche sollten dokumentiert werden. Da vor allem umfangreiche bauliche Maßnahmen häufig mit längeren Vorbereitungszeiten für die Planung und Finanzierung verbunden sind, kann es sinnvoll sein, verkehrsrechtliche Maßnahmen nur für die Übergangszeit anzuordnen.

Ist aus der Erfahrung mit erheblicher Wahrscheinlichkeit anzunehmen, dass ein Streckenabschnitt entsprechend gefährlich werden könnte (z. B. durch andersartige Nutzung infolge Netzänderungen), so wird es nicht vertretbar sein, zunächst Unfälle über einen repräsentativen Zeitraum abzuwarten, bevor Maßnahmen ergriffen werden. Umgekehrt ist es nicht gerechtfertigt, aus reinem Verdacht Streckenverbote anzuordnen. In solchen Fällen wird empfohlen – unter Umständen mithilfe sachverständiger Unterstützung – Fahrerverhaltens-Beobachtungen (Geschwindigkeitsmessungen, Videoauswertungen des Überholverhaltens) durchzuführen und erst dann Maßnahmen anzuordnen, wenn sich der Verdacht auf unverantwortliches Fahrerverhalten bestätigt.

Ist infolge des Straßenzustands bei nasser Fahrbahn eine Geschwindigkeitsbeschränkung erforderlich, so sollte diese durch Zeichen 274 mit Zusatzzeichen 1053-35 „bei Nässe“ angeordnet werden und außerorts in der Regel nicht mehr als 60 oder 80 km/h betragen. Auf Autobahnen sollten Geschwindigkeitsbeschränkungen von 80 km/h bei Nässe in der Regel nur bei Aquaplaninggefahr (abflussschwache Zonen) angeordnet werden. Bei Griffigkeitsdefiziten reicht in der Regel eine Beschränkung auf 100 km/h aus. Zeichen 274 in Verbindung mit Zusatzzeichen 1053-35 „bei Nässe“ (*Bild 6.16*) verbietet, die angegebene Höchstgeschwindigkeit bei nasser Fahrbahn zu überschreiten.

Zu Kriterien siehe

- „Merkblatt zur Bewertung der Straßengriffigkeit bei Nässe (M BGriff)“, Ausgabe 2012, FGSV Verlag.

Neue Fahrbahndecken erfordern in der Regel keine Beschränkung der Geschwindigkeit. Im Sinne von § 45 Abs. 9 Satz 3 StVO ist auch hier der Beurteilungsmaßstab für die Erforderlichkeit von verkehrsrechtlichen Eingriffen die mittlere Griffigkeit aller Fahrbahndecken auf vergleichbaren Strecken im Bestand, nicht etwa die bauvertraglich vereinbarten Anforderungen an eine neue Fahrbahndecke. Geschwindigkeitsbeschränkungen können in diesen Fällen ausnahmsweise in Betracht kommen, wenn offensichtliche Baumängel vorliegen (z. B. Bindemittelanreicherungen an der Fahrbahnoberfläche).

Überholverbote helfen vor allem, Überholunfälle in Bereichen zu vermeiden, in denen bei höheren Verkehrsstärken mit sehr unterschiedlichen individuellen Geschwindigkeiten und entsprechend hohem Überholdruck ungünstige Sichtverhältnisse bestehen.

Auf Straßen mit mehreren Fahrstreifen in einer Richtung kann die Sicherheit auf der freien Strecke auch durch die Anordnung von Überholverboten für langsamere Fahrzeuge verbessert werden. Wenn bei hohem Verkehrsaufkommen durch häufiges Überholen von Lkw die Geschwindigkeit auf dem Überholstreifen deutlich vermindert wird und es dadurch zu einem stark gestörten Verkehrsfluss kommt, kann dadurch die Verkehrssicherheit beeinträchtigt werden. Insbesondere auf Strecken im Flachland, ohne besondere Steigungs- oder Gefällstrecken, ist heute davon auszugehen, dass Lkw in etwa gleich schnell fahren. Ein Überholen wäre damit ohnehin nur unter Missachtung des Gebots möglich, mit wesentlich höherer Geschwindigkeit zu fahren als der Überholte. Insoweit geht die tatsächliche Grundrechtseinschränkung von Lkw-Überholverboten auf solchen Strecken gegen Null; vielmehr stellen sie im Wesentlichen nur klar, was ohnehin verboten ist. Insbesondere an unfallträchtigen Streckenabschnitten (z. B. an Steigungs- oder Gefällstrecken, Ein- und Ausfahrten oder nach Fahrstreifenreduzierungen) kann das Überholverbot auf Fahrzeuge mit einer höheren zulässigen Gesamtmasse als 3,5 t unter Beachtung des Grundsatzes der Verhältnismäßigkeit beschränkt werden. Weitere Anwendungsfelder finden sich in Abschnitt 6.4.1.

Zu Abschnitt 6.4.2

VwV-StVO zu § 41 Vorschriftzeichen

Zu Zeichen 274 Zulässige Höchstgeschwindigkeit

1 I. Geschwindigkeitsbeschränkungen aus Sicherheitsgründen sollen auf bestehenden Straßen angeordnet werden, wenn Unfalluntersuchungen ergeben haben, dass häufig geschwindigkeitsbedingte Unfälle aufgetreten sind. Dies gilt jedoch nur dann, wenn festgestellt worden ist, dass die geltende Höchstgeschwindigkeit von der Mehrheit der Kraftfahrer eingehalten wird. Im anderen Fall muss die geltende zulässige Höchstgeschwindigkeit durchgesetzt werden. Geschwindigkeitsbeschränkungen können sich im Einzelfall schon dann empfehlen, wenn aufgrund unangemessener Geschwindigkeiten häufig gefährliche Verkehrssituationen festgestellt werden.

II. Außerhalb geschlossener Ortschaften können Geschwindigkeitsbeschränkungen nach Maßgabe der Nummer I erforderlich sein,

2 1. wo Fahrzeugführer insbesondere in Kurven, auf Gefällstrecken und an Stellen mit besonders unebener Fahrbahn (vgl. aber Nummer I zu § 40; Rn. 1), ihre Geschwindigkeit nicht den Straßenverhältnissen anpassen; die zulässige Höchstgeschwindigkeit soll dann auf diejenige Geschwindigkeit festgelegt werden, die vorher von 85 % der Fahrzeugführer von sich aus ohne Geschwindigkeitsbeschränkungen, ohne überwachende Polizeibeamte und ohne Behinderung durch andere Fahrzeuge eingehalten wurde,

...

4 3. wo Fußgänger oder Radfahrer im Längs- oder Querverkehr in besonderer Weise gefährdet sind; die zulässige Höchstgeschwindigkeit soll auf diesen Abschnitten in der Regel 70 km/h nicht übersteigen.

...

9 VII. Das Zeichen 274 mit Zusatzzeichen „bei Nässe" soll statt des Zeichens 114 dort angeordnet werden, wo das Gefahrzeichen als Warnung nicht ausreicht.

...

Zu Zeichen 276 Überholverbot

1 I. Das Zeichen ist nur dort anzuordnen, wo die Gefährlichkeit des Überholens für den Fahrzeugführer nicht ausreichend erkennbar ist.

2 II. Wo das Überholen bereits durch Zeichen 295 unterbunden ist, darf das Zeichen nicht angeordnet werden.

3 III. Außerhalb geschlossener Ortschaften ist das Zeichen in der Regel auf beiden Straßenseiten aufzustellen.

4 IV. Zur Verwendung des Zeichens an Gefahrstellen vgl. Nummer I zu § 40; Rn. 1.

6.4.3 Sicherheit an gefährlichen Stellen

Regelungen zur Geschwindigkeit oder zum Überholen an besonders gefährlichen Stellen werden in den entsprechenden Fachkapiteln behandelt, insbesondere

- Kurven (siehe Abschnitt 6.6);
- Knotenpunkte (siehe Abschnitt 4);
- Lichtsignalanlagen (siehe Abschnitt 9.3.3);
- Arbeitsstellen (siehe Abschnitt 7);
- Bahnübergänge (siehe Abschnitt 5.4.4);
- Engstellen und Alleen (siehe Abschnitt 6.7);
- Ankündigung von Ortsdurchfahrten (siehe Abschnitt 6.5.4).

Darüber hinaus kann es aber auch an anderen Stellen notwendig werden, das Geschwindigkeits- und Überholverhalten zu regeln, z. B. an

- **Gefäll- und Steigungsstrecken,**
- **Stellen, an denen Straßenschäden wie Unebenheiten oder mangelnde Griffigkeit bestehen, die kurzfristig noch nicht beseitigt werden konnten.**

Dabei gilt generell an gefährlichen Stellen, dass diese zunächst (wenn möglich) durch eine deutliche Gestaltung der Straßenanlage (siehe Abschnitt 6.2), notfalls durch Gefahrzeichen (siehe Abschnitt 6.3), verdeutlicht und von den Kraftfahrern eigenverantwortlich bewältigt werden sollen, bevor ordnungsrechtlich mit Beschränkungen von Geschwindigkeit und Überholverhalten eingegriffen wird. Dies sollte als ultima ratio in der Regel erst dann

6.4.3 Sicherheit an gefährlichen Stellen

erfolgen, wenn sich trotz dieser Maßnahmen ein auffälliges Unfallgeschehen (in der Regel Unfallhäufung nach der jeweils gültigen Definition) einstellt.

Geschwindigkeitsbeschränkungen oder Überholverbote können insbesondere erforderlich werden,

a) wenn der **optische Eindruck** von Kurven, Steigungs- und Gefällstrecken oder von Knotenpunkten zu falschen Beurteilungen der Situation führt und Gefahrzeichen allein nicht ausreichen (denkbare Beispiele: gleichzeitiges Abfallen des Geländes neben der Straße und dadurch erschwertes richtiges Einschätzen eines starken Straßengefälles, Vorhandensein einer „Hundekurve" (Kurve, deren Radius im Verlauf immer kleiner wird), schlecht zu erkennende Verengung einer Fahrbahn am Ende einer Kurve, schlechte Erkennbarkeit eines Knotenpunkts);

b) wenn **Unfalluntersuchungen** oder **Verkehrsbeobachtungen** ergeben haben, dass unangemessene Geschwindigkeiten die Sicherheit gefährden (denkbare Beispiele außerhalb geschlossener Ortschaften: vor Knotenpunkten mit Linksabbiegerverkehr, auf Abschnitten mit sehr schnell und sehr langsam fahrenden Verkehrsteilnehmern, auf Abschnitten mit längsverkehrenden Fußgängern und Radfahrern bei unzureichender Fahrbahnbreite, vor Stellen mit unvermutetem Fußgängerquerverkehr);

c) wenn **andere Verkehrsteilnehmer** die tatsächlich gefahrenen Geschwindigkeiten unterschätzen. Das trifft vor allem dann zu, wenn die von nicht bevorrechtigten Verkehrsteilnehmern falsch geschätzten Geschwindigkeiten bevorrechtigter Verkehrsteilnehmer zu Fehlentscheidungen führen.

Auf Straßen **außerhalb geschlossener Ortschaften** mit allgemeiner Höchstgeschwindigkeit von 100 km/h für Pkw und Kfz bis 3,5 t können durch Zeichen 274 anzuordnende niedrigere Geschwindigkeitsbeschränkungen erforderlich sein,

a) wo Fahrzeugführer, insbesondere in Kurven, auf Gefällstrecken und an Stellen mit besonders unebener Fahrbahn, ihre Geschwindigkeit nicht den Straßenverhältnissen anpassen;

b) stets vor **Lichtzeichenanlagen** (max. 70 km/h).

Der vorstehende Punkt ergibt sich aus der VwV-StVO. Die Geschwindigkeitsbeschränkung hat den Zweck, sogenannte „Gelbkonflikte" zu vermeiden: Oberhalb einer bestimmten Geschwindigkeit haben Fahrzeuge trotz entsprechender Gelbzeit keine Möglichkeit mehr, eine Rotfahrt zu vermeiden – weder durch Abbremsen (zu langer Bremsweg) noch durch Weiterfahren oder Beschleunigen (zu großer Zeitbedarf bis zum Erreichen des Knotenpunkts). Dies ist außerhalb geschlossener Ortschaften für Kreuzungen sowie mit Einschränkungen für Einmündungen grundsätzlich richtig. Allerdings stellt sich dennoch die Frage, ob dies auch für Knotenpunktzufahrten gilt, vor denen die Fahrzeugführer ihre Geschwindigkeit regelmäßig von sich aus auf deutlich geringere Werte verringern. Ein solcher Fall sind z. B. Einmündungen von Autobahnausfahrten in das Basisnetz. Diese werden schon aufgrund ihrer Trassierung selten schneller als mit 40–60 km/h befahren, und zudem rechnen die Fahrzeugführer regelmäßig mit einer Wartepflicht am Ende der Ausfahrtrampe. Vor diesem Hintergrund und im Sinne einer weiteren Reduktion des Schilderwalds sollte die heutige apodiktische Festlegung der VwV-StVO an die tatsächlichen Erfordernisse angepasst werden.

Für die Abschätzung der Geschwindigkeiten, die von schweren Fahrzeugen an Steigungs- und Gefällstrecken gewählt werden, ist im

- „Handbuch für die Bemessung von Straßenverkehrsanlagen (HBS)", Ausgabe 2015, FGSV Verlag

ein Diagramm enthalten.

Auf die allgemeinen Hinweise zur Anordnung von Streckenverboten und -geboten in Abschnitt 6.4.1 wird verwiesen.

Zu Abschnitt 6.4.3

VwV-StVO zu § 40 Gefahrzeichen

1 I. Gefahrzeichen sind nach Maßgabe des § 45 Absatz 9 Satz 2 anzuordnen. Nur wenn sie als Warnung oder Aufforderung zur eigenverantwortlichen Anpassung des Fahrverhaltens nicht ausreichen, sollte stattdessen oder bei unabweisbarem Bedarf ergänzend mit Vorschriftzeichen (insbesondere Zeichen 274, 276) auf eine der Gefahrsituation angepasste Fahrweise hingewirkt werden; vgl. hierzu I zu den Zeichen 274, 276, 277 und 277.1.

6.4.3 Sicherheit an gefährlichen Stellen

VwV-StVO
zu § 41
Vorschriftzeichen

Zu Zeichen 274 Zulässige Höchstgeschwindigkeit

1 I. Geschwindigkeitsbeschränkungen aus Sicherheitsgründen sollen auf bestehenden Straßen angeordnet werden, wenn Unfalluntersuchungen ergeben haben, dass häufig geschwindigkeitsbedingte Unfälle aufgetreten sind. Dies gilt jedoch nur dann, wenn festgestellt worden ist, dass die geltende Höchstgeschwindigkeit von der Mehrheit der Kraftfahrer eingehalten wird. Im anderen Fall muss die geltende zulässige Höchstgeschwindigkeit durchgesetzt werden. Geschwindigkeitsbeschränkungen können sich im Einzelfall schon dann empfehlen, wenn aufgrund unangemessener Geschwindigkeiten häufig gefährliche Verkehrssituationen festgestellt werden.

II. Außerhalb geschlossener Ortschaften können Geschwindigkeitsbeschränkungen nach Maßgabe der Nummer I erforderlich sein.

2 1. wo Fahrzeugführer insbesondere in Kurven, auf Gefällstrecken und an Stellen mit besonders unebener Fahrbahn (vgl. aber Nummer I zu § 40; Rn. 1), ihre Geschwindigkeit nicht den Straßenverhältnissen anpassen; die zulässige Höchstgeschwindigkeit soll dann auf diejenige Geschwindigkeit festgelegt werden, die vorher von 85 % der Fahrzeugführer von sich aus ohne Geschwindigkeitsbeschränkungen, ohne überwachende Polizeibeamte und ohne Behinderung durch andere Fahrzeuge eingehalten wurde,

3 2. wo insbesondere auf Steigungs- und Gefällstrecken eine Verminderung der Geschwindigkeitsunterschiede geboten ist; die zulässige Höchstgeschwindigkeit soll dann auf diejenige Geschwindigkeit festgelegt werden, die vorher von 85 % der Fahrzeugführer von sich aus ohne Geschwindigkeitsbeschränkungen, ohne überwachende Polizeibeamte und ohne Behinderung durch andere Fahrzeuge eingehalten wurde,

4 3. wo Fußgänger oder Radfahrer im Längs- oder Querverkehr in besonderer Weise gefährdet sind; die zulässige Höchstgeschwindigkeit soll auf diesen Abschnitten in der Regel 70 km/h nicht übersteigen.

4a Liegt zwischen zwei Geschwindigkeitsbeschränkungen auf einer einbahnigen Landstraße ohne Überholfahrstreifen nur ein kurzer Streckenabschnitt (unter 600 Meter) und wäre deshalb ein Überholvorgang infolge der geringen Überholstrecke mit erheblichen Risiken verbunden, so kommt zur Verstetigung des Verkehrsflusses eine Absenkung der Geschwindigkeit auch zwischen den beiden in der Geschwindigkeit beschränkten Streckenabschnitten in Betracht. Die Anordnung der abgesenkten Geschwindigkeit in diesem Bereich setzt voraus, dass die Anordnung eines Überholverbotes als milderes Mittel für diesen Abschnitt nicht ausreicht.

5 III. Außerhalb geschlossener Ortschaften ist die zulässige Höchstgeschwindigkeit vor Lichtzeichenanlagen auf 70 km/h zu beschränken.

6 IV. Das Zeichen soll so weit vor der Gefahrstelle aufgestellt werden, dass eine Gefährdung auch bei ungünstigen Sichtverhältnissen ausgeschlossen ist. Innerhalb geschlossener Ortschaften sind im Allgemeinen 30 bis 50 m, außerhalb geschlossener Ortschaften 50 bis 100 m und auf Autobahnen und autobahnähnlichen Straßen 200 m ausreichend.

...

9 VII. Das Zeichen 274 mit Zusatzzeichen „bei Nässe" soll statt des Zeichens 114 dort angeordnet werden, wo das Gefahrzeichen als Warnung nicht ausreicht.

...

Zu Zeichen 276 Überholverbot

1 I. Das Zeichen ist nur dort anzuordnen, wo die Gefährlichkeit des Überholens für den Fahrzeugführer nicht ausreichend erkennbar ist.

2 II. Wo das Überholen bereits durch Zeichen 295 unterbunden ist, darf das Zeichen nicht angeordnet werden.

...

4 IV. Zur Verwendung des Zeichens an Gefahrstellen vgl. Nummer I zu § 40; Rn. 1.

...

Zu den Zeichen 274, 276, 277 und 277.1

1 I. Die Zeichen sind nur dort anzuordnen, wo Gefahrzeichen oder Richtungstafeln (Zeichen 625) nicht ausreichen würden, um eine der Situation angepasste Fahrweise zu erreichen. Die Zeichen können dann mit Gefahrzeichen kombiniert werden, wenn

2 1. ein zusätzlicher Hinweis auf die Art der bestehenden Gefahr für ein daran orientiertes Fahrverhalten im Einzelfall unerlässlich ist oder

VwV-StVO zu § 41 Vorschriftzeichen

3 2. aufgrund dieser Verkehrszeichenkombination eine Kennzeichnung des Endes der Verbotsstrecke entbehrlich wird.

...

6 IV. Vgl. auch Nummer IV zu § 41; Rn. 4 und über die Zustimmungsbedürftigkeit Nummer III 1 c und e zu § 45 Abs. 1 bis 1 e; Rn. 6 und 8.

6.4.4 Schutz des Umfelds vor Immissionen

Des Weiteren können Geschwindigkeitsbeschränkungen aus **Gründen des Lärmschutzes** und zur Verminderung der Abgasbelastung der Umwelt notwendig werden.

Die von dem für den Verkehr zuständigen Bundesministerium für Verkehr herausgegebenen

- „Richtlinien für straßenverkehrsrechtliche Maßnahmen zum Schutz der Bevölkerung vor Lärm – Lärmschutz-Richtlinien-StV", BMVBS 2007, FGSV Verlag

vom 23.11.2007 (VkBl. 2007 S. 767) und die

- „Richtlinien für den Verkehrslärmschutz an Bundesfernstraßen in der Baulast des Bundes – VLärmSchR 97" (VkBl. 1997 S. 434)

geben Orientierungshilfen beim Abwägen zwischen Lärmschutz und Freizügigkeit des Verkehrs. Das OVG-Urteil NW vom 1.6.2005, 8 A 2350/04 zeigt beispielhaft auf, wie der in der Rechtsprechung anerkannte Anspruch des Einzelnen auf ermessungsfehlerfreie Entscheidung im Fall der Forderung nach verkehrsrechtlichen Maßnahmen zum Lärmschutz einmal erfolgreich, ein anderes Mal auch nicht erfolgreich sein kann. Insbesondere ist zu prüfen, ob „aufgrund der besonderen örtlichen Verhältnisse eine Gefahrenlage für die in § 45 StVO geschützten Rechtsgüter besteht, die das allgemeine Risiko einer Rechtsbeeinträchtigung erheblich übersteigt".

Für Straßen im Bestand gibt es keine gesetzlichen Grenzwerte für die vom Straßenverkehr ausgehenden Lärmimmissionen. Grenzwerte gibt es ausschließlich für neu zu bauende oder wesentlich zu ändernde Straßen; diese sind in der 16. BImSchV festgelegt.

Bei der Abwägung über straßenverkehrsrechtliche Lärmschutzmaßnahmen spielen zahlreiche Faktoren eine Rolle. So kommt es z. B. auch darauf an, welche Verkehrsbedeutung die Straße hat, für die eine Geschwindigkeitsbeschränkung aus Lärmschutzgründen zu prüfen ist (vgl. Urteil des OVG Berlin-Brandenburg zu Tempo 30 auf dem Fürstendamm in Berlin). Andererseits ist auch zu berücksichtigen, ob die betroffenen Wohngebäude mit passivem Schallschutz ausgestattet sind. Die Beurteilungspegel werden nach den „Richtlinien für den Lärmschutz an Straßen (RLS-19)" für die maßgeblichen Immissionsorte an den Außenfassaden berechnet. Passiver Schallschutz, d. h. die Schallisolierung der Wohngebäude selbst, wirkt sich naturgemäß nicht auf die Beurteilungspegel aus, ist aber als geeignete Schallschutzmaßnahme zu werten. Sind die betroffenen Wohngebäude auf diese Weise geschützt, kommen Geschwindigkeitsbeschränkungen aus Lärmschutzgründen deshalb auch dann nicht in Betracht, wenn die Beurteilungspegel die Richtwerte der Lärmschutz-Richtlinien-StV überschreiten. Auch sogenanntes zurechenbares Verhalten der Lärmbetroffenen kann den Ausschlag gegen die Anordnung von Geschwindigkeitsbeschränkungen geben: Wer sein Haus an eine bestehende, entsprechend belastete Straße baut, muss sich dieses Verhalten zurechnen lassen und hat dementsprechend keinen Anspruch auf Anordnungen. Jedoch sind solche Fälle ggf. dann anders zu beurteilen, wenn z. B. die Verkehrs- und damit Lärmbelastung seit dem Bau erheblich gestiegen ist. Die vorstehenden Aspekte sind beispielhaft zu verstehen und sollen insbesondere verdeutlichen, dass ein alleiniges Abstellen auf die Beurteilungspegel nicht zweckmäßig ist.

In vielen Fällen werden Geschwindigkeitsbeschränkungen aus Lärmschutzgründen nur zu den Nachtzeiten (22–6 Uhr) erforderlich sein. Entsprechend ist ihre Gültigkeit tageszeitlich durch Zusatzzeichen zu beschränken.

Geschwindigkeitsbeschränkungen aus Lärmschutzgründen sind nicht als dauerhafte Maßnahme zu betrachten. Vielmehr sollen sie die Zeit überbrücken, bis der Straßenbaulastträger in der Lage ist, die durch die Geschwindigkeitsbeschränkung abgewehrten Gefahren für die Wohnbevölkerung mit eigenen Mitteln abzuwehren. Als eigene Mittel des Straßenbaulastträgers kommen insbesondere freiwillige Maßnahmen zur Lärmsanierung in Betracht. Dies sind nachträgliche bauliche Maßnahmen an der Straße wie etwa der Bau einer Lärmschutzwand oder die Bezuschussung des Einbaus von Schallschutzfenstern. Der Bund hat für die Bundesfernstraßen in seiner Baulast durch Haushaltsrecht entsprechende Auslösewerte festgelegt. Dies sind nach RLS-19 berechnete Beurteilungspegel, bei deren Überschreitung Lärmsanierung in Betracht kommt. Ursprünglich lagen diese Auslösewerte in derselben Höhe wie die Richtwerte der Lärmschutz-Richtlinien-StV (70 dB(A) tags und 60 dB(A) nachts für reine und allgemeine Wohngebiete). Zwischenzeitlich wurden diese Werte zweimal abgesenkt und betragen nun 64 dB(A) bzw. 54 dB(A) für reine und allgemeine Wohngebiete. Der damit hergestellte Abstand zu den Richtwerten der Lärmschutz-Richtlinien-StV bildet sachgerecht den Vorrang baulicher vor straßenverkehrsrechtlichen Maßnahmen ab. Für die Bundesfernstraßen besteht damit die Möglichkeit, die Wohnbevölkerung baulich nachhaltig vor Lärm zu schützen, bevor die Schwelle gefahrenabwehrrechtlicher Maßnahmen erreicht wird. Zudem haben diese baulichen Maßnahmen den Vorteil, dass sie nicht auf die Befolgung der Verkehrsteilnehmer angewiesen sind und auch dann ganztägig wirken, wenn nur tageszeitlich (in der Regel nachts) die Auslösewerte überschritten waren.

Länder und Gemeinden sind für die Straßen in ihrer Baulast nicht an diese Auslösewerte gebunden. Gegebenenfalls ist zu prüfen, welche Möglichkeiten diesbezüglich im Landesrecht vorgesehen sind.

Anzumerken ist, dass insbesondere Geräuschemissionen nennenswert häufig nur durch erhebliche Einschnitte in den frei fließenden Verkehr reduziert werden können. So sind z. B. auf schnell befahrenen Straßen mit erheblichem Schwerverkehrsanteil Beschränkungen auf 60 km/h nötig, da der Großteil der Emissionen vom Schwerverkehr erzeugt wird, der ohnehin der allgemeinen Geschwindigkeitsbeschränkung auf 80 km/h unterliegt und dessen Emissionen nur durch eine weitere Reduktion der Geschwindigkeit reduziert werden können. Diese niedrigen Geschwindigkeiten werden andererseits von den Pkw-Fahrern in der Regel nicht akzeptiert. Zu unterschiedliche Beschränkungen für die Fahrzeuggruppen verbieten sich häufig aus Sicherheitsgründen, da sie zu zusätzlichem Überholwunsch führen. Sie sollten deshalb allenfalls dort angeordnet werden, wo ein Überholen ohne Nutzung der Fahrstreifen für den Gegenverkehr möglich ist (z. B. Autobahnen und autobahnähnliche Straßen). Auch dann bleibt insbesondere bei tageszeitlich beschränkten Anordnungen die Herausforderung, diese Differenzierung unter Beachtung der Vorgaben der StVO und VwV-StVO zur Beschilderungssystematik, insbesondere zur Geltung von Zusatzzeichen ausschließlich für das unmittelbar darüber angebrachte Hauptverkehrszeichen sowie die Regeln zur Beschränkung der Verkehrszeichen an einem Pfosten, in der Beschilderung umzusetzen.

Anders als beim Straßenverkehrslärm gibt es für die Immissionen von Luftschadstoffen Grenzwerte, die nahezu flächendeckend gelten. Diese sind in der 39. BImSchV festgelegt. Ausgenommen von der Anwendbarkeit dieser Grenzwerte sind u. a. der Raum über den Fahrbahnen sowie über Mittelstreifen, soweit diese nicht für den längeren Aufenthalt von Personen vorgesehen sind (vgl. Anlage 3 Abschnitt A Ziffer 2 Buchstabe c 39. BImSchV). Sofern diese Grenzwerte überschritten sind, müssen die nach Landesrecht zuständigen Behörden Luftreinhaltepläne erstellen. Vergleiche auch Abschnitt 6.5.8.

Grundsätzlich kommen zwar auch sogenannte planunabhängige Maßnahmen der Straßenverkehrsbehörde in Betracht; dies aber nur, soweit die für die Luftreinhaltung zuständige Behörde trotz Überschreitung der Immissionsgrenzwerte keinen Luftreinhalteplan aufgestellt hat und auch nicht im Begriff ist, einen solchen aufzustellen. In der Praxis besitzt diese Ermächtigungsvorschrift der StVO deshalb keine Relevanz mehr.

Nicht jede Geschwindigkeitsbeschränkung ist geeignet, eine Reduktion von Schadstoffimmissionen herbeizuführen. Geschwindigkeitsbeschränkungen von weniger als 40 km/h führen nach aktuellem Stand eher zu einer Erhöhung der Emissionen und entsprechend auch Immissionen. In einigen Fällen enthalten die aktuellen Luftreinhaltepläne deshalb auch Anhebungen bestehender Geschwindigkeitsbeschränkungen von 30 auf 40 km/h (z. B. Luftreinhalteplan für den Ballungsraum Rhein-Main, 2. Fortschreibung, Teilplan Frankfurt am Main, Abschnitt 8.6.3.4, S. 88 ff.). Bei der Beurteilung des Emissionsverhaltens der Kfz und damit von straßenverkehrsrechtlichen Maßnahmen legt das regelmäßig aktualisierte

- Handbuch für Emissionsfaktoren des Straßenverkehrs (HBEFA)

eine wichtige Grundlage.

Mit Verordnung vom 11.12.2024 hat der Verordnungsgeber – nach entsprechenden Ergänzungen im StVG – in § 45 Abs. 1 Satz 2 eine Ziffer 7 eingefügt. Damit werden die Straßenverkehrsbehörden ermächtigt, „zur Verbesserung des Schutzes der Umwelt, darunter des Klimaschutzes, zum

6.4.4 Schutz des Umfelds vor Immissionen

Schutz der Gesundheit oder zur Unterstützung der geordneten städtebaulichen Entwicklung" Sonderfahrstreifen und bevorrechtigende Lichtzeichenregelungen für Linienbusse anzuordnen sowie „angemessene Flächen" für den fließenden und ruhenden Fahrradverkehr sowie für den Fußverkehr bereitzustellen. Voraussetzung ist jeweils eine Berücksichtigung der Leichtigkeit des Verkehrs und ein Unterbleiben von Beeinträchtigungen der Verkehrssicherheit. Angesichts der bislang fehlenden Praxis und Allgemeiner Verwaltungsvorschriften soll im Folgenden ein erster Versuch der Einordnung unternommen werden.

Die neuen Anordnungsmöglichkeiten dienen vor diesem Hintergrund augenscheinlich primär der Bedienung politisch getriebener Wünsche. Insofern wird es primäre Aufgabe der mit der Prüfung und Umsetzung beauftragten Fachbehörden sein, die Maßnahmen so auszugestalten, dass die Leichtigkeit des Verkehrs angemessen berücksichtigt ist und eine Beeinträchtigung der Verkehrssicherheit unterbleibt – oder, falls dies unter Ausschöpfung aller Möglichkeiten nicht möglich ist, die politischen Entscheidungsträger entsprechend zu beraten.

Auch für diese Maßnahmen sind die allgemeinen Grundsätze des Straßenverkehrsrechts anzuwenden. Sie sind regelmäßig zu überprüfen und aufzuheben, wenn sie zur Zielerreichung nicht mehr erforderlich sind. Das kann z. B. gegeben sein, wenn die Kraftfahrzeuge (weitgehend) klimaneutral betrieben werden und die Anordnung auf den Klimaschutz gestützt ist. Die Anordnungen müssen auch den Grundsätzen der Erforderlichkeit, Geeignetheit und Angemessenheit sowie dem Gebot der Eingriffsminimierung genügen.

Insbesondere die in letzter Zeit angeordneten Bussonderstreifen als auch Radfahrstreifen führen oft zu Verkehrsführungen, die komplex und für den Kraftfahrzeugverkehr schwerer verständlich sind und ihm deshalb höhere Aufmerksamkeit abfordern. Dies kann einerseits dazu führen, dass damit die Aufmerksamkeit vom eigentlichen Verkehrsgeschehen abgelenkt wird. Dies birgt Risiken für die Verkehrssicherheit. Vor allem aber ergibt sich daraus die Anforderung an die Straßenbaulastträger, die mit diesen Verkehrsführungen verbundenen Markierungen so zu unterhalten, dass sie auch bei Dunkelheit und Nässe jederzeit gut zu erkennen sind. Die regelmäßige Erneuerung der Markierungen ist auch nicht durch großflächige Rotfärbungen – die im Übrigen keinerlei verkehrsrechtliche Bedeutung haben – zu ersetzen!

■ Bussonderfahrstreifen und bevorrechtigende Lichtzeichenregelungen für Linienbusse

Beide Maßnahmen sind seit vielen Jahrzehnten gelebte Praxis (groß-)städtischen StVO-Vollzugs. Sie werden bislang in der Regel auf § 45 Abs. 1 Satz 1 StVO – Ordnung des Verkehrs – gestützt. Primär haben beide Maßnahmen – oft Teilaspekte von Maßnahmenpaketen – den Linienbusverkehr vor den Auswirkungen von Verkehrsstauungen zu schützen und ihm so einen fahrplantreuen Betrieb zu ermöglichen (siehe Abschnitt 3.5.4). Die Berücksichtigung der Sicherheit und Leichtigkeit des übrigen Verkehrs war bislang nicht explizit gefordert, lässt sich aber als allgemeiner, sich aus § 45 abzuleitender und hierauf anzuwendender Auftrag herleiten. Nicht zuletzt liegt es auch im eigenen fachlichen Interesse der Straßenverkehrsbehörden, nachteilige Auswirkungen solcher Maßnahmen auf die Sicherheit und Ordnung (deren Teilaspekt die Leichtigkeit ist) des Verkehrs zu vermeiden.

Im Hinblick auf die **Leichtigkeit des Verkehrs** sind dabei alle Verkehrsarten ins Auge zu fassen. In vielen Fällen wird es möglich sein, Überlastungssituationen im Fahrzeugverkehr einerseits und unnötig lange Wartezeiten im Fußverkehr andererseits durch den Einsatz moderner, verkehrsabhängig gesteuerter Lichtzeichenregelungen mit entsprechender Grünanforderung sich nähernder Linienbusse (von denen, soweit bei der örtlichen Verkehrsführung möglich, dann auch der übrige Fahrzeugverkehr profitiert) abzumildern, wenn nicht gänzlich zu vermeiden. Im Hinblick auf die Vermeidung von Stauungen im Kraftfahrzeugverkehr ist hierbei auch der dieser Anordnungsgrundlage innewohnende Gesundheitsschutz zu beachten; gestauter Verkehr mit Stop-and-Go führt mit zu den höchsten Schadstoffimmissionen (vgl. HBEFA).

Die Gewährleistung der **Sicherheit des Verkehrs** erfordert in der Regel dieselben Maßnahmen wie bei den auf den bisherigen Grundlagen angeordneten Bussonderstreifen. Hierbei steht insbesondere die sichere Führung an Knotenpunkten im Vordergrund, wenn z. B. Rechtsabbieger den Bussonderstreifen kreuzen müssen. Auf Autobahnen und anderen schnell befahrenen Straßen sind Leichtigkeit und Sicherheit untrennbar miteinander verbunden. Jede Stausituation birgt das Risiko schwerer Auffahrunfälle und ist deshalb zu vermeiden. Von mehreren möglichen Verkehrsführungen ist deshalb stets die zu wählen, mit der das geringste Staurisiko verbunden ist.

Flächen für den fließenden und ruhenden Radverkehr sowie für den Fußverkehr

Auch wenn diese Ermächtigungsgrundlage ausdrücklich nur die „angemessenen" Flächen adressiert, gilt auch hier weiter der Grundsatz der Verhältnismäßigkeit, d. h. diese Flächen müssen nicht nur angemessen sein, sondern deren Bereitstellung muss auch erforderlich sein sowie geeignet sein, den Anordnungszweck zu erreichen. Dies ist z. B. bei unter Wegfall legaler(!) und örtlich knapper Parkmöglichkeiten eingerichteten Fahrradabstellplätzen in einer Einfamilienhaussiedlung, deren einziger Effekt es ist, dass die Bewohner ihre Fahrräder jetzt nicht mehr auf ihren Grundstücken abstellen, klar zu verneinen.

Im Hinblick auf den **fließenden Fahrradverkehr** ist die Verkehrssicherheit von essenzieller Bedeutung. Vielfach mag die Verwirklichung des Trennungsprinzips für ein besseres Sicherheitsgefühl sorgen (aus politischer Sicht insoweit verständlich); ob aber der objektiven Verkehrssicherheit damit in jedem Fall ein Dienst erwiesen wird, sollte in jedem Einzelfall sorgfältig geprüft und auch nach Anordnung nachgehalten werden. Hierbei sollte man sich insbesondere folgende Fragen stellen:

- Ist die Anordnung weiterer Fahrradstreifen auf Kosten von für den allgemeinen Fahrzeugverkehr – einschließlich Radverkehr! – nutzbaren Fahrbahnflächen und die Durchsetzung der damit verbundenen fortschreitenden Umsetzung des Trennungsprinzips der aufmerksamen und vorsichtigen Verkehrsteilnahme zuträglich? Oder fördert sie nicht auch gefährliche Verhaltensweisen wie z. B. die falsche Straßenbenutzung? (Das Befahren linker Radwege ist Hauptunfallursache bei Fahrradunfällen, bei denen der Radfahrer Hauptverursacher ist!)
- Kann der erwünschte Effekt im vorliegenden Einzelfall statt unter vollständiger Verlegung des Radwegs auf die bauliche Fahrbahn nicht auch durch Beibehaltung des Radwegs und Aufhebung der Benutzungspflicht erreicht werden? Dann haben sich unsicher fühlende Radfahrer jederzeit einen eigenen Weg, während die Geübteren, Schnelleren insbesondere während Zeiten starken Radverkehrs die Fahrbahn mitbenutzen können (und gleichzeitig weniger Konflikte mit Rechtsabbiegern haben).

Flächen für den **Fußgängerverkehr** können z. B. durch Aufhebung von „Bordsteinradwegen" (ggf. mit Verlegung der Radverkehrsflächen auf die bauliche Fahrbahn) zugunsten der Gehwege erfolgen. Die Erforderlichkeit setzt jedoch einen entsprechend starken Fußgängerverkehr voraus, der diese zusätzlichen Flächen tatsächlich auch benötigt.

Zu Abschnitt 6.4.4

VwV-StVO zu § 41 Vorschriftzeichen

Zu Zeichen 274 Zulässige Höchstgeschwindigkeit

12 X. Geschwindigkeitsbeschränkungen aus Gründen des Lärmschutzes dürfen nur nach Maßgabe der Richtlinien für straßenverkehrsrechtliche Maßnahmen zum Schutz der Bevölkerung vor Lärm (Lärmschutz-Richtlinien-StV) angeordnet werden. Zur Lärmaktions- und Luftreinhalteplanung siehe Bundes-Immissionsschutzgesetz.

StVO § 45 Verkehrszeichen und Verkehrseinrichtungen

(1) Die Straßenverkehrsbehörden können die Benutzung bestimmter Straßen oder Straßenstrecken aus Gründen der Sicherheit oder Ordnung des Verkehrs beschränken oder verbieten und den Verkehr umleiten. Das gleiche Recht haben sie

1. zur Durchführung von Arbeiten im Straßenraum,
2. zur Verhütung außerordentlicher Schäden an der Straße,
3. zum Schutz der Wohnbevölkerung vor Lärm und Abgasen,
4. zum Schutz der Gewässer und Heilquellen,
5. hinsichtlich der zur Erhaltung der öffentlichen Sicherheit erforderlichen Maßnahmen sowie
6. zur Erforschung des Unfallgeschehens, des Verkehrsverhaltens, der Verkehrsabläufe sowie zur Erprobung geplanter verkehrssichernder oder verkehrsregelnder Maßnahmen,
7. zur Verbesserung des Schutzes der Umwelt, darunter des Klimaschutzes, zum Schutz der Gesundheit oder zur Unterstützung der geordneten städtebaulichen Entwicklung, sofern die Leichtigkeit des Verkehrs berücksichtigt ist und die Sicherheit des Verkehrs nicht beeinträchtigt wird, hinsichtlich
   a) der Einrichtung von Sonderfahrstreifen und bevorrechtigenden Lichtzeichenregelungen für Linienbusse und
   b) der Bereitstellung angemessener Flächen für den fließenden und ruhenden Fahrradverkehr sowie für den Fußverkehr.

…

6.4.4 Schutz des Umfelds vor Immissionen

StVO
§ 45
Verkehrszeichen
und Verkehrs-
einrichtungen

(9) Verkehrszeichen und Verkehrseinrichtungen sind nur dort anzuordnen, wo dies auf Grund der besonderen Umstände zwingend erforderlich ist. ... Insbesondere Beschränkungen und Verbote des fließenden Verkehrs dürfen nur angeordnet werden, wenn auf Grund der besonderen örtlichen Verhältnisse eine Gefahrenlage besteht, die das allgemeine Risiko einer Beeinträchtigung der in den vorstehenden Absätzen genannten Rechtsgüter erheblich übersteigt. ...

...

... Satz 3 gilt zudem nicht zur Kennzeichnung der in einem Luftreinhalteplan oder einem Plan für kurzfristig zu ergreifende Maßnahmen nach § 47 Absatz 1 oder 2 des Bundes-Immissionsschutzgesetzes festgesetzten Umweltzonen nach Absatz 1f.

(10) Absatz 9 gilt nicht,

1. soweit Verkehrszeichen angeordnet werden, die zur Förderung der Elektromobilität nach dem Elektromobilitätsgesetz oder zur Förderung des Carsharing nach dem Carsharinggesetz getroffen werden dürfen, und
2. für Anordnungen nach Absatz 1 Satz 2 Nummer 7.

VwV-StVO
zu § 45
Verkehrszeichen
und Verkehrs-
einrichtungen

Zu Absatz 1 bis 1e

13 V. Die Straßenverkehrsbehörde bedarf der Zustimmung der obersten Landesbehörde oder der von ihr bestimmten Stelle zur Anordnung von Maßnahmen zum Schutz der Bevölkerung vor Lärm und Abgasen. Das Bundesministerium für Verkehr und digitale Infrastruktur gibt im Einvernehmen mit den zuständigen obersten Landesbehörden „Richtlinien für straßenverkehrsrechtliche Maßnahmen zum Schutz der Bevölkerung vor Lärm (Lärmschutz-Richtlinien-StV)“ im Verkehrsblatt bekannt.

...

16 IX. Maßnahmen zum Schutz kultureller Veranstaltungen (z. B. bedeutende Musik- oder Theaterdarbietungen insbesondere auf Freilichtbühnen) kommen nur in Betracht, wenn diese erheblich durch vom Straßenverkehr ausgehende Lärmemissionen beeinträchtigt werden. Insbesondere kann sich für die Dauer der Veranstaltungen eine Umleitung des Schwerverkehrs empfehlen.

BMVBS
S 32/7332.9/1/781915
23. November 2007

Richtlinien für straßenverkehrsrechtliche Maßnahmen zum Schutz der Bevölkerung vor Lärm (Lärmschutz-Richtlinien-StV) (Auszug)

2 Grundsätze

2.1 Straßenverkehrsrechtliche Lärmschutzmaßnahmen kommen insbesondere in Betracht, wenn der vom Straßenverkehr herrührende Beurteilungspegel[7] am Immissionsort [RLS-90[8]] einen der folgenden Richtwerte[9] überschreitet:

In reinen und allgemeinen Wohngebieten, Kleinsiedlungsgebieten sowie an Krankenhäusern, Schulen, Kur- und Altenheimen

70 dB(A) zwischen 06.00 und 22.00 Uhr (tags)
60 dB(A) zwischen 22.00 und 06.00 Uhr (nachts).

In Kern-, Dorf- und Mischgebieten

72 dB(A) zwischen 06.00 und 22.00 Uhr (tags)
62 dB(A) zwischen 22.00 und 06.00 Uhr (nachts).

In Gewerbegebieten

75 dB(A) zwischen 06.00 und 22.00 Uhr (tags)
65 dB(A) zwischen 22.00 und 06.00 Uhr (nachts).

Existieren keine Bebauungspläne, sind die Gebiete oder Flächen entsprechend ihrer tatsächlichen Nutzung einzuordnen. Wohnbebauung im Außenbereich ist entsprechend ihrer Schutzbedürftigkeit als Kern-, Dorf- oder Mischgebiet zu beurteilen.

---

7 Definition Beurteilungspegel (nach RLS-90): Der Beurteilungspegel ist bei Straßenverkehrsgeräuschen gleich dem Mittelungspegel, dem für Immissionsorte in der Nähe von lichtzeichengeregelten Kreuzungen und Einmündungen noch ein Zuschlag für erhöhte Störwirkung hinzugefügt wird. Definition Mittelungspegel: Der Mittelungspegel ist der zeitliche Mittelwert des A-Schallpegels nach DIN 45641.

8 „Richtlinien für den Lärmschutz an Straßen (RLS-90), Nr. 4“; Erhältlich beim FGSV Verlag GmbH, 50999 Köln, Wesselinger Straße 17.

9 Die Richtwerte entsprechen den Beurteilungspegeln für die Lärmsanierung an Bundesfernstraßen. Das BImSchG mit der Verkehrslärmschutzverordnung (16. BImSchV) und deren Immissionsgrenzwerten sowie die Regelungen zur Umsetzung der EU-Umgebungslärmrichtlinie haben hier keine Bedeutung.

6.4.4 Schutz des Umfelds vor Immissionen

BMVBS-Erlass vom 23.11.2007

2.2 Maßgebend für die Berechnung des Beurteilungspegels und die Bestimmung des Immissionsortes sind die RLS-90[8]. Örtliche Schallmessungen können nicht berücksichtigt werden, da sich die Messwerte nur auf die zum Zeitpunkt der Messungen vorhandenen Schallemissions- und Schallausbreitungsbedingungen beziehen.

2.3 Durch straßenverkehrsrechtliche Maßnahmen soll der Beurteilungspegel unter den Richtwert abgesenkt, mindestens jedoch eine Pegelminderung um 3 dB(A) bewirkt werden. Bei der Berechnung der Wirkung einer Maßnahme nach den RLS-90 Abschnitt 4 ist die Differenz der nicht aufgerundeten Beurteilungspegel zwischen dem Zustand ohne Maßnahmen und dem Zustand mit Maßnahmen aufzurunden.[10]

2.4 Straßenverkehrsrechtliche Maßnahmen sind auf die Zeit zu beschränken (Tag oder Nacht), für die Überschreitungen des Beurteilungspegels nach Nummer 2.2 errechnet worden sind.

2.5 Die zur Vorbereitung straßenverkehrsrechtlicher Maßnahmen notwendigen Lärmberechnungen sind vom Straßenbaulastträger durchzuführen (§ 5b Abs. 5 Straßenverkehrsgesetz – StVG). Darstellungen der Lärmsituation in Lärmkarten (§ 47c BImSchG mit Verordnung über die Lärmkartierung – 34. BImSchV) reichen nicht aus und sind auf Grund des unterschiedlichen Berechnungsverfahrens nach VBUS[11] auch nicht geeignet, um das Überschreiten der Richtwerte nach Nummer 2.1 zu belegen.

Die im Anhang gegebenen Erläuterungen dienen den Straßenverkehrsbehörden zum besseren Verständnis der Lärmberechnungen und des Einflusses von Verkehrsstärke, Verkehrsstruktur, Geschwindigkeit und Fahrweise.

...

3.3 Geschwindigkeitsbeschränkungen

a) Innerhalb geschlossener Ortschaften

In Wohngebieten wird mit der Anordnung von Tempo 30-Zonen (Zeichen 274.1) und verkehrsberuhigten Bereichen (Zeichen 325) dem Schutz der Wohnbevölkerung vor Lärm weitgehend Rechnung getragen.

Auf den Straßen des überörtlichen Verkehrs (Bundes-, Landes- und Kreisstraßen) und weiteren Hauptverkehrsstraßen bündelt sich der weiträumige und der innerörtliche Verkehr und entlastet gleichzeitig die Wohngebiete.

Einer Geschwindigkeitsbeschränkung steht auf diesen Straßen in der Regel deren besondere Verkehrsfunktion (vgl. FStrG und Straßengesetze der Länder) entgegen.

b) Außerhalb geschlossener Ortschaften

- Auf den Straßen des überörtlichen Verkehrs (Bundes-, Landes- und Kreisstraßen) und weiteren Hauptverkehrsstraßen ist stets deren besondere Verkehrsfunktion (vgl. FStrG und Straßengesetze der Länder) zu bedenken. Unterschiedliche Geschwindigkeitsbeschränkungen für Pkw und Lkw sind möglich.
- Auf Autobahnen (Zeichen 330), Kraftfahrstraßen (Zeichen 331) und autobahnähnlichen Straßen (§ 3 Abs. 3 Nr. 2 Buchst. c Satz 2 und 3 StVO) mit Richtgeschwindigkeit 130 km/h hat deren besondere Verkehrsfunktion Vorrang. Auf diesen Straßen können Geschwindigkeitsbeschränkungen für Pkw und Krafträder geeignet sein, die Spitzengeschwindigkeiten einzelner, besonders schneller Fahrzeuge bei der Vorbeifahrt deutlich zu verringern. Dies führt nach den bisherigen Erfahrungen dazu, dass solche Geschwindigkeitsbeschränkungen von der betroffenen Bevölkerung positiver bewertet werden als dies im Rückgang des errechneten Lärmpegels zum Ausdruck kommt. Deshalb kann auf Autobahnen, Kraftfahrstraßen und autobahnähnlichen Straßen mit Richtgeschwindigkeit 130 km/h bei einer Richtwertüberschreitung nach Nummer 2.1 im Bereich von Wohnbebauung erheblichen Umfangs die Anordnung eines entsprechenden Tempolimits zur Vermeidung von Lärmpegelspitzen auch dann in Betracht kommen, wenn die nach Nummer 2.3 mindestens zu erreichende Lärmpegelminderung durch Geschwindigkeitsbeschränkungen rechnerisch nicht erreichbar ist.

(VkBl. 2007 S. 767)

Anmerkung: Siehe auch Abschnitt 3.4.4

---

10 Dies bedeutet, dass nach dieser für die Lärmvorsorge (16. BImSchV) entwickelten Berechnungsvorschrift schon ab einer berechneten Differenz von 2,1 dB (A) straßenverkehrsrechtliche Maßnahmen geeignet sein können.

11 Vorläufige Berechnungsmethode für den Umgebungslärm an Straßen (VBUS) vom 15.5.2006.

6.4.5 Verbesserung der Verkehrsqualität (Leichtigkeit des Verkehrs)

Streckenverbote und -gebote können auch eingesetzt werden, um die Verkehrsqualität (Leichtigkeit des Verkehrs) zu verbessern.

Im Wesentlichen bestehen die folgenden Möglichkeiten:

- Vergleichmäßigen der gefahrenen Geschwindigkeiten
- Anhebung der allgemein festgelegten Höchstgeschwindigkeiten
- Anordnen eines Überholverbots für langsamere Fahrzeuge
- Anordnen einer Mindestgeschwindigkeit für einzelne Fahrstreifen.

Wie bei allen Anordnungen sind dabei die Erschwernisse und Erleichterungen der Regelungen gegeneinander abzuwägen. So steht z. B. bei einem Lkw-Überholverbot der Bevorzugung der dadurch freier fahrenden Pkw die Erschwernis der nun am Überholen gehinderten Lkw gegenüber. Die Entscheidung wird umso mehr für das Überholverbot sprechen, je länger die problematische Strecke und je geringer die Geschwindigkeitsbeschränkungen sind. Gerade auf ausgeprägten Steigungsstrecken von Autobahnen wird es daher z. B. oft angemessener sein, anstelle von Lkw-Überholverboten für die Überholfahrstreifen Mindestgeschwindigkeiten anzuordnen oder die Geschwindigkeiten der Pkw zu begrenzen. Umgekehrt kann auf längeren, nur mäßig geneigten, aber hochbelasteten zweistreifigen Autobahnabschnitten ein akzeptabler Verkehrsfluss für die Pkw-Fahrer u. U. nur durch ein Lkw-Überholverbot erreicht werden, ohne dass dies zu nennenswerten Fahrzeitnachteilen bei den Lkw führt.

Die Kapazität eines Streckenabschnitts ist am größten, wenn sich die Fahrzeuge mit einer **einheitlichen Geschwindigkeit im mittleren Bereich** bewegen. Daher kann es in Situationen hoher Auslastung sinnvoll sein, die Geschwindigkeiten der Fahrzeuge durch Beschränkungen in dieser Weise zu beeinflussen (Harmonisierung). Trotz der Beschränkung einzelner schneller Fahrzeuge werden vor allem durch die Vermeidung von Überlastungserscheinungen (Stauungen), aber auch eine gleichmäßigere Fahrstreifenwahl und die häufig unterschwellig erreichte Beschleunigung langsamerer Fahrzeuge in der Summe kürzere Reisezeiten, also höhere mittlere Reisegeschwindigkeiten erreicht. Die optimale Geschwindigkeit hängt von vielen Faktoren ab, insbesondere von der Strecke, der Fahrermentalität und -motivation, aber auch von der Zusammensetzung des Fahrzeugkollektivs. Die optimale Geschwindigkeit kann meist nur durch Versuche unter fachkundiger Beobachtung ermittelt werden. Meist werden die besten Ergebnisse erreicht, wenn die Geschwindigkeitsbeschränkungen durch Streckenbeeinflussungsanlagen (siehe Abschnitt 9.3.5) dynamisch ermittelt und angezeigt werden. Eine solche dynamische Anordnung hat außerdem den Vorteil, dass die Beschränkungen nur dann wirksam werden, wenn die hohe Auslastung den Eingriff rechtfertigt.

Mit solchen Streckenbeeinflussungsanlagen und durch sie angeordnete Geschwindigkeitsbeschränkungen kann außerdem das Risiko der Entstehung von Stauwellen verringert werden. Diese können u. a. entstehen durch Überreaktion, wenn schnelle, mit (zu) dichtem Abstand fahrende Fahrzeugpulks auf langsame auftreffen und ihre Geschwindigkeit abrupt übermäßig verringern. Innerhalb solcher Stauwellen kann sogar kurzfristig Stillstand auftreten („Stau aus dem Nichts"). Streckenbeeinflussungsanlagen können solche Annäherungen unterschiedlich schneller Pulks erkennen und den aufholenden Pulk durch entsprechende Geschwindigkeitsbeschränkungen mäßig bremsen. Dadurch können Stoßwellen verkleinert bis ganz vermieden werden.

In ähnlicher Weise arbeiten Geschwindigkeitsbeschränkungen, die auf „Grüne Wellen", also auf die koordinierte Steuerung von Lichtsignalanlagen an aufeinanderfolgenden Knotenpunkten, abgestimmt sind. Die physikalischen Zusammenhänge führen dazu, dass eine Grüne Welle bei bestimmten Knotenpunktabständen und Umlaufzeiten nur bei bestimmten Geschwindigkeiten möglich ist. Mit Geschwindigkeitsbeschränkungen (ggf. in Abhängigkeit von der tageszeitabhängigen Umlaufzeit dynamisch angeordnet) kann der Verkehrsfluss auf die koordinierte Schaltung abgestimmt werden.

Unter bestimmten Voraussetzungen kann es sinnvoll sein, zur Verbesserung der Leichtigkeit des Verkehrs die **allgemein geltenden Geschwindigkeitsbeschränkungen durch Beschilderung anzuheben** (*Bild 6.17*).

Außerhalb geschlossener Ortschaften kann die allgemeine Höchstgeschwindigkeit von 100 km/h für Kfz bis 3,5 t sowie Pkw auf 120 km/h angehoben werden (§ 45 Abs. 8 StVO). Mit der Neufassung der VwV-StVO im Zuge der Schilderwaldnovelle 2009 hat man die bis dahin bestehenden sehr detaillierten Vorgaben hierzu gestrichen. Diese waren weitgehend identisch mit den Vorgaben im Rahmen der versuchsweisen Einführung von Tempo 100 auf Landstraßen im Jahre 1972. Diese Streichung vergrößert einerseits den Ermessensspielraum, andererseits erschwert es die Orientierung, unter welchen Umständen eine solche Anordnung erfolgen sollte. Es wird deshalb Folgendes empfohlen:

Indikatoren für eine Anhebung der zulässigen Höchstgeschwindigkeit auf 120 km/h sind insbesondere:

Der betrachtete Streckenabschnitt

- kann unter Beachtung von § 3 Abs. 1 StVO über längere Strecken mit 120 km/h befahren werden,
- weist keine Häufungen geschwindigkeitsbedingter Unfälle auf,
- weist Häufungen geschwindigkeitsbedingter Unfälle infolge von Geschwindigkeiten weit jenseits von 120 km/h auf, die durch ortsfeste Geschwindigkeitsüberwachung bekämpft werden sollen,
- ist als Kraftfahrstraße ausgewiesen,
- ist zwar nicht als Kraftfahrstraße ausgewiesen, verfügt aber über einen selbstständig geführten (möglichst benutzungspflichtigen) Geh- und Radweg,
- verfügt über teilplanfreie Knotenpunkte,
- verfügt über befestigte Seitenstreifen,
- verfügt über Fahrstreifen, die mindestens 3,50 m breit sind (Überholfahrstreifen in dreistreifigen Abschnitten mindestens 3,25 m)
- ist – ggf. auch nur abschnittsweise – dreistreifig ausgebaut, und es soll ein zügiges Überholen ermöglicht werden,
- entspricht der Entwurfsklasse EKL 1 der „Richtlinien für die Anlage von Landstraßen (RAL)“.

Als Indikatoren müssen sie nicht sämtlich erfüllt sein, damit eine Anhebung auf 120 km/h erfolgen sollte. Bei einer Installation ortsfester Geschwindigkeitsüberwachung, die der Bekämpfung häufig auftretender extremer Geschwindigkeitsüberschreitungen dienen soll, kann die gleichzeitige Anhebung der Geschwindigkeitsbeschränkung ein positives Signal an die Öffentlichkeit sein, wonach diese Überwachung nicht gegen die weit überwiegende Mehrheit der Verkehrsteilnehmer gerichtet ist, die möglicherweise auch bislang schon etwas schneller als erlaubt unterwegs war, sondern gegen eine Minderheit grober Regelbrecher, die alle anderen mit ihrer riskanten Geschwindigkeitswahl gefährden, man das Verhalten aller anderen aber legalisiert (man trifft sich sozusagen in der Mitte).

Ein Ausbaustandard nach EKL 1 bedingt nahezu zwingend eine Anhebung auf 120 km/h, da eine solchermaßen ausgebaute Straße

- eine entsprechend großräumige Verbindungsfunktion hat,
- als Kraftfahrstraße auszuweisen ist,
- über mindestens teilplanfreie Knotenpunkte an das übrige Straßennetz angebunden ist und
- über eine sehr großzügige Trassierung verfügen muss.

Eine Anhebung auf 120 km/h sollte insbesondere dann unterbleiben, wenn die Strecke – auch nur an einzelnen Stellen – unter Beachtung von § 3 Abs. 1 StVO nicht mit 120 km/h befahren werden kann. Dann würde eine Ausschilderung mit 120 km/h die Verkehrsteilnehmer zu unangemessen hohen Geschwindigkeiten verleiten.

Innerhalb geschlossener Ortschaften kommt eine Anhebung der zulässigen Höchstgeschwindigkeit auf höchstens 70 km/h grundsätzlich nur auf Vorfahrtstraßen (Zeichen 306) in Betracht, auf denen benutzungspflichtige Radwege vorhanden sind und der Fußgängerquerverkehr durch Lichtzeichenanlagen sicher geführt wird. Für Linksabbieger sind Abbiegestreifen erforderlich. An signalisierten Knoten sollten Linksabbieger gesichert geführt werden.

Je nach Teilpunktabstand der Knotenpunkte ermöglichen diese Anhebungen ggf. die Einrichtung von Grünen Wellen in beide Fahrtrichtungen, dienen damit der Verstetigung des Verkehrsflusses und können so auch zur Minderung der verkehrsbedingten Emissionen beitragen.

Ein Überholverbot anzuordnen, das nur für langsam überholende Fahrzeuge gilt, kann insbesondere auf zweistreifigen Autobahnabschnitten mit hoher Auslastung und hohem Lkw-Anteil zur Verbesserung der Leichtigkeit des Verkehrs sinnvoll sein. Langsam überholende Fahrzeuge sind solche Fahrzeuge, die wegen nur geringfügig höherer Motorleistung oder ähnlich niedriger allgemeiner Höchstgeschwindigkeiten lange Überholvorgänge mit einer Geschwindigkeit durchführen, die niedrig im Vergleich zur Geschwindigkeitserwartung der schnelleren Fahrzeuge ist. Welche Fahrzeugarten im Einzelfall beschränkt werden müssen, ist von der Natur der Strecke und der Zusammensetzung der Fahrzeuge abhängig. In der Regel wird das Verbot mit Zeichen 277 angeordnet. Gegebenenfalls kann es sinnvoll sein, das Überholverbot durch Zusatzzeichen auf weitere Fahrzeugarten auszuweiten oder es auf weniger Fahrzeugarten zu beschränken.

6.4.5 Verbesserung der Verkehrsqualität (Leichtigkeit des Verkehrs)

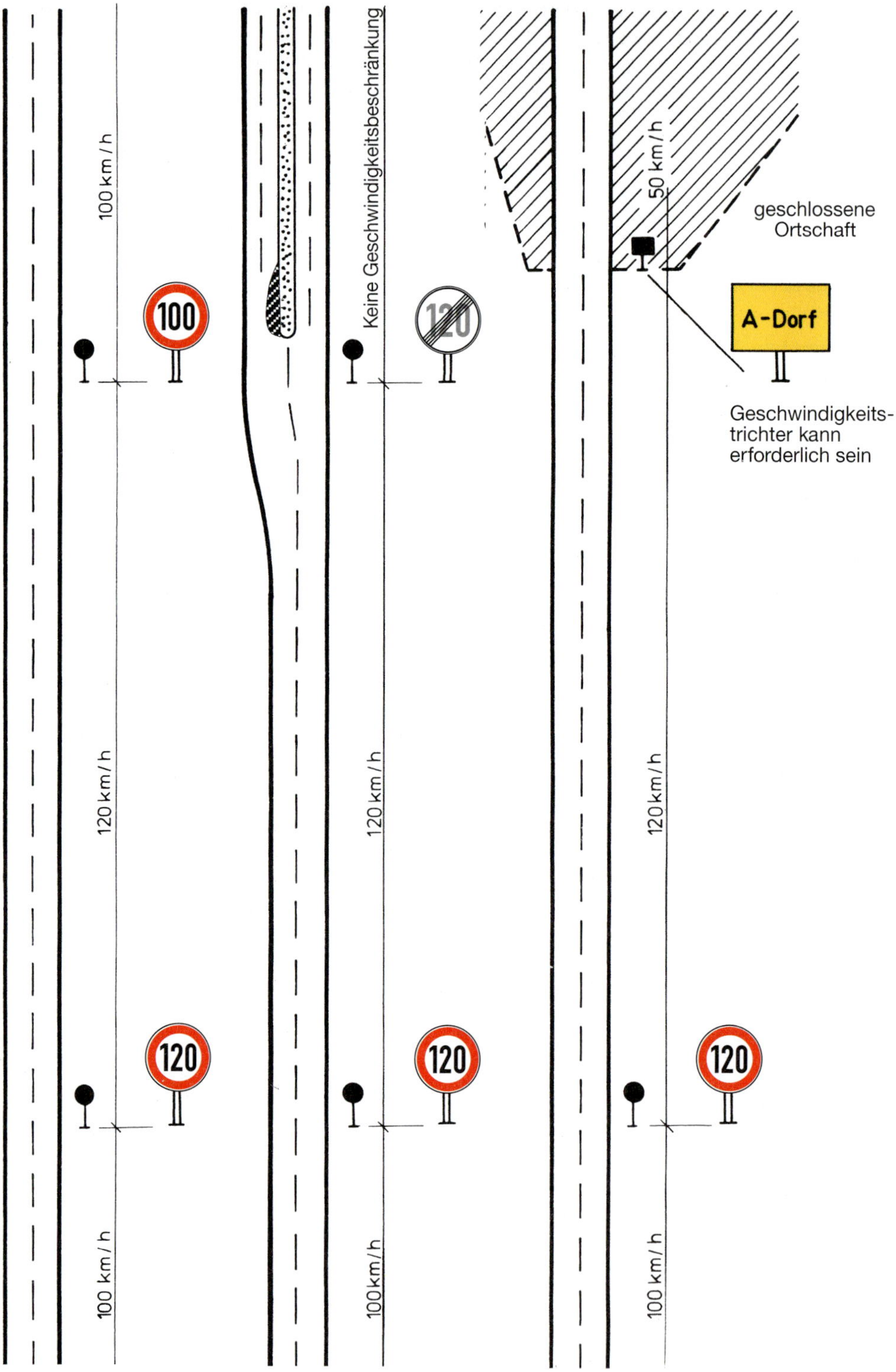

Bild 6.17 Beispiele für die Beschilderung von Geschwindigkeitsbeschränkungen von 120 km/h auf Landstraßen

Insbesondere an Steigungsstrecken kann – unter Beachtung des Grundsatzes der Verhältnismäßigkeit – das Überholverbot auf Fahrzeuge mit einer höheren zulässigen Gesamtmasse als 3,5 t beschränkt werden. Wenn das Verkehrsaufkommen und die Fahrzeugzusammensetzung kein ganztägiges Überholverbot erfordern, kommt eine Beschränkung des Überholverbots auf bestimmte Tageszeiten in Betracht.

Auch auf dreistreifigen Richtungsfahrbahnen können Lkw-Überholverbote in Betracht kommen. Insbesondere vor Steigungsstrecken sollte jedoch geprüft werden, ob der Lkw-Verkehr so stark ist, dass es durch die Anordnung von Lkw-Überholverboten zu Lkw-Staus am Fuß der Steigungsstrecken kommen kann.

Wohnmobile mit einer zulässigen Gesamtmasse zwischen 3,5 t und 7,5 t dürfen auf Autobahnen sowie auf autobahnähnlich ausgebauten Kraftfahrstraßen 100 km/h fahren (§ 1 der 12. Ausnahmeverordnung zur StVO vom 5.3.2003). Anders als Kraftomnibusse sind sie jedoch nicht vom Verbot nach Zeichen 277 ausgenommen. Es sollte deshalb stets geprüft werden, ob diese Wohnmobile durch Zusatzzeichen 1024-19 vom Überholverbot auszunehmen sind (*Bild 6.18*). Dies sollte überall dort die Regel sein, wo davon auszugehen ist, dass Wohnmobile die zulässige Höchstgeschwindigkeit von 100 km/h fahrzeugseitig ausschöpfen können (u. a. in der Ebene und in Gefällstrecken).

Auf zweistreifigen Autobahnen können darüber hinaus Überholverbote – z. B. auch auf längeren Strecken – in Betracht kommen, wenn bei hohem Verkehrsaufkommen durch häufiges Überholen von Lkw die Geschwindigkeit auf dem Überholfahrstreifen deutlich vermindert wird und es dadurch zu einem stark gestörten Verkehrsfluss kommt, durch den die Verkehrssicherheit beeinträchtigt werden kann. Bei der heutigen Motorisierung von Lkw ist davon auszugehen, dass alle Lkw in der Ebene die allgemein zulässige Geschwindigkeit von 80 km/h erreichen. Damit überholen Lkw dort unzulässigerweise nur mit unwesentlich höherer Geschwindigkeit als der zu Überholende (vgl. § 5 Abs. 2 Satz 2 StVO; sieht man einmal von den sehr wenigen Fahrzeugen ab, die nur 60 km/h fahren dürfen oder können), und in der Regel auch unter Inkaufnahme einer Überschreitung der für sie allgemein geltenden Höchstgeschwindigkeit. Insoweit ist die unmittelbare Verbotswirkung eines in einer solchen Situation angeordneten Lkw-Überholverbots als sehr gering einzuschätzen; es dürfte überwiegend einer Klarstellung dessen dienen, was ohnehin verboten ist.

Wenn das Verkehrsaufkommen und die Fahrzeugzusammensetzung kein ganztägiges Überholverbot erfordern, kommt eine Beschränkung des Überholverbots auf bestimmte Tageszeiten in Betracht.

Demgegenüber nehmen die Unterschiede zwischen den erreichbaren Geschwindigkeiten der einzelnen Lkw an Steigungsstrecken in Abhängigkeit von Beladungszustand und Motorisierung deutlich zu. Das bedeutet einerseits, dass dort anders als in der Ebene oder im Gefälle mit angemessenen Geschwindigkeitsdifferenzen überholt werden kann, andererseits aber auch, dass der Überholdruck an Steigungsstrecken zunimmt. Hinzu kommt, dass auch überholende Lkw infolge der Steigung vielfach die zulässigen 80 km/h nicht mehr erreichen. Idealerweise wird bei starkem Lkw-Verkehr in bewegtem Gelände deshalb das Lkw-Überholen durch Anlage entsprechender Zusatzfahrstreifen in den Steigungsstrecken gebündelt, während es in den übrigen Streckenabschnitten verboten wird. Auf Steigungsstrecken reicht es oft aus, nur ein Überholverbot für schwere Lkw und Lastzüge anzuordnen.

Ob dort ein Überholverbot für Lkw angeordnet wird, hängt nicht nur von der Verkehrsstärke und dem Grad der Steigung, sondern auch von der **Länge der Steigung** ab. Dabei ist es wichtig zu beachten, dass eine überdurchschnittliche Verkehrsbelastung der Autobahn allein nicht ausreicht, um besondere Verhältnisse i. S. d. § 45 Abs. 9 StVO und damit eine Notwendigkeit der Beschränkung des Verkehrs zu begründen (u. a. VG-Urteil Schleswig-Holstein vom 18.1.2005, 3 A 216/02). In der Regel fordern die Gerichte auch den Nachweis einer überdurchschnittlichen Unfallrate.

Wenn auch ein Überholverbot für den Lkw-Verkehr nicht ausreicht, um ständige Behinderungen des Verkehrs abzustellen, dann ist zu prüfen, ob

Bild 6.18 Überholverbot für Fahrzeuge mit einer zulässigen Gesamtmasse über 3,5 t ausgenommen Wohnmobile

6.4.5 Verbesserung der Verkehrsqualität (Leichtigkeit des Verkehrs)

an Steigungsstrecken zusätzliche Fahrstreifen anzulegen sind.

Bei stärkeren Steigungen und dreistreifigen Richtungsfahrbahnen ist es – wie eingangs erwähnt – in der Regel sinnvoller, durch die fahrstreifenbezogene Anordnung von Mindestgeschwindigkeiten, z. B. von 70 km/h auf dem mittleren und 90 km/h auf dem linken Fahrstreifen, eine geschwindigkeitsabhängige Sortierung der Fahrzeuge mit entsprechend verringerter gegenseitiger Behinderung zu erreichen.

Die Zuordnung von Zeichen 275 kann durch Anordnung über dem Fahrstreifen oder auf einer Spurlenkungstafel (z. B. Zeichen 545-11) erfolgen (siehe Abschnitt 2.7.3).

Die Anordnung einer Mindestgeschwindigkeit für den Gesamtquerschnitt einer Straße ist nach der Änderung der VwV-StVO vom 1.9. 2009 nicht mehr vorgesehen.

Da die Regelung der StVO zu Zeichen 275 zu den Fahrstreifen ausdrücklich erwähnt, dass Straßen-, Verkehrs-, Sicht- oder Wetterverhältnisse ein Unterschreiten der angeordneten Mindestgeschwindigkeit erfordern können, kann diese auf mittlere Verhältnisse abgestimmt werden.

Zu Abschnitt 6.4.5

VwV-StVO
zu § 41
Vorschriftzeichen

Zu Zeichen 274 Zulässige Höchstgeschwindigkeit

10 VIII. Innerhalb geschlossener Ortschaften kommt eine Anhebung der zulässigen Höchstgeschwindigkeit auf höchstens 70 km/h grundsätzlich nur auf Vorfahrtstraßen (Zeichen 306) in Betracht, auf denen benutzungspflichtige Radwege vorhanden sind und der Fußgängerquerverkehr durch Lichtzeichenanlagen sicher geführt wird. Für Linksabbieger sind Abbiegestreifen erforderlich.

...

Zu Zeichen 275 Vorgeschriebene Mindestgeschwindigkeit

1 I. Das Zeichen darf nur fahrstreifenbezogen, niemals aber auf dem rechten von mehreren Fahrstreifen, angeordnet werden.

2 II. Die vorgeschriebene Mindestgeschwindigkeit muss bei normalen Straßen-, Verkehrs- und Sichtverhältnissen unbedenklich sein.

3 III. Innerhalb geschlossener Ortschaften dürfen die Zeichen nicht angeordnet werden.

4 IV. Die Anordnung kann insbesondere auf drei- oder mehrstreifigen Richtungsfahrbahnen von Autobahnen aus Gründen der Leichtigkeit des Verkehrs in Betracht kommen.

...

Zu Zeichen 277 Überholverbot für Kraftfahrzeuge über 3,5 t

1 I. Das Zeichen soll nur auf Straßen mit erheblichem und schnellem Fahrverkehr angeordnet werden, wo der reibungslose Verkehrsablauf dies erfordert. Das kommt z. B. an Steigungs- und Gefällstrecken in Frage, auf denen Lastkraftwagen nicht mehr zügig überholen können; dabei ist maßgeblich die Stärke und Länge der Steigung oder des Gefälles; Berechnungen durch Sachverständige empfehlen sich.

II. Bei Anordnung von Lkw-Überholverboten auf Autobahnen und autobahnähnlich ausgebauten Straßen ist ergänzend Folgendes zu beachten:

2 1. Auf Autobahnen empfehlen sich Lkw-Überholverbote an unfallträchtigen Streckenabschnitten (z. B. an Steigungs- oder Gefällstrecken, Ein- und Ausfahrten oder vor Fahrstreifeneinziehung von links).

3 2. Auf zweistreifigen Autobahnen können darüber hinaus Überholverbote – auch z. B. auf längeren Strecken – in Betracht kommen, wenn bei hohem Verkehrsaufkommen durch häufiges Überholen von Lkw die Geschwindigkeit auf dem Überholstreifen deutlich vermindert wird und es dadurch zu einem stark gestörten Verkehrsfluss kommt, durch den die Verkehrssicherheit beeinträchtigt werden kann.

4 3. Unter Beachtung des Grundsatzes der Verhältnismäßigkeit kann das Überholverbot auf Fahrzeuge mit einem höheren zulässigen Gesamtgewicht als 3,5 t beschränkt werden, insbesondere an Steigungsstrecken. Wenn das Verkehrsaufkommen und die Fahrzeugzusammensetzung kein ganztägiges Überholverbot erfordern, kommt eine Beschränkung des Überholverbots auf bestimmte Tageszeiten in Betracht. Von dem

6.4.5 Verbesserung der Verkehrsqualität (Leichtigkeit des Verkehrs)

VwV-StVO
zu § 41
Vorschriftzeichen

Überholverbot können auf Autobahnen und Kraftfahrstraßen Wohnmobile mit einer zulässigen Gesamtmasse über 3,5 t bis 7,5 t auf Steigungsstrecken ausgenommen werden, auf denen der durch die 12. Ausnahmeverordnung zur StVO eingeräumte Geschwindigkeitsvorteil besonders zum Tragen kommt.

StVO
§ 45
Verkehrszeichen
und Verkehrs-
einrichtungen

(8) Die Straßenverkehrsbehörden können innerhalb geschlossener Ortschaften die zulässige Höchstgeschwindigkeit auf bestimmten Straßen durch Zeichen 274 erhöhen. Außerhalb geschlossener Ortschaften können sie mit Zustimmung der zuständigen obersten Landesbehörden die nach § 3 Absatz 3 Nummer 2 Buchstabe c zulässige Höchstgeschwindigkeit durch Zeichen 274 auf 120 km/h anheben.

VwV-StVO
zu § 45
Verkehrszeichen
und Verkehrs-
einrichtungen

Zu Absatz 1 bis 1e

14 VI. Der Zustimmung bedarf es in den Fällen der Nummer III bis V nicht, wenn und soweit die oberste Landesbehörde die Straßenverkehrsbehörde vom Erfordernis der Zustimmung befreit hat.

...

Zu Absatz 8

71 Die Zustimmung der höheren Verwaltungsbehörde oder der von ihr bestimmten Stelle ist erforderlich. Nummer VI zu Absatz 1 bis 1e (Rn. 14) gilt auch hier.

6.4.6 Sonstige Gründe

Sonstige Gründe für die Anordnung von Streckenverboten und -geboten können auch

- die Durchführung von Kontrollen,
- das Verhüten von Schäden an der Straße sowie
- das Erforschen des Unfallgeschehens, des Verkehrsverhaltens, des Verkehrsablaufs oder der Erprobung von Maßnahmen

sein.

Zu Abschnitt 6.4.6

StVO § 45 Verkehrszeichen und Verkehrseinrichtungen

(1) Die Straßenverkehrsbehörden können die Benutzung bestimmter Straßen oder Straßenstrecken aus Gründen der Sicherheit oder Ordnung des Verkehrs beschränken oder verbieten und den Verkehr umleiten. Das gleiche Recht haben sie

1. zur Durchführung von Arbeiten im Straßenraum,
2. zur Verhütung außerordentlicher Schäden an der Straße,
3. zum Schutz der Wohnbevölkerung vor Lärm und Abgasen,
4. zum Schutz der Gewässer und Heilquellen,
5. hinsichtlich der zur Erhaltung der öffentlichen Sicherheit erforderlichen Maßnahmen sowie
6. zur Erforschung des Unfallgeschehens, des Verkehrsverhaltens, der Verkehrsabläufe sowie zur Erprobung geplanter verkehrssichernder oder verkehrsregelnder Maßnahmen,

...

(9) Verkehrszeichen und Verkehrseinrichtungen sind nur dort anzuordnen, wo dies auf Grund der besonderen Umstände zwingend erforderlich ist. Dabei dürfen Gefahrzeichen nur dort angeordnet werden, wo es für die Sicherheit des Verkehrs erforderlich ist, weil auch ein aufmerksamer Verkehrsteilnehmer die Gefahr nicht oder nicht rechtzeitig erkennen kann und auch nicht mit ihr rechnen muss. Insbesondere Beschränkungen und Verbote des fließenden Verkehrs dürfen nur angeordnet werden, wenn auf Grund der besonderen örtlichen Verhältnisse eine Gefahrenlage besteht, die das allgemeine Risiko einer Beeinträchtigung der in den vorstehenden Absätzen genannten Rechtsgüter erheblich übersteigt. Satz 3 gilt nicht für die Anordnung von

1. Schutzstreifen für den Radverkehr (Zeichen 340),
2. Fahrradstraßen (Zeichen 244.1),
3. Sonderwegen außerhalb geschlossener Ortschaften (Zeichen 237, Zeichen 240, Zeichen 241) oder Radfahrstreifen innerhalb geschlossener Ortschaften (Zeichen 237 in Verbindung mit Zeichen 295),
4. Tempo 30-Zonen nach Absatz 1c und kurzen streckenbezogenen Geschwindigkeitsbeschränkungen von 30 km/h (Zeichen 274) auf Streckenabschnitten von bis zu 500 Metern zwischen zwei Tempo 30-Strecken,
5. verkehrsberuhigten Geschäftsbereichen nach Absatz 1d,
6. innerörtlichen streckenbezogenen Geschwindigkeitsbeschränkungen von 30 km/h (Zeichen 274) nach Absatz 1 Satz 1 auf Straßen des überörtlichen Verkehrs (Bundes-, Landes- und Kreisstraßen) oder auf weiteren Vorfahrtstraßen (Zeichen 306) im unmittelbaren Bereich von an diesen Straßen gelegenen Fußgängerüberwegen, Kindergärten, Kindertagesstätten, Spielplätzen, hochfrequentierten Schulwegen, allgemeinbildenden Schulen, Förderschulen, Alten- und Pflegeheimen, Einrichtungen für Menschen mit Behinderungen oder Krankenhäusern,
7. Erprobungsmaßnahmen nach Absatz 1 Satz 2 Nummer 6 zweiter Halbsatz,

7a. Sonderfahrstreifen,

8. Fahrradzonen nach Absatz 1i,
9. Bussonderfahrstreifen (Zeichen 245),
10. Fußgängerüberwegen (Zeichen 293).

...

(10) Absatz 9 gilt nicht,

1. soweit Verkehrszeichen angeordnet werden, die zur Förderung der Elektromobilität nach dem Elektromobilitätsgesetz oder zur Förderung des Carsharing nach dem Carsharinggesetz getroffen werden dürfen, und
2. für Anordnungen nach Absatz 1 Satz 2 Nummer 7.

6.5 Räumlich abgegrenzte Bereiche („Zonen") mit besonderem Verhalten

6.5.1 Allgemeines

Das Ziel einer selbsterklärenden Straße kann unter anderem dadurch erreicht werden, dass man bestimmten deutlich erkennbaren Situationen bestimmte Verhaltensmuster zuweist. Wenn diese Zuordnung etabliert ist (durch entsprechende Schulung, Gewöhnung oder auch durch sich aufdrängenden Zusammenhang), so stellt sie ein zuverlässiges Mittel dar, um das Fahrverhalten zu beeinflussen.

Zusätzlicher Vorteil des Zonenansatzes ist, dass innerhalb der Zone die entsprechenden Ge- und Verbote nicht immer wieder einzeln angeordnet werden müssen, sondern die Kennzeichnung der Zonengrenzen ausreicht. Damit wird bei den Zonenregelungen ausnahmsweise vom Sichtbarkeitsgrundsatz abgewichen. Für die zuverlässige Wirkung ist es deshalb notwendig, dass die Zone auch von innerhalb, also ohne Sicht auf die ihre Grenzen markierenden Verkehrszeichen, anhand charakteristischer Eigenschaften als solche mit ausreichender Sicherheit erkennbar ist.

Die geläufigen Zonen sind in *Tabelle 6.2* gegenübergestellt.

Eine wesentliche und schon lange etablierte Unterscheidung ist die in innerhalb und außerhalb geschlossener Ortschaften liegende Straßenteile (siehe *Tabelle 6.2*). Dabei hat innerorts (Abschnitt 6.5.4) der fließende Verkehr erheblich mehr Rücksicht auf die anderen Verkehrsarten und das Umfeld zu nehmen, außerorts wird umgekehrt mehr Rücksicht auf den fließenden Verkehr genommen. Der Innerortsverkehr ist von größerer Aufmerksamkeit der Fahrer, der Außerortsverkehr von höheren Geschwindigkeiten der Fahrzeuge geprägt.

Innerorts haben sich in den letzten Jahrzehnten zwei weitere besondere Zonen, die Tempo 30-Zone (Abschnitt 6.5.5) und der verkehrsberuhigte Bereich (Abschnitt 6.5.6), etabliert, in denen sich der fließende Verkehr zunehmend unterordnet. Ohne oder mit stark untergeordnetem Kraftfahrzeugverkehr gibt es die schon länger etablierten Fußgängerzonen (Abschnitt 3.5.2) und die mit der 54. StVRÄndV vom 28.4.2020 eingeführten Fahrradzonen (Abschnitt 6.5.7). Bei den nicht weiter gekennzeichneten innerörtlichen Straßen sollen diejenigen als Vorfahrtstraßen gekennzeichnet werden, die vorwiegend dem durchgehenden Verkehr dienen.

Außerorts gibt es mit den Kraftfahrstraßen und den Autobahnen (Abschnitt 6.5.2) Bereiche, die für den schnellen Kraftfahrzeugverkehr reserviert sind.

In den folgenden Abschnitten werden diese Bereiche mit besonderem Verhalten, ihre Charakteristika und ihre Kennzeichnung einzeln besprochen.

Weitere Zonen, die allerdings nur eingeschränkt von Kraftfahrzeugverkehr benutzt werden, sind Fußgängerzonen und Radfahrbereiche, die bei den Sonderwegen (Abschnitt 3.5) besprochen werden, sowie Umweltzonen, Haltverbotszonen und Parkraumbewirtschaftungszonen.

6.5.1 Allgemeines

Tabelle 6.2 Verhalten in unterschiedlichen Straßenbereichen

Ortslage	Straßenart	Ausbauzustand	Vorfahrt	Geschwindigkeit [km/h]	Sonstige Merkmale	HAV Abschnitt
i.g.O. oder a.g.O.	Autobahn	höhenfreie Kreuzungen, i.d.R. getrennte Richtungsfahrbahnen	Verkehr auf der durchgehenden Fahrbahn hat Vorfahrt	R 130 KOM i.d.R. 100 Lkw > 3,5 t 80		6.5.2
a.g.O.	Kraftfahrstraße	getrennte Richtungsfahrbahnen	Verkehr auf der durchgehenden Fahrbahn hat Vorfahrt	R 130 KOM i.d.R. 100 Lkw > 3,5 t 80		6.5.2
a.g.O.	Kraftfahrstraße	zwei oder mehr Fahrstreifen pro Richtung, ohne bauliche Trennung	Verkehr auf der durchgehenden Fahrbahn hat Vorfahrt	R 130 KOM 80 Lkw > 3,5 t 80 Lkw > 7,5 t 60		6.5.2
a.g.O.	Kraftfahrstraße	in mindestens einer Fahrtrichtung nur ein Fahrstreifen, ohne bauliche Trennung	Verkehr auf der durchgehenden Fahrbahn hat Vorfahrt	T 100 KOM 80 Lkw > 3,5 t 80 Lkw > 7,5 t 60		6.5.2
a.g.O.	Straße o.NB.	getrennte Richtungsfahrbahnen oder mindestens zwei Fahrstreifen pro Richtung	Z 306	R 130 KOM 80 Lkw > 3,5 t 80 Lkw > 7,5 t 60		6.5.3
a.g.O.	Straße o.NB.	in mindestens einer Fahrtrichtung nur ein Fahrstreifen, ohne bauliche Trennung	i.d.R. Z 306	T 100 KOM 80 Lkw > 3,5 t 80 Lkw > 7,5 t 60		6.5.2
i.g.O.	Kraftfahrstraße		Verkehr auf der durchgehenden Fahrbahn hat Vorfahrt	T 50		6.5.2
i.g.O.	Hauptverkehrsstraße o.NB.	i.d.R. mit Gehwegen, z.T. auch Radwege	Z 306	T 50		6.5.4

Tabelle 6.2 Verhalten in unterschiedlichen Straßenbereichen *(Fortsetzung)*

Ortslage	Straßenart	Ausbauzustand	Vorfahrt	Geschwindigkeit [km/h]	Sonstige Merkmale	HAV Abschnitt
i.g.O.	Nebenstraße o.NB.	mit oder ohne Gehwege	Z 301 oder Rechts vor Links	T 50		6.5.4
i.g.O.	Tempo 30-Zone o.NB.	mit oder ohne Gehwege	Rechts vor Links, keine LSA	T 30	kein Z 295, 296 kein Z 340, keine benutzungspflichtigen Radwege, i.d.R. keine FGÜ	6.5.5
i.g.O.	Verkehrsberuhigter Geschäftsbereich o.NB.		Rechts vor Links, keine LSA	T 20	kein Z 295, 296 kein Z 340, keine benutzungspflichtigen Radwege, i.d.R. keine FGÜ	6.5.6
i.g.O.	Verkehrsberuhigter Bereich o.NB.	i.d.R. keine gesonderten Gehwege	Rechts vor Links	Schritttempo	Parken nur in gekennzeichneten Flächen	6.5.6
i.g.O.	Fahrradstraße, Fahrradzone		Rechts vor Links, Z 301	T 30		3.5.3
i.g.O.	Fußgängerzone		Rechts vor Links, soweit zugelassener Fahrzeugverkehr sich kreuzt	Schritttempo, soweit Fahrzeugverkehr zugelassen		6.5.7

i.g.O. innerhalb geschlossener Ortslage
a.g.O. außerhalb geschlossener Ortslage
o.NB. ohne Nutzungsbeschränkungen

R Richtgeschwindigkeit
T zulässige Höchstgeschwindigkeit

FGÜ Fußgängerüberweg

6.5.2 Außerorts und innerorts – Autobahnen und Kraftfahrstraßen

StVO Anlage 3 Richtzeichen (zu § 42 Absatz 2) Abschnitt 7 Autobahnen und Kraftfahrstraßen		
16	Zeichen 330.1  Autobahn	**Erläuterung** Ab diesem Zeichen gelten die Regeln für den Verkehr auf Autobahnen.
17	Zeichen 330.2  Ende der Autobahn	
18	Zeichen 331.1  Kraftfahrstraße	**Erläuterung** Ab diesem Zeichen gelten die Regeln für den Verkehr auf Kraftfahrstraßen.
19	Zeichen 331.2  Ende der Kraftfahrstraße	

Autobahnen und Kraftfahrstraßen sind Straßen, die ergänzend zum normalen Straßennetz für den schnellen Kraftfahrzeugverkehr angelegt sind. Für die Unterscheidung, ob eine auf den schnellen Kraftfahrzeugverkehr beschränkte Straße als Autobahn oder als Kraftfahrstraße beschildert wird, ist nicht allein die Widmung nach dem Straßenrecht entscheidend. Straßen, die als Autobahnen beschildert sind, sollen frei von höhengleichen Kreuzungen sein, getrennte Fahrbahnen für den Richtungsverkehr haben und mit besonderen Anschlussstellen für die Zu- und Ausfahrten ausgestattet sein.

Die wesentlichen für Autobahnen und Kraftfahrstraßen geltenden Regeln finden sich in § 18 StVO. Insbesondere dürfen sie nur von Kfz befahren werden, deren durch die Bauart bestimmte Höchstgeschwindigkeit mehr als 60 km/h beträgt. Auf Autobahnen sind die allgemeinen zugelassenen Höchstgeschwindigkeiten höher, für Pkw gibt es nur eine Richtgeschwindigkeit als Obergrenze. Auf Kraftfahrstraßen gelten grundsätzlich dieselben allgemeinen Geschwindigkeitsbeschränkungen wie auf sonstigen Straßen; hiervon ausgenommen sind Kfz über 7,5 t sowie Kfz über 3,5 t mit Anhänger, jeweils ausgenommen Pkw und KOM, die auf autobahnähnlich ausgebauten Kraftfahrstraßen 80 anstatt der ansonsten zulässigen 60 km/h fahren dürfen. Fußgänger dürfen Autobahnen überhaupt nicht betreten und Kraftfahrstraßen nur an dafür vorgesehenen Stellen überqueren.

Damit sind sowohl Autobahnen als auch Kraftfahrstraßen nur eingeschränkt dem Gemeingebrauch zugänglich. Wo diese Einschränkung nicht wie bei den Bundesautobahnen gesetzlich normiert ist (vgl. § 1 Abs. 3 FStrG), wird deshalb die Ausweisung als Autobahn oder Kraftfahrstraße in der Regel straßenrechtlich zu flankieren sein. Bei Straßen im Bestand wird hierzu eine Teileinziehung erforderlich sein, bei neu zu bauenden Straßen sollte die beschränkte Widmung möglichst bereits im Planfeststellungsverfahren festgelegt werden. Dabei ist die Widmung auf die Nutzung mit Kfz zu beschränken, welche die in § 18 Abs. 1 StVO bestimmten Voraussetzungen erfüllen. Dieses Vorgehen entlastet insbesondere die Straßenverkehrsbehörden, zumal die Schaffung erforderlicher Alternativstraßen für den nicht berechtigten Verkehr außerhalb ihres Wirkungskreises liegt, im Rahmen eines Planfeststellungsverfahrens aber geregelt werden kann. Bei „nachträglichen" Ausweisungen von Kraftfahrstraßen sehen sich die Straßenverkehrsbehörden oftmals mit Forderungen nach „Traktorautobahnen" konfrontiert. Solchen Forderungen sollte nicht nachgegeben werden, da dies mit erheblichen Verkehrssicherheitsrisiken einhergeht. Sie lassen sich auch nicht, wie vereinzelt zu beobachten, mit Zusatzzeichen zu Zeichen 331.1 wie „landwirtschaftlicher Verkehr frei" lösen. Landwirtschaftlicher Verkehr ist nur solcher Verkehr, welcher unmittelbar der Bewirtschaftung landwirtschaftlicher Flächen dient. Damit ist er im Wesentlichen auf die Fahrten zwischen Betriebsstätte und landwirtschaftlichen Flächen beschränkt. Transporte von Erntegut zu weiterverarbeitenden Betrieben, wie sie oftmals über solche „Halb-Kraftfahrstraßen" durchgeführt werden, sind jedoch kein landwirtschaftlicher Verkehr, selbst wenn sie mit landwirtschaftlichen Zugmaschinen (Traktoren) durchgeführt werden. Soweit solche Verkehre auftreten oder mit ihnen zu rechnen ist, ist es deshalb planerische Aufgabe des Straßenbaulastträgers, geeignete Ausweichstrecken bereitzustellen. Gleiches gilt auch für andere nicht berechtigte Verkehre, z. B. mit Kleinkrafträdern (Mopeds). Die Bereitstellung von reinen Geh- und Radwegen reicht deshalb in der Regel auch nicht aus.

Für Autobahnen und ähnliche Straßen gilt die durch nachstehende Verordnung des für den Verkehr zuständigen Bundesministeriums vom 21.11.1978 eingeführte Richtgeschwindigkeit. Auf stark belasteten Autobahnen finden im Zusammenhang mit Anlagen zur Verkehrsbeeinflussung zunehmend variable verkehrsabhängige Geschwindigkeitsbeschränkungen Anwendung (siehe Abschnitt 9.3.5).

Außerdem muss auf Autobahnen bei Geschwindigkeiten über 50 km/h zwischen Lkw mit einer zulässigen Gesamtmasse über 3,5 t und KOM ein Mindestabstand eingehalten werden (§ 4 Abs. 3 StVO). Wenden und Rückwärtsfahren sowie das Halten auf dem Seitenstreifen sind verboten. Beim Abschleppen eines auf der Autobahn liegen gebliebenen Fahrzeugs ist die Autobahn bei der nächsten Ausfahrt zu verlassen. Beim Abschleppen eines außerhalb der Autobahn liegen gebliebenen Fahrzeugs darf nicht in die Autobahn eingefahren werden (§ 15a StVO). Auf Autobahnen ist zudem die Nutzung des Seitenstreifens nicht zulässig, um anderen Fahrzeugen das Überholen zu ermöglichen (wohl aber auf Kraftfahrstraßen, vgl. § 5 Abs. 6 StVO).

Weitere Regelungen zum Verhalten in verschiedenen Situationen auf Autobahnen und Kraftfahrstraßen finden sich z. B. in den §§ 7a und 11 StVO (siehe Zu Abschnitt 6.5.2).

Zeichen 330.1 zeigt den Fahrzeugführern, wo die Autobahn beginnt (§ 18 StVO) und die für die Autobahnen geltenden Sondervorschriften gültig werden. Der Standort bestimmt sich aufgrund der verkehrsrechtlichen Verhältnisse. Dieses Zeichen kann also bereits am Beginn einer Zubringerstraße zur Autobahn stehen, die ihrerseits wegerechtlich nicht Autobahn zu sein braucht, sofern der einmal in die Zubringerstraße eingefahrene Verkehr zwangsläufig auf die Autobahn geführt wird. Sonst steht es an Zufahrten der Anschlussstellen von Autobahnen.

Zeichen 330.2 „Ende der Autobahn" zeigt den Verkehrsteilnehmern an, dass die Sondervorschriften für Autobahnen enden. Es braucht aufgrund seiner zonalen Wirkung hinter Einfahrten oder nach dem Wechsel der Autobahn nicht wiederholt zu werden.

Die Verwendung von Zeichen 330.1 beschränkt sich nicht nur auf die nach FStrG gewidmeten Bundesautobahnen; es darf auch dort aufgestellt werden, wo Straßen wie Autobahnen ausgebaut sind und daher die Beachtung der Autobahnregeln im Interesse der Sicherheit oder Leichtigkeit des Verkehrs geboten ist.

Eine solche Straße erhält auch eine blaue Wegweisung. Dies ist im Interesse der Sicherheit erforderlich, weil die blaue Beschilderung zusätzlich Autobahnverhaltensregeln signalisiert.

Zeichen 205 ist an den Einfahrten in die durchgehende Fahrbahn nicht anzuordnen (§ 18 Abs. 3 in Verbindung mit VwV-StVO zu §§ 39 bis 43 StVO, Rn. 2). Nur dort, wo sich aus der Örtlichkeit nicht eindeutig ergibt, welche die durchgehende Fahrbahn ist (z. B. Zusammenführung zweier mehrstreifiger, zügig geführter Fahrbahnen an Autobahndreiecken), kommt eine Anordnung von Zeichen 205 nach sorgfältiger Prüfung ausnahmsweise in Betracht.

Die gesetzliche Vorfahrtregelung gilt nicht für Nebenfahrbahnen (Rampen, Parallelfahrbahnen usw.) oder Nebenanlagen (z. B. Rastanlagen). Dort ist anhand der besonderen Umstände des Einzelfalls sorgfältig zu prüfen, wo ggf. eine Vorfahrtregelung durch Verkehrszeichen erforderlich ist.

Gelegentlich praktizierten Bestrebungen, Straßen, die wie Autobahnen ausgebaut sind, gelb zu beschildern, weil man damit Aversionen gegen Autobahnen abzubauen hofft, sollte aus Sicherheitsgründen entgegengewirkt werden.

Da in der Regel aus den baulichen Gegebenheiten Anfang und Ende einer Autobahn erkennbar sind (z. B. Beginn der Zufahrt zu einer Autobahnanschlussstelle), reicht es im Allgemeinen aus, das Zeichen nur rechts aufzustellen.

Das Ende der Autobahn ist nur anzukündigen, wenn sie endet. Eine Vorankündigung ist in der Regel entbehrlich. Falls doch notwendig, erfolgt die Ankündigung in der Art, dass unter dem Sinnbild von Zeichen 330.2 die Entfernungsangabe (z. B. 800 m) angeordnet wird. Für weitere Einzelheiten über die Beschilderung von Beginn und Ende der Autobahn siehe die

- „Richtlinien für die wegweisende Beschilderung auf Autobahnen (RWBA 2023)“, Ausgabe 2023, BMVDV, FGSV Verlag

(siehe Abschnitt 8.3).

Zeichen 331.1 zeigt an, wo eine Kraftfahrstraße beginnt (§ 18 StVO). Es ist an jeder Kreuzung oder Einmündung, an der Verkehrsteilnehmer neu hinzukommen können, zu wiederholen. Eine Wiederholung zwischen Knotenpunkten ist in der Regel nicht erforderlich.

Das Anbringen von Zeichen 331.1 auf Vorwegweisern ist im Interesse eines reibungslosen und sicheren Verkehrsablaufs zweckmäßig. Bei Straßen mit vier Fahrbahnen außerhalb geschlossener Ortschaften sollen die beiden mittleren in der Regel als Kraftfahrstraße ausgewiesen werden (VwV-StVO zu § 2, Rn. 6).

Wenn der Ausbauzustand einer Kraftfahrstraße eindeutig erkennen lässt, dass diese Straße vorfahrtberechtigt ist (z. B. autobahnähnlicher Ausbau), dann kann auf das Aufstellen positiver Vorfahrtzeichen (Zeichen 306) verzichtet werden, um so einen Beitrag zur Vermeidung unnötiger Schilder zu leisten.

Wo Kraftfahrstraßen nicht über Kreuzungen, sondern über teilplangleiche, teilplanfreie oder planfreie Knotenpunkte an das übrige Straßennetz angebunden sind, ist Zeichen 331.1 unter Beachtung des Sichtbarkeitsgrundsatzes so nah wie möglich hinter dem Abzweig der Rampen von der angebundenen Straße anzuordnen. Eine Wiederholung dieses Zeichens im Zuge der Kraftfahrstraße entfällt dann. Die Beschilderungssystematik entspricht dann der an Autobahnen.

Zeichen 331.2 „Ende der Kraftfahrstraße“ ist anzuordnen, wo den Verkehrsteilnehmern angezeigt werden soll, dass die Sondervorschriften für Kraftfahrstraßen enden.

Dort, wo Verkehrsteilnehmer an einem Knotenpunkt auf eine baulich eindeutig nicht als Kraftfahrstraße ausgebildete Straße abbiegen, braucht Zeichen 331.2 nicht aufgestellt zu werden. Für Vorankündigungen des Endes einer Kraftfahrstraße gilt sinngemäß das Gleiche wie für Zeichen 330.2. Unter dem Sinnbild in Zeichen 331.2 ist die Entfernungsangabe (z. B. 500 m) anzuordnen. An Knotenpunkten, die ähnlich wie eine Autobahnanschlussstelle ausgebaut sind, sollte auch hinsichtlich Zeichen 331.2 die Systematik von Autobahnanschlussstellen zur Anwendung kommen.

Zu Abschnitt 6.5.2

StVO § 4 Abstand

(3) Wer einen Lastkraftwagen mit einer zulässigen Gesamtmasse über 3,5 t oder einen Kraftomnibus führt, muss auf Autobahnen, wenn die Geschwindigkeit mehr als 50 km/h beträgt, zu vorausfahrenden Fahrzeugen einen Mindestabstand von 50 m einhalten.

StVO § 7a Abgehende Fahrstreifen, Einfädelungs- und Ausfädelungsstreifen

(1) Gehen Fahrstreifen, insbesondere auf Autobahnen und Kraftfahrstraßen, von der durchgehenden Fahrbahn ab, darf beim Abbiegen vom Beginn einer breiten Leitlinie (Zeichen 340) rechts von dieser schneller als auf der durchgehenden Fahrbahn gefahren werden.

(2) Auf Autobahnen und anderen Straßen außerhalb geschlossener Ortschaften darf auf Einfädelungsstreifen schneller gefahren werden als auf den durchgehenden Fahrstreifen.

(3) Auf Ausfädelungsstreifen darf nicht schneller gefahren werden als auf den durchgehenden Fahrstreifen. Stockt oder steht der Verkehr auf den durchgehenden Fahrstreifen, darf auf dem Ausfädelungsstreifen mit mäßiger Geschwindigkeit und besonderer Vorsicht überholt werden.

StVO § 11 Besondere Verkehrslagen

(2) Sobald Fahrzeuge auf Autobahnen sowie auf Außerortsstraßen mit mindestens zwei Fahrstreifen für eine Richtung mit Schrittgeschwindigkeit fahren oder sich die Fahrzeuge im Stillstand befinden, müssen diese Fahrzeuge für die Durchfahrt von Polizei- und Hilfsfahrzeugen zwischen dem äußerst linken und dem unmittelbar rechts daneben liegenden Fahrstreifen für eine Richtung eine freie Gasse bilden.

StVO § 15a Abschleppen von Fahrzeugen

(1) Beim Abschleppen eines auf der Autobahn liegen gebliebenen Fahrzeugs ist die Autobahn (Zeichen 330.1) bei der nächsten Ausfahrt zu verlassen.

(2) Beim Abschleppen eines außerhalb der Autobahn liegen gebliebenen Fahrzeugs darf nicht in die Autobahn (Zeichen 330.1) eingefahren werden.

StVO § 18 Autobahnen und Kraftfahrstraßen

(1) Autobahnen (Zeichen 330.1) und Kraftfahrstraßen (Zeichen 331.1) dürfen nur mit Kraftfahrzeugen benutzt werden, deren durch die Bauart bestimmte Höchstgeschwindigkeit mehr als 60 km/h beträgt; werden Anhänger mitgeführt, gilt das Gleiche auch für diese. Fahrzeug und Ladung dürfen zusammen nicht höher als 4 m und nicht breiter als 2,55 m sein. Kühlfahrzeuge dürfen nicht breiter als 2,60 m sein.

(2) Auf Autobahnen darf nur an gekennzeichneten Anschlussstellen (Zeichen 330.1) eingefahren werden, auf Kraftfahrstraßen nur an Kreuzungen oder Einmündungen.

(3) Der Verkehr auf der durchgehenden Fahrbahn hat die Vorfahrt.

(4) (weggefallen)

(5) Auf Autobahnen darf innerhalb geschlossener Ortschaften schneller als 50 km/h gefahren werden. Auf ihnen sowie außerhalb geschlossener Ortschaften auf Kraftfahrstraßen mit Fahrbahnen für eine Richtung, die durch Mittelstreifen oder sonstige bauliche Einrichtungen getrennt sind, beträgt die zulässige Höchstgeschwindigkeit auch unter günstigsten Umständen

1. für
   a) Kraftfahrzeuge mit einer zulässigen Gesamtmasse von mehr als 3,5 t, ausgenommen Personenkraftwagen,
   b) Personenkraftwagen mit Anhänger, Lastkraftwagen mit Anhänger, Wohnmobile mit Anhänger und Zugmaschinen mit Anhänger sowie
   c) Kraftomnibusse ohne Anhänger oder mit Gepäckanhänger 80 km/h,
2. für
   a) Krafträder mit Anhänger und selbstfahrende Arbeitsmaschinen mit Anhänger,
   b) Zugmaschinen mit zwei Anhängern sowie
   c) Kraftomnibusse mit Anhänger oder mit Fahrgästen, für die keine Sitzplätze mehr zur Verfügung stehen, 60 km/h,

6.5.2 Außerorts und innerorts – Autobahnen und Kraftfahrstraßen

StVO
§ 18
Autobahnen und
Kraftfahrstraßen

3. für Kraftomnibusse ohne Anhänger, die
   a) nach Eintragung in der Zulassungsbescheinigung Teil I für eine Höchstgeschwindigkeit von 100 km/h zugelassen sind,
   b) hauptsächlich für die Beförderung von sitzenden Fahrgästen gebaut und die Fahrgastsitze als Reisebestuhlung ausgeführt sind,
   c) auf allen Sitzen sowie auf Rollstuhlplätzen, wenn auf ihnen Rollstuhlfahrer befördert werden, mit Sicherheitsgurten ausgerüstet sind,
   d) mit einem Geschwindigkeitsbegrenzer ausgerüstet sind, der auf eine Höchstgeschwindigkeit von maximal 100 km/h (V_{set}) eingestellt ist,
   e) den Vorschriften der Richtlinie 2001/85/EG des Europäischen Parlaments und des Rates vom 20. November 2001 über besondere Vorschriften für Fahrzeuge zur Personenbeförderung mit mehr als acht Sitzplätzen außer dem Fahrersitz und zur Änderung der Richtlinien 70/156/EWG und 97/27/EG (ABl. L 42 vom 13.2.2002, S. 1) in der jeweils zum Zeitpunkt der Erstzulassung des jeweiligen Kraftomnibusses geltenden Fassung entsprechen und
   f) auf der vorderen Lenkachse nicht mit nachgeschnittenen Reifen ausgerüstet sind, oder
   g) für nicht in Mitgliedstaaten der Europäischen Union oder in Vertragsstaaten des Abkommens über den Europäischen Wirtschaftsraum zugelassene Kraftomnibusse, wenn jeweils eine behördliche Bestätigung des Zulassungsstaates in deutscher Sprache über die Übereinstimmung mit den vorgenannten Bestimmungen und über jährlich stattgefundene Untersuchungen mindestens im Umfang der Richtlinie 96/96/EG des Rates vom 20. Dezember 1996 zur Angleichung der Rechtsvorschriften der Mitgliedstaaten über die technische Überwachung der Kraftfahrzeuge und Kraftfahrzeuganhänger (ABl. L 46 vom 17.2.1997, S. 1) in der jeweils geltenden Fassung vorgelegt werden kann, 100 km/h.

(6) Wer auf der Autobahn mit Abblendlicht fährt, braucht seine Geschwindigkeit nicht der Reichweite des Abblendlichts anzupassen, wenn

1. die Schlussleuchten des vorausfahrenden Kraftfahrzeugs klar erkennbar sind und ein ausreichender Abstand von ihm eingehalten wird oder
2. der Verlauf der Fahrbahn durch Leiteinrichtungen mit Rückstrahlern und, zusammen mit fremdem Licht, Hindernisse rechtzeitig erkennbar sind.

(7) Wenden und Rückwärtsfahren sind verboten.

(8) Halten, auch auf Seitenstreifen, ist verboten.

(9) Zu Fuß Gehende dürfen Autobahnen nicht betreten. Kraftfahrstraßen dürfen sie nur an Kreuzungen, Einmündungen oder sonstigen dafür vorgesehenen Stellen überschreiten; sonst ist jedes Betreten verboten.

(10) Die Ausfahrt von Autobahnen ist nur an Stellen erlaubt, die durch die Ausfahrttafel (Zeichen 332) und durch das Pfeilzeichen (Zeichen 333) oder durch eins dieser Zeichen gekennzeichnet sind. Die Ausfahrt von Kraftfahrstraßen ist nur an Kreuzungen oder Einmündungen erlaubt.

(11) Lastkraftwagen mit einer zulässigen Gesamtmasse über 7,5 t, einschließlich ihrer Anhänger, sowie Zugmaschinen dürfen, wenn die Sichtweite durch erheblichen Schneefall oder Regen auf 50 m oder weniger eingeschränkt ist, sowie bei Schneeglätte oder Glatteis den äußerst linken Fahrstreifen nicht benutzen.

StVO
§ 33
Verkehrs-
beeinträchtigungen

(1) Verboten ist

1. der Betrieb von Lautsprechern,
2. das Anbieten von Waren und Leistungen aller Art auf der Straße,
3. außerhalb geschlossener Ortschaften jede Werbung und Propaganda durch Bild, Schrift, Licht oder Ton,

wenn dadurch am Verkehr Teilnehmende in einer den Verkehr gefährdenden oder erschwerenden Weise abgelenkt oder belästigt werden können. Auch durch innerörtliche Werbung und Propaganda darf der Verkehr außerhalb geschlossener Ortschaften nicht in solcher Weise gestört werden.

(2) Einrichtungen, die Zeichen oder Verkehrseinrichtungen (§§ 36 bis 43 in Verbindung mit den Anlagen 1 bis 4) gleichen, mit ihnen verwechselt werden können oder deren Wirkung beeinträchtigen können, dürfen dort nicht angebracht oder sonst verwendet werden, wo sie sich auf den Verkehr auswirken können. Werbung und Propaganda in Verbindung mit Verkehrszeichen und Verkehrseinrichtungen sind unzulässig.

6.5.2 Außerorts und innerorts – Autobahnen und Kraftfahrstraßen

StVO § 33 Verkehrsbeeinträchtigungen

(3) Ausgenommen von den Verboten des Absatzes 1 Satz 1 Nummer 3 und des Absatzes 2 Satz 2 sind in der Hinweisbeschilderung für Nebenbetriebe an den Bundesautobahnen und für Autohöfe die Hinweise auf Dienstleistungen, die unmittelbar den Belangen der am Verkehr Teilnehmenden auf den Bundesautobahnen dienen.

StVO § 44a Besondere sachliche Zuständigkeit des Fernstraßen-Bundesamtes

(1) Zuständig für den Erlass von verkehrsrechtlichen Anordnungen nach dieser Verordnung für die mit Zeichen 330.1 und 330.2 gekennzeichneten Autobahnen in der Baulast des Bundes ist das Fernstraßen-Bundesamt. Die Zuständigkeit der Polizei bleibt unberührt. Abweichend von § 44 Absatz 3 erteilt das Fernstraßen-Bundesamt die Erlaubnis nach § 29 Absatz 2, wenn die Veranstaltung ausschließlich auf den mit Zeichen 330.1 und 330.2 gekennzeichneten Autobahnen in der Baulast des Bundes stattfindet. § 46 Absatz 2a bleibt unberührt. Das Fernstraßen-Bundesamt ist Straßenverkehrsbehörde ausschließlich im Rahmen seiner Zuständigkeit nach dieser Verordnung.

(2) Soweit mit den Zeichen 330.1 und 330.2 gekennzeichnete Autobahnen in der Baulast des Bundes betroffen sind, werden abweichend von § 44 Absatz 4 die dort genannten Vereinbarungen mit dem Fernstraßen-Bundesamt abgeschlossen.

(3) Das Fernstraßen-Bundesamt kann nach § 4 Absatz 2 des Fernstraßen-Bundesamt-Errichtungsgesetzes seine Aufgaben der aufgrund des Infrastrukturgesellschaftserrichtungsgesetzes beliehenen Gesellschaft privaten Rechts ganz oder teilweise übertragen. Soweit das Fernstraßen-Bundesamt von dieser Möglichkeit Gebrauch macht, gelten die Regelungen dieser Verordnung in Bezug auf das Fernstraßen-Bundesamt für die aufgrund des Infrastrukturgesellschaftserrichtungsgesetzes beliehene Gesellschaft privaten Rechts in dem Umfang der erfolgten Aufgabenübertragung. Die Aufgabenübertragung ist im Bundesanzeiger bekannt zu geben.

StVO § 45 Verkehrszeichen und Verkehrseinrichtungen

(11) Absatz 1 Satz 1 und 2 Nummer 1 bis 3, 5 und 6, Absatz 1a, 1f, 2 Satz 1 und 4, Absatz 3, 4, 5 Satz 2 in Verbindung mit Satz 1, Absatz 7 sowie Absatz 9 Satz 1 bis 3, 4 Nummer 7 und Satz 6 gelten entsprechend für mit den Zeichen 330.1 und 330.2 gekennzeichnete Autobahnen in der Baulast des Bundes für das Fernstraßen-Bundesamt. Absatz 2 Satz 1 und 4 sowie Absatz 3, 4 und 7 gelten entsprechend für Bundesstraßen in Bundesverwaltung für das Fernstraßen-Bundesamt.

StVO § 47 Örtliche Zuständigkeit

(2) Zuständig sind für die Erteilung von Ausnahmegenehmigungen

1. nach § 46 Absatz 1 Nummer 2 für eine Ausnahme von § 18 Absatz 1 die Straßenverkehrsbehörde, in deren Bezirk auf die Autobahn oder Kraftfahrstraße eingefahren werden soll. Wird jedoch eine Erlaubnis nach § 29 Absatz 3 oder eine Ausnahmegenehmigung nach § 46 Absatz 1 Nummer 5 erteilt, ist die Verwaltungsbehörde zuständig, die diese Verfügung erlässt;

VwV-StVO zu § 2 Straßenbenutzung durch Fahrzeuge

Zu Absatz 1

6 III. Auf Straßen mit vier Fahrbahnen sind in der Regel die beiden mittleren dem schnelleren Fahrzeugverkehr vorzubehalten. Außerhalb geschlossener Ortschaften werden sie in der Regel als Kraftfahrstraßen (Zeichen 331.1) zu kennzeichnen sein. Ob das innerhalb geschlossener Ortschaften zu verantworten ist, bedarf gründlicher Erwägungen vor allem dann, wenn in kleineren Abständen Kreuzungen und Einmündungen vorhanden sind. Wo das Zeichen „Kraftfahrstraße" nicht verwendet werden kann, wird in der Regel ein Verkehrsverbot für Radfahrer und andere langsame Fahrzeuge (Zeichen 250 mit entsprechenden Sinnbildern) zu erlassen sein. Durch Zeichen 283 das Halten zu verbieten, empfiehlt sich in jedem Fall, wenn es nicht schon durch § 18 Abs. 8 verboten ist. Die beiden äußeren Fahrbahnen bedürfen, wenn die mittleren als Kraftfahrstraßen gekennzeichnet sind, keiner Beschilderung, die die Benutzung der Fahrbahn regelt; andernfalls sind sie durch Zeichen 251 für Kraftwagen und sonstige mehrspurige Kraftfahrzeuge mit Zusatzzeichen z. B. „Anlieger oder Parken frei" zu kennzeichnen; zusätzlich kann es auch ratsam sein, zur Verdeutlichung das Zeichen 314 „Parkplatz" anzubringen. Im Übrigen ist auch bei Straßen mit vier Fahrbahnen stets zu erwägen, auf den beiden äußeren Fahrbahnen jeweils nur eine Fahrtrichtung zuzulassen.

VwV-StVO zu § 41 Vorschriftzeichen

Zu Zeichen 274 Zulässige Höchstgeschwindigkeit

8 VI. Auf Autobahnen und autobahnähnlichen Straßen dürfen nicht mehr als 130 km/h angeordnet werden. Nur dort darf die Geschwindigkeit stufenweise herabgesetzt werden. Eine

6.5.2 Außerorts und innerorts – Autobahnen und Kraftfahrstraßen

VwV-StVO zu § 41 Vorschriftzeichen

Geschwindigkeitsstufe soll höchstens 40 km/h betragen. Der Mindestabstand in Metern zwischen den unterschiedlichen Höchstgeschwindigkeiten soll das 10-fache der Geschwindigkeitsdifferenz in km/h betragen. Nach Streckenabschnitten ohne Beschränkung soll in der Regel als erste zulässige Höchstgeschwindigkeit 120 km/h angeordnet werden.

...

Zu Zeichen 275 Vorgeschriebene Mindestgeschwindigkeit

4 IV. Die Anordnung kann insbesondere auf drei- oder mehrstreifigen Richtungsfahrbahnen von Autobahnen aus Gründen der Leichtigkeit des Verkehrs in Betracht kommen.

...

Zu Zeichen 277 Überholverbot für Kraftfahrzeuge über 3,5 t

1 I. Das Zeichen soll nur auf Straßen mit erheblichem und schnellem Fahrverkehr angeordnet werden, wo der reibungslose Verkehrsablauf dies erfordert. Das kommt z. B. an Steigungs- und Gefällstrecken in Frage, auf denen Lastkraftwagen nicht mehr zügig überholen können; dabei ist maßgeblich die Stärke und Länge der Steigung oder des Gefälles; Berechnungen durch Sachverständige empfehlen sich.

II. Bei Anordnung von Lkw-Überholverboten auf Autobahnen und autobahnähnlich ausgebauten Straßen ist ergänzend Folgendes zu beachten:

2 1. Auf Autobahnen empfehlen sich Lkw-Überholverbote an unfallträchtigen Streckenabschnitten (z. B. an Steigungs- oder Gefällstrecken, Ein- und Ausfahrten oder vor Fahrstreifeneinziehung von links).

3 2. Auf zweistreifigen Autobahnen können darüber hinaus Überholverbote – auch z. B. auf längeren Strecken – in Betracht kommen, wenn bei hohem Verkehrsaufkommen durch häufiges Überholen von Lkw die Geschwindigkeit auf dem Überholstreifen deutlich vermindert wird und es dadurch zu einem stark gestörten Verkehrsfluss kommt, durch den die Verkehrssicherheit beeinträchtigt werden kann.

4 3. Unter Beachtung des Grundsatzes der Verhältnismäßigkeit kann das Überholverbot auf Fahrzeuge mit einem höheren zulässigen Gesamtgewicht als 3,5 t beschränkt werden, insbesondere an Steigungsstrecken. Wenn das Verkehrsaufkommen und die Fahrzeugzusammensetzung kein ganztägiges Überholverbot erfordern, kommt eine Beschränkung des Überholverbots auf bestimmte Tageszeiten in Betracht. Von dem Überholverbot können auf Autobahnen und Kraftfahrstraßen Wohnmobile mit einer zulässigen Gesamtmasse über 3,5 t bis 7,5 t auf Steigungsstrecken ausgenommen werden, auf denen der durch die 12. Ausnahmeverordnung zur StVO eingeräumte Geschwindigkeitsvorteil besonders zum Tragen kommt.

5 III. Aufgrund der bei Überholmanövern in Tunneln von Lkw ausgehenden Gefahr sollte in Tunneln mit mehr als einem Fahrstreifen in jeder Richtung ein Lkw-Überholverbot angeordnet werden. Von einer Anordnung des Zeichens kann abgesehen werden, wenn nachgewiesen wird, dass hiervon keine negativen Auswirkungen auf die Verkehrssicherheit ausgehen.

VwV-StVO zu § 42 Richtzeichen

Zu Zeichen 330.1 Autobahn

1 I. Das Zeichen ist sowohl am Beginn der Autobahn als auch an jeder Anschlussstellenzufahrt aufzustellen. In der Regel muss es am Beginn der Zufahrt aufgestellt werden.

2 II. Das Zeichen darf auch an Straßen aufgestellt werden, die nicht als Bundesautobahnen nach dem Bundesfernstraßengesetz gewidmet sind, wenn diese Straßen für Schnellverkehr geeignet sind, frei von höhengleichen Kreuzungen sind, getrennte Fahrbahnen für den Richtungsverkehr haben und mit besonderen Anschlussstellen für die Zu- und Ausfahrten ausgestattet sind. Voraussetzung ist aber, dass für den Verkehr, der Autobahnen nicht befahren darf, andere Straßen, deren Benutzung zumutbar ist, und für die Anlieger anderweitige Ein- und Ausfahrten zur Verfügung stehen.

Zu Zeichen 330.1, 331.1, 330.2 und 331.2

1 Über die Zustimmungsbedürftigkeit vgl. Nummer III 1 a zu § 45 Abs. 1 bis 1 e; Rn 4. Ist die oberste Landesbehörde nicht zugleich oberste Landesbehörde für den Straßenbau, muss auch diese zustimmen.

Zu Zeichen 330.2 und 331.2 Ende der Autobahn und Kraftfahrstraße

6.5.2 Außerorts und innerorts – Autobahnen und Kraftfahrstraßen

VwV-StVO zu § 42 Richtzeichen

1 I. Das jeweilige Zeichen ist am Ende der Autobahn oder der Kraftfahrstraße und an allen Ausfahrten der Anschlussstellen anzuordnen, wobei eine Vorankündigung in aller Regel entbehrlich ist.

2 II. Das jeweilige Zeichen entfällt, wenn die Autobahn unmittelbar in eine Kraftfahrstraße übergeht oder umgekehrt. Dann ist stattdessen Zeichen 330.1 oder 331.1 anzuordnen.

Zu Zeichen 331.1 Kraftfahrstraße

1 I. Voraussetzung für die Anordnung des Zeichens ist, dass für den Verkehr, der Kraftfahrstraßen nicht befahren darf, andere Straßen, deren Benutzung zumutbar ist, zur Verfügung stehen.

2 II. Das Zeichen ist an allen Kreuzungen und Einmündungen zu wiederholen.

VwV-StVO zu § 44a Besondere sachliche Zuständigkeit des Fernstraßen-Bundesamtes

1 I. Sofern in dieser Verwaltungsvorschrift Zuständigkeiten der Straßenverkehrsbehörde begründet werden, gelten diese Zuständigkeiten auf den mit Zeichen 330.1 und 330.2 gekennzeichneten Autobahnen in der Baulast des Bundes für das Fernstraßen-Bundesamt oder die auf Grund des § 6 des Infrastrukturgesellschaftserrichtungsgesetzes beliehene Gesellschaft privaten Rechts entsprechend, soweit die Regelungen auf die vorgenannten Straßen Anwendung finden.

2 II. Werden nach dieser Verwaltungsvorschrift Zuständigkeiten den zuständigen obersten Landesbehörden zugewiesen, tritt an deren Stelle auf den mit Zeichen 330.1 und 330.2 gekennzeichneten Autobahnen in der Baulast des Bundes das Fernstraßen-Bundesamt, soweit die Regelungen auf die vorgenannten Straßen Anwendung finden.

3 III. Werden nach dieser Verwaltungsvorschrift Anhörungs- oder Einvernehmensvorbehalte der obersten Landesbehörden geregelt, gelten diese nur, soweit sie sich nicht auf mit den Zeichen 330.1 und 330.2 gekennzeichnete Autobahnen in der Baulast des Bundes beziehen.

4 IV. Soweit in den in dieser Verwaltungsvorschrift genannten Richtlinien Zustimmungsvorbehalte der obersten Landesbehörden geregelt werden, gelten diese nicht, soweit sie sich auf Anordnungen auf mit Zeichen 330.1 und 330.2 gekennzeichnete Autobahnen in der Baulast des Bundes beziehen.

5 V. Organisation, Zuständigkeiten und Aufgaben zur Erfassung und Analyse von Verkehrsunfällen auf den Autobahnen

6 1. Allgemeine Grundsätze

Zur Bekämpfung der Verkehrsunfälle auf Autobahnen hat das Fernstraßen-Bundesamt oder die auf Grund des § 6 des Infrastrukturgesellschaftserrichtungsgesetzes beliehene Gesellschaft privaten Rechts eng mit den Polizeibehörden der Länder zusammenzuarbeiten, um zu ermitteln, wo sich die Unfälle häufen, worauf diese zurückzuführen sind und welche Maßnahmen ergriffen werden müssen, um unfallbegünstigende Besonderheiten zu beseitigen.

Hierzu sind unter Leitung der Straßenverkehrsbehörde Autobahn-Unfallkommissionen (AUK) einzurichten, deren Organisation, Zuständigkeiten und Aufgaben Richtlinien regeln, die das Bundesministerium für Verkehr und digitale Infrastruktur im Einvernehmen mit den für die Verkehrspolizei zuständigen obersten Landesbehörden im Verkehrsblatt bekannt gibt.

7 2. Örtliche Unfalluntersuchung durch das Fernstraßen-Bundesamt oder die auf Grund des § 6 des Infrastrukturgesellschaftserrichtungsgesetzes beliehene Gesellschaft privaten Rechts

Die örtliche Unfalluntersuchung dient dem Ziel, die Verkehrssicherheit auf den Autobahnen zu erhöhen.

Die Kriterien für die Identifikation von Unfallhäufungen erfolgt nach einheitlichen Kriterien nach den Richtlinien für die AUK.

8 3. Bereitstellung der Unfalldaten

Die für die Erfassung der Straßenverkehrsunfälle zuständigen Behörden stellen monatlich, nach den Kriterien des Gesetzes über die Statistik der Straßenverkehrsunfälle – Straßenverkehrsunfallstatistikgesetz, über die statistischen Ämter der Länder dem Statistischen Bundesamt die anonymisierten Verkehrsunfalldatensätze in maschinenlesbarer Form zur Verfügung. Das Fernstraßen-Bundesamt oder die auf Grund des § 6 des Infrastrukturgesellschaftserrichtungsgesetzes beliehene Gesellschaft privaten Rechts kann diese Daten ausschließlich zur Analyse des Unfallgeschehens einschließlich der Identifikation von Unfallhäufungen nutzen.

9 4. Umsetzung der Maßnahmen

VwV-StVO zu § 44a Besondere sachliche Zuständigkeit des Fernstraßen-Bundesamtes

Die Umsetzung der Maßnahmen obliegt den jeweilig zuständigen Fachbehörden. Die Empfehlungen der Unfallkommission ersetzen nicht die Ausübung pflichtgemäßen Ermessens aller Beteiligten für den Einzelfall. Es ist im Protokoll der Beratung zu dokumentieren, welche Stelle für welche Maßnahmen verantwortlich ist.

Alle Beteiligten sind verpflichtet, die Umsetzung der vereinbarten Maßnahmen und deren Wirkung fortlaufend zu überprüfen und in den Sitzungen der AUK über den Umsetzungsstand zu berichten.

VwV-StVO zu § 45 Verkehrszeichen und Verkehrseinrichtungen

Zu Absatz 1 bis 1 e

3 III. 1. Die Straßenverkehrsbehörde bedarf der Zustimmung der obersten Landesbehörde oder der von ihr bestimmten Stelle zur Anbringung und Entfernung folgender Verkehrszeichen:

...

5 b) auf Autobahnen, Kraftfahrstraßen und Bundesstraßen: des Zeichens 250, auch mit auf bestimmte Verkehrsarten beschränkenden Sinnbildern, wie der Zeichen 251 oder 253, sowie der Zeichen 262 und 263,

6 c) auf Autobahnen, Kraftfahrstraßen sowie auf Bundesstraßen außerhalb geschlossener Ortschaften: der Zeichen 276, 277, 277.1, 280, 281, 295 als Fahrstreifenbegrenzung und 296,

7 d) auf Autobahnen und Kraftfahrstraßen: der Zeichen 209 bis 214, 274 und 278,

...

Zu Absatz 11

73 I. Als höhere Verwaltungsbehörde gilt auf den mit Zeichen 330.1 und 330.2 gekennzeichneten Autobahnen in der Baulast des Bundes das Fernstraßen-Bundesamt.

74 II. Allgemeine Grundsätze der Zusammenarbeit zwischen den Behörden nach Landesrecht und dem Fernstraßen-Bundesamt oder der auf Grund des § 6 Infrastrukturgesellschaftserrichtungsgesetzes beliehenen Gesellschaft privaten Rechts

Soweit sich Anordnungen auf Basisnetzstraßen auf die mit Zeichen 330.1 und 330.2 gekennzeichneten Autobahnen in der Baulast des Bundes oder Anordnungen auf diesen Autobahnen auf Basisnetzstraßen auswirken, sind die jeweils zuständigen Behörden gehalten, bei der Planung und Anordnung der erforderlichen Maßnahmen eng und unter Berücksichtigung der örtlichen Zuständigkeitsgrenzen zusammenzuarbeiten. Dies betrifft insbesondere

- die Führung und Regelung des Verkehrs an den Anknüpfungspunkten der Anschlussstellen an das Basisnetz,
- die erforderlichen Maßnahmen bei einer Sperrung der Autobahn oder einer Anschlussstelle, soweit diese hinsichtlich Zeit und Ort planbar ist oder an einem bestimmten Ort mit wiederkehrenden Sperrungen zu rechnen ist (z. B. vor Tunneln),
- die Zielangaben in der Wegweisung (vgl. zu § 42 zu Anlage 3 Abschnitt 10).

Die Federführung bei der Planung von Maßnahmen sollte bei der Behörde liegen, in deren Zuständigkeit die Straße liegt, an der die geplanten Maßnahmen vollzogen werden sollen. Dies setzt allerdings voraus, dass diese Behörde ihre Beiträge in angemessener Frist und der erforderlichen Planungstiefe leistet. Im Einzelfall oder allgemein abweichende Festlegungen von diesem Grundsatz sind zwischen den beteiligten Behörden rechtzeitig zu vereinbaren. Die Anordnung zuständigkeitsübergreifend wirkender Maßnahmen soll jede Behörde für ihre jeweilige Zuständigkeit auf Grundlage gemeinsamer Unterlagen verfügen, welche die Gesamtheit der Maßnahmen beschreiben und aus denen die örtliche Zuständigkeitsgrenze eindeutig hervorgeht. Diese Unterlagen stellen dann die Maßnahmen der anderen Behörde nachrichtlich dar.

75 III. Führung und Regelung des Verkehrs an den Anknüpfungspunkten der Anschlussstellen an das Basisnetz

Die Anordnung an Anschlussstellen erfolgt für die vorrangregelnden Verkehrszeichen und Verkehrseinrichtungen einschließlich Wechsellichtzeichen sowie die Verkehrsführung im Benehmen – unter dem Maßstab der Sicherheit des Verkehrs – zwischen dem Fernstraßen-Bundesamt oder der auf Grund des § 6 Infrastrukturgesellschaftserrichtungsgesetzes beliehenen Gesellschaft privaten Rechts und der Straßenverkehrsbehörde für das Basisnetz.

76 IV. Sperrung der Autobahn

6.5.2 Außerorts und innerorts – Autobahnen und Kraftfahrstraßen

VwV-StVO zu § 45 Verkehrszeichen und Verkehrseinrichtungen

Das Fernstraßen-Bundesamt oder die auf Grund des § 6 Infrastrukturgesellschaftserrichtungsgesetzes beliehene Gesellschaft privaten Rechts hat darauf hinzuwirken, Sperrungen der Autobahn mit geeigneten Maßnahmen soweit wie möglich zu minimieren. Planbare Sperrungen sind in Zeiträume zu legen, innerhalb derer die geringstmöglichen verkehrlichen Auswirkungen zu erwarten sind. Das Fernstraßen-Bundesamt oder die auf Grund des § 6 Infrastrukturgesellschaftserrichtungsgesetzes beliehene Gesellschaft privaten Rechts hat in seiner oder ihrer Eigenschaft als für den Straßenbau zuständige Behörde den anordnenden Behörden die Erforderlichkeit der Sperrung dem Grunde und der zeitlichen Dauer nach nachvollziehbar darzulegen. Ereignisbedingte Sperrungen von Tunneln sind nur vorzusehen, wenn die Sicherheit der Tunnelnutzer anders nicht zu gewährleisten ist. Sind Sperrungen der Autobahn nicht zu vermeiden, ist der Verkehr vorrangig innerhalb des Autobahnnetzes umzuleiten. Ist dies nicht vollständig möglich, soll zumindest der weiträumige Verkehr über geeignete andere Autobahnen umgeleitet werden. Für die dann erforderliche kleinräumige Umleitung ist die für die Umleitungsstrecke zuständige Behörde nach Landesrecht so frühzeitig zu informieren, dass sie Einfluss auf den Zeitraum der Sperrung nehmen kann sowie ihre Entscheidungsbefugnis hinsichtlich der Wahl der Umleitungsstrecke, die Festlegung der erforderlichen Maßnahmen sachgerecht wahrnehmen und ihrerseits erforderliche Abstimmungen durchführen kann. Die Umleitung ist sorgfältig und unter Berücksichtigung der zu erwartenden Verkehrsmengen zu planen. Insbesondere ist zu prüfen, ob für Kreuzungen oder Einmündungen, an denen für den umgeleiteten Verkehr Wartepflicht (Zeichen 205 oder 206) angeordnet ist, provisorische Wechsellichtzeichen anzuordnen sind. Ein kurzfristiges Anhalten des Verkehrs bis 15 Minuten Dauer und ohne Ausleitung an der vorgelagerten Anschlussstelle gilt nicht als Sperrung in diesem Sinne. Für nicht planbare, voraussichtlich länger als eine Stunde andauernde Sperrungen sollten zumindest an Einmündungen von der Anschlussstelle der Autobahn in das Basisnetz mit angeordneter Wartepflicht (Zeichen 205 oder 206) mit der zuständigen Straßenverkehrsbehörde bzw. der Autobahn GmbH Verkehrsregelungsmaßnahmen festgelegt werden.

77 V. Sperrung von Anschlussstellen

Das Fernstraßen-Bundesamt oder die auf Grund des § 6 Infrastrukturgesellschaftserrichtungsgesetzes beliehene Gesellschaft privaten Rechts trifft bei zu sperrenden Anschlussstellen die notwendigen verkehrsrechtlichen Anordnungen auf der Autobahn, die nach Landesrecht zuständigen Behörden im Basisnetz. Die veranlassende Behörde hat die jeweils andere Behörde zum frühestmöglichen Zeitpunkt über geplante Sperrungen zu informieren. Zeitraum und vorzusehende Maßnahmen sind unter Einbindung der Polizei wechselseitig abzustimmen.

78 VI. Sperrungen im Basisnetz mit Auswirkungen auf die Autobahn

Die nach Landesrecht zuständigen Behörden treffen bei Sperrungen im Basisnetz dort die notwendigen verkehrsrechtlichen Anordnungen, das Fernstraßen-Bundesamt oder die auf Grund des § 6 des Infrastrukturgesellschaftserrichtungsgesetzes beliehene Gesellschaft privaten Rechts auf der Autobahn. Es erfolgt eine wechselseitige Abstimmung unter Einbindung der Polizei. Bei Umleitungen über die Autobahn müssen die für das Basisnetz zuständigen Behörden geeignete Maßnahmen ergreifen, um zu verhindern, dass nicht berechtigter Verkehr auf die Autobahn einfährt. Hierzu wird in der Regel eine gesonderte Umleitung für die Verkehrsarten erforderlich sein, welche die Autobahn nicht befahren dürfen. Über geplante Sperrungen im Basisnetz mit Auswirkungen auf die Autobahn ist das Fernstraßen-Bundesamt oder die auf Grund des § 6 Infrastrukturgesellschaftserrichtungsgesetzes beliehene Gesellschaft privaten Rechts frühzeitig von den nach Landesrecht zuständigen Behörden zu unterrichten.

BMV – StV 12/36.43.00-02 21. November 1978

Verordnung über eine allgemeine Richtgeschwindigkeit auf Autobahnen und ähnlichen Straßen (Autobahn-Richtgeschwindigkeits-V)[1]

Auf Grund des § 6 Abs. 1 Nr. 3 des Straßenverkehrsgesetzes in der im Bundesgesetzblatt Teil III, Gliederungsnummer 9231-1, veröffentlichten bereinigten Fassung, der zuletzt durch das Gesetz vom 3. August 1978 (BGBl. I S. 1177) geändert wurde, wird mit Zustimmung des Bundesrates verordnet:

1 Autobahn-Richtgeschwindigkeits-V vom 21.11.1978 (BGBl. I S. 1824), die zuletzt durch Art. 5 der Verordnung vom 5.8.2009 (BGBl. I S. 2631) geändert worden ist

6.5.2 Außerorts und innerorts – Autobahnen und Kraftfahrstraßen

BMV-Erlass vom 21.11.1978

§ 1 Den Führern von Personenkraftwagen sowie von anderen Kraftfahrzeugen mit einem zulässigen Gesamtgewicht bis zu 3,5 t wird empfohlen, auch bei günstigen Straßen-, Verkehrs-, Sicht- und Wetterverhältnissen

1. auf Autobahnen (Zeichen 330.1),
2. außerhalb geschlossener Ortschaften auf anderen Straßen mit Fahrbahnen für eine Richtung, die durch Mittelstreifen oder sonstige bauliche Einrichtungen getrennt sind, und
3. außerhalb geschlossener Ortschaften auf Straßen, die mindestens zwei durch Fahrstreifenbegrenzung (Zeichen 295) oder durch Leitlinien (Zeichen 340) markierte Fahrstreifen für jede Richtung haben,

nicht schneller als 130 km/h zu fahren (Autobahn-Richtgeschwindigkeit). Das gilt nicht, soweit nach der StVO oder nach deren Zeichen Höchstgeschwindigkeiten (Zeichen 274) bestehen.

§ 2 Im Übrigen bleiben die Vorschriften der Straßenverkehrs-Ordnung unberührt und gelten entsprechend für diese Verordnung. Die in § 1 genannten Zeichen sind die der Straßenverkehrs-Ordnung.

§ 3 Diese Verordnung gilt nach § 14 des Dritten Überleitungsgesetzes in Verbindung mit Artikel 33 Abs. 2 des Kostenermächtigungs-Änderungsgesetzes vom 23. Juni 1970 (BGBl I S. 805) auch im Land Berlin.

§ 4 Diese Verordnung tritt am Tage nach der Verkündung in Kraft.

(VkBl. 1978 S. 478)

6.5.3 Außerhalb geschlossener Ortschaften (außerorts)

Straßen außerhalb gekennzeichneter geschlossener Ortschaften (Außerortsstraßen) sind in der Regel geprägt von höheren Geschwindigkeiten. Außerhalb der straßenrechtlichen Ortsdurchfahrten bestehen Anbau- und Zufahrtsbeschränkungen. Außerortsstraßen sind nicht besonders gekennzeichnet.

Die StVO formuliert zahlreiche Regeln für das Verhalten auf Außerortsstraßen, insbesondere:

- Mofas dürfen Radwege benutzen (§ 2 Abs. 4).
- Die zu fahrende Höchstgeschwindigkeit für Pkw sowie für andere Kfz mit einer zulässigen Gesamtmasse bis 3,5 t beträgt 100 km/h, ausgenommen auf Straßen mit baulicher Trennung der Fahrbahnen für eine Richtung oder mindestens zwei markierten Fahrstreifen je Fahrtrichtung (§ 3 Abs. 3). Die generelle Geschwindigkeitsbeschränkung von 100 km/h kann unter bestimmten Voraussetzungen auf 120 km/h angehoben werden (§ 45 Abs. 8).
- Radfahrer sind mit einem seitlichen Abstand von mindestens 2 m zu überholen (§ 5 Abs. 4).
- Das Überholen darf durch kurze Schallzeichen angekündigt werden (§ 5 Abs. 5).
- Es darf nur in wenigen Ausnahmefällen rechts schneller gefahren werden, u. a. auf Einfädelungsstreifen (§ 7a Abs. 2).
- Haltende Fahrzeuge sind bei Dämmerung, Dunkelheit oder schlechten Sichtverhältnissen mit eigener Lichtquelle (d. h. Standlicht) zu beleuchten (§ 17 Abs. 4).
- Fußgänger müssen die für sie vorgesehenen Gehwege benutzen. Sind keine vorhanden, müssen sie am linken Fahrbahnrand gehen (§ 25 Abs. 1).
- Werbung ist verboten, wenn dadurch Verkehrsteilnehmer in einer den Verkehr gefährdenden oder erschwerenden Weise abgelenkt oder belästigt werden können (§ 33 Abs. 1).
- Auf der Fahrbahn von Vorfahrtstraßen darf nicht geparkt werden (Anlage 3 zu § 42 Abs. 2 lfd. Nr. 2).

Auch die VwV-StVO macht spezielle Vorgaben für die Anordnung von Verkehrszeichen im Außerortsbereich, insbesondere:

- Gefahrzeichen stehen weiter entfernt vor der Gefahrstelle als innerorts.
- Die Verkehrsregelung „Rechts vor Links" sollte vermieden werden.
- Es wird mehr Wert auf die Erkennbarkeit des Streckenverlaufs gelegt (z. B. Leitpfosten, Markierungen, Beschilderung von Kreisverkehren).

Zu Abschnitt 6.5.3 – Verhaltensregelungen

StVO § 3 Geschwindigkeit

(3) Die zulässige Höchstgeschwindigkeit beträgt auch unter günstigsten Umständen

...

2. außerhalb geschlossener Ortschaften

a) für
aa) Kraftfahrzeuge mit einer zulässigen Gesamtmasse über 3,5 t bis 7,5 t, ausgenommen Personenkraftwagen,
bb) Personenkraftwagen mit Anhänger,
cc) Lastkraftwagen und Wohnmobile jeweils bis zu einer zulässigen Gesamtmasse von 3,5 t mit Anhänger sowie
dd) Kraftomnibusse, auch mit Gepäckanhänger, 80 km/h,

b) für
aa) Kraftfahrzeuge mit einer zulässigen Gesamtmasse über 7,5 t,
bb) alle Kraftfahrzeuge mit Anhänger, ausgenommen Personenkraftwagen, Lastkraftwagen und Wohnmobile jeweils bis zu einer zulässigen Gesamtmasse von 3,5 t, sowie
cc) Kraftomnibusse mit Fahrgästen, für die keine Sitzplätze mehr zur Verfügung stehen, 60 km/h,

c) für Personenkraftwagen sowie für andere Kraftfahrzeuge mit einer zulässigen Gesamtmasse bis 3,5 t 100 km/h.

Diese Geschwindigkeitsbeschränkung gilt nicht auf Autobahnen (Zeichen 330.1) sowie auf anderen Straßen mit Fahrbahnen für eine Richtung, die durch Mittelstreifen oder sonstige bauliche Einrichtungen getrennt sind. Sie gilt ferner nicht auf Straßen, die mindestens zwei durch Fahrstreifenbegrenzung (Zeichen 295) oder durch Leitlinien (Zeichen 340) markierte Fahrstreifen für jede Richtung haben.

6.5.3 Außerhalb geschlossener Ortschaften (außerorts)

StVO § 4 Abstand

(2) Wer ein Kraftfahrzeug führt, für das eine besondere Geschwindigkeitsbeschränkung gilt, sowie einen Zug führt, der länger als 7 m ist, muss außerhalb geschlossener Ortschaften ständig so großen Abstand von dem vorausfahrenden Kraftfahrzeug halten, dass ein überholendes Kraftfahrzeug einscheren kann. Das gilt nicht,

1. wenn zum Überholen ausgeschert wird und dies angekündigt wurde,
2. wenn in der Fahrtrichtung mehr als ein Fahrstreifen vorhanden ist oder
3. auf Strecken, auf denen das Überholen verboten ist.

StVO § 5 Überholen

(5) Außerhalb geschlossener Ortschaften darf das Überholen durch kurze Schall- oder Leuchtzeichen angekündigt werden. ...

StVO § 7 Benutzung von Fahrstreifen durch Kraftfahrzeuge

(3c) Sind außerhalb geschlossener Ortschaften für eine Richtung drei Fahrstreifen mit Zeichen 340 gekennzeichnet, dürfen Kraftfahrzeuge abweichend von dem Gebot möglichst weit rechts zu fahren, den mittleren Fahrstreifen dort durchgängig befahren, wo – auch nur hin und wieder – rechts davon ein Fahrzeug hält oder fährt. Dasselbe gilt auf Fahrbahnen mit mehr als drei so markierten Fahrstreifen für eine Richtung für den zweiten Fahrstreifen von rechts. Den linken Fahrstreifen dürfen außerhalb geschlossener Ortschaften Lastkraftwagen mit einer zulässigen Gesamtmasse von mehr als 3,5 t sowie alle Kraftfahrzeuge mit Anhänger nur benutzen, wenn sie sich dort zum Zwecke des Linksabbiegens einordnen.

StVO § 7a Abgehende Fahrstreifen, Einfädelungs- und Ausfädelungsstreifen

(2) Auf Autobahnen und anderen Straßen außerhalb geschlossener Ortschaften darf auf Einfädelungsstreifen schneller gefahren werden als auf den durchgehenden Fahrstreifen.

StVO § 16 Warnzeichen

(1) Schall- und Leuchtzeichen darf nur geben,

1. wer außerhalb geschlossener Ortschaften überholt (§ 5 Absatz 5) oder
2. wer sich oder Andere gefährdet sieht.

StVO § 17 Beleuchtung

(4) Haltende Fahrzeuge sind außerhalb geschlossener Ortschaften mit eigener Lichtquelle zu beleuchten. Innerhalb geschlossener Ortschaften genügt es, nur die der Fahrbahn zugewandte Fahrzeugseite durch Parkleuchten oder auf andere zugelassene Weise kenntlich zu machen; eigene Beleuchtung ist entbehrlich, wenn die Straßenbeleuchtung das Fahrzeug auf ausreichende Entfernung deutlich sichtbar macht. Auf der Fahrbahn haltende Fahrzeuge, ausgenommen Personenkraftwagen, mit einer zulässigen Gesamtmasse von mehr als 3,5 t und Anhänger sind innerhalb geschlossener Ortschaften stets mit eigener Lichtquelle zu beleuchten oder durch andere zugelassene lichttechnische Einrichtungen kenntlich zu machen. Fahrzeuge, die ohne Schwierigkeiten von der Fahrbahn entfernt werden können, wie Krafträder, Fahrräder mit Hilfsmotor, Fahrräder, Krankenfahrstühle, einachsige Zugmaschinen, einachsige Anhänger, Handfahrzeuge oder unbespannte Fuhrwerke, dürfen bei Dunkelheit dort nicht unbeleuchtet stehen gelassen werden.

StVO § 25 Fußgänger

(1) Wer zu Fuß geht, muss die Gehwege benutzen. Auf der Fahrbahn darf nur gegangen werden, wenn die Straße weder einen Gehweg noch einen Seitenstreifen hat. Wird die Fahrbahn benutzt, muss innerhalb geschlossener Ortschaften am rechten oder linken Fahrbahnrand gegangen werden; außerhalb geschlossener Ortschaften muss am linken Fahrbahnrand gegangen werden, wenn das zumutbar ist. Bei Dunkelheit, bei schlechter Sicht oder wenn die Verkehrslage es erfordert, muss einzeln hintereinander gegangen werden.

StVO § 42 Anlage 3 (zu § 42 Absatz 2) Richtzeichen

2 Zeichen 306 Vorfahrtstraße

Ge- oder Verbot: Wer ein Fahrzeug führt, darf außerhalb geschlossener Ortschaften auf Fahrbahnen von Vorfahrtstraßen nicht parken.

...

Zu Abschnitt 6.5.3 – Vorfahrtregelungen

VwV-StVO
zu § 8
Vorfahrt

Zu Absatz 1

Verkehrsregelung an Kreuzungen und Einmündungen

8 5. Der Grundsatz „Rechts vor Links" sollte außerhalb geschlossener Ortschaften nur für Kreuzungen und Einmündungen im Verlauf von Straßen mit ganz geringer Verkehrsbedeutung gelten.

...

15 III. 1. Als Vorfahrtstraßen sollen nur Straßen gekennzeichnet sein, die über eine längere Strecke die Vorfahrt haben und an zahlreichen Kreuzungen bevorrechtigt sind. Dann sollte die Straße so lange Vorfahrtstraße bleiben, wie sich das Erscheinungsbild der Straße und ihre Verkehrsbedeutung nicht ändern. Bei der Auswahl von Vorfahrtstraßen ist der Blick auf das gesamte Straßennetz besonders wichtig.

16 a) Bundesstraßen, auch in ihren Ortsdurchfahrten, sind in aller Regel als Vorfahrtstraßen zu kennzeichnen.

17 b) Innerhalb geschlossener Ortschaften gilt das auch für sonstige Straßen mit durchgehendem Verkehr.

18 c) Außerhalb geschlossener Ortschaften sollten alle Straßen mit erheblicherem Verkehr Vorfahrtstraßen werden.

VwV-StVO
zu § 42
Richtzeichen

Zu den Zeichen 306 und 307 Vorfahrtstraße und Ende der Vorfahrtstraße

2 II. Das Zeichen 306 steht in der Regel innerhalb geschlossener Ortschaften vor der Kreuzung oder Einmündung, außerhalb geschlossener Ortschaften dahinter.

...

8 VI. Endet eine Vorfahrtstraße außerhalb geschlossener Ortschaften, sollen in der Regel sowohl das Zeichen 307 als auch das Zeichen 205 oder das Zeichen 206 angeordnet werden. Innerhalb geschlossener Ortschaften ist das Zeichen 307 entbehrlich. Anstelle des Zeichens 307 kann auch das Zeichen 205 mit Entfernungsangabe als Vorankündigung angeordnet werden.

Zu Abschnitt 6.5.3 – Höhere Geschwindigkeiten

StVO
§ 33
Verkehrsbeeinträchtigungen

(1) Verboten ist

1. der Betrieb von Lautsprechern,
2. das Anbieten von Waren und Leistungen aller Art auf der Straße,
3. außerhalb geschlossener Ortschaften jede Werbung und Propaganda durch Bild, Schrift, Licht oder Ton,

wenn dadurch am Verkehr Teilnehmende in einer den Verkehr gefährdenden oder erschwerenden Weise abgelenkt oder belästigt werden können. Auch durch innerörtliche Werbung und Propaganda darf der Verkehr außerhalb geschlossener Ortschaften nicht in solcher Weise gestört werden.

VwV-StVO
zu den §§ 39 bis 43
Allgemeines über Verkehrszeichen und Verkehrseinrichtungen

25 Strecken- und Verkehrsverbote (Abschnitt 6 und 7 der Anlage 2 (zu § 41 Absatz 1) Vorschriftzeichen) gelten grundsätzlich für sämtliche Fahrstreifen einer Fahrtrichtung. Sofern diese nur für einzelne Fahrstreifen gelten sollen, sind diese in der Regel so anzubringen, dass sie dem betreffenden Fahrstreifen zweifelsfrei zugeordnet werden können (Verkehrszeichenbrücken oder Auslegermaste).

26 Muss von einer solchen Anbringung abgesehen werden oder sind die Zeichen nur vorübergehend angeordnet, z. B. bei Arbeitsstellen, sind die Ge- oder Verbotszeichen auf einer Verkehrslenkungstafel (Zeichen 501 ff.) am rechten Fahrbahnrand anzuzeigen (vgl. VwV zu den Zeichen 501 bis 546 Verkehrslenkungstafeln, Rn. 8). Insbesondere außerhalb geschlossener Ortschaften sollen die angeordneten Ge- oder Verbotszeichen durch eine gleiche Verkehrslenkungstafel mit Entfernungsangabe auf einem Zusatzzeichen angekündigt werden.

6.5.3 Außerhalb geschlossener Ortschaften (außerorts)

StVO
§ 40
Gefahrzeichen

(2) Außerhalb geschlossener Ortschaften stehen sie im Allgemeinen 150 bis 250 m vor den Gefahrstellen. Ist die Entfernung erheblich geringer, so kann sie auf einem Zusatzzeichen angegeben sein, wie

(3) Innerhalb geschlossener Ortschaften stehen sie im Allgemeinen kurz vor der Gefahrstelle.

VwV-StVO
zu § 41
Vorschriftzeichen

Zu Zeichen 215 Kreisverkehr

2 II. Außerhalb geschlossener Ortschaften ist der Kreisverkehr mit Vorwegweiser (Zeichen 438) anzukündigen.

...

4 IV. Die Anordnung von Zeichen 215 macht eine zusätzliche Anordnung von Zeichen 211 (Hier rechts) auf der Mittelinsel entbehrlich. Außerhalb geschlossener Ortschaften empfiehlt es sich auf baulich angelegten, nicht überfahrbaren Mittelinseln gegenüber der jeweiligen Einfahrt vorrangig Zeichen 625 (Richtungstafel in Kurven) anzuordnen.

...

Zu Zeichen 274 Zulässige Höchstgeschwindigkeit

1 I. Geschwindigkeitsbeschränkungen aus Sicherheitsgründen sollen auf bestehenden Straßen angeordnet werden, wenn Unfalluntersuchungen ergeben haben, dass häufig geschwindigkeitsbedingte Unfälle aufgetreten sind. Dies gilt jedoch nur dann, wenn festgestellt worden ist, dass die geltende Höchstgeschwindigkeit von der Mehrheit der Kraftfahrer eingehalten wird. Im anderen Fall muss die geltende zulässige Höchstgeschwindigkeit durchgesetzt werden. Geschwindigkeitsbeschränkungen können sich im Einzelfall schon dann empfehlen, wenn aufgrund unangemessener Geschwindigkeiten häufig gefährliche Verkehrssituationen festgestellt werden.

II. Außerhalb geschlossener Ortschaften können Geschwindigkeitsbeschränkungen nach Maßgabe der Nr. I erforderlich sein,

2 1. wo Fahrzeugführer insbesondere in Kurven, auf Gefällstrecken und an Stellen mit besonders unebener Fahrbahn (vgl. aber Nr. I zu § 40; Rn. 1), ihre Geschwindigkeit nicht den Straßenverhältnissen anpassen; die zulässige Höchstgeschwindigkeit soll dann auf diejenige Geschwindigkeit festgelegt werden, die vorher von 85 % der Fahrzeugführer von sich aus ohne Geschwindigkeitsbeschränkungen, ohne überwachende Polizeibeamte und ohne Behinderung durch andere Fahrzeuge eingehalten wurde,

3 2. wo insbesondere auf Steigungs- und Gefällstrecken eine Verminderung der Geschwindigkeitsunterschiede geboten ist; die zulässige Höchstgeschwindigkeit soll dann auf diejenige Geschwindigkeit festgelegt werden, die vorher von 85 % der Fahrzeugführer von sich aus ohne Geschwindigkeitsbeschränkungen, ohne überwachende Polizeibeamte und ohne Behinderung durch andere Fahrzeuge eingehalten wurde,

4 3. wo Fußgänger oder Radfahrer im Längs- oder Querverkehr in besonderer Weise gefährdet sind; die zulässige Höchstgeschwindigkeit soll auf diesen Abschnitten in der Regel 70 km/h nicht übersteigen.

...

5 III. Außerhalb geschlossener Ortschaften ist die zulässige Höchstgeschwindigkeit vor Lichtzeichenanlagen auf 70 km/h zu beschränken.

...

Zu Zeichen 276 Überholverbot

3 III. Außerhalb geschlossener Ortschaften ist das Zeichen in der Regel auf beiden Straßenseiten aufzustellen.

...

Zu Zeichen 295 Fahrstreifenbegrenzung und Fahrbahnbegrenzung

Zu Nummer 2 Fahrbahnbegrenzung

5 Außerhalb geschlossener Ortschaften ist auf Straßen zumindest bei starkem Kraftfahrzeugverkehr der Fahrbahnrand zu markieren.

6.5.3 Außerhalb geschlossener Ortschaften (außerorts)

VwV-StVO zu § 43 Verkehrseinrichtungen (Anlage 4)

Zu Absatz 3 Anlage 4 Abschnitte 2 und 3

8 IV. Leitpfosten sollen nur außerhalb geschlossener Ortschaften angeordnet werden.

VwV-StVO zu § 45 Verkehrszeichen und Verkehrseinrichtungen

Zu Absatz 1 bis 1e

3 III. 1. Die Straßenverkehrsbehörde bedarf der Zustimmung der obersten Landesbehörde oder der von ihr bestimmten Stelle zur Anbringung und Entfernung folgender Verkehrszeichen:

...

6 c) auf Autobahnen, Kraftfahrstraßen sowie auf Bundesstraßen außerhalb geschlossener Ortschaften: der Zeichen 276, 277, 277.1, 280, 281, 295 als Fahrstreifenbegrenzung und 296,

...

8 e) auf Bundesstraßen: des Zeichens 274 samt dem Zeichen 278 dann, wenn die zulässige Höchstgeschwindigkeit auf weniger als 60 km/h ermäßigt wird.

Zu Abschnitt 6.5.3 – Sonstiges

VwV-StVO zu § 8 Vorfahrt

Zu Absatz 1

Verkehrsregelung an Kreuzungen und Einmündungen

19 2. Im Interesse der Verkehrssicherheit sollten im Zuge von Vorfahrtstraßen außerhalb geschlossener Ortschaften Linksabbiegestreifen angelegt werden, auch wenn der abbiegende Verkehr nicht stark ist. Linksabbiegestreifen sind um so dringlicher, je schneller die Straße befahren wird.

VwV-StVO zu § 42 Richtzeichen

Zu Zeichen 363 Polizei

1 Das Zeichen darf nur für Straßen mit einem erheblichen Anteil ortsfremden Verkehrs und nur dann angeordnet werden, wenn die Polizeidienststelle täglich über 24 Stunden besetzt oder eine Sprechmöglichkeit vorhanden ist.

6.5.4 Innerhalb geschlossener Ortschaften (innerorts)

StVO Anlage 3 Richtzeichen (zu § 42 Absatz 2) Abschnitt 2 Ortstafel		
zu 5 und 6		**Erläuterung** Ab der Ortstafel gelten jeweils die für den Verkehr innerhalb oder außerhalb geschlossener Ortschaften bestehenden Vorschriften.
5	**Zeichen 310**  **Ortstafel Vorderseite**	Die Ortstafel bestimmt: Hier beginnt eine geschlossene Ortschaft.
6	**Zeichen 311**  **Ortstafel Rückseite**	Die Ortstafel bestimmt: Hier endet eine geschlossene Ortschaft.

Die „geschlossene Ortschaft" ist die am längsten verwendete Form zur Festlegung eines räumlich abgegrenzten Bereichs, in dem besonderes menschliches Verhalten gefordert wird. „Geschlossene Ortschaft" ist der Bereich von Siedlungen, der zusammenhängend bebaut ist. Straßen in geschlossenen Ortschaften sind gekennzeichnet durch ein zusammenhängend bebautes Umfeld und nahe an der Straße lebende Anwohner und sie werden in größerem Maß von Fußgängern, Radfahrern und anderen Verkehrsteilnehmern genutzt oder gekreuzt.

Die Zeichen 310 und 311 geben die Grenzen der geschlossenen Ortschaft an und kennzeichnen damit gleichzeitig den Bereich, für den die besonderen Verkehrsregeln innerhalb der geschlossenen Ortschaft, insbesondere die innerörtlichen Geschwindigkeitsbeschränkungen, gelten.

Die Zeichen 310 und 311 sollen an den Grenzen der geschlossenen Ortschaften aufgestellt werden, also dort, wo auf einer der beiden Straßenseiten, ungeachtet einzelner unbebauter Grundstücke, die zusammenhängende Bebauung beginnt oder endet.

Innerhalb einer geschlossenen Ortschaft soll der Fahrzeugführer mit geringerer Geschwindigkeit und mit größerer Aufmerksamkeit fahren, um mehr Rücksicht auf die anderen Verkehrsteilnehmer und die Anwohner nehmen zu können. Dafür sind Fahrstreifenwahl, Halten und Parken erleichtert.

Die zulässige Höchstgeschwindigkeit beträgt für alle Kfz 50 km/h (§ 3 Abs. 3 StVO). Fußgängern ist im Vergleich zu Außerortsstraßen für den Fall, dass weder Gehweg noch Seitenstreifen vorhanden sind, die Benutzung beider Fahrbahnränder erlaubt (§ 25 Abs. 1 StVO). Weiterhin sind unnötiger Lärm und vermeidbare Abgasbelästigungen verboten (Fahrzeugmotoren unnötig laufen lassen, unnützes Hin- und Herfahren § 30 Abs. 1 StVO). Weitere Regelungen finden sich in den §§ 7, 12, 17, 39, 40 und 45 StVO.

Da die Zeichen 310 und 311 geschwindigkeitsregelnde Wirkung haben, müssen eventuelle Geschwindigkeitsbeschränkungen mit Zeichen 274 (siehe Abschnitt 6.4), die über die Grenzen der geschlossenen Ortschaft hinweggeführt werden, unmittelbar (20–30 m) hinter den Zeichen 310 oder 311 wiederholt werden. Direkt an der gleichen

Aufstellvorrichtung wie Zeichen 310 soll Zeichen 274 nicht angebracht werden, da eine solche Kombination in einigen anderen Staaten bedeutet, dass die Geschwindigkeitsbeschränkung für die gesamte Ortschaft gilt. Eine Kombination von Zeichen 311 und Zeichen 274 ist möglich. In diesem Fall ist Zeichen 274 auch rechts aufzustellen. Zur Verdeutlichung kann an den Ortsendetafeln Zeichen 278 angebracht werden, um das Ende einer innerörtlichen, durch Verkehrszeichen angeordneten Geschwindigkeitsbeschränkung anzuzeigen.

Innerhalb geschlossener Ortschaften sollte das Ende einer örtlichen Geschwindigkeitsbeschränkung nicht durch Zeichen 278 oder Zeichen 282, sondern durch Zeichen 274 „50" gekennzeichnet werden.

Die Zeichen 310 und 311 sind auch Bestandteil der Wegweisung (siehe Abschnitt 8.3.9). Daher ist sorgfältig zu prüfen, ob die gewählte Beschriftung den Verkehrsteilnehmern die Orientierung erleichtert; manche in der Praxis anzutreffenden Zusätze auf den Ortstafeln sind, unter diesem Aspekt betrachtet, entbehrlich und im Hinblick auf die zu verarbeitende Fülle von Informationen schädlich für die Sicherheit und Leichtigkeit des Verkehrs.

Auf der Vorderseite (Zeichen 310) stehen der Name und – weil in der VwV-StVO gefordert, obwohl vielfach entbehrlich – der zuständige Verwaltungsbezirk. Die Angabe der zuständigen höheren Verwaltungsbezirke ist nur dann erforderlich, wenn es zum Vermeiden einer Verwechslung nötig ist. Die Angabe der Verwaltungsbezirke hat zu unterbleiben, wo der Name des Ortes und des Verwaltungsbezirks (z. B. eines Stadtkreises) gleich lauten. Nach VwV-StVO zu § 42, Rn. 4, zu den Zeichen 310 und 311 sind ggf. Zusätze wie „Stadt", „Kreisstadt" oder „Landeshauptstadt" auf der Vorderseite (Zeichen 310) zulässig, auch wenn für die Bewältigung der mit der Verkehrsteilnahme verbundenen Aufgaben nutzlos. Diese Zusätze sollte Zeichen 311 nicht enthalten. Der Zusatz „Zollgrenzbezirk" ist ggf. beizufügen; er sollte zur Vermeidung von Irrtümern auf der unteren, rot durchstrichenen Hälfte von Zeichen 311 nie erscheinen.

Nachdem Zeichen 311 in der ursprünglichen Fassung von 1970 nur den Namen der endenden Ortschaft nannte (mit einem roten Diagonalbalken über die gesamte Schildhöhe), kam es zu Beschwerden wegen des gegenüber der Vorgängerausführung (Bild 38 der Anlage zur StVO 1937/1956) entfallenen Hinweises auf die nächste Ortschaft. Diese aufgreifend, ist Zeichen 311 seit 1976 zweigeteilt, wobei in der unteren Hälfte die endende Ortschaft und in der oberen Hälfte die nächstfolgende Ortschaft angegeben wird. Insbesondere wegen der zwischenzeitlich deutlich gestiegenen Zahl von Ortsumgehungen (an welche die aus den geschlossenen Ortschaften herausführenden Straßen über Einmündungen angebunden sind) und der Notwendigkeit der Anordnung von Zeichen 311 an innerorts gelegenen Autobahneinfahrten – in Berlin auch an der durchgehenden Fahrbahn – häufen sich die Fälle, in denen diese Darstellung von Zeichen 311 nicht zweckmäßig ist. Für diese Fälle sollte die Einführung von Varianten geprüft werden, möglicherweise im Rahmen der anstehenden Überarbeitung der RWB. Denkbar ist aber auch, dass man zu der Erkenntnis gelangt, dass in der heutigen Zeit mit fortentwickelter Wegweisung und nahezu flächendeckend verfügbaren Navigationssystemen diese wegweisende Funktion von Zeichen 311 entbehrlich und eine Rückkehr zur einfachen Ursprungsform von 1970 geboten ist. Weniger ist manchmal mehr.

Anmerkung: Die Kennzeichnung von Ortsteilen durch ganz oder teilweise weiße Ortstafeln ist in der VwV-StVO seit 2009 nicht mehr vorgesehen. Es bleibt jedoch die Möglichkeit, entweder die Ortsteilnamen als Zusatz zur Ortsbezeichnung (also z. B. „Flussstadt/Ortsteil Kleinbrücken") oder die Ortsteilnamen mit dem Zusatz des Ortsnamens (also z. B. „Kleinbrücken/Stadt Flussstadt") zu verwenden.

Grundsätzlich ist – abgesehen von Abkürzungen – für die Schreibweise die amtliche Bezeichnung zu wählen. Mit der Verwendung der vollständigen amtlichen Bezeichnungen, z. B. Homberg (Ohm), Neustadt a. d. Weinstraße, ist in der Regel auch eine Verwechslung mit anderen Orten gleich klingenden Namens ausgeschlossen. Zusätze zu den Ortsnamen aus Werbegründen sind unzulässig.

Auch **geschlossene Ortsteile** können durch die Zeichen 310 und 311 gekennzeichnet werden.

Bild 6.19 Ortstafel mit Ortsteilname und Name des Ortes

6.5.4 Innerhalb geschlossener Ortschaften (innerorts)

Bild 6.20 Ortshinweistafel

Das ist dann erforderlich, wenn zwischen dem Ortsteil und dem Ort eine freie Strecke liegt. In diesem Fall sollte auf der Ortstafel oben der Ortsteil in großer Schrift und darunter der Name des Ortes (mit Zusatz „Stadt“ oder „Gemeinde“) in kleinerer Schrift stehen (*Bild 6.19*). Dies ist im Interesse der Orientierung zweckmäßig, weil auf Straßenkarten in der Regel der Ortsteilname und nicht der im Rahmen einer Gemeindezusammenlegung festgelegte Name der politischen Gemeinde zu finden ist.

Zeichen 385 (Ortshinweistafel, siehe *Bild 6.20*) hat lediglich wegweisenden Charakter und kennzeichnet daher keine geschlossene Ortschaft.

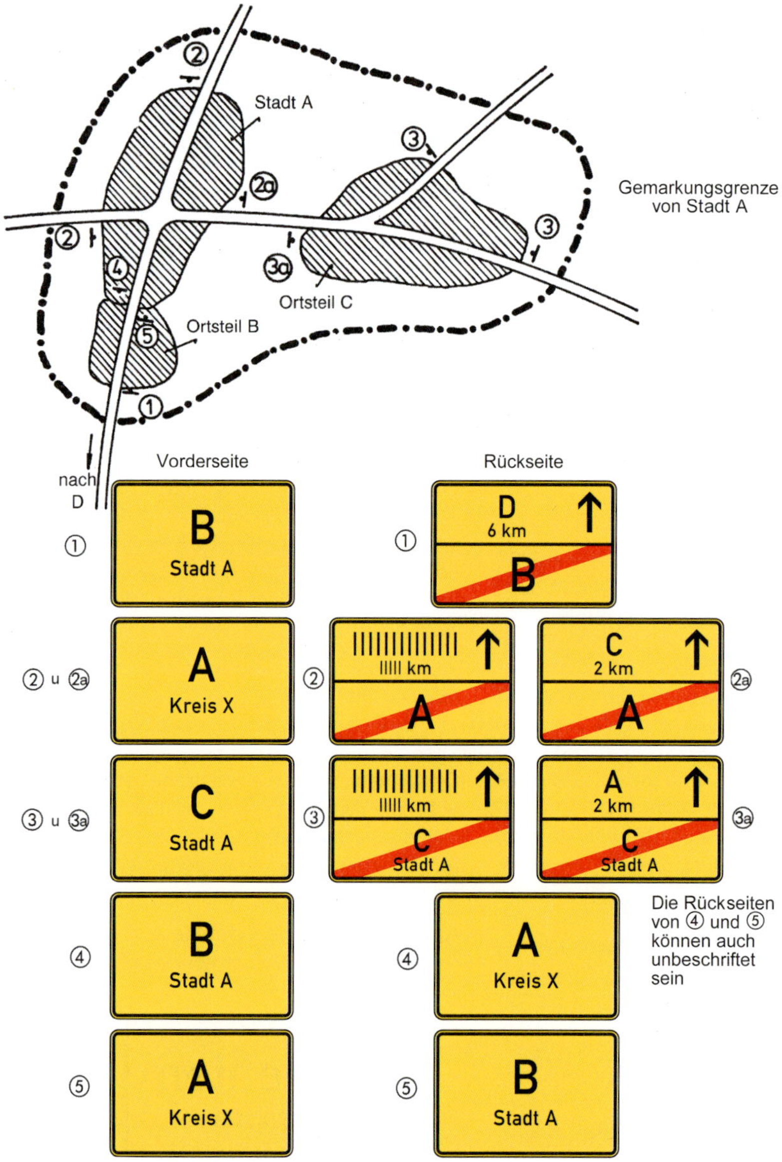

Bild 6.21 Beispiele für das Aufstellen und Beschriften von Ortstafeln. Es kann notwendig sein, die Ortstafeln auch auf der linken Straßenseite aufzustellen

Weitere Anregungen für die Kennzeichnung von Ortsteilen, insbesondere innerhalb großer Städte, vermitteln die

- „Richtlinien für die wegweisende Beschilderung außerhalb von Autobahnen (RWB 2000)", Ausgabe 2000, BMVBW, FGSV Verlag.

Zeichen 311 gibt in der oberen Hälfte den Namen des Nahziels sowie in der Regel die Entfernung zu diesem an.

Eine Kennzeichnung des Übergangs vom „Vorort" zum „Hauptort" kann in der Regel dann entfallen, wenn die Bebauung nicht unterbrochen wird und stets der Eindruck einer geschlossenen Ortschaft gewahrt ist. Ist jedoch aus Gründen der Orientierung eine Unterrichtung der Verkehrsteilnehmer über die Orts- und Ortsteilnamen erforderlich, so sind – etwa in gleicher Höhe – auf beiden Seiten Ortstafeln aufzustellen; deren Rückseiten sind freizuhalten. Einige Beispiele sind in *Bild 6.21* dargestellt.

Der Standort von Zeichen 310 (und 311) muss besonders sorgfältig gewählt werden. Die Zeichen markieren den Bereich für die Gültigkeit der besonderen Verkehrsregeln für innerörtlichen Verkehr. Untersuchungen haben gezeigt, dass die Wirksamkeit besonders hoch ist, wenn sie an den Stellen angeordnet werden, an denen – wie bei anderen Verkehrszeichen mit Zonenwirkung auch – für die Verkehrsteilnehmer auch aus anderen Informationsquellen (z. B. Bebauung, Straßenquerschnitt) erkennbar ist, dass die geschlossene Ortschaft beginnt. Weiterer Maßnahmen bedarf es in der Regel nicht. Insbesondere dürfen vor dem Beginn geschlossener Ortschaften Geschwindigkeitsbeschränkungen zur stufenweisen Anpassung an die innerorts zulässige Geschwindigkeit nur angeordnet werden, wenn die Ortstafel (Zeichen 310) nicht rechtzeitig, im Regelfall auf eine Entfernung von mindestens 100 m, erkennbar ist. Gemarkungs- oder Baulastgrenzen sind für die Wahl der Tafelstandorte ohne Bedeutung.

Bei Ortschaften, die keinen fest umrissenen Ortskern besitzen, sondern nur aus einzelnen verstreut an oder in der Nähe der Landstraße gelegenen Gehöften bestehen, ist, wenn gleichwohl die Angabe des Ortsnamens notwendig wird, eine Ortshinweistafel (Zeichen 385) aufzustellen. Zeichen 385 markiert keine „geschlossene Ortschaft", die entsprechenden Regelungen der StVO, insbesondere die Beschränkung der zulässigen Höchstgeschwindigkeit auf 50 km/h, werden **nicht** wirksam.

Weitere Hinweise für das Aufstellen von Ortstafeln siehe

- „Richtlinien für die wegweisende Beschilderung außerhalb von Autobahnen (RWB 2000)", Ausgabe 2000, BMVBW, FGSV Verlag.

Zu Abschnitt 6.5.4 – Kennzeichnung

VwV-StVO zu § 42 Richtzeichen

Zu den Zeichen 310 und 311 Ortstafel

1 I. Die Zeichen sind ohne Rücksicht auf Gemeindegrenze und Straßenbaulast in der Regel dort anzuordnen, wo ungeachtet einzelner unbebauter Grundstücke die geschlossene Bebauung auf einer der beiden Seiten der Straße für den ortseinwärts Fahrenden erkennbar beginnt. Eine geschlossene Bebauung liegt vor, wenn die anliegenden Grundstücke von der Straße erschlossen werden.

2 II. Die Zeichen sind auf der für den ortseinwärts Fahrenden rechten Straßenseite so anzuordnen, dass sie auch der ortsauswärts Fahrende deutlich erkennen kann. Ist das nicht möglich, ist die Ortstafel auch links anzubringen.

3 III. Die Ortstafel darf auch auf unbedeutenden Straßen für den allgemeinen Verkehr nicht fehlen.

4 IV. Das Zeichen 310 nennt den amtlichen Namen der Ortschaft und den Verwaltungsbezirk. Die Zusätze „Stadt", „Kreisstadt", „Landeshauptstadt" sind zulässig. Die Angabe des Verwaltungsbezirks hat zu unterbleiben, wenn dieser den gleichen Namen wie die Ortschaft hat (z. B. Stadtkreis). Ergänzend auch den höheren Verwaltungsbezirk zu nennen, ist nur dann zulässig, wenn dies zur Vermeidung einer Verwechslung nötig ist. Andere Zusätze sind nur zulässig, wenn es sich um Bestandteile des amtlichen Ortsnamens oder Titel handelt, die auf Grund allgemeiner kommunalrechtlicher Vorschriften amtlich verliehen worden sind.

5 V. Das Zeichen 311 nennt auf der unteren Hälfte den Namen der Ortschaft oder des Ortsteils, die oder der verlassen wird. Angaben über den Verwaltungsbezirk sowie die

6.5.4 Innerhalb geschlossener Ortschaften (innerorts)

VwV-StVO
zu § 42
Richtzeichen

in Nummer IV genannten zusätzlichen Bezeichnungen braucht das Zeichen 311 nicht zu enthalten. Die obere Hälfte des Zeichens 311 nennt den Namen der nächsten Ortschaft bzw. des nächsten Ortsteiles. An Bundesstraßen kann stattdessen das nächste Nahziel nach dem Fern- und Nahzielverzeichnis gewählt werden. Unter dem Namen der nächsten Ortschaft bzw. des nächsten Ziels ist die Entfernung in ganzen Kilometern anzugeben.

6 VI. Durch die Tafel können auch Anfang und Ende eines geschlossenen Ortsteils gekennzeichnet werden. Sie nennt dann am Anfang entweder unter dem Namen der Gemeinde den des Ortsteils in verkleinerter Schrift, z. B. „Stadtteil Pasing", „Ortsteil Parksiedlung" oder den Namen des Ortsteils und darunter in verkleinerter Schrift den der Gemeinde mit dem vorgeschalteten Wort: „Stadt" oder „Gemeinde". Die zweite Fassung ist dann vorzuziehen, wenn zwischen den Ortsteilen einer Gemeinde eine größere Entfernung liegt. Die erste Fassung sollte auch dann, wenn die Straße nicht unmittelbar dorthin führt, nicht gewählt werden.

7 VII. Gehen zwei geschlossene Ortschaften ineinander über und müssen die Verkehrsteilnehmer über deren Namen unterrichtet werden, sind die Ortstafeln für beide etwa auf gleicher Höhe aufzustellen. Deren Rückseiten sind freizuhalten.

8 VIII. Andere Angaben als die hier erwähnten, wie werbende Zusätze, Stadtwappen, sind auf Ortstafeln unzulässig.

Zu Abschnitt 6.5.4 – Verhalten

StVO
§ 2
Straßenbenutzung
durch Fahrzeuge

(4) ... Außerhalb geschlossener Ortschaften darf man mit Mofas und E-Bikes Radwege benutzen.

VwV-StVO
zu § 2
Straßenbenutzung
durch Fahrzeuge

Zu Absatz 4 Satz 2

12 5. Ein Schutzstreifen für den Radverkehr ist ein am rechten Fahrbahnrand mit Zeichen 340 markierter und zusätzlich in regelmäßigen Abständen mit dem Sinnbild „Radverkehr" versehener Teil der Fahrbahn. Er darf nur innerhalb geschlossener Ortschaften auf Straßen mit einer zulässigen Höchstgeschwindigkeit von bis zu 50 km/h markiert werden und nur, wenn die Verkehrszusammensetzung eine Mitbenutzung des Schutzstreifens durch den Kraftfahrzeugverkehr nur in seltenen Fällen erfordert. Er muss so breit sein, dass er einschließlich des Sicherheitsraumes einen hinreichenden Bewegungsraum für den Radverkehr bietet. Befindet sich rechts von dem Schutzstreifen ein Seitenstreifen, kommt ein Schutzstreifen in der Regel nicht in Betracht, es sei denn, es wird ein zusätzlicher Sicherheitsraum zum ruhenden Verkehr geschaffen. Der abzüglich Schutzstreifen verbleibende Fahrbahnteil muss so breit sein, dass sich zwei Personenkraftwagen gefahrlos begegnen können. Schutzstreifen sind in Kreisverkehren nicht zulässig. Zum Schutzstreifen vgl. Nummer II zu Zeichen 340, Rn. 2 ff.

...

Zu Absatz 4 Satz 3 und Satz 4

II. Freigabe linker Radwege (Radverkehr in Gegenrichtung)

33 1. Die Benutzung von in Fahrtrichtung links angelegten Radwegen in Gegenrichtung ist insbesondere innerhalb geschlossener Ortschaften mit besonderen Gefahren verbunden und soll deshalb grundsätzlich nicht angeordnet werden.

...

35 3. Eine Benutzungspflicht kommt in der Regel außerhalb geschlossener Ortschaften, ein Benutzungsrecht innerhalb geschlossener Ortschaften ausnahmsweise in Betracht.

StVO
§ 3
Geschwindigkeit

(3) Die zulässige Höchstgeschwindigkeit beträgt auch unter günstigsten Umständen

1. innerhalb geschlossener Ortschaften für alle Kraftfahrzeuge 50 km/h,

6.5.4 Innerhalb geschlossener Ortschaften (innerorts)

StVO
§ 5
Überholen

(5) Außerhalb geschlossener Ortschaften darf das Überholen durch kurze Schall- oder Leuchtzeichen angekündigt werden. ...

StVO
§ 7
Benutzung von Fahrstreifen durch Kraftfahrzeuge

(3) Innerhalb geschlossener Ortschaften – ausgenommen auf Autobahnen (Zeichen 330.1) – dürfen Kraftfahrzeuge mit einer zulässigen Gesamtmasse bis zu 3,5 t auf Fahrbahnen mit mehreren markierten Fahrstreifen für eine Richtung (Zeichen 296 oder 340) den Fahrstreifen frei wählen, auch wenn die Voraussetzungen des Absatzes 1 Satz 1 nicht vorliegen. Dann darf rechts schneller als links gefahren werden.

StVO
§ 12
Halten und Parken

(3a) Mit Kraftfahrzeugen mit einer zulässigen Gesamtmasse über 7,5 t sowie mit Kraftfahrzeuganhängern über 2 t zulässiger Gesamtmasse ist innerhalb geschlossener Ortschaften

1. in reinen und allgemeinen Wohngebieten,
2. in Sondergebieten, die der Erholung dienen,
3. in Kurgebieten und
4. in Klinikgebieten

das regelmäßige Parken in der Zeit von 22.00 bis 06.00 Uhr sowie an Sonn- und Feiertagen unzulässig. Das gilt nicht auf entsprechend gekennzeichneten Parkplätzen sowie für das Parken von Linienomnibussen an Endhaltestellen.

StVO
§ 16
Warnzeichen

(1) Schall- und Leuchtzeichen darf nur geben,

1. wer außerhalb geschlossener Ortschaften überholt (§ 5 Absatz 5) oder
2. wer sich oder Andere gefährdet sieht.

StVO
§ 25
Fußgänger

(1) Wer zu Fuß geht, muss die Gehwege benutzen. Auf der Fahrbahn darf nur gegangen werden, wenn die Straße weder einen Gehweg noch einen Seitenstreifen hat. Wird die Fahrbahn benutzt, muss innerhalb geschlossener Ortschaften am rechten oder linken Fahrbahnrand gegangen werden; außerhalb geschlossener Ortschaften muss am linken Fahrbahnrand gegangen werden, wenn das zumutbar ist. Bei Dunkelheit, bei schlechter Sicht oder wenn die Verkehrslage es erfordert, muss einzeln hintereinander gegangen werden.

StVO
§ 30
Umweltschutz, Sonn- und Feiertagsfahrverbot

(1) Bei der Benutzung von Fahrzeugen sind unnötiger Lärm und vermeidbare Abgasbelästigungen verboten. Es ist insbesondere verboten, Fahrzeugmotoren unnötig laufen zu lassen und Fahrzeugtüren übermäßig laut zu schließen. Unnützes Hin- und Herfahren ist innerhalb geschlossener Ortschaften verboten, wenn Andere dadurch belästigt werden.

Zu Abschnitt 6.5.4 – Vorfahrt

VwV-StVO
zu § 8
Vorfahrt

Zu Absatz 1

15 III. 1. Als Vorfahrtstraßen sollen nur Straßen gekennzeichnet sein, die über eine längere Strecke die Vorfahrt haben und an zahlreichen Kreuzungen bevorrechtigt sind. Dann sollte die Straße solange Vorfahrtstraße bleiben, wie sich das Erscheinungsbild der Straße und ihre Verkehrsbedeutung nicht ändern. Bei der Auswahl von Vorfahrtstraßen ist der Blick auf das gesamte Straßennetz besonders wichtig.

16 a) Bundesstraßen, auch in ihren Ortsdurchfahrten, sind in aller Regel als Vorfahrtstraßen zu kennzeichnen.

17 b) Innerhalb geschlossener Ortschaften gilt das auch für sonstige Straßen mit durchgehendem Verkehr.

18 c) Außerhalb geschlossener Ortschaften sollten alle Straßen mit erheblicherem Verkehr Vorfahrtstraßen werden.

VwV-StVO
zu § 42
Richtzeichen

Zu Zeichen 301 Vorfahrt

4 IV. Das Zeichen ist für Ortsdurchfahrten und Hauptverkehrsstraßen nicht anzuordnen. Dort ist das Zeichen 306 zu verwenden. Im Übrigen ist innerhalb geschlossener Ortschaften das Zeichen 301 nicht häufiger als an drei hintereinander liegenden

6.5.4 Innerhalb geschlossener Ortschaften (innerorts)

VwV-StVO
zu § 42
Richtzeichen

Kreuzungen oder Einmündungen zu verwenden. Sonst ist das Zeichen 306 zu verwenden. Eine Abweichung von dem Regelfall ist nur angezeigt, wenn die Bedürfnisse des Buslinienverkehrs in Tempo 30-Zonen dies zwingend erfordern.

...

Zu den Zeichen 306 und 307 Vorfahrtstraße und Ende der Vorfahrtstraße

1 I. Innerhalb geschlossener Ortschaften ist die Vorfahrt für alle Straßen des überörtlichen Verkehrs (Bundes-, Landes- und Kreisstraßen) und weitere für den innerörtlichen Verkehr wesentliche Hauptverkehrsstraßen grundsätzlich unter Verwendung des Zeichens 306 anzuordnen (vgl. zu § 45 Abs. 1 bis 1 e).

Zu Abschnitt 6.5.4 – Höhere Aufmerksamkeit

StVO
§ 40
Gefahrzeichen

(2) Außerhalb geschlossener Ortschaften stehen sie im Allgemeinen 150 bis 250 m vor den Gefahrstellen. Ist die Entfernung erheblich geringer, kann sie auf einem Zusatzzeichen angegeben sein, wie

(3) Innerhalb geschlossener Ortschaften stehen sie im Allgemeinen kurz vor der Gefahrstelle.

VwV-StVO
zu § 40
Gefahrzeichen

Zu Zeichen 102 Kreuzung oder Einmündung mit Vorfahrt von rechts

1 Das Zeichen darf nur angeordnet werden vor schwer erkennbaren Kreuzungen und Einmündungen von rechts, an denen die Vorfahrt nicht durch Vorfahrtzeichen geregelt ist. Innerhalb geschlossener Ortschaften ist das Zeichen im Allgemeinen entbehrlich.

...

Zu Zeichen 114 Schleuder- oder Rutschgefahr bei Nässe oder Schmutz

1 I. Das Zeichen ist nur dort anzuordnen, wo die Gefahr nur auf einem kurzen Abschnitt besteht. Besteht die Gefahr auf längeren Streckenabschnitten häufiger, ist stattdessen die zulässige Höchstgeschwindigkeit bei Nässe zu beschränken. Innerhalb geschlossener Ortschaften ist das Zeichen in der Regel entbehrlich.

...

Zu den Zeichen 120 und 121 Verengte Fahrbahn

1 Verengt sich die Fahrbahn nur allmählich oder ist die Verengung durch horizontale und vertikale Leiteinrichtungen ausreichend gekennzeichnet, bedarf es des Zeichens nicht. Innerhalb geschlossener Ortschaften sollen die Zeichen nur bei Baustellen angeordnet werden.

...

Zu Zeichen 131 Lichtzeichenanlage

1 Das Zeichen ist innerhalb geschlossener Ortschaften nur anzuordnen, wenn die Lichtzeichenanlage für die Fahrzeugführer nicht bereits in so ausreichender Entfernung erkennbar ist, dass ein rechtzeitiges Anhalten problemlos möglich ist. Außerhalb geschlossener Ortschaften ist das Zeichen stets in Verbindung mit einer Geschwindigkeitsbeschränkung vor Lichtzeichenanlagen anzuordnen; vgl. III zu Zeichen 274.

...

Zu den Zeichen 151 bis 162 Bahnübergang

1 I. Die Zeichen sind außerhalb geschlossener Ortschaften in der Regel für beide Straßenseiten anzuordnen.

...

3 Innerhalb geschlossener Ortschaften genügt das Zeichen 151, wenn nicht schneller als 50 km/h gefahren werden darf und der Bahnübergang gut erkennbar ist.

6.5.4 Innerhalb geschlossener Ortschaften (innerorts)

VwV-StVO zu § 41 Vorschriftzeichen

Zu den Zeichen 205 und 206 Vorfahrt gewähren. und Halt. Vorfahrt gewähren.

2 II. Die Zeichen sind nur anzukündigen, wenn die Vorfahrtregelung aufgrund der örtlichen Gegebenheiten (Straßenverlauf, Geschwindigkeit, Verkehrsstärke) anderenfalls nicht rechtzeitig erkennbar wäre. Innerhalb geschlossener Ortschaften ist die Ankündigung in der Regel nicht erforderlich. Außerhalb geschlossener Ortschaften soll sie 100 bis 150 m vor der Kreuzung oder Einmündung erfolgen. Die Ankündigung erfolgt durch Zeichen 205 mit der Entfernungsangabe auf einem Zusatzzeichen. Bei der Ankündigung des Zeichens 206 enthält das Zusatzzeichen neben der Entfernungsangabe zusätzlich das Wort „Stop".

Zu Abschnitt 6.5.4 – Sonstiges

VwV-StVO zu § 7 Benutzung von Fahrstreifen durch Kraftfahrzeuge

Zu Absatz 3

3 Werden innerhalb geschlossener Ortschaften auf Straßen mit mehreren Fahrstreifen für eine Richtung Leitlinien markiert, so ist anzustreben, dass die Anzahl der dem geradeausfahrenden Verkehr zur Verfügung stehenden Fahrstreifen im Bereich von Kreuzungen und Einmündungen nicht dadurch verringert wird, dass ein Fahrstreifen durch einen Pfeil auf der Fahrbahn (Zeichen 297) nur einem abbiegenden Verkehrsstrom zugewiesen wird. Wenn das Abbiegen zugelassen werden muss, besondere Fahrstreifen für Abbieger aber nicht zur Verfügung stehen, so kommt unter Umständen die Anbringung kombinierter Pfeile, z. B. Geradeaus/Links, in Frage.

VwV-StVO zu § 26 Fußgängerüberwege

I. Örtliche Voraussetzungen

1 1. Fußgängerüberwege dürfen nur innerhalb geschlossener Ortschaften und nicht auf Straßen angelegt werden, auf denen schneller als 50 km/h gefahren werden darf.

VwV-StVO zu den §§ 39 bis 43 Allgemeines über Verkehrszeichen und Verkehrseinrichtungen

43 b) Verkehrszeichen dürfen nicht innerhalb der Fahrbahn aufgestellt werden. In der Regel sollte der Seitenabstand von ihr innerhalb geschlossener Ortschaften 0,50 m, keinesfalls weniger als 0,30 m betragen, außerhalb geschlossener Ortschaften 1,50 m.

VwV-StVO zu § 41 Vorschriftzeichen

Zu Zeichen 274 Zulässige Höchstgeschwindigkeit

7 V. Vor dem Beginn geschlossener Ortschaften dürfen Geschwindigkeitsbeschränkungen zur stufenweisen Anpassung an die innerorts zulässige Geschwindigkeit nur angeordnet werden, wenn die Ortstafel (Zeichen 310) nicht rechtzeitig, im Regelfall auf eine Entfernung von mindestens 100 m, erkennbar ist.

...

10 VIII. Innerhalb geschlossener Ortschaften kommt eine Anhebung der zulässigen Höchstgeschwindigkeit auf höchstens 70 km/h grundsätzlich nur auf Vorfahrtstraßen (Zeichen 306) in Betracht, auf denen benutzungspflichtige Radwege vorhanden sind und der Fußgängerquerverkehr durch Lichtzeichenanlagen sicher geführt wird. Für Linksabbieger sind Abbiegestreifen erforderlich.

...

Zu Zeichen 275 Vorgeschriebene Mindestgeschwindigkeit

3 III. Innerhalb geschlossener Ortschaften dürfen die Zeichen nicht angeordnet werden.

6.5.5 Innerorts – Tempo 30-Zone

StVO Anlage 2 Vorschriftzeichen (zu § 41 Absatz 1) Abschnitt 7 Geschwindigkeitsbeschränkungen und Überholverbote		
50	**Zeichen 274.1**  **Beginn einer Tempo 30-Zone**	**Ge- oder Verbot** Wer ein Fahrzeug führt, darf innerhalb dieser Zone nicht schneller als mit der angegebenen Höchstgeschwindigkeit fahren. **Erläuterung** Mit dem Zeichen können in verkehrsberuhigten Geschäftsbereichen auch Zonengeschwindigkeitsbeschränkungen von weniger als 30 km/h angeordnet sein.
51	**Zeichen 274.2**  **Ende einer Tempo 30-Zone**	

Mit den Zeichen 274.1 und 274.2 werden Zonen abseits der Hauptverkehrsstraßen gekennzeichnet, in denen der fließende Verkehr in erhöhtem Maße Rücksicht auf die übrigen Verkehrsteilnehmer und Anwohner nehmen soll und in denen aus diesem Grund die Geschwindigkeit auf ein niedrigeres Niveau, in der Regel auf 30 km/h, beschränkt ist.

Die Einrichtung von Tempo 30-Zonen kommt für Straßen in Wohngebieten in Betracht, die keine Straßen des überörtlichen Verkehrs (Bundes-, Landes- oder Kreisstraßen) oder sonstige Vorfahrtstraßen (Zeichen 306) sind. Im Gegenzug ist der Nachweis einer besonderen Gefahrenlage im Sinne von § 45 Abs. 9 Satz 3 StVO nicht erforderlich. Verkehrsteilnehmer müssen abseits der Hauptverkehrsstraßen mit einer solchen Regelung rechnen.

In Tempo 30-Zonen muss die Vorfahrtregelung „Rechts vor Links" gelten. Vorfahrtregelungen durch Zeichen (siehe Abschnitt 4.5.3) oder Lichtsignalanlagen widersprechen dem Charakter dieser Zonen. Dem Charakter widersprechen auch Längsmarkierungen (Fahrstreifenbegrenzungen Zeichen 295 und Leitlinien Zeichen 340) und benutzungspflichtige Radwege (Zeichen 237, 240 und 241). Lediglich Lichtsignalanlagen zum Schutz von Fußgängerüberwegen können bestehen bleiben, soweit die Tempo 30-Zone vor dem 1.11.2000 angeordnet worden war.

Bauliche Umgestaltungen für die Einrichtung einer Zone sind nicht erforderlich. Im Gegenteil: Bauliche Maßnahmen dürfen gemäß VwV-StVO zu § 45 Abs. 1 bis 1e, Rn. 40 nur vorgenommen werden, wenn von ihnen keine Beeinträchtigung der öffentlichen Sicherheit und Ordnung (Rettungswesen, Feuerwehr), keine Lärmbelästigung für die Anwohner und keine Erschwerung für den Busverkehr ausgeht. Als erforderlich angesehene Einengungen sollen durch Markierung von Parkständen oder von Sperrflächen am Fahrbahnrand erzeugt werden. Bauliche Veränderungen dürfen auch nicht vorgenommen werden, soweit damit Verkehrshindernisse (§ 32 StVO) geschaffen werden.

Die Einrichtung der Tempo 30-Zonen soll auf der Grundlage einer flächenhaften Verkehrsplanung der Gemeinde erfolgen. Dabei sind die zu erhaltenden leistungsfähigen Verkehrsstraßen als „Vorfahrtstraßennetz" zu berücksichtigen. In Gewerbe- und Industriegebieten und auf Straßen mit hohem Durchgangsverkehr sollen Tempo 30-Zonen nicht zur Anwendung kommen.

Die Zeichen 274.1 und 274.2 haben bis zur StVO-Änderung 2001 nur ganz allgemein Beginn und

Ende einer Zone mit zulässiger Höchstgeschwindigkeit abgegrenzt. Hintergrund der Änderung war unter anderem wohl auch der politische, seit längerer Zeit schon kontrovers diskutierte Wunsch einiger Interessengruppen, innerhalb geschlossener Ortschaften die zulässige Höchstgeschwindigkeit abseits von Vorfahrtstraßen generell auf 30 km/h zu beschränken.

Mit der Änderung von 2001 wurde auch explizit darauf hingewiesen, dass die Fahrzeugführer abseits der Vorfahrtstraßen mit solchen Zonen rechnen müssten. Dies erlaubt den Verzicht auf eine besondere bauliche Gestaltung der Straßenanlage. Die „Zonenwirkung" wird nunmehr primär durch das Weglassen bestimmter Verkehrszeichen erreicht.

Durch § 45 Abs. 1c StVO wurde auch sichergestellt, dass höhere Geschwindigkeiten fördernde Verkehrszeichen und Verkehrseinrichtungen wie Längsmarkierungen, Vorfahrtregelungen usw. innerhalb dieser Zonen nicht oder nur in absoluten Ausnahmefällen zulässig sind.

Die Neufassung von 2001 erleichtert nach dem einschränkenden Urteil des Bundesverwaltungsgerichts vom 14.12.1994 (BVerwG II C 25.93) wieder die Anordnung solcher Zonen:

- Durch die Benennung „Tempo 30-Zone" wird über die Begrifflichkeit hinaus eine auch im Bewusstsein der Fahrzeugführer verankerte Einheit („Zonenbewusstsein") geschaffen, die diese mit bestimmten Verhaltensweisen und Erscheinungsbildern verknüpfen.
- Charakteristische Verhaltensweisen sind als Folge der beschränkten Geschwindigkeit erhöhte Aufmerksamkeit für und Rücksichtnahme auf Fußgänger und Radfahrer.
- Die charakteristischen Erscheinungsbilder nach § 45 Abs. 1c und 1d StVO:
  - abseits des Vorfahrtstraßennetzes
  - Wohngebiet
  - Vorfahrtregelung durch „Rechts vor Links", allenfalls Lichtsignalanlagen zum Schutz von Fußgängern
  - enge Fahrbahnen, ggf. eingeengt durch Parkstände oder Sperrflächen, ansonsten keine Längsmarkierungen sowie keine benutzungspflichtigen Radwege zeigen dem Fahrzeugführer nun deutlicher, verstärkt durch die ausdrückliche Aufnahme in die StVO, dass er sich in einer Tempo 30-Zone befindet.
- Die Fahrzeugführer müssen abseits der Vorfahrtstraßen mit solchen Zonen rechnen. Im Zweifel müssen sie sich also, insbesondere beim Vorliegen der zuvor erwähnten typischen Gestaltungselemente, so verhalten, als befänden sie sich in einer Tempo 30-Zone. Das geforderte Zonenbewusstsein wird dadurch auch normativ gefördert.
- Zumindest durch bauliche Maßnahmen darf keine Beeinträchtigung der öffentlichen Sicherheit und Ordnung, keine Belästigung für die Anwohner und keine Erschwerung für den Busverkehr entstehen.

Da die Anordnung von Tempo 30-Zonen eng mit stadtplanerischen Aspekten und den Belangen des Fuß- und Radverkehrs verbunden ist, dürfen diese nur im Einvernehmen mit den Gemeinden angeordnet werden. Darüber hinaus stellt die Verwaltungsvorschrift klar, dass einem Antrag der Gemeinde in der Regel stattgegeben werden soll, wenn die entsprechenden Voraussetzungen vorliegen.

Da die Formulierung von § 45 Abs. 9 Satz 1 aber eigentlich nur Verfassungsrecht deklaratorisch wiedergibt, sollte die Abwägung zwischen Sicherheitsgewinn und Beeinträchtigung der Rechtsgüter, die bei „vernünftigen" Tempo 30-Zonen in der Regel zu einer zustimmenden Entscheidung führen wird, auch weiterhin vorgenommen und so gut wie möglich dokumentiert werden.

In „verkehrsberuhigten Geschäftsbereichen" können auch Zonen-Geschwindigkeitsbeschränkungen von weniger als 30 km/h – im Rahmen der vom VzKat gegebenen Möglichkeiten also 20 km/h – angeordnet werden. Hinsichtlich „Verkehrsberuhigung" siehe auch Abschnitt 6.5.6.

6.5.5 Innerorts – Tempo 30-Zone

Zu Abschnitt 6.5.5

StVO § 39 Verkehrszeichen

(1a) Innerhalb geschlossener Ortschaften ist abseits der Vorfahrtstraßen (Zeichen 306) mit der Anordnung von Tempo 30-Zonen (Zeichen 274.1) zu rechnen.

StVO § 45 Verkehrszeichen und Verkehrseinrichtungen

(1c) Die Straßenverkehrsbehörden ordnen ferner innerhalb geschlossener Ortschaften, insbesondere in Wohngebieten und Gebieten mit hoher Fußgänger- und Fahrradverkehrsdichte sowie hohem Querungsbedarf, Tempo 30-Zonen im Einvernehmen mit der Gemeinde an. Die Zonen-Anordnung darf sich weder auf Straßen des überörtlichen Verkehrs (Bundes-, Landes- und Kreisstraßen) noch auf weitere Vorfahrtstraßen (Zeichen 306) erstrecken. Sie darf nur Straßen ohne Lichtzeichen geregelte Kreuzungen oder Einmündungen, Fahrstreifenbegrenzungen (Zeichen 295), Leitlinien (Zeichen 340) und benutzungspflichtige Radwege (Zeichen 237, 240, 241 oder Zeichen 295 in Verbindung mit Zeichen 237) umfassen. An Kreuzungen und Einmündungen innerhalb der Zone muss grundsätzlich die Vorfahrtregel nach § 8 Absatz 1 Satz 1 („rechts vor links") gelten. Abweichend von Satz 3 bleiben vor dem 1. November 2000 angeordnete Tempo 30-Zonen mit Lichtzeichenanlagen zum Schutz der Fußgänger zulässig.

(1d) In zentralen städtischen Bereichen mit hohem Fußgängeraufkommen und überwiegender Aufenthaltsfunktion (verkehrsberuhigte Geschäftsbereiche) können auch Zonen-Geschwindigkeitsbeschränkungen von weniger als 30 km/h angeordnet werden.

...

(9) Verkehrszeichen und Verkehrseinrichtungen sind nur dort anzuordnen, wo dies auf Grund der besonderen Umstände zwingend erforderlich ist. ... Insbesondere Beschränkungen und Verbote des fließenden Verkehrs dürfen nur angeordnet werden, wenn auf Grund der besonderen örtlichen Verhältnisse eine Gefahrenlage besteht, die das allgemeine Risiko einer Beeinträchtigung der in den vorstehenden Absätzen genannten Rechtsgüter erheblich übersteigt. Satz 3 gilt nicht für die Anordnung von

1. Schutzstreifen für den Radverkehr (Zeichen 340),
2. Fahrradstraßen (Zeichen 244.1),
3. Sonderwegen außerhalb geschlossener Ortschaften (Zeichen 237, Zeichen 240, Zeichen 241) oder Radfahrstreifen innerhalb geschlossener Ortschaften (Zeichen 237 in Verbindung mit Zeichen 295),
4. Tempo 30-Zonen nach Absatz 1c und kurzen streckenbezogenen Geschwindigkeitsbeschränkungen von 30 km/h (Zeichen 274) auf Streckenabschnitten von bis zu 500 Metern zwischen zwei Tempo 30-Strecken,
5. verkehrsberuhigten Geschäftsbereichen nach Absatz 1d,
6. innerörtlichen streckenbezogenen Geschwindigkeitsbeschränkungen von 30 km/h (Zeichen 274) nach Absatz 1 Satz 1 auf Straßen des überörtlichen Verkehrs (Bundes-, Landes- und Kreisstraßen) oder auf weiteren Vorfahrtstraßen (Zeichen 306) im unmittelbaren Bereich von an diesen Straßen gelegenen Fußgängerüberwegen, Kindergärten, Kindertagesstätten, Spielplätzen, hochfrequentierten Schulwegen, allgemeinbildenden Schulen, Förderschulen, Alten- und Pflegeheimen, Einrichtungen für Menschen mit Behinderungen oder Krankenhäusern,
7. Erprobungsmaßnahmen nach Absatz 1 Satz 2 Nummer 6 zweiter Halbsatz,
7a. Sonderfahrstreifen,
8. Fahrradzonen nach Absatz 1i,
9. Bussonderfahrstreifen (Zeichen 245),
10. Fußgängerüberwegen (Zeichen 293).

VwV-StVO zu § 40 Gefahrzeichen

Zu Zeichen 136 Kinder

1 I. Das Zeichen darf nur angeordnet werden, wo die Gefahr besteht, dass Kinder häufig ungesichert auf die Fahrbahn laufen und eine technische Sicherung nicht möglich ist. Die Anordnung des Zeichens ist in Tempo 30-Zonen in der Regel nicht erforderlich (vgl. Nummer XII zu § 45 Abs. 1 bis 1 e).

VwV-StVO zu § 41 Vorschriftzeichen

Zu den Zeichen 274.1 und 274.2 Tempo 30-Zone

1 I. Vgl. Nummer XII zu § 45 Abs. 1 bis 1 e.

6.5.5 Innerorts – Tempo 30-Zone

VwV-StVO zu § 41 Vorschriftzeichen

2 II. Am Anfang einer Zone mit zulässiger Höchstgeschwindigkeit ist Zeichen 274.1 so aufzustellen, dass es bereits auf ausreichende Entfernung vor dem Einfahren in den Bereich wahrgenommen werden kann. Dazu kann es erforderlich sein, dass das Zeichen von Einmündungen oder Kreuzungen abgesetzt oder beidseitig aufgestellt wird. Abweichend von Nummer III 9 zu §§ 39 bis 43; Rn. 28 empfiehlt es sich, das Zeichen 274.2 auf der Rückseite des Zeichens 274.1 aufzubringen.

3 III. Das Zeichen 274.2 ist entbehrlich, wenn die Zone in eine Fußgängerzone (Zeichen 242.1), eine Fahrradstraße (Zeichen 244.1), eine Fahrradzone (Zeichen 244.3) oder in einen verkehrsberuhigten Bereich (Zeichen 325.1) übergeht. Stattdessen sind die entsprechenden Zeichen des Bereichs anzuordnen, in den eingefahren wird.

4 IV. Zusätzliche Zeichen, die eine Begründung für die Zonengeschwindigkeitsbeschränkung enthalten, sind unzulässig.

VwV-StVO zu § 42 Richtzeichen

Zu Zeichen 301 Vorfahrt

4 IV. Das Zeichen ist für Ortsdurchfahrten und Hauptverkehrsstraßen nicht anzuordnen. Dort ist das Zeichen 306 zu verwenden. Im Übrigen ist innerhalb geschlossener Ortschaften das Zeichen 301 nicht häufiger als an drei hintereinander liegenden Kreuzungen oder Einmündungen zu verwenden. Sonst ist das Zeichen 306 zu verwenden. Eine Abweichung von dem Regelfall ist nur angezeigt, wenn die Bedürfnisse des Buslinienverkehrs in Tempo 30-Zonen dies zwingend erfordern.

VwV-StVO zu § 45 Verkehrszeichen und Verkehrseinrichtungen

Zu Absatz 1 bis 1e

XII. Tempo 30-Zonen

37 1. Die Anordnung von Tempo 30-Zonen soll auf der Grundlage einer flächenhaften Verkehrsplanung der Gemeinde vorgenommen werden, in deren Rahmen zugleich das innerörtliche Vorfahrtstraßennetz (Zeichen 306) festgelegt werden soll. Dabei ist ein leistungsfähiges, auch den Bedürfnissen des öffentlichen Personennahverkehrs und des Wirtschaftsverkehrs entsprechendes Vorfahrtstraßennetz (Zeichen 306) sicherzustellen. Der öffentlichen Sicherheit und Ordnung (wie Rettungswesen, Katastrophenschutz, Feuerwehr) sowie der Verkehrssicherheit ist vorrangig Rechnung zu tragen.

38 2. Zonen-Geschwindigkeitsbeschränkungen kommen nur dort in Betracht, wo der Durchgangsverkehr von geringer Bedeutung ist. Sie dienen vorrangig dem Schutz der Wohnbevölkerung sowie der Fußgänger und Fahrradfahrer. In Gewerbe- oder Industriegebieten kommen sie daher grundsätzlich nicht in Betracht.

39 3. Durch die folgenden Anordnungen und Merkmale soll ein weitgehend einheitliches Erscheinungsbild der Straßen innerhalb der Zone sichergestellt werden:

40 a) Die dem fließenden Verkehr zu Verfügung stehende Fahrbahnbreite soll erforderlichenfalls durch Markierung von Senkrecht- oder Schrägparkständen, wo nötig auch durch Sperrflächen (Zeichen 298) am Fahrbahnrand, eingeengt werden. Werden bauliche Maßnahmen zur Geschwindigkeitsdämpfung vorgenommen, darf von ihnen keine Beeinträchtigung der öffentlichen Sicherheit oder Ordnung, keine Lärmbelästigung für die Anwohner und keine Erschwerung für den Buslinienverkehr ausgehen.

41 b) Wo die Verkehrssicherheit es wegen der Gestaltung der Kreuzung oder Einmündung oder die Belange des Buslinienverkehrs es erfordern, kann abweichend von der Grundregel „rechts vor links" die Vorfahrt durch Zeichen 301 angeordnet werden; vgl. zu Zeichen 301 Vorfahrt Rn. 4 und 5.

42 c) Die Fortdauer der Zonen-Anordnung kann in großen Zonen durch Aufbringung von „30" auf der Fahrbahn verdeutlicht werden. Dies empfiehlt sich auch dort, wo durch Zeichen 301 Vorfahrt an einer Kreuzung oder Einmündung angeordnet ist.

43 4. Zur Kennzeichnung der Zone vgl. zu Zeichen 274.1 und 274.2.

44 5. Die Anordnung von Tempo 30-Zonen ist auf Antrag der Gemeinde vorzunehmen, wenn die Voraussetzungen und Merkmale der Verordnung und dieser Vorschrift vorliegen oder mit der Anordnung geschaffen werden können, indem vorhandene aber nicht mehr erforderliche Zeichen und Einrichtungen entfernt werden.

45 6. Lichtzeichenanlagen zum Schutz des Fußgängerverkehrs, die in bis zum Stichtag angeordneten Tempo 30-Zonen zulässig bleiben, sind neben den Fußgänger-Lichtzeichenanlagen auch Lichtzeichenanlagen an Kreuzungen und Einmündungen, die vorrangig dem Schutz des Fußgängerquerungsverkehrs dienen. Dies ist durch Einzelfallprüfung festzustellen.

6.5.6 Innerorts – Verkehrsberuhigter Bereich

StVO Anlage 3 Richtzeichen (zu § 42 Absatz 2) Abschnitt 4 Verkehrsberuhigter Bereich		
12	**Zeichen 325.1**  **Beginn eines verkehrsberuhigten Bereichs**	**Ge- oder Verbot** 1. Wer ein Fahrzeug führt, muss mit Schrittgeschwindigkeit fahren. 2. Wer ein Fahrzeug führt, darf den Fußgängerverkehr weder gefährden noch behindern; wenn nötig, muss gewartet werden. 3. Wer zu Fuß geht, darf den Fahrverkehr nicht unnötig behindern. 4. Wer ein Fahrzeug führt, darf außerhalb der dafür gekennzeichneten Flächen nicht parken, ausgenommen zum Ein- oder Aussteigen und zum Be- oder Entladen. 5. Wer zu Fuß geht, darf die Straße in ihrer ganzen Breite benutzen; Kinderspiele sind überall erlaubt.
13	**Zeichen 325.2**  **Ende eines verkehrsberuhigten Bereichs**	**Erläuterung** Beim Ausfahren ist § 10 zu beachten.

Mit Zeichen 325.1 wird der Beginn eines verkehrsberuhigten Bereichs gekennzeichnet, in welchem die Fußgänger die Straße in ihrer gesamten Breite benutzen und Kinder spielen dürfen. Um die erwünschte Verkehrsberuhigung zu erreichen, sind begleitende Maßnahmen in Bezug auf die Gestaltung des Bereichs notwendig. Es muss der Eindruck entstehen, dass der Fahrzeugverkehr hier untergeordnete Bedeutung besitzt.

Das Ausweisen verkehrsberuhigter Bereiche dient der Unterstützung einer geordneten städtebaulichen Entwicklung und kann daher nur im Einvernehmen mit der jeweiligen Gemeinde erfolgen (§ 45 Abs. 1b StVO).

Um die Fahrweise des Fahrzeugverkehrs zu beeinflussen, müssen bestimmte bauliche Gegebenheiten erfüllt sein. Erforderlichenfalls müssen geeignete Veränderungen im Straßenraum vorgenommen werden.

Hierzu gehört insbesondere die Aufhebung der (bzw. das Nichtvorhandensein einer) baulichen Trennung der Flächen für den Fußgängerverkehr von jenen für den Fahrverkehr (keine Trennung von Fahrbahn und Gehwegen durch Hochborde). Vielmehr ist der Straßenraum so auszugestalten, dass er die gemeinsame Nutzung der Straßenflächen durch alle Verkehrsteilnehmer – bei Unterordnung des Fahrverkehrs – nahelegt. Ferner sollten die Einmündungen verkehrsberuhigter Bereiche in das übrige Straßennetz so ausgestaltet werden wie Grundstückszufahrten (durchgehender, nicht durch Bordsteine unterbrochener Geh- und ggf. Radweg im Zuge der Straße, in die der verkehrsberuhigte Bereich einmündet; abgesenkte Bordsteine, die der in den verkehrsberuhigten Bereich einfahrende oder aus ihm herausfahrende Fahrverkehr zu überfahren hat). Damit entspricht die bauliche Situation dem, was Fahrzeugführer gemeinhin erwarten, wenn sie, wie hier, § 10 StVO zu beachten haben.

Die vorgenannten Anforderungen an die bauliche Ausgestaltung verkehrsberuhigter Bereiche bedeuten jedoch nicht, dass alle Nebenstraßen, die nicht über Gehwege verfügen (z. B. dörfliche Nebenstraßen), als verkehrsberuhigte Bereiche auszuweisen sind. Dieser Umkehrschluss ist unzulässig.

Soweit das Parken zugelassen werden soll, müssen auf hierfür geeigneten Flächen Parkflächen ausgewiesen werden, da das Parken außerhalb gekennzeichneter Flächen nicht erlaubt ist. Dies erfolgt mit Parkflächenmarkierungen. Diese dürfen in verkehrsberuhigten Bereichen auch als Pflasterlinien ausgeführt sein. Durch einen häufigen Seitenwechsel dieser Markierungen können Fahrgassenversätze und damit eine angemessene Geschwindigkeitswahl unterstützt werden.

Neben den bereits erläuterten Parkregeln für verkehrsberuhigte Bereiche müssen Fahrzeugführer im gesamten Bereich Schrittgeschwindigkeit fahren, sie dürfen Fußgänger weder gefährden noch behindern, sie müssen wenn nötig warten. Im Gegenzug dürfen Fußgänger den Fahrverkehr aber nicht unnötig behindern, auch wenn sie die gesamte Straßenbreite nutzen dürfen und Kinderspiele ausdrücklich erlaubt sind.

Es ist jedoch erforderlich, die in der VwV-StVO enthaltenen Grundsätze streng zu beachten. Beobachtungen haben ergeben, dass mit dem Aufstellen von Zeichen 325.1 allein die erwünschte Verkehrsberuhigung, insbesondere eine Geschwindigkeitsreduzierung, meist nicht zu erreichen ist. Siehe auch die vom Verkehrstechnischen Institut der Deutschen Versicherer, Abteilung Straßenverkehr, herausgegebene Schrift

- „Verkehrserschließung von Wohnbereichen“, Dezember 1986.

Es ist zu beachten, dass ein verkehrsberuhigter Bereich nicht das Gleiche ist wie ein Fußgängerbereich; Fußgängerbereiche sind ausschließlich Fußgängern vorbehalten (siehe auch Abschnitt 3.5.2).

Vor jeder Verwirklichung geplanter verkehrsberuhigender Maßnahmen ist zu prüfen, ob die erforderlichen Voraussetzungen rechtlicher sowie verkehrs- und bautechnischer Art gegeben sind.

Insbesondere ist auf ein Urteil des VGH Baden-Württemberg vom 8.2.2001 hinzuweisen (5 S 2589/99), das einen Bebauungsplan als mit höherrangigem Recht unvereinbar bezeichnet hat, der auf einem 40,00 m langen Wegstück bei nur 3,00 m Gesamtbreite öffentlichen Busverkehr durch einen verkehrsberuhigten Bereich vorgesehen hat. Grundsätzlich sei die Führung von öffentlichem Busverkehr durch verkehrsberuhigte Bereiche zwar möglich. Da die Busse hier aber nahezu den gesamten Verkehrsraum einnehmen würden, sei das mit einem verkehrsberuhigten Bereich verbundene „Nebeneinander“ verschiedener Verkehrs- und Aufenthaltsarten nicht in verträglichem Rahmen möglich.

Mit Zeichen 325.2 wird das Ende eines verkehrsberuhigten Bereichs gekennzeichnet.

Oftmals wird sich dieses Zeichen auf der Rückseite von Zeichen 325.1 anbringen lassen. Im Übrigen aber soll die gesamte Gestaltung des Straßenraums erkennen lassen, wo ein verkehrsberuhigter Bereich endet.

Die Zeichen 325.1 und 325.2 sollten auch dort angeordnet werden, wo kein Fahrverkehr ein- bzw. ausfährt (z. B. zuführende Fußwege, Enden von Einbahnstraßen), da sie sich auch an den Fußgängerverkehr richten (sie signalisieren ihm u. a., ab wo und bis wo er die Straße auf voller Breite nutzen kann).

Die Ergänzung von „Bedienungsanleitungen“ unter Zeichen 325.1 (z. B. Zusatzschild „Schritttempo – Parken nur in gekennzeichneten Flächen“) ist kontraproduktiv und unzulässig.

Für verkehrsberuhigte Bereiche sollten gleichermaßen die Grundsätze Beachtung finden, die das Bundesverwaltungsgericht in seinem Urteil vom 14.12.1994 (11 C 25.93) zur Anordnung geschwindigkeitsbeschränkter Zonen festgehalten hat:

„Der mit der Zonenanordnung verbundene teilweise Verzicht auf die wiederholte Aufstellung von Verkehrszeichen (Sichtbarkeitsprinzip) setzt voraus, dass das Gesamtbild des betreffenden Gebiets dem Kraftfahrer das Bewusstsein vermittelt, sein Fahrzeug innerhalb einer geschwindigkeitsbeschränkten Zone zu steuern (‚Zonenbewusstsein‘).“

In der Regel wird Zeichen 325.2 wegen der niedrigen Fahrgeschwindigkeiten im verkehrsberuhigten Bereich unmittelbar am Ende des Bereichs aufgestellt.

Weitere Hinweise zu verkehrsberuhigten Bereichen siehe bei den Zeichen 242.1 Beginn einer Fußgängerzone (Abschnitt 3.5.2) und 274.1 Beginn einer Tempo 30-Zone (Abschnitt 6.5.5) sowie im

- „Merkblatt über bauliche Maßnahmen zur Verkehrsberuhigung“, Ausgabe 1994, FGSV Verlag.

Ferner existieren die

- „Empfehlungen zur flächenhaften Verkehrsberuhigung städtischer Teilgebiete in den neuen Bundesländern“ (1994), BMDV, Verkehrspolitische Grundsatzabteilung.

6.5.6 Innerorts – Verkehrsberuhigter Bereich

Zu Abschnitt 6.5.6

StVO
§ 10
Einfahren
und Anfahren

Wer aus einem Grundstück, aus einer Fußgängerzone (Zeichen 242.1 und 242.2), aus einem verkehrsberuhigten Bereich (Zeichen 325.1 und 325.2) auf die Straße oder von anderen Straßenteilen oder über einen abgesenkten Bordstein hinweg auf die Fahrbahn einfahren oder vom Fahrbahnrand anfahren will, hat sich dabei so zu verhalten, dass eine Gefährdung anderer Verkehrsteilnehmer ausgeschlossen ist; erforderlichenfalls muss man sich einweisen lassen. Die Absicht einzufahren oder anzufahren ist rechtzeitig und deutlich anzukündigen; dabei sind die Fahrtrichtungsanzeiger zu benutzen. Dort, wo eine Klarstellung notwendig ist, kann Zeichen 205 stehen.

StVO
§ 39
Verkehrszeichen

(5) Auch Markierungen und Radverkehrsführungsmarkierungen sind Verkehrszeichen. Sie sind grundsätzlich weiß. Nur als vorübergehend gültige Markierungen sind sie gelb; dann heben sie die weißen Markierungen auf. Gelbe Markierungen können auch in Form von Markierungsknopfreihen, Markierungsleuchtknopfreihen oder als Leitschwellen oder Leitborde ausgeführt sein. Leuchtknopfreihen gelten nur, wenn sie eingeschaltet sind. ...

StVO
§ 45
Verkehrszeichen
und Verkehrs-
einrichtungen

(1b) Die Straßenverkehrsbehörden treffen auch die notwendigen Anordnungen

1. im Zusammenhang mit der Einrichtung von gebührenpflichtigen Parkplätzen für Großveranstaltungen,
2. im Zusammenhang mit der Kennzeichnung von Parkmöglichkeiten für schwerbehinderte Menschen mit außergewöhnlicher Gehbehinderung, beidseitiger Amelie oder Phokomelie oder mit einem vergleichbaren Funktionseinschränkungen sowie für blinde Menschen,

2a. im Zusammenhang mit der Kennzeichnung von Parkmöglichkeiten für Bewohner städtischer Quartiere mit einem drohenden oder bestehenden erheblichen Parkraummangel durch vollständige oder zeitlich beschränkte Reservierung des Parkraums für die Berechtigten oder durch Anordnung der Freistellung von angeordneten Parkraumbewirtschaftungsmaßnahmen,

3. zur Kennzeichnung von Fußgängerbereichen und verkehrsberuhigten Bereichen,
4. zur Erhaltung der Sicherheit oder Ordnung in diesen Bereichen sowie
5. zum Schutz der Bevölkerung vor Lärm und Abgasen oder zur Unterstützung einer geordneten städtebaulichen Entwicklung.

Anordnungen nach Satz 1 Nummer 2a sind auch auf Grundlage eines städtebaulich-verkehrsplanerischen Konzepts zur Vermeidung von schädlichen Auswirkungen auf die Umwelt oder zur Unterstützung der geordneten städtebaulichen Entwicklung zulässig, sofern die Leichtigkeit des Verkehrs berücksichtigt ist und die Sicherheit des Verkehrs nicht beeinträchtigt wird. Die Straßenverkehrsbehörden ordnen die Parkmöglichkeiten für Bewohner, die Kennzeichnung von Fußgängerbereichen, verkehrsberuhigten Bereichen und Maßnahmen zum Schutze der Bevölkerung vor Lärm und Abgasen oder zur Unterstützung einer geordneten städtebaulichen Entwicklung im Einvernehmen mit der Gemeinde an.

VwV-StVO
zu den §§ 39 bis 43
Allgemeines über
Verkehrszeichen
und Verkehrs-
einrichtungen

IV. Allgemeines über Markierungen

56 8. Pflasterlinien in verkehrsberuhigten Geschäftsbereichen (vgl. § 39 Abs. 5 letzter Satz) müssen ausreichend breit sein, in der Regel mindestens 10 cm, und einen deutlichen Kontrast zur Fahrbahn aufweisen.

VwV-StVO
zu § 41
Vorschriftzeichen

Zu den Zeichen 205 und 206 Vorfahrt gewähren. und Halt. Vorfahrt gewähren.

6 VI. Jede Kreuzung und Einmündung, in der vom Grundsatz „Rechts vor Links" abgewichen werden soll, ist sowohl positiv als auch negativ zu beschildern, und zwar sowohl innerhalb als auch außerhalb geschlossener Ortschaften. Ausgenommen sind Ausfahrten aus verkehrsberuhigten Bereichen (Zeichen 325.1, 325.2) sowie Feld- und Waldwege, deren Charakter ohne Weiteres zu erkennen ist. Straßeneinmündungen, die wie Grundstückszufahrten aussehen sowie Einmündungen von Feld- oder Waldwegen können einseitig mit Zeichen 205 versehen werden.

...

6.5.6 Innerorts – Verkehrsberuhigter Bereich

VwV-StVO
zu § 41
Vorschriftzeichen

Zu Zeichen 208 Dem Gegenverkehr Vorrang gewähren.

4 III. In verkehrsberuhigten Bereichen ist auf die Regelung stets, in geschwindigkeitsbeschränkten Zonen in der Regel zu verzichten.

...

Zu den Zeichen 274.1 und 274.2 Tempo 30-Zone

3 III. Das Zeichen 274.2 ist entbehrlich, wenn die Zone in eine Fußgängerzone (Zeichen 242.1), eine Fahrradstraße (Zeichen 244.1), eine Fahrradzone (Zeichen 244.3) oder in einen verkehrsberuhigten Bereich (Zeichen 325.1) übergeht. Stattdessen sind die entsprechenden Zeichen des Bereichs anzuordnen, in den eingefahren wird.

VwV-StVO
zu § 42
Richtzeichen

Zu den Zeichen 325.1 und 325.2 Verkehrsberuhigter Bereich

1 I. Ein verkehrsberuhigter Bereich kann für einzelne Straßen oder Bereiche in Betracht kommen. Die Straßen oder Bereiche dürfen nur von sehr geringem Verkehr frequentiert werden und sie müssen über eine überwiegende Aufenthaltsfunktion verfügen. Solche Bereiche können auch in Tempo 30-Zonen integriert werden.

2 II. Die mit Zeichen 325.1 gekennzeichneten Straßen oder Bereiche müssen durch ihre besondere Gestaltung den Eindruck vermitteln, dass die Aufenthaltsfunktion überwiegt und der Fahrzeugverkehr eine untergeordnete Bedeutung hat. In der Regel wird ein niveaugleicher Ausbau für die ganze Straßenbreite erforderlich sein.

3 III. Zeichen 325.1 darf nur angeordnet werden, wenn Vorsorge für den ruhenden Verkehr getroffen ist.

4 IV. Zeichen 325.1 ist so aufzustellen, dass es aus ausreichender Entfernung wahrgenommen werden kann; erforderlichenfalls ist es von der Einmündung in die Hauptverkehrsstraße abzurücken oder beidseitig aufzustellen.

5 V. Mit Ausnahme von Parkflächenmarkierungen sollen in verkehrsberuhigten Bereichen keine weiteren Verkehrszeichen angeordnet werden. Die zum Parken bestimmten Flächen sollen nicht durch Zeichen 314 gekennzeichnet werden, sondern durch Markierung, die auch durch Pflasterwechsel erzielt werden kann.

6 VI. Zur Förderung des Fuß- und Radverkehrs kann ein verkehrsberuhigter Bereich auch unter den Maßgaben nach Nummer VII zu Absatz 1 bis 1e zu § 45 Verkehrszeichen und Verkehrseinrichtungen, Randnummern 14a ff., angeordnet werden. Die vorstehenden Vorgaben nach den Nummern I bis V sind ergänzend zu beachten.

6.5.7 Innerorts – Fahrradzone

StVO Anlage 2 Vorschriftzeichen (zu § 41 Absatz 1) Abschnitt 5 Sonderwege		
24.1	Zeichen 244.3  Beginn einer Fahrradzone	**Ge- oder Verbot** 1. Anderer Fahrzeugverkehr als Radverkehr sowie Elektrokleinstfahrzeuge im Sinne der eKFV darf Fahrradzonen nicht benutzen, es sei denn, dies ist durch Zusatzzeichen erlaubt. Die freigegebenen Verkehrsarten können auch gemeinsam auf einem Zusatzzeichen abgebildet sein. 2. Für den Fahrverkehr gilt eine Höchstgeschwindigkeit von 30 km/h. Der Radverkehr darf weder gefährdet noch behindert werden. Wenn nötig, muss der Kraftfahrzeugverkehr die Geschwindigkeit weiter verringern. 3. Das Nebeneinanderfahren mit Fahrrädern und Elektrokleinstfahrzeugen im Sinne der eKFV ist erlaubt. 4. Im Übrigen gelten die Vorschriften über die Fahrbahnbenutzung und über die Vorfahrt.
24.2	Zeichen 244.4  Ende einer Fahrradzone	

Fahrradzonen werden in der Regel auf Dauer angelegt sein. Soweit nicht anderer Fahrzeugverkehr durch Zusatzzeichen zugelassen werden soll, wird deshalb eine straßenrechtliche Teileinziehung der von der Fahrradzone erfassten Straßen(abschnitte) erforderlich werden, welche die Nutzung der betroffenen Straßen auf die innerhalb der Fahrradzone zugelassenen Fahrzeugarten einschränkt: Eine dauerhafte Einschränkung des Gemeingebrauchs allein durch Straßenverkehrsrecht (Verkehrszeichenregelungen) ist nicht zulässig. Bei der Festlegung der zuzulassenden Fahrzeugarten und Verkehrszwecke werden insbesondere die Belange der Nutzer der über die betroffenen Straßen erschlossenen Grundstücke zu berücksichtigen sein.

Die übrigen Anordnungsvoraussetzungen gemäß § 45 Abs. 1i sind weitestgehend deckungsgleich mit denen für die Tempo 30-Zonen. Damit sind Fahrradzonen grundsätzlich an denselben Merkmalen zu erkennen wie Tempo 30-Zonen. Da sich die Verhaltensvorgaben dennoch in bestimmten Aspekten von Tempo 30-Zonen unterscheiden – es ist besondere Rücksichtnahme auf Radfahrer gefordert; diese dürfen grundsätzlich auch nebeneinander fahren –, behilft man sich zur Klarstellung der Vorgabe, wonach innerhalb der Fahrradzone Zeichen 244.3 in regelmäßigen Abständen als Sinnbild auf der Fahrbahn aufzubringen ist. Insoweit durchbricht der Verordnungsgeber an dieser Stelle das Grundprinzip zonaler Anordnungen, auch wenn die aufzubringenden Sinnbilder nicht den Rechtscharakter von Verkehrszeichen besitzen.

Ebenso wie die Tempo 30-Zonen sind die Fahrradzonen von den tatbestandlichen Voraussetzungen des § 45 Abs. 9 Satz 3 StVO ausgenommen (was freilich nichts an der zu lösenden straßenrechtlichen Thematik ändert).

Zu Abschnitt 6.5.7

VwV-StVO zu § 41 Vorschriftzeichen

Zu den Zeichen 244.3 und 244.4 Beginn und Ende einer Fahrradzone

1 I. Vgl. zu § 45 Abs. 1i.

2 II. Anderer Fahrzeugverkehr als der Radverkehr und der Verkehr mit Elektrokleinstfahrzeugen darf in Fahrradzonen nur ausnahmsweise – dann in der Regel durch Anordnung des Zusatzzeichens „Anlieger frei" – zugelassen werden. Daher müssen vor der Anordnung die Bedürfnisse des Verkehrs mit Kraftfahrzeugen, die nicht unter die Elektrokleinstfahrzeuge-Verordnung fallen, ausreichend berücksichtigt werden (alternative Verkehrsführung). Zur effektiven Unterbindung unzulässigen Durchgangsverkehrs können ergänzende Anordnungen in Betracht kommen (vgl. Nummer VII 5 zu § 45 Abs. 1 bis 1e, Rn. 14e).

3 III. Die VwV zu den Zeichen 274.1 und 274.2 gilt entsprechend.

6.5.8 Innerorts – Umweltzone

Umweltzonen sind zonale Verkehrsverbote für Kraftfahrzeuge. Bestimmte Fahrzeugarten oder Nutzungszwecke wie z. B. Oldtimer, land- oder forstwirtschaftliche Zugmaschinen oder von bestimmten Schwerbehinderten genutzte Fahrzeuge sind von diesem Verbot allgemein ausgenommen (vgl. Anhang 3 zur 35. BImSchV). Andere Fahrzeuge können in Abhängigkeit von ihren Schadstoffemissionen durch Zusatzzeichen von diesem Verbot ausgenommen sein. Umweltzonen dienen dem Vollzug von Luftreinhalteplänen. Ein bestimmtes, von den allgemeinen Vorschriften oder anderen Verkehrszeichenregelungen abweichendes Verhalten innerhalb dieser Zonen schreiben diese Verkehrszeichen nicht vor.

Für nähere Informationen siehe Abschnitt 3.4.

6.5.9 Innerorts – Haltverbotszone

Mit den Haltverbotszonen (amtliche Bezeichnung: Eingeschränktes Haltverbot für eine Zone) besteht auch die Möglichkeit zonaler Regelungen für den ruhenden Verkehr. Damit kann einerseits der Schilderwald erheblich gelichtet werden; andererseits haben die Verkehrsteilnehmer je nach Ausgestaltung kaum eine Möglichkeit, diese Regelungen anhand der Straßenraumgestaltung zu erkennen. Indem in einer solchen Zone durch Zusatzzeichen das Parken innerhalb von durch Parkflächenmarkierungen begrenzten Flächen erlaubt wird, besteht jedoch die Möglichkeit, das Parken mit einer äußerst geringen Anzahl an Verkehrszeichen und – anhand der Parkflächenmarkierungen – dennoch flächenhaft erkennbar zu ordnen. Im Detail werden diese Regelungen in Abschnitt 3.6 besprochen.

6.5.10 Innerorts – Parkraumbewirtschaftungszone

Mit den mit der Neuverkündung der StVO 2013 eingeführten Parkraumbewirtschaftungszonen wurde eine weitere Möglichkeit zonaler Regelungen für den ruhenden Verkehr geschaffen. Damit kann einerseits der Schilderwald erheblich gelichtet werden; andererseits haben die Verkehrsteilnehmer oftmals kaum eine Möglichkeit, diese Regelungen anhand der Straßenraumgestaltung zu erkennen (allenfalls z. B. durch die Existenz von Parkscheinautomaten). Diese Regelungen werden in Abschnitt 3.6 besprochen.

6.6 Kurven

6.6.1 Allgemeines

Enge Kurven können insbesondere auf Außerortsstraßen gefährlich sein. Das ist besonders dann der Fall, wenn Sichtbedingungen oder fahrdynamische Umstände eine langsamere Fahrt erfordern, dies aber für die Fahrzeugführer nicht erkennbar oder einsichtig ist.

Wegen der Vielfalt der Lösungsmöglichkeiten beim Aufstellen von Verkehrsschildern wird den Kurven ein eigener Abschnitt gewidmet.

Grundsätzlich dürften auch Kurven kein Problem für die Fahrzeugführer darstellen. Nach § 3 StVO sind sie verpflichtet, mit ihrem Fahrzeug eine so niedrige Geschwindigkeit zu wählen, dass sie es ständig beherrschen und innerhalb der übersehbaren Strecke die Geschwindigkeit nicht nur ausreichend vermindern, sondern sogar anhalten können.

Die Erfahrung zeigt auch, dass nur einige wenige (meist unerwartet enge) Kurven problematisch sind. An ihnen ereignen sich wiederholt Unfälle, während die meisten anderen, geometrisch oft sehr ähnlichen engen Kurven unauffällig sind. Offensichtlich sind die meisten Kurven „selbsterklärend", aber nicht alle.

Die Gefährlichkeit von Kurven bestimmt sich offensichtlich auch aus den Verhältnissen des gesamten Straßenverlaufs. Während bei einem schlecht ausgebauten, kurvenreichen Straßenzug eine enge Kurve noch nicht als gefährlich anzusehen ist (weil sie vielleicht nicht „unerwartet" ist), kann auf einem geraden und zügig geführten Straßenzug eine gleichartige Kurve gefährlich sein.

Maßnahmen sind überwiegend außerhalb geschlossener Ortschaften erforderlich, wenn bei meist geradem Straßenverlauf oder hinter einer unübersichtlichen Stelle (schlecht erkennbar) unvermutet eine scharfe Kurve folgt, die nur mit einer Geschwindigkeit sicher durchfahren werden kann, die erheblich unter der liegt, mit der man im Annäherungsbereich an die Kurve fahren kann.

Die Geschwindigkeitswahl ist ein komplexer Vorgang. In der Fahrerverhaltensforschung sind verschiedene Geschwindigkeitswahl-Hypothesen herausgearbeitet worden. In Abschnitt 6.6.2 wird ein kurzer Überblick gegeben, wie die Erkenntnisse dieser Forschung bei der Standardtrassierung der Straßen berücksichtigt werden können. Dieses Wissen soll ermöglichen, die Defizite bei Problem-Kurvenbereichen zu erkennen und – ggf. auch gestützt auf Fahrerverhaltensbeobachtungen – gezielt auszugleichen oder vor ihnen zu warnen. Bei besonders gefährlichen Kurven kann es erforderlich sein, zusätzlich eine Geschwindigkeitsbeschränkung anzuordnen.

6.6.2 Trassierung

Die Entwurfsrichtlinien tragen der Verpflichtung der Baulastträger, die Straßen in einem dem regelmäßigen Verkehrsbedürfnis genügenden Zustand zu bauen, zu unterhalten, zu erweitern oder sonst zu verbessern (siehe Abschnitt 12.2), zunächst dadurch Rechnung, dass sie von einem strukturierten Netz ausgehen, welches Teile für den Fernverkehr, den Verteilverkehr und den Erschließungsverkehr mit unterschiedlichen Qualitäts- und damit Geschwindigkeitsstufen enthält: Für den Fernverkehr ist die Geschwindigkeitserwartung höher, in den eher lokal ausgerichteten Teilen des Netzes werden niedrigere Geschwindigkeiten erwartet und akzeptiert. Aus der Netzfunktion ergeben sich damit bestimmte Bereiche von erwarteten und gefahrenen Geschwindigkeiten, für die die Straßen ausgelegt werden sollen.

Insbesondere im Außerortsbereich ist außerdem bekannt, dass die Umgebung die Geschwindigkeitserwartung nicht unerheblich beeinflusst: In einem engen Gebirgstal besteht eine andere Geschwindigkeitserwartung als in einer weiten Ebene. Entsprechend kann der Entwurfsingenieur in einer fordernden Umgebung eine engere Trassierung wählen als in einer weitläufigen.

Die Erfahrung zeigt nun, dass die Fahrzeugführer den Charakter einer Straße recht gut erkennen können und ihr Verhalten darauf einstellen – zumindest soweit eine „vernünftige" Geschwindigkeit sich nicht zu sehr von ihren Vorstellungen unterscheidet. Weltweit sind zahlreiche „Modelle" beschrieben, nach denen die gefahrenen Geschwindigkeiten in Abhängigkeit von der Trassierung zumindest grob abgeschätzt werden können.

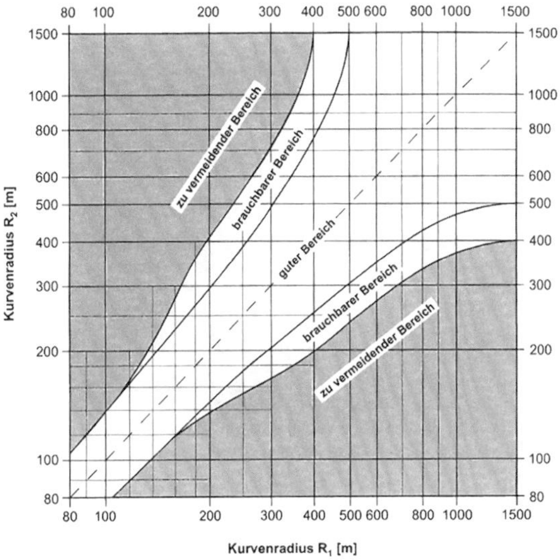

Bild 6.22 Abstimmung der Radienfolge von aufeinanderfolgenden Kurven auf Außerortsstraßen Quelle: RAL 2012

Normalerweise treten wenig Probleme auf, wenn die vor den Fahrzeugführern liegende Trassierung keine zu große Abweichung gegenüber dem so gewählten Geschwindigkeitsniveau erfordert. Interpretiert man die Forschungsarbeiten, so lässt sich daraus grob ableiten, dass eine notwendige Geschwindigkeitsreduktion von 5–10 km/h, bei lokalen Straßen notfalls auch von 15 km/h meist unproblematisch ist. Daraus lassen sich wiederum maximale Verhältniswerte von Radien ableiten, die in den RAL gefordert werden (*Bild 6.22*).

Ist eine Kurve jedoch so eng, dass vor ihr eine größere Geschwindigkeitsreduktion erforderlich ist, treten nicht selten Probleme auf. Maßgeblich für die Bewertung einer Kurve sind der Radius und der Richtungsänderungswinkel. Kritische Kurvenradien liegen häufig vor, wenn sie in der Nähe der straßenbautechnischen Mindestradien oder darunter liegen und sich im Annäherungsbereich Geraden oder Kurven befinden, deren Radius mehr als 1,5-mal so groß ist. Richtungsänderungswinkel sind häufig kritisch, wenn sie 30° übersteigen und aus ausreichender Entfernung nicht zu erkennen sind. Dann muss überlegt werden,

- entweder den Geschwindigkeitsunterschied zu reduzieren (indem man die „vernünftige“ Kurvengeschwindigkeit, z. B. durch Radienerhöhung, heraufsetzt oder indem man die Annäherungsgeschwindigkeit, z. B. durch Änderung in der Trassierung der Annäherungsstrecke, ermäßigt)
- oder dafür zu sorgen, dass der notwendige Geschwindigkeitsunterschied besser erkannt und vor allem auch so akzeptiert wird, dass er das Fahrerverhalten genügend stark beeinflusst.

Beide Maßnahmenkategorien lassen sich grundsätzlich durch Maßnahmen an der Straße selbst, durch Ausstattungselemente, durch Warnungen über Verkehrszeichen oder aber auch durch Ge- und Verbote erreichen. Die VwV-StVO stellt klar, dass die möglichen Maßnahmen in dieser Reihenfolge zu prüfen sind: Sind Maßnahmen an der Straße möglich und ausreichend, so sollen sie realisiert werden. Sind sie nicht ausreichend wirksam (oder ist dies mit ausreichender Sicherheit zu erwarten), so sind Maßnahmen mit Ausstattungselementen zu prüfen usw. Da die Straßenverkehrsbehörde für Maßnahmen an der Straße sachlich nicht zuständig ist, soll sie solche Maßnahmen bei den dafür zuständigen Straßenbaubehörden anregen.

Dass Ge- und Verbote erst in letzter Konsequenz anzuordnen sind, entspricht nicht nur dem Verfassungsgrundsatz, dass Ge- und Verbote erst ausgesprochen werden dürfen, wenn die Eigenverantwortung nicht ausreicht, die Sicherheit und Ordnung zu gewährleisten (siehe Abschnitt 2.2.4). Es trägt auch dem wahrnehmungspsychologischen Umstand Rechnung, dass Informationen, die im „automatischen“ Bereich der Wahrnehmung verarbeitet werden (z. B. das Gefühl, „gegen eine Wand zu fahren“), bei der unter dauerndem Zeitdruck durchgeführten Wahrnehmungsaufgabe „Autofahren“ wesentlich zuverlässiger verarbeitet werden als „bewusst“ zu verarbeitende Information (z. B. die Umsetzung einer Geschwindigkeitsbeschränkung). Das liegt daran, dass die von Menschen bewusst verarbeitbare Informationsmenge sehr beschränkt ist (siehe Abschnitt 2.2.7).

6.6.3 Leiteinrichtungen

StVO Anlage 4 Verkehrseinrichtungen (zu § 43 Absatz 3) Abschnitt 2 Einrichtungen zur Kennzeichnung von dauerhaften Hindernissen oder sonstigen gefährlichen Stellen		
8	Zeichen 625  Richtungstafel in Kurven	Die Richtungstafel in Kurven kann auch in aufgelöster Form angebracht sein.

Mit Zeichen 625 (Richtungstafel) kann den Verkehrsteilnehmern verdeutlicht werden, dass sie sich an eine unerwartet enge oder unerwartet langgezogene Kurve annähern, die sie ohne diese Hilfen nicht oder nur schwer rechtzeitig hätten erkennen können.

Gefährliche, für die Fahrzeugführer aber als solche nicht ohne Weiteres erkennbare Kurven sollen vorrangig durch Zeichen 625 „Richtungstafel in Kurven" gekennzeichnet werden.

Die optische Kennzeichnung scharfer Kurven durch Richtungstafeln wirkt aus psychologischen Gründen direkt und relativ intensiv.

Dabei vermittelt die einzelne breite Richtungstafel (*Bild 6.23*), dass eine unerwartet enge Kurve folgt (Erkennbarkeit der Kurve). Mehrere aufgelöste, gestaffelt nacheinander in etwa gleichem Abstand gestellte Richtungstafeln (*Bild 6.24*) vermitteln hingegen, dass sich die Kurve weiter herumzieht, als vielleicht zunächst zu erwarten ist (Erkennbarkeit des Kurvenverlaufs).

Um den gewünschten Effekt der räumlichen Orientierung zu erreichen, sollten die aufgelösten Richtungstafeln in möglichst gleichen Abständen entlang des Außenrands der Kurve angeordnet werden. Unterschiedliche Abstände oder Lücken können zu gefährlichen Fehleinschätzungen führen. Gegebenenfalls muss überlegt werden, in der Kurve abzweigende Wege oder Einfahrten zu verlegen oder das Raster der Richtungstafeln so zu legen, dass die Gleichmäßigkeit nicht unterbrochen wird.

Bei der Festlegung des Rasters sollte außerdem darauf geachtet werden, dass auch von Weitem mindestens zwei, möglichst aber drei Teilstücke der aufgelösten Richtungstafel zu sehen sind.

Bei zusammengesetzten Kurven, deren ausleitender Radius enger als der einleitende ist („Hundekurven"), muss darauf geachtet werden, dass der Radienwechsel durch die Verkehrsteilnehmer erkennbar ist. Dazu werden in der Regel Probeaufstellungen notwendig sein. Diese Erkennbarkeit kann möglicherweise dadurch verdeutlicht oder verstärkt werden, dass die aufgelösten Richtungstafeln nur im engeren Kurventeil angeordnet werden (wenn sie dann auch noch aus größerer Entfernung sichtbar sind) oder dass im engeren Kurventeil ein kleinerer Abstand als im weiteren Kurventeil gewählt wird.

Bild 6.23 Richtungstafel in Kurven (Z 625)

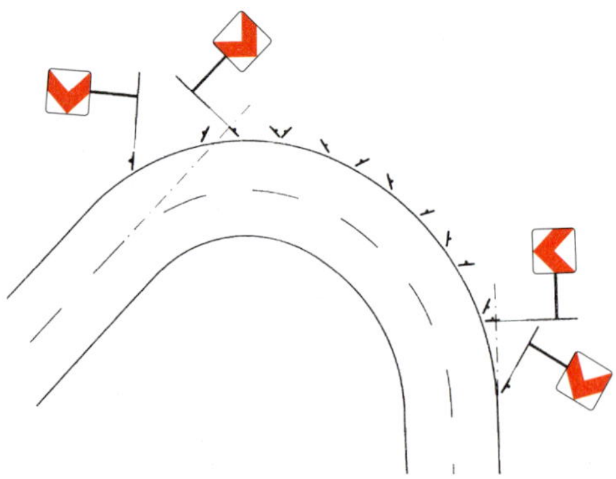

Bild 6.24 Aufgelöste Richtungstafel in Kurven

Zu Abschnitt 6.6.3

VwV-StVO zu § 43 Verkehrseinrichtungen (Anlage 4)

Zu Absatz 3 Anlage 4 Abschnitte 2 und 3

6 II. Richtungstafeln sind nur dann anzuordnen, wenn der Fahrer bei der Annäherung an eine Kurve den weiteren Straßenverlauf nicht rechtzeitig sehen kann oder die Kurve deutlich enger ist, als nach dem vorausgehenden Straßenverlauf zu erwarten ist.

6.6.4 Warnung

StVO Anlage 1 Allgemeine und Besondere Gefahrzeichen (zu § 40 Absatz 6 und 7)
Abschnitt 1 Allgemeine Gefahrzeichen (zu § 40 Absatz 6)

3	Zeichen 103  Kurve	
4	Zeichen 105  Doppelkurve	

Mit Zeichen 103 kann zusätzlich gewarnt werden, wo eine gefährliche Kurve im Straßenverlauf durch Richtungstafeln alleine nicht ausreichend kenntlich gemacht werden kann.

Zeichen 105 ist zu verwenden, wo zwei oder mehr (auch gleich gerichtete) gefährliche Kurven hintereinander folgen, die durch Richtungstafeln alleine nicht ausreichend kenntlich gemacht werden können. Führt die Einfahrt in die erste Kurve nach links, dann ist Zeichen 105-10 zu verwenden.

Zeichen 103 kann zusätzlich zu Richtungstafeln angeordnet werden, wenn die Richtungstafeln nicht schon aus ausreichender Entfernung zu erkennen sind oder eine besondere Gefahr besteht.

Eine kurvenreiche Strecke mit mehr als zwei gefährlichen Kurven ist durch Zeichen 105 und Zusatzzeichen mit Längenangabe zu kennzeichnen.

An den einzelnen Kurven sollen weitere Warnungen, z. B. durch Richtungstafeln, nur noch dann erfolgen, wenn diese Kurven trotz Streckenwarnung immer noch unerwartet eng sind und die Fahrzeugführer daher auf weitere unerwartete Geschwindigkeitsreduktionen (oder zu vermeidende Beschleunigungen) vorbereitet werden müssen.

Anmerkung: Bei den Zeichen 103, 103-10, 105 und 105-10 sind keine Varianten der Kurvensinnbilder zulässig.

Zu Abschnitt 6.6.4

VwV-StVO zu § 40 Gefahrzeichen

Zu den Zeichen 103 Kurve und 105 Doppelkurve

1 I. Die Zeichen sind nur dort anzuordnen, wo die Erforderlichkeit einer erheblichen Reduzierung der Geschwindigkeit in einem Kurvenbereich nicht rechtzeitig erkennbar ist, obwohl Richtungstafeln aufgestellt sind (vgl. Nummer II VwV zu § 43 Abs. 3 Anlage 4 Abschnitte 2 und 3; Rn. 6).

2 II. Es dürfen nur die im Katalog der Verkehrszeichen aufgeführten Varianten der Zeichen 103 und 105 angeordnet werden. Eine nähere Darstellung des Kurvenverlaufs auf den Zeichen ist unzulässig.

3 III. Mehr als zwei gefährliche Kurven im Sinne der Nummer I sind durch ein Doppelkurvenzeichen mit einem Zusatzzeichen, das die Länge der kurvenreichen Strecke angibt, anzukündigen. Vor den einzelnen Kurven ist dann nicht mehr zu warnen.

6.6.5 Regelungen

Verkehrsrechtliche Regelungen werden nötig, wenn die bisher beschriebenen Wege keinen ausreichenden Erfolg versprechen oder gebracht haben.

Infrage kommen vorrangig Geschwindigkeitsbeschränkungen; gelegentlich sind auch Überholverbote nötig (siehe Abschnitt 6.4.2).

Beschränkungen sollen (nur) angeordnet werden, wenn Unfalluntersuchungen ergeben haben, dass trotz Anordnung der in den vorigen Abschnitten beschriebenen Maßnahmen noch geschwindigkeitsbedingte oder überholbedingte Unfälle aufgetreten sind, oder wenn örtliche Verkehrsuntersuchungen – ggf. unter Beiziehung sachverständiger Gutachter – ergeben haben, dass an dieser Stelle häufig unangemessene Geschwindigkeiten oder unangemessenes Überholverhalten zu gefährlichen Verkehrssituationen führen.

Als geeignete Höhe einer Geschwindigkeitsbeschränkung wird die Geschwindigkeit angesehen, die von ca. 85 % der unbeeinflusst fahrenden Fahrzeugführer (bei nasser Fahrbahn) nicht überschritten wird.

Überholverbote können dann notwendig sein, wenn die Sichtweite vor Kurven so eingeschränkt ist, dass sie für das Überholen nicht mehr ausreicht, diese Einschränkung aber nicht ohne Weiteres zu erkennen ist.

Zu Abschnitt 6.6.5

VwV-StVO zu § 40 Gefahrzeichen

1 I. Gefahrzeichen sind nach Maßgabe des § 45 Abs. 9 Satz 2 anzuordnen. Nur wenn sie als Warnung oder Aufforderung zur eigenverantwortlichen Anpassung des Fahrverhaltens nicht ausreichen, sollte stattdessen oder bei unabweisbarem Bedarf ergänzend mit Vorschriftzeichen (insbesondere Zeichen 274, 276) auf eine der Gefahrsituation angepasste Fahrweise hingewirkt werden; vgl. hierzu I zu den Zeichen 274, 276, 277 und 277.1.

VwV-StVO zu § 41 Vorschriftzeichen

Zu Zeichen 274 Zulässige Höchstgeschwindigkeit

1 I. Geschwindigkeitsbeschränkungen aus Sicherheitsgründen sollen auf bestehenden Straßen angeordnet werden, wenn Unfalluntersuchungen ergeben haben, dass häufig geschwindigkeitsbedingte Unfälle aufgetreten sind. Dies gilt jedoch nur dann, wenn festgestellt worden ist, dass die geltende Höchstgeschwindigkeit von der Mehrheit der Kraftfahrer eingehalten wird. Im anderen Fall muss die geltende zulässige Höchstgeschwindigkeit durchgesetzt werden. Geschwindigkeitsbeschränkungen können sich im Einzelfall schon dann empfehlen, wenn aufgrund unangemessener Geschwindigkeiten häufig gefährliche Verkehrssituationen festgestellt werden.

II. Außerhalb geschlossener Ortschaften können Geschwindigkeitsbegrenzungen nach Maßgabe der Nummer I erforderlich sein,

VwV-StVO zu § 41 Vorschriftzeichen

2 1. wo Fahrzeugführer insbesondere in Kurven, auf Gefällstrecken und an Stellen mit besonders unebener Fahrbahn (vgl. aber Nummer I zu § 40; Rn. 1), ihre Geschwindigkeit nicht den Straßenverhältnissen anpassen; die zulässige Höchstgeschwindigkeit soll dann auf diejenige Geschwindigkeit festgelegt werden, die vorher von 85 % der Fahrzeugführer von sich aus ohne Geschwindigkeitsbeschränkungen, ohne überwachende Polizeibeamte und ohne Behinderung durch andere Fahrzeuge eingehalten wurde,

...

6 IV. Das Zeichen soll so weit vor der Gefahrstelle aufgestellt werden, dass eine Gefährdung auch bei ungünstigen Sichtverhältnissen ausgeschlossen ist. Innerhalb geschlossener Ortschaften sind im Allgemeinen 30 bis 50 m, außerhalb geschlossener Ortschaften 50 bis 100 m und auf Autobahnen und autobahnähnlichen Straßen 200 m ausreichend.

...

8 VI. Auf Autobahnen und autobahnähnlichen Straßen dürfen nicht mehr als 130 km/h angeordnet werden. Nur dort darf die Geschwindigkeit stufenweise herabgesetzt werden. Eine Geschwindigkeitsstufe soll höchstens 40 km/h betragen. Der Mindestabstand in Metern zwischen den unterschiedlichen Höchstgeschwindigkeiten soll das 10-fache der Geschwindigkeitsdifferenz in km/h betragen. Nach Streckenabschnitten ohne Beschränkung soll in der Regel als erste zulässige Höchstgeschwindigkeit 120 km/h angeordnet werden.

9 VII. Das Zeichen 274 mit Zusatzzeichen „bei Nässe" soll statt des Zeichens 114 dort angeordnet werden, wo das Gefahrzeichen als Warnung nicht ausreicht.

...

Zu Zeichen 276 Überholverbot

1 I. Das Zeichen ist nur dort anzuordnen, wo die Gefährlichkeit des Überholens für den Fahrzeugführer nicht ausreichend erkennbar ist.

2 II. Wo das Überholen bereits durch Zeichen 295 unterbunden ist, darf das Zeichen nicht angeordnet werden.

3 III. Außerhalb geschlossener Ortschaften ist das Zeichen in der Regel auf beiden Straßenseiten aufzustellen.

4 IV. Zur Verwendung des Zeichens an Gefahrstellen vgl. Nummer I zu § 40; Rn. 1.

...

Zu den Zeichen 274, 276, 277 und 277.1

1 I. Die Zeichen sind nur dort anzuordnen, wo Gefahrzeichen oder Richtungstafeln (Zeichen 625) nicht ausreichen würden, um eine der Situation angepasste Fahrweise zu erreichen. Die Zeichen können dann mit Gefahrzeichen kombiniert werden, wenn

2 1. ein zusätzlicher Hinweis auf die Art der bestehenden Gefahr für ein daran orientiertes Fahrverhalten im Einzelfall unerlässlich ist oder

3 2. aufgrund dieser Verkehrszeichenkombination eine Kennzeichnung des Endes der Verbotsstrecke entbehrlich wird.

...

6 IV. Vgl. auch Nummer IV zu § 41; Rn. 4 und über die Zustimmungsbedürftigkeit Nummer III 1 c und e zu § 45 Abs. 1 bis 1 e; Rn. 6 und 8.

6.7 Engstellen und Alleen

StVO Anlage 1 Allgemeine und Besondere Gefahrzeichen (zu § 40 Absatz 6 und 7) Abschnitt 1 Allgemeine Gefahrzeichen (zu § 40 Absatz 6)		
10	Zeichen 120  Verengte Fahrbahn	
11	Zeichen 121  Einseitig verengte Fahrbahn	

StVO Anlage 4 Verkehrseinrichtungen (zu § 43 Absatz 3) Abschnitt 2 Einrichtungen zur Kennzeichnung von dauerhaften Hindernissen oder sonstigen gefährlichen Stellen		
9	Zeichen 626  Leitplatte	
10	Zeichen 627 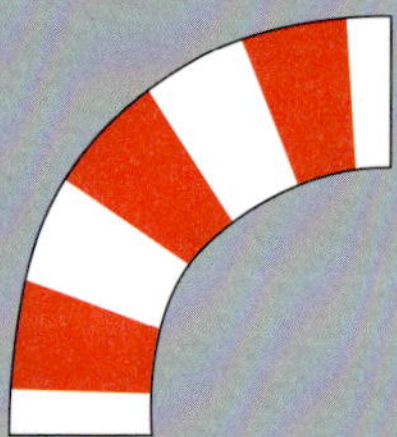 Leitmal	Leitmale kennzeichnen in der Regel den Verkehr einschränkende Gegenstände. Ihre Ausführung richtet sich nach der senkrechten, waagerechten oder gewölbten Anbringung beispielsweise an Bauwerken, Bauteilen und Gerüsten.

Engstellen sind Straßenstücke, die einen schmaleren Querschnitt aufweisen als die sie umgebende Strecke. Dabei ist es zunächst unerheblich, ob die Einengung („das Hindernis") einfach nur auf einem geringeren Ausbauzustand beruht, durch wirkliche bauliche Hindernisse (z. B. enge Brücken), durch nahe stehende Häuser oder durch Felswände bedingt ist oder aber durch verkehrsrechtliche Regelungen (z. B. Radfahrstreifen, Bushaltestellen oder Parkstreifen) erzeugt wird.

Auch Arbeitsstellen können zeitweise Ursache für Engstellen sein. Da an Arbeitsstellen aber in der Regel sehr komplexe Regelungen auch aus anderen Gründen erforderlich sind, wird deren Beschilderung umfassend in Abschnitt 7 beschrieben.

Ist die Engstelle insgesamt so schmal, dass ein Fahrzeug mit der maximal zugelassenen Breite von 2,55 m/2,60 m nicht mehr sicher passieren kann und eine Sperrung für Kraftfahrzeuge, die eine bestimmte Breite überschreiten, notwendig wird, dann ist zu prüfen, ob der gesamte Streckenzug für Fahrzeuge mit größeren Breiten zu sperren und ggf. eine Umleitung einzurichten ist (siehe Abschnitt 3.3).

Vor und in Engstellen ist in der Regel ein anderes Fahrerverhalten erforderlich. Die Spurwahl erfordert eine höhere Konzentration. Meist ist eine geringere Geschwindigkeit ratsam. Außerdem muss u. U. mehr Rücksicht auf andere, insbesondere auf entgegenkommende Fahrzeuge genommen werden. Ist die Fahrbahn in der Engstelle so schmal, dass sich Fahrzeuge nicht gefahrlos begegnen können, muss für die Fahrzeugführer schnell und sicher erkennbar sein, wer die Engstelle zuerst passieren darf.

Wie bei anderen Fallgestaltungen empfiehlt sich auch zur Behandlung von Engstellen das folgende abgestufte Vorgehen:

- Vorrangig sollte versucht werden, die Straßenanlage (in diesem Fall die Engstelle) so zu gestalten, dass die Verkehrsteilnehmer sie rechtzeitig erkennen können und sich unter Beachtung der allgemeinen Verkehrsregeln „richtig" verhalten.
- Sollte das nicht möglich sein, kann eine oft schon optische Hervorhebung (an Engstellen z. B. durch Leitmale und Leittafeln) ausreichen, um die rechtzeitige Erkennbarkeit und die „richtige" Benutzung zu erreichen.
- Reicht auch das nicht aus, kann der Verkehr in angemessener Entfernung durch Gefahrzeichen vor der Gefahr gewarnt werden und durch deren Gestaltung auf die notwendige Verhaltensweise hingewiesen werden.
- Erst wenn auch das nicht ausreicht oder nicht ausreichend Erfolg versprechend ist, sind regelnde Eingriffe angebracht und notwendig.

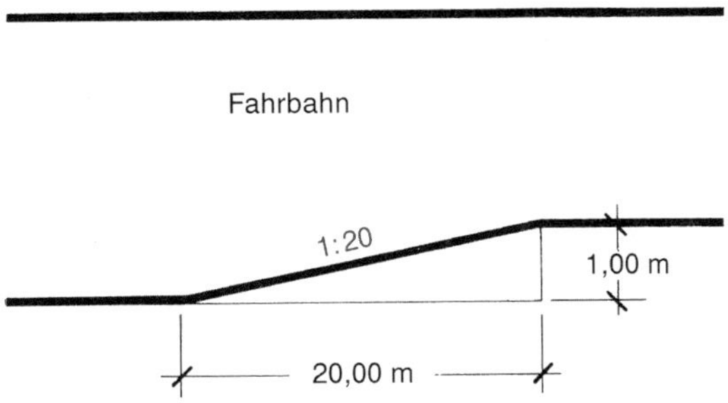

Bild 6.25 Engstelle mit einer Verziehung von 1:20 (Verengung um 1 m auf 20 m Länge)

Bei der Gestaltung einer Engstelle (aus der Sicht der sich annähernden Fahrzeuge) ist das erwartete Fahrerverhalten zu berücksichtigen. Wenn keine Begegnung in der Engstelle möglich ist, das eigene Verhalten also auf das des Gegenverkehrs abgestimmt (ggf. sogar angehalten) werden muss, so ist eine andere Gestaltung zweckmäßig, als wenn eine solche Begegnung in der Regel gefahrlos möglich ist und nur eine höhere Aufmerksamkeit erfordert.

Ist eine Begegnung in der Engstelle in der Regel möglich, sind oft keine weiteren Maßnahmen nötig, wenn die Einengung sehr langsam erfolgt. Als Anhaltspunkt dafür kann eine Neigung der einengenden Schräge von etwa 1:20 oder flacher (z. B. 1:30) angenommen werden (siehe *Bild 6.25*).

Ist dagegen eine Begegnung in der Engstelle nicht immer möglich, so regelt § 6 StVO dazu allgemein, dass derjenige, der an einem solchen eine Engstelle erzeugenden Hindernis links vorbeifahren will, die entgegenkommenden Fahrzeuge durchfahren lassen muss. Wer sich der Engstelle nähert, muss also nicht nur rechtzeitig und sicher erkennen können,

- dass eine Engstelle zu berücksichtigen ist,

sondern insbesondere auch,

- dass die Engstelle zu schmal ist, um uneingeschränkt Begegnungsverkehr zuzulassen, und
- welche Fahrtrichtung wartepflichtig ist.

In diesem Fall ist es also besser, wenn die Einengung nicht allmählich, sondern deutlich erkennbar erfolgt und der ggf. wartepflichtige Verkehr schon durch die bauliche Gestaltung erkennen kann, wo er zweckmäßigerweise anhalten und warten soll.

Außerdem kann es zu Fehleinschätzungen kommen, wenn die Einengung eine Breite hat, bei der sich zwei schmale Fahrzeuge noch begegnen können, nicht aber zwei breitere. Daher empfiehlt es sich, Engstellen so eindeutig zu gestalten,

- dass sie entweder eindeutig als einstreifig erkannt werden (d.h. die Vorrangregeln sind zu beachten) oder
- dass neben einem breiten Fahrzeug (Lkw, Bus) noch zumindest ein schmales Fahrzeug (Pkw) vorbeifahren kann; diese Empfehlung trägt dem Umstand Rechnung, dass Führer breiterer Fahrzeuge in der Regel über eine größere Erfahrung verfügen und damit die gleichzeitige Einfahrt zweier breiter Fahrzeuge mit hoher Wahrscheinlichkeit vermeiden können.

Ist die so beabsichtigte Führung des Verkehrs nicht ohne Weiteres zu erkennen (z.B. bei Dunkelheit), so kann sie durch Leitplatten (Zeichen 626) oder Leitmale (Zeichen 627) verdeutlicht werden.

Mit Leitplatten kann angezeigt werden, dass sich ein Hindernis auf der Fahrbahn befindet, an dem links oder rechts vorbeigefahren werden muss. Das Zeichen ist so anzuordnen, dass an der Seite vorbeigefahren werden muss, zu der die Schraffierung fällt. Dementsprechend gibt es unterschiedliche Ausführungen des Zeichens (siehe *Bild 6.26*). Vor allem unter beengten Verhältnissen oder wenn entlang einer Verziehung eine Reihe von Zeichen angeordnet werden soll, die den Verlauf der Einengung verdeutlichen, können ausnahmsweise auch schmalere Leitbaken (Zeichen 605) verwendet werden, die seit der StVO-Änderung vom 1.9.2009 vorrangig nur an Arbeitsstellen eingesetzt werden sollen.

Mit Leitmalen werden Lichtraumeinschränkungen hervorgehoben. Wenn durch diese eine

Bild 6.26 Varianten der Leitplatte (Z 626), je nachdem, ob der Verkehr links, beidseitig oder rechts an der Platte vorbeifahren kann

Bild 6.27 Varianten der Z 120 und 121

Engstelle entsteht, können sie auch zu deren Kennzeichnung verwendet werden. Einzelheiten für die Kennzeichnung von Brückenbauwerken mit beschränkter Durchfahrtshöhe enthalten die mit

- ARS 14/2000 (S 28/S 32/38.54.10-02/21 BASt 99) „Kennzeichnung von Ingenieurbauwerken mit beschränkter Durchfahrtshöhe über Straßen“ vom 20.6.2000 (VkBl. S. 337)

bekannt gegebenen, nachstehend abgedruckten Richtlinien (siehe dazu auch Abschnitt 3.3).

Leitbaken (Zeichen 628/629) sollten nur im Bereich von Arbeitsstellen angeordnet werden (siehe Abschnitt 7.2).

Sind an Engstellen die Seitenstreifen nicht befahrbar, ist ein Ausweichen darauf im Begegnungsfall nicht möglich. Auf diese Stellen kann im Bedarfsfall mit einem verbal gestalteten Zusatzzeichen 1007-60 zu Zeichen 101 hingewiesen werden.

Reicht die deutliche Gestaltung der Verkehrsanlage, notfalls verstärkt durch die Anordnung von Leitmalen oder Leittafeln, nicht aus, um die Engstelle und die Vorrangregelungen rechtzeitig zu erkennen, können (ggf. auch zusätzlich) Gefahrzeichen angeordnet werden. Dies wird vor allem bei schneller befahrenen Straßen zu prüfen sein.

Vor der Gefahr einer Engstelle wird mit den Zeichen 120 und 121 gewarnt. Es hängt von der Art der Engstelle ab, ob Zeichen 120 oder 121 aufzustellen ist. Durch die verschiedenen Varianten von Zeichen 121 (*Bild 6.27*) wird nicht nur geometrisch verdeutlicht, auf welcher Seite die Engstelle zu erwarten ist, sondern auch, wie die allgemeine Regelung des § 6 StVO zu interpretieren ist (denn nur an einem rechten Hindernis fährt man links vorbei und wird dadurch wartepflichtig).

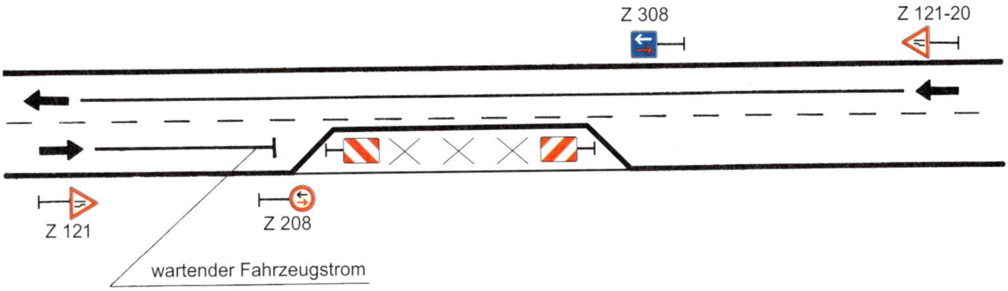

Bild 6.28 **Prinzipskizze für die Beschilderung einer einspurigen Engstelle mit einseitiger Einengung an einer schneller befahrenen Straße (Z 208 und 308 nur aufstellen, wenn Unklarheiten über die Vorfahrtregelung bestehen)**

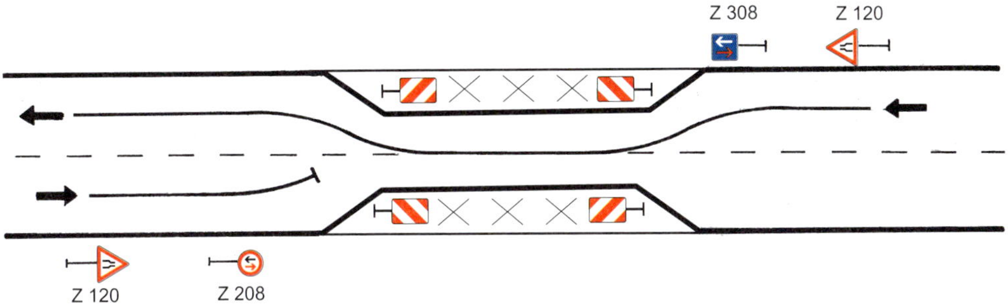

Bild 6.29 **Einspurige Engstelle mit beidseitiger Einengung**

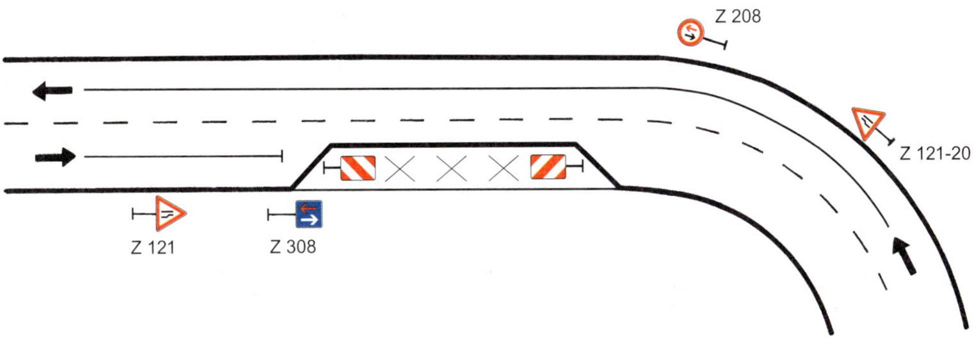

Bild 6.30 **Einspurige Engstelle mit Sichtbehinderung. Es soll im Allgemeinen derjenige weiterfahren dürfen, der ab der Engstelle über die kürzere Sichtweite verfügt, während der Fahrer mit der längeren Sichtweite anzuhalten hat**

Innerhalb geschlossener Ortschaften sollen die Zeichen 120 und 121 nur bei Baustellen angeordnet werden. Allgemein ist von der Verkehrssituation her zu entscheiden, ob die Engstelle so unvermutet auftaucht, dass sie eine Gefahr darstellt, vor der gewarnt werden muss.

Soweit die Verengung nur zu einer Verringerung der Fahrstreifenanzahl führt, kann das den Fahrzeugführern durch Einengungstafeln (Zeichen 531) angekündigt werden.

Diese Verkehrslenkungstafeln verdeutlichen vor allem auch, welcher Fahrstreifen nicht mehr weitergeführt wird.

Die betroffenen Verkehrsteilnehmer werden so rechtzeitig darauf hingewiesen, dass ihr Fahrstreifen endet und ein Einordnen auf den verbleibenden Fahrstreifen notwendig ist. Weitere Details zur Aufstellung finden sich in den Abschnitten 4.3 (für dauernde Einengungen) und 7.2.3 (für temporäre Einengungen).

Für die Verziehung am Ende eines Fahrstreifens siehe auch die Richtlinien für die Markierung von Straßen (RMS-1 und RMS-2):

- „Richtlinien für die Markierung von Straßen – Teil 1: Abmessungen und geometrische Anordnung von Markierungszeichen (RMS-1)“, Ausgabe 1993, FGSV Verlag
- „Richtlinien für die Markierung von Straßen – Teil 2: Anwendung von Fahrbahnmarkierungen (RMS-2)“ Ausgabe 1980, berichtigter Nachdruck 1995, FGSV Verlag.

In manchen Fällen ist es sinnvoll oder sogar nötig, den Vorrang mit speziellen Zeichen gezielt zu regeln (siehe Abschnitt 5.2), z. B. wenn

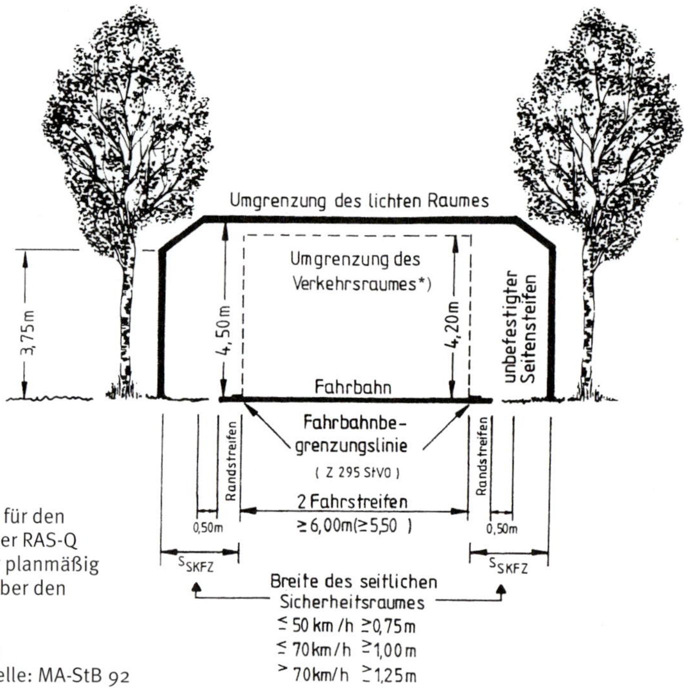

*) Hierbei wird als Verkehrsraum für den Kfz-Verkehr abweichend von der RAS-Q (Abs. 1.2.1) der Raum über der planmäßig zu befahrenden Fläche, d. h. über den Fahrstreifen, angenommen

Bild 6.31 Lichter Raum in Alleen

Quelle: MA-StB 92

Bild 6.32 Warnung vor unzureichendem Lichtraumprofil durch Bäume

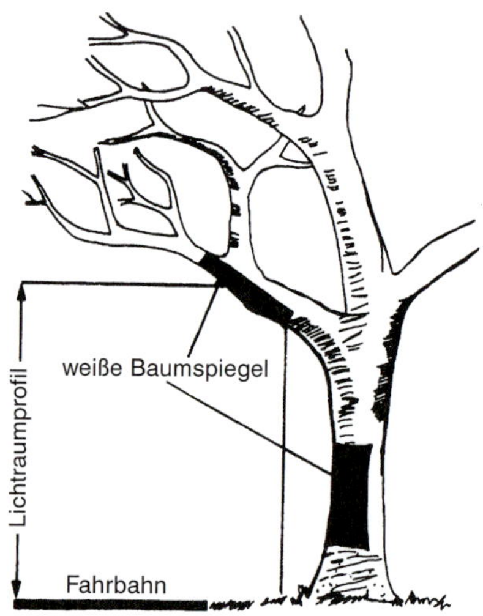

Bild 6.33 Baumspiegel

Quelle: MA-StB 92

die Einengung beidseitig ist, sodass die Seitenzuordnung des Hindernisses nach der allgemeinen Regel des § 6 StVO nicht eindeutig ist. Es kann manchmal auch zweckmäßig sein, den Verkehr, auf dessen Seite sich das Hindernis befindet, abweichend von der allgemeinen Regelung des § 6 StVO zu bevorzugen, z. B. aus Gründen der Sicht oder um den Verkehr von einer Kreuzung oder einem Bahnübergang ohne Probleme abfließen zu lassen. Insbesondere bei Engstellen, bei denen eine große Verkehrsmenge zu bewältigen ist, die vergleichsweise lang sind oder bei denen keine ausreichende Sichtverbindung besteht, kann der Vorrang auch durch Wechsellichtzeichen (Lichtsignalanlagen) geregelt werden.

Bild 6.28 zeigt eine einspurige Engstelle mit einseitiger Einengung.

Die *Bilder 6.29* und *6.30* veranschaulichen mögliche Anwendungen.

Welche von beiden Richtungen in *Bild 6.29* zuerst fahren darf und welche zu warten hat, muss aufgrund der örtlichen Verhältnisse und der Verkehrssituation entschieden werden. So kann man auf einer Gefällstrecke den bergan fahrenden Verkehrsstrom bevorzugen und den bergab fahrenden warten lassen.

In der Regel sollte derjenige anhalten müssen, der die bessere Einsicht in die Engstelle hat, also über die größere Sichtweite verfügt (*Bild 6.30*).

Es ist noch zu erwähnen, dass der wartepflichtige Verkehr **immer** ein Gefahrzeichen, das vor der Engstelle warnt, erhalten sollte, während der nicht wartepflichtige Verkehr ein Gefahrzeichen erhalten **kann**.

Hinweise für verkehrstechnische Maßnahmen bei Lichtraumeinschränkungen durch Alleebäume (*Bild 6.31*) gibt das nachstehend auszugsweise wiedergegebene

- „Merkblatt Alleen (MA-StB 92)“, Ausgabe 1992, Verkehrsblatt-Verlag,

eingeführt für die Bundesfernstraßen mit

- ARS 11/1992 (StB 11/14.87.02-15/8 Va 92) „Merkblatt Alleen (MA-StB 92)“ vom 4.5.1992.

In der Regel wird es ausreichen, durch Zeichen 101 mit Zusatzzeichen „Unzureichendes Lichtraumprofil“ auf die Gefahr hinzuweisen (*Bild 6.32*) und ggf. die besonders kritischen Bäume mit weißen Baumspiegeln hervorzuheben (*Bild 6.33*). Sollte das nicht ausreichen, kann eine Beschränkung der zulässigen Höchstgeschwindigkeit, ggf. auch ein Überholverbot, erwogen werden.

Zu Abschnitt 6.7

StVO § 6 Vorbeifahren

Wer an einer Fahrbahnverengung, einem Hindernis auf der Fahrbahn oder einem haltenden Fahrzeug links vorbeifahren will, muss entgegenkommende Fahrzeuge durchfahren lassen. Satz 1 gilt nicht, wenn der Vorrang durch Verkehrszeichen (Zeichen 208, 308) anders geregelt ist. Muss ausgeschert werden, ist auf den nachfolgenden Verkehr zu achten und das Ausscheren sowie das Wiedereinordnen – wie beim Überholen – anzukündigen.

VwV-StVO zu § 40 Gefahrenzeichen

Zu den Zeichen 120 und 121 Verengte Fahrbahn

1 Verengt sich die Fahrbahn nur allmählich oder ist die Verengung durch horizontale und vertikale Leiteinrichtungen ausreichend gekennzeichnet, bedarf es des Zeichens nicht. Innerhalb geschlossener Ortschaften sollen die Zeichen nur bei Baustellen angeordnet werden.

VwV-StVO zu § 41 Vorschriftzeichen

Zu Zeichen 208 Dem Gegenverkehr Vorrang gewähren.

I. Das Zeichen ist nur dann anzuordnen, wenn

1 1. bei einseitig verengter Fahrbahn dem stärkeren Verkehrsfluss abweichend von § 6 Vorrang eingeräumt werden muss oder

2 2. bei beidseitig verengter Fahrbahn für die Begegnung mehrspuriger Fahrzeuge kein ausreichender Raum vorhanden und der Verengungsbereich aus beiden Fahrtrichtungen überschaubar ist. Welcher Fahrtrichtung der Vorrang einzuräumen ist,

VwV-StVO
zu § 41
Vorschriftzeichen

ist auf Grund der örtlichen Verhältnisse und der beiderseitigen Verkehrsstärke zu entscheiden.

3 II. Am anderen Ende der Verengung muss für die Gegenrichtung das Zeichen 308 angeordnet werden.

4 III. In verkehrsberuhigten Bereichen ist auf die Regelung stets, in geschwindigkeitsbeschränkten Zonen in der Regel zu verzichten.

VwV-StVO
zu § 42
Richtzeichen

Zu Zeichen 308 Vorrang vor dem Gegenverkehr

1 Das Zeichen steht vor einer verengten Fahrbahn. Am anderen Ende der Verengung muss das Zeichen 208 angeordnet werden (vgl. zu Zeichen 208, Rn. 3).

VwV-StVO
zu § 43
Verkehrseinrichtungen
(Anlage 4)

Zu Absatz 3 Anlage 4 Abschnitte 2 und 3

5 I. Leitplatten werden angeordnet bei Hindernissen auf oder neben der Fahrbahn. Statt Leitplatten können auch Leitbaken (Zeichen 605) verwendet werden. Die Zeichen sind so aufzustellen, dass die Streifen nach der Seite fallen, auf der an dem Hindernis vorbeizufahren ist.

...

7 III. Zu Leitmalen vgl. Richtlinien für die Kennzeichnung von Ingenieurbauwerken mit beschränkter Durchfahrtshöhe über Straßen.

BMVBW
S 28/S 32/38.-54.-10-02/21
BASt 99
20. Juni 2000

Kennzeichnung von Ingenieurbauwerken mit beschränkter Durchfahrtshöhe über Straßen

Mit Allgemeinem Rundschreiben Straßenbau Nr. 2/1968 habe ich die „Richtlinien für die Kennzeichnung von Brückenbauwerken mit beschränkter Durchfahrtshöhe über Straßen“ bekannt gemacht. Die mit Einführung der „Richtlinien für die Sicherung von Arbeitsstellen an Straßen (RSA)“ (siehe Allgemeines Rundschreiben Straßenbau Nr. 6/1995) vorgesehene Kennzeichnung von Brückenbauwerken mit beschränkter Durchfahrtshöhe in Verbindung mit Arbeitsstellen soll auch für die Kennzeichnung *außerhalb* von Arbeitsstellen angewendet werden. Das ARS Nr. 2/1968 wurde daher überarbeitet.

Die lichte Höhe ist die mit Zeichen 265 nach StVO ausgewiesene zulässige Höhe des Fahrzeuges einschließlich Ladung zuzüglich eines Sicherheitsabstandes. Die RAS-Q 96 nennt ein Maß von 0,25 m, das einen Mittelwert darstellt.

Als Anlage übersende ich die „Richtlinie für die Kennzeichnung von Ingenieurbauwerken mit beschränkter Durchfahrtshöhe über Straßen“ (Ausgabe 2000). Das Allgemeine Rundschreiben Straßenbau Nr. 2/1968 wird hiermit aufgehoben.

Für den Bereich der Bundesfernstraßen ist die Richtlinie anzuwenden. Im Interesse einer einheitlichen Mitgestaltung der Straßenausstattung empfehle ich, diese Richtlinie auch für die in Ihrem Zuständigkeitsbereich liegenden Straßen zu übernehmen.

Richtlinie für die Kennzeichnung von Ingenieurbauwerken mit beschränkter Durchfahrtshöhe über Straßen (Ausgabe 2000)

1. Allgemeines

1.1 Ingenieurbauwerke über Straßen sollen eine lichte Höhe von mindestens 4,50 m besitzen. Die lichte Höhe ergibt sich aus der zulässigen Fahrzeughöhe einschließlich Ladung von 4 m (§ 32 Abs. 2 StVZO und § 22 Abs. 2 StVO) plus einem Sicherheitsabstand von mindestens 0,50 m.

1.2 Bei Ingenieurbauwerken mit einer lichten Höhe von weniger als 4,50 m kann der Sicherheitsabstand bis auf 0,20 m reduziert werden. Die zulässige Fahrzeughöhe muss dann für die Durchfahrt eingeschränkt werden. Diese Bauwerke sind durch Zeichen 265 nach StVO und zusätzlich durch Leitmale zu kennzeichnen. Eine vorübergehende Umbeschilderung bei diesen Bauwerken ist zwingend notwendig, wenn durch Instandsetzungsarbeiten die Höhe nochmals eingeschränkt wird.

BMVBW-Erlass vom 20.6.2000

2. Leitmale

2.1 An allen Bauwerken, Bauteilen, Gerüsten und Lichtraumprofilrahmen mit einer lichten Höhe von auch nur vorübergehend weniger als 4,50 m sind Leitmale über dem Verkehrsraum anzubringen.

a) waagerechte Leitmale

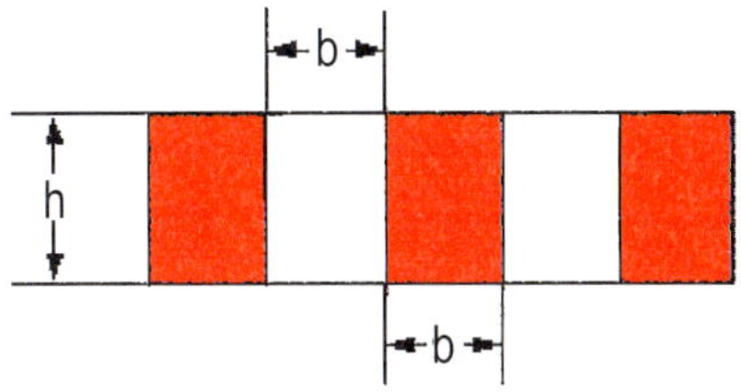

b) bogenförmige und schräg liegende Leitmale

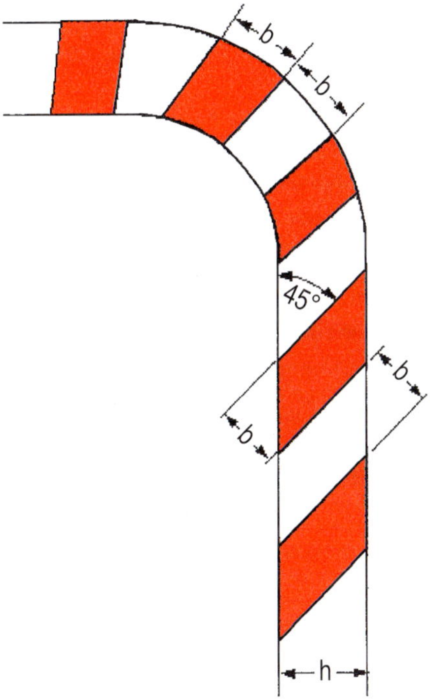

c) senkrechte Leitmale

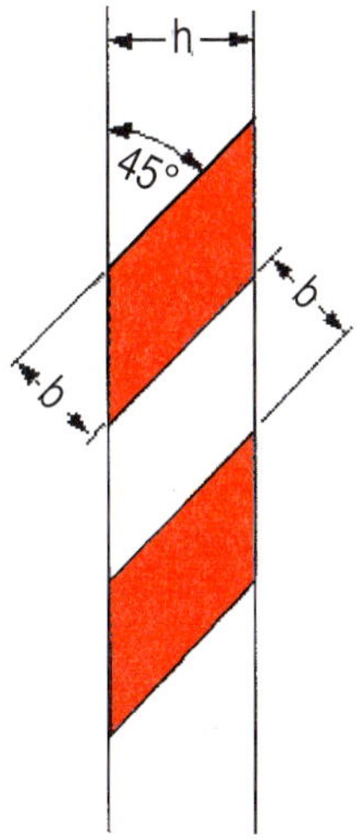

Wird der seitliche Sicherheitsraum an Bauwerken zusätzlich eingeschränkt, sind diese Leitmale auch seitlich ab einer Höhe von 1,50 m anzubringen.

2.2 Leitmale bestehen aus rot-weißen Schraffen, deren Breite (b) 200 mm und deren Höhe (h) mindestens 250 mm betragen. Sie sind an waagerechten Bauteilen als senkrechte Schraffen, an senkrechten Bauteilen als schräge Schraffen unter 45° zum Verkehrsbereich fallend und an Gewölben radial zum Bogen anzubringen. Sie sind aus rot-weiß retroreflektierenden Folien Bauart Typ 2 nach DIN 67520-2 auszuführen. Die Farbe ist rot und weiß nach DIN 6171.

3. Sicherheitsabstand

Bei Ingenieurbauwerken mit einer lichten Höhe zwischen 4,49 und 3,80 m beträgt der Sicherheitsabstand zwischen lichter Höhe und der zul. Fahrzeughöhe entsprechend der Tabelle 1:

BMVBW-Erlass vom 20.6.2000

Tabelle 1: Kennzeichnung von Ingenieurbauwerken mit beschränkter lichter Höhe

Lichte Höhe [m]	Zeichen 265 StVO mit Angabe	Sicherheitsabstand über zul. Fahrzeughöhe [m]
4,49–4,20	4,0 m	0,49–0,20
4,19–4,10	3,9 m	0,29–0,20
4,09–4,00	3,8 m	0,29–0,20
3,99–3,90	3,7 m	0,29–0,20
3,89–3,80	3,6 m	0,29–0,20

4. Ingenieurbauwerke mit rechteckiger Durchfahrtsöffnung

4.1 Ingenieurbauwerke mit rechteckiger Durchfahrtsöffnung und einer lichten Höhe von weniger als 4,50 m sind mit Zeichen 265 nach StVO und zusätzlich mit Leitmalen zu kennzeichnen (Abb. 1 und 2). Auf dem Zeichen 265 nach StVO ist als zulässige Fahrzeughöhe die lichte Höhe des Ingenieurbauwerkes vermindert um mindestens 0,20 m entsprechend Tabelle 1 anzugeben.

4.2 Ist die Durchfahrtsöffnung gleichzeitig in der Breite eingeschränkt, sind das Zeichen 264 nach StVO und auch an den seitlichen Bauteilen Leitmale ab einer Höhe von 1,50 m über der Fahrbahn anzubringen (Abb. 3). Wenn unter dem Ingenieurbauwerk der Verkehr nur in jeweils einer Richtung möglich ist, wird die Durchfahrt durch Zeichen 208 bzw. 308 nach StVO gekennzeichnet.

5. Ingenieurbauwerke mit gewölbter Durchfahrtsöffnung (Normalfall)

5.1 Bei Ingenieurbauwerken mit gewölbter Durchfahrtsöffnung gilt als lichte Höhe das geringste Maß, das über dem Verkehrsraum in seiner ganzen Breite vorhanden ist.

5.2 Beträgt die lichte Höhe über einem Punkt des Verkehrsraumes weniger als 4,50 m, sind Verkehrszeichen nach StVO entsprechend Tabelle 1 anzubringen. An den Bauteilen, die die lichte Höhe von 4,50 m unterschreiten, sind Leitmale von der Einschränkung bis zu einer Höhe von 1,50 m seitlich anzubringen (Abb. 4).

6. Ingenieurbauwerke mit gewölbter Durchfahrtsöffnung (Sonderfall)

6.1 Bei Ingenieurbauwerken mit gewölbter Durchfahrtsöffnung, bei denen die lichte Höhe über die gesamte Breite weniger als 4,20 m beträgt, ist mit hohen Fahrzeugen in bestimmten Fällen nur eine einstreifige Verkehrsführung möglich, der Verkehr ist hierfür auf einen Fahrstreifen bis zu 3,00 m Breite einzuschränken.

6.2 Beträgt die lichte Höhe der Wölbung über der Fahrbahn weniger als 4,50 m, ist die Durchfahrtsöffnung ab einer Höhe von 1,50 m mit umlaufenden Leitmalen zu versehen. Als zulässige Durchfahrtshöhe ist das Maß anzugeben, das sich aus der lichten Höhe innerhalb eines 3,00 m breiten Fahrstreifens, verringert um mindestens 0,20 m, ergibt (Tabelle 1). Über dem jeweils niedrigsten Punkt der Wölbung ist das Zeichen 265 nach StVO mit Angabe des betreffenden Zwischenmaßes (vorhandene lichte Höhe vermindert um den Sicherheitsabstand von mindestens 0,20 m nach Tabelle 1) in Fahrtrichtung anzubringen (Abb. 5).

6.3 Beträgt bei Bauwerken mit gewölbter Durchfahrtsöffnung die lichte Höhe 4,50 m und mehr, ist aber der Verkehr nur jeweils in einer Richtung möglich, wird die Durchfahrt durch Zeichen 208 bzw. 308 nach StVO gekennzeichnet. Außerdem sind Leitmale an den Bauteilen gemäß Abschnitt 4.2 nur in der Höhe von 4,50 m bis 1,50 m seitlich der Fahrbahn anzubringen (Abb. 6).

7. Sperrung von Straßen für Fahrzeuge mit bestimmter Höhe

7.1 Wenn der ganze Straßenzug, in dem sich ein Ingenieurbauwerk mit beschränkter Durchfahrtshöhe gemäß Abschnitt 1.2 befindet, für Fahrzeuge mit bestimmter Höhe gesperrt werden muss, ist am Beginn des Straßenzuges das Zeichen 265 nach StVO aufzustellen.

7.2 Wenn im Zuge einer Straße, in der sich ein Ingenieurbauwerk mit beschränkter Durchfahrtshöhe gemäß Abschnitt 1.2 befindet, nur die Durchfahrt durch das Ingenieurbauwerk mit Fahrzeugen bestimmter Höhe untersagt werden muss, ist am Beginn des Straßenzuges das Zeichen 265 nach StVO aufzustellen und durch Zusatzzeichen 1004 nach StVO die Entfernung zum Bauwerk (z. B. 400 m) anzugeben.

BMVBW-Erlass
vom 20.6.2000

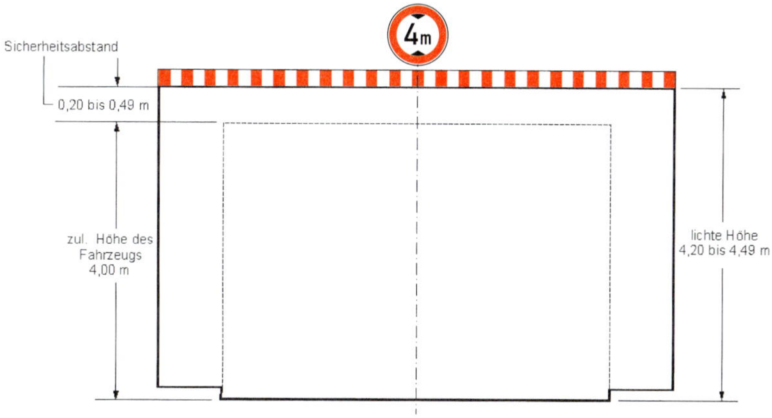

Abb. 1: Beispiel der Kennzeichnung eines eingeschränkten Verkehrsraumes bei einem rechteckigen Bauwerk

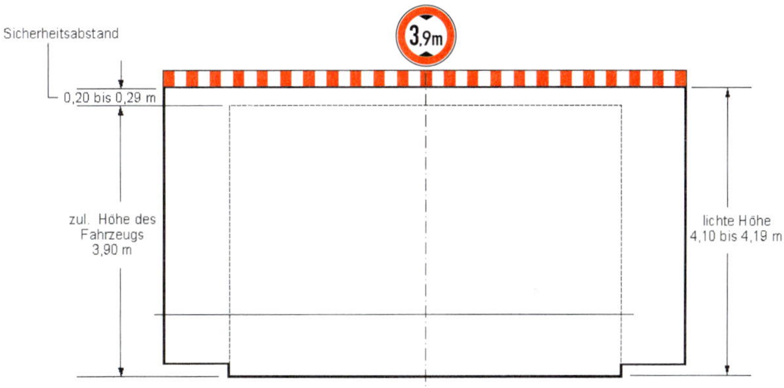

Abb. 2: Beispiel der Kennzeichnung eines eingeschränkten Verkehrsraumes bei einem rechteckigen Bauwerk

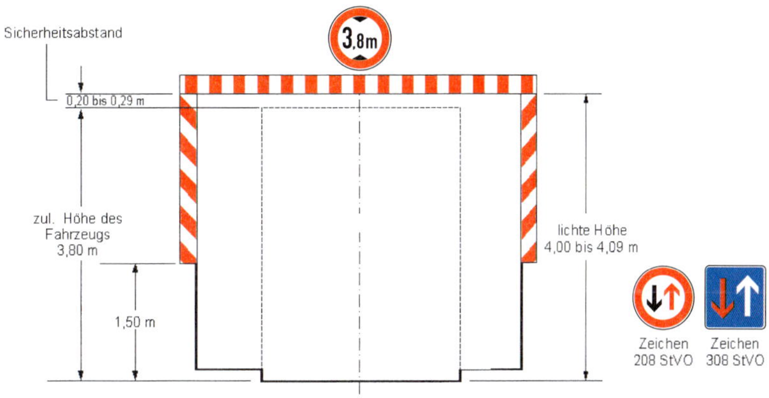

Abb. 3: Beispiel der Kennzeichnung eines eingeschränkten einstreifigen Verkehrsraumes bei einem rechteckigen Bauwerk

BMVBW-Erlass vom 20.6.2000

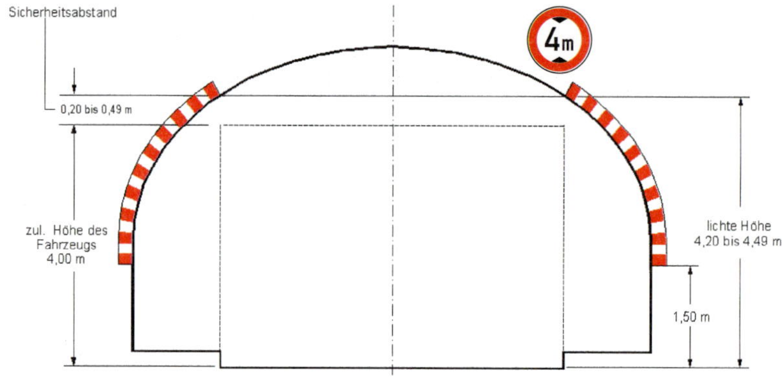

Abb. 4: Beispiel der Kennzeichnung eines eingeschränkten Verkehrsraumes bei einem gewölbten Bauwerk

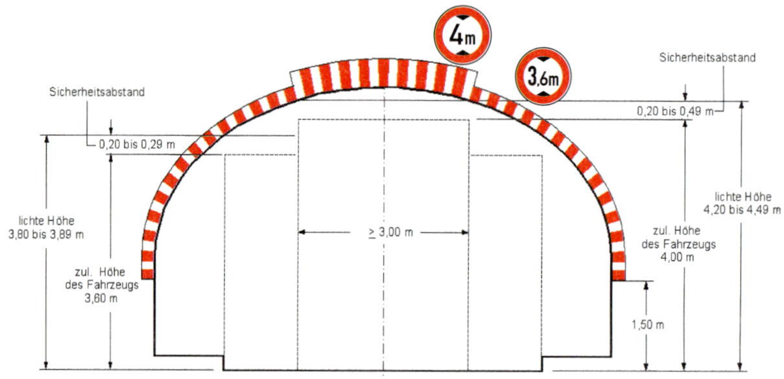

Abb. 5: Beispiel der Kennzeichnung eines eingeschränkten Verkehrsraumes bei einem gewölbten Bauwerk

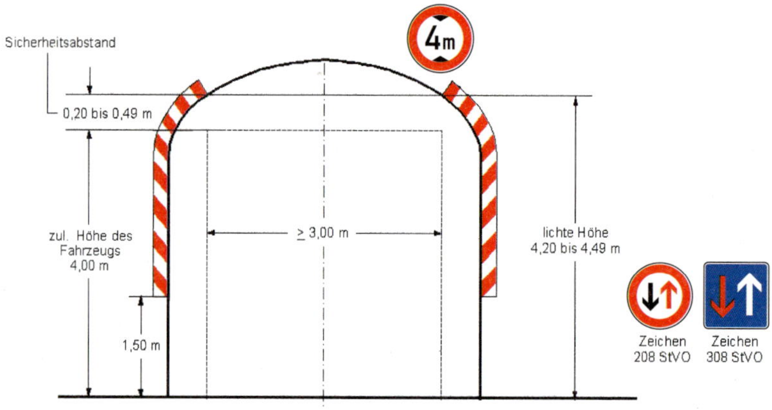

Abb. 6: Beispiel der Kennzeichnung eines eingeschränkten einstreifigen Verkehrsraumes bei einem gewölbten Bauwerk

BMVBW-Erlass vom 20.6.2000

7.3 Verkehr mit Fahrzeugen, die das Ingenieurbauwerk mit beschränkter Durchfahrt nicht durchfahren können, ist rechtzeitig umzuleiten.

7.4 Ingenieurbauwerke, die trotz Kennzeichnung nach diesen Richtlinien häufiger beschädigt werden, sollten durch zusätzliche Maßnahmen gesichert werden.

(VkBl. 2000 S. 337)

BMV – StB 11/14.87.02 – 15/8 Va 92 4. Mai 1992

Merkblatt Alleen MA-StB 92 (Auszug)

4.2 Verkehrstechnische Maßnahmen

4.2.1 Querschnittsgestaltung

Für neu zu bauende oder auszubauende, anbaufreie einbahnige Bundesfernstraßen sollen die Regelquerschnitte der Richtlinien für die Anlage von Straßen, Teil: Querschnitte (RAS-Q), angewendet werden.

In bestehenden Alleen können Querschnitte eingeengt werden. In diesem Fall ist zu prüfen, ob die Verkehrsfunktion zumindest vorübergehend auch mit kleineren Querschnitten zu erfüllen ist, insbesondere mit solchen Querschnitten, bei denen die seitlichen oder oberen Sicherheitsabstände zwischen Verkehrsraum und Baum unter den Werten liegen, die in den RAS-Q gefordert werden.

Durch Abmarkieren schmalerer Fahrstreifen auf der vorhandenen Fahrbahn lässt sich in manchen Fällen bereits ein ausreichendes Lichtraumprofil herstellen. Hierbei sind die „Grundlagen für die Abmessungen der Bestandteile des Straßenquerschnitts" gemäß Ziffer 1 der RAS-Q sowie die Ziffer 3 der „Richtlinien für die Markierung von Straßen" (RMS) sinngemäß anzuwenden (siehe 4.3).

Bei Alleen kann die Fahrbahnbegrenzungslinie (Fahrbahnrandmarkierung) hilfsweise als seitliche Begrenzung des Verkehrsraumes angenommen werden (siehe Bild 1).

Bild 1: Lichter Raum in Alleen [abgedruckt als *Bild 6.31*]

Der lichte Raum muss über der befestigten Fläche sowie über dem anschließenden mindestens 0,50 m breiten Teil des unbefestigten Seitenstreifens 4,50 m hoch sein. In Alleen darf darüber hinaus die Höhe des lichten Raumes bis zur Grenze des seitlichen Sicherheitsraumes linear auf 3,75 m vermindert werden (siehe Bild 1). Dünne Äste (bis zu 1 cm Durchmesser) dürfen bis zu 30 cm in den lichten Raum ragen.

4.2.2 Passive Schutzeinrichtungen

Im Verlauf von Alleen werden in der Regel zur Schonung der Wurzeln und des Landschaftsbildes keine Schutzplanken angeordnet. Gemäß Ziffer 2 der Richtlinien für passive Schutzeinrichtungen an Straßen (RPS) können allerdings neben Bäumen im Seitenraum von Straßen mit $V_{zul} \geq 70$ km/h bei entsprechender Unfallsituation oder erhöhter Abkommenswahrscheinlichkeit (z. B. gefährliche Kurve) Schutzplanken erforderlich werden.

Schutzplanken erreichen ihre volle Schutzwirkung erst, wenn sie sich um mindestens 0,50 m nach hinten verformen können, unter Berücksichtigung des erforderlichen Mindestabstandes zwischen Vorderkante Schutzplankenholm und Rand der befestigten Fläche von 0,50 m sowie der Konstruktionsbreite von ca. 0,40 m ergibt sich eine erforderliche Mindestbreite von ca. 1,40 m bis 1,50 m zwischen Bäumen und Rand der befestigten Fläche für den Einbau so genannter einfacher Distanzschutzplanken (EDSP).

Beträgt der Abstand zwischen dem Rand der befestigten Fläche und Bäumen weniger als 1,40 m, so ist ein ausreichender Schutz mit so genannten einfachen Schutzplanken (ESP) nur zu erreichen, wenn die Pfosten in einem engen Abstand von 1,33 m geschlagen werden. Hierbei besteht allerdings die Gefahr, dass die Wurzeln der Alleebäume beschädigt werden. Um dies zu vermeiden, ist zu erwägen, die Pfosten vor Bäumen um bis zu 0,4 m in Längsrichtung zu versetzen. Infrage kommen auch Lösungen mit Normteilen, bei denen die erforderliche Steifigkeit der Konstruktion durch die abschnittsweise Verwendung von Doppelschutzplanken hergestellt wird.

4.2.3 Leiteinrichtungen

Durch Markierungen, insbesondere durch die Fahrbahnbegrenzungslinien sowie durch Leitpfosten und weiße Baumspiegel oder Baumringe, wird die optische Führung speziell bei Dunkelheit, wesentlich verbessert.

BMV-Erlass vom 4.5.1992

4.3 Verkehrsrechtliche Maßnahmen

Rechtliche Grundlagen für die Anordnung straßenverkehrsrechtlicher Maßnahmen sind die Straßenverkehrs-Ordnung (StVO) mit der zugehörigen Verwaltungsvorschrift (VwV-StVO) sowie das Bundesfernstraßengesetz (FStrG) und die Straßengesetze der Länder. Diese besagen, dass

- auf nicht verkehrssicheren Straßenzustand durch Verkehrszeichen hingewiesen werden muss (§ 3 FStrG),
- andere Straßenbaulastträger vorübergehende Umleitungen von Bundesfernstraßen dulden müssen (§ 14 FStrG),
- Verkehrsbeschränkungen aus Gründen der Sicherheit und Ordnung des Verkehrs und zum Schutz der Straße zulässig sind (§ 45 StVO),
- alle zwei Jahre eine Verkehrsschau durch die Straßenverkehrsbehörde durchgeführt werden muss (VwV zu § 45 Abs. 3 StVO).

Verkehrsrechtliche Anordnungen werden durch die Straßenverkehrsbehörden auf Grund der StVO und der zugehörigen Verwaltungsvorschrift (VwV-StVO) getroffen.

Bei der Festlegung der verkehrsrechtlichen Maßnahmen sind über den Bereich der Allee hinausgehend auch andere Randbedingungen zu beachten (z.B. Netzkonzeption, Einschränkung des lichten Raumes durch Unterführungen im Zuge der Straße).

4.3.1 Fahrbahnbegrenzungslinie (Z 295)

Bei der Festlegung der Markierung ist von dem vorhandenen lichten Raum zwischen den Bäumen oder den passiven Schutzeinrichtungen auszugehen. Bei der Breitenfestlegung sind zunächst die geschwindigkeitsabhängigen seitlichen Sicherheitsraumbreiten in ausgewogenem Verhältnis zur verbleibenden Breite der Fahrstreifen festzulegen (siehe Bild 1).

Ist bei beengten Verhältnissen das Höhenmaß von 4,50 m nicht über die volle lichte Breite einhaltbar, so kommt eine Höheneinschränkung in Betracht (siehe 4.3.4).

4.3.2 Beschränkung der zulässigen Höchstgeschwindigkeit (Z 274)

Zeichen 274

Bild 2: Zulässige Höchstgeschwindigkeit

Bei der Anordnung von zulässigen Höchstgeschwindigkeiten ist die gesamte örtliche Situation in Betracht zu ziehen, auf die VwV-StVO zu Z 274 wird besonders hingewiesen.

U. a. ist dabei zu beachten:

- der seitliche Sicherheitsabstand,
- Fahrstreifenbreite,
- Verkehrsbelastung und -zusammensetzung,
- Linienführung,
- Fahrbahnzustand.

Die für den Neubau geltenden Abhängigkeiten der seitlichen Sicherheitsraumbreiten von den zulässigen Höchstgeschwindigkeiten (siehe Bild 1) können bei der Festlegung von Geschwindigkeitsbeschränkungen als Anhaltswerte verwendet werden.

In Alleen mit seitlichen Sicherheitsräumen von weniger als 1,25 m sollten zulässige Höchstgeschwindigkeiten von nicht mehr als 80 km/h vorgeschrieben werden. Vor Kurven oder Knotenpunkten ist die zulässige Höchstgeschwindigkeit erforderlichenfalls auf einen noch niedrigeren Wert zu beschränken, insbesondere dann, wenn zur Herstellung der erforderlichen Sichtfelder möglichst wenig Bäume gefällt werden sollen (siehe 5.2).

Beschränkungen auf weniger als 60 km/h kommen auf Landstraßen grundsätzlich nicht infrage, weil nach der Erfahrung nicht damit zu rechnen ist, dass solche Beschränkungen akzeptiert werden, wenn sie nicht durch regelmäßige Kontrollen oder auch eine stationäre Überwachung der Geschwindigkeiten durchgesetzt werden. Auch können örtlich Geschwindigkeitswarnanlagen mit Wechselverkehrszeichen eingesetzt werden.

BMV-Erlass vom 4.5.1992

Geschwindigkeiten von 70 km/h oder weniger dürfen nicht mit dem Ziel angeordnet werden, auf die Anbringung abweisender Schutzeinrichtungen am Fahrbahnrand in kritischen Bereichen verzichten zu können, wenn nach der Erfahrung damit zu rechnen ist, dass die zulässige Höchstgeschwindigkeit in so beschilderten Bereichen überschritten wird.

Wird die zulässige Höchstgeschwindigkeit auf 70 km/h oder weniger beschränkt, so ist die Beschränkung immer durch ein Gefahrenzeichen zu „begründen" (z. B. Zeichen 103 oder 105 bei Kurven oder Zeichen 101 an Kreuzungen oder Einmündungen), das am gleichen Pfosten wie das Zeichen 274 angebracht wird.

Bei Anordnung von Geschwindigkeitsbeschränkungen ist zu berücksichtigen, dass ein zu häufiger Wechsel der zulässigen Geschwindigkeiten vermieden wird.

4.3.3 Überholverbote (Z 276, Z 277)

Zeichen 276

Zeichen 277

Bild 3: Überholverbote

Überholverbote für Lkw oder Kfz aller Art kommen infrage bei nicht ausreichendem Lichtraumprofil (ein- oder beidseitig) oder fehlender Überholsichtweite, insbesondere wenn für den Kraftfahrer nicht einsichtig ist, dass die von ihm zu übersehende Strecke ein gefahrloses Überholen nicht zulässt.

4.3.4 Verbot für Fahrzeuge, deren Breite oder Höhe einschließlich Ladung (Z 264, Z 265) eine bestimmte Grenze überschreitet, gegebenenfalls mit Zusatzschild „Anlieger frei"

Zeichen 264

Zeichen 265

Bild 4: Verbot für Fahrzeuge über angegebene Breite bzw. Höhe

Die Verbote sollen bei nicht ausreichendem Verkehrsraum angeordnet werden. In diesen Fällen ist eine rechtzeitige Umleitung auf Alternativrouten erforderlich. Die Umleitungsbeschilderung ist in § 42 Abs. 8 Nr. 4 StVO geregelt (Umleitungsplan, gegebenenfalls Herrichten der Umleitungsstrecke). Eine Richtlinie für Umleitungsbeschilderungen (RUB) ist in Vorbereitung [Erschienen im April 1992].

Wenn der vorhandene Verkehrsraum zwar nicht für die Begegnungen schwerer Fahrzeuge untereinander ausreicht, Begegnungen schwerer Fahrzeuge mit Pkw aber möglich sind, kommt unter Umständen ein Verbot mit Zeichen 264 oder 265 nur für eine Verkehrsrichtung infrage (vergleiche aber Abschnitt 4.3.7).

4.3.5 Gefahrstelle (Z 101) mit Zusatzschild als Hinweis auf eingeschränktes Lichtraumprofil durch Bäume (Z 1006-39)

Bild 5: Gefahrstelle mit Zusatzschild eingeschränktes Lichtraumprofil [abgedruckt als *Bild 6.32*]

Die Anwendung des Zusatzschildes kommt insbesondere bei schwach belasteten Straßen bzw. Lkw-Verkehr infrage.

Ergänzend können auch Baumspiegel in Betracht kommen (Bild 6). Für den weißen Anstrich sind umweltverträgliche Produkte zu verwenden.

Bild 6: Baumspiegel [abgedruckt als *Bild 6.33*]

BMV-Erlass vom 4.5.1992

4.3.6 Leitbake (Warnbake) (Z 605)

Bild 7: Leitbake (Warnbake)

Diese dienen der Kennzeichnung von einzelnen Hindernissen, die in das Lichtraumprofil hineinragen.

4.3.7 Einbahnstraßen (Z 220) in Verbindung mit Z 267 „Verbot der Einfahrt“

Zeichen 267 Zeichen 220

Bild 8: Verbot der Einfahrt

Einbahnstraßenregelungen kommen infrage, wenn die Allee für Gegenverkehrsbetrieb unter Berücksichtigung der Verkehrsbelastung – insbesondere des Lkw-Verkehrs –, zu schmal ist, um die erforderliche Verkehrsfunktion zu erfüllen. Sie kommt nur dann in Betracht, wenn in angemessener Entfernung für die gesperrte Richtung eine Strecke vorhanden ist und die zum Erreichen von Anliegern erforderlichen Umwege zumutbar sind.

4.3.8 Warnung vor Kurven (Z 103 bis Z 106), gegebenenfalls zusätzlich Richtungstafeln (Z 625)

Zeichen 103 Zeichen 105 Zeichen 625

Bild 9: Kurve (rechts) bzw. Doppelkurve (zunächst rechts) sowie Richtungstafeln (rechts)

Diese Warnungen sind empfehlenswert, wenn der Fahrer bei der Annäherung nicht den richtigen Eindruck von der in der Kurve gefahrlos zu fahrenden Geschwindigkeit erhält.

Richtungstafeln verbessern die optische Führung und betonen die Gefährlichkeit einer Kurve. Im Allgemeinen empfiehlt es sich, Richtungstafeln aufzustellen, die aus einzelnen Segmenten bestehen.

6.8 Tunnel

StVO Anlage 3 Richtzeichen (zu § 42 Absatz 2) Abschnitt 5 Tunnel		
14	Zeichen 327  Tunnel	**Ge- oder Verbot** 1. Wer ein Fahrzeug führt, muss beim Durchfahren des Tunnels Abblendlicht benutzen und darf im Tunnel nicht wenden. 2. Im Falle eines Notfalls oder einer Panne sollen nur vorhandene Nothalte- und Pannenbuchten genutzt werden.

In Tunneln besteht bei Unfällen, insbesondere solchen mit Brandentwicklung, eine größere Gefährdung der Verkehrsteilnehmer als auf der freien Strecke, da die Flucht- und Ausweichmöglichkeiten begrenzt sind und über die Verrauchung Erstickungsgefahr droht. Daher sind in der StVO dazu besondere Verhaltensregeln für die Verkehrsteilnehmer und die Kennzeichnung von Tunnelbereichen vorgesehen. Außerdem wird es meist sinnvoll und angemessen sein, zusätzliche verkehrsrechtliche Anordnungen z.B. zu Geschwindigkeit, Abstand oder Überholen zu treffen, um das Unfallrisiko (also das Unfallgeschehen nach Wahrscheinlichkeit und/oder Schwere) weiter zu reduzieren.

Mit Zeichen 327 wird der Beginn eines Tunnels gekennzeichnet. Ab einer Tunnellänge von über 400 m sind Länge und Name des Tunnels anzugeben. Diese Angaben erfolgen auf einem Zusatzzeichen unterhalb des Sinnbilds. Bei längeren Tunneln sollte auch im Tunnel noch (ggf. mehrfach) die Restlänge angezeigt werden.

Nicht zuletzt als Reaktion auf einige Unfälle in Alpentunneln haben daher das Europäische Element und der Europäische Rat im Jahr 2004 die

- „Richtlinie 2004/54/EG des Europäischen Parlamentes und des Rates vom 29. April 2004 über Mindestanforderungen an die Sicherheit von Tunneln im transeuropäischen Straßennetz", zuletzt geändert mit Verordnung (EG) 596/2009 vom 18. Juni 2009

erstellt, die in nationales Recht umzusetzen war.

Dies geschah zunächst mit

- ARS 10/2006 (S18/7195.10/00-490187) „Betriebstechnische Ausstattung von Straßentunneln; Umsetzung der Richtlinie 2004/54/EG des Europäischen Parlamentes und des Rates vom 29. April 2004 über Mindestanforderungen an die Sicherheit von Tunneln im transeuropäischen Straßennetz in nationales Recht; Richtlinien für die Ausstattung und den Betrieb von Straßentunneln (RABT), Ausgabe 2006" vom 27.4.2006 (VkBl. S. 471) [inzwischen teilweise schon wieder aufgehoben],

in dem auch die angepassten

- „Richtlinien für die Ausstattung und den Betrieb von Straßentunneln (RABT)", Ausgabe 2006, FGSV Verlag [inzwischen teilweise schon wieder aufgehoben]

eingeführt wurden.

Mit

- ARS 10/2023 (StB 24/7192.70/21/3795709) „Fortschreibung der Richtlinien für den Entwurf, die konstruktive Ausbildung und Ausstattung von Ingenieurbauten (RE-ING), Ausgabe 2023/03" vom 25.5.2023 (VkBl. S. 403)

wurden nun die seinerzeitigen Regelungen und die RABT außer Kraft gesetzt. Die wesentlichen Regelungen zur Gestaltung von Tunneln sind nun im Kapitel 3 der

- „Richtlinien für den Entwurf, die konstruktive Ausbildung und Ausstattung von Ingenieurbauten (RE-ING)", Stand 2024/12 (www.bast.de > Ingenieurbau > Publikationen > Regelwerke > RE-ING)

zu finden. Ergänzend wurden die

- „Empfehlungen für die Ausstattung und den Betrieb von Straßentunneln mit einer Planungsgeschwindigkeit von 80 km/h oder 100 km/h" (EABT-80/100), Ausgabe 2019, FGSV Verlag

erarbeitet, in denen weitere Informationen auch zur verkehrstechnischen Ausstattung von Tunneln zu finden sind.

Da bauliche Gestaltung und Regelung des Verkehrsablaufs eng miteinander verwoben sind, empfiehlt es sich bei Tunneln in besonderem Maße, dass sich die für die bauliche Gestaltung und die für die Verkehrsregelung zuständigen Stellen schon bei der Konzeption und dem Entwurf eng abstimmen, damit die jeweiligen Belange berücksichtigt werden können.

Wegen der bei Überholmanövern in Tunneln von Lkw ausgehenden Gefahr sollte in Tunneln mit mehr als einem Fahrstreifen in jeder Richtung ein Lkw-Überholverbot angeordnet werden. Davon sollte nur abgesehen werden, wenn nachgewiesen wird, dass dadurch keine negativen Auswirkungen auf die Verkehrssicherheit ausgehen.

Soweit aus Sicherheitsgründen ein Mindestabstand von schweren Kfz vorgeschrieben werden soll oder die Benutzung des Tunnels wegen Beschränkungen der baulichen Anlage auf Fahrzeuge mit bestimmten Abmessungen eingeschränkt werden muss, siehe Abschnitt 3.3.

Zur Beleuchtung geben die

- DIN 67524-1 „Beleuchtung von Straßentunneln und Unterführungen – Teil 1: Gütemerkmale und Richtwerte“ (2019)
- DIN 67524-2 „Beleuchtung von Straßentunneln und Unterführungen – Teil 2: Berechnung und Messung“ (2011)

Hinweise.

Zu Abschnitt 6.8

VwV-StVO zu § 41 Vorschriftzeichen

Zu Zeichen 273 Verbot des Fahrens ohne einen Mindestabstand

1 Das Zeichen darf dort angeordnet werden, wo Überbeanspruchungen von Brücken oder sonstigen Ingenieurbauwerken mit beschränkter Tragfähigkeit dadurch auftreten können, dass mehrere schwere Kraftfahrzeuge dicht hintereinander fahren. Die Anordnung kommt ferner vor Tunneln in Betracht, bei denen das Einhalten eines Mindestabstandes aus Verkehrssicherheitsgründen besonders geboten ist. In der Regel ist die Länge der Strecke durch Zusatzzeichen anzugeben.

...

Zu Zeichen 277 Überholverbot für Kraftfahrzeuge über 3,5 t

1 I. Das Zeichen soll nur auf Straßen mit erheblichem und schnellem Fahrverkehr angeordnet werden, wo der reibungslose Verkehrsablauf dies erfordert. ...

II. Bei Anordnung von Lkw-Überholverboten auf Autobahnen und autobahnähnlich ausgebauten Straßen ist ergänzend Folgendes zu beachten:

...

5 III. Aufgrund der bei Überholmanövern in Tunneln von Lkw ausgehenden Gefahr sollte in Tunneln mit mehr als einem Fahrstreifen in jeder Richtung ein Lkw-Überholverbot angeordnet werden. Von einer Anordnung des Zeichens kann abgesehen werden, wenn nachgewiesen wird, dass hiervon keine negativen Auswirkungen auf die Verkehrssicherheit ausgehen.

VwV-StVO zu § 42 Richtzeichen

Zu Zeichen 327 Tunnel

1 I. Das Zeichen ist an jeder Tunneleinfahrt anzuordnen. Bei einer Tunnellänge von mehr als 400 m ist der Name des Tunnels und die Tunnellänge mit „... m (km)“ anzugeben. Bei einer Tunnellänge von weniger als 400 m ist die Angabe des Namens nur notwendig, wenn besondere Umstände dies erfordern.

2 II. Bei einem Tunnel von mehr als 3000 m Länge ist alle 1000 m die noch zurückzulegende Tunnelstrecke durch die Angabe „noch ... m“ anzuzeigen.

3 III. Das Zeichen kann zusätzlich in ausreichendem Abstand vor dem Tunnel mit einem Hinweis „Tunnel in ... m“ in dem Zeichen oder durch Zusatzzeichen 1004 [jetzt Zusatzzeichen 1014 für Tunnelkategorien B–E] angeordnet werden.

Vorüber-
gehende
Regelungen

7

7.1 Allgemeines

Abschnitt 7 behandelt Regelungen, die nur zeitweise („vorübergehend“) getroffen werden, also Verkehrszeichen und Verkehrseinrichtungen, die nur für einen bestimmten Zeitraum oder an bestimmten Fahrzeugen angeordnet werden. Standardbeispiele sind die Sicherung von Arbeitsstellen oder von Schwertransporten. Auch verkehrslenkende Maßnahmen anlässlich von Veranstaltungen fallen hierunter.

Vorübergehende Regelungen sind (gerade auch für die Verkehrsteilnehmer, die die Strecke regelmäßig benutzen und diese daher „gewohnt“ sind) oft unerwartet. Sie müssen daher einerseits möglichst auf eine besondere Art auffällig und besonders gut erkennbar sein, vor allem auch bei Nacht und schlechtem Wetter.

Andererseits soll der Aufwand für die Aufstellung der vorübergehenden Zeichen in einem vernünftigen Verhältnis zur begrenzten Geltungsdauer stehen. Daher können z. B. fahrstreifenbezogene Regelungen auf Verkehrslenkungstafeln statt auf Überkopf-Zeichen dargestellt werden.

Aus diesen Randbedingungen lassen sich besondere Verfahrens- und Gestaltungsregeln herleiten, die nachfolgend behandelt werden. Dabei werden die Maßnahmen an Arbeitsstellen, Unfallstellen und sonstigen vorübergehenden Hindernissen in Abschnitt 7.2 und besondere Maßnahmen zum Schutz der Straßeninfrastruktur vor Schäden durch Frost oder übermäßige Hitze in Abschnitt 7.3 behandelt. Der Kennzeichnung von Fahrzeugen, die fahrend oder stehend eine besondere Gefahr für andere Verkehrsteilnehmer darstellen, sind die Abschnitte 7.4 und 7.5 gewidmet. Abschnitt 7.6 beschäftigt sich mit der Umleitungsbeschilderung.

Soweit möglich, empfiehlt es sich, vorübergehende Regelungen rechtzeitig in den Medien anzukündigen. Dies gilt insbesondere, wenn größere Behinderungen zu erwarten oder vergleichsweise großräumige Umleitungen erforderlich sind.

7.2 Arbeitsstellen, Unfallstellen und sonstige vorübergehende Hindernisse

7.2.1 Allgemeines

Arbeitsstellen, Unfallstellen und sonstigen zeitweisen Hindernissen ist gemeinsam, dass

- Teile des Straßenraums vorübergehend dem Verkehr nicht zur Verfügung stehen und daher
- der Verkehrsfluss gestört wird,
- in der Regel weniger Platz für den fließenden Verkehr zur Verfügung steht,
- die Verkehrsteilnehmer zusätzlich zur schwierigeren Fahraufgabe auch noch abgelenkt werden.

Trotz dieser Randbedingungen muss zuverlässig

- der Verkehr vor den Auswirkungen der Stelle und
- die Stelle vor den Auswirkungen des Verkehrs

geschützt werden.

Unterschiede ergeben sich im Wesentlichen aus der zur Verfügung stehenden Reaktionszeit der zuständigen Institutionen (Straßenverkehrsbehörden, Straßenbaubehörden, Polizei, ggf. Straßenbaulastträger, Unternehmer). Während Arbeitsstellen sowie Sondernutzungen und deren Absicherung in der Regel mit einer ausreichenden Vorlaufzeit geplant werden können (oder zumindest sollten), muss die Sicherung von Unfallstellen oder anderen nicht planbaren zeitweisen Hindernissen in der Regel sehr kurzfristig erfolgen. Trotzdem ist es sinnvoll, deren Absicherung – abgesehen von der dann entfallenden Anordnung von Zeichen 123 – grundsätzlich nach der gleichen Systematik vorzunehmen wie die der Arbeitsstellen.

Sondernutzungen können z. B. Veranstaltungen oder auch Großraum- oder Schwertransporte sein. Soweit erforderlich, werden verkehrsrechtliche Absicherungen und Verkehrslenkungsmaßnahmen in der Regel zusammen mit der straßenverkehrsrechtlichen Erlaubnis verfügt. Keine Sondernutzung im straßenrechtlichen Sinne und auch nicht unter Erlaubnisvorbehalt stehend sind Versammlungen (Demonstrationen). Soweit die Versammlungsbehörde eine angemeldete Versammlung nicht verbietet oder Auflagen verfügt, können auch hier verkehrsrechtliche Absicherungen erforderlich werden. In allen vorgenannten Fällen kann die Absicherung sowohl durch die Polizei als auch durch verkehrsrechtliche Anordnung erfolgen.

Für die Sicherung von Arbeitsstellen hat das für den Verkehr zuständige Bundesministerium die „Richtlinien für die verkehrsrechtliche Sicherung von Arbeitsstellen an Straßen (RSA)“ bekannt gegeben, die in den folgenden Abschnitten näher besprochen werden. Wegen der Ähnlichkeit der Aufgabenstellung empfiehlt es sich, diese Richtlinien sinngemäß auch auf die Sicherung von Unfallstellen und sonstigen Hindernissen anzuwenden.

Die RSA wurden eingeführt mit dem

- ARS 24/2021 (StB 26/7122.3/4-RSA/3524007) „Richtlinien für die verkehrsrechtliche Sicherung von Arbeitsstellen an Straßen (RSA 21)“ vom 8.11.2021 (VkBl. 2022 S. 46).

Mit diesem ARS wurden aufgehoben:

- ARS 06/1995 (StB 13/StV 12/38.59.10-02/111 BASt 94) „Richtlinien für die Sicherung von Arbeitsstellen an Straßen (RSA), Ausgabe 1995“ vom 30.1.1995 (VkBl. S. 221)
- ARS 19/1996 (StB 13/StV 12/38.59.10-02/76 Vm 96) „Richtlinien für die Sicherung von Arbeitsstellen an Straßen (RSA), Ausgabe 1995“ vom 18.7.1996 (VkBl. S. 445)
- ARS 10/2000 (S 28/S 32/38.59.10-02/29 Vm 00) „Arbeitsstellen an Straßen; Richtlinien für die Sicherung von Arbeitsstellen an Straßen (RSA), Ausgabe 1995, Änderungen“ vom 18.4.2000 (VkBl. S. 247)
- ARS 17/2009 (S 11/7122.3/4-RSA/1111796) „Arbeitsstellen an Bundesautobahnen – Regelungen für Nachtbaustellen“ vom 8.12.2009 (VkBl. 2010 S. 56)
- ARS 06/2014 (StB 11/7122.3/4-RSA/1296851) „Technische Liefer- und Prüfbedingungen für transportable Warnschwellen (TLP-Warnschwellen 2014)“ vom 24.4.2014 (VkBl. 2015 S. 91).

Da die RSA ein Regelwerk zur StVO und in der VwV-StVO verankert sind (vgl. VwV-StVO zu § 43, Rn. 3), bedarf es anders als beim Regelwerk für den Straßenbau grundsätzlich keiner Einführung durch die Straßenbaubehörden. Die RSA sind als „verlängerter Arm der VwV-StVO“ im gesamten Geltungsbereich der StVO anzuwenden, unabhängig von der Straßenklasse und den Eigentumsverhältnissen, d. h. selbst auf tatsächlich-öffentlichen Verkehrsflächen in privatem Eigentum. Allerdings können die für den Straßenverkehr zuständigen obersten Landesbehörden auf Grundlage der VwV-StVO zu § 46 Abs. 2 StVO abweichende Regelungen für das jeweilige Land treffen.

Die RSA enthalten neben ausführlichen Regelungen zum Verfahren (rechtzeitiger Antrag des Unternehmens mit ausführlichen Verkehrszeichenplänen für die einzelnen Bauphasen; Abstimmungsverfahren zwischen Unternehmen, Straßenverkehrsbehörde, Straßenbaubehörde und Polizei; verkehrsrechtliche Anordnung; Überwachung) auch ausführliche Regelungen zur Ausführung der Arbeitsstellenbeschilderung (siehe Abschnitte 7.2.3 und 7.2.4) sowie zahlreiche Regelpläne, die auf viele Arbeitsstellensituationen direkt, auf andere mit geringfügigen Veränderungen anwendbar sind (siehe auch Abschnitt 7.2.5).

Eine ausführliche Kommentierung der RSA und der ZTV-SA findet sich in den entsprechenden Handbüchern dazu, Kirschbaum Verlag, Bonn, www.kirschbaum.de

Zu Abschnitt 7.2.1

VwV-StVO zu § 43 Verkehrseinrichtungen (Anlage 4)

Zu Absatz 3 Anlage 4 Abschnitt 1

3 I. Die Sicherung von Arbeitsstellen und der Einsatz von Absperrgeräten erfolgt nach den Richtlinien für die [verkehrsrechtliche] Sicherung von Arbeitsstellen an Straßen (RSA), die das zuständige Bundesministerium im Einvernehmen mit den zuständigen obersten Landesbehörden im Verkehrsblatt bekannt gibt.

7.2.2 Besonderheiten des Verfahrens

Allgemeines

Die verkehrsrechtliche Absicherung von Straßenbauarbeiten und anderen Arbeiten im Straßenraum dient dem Schutz des Verkehrs vor Gefahren, die von diesen Arbeiten auf ihn wirken. Ob verkehrsrechtliche Absicherungen erforderlich sind, richtet sich danach, ob sich die beabsichtigten Arbeiten auf den Verkehr auswirken (vgl. § 45 Abs. 6 StVO).

Grundsätzlich gelten für vorübergehende Verkehrszeichen und Verkehrseinrichtungen die gleichen Regelungen wie für dauerhafte (siehe Abschnitt 2). Insbesondere müssen sie alle eindeutig, nachvollziehbar und mit Begründung angeordnet werden. Bei Arbeitsstellen an Straßen gibt es jedoch auch einige Besonderheiten.

Zum einen kommt neben der Straßenverkehrsbehörde und dem Straßenbaulastträger noch ein Dritter ins Spiel, nämlich derjenige, der die Baustelle betreibt. Dieser hat originäre Sicherungspflichten als „Zustandsstörer".

Als Gesamtheit wird er im Straßenverkehrsrecht als „Unternehmer" bezeichnet, wenn er sich regelmäßig mit Bauaufgaben beschäftigt, als „Bauunternehmer". Der so bezeichnete „Unternehmer" im weiteren Sinn kann aus mehreren Personen oder Unternehmern (im engeren Sinn) bestehen, die ihre Verantwortlichkeiten im Innenverhältnis regeln (siehe Abschnitt „Zuständigkeiten").

Eine weitere Besonderheit ist, dass die zu treffenden Regelungen auf den Bauablauf abgestimmt sein müssen. Die Ausarbeitung der Vielzahl an zu erlassenden Anordnungen würde die anordnenden Behörden kapazitätsmäßig überfordern. Daher sieht § 45 Abs. 6 StVO vor, dass Bauunternehmer die verkehrsrechtlichen Anordnungen für alle Bauphasen selbst durch Vorlage von Verkehrszeichenplänen vorbereiten müssen, auf deren Grundlage die zuständigen Behörden die eigentliche Anordnung erstellen können.

Schließlich sieht § 45 Abs. 2 StVO vor, dass eine Straßenbaubehörde für Straßenbauarbeiten, darunter ihre eigenen Baustellen, die nötigen Anordnungen wie eine Straßenverkehrsbehörde selber treffen kann. Die Straßenverkehrsbehörden können diese Regelungen zwar ändern, wenn es aus übergeordneten Gesichtspunkten erforderlich ist, müssen dann aber die Straßenbaubehörden und die Polizei zumindest anhören.

Die in der Regel unvermeidbare Behinderung des Verkehrs durch die Arbeitsstellen macht es außerdem notwendig, die verschiedenen Arbeitsstellen eines Bereichs aufeinander abzustimmen.

Grundsätzlich setzen die verkehrsrechtlichen Anordnungen den Rahmen, innerhalb dessen die geplanten Arbeiten durchzuführen sind. Dieser ist insbesondere durch räumliche (Lage der Absperrungen im Straßenraum), zeitliche und verkehrliche Aspekte charakterisiert. Die verkehrsrechtliche Anordnung kann z. B. bestimmte Bauabläufe oder -verfahren mittelbar ausschließen; ein Anspruch der Straßenbaulastträger, die notwendigen Anordnungen zur Durchführung eines bestimmten Bauverfahrens oder zur Wahl einer bestimmten Bauweise zu erhalten, besteht nicht, wenn andere Bauweisen oder -verfahren, die zur Verfügung stehen, mit geringeren verkehrlichen Einschränkungen auskommen. Die RSA sprechen hier vom „Primat der verkehrsrechtlichen Anordnung" (vgl. Teil A Abschnitt 11.1 Abs. 4 RSA 21).

Die StVO gilt nicht für Flächen, die durch verkehrsrechtliche Anordnung vorübergehend dem Verkehr entzogen sind (vgl. VwV-StVO zu § 1 StVO, Rn. 2 Satz 2). Die nach StVO anordnende Behörde (Straßenverkehrsbehörde oder Straßenbaubehörde) ist für diese Flächen nicht verantwortlich. Ihr Einfluss auf diese Flächen beschränkt sich auf die Inanspruchnahme von Flächen für die von ihr angeordneten Verkehrszeichen und Verkehrseinrichtungen und ggf. die Durchsetzung des Werbeverbots nach § 33 StVO. Ansonsten kann sie das Geschehen auf diesen Flächen, soweit sich dieses nicht auf den Verkehr auswirkt, als „Black Box" betrachten.

Dies gilt grundsätzlich auch für den Platzbedarf zur Durchführung der Arbeiten, unabhängig davon, was Auslöser für den Platzbedarf ist. Allerdings wirkt sich dieser Platzbedarf unmittelbar auf den Umfang der Verkehrseinschränkungen aus und birgt deshalb Konfliktpotenzial zwischen den die Arbeiten planenden Stellen und den ausführenden Unternehmen einerseits sowie den nach StVO anordnenden Behörden andererseits. Daher sollten sich die anordnenden Behörden im Sinne der Verkehrsteilnehmer mit dem Zustandekommen dieses Platzbedarfs auseinandersetzen. Dies kann sie in die Lage versetzen, im Planungs- und Anordnungsprozess verträgliche Verkehrsführungen durchzusetzen. Der Platzbedarf für Straßenbauarbeiten oder andere Arbeiten im Straßenraum setzt sich in der Regel aus folgenden Aspekten zusammen:

- Infolge der Arbeiten nicht mehr benutzbare Flächen (z. B. abgefräste Fahrbahnen, Aufgrabungen, abgerissene Brücken)
- Feste bauzeitliche Einbauten (z. B. Baugerüste)
- Aufstellflächen für Baumaschinen und andere Arbeitsmittel, einschließlich notwendiger Bewegungsräume (z. B. Schwenkbereich von Baggern)
- Platzbedarf für außerhalb von Arbeitsmitteln eingesetztes Baustellenpersonal, einschließlich Bewegungs- und Sicherheitsräumen.

Einige der vorgenannten Platzbedarfe bestehen über den gesamten Zeitraum der jeweiligen Bauphase, während andere nur bestehen, wenn gerade bestimmte Arbeiten verrichtet werden. Das wird im Weiteren noch von Bedeutung sein. Seit einiger Zeit sind die Platzbedarfe, die sich aus Anforderungen an die Sicherheit von Beschäftigten im Grenzbereich zum Verkehr ergeben, in den besonderen Fokus der Aufmerksamkeit gerückt. Hierzu hat das Bundesministerium für Arbeit und Soziales die

- „ASR A5.2 – Technische Regeln für Arbeitsstätten Anforderungen an Arbeitsplätze und Verkehrswege auf Baustellen im Grenzbereich zum Straßenverkehr – Straßenbaustellen", Ausgabe 2018, geändert Januar 2023, BMAS/ASTA

bekannt gegeben.

Diese legen die Grundsätze fest, nach denen in der Regel die Sicherheit der Beschäftigten auf Baustellen im Grenzbereich zum Verkehr sicherzustellen ist. Von besonderer Bedeutung sind dabei zum einen die Platzbedarfe, die in Abhängigkeit von der durchführenden Tätigkeit für die Beschäftigten selbst einzuplanen sind, und zum anderen Sicherheitsabstände in Längs- und Querrichtung zum Verkehr, die in Abhängigkeit von der verkehrsrechtlichen Anordnung vorzusehen sind.

Die ASR A5.2 ist eine Regel zur Ausführung der Verordnung über Arbeitsstätten (Arbeitsstättenverordnung – ArbStättV). Die Adressaten müssen sie nicht zwingend einhalten; ihre Beachtung löst jedoch eine sogenannte Vermutungswirkung aus, d. h. bei Einhaltung dieser Regeln kann der Adressat davon ausgehen, dass er damit die abstrakter formulierten Anforderungen der ArbStättV erfüllt. Adressaten der ArbStättV sind die Arbeitgeber, auf Baustellen also in der Regel die Bauunternehmer. Über die Baustellenverordnung (BaustellV) sind die Bauherren verpflichtet, die Bauarbeiten so auszuschreiben, dass die Bauunternehmer die an sie adressierten Vorschriften einhalten können. Den nach StVO anordnenden Behörden kommen in diesem Zusammenhang keine Pflichten zu; es bleibt insoweit dabei, dass sie das Geschehen hinter der verkehrsrechtlichen Absperrung als Black Box betrachten können. **Die verkehrsrechtlichen Anordnungen setzen insoweit den Rahmen für die Planung der Arbeiten auf der Baustelle; d. h. sie sind u. a. für die Festlegung der notwendigen Sicherheitsabstände nach ASR A5.2 eine Eingangsgröße.**

Die Praxis zeigt jedoch immer wieder, dass verkehrsrechtliche Anordnungen angepasst (verschärft) werden, um Arbeitsschutzvorschriften einzuhalten. Der korrekte Weg wäre jedoch, die Arbeiten auf der Baustelle an die Arbeitsschutzvorschriften anzupassen. Die vorgenannte Praxis hat in den vergangenen Jahren zu einer deutlichen Zunahme von Vollsperrungen im Basisnetz geführt. Die verantwortlichen Stellen führen in ihren Pressemitteilungen oftmals die Einhaltung von Arbeitsschutzvorschriften als Begründung für diese Vollsperrungen an. Analysiert man diese Vorschriften, ist notwendiger Arbeits- und Sicherheitsraum nur dann bereitzustellen, wenn dort – im Grenzbereich zum Verkehr – tatsächlich und zwingend Arbeiten durchzuführen sind. Werden aus diesem Grund Vollsperrungen für den gesamten Zeitraum einer Baustelle oder Bauphase angeordnet, führt dies – aufgrund des offensichtlichen Verstoßes gegen das Übermaßverbot – zu rechtlich zumindest problematischen Anordnungen. Im Hinblick auf die verkehrlichen Folgen sollten insbesondere zwei Konstellationen in den Fokus genommen werden:

- In weitmaschigen Netzen (z. B. im ländlichen Raum) führen solche Sperrungen und Umleitungen zu erheblichen Umwegen (teilweise über 30 km).
- In hochbelasteten Netzen stehen keine Umleitungsstrecken mit ausreichenden Kapazitätsreserven zur Verfügung.

In beiden Fällen werden Bürgern und Wirtschaft erhebliche Zeitverluste, Fahrzeugbetriebskosten und zusätzliche Unfallrisiken aufgebürdet. Die Anwohner der Ortsdurchfahrten entlang der Umleitungsstrecken müssen zusätzliche Abgas- und Lärmimmissionen sowie zusätzliche Wartezeiten beim Überqueren der Fahrbahn (als Fußgänger), beim (wartepflichtigen) Kreuzen der Umleitungsstrecke und beim Ein- und Anfahren in die Umleitungsstrecke erdulden.

Deshalb sollten die beiden vorgenannten Konstellationen in den besonderen Fokus der Planung von Bauarbeiten genommen werden mit dem Ziel, die vorstehend beschriebenen negativen Folgen zu vermeiden. Zur Unterstützung der damit verbundenen Planungsprozesse hat das für den Verkehr zuständige Bundesministerium das

- ARS 06/2021 (StB 11/7122.3/1-ASR/3443443) „Handlungshilfe für das Zusammenwirken von ASR A5.2 und RSA bei der Planung von Straßenbaustellen im Grenzbereich zum Straßenverkehr (Ausgabe 2020)“ vom 3.2.2021 (VkBl. S. 94)

veröffentlicht.

Diese Handlungshilfe setzt sich mit der praktischen Anwendung der Vorgaben aus RSA (seinerzeit noch in der Ausgabe von 1995) und ASR A5.2 auseinander und gibt wertvolle Hinweise zur Vermeidung oder Abmilderung der vorgenannten Konflikte.

Besonders hervorzuheben ist, dass Landstraßen nach den Regeln der RSA bereits ab einer befestigten Breite von etwa 7,60 m halbseitig gesperrt werden können, sodass die Hälfte der Fahrbahn für die Durchführung von Arbeiten zur Verfügung steht (im Rahmen der Detailplanung können sich größere Breitenbedarfe ergeben, z. B. durch die Breite der Kettenlaufwerke von Fertigern). Unter Berücksichtigung der zusätzlichen Breitenbedarfe bei Anwendung der ASR A5.2 muss hingegen eine befestigte Breite von mindestens etwa 8,90 m zur Verfügung stehen, um den Verkehr unterbrechungsfrei halbseitig führen zu können.

Damit eröffnet sich für Landstraßen mit einer befestigten Breite ab etwa 7,60 m die Möglichkeit, den Verkehr bauzeitlich grundsätzlich halbseitig zu führen und die Straße zu verkehrsschwachen (!) Zeiten, d. h. in der Regel nachts oder am Wochenende, temporär voll zu sperren, um dann die Arbeiten durchzuführen, bei denen die Beschäftigten ansonsten unzulässig nah am fließenden Verkehr arbeiten müssten. Dies ist in der Regel bei Arbeiten mit Straßenfräsen und Straßenfertigern der Fall. In den übrigen Zeiten müssen die Arbeiten nicht gänzlich ruhen; vielmehr können alle Arbeiten durchgeführt werden, bei denen die Beschäftigten die vorgeschriebenen Abstände zum fließenden Verkehr einhalten können.

Diese Vorgehensweise ist gegenüber Arbeiten unter Vollsperrung mit einem erhöhten Planungsaufwand verbunden. Eine sorgfältige Planung ist jedoch zwingende Voraussetzung für die Vermeidung von Konflikten, sowohl auf Verkehrs- als auch auf Bauseite. Einer der wesentlichen Appelle der Handlungshilfe ist deshalb, bei verkehrlich sensiblen Vorhaben im Bestand frühzeitig – jedenfalls vor Veröffentlichung der Ausschreibung der Bauleistungen – in eine intensive Abstimmung zwischen Bau- und Verkehrsseite einzutreten, Konflikte zu identifizieren und weitestmöglich auszuräumen. Die nach StVO anordnenden Behörden sollten sich dabei kritisch mit den vonseiten des Baulastträgers (oder sonstigen Vorhabenträgers) vorgetragenen Argumenten auseinandersetzen. Hierzu müssen sie keine Experten für Planung und Durchführung von Straßenbauarbeiten sein oder werden; vielmehr sollten sie sich die Gegebenheiten und Zusammenhänge so erklären lassen, dass sie diese als plausibel nachvollziehen können. Das heißt auch, dass nicht die nach StVO anordnenden Behörden den Verzicht auf eine Vollsperrung zu rechtfertigen haben, sondern die Vorhabenträger die Erforderlichkeit von verkehrsrechtlichen Maßnahmen zu rechtfertigen haben, die über ein allgemein akzeptiertes Mindestmaß – z. B. Bauen unter halbseitiger Sperrung auf einbahnigen Landstraßen – hinausgehen.

Auf Autobahnen und autobahnähnlich ausgebauten Landstraßen wird in der Regel – d. h. abgesehen von sehr schwach ausgelasteten Strecken – die Beibehaltung der regulär vorhandenen Fahrstreifenanzahl erforderlich sein. Bis auf den erst mit den aktuellen RAA eingeführten RQ 31 sind damit geteilte Verkehrsführungen – 3+1 für vierstreifige, 4+2 für sechsstreifige und 6+2 für achtstreifige Strecken, verbunden mit halbseitiger Bauweise – als Regelfall zu betrachten. Diese Verkehrsführungen haben zudem den Vorteil vergleichsweise breiter Fahrstreifen, was wesentlich längere Behelfsverkehrsführungen ermöglicht. Von den Experten für Betonfahrbahnen ist in diesem Zusammenhang zu erwarten, dass sie ihr Regelwerk diesen Anforderungen entsprechend für halbseitige Bauweisen fortentwickeln. Notwendige Arbeitsräume und Sicherheitsabstände für Beschäftigte können bei diesen Verkehrsführungen hergestellt werden, indem man während der verkehrsschwachen(!) Zeit dem Konzept „Arbeitsstelle kürzerer Dauer in Arbeitsstelle längerer Dauer“ entsprechend 3+1-Verkehrsführungen kurzzeitig zu 3+0-Verkehrsführungen sowie 4+2- und 6+2-Verkehrsführungen kurzzeitig und punktuell (durch eine fahrbare Absperrtafel in Höhe des Arbeitsplatzes z. B. eines Mitgängers) zu 4+1- bzw. 6+1-Verkehrsführungen modifiziert.

Die Bauindustrie sollte die vorstehend beschriebenen zeitlichen Restriktionen als Anreiz verstehen, in Technologie zu investieren, die den Mitgängerbetrieb und das Hinauslehnen aus Führer- und Bedienständen von Fahrzeugen und Maschinen entbehrlich macht. Ohne die durch den Arbeitsschutz induzierten zusätzlichen Platzbedarfe entfallen auch die zeitlichen Restriktionen wieder.

Der Grundsatz möglichst sparsamer Verkehrszeichenanordnungen gilt auch für Arbeitsstellen und andere temporäre Verkehrsraumeinschränkungen.

Detaillierte Ausführungen sind im erwähnten „RSA-Handbuch“, erschienen im Kirschbaum Verlag, zu finden.

Planende Abstimmung

Um die Beeinträchtigungen des Verkehrs auf das notwendige Maß zu beschränken, wurde 2011 der „Leitfaden zum Arbeitsstellenmanagement“ eingeführt. Da sich durch die Neugliederung und Implementierung der Autobahn GmbH des Bundes die Zuständigkeiten auf Bundesebene geändert haben, wurden durch das

- ARS 25/2023 (StB 26/7122.3/5/3733289) „Richtlinien zur Baubetriebsplanung auf Bundesautobahnen (RBAP)“ vom 18.12.2023 (VkBl. 2024 S. 20)

die

- „Richtlinien zur Baubetriebsplanung auf Bundesautobahnen (RBAP)“, Stand Juni 2023, BMDV

eingeführt und dadurch der „Leitfaden zum Arbeitsstellenmanagement“ und die dazugehörigen „Ausführungshinweise” ersetzt.

Die RBAP enthalten Vorgaben für eine einheitliche Planung von meldepflichtigen Arbeitsstellen. Außerdem werden Vorgaben aus verschiedenen technischen Regelwerken konkretisiert und die Entscheidungsbefugnisse der Rechts- und Fachaufsicht bei der Wahrnehmung von hoheitlichen Aufgaben durch die beliehene Autobahn GmbH des Bundes berücksichtigt.

Zuständigkeiten

Wie zuvor ausgeführt, ist grundsätzlich jeder, also auch ein (Bau-)Unternehmer, dafür verantwortlich, dass durch sein Handeln keine Gefahr für andere ausgeht (siehe z. B. § 823 BGB, § 319 StGB). Insofern ist der (Bau-)Unternehmer zunächst selbst verpflichtet, seine Baustelle so einzurichten, dass sie sich nicht auf den öffentlichen Verkehr auswirkt.

Soweit für ein sicheres Bewältigen der Situation Eingriffe in den Straßenverkehr erforderlich sind, wird eine entsprechende Anordnung nach StVO erforderlich. § 45 Abs. 6 StVO sieht dazu vor, dass der „(Bau-)Unternehmer“ vor Beginn der Arbeiten, die sich auf den Verkehr auswirken, von der zuständigen Behörde Anordnungen über die Ausgestaltung der Baustellensicherung einzuholen hat. Dieser (Bau-)Unternehmer nach StVO kann im Innenverhältnis aus mehreren Personen oder Unternehmern (im engeren Sinn) bestehen. Daher wird meist durch Regelungen im Innenverhältnis der Beteiligten ein Verantwortlicher festgelegt, der gegenüber den Straßenverkehrsbehörden die Gesamtheit der Beteiligten vertritt.

So sieht die im Straßenbaubereich in der Regel als Bestandteil des Bauvertrags vereinbarte VOB in Teil B vor, dass der Auftraggeber zunächst für die allgemeine Ordnung auf der Baustelle zu sorgen und dazu die erforderlichen Genehmigungen, auch nach dem Straßenverkehrsrecht, beizubringen hat. Im Teil C (DIN 18329) werden das Einholen der verkehrsrechtlichen Anordnungen und die Verkehrssicherungsarbeiten aber ausdrücklich als verdingbare „Besondere Leistungen“ bezeichnet.

Meist wird daher der Auftraggeber einen seiner Auftragnehmer, unter Umständen sogar einen gesonderten Auftragnehmer, mit der Durchführung der Verkehrssicherungsarbeiten beauftragen. Dieser muss die erforderliche Fachkunde, Leistungsfähigkeit und Zuverlässigkeit (auch für die Durchführung der Verkehrssicherung) besitzen. Der Auftraggeber muss dann nur noch angemessen überprüfen, ob der oder die beauftragten Auftragnehmer ihren vertraglichen Pflichten (auch für die Durchführung der Verkehrssicherung) nachkommen.

Um eindeutig festzulegen, wie die Kennzeichnung und Verkehrsregelung an Baustellen zu erfolgen hat, ist grundsätzlich für jede Bauphase ein Verkehrszeichenplan aufzustellen, aus dem Folgendes erkennbar sein soll:

- großräumige Lage der Arbeitsstelle
- Plan der Arbeitsstelle
- Straßenbreiten, d. h. Breiten der einzelnen Straßenteile wie Fahrbahn, Gehweg usw.
- Zeitablauf der Arbeiten
- die zur Kennzeichnung, Sicherung und Absperrung erforderlichen Verkehrszeichen und -einrichtungen
- Angaben über Sonderregelungen, z. B. für die Nacht oder für Sonn- und Feiertage
- Signalanlagen mit Signalprogramm
- Name, Anschrift und Telefonnummer der für den Betrieb und die Verkehrssicherheit verantwortlichen Person oder Stelle.

Die RSA enthalten für die Kennzeichnung und Sicherung verschiedener Arten von Arbeitsstellen auf innerörtlichen Straßen, Landstraßen und Autobahnen Regelpläne, die aufgrund verkehrstechnischer Überlegungen und unter Berücksichtigung praktischer Erfahrungen sowie verkehrsrechtlicher Grundsätze aufgestellt wurden (siehe Abschnitt 7.2.3).

Ein sinnvolles Anpassen der Regelpläne an die Gegebenheiten des örtlichen Einzelfalls unter Berücksichtigung der vorhandenen Verkehrsverhältnisse ist geboten.

Von der koordinierenden Verpflichtung des Auftraggebers unberührt bleibt die Verpflichtung der einzelnen Auftragnehmer zur Sicherung ihrer Baustelle. Das heißt insbesondere auch, dass sie die Arbeiten nur beginnen dürfen, wenn ihre Baustelle ausreichend gesichert ist.

Die Anordnung der Arbeitsstellensicherung obliegt wie alle Anordnungen grundsätzlich den Straßenverkehrsbehörden. Lediglich für Straßenbauarbeiten kann die Straßenbaubehörde die notwendigen Maßnahmen (vorbehaltlich anderer Anordnungen der Straßenverkehrsbehörden) anordnen.

Durchführung und Vergütung

Zur Leistungsbeschreibung der Verkehrssicherungsarbeiten wurden mit

- ARS 15/1991 (StB 13/70.22.00/58 Va 92) „Technische Lieferbedingungen für Warnleuchten, Ausgabe 1991 (TL Warnleuchten 90)“ vom 20.8.1991 (VkBl. S. 708)
- ARS 16/1994 (StB 13/38.61.50/80 BASt 93) „Technische Lieferbedingungen für Leitkegel (TL-Leitkegel)“ vom 27.5.1994 (VkBl. S. 630)
- ARS 03/1996 (StB 13/38.62.20/79 BASt 95) „Technische Lieferbedingungen für Betonschutzwand-Fertigteile, Ausgabe 1996 (TLBSWF 96)“ vom 30.4.1996 (VkBl. S. 376)
- ARS 34/1997 (StB 13/38.59.10-02/84 BASt 97) „Zusätzliche Technische Vertragsbedingungen und Richtlinien für Sicherungsarbeiten an Arbeitsstellen an Straßen (ZTV-SA 97)“ vom 12.8.1997 (VkBl. S. 794)
- ARS 35/1997 (StB 13/38.59.10-02/84 BASt 97) „TL-Absperrschranken 97; TL-Leitbaken 97; TL-Absperrtafeln 97; TL-Aufstellvorrichtungen 97; TL-Vorübergehende Markierungen 97; TL-Warnbänder 97; TL-Leitelemente 97; TL-Transportable Schutzeinrichtungen 97; TL-Transportable Lichtsignalanlagen 97“ vom 12.8.1997 (VkBl. S. 795)
- ARS 10/1998 (StB 13/38.59.10-02/184 BASt 97) „Ergänzungsprüfung von Warnleuchten gemäß den Technischen Lieferbedingungen für Warnleuchten (TL-Warnleuchten 90)“ vom 12.3.1998 (VkBl. S. 288)
- ARS 05/1999 (S 28/38.59.10/126 BASt 98) „Ergänzungen zu den Technischen Lieferbedingungen für transportable Schutzeinrichtungen (TL-Transportable Schutzeinrichtungen 97)“ vom 15.12.1998 (VkBl 1999 S. 99)
- ARS 18/1999 (S 28/38.58.10/38 Va 99) „Änderungen zu den Zusätzlichen Technischen Vertragsbedingungen und Richtlinien für Sicherungsarbeiten an Arbeitsstellen an Straßen (ZTV-SA 97)“ vom 17.8.1999 (VkBl. S. 670)
- ARS 08/2016 (StB 11/7122.3/5-2383989) „Technische Lieferbedingungen für transportable Schutzeinrichtungen (TL-Transportable Schutzeinrichtungen 97) – Streichung der planungsrelevanten Breite (Planungsbreite)“ vom 11.4.2016 (VkBl. S. 391)
- ARS 07/2024 (StB 26/7122.3/5/3852682) „Technische Lieferbedingungen für transportable Lichtsignalanlagen (TL transportable LSA),

Ausgabe 2023, und Zusätzliche Technische Vertragsbedingungen und Richtlinien für transportable Lichtsignalanlagen (ZTV transportable LSA 2023)" vom 1.3.2024 (VkBl. S. 263)

Zusätzliche Technische Vertragsbedingungen und Richtlinien (ZTV) sowie Technische Lieferbedingungen (TL) eingeführt und fortgeschrieben, insbesondere

- „Technische Lieferbedingungen für Warnleuchten (TL-Warnleuchten 90)", Ausgabe 1991/1998, BMV, FGSV Verlag
- „Technische Lieferbedingungen für Leitkegel (TL-Leitkegel)", Ausgabe 1994, BMV, FGSV Verlag
- „Technische Lieferbedingungen für Betonschutzwand-Fertigteile (TL BSWF 96)", Ausgabe 1996, FGSV Verlag
- „Technische Lieferbedingungen für Absperrschranken (TL-Absperrschranken 97)", Ausgabe 1997, BMV, FGSV Verlag
- „Technische Lieferbedingungen für fahrbare Absperrtafeln (TL-Absperrtafeln 97)", Ausgabe 1997, BMV, FGSV Verlag
- „Technische Lieferbedingungen für Leit- und Warnbaken (TL-Leitbaken 97)", Ausgabe 1997, BMV, FGSV Verlag
- „Technische Lieferbedingungen für Aufstellvorrichtungen für Schilder und Verkehrseinrichtungen an Arbeitsstellen (TL-Aufstellvorrichtungen 97)", Ausgabe 1997, BMV, FGSV Verlag
- „Technische Lieferbedingungen für Markierungsmaterialien (TL M 23)", Ausgabe 2023, FGSV Verlag
- „Technische Lieferbedingungen für Warnbänder bei Arbeitsstellen an Straßen (TL-Warnbänder 97)", Ausgabe 1997, BMV, FGSV Verlag
- „Technische Lieferbedingungen für bauliche Leitelemente (TL-Leitelemente 97)", Ausgabe 1997, BMV, FGSV Verlag
- „Technische Lieferbedingungen für transportable Schutzeinrichtungen (TL-Transportable Schutzeinrichtungen 97)", Ausgabe 1997, BMV, FGSV Verlag
- „Technische Lieferbedingungen für transportable Lichtsignalanlagen (TL-Transportable Lichtsignalanlagen 97)" , Ausgabe 1997, FGSV Verlag.

Es ist vorgesehen, diese verschiedenen Einzel-Lieferbedingungen in einer einzigen zusammenzufassen.

Die TL stellen auch Anforderungen an die passive Sicherheit der Baustellen, um die Gefährdung von Verkehrsteilnehmern und Bauarbeitern zu verringern.

Um die Qualität der Arbeitsstellensicherung zu verbessern, wurde das

- „Merkblatt über Rahmenbedingungen für erforderliche Fachkenntnisse zur Verkehrssicherung von Arbeitsstellen an Straßen (M VAS 99)", Ausgabe 1999, FGSV Verlag

erstellt und mit

- ARS 19/1999 (S 28/38.59.00/5 HE 99) „Arbeitsstellen an Straßen; Merkblatt über Rahmenbedingungen für erforderliche Fachkenntnisse zur Verkehrssicherung von Arbeitsstellen an Straßen (M VAS 99)" vom 16.8.1999 (VkBl. S. 694)

eingeführt. Es ermöglicht die Organisation von Seminarveranstaltungen, mit deren erfolgreichem Abschluss der in den ZTV-SA geforderte Qualifikationsnachweis des „benannten Verantwortlichen" geführt werden kann. Zum Zeitpunkt der Drucklegung befindet sich das M VAS in der Überarbeitung.

Bei Bauarbeiten empfiehlt es sich, bereits in der Ausschreibung die Forderungen für die Beschilderung, Markierung und Überwachung der vorgesehenen notwendigen Verkehrsregelungen und Umleitungsbeschilderungen möglichst detailliert festzulegen. Die in den RSA enthaltenen Regelpläne können helfen, Unklarheiten über den Umfang der zu treffenden Maßnahmen von Anfang an auszuräumen. Eine zum Zeitpunkt der Ausschreibung bereits weit fortgeschrittene Planung der Behelfsverkehrsführung hilft insbesondere, potenzielle Konflikte zwischen Baudurchführung und der Sicherheit und Leichtigkeit des Verkehrs zu erkennen und durch geeignete Maßnahmen, insbesondere die Anpassung der Baudurchführung, zu entschärfen. Auf diese Weise werden teure und zeitraubende Nachträge sowie unverträgliche Verkehrsführungen vermieden.

Für das Erstellen RSA-gerechter Verkehrszeichenpläne existieren DV-Programme, mit deren Hilfe besondere örtliche Gegebenheiten berücksichtigt werden können. Eine ausreichende und kontinuierliche Überwachung hat schließlich sicherzustellen, dass die Maßnahmen den Anordnungen gemäß durchgeführt und Beschädigungen oder andere Veränderungen zeitnah behoben werden.

Nach § 49 Abs. 4 Ziff. 3 StVO handelt ordnungswidrig im Sinne des § 24 StVG, „wer entgegen § 45 Abs. 6 mit Arbeiten beginnt, ohne zuvor Anordnungen eingeholt zu haben, diese Anordnungen nicht befolgt oder Lichtzeichenanlagen nicht bedient". Ohne Anordnung der zuständigen oder befugten Behörde auf die Straße gestellte Absperreinrichtungen sind nichtig und können deshalb überdies als Verkehrshindernisse im Sinne von § 32 StVO oder von § 315b StVG gewertet werden (mit entsprechenden Schadenersatzforderungen und strafrechtlichen Folgen).

Zu Abschnitt 7.2.2

BGB § 823 Schadensersatzpflicht

(1) Wer vorsätzlich oder fahrlässig das Leben, den Körper, die Gesundheit, die Freiheit, das Eigentum oder ein sonstiges Recht eines anderen widerrechtlich verletzt, ist dem anderen zum Ersatz des daraus entstandenen Schadens verpflichtet.

(2) Die gleiche Verpflichtung trifft denjenigen, welcher gegen ein den Schutz eines anderen bezweckendes Gesetz verstößt. Ist nach dem Inhalt des Gesetzes ein Verstoß gegen dieses auch ohne Verschulden möglich, so tritt die Ersatzpflicht nur im Falle des Verschuldens ein.

StGB § 315 Gefährliche Eingriffe in den Bahn-, Schiffs- und Luftverkehr

(3) Auf Freiheitsstrafe nicht unter einem Jahr ist zu erkennen, wenn der Täter

1. in der Absicht handelt,
   a) einen Unglücksfall herbeizuführen oder
   b) eine andere Straftat zu ermöglichen oder zu verdecken, oder
2. durch die Tat eine schwere Gesundheitsschädigung eines anderen Menschen oder eine Gesundheitsschädigung einer großen Zahl von Menschen verursacht.

StGB § 315b Gefährliche Eingriffe in den Straßenverkehr

(1) Wer die Sicherheit des Straßenverkehrs dadurch beeinträchtigt, dass er

1. Anlagen oder Fahrzeuge zerstört, beschädigt oder beseitigt,
2. Hindernisse bereitet oder
3. einen ähnlichen, ebenso gefährlichen Eingriff vornimmt,

und dadurch Leib oder Leben eines anderen Menschen oder fremde Sachen von bedeutendem Wert gefährdet, wird mit Freiheitsstrafe bis zu fünf Jahren oder mit Geldstrafe bestraft.

(2) Der Versuch ist strafbar.

(3) Handelt der Täter unter den Voraussetzungen des § 315 Abs. 3, so ist die Strafe Freiheitsstrafe von einem Jahr bis zu zehn Jahren, in minder schweren Fällen Freiheitsstrafe von sechs Monaten bis zu fünf Jahren.

(4) Wer in den Fällen des Absatzes 1 die Gefahr fahrlässig verursacht, wird mit Freiheitsstrafe bis zu drei Jahren oder mit Geldstrafe bestraft.

(5) Wer in den Fällen des Absatzes 1 fahrlässig handelt und die Gefahr fahrlässig verursacht, wird mit Freiheitsstrafe bis zu zwei Jahren oder mit Geldstrafe bestraft.

StGB § 319 Baugefährdung

(1) Wer bei der Planung, Leitung oder Ausführung eines Baues oder des Abbruchs eines Bauwerks gegen die allgemein anerkannten Regeln der Technik verstößt und dadurch Leib oder Leben eines anderen Menschen gefährdet, wird mit Freiheitsstrafe bis zu fünf Jahren oder mit Geldstrafe bestraft.

(2) Ebenso wird bestraft, wer in Ausübung eines Berufs oder Gewerbes bei der Planung, Leitung oder Ausführung eines Vorhabens, technische Einrichtungen in ein Bauwerk einzubauen oder eingebaute Einrichtungen dieser Art zu ändern, gegen die allgemein anerkannten Regeln der Technik verstößt und dadurch Leib oder Leben eines anderen Menschen gefährdet.

(3) Wer die Gefahr fahrlässig verursacht, wird mit Freiheitsstrafe bis zu drei Jahren oder mit Geldstrafe bestraft.

(4) Wer in den Fällen der Absätze 1 und 2 fahrlässig handelt und die Gefahr fahrlässig verursacht, wird mit Freiheitsstrafe bis zu zwei Jahren oder mit Geldstrafe bestraft.

StVG § 5b Unterhaltung der Verkehrszeichen

(1) Die Kosten der Beschaffung, Anbringung, Entfernung, Unterhaltung und des Betriebs der amtlichen Verkehrszeichen und -einrichtungen sowie der sonstigen vom Bundesministerium für Verkehr und digitale Infrastruktur zugelassenen Verkehrszeichen und -einrichtungen trägt der Träger der Straßenbaulast für diejenige Straße, in deren Verlauf sie angebracht werden oder angebracht worden sind, bei geteilter Straßenbaulast der für die durchgehende

StVG
§ 5b
Unterhaltung der Verkehrszeichen

Fahrbahn zuständige Träger der Straßenbaulast. Ist ein Träger der Straßenbaulast nicht vorhanden, so trägt der Eigentümer der Straße die Kosten.

(2) Diese Kosten tragen abweichend vom Absatz 1

…

d) die Bauunternehmer und die sonstigen Unternehmer von Arbeiten auf und neben der Straße für Verkehrszeichen und -einrichtungen, die durch diese Arbeiten erforderlich werden;

VOB/B
§ 4
Ausführung

(1) 1. Der Auftraggeber hat für die Aufrechterhaltung der allgemeinen Ordnung auf der Baustelle zu sorgen … Er hat die erforderlichen öffentlich-rechtlichen Genehmigungen und Erlaubnisse – z. B. nach dem Baurecht, dem Straßenverkehrsrecht, dem Wasserrecht, dem Gewerberecht – herbeizuführen.

…

(2) 1. Der Auftragnehmer hat die Leistung unter eigener Verantwortung nach dem Vertrag auszuführen. Dabei hat er die anerkannten Regeln der Technik und die gesetzlichen und behördlichen Bestimmungen zu beachten. Es ist seine Sache, die Ausführung seiner vertraglichen Leistung zu leiten und für Ordnung auf seiner Baustelle zu sorgen.

VOB/C
DIN 18299
Allgemeine Regelungen für Bauarbeiten jeder Art

4.1 Nebenleistungen

Nebenleistungen sind Leistungen, die auch ohne Erwähnung im Vertrag zur vertraglichen Leistung gehören (§ 2 Abs. 1 VOB/B).

Nebenleistungen sind demnach insbesondere:

…

4.1.4 Schutz- und Sicherheitsmaßnahmen nach den staatlichen und berufsgenossenschaftlichen Regelwerken zum Arbeitsschutz, ausgenommen Leistungen nach den Abschnitten 4.2.4 und 4.2.5

…

4.2 Besondere Leistungen

Besondere Leistungen sind Leistungen, die nicht Nebenleistungen nach Abschnitt 4.1 sind und nur dann zur vertraglichen Leistung gehören, wenn sie in der Leistungsbeschreibung besonders erwähnt sind. Besondere Leistungen sind z. B.:

…

4.2.9 Aufstellen, Vorhalten, Betreiben und Beseitigen von Einrichtungen zur Sicherung und Aufrechterhaltung des Verkehrs auf der Baustelle, z. B. Bauzäune, Schutzgerüste, Hilfsbauwerke, Beleuchtungen, Leiteinrichtungen.

4.2.10 Bereitstellen von Teilen der Baustelleneinrichtung für andere Unternehmer oder den Auftraggeber.

StVO
§ 32
Verkehrshindernisse

(1) Es ist verboten, die Straße zu beschmutzen oder zu benetzen oder Gegenstände auf Straßen zu bringen oder dort liegen zu lassen, wenn dadurch der Verkehr gefährdet oder erschwert werden kann. Wer für solche verkehrswidrigen Zustände verantwortlich ist, hat diese unverzüglich zu beseitigen und diese bis dahin ausreichend kenntlich zu machen. Verkehrshindernisse sind, wenn nötig (§ 17 Abs. 1), mit eigener Lichtquelle zu beleuchten oder durch andere zugelassene lichttechnische Einrichtungen kenntlich zu machen.

(2) Sensen, Mähmesser oder ähnlich gefährliche Geräte sind wirksam zu verkleiden.

StVO
§ 45
Verkehrszeichen und Verkehrseinrichtungen

(1) Die Straßenverkehrsbehörden können die Benutzung bestimmter Straßen oder Straßenstrecken aus Gründen der Sicherheit oder Ordnung des Verkehrs beschränken oder verbieten und den Verkehr umleiten. Das gleiche Recht haben sie

1. zur Durchführung von Arbeiten im Straßenraum,
2. zur Verhütung außerordentlicher Schäden an der Straße,
3. zum Schutz der Wohnbevölkerung vor Lärm und Abgasen,
4. zum Schutz der Gewässer und Heilquellen,
5. hinsichtlich der zur Erhaltung der öffentlichen Sicherheit erforderlichen Maßnahmen sowie
6. zur Erforschung des Unfallgeschehens, des Verkehrsverhaltens, der Verkehrsabläufe sowie zur Erprobung geplanter verkehrssichernder oder verkehrsregelnder Maßnahmen,
7. zur Verbesserung des Schutzes der Umwelt, darunter des Klimaschutzes, zum Schutz der Gesundheit oder zur Unterstützung der geordneten städtebaulichen Entwicklung,

7.2.2 Besonderheiten des Verfahrens

StVO
§ 45
Verkehrszeichen und Verkehrseinrichtungen

sofern die Leichtigkeit des Verkehrs berücksichtigt ist und die Sicherheit des Verkehrs nicht beeinträchtigt wird, hinsichtlich

a) der Einrichtung von Sonderfahrstreifen und bevorrechtigenden Lichtzeichenregelungen für Linienbusse und
b) der Bereitstellung angemessener Flächen für den fließenden und ruhenden Fahrradverkehr sowie für den Fußverkehr.

...

(2) Zur Durchführung von Straßenbauarbeiten und zur Verhütung von außerordentlichen Schäden an der Straße, die durch deren baulichen Zustand bedingt sind, können die nach Landesrecht für den Straßenbau bestimmten Behörden (Straßenbaubehörden) – vorbehaltlich anderer Maßnahmen der Straßenverkehrsbehörden – Verkehrsverbote und -beschränkungen anordnen, den Verkehr umleiten und ihn durch Markierungen und Leiteinrichtungen lenken. ... Alle Gebote und Verbote sind durch Zeichen und Verkehrseinrichtungen nach dieser Verordnung anzuordnen.

...

(6) Vor dem Beginn von Arbeiten, die sich auf den Straßenverkehr auswirken, müssen die Unternehmer – die Bauunternehmer unter Vorlage eines Verkehrszeichenplans – von der zuständigen Behörde Anordnungen nach den Absätzen 1 bis 3 darüber einholen, wie ihre Arbeitsstellen abzusperren und zu kennzeichnen sind, ob und wie der Verkehr, auch bei teilweiser Straßensperrung, zu beschränken, zu leiten und zu regeln ist, ferner ob und wie sie gesperrte Straßen und Umleitungen zu kennzeichnen haben. Sie haben diese Anordnungen zu befolgen und Lichtzeichenanlagen zu bedienen.

(7) Sind Straßen als Vorfahrtstraßen oder als Verkehrsumleitungen gekennzeichnet, bedürfen Baumaßnahmen, durch welche die Fahrbahn eingeengt wird, der Zustimmung der Straßenverkehrsbehörde; ausgenommen sind die laufende Straßenunterhaltung sowie Notmaßnahmen. Die Zustimmung gilt als erteilt, wenn sich die Behörde nicht innerhalb einer Woche nach Eingang des Antrags zu der Maßnahme geäußert hat.

VwV-StVO
zu § 45
Verkehrszeichen und Verkehrseinrichtungen

Zu Absatz 1 bis 1e

1 I. Vor jeder Entscheidung sind die Straßenbaubehörde und die Polizei zu hören. Wenn auch andere Behörden zu hören sind, ist dies bei den einzelnen Zeichen gesagt.

2 II. Vor jeder Entscheidung sind erforderlichenfalls zumutbare Umleitungen im Rahmen des Möglichen festzulegen.

3 III. 1. Die Straßenverkehrsbehörde bedarf der Zustimmung der obersten Landesbehörde oder der von ihr bestimmten Stelle zur Anbringung und Entfernung folgender Verkehrszeichen:

4 a) auf allen Straßen der Zeichen 201, 261, 269, 275, 279, 290.1, 290.2, 330.1, 330.2, 331.1, 331.2, 363, 460 sowie des Zusatzzeichens „abknickende Vorfahrt" (Zusatzzeichen zu Zeichen 306),

5 b) auf Autobahnen, Kraftfahrstraßen und Bundesstraßen: des Zeichens 250, auch mit auf bestimmte Verkehrsarten beschränkenden Sinnbildern, wie der Zeichen 251 oder 253 sowie der Zeichen 262 und 263,

6 c) auf Autobahnen, Kraftfahrstraßen sowie auf Bundesstraßen außerhalb geschlossener Ortschaften: der Zeichen 276, 277, 277.1, 280, 281, 295 als Fahrstreifenbegrenzung und 296,

7 d) auf Autobahnen und Kraftfahrstraßen: der Zeichen 209 bis 214, 274 und 278,

8 e) auf Bundesstraßen: des Zeichens 274 samt dem Zeichen 278 dann, wenn die zulässige Höchstgeschwindigkeit auf weniger als 60 km/h ermäßigt wird.

9 2. Die obersten Landesbehörden sollten jedenfalls für Straßen von erheblicher Verkehrsbedeutung, die in Nummer 1 Buchstabe b bis e nicht aufgeführt sind, entsprechende Anweisungen geben.

10 3. Der Zustimmung bedarf es nicht, wenn jene Maßnahmen zur Durchführung von Arbeiten im Straßenraum oder zur Verhütung außerordentlicher Schäden an den Straßen getroffen werden oder durch unvorhergesehene Ereignisse wie Unfälle, Schadenstellen oder Verkehrsstauungen veranlasst sind.

...

Zu Absatz 2

Zu Satz 1

7.2.2 Besonderheiten des Verfahrens

VwV-StVO zu § 45 Verkehrszeichen und Verkehrseinrichtungen

46 I. Die Straßenverkehrsbehörde ist mindestens zwei Wochen vor der Durchführung der in Satz 1 genannten Maßnahmen davon zu verständigen; sie hat die Polizei rechtzeitig davon zu unterrichten; sie darf die Maßnahmen nur nach Anhörung der Straßenbaubehörde und der Polizei aufheben oder ändern. Ist von vornherein mit Beschränkungen oder Verboten von mehr als drei Monaten Dauer zu rechnen, so haben die Straßenbaubehörden die Entscheidung der Straßenverkehrsbehörden über die in einem Verkehrszeichenplan vorgesehenen Maßnahmen einzuholen.

...

Zu Absatz 6

63 I. Soweit die Straßenbaubehörde anordnungsbefugt ist, ordnet sie die erforderlichen Maßnahmen an, im Übrigen die Straßenverkehrsbehörde. Vor jeder Anordnung solcher Maßnahmen ist die Polizei zu hören.

64 II. Straßenverkehrs- und Straßenbaubehörde sowie die Polizei sind gehalten, die planmäßige Kennzeichnung der Verkehrsregelung zu überwachen und die angeordneten Maßnahmen auf ihre Zweckmäßigkeit zu prüfen. Zu diesem Zweck erhält die Polizei eine Abschrift des Verkehrszeichenplans von der zuständigen Behörde.

65 III. Die Straßenbaubehörden prüfen die für Straßenbauarbeiten von Bauunternehmern vorgelegten Verkehrszeichenpläne. Die Prüfung solcher Pläne für andere Arbeiten im Straßenraum obliegt der Straßenverkehrsbehörde, die dabei die Straßenbaubehörde, gegebenenfalls die Polizei zu beteiligen hat. Dies gilt nicht auf den mit Zeichen 330.1 und 330.2 gekennzeichneten Autobahnen in der Baulast des Bundes und auf Bundesstraßen in Bundesverwaltung. Die vorgenannte Prüfung erfolgt durch das Fernstraßen-Bundesamt oder der auf Grund des § 6 Infrastrukturgesellschaftserrichtungsgesetzes beliehenen Gesellschaft privaten Rechts.

66 IV. Der Vorlage eines Verkehrszeichenplans durch den Unternehmer bedarf es nicht

1. bei Arbeiten von kurzer Dauer und geringem Umfang der Arbeitsstelle, wenn die Arbeiten sich nur unwesentlich auf den Straßenverkehr auswirken,

67 2. wenn ein geeigneter Regelplan besteht oder

68 3. wenn die zuständige Behörde selbst einen Plan aufstellt.

Zu Absatz 7

69 I. Zur laufenden Straßenunterhaltung gehört z. B. die Beseitigung von Schlaglöchern, die Unterhaltung von Betonplatten, die Pflege der Randstreifen und Verkehrssicherungsanlagen, in der Regel dagegen nicht die Erneuerung der Fahrbahndecke.

70 II. Notmaßnahmen sind z. B. die Beseitigung von Wasserrohrbrüchen und von Kabelschäden.

7.2.3 Verkehrszeichen und Verkehrseinrichtungen

StVO Anlage 1 Allgemeine und Besondere Gefahrzeichen (zu § 40 Absatz 6 und 7) Abschnitt 1 Allgemeine Gefahrzeichen (zu § 40 Absatz 6)		
12	**Zeichen 123**  **Arbeitsstelle**	
StVO Anlage 2 Vorschriftzeichen (zu § 41 Absatz 1) Abschnitt 8 Halt- und Parkverbote		
61		**Ge- oder Verbot** 1. Die durch die nachfolgenden Zeichen 283 und 286 angeordneten Haltverbote gelten nur auf der Straßenseite, auf der die Zeichen angebracht sind. Sie gelten bis zur nächsten Kreuzung oder Einmündung auf der gleichen Straßenseite oder bis durch Verkehrszeichen für den ruhenden Verkehr eine andere Regelung vorgegeben wird. 2. Mobile, vorübergehend angeordnete Haltverbote durch Zeichen 283 und 286 heben Verkehrszeichen auf, die das Parken erlauben. **Erläuterung** Der Anfang der Verbotsstrecke kann durch einen zur Fahrbahn weisenden waagerechten weißen Pfeil im Zeichen, das Ende durch einen solchen von der Fahrbahn wegweisenden Pfeil gekennzeichnet sein. Bei in der Verbotsstrecke wiederholten Zeichen weist eine Pfeilspitze zur Fahrbahn, die zweite Pfeilspitze von ihr weg.
StVO Anlage 3 Richtzeichen (zu § 42 Absatz 2) Abschnitt 12 Sonstige Verkehrsführung		
		2. Verkehrslenkungstafeln
80		**Erläuterung** Verkehrslenkungstafeln geben den Verlauf und die Anzahl der Fahrstreifen an, wie beispielsweise:

StVO Anlage 3 Richtzeichen (zu § 42 Absatz 2)
Abschnitt 12 Sonstige Verkehrsführung

81	**Zeichen 501** 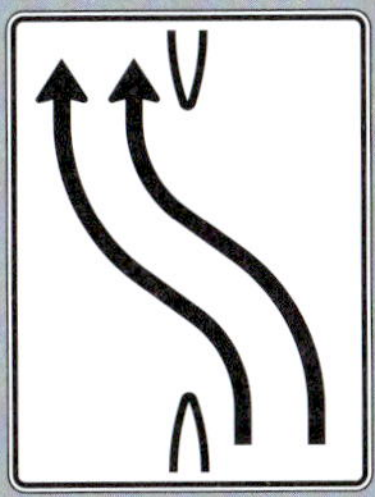 **Überleitungstafel**	**Erläuterung** Das Zeichen kündigt die Überleitung des Verkehrs auf die Gegenfahrbahn an.
82	**Zeichen 531**  **Einengungstafel**	
82.1	Reißverschluss erst in ...... m	**Erläuterung** Bei Einengungstafeln wird mit dem Zusatzzeichen der Ort angekündigt, an dem der Fahrstreifenwechsel nach dem Reißverschlussverfahren (§ 7 Absatz 4) erfolgen soll.

StVO Anlage 4 Verkehrseinrichtungen (zu § 43 Absatz 3)
Abschnitt 1 Einrichtungen zur Kennzeichnung von Arbeits- und Unfallstellen oder sonstigen vorübergehenden Hindernissen

1	**Zeichen 600**  **Absperrschranke**	
2	**Zeichen 605**  **Leitbake** **Pfeilbake** **Schraffenbake**	

7.2.3 Verkehrszeichen und Verkehrseinrichtungen

StVO Anlage 4 Verkehrseinrichtungen (zu § 43 Absatz 3) Abschnitt 1 Einrichtungen zur Kennzeichnung von Arbeits- und Unfallstellen oder sonstigen vorübergehenden Hindernissen		
3	Zeichen 628  Leitschwelle mit Pfeilbake Schraffenbake	
4	Zeichen 629  Leitbord mit Pfeilbake Schraffenbake	
5	Zeichen 610  Leitkegel	
6	Zeichen 615  Fahrbare Absperrtafel	

7.2.3 Verkehrszeichen und Verkehrseinrichtungen

StVO Anlage 4 Verkehrseinrichtungen (zu § 43 Absatz 3)

Abschnitt 1 Einrichtungen zur Kennzeichnung von Arbeits- und Unfallstellen oder sonstigen vorübergehenden Hindernissen

7	**Zeichen 616** 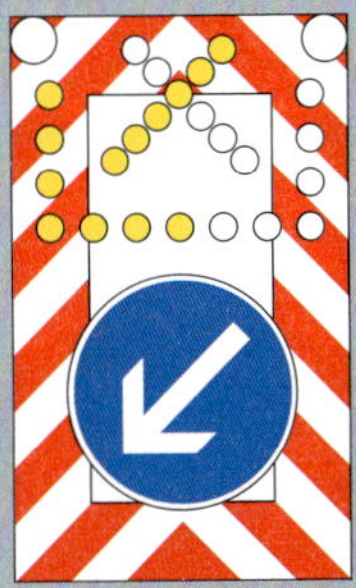 **Fahrbare Absperrtafel mit Blinkpfeil**	
zu 1 bis 7		**Ge- oder Verbot** Die Einrichtungen verbieten das Befahren der so gekennzeichneten Straßenfläche und leiten den Verkehr an dieser Fläche vorbei. **Erläuterung** 1. Warnleuchten an diesen Einrichtungen zeigen rotes Licht, wenn die ganze Fahrbahn gesperrt ist, sonst gelbes Licht oder gelbes Blinklicht. 2. Zusammen mit der Absperrtafel können überfahrbare Warnschwellen verwendet sein, die quer zur Fahrtrichtung vor der Absperrtafel ausgelegt sind.

Mit Zeichen 123 wird vor Arbeitsstellen gewarnt, wenn ein Teil der Straße infolge einer Arbeitsstelle abgesperrt ist und eine Gefährdung oder Behinderung des Straßenverkehrs durch die Arbeitsstelle eintreten kann.

Soweit erforderlich, werden die normalen Streckengebote und -verbote (siehe Abschnitt 6.4) angeordnet.

Im Zusammenhang mit Arbeitsstellen an Straßen ist es meist notwendig, die Verkehrsführung während der Bauzeit vorübergehend an den Baustellenbetrieb anzupassen. Dazu sieht die StVO verschiedene Verkehrszeichen und -einrichtungen vor, mit denen diese vorläufigen Regelungen in einer Weise angeordnet werden können, dass sie für die Verkehrsteilnehmer in der Ausnahmesituation deutlich erkennbar sind und trotzdem nicht zu überhöhtem Aufwand führen.

Dabei gilt, wie in Abschnitt 7.2.2 erwähnt, dass alle Einrichtungen, die das Verhalten der Verkehrsteilnehmer direkt beeinflussen sollen (z. B. das Befahren von Fahrbahnflächen verbieten), in der StVO geregelt und verkehrsrechtlich angeordnet werden müssen. Diese strengen Anforderungen gelten nur dann nicht, wenn die anzubringenden Verkehrszeichen oder -einrichtungen keine verhaltensregelnde Wirkung auf die Verkehrsteilnehmer entfalten und insoweit nur eine verkehrstechnische Absicherung darstellen (vgl. z. B. Bild D-5 RSA 21).

Vorübergehende Markierungen werden in gelber Farbe ausgeführt. Die Farbe Gelb bewirkt dabei zweierlei:

- Zum einen stellt sie eine Warnfarbe dar, die von sich aus zu einer höheren Aufmerksamkeit führt als das Weiß der Regelmarkierung;
- zum anderen regelt § 39 Abs. 5 StVO, dass gelbe Markierungen weiße aufheben.

Je nach Lage des Baufelds und Führung des Verkehrs in der Arbeitsstelle kann ggf. auch vorhandene weiße Markierung weiter genutzt werden. Dann ist gelbe Markierung nur teilweise oder auch

7.2.3 Verkehrszeichen und Verkehrseinrichtungen

Bild 7.1 Einengungstafel mit Zz (1005-30) „Reißverschluss erst in 200 m"

gar nicht erforderlich. Wegen der mit dem Aufbringen und der Entfernung der Markierung verbundenen erheblichen Verkehrsbehinderungen sollte, wo möglich, vorhandene weiße Markierung auch für die Behelfsverkehrsführung in Arbeitsstellen verwendet werden. Die Vorschriften zur Ermittlung der Fahrbahn- oder Fahrstreifenbreiten sind seit Einführung der RSA 21 identisch, d. h. die Breite der Fahrbahnbegrenzungslinie wird dann der Fahrstreifenbreite zugerechnet.

Für vorübergehende Beschilderung ist eine entsprechend gelbgrundige Ausführung (gelbe statt weißer Grundfläche), wie sie in vielen europäischen Ländern die Regel ist und aus verhaltenspsychologischer Sicht wegen des angesprochenen Warneffekts auch sinnvoll erscheint, in Deutschland nicht zulässig.

Aus Effizienzgründen ist in der StVO geregelt, dass vorübergehend angeordnete Haltverbote durch die Zeichen 283 und 286 Verkehrszeichen und Markierungen aufheben, die das Parken erlauben (kein Entfernen und Wiederanbringen der das Parken erlaubenden Verkehrszeichen erforderlich; Anlage 2 Abschnitt 8 lfd. Nr. 61 Nr. 2 StVO).

Für die Führung des Verkehrs im Bereich länger als 24 Stunden andauernder Verkehrsraumeinschränkungen (Arbeitsstellen längerer Dauer) sieht die StVO Verkehrslenkungstafeln, Absperrschranken und Leitbaken vor. Verkehrslenkungstafeln bereiten die Verkehrsteilnehmer auf schwierige und ungewohnte Verkehrsführungen vor, insbesondere kündigen sie Verschwenkungen oder Fahrstreifenreduktionen an. Sie können bei vorübergehender Beschilderung auch verwendet werden, um anstelle der sehr aufwendigen Überkopf-Anordnung fahrstreifenbezogene Ge- oder Verbote anzuordnen. Leitbaken dienen der Führung des Verkehrs im Verschwenkungs- oder Einengungsbereich und verbieten das Befahren der dahinter gelegenen Straßenteile. Absperrschranken verbieten den Durchgang und die Durchfahrt, z. B. bei gesperrten Fahrstreifen, Fahrbahnen oder Gehwegen.

Als sehr wirksam zur Kennzeichnung des Baustellenbeginns haben sich, insbesondere bei starkem Verkehr, hohe Warnbaken oder Warnlichtbaken erwiesen. Sie markieren weithin sichtbar den Beginn einer Arbeitsstelle.

Um die Fahrzeugführer zu motivieren, generell das in § 7 Abs. 4 StVO vorgesehene Reißverschlussverfahren unmittelbar vor der Einengung anzuwenden, hat das für den Verkehr zuständige Bundesministerium 2001 ein neues Zusatzzeichen „Reißverschluss erst in ... m" bekannt gegeben (*Bild 7.1*), das 2009 in die StVO übernommen wurde.

Motivation dafür war, dass bei Rückstau aus der Engstelle manche Fahrzeugführer zu früh auf den durchgehenden Fahrstreifen wechseln, andere dann (vorschriftskonform) auf dem endenden Fahrstreifen bis an die Einengung vorfahren und sich erst dort einordnen. Dies wird von den Fahrzeugführern auf dem durchgehenden Fahrstreifen häufig als unsozial empfunden mit der Folge, dass sie die sich am Fahrstreifenende einordnenden Fahrzeuge beim Einordnen behindern; es kommt zu kritischen Situationen bis hin zu Unfällen. Auch verkehrstechnisch ist es sinnvoll, wenn sich die Fahrzeugströme einheitlich erst kurz vor der Einengung vermischen. Allerdings soll hier nicht unerwähnt bleiben, dass dieses Verkehrszeichen nur das durch § 7 Abs. 4 StVO ohnehin vorgegebene Verhalten regelt und damit gemäß VwV-StVO zu §§ 39 bis 43 StVO, Rn. 2 nicht angeordnet werden darf. Essenziell für ein funktionierendes Reißverschlussverfahren ist jedoch, auf die Anordnung von Überholverboten für alle Kraftfahrzeuge im Vorfeld solcher Fahrstreifenreduktionen zu verzichten. Die Anwendung des Reißverschlussverfahrens ist nur möglich, wenn das Überholen nicht verboten ist.

Noch sinnvoller ist es allerdings, ganz auf Fahrstreifenreduktionen zu verzichten, um regelmäßigen Rückstau zu vermeiden.

Für kurzfristige Arbeitsstellen (Arbeitsstellen kürzerer Dauer), für die selbst die Absicherung mit gelber Markierung und Leitbaken zu aufwendig wäre, sieht die StVO fahrbare Absperrtafeln und Leitkegel vor. Dabei enthalten die fahrbaren Absperrelemente in der Regel selbstleuchtende

Bild 7.2 Leitschwelle, Leitbord und temporäre Schutzeinrichtung Quelle: RSA 21

Blink- oder Blitzleuchten, damit sie schon aus großer Entfernung erkennbar sind. Beispiele für die Anwendung sind Wanderbaustellen (z.B. Mäharbeiten) oder Arbeiten, die in sehr kurzer Zeit erledigt sind (z.B. die Reparatur von Fahrzeug-Rückhaltesystemen). Auch der Auf- und Abbau der Verkehrsführung für Arbeitsstellen längerer Dauer bedarf in der Regel einer Absicherung durch Arbeitsstellen kürzerer Dauer. Anzumerken ist, dass ein seitwärts gerichteter Blinkpfeil nur verwendet werden sollte, wenn ein Fahrstreifen gesperrt ist und der Fahrstreifen, auf den der Verkehr durch den Blinkpfeil geführt wird, in die gleiche Richtung gerichtet ist. Vor allem auf schnell befahrenen Straßen empfiehlt es sich außerdem, auch die fahrbaren Absperrtafeln anzukündigen, z.B. durch kleine, allein stehende, blinkende, schräg nach unten weisende Leuchtpfeile oder durch an Fahrzeugen befestigte, variable, in der Regel lichttechnisch erzeugte Verkehrslenkungstafeln, verbunden mit Geschwindigkeitsbeschränkungen (Vorwarnanzeiger). Die RSA geben dazu Hinweise.

Zur Erhöhung der Sicherheit und zur Verbesserung der Leitwirkung können Leitelemente eingesetzt werden, deren Mindestbreite 25 cm betragen soll. Man unterscheidet zwischen

- Leitschwellen (2,5–12 cm hoch),
- Leitborden (12–25 cm hoch) und
- temporären Schutzeinrichtungen (> 50 cm).

Leiteinrichtungen (Leitschwellen und Leitborde, vgl. *Bild 7.2*) bieten anders als Fahrzeug-Rückhaltesysteme keinen Schutz von der Fahrbahn abkommender Fahrzeuge vor dem Anprall an den Gegenverkehr oder Hindernisse neben der Fahrbahn (siehe Abschnitt 10). Es hat sich jedoch gezeigt, dass sie hinsichtlich ihrer Leitwirkung sehr wirksam sind und teilweise, vor allem bei geringen Geschwindigkeiten, zumindest Pkw- und Motorradfahrer davon abhalten können, verbotswidrige Fahrstreifenwechsel vorzunehmen. Allerdings ist eine engmaschige Kontrolle der korrekten Lage der Leiteinrichtungen erforderlich, da insbesondere für Zweiradfahrer eine erhebliche Gefahr von Leiteinrichtungen ausgehen kann, die sich nicht mehr in Soll-Lage befinden. Leiteinrichtungen sind Verkehrseinrichtungen (§ 43 StVO) und müssen deshalb verkehrsrechtlich angeordnet werden. Wo auch Fahrer größerer und schwererer Fahrzeuge zuverlässig davon abgehalten werden sollen, verbotswidrige Fahrstreifenwechsel auszuführen, sollten diese durch bauliche Maßnahmen unterbunden werden, z.B. durch den Einsatz (temporärer) Fahrzeug-Rückhaltesysteme.

Mobile **Fahrzeug-Rückhaltesysteme** (temporäre Schutzeinrichtungen, vgl. *Bild 7.2*) haben sich bei Arbeitsstellen von längerer Dauer auf zweibahnigen Straßen vor allem zur Sicherung im Bereich der Überleitungen von einer Fahrbahn zur anderen, zur Trennung der Fahrbahnen für eine Richtung sowie zur Trennung von Verkehrs- und Arbeitsraum bewährt. Sie können sowohl aus Stahl als auch aus Beton hergestellt werden. Ferner sind mobile Schutzwände dort wirksam einsetzbar, wo das an Arbeitsstellen tätige Personal vor abkommenden Fahrzeugen zu schützen ist. Fahrzeug-Rückhaltesysteme sind einer verkehrsrechtlichen Anordnung nicht zugänglich. Über ihre Anbringung entscheidet der Straßenbaulastträger.

Fahrzeug-Rückhaltesysteme können auch als Träger der Fahrbahnbegrenzungen dienen. Dazu werden auf den Seitenflächen Reflektoren angebracht. Wo die Reflektoren anzubringen sind, ist in den RSA geregelt.

Es können Reflektoren üblicher Bauart mit Reflexkörpern aus Glaslinsen, Tripelspiegel oder Folie verwendet werden. Auf die wirksamen Licht-Auftreffwinkel ist zu achten. Weitere Einzelheiten der Gestaltung regeln die

- „Technischen Lieferbedingungen für transportable Schutzeinrichtungen (TL-Transportable Schutzeinrichtungen 97)", Ausgabe 1997, BMV, FGSV Verlag
- „Technischen Lieferbedingungen für bauliche Leitelemente (TL-Leitelemente 97)", Ausgabe 1997, BMV, FGSV Verlag.

Fahrzeug-Rückhaltesysteme sind bauliche Einrichtungen. Sie sind einer verkehrsrechtlichen Anordnung deshalb nicht zugänglich. Allerdings kann ihre Lage im Straßenquerschnitt mittelbar durch verkehrsrechtliche Anordnung bestimmt sein, wenn sie gleichzeitig als Träger der – verkehrsrechtlich anzuordnenden – Fahrbahnbegrenzung fungieren.

7.2.3 Verkehrszeichen und Verkehrseinrichtungen

Der Information der Verkehrsteilnehmer dienen Baustelleninformationsschilder, die mit dem

- ARS 25/2023 (StB 26/7122.3/5/3733289) „Richtlinien zur Baubetriebsplanung auf Bundesautobahnen (RBAP)“ vom 18.12.2023 (VkBl. 2024 S. 20)

an die Anforderungen angepasst und für die Bundesstraßen vereinheitlicht sowie mit

- BMV-RS S 28/38.59.00/17 BASt 01 „Baustellenmanagement/Bauarbeiten an Bundesfernstraßen; Änderung der Baustelleninformationsschilder für Bundesfernstraßen“ vom 20.7.2001

an das neue Corporate Design der Bundesregierung angepasst wurden. Durch die Ausgliederung der Bundesfernstraßen unter die Verantwortung der Autobahn GmbH wurde das Corporate Design durch eine interne Vereinbarung zwischen dem für den Verkehr zuständigen Bundesministerium und der Autobahn GmbH des Bundes erneut korrigiert (siehe auch *Bild 7.3*).

Zu Abschnitt 7.2.3

StVO
§ 6
Vorbeifahren

Wer an einer Fahrbahnverengung, einem Hindernis auf der Fahrbahn oder einem haltenden Fahrzeug links vorbeifahren will, muss entgegenkommende Fahrzeuge durchfahren lassen. Satz 1 gilt nicht, wenn der Vorrang durch Verkehrszeichen (Zeichen 208, 308) anders geregelt ist. Muss ausgeschert werden, ist auf den nachfolgenden Verkehr zu achten und das Ausscheren sowie das Wiedereinordnen – wie beim Überholen – anzukündigen.

StVO
§ 7
Benutzung von Fahrstreifen durch Kraftfahrzeuge

(4) Ist auf Straßen mit mehreren Fahrstreifen für eine Richtung das durchgehende Befahren eines Fahrstreifens nicht möglich oder endet ein Fahrstreifen, ist den am Weiterfahren gehinderten Fahrzeugen der Übergang auf den benachbarten Fahrstreifen in der Weise zu ermöglichen, dass sich diese Fahrzeuge unmittelbar vor Beginn der Verengung jeweils im Wechsel nach einem auf dem durchgehenden Fahrstreifen fahrenden Fahrzeug einordnen können (Reißverschlussverfahren).

StVO
§ 38
Blaues Blinklicht und gelbes Blinklicht

(3) Gelbes Blinklicht warnt vor Gefahren. Es kann ortsfest oder von Fahrzeugen aus verwendet werden. Die Verwendung von Fahrzeugen aus ist nur zulässig, um vor Arbeits- oder Unfallstellen, vor ungewöhnlich langsam fahrenden Fahrzeugen oder vor Fahrzeugen mit ungewöhnlicher Breite oder Länge oder mit ungewöhnlich breiter oder langer Ladung zu warnen.

VwV-StVO
zu § 38
Blaues Blinklicht und gelbes Blinklicht

Zu Absatz 3

3 II. Ortsfestes gelbes Blinklicht sollte nur sparsam verwendet werden und nur dann, wenn die erforderliche Warnung auf andere Weise nicht deutlich genug gegeben werden kann. Empfehlenswert ist vor allem, es anzubringen, um den Blick des Kraftfahrers auf Stellen zu lenken, die außerhalb seines Blickfeldes liegen, z. B. auf ein negatives Vorfahrtzeichen (Zeichen 205 und 206), wenn der Kraftfahrer wegen der baulichen Beschaffenheit der Stelle nicht ausreichend klar erkennt, dass er wartepflichtig ist. Aber auch auf eine Kreuzung selbst kann so hingewiesen werden, wenn diese besonders schlecht erkennbar oder aus irgendwelchen Gründen besonders gefährlich ist. Vgl. auch Nummer VI zu § 37 Abs. 2 Nr. 1 und 2; Rn. 14. Im gelben Blinklicht dürfen nur schwarze Sinnbilder für einen schreitenden Fußgänger, ein Fahrrad, eine Straßenbahn, einen Kraftomnibus, einen Reiter oder ein schwarzer Pfeil gezeigt werden.

StVO
§ 39
Verkehrszeichen

(5) Auch Markierungen und Radverkehrsführungsmarkierungen sind Verkehrszeichen. Sie sind grundsätzlich weiß. Nur als vorübergehend gültige Markierungen sind sie gelb; dann heben sie die weißen Markierungen auf. Gelbe Markierungen können auch in Form von Markierungsknopfreihen, Markierungsleuchtknopfreihen oder als Leitschwellen oder Leitborde ausgeführt sein. Leuchtknopfreihen gelten nur, wenn sie eingeschaltet sind. Alle Linien können durch gleichmäßig dichte Markierungsknopfreihen ersetzt werden. In verkehrsberuhigten Geschäftsbereichen (§ 45 Abs. 1d) können Fahrbahnbegrenzungen auch mit anderen Mitteln, insbesondere durch Pflasterlinien, ausgeführt sein. Schriftzeichen und die Wiedergabe von Verkehrszeichen auf der Fahrbahn dienen dem Hinweis auf ein angebrachtes Verkehrszeichen.

7.2.3 Verkehrszeichen und Verkehrseinrichtungen

VwV-StVO zu den §§ 39 bis 43 Allgemeines über Verkehrszeichen und Verkehrseinrichtungen

24 8. Die Verkehrszeichen müssen fest eingebaut sein, soweit sie nicht nur vorübergehend aufgestellt werden. Pfosten, Rahmen und Schilderrückseiten sollen grau sein.

25 Strecken- und Verkehrsverbote (Abschnitt 6 und 7 der Anlage 2 (zu § 41 Absatz 1) Vorschriftzeichen) gelten grundsätzlich für sämtliche Fahrstreifen einer Fahrtrichtung. Sofern diese nur für einzelne Fahrstreifen gelten sollen, sind diese in der Regel so anzubringen, dass sie dem betreffenden Fahrstreifen zweifelsfrei zugeordnet werden können (Verkehrszeichenbrücken oder Auslegermaste).

26 Muss von einer solchen Anbringung abgesehen werden oder sind die Zeichen nur vorübergehend angeordnet, z. B. bei Arbeitsstellen, sind die Ge- oder Verbotszeichen auf einer Verkehrslenkungstafel (Zeichen 501 ff.) am rechten Fahrbahnrand anzuzeigen (vgl. VwV zu den Zeichen 501 bis 546 Verkehrslenkungstafeln, Rn. 8). Insbesondere außerhalb geschlossener Ortschaften sollen die angeordneten Ge- oder Verbotszeichen durch eine gleiche Verkehrslenkungstafel mit Entfernungsangabe auf einem Zusatzzeichen angekündigt werden.

VwV-StVO zu § 39 Verkehrszeichen

Zu Absatz 5

Vorübergehende Markierungen

3 I. Gelbe Markierungsleuchtknöpfe dürfen nur in Kombination mit Dauerlichtzeichen oder Wechselverkehrszeichen (z. B. Verkehrslenkungstafel, Wechselwegweiser) angeordnet werden. Als Fahrstreifenbegrenzung (Zeichen 295) sollte der Abstand der Leuchtknöpfe auf Autobahnen 6 m, auf anderen Straßen außerorts 4 m und innerorts 3 m betragen. Werden gelbe Markierungsleuchtknöpfe als Leitlinie angeordnet, muss der Abstand untereinander deutlich größer sein.

4 II. Nach den RSA können gelbe Markierungen, gelbe Markierungsknopfreihen oder gelbe retroreflektierende Elemente auch im Sockelbereich von temporär eingesetzten transportablen Schutzeinrichtungen als Fahrbahnbegrenzung angebracht werden.

VwV-StVO zu § 40 Gefahrzeichen

Zu Zeichen 123 Arbeitsstelle

1 Zur Ausführung von Straßenarbeitsstellen vgl. Richtlinien für die verkehrsrechtliche Sicherung von Arbeitsstellen an Straßen (RSA).

VwV-StVO zu § 41 Vorschriftzeichen

Zu Zeichen 274 Zulässige Höchstgeschwindigkeit

11 IX. Zur Verwendung des Zeichens an Bahnübergängen vgl. Nummer IV 2 zu Zeichen 201; Rn. 5 und an Arbeitsstellen vgl. die Richtlinien für die verkehrsrechtliche Sicherung von Arbeitsstellen an Straßen (RSA), die das Bundesministerium für Verkehr und digitale Infrastruktur im Einvernehmen mit den obersten Landesbehörden im Verkehrsblatt bekannt gibt.

VwV-StVO zu § 42 Richtzeichen

Zu den Zeichen 501 bis 546 Verkehrslenkungstafeln

5 V. Den Einsatz von Verkehrslenkungstafeln bei Arbeitsstellen an Straßen regeln die RSA.

...

8 VIII. Verkehrslenkungstafeln können fahrstreifenbezogene verkehrsrechtliche Anordnungen beinhalten. Die Vorschriftzeichen werden verkleinert zentral auf dem Pfeilschaft dargestellt. Liegen die Pfeile dicht nebeneinander, werden Vorschriftzeichen vertikal versetzt dargestellt. Die Ausführung entspricht den Vorgaben der RWB. Gilt die gleiche verkehrsrechtliche Anordnung für benachbarte Fahrstreifen, ist nur ein Vorschriftzeichen auf den Pfeilschäften darzustellen. Ein Vorschriftzeichen, das für mehr als zwei Fahrstreifen gilt, wird nicht auf der Tafel angezeigt.

VwV-StVO zu § 43 Verkehrseinrichtungen (Anlage 4)

Zu Absatz 1

1 Auf Nummer I zu den §§ 39 bis 43 (Rn. 1) wird verwiesen.

2 Schranken, Sperrpfosten und Absperrgeländer sind nur dann als Verkehrseinrichtung anzuordnen, wenn sie sich regelnd, sichernd oder verbietend auf den Verkehr auswirken.

Zu Absatz 3 Anlage 4 Abschnitt 1

3 I. Die Sicherung von Arbeitsstellen und der Einsatz von Absperrgeräten erfolgt nach den Richtlinien für die verkehrsrechtliche Sicherung von Arbeitsstellen an Straßen (RSA), die das zuständige Bundesministerium im Einvernehmen mit den zuständigen obersten Landesbehörden im Verkehrsblatt bekannt gibt.

7.2.4 Grundsätze der Regelungen

Da vorübergehende Regelungen für die Fahrzeugführer mit viel größerer Wahrscheinlichkeit unerwartet auftreten, hat sich die folgende stufenweise Systematik der Anordnung bewährt:

- ankündigen
- regelnd vorbereiten
- vorbeiführen und sichern
- Regelungen aufheben.

Durch die **Ankündigung** werden die Fahrzeugführer auf die vor ihnen liegende fahrerische Bewältigung einer besonderen Situation vorbereitet. Ihre Aufmerksamkeit wird erhöht. Außerdem führt die Ankündigung dazu, dass das versehentliche Übersehen einer Stufe nicht gleich zur unvorbereiteten Einfahrt in die besondere Situation führt. Zusätzlich dient die Ankündigung zur Warnung vor eventuellem Rückstau. Die Ankündigung erfolgt in der Regel durch Zeichen 123, kann aber (insbesondere bei Arbeitsstellen kürzerer Dauer) auch durch einen Vorwarnanzeiger, einen Warnposten oder einen kleinen Blinkpfeil erfolgen.

Durch die **regelnde Vorbereitung** wird der Verkehr in seiner Geschwindigkeit, gelegentlich auch in seinem Überholverhalten oder seiner Fahrstreifenwahl, so beeinflusst, dass er die vor ihm liegende besondere Situation möglichst gefahrlos bewältigen kann. Diese Regelungen erfolgen im Allgemeinen durch die normalen Streckengebote, Streckenverbote und Verkehrsverbote (siehe Abschnitte 3.2, 3.3, 6.4).

Das **Vorbeiführen und Sichern** soll sowohl den Verkehr vor der Arbeitsstelle, den Unfallbeteiligten usw. schützen wie auch die Arbeitsstelle, die Unfallbeteiligten usw. vor dem Verkehr. Dazu werden in der Regel Leit- und Schutzeinrichtungen angeordnet. Angesichts des oft äußerst begrenzten Platzes sind hier häufig sorgfältige Abwägungen erforderlich. Unter Umständen sind die getroffenen Regelungen durch Ge- oder Verbote zu wiederholen oder neue Regelungen zu treffen.

Nach der Vorbeifahrt an der besonderen Situation sind die getroffenen **Regelungen wieder aufzuheben** und die Fahrzeugführer ggf. darüber zu informieren, dass keine weiteren Einschränkungen mehr zu erwarten sind. Auch dies erfolgt in der Regel mit den Verkehrszeichen zur Regelung von Streckenge- und -verboten (siehe Abschnitt 6.4). Ist die Baustelle nur kurz, ihr Ende zweifelsfrei zu erkennen und sind die Streckenverbote zusammen mit einem Gefahrzeichen angeordnet (z. B. bei einer wandernden Baustelle), kann auf die Aufhebung verzichtet werden.

Die RSA berücksichtigen diese Systematik in ihren allgemeinen Ausführungen (Teil A) und Regelplänen.

7.2.5 Einzelregelungen

Die Regelpläne der RSA sind matrixartig in die Abschnitte

- B Innerörtliche Straßen
- C Landstraßen
- D Autobahnen

und innerhalb jeder dieser Teile in die Unterabschnitte

- Arbeitsstellen von längerer Dauer
- Arbeitsstellen von kürzerer Dauer

gegliedert.

Bei den Arbeitsstellen kürzerer Dauer unterscheiden die RSA zudem nach ortsfesten und beweglichen Arbeitsstellen.

Nachstehend abgedruckt sind einige Regelpläne der RSA für Arbeitsstellen auf innerörtlichen Straßen (*Bilder 7.4* bis *7.6*) und auf Landstraßen (*Bilder 7.7* bis *7.9*).

Innerörtliche Straßen im Sinne der RSA sind Straßen innerhalb geschlossener Ortschaften (Zeichen 310 und 311), Landstraßen sind alle einbahnigen Straßen mit Gegenverkehr und mehrbahnige Straßen mit höhengleichen Kreuzungen außerhalb geschlossener Ortschaften.

Arbeitsstellen von längerer Dauer sind in der Regel ortsfeste (also nicht „wandernde"), mindestens einen Kalendertag durchgehend bestehende Arbeitsstellen.

Die RSA behandeln im Teil B auch Arbeitsstellen im Bereich von Schienenbahnen mit straßenbündigem Gleiskörper sowie Arbeitsstellen, die sich auf den Rad- und Fußgängerverkehr auswirken.

Bild 7.3 zeigt das Baustelleninformationsschild, die *Bilder 7.10* bis *7.13* zeigen Regelpläne der RSA für Autobahnen.

Bild 7.3 Baustelleninformationsschild
Quelle: RBAP

Bei längerfristigen Arbeitsstellen auf Autobahnen ist es in der Regel erforderlich, zur Trennung der Fahrbahnen für den Gegenverkehr und zur Trennung zwischen Verkehrs- und Arbeitsbereich mobile Fahrzeug-Rückhaltesysteme zu verwenden.

Diese werden auf den Untergrund aufgesetzt und die einzelnen Elemente kraftschlüssig miteinander verbunden. Sie bieten ein hohes Maß an Sicherheit gegen das Abkommen von Fahrzeugen in den Gegenverkehr oder in das Baufeld.

Die Anordnung der verkehrsrechtlichen Absicherung von Nachtbaustellen ist ebenfalls in den RSA geregelt.

7.2.5 Einzelregelungen

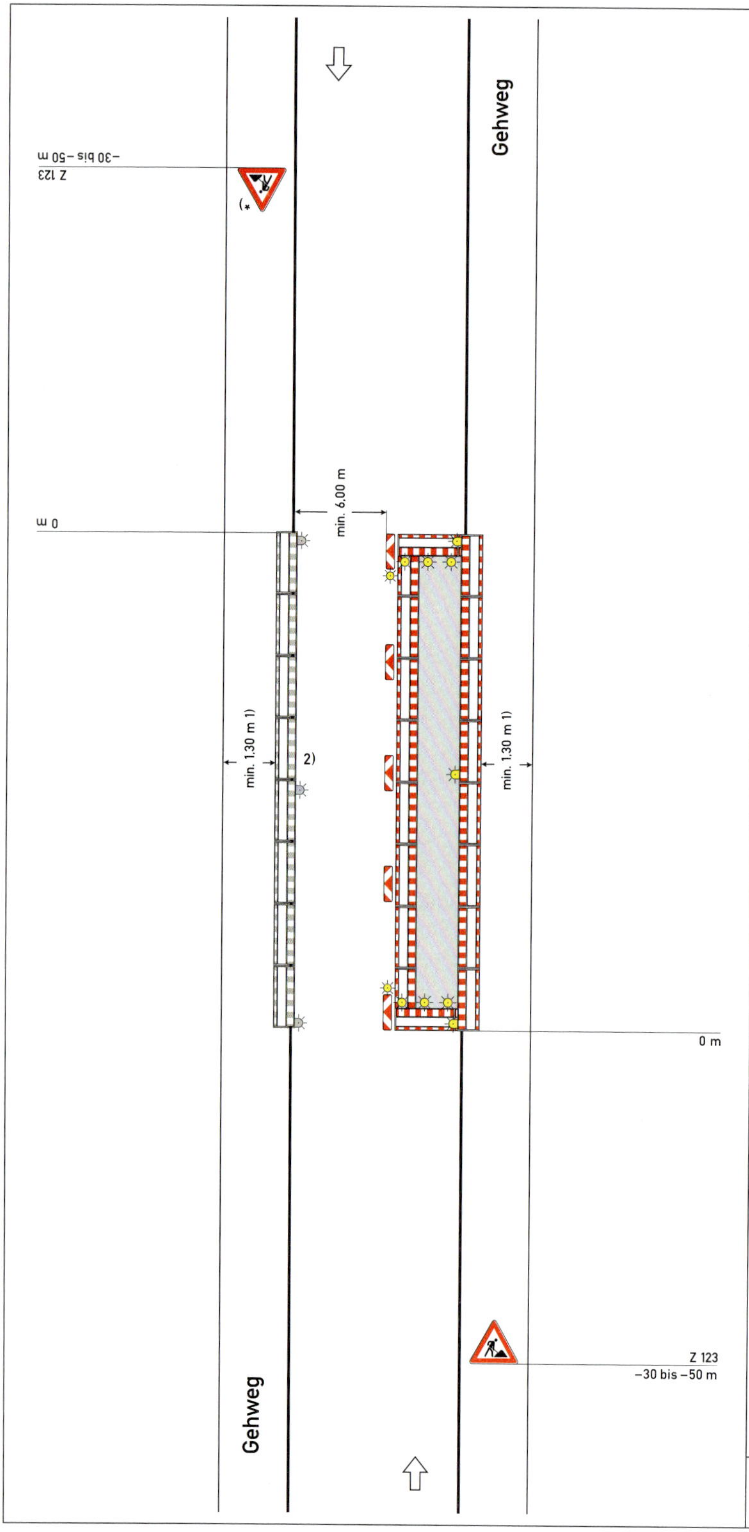

Regelplan B I/1

Straße mit geringer Verkehrsstärke oder in geschwindigkeitsreduziertem Bereich und mit geringer Einengung

Längsabsperrung zur Fahrbahn
- durch doppelseitige Leitbaken
- bei Einbahnstraßen und Richtungsfahrbahnen einseitige Leitbaken

Abstand max. 9 m
Absperrschrankengitter am fahrbahnseitigen Baufeldrand

Teil B, Abschnitt 2.2.5 Absatz 3 ist zu beachten

Längsabsperrung zum Gehweg
durch Absperrschrankengitter
Warnleuchten gemäß RSA Teil B, Abschnitt 2.4.3 Absatz 2

Querabsperrung
durch Absperrschrankengitter mit mindestens 3 einseitigen gelben Warnleuchten und

- doppelseitige Leitbake mit doppelseitiger gelber Warnleuchte
- bei Richtungsfahrbahnen oder Einbahnstraßen: einseitige Leitbake mit einseitiger gelber Warnleuchte

1) andere Breiten siehe Teil B, Abschnitt 2.4.2

2) [ ] Absperrschrankengitter am Gehweg gegenüber anstatt zwischen Arbeitsbereich und Fahrbahn

[ ] erforderliche Länge und Lage gemäß beigefügtem Lageplan geprüft und angeordnet

*) Entfällt bei Einbahnstraßen und Richtungsfahrbahnen

05.21

Bild 7.4 Innerorts

Quelle: RSA 21

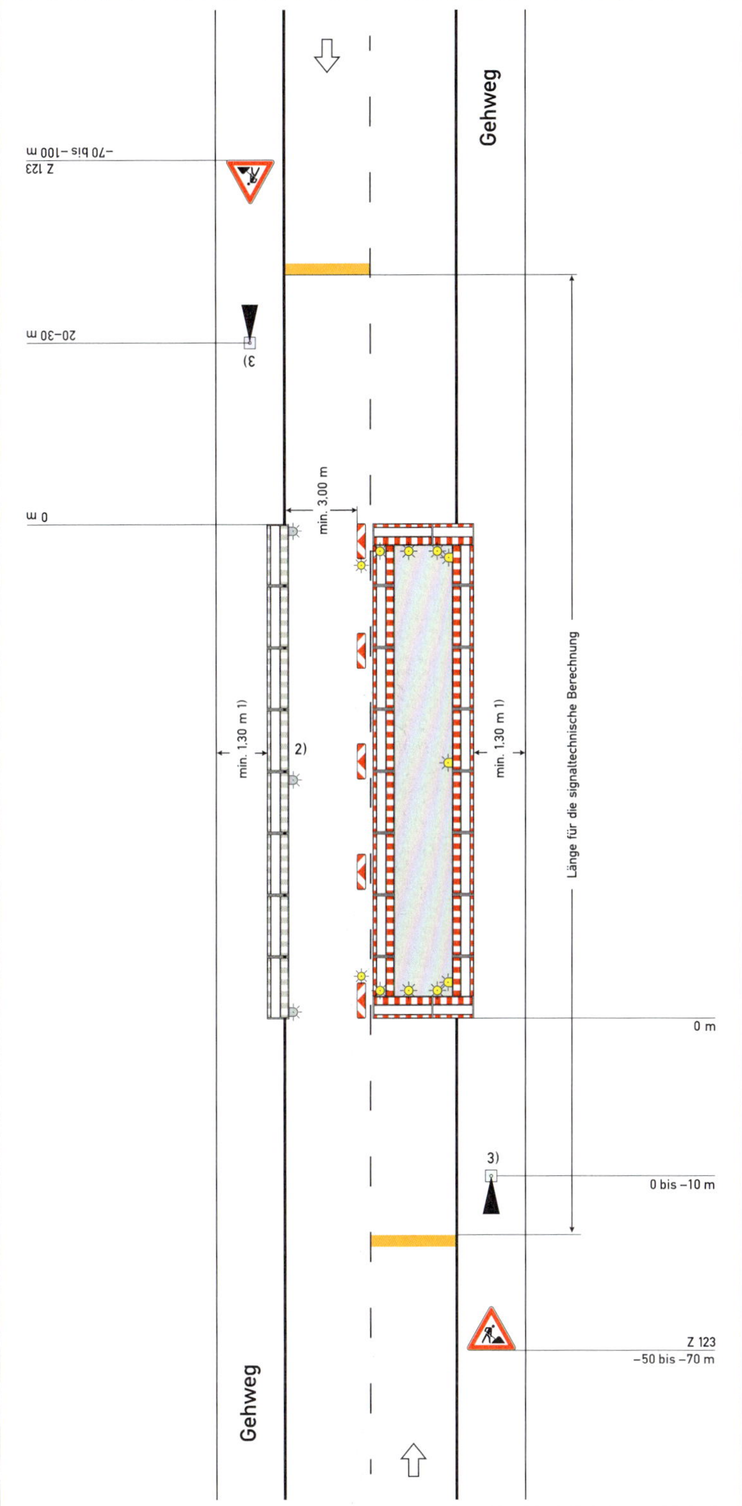

Regelplan B I/5

Zweistreifige Fahrbahn mit halbseitiger Sperrung

Verkehrsregelung durch Lichtzeichenanlage

Längsabsperrung zur Fahrbahn
durch doppelseitige Leitbaken Abstand max. 9 m
Absperrschrankengitter am fahrbahnseitigen Baufeldrand

Teil B, Abschnitt 2.2.5 Absatz 3 ist zu beachten

Querabsperrung
durch Absperrschrankengitter mit mindestens 3 einseitigen gelben Warnleuchten und doppelseitige Leitbake mit doppelseitiger gelber Warnleuchte

Längsabsperrung zum Gehweg
durch Absperrschrankengitter Warnleuchten gemäß RSA Teil B, Abschnitt 2.4.3 Absatz 2

1) andere Breiten siehe Teil B, Abschnitt 2.4.2

2) [ ] Absperrschrankengitter am Gehweg gegenüber anstatt zwischen Arbeitsbereich und Fahrbahn

[ ] erforderliche Länge und Lage gemäß beigefügtem Lageplan geprüft und angeordnet

3) [ ] Signalzeitenplan
[ ] Signallageplan
[ ] Phasenfolgeplan

als Anlage beigefügt und angeordnet

möglichst verkehrsabhängige Schaltung anordnen

05.21

Bild 7.5 Innerorts Quelle: RSA 21

7.2.5 Einzelregelungen

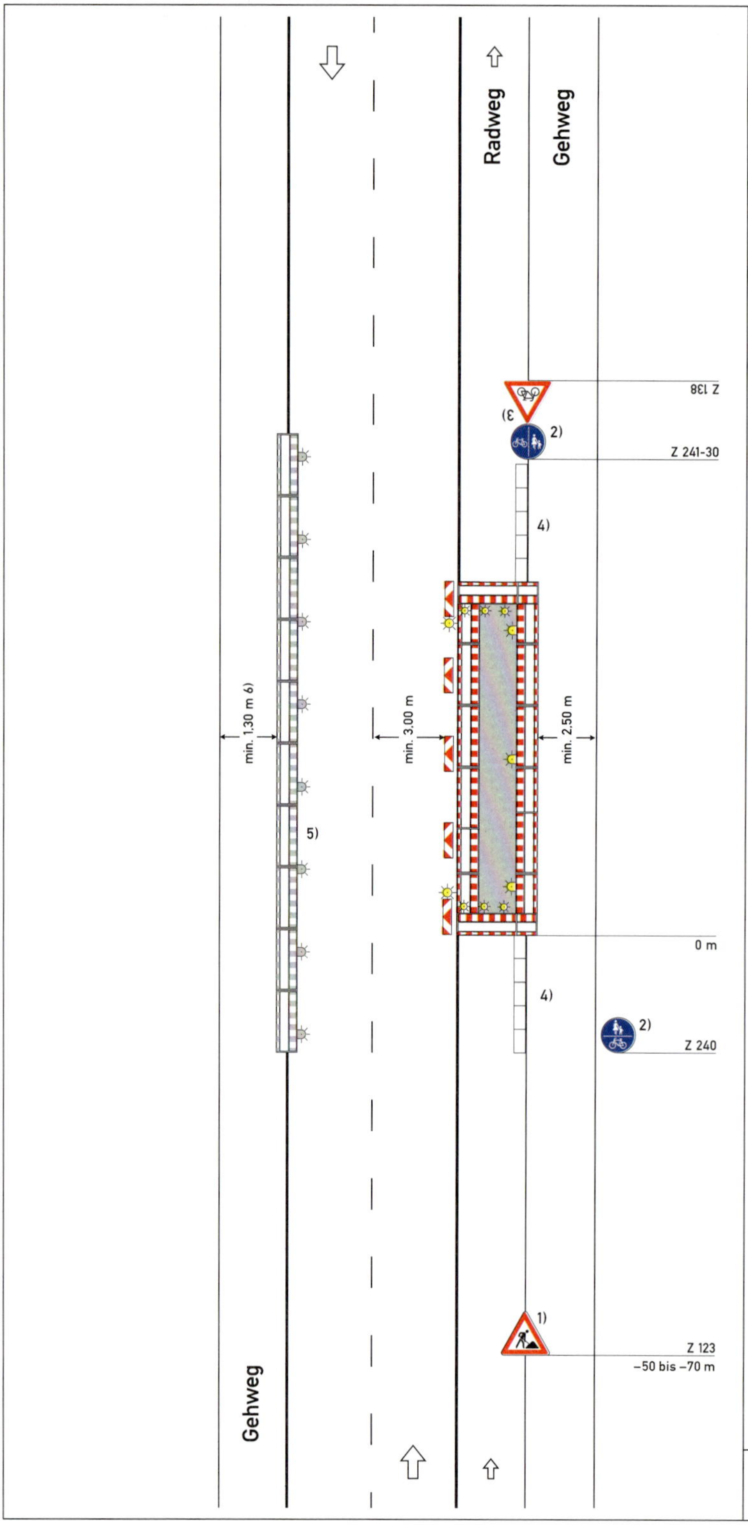

Regelplan B II/2

Paralleler Geh- und Radweg mit Sperrung des Radweges (bei Sperrung des Gehweges analog)

geringe Einengung der Fahrbahn (bei Richtungsfahrbahn analog)

Querabsperrung
durch Absperrschrankengitter mit mindestens 3 gelben einseitigen Warnleuchten und doppelseitige Leitbake mit doppelseitiger gelber Warnleuchte;
bei Einbahnstraße oder Richtungsfahrbahn einseitige Leitbake mit einseitiger gelber Warnleuchte

Längsabsperrung zur Fahrbahn
durch doppelseitige Leitbaken, Abstand max. 9 m
Absperrschrankengitter am fahrbahnseitigen Baufeldrand;
bei Einbahnstraße oder Richtungsfahrbahn einseitige Leitbaken

Längsabsperrung zum Gehweg
durch Absperrschrankengitter Warnleuchten gemäß RSA Teil B, Abschnitt 2.4.3 Absatz 2

1) [ ] geringe Verkehrsstärke: 30 – 50 m

   [ ] Richtungsfahrbahn: 70 – 100 m

2) Bei anderen Radwegen Z 239 + 1022-10 (siehe RSA Teil B, Abschnitt 2.4.1 Absatz 5)

3) [ ] Z 138 angeordnet

4) [ ] angerampt

5) [ ] Absperrschrankengitter am Gehweg gegenüber anstatt zwischen Baufeld und Fahrbahn

   [ ] erforderliche Länge und Lage gemäß beigefügtem Lageplan geprüft und angeordnet

6) andere Breiten siehe Teil B, Abschnitt 2.4.2

05.21

Bild 7.6 Innerorts

Quelle: RSA 21

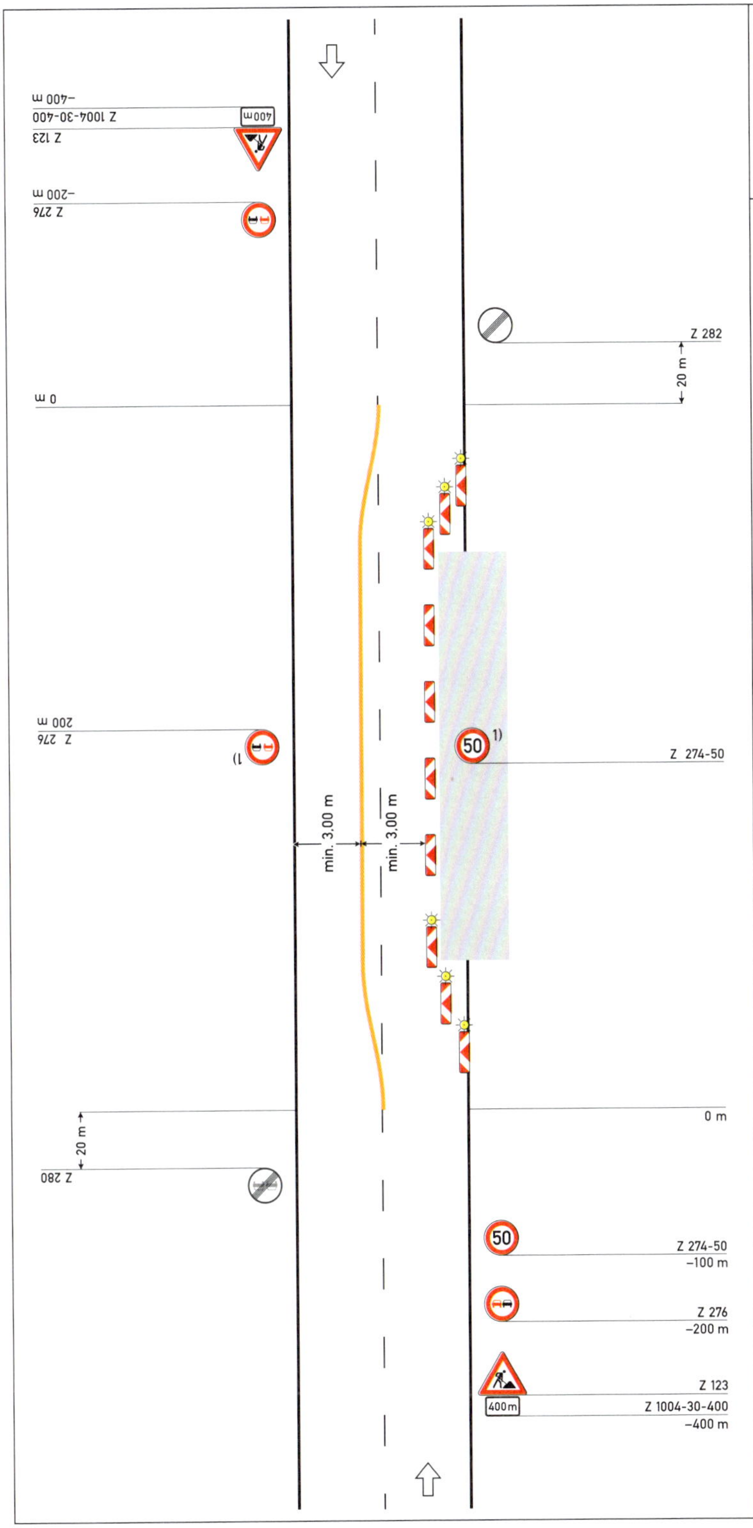

Regelplan C I/3

Verkehrsführung über Behelfsfahrstreifen

Querabsperrung
durch einseitige Leitbaken (min. 3)
Verziehungsmaß ca. 1:3
Abstand quer max. 0,6 m
einseitige gelbe Warnleuchte auf jeder Leitbake

[ ] Statt Leitbaken Absperrschranken am Ende der Arbeitsstelle angeordnet

Längsabsperrung
durch einseitige Leitbaken
Abstand max. 12 m

1) Wiederholen bei Arbeitsstellen über 1000 m Länge im Abstand von 500 m

05.21

Bild 7.7 Landstraße

Quelle: RSA 21

7.2.5 Einzelregelungen

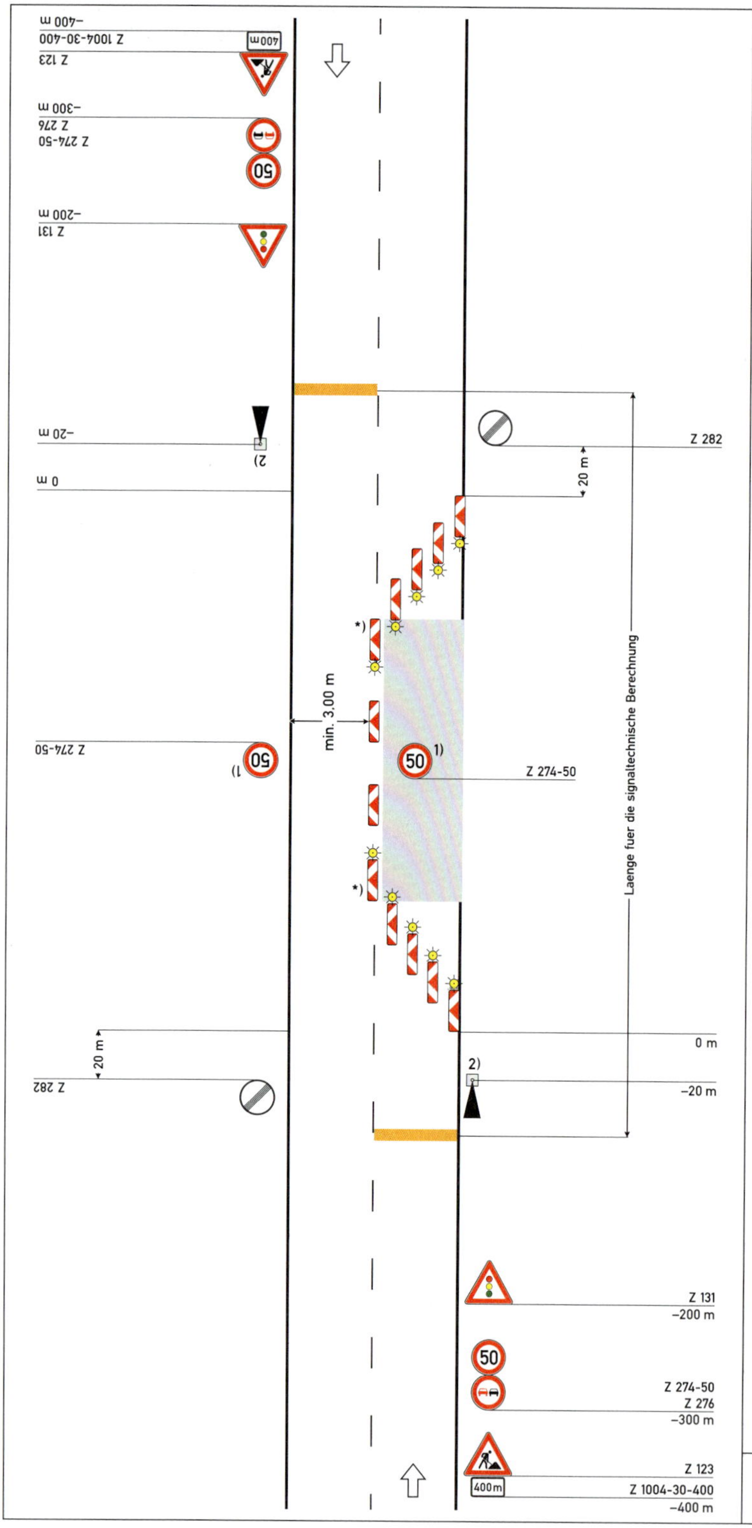

Regelplan C I/5

Fahrbahn halbseitig gesperrt

Verkehrsregelung durch Lichtzeichenanlage

Querabsperrung
durch doppelseitige Leitbaken (min. 3)
Verziehungsmaß ca. 1:3
Abstand quer max. 0,6 m
doppelseitige gelbe Warnleuchte auf jeder Leitbake

Längsabsperrung
durch einseitige Leitbaken
Abstand max. 12 m

Querabsperrung
durch einseitige Leitbaken (min. 3)
Verziehungsmaß ca. 1:3
Abstand quer max. 0,6 m
Einseitige gelbe Warnleuchte auf jeder Leitbake

*) doppelseitige Leitbake und Warnleuchte

1) Wiederholen bei Arbeitsstellen über 1000 m Länge im Abstand von 500 m

2) [ ] Signalzeitenplan,
[ ] Signallageplan
[ ] Phasenfolgeplan

als Anlage beigefügt und angeordnet

möglichst verkehrsabhängige Schaltung anordnen

05.21

Bild 7.8 Landstraße

Quelle: RSA 21

7.2.5 Einzelregelungen

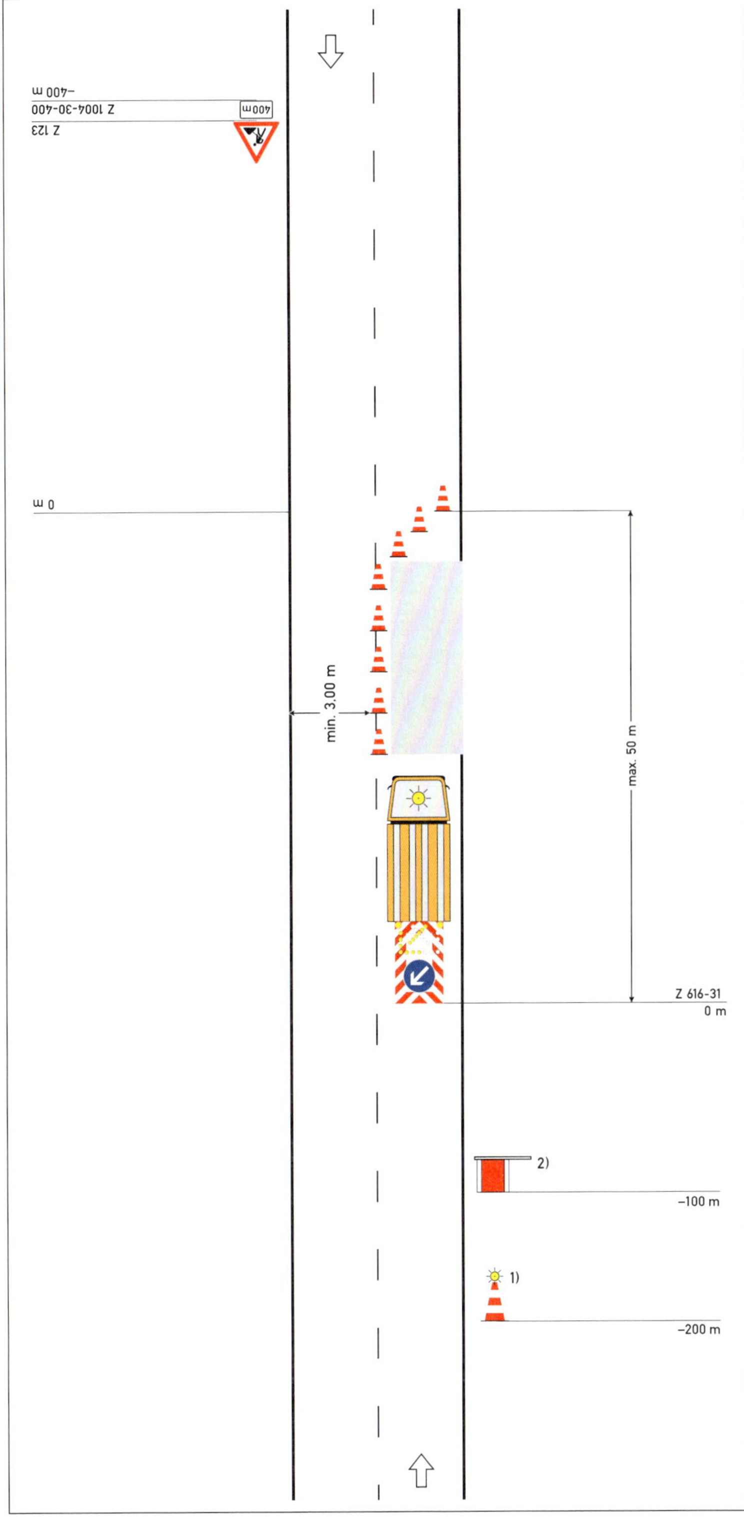

Regelplan C II/2

Arbeitsstelle von kürzerer Dauer mit fahrbarer Absperrtafel

(nur bei Tageslicht)

Querabsperrung
durch min. 3 Leitkegel
(Höhe min. 0,5 m)
Abstand quer max. 0,6 m
Verziehungsmaß 1:3

Längsabsperrung
durch Leitkegel
(Höhe min. 0,5 m)
Abstand längs max. 12 m

Querabsperrung
durch fahrbare Absperrtafel

1) Zusätzlich angeordnet:

[ ] Leitkegel (Höhe min. 0,75 m) mit gelber Warnleuchte in blitzender Ausführung

Nur anzuordnen, wenn die Absperrtafel nicht aus einer Entfernung von mindestens 200 m zu erkennen ist (siehe Teil C, Abschnitt 3 Absatz 5)

2) Zusätzlich angeordnet:

[ ] Warnposten

Anordnung nur in Ausnahmefällen

05.21

Bild 7.9 Landstraße Quelle: RSA 21

7.2.5 Einzelregelungen

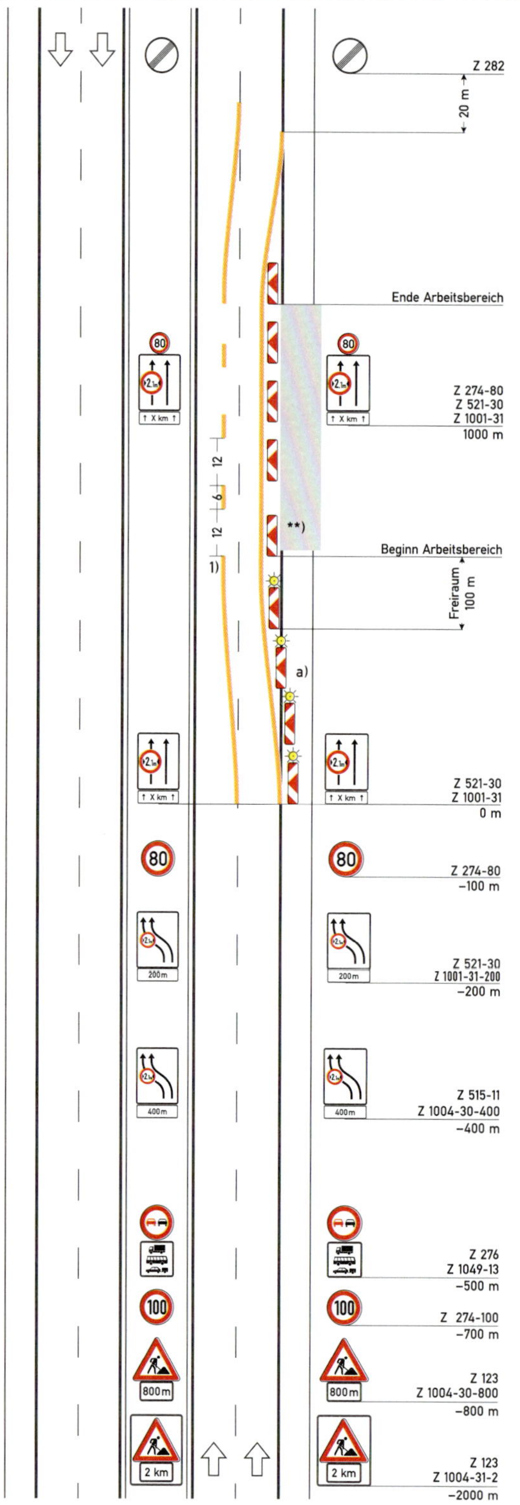

Regelplan D I/2

Verkehrsführung x+2

zwei Behelfsfahrstreifen auf eingeschränkter zweistreifiger Fahrbahn

a) Querabsperrung
durch Leitbaken Abstand 9 m
Verschwenkungsmaß 1:20
Warnleuchte auf jeder Leitbake

[ ] Anordnung von Abweichungen von diesem Regelplan gemäß beiliegendem Anordnungstext

Wiederholung der Fahrstreifentafeln in Kombination mit Zeichen 274 alle 1000 m ist nur anzuordnen, wenn Arbeitsstellenlänge > 2000 m

****) Längsabsperrung**
Leitbaken Abstand 18 m
[ ] Leitbaken entfallen, weil TSE bauzeitlich vorhanden

1) Beträgt der Abstand zwischen dem Ende der Verschwenkung am Beginn der Arbeitsstelle und dem Beginn der Verschwenkung am Ende der Arbeitsstelle weniger als 400 m: Fahrstreifenbegrenzung statt Leitlinie

05.21

Bild 7.10 Autobahn

Quelle: RSA 21

7.2.5 Einzelregelungen

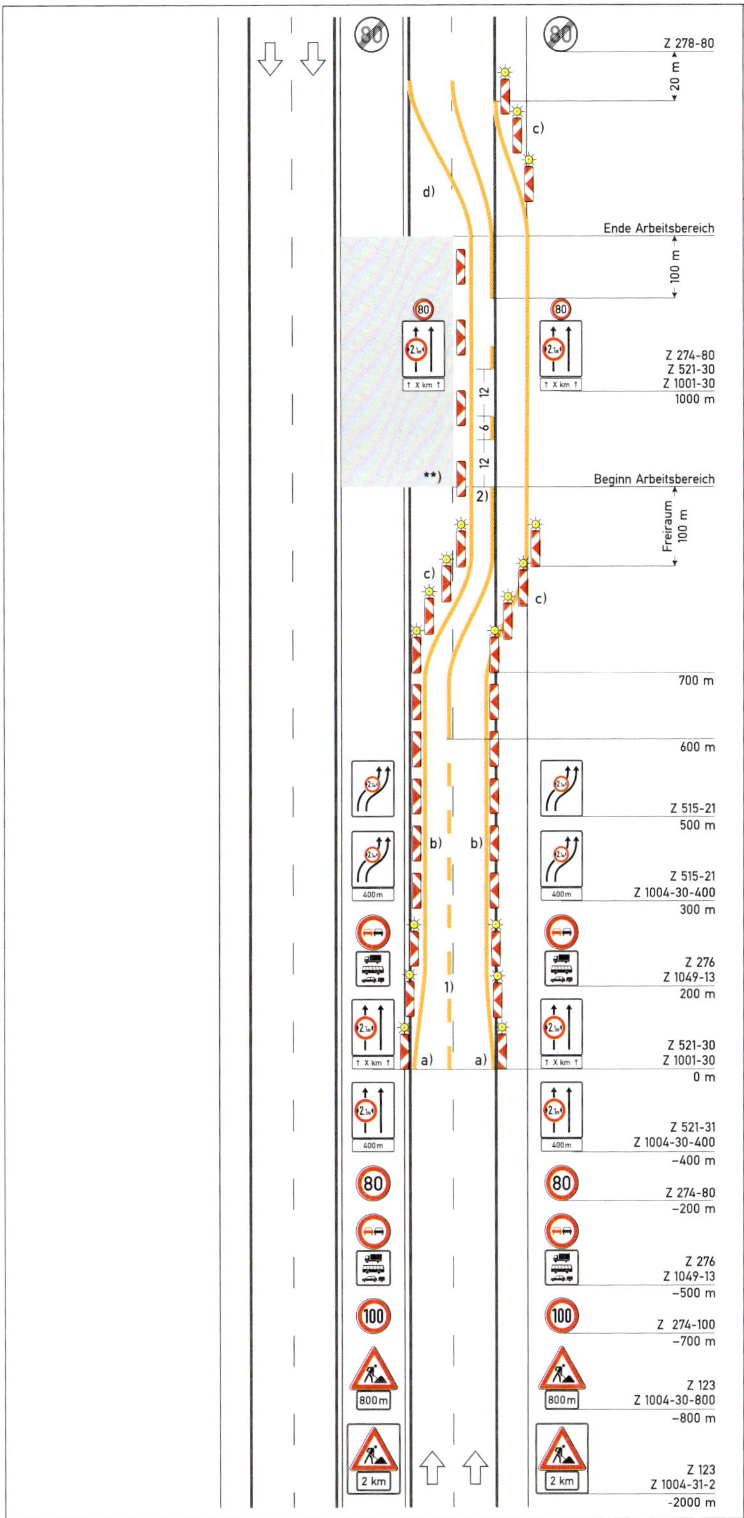

Regelplan D I/4

Verkehrsführung x+2

zwei Behelfsfahrstreifen bei Arbeiten am Mittelstreifen und vorhandenem Seitenstreifen

a) Querabsperrung
durch Leitbaken Abstand 5 m
Verziehungsmaß 1:20
Warnleuchte auf jeder Leitbake
Einengung auf Breite des Behelfsfahrstreifens

b) Längsabsperrung
durch Leitbaken Abstand 18 m

c) Verschwenkung
durch Leitbaken Abstand 9 m
Verschwenkungsmaß 1:20
Warnleuchte auf jeder Leitbake

d) Verschwenkung
1:20 links

****) Längsabsperrung**
Leitbaken Abstand 18 m
[ ] Leitbaken entfallen, weil TSE bauzeitlich vorhanden

1) Warnlinie gemäß Rn. 1 VwV-StVO zu Z 295

2) Beträgt der Abstand zwischen dem Ende der Verschwenkung am Beginn der Arbeitsstelle und dem Beginn der Verschwenkung am Ende der Arbeitsstelle weniger als 400 m: Fahrstreifenbegrenzung statt Leitlinie

[ ] Anordnung von Abweichungen von diesem Regelplan gemäß beiliegendem Anordnungstext

Wiederholung der Fahrstreifentafeln in Kombination mit Zeichen 274 und des Zeichens 276 in Kombination mit 1049-13 alle 1000 m ist nur anzuordnen, wenn Arbeitsstellenlänge > 2000 m; Abstand der Kombinationen untereinander mindestens 200 m

05.21

Bild 7.11 Autobahn

Quelle: RSA 21

7.2.5 Einzelregelungen

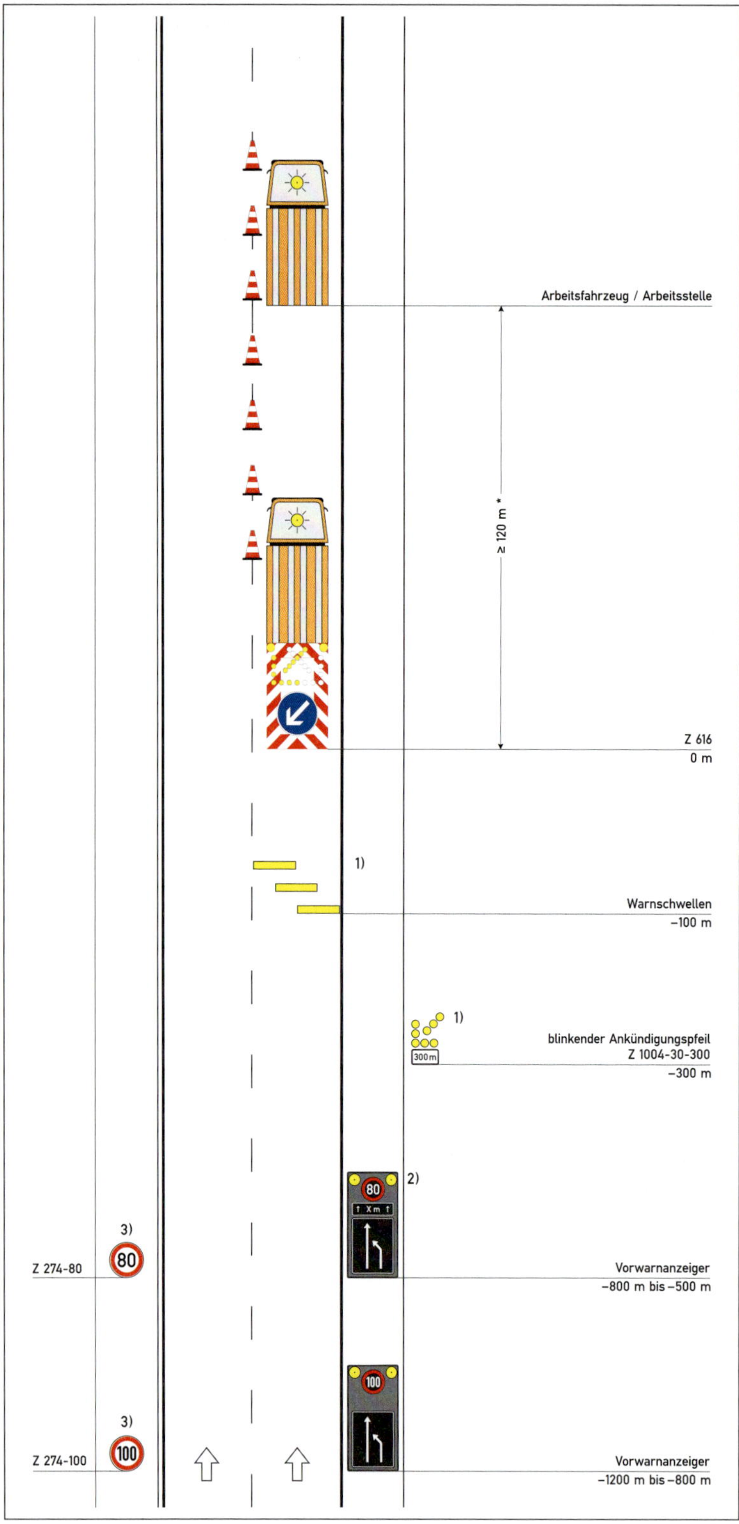

Regelplan D III/1r

Arbeitsstelle von kürzerer Dauer auf dem rechten Fahrstreifen einer Richtungsfahrbahn

Zugfahrzeuge ≥ 7,49 t zulässige Gesamtmasse

Zugfahrzeuge dürfen nicht abgekoppelt werden

Längsabsperrung:
Leitkegel [Höhe 0,75 m]
Abstand max. 18 m
(können bei beweglichen Arbeitsstellen entfallen)

* ≥ 20 m in Rampen

1) [ ] Warnschwellen und blinkender Vorankündigungspfeil mit Entfernungsangabe angeordnet

Anordnungsvoraussetzungen siehe Teil D, Abschnitt 3 (12)

2) [ ] Ende Arbeitsbereich +20 m: Z 278-80 anstatt Längenangabe auf zweitem Vorwarnanzeiger angeordnet

3) [ ] entfällt

bei beweglichen Arbeitsstellen und ganz kurzzeitigen stationären Arbeitsstellen und erhöhtem Aufwand

05.21

Bild 7.12 Autobahn

Quelle: RSA 21

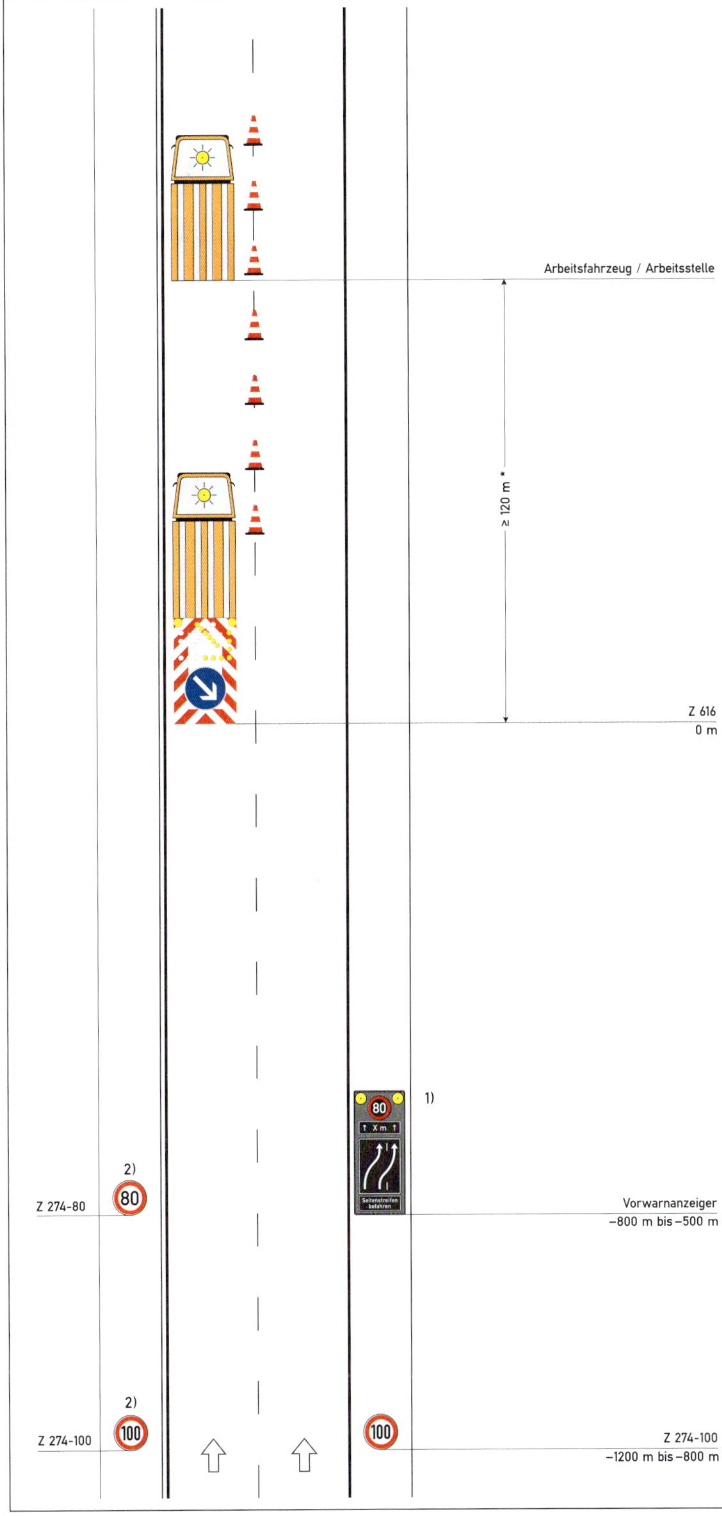

Regelplan D III/2

Arbeitsstelle von kürzerer Dauer auf dem linken Fahrstreifen einer Richtungsfahrbahn

Zweistreifige Verkehrsführung unter Mitnutzung des Seitenstreifens

Zugfahrzeuge ≥ 7,49 t zulässige Gesamtmasse

Zugfahrzeuge dürfen nicht abgekoppelt werden

Längsabsperrung:
Leitkegel [Höhe 0,75 m]
Abstand max. 18 m
(können bei beweglichen Arbeitsstellen entfallen)

* ≥ 20 m in Rampen

1) [ ] Ende Arbeitsbereich +20 m: Z 278-80 anstatt Längenangabe auf zweitem Vorwarnanzeiger angeordnet

2) [ ] entfällt

bei beweglichen Arbeitsstellen und ganz kurzzeitigen stationären Arbeitsstellen und erhöhtem Aufwand

05.21

Bild 7.13 Autobahn

Quelle: RSA 21

7.3 Vermeidung von Schäden durch Frost, Hitze usw.

Die Straßengesetze (z. B. § 7 FStrG) sehen vor, dass der Gemeingebrauch der Straße durch Verkehrszeichen beschränkt werden kann, „wenn dies wegen des baulichen Zustandes zur Vermeidung außerordentlicher Schäden an der Straße erforderlich ist".

§ 45 Abs. 2 StVO greift dies auf und erlaubt den Straßenbaubehörden, eigenständig aus diesem Grund Verkehrsverbote und -beschränkungen anzuordnen, den Verkehr umzuleiten oder ihn durch Markierungen und Leiteinrichtungen zu lenken. Die eingangs genannte straßenrechtliche Vorschrift wird durch diese straßenverkehrsrechtliche Vorschrift überlagert.

Die Ursachen, die solche vorbeugenden Maßnahmen rechtfertigen, können vielfältig sein. Früher häufig, heute wegen des besseren Ausbauzustands der Straßen eher selten sind sogenannte Frostaufgangssperren. Sie sollen verhindern, dass sich der Untergrund nicht frostsicher ausgebauter Straßen während des „Frostaufgangs" bei der Belastung mit schwereren Fahrzeugen so verformt, dass die Straße dauerhaft nicht mehr nutzbar ist. Der Frostaufgang tritt an Tagen auf, an denen nach einer längeren Frostperiode bei nunmehr steigenden Temperaturen der gefrorene Boden auftaut und mangels Abflussmöglichkeit „matschig" und damit wenig tragfähig ist. Heute kritischer sind lange Perioden mit hohen Temperaturen. Diese können den Straßenoberbau so aufheizen, dass die Asphaltschichten weich werden und sich unter der Belastung durch schwerere Fahrzeuge verformen.

Da durch solche Straßensperren in der Regel die schwereren Fahrzeuge und damit der Wirtschaftsverkehr betroffen ist, ist jeweils unter volkswirtschaftlichen Gesichtspunkten sorgfältig abzuwägen, ob eine Sperrung gerechtfertigt ist. Wegen des nicht unbeträchtlichen Substanzwertes auch älterer Straßen können solche Sperrungen aber trotzdem gerechtfertigt sein, insbesondere, wenn geeignete Umleitungen zur Verfügung stehen. Zur Anordnung dieser Maßnahmen ist die Straßenbaubehörde befugt.

Hiervon zu unterscheiden sind Beschränkungen oder Verbote, die infolge des baulichen Zustands der Straßen aus Verkehrssicherheitsgründen erforderlich sind. Zur Anordnung dieser Maßnahme ist ausschließlich die Straßenverkehrsbehörde befugt. Die Straßenbaubehörde darf hier ausschließlich Gefahrzeichen aufstellen (§ 45 Abs. 3 Satz 3 StVO). Hierüber hat sie unverzüglich die Straßenverkehrsbehörde zu informieren. Dies soll der Straßenverkehrsbehörde insbesondere Veranlassung geben, zu prüfen, ob aufgrund der festgestellten Gefahren weitergehende Anordnungen, vor allem von Verboten oder Beschränkungen des Verkehrs, erforderlich sind.

Zu Abschnitt 7.3

FStrG
§ 7
Gemeingebrauch

(1) Der Gebrauch der Bundesfernstraßen ist jedermann im Rahmen der Widmung und der verkehrsbehördlichen Vorschriften zum Verkehr gestattet (Gemeingebrauch). Hierbei hat der fließende Verkehr den Vorrang vor dem ruhenden Verkehr. Kein Gemeingebrauch liegt vor, wenn jemand die Straße nicht vorwiegend zum Verkehr, sondern zu anderen Zwecken benutzt. Die Erhebung von Gebühren für den Gemeingebrauch bedarf einer besonderen gesetzlichen Regelung.

(2) Der Gemeingebrauch kann beschränkt werden, wenn dies wegen des baulichen Zustandes zur Vermeidung außerordentlicher Schäden an der Straße oder für die Sicherheit oder Leichtigkeit des Verkehrs notwendig ist. Die Beschränkungen sind durch Verkehrszeichen kenntlich zu machen.

StVO
§ 45
Verkehrszeichen und Verkehrseinrichtungen

(2) Zur Durchführung von Straßenbauarbeiten und zur Verhütung von außerordentlichen Schäden an der Straße, die durch deren baulichen Zustand bedingt sind, können die nach Landesrecht für den Straßenbau bestimmten Behörden (Straßenbaubehörde) – vorbehaltlich anderer Maßnahmen der Straßenverkehrsbehörden – Verkehrsverbote und -beschränkungen anordnen, den Verkehr umleiten und ihn durch Markierungen und Leiteinrichtungen lenken. ... Alle Gebote und Verbote sind durch Zeichen und Verkehrseinrichtungen nach dieser Verordnung anzuordnen.

VwV-StVO
zu § 45
Verkehrszeichen
und Verkehrs-
einrichtungen

Zu Absatz 2

Zu Satz 1

46 I. Die Straßenverkehrsbehörde ist mindestens zwei Wochen vor der Durchführung der in Satz 1 genannten Maßnahmen davon zu verständigen; sie hat die Polizei rechtzeitig davon zu unterrichten; sie darf die Maßnahmen nur nach Anhörung der Straßenbaubehörde und der Polizei aufheben oder ändern. Ist von vornherein mit Beschränkungen oder Verboten von mehr als drei Monaten Dauer zu rechnen, so haben die Straßenbaubehörden die Entscheidung der Straßenverkehrsbehörden über die in einem Verkehrszeichenplan vorgesehenen Maßnahmen einzuholen.

II. Schutz gefährdeter Straßen

47 1. Straßenbau- und Straßenverkehrsbehörden und die Polizei haben ihr Augenmerk darauf zu richten, dass frostgefährdete, hitzegefährdete und abgenutzte Straßen nicht in ihrem Bestand bedroht werden.

48 2. Für Verkehrsbeschränkungen und Verkehrsverbote, welche die Straßenbaubehörde zum Schutz der Straße außer wegen Frost- oder Hitzgefährdung erlassen hat, gilt Nummer I entsprechend. Die Straßenverkehrsbehörde darf Verkehrsbeschränkungen und Verkehrsverbote, welche die Straßenbaubehörde zum Schutz der Straße erlassen hat, nur mit Zustimmung der höheren Verwaltungsbehörde aufheben oder einschränken. Ausnahmegenehmigungen bedürfen der Anhörung der Straßenbaubehörde.

49 3. Als vorbeugende Maßnahmen kommen in der Regel Geschwindigkeitsbeschränkungen (Zeichen 274) und beschränkte Verkehrsverbote (z. B. Zeichen 262) in Betracht. Das Zeichen 274 ist in angemessenen Abständen zu wiederholen. Die Umleitung der betroffenen Fahrzeuge ist auf Straßen mit schnellerem oder stärkerem Verkehr in der Regel 400 m vor dieser durch einen Vorwegweiser, je mit einem Zusatzzeichen, das die Entfernung, und einem zweiten, das die betroffenen Fahrzeugarten angibt, anzukündigen. Auf Straßen, auf denen nicht schneller als 50 km/h gefahren wird, genügt der Vorwegweiser; auf Straßen von geringerer Verkehrsbedeutung entfällt auch er.

50 4. Für frostgefährdete Straßen stellt die Straßenbaubehörde alljährlich frühzeitig im Zusammenwirken mit der Straßenverkehrsbehörde und der Polizei einen Verkehrszeichenplan auf. Dabei sind auch Vertreter der betroffenen Straßenbenutzer zu hören. Auch die technischen Maßnahmen zur Durchführung sind rechtzeitig vorzubereiten. Die Straßenbaubehörde bestimmt bei eintretender Frostgefahr möglichst drei Tage zuvor den Tag des Beginns und der Beendigung dieser Maßnahmen, sorgt für rechtzeitige Beschilderung, teilt die Daten der Straßenverkehrsbehörde und der Polizei mit und unterrichtet die Öffentlichkeit.

7.4 Verkehrszeichen an Fahrzeugen

Verkehrszeichen und Verkehrseinrichtungen können grundsätzlich auch an fahrenden oder stehenden Fahrzeugen angebracht werden. Sie müssen auch dann angeordnet werden, wenn sie regelnde und nicht nur warnende Bedeutung haben (siehe Abschnitt 2.3.4).

Hier zu nennen sind insbesondere

- Begleitfahrzeuge von Großraum- und Schwertransporten,
- Fahrzeuge, die dem Bau, der Unterhaltung oder Reinigung der Straßen und Anlagen dienen,
- fahrbare Absperrtafeln und Vorwarnanzeiger (siehe Abschnitt 7.2),
- auf der Fahrbahn abgestellte Fahrzeuge und Gegenstände (siehe Abschnitt 7.5).

An Fahrzeugen angebrachte Verkehrszeichen gehen den ortsfest angebrachten vor.

Begleitfahrzeuge für Großraum- und Schwertransporte sollen nach einem Erlass des für den Verkehr zuständigen Bundesministeriums mit Wechselverkehrszeichen ausgestattet sein. Die Ausrüstung der Fahrzeuge im Einzelnen und die vorgeschriebene Schulung der Fahrer regelt das

- „Merkblatt über die Ausrüstung von privaten Begleitfahrzeugen zur Absicherung von Großraum- und Schwertransporten", Ausgabe 2015, Verkehrsblatt-Verlag.

Im Zuge der Entlastung der Polizei von der Aufgabe der Begleitung von Großraum- und Schwertransporten werden verstärkt Verwaltungshelfer eingesetzt. Diese haben die Aufgabe, die zuvor von der zuständigen Straßenverkehrsbehörde angeordneten verkehrsrechtlichen Absicherungen mithilfe dafür ausgerüsteter Fahrzeuge zu vollziehen. Genau wie die Polizeibegleitung dient die Begleitung durch Verwaltungshelfer der Abwehr von Gefahren, die von diesen Transporten auf den gemeingebräuchlichen Verkehr wirken – und nicht etwa dazu, den Transport zu bevorrechtigen und ihm so möglichst ungehinderte Fahrt zu ermöglichen!

Nähere Informationen zur Absicherung von Großraum- und Schwerverkehr sind u. a. zu finden in

- „StVO – Kommentar zur Straßenverkehrs-Ordnung mit VwV-StVO", Armin Karg, Roland Schurig, 18. Auflage 2024, Kirschbaum Verlag.

Zu Abschnitt 7.4

VwV-StVO zu § 29 Übermäßige Straßenbenutzung

Zu Absatz 3 Großraum- und/oder Schwerverkehr

124 c) Fahrtunterbrechung

Es ist als Auflage vorzuschreiben, dass die Fahrt bei erheblicher Sichtbehinderung durch Nebel, Schneefall oder Regen oder bei Schneeglätte, Schneematsch, Eis, Reifglätte oder Glatteis zu unterbrechen und der nächstgelegene geeignete Platz zum Parken aufzusuchen und das Fahrzeug zu sichern ist. Bei Transporten, die im Spannungs-, Bündnis- oder Verteidigungsfall oder deren Vorbereitung durch die Streitkräfte von NATO- oder EU-Staaten oder in deren Auftrag durchgeführt werden, ist diese Auflage nicht anzuwenden. Stattdessen ist als Auflage vorzuschreiben, dass der Transportführer in diesen Fällen den Transport auf eigene Verantwortung fortsetzen kann. Für den weiteren Transport hat der Transportführer geeignete Sicherungsmaßnahmen anzuwenden. Die Feststellung des Spannungs-, Bündnis- oder Verteidigungsfalls erfolgt nach den Vorgaben des Grundgesetzes. Die Feststellung, ob der Spannungs-, Bündnis- oder Verteidigungsfall vorbereitet werden muss, trifft das Bundesministerium der Verteidigung.

…

127 f) Sachverständigengutachten

Transporte mit einer Gesamtmasse von mehr als 100 t oder Einzelachslasten ab 12 t (ausgenommen Autokrane, selbstfahrende Arbeitsmaschinen, Eichfahrzeuge und andere Fahrzeuge jeweils ohne Ladung) dürfen nur durchgeführt werden, wenn unmittelbar vor Fahrtantritt vor Ort durch einen amtlich anerkannten Sachverständigen oder Prüfer oder einen Prüfingenieur einer amtlich anerkannten Überwachungsorganisation jeweils mit einer zusätzlichen Qualifikation zur Begutachtung von Großraum- und Schwertransporten sowie mit Kenntnissen zur Ladungssicherung, die Einhaltung der im Erlaubnisbescheid genannten Abmessungen, Gesamt-

VwV-StVO
zu § 29
Übermäßige
Straßenbenutzung

masse, Achslasten, die Lastverteilung und die Ladungssicherung entsprechend den anerkannten Regeln der Technik geprüft wurde. Die Feststellungen sind durch ein Gutachten nachzuweisen. Das Gutachten ist beim Transport mitzuführen und auf Verlangen zuständigen Personen auszuhändigen. Das Gutachten kann auch in digitalisierter Form auf einem Speichermedium derart mitgeführt werden, dass es bei einer Kontrolle auf Verlangen der zuständigen Personen lesbar gemacht werden kann. Dem Antrag ist eine Bescheinigung über die Abmessungen und über das Gewicht der Ladung beizufügen.

StVO
§ 35
Sonderrechte

(6) Fahrzeuge, die dem Bau, der Unterhaltung oder Reinigung der Straßen und Anlagen im Straßenraum oder der Müllabfuhr dienen und durch weiß-rot-weiße Warneinrichtungen gekennzeichnet sind, dürfen auf allen Straßen und Straßenteilen und auf jeder Straßenseite in jeder Richtung zu allen Zeiten fahren und halten, soweit ihr Einsatz dies erfordert, zur Reinigung der Gehwege jedoch nur, wenn die zulässige Gesamtmasse bis zu 2,8 t beträgt. Dasselbe gilt auch für Fahrzeuge zur Reinigung der Gehwege, deren zulässige Gesamtmasse 3,5 t nicht übersteigt und deren Reifeninnendruck nicht mehr als 3 bar beträgt. Dabei ist sicherzustellen, dass keine Beschädigung der Gehwege und der darunter liegenden Versorgungsleitungen erfolgen kann. Personen, die hierbei eingesetzt sind oder Straßen oder in deren Raum befindliche Anlagen zu beaufsichtigen haben, müssen bei ihrer Arbeit außerhalb von Gehwegen und Absperrungen auffällige Warnkleidung tragen.

VwV-StVO
zu § 35
Sonderrechte

Zu Absatz 6

13 I. Satz 1 gilt auch für Fahrzeuge des Straßenwinterdienstes, die zum Schneeräumen, Streuen usw. eingesetzt sind.

14 II. Die Fahrzeuge sind nach DIN 30710 zu kennzeichnen.

15 III. Nicht gekennzeichnete Fahrzeuge dürfen die Sonderrechte nicht in Anspruch nehmen.

16 IV. Die Warnkleidung muss der DIN EN ISO 20471 entsprechen. Folgende Anforderungsmerkmale müssen hierbei eingehalten werden:

17 1. Warnkleidungsausführung mindestens Klasse 2 gemäß Abs. 4.1, Tabelle 1; für Arbeiten bei Dunkelheit Klasse 3, wobei die zusätzlich verfügbare Fläche an Reflexstoffen die menschliche Gestalt (Kontur) hervorheben soll,

18 2. Farbe fluoreszierendes Orange-Rot oder fluoreszierendes Gelb gemäß Abs. 5.1, Tabelle 2,

19 3. Mindestrückstrahlwerte der Klasse 2 gemäß Abschnitt 6.1, Tabelle 5.

20 Warnkleidung, deren Warnwirkung durch Verschmutzung, Alterung oder Abnahme der Leuchtkraft der verwendeten Materialien nicht mehr ausreicht, darf nicht verwendet werden.

StVO
§ 38
Blaues Blinklicht
und gelbes Blinklicht

(3) Gelbes Blinklicht warnt vor Gefahren. Es kann ortsfest oder von Fahrzeugen aus verwendet werden. Die Verwendung von Fahrzeugen aus ist nur zulässig, um vor Arbeits- oder Unfallstellen, vor ungewöhnlich langsam fahrenden Fahrzeugen oder vor Fahrzeugen mit ungewöhnlicher Breite oder Länge oder mit ungewöhnlich breiter oder langer Ladung zu warnen.

VwV-StVO
zu § 38
Blaues Blinklicht
und gelbes Blinklicht

Zu Absatz 3

2 I. Gelbes Blinklicht darf auf der Fahrt zur Arbeits- oder Unfallstelle nicht verwendet werden, während des Abschleppens nur, wenn der Zug ungewöhnlich langsam fahren muss oder das abgeschleppte Fahrzeug oder seine Ladung genehmigungspflichtige Übermaße hat. Fahrzeuge des Straßendienstes der öffentlichen Verwaltung dürfen gelbes Blinklicht verwenden, wenn sie Sonderrechte (§ 35 Abs. 6) beanspruchen oder vorgebaute oder angehängte Räum- oder Streugeräte mitführen.

...

4 III. Fahrzeuge und Ladungen sind als ungewöhnlich breit anzusehen, wenn sie die gesetzlich zugelassenen Breiten überschreiten (§ 32 Abs. 1 StVZO und § 22 Abs. 2).

StVO
§ 39
Verkehrszeichen

(6) Verkehrszeichen können an einem Fahrzeug angebracht sein. Sie gelten auch, während sich das Fahrzeug bewegt. Sie gehen den Anordnungen der ortsfest angebrachten Verkehrszeichen vor.

7.5 Sonstige Kennzeichnung von Fahrzeugen und Gegenständen

StVO Anlage 4 Verkehrseinrichtungen (zu § 43 Absatz 3) Abschnitt 4 Warntafel zur Kennzeichnung von Fahrzeugen und Anhängern bei Dunkelheit		
12	Zeichen 630  Parkwarntafel	

Fahrzeuge und Gegenstände, die im Verkehrsraum abgestellt werden, müssen so gekennzeichnet werden, dass sie für die Verkehrsteilnehmer rechtzeitig und sicher erkennbar sind.

Die Parkwarntafeln (Zeichen 630) sichern innerhalb geschlossener Ortschaften ein auf der Fahrbahn haltendes Fahrzeug mit einer zulässigen Gesamtmasse von mehr als 3,5 t oder einen Anhänger vorne und hinten.

Die Kennzeichnung (mit Ausnahmegenehmigung) von im öffentlichen Verkehrsraum abgestellten Containern und Wechselbehältern hat das für den Verkehr zuständige Bundesministerium mit Erlass vom 28.4.1982 (VkBl. 1982 S. 186, Ergänzung VkBl. 1984 S. 23) dahingehend geregelt, dass die Sicherheitskennzeichnung durch retroreflektierende Folien des Typs 2 nach DIN 67520-2 erfolgen soll.

Nähere Informationen sind zu finden in

- „StVO – Kommentar zur Straßenverkehrs-Ordnung mit VwV-StVO“, Armin Karg, Roland Schurig, 18. Auflage 2024, Kirschbaum Verlag.

Zu Abschnitt 7.5

StVO
§ 17
Beleuchtung

(4) Haltende Fahrzeuge sind außerhalb geschlossener Ortschaften mit eigener Lichtquelle zu beleuchten. Innerhalb geschlossener Ortschaften genügt es, nur die der Fahrbahn zugewandte Fahrzeugseite durch Parkleuchten oder auf andere zugelassene Weise kenntlich zu machen; eigene Beleuchtung ist entbehrlich, wenn die Straßenbeleuchtung das Fahrzeug auf ausreichende Entfernung deutlich sichtbar macht. Auf der Fahrbahn haltende Fahrzeuge, ausgenommen Personenkraftwagen, mit einer zulässigen Gesamtmasse von mehr als 3,5 t und Anhänger sind innerhalb geschlossener Ortschaften stets mit eigener Lichtquelle zu beleuchten oder durch andere zugelassene lichttechnische Einrichtungen kenntlich zu machen. Fahrzeuge, die ohne Schwierigkeiten von der Fahrbahn entfernt werden können, wie Krafträder, Fahrräder mit Hilfsmotor, Fahrräder, Krankenfahrstühle, einachsige Zugmaschinen, einachsige Anhänger, Handfahrzeuge oder unbespannte Fuhrwerke dürfen bei Dunkelheit dort nicht unbeleuchtet stehen gelassen werden.

(4a) Soweit bei Militärfahrzeugen von den allgemeinen Beleuchtungsvorschriften abgewichen wird, sind gelb-rote retroreflektierende Warntafeln oder gleichwertige Absicherungsmittel zu verwenden. Im Übrigen können sie an diesen Fahrzeugen zusätzlich verwendet werden.

VwV-StVO
zu § 17
Beleuchtung

Zu Absatz 4

8 Andere zugelassene lichttechnische Einrichtungen zur Kennzeichnung sind Park-Warntafeln nach Anlage 4 Abschnitt 4. Einzelheiten über die Verwendung ergeben sich aus § 51c Abs. 5 StVZO. Die Park-Warntafeln unterliegen einer Bauartgenehmigung nach § 22a StVZO.

VwV-StVO zu § 17 Beleuchtung

Zu Absatz 4a

9 Machen Militärfahrzeuge, insbesondere Panzer, von den Sonderrechten nach § 35 Gebrauch und fahren ohne Beleuchtung, so sind sie mit gelb-roten retroreflektierenden Warntafeln oder gleichwertigen Absicherungsmitteln zu kennzeichnen.

StVO § 32 Verkehrshindernisse

(1) Es ist verboten, die Straße zu beschmutzen oder zu benetzen oder Gegenstände auf Straßen zu bringen oder dort liegen zu lassen, wenn dadurch der Verkehr gefährdet oder erschwert werden kann. Wer für solche verkehrswidrigen Zustände verantwortlich ist, hat diese unverzüglich zu beseitigen und diese bis dahin ausreichend kenntlich zu machen. Verkehrshindernisse sind, wenn nötig (§ 17 Abs. 1), mit eigener Lichtquelle zu beleuchten oder durch andere zugelassene lichttechnische Einrichtungen kenntlich zu machen.

VwV-StVO zu § 32 Verkehrshindernisse

Zu Absatz 1

III. Kennzeichnung von Containern und Wechselbehältern

3 Die Aufstellung von Containern und Wechselbehältern im öffentlichen Verkehrsraum bedarf der Ausnahmegenehmigung durch die zuständige Straßenverkehrsbehörde.

4 Als „Mindestvoraussetzung" für eine Genehmigung ist die sachgerechte Kennzeichnung von Containern und Wechselbehältern erforderlich.

5 Einzelheiten hierzu gibt das Bundesministerium für Verkehr und digitale Infrastruktur im Einvernehmen mit den zuständigen obersten Landesbehörden im Verkehrsblatt bekannt.

VwV-StVO zu § 43 Verkehrseinrichtungen (Anlage 4)

Zu Anlage 4 Abschnitt 4

9 Die Park-Warntafeln müssen nach § 22a StVZO bauartgenehmigt und mit dem nationalen Prüfzeichen nach der Fahrzeugteileverordnung gekennzeichnet sein.

7.6 Umleitungen

Soweit wegen vorübergehender Verkehrsbeschränkungen Umleitungen erforderlich werden, sind diese nach einheitlichem Muster anzukündigen und zu beschildern.

Maßgeblich hierfür sind die „Richtlinien für Umleitungsbeschilderungen (RUB)". In der Regel sollen Umleitungen mit einer Planskizze (Zeichen 458) angekündigt werden. Im einfachsten Fall erfolgt die Umleitung mit Zeichen 454, 457.1 und 457.2. Sind mehrere Umleitungsstrecken im Netz vorhanden, sollten zur Unterscheidung die Zeichen 455.1 und 455.2 mit entsprechenden Nummerierungen der Umleitungsstrecken verwendet werden.

Siehe dazu Abschnitt 8.4.

8 Wegweisung und sonstige Informationen

8.1 Allgemeines

In Abschnitt 8 wird beschrieben, wie den Verkehrsteilnehmern die Informationen zweckmäßig dargeboten werden, die sie zu ihrer Orientierung benötigen. Dazu gehören insbesondere die Wegweisungsinformationen.

Auch wenn Wegweisungsinformationen nicht unbedingt direkte Handlungsanweisungen enthalten, ist es sinnvoll, zumindest ihre Grundzüge in der StVO zu regeln. Zum einen können sie tatsächlich Handlungsanweisungen enthalten. Zum anderen ist es notwendig, auf eine einheitliche Gestaltung hinzuwirken, eine leichte und schnelle Erfassbarkeit sicherzustellen und übermäßige Konkurrenz mit anderen ablenkenden Informationsangeboten zu vermeiden, was durch die Behandlung in der StVO ermöglicht oder zumindest erleichtert wird.

Um die gewünschte Verbesserung der Sicherheit und Leichtigkeit des Verkehrs zu erreichen, ist es nicht nur erforderlich, dass die Information überhaupt angeboten wird, sondern auch, dass sie unter Berücksichtigung der Besonderheiten der menschlichen Informationsaufnahme sauber strukturiert und einheitlich dargeboten wird.

Wegen ihrer Bedeutung wird die Wegweisung für den Fahrzeugverkehr nachfolgend in mehreren Abschnitten behandelt. Abschnitt 8.2 erläutert die Grundlagen und Prinzipien der strukturierten Wegweisung und geht dazu auch auf durch die menschlichen Fähigkeiten vorgegebene Beschränkungen ein. Abschnitt 8.3 ist der Grundwegweisung gewidmet, die mit Farbsystemen, Nummerierungen und systematischer Zielauswahl ein Grundgerüst für die Orientierung aufspannt. Abschnitt 8.4 befasst sich dann mit den temporären oder nur Teile des Verkehrs betreffenden Umleitungen. In Abschnitt 8.5 wird die ergänzende Wegweisung behandelt, die Informationen für Touristen, zu Rastanlagen und zu temporären Großveranstaltungen gibt sowie die Grundwegweisung ergänzt und auf ihr aufbaut. In Abschnitt 8.6 werden schließlich weitere Wegweisungssysteme (z. B. Radverkehrswegweisung) und sonstige Orientierungsinformationen (z. B. zum Auffinden von Notfallhilfen oder Informationspunkten) sowie sonstige Informationen, z. B. zu Mautstraßen, erläutert.

8.2 Prinzipien der Wegweisung

8.2.1 Einführung

Die Wegweisung hilft vor allem dem ortsunkundigen Verkehrsteilnehmer, sich zu orientieren:

- „Wo bin ich?"
- „Wie komme ich weiter?"
- „Wie soll ich mich im kommenden Knotenpunkt bei Annäherung und Durchfahrt verhalten?"

Im Gesamtsystem Straße erleichtert die Wegweisung die sichere und flüssige Abwicklung des Verkehrs innerhalb und im Annäherungsbereich der Knotenpunkte. So hilft sie, Stockungen durch sich orientierende Verkehrsteilnehmer und unerwartete und übermäßige Reaktionen durch zu späte Orientierung zu vermeiden. Außerdem ermöglicht sie eine zweckmäßige Verteilung der Verkehrsströme im Netz, z. B. wenn Überlastungen auf bestimmten Streckenabschnitten durch eine Umlenkung der der Wegweisung folgenden Verkehrsteilnehmer auf nahezu gleichwertige Routen vermieden werden können.

Zusätzlich warnen die Verkehrszeichen der Wegweisung, vor allem die Ankündigungstafeln und Vorwegweiser (siehe Abschnitte 8.3.4 und 8.3.5), vor den Gefahren aus dem Knotenpunkt. Durch ihre besondere Größe und Farbe lassen sie schon von Weitem erkennen, dass sich die Verkehrsteilnehmer einem Knotenpunkt nähern, an dem sie unter Umständen erhöhte Aufmerksamkeit benötigen, um sich zu orientieren, oder ihre Fahrgeschwindigkeit anpassen müssen, um bestimmte Fahrmanöver durchführen zu können. Auf der untergeordneten Straße kündigen sie an, dass die Vorfahrt zu gewähren ist, auf der übergeordneten Straße mahnen sie zumindest zu vorsichtigem Fahrverhalten, wenn mit ein- und abbiegenden oder querenden Fahrzeugen, unter Umständen auch mit querenden Fußgängern und Radfahrern, zu rechnen ist.

Die Informationsaufnahme setzt besondere Aufmerksamkeit durch die Verkehrsteilnehmer und somit eine aktive und bewusste Zuwendung voraus (im Gegensatz zu vielen anderen Teilbereichen des Fahrerhandelns, die mit den wesentlich schnelleren und für größere Informationsmengen geeigneten Automatismen erledigt werden können). Die bewusste Informationsverarbeitung läuft wesentlich langsamer ab. Daher ist es nötig, den Prozess aufbauend auf den menschlichen Fähigkeiten möglichst effizient zu gestalten. Entsprechend widmet sich Abschnitt 8.2.2 den relevanten menschlichen Fähigkeiten und die darauffolgenden Abschnitte den Gestaltungselementen, die sich unter Berücksichtigung dieser Beschränkungen als sinnvoll erwiesen haben. In Abschnitt 8.2.6 werden die Prinzipien dann als Anwendungsregeln zusammengefasst.

Zu Abschnitt 8.2.1

VwV-StVO zu § 42 Richtzeichen

Zu Anlage 3 Abschnitt 10 Wegweisung

1 I. Die Wegweisung soll den ortsunkundigen Verkehrsteilnehmer über ausreichend leistungsfähige Straßen zügig, sicher und kontinuierlich leiten. Hierbei sind die tatsächlichen Verkehrsbedürfnisse und die Bedeutungen der Straßen zu beachten. Eine Zweckentfremdung der Wegweisung aus Gründen der Werbung ist unzulässig.

2 II. Die Ausgestaltung und Aufstellung der wegweisenden Zeichen richten sich nach den Richtlinien für wegweisende Beschilderung außerhalb von Autobahnen (RWB) und den Richtlinien für wegweisende Beschilderung auf Autobahnen (RWBA). Das Bundesministerium für Verkehr und digitale Infrastruktur gibt die RWB im Einvernehmen mit den zuständigen obersten Landesbehörden im Verkehrsblatt bekannt.

3 III. Auf den mit Zeichen 330.1 und 330.2 gekennzeichneten Autobahnen in der Baulast des Bundes … Zu privaten Zielen darf nicht gewiesen werden, es sei denn, es ist wegen eines besonders starken auswärtigen Zielverkehrs zur Verkehrsführung unabweislich und Aspekte der Werbung stehen dabei nicht im Vordergrund. Die Verwendung von Logos oder anderen privaten Zusätzen ist nicht zulässig. …

8.2.2 Berücksichtigung der menschlichen Fähigkeiten

„Der Fahrer fährt mit dem Auge voraus“ (Viktor von Ranke): Das vorausschauende Auge ist die dominante Quelle für die Informationen, die die Verkehrsteilnehmer benötigen. In Knotenpunktbereichen wird ein wesentlicher Teil dieser Informationen über die Wegweisung vermittelt. Wegweisung muss daher von den Verkehrsteilnehmern auch unter ungünstigen Randbedingungen, also z. B. auch in der Nacht, bei Regen oder von älteren Verkehrsteilnehmern,

- rechtzeitig erkannt,
- optisch klar wahrgenommen,
- inhaltlich sicher erfasst und
- für die Fahraufgabe verwertet werden.

Die Menge der von den Verkehrsteilnehmern verwertbaren Informationen hängt wesentlich ab von

- der u. a. geschwindigkeitsabhängig zur Verfügung stehenden Verarbeitungszeit,
- den Eigenheiten des Übertragungsweges sowie
- der inhaltlichen und grafischen Art der Darbietung.

Alle diese Komponenten müssen daher unter Berücksichtigung der menschlichen Leistungsfähigkeit aufeinander abgestimmt sein. Eine effektive Gestaltung der Wegweisung setzt voraus, dass man sich mit den Möglichkeiten und Grenzen der menschlichen Wahrnehmung auseinandersetzt.

Dazu muss der gesamte Signal- und Informationsfluss von der Lichtquelle bis zur „Verwertung“ berücksichtigt werden:

- Optische Signalausbreitung
  - Beleuchtungsquelle mit Lichtausbreitung
  - Rückstrahleigenschaften mit Lichtausbreitung
- Umwandlung in Nervenreize
  - Optisches System des Auges
  - Umwandlung in interne Reize durch Rezeptoren (Auflösung, Empfindlichkeit, Trägheit, Farben, Verteilung)
- Automatische Informationsweiterleitung und Filterung
  - Blickzuwendung, Auffälligkeitskonkurrenz
  - Interne Filterung in den Nervenbahnen
- Interpretation
  - Reduktion zu Mustern (Bekanntheitsgrad)
  - Zuordnung von Bedeutung
  - Handlungsanreize.

Soweit diese Fragen für alle Verkehrszeichen maßgebend sind, sind sie in den Abschnitten 2.2.5 und 2.2.6 behandelt. Die nachstehenden Ausführungen konzentrieren sich auf die Besonderheiten bei der Wahrnehmung von Wegweisungsinformationen. Dabei sind im Wesentlichen folgende Aspekte zu berücksichtigen:

- Die Interpretation der dargebotenen Informationen verläuft umso schneller und zuverlässiger, je „bekannter“ die verwendeten Muster, Strukturen und Aufteilungen sind; hilfreich sind auch einfache und klare Formen und Strukturen; insofern unterstützt eine ausgeprägte Typisierung und Schematisierung.
- Die Wegweisung erfordert in hohem Maße „bewusste“ Verarbeitungskapazität der Verkehrsteilnehmer, während der Großteil der anderen Verkehrszeichen weitgehend „automatisch“, also unterhalb der Bewusstseinsebene, verarbeitet wird. Dieser bewusste Wahrnehmungsweg ist aber deutlich weniger leistungsfähig als die automatische Informationsaufnahme (siehe *Bilder 2.1* und *2.2*); innerhalb der zur Verfügung stehenden Verarbeitungszeit (von der „Leseentfernung“ bis zum „Verschwindepunkt“) kann nur eine äußerst beschränkte Informationsmenge aufgenommen werden.
- Bei der Wegweisung werden umfangreiche textliche Informationen und grafische Sinnbilder verwendet, die mit kleinteiligen Strukturen dargestellt werden; aus dem Auflösungsvermögen der Augen ergeben sich Anforderungen an die Schriftgestaltung, die Schriftgröße sowie die Sinnbildgestaltung.

Das Thema der Informationsaufnahme wurde bereits intensiv erforscht. Der jüngste Bericht dazu ist

- Färber, B.; Färber, Br.; Siegener, W.; Süther, B.: Aufnahme von Wegweisungsinformationen im Straßenverkehr – AWewiS. Reihe Forschung Straßenbau und Straßenverkehrstechnik, Heft 979 (2007).

Für die Informationsdarbietung gilt:

- Die gesamte Informationsmenge, die ein normal befähigter Mensch „auf einen Blick“ (nämlich im Vorbeifahren) aufnehmen kann, ist begrenzt. Werden zu viele Informationen angeboten, so verringert sie sich weiter.
- Informationen auf gut und einheitlich gegliederten Wegweisern mit Schrifttypen, die für die Wegweisung geeignet oder sogar speziell entworfen sind, werden zuverlässiger aufgenommen und verarbeitet als solche mit beliebiger Gestaltung.
- Aus der gefahrenen Geschwindigkeit und der für die sichere Erfassung benötigten Zeit

ergeben sich Mindestentfernungen, ab denen das Schild lesbar sein muss. Damit Schilder ab diesen Entfernungen lesbar sind, sind entsprechend den Abbildungseigenschaften der Augen gewisse Mindestschriftgrößen nötig.

Bei der Auswahl und Präsentation der Informationen ist zu berücksichtigen, dass ein nennenswerter Teil der Verkehrsteilnehmer die deutsche Sprache nicht oder nur als Fremdsprache beherrscht. Für diese Verkehrsteilnehmer ist es deutlich schwieriger, deutschsprachige Ortsnamen und andere Bezeichnungen als „Wort" auf einen Blick zu erfassen. Auch deshalb ist es sinnvoll, konsequent Sinnbilder und Nummernsysteme (siehe Abschnitt 8.3.2) anzubieten. Für eine konsequent zweisprachige Beschilderung (wie z.B. in Griechenland, Japan oder Wales) besteht in Deutschland mit wenigen Ausnahmen kein Bedarf.

Bei der Gestaltung der Wegweisung ist außerdem zu berücksichtigen, dass die Orientierung von Menschen in sehr unterschiedlicher Weise strukturiert sein kann. Dabei sind insbesondere zwei extreme Ausprägungen zu nennen:

- **Orientierung über grafische Informationen**: Menschen mit dieser Ausprägung machen sich ein inneres kartenähnliches Bild der räumlichen Situation; sie positionieren sich gedanklich in diesem Bild und planen ihre Route entsprechend dieser inneren Abbildung.
- **Orientierung über textliche Informationen**: Menschen mit dieser Ausprägung planen ihre Routen auf der Basis von Beschreibungen und Handlungslisten (z.B. „zwei Straßen geradeaus, dann an der 3. Ampel rechts, schließlich an der nächsten großen Kreuzung Richtung A-Stadt auf die Bundesstraße fahren") sowie übereinstimmenden Richtungsangaben.

Die Orientierung der meisten Menschen dürfte zwischen diesen Extremen liegen. Für die Wegweisung bedeutet das, dass sie nach Möglichkeit für alle Orientierungsmuster Informationen bieten sollte.

Bei der Gestaltung sind außerdem zu berücksichtigen:

- **Erkennbarkeit**: Die Verkehrsteilnehmer müssen die wegweisende Beschilderung von Weitem erkennen und ihre Aufmerksamkeit auf sie richten; dies ist in der Regel durch die Größe und auffällige Farbe der wegweisenden Beschilderung gewährleistet.
- **Lesbarkeit**: Die Schrift und die Sinnbilder müssen über eine gewisse Zeit scharf und mit ausreichendem Kontrast auf der Netzhaut abgebildet werden; dazu sind in Abhängigkeit von den gefahrenen Geschwindigkeiten ausreichend große und leicht lesbare Schriften sowie ausreichend große und nicht zu fein gegliederte Sinnbilder nötig.
- **Verständlichkeit**: Die erkannten Worte und Sinnbilder müssen inneren Begriffen und Bedeutungen zugeordnet werden; dazu ist es notwendig, die angebotene Informationsmenge zu begrenzen, bekannte sowie einheitliche Begriffe und Sinnbilder zu benutzen und die Schilder übersichtlich und einheitlich zu gliedern.

Aus diesen Gründen beschränken die derzeitigen Richtlinien für die Wegweisung die Anzahl der Richtungsangaben je Schild und die Anzahl der Richtungsangaben je Richtung. Sie strukturieren die Wegweiser einheitlich nach Farben und in Blöcken. Sie geben Schriftarten und einheitliche Sinnbilder vor. Sie schreiben außerdem in Abhängigkeit vom Straßentyp und den gefahrenen Geschwindigkeiten bestimmte Schriftgrößen vor. Sie regeln, dass die angezeigten Inhalte nach einheitlichem Muster festgelegt und entlang einer Strecke immer wieder im gleichen Muster dargeboten werden.

8.2.3 Hierarchisch strukturiertes Gesamtsystem

Die Wegweisung ist in mehrfacher Hinsicht **strukturiert**.

Zum einen werden verschiedene Wegweisungssysteme vorgehalten:

- **Grundwegweisung** sorgt für die grundsätzliche Orientierung der Verkehrsteilnehmer.
- Die **Umleitungswegweisung** ist notwendig, um mit vertretbarem Aufwand Ausnahmen von der Grundwegweisung (zeitweise Umleitungen, z.B. wegen Arbeitsstellen oder Streckenunterbrechungen, oder aber selektive Umleitungen für bestimmte Verkehrsarten) anzeigen zu können.
- Eine **ergänzende Wegweisung** gibt weitere spezielle verkehrlich erforderliche Orientierungshilfen, insbesondere zum Auffinden touristischer Ziele, der Ankündigung von Tank- und Rastanlagen an Autobahnen oder der Führung zu temporären Großveranstaltungen, ordnet sich aber der Grundwegweisung unter.
- Darüber hinausgehende **weitere Informationen** helfen, wenn vertretbar, bei der weiteren Orientierung, dürfen dabei aber die Wegweisung nicht entwerten und sollten daher grundsätzlich anders gestaltet und in ihrem Umfang begrenzt sein (siehe dazu Abschnitt 8.6).

8.2.3 Hierarchisch strukturiertes Gesamtsystem

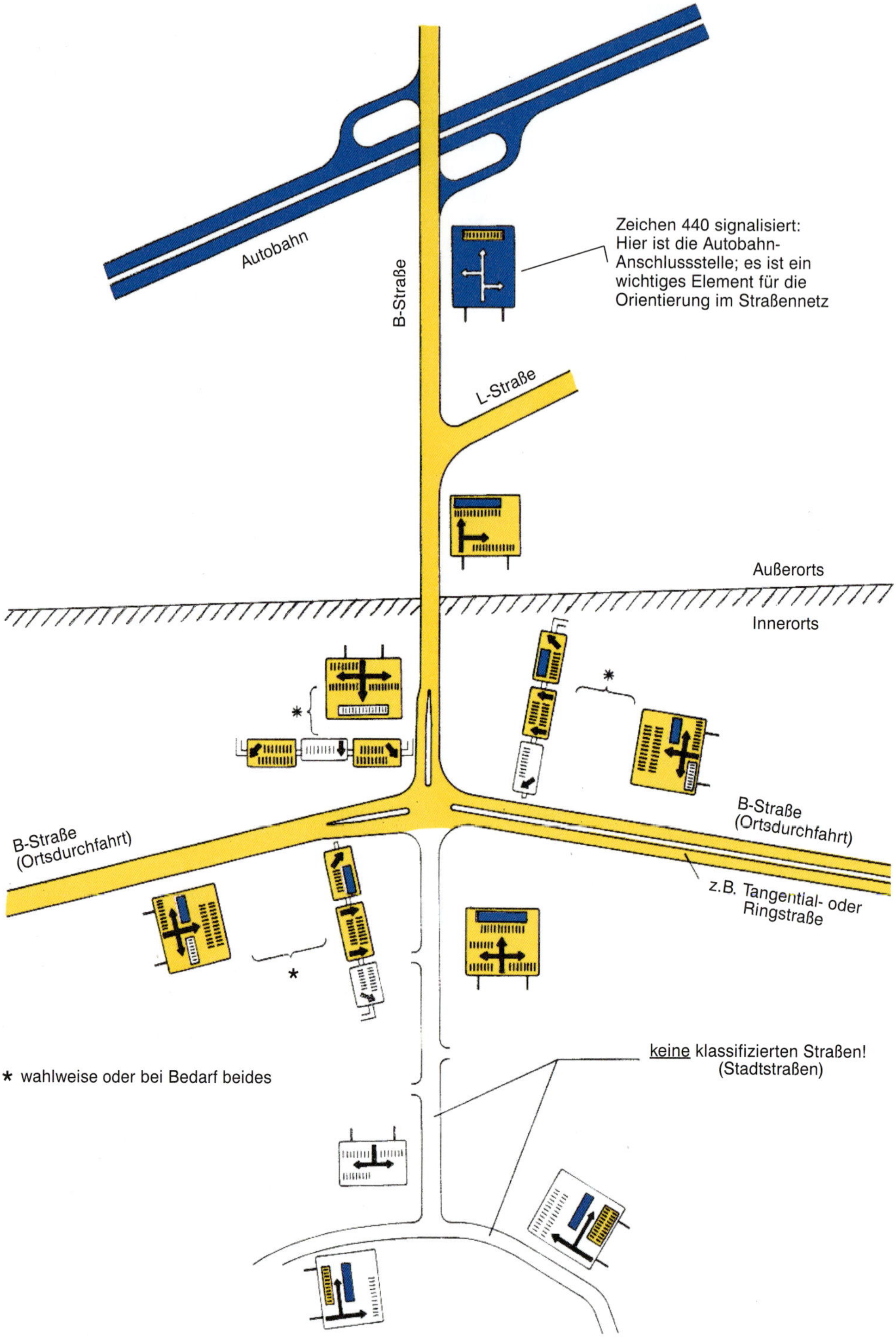

Bild 8.1 **Farbliche Struktur der (Grund-)Wegweisung. Wichtig: Das übergeordnete System bestimmt die Grundfarbe der Wegweisung für den gesamten Knoten**

8.2.3 Hierarchisch strukturiertes Gesamtsystem

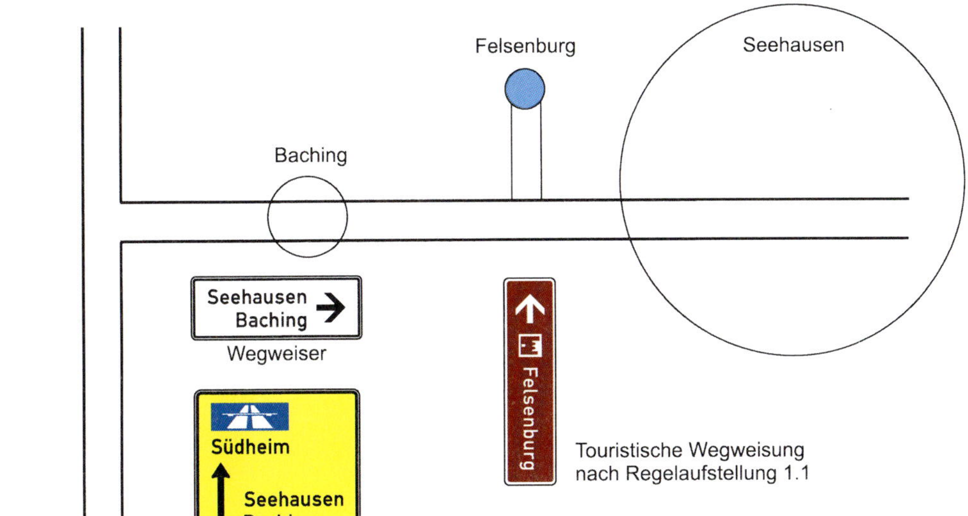

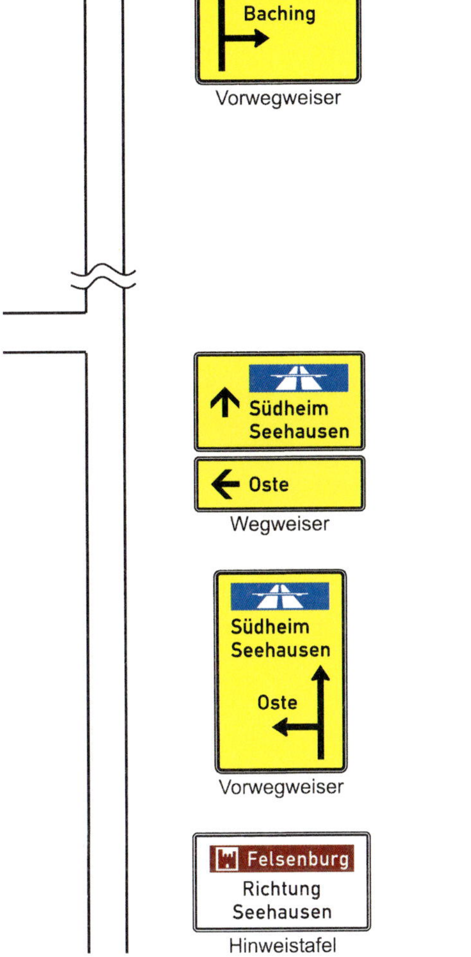

Bild 8.2 Beispiel für ergänzende Wegweisung durch Verweis auf Richtungsangaben in der Grundwegweisung Quelle: RtB

Innerhalb der Wegweisungssysteme wird zudem die Informationsaufnahme durch die Darbietungsstruktur „Aufmerksamkeit wecken" – „Informieren" – „Bestätigen" erleichtert und gesichert.

Die **Grundwegweisung** gliedert sich wiederum in drei miteinander verwobene **Untersysteme** (siehe *Bild 8.1*):

- Das **blaue Untersystem** bezieht sich auf das **Autobahnnetz**.
- Das **gelbe Untersystem** bezieht sich auf die Orientierung im **restlichen überörtlichen Straßennetz (Basisnetz)**.
- Das **weiße Untersystem** bezieht sich auf **Straßennetze und Ziele mit rein örtlicher Bedeutung**.

Diese Darbietung führt letztendlich zu einer Differenzierung in Informationen für Fernfahrten, regionale Fahrten und lokale Fahrten oder Fahrtanteile.

Die **Grundwegweisung** wird dabei in der Regel als (im Vergleich zu normalen Verkehrsschildern) große Schildertafel in der Farbe des dem Knoten zugeordneten Netzes ausgeführt (Autobahnknoten: Blau; Knoten von Straßen mit überörtlicher Verkehrsbedeutung: Gelb; Knoten von Straßen mit ausschließlich innerörtlicher Verkehrsbedeutung: Weiß). Soweit auf diesen Wegweisungstafeln auf andere Netze hingewiesen wird, werden diese Angaben in einem Einsatz mit der diesem Netz zugeordneten Farbe gezeigt (Hinweise auf Autobahnen: blauer Einsatz; überörtliche Richtungsangaben: gelber Einsatz; innerörtliche Richtungsangaben: weißer Einsatz). Die Grundsätze für die Anwendung der Farben in der Wegweisung sind in *Bild 8.1* schematisch dargestellt.

8.2.3 Hierarchisch strukturiertes Gesamtsystem

Teil der Grundwegweisung sind zur Standortbestimmung auch

- die gelben Ortstafeln (über ihre ordnende Wirkung als Kennzeichnung der geschlossenen Ortschaft hinaus) Zeichen 310/311 (siehe Abschnitt 6.5.4) und die grünen Ortshinweistafeln Zeichen 385 sowie
- die Straßennamensschilder Zeichen 437,

da sie den Verkehrsteilnehmern ermöglichen, ihren Standort zu bestimmen. Zur Orientierung vor und in Knotenpunkten dienen überdies

- entsprechende Verkehrslenkungstafeln mit der Fahrstreifenzuordnung im Knotenpunkt wie z. B. Zeichen 541-11 sowie
- die Ankündigung der Blockumfahrung Zeichen 590.

Die **Umleitungswegweisung** besteht im Wesentlichen aus der Beschilderung

- von **dauerhaften Umleitungsstrecken**, z. B. für die Bedarfsumleitungen der Autobahnen oder Umleitungen für bestimmte Verkehrsarten, wenn diese im Zuge der „normalen Straße" durch Verkehrsverbote nicht zulässig (siehe Abschnitte 3.2 bis 3.4) oder unzweckmäßig sind, und
- von **temporären Umleitungsstrecken**, die sich als Folge von Verkehrsverboten insbesondere durch Arbeitsstellen ergeben.

Die Umleitungswegweisung wird in der Regel mit kleineren hochkant-rechteckigen Schildertafeln ausgeführt, die im oberen Teil einen Bezug zur Umleitung (Nummer oder Sinnbild für Verkehrsarten) und im unteren Teil ein Pfeilsymbol tragen. Sie werden als „Reiter" auf den Tafeln der Grundwegweisung angeordnet. Für die Ankündigung und Bestätigung werden zusätzliche Einzeltafeln angeordnet.

Die **ergänzende Wegweisung** besteht im Wesentlichen aus

- den Hinweisen auf **touristische Routen** und **verkehrlich relevante touristische Ziele**,
- den Hinweisen auf **Rast- und Tankmöglichkeiten auf Autobahnen** sowie
- der nichtamtlichen **Wegweisung zu temporären Großveranstaltungen**.

Die ergänzende Wegweisung wird in der Regel mit eigenständigen Tafeln zwischen den Wegweisungstafeln der Grundwegweisung („additive Wegweisung") angeordnet. Darin wird von der ergänzenden Wegweisung auf die Grundwegweisung verwiesen, die dann die weitere Führung

Tabelle 8.1 Räumliche Struktur der Wegweisung

<table>
<tr><th rowspan="3">Zweck</th><th colspan="3">Grundwegweisung</th><th rowspan="3">Umleitungswegweisung</th><th rowspan="3">Ergänzende Wegweisung</th></tr>
<tr><th rowspan="2">auf Autobahnen</th><th colspan="2">außerhalb von Autobahnen</th></tr>
<tr><th>normalerweise</th><th>geringe Geschwindigkeit und niedriger Informationsbedarf</th></tr>
<tr><td rowspan="2">Ankündigung</td><td>Ankündigungstafel</td><td rowspan="3">Vorwegweiser</td><td rowspan="7">Wegweiser (Blockumfahrung, Verkehrslenkungstafel)</td><td rowspan="3">Planskizze, Vorwegweiser</td><td rowspan="3">Ankündigung, in der Regel mit Verweis auf Grundwegweisung</td></tr>
<tr><td rowspan="2">Vorwegweiser</td></tr>
<tr><td rowspan="2">Information</td></tr>
<tr><td rowspan="2">Wegweiser</td><td rowspan="4">Wegweiser (Blockumfahrung, Verkehrslenkungstafel)</td><td rowspan="3">Wegweiser</td><td rowspan="4">(in Ausnahmefällen eigene Wegweiser)</td></tr>
<tr><td rowspan="2">Orientierung im Knotenpunkt</td></tr>
<tr><td>Baken, Pfeilschild „Ausfahrt"</td></tr>
<tr><td>Bestätigung</td><td>Bestätigungstafel</td><td>Ende der Umleitung</td></tr>
</table>

übernimmt (siehe *Bild 8.2*). Nur in Ausnahmefällen, wenn ein solcher Verweis nicht möglich ist, werden eigene Wegweiser oder, im Falle der Hinweise auf touristische Ziele, eigene farbige Einsätze in den Tafeln der Grundwegweisung angeordnet.

Für die Aufnahme der komplexen Wegweisungsinformation ist eine **räumliche Strukturierung** notwendig, da diese vor allem auf schneller befahrenen Straßen in der Regel mehrstufig sein muss (*Tabelle 8.1*). Bewährt hat sich die räumliche Strukturierung in

- Ankündigung,
- Vorinformation (Vorwegweisung),
- Information (Wegweisung),
- Hilfe für die Orientierung im Knotenpunkt,
- Bestätigung.

Bei den weniger oder langsamer befahrenen Straßen übernehmen einzelne Elemente der Wegweisung mehrere dieser Aufgaben, bis schließlich im einfachsten Fall nur noch ein Wegweiser angeordnet wird, der alle Aufgaben übernimmt.

Bei komplexeren Knotenpunkten mit mehreren aufeinanderfolgenden Entscheidungspunkten, wie sie auf Autobahnen (selten auch außerhalb) vorkommen, sollten diese in mehrere Teilknotenpunkte mit eigenen Entscheidungspunkten und in sich abgeschlossener räumlicher Strukturierung der Wegweisung aufgeteilt werden.

8.2.4 Schilderstruktur und Pfeile

Eine wohlüberlegte Aufteilung der Schildflächen und die Verwendung von Pfeilen erleichtert das Verständnis der Wegweisungsinformation erheblich.

Wie in den vorhergehenden Abschnitten ausgeführt, müssen durch eine Wegweisungstafel in sehr kurzer Zeit sehr viele Informationen vermittelt werden. Daher ist es hilfreich, den **Tafelinhalt übersichtlich und einheitlich zu strukturieren**. Dabei haben sich die folgenden Regeln als sinnvoll und hilfreich erwiesen:

- Die Grundfarbe des Schildes gibt das Bezugsstraßennetz an (Blau: Autobahnen; Gelb: überörtliches Straßennetz; Weiß: innerörtliches Straßennetz).
- Die Informationen werden zu Blöcken zusammengefasst. Die Abgrenzung der Blöcke erfolgt durch die grafische Gestaltung (Abstände bei Tafelwegweisern, Linien oder Schildgrenzen bei Tabellen- und Pfeilwegweisern).
- In der Regel wird für jede Richtung (geradeaus, links, rechts) ein Block vorgesehen. Die Blöcke sind intern wiederum einheitlich strukturiert
  - nach Straßennetzen durch Farben (Blau, Gelb, Weiß, ggf. ergänzt durch Braun),
  - nach Straßenzügen (bei Pfeilwegweisern durch eigene Schilder, sonst ohne weitere Kennzeichnung),
  - innerhalb der Straßenzüge nach weiter entfernten (oben aufgeführten) und näher gelegenen (unten aufgeführten) Ortsbezeichnungen: **Umklappregel**,
  - es werden immer die gleichen Ortsbezeichnungen verwendet und diese auch kontinuierlich: **Kontinuitätsregel**.
- Die Richtungsblöcke werden auf dem Schild vorzugsweise als eine durch Pfeile schematisch strukturierte „Karte" angeordnet, ansonsten immer in der gleichen Reihenfolge (von oben nach unten: geradeaus, links, rechts).

Auf die Farben und die Schildaufteilung wird in den folgenden Abschnitten noch im Detail eingegangen.

Tabelle 8.2
Grundsätzliche Verwendung der Pfeilformen in Deutschland

	Demnächst ...	Hier ...
... geradeaus weiterfahren		
... ausfahren		
... abbiegen		

8.2.4 Schilderstruktur und Pfeile

Bild 8.3 Herz-Pfeilspitze (links), **Herz-Pfeilspitze Kurzpfeil** (Mitte) **und ISO-Pfeilspitze** (rechts)

Nachfolgend soll die **einheitliche Verwendung der Pfeile** diskutiert werden. Pfeile werden durch den automatischen Bereich der Wahrnehmung verarbeitet, der zwar sehr schnell, aber auch sehr anfällig für falsche Gestaltung ist.

Tabelle 8.2 zeigt die grundsätzliche Verwendung der Pfeilformen bei richtungsbezogener Wegweisung in Deutschland. Zu beachten ist, dass die Pfeilform insbesondere auch anzeigt, ob die Richtungswahl unmittelbar vor oder hinter dem Schild („Hier …“: Wegweisung) oder erst in einer gewissen Entfernung („Demnächst …“: Vorwegweisung) erfolgen soll.

Die Gestaltung der Pfeilspitze hat erheblichen Einfluss auf die Intensität der übermittelten Richtungsinformationen. In Deutschland hat in der Wegweisung die sogenannte Herz-Pfeilspitze (siehe *Bild 8.3* links und Mitte) Tradition, die teilweise durch die ISO-Pfeilspitze (siehe *Bild 8.3* rechts) ersetzt wurde. Die Herz-Pfeilspitze hat ein gefälligeres Aussehen, die ISO-Pfeilspitze eine größere Richtungswirkung. Daher wird die Herz-Pfeilspitze derzeit nur noch auf den Vorwegweiser-Tafeln und in der Wegweisung der Autobahnen und autobahnähnlichen Straßen verwendet, während die restliche Wegweisung (Tabellenvorwegweiser, Tabellenwegweiser, aber auch Wegweiser auf den Rastanlagen der Autobahnen) auf die ISO-Pfeilspitze umgestellt wurde.

Tabelle 8.3 Verwendung der Pfeile in der deutschen Wegweisung

Einsatz der Pfeilsymbole			links	Kombination	geradeaus	Kombination	rechts
außerhalb der autobahnähnlich ausgebauten Straßen	Wegweisung	Pfeilwegweiser					
		Tabellenwegweiser					
	Vorwegweisung	Tabellenwegweiser					
		Tafelwegweiser				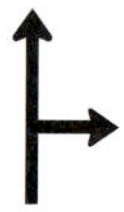	
auf autobahnähnlich ausgebauten Straßen	Inselspitze (Bestätigung)	an Hauptfahrbahnen					
		an Verteilerrampen					
	Wegweisung						
	Vorwegweisung				 *		

* in der Mitte von drei- oder mehrstreifigen Überkopfwegweisern auch Kurzpfeil (wie Wegweisung)

Zusammen mit der Pfeilform ergibt sich dann die in *Tabelle 8.3* dargestellte Verwendung von Pfeilen in der deutschen Wegweisung.

Anmerkung: In den zukünftigen Autobahn-Wegweisungsrichtlinien ist angedacht, vermehrt auf fahrstreifenbezogene Überkopfwegweisung umzustellen. Dabei sollen auch bei den über Kopf angebrachten Vorwegweisern Kurzpfeile verwendet werden.

Pfeile können **richtungsbezogen** oder ggf. fahr**streifenbezogen** verwendet werden:

- **Richtungsbezogen**: Unabhängig von der Einteilung des Querschnitts in Fahrstreifen wird nur ein Pfeil je Richtung gezeigt. Anbringung in der Regel seitlich neben der Fahrbahn.
- **Fahrstreifenbezogen**: Je Fahrstreifen wird ein Pfeil gezeigt, bei Schildern über der Fahrbahn jeweils über der Mitte des zugeordneten Fahrstreifens.

Dabei ist die komplexere und damit zunächst schwerer verständliche fahrstreifenbezogene Zuordnung dann vorzusehen, wenn die zusätzliche Information für die Verkehrsteilnehmer hilfreich ist (z. B. wenn Fahrstreifen enden oder besondere Abbiegestreifen vorhanden sind und bestimmten Richtungsangaben zugeordnet werden sollen). Bei Überkopfwegweisung ist die fahrstreifenbezogene Anordnung leichter verständlich und damit die Regel.

Dabei ist zu beachten, dass die Umklappregel (siehe Abschnitt 8.2.6) konsequent angewandt wird. Auch die fahrstreifenbezogene Wegweisung wird konsequent mit nach oben gerichteten Pfeilen ausgeführt (und nicht wie in vielen anderen Ländern mit nach unten auf den Fahrstreifen gerichteten Pfeilen). Grundprinzip der fahrstreifenbezogenen Wegweisung ist es, den Verkehrsteilnehmern nur mitzuteilen, welchen Fahrstreifen sie zu wählen haben, um einer bestimmten Richtungsangabe zu folgen. Der weitere Fahrtverlauf und eventuell erforderliche Richtungsänderungen werden ihnen in diesem System im Wesentlichen über andere Ausstattungselemente, insbesondere die Markierung, mitgeteilt. Fahrstreifenbezogene Wegweisung ist auf ein sorgfältig geplantes Zusammenspiel zwischen Wegweisung und Markierung angewiesen.

8.2.5 Schriften und Sinnbilder

Die Richtungsangaben selbst werden grundsätzlich erst einmal in Textform dargeboten. Meistens handelt es sich dabei um Orts- oder Landschaftsnamen.

Darüber hinaus gibt es auch abstrakte Angaben wie „Zentrum" oder „Stadtmitte", „Industriegebiet", „Hafen" oder ähnliche.

Maßgebendes Kriterium für die Gestaltung ist wie schon bei der Schilderstruktur, dass die Information schnell und sicher aufgenommen werden kann. Daher gilt:

- **Die Textbezeichnungen sollten einheitlich sein (erleichtert die „Mustererkennung"). In der Regel wird es sinnvoll sein, für Orts-**

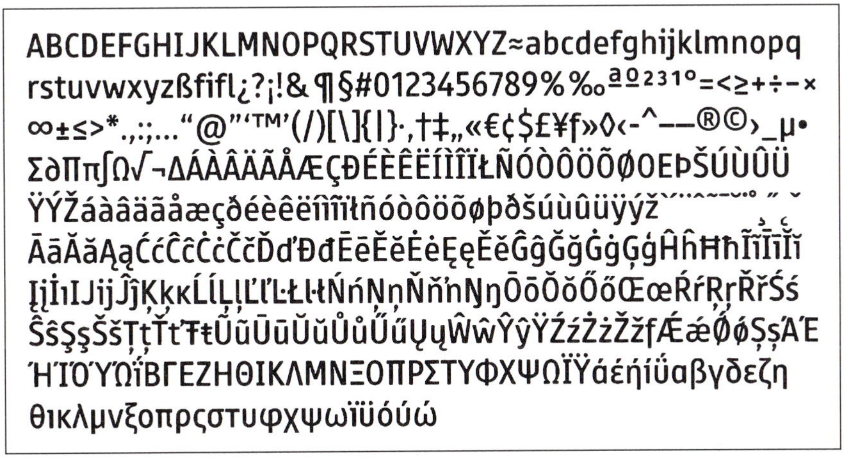

Bild 8.4 **Beispiel für die im EU-Projekt „InSafety" entwickelte Schrift „Tern"**
(gezeigt sind beispielhaft die Teilbereiche latin, greek)

8.2.5 Schriften und Sinnbilder

namen einheitlich die amtliche Schreibweise zu wählen und für die übrigen Begriffe die Schreibweise der Rechtschreibung.

- **Bei den abstrakten Begriffen sollten anstelle von Textbezeichnungen möglichst einheitliche Sinnbilder verwendet werden, die auch international verständlich sind. Sinnbilder sind allerdings nur dann sinnvoll, wenn sie schnell erfasst und zugeordnet werden können; sie müssen daher entweder selbsterklärend oder durch einheitliche, häufige Verwendung eingeprägt sein. In Deutschland legen die Wegweisungsrichtlinien und die dazu ergangenen Verkehrsblattverlautbarungen daher die Sinnbilder fest.**

Die **verwendete Schrift** soll auf gute Erkennbarkeit aus der Ferne optimiert sein, um die Schriftgröße und damit die Größe der Wegweisertafeln zu begrenzen. Sonstige Gestaltungsgesichtspunkte sind geringer zu gewichten. Die Verwendung einer einheitlichen Schrift erleichtert dabei die Aufnahme der Information. Als Schriftart ist daher in Deutschland die für die gute und schnelle Erkennbarkeit optimierte „Serifenlose Linear-Antiqua; Verkehrsschrift" nach DIN 1451 vorgeschrieben (siehe Abschnitt 12.3.2).

Die Vorteile der schnellen Aufnahme durch eine einheitliche, dafür gestaltete ausreichend große Schrift sollten gerade auch bei der temporären Umleitungsbeschilderung konsequent genutzt werden, auch wenn gerade hier die Versuchung oft groß ist, durch „selbstgebastelte" Tafeln mit leicht erhältlichen Klebebuchstaben Kosten zu sparen. Bei der temporären Umleitungsbeschilderung sind viele Kraftfahrer mit einer neuen, ungewohnten Situation konfrontiert und besonders auf eine schnelle und sichere Übermittlung der zusätzlichen Informationen angewiesen.

Soweit in der Nähe der Landesgrenzen zwingend Buchstaben gezeigt werden müssen, die für die Regelschrift nicht definiert sind, kann es sich empfehlen, (für das ganze Schild) eine andere für Verkehrszwecke optimierte und in ihrem Schriftbild bekannte Schrift zu verwenden, z. B. die im angrenzenden Nachbarland übliche Schrift oder die im EU-Projekt „In-Safety" (www.insafety-eu.org) entwickelte und getestete europäische Wegweisungsschrift „Tern" (siehe *Bild 8.4*), die inzwischen in Österreich und der Slowakischen Republik als Regelschrift verwendet wird. Nähere Informationen unter de.wikipedia.org/wiki/Tern_(Schriftart)

Die **Schriftgröße** ergibt sich aus der Lesbarkeitsentfernung, der Entfernung des Verschwindepunktes und der Bemessungsgeschwindigkeit so, dass bei der Vorbeifahrt noch genügend Zeit für das Erfassen der Information verbleibt. Dabei ist die Entfernung des Verschwindepunkts nur vom Aufstellort (seitlich neben oder über der Fahrbahn) abhängig. Über die Bemessungsgeschwindigkeit, für die in der Regel die allgemein

Tabelle 8.4 Mindestschriftgröße in Abhängigkeit vom Aufstellort und von der gefahrenen Geschwindigkeit

Regelauswahl nach Aufstellort	Bei zusätzlicher Beschränkung der zulässigen Höchstgeschwindigkeit auf [km/h]	Bei seitlicher Anordnung des Schildes [mm]	Bei Überkopf-Anordnung des Schildes [mm]
innerorts (v_{zul} = 50 km/h)	≤ 40	105	(140)
	50	126	175
	60–70	140	210
außerorts (v_{zul} = 100 km/h)	80–100	175	280
	110–120	210	350
außerorts* (v > 100 km/h)	> 120	280	350
Autobahnen (normalerweise)	immer	350	420
Autobahnen (auf Entfernungstafeln)	immer	280	–

* auf Straßen nach § 3 Abs. 3 Nr. 2 c) Sätze 2 und 3 oder § 45 Abs. 8 StVO (v > 100 km/h)

zulässige Höchstgeschwindigkeit angesetzt wird, und die benötigte Erfassungs-(Lese-)Zeit ergibt sich dann die Lesbarkeitsentfernung.

Die Schriftgröße ist dann so zu wählen, dass die Texte ab dieser Entfernung gelesen werden können.

Nach diesem Prinzip sind in Deutschland die in *Tabelle 8.4* dargestellten Mindestschriftgrößen vorgeschrieben.

Die **Sinnbilder**, die anstelle abstrakter Ortsbezeichnungen gezeigt werden sollen, sind in Deutschland in den Wegweisungsrichtlinien und den dazu ergangenen Verkehrsblattverlautbarungen abschließend aufgezählt (siehe Abschnitt 8.3.3). Das heißt, dass andere Sinnbilder nicht verwendet werden dürfen.

Anzumerken ist, dass gewisse Sinnbilder (z. B. das Flughafen-Sinnbild) eine sehr starke eigene

Bild 8.5 Drehen der Sinnbilder mit Richtungsbezug

Pfeilwirkung besitzen. Um Missinterpretationen zu vermeiden, müssen solche Sinnbilder entsprechend der zugeordneten Richtung gedreht werden (*Bild 8.5*).

8.2.6 Regeln für die praktische Umsetzung

Zur Umsetzung lassen sich die besprochenen Erkenntnisse in einigen Regeln zusammenfassen. Die Regeln sollen sicherstellen, dass das Wegweisungssystem als Ganzes benutzergerecht gestaltet ist.

Die folgenden Regeln beschreiben grob das den einschlägigen und im Abschnitt 8.3.1 angeführten Wegweisungsrichtlinien (RWB, RWBA) zugrunde liegende Regelkonzept. Im Einzelfall sind diese Richtlinien und die dazu ergangenen Erlasse zu beachten, die in den folgenden Abschnitten detaillierter besprochen werden.

■ Konzeption des Gesamtsystems

- **Einheitlichkeit des Gesamtsystems**: Das Wegweisungssystem ist als ein Gesamtsystem anzusehen, das aus zueinander passenden Untersystemen und Einzelteilen besteht. Jedes willkürliche Ausscheren aus dem Gesamtsystem gefährdet nicht nur das System als Ganzes, sondern auch den Erfolg der Einzelmaßnahme.
- **Kontinuitätsregel**: Jede Richtungsangabe, die einmal im System auftaucht, muss so lange immer wieder auftauchen, bis das durch sie bezeichnete Ziel erreicht ist.

Ein **einheitliches Gesamtsystem** ist eine wesentliche Voraussetzung für die Effizienz der Wegweisung (und damit für ein Maximum an vermittelbaren Informationen). Nur wenn die Nutzer die Informationen immer wieder in der gleichen Form und nach dem gleichen Schema dargeboten bekommen, sind sie in der Lage, die Information schnell und sicher zu erfassen (siehe Abschnitt 8.2.2). Grundsätzlich ist zwar denkbar, Wegweisungssysteme zumindest in Teilbereichen auch anders zu gestalten, Beispiele aus anderen Ländern zeigen das. Aber auch diese Systeme sind für sich gesehen einheitlich gestaltet (und funktionieren aufgrund der angewöhnten Erwartungshaltung der Nutzer). Eine lokale oder willkürliche Mischung von in sich geschlossenen Systemen ist daher zu vermeiden. Sonderlösungen sollten nur angewandt werden, wenn Regellösungen trotz vertiefter Bemühungen nicht geeignet sind und die Wirkung der Sonderlösung nachvollziehbar zu erwarten ist (ggf. nach gezielten Untersuchungen).

Die **Kontinuitätsregel** trägt dem Umstand Rechnung, dass die Verkehrsteilnehmer, wenn sie denn einmal eine „passende" Richtungsangabe für ihre aktuelle Fahrt gefunden haben, bei jedem neuen Wegweiser zunächst einmal wieder nach dieser Richtungsangabe suchen. Ist sie nicht aufgeführt, so kommt ein aufwendiger Prozess in Gang:

- Ganzes Schild absuchen, ob die Angabe nicht doch da ist
- Versuch, alle anderen Angaben zu erfassen und einzuordnen, ob sie für die aktuelle Fahraufgabe brauchbar sind
- Entscheidung.

Dieser führt – wegen der begrenzten Zeit der Vorbeifahrt mit normaler Geschwindigkeit – unter Umständen zu unerwarteten und heftigen, möglicherweise den Verkehr gefährdenden Fahrmanövern.

8.2.6 Regeln für die praktische Umsetzung

Aus der Kontinuitätsregel ergibt sich, dass Richtungsangaben nicht willkürlich an einzelnen Knotenpunkten geändert werden können – dann wäre mit großer Wahrscheinlichkeit die Kontinuität zu den vorausliegenden oder nachfolgenden Knotenpunkten gestört. Eine Änderung der Richtungsangaben macht es in der Regel erforderlich, die Wegweisung entlang eines ganzen Straßenzugs anzupassen. Dabei kann es zweckmäßig sein, zur Prüfung der Aufnahme neuer Richtungsangaben die Wegweisung auf der beabsichtigten Route vom namensgebenden Ort dieser Richtungsangabe entgegen der Fahrtrichtung zu betrachten. Umgekehrt sollte der Entfall vorhandener Richtungsangaben in Fahrtrichtung beginnend an dem Knotenpunkt geprüft werden, an dem entlang einer Route diese Richtungsangabe erstmals genannt wird. Da es außerdem – wenn überhaupt – nur sehr aufwendig möglich ist, einzelne Richtungsangaben an den Wegweisertafeln zu ändern (siehe Abschnitt 8.3.3), ist das System der Richtungsangaben insgesamt als sehr statisch anzusehen und bedarf daher sorgfältiger Planung und Dokumentation. Für die Bundesfernstraßen führt das für den Verkehr zuständige Bundesministerium daher ein „Verzeichnis", das die an den einzelnen Streckenabschnitten gezeigten Zielangaben dokumentiert und festlegt (siehe Abschnitt 8.3.3). Einige Länder und viele Landkreise führen vergleichbare Verzeichnisse für ihre Straßen. Das Führen von solchen Verzeichnissen empfiehlt sich auch für andere Wegweisungssysteme, z. B. für den Rad- oder Fußgängerverkehr.

Zur Überprüfung der Kontinuität bei der Erarbeitung oder Fortführung des Wegweisungssystems ist es hilfreich, Zielpläne und Zielspinnen zu erstellen. Sie vermitteln einen anschaulichen Überblick über die benötigten Richtungsangaben zur Führung des Verkehrs. Außerdem existieren datengestützte Wegweisungsmanagementsysteme, mit denen sich Richtungsangaben und Entfernungen auf der Basis des Ordnungssystems der Straßendatenbank speichern, fortschreiben und kontrollieren lassen. Eine solche Datenverwaltung erleichtert eine verkehrstechnisch einwandfreie Wegweisungsplanung erheblich.

■ Anordnung der Wegweiser

- **Gezielte Vorbereitung und Bestätigung der Richtungswahl**: Die Wegweisung umfasst mehrere Stufen von der Ankündigung über die Information bis zur Bestätigung; dabei sollen hinter dem gewünschten Entscheidungspunkt nur noch bestätigende Informationen in einer solchen Weise gezeigt werden, dass sie nicht zu Ad-hoc-Handlungen führen.

Die Fahraufgabe ist im Bereich eines Knotenpunkts besonders anspruchsvoll. Daher müssen die Verkehrsteilnehmer auf den Knoten vorbereitet, mit den nötigen Informationen im Groben (z. B. links/rechts abbiegen, geradeaus weiterfahren) und Feinen (z. B. linken/mittleren/rechten Fahrstreifen wählen) versorgt und nach Möglichkeit in ihrer Entscheidung bestärkt werden (ja, dies ist die Straße nach ...). Die Wegweisung muss daher auch in erheblichem Maße Wechselwirkungen mit der Gesamtgestaltung des Knotenpunkts (Entwurfsziele: Erkennbarkeit des Knotens, Begreifbarkeit des Knotens usw.) berücksichtigen. In der Grundwegweisung wird dem durch die Abfolge mehrerer aufeinander abgestimmter Wegweisungstafeln (Ankündigung, Vorwegweisung, Wegweisung, Bestätigung) Rechnung getragen (siehe Abschnitt 8.3).

■ Gestaltung der Wegweiser

- **Informationsbegrenzung („so wenig wie möglich, so viel wie nötig")**: Werden zu viele Informationen angeboten, so wird in der Summe weniger aufgenommen und verarbeitet als bei der optimalen Informationsmenge.
- **Verwenden der vorgeschriebenen einheitlichen Gestaltungselemente (Pfeile, Schriften, Sinnbilder) und Gestaltungsregeln (Umklappregel, Blockung, Reihenfolgen, Proportionen)**: Die meisten Gestaltungsregeln wurden in umfangreichen Versuchen optimiert. Die Verkehrsteilnehmer in Deutschland sind auf diese Erscheinungsform geprägt und können sie entsprechend schneller und sicherer aufnehmen als in ungewohnter Form dargebotene Informationen.

Die Gestaltung der Wegweisung wurde in umfangreichen Versuchen optimiert, um den Anforderungen der menschlichen Informationsaufnahme (siehe Abschnitt 2.2.6) zu entsprechen. Die Ergebnisse wurden durch Untersuchungen in jüngerer Zeit bestätigt. Jede Änderung trägt daher die große Gefahr in sich, zu einer Verschlechterung zu führen. Dies gilt insbesondere für die Begrenzung der Informationsmenge auf maximal zehn Richtungsangaben je Schild und darin maximal vier Angaben je Richtung. Das gilt aber auch für die Art und Form der Pfeile, die Art und Größe der Schriften sowie die zugelassenen Sinnbilder. Und das gilt weiterhin für die Anordnung der Informationen auf dem Schild, insbesondere die Blockung (welche Informationen werden als optisch wirksamer Block zusammengefasst?) sowie deren

Anordnung um ein strukturierendes Pfeilschema oder in einer bestimmten Reihenfolge (geradeaus, links, rechts). Dabei wird in Deutschland einheitlich, also auch für die Überkopfbeschilderung, die **Umklappregel** (siehe *Bild 8.6*) angewandt: Wird das Schild gedanklich nach hinten in die Horizontale geklappt, so gibt es die Situation der Wirklichkeit schematisch wieder. Dies bedeutet insbesondere, dass Geradeauspfeile grundsätzlich nach oben weisen und dass die Richtungsangaben, die sich auf weiter entfernte Ziele beziehen, über denjenigen stehen, die sich auf weniger weit entfernte Ziele beziehen.

Sofern zum Erstellen von Schilderzeichnungen Software eingesetzt werden soll, ist darauf zu achten, dass diese Software die Festlegungen der RWBA und der RWB enthält und automatisch umsetzt. Das gilt vor allem auch für die Verwendung der Schriften mit den speziell auf Lesbarkeit optimierten Abständen zwischen den Buchstaben (Spationierung). Der Einsatz von Software erleichtert die Gestaltungsplanung der Wegweiser erheblich.

■ **Ausführung der Wegweiser**

- **Geeignete Größe („so klein wie möglich, so groß wie nötig")**: Wegweisertafeln benötigen wegen der auf ihnen enthaltenen Informationsmenge und der Beschränkung der menschlichen Informationsaufnahme eine gewisse Größe; um die Auswirkungen auf das Umfeld und die Kosten zu begrenzen, sollten sie aber auch nicht zu groß ausgeführt werden.
- **Geeignete Materialien und optische Eigenschaften**: Wegweiser müssen (wie alle Verkehrszeichen) auch unter ungünstigen Bedingungen (Dunkelheit, schlechtes Wetter) sichtbar sein.

Wegweiser sollen gut gelesen werden können, dabei aber möglichst nicht auffallen. Daher wird ihre Größe immer wieder diskutiert. Die Richtwerte aus den Wegweisungsrichtlinien berücksichtigen dies. Abweichungen nach oben sind in der Regel unnötig, Abweichungen nach unten sind in der Regel mit einem geringeren verkehrstechnischen Standard verbunden. Das ist gelegentlich hinnehmbar, in Ausnahmefällen sogar erwünscht; es sollte nur in jedem Fall berücksichtigt werden und in die Abwägung Eingang finden. Dabei gehen Vergrößerungen der Abmessungen in die Fläche quadratisch und in die Belastung der Aufstellkonstruktion meist sogar etwa mit der dritten Potenz ein: Eine 20 % größere Schrift führt zu einer 45 % größeren Schildfläche und zu 75 % größeren Momenten in der Aufstellvorrichtung.

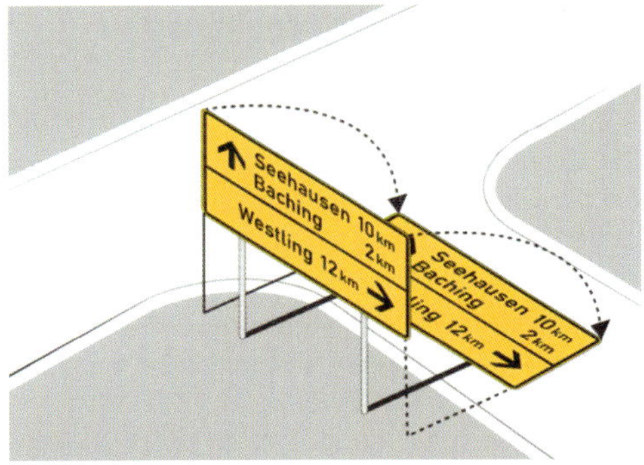

Bild 8.6 Umklappregel Quelle: RWB 2000

Damit die Wegweiser jederzeit ausreichend sichtbar sind, müssen sie gleichmäßig retroreflektierend oder beleuchtet ausgeführt werden. Dies ist vor allem auch bei Reparaturen oder kleinteiligen Änderungen zu beachten, da sonst in der Nacht anstelle von Informationsblöcken nur schwarze Rechtecke zu sehen sind. Sie sind daher auch nur in Ausnahmefällen erfolgversprechend. Aber auch bei „reparatur- und änderungsfreundlichen" Gestaltungsweisen, z. B. bei aufgelösten Tabellenwegweisern, ist auf lichttechnische Einheitlichkeit zu achten, insbesondere wenn neue und wesentlich ältere Elemente miteinander kombiniert werden sollen. Zur langfristigen Sicherstellung der erforderlichen lichttechnischen Eigenschaften sollte ein systematisches Erhaltungsmanagement betrieben werden; in der Regel wird es nicht zweckmäßig sein, Wegweisung ausschließlich im Rahmen größerer straßenbaulicher Erhaltungsmaßnahmen zu erneuern oder Entscheidungen über erforderliche Erneuerungen ausschließlich auf das Urteil der Meistereien zu stützen. Bei Wegweisung ist damit zu rechnen, dass diese nach etwa 15 bis 20 Jahren ihre lichttechnischen Eigenschaften soweit verloren hat, dass eine Erneuerung erforderlich wird.

Vorübergehend außer Kraft gesetzte Wegweiser und Vorwegweiser sind durch vorgesetzte rote Latten auszukreuzen. Die Ziele sollten aber aus Gründen der Orientierung noch zu lesen sein.

8.3 Grundwegweisung

8.3.1 Allgemeines

Die Grundwegweisung spannt ein Grundgerüst für die Orientierung der Verkehrsteilnehmer auf (siehe Abschnitt 8.2.3).

Die Grundwegweisung ist geregelt in den

- „Richtlinien für die wegweisende Beschilderung auf Autobahnen (RWBA 2023)“, Ausgabe 2023, BMDV, FGSV Verlag
- „Richtlinien für die wegweisende Beschilderung außerhalb von Autobahnen (RWB 2000)“, Ausgabe 2000, BMVBW, FGSV Verlag.

Diese wurden eingeführt mit:

- ARS 26/2000 (S 28/S32/38.60.70-40/100 Va 00) „Wegweisende Beschilderung; Richtlinien für die wegweisende Beschilderung auf Autobahnen (RWBA 2000)“ vom 28.12.2000 (VkBl. 2001 S. 39)
- ARS 15/2024 (StB 26/7122.3/5-RWBA/3830078) „Richtlinien für die wegweisende Beschilderung auf Autobahnen (RWBA 2023)“ vom 19.6.2024 (VkBl. S. 470), siehe Zu Abschnitt 8.3.3.

Die Richtlinien für die wegweisende Beschilderung auf Autobahnen (RWBA 2023) wurden auf Grundlage der Ergebnisse des Forschungsprojekts AWewiS aktualisiert (siehe Abschnitt 8.3.10).

8.3.2 Nummerierung der Straßen und Knoten

StVO Anlage 3 Richtzeichen (zu § 42 Absatz 2) Abschnitt 10 Wegweisung		
		1. Nummernschilder
39	**Zeichen 401**  **Bundesstraßen**	
40	**Zeichen 405**  **Autobahnen**	
41	**Zeichen 406**  **Knotenpunkte der Autobahnen**	**Erläuterung** So sind Knotenpunkte der Autobahnen (Autobahnausfahrten, Autobahnkreuze und Autobahndreiecke) beziffert.
42	**Zeichen 410**  **Europastraßen**	

8.3.2 Nummerierung der Straßen und Knoten

Nummern dienen vor allem der eindeutigen Benennung von Straßen. Sie erleichtern das Herstellen von Zusammenhängen für Personen, die die Landessprache nicht beherrschen. Sie sind einprägsamer als Richtungsangaben. Außerdem ist ein Nummernsystem geeignet, die nummerierten Einheiten (z.B. bestimmte Straßen) aus den nicht nummerierten hervorzuheben.

Die **Bundesstraßen-Nummern** werden seit jeher auch zur hervorhebenden Kennzeichnung von Straßen als Bundesstraßen verwendet. Da nach dem Bundesfernstraßengesetz (FStrG) die Bundesstraßen dem weiträumigen Verkehr dienen, sollten sie für höhere Reisegeschwindigkeiten als das übrige Basisnetz ausgebaut sein. Die ursprüngliche Bedeutung, dass den so bezeichneten Straßen die Vorfahrt eingeräumt wird, hat die Kennzeichnung mit den Bundesstraßen-Nummern allerdings seit 1971 nicht mehr. Neuerdings lässt Zeichen 401 die Mautpflicht nach dem Bundesfernstraßenmautgesetz (BFStrMG) erkennen, die seit 2017 für alle Bundesstraßen gilt (siehe Abschnitt 8.6.5). Daher ist es auch wichtig, dass es konsequent bei den Richtungsangaben in der Vorwegweisung (Abschnitt 8.3.5) und der Wegweisung im engeren Sinn (Abschnitt 8.6.6) angeordnet wird. Im Gegenzug ist die Kennzeichnung von Bundesstraßen mit Zeichen 390 (Mautpflicht nach dem BFStrMG) nicht mehr erforderlich.

Die **Autobahn-Nummern** dienen nur der Orientierung, da dem Autobahnnetz mit der Farbe Blau eine eigene Systemfarbe zugeordnet ist und daher keine weitere Hervorhebung mehr nötig ist. Allerdings kann man anhand der Autobahn-Nummer die Bedeutung der befahrenen Strecke erkennen: Fernautobahnen haben 1-stellige, Autobahnen mit überwiegend regionaler Bedeutung (die teilweise auch geringere Entwurfsstandards aufweisen) 2- oder sogar 3-stellige Nummern. Überwiegend in Nord-Süd-Richtung verlaufende Autobahnen verfügen über ungerade, in Ost-West-Richtung verlaufende Autobahnen über gerade Nummern. Die erstmalige Festlegung der heutigen Nummern erfolgte mit dem – nach wie vor gültigen – ARS 12/1974 „Nummerierung der Autobahnen" (VkBl. 1974 S. 573).

Die **Europastraßen-Nummern** sind wiederum auch zur hervorhebenden Kennzeichnung gedacht. In Deutschland werden diese Nummern allerdings vergleichsweise sparsam verwendet (nur auf den Ankündigungs- und Bestätigungstafeln der Autobahnen). Als Grund wird häufig angegeben, dass man die wegweisende Beschilderung nicht überfrachten wolle und das nationale Nummernsystem ausreiche. Allerdings wird damit die durch die Europastraßen-Nummerierung grundsätzlich mögliche und bezweckte Hervorhebung durchgehender transnationaler Routen nicht genutzt. Die Festlegungen über ein internationales E-Straßennetz sind in dem

- „Europäischen Übereinkommen über die Hauptstraßen des internationalen Verkehrs (AGR)" vom 15.11.1975, Stand 2016 (unece.org/list-agreements)

enthalten.

Die früher nur mit eindeutigen Namen versehenen Autobahnknoten (Autobahnausfahrten und Autobahnverknüpfungen) werden seit 1992 zusätzlich fortlaufend mit Zeichen 406 nummeriert. Diese Knotenpunkt-Nummer wird bei der Ankündigung auf der Ankündigungstafel (Zeichen 448) und kurz vor dem Entscheidungspunkt auf der 300-m-Bake (Zeichen 450) gezeigt. Siehe dazu auch

- „Autobahnverzeichnis" (AVERZ 2016; www.bast.de > Verkehrstechnik > Fachthemen > Klimaschutz, Nachhaltigkeit, Verkehrsstatistik > Autobahnverzeichnis).

Die Bundesstraßen- und Autobahn-Nummern werden normalerweise auf den Wegweisertafeln ergänzend zu den Richtungsangaben gezeigt (siehe *Bild 8.7*). Die Europastraßen-Nummern werden im Basisnetz ebenfalls ergänzend zu den Richtungsangaben gezeigt, auf Autobahnen werden sie in der Regel nur auf den Entfernungstafeln genannt.

Bei Doppelführung von Bundesstraßen werden beide Bundesstraßen-Nummernschilder getrennt

Bild 8.7 Bundesstraßen- und Autobahn-Nummern auf einem Vorwegweiser einer Anschlussstelle im Basisnetz

(i. d. R. übereinander) angebracht. Auch als Einsätze auf Vorwegweisern sollen beide Nummernschilder getrennt dargestellt werden.

Einzelheiten über die Anwendung der Nummernzeichen, insbesondere die Detailgestaltung, enthalten die RWB und die RWBA.

8.3.3 Auswahl der Richtungsangaben

Die Ortsangaben auf den Wegweisungstafeln werden in den Richtlinien „Zielangaben" genannt. Aufbauend auf Erfahrungen aus Diskussionen mit Bürgern und politischen Repräsentanten über die Aufnahme oder Nichtaufnahme von Orten in die Wegweisung wird im vorliegenden Werk vorzugsweise von „Richtungsangaben" gesprochen. Auch von Laien wird nämlich leichter akzeptiert, dass der von ihnen vorgeschlagene und vertretene Ort nicht als „Richtungsangabe" tauglich ist (während er als „Ziel" durchaus denkbar wäre). Die Bezeichnung „Richtungsangabe" kommt dem beabsichtigten Zweck der Wegweisung auch näher, eine grundsätzliche Orientierung zu ermöglichen. Es wäre sinnvoll, mittelfristig auch das Richtlinienwerk entsprechend anzupassen.

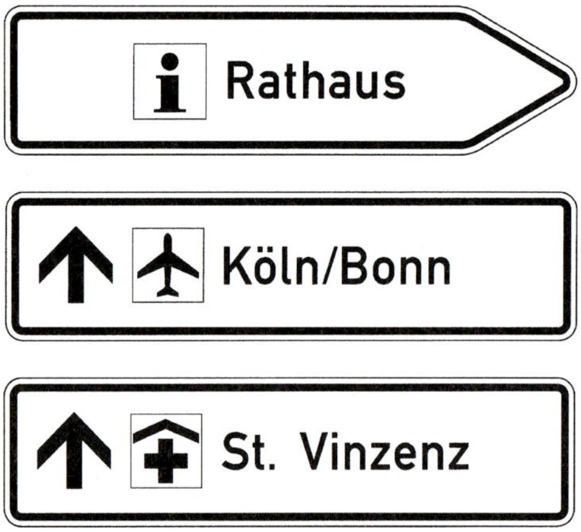

Bild 8.8 Wegweiser (Z 432 und 435) mit zusätzlichem Sinnbild

Für die Bundesstraßen legt das für den Verkehr zuständige Bundesministerium mit den Ländern für jeden Straßenabschnitt ein sogenanntes Fernziel sowie ein Nahziel fest und veröffentlicht sie in einem „Bundesstraßenverzeichnis" (konsequenterweise wird in den HAV von Fern-Richtungsangaben und Nah-Richtungsangaben gesprochen).

Dieses Verzeichnis ist auf www.bast.de unter Verkehrstechnik > Fachthemen > Bundesstraßenverzeichnis zu finden. Für die übrigen Straßennetze empfiehlt es sich, entsprechende Verzeichnisse zu erstellen und nach ihnen zu verfahren.

Unter Berücksichtigung der Grenzen der menschlichen Aufnahmefähigkeit ist auch die Anzahl der gezeigten Richtungsangaben begrenzt (siehe Abschnitt 8.2.2). Als Faustregel kann angegeben werden:

- maximal 10 Richtungsangaben je Standort,
- maximal 4 Richtungsangaben je Richtung.

Genauere Angaben können den Wegweisungsrichtlinien RWB und RWBA entnommen werden.

Wie in Abschnitt 8.2.5 ausgeführt, sollten möglichst nur die Ortsnamen als Textangaben ausgeführt werden. Für abstrakte Angaben wie „Zentrum", „Industriegebiet" oder „Hafen" sowie für die verschiedenen Verkehrsarten sollten **einheitliche Sinnbilder** verwendet werden (*Bild 8.8* und Anlage *2*).

Bild 8.9 Sinnbilder, die nur in der Wegweisung von Autobahnen gezeigt werden dürfen

Die Sinnbilder, die anstelle abstrakter Ortsbezeichnungen gezeigt werden sollen, sind in Deutschland in den Wegweisungsrichtlinien und den dazu ergangenen Verkehrsblattverlautbarungen abschließend aufgezählt. Das heißt, dass andere Sinnbilder nicht verwendet werden dürfen (siehe *Bilder 8.9* bis *8.12*).

Die in den RWB und RWBA aufgeführten Sinnbilder werden je nach Notwendigkeit mit Verkehrsblatt-Verlautbarungen ergänzt. Derzeit sind gültig:

- BMV-VkBl.-Verlautbarung (S 32/7332.4/0-599225) „Ergänzung des Katalogs der grafischen Symbole in Kapitel 5.7 der RWB 2000 um die Piktogramme ‚Freibad' und ‚Hallenbad'" vom 31.1.2007 (VkBl. S. 76)
- BMV-VkBl.-Verlautbarung (S 32/7332.4/0-654721) „Ergänzung des Katalogs der grafischen Symbole in Kapitel 5.7 der RWB 2000 um das Piktogramm ‚Zentrum'" vom 5.4.2007 (VkBl. S. 245).

Grundsätzlich sollten bei der Wegweisung Tabellenwegweiser (Zeichen 434) aufgestellt werden. Falls dies aus ortsbezogenen Gegebenheiten nicht möglich ist, kann es zweckmäßig sein, Zeichen 430 auf der Wegweisung zur Autobahn allein mit dem Sinnbild der Autobahn zu verwenden, wenn

- zunächst ein allgemeiner Hinweis auf die Autobahn gegeben werden soll und erst später eine Trennung nach verschiedenen Zielrichtungen erfolgt (*Bild 8.13 a*),
- wegen der Vielzahl der notwendigen Zielortangaben in Bereichen, die noch weiter von der Anschlussstelle entfernt sind, die Wegweisung unübersichtlich werden würde (*Bild 8.13 b*).

Verschiedene Möglichkeiten der Darstellung zeigt *Bild 8.14*.

Die innerörtlichen Wegweiser zu innerörtlichen Zielen sollen nur innerhalb von Ortschaften oder in der Nähe von Ortschaften angebracht werden und in der Regel auf innerörtliche Ziele – gelegentlich auch auf Ziele, die außerorts liegen, aber einen Bezug zu der betreffenden Ortschaft besitzen (z. B. Flughafen, Schwimmbad) – hinweisen, sofern diese Ziele eine erhebliche Verkehrsbedeutung besitzen (vgl. Bezeichnung von Zeichen 432 im VzKat) und dafür ein Verkehrsbedürfnis vorliegt.

Solche Richtungsangaben können sein:

- Ortsteile (z. B. Zentrum, Kurviertel)
- öffentliche Anlagen oder öffentliche Gebäude (z. B. Universität, Stadion, Stadtwald)

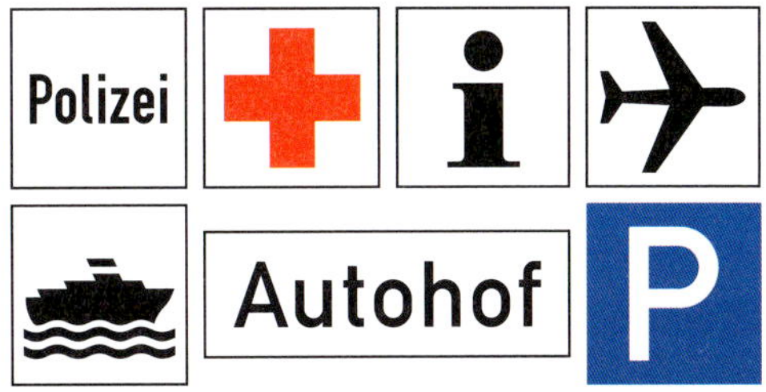

Bild 8.10 Sinnbilder, die in der Wegweisung außerhalb von Autobahnen und auf Autobahnen gezeigt werden dürfen

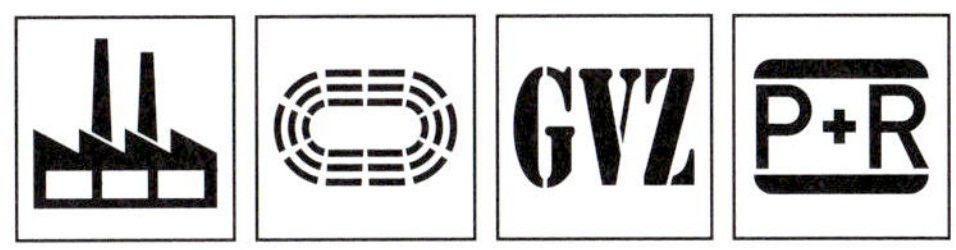

Bild 8.11 Sinnbilder, die in Ausnahmefällen auch in der Wegweisung von Autobahnen gezeigt werden dürfen

Bild 8.12
Sinnbilder, die nur in der Wegweisung außerhalb von Autobahnen gezeigt werden dürfen

- andere Ziele, bei denen eine Wegweisung im öffentlichen Interesse liegt (z. B. Autohof, Bahnhof, Flugplatz, TÜV, Zoo).

Die Kosten für Wegweiser zu innerörtlichen Zielen tragen in der Ortsdurchfahrt die Gemeinden, vgl. § 5b Abs. 2 Buchstabe c StVG.

Eine Wegweisung zu einzelnen Werken, Unternehmungen oder Betrieben unter Angabe von Firmenbezeichnungen hat im Allgemeinen zu unterbleiben. Sie ist nur bei Vorhandensein besonderer Gründe statthaft, z. B. bei starkem auswärtigem Zielverkehr, sofern allgemeine andere Richtungsangaben nicht ausreichen. Dann sollte sie als nichtamtliche Wegweisung ausgeführt werden.

Das Anbringen von Wegweisern zum Zwecke der **reinen Wirtschaftswerbung** bleibt untersagt. Wird jedoch aus verkehrlichen Gründen auf

8.3.3 Auswahl der Richtungsangaben

Bild 8.13 a
Allgemeine Wegweisung und Richtungswegweisung zur Autobahn

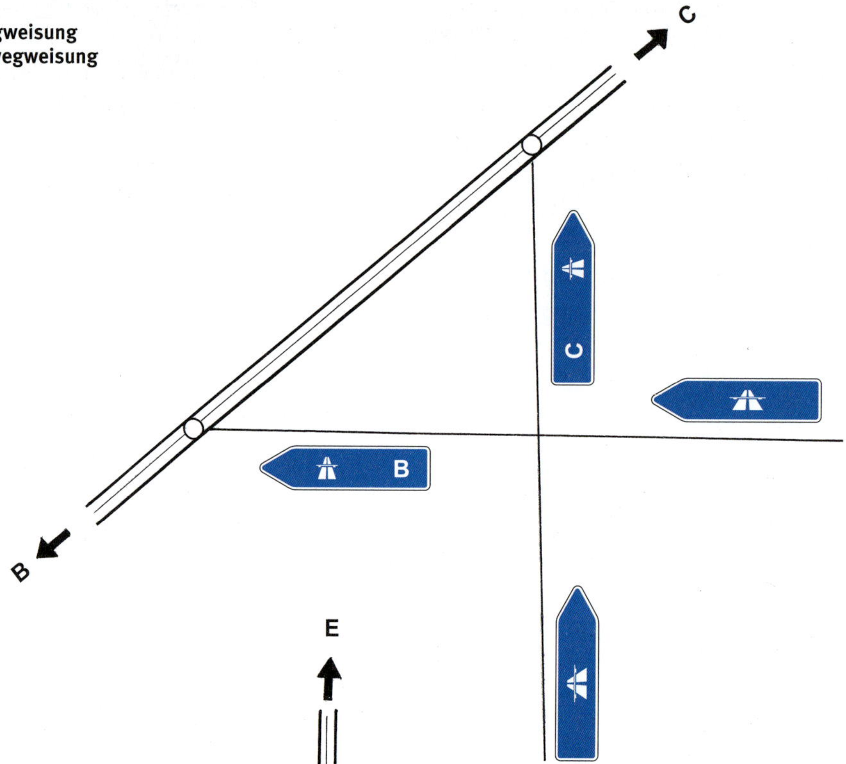

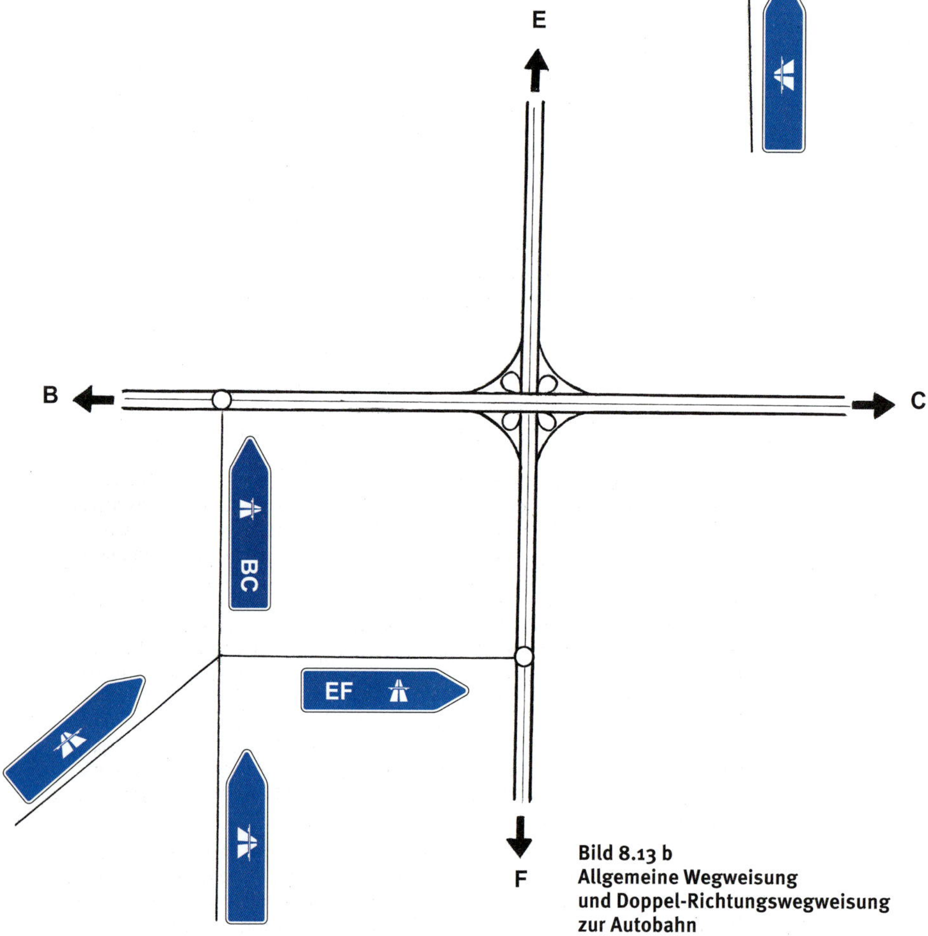

Bild 8.13 b
Allgemeine Wegweisung und Doppel-Richtungswegweisung zur Autobahn

8.3.3 Auswahl der Richtungsangaben

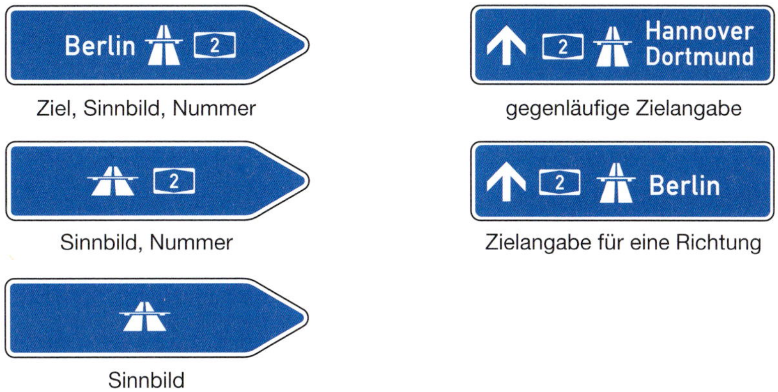

Bild 8.14 Verschiedene Möglichkeiten der Darstellung von Autobahnwegweisern (Prinzipdarstellung)

ein touristisches Ziel hingewiesen, so kann dies durch braun-weiße Zeichen erfolgen (siehe auch Abschnitt 8.5.2).

Mit dem Sinnbild „i“ wird auf Auskunftsstellen hingewiesen.

Anmerkung: Für Messen, Ausstellungen und sonstige Großveranstaltungen sind zur besseren Orientierung der Verkehrsteilnehmer und zur Erleichterung der Verkehrsführung besondere Richtlinien für die Aufstellung privater Wegweiser erlassen worden (siehe Abschnitt 8.5.4).

Bezüglich der Schreibweise von Straßennamen siehe die amtlichen Regelungen der deutschen Rechtschreibung §§ 37, 38 und 50.

Zu Abschnitt 8.3.3

VwV-StVO zu § 42 Richtzeichen

Zu Anlage 3 Abschnitt 10 Wegweisung

1 I. Die Wegweisung soll den ortsunkundigen Verkehrsteilnehmer über ausreichend leistungsfähige Straßen zügig, sicher und kontinuierlich leiten. Hierbei sind die tatsächlichen Verkehrsbedürfnisse und die Bedeutungen der Straßen zu beachten. Eine Zweckentfremdung der Wegweisung aus Gründen der Werbung ist unzulässig.

...

3 III. Auf den mit Zeichen 330.1 und 330.2 gekennzeichneten Autobahnen in der Baulast des Bundes legt das Fernstraßen-Bundesamt oder die auf Grund des § 6 des Infrastrukturgesellschaftserrichtungsgesetzes beliehene Gesellschaft privaten Rechts die Zielangaben in der Wegweisung von Anschlussstellen fest und führt dafür erforderliche Anhörungsverfahren durch. Die Fortführung der Zielangaben ist unter Einhaltung der Richtlinien für wegweisende Beschilderung außerhalb von Autobahnen (RWB) im Basisnetz sicherzustellen. Zu privaten Zielen darf nicht gewiesen werden, es sei denn, es ist wegen eines besonders starken auswärtigen Zielverkehrs zur Verkehrsführung unabweislich und Aspekte der Werbung stehen dabei nicht im Vordergrund. Die Verwendung von Logos oder anderen privaten Zusätzen ist nicht zulässig. Erforderliche Abstimmungen zwischen den betroffenen Behörden nach Landesrecht sind landesintern vorzunehmen. Dem Fernstraßen-Bundesamt oder der auf Grund des § 6 des Infrastrukturgesellschaftserrichtungsgesetzes beliehenen Gesellschaft privaten Rechts ist eine landesintern abgestimmte Stellungnahme innerhalb von sechs Wochen zur Verfügung zu stellen. Erfolgt dies nicht innerhalb der Frist, legt das Fernstraßen-Bundesamt oder die auf Grund des § 6 des Infrastrukturgesellschaftserrichtungsgesetzes beliehene Gesellschaft privaten Rechts auf Grundlage der im Basisnetz vorhandenen Wegweisung die Zielangaben für die Ausfahrtziele der betroffenen Anschlussstelle nach pflichtgemäßem Ermessen fest.

4 IV. Die Wegweisung im Basisnetz von und zur Autobahn verbleibt in der Zuständigkeit der nach Landesrecht zuständigen Behörde. Die nach Landesrecht zuständigen Behörden führen ggfs. erforderliche Anhörungsverfahren durch und beteiligen dabei das Fernstraßen-Bundesamt oder die auf Grund des § 6 des Infrastrukturgesell-

8.3.3 Auswahl der Richtungsangaben

VwV-StVO
zu § 42
Richtzeichen

schaftserrichtungsgesetzes beliehene Gesellschaft privaten Rechts. Bei bestehenden Anschlussstellen sind Anhörungsverfahren in der Regel entbehrlich; dann genügt die Ortsbesichtigung. Bei der Wegweisung zur Anschlussstelle sind nur Fernziele der Autobahnwegweisung aufzunehmen.

Zu den Zeichen 415 bis 442 Wegweiser außerhalb von Autobahnen

1 Für Bundesstraßen gibt das Fernstraßen-Bundesamt das Bundesstraßenverzeichnis heraus. Es enthält u. a. die Fern- und Nahziele der Bundesstraßen sowie die Entfernungen benachbarter Ziele auf der Bundesstraße. Das Bundesstraßenverzeichnis sowie die entsprechenden Verzeichnisse der obersten Landesbehörden für die übrigen Straßen sind bei der Auswahl der Ziele zu beachten.

...

Zu Zeichen 432 Wegweiser zu Zielen mit erheblicher Verkehrsbedeutung

1 I. Ziele mit erheblicher Verkehrsbedeutung können sein:

- Ortsteile (z. B. Parksiedlung, Zentrum, Kurviertel),
- öffentliche Einrichtungen (z. B. Flughafen, Bahnhof, Rathaus, Messe, Universität, Stadion),
- Industrie- und Gewerbegebiete,
- Erholungs- und Freizeitgebiete oder -einrichtungen.

2 II. Zu anderen Zielen darf nur dann so gewiesen werden, wenn dies wegen besonders starken auswärtigen Zielverkehrs unerlässlich ist und auch nur, wenn allgemeine Hinweise wie „Industriegebiet Nord" nicht ausreichen. Die Verwendung von Logos oder anderen privaten Zusätzen ist nicht zulässig. (Vgl. VwV zu Anlage 3 Abschnitt 10 Wegweisung; Rn. 1.)

3 III. Bei touristisch bedeutsamen Zielen ist vorzugsweise eine Beschilderung mit Zeichen 386.1 vorzunehmen, sofern die Richtlinien für touristische Beschilderung (RtB) dies zulassen.

...

Zu den Zeichen 440, 441 und 430 Wegweiser zur Autobahn

1 Für die Wegweisung im nachgeordneten Straßennetz mit den Zeichen 440, 441 und 430 der StVO sind die Straßenverkehrsbehörden der Länder unverändert zuständig, soweit die Straße am Aufstellort nicht mit Zeichen 330 gekennzeichnet ist. Die Straßenverkehrsbehörden der Länder führen erforderliche Anhörungsverfahren durch und beteiligen dabei das Fernstraßen-Bundesamt oder die auf Grund des § 6 des Infrastrukturgesellschaftserrichtungsgesetzes beliehene Gesellschaft privaten Rechts. Es sind nur solche Ziele aufzunehmen, die auf der Autobahn fortgeführt werden. Stehen diese Zeichen an der Autobahn, gelten diese Vorschriften entsprechend.

...

Zu den Zeichen 332, 448, 449 und 453 Wegweiser auf Autobahnen

1 I. 1. Auf Autobahnen darf nur in den Zeichen 332 und 449 auf folgende Ziele hingewiesen werden:

- Flughäfen, Häfen,
- Industrie- und Gewerbegebiete, Plätze für Parken und Reisen (P+R), Güterverkehrszentren,
- Einrichtungen für Großveranstaltungen (z. B. Messe, Stadion, Multifunktionsarena),
- Nationalparks.

2 2. Voraussetzung ist, dass eine Wegweisung zu diesen Zielen aus Gründen der Verkehrslenkung dringend geboten ist.

3 II. Zur Begrenzung der Zielangaben vgl. RWBA.

4 III. Auf autobahnähnlich ausgebauten Straßen sind die Zeichen 332, 448, 449 und ggf. 453 gemäß den Richtlinien für die wegweisende Beschilderung außerhalb von Autobahnen (RWB) auszuführen.

BMDV
StB 26/7122.3/5-
RWBA/3830078
19. Juni 2024

Richtlinien für die wegweisende Beschilderung auf Autobahnen (RWBA 2023)

I.

Mit Allgemeinem Rundschreiben Straßenbau (ARS) Nr. 26/2000 wurden die „Richtlinien für die wegweisende Beschilderung auf Autobahnen" (RWBA 2000) bekannt gegeben. Änderungen des Straßenverkehrsrechts, technische Weiterentwicklungen und neuere wis-

BMDV-Erlass vom 19.6.2024

senschaftliche Erkenntnisse machten nun eine Fortschreibung notwendig. Die RWBA 2023 wurden von einer Bund/Länder-Arbeitsgruppe unter Federführung der Bundesanstalt für Straßenwesen (BASt) erarbeitet. Die Richtlinien wurden mit dem Fernstraßen-Bundesamt und der Autobahn GmbH des Bundes abgestimmt.

II.

Die RWBA 2023 enthalten die Regeln für Systematik, Gestaltung und Anbringung der wegweisenden Beschilderung an Bundesautobahnen und sind für Straßen anzuwenden, die durch Zeichen 330.1 als Autobahnen gekennzeichnet sind. Die Richtlinien beziehen sich auf den Leistungsbereich der Autobahn GmbH des Bundes. Sie enthalten keine Regelungen zur Vorwegweisung und Wegweisung zur Autobahn an Anschlussstellen im nachgeordneten Straßennetz. Diese sollen in die „Richtlinien für die wegweisende Beschilderung außerhalb von Autobahnen“ (RWB) überführt werden. Bis zur Veröffentlichung einer neuen RWB bitte ich, das entsprechende Kapitel 13 der RWBA 2000 weiter anzuwenden (vgl. Anlage 1).

Gemäß Allgemeiner Verwaltungsvorschrift zur Straßenverkehrs-Ordnung (VwV-StVO) zu Anlage 3 Abschnitt 10 Wegweisung richtet sich die Ausgestaltung und Aufstellung der wegweisenden Zeichen an Autobahnen nach den RWBA. Die RWBA lenken damit das Ermessen der Straßenverkehrsbehörde, die auf Grundlage von § 45 Absatz 3 Satz 1 StVO festlegt, wo welche wegweisenden Verkehrszeichen anzubringen und welche Inhalte darzustellen sind. Gegenstand dieser Festlegung ist auch die Entscheidung über eine Anbringung seitlich neben oder über der Straße.

Dem Straßenbaulastträger, durch den die bauliche Planung der Wegweisung in der Regel erfolgt, geben die RWBA Hinweise für eine voraussichtlich anordnungsfähige Planung. Eine frühzeitige Abstimmung zwischen Straßenbaulastträger und Straßenverkehrsbehörde, beginnend mit der Festlegung der Wegweisungsstandorte im Lageplan und im Querschnitt, ist zwingend erforderlich. Insbesondere bei engen Abhängigkeiten der Wegweisung mit anderen baulichen Elementen, insbesondere Ingenieurbauwerken, kann sich eine mehrstufige verkehrsbehördliche Anordnung, beginnend mit der Anordnung der Standorte, empfehlen. Eine Planung des Straßenbaulastträgers nach den Vorgaben der RWBA ersetzt keinesfalls die im Rahmen ihrer Ermessensausübung zu treffenden Festlegungen der Straßenverkehrsbehörde.

III.

Hiermit gebe ich die „Richtlinien für die wegweisende Beschilderung auf Autobahnen“ (RWBA 2023) bekannt. Das Fernstraßen-Bundesamt wird gebeten, die RWBA 2023 gegenüber der Autobahn GmbH des Bundes einzuführen. Ich bitte, mir eine Kopie des Einführungserlasses zuzusenden.

Den Erlass bitte ich an das Referat StB 26 (ref-stb26@bmdv.bund.de) zu senden.

Die RWBA 2023 sind ab sofort für alle neuen Vorhaben anzuwenden. Ausgenommen bleiben Standortfestlegungen im Rahmen von Planungen, bei denen die Leistungsphase 5, bei konstruktivem Zusammenhang mit Ingenieurbauwerken (z. B. Verkehrszeichenbrücke auf einer Talbrücke) die Leistungsphase 3 nach HOAI abgeschlossen ist.

Aus wirtschaftlichen Gründen sind die Regelungen der RWBA 2023 erst bei Abgängigkeit der Schilder umzusetzen, sofern keine verkehrlichen oder verkehrssicherheitsrelevanten Gründe eine vorzeitige Erneuerung bedingen. Eine Erneuerung umfasst immer alle Schilderstandorte einer Wegweisungskette. Des Weiteren kann von den vorgegebenen Standorten (im Lageplan und im Querschnitt) abgewichen werden, wenn vorhandene Verkehrszeichenbrücken oder Kragarme weitergenutzt werden können und diese den Anforderungen der „Zusätzlichen Technischen Vertragsbedingungen und Richtlinien für Ingenieurbauten“ (ZTV-ING) hinsichtlich Anprallsicherheit und Gesamtstatik genügen.

Um Änderungen der Schildabmessungen auch noch zu einem späteren Zeitpunkt zu ermöglichen, werden die Aufstellvorrichtungen anhand der Schildersatzflächen nach ZTV-ING bemessen. Die Vorgaben der RWBA 2023 können in einzelnen Fällen dazu führen, dass Tafeln über die Begrenzungen der Schildersatzflächen nach den ZTV-ING, Ausgabe 2023-12, hinausreichen. Bis zu einer Anpassung der Schildersatzflächen in den ZTV-ING können hier die Abmessungen der Tafeln so reduziert werden, dass sie innerhalb der Schildersatzflächen verbleiben, wenn ansonsten die statische Bemessung der Verkehrszeichenbrücke unverhältnismäßig erschwert würde.

Nur wenn vorhandene Aufstellvorrichtungen hinsichtlich ihrer geometrischen oder statischen Parameter ein Auskragen der Tafel nach rechts über den äußeren Rand der befestigten Fahrbahn nicht gestatten und die Weiternutzung geboten ist, kann die Tafel für die Aus-

BMDV-Erlass vom 19.6.2024

fahrtziele an Vorwegweisern über Kopf teilweise über dem rechten Fahrstreifen angebracht werden. Dann sollte der linke Rand dieser Tafel nicht mehr als 1 m links von der rechten Fahrbahnbegrenzungslinie liegen.

IV.

Die ARS Nr. 26/2000 und Nr. 09/2001 hebe ich hiermit auf.

Die RWBA 2023 können beim Verkehrsblatt Verlag, Schleefstraße 14, 44287 Dortmund bezogen werden (verkehrsblatt.de).

Anlage zum BMDV-Erlass vom 19. Juni 2024

Anlage 1: Kapitel 13 der RWBA 2000

13 Vorwegweisung und Wegweisung zur Autobahn an Anschlussstellen

13.1 Allgemeines

(1) An Anschlussstellen wird im nachgeordneten Straßennetz durch Vorwegweiser und Wegweiser zur Autobahn hingewiesen.

(2) Führen beide Zufahrten zur Autobahn über eine gemeinsame Rampe, ist die Verzweigung durch einen Gabelungswegweiser hinter der Trenninselspitze anzuzeigen.

(3) Die Regelbeschilderung kann dem Beschilderungsplan Anhang 7 entnommen werden.

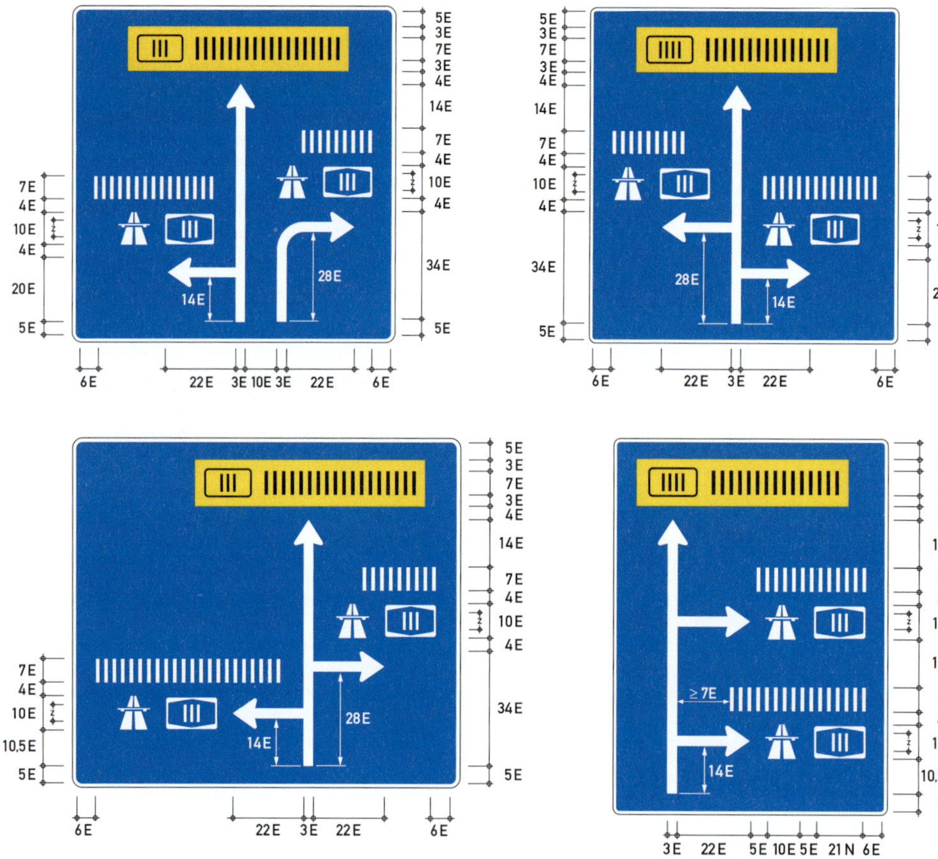

E = 1/7 h; h = Schriftgröße; N = 1/7 z; z = Zifferngröße; z = 0,75 h
Die Schriftgröße h ist nach RWB zu wählen.

13.2 Vorwegweiser zur Autobahn

(1) Der Vorwegweiser ist gemäß Zeichen 440 StVO „Vorwegweiser zur Autobahn“ zu gestalten. Der Schilderinhalt enthält im einzelnen

Anlage zum BMDV-Erlass vom 19.6.2024

- eine fahrstreifenorientierte Pfeildarstellung, die die Lage der Abbiegebereiche zur Autobahn anzeigt. Die Pfeilgestaltung erfolgt entsprechend der RWB.
- die Geradeausziele der weiterführenden Straße in einem gelben und/oder weißen Einsatz,
- für jede Abbiegerichtung das grafische Symbol „Autobahn", das Hauptfernziel und die zugehörige Autobahnnummer.

In besonderen Fällen können auch zusätzliche Hauptfernziele angezeigt werden (z. B. Hauptfernziele einer in geringer Entfernung kreuzenden Autobahn).

(2) Der Vorwegweiser steht 150 m bis 250 m vor der ersten Rampe der Anschlussstelle, auf der rechten Fahrbahnseite der nachgeordneten Straße.

13.3 Wegweiser zur Autobahn

(1) Der Wegweiser zur Autobahn ist an der Anschlussstelle gemäß Zeichen 430 StVO „Wegweiser zur Autobahn" zu gestalten. Auf dem Pfeilwegweiser ist das Fernziel, das grafische Symbol „Autobahn" und die Autobahnnummer anzugeben.

(2) Das Pfeilschild enthält im einzelnen:

- das Fernziel der Autobahn, auf die der Verkehr über die betreffende Rampe geführt wird.
- die Fernziele beider Richtungen, falls beide Zufahrten zunächst über eine gemeinsame Rampe geführt werden.
- die Autobahnnummer.
- das grafische Symbol „Autobahn".

(3) Die Gestaltung der Pfeilschilder einschließlich der Wahl der Schriftgröße erfolgt nach den Regeln der RWB.

(4) Die Pfeilschilder stehen im Bereich der in das nachgeordnete Straßennetz einmündenden Anschlussstellenrampen. Sie sind so aufzustellen, dass vor dem Schild abgebogen wird.

(5) An stark belasteten Knotenpunkten und bei baulich bedingten Sichtbehinderungen kann die Auffälligkeit des Pfeilschildes durch eine hochgesetzte Anordnung verbessert werden.

(VkBl. 2024 S. 470)

8.3.4 Ankündigung

StVO Anlage 3 Richtzeichen (zu § 42 Absatz 2) Abschnitt 10 Wegweisung		
		3. Wegweiser auf Autobahnen
		a) Ankündigungstafeln
zu 55 und 58		**Erläuterung** Die Nummer (Zeichen 406) ist die laufende Nummer der Autobahnausfahrten, Autobahnkreuze und Autobahndreiecke der gerade befahrenen Autobahn. Sie dient der besseren Orientierung.
55	**Zeichen 448** 	**Erläuterung** Das Zeichen weist auf eine Autobahnausfahrt, ein Autobahnkreuz oder Autobahndreieck hin. Es schließt Zeichen 406 ein.
56		**Erläuterung** Das Sinnbild weist auf eine Ausfahrt hin.
57		**Erläuterung** Das Sinnbild weist auf ein Autobahnkreuz oder Autobahndreieck hin; es weist auch auf Kreuze und Dreiecke von Autobahnen mit autobahnähnlich ausgebauten Straßen des nachgeordneten Netzes hin.

Eine ausdrückliche Ankündigung ist in der Grundwegweisung nur auf Autobahnen und bestimmten autobahnähnlich ausgebauten Straßen in Form der Zeichen 448 vorgesehen. Auf den anderen Straßen übernimmt der Vorwegweiser diese Aufgabe. Auf Straßen mit wenig und langsamem Verkehr erfolgt die Ankündigung durch möglichst schon von Weitem sichtbare Wegweiser (und Straßennamensschilder).

Auf autobahnähnlich ausgebauten Straßen werden Knoten in dieser Weise nur angekündigt, wenn ihnen Namen zugeordnet sind. Das kommt aber nur auf längeren Teilstücken mit diesem Ausbaustandard infrage.

Zeichen 448 zeigt

- ein Symbol, aus dem hervorgeht, ob der angekündigte Knoten eine Autobahnausfahrt oder ein Autobahnkreuz oder -dreieck ist,
- die Nummer des Knotens (nur auf Autobahnen),
- die Bezeichnung des Knotens,
- die Entfernung bis zum Entscheidungspunkt (siehe auch Abschnitt 8.3.6), bei Ausfahrten in der Regel „1 000 m", bei Autobahnkreuzen oder -dreiecken „2 000 m".

Zeichen 448 wird auf Autobahnen gemäß der StVO in Blau mit weißer Schrift gezeigt, auf den autobahnähnlich ausgebauten Straßen gemäß den RWB in Gelb mit schwarzer Schrift (Zeichen 448-50).

Zeichen 448 wird in der Regel rechts neben der Fahrbahn angeordnet. Bei unzureichenden Sichtverhältnissen, hohen Verkehrsstärken und starkem Lkw-Verkehr kommt auch eine Anordnung über Kopf infrage. Dies wird bei Richtungsfahrbahnen mit mehr als zwei Fahrstreifen die Regel sein.

Zu Abschnitt 8.3.4

VwV-StVO zu § 42 Richtzeichen

Zu den Zeichen 332, 448, 449 und 453 Wegweiser auf Autobahnen

4 III. Auf autobahnähnlich ausgebauten Straßen sind die Zeichen 332, 448, 449 und ggf. 453 gemäß den Richtlinien für die wegweisende Beschilderung außerhalb von Autobahnen (RWB) auszuführen.

RWB 2000

Richtlinien für die wegweisende Beschilderung außerhalb von Autobahnen (RWB), Ausgabe 2000 (Auszug)

8 Beschilderung autobahnähnlich ausgebauter zweibahniger Straßen

(1) Auf autobahnähnlich ausgebauten, zweibahnigen Straßen ist eine Wegweisung in Anlehnung an die RWBA auszuführen. Die Grundfarbe der Beschilderung ist gelb. Die Schriftgrößen richten sich nach Kapitel 5.3.2 der RWB. Auf Bundesstraßen ist an Stelle der Autobahnnummer die Bundesstraßennummer zu setzen. Eine Nummerierung der Knotenpunkte erfolgt nicht.

8.3.5 Vorwegweisung

StVO Anlage 3 Richtzeichen (zu § 42 Absatz 2)
Abschnitt 10 Wegweisung

		3. Wegweiser auf Autobahnen
		b) Vorwegweiser
59	**Zeichen 449** 	
		2. Wegweiser außerhalb von Autobahnen
		a) Vorwegweiser
43	**Zeichen 438** 	
44	**Zeichen 439** 	

StVO Anlage 3 Richtzeichen (zu § 42 Absatz 2)
Abschnitt 10 Wegweisung

45 Zeichen 440

46 Zeichen 441

Vorwegweiser dienen dazu, bei den Verkehrsteilnehmern den Entscheidungsprozess zur Richtungswahl anzustoßen. Auf Straßen, an denen keine Ankündigungstafeln angebracht sind, dienen sie auch der Ankündigung des Knotenpunktes. Außerdem lassen sie in der Regel die Struktur des Knotenpunkts erkennen (Vorfahrt, Abbiegestreifen), sodass die Verkehrsteilnehmer sich mit ihrem Verhalten auf die vor ihnen liegende Situation einstellen können. Eine übertrieben genaue Wiedergabe des Knotenpunkts auf dem Vorwegweiser ist allerdings nicht sinnvoll (siehe auch *Bild 8.15*).

An Autobahnen werden immer Vorwegweiser angeordnet (siehe *Bild 8.16*), vor Autobahnkreuzen und -dreiecken in der Regel sogar zwei. Bei abgehenden Fahrstreifen oder längeren Ausfädelungsstreifen werden mittels fahrstreifenbezogener Vorwegweiser sogenannte Sortierräume gebildet.

Außerhalb der Autobahnen sind Vorwegweiser nötig, wenn z. B. wegen häufigen Rückstaus durch eine Signalanlage ein Fahrstreifenwechsel sonst zu spät möglich wäre oder mehrere Fahrstreifen in eine abbiegende Richtung angeordnet sind. Gleiches gilt für Zulaufstrecken auf wartepflichtige Kreuzungen oder Einmündungen, die beispielsweise trassierungsbedingt erst spät zu erkennen sind. Auch wartepflichtige Kreuzungen oder Einmündungen nach längeren zügig geführten Abschnitten sollten durch Vorwegweiser angekündigt werden. Vor Kreisverkehrsplätzen sind zur Ankündigung dieser Verkehrsregelung immer Vorwegweiser anzuordnen, die gemäß den RWB den Kreisverkehr erkennen lassen.

Sind im Knotenpunkt Abbiegestreifen vorhanden, so werden die Zeichen 439 oder 441, sonst die Zeichen 438 oder 440 angeordnet. Dabei wird nach den RWB auf den Zeichen 439 und 441 nicht (mehr) gezeigt, wie sich die Abbiegestreifen aus den durchgehenden Fahrstreifen entwickeln. Sollte diese Information notwendig sein, so sind nun gesonderte Verkehrslenkungstafeln anzuordnen.

Auf autobahnähnlich ausgebauten Straßen werden die Vorwegweiser wie die der Autobahnen (Zeichen 449) gestaltet, allerdings in Gelb oder in Weiß (mit schwarzer Schrift) ausgeführt (Zeichen 449.50).

Werden die Vorwegweiser über der Fahrbahn angeordnet, so ist jedem Fahrstreifen unter dem Schild ein Pfeil zuzuordnen.

Vorwegweiser außerhalb von Autobahnen werden gemäß den Farbsystem-Regeln normalerweise mit gelbem Grund ausgeführt (Zeichen 438

8.3.5 Vorwegweisung

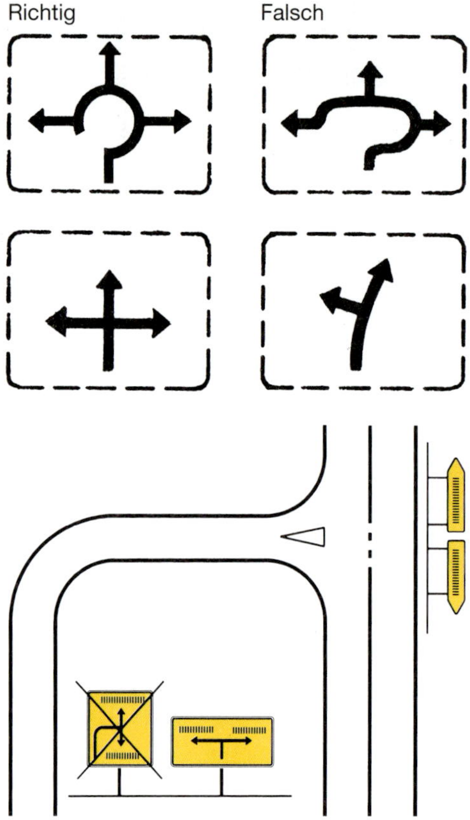

Bild 8.15 Richtige und falsche Darstellung eines Knotenpunkts auf Vorwegweisern

und 439). Soweit sie direkt auf die Autobahn leiten, werden sie entsprechend mit blauem Grund ausgeführt (Zeichen 440 und 441; die Autobahn-Anschlussstellen gelten als Knoten der Autobahn; siehe *Bild 8.1*), an Knoten von Straßen mit rein innerstädtischer Funktion mit weißem Grund.

Soweit die Vorwegweiser richtungsbezogen und nicht als fahrstreifenbezogene Überkopfbeschilderung oder ausnahmsweise als Tabellenwegweiser (Zeichen 434) ausgeführt sind, wird die Grundstruktur des Schildinhalts auf einer schematischen Skizze des Knotenpunkts aufgebaut.

Dabei wird der Knoten möglichst einfach so dargestellt, als befände sich der Verkehrsteilnehmer bereits unmittelbar vor dem Knotenpunkt (d.h. der Verlauf der Straße zwischen dem Vorwegweiser und dem Knoten wird nicht dargestellt).

Um eine schnelle und sichere Erfassung durch den Verkehrsteilnehmer zu ermöglichen, geht bei der Darstellung schematische Klarheit vor Detailgenauigkeit (*Bild 8.15*). Nur in notwendigen Ausnahmefällen wird der tatsächliche Verlauf der sich kreuzenden Straßen dargestellt.

Die Richtungsangaben werden auf dem Schild in Blöcken angeordnet, je ein Block für jede angezeigte Fahrtrichtung. Werden die Vorwegweiser ausnahmsweise als Tabellenwegweiser ausgeführt, so wird jedem Richtungsblock eine Tabellenzeile zugeordnet. Die Blöcke werden dann immer von oben nach unten nach den Richtungen geradeaus, links, rechts angeordnet. Bei fahrstreifenbezogener Wegweisung über Kopf wird jedem Zielblock je eine Tafel zugeordnet.

Bei Autobahnverknüpfungen werden als Richtungsangaben die Fernziele der Autobahnen gezeigt.

Bei Autobahnausfahrten wird in der Geradeausrichtung der Autobahn das Hauptfernziel und die Bezeichnung des nächsten Knotens, in der Ausfahrtrichtung in der Regel je eine Zielangabe zu einem Ziel links und rechts der Autobahn angegeben, eines davon das Ziel, dessen Namen die Anschlussstelle trägt. Soweit sich die Basisnetzstraße in zwei verkehrswichtige Richtungen verzweigt, können ausnahmsweise auch mehr Richtungsangaben angeordnet werden, maximal aber vier (siehe Abschnitt 8.2.6).

Außerhalb der Autobahnen wird als Richtungsangabe in dem jeweiligen Richtungsblock das Fernziel, ggf. ergänzt durch ein Nahziel, gezeigt. Verzweigt sich die Straße in zwei gleichwertige Richtungen, wird/werden die Zielangabe(n) für jede Richtung gezeigt, maximal aber vier Angaben je Block (siehe Abschnitt 8.2.6). Soweit Richtungsangaben auf verkehrswichtige innerörtliche Richtungen verweisen, wird der (Teil-)Block weiß hinterlegt. Für die Wegweisung zu einer Autobahn wird in einem blauen Block die Nummer der Autobahn als Zeichen 405 gezeigt, ggf. ergänzt durch eine sinnvolle Haupt-Fernzielangabe, wenn die Wegweisung nur dorthin sinnvoll ist.

Details zur Auswahl der Richtungsangaben enthalten die RWB und die RWBA (dort Zielangaben genannt).

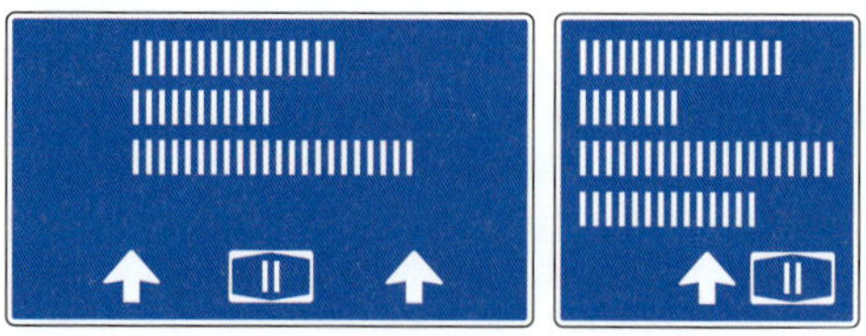

Bild 8.16 Beispiel für einen Vorwegweiser vor einem Autobahnkreuz Quelle: RWBA 2023

Auf den Pfeilschäften der Vorwegweiser können außerhalb der Autobahnen verkleinerte Verkehrszeichen gezeigt werden, wenn dies für das Verhalten am Knotenpunkt hilfreich ist (z. B. um auf Gefahren oder zu erwartende Verkehrsregelungen wie Verbot für Fahrzeuge über einer tatsächlichen Masse, Zeichen 262, oder Kraftfahrstraße, Zeichen 331.1, hinzuweisen (*Bild 8.17*)).

Die Regel, die Vorfahrtregelung am Knotenpunkt in Zeichen 438 durch einen dickeren Pfeilschaft für die übergeordnete und einen dünneren Pfeilschaft für die untergeordneten Straßen darzustellen, wird heute nicht mehr regelmäßig angewandt. Sie ist aber auch heute noch sinnvoll, wenn bei schwierigen Knotenpunktformen für die Verkehrsteilnehmer auf der schnell befahrenen übergeordneten Straße verdeutlicht werden muss, dass ihre Straße nicht gerade über den Knotenpunkt verläuft (z. B. bei baulich problematisch gestalteten Einleitungen von Ortsumgehungen oder unerwarteten abknickenden Vorfahrtregelungen). Dann wird die Breite des untergeordneten Astes im Verhältnis 2 : 3 reduziert. Soweit es ausnahmsweise notwendig ist, in einem untergeordneten Ast warnend auf die Vorfahrtregelung hinzuweisen, kann dies auch durch Einsatz der Zeichen 205 oder 206 in den Pfeilschäften erfolgen. Dies ersetzt nicht die Vorfahrtregelung durch die entsprechenden Verkehrszeichen am Knotenpunkt selbst.

Vorwegweiser werden in der Regel neben der Fahrbahn aufgestellt. Bei unzureichenden Sichtverhältnissen, hohen Verkehrsstärken und starkem Lkw-Verkehr kommt auf zwei- oder mehrstreifigen Strecken auch eine Überkopfanordnung infrage. Bei Richtungsfahrbahnen mit mehr als zwei Fahrstreifen wird die Überkopfanordnung die Regel sein. Sie sollte auf jeden Fall in Erwägung gezogen werden, wenn im Knoten eine Spursubtraktion erfolgt und der durchgehende Verkehr deshalb gezwungen ist, den Fahrstreifen zu wechseln.

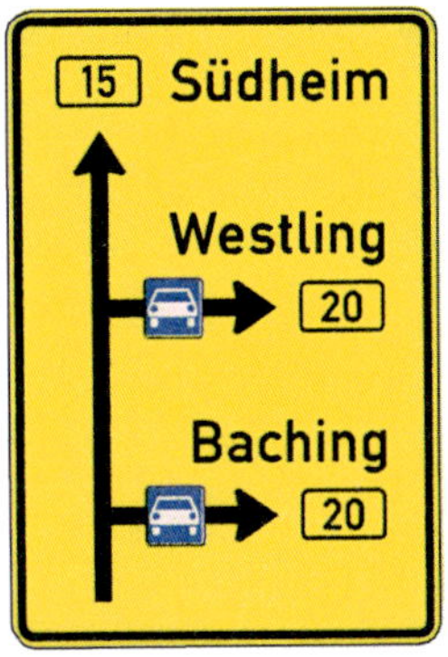

Bild 8.17 Vorwegweiser mit Z 331.1 „Kraftfahrstraße“ Quelle: RWB 2000

Die Vorwegweiser werden auf Autobahnen und autobahnähnlichen Straßen in einer Entfernung von 500 m (bei Autobahnverknüpfungen 500 m und 1 000 m) vor dem Entscheidungspunkt angeordnet. Außerhalb der Autobahnen werden sie außerorts ca. 250 m bis 100 m, innerorts 150 m bis 50 m vor den Wegweisern, spätestens aber am Beginn der Abbiegefahrstreifen oder bei den ersten knotenbezogenen Richtungspfeilen auf der Fahrbahn angeordnet.

Zu Abschnitt 8.3.5

VwV-StVO zu § 42 Richtzeichen

Zu den Zeichen 438 bis 441

1 In den Zeichen kann durch Einsätze auf Verkehrszeichen hingewiesen werden, die im weiteren Verlauf der Strecke gelten. Dafür wird das entsprechende Verkehrszeichen verkleinert zentral auf dem jeweiligen Pfeilschaft dargestellt. Die Ausführung entspricht den Vorgaben der RWB.

...

Zu den Zeichen 332, 448, 449 und 453 Wegweiser auf Autobahnen

4 III. Auf autobahnähnlich ausgebauten Straßen sind die Zeichen 332, 448, 449 und ggf. 453 gemäß den Richtlinien für die wegweisende Beschilderung außerhalb von Autobahnen (RWB) auszuführen.

8.3.6 Wegweisung (im engeren Sinne)

StVO Anlage 3 Richtzeichen (zu § 42 Absatz 2) Abschnitt 10 Wegweisung		
		3. Wegweiser auf Autobahnen
		c) Ausfahrttafel
60	**Zeichen 332**  	
		2. Wegweiser außerhalb von Autobahnen
		b) Pfeilwegweiser
zu 47 bis 49		**Erläuterung** Das Zusatzzeichen „Nebenstrecke“ oder der Zusatz „Nebenstrecke“ im Wegweiser weist auf eine Straßenverbindung von untergeordneter Bedeutung hin.
47	**Zeichen 415** 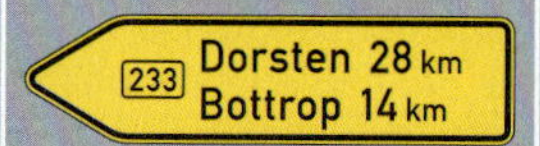 	**Erläuterung** Pfeilwegweiser auf Bundesstraßen
48	**Zeichen 418** 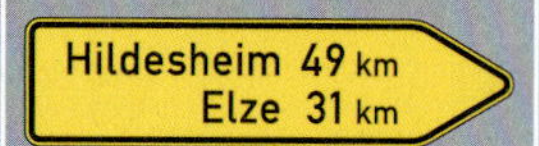 	**Erläuterung** Pfeilwegweiser auf sonstigen Straßen
49	**Zeichen 419** 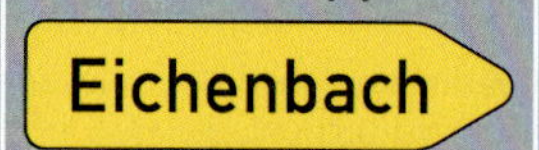 	**Erläuterung** Pfeilwegweiser auf sonstigen Straßen mit geringerer Verkehrsbedeutung
50	**Zeichen 430**  	**Erläuterung** Pfeilwegweiser zur Autobahn
51	**Zeichen 432** 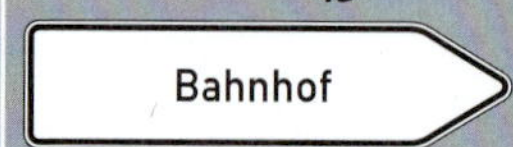 	**Erläuterung** Pfeilwegweiser zu Zielen mit erheblicher Verkehrsbedeutung.

StVO Anlage 3 Richtzeichen (zu § 42 Absatz 2) Abschnitt 10 Wegweisung		
		c) Tabellenwegweiser
52	**Zeichen 434**  	**Erläuterung** Der Tabellenwegweiser kann auch auf einer Tafel zusammengefasst sein. Die Zielangaben in einer Richtung können auch auf separaten Tafeln gezeigt werden.
		d) Ausfahrttafel
53	**Zeichen 332.1**  	**Erläuterung** Ausfahrt von der Kraftfahrstraße oder einer autobahnähnlich ausgebauten Straße. Das Zeichen kann innerhalb geschlossener Ortschaften auch mit weißem Grund ausgeführt sein.
		e) Straßennamensschilder
54	**Zeichen 437** 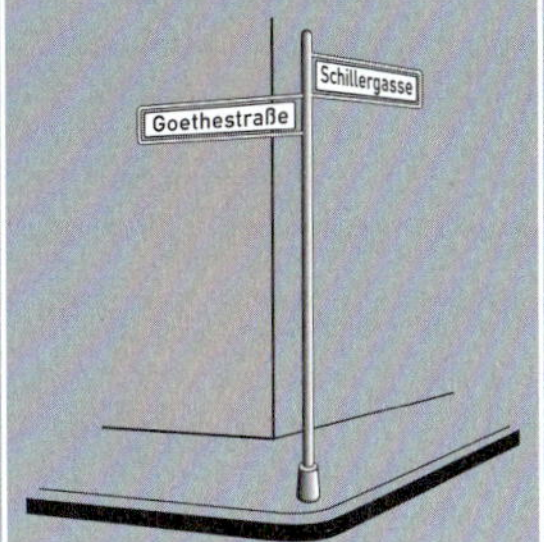 	**Erläuterung** Das Zeichen hat entweder weiße Schrift auf dunklem Grund oder schwarze Schrift auf hellem Grund. Es kann auch an Bauwerken angebracht sein.

Wegweiser helfen am Entscheidungspunkt, die durch die Vorwegweisung vorbereitete Entscheidung über das Verhalten am Knotenpunkt endgültig zu treffen. Soweit keine Bestätigungstafeln (siehe Abschnitt 8.3.8) angeordnet sind, übernehmen die Wegweiser außerdem deren Funktion und geben in diesem Zusammenhang die Entfernungen zu den angegebenen Orten an.

Entscheidungspunkt ist die Stelle, an der der Verkehrsteilnehmer den Abbiegevorgang ausführen oder einleiten muss. Bei einfachen Knotenpunkten ist es die Stelle, an der er abbiegen muss. Bei komplexeren Knoten ist es die Stelle, an der er den Fahrstreifenwechsel auf den entsprechenden Ausfädelungs- oder Abbiegestreifen einleiten soll. Hinter dem Entscheidungspunkt sollten im Knotenpunkt keine Richtungsangaben mehr gezeigt werden, um Unfälle durch Schreckreaktionen zu vermeiden.

Auf Autobahnen und autobahnähnlich ausgebauten Straßen wird als Wegweiser Zeichen 332 (Ausfahrttafel) angeordnet, das auf auto-

8.3.6 Wegweisung (im engeren Sinne)

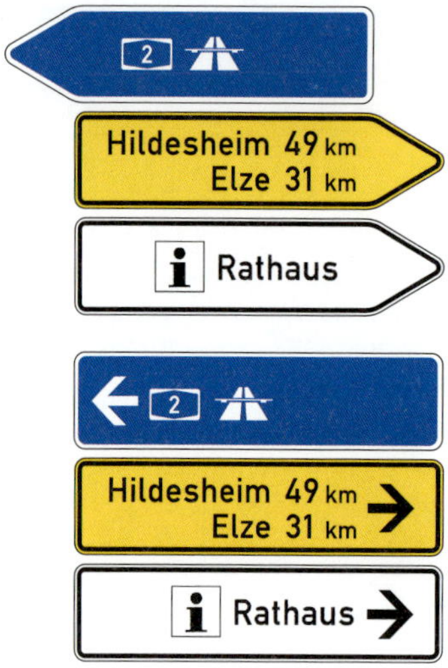

Bild 8.18 **Anordnung von Wegweisertafeln unterschiedlicher Farbe und Richtung**

bahnähnlich ausgebauten Straßen mit gelbem (Zeichen 332.1) oder weißem (Zeichen 332.1-20) Grund und schwarzer Schrift ausgeführt wird. Es wird in der Regel 150 m vor der markierten Inselspitze (Übergang von der breiten Leitlinie zur Fahrstreifen- bzw. Fahrbahnbegrenzung) angeordnet. Der schräg nach rechts oben weisende Pfeil leitet die ausfahrenden Verkehrsteilnehmer dazu an, den Ausfahrvorgang einzuleiten. Um den Verkehrsteilnehmern angesichts hoher Ausgangsgeschwindigkeiten und infolgedessen erforderlicher erheblicher Reduktion der Fahrgeschwindigkeit eine sichere Orientierung zu geben, sollte von diesem Standort der Ausfahrttafel nicht abgewichen werden. Geringere Abstände können sich bei deutlich niedrigeren ortsüblichen Geschwindigkeiten empfehlen (z. B. 100 m bei etwa 100 km/h, 75 m bei etwa 70–80 km/h).

Werden die Wegweiser über der Fahrbahn angeordnet, so ist jedem Fahrstreifen unter dem Schild ein Pfeil zuzuordnen. Die genaue Gestaltung ist den RWBA zu entnehmen.

Auf den sonstigen Straßen werden Pfeilwegweiser (Zeichen 415 bis 432) oder Tabellenwegweiser (Zeichen 434) angeordnet.

Die **Pfeilwegweiser** sind die klassische Art der Wegweisung. Sie erlauben, auf unterschwellige Weise sehr viele zusätzliche Informationen zu vermitteln, sind aber wegen ihrer Form schwerer anzubringen und zu unterhalten und können vor allem erst im Knotenpunkt selbst, vorzugsweise hinter der Stelle, an der abgebogen wird, angeordnet werden.

In der Regel wird für jeden Straßenzug ein Pfeilwegweiser angeordnet, der das jeweilige Fern- und Nahziel zeigt. Verzweigt sich z. B. die nach rechts abbiegende Straße später in zwei annähernd gleich verkehrswichtige Richtungen, so werden zwei Pfeilwegweiser nach rechts angeordnet. Die Beschränkung der Anzahl der insgesamt in eine Richtung gezeigten Richtungsangaben auf 10/4 (siehe Abschnitt 8.3.3) gilt auch hier. Je nach „Qualität“ des Straßenzugs werden die Pfeilwegweiser als Zeichen 415, 418 oder 432 ausgeführt. Pfeilwegweiser zu Autobahnen werden als Zeichen 430 ausgeführt, Wegweiser an untergeordneten Knotenpunkten zu abseits gelegenen Einzelzielen als Zeichen 419.

Beim Anbringen der Wegweiser ist darauf zu achten, dass die blauen Autobahnwegweiser oben, die gelben Wegweiser darunter und die weißen Innerortswegweiser unten angeordnet werden, und zwar richtungsweise zusammengefasst (*Bild 8.18*).

Tabellenwegweiser geben diese zusätzlichen Informationen nicht, sind dafür klarer in ihrer

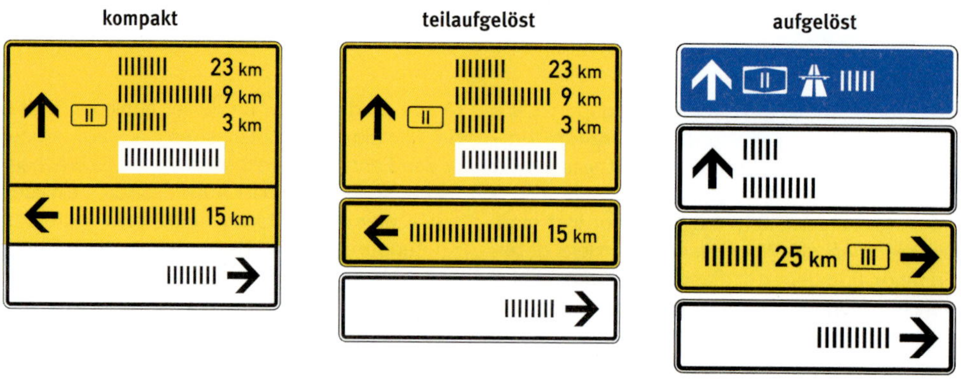

Bild 8.19 **Tabellenwegweiser nach Z 434**

Quelle: RWB 2000

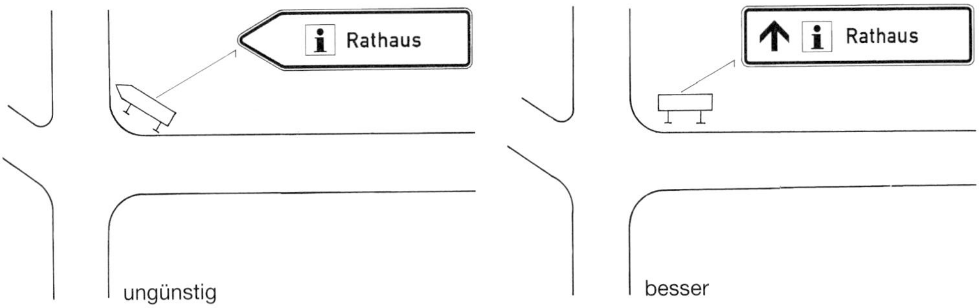

Bild 8.20 Anbringen der „Geradeaus"-Wegweiser

Gestaltung und wegen ihrer rechteckigen Form leichter aufzustellen und zu unterhalten. Sie werden normalerweise so angeordnet, dass unmittelbar hinter ihnen abgebogen oder auf den Abbiegefahrstreifen gewechselt wird. Daher sind sie heute innerorts, insbesondere an Straßen mit Abbiegestreifen, die Regelform. Außerorts sollen Tabellenwegweiser nur in ihrer kompakten Bauform (eine Tafel, je Richtung nur ein Tabellenfeld) verwendet werden, um eine schnelle Erkennbarkeit zu gewährleisten. Innerorts ist die in der StVO gezeigte Form die Regel, unter Umständen auch mit mehreren Teilschildern für die gleiche Richtung (siehe *Bild 8.19*).

Bei den Tabellenwegweisern werden sich später verzweigende Strecken nur bei aufgelösten Tabellenwegweisern berücksichtigt. Eine Unterscheidung wie zwischen Zeichen 418 und 419 ist nicht vorgesehen. Bei kompakten Tabellenwegweisern übernehmen die Funktion von Zeichen 430 blaue, die von Zeichen 432 weiße Einsätze. Bei aufgelösten Tabellenwegweisern werden die jeweiligen Teilschilder in Blau oder Weiß ausgeführt. Bundesstraßen (Zeichen 415) werden durch den Einsatz eines Bundesstraßensymbols (Zeichen 401) in der Nähe des Pfeils gekennzeichnet.

Auch bei Tabellenwegweisern ist die Beschränkung der Anzahl der insgesamt/in eine Richtung gezeigten Richtungsangaben auf 10/4 (siehe Abschnitt 8.3.3) zu beachten.

Ein wesentlicher Vorteil der Tabellenwegweiser ist, dass auch die Geradeausrichtung gut sichtbar mit einem senkrecht zur Fahrtrichtung angeordneten Pfeil dargestellt werden kann (*Bild 8.20*).

Werden die Wegweiser über der Fahrbahn angeordnet, so ist jedem Fahrstreifen unter dem Schild ein Pfeil zuzuordnen. Die genaue Gestaltung ist den RWB und – von dort verwiesen – den RWBA zu entnehmen.

Werden keine Bestätigungstafeln (siehe Abschnitt 8.3.8) angeordnet – und das ist außerhalb der autobahnähnlich ausgebauten Straßen der Normalfall –, werden die Richtungsangaben in der Regel mit Entfernungsangaben in km versehen. Maßgebend ist die Entfernung bis zum jeweiligen Ortsmittelpunkt. Die Angaben sind so aufeinander abzustimmen, dass von Knoten zu Knoten keine unerwarteten Differenzen auftreten. Anhand der in *Bild 8.21* dargestellten Prüfregel kann die Richtigkeit der km-Angaben entlang einer Strecke kontrolliert werden.

Summenkontrolle
an jeder Kreuzung zwischen den beiden Nahzielen:
km-Angabe zu F + km-Angabe zu G = stets Gesamtentfernung F nach G!
km-Angabe zu N + km-Angabe zu M = stets Teilentfernung N nach M!

Differenzkontrolle
km-Angabe zu F abzüglich km-Angabe zu N an jeder Kreuzung gleich!
km-Angabe zu G abzüglich km-Angabe zu M an jeder Kreuzung gleich!
Entfernung N – M meist in einem Verzeichnis der Fern- und Nahziele festgelegt.

Bild 8.21 Prüfregeln zur Kontrolle der Entfernungsangaben auf Wegweisern

8.3.6 Wegweisung (im engeren Sinne)

Die genaue Gestaltung der Wegweiser ist in den RWB und den RWBA festgelegt, um durch Einheitlichkeit eine sichere und schnelle Erfassbarkeit sicherzustellen (siehe Abschnitt 8.2.6).

Straßennamensschilder sollten innerhalb von Ortschaften an allen Kreuzungen und Einmündungen angebracht werden, wo zur Orientierung eine Unterrichtung über den Straßennamen erforderlich ist.

Das Straßennamensschild ist – abgesehen von dem Hausnummernschild – das letzte Glied in der Kette der Wegweiser. Einzelheiten der Anbringung werden von den stark variierenden örtlichen Gegebenheiten beeinflusst. So ist im Normalfall das Anbringen an der Häuserfront oder Vorgartenmauer weiterhin möglich (vgl. Duldungspflicht der Grundstückseigentümer gem. § 5b Abs. 6 StVG). Bei breiten Bürgersteigen, Baumreihen und starkem Fahrverkehr ist das Anbringen an eigenen Pfosten (gem. StVO-Abbildung Anlage 3 zu § 42, lfd. Nr. 54) erforderlich. Wegen der besseren Erkennbarkeit und der leichteren Lesbarkeit sind retroreflektierende Straßennamensschilder empfehlenswert. Straßennamensschilder sind auch für den Fußgängerverkehr ein wichtiges Mittel zur Orientierung. Sie sollen deshalb auch dann für kreuzende oder einmündende Straßen angebracht werden, wenn der Fahrverkehr aus dieser Richtung nicht in diese Straßen einfahren darf (z. B. einmündende Einbahnstraßen; Zeichen 267).

Insbesondere in Tempo 30-Zonen ist zu überlegen, ob eine rechtzeitige Erkennbarkeit einmündender durch die Rechts-vor-links-Regelung bevorrechtigter Straßen mit von Weitem erkennbaren Straßennamensschildern (günstiger Aufstellort, retroreflektierende Ausführung mit schwarzer Schrift auf weißem Grund, ggf. Übergröße) erreicht werden kann (siehe Abschnitt 4.5.2).

Zu Abschnitt 8.3.6

StVO § 18 Autobahnen und Kraftfahrstraßen

(10) Die Ausfahrt von Autobahnen ist nur an Stellen erlaubt, die durch die Ausfahrttafel (Zeichen 332) und durch das Pfeilzeichen (Zeichen 333) oder durch eins dieser Zeichen gekennzeichnet sind. Die Ausfahrt von Kraftfahrstraßen ist nur an Kreuzungen oder Einmündungen erlaubt.

VwV-StVO zu § 42 Richtzeichen

Zu Zeichen 332.1 Ausfahrt von der Kraftfahrstraße

1 Vgl. Nummer III VwV zu den Zeichen 332, 448, 449 und 453, Rn. 4.

...

Zu den Zeichen 415 bis 442 Wegweiser außerhalb von Autobahnen

1 Für Bundesstraßen gibt das Fernstraßen-Bundesamt das Bundesstraßenverzeichnis heraus. Es enthält u. a. die Fern- und Nahziele der Bundesstraßen sowie die Entfernungen benachbarter Ziele auf der Bundesstraße. Das Bundesstraßenverzeichnis sowie die entsprechenden Verzeichnisse der obersten Landesbehörden für die übrigen Straßen sind bei der Auswahl der Ziele zu beachten.

...

Zu Zeichen 434

1 In dem Zeichen kann durch Einsätze auf Verkehrszeichen hingewiesen werden, die im weiteren Verlauf der Strecke gelten. Dafür wird das entsprechende Verkehrszeichen verkleinert zentral auf dem jeweiligen Pfeilschaft dargestellt. Die Ausführung entspricht den Vorgaben der RWB.

...

Zu den Zeichen 332, 448, 449 und 453 Wegweiser auf Autobahnen

4 III. Auf autobahnähnlich ausgebauten Straßen sind die Zeichen 332, 448, 449 und ggf. 453 gemäß den Richtlinien für die wegweisende Beschilderung außerhalb von Autobahnen (RWB) auszuführen.

8.3.7 Orientierung im Knotenpunkt

StVO Anlage 3 Richtzeichen (zu § 42 Absatz 2)
Abschnitt 7 Autobahnen und Kraftfahrstraßen

20	**Zeichen 333**  **Ausfahrt von der Autobahn**	**Erläuterung** Auf Kraftfahrstraßen oder autobahnähnlich ausgebauten Straßen weist das entsprechende Zeichen mit schwarzer Schrift auf gelbem Grund auf die Ausfahrt hin. Das Zeichen kann auch auf weißem Grund ausgeführt sein.
21	**Zeichen 450**  **Ankündigungsbake**	**Erläuterung** Das Zeichen steht 300 m, 200 m (wie abgebildet) und 100 m vor einem Autobahnknotenpunkt (Autobahnanschlussstelle, Autobahnkreuz oder Autobahndreieck). Es steht auch vor einer bewirtschafteten Rastanlage. Vor einem Knotenpunkt kann auf der 300 m-Bake die Nummer des Knotenpunktes angezeigt sein.

Die Gestaltungs- und Ausstattungselemente für die Orientierung im Knotenpunkt sollen die Fahrstreifen- und Geschwindigkeitswahl bei der Annäherung an den Knotenpunkt erleichtern sowie den eigentlichen Durchfahr-, Abbiege- oder Einbiegevorgang erleichtern und regeln.

Doch auch schon vor dem Entscheidungspunkt sollen die Gestaltungs- und Ausstattungselemente an die anstehende Notwendigkeit zur Entscheidung erinnern und vorausschauendes Verhalten, z. B. rechtzeitigen Fahrstreifenwechsel, ermöglichen. Hinter dem Entscheidungspunkt sollen sie das Verhalten im Knotenpunkt selbst erleichtern oder regeln.

Vor dem Entscheidungspunkt enthalten die bisher behandelten Elemente der Wegweisung zahlreiche Details, die auch der Orientierung dienen. Dazu gehören insbesondere die fahrstreifenbezogenen Pfeildarstellungen auf den gegliederten Vorwegweisern sowie den über der Fahrbahn angeordneten Vorwegweisern und Wegweisern, aber auch die Ankündigungstafel oder der Vorwegweiser selbst (rechtzeitiger Hinweis auf den Knotenpunkt). Der Orientierung dient außerdem die Knotenpunktnummer auf der Ankündigungstafel.

Bild 8.22 Trennungstafel ohne Gegenverkehr (Z 533-61) (3-streifig durchgehend und 1-streifig sowie aus dem rechten durchgehenden Fahrstreifen rechts ab)

Bei der Wegweisung auf den autobahnähnlich ausgebauten Straßen werden zusätzlich noch Baken 300 m, 200 m und 100 m vor dem Entscheidungspunkt angeordnet, die auf diesen hinweisen. Die 300-m-Bake zeigt auf Autobahnen außerdem nochmals die Knotenpunktnummer.

An Knotenpunkten vor allem im Innerortsbereich kann es außerdem notwendig werden, durch Verkehrslenkungstafeln (Zeichen 501 ff.; siehe *Bild 8.22*) darauf hinzuweisen, wie sich die Abbiegestreifen aus den Fahrstreifen entwickeln, die auf den Knotenpunkt zuführen (diese für das Verhalten im Knotenpunkt wichtige Information wird nach den RWB nicht mehr in den Vorwegweisern dargestellt).

Blockumfahrungstafeln (Zeichen 590; siehe *Bild 8.23*) zeigen Verkehrsteilnehmern, die sich geografisch orientieren (also z. B. wissen, dass sie demnächst links abbiegen müssen), wie sie in den Knotenpunkten geführt werden (rechts abbiegen, um dann den Block zu umfahren und nach links abzubiegen; siehe Abschnitt 4.2).

8.3.7 Orientierung im Knotenpunkt

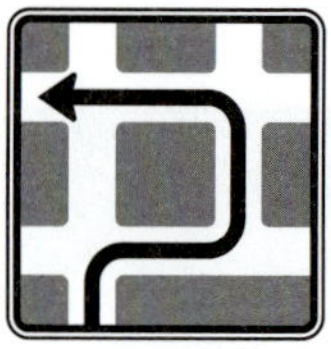

Bild 8.23 Blockumfahrung (Z 590)

Bild 8.24 Z 626-30 Leitplatte mit von der Mitte beiderseits fallenden Schraffen zur Kennzeichnung von Trenninselspitzen, an denen rechts oder links vorbeigefahren werden kann

Der Orientierung im Knotenpunkt dient auch, dass Abbiege- oder Ausfahrstreifen durch breite Leitlinien von den durchgehenden Fahrstreifen abgetrennt und damit als solche gekennzeichnet werden. Außerhalb der Autobahnen können dazu Richtungspfeile angeordnet werden (die das Parken und Halten beschränken und bei Anordnung auf allen Fahrstreifen zusätzlich zur Orientierung auch ein Richtungsgebot vorgeben; siehe Abschnitt 4.3).

Auf den Trenninselspitzen werden häufig Leitplatten (Zeichen 626, allerdings mit von der Mitte nach beiden Seiten fallender Schraffur) angeordnet (siehe *Bild 8.24*). An Ausfahrten von autobahnähnlich ausgebauten Straßen wird außerdem Zeichen 333 (Pfeilschild „Ausfahrt von der Autobahn") angeordnet, auf Straßen mit gelben oder weißen Wegweisern ausgeführt in der jeweiligen Wegweisungsfarbe (gelb: Zeichen 333.1; weiß: Zeichen 333.1-20).

Kurze Fahrbahnmarkierungsstriche (Leitlinien Zeichen 340) können die Orientierung in größeren plangleichen Knotenpunkten erleichtern (siehe RMS-2 Abschnitt 2.1; *Bild 8.25*).

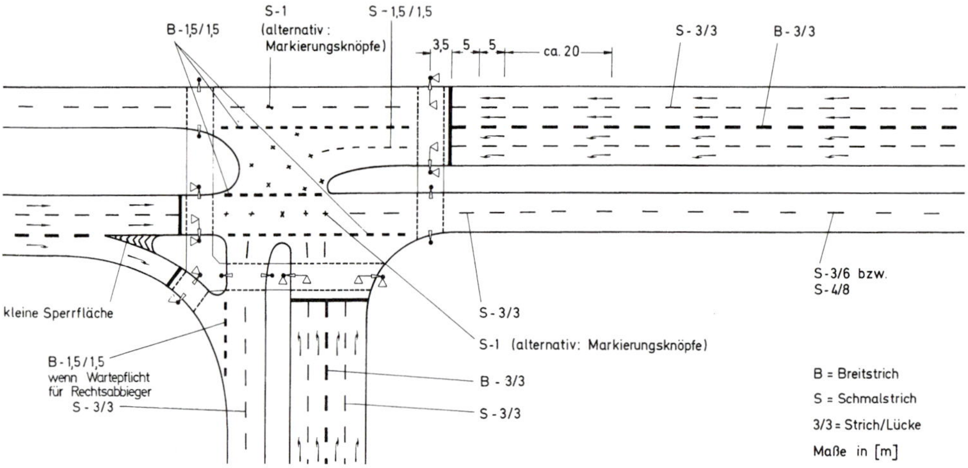

Bild 8.25 Markierung der Knotenpunktbereiche an Knotenpunkten mit doppelten Abbiegestreifen Quelle: RMS-2

Zu Abschnitt 8.3.7

StVO § 7a Abgehende Fahrstreifen, Einfädelungs- und Ausfädelungsstreifen

(1) Gehen Fahrstreifen, insbesondere auf Autobahnen und Kraftfahrstraßen, von der durchgehenden Fahrbahn ab, darf beim Abbiegen vom Beginn einer breiten Leitlinie (Zeichen 340) rechts von dieser schneller als auf der durchgehenden Fahrbahn gefahren werden.

(2) Auf Autobahnen und anderen Straßen außerhalb geschlossener Ortschaften darf auf Einfädelungsstreifen schneller gefahren werden als auf den durchgehenden Fahrstreifen.

(3) Auf Ausfädelungsstreifen darf nicht schneller gefahren werden als auf den durchgehenden Fahrstreifen. Stockt oder steht der Verkehr auf den durchgehenden Fahrstreifen, darf auf dem Ausfädelungsstreifen mit mäßiger Geschwindigkeit und besonderer Vorsicht überholt werden.

StVO § 18 Autobahnen und Kraftfahrstraßen

(10) Die Ausfahrt von Autobahnen ist nur an Stellen erlaubt, die durch die Ausfahrttafel (Zeichen 332) und durch das Pfeilzeichen (Zeichen 333) oder durch eins dieser Zeichen gekennzeichnet sind. Die Ausfahrt von Kraftfahrstraßen ist nur an Kreuzungen oder Einmündungen erlaubt.

8.3.8 Bestätigung

StVO Anlage 3 Richtzeichen (zu § 42 Absatz 2)
Abschnitt 10 Wegweisung

		3. Wegweiser auf Autobahnen
		d) Entfernungstafel
61	**Zeichen 453** 	**Erläuterung** Die Entfernungstafel gibt Fernziele und die Entfernung zur jeweiligen Ortsmitte an. Ziele, die über eine andere als die gerade befahrene Autobahn zu erreichen sind, werden unterhalb des waagerechten Striches angegeben.

Die Bestätigung dient dem Verkehrsteilnehmer zur weiteren Orientierung. Sie ermöglicht ihm außerdem, ggf. falsche Entscheidungen im zurückliegenden Knoten zu erkennen und diese geeignet zu korrigieren (z. B. an der nächsten Ausfahrt abzufahren und zu wenden).

Auf Autobahnen und autobahnähnlich ausgebauten Straßen dient der Bestätigung die Entfernungstafel (Zeichen 453), die in der jeweiligen Wegweisungsfarbe ausgeführt wird (auf autobahnähnlich ausgebauten Straßen also Gelb oder Weiß, jeweils mit schwarzer Schrift). Sie nennt die Fernziele. Sind diese im weiteren Verlauf über andere Autobahnen zu erreichen, ist zusätzlich die Nummer der Autobahn genannt, auf die als Nächstes abgebogen werden muss.

Auf den übrigen Straßen übernehmen die Wegweiser selbst die Bestätigungsfunktion.

Daher sind auf diesen Wegweisern die Richtungsangaben auch in der Regel um Entfernungsangaben ergänzt.

8.3.9 Ortsbestimmung

StVO Anlage 3 Richtzeichen (zu § 42 Absatz 2) Abschnitt 2 Ortstafel		
zu 5 und 6		**Erläuterung** Ab der Ortstafel gelten jeweils die für den Verkehr innerhalb oder außerhalb geschlossener Ortschaften bestehenden Vorschriften.
5	**Zeichen 310**  **Ortstafel Vorderseite**	Die Ortstafel bestimmt: Hier beginnt eine geschlossene Ortschaft.
6	**Zeichen 311**  **Ortstafel Rückseite**	Die Ortstafel bestimmt: Hier endet eine geschlossene Ortschaft.
Abschnitt 9 Hinweise		
30	**Zeichen 385**  **Ortshinweistafel**	

Ein wesentlicher Teil der Wegweisung ist die Ortsbestimmung: Der Verkehrsteilnehmer muss wissen, wo er sich gerade befindet und – am Ende seiner Fahrt – dass er sein Ziel erreicht hat.

Viele Elemente der Wegweisung helfen auch bei der Ortsbestimmung. Zu nennen sind hier insbesondere die Nummerierung der Autobahnen und Bundesstraßen sowie der Autobahnausfahrten oder die konsequente Bezeichnung der Autobahnausfahrten und -knoten, aber auch die Information, dass man an einer bestimmten Stelle zu einem bestimmten Ort abbiegen kann.

Eine besondere Rolle bei der Ortsbestimmung spielen die Ortstafeln (Zeichen 310 und 311), die zusätzlich zu ihrer verkehrsregelnden Funktion (wegen der sie vertieft auch in Abschnitt 6.5.4 behandelt werden) auch angeben, in welchen Ort man gerade einfährt oder welchen Ort man gerade (in welche Richtung) verlässt. Soll bei kleineren Ansiedlungen eine Information über deren Benennung gegeben werden, ohne die Regelungen der Ortstafeln anzuordnen, so kann man zur Ortsbestimmung Zeichen 385 anordnen.

Auch die Straßennamensschilder (Zeichen 437; siehe Abschnitt 8.3.6) dienen der Ortsbestimmung. Sie sind deshalb Bestandteil der amtlichen Wegweisung. Sie geben nicht nur den Namen der Straße an, die die Verkehrsteilnehmer gerade befahren, sondern mit den Namen der einmündenden Straßen auch die Position entlang der Straße. Dazu dienen auch die Hausnummern. Daher kann es sinnvoll sein, an den Straßennamensschildern die Hausnummernbereiche anzugeben, die in der einen oder anderen Richtung erreicht werden können. Allgemeine Nummerierungsschemata, z. B. dass Straßen in der Regel von der Ortsmitte nach außen und Tangentialstraßen meist im Uhrzeigersinn nummeriert werden, oder der Umstand, dass einige wenige Städte wie Berlin oder Mannheim teilweise ein komplett anderes Nummerierungsschema pflegen, sind für die Ortsbestimmung in einer Stadt von Bedeutung, aber im Rahmen der Allgemeinbildung zu vermitteln.

Auf den Autobahnen dienen der Ortsbestimmung auch die Kilometertafeln (siehe *Bild 8.26*), die alle halbe Kilometer angebracht sind.

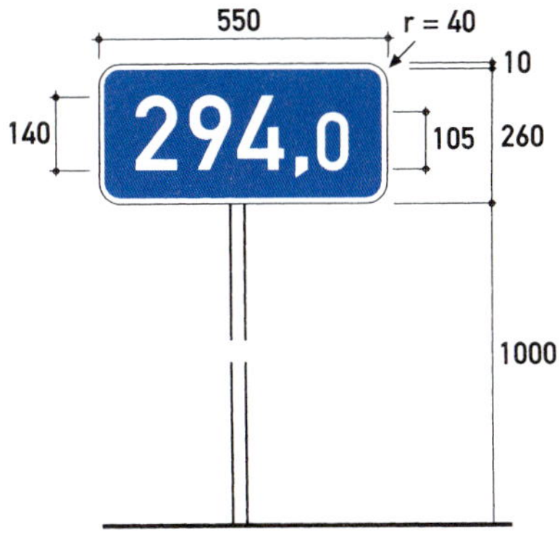

Bild 8.26 Kilometertafel auf Autobahnen
Quelle: RWBA 2023

Zu Abschnitt 8.3.9

VwV-StVO zu § 42 Richtzeichen

Zu den Zeichen 310 und 311 Ortstafel

4 IV. Das Zeichen 310 nennt den amtlichen Namen der Ortschaft und den Verwaltungsbezirk. Die Zusätze „Stadt“, „Kreisstadt“, „Landeshauptstadt“ sind zulässig. Die Angabe des Verwaltungsbezirks hat zu unterbleiben, wenn dieser den gleichen Namen wie die Ortschaft hat (z. B. Stadtkreis). Ergänzend auch den höheren Verwaltungsbezirk zu nennen, ist nur dann zulässig, wenn dies zur Vermeidung einer Verwechslung nötig ist. Andere Zusätze sind nur zulässig, wenn es sich um Bestandteile des amtlichen Ortsnamens oder Titel handelt, die auf Grund allgemeiner kommunalrechtlicher Vorschriften amtlich verliehen worden sind.

5 V. Das Zeichen 311 nennt auf der unteren Hälfte den Namen der Ortschaft oder des Ortsteils, die oder der verlassen wird. Angaben über den Verwaltungsbezirk sowie die in Nummer IV genannten zusätzlichen Bezeichnungen braucht das Zeichen 311 nicht zu enthalten. Die obere Hälfte des Zeichens 311 nennt den Namen der nächsten Ortschaft bzw. des nächsten Ortsteiles. An Bundesstraßen kann stattdessen das nächste Nahziel nach dem Fern- und Nahzielverzeichnis gewählt werden. Unter dem Namen der nächsten Ortschaft bzw. des nächsten Ziels ist die Entfernung in ganzen Kilometern anzugeben.

6 VI. Durch die Tafel können auch Anfang und Ende eines geschlossenen Ortsteils gekennzeichnet werden. Sie nennt dann am Anfang entweder unter dem Namen der Gemeinde den des Ortsteils in verkleinerter Schrift, z. B. „Stadtteil Pasing“, „Ortsteil Parksiedlung“ oder den Namen des Ortsteils und darunter in verkleinerter Schrift den der Gemeinde mit dem vorgeschalteten Wort: „Stadt“ oder „Gemeinde“. Die zweite Fassung ist dann vorzuziehen, wenn zwischen den Ortsteilen einer Gemeinde eine größere Entfernung liegt. Die erste Fassung sollte auch dann, wenn die Straße nicht unmittelbar dorthin führt, nicht gewählt werden.

7 VII. Gehen zwei geschlossene Ortschaften ineinander über und müssen die Verkehrsteilnehmer über deren Namen unterrichtet werden, sind die Ortstafeln für beide etwa auf gleicher Höhe aufzustellen. Deren Rückseiten sind freizuhalten.

8 VIII. Andere Angaben als die hier erwähnten, wie werbende Zusätze, Stadtwappen, sind auf Ortstafeln unzulässig.

…

Zu Zeichen 385 Ortshinweistafel

1 Das Zeichen ist nur dann anzuordnen, wenn der Name der Ortschaft nicht bereits aus der Wegweisung ersichtlich ist.

…

VwV-StVO zu § 42 Richtzeichen

Zu Zeichen 437 Straßennamensschilder

1 I. Die auf die gezeigte Weise aufgestellten Straßennamensschilder sind beiderseits zu beschriften.

2 II. Die Zeichen sollen für alle Kreuzungen und Einmündungen und müssen für solche mit erheblichem Fahrverkehr angeordnet werden.

8.3.10 Beispiele für Gesamtsysteme an Autobahnen

Zum System der blauen Autobahnwegweisung zählen neben den Zeichen 332 und 333 auch die Zeichen 448, 449, 450 und 453 sowie die Zeichen 405 und 406. Die Grundsätze der Wegweisung für eine Autobahnanschlussstelle zeigt *Bild 8.27* und für ein Autobahnkreuz *Bild 8.28*. Alle Zeichen müssen mindestens voll rückstrahlend sein.

Stehen Zeichen 332 und 333 nicht an einer Autobahn, so haben sie einen gelben Grund; sind sie Teil der innerstädtischen Wegweisung, haben sie einen weißen Grund.

Zur Umsetzung der Ergebnisse des Forschungsprojekts

- „Aufnahme von Wegweisungsinformationen im Straßenverkehr - AWewiS", W. Siegener, B. Färber, B. Süther, Ausgabe 2007, Wirtschaftsverlag NW

hatte das für den Verkehr zuständige Bundesministerium eine Bund-Länder-Arbeitsgruppe unter Leitung der BASt eingerichtet, die zunächst die RWBA und im Anschluss daran die RWB überarbeiten sollte. Wesentliche Ergebnisse dieses Forschungsprojekts waren neue Erkenntnisse zur Festlegung der höchstzulässigen Anzahl von Zielen in Abhängigkeit von der Art der Anbringung der Wegweiser (seitlich; über Kopf) sowie der Knotenpunktform. Ein weiteres Ergebnis war, dass die in der Wegweisung enthaltenen Informationen leichter zu erfassen sind, wenn die einzelnen Zielblöcke deutlich getrennt sind, insbesondere indem sie auf einzelnen Tafeln dargestellt werden.

Zwischenzeitlich hat das für den Verkehr zuständige Bundesministerium die RWBA im Verkehrsblatt fortgeschrieben; sie sind damit für die Autobahnen verbindlich anzuwenden. Nachdem die nicht zur Autobahn GmbH übergegangenen Ländervertreter mit Übernahme der Autobahnaufgaben durch die Autobahn GmbH ihre Mitarbeit in dieser Arbeitsgruppe beendet hatten, hat man beschlossen, die noch ausstehende Überarbeitung der RWB einem hierzu eingerichteten Arbeitskreis der FGSV zu übertragen.

Mit den fortgeschriebenen RWBA wird die Überkopfwegweisung modularisiert; die Anzahl der Varianten im Überkopfbereich wird dabei stark reduziert und die Systematik deutlich vereinfacht und gleichzeitig stringenter gefasst. So lassen sich aus wenigen Grundelementen Wegweiserketten mit theoretisch beliebiger Anzahl an Zielblöcken sowie Sortierräume mit theoretisch beliebiger Länge konstruieren. Ob sich die Wegweisung im Bereich von Nebenfahrbahnen (Rampen, Parallelfahrbahnen) oder an der durchgehenden Fahrbahn befindet, spielt für den systematischen Aufbau der Wegweisung mit wenigen Ausnahmen keine Rolle mehr.

Der Bezugspunkt korrespondiert dabei eng mit der Lage der markierten Trenninselspitze; diese ist definiert als der Beginn der Fahrstreifenbegrenzung zwischen Ausfädelungsstreifen und durchgehender Fahrbahn bzw. voneinander abzweigenden Fahrstreifen. Der Regelwert für den Abstand zwischen markierter Trenninselspitze und Bezugspunkt beträgt 150 m, wobei in Abhängigkeit von den örtlichen Geschwindigkeiten auch Werte von 100 m (bei ortsüblicher Geschwindigkeit in Höhe von etwa 100 km/h), 75 m (75 km/h) und 50 m (50 km/h) möglich sind. Am Bezugspunkt steht die Ausfahrttafel.

Der grafische Aufbau der Wegweisung über Kopf ist strenger gefasst als bislang; der Pfeil ist bei „einstreifigen" Tafeln in der Mitte der Tafel vorzusehen. Die Breite der Tafeln entspricht in etwa der Breite der Fahrstreifen, auf die sie sich beziehen; mit möglichen Mehrbreiten bei „einstreifigen" Tafeln zur Unterbringung der Schriftzüge und Sonderregeln für weiterzuverwendende Verkehrszeichenbrücken im Bestand. Die Pfeile sollen sich über der Mittelachse des Fahrstreifens befinden, auf den sie sich beziehen. Langpfeile kommen in der Überkopfwegweisung nicht mehr zur Anwendung. Der Schrägpfeil ist der Ausfahrttafel vorbehalten (keine Anwendung mehr bei Gabelungswegweisern).

Der Vorwegweiser in seitlicher Aufstellung vor Anschlussstellen zeigt jetzt neben dem nächsten Knotenpunkt auch das Hauptfernziel als zwei-

8.3.10 Beispiele für Gesamtsysteme an Autobahnen

Bild 8.27 Prinzip für die Anordnung der Wegweisungselemente an einer Autobahnanschlussstelle (nach RWBA)

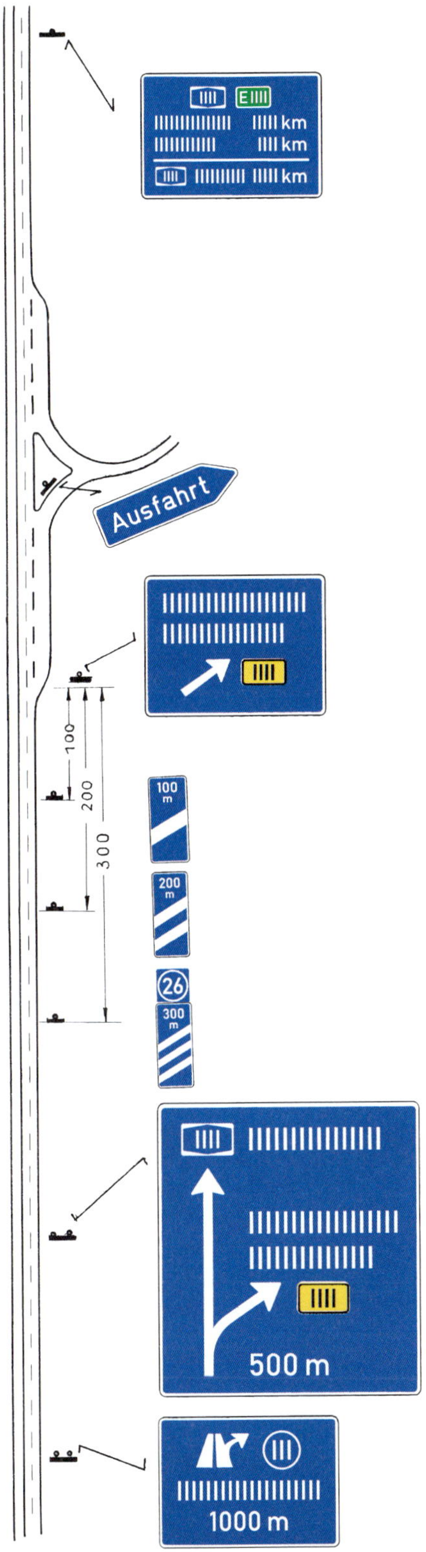

Zeichen 453

Entfernungstafel

Zeichen 453 gibt hinter jeder Einfahrt und jedem Autobahnknoten die Ziele mit Entfernungen an (gerechnet bis Ortsmitte). Ziele, die über eine andere als die gerade befahrene Autobahn zu erreichen sind, werden in der Regel unterhalb des waagerechten Striches angegeben.

Zeichen 333

Pfeilschild

Zeichen 332

Ausfahrttafel (Wegweiser)

Zeichen 450-50, -51, -52

Ankündigungsbaken

Baken stehen bei 300 m (3 Streifen), bei 200 m (2 Streifen) und bei 100 m (1 Streifen) (nur auf der rechten Seite).

Auf der 300-m-Bake steht die Nummer der Ausfahrt (Zeichen 406).

Zeichen 449

Vorwegweiser

Über dem Geradeauspfeil steht der Name der nächsten Anschlussstelle oder des nächsten Autobahnknotens.

Zu den Ausfahrtzielen kann das Bundesstraßen-Nummernschild gesetzt werden.

Zeichen 448

Ankündigungstafel

Sie nennt den Namen der folgenden Anschlussstelle und zeigt das Sinnbild „Autobahnausfahrt“ sowie die Knotenpunktnummer (Zeichen 406).

8.3.10 Beispiele für Gesamtsysteme an Autobahnen

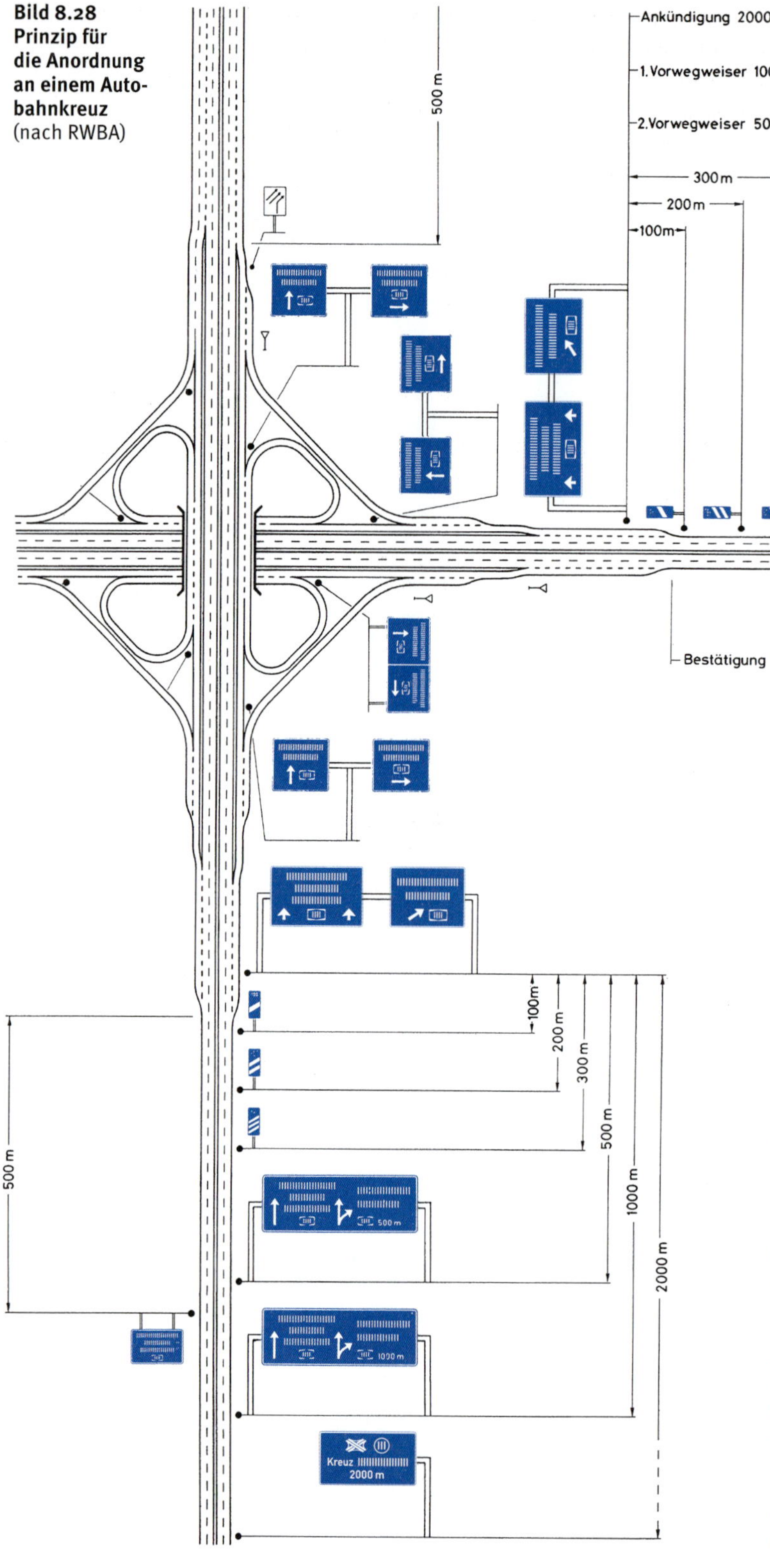

Bild 8.28
Prinzip für die Anordnung an einem Autobahnkreuz
(nach RWBA)

Anmerkung:

Dieses Sinnbild auf der Ankündigungstafel (Zeichen 448) weist auf ein Autobahnkreuz oder -dreieck (auch auf Kreuze und Dreiecke von Autobahnen mit autobahnähnlich ausgebauten Straßen des nachgeordneten Netzes) hin.

tes Geradeausziel. Die Geradeausziele sind dort über statt wie bislang neben dem Autobahn-Nummernsinnbild vorgesehen.

Die Zielangaben je Zielblock sind stets linksbündig einzeln untereinander angeordnet. Aus mehreren Wörtern bestehende Zielangaben können auf mehrere Zeilen aufgeteilt werden, wobei die zweite (und ggf. weitere Zeilen) nach rechts eingezogen ist, um den Zusammenhang zur ersten Zeile der Zielangabe zu verdeutlichen.

Weitere Änderungen betreffen u. a. folgende Punkte:

- Einführung eines Sinnbilds für „Zentrum"/„Stadtmitte" (bislang nur für den Anwendungsbereich der RWB per Verkehrsblatt-Verlautbarung eingeführt)
- Gabelungswegweiser nur noch hinter der (baulichen) Inselspitze und nur noch als Bodenschilder
- Klarstellung, wann auf die Anordnung des Pfeilschildes „Ausfahrt" (Zeichen 333) verzichtet werden kann
- Klarstellung, dass Zeichen 333 ausschließlich als Bodenschild anzuordnen ist
- Klarstellung zur Festlegung der Grundfarbe: Liegt der nächste Entscheidungspunkt vor Zeichen 331.2, ist die Grundfarbe Blau, ansonsten Gelb
- Regelungen zu Hinweisen auf Autobahnkirchen
- Mindestens eine Parkbucht ohne Einschränkung auf bestimmte Fahrzeugarten in den Musterplänen für Rastanlagen
- Je nach örtlichen Verhältnissen eine zweite, rechtsweisende Abfahrtstafel an den Rastanlagen.

Das ARS zur Einführung stellt u. a. klar, dass die Straßenverkehrsbehörde sowohl die Standorte als auch Gestaltung und Inhalte festlegt. Hierfür hat der Straßenbaulastträger insbesondere bei Neu-, Um- und Ausbauvorhaben sicherzustellen, dass die Straßenverkehrsbehörde zumindest die Standorte und die Art der Anbringung so frühzeitig festlegt (anordnet), dass diese bei den weiteren Planungen entsprechend berücksichtigt werden können.

8.4 Umleitungen

8.4.1 Allgemeines

Umleitungsbeschilderungen werden notwendig, wenn Verkehrsteilnehmer regelmäßig (permanente Umleitungsbeschilderungen) oder nur zu bestimmten Zeiten (temporäre Umleitungsbeschilderungen) über eine andere als die normal vorgesehene Strecke geführt werden sollen. Umleitungen können sich an alle oder nur an bestimmte Verkehrsteilnehmer (z. B. schwere Fahrzeuge) richten.

Man unterscheidet im Wesentlichen:

- Bedarfsumleitungen für den Autobahnverkehr (permanent beschildert, aber nur temporär genutzt)
- Umleitungen für bestimmte Verkehrsarten (permanent beschildert, permanent, aber selektiv genutzt)
- Umleitungen im Zusammenhang mit Arbeitsstellen oder Veranstaltungen (temporär beschildert und temporär genutzt).

Für Umleitungsbeschilderungen wurden mit

- ARS 19/2021 (StB 26/7122.3/4-RUB/3516563) „Richtlinien für Umleitungsbeschilderungen (RUB)" vom 23.8.2021 (VkBl. S. 1008)

die

- „Richtlinien für Umleitungsbeschilderung (RUB)", Ausgabe 2021, FGSV Verlag

bekannt gegeben.

Außerdem wurde das

- Merkblatt für den Einsatz von temporärer Umleitungsbeschilderung (M TU), FGSV Verlag

erarbeitet, das Hilfen zur Detailgestaltung der Umleitungsbeschilderung unter Berücksichtigung der Einheitlichkeit, Lesbarkeit und Erfassbarkeit, auch unter dem Gesichtspunkt der Wirtschaftlichkeit (z. B. angemessene Standardgrößen für Tafeln und Aufstellvorrichtungen, Wiederverwendung) gibt.

Bild 8.29
Beispiel für eine Bedarfsumleitung für den Autobahnverkehr

Das heute verwendete Umleitungsschema baut auf dem seit Jahrzehnten bewährten System der Bedarfsumleitungen für den Autobahnverkehr auf. Zusätzlich zu der an den Knotenpunkten vorhandenen Grundwegweisung werden hochkant ausgerichtete Rechteckschilder angeordnet, die im oberen Bereich die Umleitung eindeutig bezeichnen und im unteren Bereich durch Pfeilsymbole anzeigen, wie die Umleitungsstrecke am nächsten Knotenpunkt verläuft (*Bild 8.29*).

Auch die Wegweisung für die Umleitungen ist entsprechend Abschnitt 8.2.3 in Ankündigung (8.4.2), Vorwegweisung (8.4.3), Wegweisung (8.4.4) und Bestätigung (8.4.5) strukturiert.

Vor der Umleitungsstrecke angeordnete Planskizzen kündigen die Umleitung an und können die Orientierung erleichtern, wenn sie so einfach gestaltet sind, dass sie von den vorbeifahrenden Kraftfahrern in der Kürze der Zeit sicher verstanden werden können.

Vor allem bei der Beschilderung von Umleitungen ist zu berücksichtigen, dass die Verkehrsteilnehmer vor eine neuartige Situation gestellt werden, die vom Gewohnten abweicht. Bei temporären Umleitungen gilt das auch für die eigentlich ortskundigen Verkehrsteilnehmer. Deshalb ist bei der Anbringung der entsprechenden Zeichen und Absperrungen besondere Aufmerksamkeit auf ihre Erkennbarkeit und Erfassbarkeit, vor allem auch bei schlechten Sichtverhältnissen und bei Dunkelheit, zu richten. Soll Verkehr aus dem Basisnetz über Autobahnen oder Kraftfahrstraßen umgeleitet werden, ist in der Regel eine weitere Umleitung für die Verkehrsarten erforderlich, die nicht berechtigt sind, diese Straßen zu befahren. Gelbe Umleitungsbeschilderung soll nicht zu Autobahnen weisen.

Dabei ist zu beachten, dass jede Umleitungsbeschilderung ein Bestandteil der Gesamtwegweisung ist. Daher sind die Grundregeln der Wegweisung, vor allem die Kontinuitätsregel (siehe Abschnitt 8.2.6), zu beachten.

Für Umleitungsbeschilderungen sollten möglichst im Vorfeld bereits detaillierte Pläne ausgearbeitet werden. Für das Erstellen der Beschilderungspläne sind DV-Programme verfügbar. Zum Festlegen von Umleitungen lassen sich z. B. Straßenpläne einscannen, um die örtlichen Gegebenheiten berücksichtigen zu können.

Für größere und lang andauernde Umleitungen (etwa drei Tage und mehr) ist in der Regel ein Umleitungsplan zu erarbeiten. Dieser Plan sollte mit allen beteiligten Dienststellen (Straßenverkehrsbehörden, Polizei, Straßenbaubehörden, Baulastträger) sowie ggf. mit weiteren Trägern öffentlicher Belange wie z. B. den Bestellern oder Betreibern von Omnibusverkehr abgestimmt werden.

Es ist zu prüfen, ob die für die Unterrichtung der Verkehrsteilnehmer geschaffenen Landesmeldestellen und der Verkehrsfunk über die Umleitung zu unterrichten sind.

Das Abstimmungsverfahren, das Herrichten der Umleitungsstrecke und die Übernahme umleitungsbedingter Kosten auf der Grundlage der in den Straßengesetzen getroffenen Regelungen ist für die Bundesstraßen geregelt im nachfolgend wiedergegebenen

- ARS 13/1963 (StE 2/4 – Rum – 251 Vms 63) „Festlegung von Umleitungen bei der Sperrung von Bundesfernstraßen“ vom 19.12.1963 (VkBl. 1964 S. 125).

Vorwegweiser und Wegweiser, die wegen einer Umleitung vorübergehend nicht gelten, sollten so außer Kraft gesetzt werden, dass die Ortsnamen erkennbar bleiben, um den Kraftfahrern die Orientierung zu erleichtern. Das Außerkraftsetzen selbst kann in der Weise geschehen, dass auf dem Zeichen ein rotes Balkenkreuz aus Holz, Blech oder auch aus Klebebändern befestigt wird. Die Materialien müssen retroreflektierend sein, um die Sichtbarkeit bei Dunkelheit zu gewährleisten. Bei Klebebändern ist darauf zu achten, dass Produkte verwendet werden, die beim Entfernen die Schilderoberfläche nicht beschädigen.

Zu Abschnitt 8.4.1

FStrG
§ 14
Umleitungen

(1) Bei Sperrung von Bundesfernstraßen wegen vorübergehender Behinderung sind die Träger der Straßenbaulast anderer öffentlicher Straßen verpflichtet, die Umleitung des Verkehrs auf ihren Straßen zu dulden.

(2) Der Träger der Straßenbaulast der Umleitungsstrecke und die Straßenverkehrsbehörden sind vor der Sperrung zu unterrichten.

(3) Im Benehmen mit dem Träger der Straßenbaulast der Umleitungsstrecke ist festzustellen, was notwendig ist, um die Umleitungsstrecke für die Aufnahme des zusätzlichen Verkehrs verkehrssicher zu machen. Die hierfür nötigen Mehraufwendungen sind dem Träger der Straßenbaulast der Umleitungsstrecke zu erstatten. Das gilt auch für Aufwendungen, die der Träger der Straßenbaulast der Umleitungsstrecke zur Beseitigung wesentlicher durch die Umleitung verursachter Schäden machen muss.

(4) Muss die Umleitung ganz oder zum Teil über private Wege geleitet werden, die dem öffentlichen Verkehr dienen, so ist der Eigentümer zur Duldung der Umleitung auf schriftliche Anforderung durch die Straßenbaubehörde oder bei Umleitung von einer Bundesfernstraße, soweit dem Bund die Verwaltung einer Bundesfernstraße zusteht, durch die Gesellschaft privaten Rechts im Sinne des Infrastrukturgesellschaftserrichtungsgesetztes verpflichtet. Absatz 3 Satz 1 und 2 gilt entsprechend. Der Träger der Straßenbaulast ist verpflichtet, nach Aufhebung der Umleitung auf Antrag des Eigentümers den früheren Zustand des Weges wiederherzustellen.

(5) Die Absätze 1 bis 4 gelten entsprechend, wenn neue Bundesfernstraßen vorübergehend über andere öffentliche Straßen an das Bundesfernstraßennetz angeschlossen werden müssen.

(6) Der Eigentümer einer baulichen Anlage, die an einer ausgewiesenen Umleitungsstrecke gelegen ist, kann vom Träger der Straßenbaulast für die gesperrte Bundesfernstraße in der Baulast des Bundes Ersatz der erbrachten notwendigen Aufwendungen für Schallschutzmaßnahmen an der baulichen Anlage auf Antrag verlangen, wenn durch die Sperrung der Hauptfahrbahn der Bundesfernstraße in der Baulast des Bundes

1. der vom Straßenverkehr auf der Umleitungsstrecke ausgehende Lärm um mindestens 3 Dezibel (A) erhöht wird,
2. der Beurteilungspegel 64 Dezibel (A) am Tage (6.00 Uhr bis 22.00 Uhr) oder 54 Dezibel (A) in der Nacht (22.00 Uhr bis 6.00 Uhr) überschreitet und
3. eine Verkehrszunahme verursacht wird, die ab Sperrung der Bundesfernstraße voraussichtlich länger als zwei Jahre andauern wird.

Ein Anspruch besteht nicht, wenn die Lärmerhöhung insbesondere wegen der besonderen Art der Nutzung der baulichen Anlage zumutbar ist oder zugunsten des Betroffenen inner-

8.4.1 Allgemeines

FStrG
§ 14
Umleitungen

halb eines angemessenen Zeitraums nach der Sperrung sonstige Lärmschutzmaßnahmen an der Umleitungsstrecke umgesetzt werden. Wird die zu schützende Nutzung nur am Tage oder nur in der Nacht ausgeübt, so ist nur der Immissionsgrenzwert für den jeweiligen Zeitraum anzuwenden. Sofern nicht abweichend geregelt, muss der Beurteilungspegel nach Satz 1 Nummer 2 durch den Träger der Straßenbaulast für die Bundesfernstraße in der Baulast des Bundes nach den Vorgaben der nach § 43 Absatz 1 Satz 1 Nummer 1 des Bundes-Immissionsschutzgesetzes erlassenen Verordnung berechnet werden. Die Berechnung kann auf repräsentative Immissionsorte entlang der betroffenen Umleitungsstrecke begrenzt werden. Notwendig sind erbrachte Aufwendungen, soweit durch sie die Vorgaben zum Umfang von Schallschutzmaßnahmen in der nach § 43 Absatz 1 Satz 1 Nummer 3 des Bundes-Immissionsschutzgesetzes erlassenen Verordnung eingehalten werden; nicht notwendige Aufwendungen sind bauliche Verbesserungen an Wänden und Dächern sowie an Decken unter nicht ausgebauten Dachräumen. Im Einzelfall kann das erforderliche Schalldämmmaß ohne Berechnung der einzelnen Umfassungsbauteile anhand eines repräsentativen Gebäudes an der Umleitungsstrecke festgelegt werden.

Anmerkung: Umleitungen von anderen Straßen sind in den Landes-Straßengesetzen vergleichbar geregelt.

VwV-StVO
zu § 42
Richtzeichen

Zu den Zeichen 421, 422, 442 und 454 bis 466 Umleitungsbeschilderung

1 I. Umleitungen, auch nur von Teilen des Fahrverkehrs, und Bedarfsumleitungen sind in der Regel in einem Umleitungsplan festzulegen. Die zuständige Behörde hat sämtliche beteiligten Behörden und die Polizei, gegebenenfalls auch die Bahnunternehmen, Linienverkehrsunternehmen und die Versorgungsunternehmen zur Planung heranzuziehen. Dabei sind die Vorschriften des Straßenrechts, insbesondere des § 14 des Bundesfernstraßengesetzes und die entsprechenden Vorschriften der Landesstraßengesetze zu berücksichtigen. Bei allen in den Verkehrsablauf erheblich eingreifenden Umleitungsplänen empfiehlt es sich, einen Anhörungstermin anzuberaumen.

2 II. Die Straßenverkehrsbehörden der Länder ordnen auf Anregung des Fernstraßen-Bundesamtes oder der auf Grund des § 6 des Infrastrukturgesellschaftserrichtungsgesetzes beliehenen Gesellschaft privaten Rechts die Bedarfsumleitungen im Basisnetz an. Das Fernstraßen-Bundesamt oder die auf Grund des § 6 des Infrastrukturgesellschaftserrichtungsgesetzes beliehene Gesellschaft privaten Rechts ist anzuhören. Die Kostentragung richtet sich nach § 5b Abs. 2 Buchstabe d und f StVG.

3 III. Die Ausgestaltung und Aufstellung der Umleitungsbeschilderung richtet sich nach den Richtlinien für Umleitungsbeschilderungen (RUB). Das Bundesministerium für Verkehr und digitale Infrastruktur gibt die RUB im Einvernehmen mit den zuständigen obersten Landesbehörden im Verkehrsblatt bekannt.

BMV – StB
2/4 – Rum – 251
Vms 63
19. Dezember 1963

Festlegung von Umleitungen bei der Sperrung von Bundesfernstraßen

Bei der Sperrung von stark befahrenen Bundesfernstraßen ist der möglichst reibungslosen Führung des Verkehrs besondere Beachtung zu schenken. Wenn der Verkehr nicht über die Bundesfernstraße behelfsmäßig weitergeführt werden kann, ist er auf andere Straßen umzuleiten (§ 14 Abs. 1 FStrG). Bei der Festlegung von Umleitungen ist folgendes zu beachten:

1. Umleitungen sind förmlich festzulegen, wenn Bundesfernstraßen wegen vorübergehender Behinderung gesperrt werden müssen. Eine vorübergehende Behinderung des Verkehrs auf der Bundesfernstraße ist gegeben, wenn mit ihrer Beseitigung in absehbarer Zeit gerechnet werden kann (z. B. Behinderung durch schlechten Straßenzustand, Frostaufbrüche, Straßenbauarbeiten, Hochwasser). Wird der Verkehr, z. B. durch Bauarbeiten an der Bundesfernstraße oder durch Bauarbeiten Dritter (Nutzungsberechtigter u. a.), die sich auf die Bundesfernstraße auswirken, behindert, so ist zunächst zu prüfen, ob der Verkehr ohne größere Stauungen dennoch über die vom Baubetrieb freibleibenden Fahrspuren der Bundesfernstraße geleitet werden kann. Zu diesem Zweck ist das Fassungsvermögen der Bundesfernstraße unter Berücksichtigung des Baubetriebes und des Umfanges des zu erwartenden Verkehrs festzustellen. Reicht das Fassungsvermögen der Bundesfernstraße nicht aus, so ist eine Umleitung notwendig. Ob der Verkehr ganz oder nur teilweise (z. B. Schwerlastverkehr oder Pkw-Verkehr) und für die ganze Zeit der Behinderung oder nur für bestimmte Zeiten (z. B. tägliche Verkehrsspitzen, Wochenende, Feiertage, Ferienbeginn) abgeleitet werden muss, richtet sich nach der Beschaffenheit der freibleibenden Fahrspuren der Bundesfernstraße und den Gegebenheiten der zur Verfügung stehenden Umleitungsstrecke.

BMV-Erlass vom 19.12.1963

2. Die Träger der Straßenbaulast anderer öffentlicher Straßen haben die Umleitung des Verkehrs der Bundesfernstraße auf ihren Straßen zu dulden (§ 14 Abs. 1 FStrG). Diese Pflicht bedeutet auch, dass sie während der Umleitungszeit ihre Straßen nicht sperren dürfen und dass sie in Erfüllung ihrer öffentlichen Aufgabe als Träger der Straßenbaulast gehalten sind, Baumaßnahmen Dritter (z. B. Nutzungsberechtigter, Anlieger), die sich auf den Straßenraum der Umleitungsstrecke auswirken, nicht zu gestatten, wenn diese den Umleitungsverkehr beeinträchtigen können.

3. Da die Umleitungen des Verkehrs die Beteiligung anderer Behörden und unter Umständen bauliche und verkehrliche Maßnahmen erfordert, die eine gewisse Vorbereitungszeit in Anspruch nehmen, hat die für die Bundesfernstraße zuständige Straßenbaubehörde möglichst frühzeitig festzustellen, ob eine Umleitung notwendig ist. Sie hat die Auswahl der Umleitungsstrecke sowie die notwendigen baulichen und verkehrlichen Maßnahmen zu ihrer Herrichtung für den Umleitungsverkehr rechtzeitig mit den für die Umleitungsstrecke zuständigen Straßenbaubehörden, den Straßenverkehrsbehörden und der Verkehrspolizei, in geeigneten Fällen auch mit den Gemeinden, zu besprechen. Sie legt die Umleitungsstrecke fest. Dabei ist diejenige Strecke auszuwählen, die für die Verkehrsteilnehmer einen möglichst geringen Umweg bedeutet, die für die Art und Menge des zuzuleitenden Verkehrs genügt (siehe auch Nr. 6) und die, wenn notwendig, mit zumutbaren Aufwendungen für die Umleitung hergerichtet werden kann.

4. Genügt die Umleitungsstrecke in ihrer vorhandenen Beschaffenheit nicht dem zusätzlichen Verkehr, so erörtert die für die Bundesfernstraße zuständige Straßenbaubehörde mit den in Nr. 3 genannten Behörden die notwendigen Maßnahmen, um die Umleitungsstrecke für den zusätzlichen Verkehr verkehrssicher zu machen und eine möglichst reibungslose Abwicklung des Verkehrs zu gewährleisten. Hierzu können Straßenbaumaßnahmen (z. B. Verbesserung der Fahrbahndecke, Schaffung von Ausweichstellen) und verkehrsregelnde Maßnahmen (Kennzeichnung der Umleitungsstrecke, Anordnung von Park- und Halteverboten, Geschwindigkeits- und Gewichtsbegrenzungen, Einrichtung von Einbahnverkehr usw.) notwendig sein. Welche Vorkehrungen erforderlich sind, hängt von den Gegebenheiten des Einzelfalles ab, insbesondere von der Art und Menge des umzuleitenden Verkehrs, dem Zustand der Umleitungsstrecke und der Dauer der Umleitung. Es genügen solche Maßnahmen, die die gefahrlose, wenn auch behelfsmäßige Umleitung des Verkehrs ermöglichen. An die Sorgfaltspflichten des Verkehrsteilnehmers können bei der Benutzung von Umleitungen erhöhte Anforderungen gestellt werden (vgl. Urteil des BGH, Deutsches Autorecht 1960 S. 47). Die für die Bundesfernstraße zuständige Straßenbaubehörde bestimmt die Baumaßnahme zur Herrichtung der Umleitungsstrecke. Das Benehmen mit den Trägern der Straßenbaulast der Umleitungsstrecke ist herzustellen (§ 14 Abs. 3 FStrG). Sie trifft ferner die erforderlichen Verkehrsregelungen (§ 3 Abs. 4 Satz 3 StVO), vorbehaltlich anderer Anordnungen der Straßenverkehrsbehörde. Soweit diese andere Anordnungen trifft, erlischt die Verantwortung der Straßenbaubehörde für die Anordnungen.

5. Die Kosten für die baulichen und verkehrlichen Maßnahmen an der Umleitungsstrecke übernimmt der Träger der Straßenbaulast für die Bundesfernstraße, der die Umleitung verlangt (§ 14 Abs. 3 FStrG). Steht die Umleitung im Zusammenhang mit einer Baumaßnahme an der Bundesfernstraße, so gehören die Kosten zu den Baukosten und sind dort besonders auszuweisen. Ist die Umleitung wegen einer Baumaßnahme Dritter (z. B. Nutzungsberechtigter) an der Bundesfernstraße notwendig, so tragen diese die Kosten.

Sind an der Umleitungsstrecke mehrere Träger der Straßenbaulast beteiligt oder liegen sonstige Gründe vor, so kann es zweckmäßig sein, dass der Träger der Straßenbaulast für die Bundesfernstraße die Durchführung der Maßnahmen an der Umleitungsstrecke im Einvernehmen mit den beteiligten Baulastträgern selbst übernimmt. Andernfalls richten die zuständigen Träger der Straßenbaulast die Umleitungsstrecke nach den Angaben der für die Bundesfernstraße zuständigen Straßenbaubehörde her und erhalten die Kosten vom Träger der Straßenbaulast für die Bundesfernstraße erstattet.

Sind an der Umleitungsstrecke infolge des zusätzlichen Verkehrs Schäden entstanden, so hat der Träger der Straßenbaulast für die Bundesfernstraße nach Beendigung der Umleitung die Aufwendungen zu ihrer Beseitigung zu ersetzen (§ 14 Abs. 3 FStrG). Der Träger der Straßenbaulast der Umleitungsstrecke kann nur die Aufwendungen verlangen, die zur Herstellung des Zustandes der Straße vor Beginn der Umleitung notwendig sind.

Vor Beginn der Umleitung ist nach Möglichkeit zwischen den Trägern der Straßenbaulast über die Bauarbeiten zur Herrichtung der Umleitungsstrecke und über die Beseitigung von Schäden eine Vereinbarung zu treffen.

6. Die Beteiligten haben sicherzustellen, dass Bauarbeiten an der Umleitungsstrecke und sonstige Veranstaltungen (z. B. Umzüge, Jahrmärkte), die den Verkehr behindern können,

8.4.1 Allgemeines

BMV-Erlass vom 19.12.1963

während der Umleitungszeit unterbleiben. Dies gilt auch für Baumaßnahmen von Nutzungsberechtigten (z. B. an Straßenbahnen, Versorgungsleitungen und Fernsprechleitungen) oder von Anliegern. Straßen, die von baulichen Vorhaben und Veranstaltungen während der Umleitungszeit nicht freigehalten werden können, sind für den Umleitungsverkehr grundsätzlich nicht geeignet. Es muss jedoch in der Regel möglich sein, dass die beteiligten Träger der Straßenbaulast bauliche Maßnahmen an ihren für die Umleitung benötigten Straßen entweder vorziehen oder zurückstellen und die Nutzungsberechtigten rechtzeitig darauf aufmerksam machen, dass während der Umleitungszeit Bauarbeiten nicht durchgeführt werden können. Sie sind darauf hinzuweisen, dass während der Umleitungszeit Erlaubnisse für die Inanspruchnahme der Umleitungsstrecke durch Veranstaltungen und Bauarbeiten nicht erteilt werden können. Die Zustimmung zur Ausführung solcher Maßnahmen ist, soweit möglich, zu versagen (vgl. Nr. 15 der Anlage 2, Nr. 17 der Anlage 3 zu den Nutzungsrichtlinien, VkBl. 1961 S. 628). Die Träger der Straßenbaulast für die Umleitungsstrecke haben auf Grund ihrer Duldungspflicht (§ 14 Abs. 1 FStrG) die Belange des Umleitungsverkehrs mit wahrzunehmen (s. auch Nr. 2). Bei besonderen Veranstaltungen ergibt sich ihre Beteiligung bei der Erteilung von Erlaubnissen der Straßenverkehrsbehörden aus § 5 StVO.

7. Die Umleitungsstrecke und die zur Herrichtung der Umleitungsstrecke notwendigen Maßnahmen sind in einem Umleitungsplan darzustellen. Der Umleitungsplan ist dem REE-Entwurf beizufügen. Ist ein REE-Entwurf nicht erforderlich, so muss er spätestens bei Ausschreibung der Baumaßnahme an der Bundesfernstraße vorhanden sein. Sind der REE-Entwurf oder die Vergabeunterlagen mir vorzulegen, so ist der Umleitungsplan beizufügen.

Der Umleitungsplan ist den nach Nr. 3 beteiligten Behörden mitzuteilen.

Die Auswahl und Herrichtung geeigneter Umleitungsstrecken kann nur in enger Zusammenarbeit der beteiligten Behörden vorgenommen werden. Ich bitte daher, die beteiligten Stellen entsprechend zu verständigen. In schwierigen Fällen kann zur Erleichterung der Zusammenarbeit auch die Einschaltung der staatlichen Mittelbehörden (Regierungspräsidenten) angezeigt sein.

Eine entsprechende Anwendung dieser Grundsätze bei Umleitungen wegen Sperrung anderer Straßen darf ich empfehlen.

(VkBl. 1964 S. 125)

8.4.2 Ankündigung

StVO Anlage 3 Richtzeichen (zu § 42 Absatz 2) Abschnitt 11 Umleitungsbeschilderung		
		1. Umleitung außerhalb von Autobahnen
		b) Temporäre Umleitungen (z. B. infolge von Baumaßnahmen)
68		**Erläuterung** Die temporäre Umleitung kann angekündigt sein durch Zeichen 455.1 oder
69	**Zeichen 457.1** 	**Erläuterung** Umleitungsankündigung
70		**Erläuterung** jedoch nur mit Entfernungsangabe auf einem Zusatzzeichen und bei Bedarf mit Zielangabe auf einem zusätzlichen Schild über dem Zeichen. Soll die Ankündigung nur für bestimmte Verkehrsarten gelten, sind diese auf einem Zusatzzeichen über dem Zeichen angegeben.
71		**Erläuterung** Die Ankündigung kann auch erfolgen durch
72	**Zeichen 458** 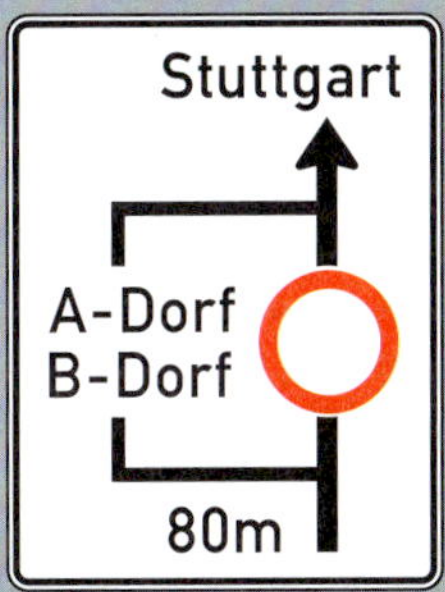	**Erläuterung** eine Planskizze

8.4.2 Ankündigung

StVO Anlage 3 Richtzeichen (zu § 42 Absatz 2) Abschnitt 11 Umleitungsbeschilderung		
		2. Bedarfsumleitung für den Autobahnverkehr
77	**Zeichen 466**  **Weiterführende Bedarfsumleitung**	**Erläuterung** Kann der umgeleitete Verkehr an der nach Zeichen 460 vorgesehenen Anschlussstelle noch nicht auf die Autobahn zurückgeleitet werden, wird er durch dieses Zeichen über die nächste Bedarfsumleitung weitergeführt.

Durch die Ankündigung werden die Verkehrsteilnehmer auf die für sie unerwartete Umleitung vorbereitet. Sie muss daher Aufmerksamkeit wecken und in aller Kürze die notwendigen Informationen zu Betroffenheit und zweckmäßigem Verhalten vermitteln.

Die Aufmerksamkeit wird bei temporären Umleitungen in der Regel durch Zeichen 457.1 geweckt. Bei kleinräumigen Umleitungen und beengten räumlichen Verhältnissen kann es ausreichen, einen Umleitungsvorwegweiser (Zeichen 455.1; siehe Abschnitt 8.4.3) mit einer Entfernungsangabe (auf einem darunter angebrachten Zusatzzeichen) zu ergänzen. Soll die temporäre Umleitung nur für eine bestimmte Verkehrsart gelten, so wird diese Verkehrsart auf einem Zusatzzeichen über Zeichen 455.1 angegeben. Bei permanenten Umleitungen für eine bestimmte Verkehrsart wird für die Ankündigung normalerweise der Umleitungsvorwegweiser Zeichen 442 mit einer Entfernungsangabe verwendet. Darauf können auch mehrere Sinnbilder gezeigt werden (z. B. Fahrrad und Mofa). Die hin und wieder zu beobachtende Kombination aus Zeichen 101 mit Zeichen 457.1 ist nicht sinnvoll.

Zur Orientierung der Verkehrsteilnehmer ist es vor allem bei großräumigeren Umleitungen oder Umleitungen, die wegen einer weiter entfernten Sperrung erforderlich werden, allerdings notwendig, die Ankündigung der Umleitung durch eine Planskizze (Zeichen 458) vorzunehmen (oder zu ergänzen). Bei der Gestaltung der Planskizze ist darauf zu achten, dass sie möglichst einfach gehalten wird. Eine zu differenzierte Gestaltung ist in der Kürze der Vorbeifahrt nicht erfassbar und irritiert mehr, als dass sie informiert. In der Regel wird die in der StVO mit Zeichen 458 vorgegebene schematische und rechtwinklige Grundgestaltung ausreichen. Ihr ist z. B. zu entnehmen,

- dass die durchgehende Straße (im Muster der StVO: Richtung „Stuttgart“) gesperrt ist (ggf. ist das im Muster vorgesehene Zeichen 250 durch ein der Sperrung entsprechendes, z. B. Zeichen 253, zu ersetzen) und
- auf welcher Seite die Sperrung umfahren wird (im Muster der StVO auf der linken Seite über „B-Dorf“ und „A-Dorf“),
- ggf. durch eine weitere Ortsangabe in der Darstellung des gesperrten Astes, ob die Sperrung erst in oder hinter diesem Ort erfolgt (z. B. damit der Verkehrsteilnehmer entscheiden kann, ob er sein Ziel durch Weiterfahrt in Richtung der Sperrung oder durch Umfahrung der Sperrung und Rückfahrt auf der durch die Sperrung unterbrochenen Straße erreichen kann; siehe *Bild 8.30*).

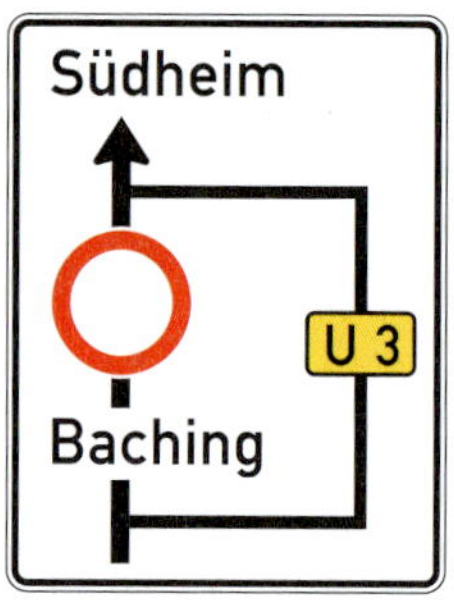

Bild 8.30
Beispiel für eine Ankündigungstafel, aus der auch hervorgeht, dass Verkehr nach Baching die Umleitung nicht benutzen soll
Quelle: RUB 2021

Mehr Informationen sollten in der Planskizze nicht dargestellt werden. Für den Ausnahmefall, dass das dargestellte Schema der tatsächlichen Lage nicht entspricht, z. B. weil die durchgehende Straße am Umleitungsbeginn nicht die geradeaus weiterführende ist, sind in den RUB Beispiele für andere, ähnlich einfache und schnell aufzunehmende schematische Darstellungen zu finden (Beispiel siehe *Bild 8.31*).

In Anlehnung an die touristische Wegweisung (siehe Abschnitt 8.5.2) sind nach den neuen RUB auch „via ...“-Wegweisungen möglich. Dabei wird mit dem Wort „via“ ein Zwischenziel in der Umleitungsstrecke mitgeteilt; die Fahrzeugführer sollen dann entsprechend der vorhandenen Wegweisung in Richtung dieses Zwischenziels und von dort zum nächsten Ziel der ursprünglichen Strecke fahren. Voraussetzung dafür ist, dass in der Grundwegweisung der betroffenen Straßen das Zwischenziel vom Umleitungsbeginn bis zum Zwischenziel und von dort zum nächsten Ziel der Strecke gezeigt wird. Dann ist keine weitere Umleitungsbeschilderung mehr erforderlich.

Bei den **Bedarfsumleitungen für den Autobahnverkehr** ist in der Regel keine Ankündigung erforderlich, da sie in der Regel von einer

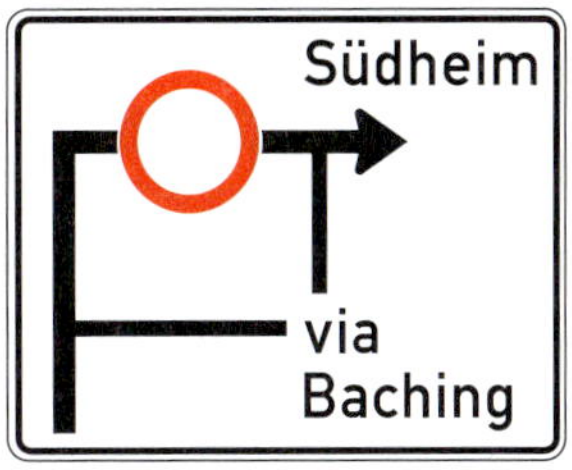

Bild 8.31 Beispiel für eine Ankündigungstafel, aus der auch hervorgeht, dass zunächst der Wegweisung zum Zwischenziel Baching, dann wieder der nach Südheim zu folgen ist (weitere Umleitungsbeschilderung ist dann nicht mehr notwendig)
Quelle: RUB 2021

Anschlussstelle zur nächsten führen und systematisch durchnummeriert sind. Ist es erforderlich, den Verkehr von einer Bedarfsumleitung auf die nächste (in der Regel dann zur übernächsten Anschlussstelle) zu führen, so kann Zeichen 466 angeordnet werden.

Besondere Beschilderungsvorkehrungen sind zu treffen, wenn eine Anschlussstelle gesperrt werden muss. Regelpläne für solche Fälle enthalten die RSA (siehe auch das Beispiel in Abschnitt 8.4.6).

Zu Abschnitt 8.4.2

VwV-StVO zu § 42 Richtzeichen

Zu Zeichen 442 Vorwegweiser für bestimmte Verkehrsarten

1 Das Zeichen 442 kann mit Entfernungsangabe auf einem Zusatzzeichen auch den Beginn einer Umleitung kennzeichnen.

...

Zu den Zeichen 454 und 455.1

5 V. Zum Einsatz als Ankündigung einer Umleitung siehe VwV zu Zeichen 457.1 und 458.

...

Zu den Zeichen 457.1 und 458

1 I. Größere Umleitungen sollten immer angekündigt werden, und zwar in der Regel durch die Planskizze.

2 II. Kleinere Umleitungen auf Straßen mit geringer Verkehrsbedeutung bedürfen der Ankündigung nur, wenn das Zeichen 454 oder 455.1 nicht rechtzeitig gesehen wird.

3 III. Bei Umleitungen für eine bestimmte Verkehrsart ist in Zeichen 458 das entsprechende Verkehrszeichen nach § 41 Abs. 1 (Anlage 2) anstatt Zeichen 250 anzuzeigen.

8.4.3 Vorwegweisung

StVO Anlage 3 Richtzeichen (zu § 42 Absatz 2) Abschnitt 11 Umleitungsbeschilderung		
		1. Umleitung außerhalb von Autobahnen
		a) Umleitungen für bestimmte Verkehrsarten
62	**Zeichen 442**  **Vorwegweiser**	**Erläuterung** Vorwegweiser für bestimmte Verkehrsarten
		b) Temporäre Umleitungen (z. B. infolge von Baumaßnahmen)
67	**Zeichen 455.1** 	**Erläuterung** Fortsetzung der Umleitung
zu 66 und 67		**Erläuterung** Die Zeichen 454 und 455.1 können durch eine Zielangabe auf einem Schild über den Zeichen ergänzt sein. Werden nur bestimmte Verkehrsarten umgeleitet, sind diese auf einem Zusatzzeichen über dem Zeichen angegeben.
		2. Bedarfsumleitung für den Autobahnverkehr
76	**Zeichen 460**  **Bedarfsumleitung**	**Erläuterung** Das Zeichen kennzeichnet eine alternative Streckenführung im nachgeordneten Straßennetz zwischen Autobahnanschlussstellen.

8.4.3 Vorwegweisung

Für die Vorwegweisung der Umleitung werden die Zeichen 442, 455.1 und 460 mit gebogenen Pfeilen verwendet (für die Geradeausrichtung besteht kein Unterschied zu den Wegweisern; siehe auch Abschnitt 8.2.4 insbesondere *Tabelle 8.3*).

Je nach Art der Umleitung enthalten die Zeichen in ihrem oberen Teil zusätzliche Informationen (*Bild 8.32*).

Die Vorwegweiser werden bei permanenten Umleitungen als „Reiter" über den Vorwegweisern der Grundwegweisung angeordnet (links oder rechts weisend bündig mit dem linken oder rechten Rand des Vorwegweisers, geradeaus weisend über dem Geradeaus-Pfeil des Vorwegweisers). Bei temporären Umleitungen werden die Vorwegweiser der Umleitung entweder getrennt etwa 20–40 m vor dem Vorwegweiser oder wie bei einer permanenten Umleitungsbeschilderung ebenfalls am Vorwegweiser angeordnet. Da die Anordnung als Reiter am Vorwegweiser u. U. mit größerem Aufwand (Steigereinsatz, Anpassung der Konstruktion für die Windlast) verbunden ist, sollte zunächst die getrennte Aufstellung erwogen werden. Für Sonderfälle sind nähere Anweisungen in den RUB zu finden.

Z 455.1-10 Z 442-20 Z 442-21

Bild 8.32 Beispiele für Umleitungsvorwegweiser
Quelle: VzKat

Zu Abschnitt 8.4.3

VwV-StVO zu § 42 Richtzeichen

Zu den Zeichen 454 und 455.1

1 I. Das Zeichen 454 oder 455.1 muss im Verlauf der Umleitungsstrecke an jeder Kreuzung und Einmündung angeordnet werden, wo Zweifel über den weiteren Verlauf entstehen können.

2 II. Zusätzliche Zielangaben sind nur anzuordnen, wo Zweifel entstehen können, zu welchem Ziel die Umleitung hinführt.

...

4 IV. Das Zeichen 455.1 kann als Vorwegweiser wie auch als Wegweiser eingesetzt werden.

8.4.4 Wegweisung

StVO Anlage 3 Richtzeichen (zu § 42 Absatz 2) Abschnitt 11 Umleitungsbeschilderung		
		1. Umleitung außerhalb von Autobahnen
		a) Umleitungen für bestimmte Verkehrsarten
63	Zeichen 421 	**Erläuterung** Pfeilwegweiser für bestimmte Verkehrsarten
64	Zeichen 422 	**Erläuterung** Wegweiser für bestimmte Verkehrsarten
		b) Temporäre Umleitungen (z. B. infolge von Baumaßnahmen)
65		**Erläuterung** Der Verlauf der Umleitungsstrecke kann gekennzeichnet werden durch
66	Zeichen 454 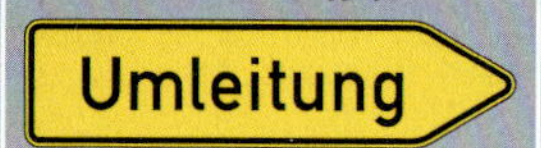	**Erläuterung** Umleitungswegweiser oder
67	Zeichen 455.1 	**Erläuterung** Fortsetzung der Umleitung
zu 66 und 67		**Erläuterung** Die Zeichen 454 und 455.1 können durch eine Zielangabe auf einem Schild über den Zeichen ergänzt sein. Werden nur bestimmte Verkehrsarten umgeleitet, sind diese auf einem Zusatzzeichen über dem Zeichen angegeben.

8.4.4 Wegweisung

StVO Anlage 3 Richtzeichen (zu § 42 Absatz 2)
Abschnitt 11 Umleitungsbeschilderung

		2. Bedarfsumleitung für den Autobahnverkehr
76	**Zeichen 460**  **Bedarfsumleitung**	**Erläuterung** Das Zeichen kennzeichnet eine alternative Streckenführung im nachgeordneten Straßennetz zwischen Autobahnanschlussstellen.

Für die Wegweisung der Umleitung werden die Zeichen 442, 455.1 und 460 mit Querpfeilen (für die Geradeausrichtung besteht kein Unterschied zu den Vorwegweisern; siehe auch Abschnitt 8.2.4) oder die Zeichen 421 und 454 verwendet.

Die Zeichen werden bei permanenten Umleitungen als „Reiter" über den Tabellenwegweisern der Grundwegweisung angeordnet (links oder rechts weisend bündig mit dem linken oder rechten Rand des Vorwegweisers, geradeaus weisend über dem Geradeaus-Pfeil des Vorwegweisers). Bei temporären Umleitungen werden die Vorwegweiser der Umleitung entweder getrennt etwa 20–40 m vor dem Wegweiser oder wie bei einer permanenten Umleitungsbeschilderung ebenfalls am Wegweiser angeordnet. Da die Anordnung als Reiter am Vorwegweiser u. U. mit größerem Aufwand (Steigereinsatz, Anpassung der Konstruktion für die Windlast) verbunden ist, sollte für temporäre Umleitungen zunächst die getrennte Aufstellung erwogen werden.

In Ausnahmefällen können auch die Pfeilwegweiser (Zeichen 421 und 454) verwendet werden. Sie werden nach den für die Pfeilwegweiser der Grundwegweisung geltenden Regeln angeordnet (siehe Abschnitt 8.3.6).

Für Sonderfälle sind nähere Anweisungen in den RUB zu finden.

Zu beachten ist, dass Zeichen 421 als Bestandteil der Wegweisung nur einen **Hinweis**, nicht aber ein Gebot darstellt. Soll ein **Gebot** für das Abbiegen z. B. des Lkw-Verkehrs ausgesprochen werden, dann muss dies beispielsweise durch Zeichen 209 (Vorgeschriebene Fahrtrichtung „Rechts") mit einem Zusatzzeichen, das das Sinnbild eines Lkw zeigt, geschehen (Zusatzzeichen 1010-51; siehe Abschnitt 4.2).

Auf Autobahnen und autobahnähnlich ausgebauten Straßen folgt die Pfeilsystematik der Umleitungsbeschilderung jener der Grundwegweisung. Das bedeutet bei Umleitungen im Zuge der abbiegenden Fahrtrichtung:

- Im Bereich der Vorwegweiser wird der gebogene Pfeil gemäß *Tabelle 8.2* (Abschnitt 8.2.4),
- im Bereich des Wegweisers (am Entscheidungspunkt) der Schrägpfeil,
- hinter der Inselspitze (hinter dem Entscheidungspunkt) der Querpfeil

verwendet.

Bei komplexeren Knotenpunkten mit mehreren Ausfahrten oder Parallelfahrbahn ist bei der Planung der Umleitungsbeschilderung ein besonderes Augenmerk auf die Verständlichkeit zu legen.

Zu Abschnitt 8.4.4

VwV-StVO
zu § 42
Richtzeichen

Zu den Zeichen 454 und 455.1

1 I. Das Zeichen 454 oder 455.1 muss im Verlauf der Umleitungsstrecke an jeder Kreuzung und Einmündung angeordnet werden, wo Zweifel über den weiteren Verlauf entstehen können.

2 II. Zusätzliche Zielangaben sind nur anzuordnen, wo Zweifel entstehen können, zu welchem Ziel die Umleitung hinführt.

3 III. Das Zeichen 455.1 kann im Verlauf der Umleitungsstrecke anstelle von Zeichen 454 angeordnet werden. Wo eine Unterscheidung mehrerer Umleitungsstrecken erforderlich ist, kann es mit einer Nummerierung versehen werden.

4 IV. Das Zeichen 455.1 kann als Vorwegweiser wie auch als Wegweiser eingesetzt werden.

5 V. Zum Einsatz als Ankündigung einer Umleitung siehe VwV zu Zeichen 457.1 und 458.

8.4.5 Bestätigung

StVO Anlage 3 Richtzeichen (zu § 42 Absatz 2)
Abschnitt 11 Umleitungsbeschilderung

		1. Umleitung außerhalb von Autobahnen
		b) Temporäre Umleitungen (z. B. infolge von Baumaßnahmen)
73		**Erläuterung** Das Ende der Umleitung kann angezeigt werden durch
74	Zeichen 457.2 	**Erläuterung** Ende der Umleitung oder
75	Zeichen 455.2 	**Erläuterung** Ende der Umleitung

Durch die Bestätigung, dass das Umleitungsende erreicht ist, wird den Verkehrsteilnehmern angezeigt, dass die erhöhte Aufmerksamkeit für das Folgen der Umleitungsstrecke nun nicht mehr erforderlich ist.

8.4.6 Beispiele für Gesamtsysteme

1. Beispiel für eine temporäre Innerortsumleitung (z. B. wegen einer Arbeitsstelle)

Kleinere Umleitungen

Regelplan A1.1: *Temporäre Umleitung*
- alle Verkehrsarten
- ohne Nummerierung im Zeichen 455.1

Die Regelpläne sind als Prinzipskizzen zu verstehen und sind an die tatsächliche Situation in Form von Beschilderungsplänen anzupassen.

Hinweis: Aus Gründen der Übersichtlichkeit werden in dem Beschilderungsplan die Umleitungen nur aus den Zufahrten 1 und 2 dargestellt.

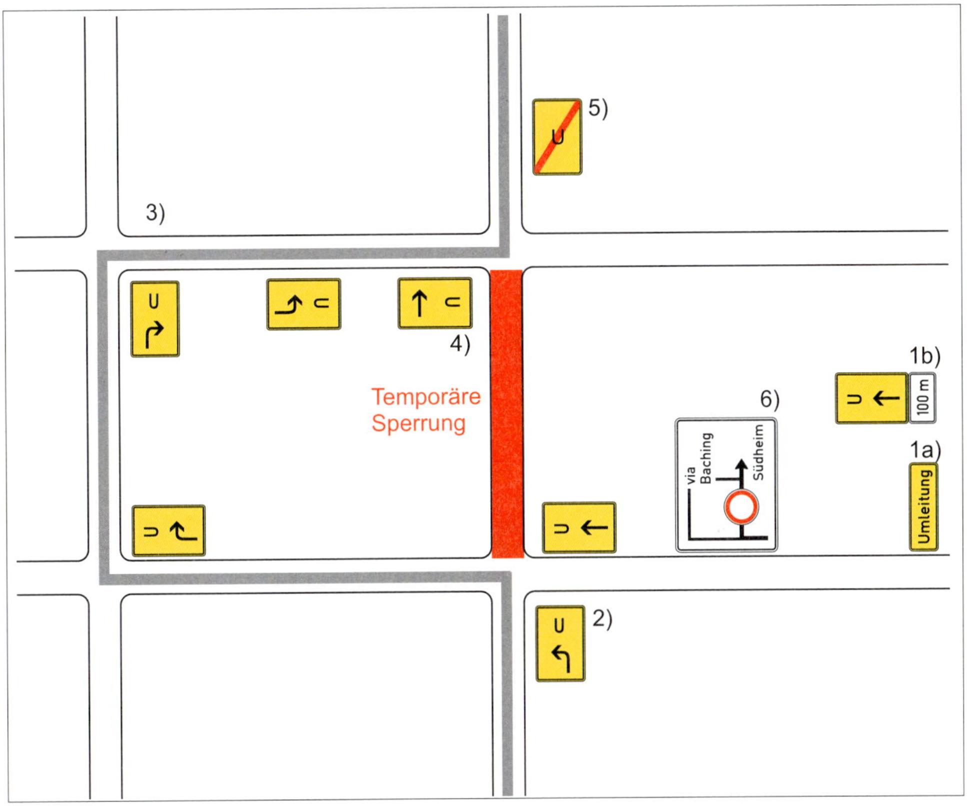

Erläuterungen

1a) 1b) Ankündigung bei spät einsehbarer Kreuzung zweckmäßig. Bei beengten räumlichen Verhältnissen Zeichen 455.1 (1b) statt 457.1 (1a).
2) Ankündigung hier nicht erforderlich.
3) Nur im Ausnahmefall hier Pfeilwegweiser (z. B. bei dichter Folge von Einmündungen).
4) Vorwegweiser und Wegweiser notwendig bei Möglichkeit des Rückstaus oder spät einsehbarem Knotenpunkt.
5) Kann auch entfallen.
6) Kann bei geringer Verkehrsstärke entfallen.

Bild 8.33 Regelplan für eine temporäre Umleitung innerorts Quelle: RUB 2021

Anmerkung: Das „Merkblatt für den Einsatz von temporärer Umleitungsbeschilderung (M TU)" empfiehlt, temporäre Umleitungen grundsätzlich als nummerierte Umleitungen zu beschildern. Die Nummer geht aus der Ankündigung hervor, die nach dem M TU möglichst mit Planskizzen erfolgen soll. Entlang der Umleitungsstrecke sollen dann möglichst nur noch (Vor-)Wegweiser Zeichen 455.1 mit dieser Nummer ohne weitere Zusatzzeichen gezeigt werden (auch bei der Teilung verschiedener Umleitungsstrecken). Das ist darin begründet, dass Zeichen 455.1 mit Zusatzzeichen im Vergleich zu solchen ohne Zusatzzeichen übergroße Aufstellvorrichtungen benötigen. Diese Empfehlung gilt auch für Umleitungen nur für spezielle Fahrzeugarten.

8.4.6 Beispiele für Gesamtsysteme

2. Beispiel für eine temporäre Außerortsumleitung

Beginn größerer Umleitungen

Regelplan A2.1: *Temporäre Umleitung*

- alle Verkehrsarten
- ohne Nummerierung im Zeichen 455.1
- plangleicher Knotenpunkt

Die Regelpläne sind als Prinzipskizzen zu verstehen und sind an die tatsächliche Situation in Form von Beschilderungsplänen anzupassen.

Hinweis: In dem Regelplan ist nur die Umleitungsbeschilderung am Beginn der Umleitungsstrecke und nicht die Beschilderung in deren weiterem Verlauf dargestellt (Zufahrten 1 bis 3).

Bei einzelnen nicht erreichbaren Zielen ist nur dieses Ziel auszukreuzen.

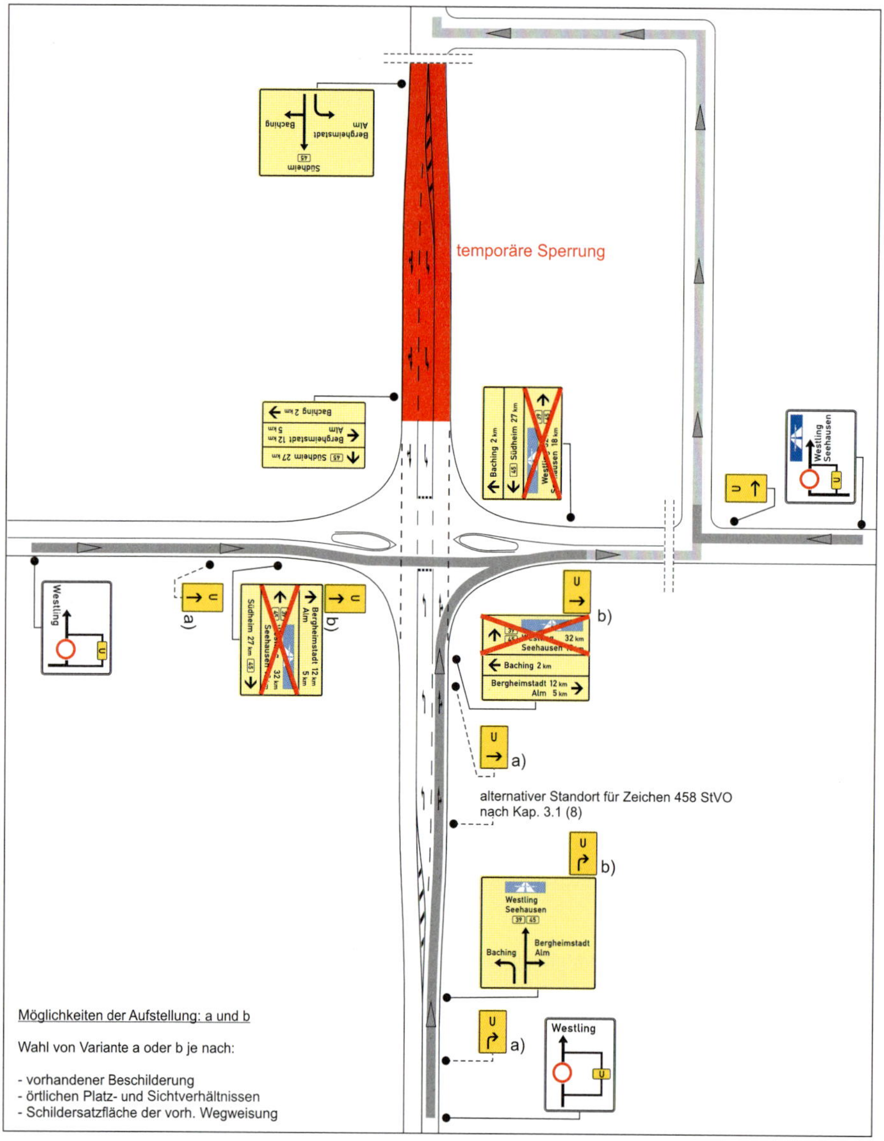

Erläuterung

Gestaltung der Planskizzen mit Zeichen 458 nach Lage der Zufahrt in Bezug auf die gesperrte Strecke.

Bild 8.34 Regelplan für eine temporäre Umleitung außerorts Quelle: RUB 2021

3. Beispiel für eine Umleitung für kennzeichnungspflichtige Fahrzeuge mit gefährlichen Gütern

Beginn größerer Umleitungen

Regelplan A2.4: *Permanente Umleitung*
- eine bestimmte Verkehrsart
- plangleicher Kontenpunkt

Die Regelpläne sind als Prinzipskizzen zu verstehen und sind an die tatsächliche Situation in Form von Beschilderungsplänen anzupassen.

Hinweis: In dem Regelplan ist nur die Umleitungsbeschilderung am Beginn der Umleitungsstrecke und nicht die Beschilderung in deren weiterem Verlauf dargestellt.

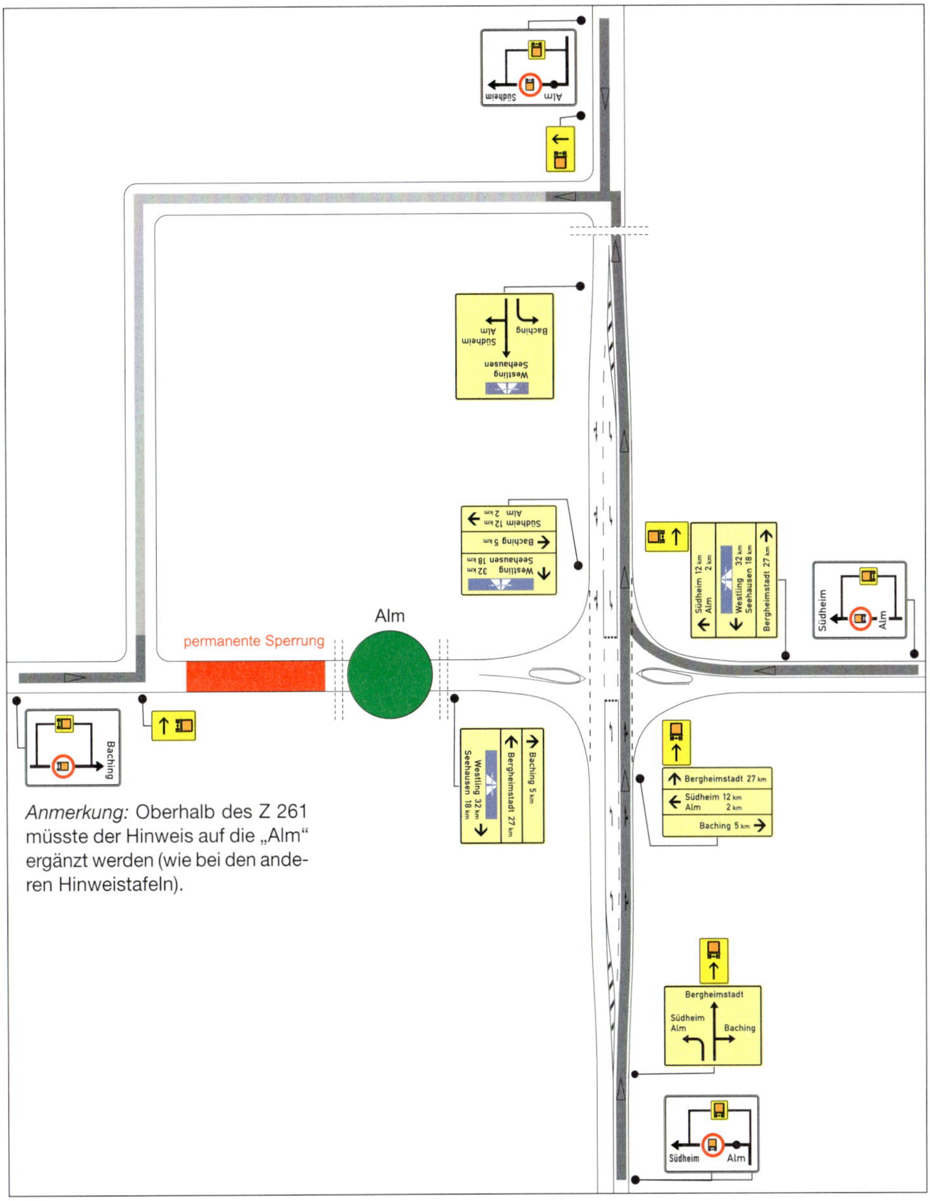

Anmerkung: Oberhalb des Z 261 müsste der Hinweis auf die „Alm“ ergänzt werden (wie bei den anderen Hinweistafeln).

Bild 8.35 Regelplan für die Beschilderung bei Sperrung einer Straße für kennzeichnungspflichtige Fahrzeuge mit gefährlichen Gütern Quelle: Nach RUB 2021

8.4.6 Beispiele für Gesamtsysteme

4. Beispiel für eine Umleitungsbeschilderung bei Sperrung einer Autobahnanschlussstelle

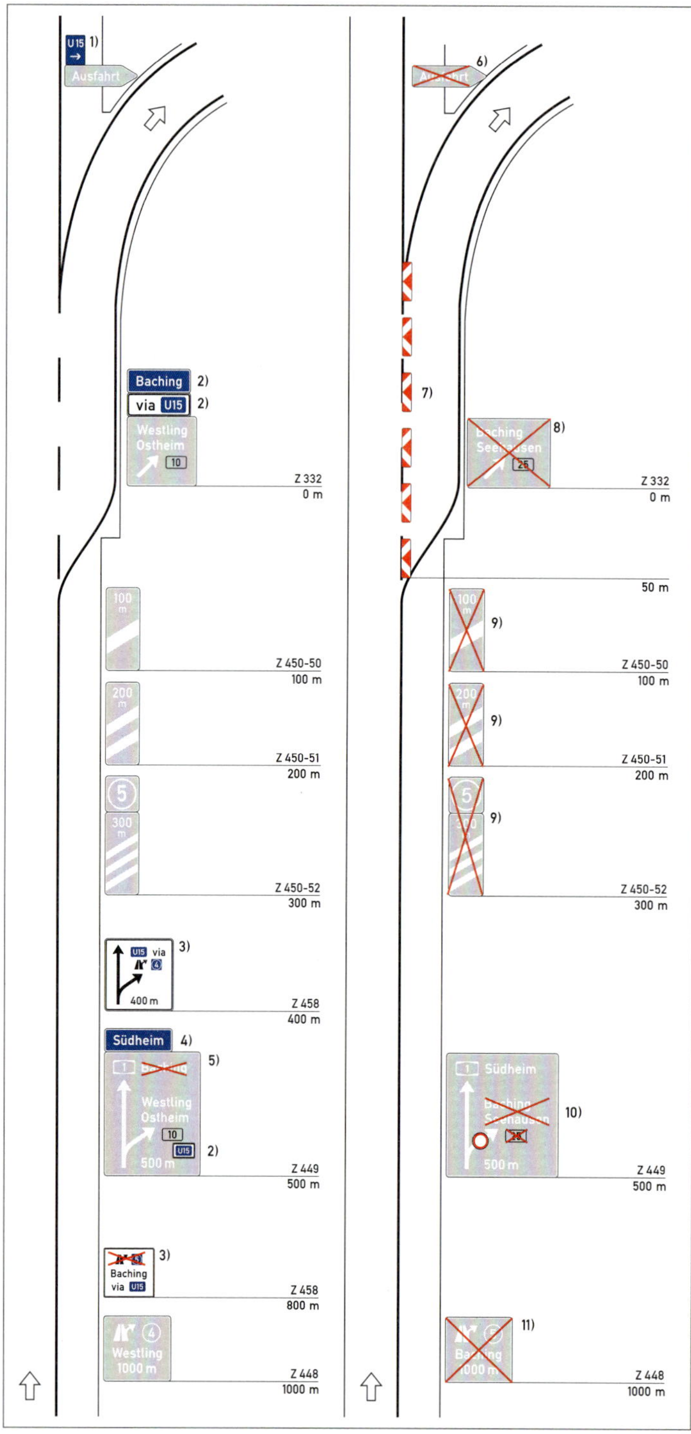

U-Plan 1: Umleitung über vorherige AS

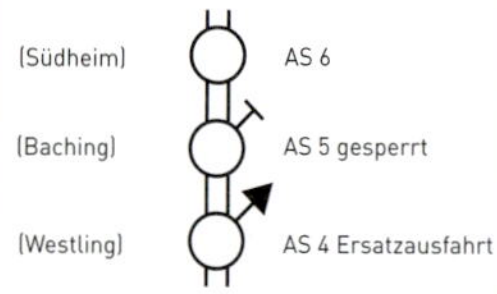

1) Zeichen 460 als Aufsetzer
2) Zusatztafel weiß/schwarz, Beschriftung: Nummer der Umleitung
3) Zusatztafel weiß/schwarz, Hinweis auf Sperrung mit Zeichen 250 Beschriftung Name der gesperrten Anschlussstelle und „via" und Nummer der Umleitung, bei Bedarf Blinklicht
4) Name der Anschlussstelle nach der gesperrten Anschlussstelle
5) Name der gesperrten Anschlussstelle rot auskreuzen
6) Pfeilzeichen Z 333 rot auskreuzen
7) Längsabsperrung der Ausfahrt durch Leitbaken Abstand max. 9 m
8) Wegweiser rot auskreuzen
9) Ankündigungsbaken Ausfahrt rot auskreuzen
10) Vorwegweiser sind mit Zeichen 250 auf dem Pfeilschaft des abweisenden Astes anzubringen, Name der gesperrten Anschlussstelle rot auskreuzen
11) Ankündigungstafel rot auskreuzen

05.21

Bild 8.36 Regelplan der Beschilderung und Absperrung einer gesperrten Anschlussstelle (rechts) **und der letzten Anschlussstelle davor** (links) Quelle: RSA 21

8.5 Ergänzende Wegweisung

8.5.1 Allgemeines

Als „ergänzende Wegweisung“ werden in diesem Abschnitt behandelt

- die Wegweisung auf touristische Ziele und von touristischen Routen (Abschnitt 8.5.2),
- die Wegweisung zu Einrichtungen zur Versorgung der Reisenden (Tankstellen, Raststätten; Abschnitt 8.5.3), die den Straßen in besonderer Weise zugeordnet sind, sowie
- die private Wegweisung zu Messen und anderen temporären Großveranstaltungen (Abschnitt 8.5.4).

Diese Art der Wegweisung wird als „ergänzend“ bezeichnet, da sie eng mit der Grundwegweisung verknüpft ist, sich ihr aber gleichzeitig deutlich unterordnet.

Sie ist mit ihr verknüpft, indem sie in vieler Hinsicht den gleichen Gestaltungsgrundsätzen folgt oder sich inhaltlich auf die Grundwegweisung bezieht.

Sie ordnet sich unter, indem sie teilweise andere Farben verwendet und teilweise an Standorten angeordnet wird, die sich auf die Standorte der Grundwegweisung beziehen.

8.5.2 Touristische Beschilderung

StVO Anlage 3 Richtzeichen (zu § 42 Absatz 2) Abschnitt 9 Hinweise		
zu 31 und 32		**Erläuterung** Die Zeichen stehen außerhalb von Autobahnen. Sie dienen dem Hinweis auf touristisch bedeutsame Ziele und der Kennzeichnung des Verlaufs touristischer Routen. Sie können auch als Wegweiser ausgeführt sein.
31	**Zeichen 386.1** Burg Eltz **Touristischer Hinweis**	
32	**Zeichen 386.2** Deutsche Weinstraße **Touristische Route**	
33	**Zeichen 386.3**  **Touristische Unterrichtungstafel**	**Erläuterung** Das Zeichen steht an der Autobahn. Es dient der Unterrichtung über touristisch bedeutsame Ziele.

8.5.2 Touristische Beschilderung

Die Zeichen 386.1 und 386.2 dienen außerhalb der Autobahnen dem Hinweis auf touristisch bedeutsame Ziele und der Kennzeichnung von Touristikstraßen. Zeichen 386.3 dient an Autobahnen der Unterrichtung über Landschaften und Sehenswürdigkeiten.

Durch die touristische Wegweisung werden touristisch bedeutsame Ziele und touristische Routen gekennzeichnet. Diese Beschilderung richtet sich insbesondere an den touristischen Kfz-Verkehr auf öffentlichen Straßen. Touristischer Verkehr wird von Personen durchgeführt, die sich nur vorübergehend in der Gegend aufhalten. Diese Personen sind häufig an den Besonderheiten dieser Gegend interessiert, kennen sich dort aber nicht besonders gut aus.

Die touristische Beschilderung soll in erster Linie den Besuchern einer Gegend das Auffinden der touristischen Ziele ermöglichen. Das Ziel, auf ihnen noch nicht bekannte touristische Besonderheiten hinzuweisen, tritt demgegenüber zurück.

Der Umfang der touristischen Beschilderung muss so begrenzt werden, dass die Grundwegweisung in ihrer Wirksamkeit nicht entwertet, sondern nur ergänzt wird. Insbesondere müssen die notwendigen Richtungsangaben der Grundwegweisung gezeigt werden, ohne insgesamt,

Z 386.1 mit Bezugsziel
(als Hinweistafel Variante 1 „in")

Z 386.1 mit Bezugsziel
(als Hinweistafel Variante 2 „via")

Z 386.1 mit Bezugsziel
(als Hinweistafel Variante 3 „Richtung")

Bild 8.37 Verknüpfung der touristischen Beschilderung mit der Grundwegweisung Quelle: RtB

d. h. zusammen mit den Richtungsangaben der touristischen Wegweisung, die Maximalzahl der vertretbaren Richtungsangaben zu überschreiten (siehe Abschnitt 8.2.6). Es gelten die

- „Richtlinien für die touristische Beschilderung (RtB)", Ausgabe 2008, FGSV Verlag.

Der Einführungserlass der RtB 2008 ist nachstehend abgedruckt.

Die RtB bauen auf den Vorgaben der StVO und ihrer Verwaltungsvorschrift ein die Grundwegweisung ergänzendes Wegweisungssystem in der Grundfarbe Braun auf.

Die RtB lösen das Problem der begrenzten Zielanzahl, indem sie als Regellösung die touristischen Ziele mit den Richtungsangaben der Grundwegweisung verknüpfen, z. B. durch Verweise wie „Richtung ...", „via ..." oder „in ..." (*Bild 8.37*). Erst in unmittelbarer Nähe eines touristischen Ziels wird mit Zeichen 386.1 direkt auf das Ziel selbst hingewiesen.

Als Beschilderung werden der „Touristische Hinweis", die „Touristische Route" und die „Touristische Unterrichtungstafel" (Zeichen 386.1, 386.2 und 386.3) verwendet.

Die Zeichen der touristischen Wegweisung sind äußerst sparsam einzusetzen und so anzuordnen, dass sie die Wirkung anderer Verkehrszeichen nicht beeinträchtigen.

Touristische Hinweiszeichen

Mit touristischen Hinweiszeichen (Zeichen 386.1) wird das Auffinden touristisch bedeutsamer Ziele erleichtert. Solche Ziele können nach den RtB beispielsweise sein:

- Kultur-, Bau- und Bodendenkmäler
- Welterbestätten der UNESCO
- sonstige Anlagen oder Einrichtungen von kultureller, geschichtlicher oder kulturhistorischer Bedeutung
- Stadtbereiche oder städtebauliche Ensembles von baugeschichtlicher Bedeutung oder städtebauliche Besonderheiten, wie z. B. historischer Stadtkern
- Naturdenkmäler (gemäß BNatSchG)
- Naturschutz- oder Landschaftsschutzgebiete, National- oder Naturparks (gemäß BNatSchG), soweit es der Schutzzweck erlaubt
- sonstige zur Erholung dienende Landschaften oder Landschaftsparks
- Gärten
- Erholungs- und Freizeitgebiete oder -einrichtungen (z. B. Freizeitparks oder Wildparks), soweit

sie überwiegend von touristischer Bedeutung sind und nicht aus verkehrlichen Gründen mit Zeichen 432 (schwarz auf weiß) in die Grundwegweisung aufgenommen werden müssen.

Müssen die **Hinweiszeichen** auf touristisch bedeutsame Ziele ausnahmsweise eine wegweisende Funktion übernehmen, z. B. bei weithin bekannten, aber abseits bekannter Orte liegenden touristischen Zielen mit großem Zielverkehrsaufkommen oder im Nahbereich touristischer Ziele, dann wird Zeichen 386.1 je nach Art der am Knoten angeordneten Wegweisung entweder

- als brauner Einsatz im Vorwegweiser oder Wegweiser,
- durch einen Pfeil ergänzt, und/oder als selbstständige Tafel eines aufgelösten Tabellenwegweisers oder
- als Pfeilwegweiser

ausgeführt. Die RtB regeln das im Einzelnen. Hier sind auch Sinnbilder aufgeführt (Kirche, Museum, Burg, Schloss und Kriegsgräberstätte), die zur Unterstützung der Textangabe verwendet werden dürfen.

Touristische Route

Zeichen 386.2 kennzeichnet einen Straßenverlauf als touristische Route (*Bild 8.38*). Dazu erhält die Straße über einen längeren Verlauf einen Namen. Regeln zur Auswahl solcher Routen sind in den RtB zu finden.

Nach Möglichkeit erfolgt die Beschilderung durch Bezug auf Richtungsangaben der Grundwegweisung. Dazu wird am Anfang der touristischen Route, vor Knotenpunkten, an denen die Route von der durchgehenden Straße abzweigt, und

Bild 8.38 Touristische Route als Hinweisschild

Bild 8.39 Wegweiser im Verlauf von touristischen Routen Quelle: RtB, VzKat

immer, wenn sich das Bezugsziel ändert, der Bezug zu einer Richtungsangabe der Grundwegweisung hergestellt (*Bild 8.37*). Außerdem wird Zeichen 386.2 hinter wichtigen Knotenpunkten als Bestätigung angeordnet.

Ist es in Ausnahmefällen nicht möglich, den Bezug zur Grundwegweisung herzustellen, so kann Zeichen 386.2 durch einen entsprechenden Wegweiser dargestellt werden (*Bild 8.39*). Er sollte vorzugsweise als Pfeilsymbol ergänzt und wie ein Teilschild eines aufgelösten Tabellen(vor)wegweisers als additiver Vorwegweiser ca. 50–100 m vor dem Wegweiser der Grundwegweisung angeordnet werden.

Touristische Unterrichtungstafel

Touristische Unterrichtungstafeln (Zeichen 386.3) dienen an Autobahnen entweder als Hinweis auf ein von der Autobahn aus sichtbares Ziel oder auf eine in der Nähe der Autobahn gelegene touristisch bedeutsame Besonderheit.

Unterrichtungstafeln sollen einheitlich gestaltet werden und erkennbar einer „Schilderfamilie“ angehören. Dazu ist es wichtig, eine Geschlossenheit im Erscheinungsbild durch Größe und Darstellung sicherzustellen. Innerhalb dieses Gestaltungsrahmens soll jede Unterrichtungstafel ein eigenständiges Erscheinungsbild aufweisen.

Die Tafeln haben eine braune Grundfarbe mit weißer Schrift und weißem Einsatz. Das Motiv setzt sich aus Braun und Weiß zusammen. Flächenhafte Rasterungen aus Braun und Weiß zum Erzielen hellerer Brauntöne sind nur bis zu 30 % der Schildfläche erlaubt. Der Rest ist entweder vollflächig braun oder weiß. Der Rahmen ist vollflächig braun zu gestalten. Andere Farben sind in der Tafel nicht zulässig.

Unterrichtungstafeln dürfen nicht mit anderen Verkehrszeichen kombiniert oder mit diesen am gleichen Standort aufgestellt werden. Sie dürfen nicht im unmittelbaren Bereich eines Autobahnknotens (Autobahnkreuz oder -dreieck, Anschlussstelle) und der ihm zugeordneten Beschilderung angeordnet werden. Zwischen zwei Knoten sollen höchstens zwei Unterrichtungstafeln angeordnet werden.

Alle touristischen Hinweisschilder (Zeichen 386.1 bis 386.3) werden von Interessenvertretern des Tourismus oder anderen interessierten Verbänden oder Einrichtungen (Träger) initiiert und getragen, müssen als Verkehrszeichen aber von der Straßenverkehrsbehörde angeordnet und vom Straßenbaulastträger (gegen Kostenersatz) beschafft, angebracht, unterhalten und entfernt werden (§§ 45 Abs. 5, 51 StVO).

Der Antrag zur Aufstellung touristischer Beschilderung ist an die zuständige Straßenverkehrsbehörde zu richten. Die touristische Beschilderung soll unter Beteiligung der Interessenvertreter des Tourismus und der interessierten Verbände unter Beteiligung der betroffenen Behörden (Straßenbaubehörde, Denkmalbehörde, Forstbehörde usw.) von der Straßenverkehrsbehörde festgelegt werden (siehe VwV-StVO zu Zeichen 386.1 bis 386.3).

Die Kosten für die Beschaffung, Aufstellung, den Betrieb (Folgepflicht) und die abschließende Beseitigung der Zeichen trägt abweichend von § 5b Abs. 1 StVG derjenige, der die Aufstellung dieser Zeichen beantragt hat (Träger). Dazu wird eine Vereinbarung zwischen dem Träger und der Straßenbauverwaltung geschlossen.

Zu Abschnitt 8.5.2

VwV-StVO
zu § 42
Richtzeichen

Zu den Zeichen 386.1, 386.2 und 386.3 Touristischer Hinweis, touristische Route und touristische Unterrichtungstafel

1 I. Touristische Beschilderungen mit den Zeichen 386.1 bis 386.3 dürfen nur äußerst sparsam angeordnet werden. Durch sie darf die Auffälligkeit, Erkennbarkeit und Lesbarkeit anderer Verkehrszeichen nicht beeinträchtigt werden. Die Zeichen 386.2 und 386.3 dürfen nicht zusammen mit anderen Verkehrszeichen aufgestellt werden.

2 II. Die Zeichen 386.1 und 386.2 können neben einer kennzeichnenden auch eine wegweisende Funktion erfüllen. Als Wegweiser soll Zeichen 386.2 nur dazu eingesetzt werden, den Verlauf touristischer Routen zu kennzeichnen, dem Prinzip von Umleitungsbeschilderungen entsprechend.

3 III. Im Hinblick auf die Anordnung touristischer Beschilderung sollen die touristisch bedeutsamen Ziele und touristischen Routen unter Beteiligung von Interessenvertretern des Tourismus und anderen interessierten Verbänden von der Straßenverkehrsbehörde festgelegt werden. Zu beteiligen sind von Seiten der Behörden vor allem die Straßenbaubehörde, die für den Tourismus zuständige Behörde, die Denkmalbehörde, die Forstbehörde.

4 IV. Die Entscheidung über die verkehrsrechtliche Anordnung von touristischen Unterrichtungstafeln (Zeichen 386.3) obliegt dem Fernstraßen-Bundesamt oder der Autobahn GmbH des Bundes. Mit den Landestourismusverbänden und den für den Naturschutz und Denkmalpflege zuständigen Stellen der Länder sollen regelmäßig konzeptionelle Abstimmungen zu touristisch bedeutsamen Zielen vorgenommen werden. Das Zeichen löst keine Folgewegweisung aus. Die Kostenregelung des § 51 StVO gilt unverändert.

5 V. Die Ausgestaltung und Aufstellung der Zeichen richtet sich nach den Richtlinien für touristische Beschilderung (RtB). Die Fundstelle gibt das zuständige Bundesministerium bekannt.

StVO
§ 51
Besondere
Kostenregelung

Die Kosten der Zeichen 386.1, 386.2 und 386.3 trägt abweichend von § 5b Abs. 1 des Straßenverkehrsgesetzes derjenige, der die Aufstellung dieses Zeichens beantragt.

BMVBS
S 32/7332.4/
1-1001079
11. März 2009

Richtlinien für die touristische Beschilderung – Ausgabe 2008

Von der Forschungsgesellschaft für Straßen- und Verkehrswesen (FGSV e. V.) in Köln sind am 15. Januar 2009 die Richtlinien für die touristische Beschilderung (RtB) – Ausgabe 2008 – veröffentlicht worden. Sie können beim FGSV Verlag GmbH in 50999 Köln, Wesselinger Straße 17, unter der Bestell-Nr. FGSV 328 käuflich erworben werden.

Es wird darauf hingewiesen, dass die RtB 2008 bereits Bezüge auf die derzeit im Bundesrat eingebrachte 46. Verordnung zur Änderung straßenverkehrsrechtlicher Vorschriften und die sie begleitende Allgemeine Verwaltungsvorschrift zur Änderung der Allgemeinen Verwaltungsvorschrift zur StVO enthalten. Die materiell-rechtlichen Bestimmungen der RtB 2008 können im Vorgriff auf die zu erwartenden Rechtsänderungen bereits angewendet werden.

Die Richtlinien für Touristische Hinweise an Straßen – RtH 1988 (geändert 2003) (VkBl. 2003 S. 198) – werden hiermit aufgehoben.

(VkBl. 2009 S. 228)

8.5.3 Versorgung der Reisenden

StVO Anlage 3 Richtzeichen (zu § 42 Absatz 2) **Abschnitt 10 Wegweisung**		
		3. Wegweiser auf Autobahnen
		a) Ankündigungstafeln
58	**Zeichen 448.1** 	**Erläuterung** 1. Mit dem Zeichen wird ein Autohof in unmittelbarer Nähe einer Autobahnausfahrt angekündigt. 2. Der Autohof wird einmal am rechten Fahrbahnrand 500 bis 1 000 m vor dem Zeichen 448 angekündigt. Auf einem Zusatzzeichen wird durch grafische Symbole der Leistungsumfang des Autohofs dargestellt.
Abschnitt 9 Hinweise		
zu 28 und 29		**Erläuterung** 1. Durch solche Zeichen mit entsprechenden Sinnbildern können auch andere Hinweise gegeben werden, wie auf Fußgängerunter- oder -überführung, Fernsprecher, Notrufsäule, Pannenhilfe, Tankstellen, Zelt- und Wohnwagenplätze, Autobahnhotel, Autobahngasthaus, Autobahnkiosk. 2. Auf Hotels, Gasthäuser und Kioske wird nur auf Autobahnen und nur dann hingewiesen, wenn es sich um Autobahnanlagen oder Autohöfe handelt.
28	**Zeichen 358** 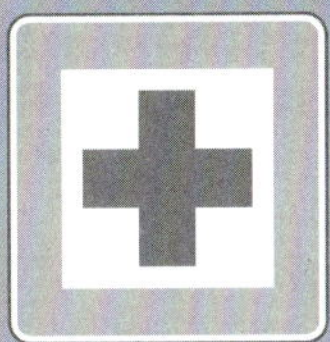 **Erste Hilfe**	
29	**Zeichen 363**  **Polizei**	

Anmerkung: Die Behandlung der Zeichen 358 und 363 selbst erfolgt in Abschnitt 8.6.3.

8.5.3 Versorgung der Reisenden

Auf Straßen, die regelmäßig von Verkehrsteilnehmern mit längeren Gesamtreisezeiten befahren werden, ist es notwendig und sinnvoll, auf Serviceeinrichtungen zu deren Versorgung systematisch und so hinzuweisen, dass die Reisenden sie ohne Probleme erreichen können.

Angesichts der genannten Reisedauern wird eine solche Wegweisung in der Regel nur auf Fernverkehrsautobahnen, in Ausnahmefällen auch auf Bundesstraßen mit ausgeprägter Fernverkehrsfunktion anzuordnen sein.

Die Serviceeinrichtungen, auf die hingewiesen wird, müssen in Anlage und Betrieb auf die Versorgung von Fernreisenden ausgelegt sein. Insbesondere sind ausreichende Stellplätze (auch für Lkw und Busse), lange Öffnungszeiten (in der Regel rund um die Uhr) und ein ausgewogenes breites Sortiment an geeigneten Produkten für Fernreisende erforderlich.

Man unterscheidet hierbei

- „Tank- und Rastanlagen“ als Bestandteil der Bundesautobahnen,
- „Autohöfe“ in unmittelbarer Nähe der Bundesautobahnen,
- sonstige speziell zur Versorgung der Reisenden vorgesehene Serviceeinrichtungen abseits des Autobahnnetzes.

Tank- und Rastanlagen der Bundesautobahnen

Die Tank- und Rastanlagen der Bundesautobahnen sind als sogenannte Nebenbetriebe auch rechtlich Bestandteil der Bundesautobahnen (§§ 1 Abs. 4 Nr. 5 und 15 FStrG).

Daher hat das für den Verkehr zuständige Bundesministerium mit

- ARS 02/2011 (StB 11/7437.2/3-05/1371916) „Empfehlungen für Rastanlagen an Straßen“ vom 2.3.2011 (VkBl. S. 340)

die

- „Empfehlungen für Rastanlagen an Straßen (ERS)“, Ausgabe 2011, FGSV Verlag

bekannt gegeben, die insbesondere in ihren Abschnitten 6, 7 und 9 auch Aussagen zu Verkehrszeichen und Verkehrseinrichtungen machen.

Anmerkung: Da diese kein Regelwerk zur StVO sind, haben Regelungen mit StVO-Relevanz ausschließlich Hinweischarakter und Vorgaben des Regelwerks zur StVO, insbesondere der RWBA, stets Vorrang.

Die ERS werden derzeit überarbeitet. Dazu hat das für den Verkehr zuständige Bundesministerium schon die

- ARS 07/2019 (StB 12/7437.2/3-05/3155789) „Empfehlungen für Rastanlagen an Straßen“ vom 20.5.2019 (VkBl. S. 422)
- ARS 17/2021 (StB 27/7437.2/3-05/3301125) „Empfehlungen für Rastanlagen an Straßen“ vom 19.7.2021 (VkBl. S. 819)

bekannt gegeben, die im Bereich der HAV im Wesentlichen die Umnutzungen zur Erhöhung der Lkw-Parkkapazitäten (z. B. Mischnutzung der Pkw-Parkflächen in der Nacht, Berücksichtigung telematischer Parkverfahren) behandeln.

Die ERS legen als Regelabstände zwischen unbewirtschafteten Rastanlagen 15–20 km, bei schwachem Fernverkehr 20–25 km fest. Etwa jede dritte Rastanlage soll bewirtschaftet sein, sodass sich dazwischen Regelabstände von 50–60 km (bei schwachem Fernverkehr bis zu 80 km) ergeben.

Die

- „Richtlinien für die wegweisende Beschilderung auf Autobahnen (RWBA 2023)“, Ausgabe 2023, BMDV, FGSV Verlag

(siehe Abschnitt 8.3.1) behandeln auch die wegweisende Beschilderung zu und innerhalb der Rastanlagen.

Dabei orientiert sich die wegweisende Beschilderung zu den bewirtschafteten Rastanlagen an der wegweisenden Beschilderung, mit der auf Anschlussstellen hingewiesen wird. Statt des Vorwegweisers und zusätzlich 5 km vor dem Bezugspunkt werden jedoch weitere Ankündigungstafeln angeordnet. Diese enthalten unter dem Namen der Rastanlage Sinnbilder, aus denen der Umfang des Angebots hervorgeht (in der Regel ein Tankstellen- und ein Raststättensinnbild) sowie die Entfernung zum Bezugspunkt (in der Regel „5 km“, „1000 m“ und „500 m“) (*Bild 8.40*). Die Wörter „Raststätte“, „Rasthof“ o. ä. sind nicht Bestandteil des Namens der Rastanlage und deshalb auch nicht in die Wegweisung aufzunehmen. Die Rastanlagen werden bei der Nummerierung der Anschlussstellen nicht berücksichtigt. Auf der Trenninselspitze wird nur die symmetrische Leitplatte angeordnet, kein Pfeilwegweiser „Ausfahrt“ und auch keine Gabelungs- oder sonstigen Wegweiser. Noch vorhandene Wegweiser dieser Art sollten nunmehr aus dem Straßenbild entfernt werden.

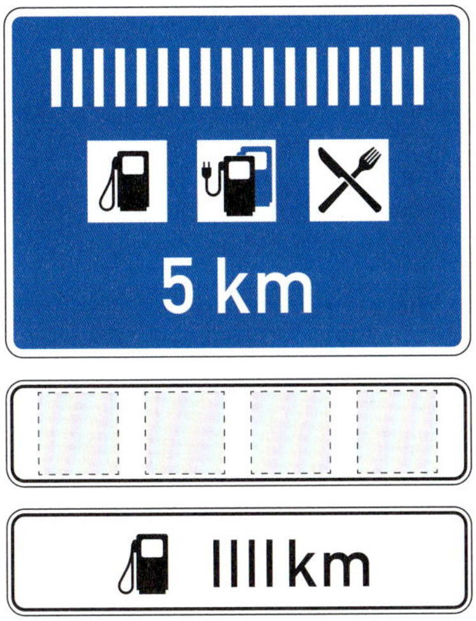

Bild 8.40 Beispiel für die Ankündigung einer bewirtschafteten Rastanlage an einer Autobahn Quelle: RWBA 2023

Auf Zusatzzeichen unter den Ankündigungstafeln wird die Entfernung zur übernächsten Tankstelle angegeben. Liegt im Grenzbereich die nächste Tankmöglichkeit bereits im Ausland, dann kann dies, unter Verwendung des Nationalitätszeichens für Kraftfahrzeuge, so angezeigt werden, wie in *Bild 8.41* dargestellt.

Nach dem

- ARS 06/2006 (S 15/7165.8/3-2/489929) „Zusätzliche Hinweise auf das Dienstleistungsangebot in Autobahnrastanlagen und Autohöfen" vom 27.4.2006 (VkBl. 2007 S. 115)

kann auf den Ankündigungstafeln und dem Wegweiser über die Anbieter der Serviceleistungen nach vorgegebenem Muster durch ein von diesen zu finanzierendes privates Zusatzschild mit ihren Logos informiert werden.

Als wegweisende Beschilderung zu den unbewirtschafteten Rastanlagen dient das blaue Parkplatzzeichen (Zeichen 314), ggf. ergänzt mit weiteren weißgrundigen Serviceleistungssinnbildern (z. B. WC, Fernsprecher), darunter der Name der Rastanlage sowie die Entfernung zum Bezugspunkt. Die zusätzliche Ankündigung vor der Rastanlage bei 5 km entfällt, ebenso die Ankündigungsbaken.

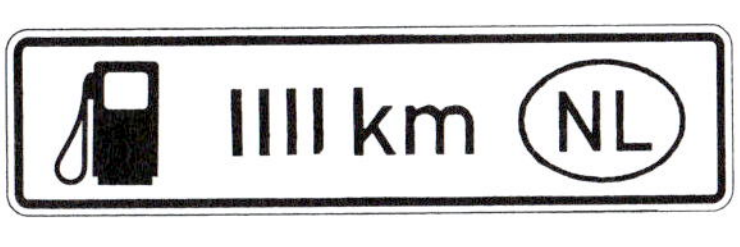

Bild 8.41 Nächste Tankstelle liegt im Ausland

Innerhalb der Rastanlagen wird der Verkehr mit blauen Tabellenwegweisern entsprechend Zeichen 434 (siehe Abschnitt 8.3.6) geführt, die als Richtungsangaben weißgrundige Sinnbilder für die angebotenen Serviceleistungsbereiche (in der Regel das Tankstellen-, Raststätten- oder Bettensinnbild) oder die Fahrzeugarten (in der Regel das Lkw-, Bus-, Pkw- oder Motorradsinnbild) zeigen (*Bild 8.42*). Für die Zufahrt zurück zur Autobahn enthalten sie die Autobahnnummer und die Fern-Richtungsangabe. Die Parkbereiche selbst werden durch Parkplatzzeichen (Zeichen 314, siehe Abschnitt 3.6.2) gekennzeichnet, die mit entsprechenden Zusatzzeichen die jeweils vorgesehenen Fahrzeugarten angeben.

Die ERS geben in ihrem Abschnitt 7.1.2 Empfehlungen zur informativen Beschilderung im Tankstellenbereich. Sie empfehlen, im Tankstellenbereich durch Piktogramme an den Attiken der Tankstellendächer anzuzeigen, wo der einfahrende Verkehrsteilnehmer den Tankbereich für sein Fahrzeug findet (z. B. Pkw, Lkw, Bus).

Zum Aufstellen von Hinweisschildern auf Kraftstofffirmen bei Tankstellen an Autobahnen siehe

- ARS 46/1992 (StB 18/38.72.00/36 Va 92) „Tankstellen an Bundesautobahnen; Beliefererfarben, -namen und -zeichen" vom 30.11.1992 (VkBl. S. 710)
- ARS 06/2006 (S 15/7165.8/3-2/489929) „Zusätzliche Hinweise auf das Dienstleistungsangebot in Autobahnrastanlagen und Autohöfen" vom 27.4.2006 (VkBl. 2007 S. 115).

Hier stellt sich allerdings die Frage, inwieweit eigene Hinweise auf Kraftstoffanbieter seit Schaffung der Möglichkeit von Hinweisen auf das Dienstleistungsangebot qua Zusatzschild eine zu vermeidende Doppelausstattung darstellen, zumal in der Begründung zur Änderung von § 33 StVO seinerzeit die Nennung der Kraftstoffmarke explizit angeführt worden war.

Private Hinweisschilder im Bereich von Autobahntankstellen, die auf Zahlungsdienstleister (z. B. UTA, DKV) hinweisen, dürfen laut BMV-Erlass vom 7.8.1975 StB 8/38.60.70 – 00/8038 N 75 nicht größer als 40 × 40 cm und von der durchgehenden Fahrbahn aus nicht sichtbar sein.

Bezüglich des Einrichtens von Frauenparkplätzen an bewirtschafteten Rastanlagen der Bundesautobahnen siehe Abschnitt 6.2.4 der ERS. Darin ist festgelegt, wie Frauenparkplätze zu markieren und zu beschildern sind (*Bild 8.43*). Das Schild muss so ausgeführt werden (z. B. durch eine hinterleuchtbare Transparentkonstruktion), dass

8.5.3 Versorgung der Reisenden

Bild 8.42 Beispiel für einen Tabellenwegweiser innerhalb einer Autobahn-Rastanlage
Quelle: RWBA 2023

die Beschriftung nur nachts erkennbar ist. Bei diesen Schildern handelt es sich um nichtamtliche Hinweise. Eine Nichtbeachtung stellt keine Ordnungswidrigkeit dar.

Zu behindertengerechten WC-Anlagen siehe auch

- DIN 18024, Teil 1 „Barrierefreies Bauen – Straßen, Plätze, Wege, öffentliche Verkehrs- und Grünanlagen sowie Spielplätze, Planungsgrundlagen“.

Die ERS geben auch Hinweise zur Beleuchtung von Verkehrsanlagen der bewirtschafteten Nebenbetriebe.

Autohöfe

Autohöfe sind private Einrichtungen, die entsprechende Serviceleistungen vor allem für den Berufskraftverkehr anbieten und über Anschlussstellen leicht von Autobahnen erreicht werden können. Kriterien für Autohöfe können der

- BMV-VkBl.-Verlautbarung (StV 12/36.42.42-450) „Hinweisschilder auf Autohöfe an Autobahnen“ vom 24.10.1994 (VkBl. S. 699)

entnommen werden.

Als private Einrichtungen sind die Autohöfe nicht Bestandteil der Bundesautobahnen. Es besteht jedoch ein erhebliches öffentliches Interesse an ihrem Betrieb, vor allem, um den Berufskraftfahrern genügend Möglichkeiten zur Einhaltung ihrer Ruhezeiten zu bieten.

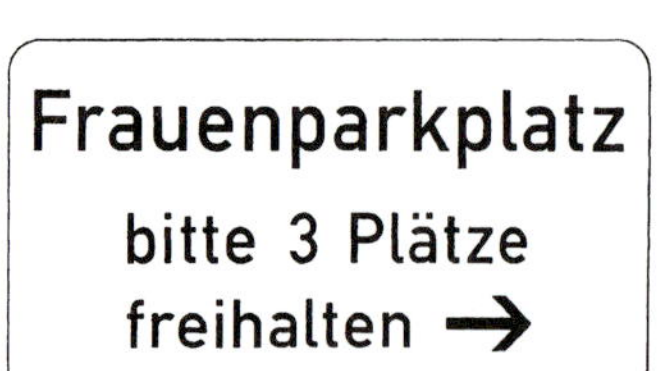

Bild 8.43 Hinweisschild auf Frauenparkplatz

Daher kann auf der Autobahn durch Zeichen 448.1 auf Autohöfe hingewiesen werden, wenn und solange sie die genannten Kriterien erfüllen.

Nach den RWBA wird Zeichen 448.1 500–1 000 m vor der Ankündigungstafel der Anschlussstelle angeordnet, über die der Autohof erreicht werden kann. Die RWBA sehen außerdem vor, dass das Serviceleistungsangebot am Autohof auf einem Zusatzzeichen mit Sinnbildern gezeigt werden kann. Gemäß dem

- ARS 06/2006 (S 15/7165.8/3-2/489929) „Zusätzliche Hinweise auf das Dienstleistungsangebot in Autobahnrastanlagen und Autohöfen“ vom 27.4.2006 (VkBl. 2007 S. 115)

können auf einem weiteren privaten Zusatzschild wie bei den Autobahnrasthöfen (siehe dort) die Logos der Anbieterfirmen gezeigt werden.

Serviceeinrichtungen abseits des Autobahnnetzes

Nach der lfd. Nr. „zu 28 und 29“ in Anlage 3 (zu § 42 Abs. 2) der StVO kann mit blaugrundigen quadratischen Zeichen, die wie Zeichen 358 ein weißgrundiges Sinnbild zeigen, auf bestimmte Serviceeinrichtungen auch auf Straßen außerhalb des Autobahnnetzes hingewiesen werden. Zulässig sind z. B. Hinweise auf Notrufeinrichtungen, Pannenhilfsstationen oder Tankstellen, nicht jedoch Hotels, Gasthäuser oder Kioske (die hier nur für die Wegweisung zu Autohöfen zulässig sind). Diese Zeichen waren früher in der StVO aufgeführt. Da sie jedoch keine verbindliche Verhaltensanweisung für den Verkehrsteilnehmer enthalten, werden sie nun in der StVO nur erwähnt und im VzKat z. B. als Zeichen 365-52, 365-53, 365-54, 365-62, 365-65 oder 365-66 aufgeführt (*Bild 8.44*).

Die Vorankündigung und die Kennzeichnung von Tankstellen sind nur dann und nur in dem Maße angebracht und zulässig, wenn und wie sie die Sicherheit und Leichtigkeit des Verkehrs fördern. Es muss also ein sich aus dem Verkehr ergebendes Bedürfnis bestehen, durch die Vorankündigung und die Kennzeichnung die Verkehrsabläufe zu verbessern.

Eine Vorankündigung sollte nur erfolgen, wenn die Tankstelle oder ihre Kennzeichnung am Ort der Leistung bei Tageslicht vom Fahrzeugführer auf der freien Strecke auf eine Entfernung von 200 m, innerhalb von Ortschaften auf eine Entfernung von 100 m nicht erkennbar sind. Außerdem dürfen außerhalb der geschlossenen Ortslage verkehrliche Gründe nicht entgegenstehen und innerhalb

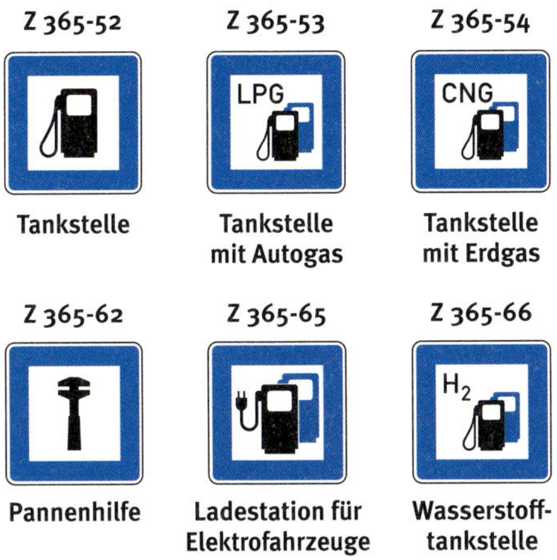

Bild 8.44 Beispiele für Hinweiszeichen zur Versorgung von Reisenden abseits der Autobahnen

einer Ortschaft eine Vorankündigung im Interesse des fließenden Verkehrs liegen.

Das Vorankündigungszeichen ist grundsätzlich 200 m (außerhalb geschlossener Ortschaften) bzw. 100 m (innerhalb geschlossener Ortschaften) vor der Tankstelle aufzustellen, soweit nicht örtliche Verhältnisse eine abweichende Anordnung erforderlich machen.

In einigen Fällen kann das Anbringen eines Richtungspfeils unter dem Hinweiszeichen zweckmäßig sein (*Bild 8.45*).

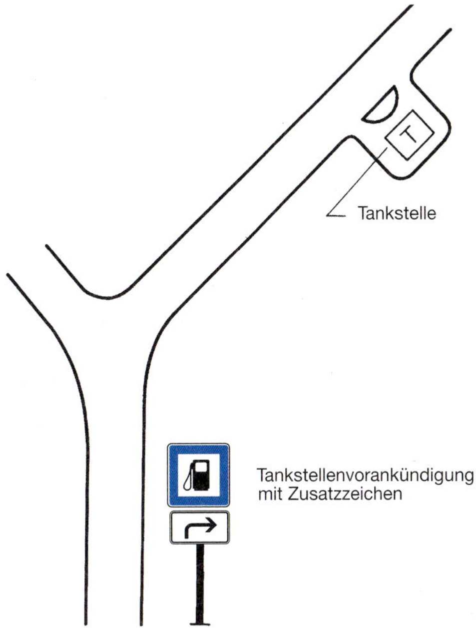

Bild 8.45 Tankstellenvorankündigung auf der freien Strecke (ohne Markenzeichen)

Für eventuell erforderliche Beschilderungsmaßnahmen im Bereich der Tankstelle ist zu beachten, dass aufgrund der Rechtsprechung Tankstellen zum öffentlichen Verkehrsraum gehören, weil der Personenkreis, der einfahren darf, nicht ausdrücklich oder stillschweigend beschränkt ist.

Zu Abschnitt 8.5.3

StVO § 33 Verkehrsbeeinträchtigungen

(1) Verboten ist

1. der Betrieb von Lautsprechern,
2. das Anbieten von Waren und Leistungen aller Art auf der Straße,
3. außerhalb geschlossener Ortschaften jede Werbung und Propaganda durch Bild, Schrift, Licht oder Ton,

wenn dadurch am Verkehr Teilnehmende in einer den Verkehr gefährdenden oder erschwerenden Weise abgelenkt oder belästigt werden können. Auch durch innerörtliche Werbung und Propaganda darf der Verkehr außerhalb geschlossener Ortschaften nicht in solcher Weise gestört werden.

(2) Einrichtungen, die Zeichen oder Verkehrseinrichtungen (§§ 36 bis 43 in Verbindung mit den Anlagen 1 bis 4) gleichen, mit ihnen verwechselt werden können oder deren Wirkung beeinträchtigen können, dürfen dort nicht angebracht oder sonst verwendet werden, wo sie sich auf den Verkehr auswirken können. Werbung und Propaganda in Verbindung mit Verkehrszeichen und Verkehrseinrichtungen sind unzulässig.

(3) Ausgenommen von den Verboten des Absatzes 1 Satz 1 Nummer 3 und des Absatzes 2 Satz 2 sind in der Hinweisbeschilderung für Nebenbetriebe an den Bundesautobahnen und für Autohöfe die Hinweise auf Dienstleistungen, die unmittelbar den Belangen der am Verkehr Teilnehmenden auf den Bundesautobahnen dienen.

8.5.3 Versorgung der Reisenden

VwV-StVO zu § 33 Verkehrsbeeinträchtigungen

Zu Absatz 2

3 I. Schon bei nur oberflächlicher Betrachtung darf eine Einrichtung nicht den Eindruck erwecken, dass es sich um ein amtliches oder sonstiges zugelassenes Verkehrszeichen oder eine amtliche Verkehrseinrichtung handelt. Verwechselbar ist eine Einrichtung auch dann, wenn (nur) andere Farben gewählt werden.

4 II. Auch Beleuchtung im Umfeld der Straße darf die Wirkung der Verkehrszeichen und Verkehrseinrichtungen nicht beeinträchtigen.

5 III. Wenn auf Grundstücken, auf denen kein öffentlicher Verkehr stattfindet, z. B. auf Fabrik- oder Kasernenhöfen, zur Regelung des dortigen Verkehrs den Verkehrszeichen oder Verkehrseinrichtungen gleiche Einrichtungen aufgestellt sind, darf das auch dann nicht beanstandet werden, wenn diese Einrichtungen von einer Straße aus sichtbar sind. Denn es ist wünschenswert, wenn auf nichtöffentlichem Raum sich der Verkehr ebenso abwickelt wie auf öffentlichen Straßen.

Zu Absatz 3

6 I. Die Hinweise auf Dienstleistungen erfolgen durch Firmenlogos der Anbieter von Serviceleistungen. Sie sind durch § 33 Abs. 3 straßenverkehrsrechtlich zugelassen und werden von der Straßenbaubehörde als Zusätze zu den amtlichen Hinweisschildern angebracht.

7 II. Hinsichtlich der Beschaffenheit, Gestaltung und Anbringung solcher Zusätze sind die Vorschriften der Richtlinien für die wegweisende Beschilderung auf Autobahnen (RWBA) entsprechend zu beachten. Die Schilder richten sich nach der Breite der Ankündigungstafel und haben eine Höhe von 800 mm.

8 III. Hinsichtlich der Größe und Anzahl der auf dem Schild erscheinenden Firmenlogos gelten die Vorschriften der Richtlinie für die wegweisende Beschilderung auf Autobahnen (RWBA) für grafische Symbole entsprechend.

VwV-StVO zu § 42 Richtzeichen

Zu Zeichen 448.1 Autohof

1 I. Die Abmessung des Zeichens beträgt 2,0 m × 2,8 m.

II. Zeichen 448.1 ist nur anzuordnen, wenn folgende Voraussetzungen erfüllt sind:

2 1. Der Autohof ist höchstens 1 km von der Anschlussstelle entfernt.

3 2. Die Straßenverbindung ist für den Schwerverkehr baulich und unter Berücksichtigung der Anliegerinteressen Dritter geeignet.

4 3. Der Autohof ist ganzjährig und ganztägig (24 h) geöffnet.

5 4. Es sind mindestens 50 Lkw-Stellplätze an schwach frequentierten (DTV bis 50 000 Kfz) und 100 Lkw-Stellplätze an stärker frequentierten Autobahnen vorhanden. Pkw-Stellplätze sind davon getrennt ausgewiesen. Hierbei werden Lkw-Stellplätze, die für das Laden von E-Lkw an E-Lkw-Ladeinfrastruktur vorgesehen sind, mit dem Faktor 1,4 angerechnet, um dem höheren Flächenbedarf Rechnung zu tragen. Sollte durch die Errichtung von für den Betrieb der Ladeinfrastruktur notwendigen Nebenanlagen wie Transformatorstationen der Wegfall weniger weiterer Lkw-Stellplätze unvermeidbar sein, sind diese Flächen weiterhin als Stellplätze in der Berechnung nach Satz 1 zu berücksichtigen.

6 5. Tankmöglichkeit besteht rund um die Uhr; für Fahrzeugreparaturen werden wenigstens Fachwerkstätten und Servicedienste vermittelt.

7 6. Von 11 bis 22 Uhr wird ein umfassendes Speiseangebot, außerhalb dieser Zeit werden Getränke und Imbiss angeboten.

8 7. Sanitäre Einrichtungen sind sowohl für Behinderte als auch für die besonderen Bedürfnisse des Fahrpersonals vorhanden.

9 III. Das Zusatzzeichen enthält nur grafische Symbole für rund um die Uhr angebotene Leistungen. Zusätzlich kann auch das Symbol „Autobahnkapelle“ verwendet werden, wenn ein jederzeit zugänglicher Andachtsraum vorhanden ist.

10 IV. Das Fernstraßen-Bundesamt oder die Autobahn GmbH des Bundes ist für die Anordnung des Zeichens 448.1 – Autohof – zuständig, ebenso wie für Ausnahmegenehmigungen (siehe § 46 Abs. 2a Satz 1 Nummer 5). Das Fernstraßen-Bundesamt oder die Autobahn GmbH des Bundes führt hierfür notwendige Anhörungsverfahren durch. Die Anordnung von Zeichen 448.1 ist nur zulässig, wenn die Anordnung erforder-

VwV-StVO zu § 42 Richtzeichen

licher Folgeweisungen im Basisnetz durch die dort zuständige Straßenverkehrsbehörde des Landes sichergestellt ist.

BMV – StV 12/36.42.42-450 24. Oktober 1994

Hinweisschilder auf Autohöfe an Autobahnen

Im Einvernehmen mit den für die Straßenverkehrs-Ordnung und die Verkehrspolizei zuständigen obersten Landesbehörden gebe ich nachstehende **„Kriterien für die Aufstellung von Hinweiszeichen auf Autohöfe an Autobahnen“** nebst den dazugehörigen Darstellungen über die Ausführung der Hinweise bekannt.

Kriterien für die Aufstellung von Hinweiszeichen auf Autohöfe an Autobahnen

Vorbemerkung

Die Verordnung (EWG) Nr. 3820/85 des Rates vom 20. Dezember 1985 über die Harmonisierung bestimmter Sozialvorschriften schreibt für den Berufskraftverkehr verbindlich die Einhaltung bestimmter Lenk- und Ruhezeiten vor. Aus Gründen der Verkehrssicherheit besteht generell ein Interesse daran, den Lkw-Verkehr auf der Autobahn zu halten und Auf- und Abfahrten sowie Fahrten im nachgeordneten Straßennetz auf das notwendige Maß zu beschränken. Die auf den Rastanlagen der Bundesautobahnen vorhandenen Lkw-Parkplätze reichen jedoch nicht aus, um den Lkw-Fahrern die Einhaltung der vorgeschriebenen Ruhezeiten zu ermöglichen; dies gilt insbesondere für längere Ruhepausen.

Durch den für die nächsten Jahre prognostizierten, zweistelligen Zuwachs im europäischen Straßenverkehr werden sich die Defizite im Lkw-Parkraum-Angebot noch verschärfen.

Autohöfe in der Nähe von Bundesautobahnen bieten bereits eine bedeutende Anzahl von Lkw-Parkplätzen und vielfältige Versorgungsleistungen an. Ihr komplettes Serviceangebot, wie

- gastronomische Versorgung,
- technische Versorgung,
- sanitäre Versorgung (z. B. Duschen für weibliche Trucker),
- Service rund um die Uhr,
- sonstige Dienstleistungen (z. B. Reifen- und Pannendienst),

ist auf individuelle Bedürfnisse des Berufskraftverkehrs zugeschnitten.

Daher kann die Aufstellung von Hinweiszeichen auf Autohöfe in der Nähe von Bundesautobahnen notwendig sein. Im Bedarfsfall ist nach den nachfolgenden Kriterien zu verfahren:

1. Lage/Anbindung zur Autobahn

Die Autohöfe sollen im unmittelbaren Einzugsgebiet der Autobahn liegen. Die Entfernung des Autohofes von der Autobahn soll 1 Kilometer nicht überschreiten. Behelfsausfahrten dürfen nicht herangezogen werden.

2. Straßenqualität

Die Straßenverbindung zwischen der Anschlussstelle und dem Autohof muss für den Schwerlastverkehr geeignet, gut ausgebaut, mindestens zweistreifig und je Spur mindestens 3,5 m breit sein. Sie dürfen weder gewichts- noch höhenbeschränkt sein oder sonstige Lkw-betreffende Durchfahrtsbeschränkungen (z. B. Zeichen 269 StVO) aufweisen.

3. Schneller Zugang

Die Zufahrt darf nicht durch Wohn-, Kur- und Erholungsgebiete sowie durch Gebiete führen, in denen sich Krankenhäuser, Altenheime, Sanatorien, Schulen etc. befinden. Auch sollen keine Straßen mit hoher Verkehrsbelastung (in Relation zur Leistungsfähigkeit) benutzt werden. Nach Möglichkeit sollen die Zufahrtstraßen anbaufrei und ohne Kreuzungen sein. Notwendige zusätzliche bauliche und verkehrslenkende Maßnahmen, wie beispielsweise Linksabbiegespuren oder Einfädelungsspuren, sind zu Lasten des Autohofbetreibers anzulegen.

4. Parkplätze

4.1 Lkw-Parkplätze

Je nach der Lage des Autohofes sind mindestens 50 Plätze an schwach und 100 Plätze an stark frequentierten Autobahnen anzubieten. Das Angebot anderer Autohöfe oder Autobahnnebenbetriebe in diesem Streckenabschnitt soll in die Bewertung mit einbezogen werden.

8.5.3 Versorgung der Reisenden

BMV-Erlass vom 24.10.1994

4.2 Pkw-Parkplätze

Je nach Lage des Autohofes sollen zusätzlich zu den Lkw-Parkplätzen ausreichend Pkw-Parkplätze angeboten werden.

4.3 Gestaltung Parkplätze/Zugänge

- Lkw-Stellplätze sollten von Pkw-Stellplätzen räumlich getrennt werden.
- Aus Sicherheitsgründen sind die Zugänge zum Restaurant/Shop als Gehwege anzulegen; Stellplätze und Zugänge sind ausreichend zu beleuchten.

5. Öffnung/Ausstattung der Autohöfe

Die Autohöfe müssen das ganze Jahr hindurch 24 Stunden am Tag geöffnet haben und zumindest für die Grundversorgung ständig Personal bereitstellen.

Die Grundversorgung gliedert sich hierbei in folgende Bereiche:

5.1 Tankbetrieb

Eine ausreichende Versorgung mit allen gängigen Kraftstoffen und Schmiermitteln muss gewährleistet sein.

5.2 Reparaturdienst

Zur Durchführung von größeren Reparaturen an Lkw werden zu den normalen Öffnungszeiten Werkstätten im Rahmen von Kooperationsverträgen regionaler Unternehmer bzw. durch DKR vermittelt. Außerhalb dieser Zeiten werden für kleinere Reparaturen Service-Betriebe vermittelt.

Angepasste Hinweisbeschilderung auf Autohöfe nach RWBA

5.3 Entsorgung

Sofern die Kapazitäten der regionalen Kläranlagen dies zulassen, sollten Autohöfe die Möglichkeit bieten, dass Busse und Wohnmobile ihr Bord-WC (kostenpflichtig) entsorgen können.

5.4 Versorgung

5.4.1 Shop

Es können Zubehörteile wie Keilriemen, Scheibenwischer, Sicherungen usw. für kleine Reparaturen sowie Getränke, Lebensmittel, Snacks, Zeitschriften usw. gekauft werden.

5.4.2 Restaurant

Ein umfassendes Speisenangebot wird zu den normalen Öffnungszeiten (11 Uhr bis 22 Uhr) angeboten. Die Anzahl der hierfür zur Verfügung stehenden Sitzplätze, in der Regel 100 bis 150, hängt davon ab, ob der betroffene Autohof in der Nähe einer stark oder eher schwach befahrenen Autobahn liegt. Warme Getränke, Erfrischungsgetränke und Imbisse sind rund um die Uhr anzubieten. Die Eingänge sind behindertengerecht zu gestalten.

6. Sanitäre Einrichtungen

Neben den Toilettenanlagen für Männer, Frauen und Behinderte müssen Dusch- und Waschräume für Frauen und Männer vorhanden sein.

7. Telekommunikationsdienste

Der Autohof muss mit Telefon, Telefax und nach Möglichkeit Kopiergerät ausgestattet sein. Die Kommunikationsmittel müssen allgemein zugänglich und rund um die Uhr benutzbar sein. Zweckmäßig ist auch die Einrichtung eines Geldautomaten.

Hinweis:

Der Antrag auf Aufstellung der Hinweiszeichen an Autobahnen kann erst dann gestellt werden, wenn alle erforderlichen öffentlich-rechtlichen Genehmigungen für den Bau des Autohofes vorliegen. Die Hinweiszeichen an Autobahnen werden wieder entfernt, wenn die Kriterien für deren Aufstellung in wesentlichen Punkten nicht mehr erfüllt werden.

(VkBl. 1994 S. 699)

8.5.4 Messen, Ausstellungen, sportliche und ähnliche temporäre Großveranstaltungen

Auf Veranstaltungsorte wie Messegelände, Stadien oder ähnliche Orte wird wegen ihrer Verkehrsbedeutung häufig bereits in der Grundwegweisung gemäß RWBA oder RWB durch weißgrundige Sinnbilder oder den entsprechenden weißgrundigen Wortlaut, z. B. „Messe", hingewiesen.

Ergibt sich für bestimmte Einzelveranstaltungen ein besonderes Hinweisbedürfnis, z. B. weil ein Übermaß an ortsfremden Verkehrsteilnehmern zu führen ist oder weil die Verkehrsströme für verschiedene gleichzeitig stattfindende Veranstaltungen getrennt zu führen sind, kann die Grundwegweisung ausnahmsweise durch private Hinweisschilder nach vorgegebenen Mustern ergänzt werden.

Verfahrensweise und Gestaltung dieser Muster sind geregelt in den Richtlinien, die dem

- ARS 17/2010 (StB 15/7163.1/4/01261223) „Richtlinien für die Aufstellung von nichtamtlichen Wegweisern für Messen, Ausstellungen, sportliche und ähnliche temporäre Großveranstaltungen" vom 10.8.2010 (VkBl. S. 378)

beigefügt (und nachstehend abgedruckt) sind.

Die weißgrundigen Schilder zeigen in einheitlicher Weise oben in schwarzer Schrift die Bezeichnung des Veranstaltungsortes (z. B. „Kongresshalle" oder „Messe Osting"), in der Mitte die Bezeichnung der Veranstaltung, ggf. mit einem erklärenden (auch farbigen) Logo, und unten Hinweise zum Verhalten an dem oder den weiteren Knotenpunkten.

Dabei wird auf Autobahnen in der Regel auf die Nummer der entsprechenden Ausfahrt oder auf eine Richtungsangabe der Grundwegweisung verwiesen. Außerhalb der Autobahnen können auch direkt Pfeilsymbole (gebogene Pfeile bei Vorwegweisern, gerade Pfeile bei Wegweisern; siehe Abschnitt 8.2.4) gezeigt werden.

Die Wegweiser dürfen dabei nur so lange sichtbar sein, wie es die Veranstaltung erfordert.

Sie werden auf Autobahnen als additive Wegweiser an Anschlussstellen in der Regel etwa 300–500 m vor der Ankündigungstafel, an Autobahnknoten zwischen der Ankündigungstafel und dem ersten Vorwegweiser mit Bezug auf Angaben in der Grundwegweisung angeordnet, außerhalb der Autobahnen in der Regel mindestens 50 m (innerorts)/100 m (außerorts) vor dem ersten amtlichen Wegweiser als Vorwegweiser.

Da die Wegweiser nicht amtliche Verkehrszeichen, sondern private Hinweisschilder sind, sind die Kosten vom Veranstalter zu übernehmen und entsprechende Gestattungsverträge abzuschließen. Sie sind einer Anordnung durch die Straßenverkehrsbehörde nicht zugänglich.

Bestehende Gestattungsverträge genießen bis auf Weiteres Bestandsschutz. Bei Verlängerung oder Neuabschluss sind die neuen Regelungen zu beachten.

Zu Abschnitt 8.5.4

VwV-StVO zu § 42 Richtzeichen

Zu Zeichen 432 Wegweiser zu Zielen mit erheblicher Verkehrsbedeutung

1 I. Ziele mit erheblicher Verkehrsbedeutung können sein:

- Ortsteile (z. B. Parksiedlung, Zentrum, Kurviertel),
- öffentliche Einrichtungen (z. B. Flughafen, Bahnhof, Rathaus, Messe, Universität, Stadion),
- Industrie- und Gewerbegebiete,
- Erholungs- und Freizeitgebiete oder -einrichtungen.

2 II. Zu anderen Zielen darf nur dann so gewiesen werden, wenn dies wegen besonders starken auswärtigen Zielverkehrs unerlässlich ist und auch nur, wenn allgemeine Hinweise wie „Industriegebiet Nord" nicht ausreichen. Die Verwendung von Logos oder anderen privaten Zusätzen ist nicht zulässig. (Vgl. VwV zu Anlage 3 Abschnitt 10 Wegweisung; Rn. 1.)

3 III. Bei touristisch bedeutsamen Zielen ist vorzugsweise eine Beschilderung mit Zeichen 386.1 vorzunehmen, sofern die Richtlinien für touristische Beschilderung (RtB) dies zulassen.

8.5.4 Messen, Ausstellungen, sportliche und ähnliche temporäre Großveranstaltungen

BMVBS – StB 15/7163.1/4/ 01261223
10. August 2010

Richtlinien für die Aufstellung von nichtamtlichen Wegweisern für Messen, Ausstellungen, sportliche und ähnliche temporäre Großveranstaltungen

I. Das Rundschreiben zu den Richtlinien für die Aufstellung von privaten Wegweisern für Messen, Ausstellungen, sportliche und ähnliche Veranstaltungen vom 27.1.1961 (VkBl. 1961, S. 92) wird aufgehoben und durch die anliegenden Richtlinien für die Aufstellung von nichtamtlichen Wegweisern für Messen, Ausstellungen, sportliche und ähnliche temporäre Großveranstaltungen ersetzt.

Die neuen Richtlinien enthalten insbesondere gegenüber der Vorgängerregelung aktualisierte Vorgaben zum Standort und der Gestaltung der Wegweiser. Diese lehnen sich nun weitgehend an die für die amtliche Verkehrsbeschilderung geltenden Regelungen der Straßenverkehrs-Ordnung, der Allgemeinen Verwaltungsvorschrift zur Straßenverkehrs-Ordnung, der Richtlinien für die wegweisende Beschilderung an Bundesautobahnen und der Richtlinien für die wegweisende Beschilderung außerhalb von Bundesautobahnen an. Hinsichtlich des Standorts wird zwischen der Aufstellung von Wegweisern auf den Bundesautobahnen und der Aufstellung von Wegweisern auf den Bundesstraßen unterschieden. Farblich sind die Wegweiser in schwarzer Schrift auf weißer Grundfarbe gestaltet. Bei Bedarf können die Wegweiser auch ein veranstaltungsbezogenes Logo enthalten.

II. In Abgrenzung zu § 42 Zeichen 432 der Straßenverkehrs-Ordnung ist die Aufstellung der Wegweiser nur bei temporären Großveranstaltungen von besonderer überörtlicher Bedeutung, die einen erheblichen zusätzlichen Verkehr mit besonderem veranstaltungsbezogenem Verkehrslenkungsbedürfnis erwarten lassen, zulässig. Bei Örtlichkeiten mit häufigem Bedarf für eine Wegweisung kann die Aufstellung eines dauerhaft angebrachten Wegweisers in Betracht kommen, der in Zeiten ohne Veranstaltung unkenntlich zu machen ist.

Für die Benutzung des Straßengrundstücks ist wie bisher ein Sondernutzungsvertrag nach § 8 Absatz 10 Bundesfernstraßengesetz abzuschließen. Die Kosten für die Beschaffung, Aufstellung etc. der Wegweiser trägt der Veranstalter. Ein Nutzungsentgelt wird nicht erhoben, da die Wegweiser auch der Verkehrsführung dienen.

III. Ich bitte, die Richtlinien für die Aufstellung von nichtamtlichen Wegweisern für Messen, Ausstellungen, sportliche und ähnliche temporäre Großveranstaltungen im Bereich der Auftragsverwaltung für Bundesfernstraßen anzuwenden und erbitte die Übersendung eines entsprechenden Einführungserlasses. Ich empfehle ihre Anwendung auch für andere Straßen, soweit das Landesrecht mit dem Bundesrecht übereinstimmt. Die Bundesvereinigung der kommunalen Spitzenverbände bitte ich um Unterrichtung der Städte, Kreise und Gemeinden und um Berücksichtigung der Grundsätze im Baugenehmigungsverfahren.

Das Rundschreiben zu den Richtlinien für die Aufstellung von privaten Wegweisern für Messen, Ausstellungen, sportliche und ähnliche Veranstaltungen vom 27.1.1961 – StB 2/4/StV 2 – Bsw – 4061 Vm 60 – (VkBl. 1961, S. 92) hebe ich hiermit auf.

IV. Ebenfalls aufgehoben werden das Rundschreiben zu den Richtlinien für die Aufstellung privater Hinweisschilder auf Kraftfahrzeughilfsdienste (Autohilfen) an Bundesautobahnen vom 18.12.1955 – StB 2/4 – Bh – 519 Vms 55 – (VkBl. 1956, S. 45), das Rundschreiben zu den Richtlinien für die Aufstellung privater Hinweisschilder auf Hotels, Gasthöfe und sonstige Übernachtungsmöglichkeiten vom 12.1.1961 – StB 2/4 – Bh – 170 BW 60 – (VkBl. 1961, S. 49) und das Rundschreiben betreffend die Richtlinien für Informationsschilder auf Rastplätzen der Bundesautobahnen vom 31.1.1968 – StB 8/2 – Bs – 4226 Vms 67 (VkBl. 1968, S. 87).

Die Richtlinien für die Aufstellung privater Hinweisschilder auf Hotels, Gasthöfe und sonstige Übernachtungsmöglichkeiten sind inzwischen überholt, wie die Länderfachgruppe Straßenrecht in ihrer 120. Sitzung am 2./3. Juli 2008 in München festgestellt hat. Entsprechendes gilt auch für die Richtlinien für die Aufstellung privater Hinweisschilder auf Kraftfahrzeughilfsdienste (Autohilfen) und die Richtlinien für Informationsschilder auf Rastplätzen der Bundesautobahnen. Aufgrund der flächendeckenden Verbreitung von Notrufsäulen auf den Bundesautobahnen sowie der Tatsache, dass in Folge der grundsätzlich durchgehenden Öffnungszeiten in den Nebenbetrieben der Bundesautobahnen zeitlich unbegrenzt Ansprechpartner und Ansprechpartnerinnen zur Verfügung stehen, sind spezielle Informationsschilder an den Rastplätzen über Autohilfen, Versorgungsmöglichkeiten bei Unfällen (Arzt, Erste Hilfe, Krankenhäuser), Polizeistationen oder Unterkünfte abseits der Bundesautobahnen nicht mehr erforderlich. Hinsichtlich der Autohilfen wird zudem auf den von den Automobilclubs angebotenen Pannenservice sowie auf § 42 Zeichen 359 (Pannenhilfe) der Straßenverkehrs-Ordnung hingewiesen, bezüglich der Information über Erste Hilfe und Polizeistationen auf die Zeichen 358 (Erste Hilfe) und 363 (Polizei) der Straßenverkehrs-Ordnung. Die Unterrichtung über (touristische) Sehenswürdigkeiten wird entsprechend der Richtlinie für touristische Hinweise an Straßen bereits durch § 42 Zeichen 398 der Straßenverkehrs-Ordnung sicher gestellt.

8.5.4 Messen, Ausstellungen, sportliche und ähnliche temporäre Großveranstaltungen

Anlage zum Rundschreiben des BMVBS 10. August 2010

Richtlinien für die Aufstellung von nichtamtlichen Wegweisern für Messen, Ausstellungen, sportliche und ähnliche temporäre Großveranstaltungen

Bei Messen, Ausstellungen, sportlichen und ähnlichen temporären Großveranstaltungen können zur besseren Orientierung der Verkehrsteilnehmer und damit zur Erleichterung der Verkehrsführung besondere Wegweiser aufgestellt werden. Voraussetzung ist, dass es sich um Großveranstaltungen von besonderer überörtlicher Bedeutung handelt, die einen erheblichen zusätzlichen Verkehr mit besonderem veranstaltungsbezogenem Verkehrslenkungsbedürfnis erwarten lassen und für die keine Zielführung im Rahmen der amtlichen Wegweisung vorhanden ist. Die Wegweiser im Sinne dieser Richtlinie sind keine amtlichen Verkehrszeichen, sondern private Hinweisschilder. Durch sie darf die Sicherheit oder Leichtigkeit des Verkehrs und der Gemeingebrauch der Straße nicht beeinträchtigt werden.

Für die Aufstellung und Ausführung der nichtamtlichen Wegweisung gelten die Straßenverkehrs-Ordnung (StVO), die Allgemeine Verwaltungsvorschrift zur Straßenverkehrs-Ordnung (VwV-StVO), die Richtlinien für die wegweisende Beschilderung an Bundesautobahnen (RWBA) und die Richtlinien für die wegweisende Beschilderung außerhalb von Bundesautobahnen (RWB) entsprechend.

1. Standorte

- Die Wegweiser werden räumlich getrennt (additiv) zur amtlichen Wegweisung nach RWBA oder RWB aufgestellt.
- Die Anzahl und der Inhalt der Wegweiser sind auf das für die Verkehrsführung notwendige Maß zu beschränken.
- Auf Bundesautobahnen stehen die Wegweiser in der Regel 300 bis 500 m vor der Ankündigung (Zeichen 448) der Anschlussstelle (siehe Anhang Beispiele 1 und 2).
- Bei einer Zielführung über einen komplexen Verkehrsknoten (zum Beispiel Bundesautobahnkreuz oder -dreieck) stehen die Wegweiser in der Regel zwischen Ankündigung und erstem Vorwegweiser (siehe Anhang Beispiel 3).
- Außerhalb von Bundesautobahnen werden die Wegweiser vor einer Kreuzung oder Einmündung innerorts in der Regel mindestens 50 m und außerorts mindestens 100 m vor dem ersten amtlichen Wegweiser in der Funktion des Vorwegweisers platziert (siehe Anhang Beispiel 4). Bei beengten räumlichen Verhältnissen kann stattdessen der Wegweiser zwischen Vorwegweiser und Wegweiser in der Funktion des Wegweisers aufgestellt werden (siehe Anhang Beispiel 5).
- Der genaue Aufstellort für die Wegweiser ist nach verkehrstechnischen Kriterien in Abhängigkeit von den örtlichen Gegebenheiten und bereits bestehender Beschilderung festzulegen. Insbesondere dürfen die Wegweiser amtliche Verkehrszeichen nicht verdecken oder die Sicht darauf beeinträchtigen.

2. Gestaltung

- Soweit in den Richtlinien nichts anderes ausgeführt ist, sind die Wegweiser in entsprechender Anwendung der RWB und der einschlägigen Vorgaben für amtliche Verkehrszeichen auszuführen und zu gestalten.
- Die Wegweiser haben eine weiße Grundfarbe und einen weißen Kontraststreifen. Die Schrift, der Rand und die Richtungspfeile sind schwarz. Andere wegweisende Elemente wie zum Beispiel die Knotenpunktnummer (Zeichen 406) oder das Sinnbild für eine Bundesautobahnausfahrt sind ebenfalls schwarz. Andere Farben sind nur in Verbindung mit einem veranstaltungsbezogenen Logo oder Signet zulässig. Firmenlogos sind nicht zulässig.
- Die Schrift ist nach der DIN 1451 auszuführen. Im Regelfall ist die Mittelschrift zu verwenden.
- Die Wegweiser sollen nicht mehr als drei Textzeilen umfassen. In der obersten Zeile steht der Veranstaltungsort. Die zweite und ggf. dritte Zeile enthalten eine geeignete Bezeichnung der Veranstaltung. In das „Veranstaltungsfeld“ kann bei Bedarf ein Logo oder Signet integriert sein, das den Bezug zur Veranstaltung herstellt.
- Die Schrifthöhe für Wegweiser auf Bundesautobahnen beträgt 280 mm. Außerhalb von Bundesautobahnen finden die RWB entsprechende Anwendung. Für den Text im Veranstaltungsfeld kann jeweils die nächst kleinere Schrifthöhe verwendet werden, auf Bundesautobahnen eine Schrifthöhe von 210 mm.

3. Sichtbarkeit

Die Wegweiser dürfen grundsätzlich nur so lange aufgestellt werden, wie es die Veranstaltung erfordert. Bei Örtlichkeiten mit häufigem Bedarf für eine Wegweisung kann die Aufstellung eines dauerhaft angebrachten Wegweisers in Betracht kommen. Das „Veran-

Anlage zum BMVBS-Erlass vom 10.8.2010

staltungsfeld“ kann in diesem Fall als austauschbares Element ausgeführt werden, das nach dem Ende der Veranstaltung entfernt beziehungsweise – soweit die Voraussetzungen nach dieser Richtlinie hierfür erfüllt sind – gegen den Inhalt für eine andere Veranstaltung ausgetauscht werden kann. In Zeiten ohne Veranstaltung ist der Wegweiser unkenntlich zu machen.

4. Sonstige technische Ausführungsbestimmungen

Hinsichtlich Material, Aufstellvorrichtung und sonstige technische Vorkehrungen wie zum Beispiel Schutzeinrichtungen gelten die einschlägigen Vorschriften für amtliche Verkehrszeichen entsprechend.

5. Verfahren

Über die Aufstellung, die Standorte und die Inhalte der Wegweiser entscheidet die örtlich zuständige Straßenbaubehörde, in Ortsdurchfahrten die Gemeinde – soweit sie nicht Trägerin der Straßenbaulast ist mit Zustimmung der Straßenbaubehörde –, unter Beteiligung der zuständigen Straßenverkehrsbehörde auf Grundlage der vom Veranstalter beizubringenden entscheidungserheblichen Angaben.

Die Wegweiser sind auf dem Straßengrundstück aufzustellen. Für die Benutzung des Straßengrundstücks ist mit dem Veranstalter ein Nutzungsvertrag gemäß § 8 Absatz 10 Bundesfernstraßengesetz zu schließen. Teil C sowie Anlage C 1 der Richtlinien über die Benutzung der Bundesfernstraßen in der Baulast des Bundes – Nutzungsrichtlinien – (Allgemeines Rundschreiben Straßenbau 5/2009) sind anzuwenden mit Ausnahme der Regelungen über das Nutzungsentgelt.

Durch den Abschluss der Vereinbarung werden andere etwa erforderliche öffentlich-rechtliche oder privat-rechtliche Entscheidungen, wie zum Beispiel öffentlich-rechtliche Genehmigungen, Erlaubnisse, Bewilligungen und Zustimmungen, nicht ersetzt. Diese sind, soweit erforderlich, vom Veranstalter einzuholen.

6. Kosten/Entgelte/Haftung

Der Veranstalter trägt die Kosten für die Beschaffung, Aufstellung, Instandsetzung, Unterhaltung, Umsetzung und Beseitigung der Wegweiser und ersetzt der Straßenbauverwaltung alle sich im Zusammenhang mit der Aufstellung und dem Bestand der Wegweisung ergebenden Mehraufwendungen und Schäden.

Der Veranstalter stellt die Straßenbauverwaltung von Ansprüchen Dritter frei, die ihre Ursache in dem Vorhandensein der Wegweisung haben.

Bei Sperrung, Änderung oder Einziehung der Straße besteht kein Ersatzanspruch gegen die Straßenbauverwaltung.

Ein Nutzungsentgelt für die Inanspruchnahme des Straßengrundes wird nicht erhoben, da die Wegweiser auch der Verkehrsführung dienen.

7. Bestandsschutz

Bereits bestehende Hinweisschilder für Messen, Ausstellungen, sportliche und ähnliche Veranstaltungen werden durch die Neuregelung nicht berührt, solange der zugrunde liegende Nutzungsvertrag wirksam ist. Im Falle einer Verlängerung oder dem Neuabschluss eines solchen Nutzungsvertrags sind die vorliegenden Richtlinien zu beachten.

8.5.4 Messen, Ausstellungen, sportliche und ähnliche temporäre Großveranstaltungen

Anlage zum BMVBS-Erlass vom 10.8.2010

Anhang: Konstruktionszeichnungen

Beispiele nichtamtlicher Wegweiser auf Bundesautobahnen

Beispiel 1: Ankündigung (Veranstaltungsfeld zweizeilig)

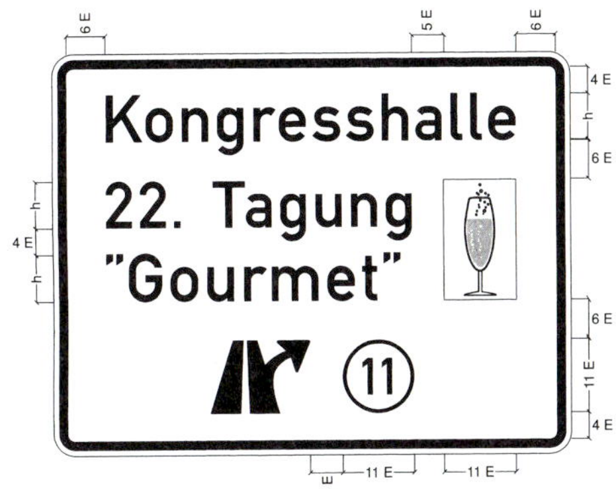

Beispiel 2: Ankündigung (Veranstaltungsfeld einzeilig)

Beispiel 3: Vorankündigung bei komplexer Zielführung

8.5.4 Messen, Ausstellungen, sportliche und ähnliche temporäre Großveranstaltungen

Anlage zum BMVBS-Erlass vom 10.8.2010

Beispiele nichtamtlicher Wegweiser außerhalb von Bundesautobahnen

Beispiel 4: Vorwegweiser (Veranstaltungsfeld zweizeilig)

Beispiel 5: Tabellenwegweiser (Veranstaltungsfeld zweizeilig)

(VkBl. 2010 S. 378)

8.6 Weitere Wegweisungssysteme und sonstige Informationen

8.6.1 Allgemeines

Über die Wegweisung für den allgemeinen Verkehr hinaus benötigen Verkehrsteilnehmer gelegentlich Informationen, die ihnen durch weitere Wegweisungssysteme und Informationen dargeboten werden können.

Diese weiteren Informationen sind normalerweise nur für Teilkollektive aller Verkehrsteilnehmer wichtig. Soweit die Hinweisschilder nicht als Zeichen der StVO vorgesehen sind, sollen sie sich daher in Aufstellort, Gestaltung und Inhalt deutlich den anderen Zeichen der StVO unterordnen, um deren Wirkung nicht zu gefährden (siehe auch § 33 Abs. 2 StVO).

Um die Aufstellung der Hinweiszeichen überhaupt zu rechtfertigen, müssen die vermittelten Informationen für diese Verkehrsteilnehmer von hoher Relevanz sein. Denn durch ein Übermaß an Informationen werden letztlich indirekt die Sicherheit und Leichtigkeit des Verkehrs beeinträchtigt (siehe Abschnitt 8.2.2). Konkrete Beschränkungen ergeben sich insbesondere aus den durch § 33 StVO vorgegebenen Einschränkungen, aus Gestaltungssatzungen der Gemeinden sowie aus der Pflicht, sich die Aufstellung von Zeichen auf Straßengrund durch den Straßenbaulastträger als Sondernutzung allgemein oder im Einzelfall gestatten zu lassen oder sie als sonstige Nutzung vertraglich zu vereinbaren (siehe die Straßengesetze des Bundes (FStrG) und der Länder sowie die dazu ergangenen Richtlinien).

Die Kosten für die meisten Hinweisschilder, ihre Aufstellung und ihren Betrieb, die sonstigen dem Straßenbaulastträger durch die Hinweisschilder entstehenden Mehrkosten sowie eventuelle Gebühren für die Nutzung sind vom Veranlasser zu tragen.

Die folgenden Abschnitte sind sehr vielfältig. In Abschnitt 8.6.2 wird auf spezielle Wegweisung für Radfahrer und Fußgänger eingegangen. Informationen für Notfälle werden in Abschnitt 8.6.3, ergänzende Informationen für den Tourismus in Abschnitt 8.6.4 behandelt. Abschnitt 8.6.5 befasst sich mit Mautstrecken, Abschnitt 8.6.6 mit Grenz- und Zollstellen. In Abschnitt 8.6.7 werden Hinweise auf private und gewerbliche Ziele und in Abschnitt 8.6.8 sonstige Hinweise behandelt.

8.6.2 Wegweisung für den Fuß- und Radverkehr

Die amtliche Wegweisung im Basisnetz richtet sich an alle Verkehrsarten im Rahmen des Gemeingebrauchs, d. h. auch an den Fuß- und Radverkehr. Für diesen kann es sinnvoll sein, eigene Wegweisungssysteme einzurichten. Vor allem in größeren Städten und in von Tourismus geprägten Gegenden können dann auch ortsfremde Fußgänger und Radfahrer auf für sie angenehmeren, auch abseits des motorisierten Fahrzeugverkehrs liegenden Routen geführt werden.

Nähere Informationen enthält das

- „Merkblatt zur wegweisenden Beschilderung für den Radverkehr“, Ausgabe 2024, FGSV Verlag
- „Merkblatt zur wegweisenden Beschilderung für den Fußgängerverkehr (M WBF)“, Ausgabe 2007, FGSV Verlag.

Diese Wegweisungssysteme sollten – ebenso wie die Wegweisungssysteme für den motorisierten Verkehr – ein in sich geschlossenes System bilden, in dem die wesentlichen in Abschnitt 8.2.6 besprochenen Grundregeln, insbesondere die Kontinuitätsregel, eingehalten sind (*Bild 8.46*).

Soweit Radfahrer um eine für sie ungeeignete oder gesperrte Wegstrecke herumgeleitet werden müssen, gelten die Ausführungen des Abschnitts 8.4 zu den Umleitungen für bestimmte Verkehrsarten. Auf den Zeichen 421, 422 oder 442 wird dann das Sinnbild eines Fahrrads gezeigt. Diese Zeichen sollten vor allem dann angeordnet werden, wenn die sinnvolle Umleitung schon weit vor der eigentlich ungeeigneten oder gesperrten Wegstrecke beginnt.

Grundsätzlich wäre so eine Umleitung auch für den Fußgängerverkehr denkbar. Da so großräumige Umleitungen für den Fußgängerverkehr aber eher selten sind, wird man meist Textschilder wie „Fußgänger bitte andere Straßenseite benutzen“ anordnen.

8.6.2 Wegweisung für den Fuß- und Radverkehr

Wegweiser mit Zielangabe	Typ	Standort	Vorteile	Nachteile
Einsatz: - Verzweigung von Fahrradrouten - Querung und Einmündung wichtiger Straßen mit Radverkehr Inhalte: - Zielangabe - Entfernungsangabe - Richtungsangabe - Fahrradpiktogramm	Tabellenwegweiser 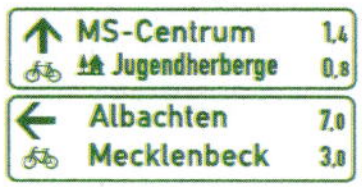	vor den Knoten an allen relevanten Zuläufen 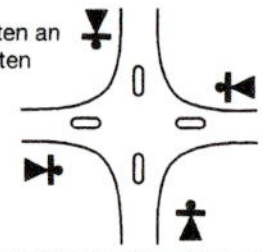	- geringer lichter Raum erforderlich - an großen Knoten verwendbar	- bis zu vier Standorte je Knoten erforderlich - Zusatzplaketten sind nicht direkt den Richtungspfeilen zuzuordnen
	Pfeilwegweiser 	im Knoten von allen Straßen sichtbar 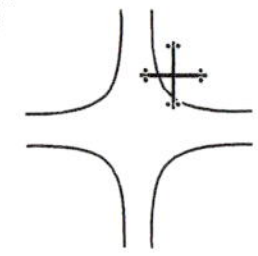	- ein Standort für einen Knoten ausreichend - große, gut sichtbare Wegweiser verwendbar - Routenpiktogramme können als Plaketten eingehängt werden	- höherer Lichtraum erforderlich - Geradeaus-Richtung mitunter schlecht zu erkennen
Zwischenwegweiser Einsatz: - Versatz einer Fahrradroute - zur Bestätigung auf einer Fahrradroute Inhalte: - Richtungsangabe - Fahrradpiktogramm	Zwischenwegweiser 	vor dem Versatz auch in Einzelfällen im Knoten 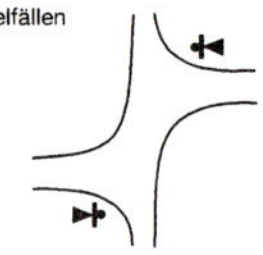	- flexibel, d. h. gut auf vorhandenem Pfosten unterzubringen - standardisierbar - Darstellung versetzter Wegführung möglich	- weniger auffällig, müssen daher stets in Augenhöhe angebracht werden

Bild 8.46 Verschiedene Wegweisertypen für den Radverkehr und ihre Anwendung
Quelle: Merkblatt zur wegweisenden Beschilderung für den Radverkehr

Gestaltungshinweise für Planskizzen, die den Verlauf von solchen Umleitungen erkennbar machen, sind dem

- „Merkblatt für den Einsatz von temporärer Umleitungsbeschilderung (M TU)“, Ausgabe 2022, FGSV Verlag

zu entnehmen.

Für Radschnellwege geben die

- „Hinweise zu Radschnellverbindungen und Radvorrangrouten (H RSV)“, Ausgabe 2021, FGSV Verlag

in ihrem Abschnitt 5.2.1 Hinweise zur angepassten Anwendung des oben erwähnten Merkblatts für die wegweisende Beschilderung des Radverkehrs.

8.6.3 Informationen für Notfälle

StVO Anlage 3 Richtzeichen (zu § 42 Absatz 2) Abschnitt 9 Hinweise		
zu 28 und 29		**Erläuterung** 1. Durch solche Zeichen mit entsprechenden Sinnbildern können auch andere Hinweise gegeben werden, wie auf Fußgängerunter- oder -überführung, Fernsprecher, Notrufsäule, Pannenhilfe, Tankstellen, Zelt- und Wohnwagenplätze, Autobahnhotel, Autobahngasthaus, Autobahnkiosk. 2. Auf Hotels, Gasthäuser und Kioske wird nur auf Autobahnen und nur dann hingewiesen, wenn es sich um Autobahnanlagen oder Autohöfe handelt.
28	**Zeichen 358**  **Erste Hilfe**	
29	**Zeichen 363**  **Polizei**	

Die Zeichen 358 und 363 (und ähnlich gestaltete Hinweise auf helfende Einrichtungen) sollen ortsunkundigen Verkehrsteilnehmern die Suche nach schneller Hilfe erleichtern, insbesondere wenn die helfenden Einrichtungen an Stellen gelegen sind, an denen sie üblicherweise nicht vermutet werden, oder ihre Existenz allgemein nicht bekannt ist, z. B. bei helfenden Einrichtungen an stark befahrenen Straßen, bei Großveranstaltungen oder aus besonderen Anlässen.

Die entsprechenden Posten müssen regelmäßig besetzt sein, im Fall der Polizeidienststellen sogar rund um die Uhr.

In Zeichen 358 ist das rote Kreuz als Sinnbild für medizinische Hilfe und nicht als Signet des „Roten Kreuzes“ anzusehen. Daher soll in Zeichen 358 immer nur das rote Kreuz erscheinen, nicht das Signet einer anderen Vereinigung. Es bestehen keine Bedenken, wenn amtlich anerkannte Hilfsverbände durch eine nicht amtliche, also private Zusatztafel, die unterhalb des Zeichens anzubringen ist, auf ihren Verband hinweisen (z. B. Malteser-Hilfsdienst, Johanniter-Unfall-Hilfe, Arbeiter-Samariter-Bund; siehe *Bild 8.47*).

Die Zusatztafel darf höchstens 30 × 30 cm groß sein und muss mindestens 30 cm vom unteren Rand des Zeichens 358 entfernt sein (vgl. auch BMV-Erlass vom 13.3.1967, VkBl. S. 225).

Das rote Kreuz als Sinnbild für Einrichtungen für medizinische Hilfe soll auch für Krankenhäuser

8.6.3 Informationen für Notfälle

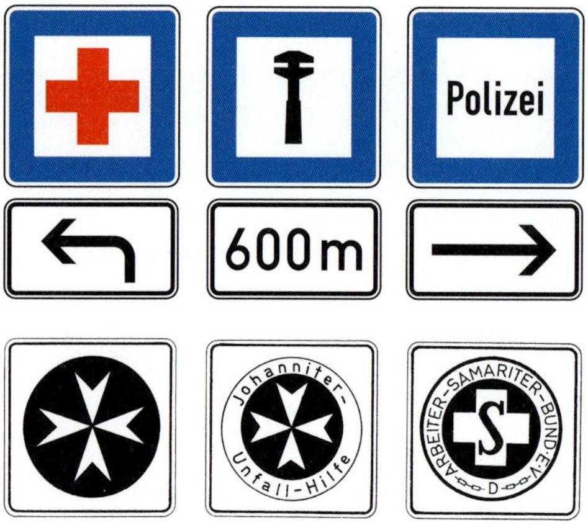

Bild 8.47 Nähere Angaben zu den Zeichen 358, 365-62 und 363 mittels Zusatzzeichen und Zusatztafeln für Trägervereinigungen

nur verwendet werden, wenn sie regelmäßig solche Hilfe für Notfälle anbieten.

Mit ähnlichen Zeichen aus dem VzKat, die anstelle des roten Kreuzes andere Sinnbilder tragen, kann auch auf andere helfende Einrichtungen (siehe *Bild 8.48*) (Pannenhilfsstationen, Fernsprecher oder Notrufsäulen) hingewiesen werden. Auch hier gilt, dass auf die Einrichtungen nur hingewiesen wird, wenn sie nicht üblicherweise dort vermutet werden können und wenn sie regelmäßig verfügbar sind.

Z 365-62 **Z 365-50** **Z 365-51**

Pannenhilfe **(öffentlicher) Fernsprecher** **Notrufsäule**

Bild 8.48 Hinweiszeichen auf andere helfende Einrichtungen

Zum leichteren Auffinden des Hilfspostens kann, sofern erforderlich, zur besseren Orientierung ein weißes Zusatzschild mit schwarzem Pfeil und Entfernungsangaben verwendet werden. Entfernungsangaben sollten auf 50 m abgerundet werden (z. B. 150 m, 200 m, 250 m); siehe *Bild 8.49*.

An Autobahnanschlussstellen wird Zeichen 363 zwischen der ein- und der zweistreifigen Bake (siehe Abschnitt 8.3.7) mit dem Zusatzzeichen „150 m" und auf dem „Ausfahrt"-Pfeilschild als Reiter angeordnet (siehe RWBA). An unbewirtschafteten Rastanlagen der Autobahnen können Sinnbilder der Hilfe spendenden Einrichtungen in die Ausfahrtbeschilderung aufgenommen werden (siehe Abschnitt 8.3.7).

Auf die Notrufsäulen an den Autobahnen wird nicht durch solche Zeichen, sondern durch Pfeilzeichen auf den Leitpfosten hingewiesen (siehe *Bild 8.49*).

Der Hinweis auf die Pannenhilfe soll nur dann verwendet werden, wenn die entsprechende Werkstatt nicht oder nicht rechtzeitig wahrgenommen werden kann oder nicht an der jeweiligen Straße liegt.

Es besteht kein Rechtsanspruch, wonach eine Werkstatt einen Hinweis verlangen kann. Insbesondere innerhalb von Ortschaften ist das Aufstellen von Zeichen 365-62 nicht erforderlich, weil die Möglichkeit besteht, durch eine kurze Auskunft die nächste Werkstatt ausfindig zu machen.

Das Zeichen kann aber z. B. dann zweckmäßig sein, wenn sich außerhalb von Ortschaften eine Werkstatt seitab der Straße befindet, an der Straße selbst aber auf größere Entfernung keine Werkstatt gelegen ist.

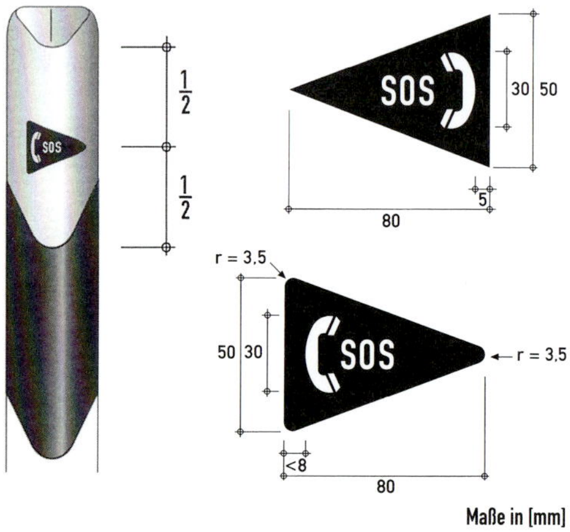

Bild 8.49 Richtungspfeile (mit spitzen oder runden Ecken) auf den Leitpfosten der Autobahnen, die zur nächsten Notrufsäule führen
Quelle: RWBA 2023

Zu Abschnitt 8.6.3

VwV-StVO zu § 42 Richtzeichen

Zu Zeichen 358 Erste Hilfe

1 I. Das Zeichen zeigt stets das rote Kreuz ohne Rücksicht darauf, wer den Hilfsposten eingerichtet hat.

2 II. Es darf nur verwendet werden zum Hinweis auf regelmäßig besetzte Posten.

Zu Zeichen 363 Polizei

1 Das Zeichen darf nur für Straßen mit einem erheblichen Anteil ortsfremden Verkehrs und nur dann angeordnet werden, wenn die Polizeidienststelle täglich über 24 Stunden besetzt oder eine Sprechmöglichkeit vorhanden ist.

8.6.4 Weitere Informationen für den Tourismus

Als Orientierungshilfe für ortsfremde Personen kann es sinnvoll sein, über die bisher besprochenen Wegweisungen und Hinweise hinaus, insbesondere die Grundwegweisung (siehe Abschnitt 8.3), und die touristische Wegweisung (siehe Abschnitt 8.5.2), zusätzliche Hinweise anzuordnen.

Sinnvoll sein können vor allem Hinweise zum Auffinden von

- Informationsstellen (Touristeninformationen, Infostellen mit Stadtplänen und anderen Orientierungshilfen),
- Hotels (in von Fremdenverkehr geprägten Orten oder Kurorten, in denen regelmäßig starker Hotelsuchverkehr zu beobachten ist),
- abgelegenen Zelt- und Wohnwagenplätzen (insbesondere außerorts).

Auch für solche Hinweise gilt, dass sie verkehrlich notwendig sein müssen. Verkehrszeichen dienen nicht der kommerziellen Werbung.

Die **Informationsstellen** sollen es den ortsunkundigen Reisenden ermöglichen, sich innerhalb einer Ortschaft, eines Stadtteils oder einer touristischen Region einen ersten orientierenden Überblick zu verschaffen. Soweit auf sie aus dem fließenden Verkehr hingewiesen wird, sollten genügend Stellplätze vorhanden sein, damit die Auskünfte eingeholt werden können, ohne den fließenden Verkehr zu behindern. Es kann sinnvoll sein, die Zeichen mit einem die Entfernung anzeigenden Zusatzzeichen (*Bild 8.47*) so rechtzeitig vor dem Entscheidungspunkt aufzustellen, dass ein Anhalten oder Abbiegen ohne Verkehrsgefährdung möglich ist. Das Zeichen kann auch in rein fußläufigen Bereichen zur Orientierung der Fußgänger benutzt werden (*Bild 8.50*).

Für die **Hotelsuche** kann es insbesondere in von Fremdenverkehr geprägten Orten oder Kurorten, in denen zahlreiche Hotels zu finden sind und regelmäßig starker Suchverkehr zu beobachten ist, notwendig sein, ein eigenes, in sich einheitliches Orientierungssystem einzurichten. Bewährt haben sich sogenannte Hotelrouten, von denen aus auf die einzelnen Häuser verwiesen wird. Die verwendeten Schilder müssen sich von denen

Z 365-61

Informationsstelle

Bild 8.50 Hinweis auf ein Fremdenverkehrsbüro oder eine Auskunftsstelle

Z 365-60

Zelt- und Wohnwagenplatz

Bild 8.51 Hinweis auf einen abseits der Straße gelegenen Zelt- und Wohnwagenplatz

der eingeführten Wegweisungstypen ausreichend unterscheiden, um Verwechslungen auch auf flüchtigen Blick hin zu vermeiden. Außerdem sollte dieses Orientierungssystem mit dem restlichen touristischen Informationsmaterial abgestimmt sein (Hotelverzeichnisse, Briefbögen und Prospekte der einzelnen Häuser und sonstige Informationen).

Ansonsten wird auf Gaststätten und Hotels nur im Zusammenhang mit Autobahnrastanlagen und Autohöfen hingewiesen (siehe Abschnitt 8.5.3).

Auf abseits der Straße gelegene **Zelt- und Wohnwagenplätze** kann insbesondere außerorts mit Zeichen 365-60 (*Bild 8.51*) hingewiesen werden.

Die im VzKat vorgesehenen Zeichen für die Hinweise auf die Informationsstellen und die abgelegenen Zelt- und Wohnwagenplätze wurden aus den Zeichen 358 und 363 abgeleitet (siehe Abschnitt 8.6.3). Ein eventuelles Wegweisungssystem für die Hotelsuche muss sich deutlich von den anderen eingeführten Wegweisungssystemen für den Fahrzeug-, Rad- und Fußgängerverkehr unterscheiden.

8.6.5 Informationen über Mautstrecken

StVO Anlage 3 Richtzeichen (zu § 42 Absatz 2) Abschnitt 9 Hinweise		
34	Zeichen 390  Mautpflicht nach dem Bundesfernstraßen-mautgesetz	
35	Zeichen 391  Mautpflichtige Strecke	

Die Strecken, für die eine spezielle Gebühr (Maut) zu entrichten ist, müssen für die Verkehrsteilnehmer zweifelsfrei erkennbar sein. Dazu dienen neben dem Zeichen 330.1 „Autobahn" (siehe Abschnitt 6.5.2) die Zeichen 390 „Mautpflicht nach dem Bundesfernstraßenmautgesetz" und 390.2 „Ende der Mautpflicht nach dem Bundesfernstraßenmautgesetz" sowie das Zeichen 391 „Mautpflichtige Strecke".

Bei der Maut müssen zwei Fälle unterschieden werden:

- Nach dem „Gesetz über die Erhebung von streckenbezogenen Gebühren für die Benutzung von Bundesautobahnen und Bundesstraßen (Bundesfernstraßenmautgesetz – BFStrMG)" wird für Fahrzeuge mit einer zulässigen Gesamtmasse von mehr als 7,5 t, die ausschließlich für den Güterverkehr bestimmt sind oder eingesetzt werden, auf den Bundesautobahnen und Bundesstraßen (oder ggf. Abschnitten von Straßen nach Landesrecht unter bestimmten Bedingungen) eine **Fernstraßenmaut** erhoben. Diese Maut gilt seit der Änderung des BFStrMG vom 31.3.2017 auf den Bundesstraßen und kann durch Rechtsverordnung des für den Verkehr zuständigen Bundesministeriums unter bestimmten Bedingungen auch auf bestimmte Streckenabschnitte von Straßen nach dem Landesrecht ausgedehnt werden, die offensichtlich benutzt werden, um die Autobahnmautpflicht zu umgehen (Mautausweichverkehr), wenn dieser Ausweichverkehr zu verkehrlichen oder Sicherheitsproblemen führt.
- Nach dem „Gesetz über den Bau und die Finanzierung von Bundesfernstraßen durch Private (Fernstraßenbauprivatfinanzierungsgesetz – FStrPrivFinG)" können der Bau, die Erhaltung, der Betrieb und die Finanzierung von Bundesfernstraßen Privaten zur Ausführung übertragen werden, die für die Benutzung dieser Straßen Gebühren erheben oder Entgelte (**allgemeine Maut**) verlangen können.

Der Hinweis auf die Mautpflicht nach dem Bundesfernstraßenmautgesetz (BFStrMG) erfolgt im Wesentlichen durch die ohnehin vorhandene Beschilderung, insbesondere durch das blaue Wegweisungssystem (siehe Abschnitt 8.2.3) und Zeichen 330.1 (siehe Abschnitt 6.5.2) sowie die Kennzeichnung als Bundesstraße durch Zeichen 401 (siehe Abschnitt 8.3.2), ggf. auch als

8.6.5 Informationen über Mautstrecken

Einsatz in der Wegweisung (siehe Abschnitte 8.3.5 und 8.3.6).

Mit Zeichen 390 wird nur dort auf die Mautpflicht hingewiesen, wo die Strecken durch eine solche Beschilderung für die Verkehrsteilnehmer nicht erkennbar sind (also an den Straßen nach Landesrecht, die ausnahmsweise der Mautpflicht unterliegen).

Mit Zeichen 391 wird auf mautpflichtige Strecken nach dem Fernstraßenbauprivatfinanzierungsgesetz (FStrPrivFinG) hingewiesen. Dieses Zeichen ist auf der Grundlage eines vom Konzessionsnehmer vorzulegenden Verkehrszeichenplans anzuordnen. Der Konzessionsnehmer trägt die Kosten für Aufstellung und Betrieb.

Die Einzelheiten regelt die Verwaltungsvorschrift zur StVO.

Straßenverkehrsrechtlich sind die Zeichen 390 und 391 als Hinweiszeichen anzusehen. Sie geben danach keine unmittelbaren Handlungsanweisungen, sondern weisen nur auf den Status der Strecken hin. Die Festlegung des Status und die sich daraus ergebenden Verpflichtungen werden durch die vorgenannten Rechtsgrundlagen geregelt. Das bedeutet zugleich, dass in der straßenverkehrsrechtlichen Anordnung nicht über die Mautpflicht selber, sondern nur darüber zu entscheiden ist, wie auf diese Strecken hinzuweisen ist.

Soweit bei einer Straße nach Landesrecht Probleme durch Mautausweichverkehr auftreten, die Maßnahmen notwendig erscheinen lassen, ist zu entscheiden, ob diese Probleme zweckmäßiger durch verkehrsrechtliche Maßnahmen (z. B. ein widmungskonformes Durchfahrtverbot

Z 390.2

Bild 8.52 Ende der Mautpflicht nach dem Bundesfernstraßenmautgesetz

für Fahrzeuge mit einer bestimmten zulässigen Gesamtmasse; siehe Abschnitt 3.2.2) oder durch die Aufnahme der Strecke in die Mautpflicht nach § 1 Abs. 4 BFStrMG bewältigt werden können.

Die Zeichen 390 und 391 sind am Beginn der mautpflichtigen Strecke und zusätzlich in einer Entfernung von etwa 750 m vor der letzten Ausfahrt vor Beginn der mautpflichtigen Strecke (dort mit Zusatzzeichen 1004 unter Angabe der Entfernung bis zum Beginn der mautpflichtigen Strecke) beidseitig anzuordnen. Zweigt die mautpflichtige Straße ab, so kann dies durch Zusatzzeichen 1000 kenntlich gemacht werden. Auch eine verkleinerte Anordnung in der wegweisenden Beschilderung kann sinnvoll sein.

Nachdem die Lkw-Maut auf die autobahnähnlich ausgebauten Bundesstraßen ausgedehnt worden war, war es aus Gründen der Eindeutigkeit erforderlich geworden, am Beginn und an den Einfahrten im Verlauf der betroffenen Strecken Zeichen 390 anzuordnen. Mit der zwischenzeitlich erfolgten Ausweitung auf alle Bundesstraßen ist diese Erforderlichkeit nicht mehr gegeben. Noch aus den vorgenannten Gründen angeordnete Zeichen 390 sollten deshalb wieder entfernt werden.

Zu Abschnitt 8.6.5

BFStrMG
21. November 2023

Gesetz über die Erhebung von streckenbezogenen Gebühren für die Benutzung von Bundesautobahnen und Bundesstraßen (Bundesfernstraßenmautgesetz – BFStrMG) (Auszug)

§ 1 Autobahn- und Bundesstraßenmaut

(1) Für die Benutzung der Bundesautobahnen und der Bundesstraßen mit Fahrzeugen im Sinne des Satzes 2 ist eine Gebühr im Sinne des Artikels 2 Absatz 1 Nummer 7 der Richtlinie 1999/62/EG des Europäischen Parlaments und des Rates vom 17. Juni 1999 über die Erhebung von Gebühren für die Benutzung von Straßeninfrastrukturen durch Fahrzeuge (ABl. L 187 vom 20.7.1999, S. 42), die zuletzt durch die Richtlinie (EU) 2022/362 (ABl. L 69 vom 4.3.2022, S. 1) geändert worden ist, zu entrichten (Maut). Fahrzeuge sind Kraftfahrzeuge und Fahrzeugkombinationen,

1. die für den Güterkraftverkehr bestimmt sind oder verwendet werden und
2. deren technisch zulässige Gesamtmasse mehr als 3,5 Tonnen beträgt.

BFStrMG
21.11.2023

Im Fall von Fahrzeugkombinationen besteht eine Pflicht zur Entrichtung der Maut nur, wenn das Motorfahrzeug eine technisch zulässige Gesamtmasse von mehr als 3,5 Tonnen aufweist. Die technisch zulässige Gesamtmasse einer Fahrzeugkombination im Rahmen dieses Gesetzes wird aus der Summe der technisch zulässigen Gesamtmasse der Einzelfahrzeuge berechnet.

(2) Die Maut nach Absatz 1 ist nicht zu entrichten, wenn folgende Fahrzeuge verwendet werden:

1. Kraftomnibusse,
2. Fahrzeuge der Streitkräfte, der Polizeibehörden, des Zivil- und Katastrophenschutzes, der Feuerwehr und anderer Notdienste sowie Fahrzeuge des Bundes,
3. Fahrzeuge, die ausschließlich für den Straßenunterhaltungs- und Straßenbetriebsdienst einschließlich Straßenreinigung und Winterdienst genutzt werden,
4. Fahrzeuge, die ausschließlich für Zwecke des Schausteller- und Zirkusgewerbes eingesetzt werden,
5. Fahrzeuge, die von gemeinnützigen oder mildtätigen Organisationen für den Transport von humanitären Hilfsgütern, die zur Linderung einer Notlage dienen, eingesetzt werden,
6. land- oder forstwirtschaftliche Fahrzeuge gemäß § 2 Absatz 1 Nummer 7 des Güterkraftverkehrsgesetzes sowie den damit verbundenen Leerfahrten,
7. emissionsfreie schwere Nutzfahrzeuge im Sinne des Artikels 2 Absatz 1 Nummer 29 Buchstabe a der Richtlinie 1999/62/EG des Europäischen Parlaments und des Rates vom 17. Juni 1999 über die Erhebung von Gebühren für die Benutzung bestimmter Verkehrswege durch schwere Nutzfahrzeuge (ABl. L 187 vom 20.7.1999, S. 42), die zuletzt durch die Richtlinie (EU) 2022/362 (ABl. L 69 vom 4.3.2022, S. 1) geändert wurde, bis 31. Dezember 2025,
8. überwiegend mit Erdgas betriebene Fahrzeuge, die werksseitig für den Betrieb mit CNG, LNG oder als Zweistoffmotor mit LNG/Diesel ausgeliefert wurden und über eine Systemgenehmigung gemäß Verordnung VO (EG) Nr. 595/2009 verfügen, im Zeitraum vom 1. Januar 2019 bis zum 31. Dezember 2023,
9. emissionsfreie Fahrzeuge im Sinne der Nummer 7 mit einer technisch zulässigen Gesamtmasse von bis zu 4,25 Tonnen,
10. Fahrzeuge nach § 1 Absatz 1 Satz 2 mit einer technisch zulässigen Gesamtmasse von weniger als 7,5 Tonnen, die zur Beförderung von Material, Ausrüstungen oder Maschinen, die der Fahrer zur Ausübung seines Handwerks oder seines mit dem Handwerk vergleichbaren Berufs benötigt, oder zur Auslieferung von handwerklich hergestellten Gütern, wenn die Beförderung nicht gewerblich erfolgt, benutzt werden.

Voraussetzung für die Mautbefreiung nach Satz 1 Nummer 2 bis 4 ist, dass die Fahrzeuge als für die dort genannten Zwecke bestimmt erkennbar sind. Im Fall von Fahrzeugkombinationen ist das Motorfahrzeug für die Mautbefreiung der Kombination maßgebend. Als emissionsfreie Fahrzeuge gelten auch solche Fahrzeuge mit Verbrennungsmotor, deren Primärenergieträger für die Bereitstellung der Antriebsenergie in der reinen chemischen Verbrennungsreaktion kein Kohlenstoffdioxid erzeugt. Kohlenstoffdioxid-Anteile im Abgas, die aus der Verbrennung technischer Hilfsstoffe entstehen, werden in dieser Klassifizierung nicht berücksichtigt.

...

(4) Das Bundesministerium für Digitales und Verkehr wird ermächtigt, durch Rechtsverordnung mit Zustimmung des Bundesrates die Mautpflicht auf genau bezeichnete Abschnitte von Straßen nach Landesrecht auszudehnen, wenn dies zur Vermeidung von Mautausweichverkehren oder aus Gründen der Sicherheit des Verkehrs oder wegen ihrer Funktion zur Verknüpfung von Schwerpunkten des weiträumigen Güterkraftverkehrsaufkommens mit dem Bundesfernstraßennetz gerechtfertigt ist.

(5) Auf die Mautpflicht der Streckenabschnitte nach Absatz 4 ist durch straßenverkehrsrechtliche Beschilderung hinzuweisen.

(6) (weggefallen)

FStrPrivFinG
20. November 2019

Gesetz über den Bau und die Finanzierung von Bundesfernstraßen durch Private (Fernstraßenbauprivatfinanzierungsgesetz – FStrPrivFinG) (Auszug)

§ 1 Bau und Finanzierung durch Private

(1) Zur Verstärkung von Investitionen in das Bundesfernstraßennetz können Private Aufgaben des Neu- und Ausbaus von Bundesfernstraßen auf der Grundlage einer Mautgebührenfinanzierung wahrnehmen.

8.6.5 Informationen über Mautstrecken

FStrPrivFinG 20.11.2019

(2) Hierzu kann der Bau, die Erhaltung, der Betrieb und die Finanzierung von Bundesfernstraßen Privaten zur Ausführung übertragen werden.

(3) Der Private hat die Rechte und Pflichten des Trägers der Straßenbaulast nach den §§ 7a, 16a Abs. 3, §§ 18f, 19 und 19a des Bundesfernstraßengesetzes.

(4) Hoheitliche Befugnisse gehen auf den Privaten nicht über, soweit dieses Gesetz nichts anderes bestimmt.

(5) Mautgebühren im Sinne dieses Gesetzes sind öffentlich-rechtliche Gebühren (Gebühren) oder privatrechtliche Entgelte (Entgelte).

§ 2 Mautgebührenerhebung durch Private; Verordnungsermächtigung

(1) Die Landesregierungen werden ermächtigt, einen Privaten, der sich vertraglich zur Übernahme von Aufgaben nach § 1 Abs. 2 für ein in der Rechtsverordnung nach § 3 Abs. 1 Satz 2 festgelegtes Bundesstraßenprojekt, soweit nicht dem Bund die Verwaltung der Bundesstraße zusteht, verpflichtet, durch Rechtsverordnung mit den Befugnissen, die für den Bau, den Betrieb und die Unterhaltung des nach § 3 Abs. 1 Satz 2 bestimmten Bundesstraßenabschnitts erforderlich sind, insbesondere mit dem Recht zur Erhebung einer Mautgebühr und dem Betreiben der Verkehrszeichen und Verkehrseinrichtungen nach Maßgabe der Absätze 3 bis 5, zu beleihen. Sie können diese Ermächtigung durch Rechtsverordnung auf die oberste Landesstraßenbaubehörde übertragen. Das Bundesministerium für Verkehr und digitale Infrastruktur wird ermächtigt, einen Privaten, der sich vertraglich zur Übernahme von Aufgaben nach § 1 Abs. 2 für ein in der Rechtsverordnung nach § 3 Abs. 1 Satz 2 festgelegtes Bundesfernstraßenprojekt, soweit dem Bund die Verwaltung einer Bundesfernstraße zusteht, verpflichtet, durch Rechtsverordnung ohne Zustimmung des Bundesrates mit den Befugnissen, die für den Bau, den Betrieb und die Unterhaltung des nach § 3 Abs. 1 Satz 2 bestimmten Bundesfernstraßenabschnitts erforderlich sind, insbesondere mit dem Recht zur Erhebung einer Mautgebühr oder dem Betreiben der Verkehrszeichen und Verkehrseinrichtungen nach Maßgabe der Abs. 3 bis 5, zu beleihen. Es kann diese Ermächtigung durch Rechtsverordnung auf das Fernstraßen-Bundesamt übertragen. Die Mautgebühr dient der Refinanzierung der dem Privaten im Zusammenhang mit der Erfüllung der nach § 1 Abs. 2 übernommenen Aufgaben entstehenden Aufwendungen zuzüglich eines projektangemessenen Unternehmergewinns. Die Mautgebühr wird vom Privaten nach Maßgabe der Abs. 2 bis 4 als Gebühr auf der Grundlage einer Rechtsverordnung nach § 5 Abs. 1 Satz 1 oder als Entgelt auf der Grundlage einer Genehmigung nach § 6 Abs. 1 erhoben. Das Mautgebührenaufkommen steht dem Privaten zu. Der Private untersteht auf Bundesstraßen, soweit nicht dem Bund die Verwaltung der Bundesstraße zusteht, der Aufsicht der jeweils zuständigen obersten Landesstraßenbaubehörde und auf Bundesfernstraßen, soweit dem Bund die Verwaltung einer Bundesfernstraße zusteht, der Aufsicht des Fernstraßen-Bundesamtes. Die obersten Landesstraßenbaubehörden sind ermächtigt, ihre Aufsichtsbefugnisse auf nachgeordnete Behörden zu übertragen.

...

(5) Der Private ist zur Beschaffung, Anbringung, Unterhaltung und Entfernung aller für den Betrieb der Strecke erforderlichen Verkehrszeichen und Verkehrseinrichtungen verpflichtet. Er hat deren Anordnung spätestens vier Monate vor der Indienststellung der Strecke bei der zuständigen Straßenverkehrsbehörde unter Vorlage eines Verkehrszeichenplans zu beantragen. Später notwendige Änderungen sind unverzüglich zu beantragen. Der Private untersteht insoweit der Aufsicht der Straßenverkehrsbehörde; deren Anordnungen und Weisungen ist Folge zu leisten.

(6) Der Private ist berechtigt, die zur Durchführung der Mautgebührenerhebung erforderlichen Verkehrszeichen und Verkehrseinrichtungen nach Maßgabe des von den Straßenverkehrsbehörden genehmigten Verkehrszeichenplans zu betreiben.

(7) Der Private ist verpflichtet, die jeweils geltenden Mautgebühren für den Verkehrsteilnehmer deutlich sichtbar und gut lesbar auszuhängen.

§ 3 Mautgebühren

(1) Mautgebühren nach § 2 können erhoben werden für die Benutzung von nach Maßgabe dieses Gesetzes errichteten

1. Brücken, Tunneln und Gebirgspässen im Zuge von Bundesautobahnen und Bundesstraßen mit Fahrzeugen,
2. mehrstreifigen Bundesstraßen mit getrennten Fahrbahnen für den Richtungsverkehr mit Kraftfahrzeugen.

8.6.5 Informationen über Mautstrecken

FStrPrivFinG 20.11.2019

Das Bundesministerium für Verkehr und digitale Infrastruktur wird ermächtigt, durch Rechtsverordnung im Einvernehmen mit den betroffenen Landesregierungen und ohne Zustimmung des Bundesrates die Strecken festzulegen, die nach Maßgabe dieses Gesetzes und der hierzu ergangenen Rechtsverordnungen gebaut, erhalten, betrieben und finanziert werden sollen.

...

VwV-StVO zu § 42 Richtzeichen

Zu Zeichen 390.1 Mautpflicht nach dem Bundesfernstraßenmautgesetz

1 I. Die Anordnung des Verkehrszeichens ist nur an den der Mautpflicht unterliegenden Abschnitten von Straßen nach Landesrecht erforderlich.

2 II. Das Zeichen ist beidseitig am Beginn der mautpflichtigen Strecke und zusätzlich ca. 800 m vor der letzten Ausfahrt vor Beginn der mautpflichtigen Strecke mit dem Zusatzzeichen 1004 unter Angabe der Entfernung bis zum Beginn der mautpflichtigen Strecke anzuordnen. Die Anordnung an einmündenden oder kreuzenden Straßen kann zusätzlich mit der entsprechenden Richtungsangabe durch Zusatzzeichen 1000 versehen werden. Das Zusatzzeichen 1004 gibt dann die Entfernung bis zum Entscheidungspunkt an.

3 III. Zur besseren Orientierung bei der Annäherung an den Beginn einer mautpflichtigen Strecke kann das Zeichen in verkleinerter Form in den Pfeilen der Vorwegweiser Zeichen 438, 439 oder Zeichen 440, 449 dargestellt werden. Dabei richtet sich die Ausführung auch für Zeichen 440, 449 nach den RWB.

Zu Zeichen 390.2 Ende der Mautpflicht nach dem Bundesfernstraßenmautgesetz

1 I. Die Anordnung des Verkehrszeichens ist dort erforderlich, wo die Mautpflicht nach dem Bundesfernstraßenmautgesetz endet.

2 II. Das Zeichen ist am Ende der mautpflichtigen Strecke einmal am rechten Fahrbahnrand anzuordnen. Die Anordnung an einmündenden oder kreuzenden Straßen kann zusätzlich mit der entsprechenden Richtungsangabe durch Zusatzzeichen 1000 versehen werden. Das Zusatzzeichen 1004 gibt dann die Entfernung bis zum Entscheidungspunkt an.

Zu Zeichen 391 Mautpflichtige Strecke

1 I. Die Anordnung des Verkehrszeichens kommt nur für Straßenabschnitte von Bundesfernstraßen in Betracht, deren Bau, Erhaltung, Betrieb und Finanzierung Privaten nach Maßgabe des Fernstraßenbauprivatfinanzierungsgesetzes (FStrPrivFinG) zur Ausführung übertragen wurden und sofern für die Benutzung dieser Straßenabschnitte eine Gebühr oder ein Entgelt von dem Privaten erhoben wird.

2 II. Das Zeichen ist beiderseitig am Beginn der mautpflichtigen Strecke aufzustellen, bei der es sich nur um Brücken, Tunnel und Gebirgspässe im Zuge von Bundesautobahnen oder Bundesstraßen oder mehrstreifigen Bundesstraßen mit getrennten Fahrbahnen für den Richtungsverkehr mit Kraftfahrzeugen handeln kann. Zusätzlich ist das Zeichen ca. 800 m vor der letzten Ausfahrt vor Beginn der mautpflichtigen Strecke mit dem Zusatzzeichen 1004 unter Angabe der Entfernung bis zum Beginn der mautpflichtigen Strecke anzuordnen. Die Anordnung an einmündenden oder kreuzenden Straßen ist zusätzlich mit der entsprechenden Richtungsangabe durch Zusatzzeichen 1000 zu versehen. Das Zusatzzeichen 1004 gibt dann die Entfernung bis zum Entscheidungspunkt an.

3 III. Zur besseren Orientierung bei der Annäherung an den Beginn einer mautpflichtigen Strecke kann das Zeichen in verkleinerter Form in den Pfeilen der Vorwegweiser Zeichen 438, 439 oder Zeichen 440, 449 dargestellt werden. Dabei richtet sich die Ausführung auch für Zeichen 440, 449 nach den RWB.

8.6.6 Informationen an Zoll- und Grenzübergangsstellen

StVO Anlage 3 Richtzeichen (zu § 42 Absatz 2) Abschnitt 9 Hinweise		
36	Zeichen 392  Zollstelle	
37	Zeichen 393  Informationstafel an Grenzübergangsstellen	

Bei der Annäherung an Zollstellen müssen sich die Verkehrsteilnehmer besonders vorsichtig verhalten, da sie unter Umständen zu Kontrollen angehalten werden können und durch die Kontrollen Rückstauungen entstehen können.

Daher kann mit Zeichen 392 auf Zollstellen, insbesondere auf Zollabfertigungsstellen an Grenzübergängen, hingewiesen werden. Die Entfernung, in der Zeichen 392 von der Zollabfertigungsstelle aufgestellt wird, richtet sich nach den örtlichen Verhältnissen. Im Allgemeinen wird zu empfehlen sein, Zeichen 392 etwa 150 bis 200 m, auf Autobahnen 250 bis 300 m, vor der Stelle anzubringen, an der die Fahrzeuge anhalten müssen.

Mit Zeichen 393 werden die nach Deutschland einfahrenden Verkehrsteilnehmer über die wichtigsten allgemeinen Geschwindigkeitsregelungen informiert.

Das Zeichen sollte hinter dem Grenzübergang neben der Fahrbahn angeordnet werden, sodass die Tafel möglichst von den Verkehrsteilnehmern, die abgefertigt werden oder die Kontrollstelle langsam passieren, aus dem haltenden oder langsam fahrenden Fahrzeug gelesen werden kann.

Ein zweites Zeichen (Wiederholung) sollte etwa 200 bis 500 m von der Stelle entfernt stehen, an der nach dem Grenzübergang der Querschnitt der durchgehenden Strecke beginnt. An weniger verkehrsbedeutenden Straßen kann es ausreichen, nur eine Tafel aufzustellen. Auf Autobahnen sollte die Wiederholungstafel einheitlich 500 m nach dem Beginn des Querschnitts der durchgehenden Strecke stehen.

Zu Abschnitt 8.6.6

VwV-StVO zu § 42 Richtzeichen

Zu Zeichen 392 Zollstelle

1 Das Zeichen sollte in der Regel 150 bis 250 m vor der Zollstelle aufgestellt werden. Die Zollbehörden sind zu hören.

8.6.7 Hinweise auf private und gewerbliche Ziele

Eine Wegweisung auf private Ziele ist grundsätzlich nicht vorgesehen.

Soweit aus verkehrlichen Gründen auf ein privates Ziel hinzuweisen ist, z. B. weil es regelmäßig von einer größeren Zahl ortsunkundiger Verkehrsteilnehmer aufgesucht wird, die auf einen solchen Hinweis angewiesen sind, so ist vorrangig zu prüfen, ob nicht eine innerörtliche Wegweisung auf das Gebiet oder die Straße ausreicht, in der sich das private Ziel befindet (z. B. „Gewerbegebiet Ost“ oder „Industriestraße“); siehe dazu Abschnitt 8.3.3.

Der Betreiber der privaten Einrichtung sollte dann angehalten werden, durch Hinweise auf diese in der Wegweisung verwendete Richtungsangabe in seinen Briefbögen und Werbematerialien, ggf. auch durch die Beigabe erläuternder Skizzen, bei der Orientierung der Verkehrsteilnehmer mitzuwirken.

Ergänzend dazu kann es sinnvoll sein, im Einfahrtsbereich von Gemeinden oder Industriegebieten Parkplätze mit Orientierungstafeln anzuordnen, die es den ortsfremden Verkehrsteilnehmern ermöglichen, sich zu orientieren. Dort kann auch über die Systematik der Wegweisung in der jeweiligen Gemeinde informiert werden (z. B. nach welchem Schema die Gewerbegebiete benannt sind). Vor großen Städten kann auch erwogen werden, besetzte Auskunftsstellen einzurichten.

Dieses Vorgehen ist deshalb sinnvoll und unumgänglich, weil eine Wegweisung auf einzelne private Ziele wegen der notwendigen Gleichbehandlung über kurz oder lang zu einer so großen Anzahl von Hinweisen führen würde, dass regelmäßig Probleme mit der Sicherheit und Leichtigkeit des Verkehrs zu befürchten wären (siehe Abschnitt 2.2.1).

Außerdem würde eine solche Vielzahl von Hinweisen letztendlich dazu führen, dass wegen der Übermenge an Informationen keines der Ziele mehr zuverlässig erkannt werden kann (siehe Abschnitt 8.2.2).

Neuere wissenschaftliche Erkenntnisse zur Wahrnehmungskonkurrenz zwischen Verkehrszeichen und anderen aufmerksamkeitsheischenden Zeichen (z. B. Werbetafeln am „Ort der Handlung“) lassen erkennen, dass der Verdacht der Ablenkung nicht unbegründet ist.

Die komplexe Problematik ist in ihrer Gesamtheit sehr gut dargestellt im

- ARS 32/2001 (S 15/S 32/38.02.02-01/105 Va 01) „Richtlinien zur Werbung an (Bundes-)Autobahnen aus straßenverkehrs- und straßenrechtlicher Sicht“ vom 17.9.2001 (VkBl. S. 463),

das nachfolgend wiedergegeben ist. Die dort aufgeführten Rechtsgrundlagen, Urteile und Grundsätze gelten grundsätzlich größtenteils auch für das nachrangige Straßennetz (Bundesstraßen, Landesstraßen, Kreisstraßen, ...), teilweise sogar innerhalb der Ortsdurchfahrten.

Inwieweit sie dort durch (fehlerhafte?) Einzelentscheidungen „aufgeweicht“ wurden und diese Praxis nach dem Gleichbehandlungsgrundsatz fortgeführt werden muss oder ob – vielleicht bedingt durch offensichtliche Probleme mit der Sicherheit und Leichtigkeit des Verkehrs auf diesen Straßen – (wieder) ein strikteres Vorgehen notwendig ist, muss in Abstimmung von Straßenverkehrsbehörden, Straßenbaubehörden (und Polizei) jeweils im Einzelfall entschieden werden.

Besonders hinzuweisen ist auf die Ausführungen in Abschnitt 2.3 der Richtlinien, wonach gemäß der Rechtsprechung des Bundesverfassungsgerichts nicht der Nachweis einer konkreten Gefährdung geführt werden muss, sondern die abstrakte Gefahr einer Beeinträchtigung ausreicht, sowie auf die Ausführungen in den Abschnitten 3.3 und 3.4 zur Gestaltung von Werbemaßnahmen an Betriebsgebäuden (Ort der Leistung).

Zu Abschnitt 8.6.7

StVO § 33 Verkehrsbeeinträchtigungen

(1) Verboten ist

1. der Betrieb von Lautsprechern,
2. das Anbieten von Waren und Leistungen aller Art auf der Straße,
3. außerhalb geschlossener Ortschaften jede Werbung und Propaganda durch Bild, Schrift, Licht oder Ton,

StVO § 33 Verkehrsbeeinträchtigungen

wenn dadurch am Verkehr Teilnehmende in einer den Verkehr gefährdenden oder erschwerenden Weise abgelenkt oder belästigt werden können. Auch durch innerörtliche Werbung und Propaganda darf der Verkehr außerhalb geschlossener Ortschaften nicht in solcher Weise gestört werden.

(2) Einrichtungen, die Zeichen oder Verkehrseinrichtungen (§§ 36 bis 43 in Verbindung mit den Anlagen 1 bis 4) gleichen, mit ihnen verwechselt werden können oder deren Wirkung beeinträchtigen können, dürfen dort nicht angebracht oder sonst verwendet werden, wo sie sich auf den Verkehr auswirken können. Werbung und Propaganda in Verbindung mit Verkehrszeichen und Verkehrseinrichtungen sind unzulässig.

(3) Ausgenommen von den Verboten des Absatzes 1 Satz 1 Nummer 3 und des Absatzes 2 Satz 2 sind in der Hinweisbeschilderung für Nebenbetriebe an den Bundesautobahnen und für Autohöfe die Hinweise auf Dienstleistungen, die unmittelbar den Belangen der am Verkehr Teilnehmenden auf den Bundesautobahnen dienen.

VwV-StVO zu § 33 Verkehrsbeeinträchtigungen

Zu Absatz 2

3 I. Schon bei nur oberflächlicher Betrachtung darf eine Einrichtung nicht den Eindruck erwecken, dass es sich um ein amtliches oder sonstiges zugelassenes Verkehrszeichen oder eine amtliche Verkehrseinrichtung handelt. Verwechselbar ist eine Einrichtung auch dann, wenn (nur) andere Farben gewählt werden.

4 II. Auch Beleuchtung im Umfeld der Straße darf die Wirkung der Verkehrszeichen und Verkehrseinrichtungen nicht beeinträchtigen.

5 III. Wenn auf Grundstücken, auf denen kein öffentlicher Verkehr stattfindet, z. B. auf Fabrik- oder Kasernenhöfen, zur Regelung des dortigen Verkehrs den Verkehrszeichen oder Verkehrseinrichtungen gleiche Einrichtungen aufgestellt sind, darf das auch dann nicht beanstandet werden, wenn diese Einrichtungen von einer Straße aus sichtbar sind. Denn es ist wünschenswert, wenn auf nichtöffentlichem Raum sich der Verkehr ebenso abwickelt wie auf öffentlichen Straßen.

VwV-StVO zu § 42 Richtzeichen

Zu Anlage 3 Abschnitt 10 Wegweisung

1 I. Die Wegweisung soll den ortsunkundigen Verkehrsteilnehmer über ausreichend leistungsfähige Straßen zügig, sicher und kontinuierlich leiten. Hierbei sind die tatsächlichen Verkehrsbedürfnisse und die Bedeutungen der Straßen zu beachten. Eine Zweckentfremdung der Wegweisung aus Gründen der Werbung ist unzulässig.

...

3 III. Auf den mit Zeichen 330.1 und 330.2 gekennzeichneten Autobahnen in der Baulast des Bundes ... Zu privaten Zielen darf nicht gewiesen werden, es sei denn, es ist wegen eines besonders starken auswärtigen Zielverkehrs zur Verkehrsführung unabweislich und Aspekte der Werbung stehen dabei nicht im Vordergrund. Die Verwendung von Logos oder anderen privaten Zusätzen ist nicht zulässig. ...

...

Zu Zeichen 432 Wegweiser zu Zielen mit erheblicher Verkehrsbedeutung

1 I. Ziele mit erheblicher Verkehrsbedeutung können sein:

- Ortsteile (z. B. Parksiedlung, Zentrum, Kurviertel),
- öffentliche Einrichtungen (z. B. Flughafen, Bahnhof, Rathaus, Messe, Universität, Stadion),
- Industrie- und Gewerbegebiete,
- Erholungs- und Freizeitgebiete oder -einrichtungen.

2 II. Zu anderen Zielen darf nur dann so gewiesen werden, wenn dies wegen besonders starken auswärtigen Zielverkehrs unerlässlich ist und auch nur, wenn allgemeine Hinweise wie „Industriegebiet Nord" nicht ausreichen. Die Verwendung von Logos oder anderen privaten Zusätzen ist nicht zulässig. (Vgl. VwV zu Anlage 3 Abschnitt 10 Wegweisung; Rn. 1.)

3 III. Bei touristisch bedeutsamen Zielen ist vorzugsweise eine Beschilderung mit Zeichen 386.1 vorzunehmen, sofern die Richtlinien für touristische Beschilderung an Straßen (RtB) dies zulassen.

8.6.7 Hinweise auf private und gewerbliche Ziele

BMVBW
S 15/S 32/38.02.02-
01/105 Va 01
17. September 2001

Richtlinien zur Werbung an (Bundes-)Autobahnen aus straßenverkehrs- und straßenrechtlicher Sicht

Trotz des grundsätzlichen Verbots der Werbung an Straßen außerhalb der geschlossenen Ortschaften wird von interessierten Kreisen immer wieder die Zulassung von Werbeanlagen auch entlang von (Bundes-)Autobahnen gefordert. Da das Straßenverkehrs- und Straßenrecht keine absoluten Werbe- und Anbauverbote enthalten, wirft die von der Wirtschaft gewünschte Zulassung von Werbeschildern im Einzelfall erhebliche Abwägungsprobleme für die zuständige Behörde auf. Das gemeinsam mit den Ländern erarbeitete und abgestimmte sogenannte „Werbepapier" konkretisiert die gesetzlichen Vorgaben der Werbe- und Anbauverbote. Es stellt Grundsätze für die straßenverkehrs- und straßenrechtliche Beurteilung von Werbeanlagen auf und dient damit der Entscheidung im Einzelfall.

Ich bitte die obersten Landesbehörden dafür Sorge zu tragen, dass nach den Grundsätzen verfahren wird. Die Bundesvereinigung der kommunalen Spitzenverbände bitte ich um Unterrichtung der Städte, Kreise und Gemeinden und um Berücksichtigung der Grundsätze im Baugenehmigungsverfahren.

Anlage
zum BMVBW-Erlass
17. September 2001

Werbung an (Bundes-)Autobahnen aus straßenverkehrs- und straßenrechtlicher Sicht

1. Vorbemerkung

Von (gewerblicher und öffentlicher Image-)Werbung zu unterscheiden – und daher nicht den nachfolgenden Grundsätzen unterliegend – sind die nichtamtliche Verkehrsbeschilderung und Verkehrssicherheitsplakate des DVR, der BG und des BMVBW sowie landesweite Verkehrssicherheitsaktionen und verkehrssicherheitsfördernde Hinweise ohne Zusätze gewerblicher Werbung.

Die nachstehenden Grundsätze erstrecken sich ebenfalls nicht auf die Nebenbetriebe an Bundesautobahnen (§§ 1 Abs. 4 Nr. 5, 15 FStrG) und damit im Zusammenhang stehenden Verkehrsanlagen. Diese sind Bestandteil der Bundesautobahnen und bedürfen daher einer besonderen Betrachtung.

2. Ausgangslage

2.1 Problemlage

Trotz des grundsätzlichen Verbots der Werbung an Straßen außerhalb geschlossener Ortschaften wird seitens der Wirtschaft immer wieder die Zulassung neuer oder die nachträgliche Legalisierung bestehender Werbeanlagen und -einrichtungen entlang dieser Straßen gefordert. Da das Straßenverkehrs- und das Straßenrecht keine absoluten Werbe- oder Anbauverbote regeln, wirft die Frage der Entscheidung bei jedem Einzelfall erhebliche Abwägungsprobleme für die zuständige Behörde auf. Seitens der werbenden Wirtschaft wird oft reklamiert, gerade die fragliche Anlage/Einrichtung stelle keine Beeinträchtigung der Verkehrssicherheit dar, weil eine konkrete Beeinträchtigung der Verkehrssicherheit im Einzelfall nicht nachweisbar sei. Außerdem wird häufig mit dem Argument „Schaffung oder Erhaltung von Arbeitsplätzen" operiert. Letztlich muss auch festgestellt werden, dass gerade die für die Einhaltung des Werbeverbotes nach § 33 StVO zuständigen Behörden an der konkreten Entscheidung nicht immer beteiligt werden.

2.2 Rechtsrahmen

Bei der Beurteilung der Zulässigkeit von Werbeanlagen entlang der Bundesautobahnen sind sowohl straßenverkehrsrechtliche als auch straßenrechtliche Vorschriften zu beachten. Unberührt bleiben im Folgenden die formellen und materiellen Vorschriften anderer Rechtsgebiete, insbesondere des Baurechts, des Naturschutz-, des Sicherheits- und Ordnungsrechts sowie der Flugsicherheit.

2.2.1 Straßenverkehrsrecht

§ 33 Abs. 1 Satz 1 Nr. 3 StVO verbietet außerhalb geschlossener Ortschaften jede Werbung und Propaganda durch Bild, Schrift, Licht und Ton, wenn dadurch Verkehrsteilnehmer in einer den Verkehr gefährdenden oder erschwerenden Weise abgelenkt oder belästigt werden können. Auch durch innerörtliche Werbung darf der Verkehr außerhalb geschlossener Ortschaften nicht in solcher Weise gestört werden (§ 33 Abs. 1 Satz 2 StVO). Ferner dürfen durch Werbeeinrichtungen Zeichen und Verkehrseinrichtungen in ihrer Wirkung nicht beeinträchtigt werden; Werbung in Verbindung mit Zeichen oder Einrichtungen ist unzulässig (§ 33 Abs. 2 StVO).

Anlage zum BMVBW-Erlass vom 17.9.2001

2.2.2 Straßenrecht

Straßenrechtlich bestimmt das Bundesfernstraßengesetz in § 9 Abs. 6, dass an Brücken über Bundesfernstraßen außerhalb der zur Erschließung der anliegenden Grundstücke bestimmten Teile der Ortsdurchfahrten keine Anlagen der Außenwerbung angebracht werden dürfen, und in § 9 Abs. 1 Nr. 1 i. V. m. Abs. 6, dass längs der Bundesautobahnen in einer Entfernung bis zu 40 m (gemessen vom äußeren befestigten Rand der Fahrbahn) keine Anlagen der Außenwerbung errichtet werden dürfen. In einer Entfernung von mehr als 40 m bis 100 m bedürfen Anlagen an Bundesautobahnen nach § 9 Abs. 2 FStrG der Zustimmung der Straßenbaubehörde zu der ggf. erforderlichen Baugenehmigung oder zu einer nach anderen Vorschriften erforderlichen Genehmigung. Dies gilt entsprechend für bauliche Anlagen, die nach Landesrecht anzeigepflichtig sind. Soweit eine Genehmigung durch andere Behörden nicht erforderlich ist, bedarf die Anlage nach § 9 Abs. 5 einer eigenständigen Genehmigung der Straßenbaubehörde. Die Zustimmung oder Genehmigung darf nach § 9 Abs. 3 nur versagt werden, wenn dies wegen der Sicherheit und Leichtigkeit des Verkehrs, der Ausbauabsichten oder der Straßenbaugestaltung nötig ist. Werbeanlagen, die unmittelbar auf Autobahngrundstücken errichtet werden sollen (z. B. auf begrünten Randstreifen oder an Böschungen), stellen Sondernutzungen i. S. d. § 8 Abs. 1 FStrG bzw. sonstige Nutzungen i. S. d. § 8 Abs. 10 FStrG dar. Sie bedürfen der Erteilung einer Sondernutzungserlaubnis bzw. einer zivilrechtlichen Gestattung.

2.2.3 Ausnahmegenehmigung im Einzelfall

Sowohl das straßenverkehrsrechtliche Werbeverbot als auch das straßenrechtliche Anbauverbot sind der Ausnahmegenehmigung im Einzelfall zugänglich (§ 46 Abs. 2 StVO, § 9 Abs. 8 FStrG). § 9 Abs. 8 FStrG stellt darauf ab, ob die Versagung der Genehmigung im Einzelfall zu einer offenbar nicht beabsichtigten Härte führen würde *und* die Abweichung mit den öffentlichen Belangen vereinbar ist oder ob Gründe des Wohls der Allgemeinheit die Abweichung erfordern. Zu den öffentlichen Belangen im Sinne dieser Vorschrift gehört u. a. die Sicherheit und Leichtigkeit des Verkehrs. Für die Ausnahmegenehmigung von den Vorschriften des § 33 StVO gelten § 46 Abs. 1 Nr. 9 und 10 und § 46 Abs. 2 StVO.

2.3 Rechtsprechung zum straßenrechtlichen und straßenverkehrsrechtlichen Werbeverbot

Nach gefestigter Rechtsprechung bedarf es für das Kriterium „gefährdende oder erschwerende Weise“ des § 33 StVO nicht des Nachweises einer konkreten Gefährdung. Die abstrakte Gefahr einer Beeinträchtigung reicht aus. So hat das Bundesverfassungsgericht mit Beschluss vom 9. Februar 1972 (NJW, S. 859) festgestellt, dass Werbeanlagen an der freien Strecke, die sich an den Verkehrsteilnehmer auf der betreffenden Straße wenden und den Zweck haben, seine Aufmerksamkeit auf sich zu ziehen, regelmäßig geeignet sind, die bestehenden Gefahrensituationen zu erhöhen. An anderer Stelle (BVerfG NJW 1976, S. 559) hat es ausgeführt: Werbung ist ihrem Wesen nach darauf gerichtet, die Aufmerksamkeit auf sich zu lenken. Dies bedeutet zugleich eine Ablenkung vom Verkehrsgeschehen. Bei der potenziellen Gefährlichkeit des modernen Straßenverkehrs für Teilnehmer und Dritte können zusätzliche den Verkehrsablauf beeinflussende Vorgänge zu einer Erhöhung der an sich bereits bestehenden Gefahrenlage führen, zudem kann darüber hinaus die Flüssigkeit des Verkehrs beeinträchtigt werden. Nach der Rechtsprechung des Bundesverwaltungsgerichts (NZV 1994, S. 126) ist der Nachweis konkret entstandener Verkehrsgefahren oder -unfälle nicht erforderlich, weil das mit Art. 12 GG vereinbare Verbot bereits dann eingreift, wenn Verkehrsteilnehmer in einer den Verkehr gefährdenden oder erschwerenden Weise abgelenkt oder belästigt werden *können*.

Die Rechtsprechung bestätigt mithin das Verbot der Werbung an Straßen außerhalb geschlossener Ortschaften, ohne den Nachweis einer konkreten Gefährdung oder Erschwerung zu fordern. Dies gilt in Sonderheit für die dem schnellen Verkehr gewidmeten Autobahnen.

Auch der Sinn der Anbauvorschriften des § 9 FStrG liegt nach der gefestigten Rechtsprechung (Grundsatzurteil des BVerwG vom 3.9.1963, BVerwGE 16, 301 ff.) darin, alle für den Verkehrsablauf nachteiligen Umstände, die von außen auf den Verkehr einwirken können, auf das Mindestmaß herabzusetzen. In der Anbauverbotszone bis 40 m führt jeder Hochbau oder die entsprechende Werbeanlage zu einer Erhöhung der bereits im motorisierten Verkehr bestehenden Gefahrensituation und rechtfertigt daher ein allgemeines Bauverbot. Nur außergewöhnliche Umstände können daher die Annahme widerlegen, dass Werbeanlagen in unmittelbarer Nähe zur Fahrbahn grundsätzlich geeignet sind, die Sicherheit und Leichtigkeit des Verkehrs zu beeinträchtigen, und damit eine Befreiung nach § 9 Abs. 8 FStrG rechtfertigen. In der Anbaubeschränkungszone von 40 bis 100 m kommt es dagegen auf die konkreten Umstände an, nämlich ob das einzelne Vorhaben nach seiner Lage, Größe

Anlage
zum BMVBW-Erlass
vom 17.9.2001

und Art geeignet ist, die Sicherheit und Leichtigkeit des Verkehrs zu beeinträchtigen. Dabei stellt das Bundesverwaltungsgericht auf die erkennbare Möglichkeit und nicht auf die unbedingte Gewissheit ab, dass das Vorhaben den Verkehrsablauf auf der Bundesautobahn beeinträchtigt oder gefährdet. Bei Werbeanlagen ist dabei ihr Ziel, den Blick auf sich zu ziehen, besonders zu berücksichtigen. Ob diese beabsichtigte Ablenkung die Sicherheit oder Leichtigkeit des Verkehrs auf der freien Strecke beeinträchtigt, hängt einerseits vom Grad der Wirkung auf den Verkehrsteilnehmer und von der Intensität der Ablenkung und andererseits von den bestehenden verkehrsmäßigen Verhältnissen ab.

3. Abgrenzungskriterien für die straßen- und straßenverkehrsrechtliche Zulässigkeit von Werbeanlagen

Die nachfolgenden Grundsätze sind für die Beurteilung nach § 33 StVO auch für verkehrsrechtlich als Autobahn (Zeichen 330) gekennzeichnete (autobahnähnlich ausgebaute) Bundesstraßen anzuwenden, unbeschadet der Tatsache, dass die straßenrechtliche Anbauverbotszone hier nur 20 m breit ist.

3.1 Sondernutzung

Unbeschadet der Regelung in 3.3 kann eine für Werbeanlagen unmittelbar auf Autobahngrundstücken erforderliche Sondernutzungserlaubnis bzw. zivilrechtliche Gestattung wegen der engen räumlichen Nähe und des Einwirkens auf den Verkehrsraum nicht erteilt werden, wenn die Werbung an den Verkehrsteilnehmer der Autobahn gerichtet ist.

3.2 Werbung an und auf Brücken

An und auf Brücken ist die Anbringung von Werbeanlagen, die auf den Autobahnverkehr einwirken können, unzulässig. Die Ausnahmevoraussetzungen des § 9 Abs. 8 FStrG liegen bei Werbung regelmäßig nicht vor.

3.3 Werbung in der Anbauverbotszone

In der Anbauverbotszone (bis zu 40 m entlang der Autobahn) ist Werbung an Autobahnen straßenrechtlich unzulässig. Sie ist dort auch straßenverkehrsrechtlich unzulässig, wenn sie auf den Autobahnverkehr gerichtet ist und auf ihn einwirkt. Auf den Autobahnverkehr einwirkende Werbeanlagen und -einrichtungen sind jedoch bei diesem geringen Abstand von der Fahrbahn stets geeignet zur verkehrsgefährdenden oder -erschwerenden Ablenkung. Dies gilt auch für auf den Autobahnverkehr einwirkende Werbemaßnahmen an einem Betriebsgebäude (Ort der Leistung) wegen der von ihnen ausgehenden abstrakten Verkehrsgefährdung oder -erschwerung. Allenfalls für Betriebe, die zunächst außerhalb der Verbotszone lagen und durch spätere Aufstufung einer Bundesstraße zu einer Autobahn oder eine Ausbaumaßnahme von der Anbauverbotszone erfasst wurden, können unter engen Bedingungen (vgl. 3.4) und zur Vermeidung nicht beabsichtigter Härten (Bestandsschutz) Ausnahmen in Betracht kommen.

Für die Errichtung von Werbeanlagen folgt daraus: Eine Ausnahme vom Anbauverbot des § 9 Abs. 1 FStrG (40 m-Zone) ist mit öffentlichen Belangen nicht vereinbar und daher auch nicht aus Gemeinwohlgründen veranlasst, § 9 Abs. 8 FStrG.

Untersagt ist ebenfalls jede Werbung mit mobilen Werbeträgern wie Anhänger mit Werbeplakaten, folienumwickelte Strohballen, luftgefüllte Werbepuppen usw. ...

Wegen der Präzedenzwirkung jeder einzelnen Anlage muss das Verbot solcher Werbung innerhalb der 40 m-Zone strikt eingehalten und durchgesetzt werden.

3.4 Werbung jenseits der Anbauverbotszone (40 m-Zone),die auf den Autobahnverkehr einwirkt

3.4.1 Grundsätze der Beurteilung

Für die Beurteilung von Werbung jenseits der 40 m-Zone, die auf den Autobahnverkehr einwirkt, unterscheiden sich im Hinblick auf das Kriterium der Verkehrssicherheit die für einen Verstoß gegen § 33 StVO genügende abstrakte Gefährlichkeit einer Werbeanlage und die von § 9 Abs. 3 FStrG geforderte erkennbare Möglichkeit der Gefährdung in der konkreten Situation allenfalls graduell. In beiden Rechtsgebieten wird auf den Zweck und die Wirkung der Werbeanlage abgestellt. Erhöhte Anforderungen an die Gefährlichkeit für den Verkehrsablauf werden nicht gestellt. Deshalb muss jede Werbung unterbunden werden, die den Verkehrsteilnehmer zu verkehrssicherheitsgefährdenden oder verkehrserschwerenden Fahrmanövern veranlassen könnte. Über die Anbaubeschränkungszone des FStrG hinaus, d.h. auch in einem Abstand von mehr als 100 m vom Rand der Fahrbahn, kann eine Werbeanlage nach der straßenverkehrsrechtlichen Vorschrift des § 33 StVO (z.B. Pylon mit einer Höhe von über 20 m und beweglicher Werbung) unzulässig sein.

8.6.7 Hinweise auf private und gewerbliche Ziele

Anlage zum BMVBW-Erlass vom 17.9.2001

Zulässig ist Werbung jenseits der 40 m-Zone nur unter folgenden einschränkenden Bedingungen:

a) Die Werbung darf nur am Ort der Leistung (Betriebsstätte) angebracht sein, isoliert zu Werbezwecken errichtete oder aufgestellte Anlagen oder Werbeträger (auch Fahrzeuge, Anhänger, Heuballen etc.) sind unzulässig.
b) Diese Werbung am Ort der Leistung muss so gestaltet sein, dass eine längere Blickabwendung des Fahrzeugführers nach aller Erfahrung nicht erforderlich ist; das bedeutet insbesondere:
   - nicht überdimensioniert,
   - blendfrei,
   - nicht beweglich,
   - in Sekundenbruchteilen erfassbar oder zur nur unterschwelligen Wahrnehmung geeignet.
c) Die amtliche Beschilderung darf nicht beeinträchtigt werden.
d) Eine Häufung von Werbeanlagen ist unzulässig.

Diese Anforderungen sind dann erfüllt, wenn *nur der Firmenname* in unaufdringlicher Farbgebung, auch von außen beleuchtet oder selbstleuchtend, an der Gebäudewand aufgebracht oder als Dachträger angebracht ist und die Größe das nach der Verkehrsanschauung übliche Maß eines Firmennamens am Betriebsgebäude nicht übersteigt. Solche Werbung erfüllt nicht den Tatbestand des § 33 StVO und ist nach § 9 Abs. 3 FStrG unter dem Gesichtspunkt Sicherheit und Leichtigkeit des Verkehrs zustimmungsfähig.

Jedoch ist es an Streckenabschnitten, die eine erhöhte Aufmerksamkeit des Verkehrsteilnehmers erfordern (z. B. Verflechtungsbereiche an Abzweigungen, schwierig zu überblickendes Gelände, bekannte unfallauffällige Streckenabschnitte), insbesondere wenn der Abstand von der Autobahn 40 m nur unwesentlich übersteigt, angezeigt, ausschließlich den unbeleuchteten Farbauftrag des Firmennamens an der Außenwand des Firmengebäudes zuzulassen.

3.4.2 Unzulässigkeit besonderer Werbeanlagen und Werbemaßnahmen

Unzulässig sind auch am Ort der Leistung (Betriebsstätte) insbesondere folgende auf den Autobahnverkehr einwirkende Werbeanlagen und Werbemaßnahmen:

- Prismenwendeanlagen,
- Lauflichtbänder,
- Rollbänder,
- Filmwände,
- statische Lichtstrahler, Licht- und Laserkanonen und vergleichbare Einrichtungen,
- Werbung mit Botschaften (Satzaussagen, Preisangaben, Adressen, Telefonnummern u. Ä.),
- akustische Werbung,
- luft- oder gasgefüllte Werbepuppen oder -ballons.

3.4.3 Pylone

An Pylonen angebrachte Werbung ist nur am Ort der Leistung (Betriebsstätte) und nur dann zulässig, wenn sie den Anforderungen nach 3.4.1 entspricht. Insbesondere Werbemaßnahmen nach 3.4.2 sind auch an Pylonen unzulässig.

Zur Höhe des Pylons gilt unter dem Gesichtspunkt der Verkehrssicherheit: Je näher an der 40 m-Zone, desto niedriger ist die zulässige Höhe; auch in größerer Entfernung soll die Höhe 20 m nicht übersteigen.

3.4.4 Werbung für Beherbergungsbetriebe, Gaststätten, Tankstellen und Reparaturservicebetriebe

Auch für diese Betriebe ist Werbung im Sinne der Sondernutzung (vgl. 3.1), an und auf Brücken (vgl. 3.2) und in der Anbauverbotszone (vgl. 3.3) unzulässig. Für Werbung jenseits der Anbauverbotszone gelten die Grundsätze der Abschnitte 3.4.1 bis 3.4.3 mit folgenden Maßgaben:

Ausschließlich am Ort der Leistung (Betriebsstätte) darf eine einzelne Werbemaßnahme größer dimensioniert und stärker wahrnehmbar gestaltet sein. Dies gilt jedoch nur für:

a) von innen oder außen beleuchtete Symbole, die den Sinnbildern der StVO-Zeichen 359, 361, 375–377 nachgebildet sind oder „T“ für Tankstelle und „R“ für Gaststätte oder
b) statt eines Symbols nach a) für Firmenlogos, die nach der Verkehrsanschauung eindeutig auf das Leistungsangebot hinweisen (Beispiel: Logos von Mineralölfirmen oder Imbissketten),

Anlage
zum BMVBW-Erlass
vom 17.9.2001

wobei Symbol oder Logo auch an einem Pylon angebracht sein können (zur Höhe vgl. 3.2), und unter folgenden Bedingungen:

aa) Symbol oder Logo muss so rechtzeitig vor einer Ausfahrt wahrgenommen werden können, dass von einer Entscheidung, den Ort der Leistung anzufahren, nach aller Erfahrung keine Gefährdung des Verkehrs ausgehen kann;

bb) der Ort der Leistung darf nicht mehr als 1 000 m (bezogen auf die Fahrstrecke im nachgeordneten Netz) von der nächsten folgenden Abfahrt entfernt sein;

cc) das Angebot des jeweiligen Betriebes muss grundsätzlich auch für den Lkw-Verkehr geeignet sein (z. B. Abstellmöglichkeiten in zumutbarer Entfernung);

dd) Symbol oder Logo dürfen nur während der Öffnungszeit des Betriebes von innen oder außen beleuchtet sein.

Bei mehreren benachbarten Betrieben (Beherbergungsbetriebe, Gaststätten, Tankstellen, Reparaturservicebetriebe) soll die Errichtung mehrerer Pylone in unmittelbarer Nähe vermieden werden.

Auch bei der Zulässigkeit solcher Werbeanlagen ist regelmäßig eine besonders restriktive Beurteilung erforderlich, wenn der Ort der Leistung an einem unfallauffälligen Streckenabschnitt liegt.

Diese Abweichung von den Maßgaben nach 3.4.1 bis 3.4.3 trägt dem Umstand Rechnung, dass einzelnen Bedürfnissen, wie z. B. dem Bedarf nach einem Reparaturservice, auf Autobahnen nicht entsprochen wird und auch nicht entsprochen werden kann. Zugleich kann damit im Interesse der Verkehrssicherheit eine rechtzeitige Orientierung vor den Anschlussstellen für die Verkehrsteilnehmer erreicht werden, die eine Präferenz für besondere Angebote des Tankens und Rastens haben.

(VkBl. 2001 S. 463)

8.6.8 Sonstige Hinweise

■ Hinweisschilder auf Gottesdienste oder sonstige regelmäßige religiöse Veranstaltungen

Seit Jahrzehnten wird an den Ortseingängen durch Informationsschilder auf Gottesdienste hingewiesen. Nähere Informationen dazu sind zu finden im

- ARS 15/2008 (S 15/7162.2/9/899400) „Richtlinie für das Aufstellen von Hinweisschildern auf Gottesdienste und sonstige regelmäßige religiöse Veranstaltungen von Kirchen und sonstigen Religionsgemeinschaften" vom 11.8.2008 (VkBl. S. 461).

Die aktuell gültige Richtlinie ist insbesondere nicht mehr auf die Veranstaltungen der katholischen und evangelischen Kirche beschränkt und berücksichtigt damit die Anforderungen aus den Grundrechten der Gleichbehandlung und Glaubensfreiheit. Sie regelt Aufstellort, Ausführung und Verfahren. Auf der Grundlage der bisher gültigen Rundschreiben errichtete Hinweisschilder genießen Bestandsschutz. *Bild 8.53* zeigt Beispiele für Hinweisschilder auf Gottesdienste. Durch ein Zusatzzeichen kann der Name der Kirche ergänzt werden (siehe *Bild 8.54*).

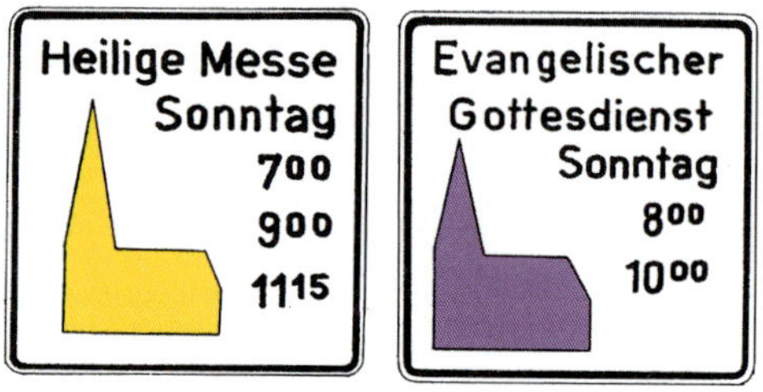

Bild 8.53 Beispiel für Hinweisschild auf Gottesdienste oder sonstige regelmäßige religiöse Veranstaltungen (links auf katholischen Gottesdienst, rechts auf evangelischen Gottesdienst)

Bild 8.54 Zusatzzeichen mit Namen der Kirche

Zu Abschnitt 8.6.8

BMVBS
S 15/7162.2/9/
899400
11. August 2008

Richtlinie für das Aufstellen von Hinweisschildern auf Gottesdienste und sonstige regelmäßige religiöse Veranstaltungen von Kirchen und sonstigen Religionsgemeinschaften

I. Das Rundschreiben vom 19.7.1960 (VkBl. 1960, S. 333) zu Hinweisschildern auf Gottesdienste wird aufgehoben und durch anliegende „Richtlinie für das Aufstellen von Hinweisschildern auf Gottesdienste und sonstige regelmäßige religiöse Veranstaltungen von Kirchen und sonstigen Religionsgemeinschaften" ersetzt.

Die neue Richtlinie beschränkt Hinweisschilder nicht mehr auf religiöse Veranstaltungen der katholischen und evangelischen Kirche. Vielmehr sind künftig Anträge aller Kirchen und sonstigen Religionsgemeinschaften zulassungsfähig, soweit diese nicht bekanntermaßen oder erkennbar verfassungsfeindliche Ziele vertreten. Hierdurch wird den Grundrechten auf Gleichbehandlung und Glaubensfreiheit aus Art. 3 Abs. 1 und 3 sowie Art. 4 Abs. 1 GG Rechnung getragen.

II. Um den Eindruck einer Werbung für eine bestimmte Glaubens- und Weltanschauungsrichtung zu vermeiden und zugleich dem Orientierungsbedürfnis für eine bestimmte Glaubens- und Weltanschauungsrichtung der Verkehrsteilnehmer und Verkehrsteilnehmerinnen Rechnung zu tragen, sollen die Hinweisschilder ausschließlich die Bezeichnung der jeweiligen Kirche bzw. des religiösen Veranstaltungsgebäudes und den jeweiligen Zeitpunkt der regelmäßigen religiösen Veranstaltung angeben.

Aus Gründen der Sicherheit und Leichtigkeit des Verkehrs sind Hinweisschilder nur noch im Zuge von Bundesstraßen an Ortseingängen zulässig, nicht aber auf freier Strecke.

III. Ich bitte, die Richtlinie für das Aufstellen von Hinweisschildern auf Gottesdienste und sonstige regelmäßige religiöse Veranstaltungen von Kirchen und sonstigen Religionsgemeinschaften im Bereich der Auftragsverwaltung für die Bundesfernstraßen anzuwenden und erbitte die Übersendung eines entsprechenden Einführungserlasses. Ich empfehle ihre Anwendung auch für andere Straßen, soweit das Landesrecht mit dem Bundesrecht übereinstimmt. Die Bundesvereinigung der kommunalen Spitzenverbände bitte ich um

BMVBS-Erlass vom 11.8.2008

Unterrichtung der Städte, Kreise und Gemeinden und um Berücksichtigung der Grundsätze im Baugenehmigungsverfahren.

Das Rundschreiben Hinweisschilder auf Gottesdienste vom 19. Juli 1960 – StB 2/4 – BH – 41 K 60 – (VkBl. 1960 S. 333) hebe ich hiermit auf.

Anlage zum BMVBS-Erlass 11. August 2008

Richtlinie für das Aufstellen von Hinweisschildern auf Gottesdienste und sonstige regelmäßige religiöse Veranstaltungen von Kirchen und sonstigen Religionsgemeinschaften

1. Räumlicher und inhaltlicher Anwendungsbereich

Hinweisschilder auf Gottesdienste und sonstige regelmäßige religiöse Veranstaltungen von Kirchen und sonstigen Religionsgemeinschaften sind keine amtlichen Hinweiszeichen im Sinne der Straßenverkehrs-Ordnung. Sie können im Zuge von Bundesstraßen an Ortseingängen hinter den gelben Ortstafeln sowie innerhalb der Orte aufgestellt werden, sofern hierdurch der Gemeingebrauch nicht beeinträchtigt wird. Auf den freien Strecken der Bundesfernstraßen muss aus Gründen der Sicherheit und Leichtigkeit des Verkehrs vom Aufstellen dieser Hinweisschilder abgesehen werden.

Die Hinweisschilder geben ausschließlich an

- die Bezeichnung der jeweiligen Kirche oder sonstigen Religionsgemeinschaft und
- den jeweiligen Zeitpunkt des Gottesdienstes oder der sonstigen regelmäßigen religiösen Veranstaltung.

Der Hinweis auf den Gottesdienst oder die sonstige regelmäßige religiöse Veranstaltung soll ausschließlich den Interessen der Verkehrsteilnehmer und Verkehrsteilnehmerinnen dienen und ihnen eine Entscheidung über die Wahrnehmung der Angebote der Kirchen oder sonstigen Religionsgemeinschaften ermöglichen. Deshalb dürfen die Hinweisschilder keine darüber hinausgehenden Angaben enthalten; sie sind keine Werbeanlagen.

2. Gestaltung der Hinweisschilder

Die Hinweisschilder auf Gottesdienste und sonstige regelmäßige religiöse Veranstaltungen von Kirchen und sonstigen Religionsgemeinschaften sind so zu gestalten, dass die Information für die Verkehrsteilnehmer und Verkehrsteilnehmerinnen erfassbar ist.

Die Schrift soll nach DIN 1451 (fette Mittelschrift) ausgeführt werden. Das Schild hat eine Größe von 75 × 75 Zentimetern. Ein bestimmtes Piktogramm ist grundsätzlich zulässig, wird den verschiedenen Kirchen und sonstigen Religionsgemeinschaften aber nicht vorgegeben. Unter dem Hinweisschild kann noch ein Zusatzschild mit dem konkreten Namen des jeweiligen Kirchen- oder sonstigen Gebäudes der regelmäßigen religiösen Veranstaltung (z. B. Sankt Anna) angebracht werden. Dieses Zusatzschild hat eine Größe von 75 × 20 Zentimetern.

Eine unüberschaubare Häufung von Hinweisschildern ist auszuschließen. Auf Sammelhinweisschilder ist hinzuwirken.

3. Verfahren

Liegt keine Beeinträchtigung des Gemeingebrauchs vor, schließt die zuständige Straßenbaubehörde mit der den Antrag stellenden Kirche oder sonstigen Religionsgemeinschaft eine Vereinbarung nach § 8 Abs. 10 Bundesfernstraßengesetz (FStrG) für das Aufstellen von Hinweisschildern auf regelmäßige religiöse Veranstaltungen von Kirchen und sonstigen Religionsgemeinschaften ab. Hierin ist insbesondere festzulegen, dass das Hinweisschild von der den Antrag stellenden Kirche oder sonstigen Religionsgemeinschaft ordnungsgemäß zu unterhalten ist. Die Straßenbauverwaltung ist von Haftungsansprüchen Dritter freizustellen. Für das Aufstellen der Hinweisschilder wird kein Entgelt erhoben. Durch den Abschluss dieser Vereinbarung werden sonstige erforderliche Genehmigungen und Erlaubnisse nicht ersetzt.

Ein Rechtsanspruch auf die Benutzung eines Straßengrundstücks über den Gemeingebrauch hinaus besteht nicht.

Die zuständige Straßenbaubehörde handelt jedoch auch beim Abschluss bürgerlichrechtlicher Nutzungsverträge im Sinne von § 8 Abs. 10 FStrG als öffentliche Verwaltung und ist daher auch in diesem Verwaltungsbereich den besonderen Beurteilungsnormen des Verwaltungshandelns gemäß Art. 20 Abs. 3 GG unterworfen. Sie trifft ihre Zulassungsentscheidung unter Berücksichtigung höherrangigen Rechts, insbesondere der Grundrechte (Art. 3 Abs. 1 und 3 i. V. m. Art. 4 Abs. 1 GG). Folglich ist grundsätzlich allen Kirchen und sonstigen Religionsgemeinschaften, soweit straßenrechtliche Gründe nicht entgegen-

8.6.8 Sonstige Hinweise

Anlage zum BMVBS-Erlass vom 11.8.2008

stehen, die Möglichkeit einzuräumen, unter gleichen Bedingungen durch ein Hinweisschild auf ihre Gottesdienste bzw. sonstigen regelmäßigen religiösen Veranstaltungen hinzuweisen. Die Bindung der öffentlichen Verwaltung an Recht und Gesetz lässt jedoch den Ausschluss von Kirchen und sonstigen Religionsgemeinschaften mit verfassungswidrigen Bestrebungen stets zu.

4. Bestandsschutz

Die bisher auf der Grundlage des Allgemeinen Rundschreibens vom 19.7.1960 errichteten Hinweisschilder auf Gottesdienste genießen Bestandsschutz.

(VkBl. 2008 S. 461)

Dynamische Verkehrszeichen

9

9.1 Allgemeines

In Abschnitt 9 werden dynamische Verkehrszeichen und Verkehrseinrichtungen behandelt. Diese sind als Lichtsignalanlagen (techn.)/ Lichtzeichenanlagen (jur.), Verkehrsbeeinflussungsanlagen, Parkleitsysteme usw. bekannt.

Mit ihnen ist es möglich, die durch Verkehrszeichen gegebenen Anordnungen und durch Verkehrseinrichtungen mögliche Beeinflussung des Verkehrsablaufs flexibel den jeweiligen Randbedingungen, insbesondere den Schwankungen der zu bewältigenden Verkehrsmengen, anzupassen. Dadurch können vor allem

- die Ressourcen in hochbelasteten Straßenbereichen dem jeweiligen Bedarf angepasst zugeteilt werden, wodurch in bestimmtem Umfang Kapazitätserhöhungen möglich werden, und
- durch situationsangepasste, eindeutige Regelungen die Sicherheit erhöht werden.

Eine Anlage umfasst alle dazu notwendigen Betriebseinrichtungen, insbesondere die Detektion, Kommunikation, Datenverarbeitung, Anzeige und Überwachung.

Lichtsignalanlagen (LSA), in der StVO Lichtzeichenanlagen genannt, sind Anlagen, mit denen (Licht-)Signalgeber (siehe Abschnitt 9.3.3) so angesteuert werden, dass Fahrzeugströme wechselweise freigegeben oder angehalten werden. Die StVO unterscheidet Wechsellichtzeichenanlagen, womit im Wesentlichen die vorrangregelnden Lichtsignalanlagen an Kreuzungen und Engstellen gemeint sind, und Dauerlichtzeichenanlagen, welche Lichtsignalanlagen zur dynamischen Zuordnung von Fahrstreifen (Fahrstreifensignalisierung) sind. Mit Lichtsignalanlagen können knappe Ressourcen (Konfliktflächen an Knotenpunkten, Fahrstreifen bei Fahrstreifensignalisierung) eindeutig, aber auch wechselweise verschiedenen Verkehrsströmen zur Nutzung zugewiesen werden, was sowohl die Sicherheit als auch in der Regel die Leichtigkeit des Verkehrs erhöht. Lichtsignalanlagen sind Verkehrseinrichtungen im Sinne der StVO.

Verkehrsbeeinflussungsanlagen (VBA), auch Wechselverkehrszeichenanlagen (WVA) genannt, sind Anlagen, welche mittels Wechselverkehrszeichen (WVZ) den Verkehr dynamisch situationsangepasst steuern können. Über Verkehrsbeeinflussungsanlagen können insbesondere Streckenverbote angeordnet (Beschränkung der zulässigen Höchstgeschwindigkeit, Überholverbot), Gefahrzeichen angezeigt (z. B. vor Stau, Nebel oder Arbeitsstellen), Spurzuteilungen vorgenommen (Fahrstreifensignalisierung, Seitenstreifenfreigabe) oder Verkehrsströme umgeleitet (dynamische Wegweisung mit integrierten Stauinformationen – dWiSta; Wechselwegweisung) werden. Mithilfe von Verkehrsbeeinflussungsanlagen ist es möglich, über Warnungen und eine Verstetigung des Verkehrsablaufs Gefährdungen, z. B. als Folge von Stauungen, zu verringern, vorhandene Straßenanlagen besser zu nutzen und damit auch Energie einzusparen. Man unterscheidet im Wesentlichen

- Knotenbeeinflussungsanlagen (KBA)
- Streckenbeeinflussungsanlagen (SBA)
- Netzbeeinflussungsanlagen (NBA).

Der **Betrieb** von dynamischen Verkehrszeichen und Verkehrseinrichtungen erfolgt in Deutschland in der Regel automatisch (siehe Abschnitt 9.3.2). Gemäß der in § 45 StVO vorgegebenen Aufgabenteilung werden die Anlagen von der zuständigen Straßenverkehrsbehörde angeordnet und vom Straßenbaulastträger betrieben. Wegen der nötigen Eindeutigkeit der Anordnung sind vor allem auch die Schaltprogramme anzuordnen. Die Anlagenplanung und die Erarbeitung der Schaltprogramme übernimmt angesichts ihrer verkehrstechnischen Kompetenz in der Regel die Straßenbaubehörde. Allerdings ist die Aufgabe der verkehrstechnischen Planung zumindest für Straßen im Bestand Aufgabe der Straßenverkehrsbehörde; sie hat dabei alle Aspekte von Verkehrsbeeinflussungsanlagen oder Lichtsignalanlagen abzuarbeiten, die sich auf das Verhalten der Verkehrsteilnehmer auswirken können. Aufgabe des Straßenbaulastträgers ist dann die technische Umsetzung der Anlage einschließlich der Umsetzung der Steuerungsvorgaben der Straßenverkehrsbehörde in maschinenlesbare Sprache (d. h. die Programmierung des Steuerrechners). Übernimmt an dieser Stelle die Straßenbaubehörde diese Aufgaben, wird die Straßenverkehrsbehörde ihr zumindest die Kosten hierfür zu ersetzen haben.

Entsprechend muss die verkehrsrechtliche Anordnung von Lichtzeichen und Verkehrsbeeinflussungsanlagen alle Festlegungen treffen, die sich auf das Verhalten der Verkehrsteilnehmer auswirken können. Damit sind bei Lichtzeichen Signallageplan, Signalzeitenplan und Phasenfolgeplan anzuordnen, bei Verkehrsbeeinflussungsanlagen die Standorte der Anzeigequerschnitte, die Steuerungslogik und die Schaltprogramme.

In den folgenden Abschnitten werden die verschiedenen Anlagentypen, ihre Konzeption, Steuerung und die sie behandelnden allgemeinen Regelwerke ausführlicher beschrieben.

Einzelheiten für Lichtsignalanlagen enthalten die von der FGSV herausgegebenen

- „Richtlinien für Lichtsignalanlagen (RiLSA) Lichtzeichenanlagen für den Straßenverkehr", Ausgabe 2015, FGSV Verlag,

die gemäß dem BMVI-ARS 15/2015 vom 4.9.2015 (VkBl. 2015 S. 635) der Planung und Ausführung von Lichtsignalanlagen zugrunde gelegt werden sollen.

Einzelheiten für Verkehrsbeeinflussungsanlagen enthalten die vom Verkehrsblatt-Verlag herausgegebenen und durch BMV-Erlass vom 18. April 1997 (VkBl. S. 520) eingeführten

- „Richtlinien für Wechselverkehrszeichen an Bundesfernstraßen (RWVZ)", Ausgabe 1997, Verkehrsblatt-Verlag,
- „Richtlinien für Wechselverkehrszeichenanlagen an Bundesfernstraßen (RWVA)", Ausgabe 1997, Verkehrsblatt-Verlag,

und das von der BASt erstellte und vom für den Verkehr zuständigen Bundesministerium herausgegebene

- ARS 09/2022 (StB 27/7123.1/1/3646142) „Dynamische Wegweiser mit integrierten Stauinformationen (dWiSta) – Hinweise für die einheitliche Gestaltung und Anwendung an Bundesfernstraßen, Ausgabe 2022 (dWiSta-Hinweise 2022)" vom 14.4.2022 (VkBl. S. 301).

RWVZ und RWVA sind Richtlinien zur VwV-StVO und damit im gesamten Geltungsbereich der StVO anzuwenden. Die in den übrigen Richtlinien festgelegten Grundsätze sollten auch bei Projekten außerhalb der Bundesfernstraßen beachtet werden. Für die Bundesautobahnen ist der Ausbau eines umfassenden Verkehrsbeeinflussungssystems im Gange, das den verstärkten Einsatz von Wechselverkehrszeichen vorsieht. Die mit C-ITS (Cooperative Intelligent Transport System) verbundene Übertragung von Zeicheninhalten in die Fahrzeuge ist möglicherweise der Beginn einer „Virtualisierung" der Verkehrsbeeinflussung.

Wegen der wachsenden Zahl von Verkehrsbeeinflussungsanlagen mit Anwendung von Wechselverkehrszeichen hat das für den Verkehr zuständige Bundesministerium mit Erlass vom 3.2.1993 außerdem einen

- „Muster-RE-Entwurf für Verkehrsbeeinflussungsanlagen", Ausgabe 1993 (VkBl. S. 559)

eingeführt.

9.2 Sicherheit

Die die dynamischen Verkehrszeichen und Verkehrseinrichtungen ansteuernden Anlagen können als ganze Anlage oder in Teilkomponenten sicherheitsrelevant sein.

Zu unterscheiden sind vor allem:

- Ausfallsicherheit
- Schutz vor schädlichen Wirkungen des Stroms
- Abschalten bei Teilausfall
- Überwachung und Verriegelung kritischer Schaltzustände.

Ausfallsicherheit ist notwendig, um eine hohe Verfügbarkeit und – da diese Anlagen in der Regel dafür installiert wurden – entsprechende Sicherheit und Leichtigkeit des Verkehrs zu gewährleisten. Ausfallsicherheit wird erreicht durch besonders zuverlässige Komponenten (z. B. spezielle Signallampen), durch regelmäßigen Tausch (z. B. Lampen von Signalgebern) oder durch Redundanz, d. h. mehrfaches Vorhalten mit Parallelbetrieb oder automatischem Umschalten (z. B. Ersatzlampen oder Doppelfadenlampen).

Durch den **Schutz vor schädlichen Wirkungen des Stroms** soll verhindert werden, dass Nutzer oder Bediener Schaden durch Stromschlag erleiden, z. B. bei einem Unfall, bei dem Kabel verletzt werden oder auch einfach nur durch mangelhafte Isolierung. Dazu sind verschiedene Maßnahmen denkbar, insbesondere die Verwendung niederer Spannung oder der Einsatz von Fehlstromschutzschaltern.

Mit dem **Abschalten bei Teilausfall** sollen kritische Zustände vermieden werden, z. B. wenn in einer Zufahrt zu einer lichtsignalgeregelten Kreuzung alle Rotlampen ausgefallen sind, in der anderen aber die grünen Signalgeber den Ausfall nicht erkennen lassen, oder wenn Teile eines selbstleuchtenden Wechselverkehrszeichens leuchten und andere nicht, und dadurch ein irreführendes Signalbild entstehen würde. Das Abschalten bei Teilausfall setzt voraus, dass zumindest die Schaltzustände der kritischen Komponenten zuverlässig überwacht werden und eine Überwachungsschaltung die Abschaltung veranlassen kann.

Die **Überwachung und Verriegelung kritischer Schaltzustände** soll vermeiden, dass durch Programm- oder Gerätefehler gefährliche Zustände, z. B. Grün für zwei nicht kompatible Zufahrten (feindliches Grün), entstehen können.

Die RiLSA enthalten in Abschnitt 7.3.4 nähere Informationen zur Signalsicherung, die RWVA in Abschnitt 4.3 nähere Informationen zur gegenseitigen Verriegelung von Wechselverkehrszeichen. Die elektrotechnischen Vorschriften zur Gewährleistung der Sicherheit enthalten die VDE-Bestimmungen für Straßenverkehrs-Signalanlagen (DIN VDE 0832). Darin wird u. a. vorgeschrieben, wie die Anlagen elektrotechnisch auszuführen sind und unter welchen Bedingungen und in welcher Zeit die Sicherheitsabschaltungen erfolgen müssen.

9.3 Anlagen

9.3.1 Überblick

Um zu gewährleisten, dass die Anlagen ihren Zweck erfüllen, sind vor dem Einbau eingehende Untersuchungen erforderlich. In der Regel sollten für die Entwurfsbearbeitung folgende Unterlagen vorliegen:

- Querschnittsbelastungen (Spitzenbelastung, zeitliche Verkehrsverteilung, Verkehrszusammensetzung) an Knotenpunkten aller zu- und abführenden Fahrbahnen
- an Knotenpunkten Übersicht über die einzelnen Verkehrsströme
- Analyse der Verkehrsunfälle (Kollisionsdiagramm)
- Ergebnisse von Verkehrsbeobachtungen und Ortsbesichtigungen
- Lagepläne (bei LSA zu empfehlender Maßstab 1:500).

9.3.2 Steuerung

Die Ansteuerung von dynamischen Verkehrszeichen und Verkehrseinrichtungen kann manuell oder automatisch erfolgen, jeweils lokal bedient/gesteuert, im Verbund abgestimmt oder von einer Zentrale koordiniert. In jedem Fall, auch bei manueller Ansteuerung, muss gewährleistet sein, dass keine widersprüchlichen oder gefahrerhöhenden Signale gezeigt werden.

In Deutschland ist, wie eingangs erwähnt, die automatische Ansteuerung die Regel. Die Anlagen erfassen den Verkehrszustand über geeignete Detektoren, ermitteln über ein geeignetes Schaltprogramm, in das auch Erfahrungswerte und statistische Auswertungen eingehen können, einen sinnvollen Schaltzustand und steuern entsprechend die Wechselverkehrszeichengeber und Signalgeber, in jüngerer Zeit auch dynamische Markierungen, an. Unter bestimmten Voraussetzungen, insbesondere wenn sich die Verkehrszustände im Jahres-, Wochen- und Tagesrhythmus ausreichend ähnlich wiederholen, kann es sich empfehlen, auf die Detektoren zu verzichten und die Anlagen mit einem oder mehreren zeitabhängigen festen Programmen zu betreiben. Auch eine manuelle Steuerung ist grundsätzlich möglich, hat sich jedoch in der Regel sowohl hinsichtlich der Betriebskosten als auch der Regelungsgüte als nicht vorteilhaft erwiesen.

Soweit mehrere Anlagen im räumlichen Zusammenhang betrieben werden, bei Lichtsignalanlagen z. B. Grüne Welle, bei Verkehrsbeeinflussungsanlagen Überlagerungen von Knotenbeeinflussung, Streckenbeeinflussung und Netzbeeinflussung, ggf. auch Abstimmung mit Lichtsignalanlagen an Anschlussstellen, ist es sinnvoll, verschiedene Anlagen miteinander zu koordinieren. Das kann von Anlage zu Anlage im Verbund oder über eine Zentrale erfolgen.

Zur Ansteuerung gehören auch die Überwachung des Anlagenzustands und die entsprechend notwendigen Aktionen, z. B. Abschaltung und ggf. Information des Wartungsdienstes. Bei größeren Einheiten (z. B. Verkehrsrechnerzentrale eines Bundeslandes) oder Anlagen mit großer Sicherheitsrelevanz (Anlagen in großen Tunneln) kann es sinnvoll und notwendig sein, in den Zentralen eine personelle Besetzung mit 24-Std.-Schichtbetrieb einzurichten. Eine schwächere Besetzung in den Schwachlastzeiten oder Zusammenschaltung mehrerer Zentralen ist möglich. Die Datenverarbeitungstechnik ermöglicht heute außerdem Rufbereitschaftsdiensten, über allgemein zugängliche Datenwege (ISDN, DSL) gewisse Überwachungs- und Steuerungsaufgaben in Notfällen auch von nahezu jedem beliebigen Ort aus vorzunehmen. Dabei sind allerdings die

Zugangspunkte und Übertragungswege (in der Regel sogenannte VPN (Virtual Private Network)-„Tunnel") durch entsprechende Authentifizierungsverfahren (z. B. Chipkarte) und Verschlüsselungsmethoden besonders zu sichern.

In besonders sicherheitsrelevanten Bereichen (z. B. längeren Tunneln) kann der Einsatz von besonders zuverlässiger Stromversorgung (zweiseitige Einspeisung, Pufferbatterien, Notstromaggregate) nötig sein.

Bei Planung, Ausschreibung, Bau und Betrieb von Lichtsignalanlagen sind zu beachten:

- „Hinweise zu Lichtsignalsteuerungszentralen als Bestandteil des kommunalen Verkehrsmanagements", Ausgabe 2018, FGSV Verlag
- „Hinweise für die Lichtsignalsteuerung in Straßennetzen (H LiS)", Ausgabe 2014, FGSV Verlag
- „Hinweise zum Qualitätsmanagement an Lichtsignalanlagen (H QML)", Ausgabe 2014, FGSV Verlag

Bei Planung, Ausschreibung, Bau und Betrieb von Verkehrsbeeinflussungsanlagen sind zu beachten:

- „Richtlinien für Wechselverkehrszeichen an Bundesfernstraßen (RWVZ)", Ausgabe 1997, Verkehrsblatt-Verlag
- „Richtlinien für Wechselverkehrszeichenanlagen an Bundesfernstraßen (RWVA)", Ausgabe 1997, Verkehrsblatt-Verlag
- „Technische Lieferbedingungen für Streckenstationen (TLS)", Ausgabe 2012, BASt
- „Merkblatt für die Ausstattung von Verkehrsrechnerzentralen und Unterzentralen (MARZ)", Ausgabe 2018, BASt
- „Hinweise zu variablen Fahrstreifenzuteilungen – Anwendungsbeispiele und Einsatzmöglichkeiten", Ausgabe 2003, FGSV Verlag
- „Hinweise für Steuerungsmodelle von Wechselverkehrszeichenanlagen in Außerortsbereichen", Ausgabe 1992, FGSV Verlag
- „Hinweise zur Verkehrsflussanalyse, Störfallentdeckung und Verkehrsflussprognose für die Verkehrsbeeinflussung in Außerortsbereichen", Ausgabe 1992, FGSV Verlag
- „Hinweise für neue Verfahren zur Verkehrsbeeinflussung auf Außerortsstraßen", Ausgabe 2000, FGSV Verlag
- „Hinweise für Planung und Einsatz von Geschwindigkeitswarnanlagen", Ausgabe 2001, FGSV Verlag
- „Hinweise zur Wirksamkeitsschätzung und Wirksamkeitsberechnung von Verkehrsbeeinflussungsanlagen", Ausgabe 2007, FGSV Verlag.

Zu Abschnitt 9.3.2

VwV-StVO zu § 37 Wechsellichtzeichen, Dauerlichtzeichen und Grünpfeil

Zu den Nummern 1 und 2

12 IV. Sind im Zuge einer Straße mehrere Lichtzeichenanlagen eingerichtet, so empfiehlt es sich in der Regel, sie aufeinander abzustimmen (z. B. auf eine Grüne Welle). Jedenfalls sollte dafür gesorgt werden, dass bei dicht benachbarten Kreuzungen der Verkehr, der eine Kreuzung noch bei „Grün" durchfahren konnte, auch an der nächsten Kreuzung „Grün" vorfindet.

13 V. Häufig kann es sich empfehlen, Lichtzeichenanlagen verkehrsabhängig so zu schalten, dass die Stärke des Verkehrs die Länge der jeweiligen Grünphase bestimmt. An Kreuzungen und Einmündungen, an denen der Querverkehr schwach ist, kann sogar erwogen werden, der Hauptrichtung ständig Grün zu geben, das von Fahrzeugen und Fußgängern aus der Querrichtung erforderlichenfalls unterbrochen werden kann.

VwV-StVO zu den §§ 39 bis 43 Allgemeines über Verkehrszeichen und Verkehrseinrichtungen

4 1. Beim Einsatz moderner Mittel zur Regelung und Lenkung des Verkehrs ist auf die Sicherheit besonders Bedacht zu nehmen.

Verkehrszeichen, Markierungen, Verkehrseinrichtungen sollen den Verkehr sinnvoll lenken, einander nicht widersprechen und so den Verkehr sicher führen.

Die Wahrnehmbarkeit darf nicht durch Häufung von Verkehrszeichen beeinträchtigt werden.

9.3.3 Lichtsignalanlagen an Knotenpunkten, Engstellen und Fußgängerüberwegen

Lichtsignalanlagen an Knotenpunkten und Engstellen regeln den Vorrang dynamisch und erhöhen damit durch die klare, aber doch wechselseitige Zuordnung der Knotenpunktfläche in der Regel sowohl die Sicherheit als auch die Leichtigkeit des Verkehrs. Lichtsignalanlagen an Fußgängerüberwegen (Fußgängerschutzanlagen – FSA) ermöglichen dem Fußgängerverkehr, Fahrbahnen gesichert zu überschreiten, ohne den Kraftfahrverkehr dauerhaft unterzuordnen (siehe Abschnitt 5.3.5 zu Zeichen 293).

Fahrstreifenzuteilungen werden mit den Streckenbeeinflussungsanlagen in Abschnitt 9.3.5, Lichtsignalanlagen zur Regelung besonderer Fälle (z. B. Arbeitsstellen, Feuerwehrausfahrten) in Abschnitt 9.3.9 behandelt.

Bei der Entwurfsbearbeitung ist zu prüfen, ob mit dem Errichten einer Signalanlage bauliche oder verkehrsmäßige Änderungen erforderlich sind (z. B. Einbau einer Insel, Fahrtrichtungsgebot); oft ist dies die Voraussetzung für ein reibungsloses Funktionieren der Signalregelung.

Zur Regelung des Fahrzeugverkehrs durch Signalanlagen gibt § 37 Abs. 2 Satz 1 StVO die **Lichtzeichenfolge** Grün – Gelb – Rot – Rot/Gelb – Grün vor (*Bild 9.1*). Es dürfen auch Signalanlagen, welche nur die Farbfolge Gelb – Rot verwenden, angeordnet werden (auf Gelb folgt Rot, § 37 Abs. 2 Nr. 3 StVO), z. B. wenn an Bahnübergängen oder Feuerwehrausfahrten die Signalanlagen nur in größeren zeitlichen Abständen in Betrieb gesetzt werden.

Die Zeit, in der einem Verkehrsstrom Rot „Halt vor der Kreuzung“ gezeigt wird, heißt Sperrzeit, die Zeit, in der einem Verkehrsstrom Grün „Der Verkehr ist freigegeben“ gezeigt wird, Freigabezeit. Die Freigabezeit sollte mindestens 10 s, in den Hauptrichtungen 15 s betragen. Je Pkw müssen 2–2,5 s als Zeitbedarfswert angesetzt werden, in Großstädten auch weniger, bei engen Abbiegebeziehungen auch mehr.

Die Übergangszeit von Rot nach Grün (Rot und Gelb werden gleichzeitig angezeigt) beträgt in der Regel t_{RG} = 1 s und dient dazu, die Freigabezeit anzukündigen.

Die Übergangszeit von Grün nach Rot (Gelb wird angezeigt) erlaubt es, entweder noch anzuhalten oder vor Rotbeginn in die Kreuzung einzufahren. Sie richtet sich nach der auf der Straße zugelassenen Höchstgeschwindigkeit und beträgt in der Regel bei zulässigen Geschwindigkeiten

bis 50 km/h $t_G = 3$ s
60 km/h $t_G = 4$ s
70 km/h $t_G = 5$ s.

Diese Zeiten wurden so ermittelt, dass ein mit der jeweilig zulässigen Geschwindigkeit herannahender Kraftfahrer, unter Berücksichtigung normaler Reaktionszeiten und normalen Bremsvermögens, entweder sicher vor der Haltlinie anhalten oder sie noch vor Rotbeginn überfahren kann. In der Zufahrt zu einer Lichtsignalanlage muss die Geschwindigkeit deshalb auf max. 70 km/h beschränkt werden, da bei höheren Geschwindigkeiten die Gelbzeiten zu lang sein müssten (siehe Abschnitt 6.4.1).

Miteinander verträgliche Verkehrsströme können (und sollten) miteinander freigegeben werden, nichtverträgliche dürfen nicht miteinander freigegeben werden. Die Mindest-Zwischenzeit t_z zwischen einer endenden Freigabezeit und einer beginnenden Freigabezeit eines nichtverträglichen Verkehrsstroms ergibt sich aus der Überfahrzeit $t_ü$ und der Räumzeit t_r des endenden Stroms und der Einfahrzeit t_e des beginnenden Stroms zu $t_z = t_ü + t_r - t_e$. Je nach Fahrgeschwindigkeiten und Beschleunigungsvermögen der Ströme ergeben sich unterschiedliche Zeiten. Die ungünstigste Kombination ist maßgebend.

Grundsätzlich ähnliche Signalisierungszustände werden als **Phasen** bezeichnet, auch wenn die Freigabezeiten nicht exakt zur gleichen Zeit beginnen oder enden. Je nachdem, ob bedingt verträgliche Ströme gemeinsam oder getrennt freigegeben werden, benötigt man bei normalen Kreuzungen mindestens zwei, maximal vier (oder mit getrennter Fußgängerfreigabe auch fünf) Phasen. Mehrphasige Signalprogramme sind in der Regel sicherer, aber wegen der zusätzlichen Zwischenzeiten weniger leistungsfähig. Allerdings kann bei einem ansonsten bedingt verträglich geführten, wartepflichtigen Strom – z. B. Linksabbieger – eine eigene Phase für diesen Strom gezielt Kapazität schaffen. Starke, bedingt verträgliche Ströme sollten deshalb getrennt freigegeben werden (*Bild 9.1*).

Die Zeit, bis ein bestimmter Signalisierungszustand wieder erreicht wird, bezeichnet man als **Umlaufzeit** t_U. Sie sollte 75 s, maximal 90 s nicht überschreiten. Sie setzt sich zusammen aus

9.3.3 Lichtsignalanlagen an Knotenpunkten, Engstellen und Fußgängerüberwegen

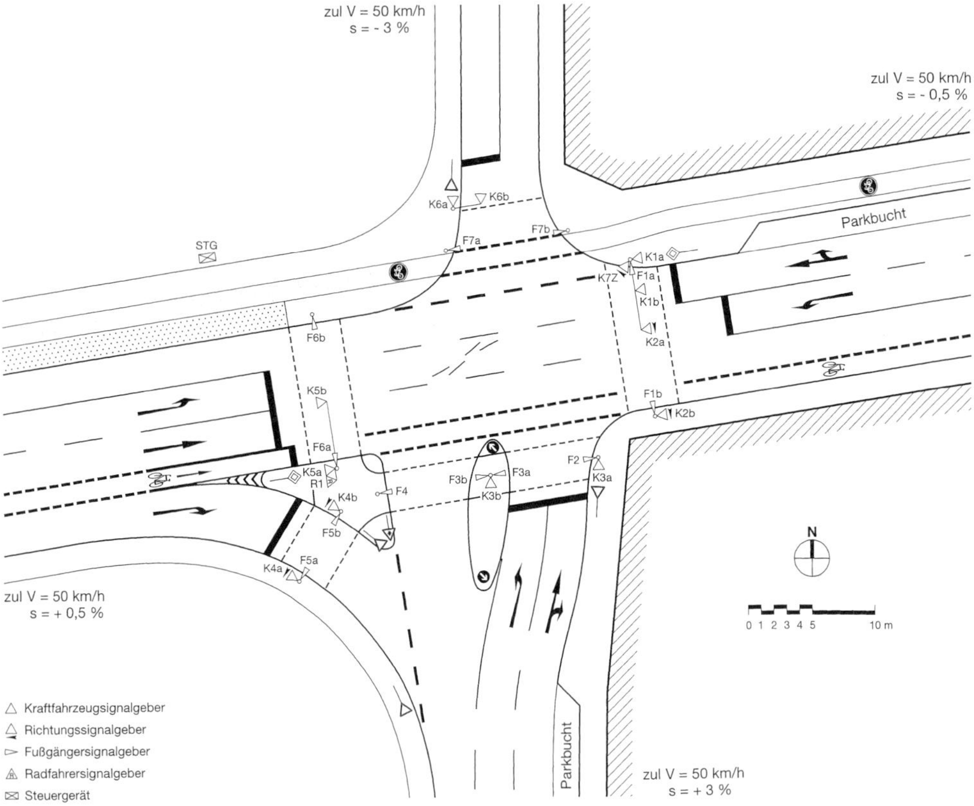

Signal-gruppe	t_F [s] Beginn	Ende	Dauer
K1*)	29	58	29
K2	26	36	10
K3	6	22	16
K4	44	4	32
K5	41	71	30
K6	6	22	16
K7Z	64	71	7
R1	40	68	28
F1	5	19	14
F2	44	72	28
F3	44	63	19
F4	44	2	30
F5	8	40	32
F6	2	22	20
F7	28	58	30

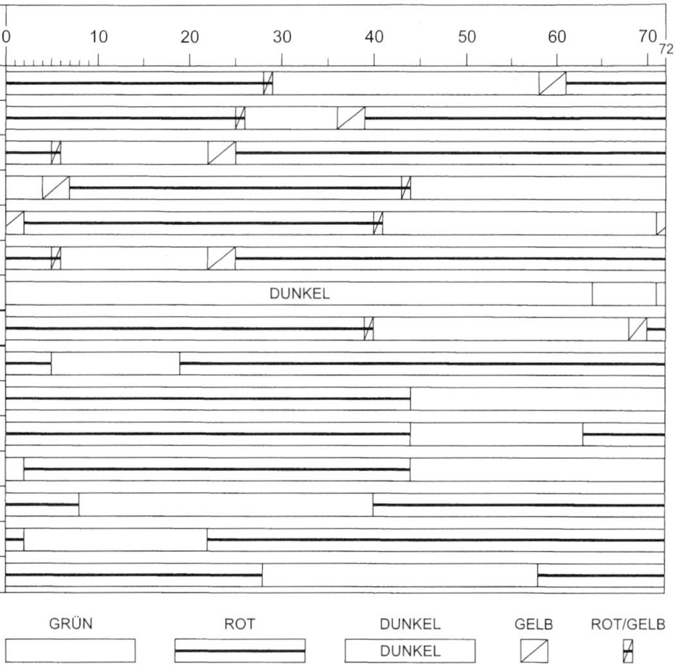

*) Die Signalgruppe K1 enthält die Signalgeber K1a und K1b; für weitere Signalgruppen gilt Entsprechendes.

Bild 9.1 Beispiel für einen Signallageplan (oben) **und einen Signalzeitenplan** (unten) Quelle: RiLSA

9.3.3 Lichtsignalanlagen an Knotenpunkten, Engstellen und Fußgängerüberwegen

den Freigabezeiten und den Zwischenzeiten der kritischen Stromkombinationen. Grundsätzlich gilt, dass eine höhere Umlaufzeit zu einer höheren Kapazität führt, da wegen der konstanten Zwischenzeiten der Anteil der Freigabezeiten an der Umlaufzeit steigt. In Ausnahmefällen, insbesondere wenn die Aufstellstreifen vor der LSA nicht lang genug sind oder wegen regionaler Besonderheiten die Zeitlücken zwischen den Fahrzeugen bei längeren Grünzeiten überdurchschnittlich lang werden, gilt diese Regel allerdings nicht. Um in verkehrsstarken Zeiten genügend Kapazität anbieten zu können, andererseits in verkehrsschwachen Zeiten keine zu langen Wartezeiten zu erzeugen, sollte man in den Spitzenstunden eher längere, in den Schwachlaststunden eher kürzere Umlaufzeiten anstreben. Bei den Fußgängern mindern kurze Umlaufzeiten das Risiko von Überquerungen der Fahrbahn bei Rot („Rotläufer").

Grüne Pfeile (auf dunklem Grund) geben den Verkehr nur in der Richtung des Pfeils frei (z. B. Pfeil senkrecht nach oben zeigend bedeutet „Geradeaus frei!" entsprechend der Umklappregel). Wird einem Verkehrsstrom ein grüner Pfeil gezeigt, dann darf es für diesen Strom zu keinem Konflikt mit einem anderen Verkehrsstrom kommen, der auch Grün hat (keine zeitgleiche Freigabe bedingt verträglicher Ströme). Der durch einen grünen Pfeil gelenkte Verkehrsstrom darf auch nicht einen in der Nähe befindlichen Fußgängerüberweg (Zeichen 293) kreuzen.

Wird ein grüner Pfeil (auf dunklem Grund) in einer dreifeldigen Lichtzeichenanlage angezeigt, dann müssen im gelben und roten Lichtfeld ebenfalls Pfeile erscheinen, und zwar schwarze Pfeile auf farbigem Grund, die in die gleiche Richtung weisen. Diese Pfeile beschränken die Bedeutung des Gelbs und des Rots auf die Richtung des Pfeils.

Wo der Gegenverkehr durch Rot angehalten wird, um Linksabbiegern in der Kreuzung das Räumen zu ermöglichen, empfiehlt es sich, diesen Linksabbiegern einen nach links weisenden grünen Pfeil in einem einfeldigen Signalgeber zu zeigen, der links hinter der Kreuzung anzubringen ist (Diagonalsignal).

In besonderen Fällen, wo z. B. starke Verkehrsbelastungen es erfordern und Kollisionen mit Fußgängern durch entsprechende Fußgängerregelungen ausgeschlossen sind, kann den rechtsabbiegenden Fahrzeugen eine Vorgabezeit eingeräumt werden, die durch einen einfeldigen Signalgeber und Grünpfeil bei gleichzeitigem Rot für die Geradeausrichtung angezeigt wird.

Neben Signalgebern angebrachte **grüne Pfeilschilder** (*Bild 9.2*), die bei Rot Fahrzeugen das Abbiegen nach rechts erlauben, können eingesetzt werden, wenn die in der VwV-StVO zu § 37 unter XI Rn. 27 bis 37 angegebenen Bedingungen erfüllt werden. Dort ist auch aufgezählt, wann der Grünpfeil nicht verwendet werden darf (siehe auch „Zu Abschnitt 9.3.3").

Der durch grüne Pfeilschilder erreichbaren Verbesserung der Flüssigkeit des Verkehrs ist eine mögliche Gefahrenerhöhung abwägend gegenüberzustellen. Von Grünpfeilschildern sollte daher zurückhaltend Gebrauch gemacht werden. Auf sie ist zu verzichten, wenn auf der Straße, in die eingebogen wird, eine höhere Geschwindigkeit als 50 km/h erlaubt ist. Bezüglich der Konfliktbereiche der Grünpfeil-Anwendung siehe *Bild 9.3*. Der Grünpfeil ist zu entfernen, wenn es im Konfliktbereich des nach rechts abbiegenden Verkehrs zu Unfallhäufungen kommt. Die Anordnung eines Grünpfeils bedarf der Zustimmung der obersten Landesbehörde oder der von ihr beauftragten Stelle (VwV-StVO zu § 45 zu Abs. 1 bis 1g). Die Gestalt des Grünpfeilschildes hat das für den Verkehr zuständige Bundesministerium mit Erlass vom 10.3.1994 (VkBl. 1994 S. 294) geregelt. Er darf in keinem Fall retroreflektierend ausgeführt werden, um Verwechslungen mit dem aktiv leuchtenden Grünpfeil (mit völlig anderer Bedeutung) zu vermeiden.

Durch die Ergänzung des § 37 StVO kann der Grünpfeil neben der Lichtsignalanlage auch nur auf den Radverkehr beschränkt werden.

Nach dem Anbringen von grünen Pfeilschildern ist das Unfallgeschehen regelmäßig auszuwerten.

Bild 9.2 Grünes Pfeilschild, das Fahrzeugen bei Rot nach kurzem Anhalten ein Abbiegen nach rechts erlaubt
(Ausführung nach VkBl. 1994 S. 294)

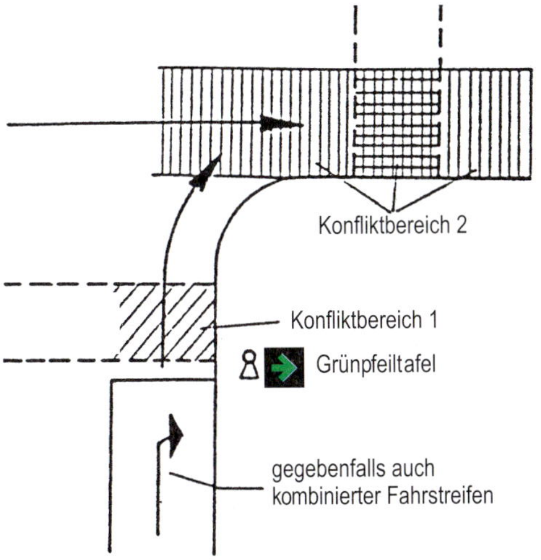

Bild 9.3 Konfliktbereiche bei Grünpfeil-Anwendung Quelle: BASt

Der **Fußgängerverkehr** wird in der Regel durch eigene Signalgeber gesteuert. Häufig sind dessen lange Räumzeiten signalprogrammgestaltend. Dort, wo abbiegende Fahrzeuge keine gesonderte Abbiegephase bekommen und der gleichgerichtete Fußgängerverkehr zur gleichen Zeit die Fahrbahn überqueren darf, ist nach Möglichkeit durch einen Vorlauf für das Fußgänger-Grün von etwa 2 s dafür Sorge zu tragen, dass die Fußgänger bereits auf der Fahrbahn sind, bevor abbiegende Fahrzeuge die Fußgängerfurt erreicht haben.

Mit der StVO-Novelle 2013 ist die gemeinsame Signalisierung des **Radverkehrs** mit dem Fahrbahnverkehr der Regelfall geworden. Auch auf Radwegen haben Radfahrer die Signale für den Fahrbahnverkehr zu beachten, wenn keine Signalisierung vorhanden ist, die ausdrücklich die Radfahrer adressiert. Reine Fußgängersignale richten sich nur noch an den Fußverkehr. Der Radverkehr hat, sofern keine Signale vorhanden sind, die sich durch entsprechende Sinnbilder ausdrücklich an ihn richten, die Signale für den allgemeinen Fahrverkehr zu beachten. Dies erforderte die Überprüfung der Zwischenzeiten an solchen Knotenpunkten, an denen der Radverkehr zuvor die Signale für Fußgänger zu beachten hatte.

Radfahrer sollen nach Abschnitt 2.3.1.6 der RiLSA entweder gemeinsam mit dem Kraftfahrzeugverkehr, gemeinsam mit dem Fußgängerverkehr oder gesondert signalisiert werden. Die Einsatzgrenzen sind in den RiLSA beschrieben. Wird der Radverkehr gemeinsam mit dem Kraftfahrzeugverkehr signalisiert, so sollte der Signalgeber rechts der Radverkehrsführung für geradeaus fahrende Radfahrer stehen und eine Haltlinie markiert werden. Bei der gemeinsamen Signalisierung mit dem Fußgängerverkehr werden normalerweise gemeinsame Fußgänger- und Radfahrer-Sinnbilder in einem Signalgeber gezeigt (*Bild 9.4*). Wegen seiner höheren Geschwindigkeit hat der Radverkehr anders als der Fußgängerverkehr keine Möglichkeit, auf einen Signalwechsel von Grün nach Rot zu reagieren, wenn er sich zu diesem Zeitpunkt unmittelbar vor der Furt befindet. Es ist deshalb – außer bei sehr langsamer Führung des Radverkehrs – stets mit einem gewissen Anteil physikalisch unvermeidlicher Rotfahrten zu rechnen. Zudem benötigt der Radverkehr wegen seiner höheren Geschwindigkeit kürzere Räumzeiten als der Fußgängerverkehr und könnte deshalb noch länger in den Knotenpunkt einfahren, ohne in Konflikt mit den in der nachfolgenden Phase freigegebenen Verkehrsströmen zu kommen. Insbesondere bei separater und zügiger Führung des Radverkehrs sollte eine gemeinsame Signalisierung mit dem Fußgängerverkehr deshalb vermieden werden.

Zusätzliche Hinweise sind in der Regel entbehrlich. Die gesonderte Signalisierung ist die aufwendigste, erlaubt aber vor allem, die unterschiedlichen Räumzeiten von Kraftfahrzeugverkehr, Radverkehr und Fußgängern angemessen zu berücksichtigen. Sie kann deshalb insbesondere bei großräumigen Knotenpunkten mit entsprechend langen Räumwegen zweckmäßig sein. Sie kann allerdings vor allem dann nicht gewählt werden, wenn der Radverkehr gemischt mit anderen Verkehrsarten geführt wird. Für die gesonderte Signalisierung werden dreifeldige Signalgeber mit Fahrradsinnbildern (ggf. mit Richtungspfeil) verwendet und Haltlinien markiert.

Spezielle Signale für den **Straßenbahnverkehr** und für **Linienbusse** können, wo sinnvoll oder notwendig, über gesonderte Signalgeber gegeben werden. Diese sind entsprechend den Bestimmungen der „Straßenbahn-Bau- und Betriebsordnung" (BOStrab) als drei- oder mehrfeldige Signalgeber mit weißen Symbolen auf schwarzem Grund auszuführen (*Bild 12.15*). Eine klare Abgrenzung zu den Fahrzeugsignalen ist damit gegeben und

Bild 9.4 Kombinierte Fußgänger- und Radverkehrsinnbilder in einem Signalgeber Quelle: RiLSA

9.3.3 Lichtsignalanlagen an Knotenpunkten, Engstellen und Fußgängerüberwegen

so eine Verwechslungsgefahr ausgeschlossen. Durch Schienen- oder Fahrdrahtkontakte und inzwischen vor allem auch durch Infrarot- oder Funkbaken kann dabei eine verkehrsabhängige Steuerung der Signalanlagen erfolgen.

Geschwindigkeitssignale werden verwendet, um die Kraftfahrer im Zusammenhang mit der Schaltung von Grünen Wellen oder bei Annäherung an allein stehende Lichtsignalanlagen über die Geschwindigkeit zu informieren, mit der sie die Grünphase der vor ihnen liegenden Signalanlage optimal erreichen können (*Bild 12.17*).

Bei bestimmten Randbedingungen können für Signalanlagen **Alles-Rot-/Sofort-Grün-Schaltungen** eingerichtet werden, und zwar nicht nur für Fußgängeranlagen, sondern auch für Anlagen an Knotenpunkten, die den Kraftfahrzeugverkehr regeln. Bei dieser Schaltart ist die Grundstellung aller Signale „Rot" („Alles-Rot"); eine Anforderung für eine Verkehrsrichtung bewirkt, dass – nach Einhalten einer Mindestsperrzeit – die entsprechende Phase sofort auf „Grün" („Sofort-Grün") geschaltet wird. Um zu verhindern, dass Verkehrsteilnehmer vor der „Alles-Rot" anzeigenden Signalanlage anhalten müssen, erfolgt die Anforderung für Fahrzeuge durch Detektoren, die in ausreichender Entfernung vor der Anlage installiert sind (Anmelde-Detektor). Um auch Fahrzeuge, die von diesen Anmelde-Detektoren nicht erfasst werden (z. B. Anlieger), zu entdecken, ist ca. 5 m vor der jeweiligen Haltlinie ein zweiter Detektor erforderlich. Für die Platzierung der weiter entfernt installierten Anmelde-Detektoren sollten in Abhängigkeit von den zulässigen Höchstgeschwindigkeiten folgende Abstände eingehalten werden:

zulässige Geschwindigkeit 50 km/h
Abstand 55 m
zulässige Geschwindigkeit 60 km/h
Abstand 75 m
zulässige Geschwindigkeit 70 km/h
Abstand 90 m.

Dieses Steuerungsverfahren eignet sich vor allem für solche Knotenpunktanlagen, an denen nicht ständig alle Richtungen angefordert werden oder an denen die einzelnen Einfahrten unterschiedlich stark belastet sind. Einzelheiten siehe RiLSA sowie Heft 31 der Schriftenreihe des Hessischen Landesamtes für Straßenbau „Alles-Rot-/Sofort-Grün-Schaltungen an Lichtsignalanlagen". In bestimmten Fällen kann es zu Gewöhnungseffekten kommen, die eine Erwartungshaltung etablieren, den Knotenpunkt in jedem Fall ohne Halt passieren zu können. Dies kann bei häufigerer zeitgleicher Freigabeanforderung aus konkurrierenden Zufahrten zu Konfliktsituationen führen. Es empfiehlt sich deshalb, nach einer Gewöhnungszeit Verkehrsbeobachtungen vorzunehmen.

Diese Konflikte lassen sich mit **Hauptrichtung-Dauergrün**-Schaltungen weitgehend vermeiden. Bei diesen Schaltungen hat die Hauptrichtung so lange Grün, bis eine der anderen Richtungen Grün anfordert. Diese Schaltung eignet sich vor allem für Zeiten mit geringen Verkehrsbelastungen mit mengenmäßig deutlich dominierenden Verkehrsströmen (z. B. Zufahrt zu einem Industriegebiet außerhalb der üblichen Öffnungs-/Arbeitszeiten). Sie ist auch geeignet, durch die Vermeidung von Anhalte- und Anfahrvorgängen bei der weit überwiegenden Zahl der den Knotenpunkt passierenden Fahrzeuge einen Beitrag zur Minderung der Lärmbelästigung der Wohnbevölkerung zu leisten, insbesondere nachts. Auch bei Fußgängerschutzanlagen ist diese Schaltung die Regel, wobei der Fahrzeugverkehr in der Regel die Hauptrichtung darstellt und entsprechend Dauergrün erhält. Bei entsprechend starken Fußgängerverkehrsmengen, kombiniert mit eher schwachem bis mäßigem Fahrzeugverkehr, ist aber grundsätzlich auch die Zuweisung der Hauptrichtung zum Fußgängerverkehr denkbar. Eine tageszeitliche Differenzierung (z. B. tagsüber Fußgängerverkehr Hauptrichtung, nachts Fahrzeugverkehr) sollte jedoch in jedem Fall geprüft werden.

Bezüglich des Einsatzes von **Umweltampeln** – das sind Ampeln, die bei Rot durch entsprechende Anzeige die wartenden Kraftfahrer zum Abschalten des Motors veranlassen sollen – empfiehlt das für den Verkehr zuständige Bundesministerium nach eingehenden Untersuchungen, solche Ampeln nicht flächendeckend, sondern allenfalls nur in speziellen Einzelfällen einzusetzen. Sowohl die Einsparungen an Energie als auch die Reduzierung der Emissionen sind so gering, dass die erheblichen Mehrkosten für Umweltampeln nicht gerechtfertigt sind. Es ist grundsätzlich zweckmäßiger, vorhandene festzeitgesteuerte Signalanlagen auf verkehrsabhängige Anlagen umzustellen. Durch die zwischenzeitlich sehr weit verbreitete Start-Stopp-Automatik bei Fahrzeugen mit Verbrennungsmotor hat sich diese Thematik jedoch weitgehend erledigt.

Lichtsignalanlagen zur Regelung des Fußgängerverkehrs, die außerhalb von Knotenpunkten errichtet sind, werden in der Regel verkehrsabhängig betrieben. Die Fußgänger fordern durch Knopfdruck das „Grün für Fußgänger" an. Durch eine Leuchttafel mit der Schrift z. B. „Grün kommt" können die Fußgänger dann unterrichtet werden, wenn zwischen Knopfdruck und Fußgänger-Grün eine gewisse Wartezeit besteht. Innerhalb koordinierter Streckenzüge sollten Fußgängerschutzanlagen mit Festzeitprogrammen laufen (ohne Anforderungstaster), soweit sie in die Koordinierung eingebunden werden können. Nach Betätigung eines Anforderungstasters sollte – unter Einhaltung der Mindestfreigabezeit von 10 bzw. 15 s – unmittelbar der Phasenübergang eingeleitet werden.

Zu Abschnitt 9.3.3

StVO § 37 Wechsellichtzeichen, Dauerlichtzeichen und Grünpfeil

(1) Lichtzeichen gehen Vorrangregeln und Vorrang regelnden Verkehrszeichen vor. Wer ein Fahrzeug führt, darf bis zu 10 m vor einem Lichtzeichen nicht halten, wenn es dadurch verdeckt wird.

(2) Wechsellichtzeichen haben die Farbfolge Grün – Gelb – Rot – Rot und Gelb (gleichzeitig) – Grün. Rot ist oben, Gelb in der Mitte und Grün unten.

1. An Kreuzungen bedeuten:

   Grün: „Der Verkehr ist freigegeben".

   Er kann nach den Regeln des § 9 abbiegen, nach links jedoch nur, wenn er Schienenfahrzeuge dadurch nicht behindert.

   Grüner Pfeil: „Nur in Richtung des Pfeils ist der Verkehr freigegeben".

   Ein grüner Pfeil links hinter der Kreuzung zeigt an, dass der Gegenverkehr durch Rotlicht angehalten ist und dass, wer links abbiegt, die Kreuzung in Richtung des grünen Pfeils ungehindert befahren und räumen kann.

   Gelb ordnet an: „Vor der Kreuzung auf das nächste Zeichen warten".

   Keines dieser Zeichen entbindet von der Sorgfaltspflicht.

   Rot ordnet an: „Halt vor der Kreuzung".

   Nach dem Anhalten ist das Abbiegen nach rechts auch bei Rot erlaubt, wenn rechts neben dem Lichtzeichen Rot ein Schild mit grünem Pfeil auf schwarzem Grund (Grünpfeil) angebracht ist. Durch das Zeichen

   wird der Grünpfeil auf den Radverkehr beschränkt.

   Wer ein Fahrzeug führt, darf nur aus dem rechten Fahrstreifen abbiegen. Soweit der Radverkehr die Lichtzeichen für den Fahrverkehr zu beachten hat, dürfen Rad Fahrende auch aus einem am rechten Fahrbahnrand befindlichen Radfahrstreifen oder aus straßenbegleitenden, nicht abgesetzten, baulich angelegten Radwegen abbiegen. Dabei muss man sich so verhalten, dass eine Behinderung oder Gefährdung anderer Verkehrsteilnehmer, insbesondere des Fußgänger- und Fahrzeugverkehrs der freigegebenen Verkehrsrichtung, ausgeschlossen ist.

   Schwarzer Pfeil auf Rot ordnet das Halten, schwarzer Pfeil auf Gelb das Warten nur für die angegebene Richtung an.

   Ein einfeldiger Signalgeber mit Grünpfeil zeigt an, dass bei Rot für die Geradeaus-Richtung nach rechts abgebogen werden darf.

2. An anderen Straßenstellen, wie an Einmündungen und an Markierungen für den Fußgängerverkehr, haben die Lichtzeichen entsprechende Bedeutung.
3. Lichtzeichenanlagen können auf die Farbfolge Gelb – Rot beschränkt sein.
4. Für jeden von mehreren markierten Fahrstreifen (Zeichen 295, 296 oder 340) kann ein eigenes Lichtzeichen gegeben werden. Für Schienenbahnen können besondere Zeichen, auch in abweichenden Phasen, gegeben werden; das gilt auch für Omnibusse

9.3.3 Lichtsignalanlagen an Knotenpunkten, Engstellen und Fußgängerüberwegen

StVO
§ 37
Wechsellichtzeichen, Dauerlichtzeichen und Grünpfeil

des Linienverkehrs und nach dem Personenbeförderungsrecht mit dem Schulbus-Zeichen zu kennzeichnende Fahrzeuge des Schüler- und Behindertenverkehrs, wenn diese einen vom übrigen Verkehr freigehaltenen Verkehrsraum benutzen; dies gilt zudem für Krankenfahrzeuge, Fahrräder, Taxen und Busse im Gelegenheitsverkehr, soweit diese durch Zusatzzeichen dort ebenfalls zugelassen sind.

5. Gelten die Lichtzeichen nur für zu Fuß Gehende oder nur für Rad Fahrende, wird das durch das Sinnbild „Fußgänger" oder „Radverkehr" angezeigt. Für zu Fuß Gehende ist die Farbfolge Grün – Rot – Grün; für Rad Fahrende kann sie so sein. Wechselt Grün auf Rot, während zu Fuß Gehende die Fahrbahn überschreiten, haben sie ihren Weg zügig fortzusetzen.
6. Wer ein Rad fährt, hat die Lichtzeichen für den Fahrverkehr zu beachten. Davon abweichend sind auf Radverkehrsführungen die besonderen Lichtzeichen für den Radverkehr zu beachten. An Lichtzeichenanlagen mit Radverkehrsführungen ohne besondere Lichtzeichen für Rad Fahrende müssen Rad Fahrende bis zum 31. Dezember 2016 weiterhin die Lichtzeichen für zu Fuß Gehende beachten, soweit eine Radfahrerfurt an eine Fußgängerfurt grenzt.

(3) Dauerlichtzeichen über einem Fahrstreifen sperren ihn oder geben ihn zum Befahren frei.

Rote gekreuzte Schrägbalken ordnen an:
„Der Fahrstreifen darf nicht benutzt werden".

Ein grüner, nach unten gerichteter Pfeil bedeutet:
„Der Verkehr auf dem Fahrstreifen ist freigegeben".

Ein gelb blinkender, schräg nach unten gerichteter Pfeil ordnet an:
„Fahrstreifen in Pfeilrichtung wechseln".

(4) Wo Lichtzeichen den Verkehr regeln, darf nebeneinander gefahren werden, auch wenn die Verkehrsdichte das nicht rechtfertigt.

(5) Wer ein Fahrzeug führt, darf auf Fahrstreifen mit Dauerlichtzeichen nicht halten.

VwV-StVO
zu § 37
Wechsellichtzeichen, Dauerlichtzeichen und Grünpfeil

Zu Absatz 1

2 So bleiben z. B. die Zeichen 209 ff. „Vorgeschriebene Fahrtrichtung" neben Lichtzeichen gültig, ebenso die die Benutzung von Fahrstreifen regelnden Längsmarkierungen (Zeichen 295, 296, 297, 340).

Zu Absatz 2

3 I. Die Regelung des Verkehrs durch Lichtzeichen setzt eine genaue Prüfung der örtlichen Gegebenheiten baulicher und verkehrlicher Art voraus und trägt auch nur dann zu einer Verbesserung des Verkehrsablaufs bei, wenn die Regelung unter Berücksichtigung der Einflüsse und Auswirkungen im Gesamtstraßennetz sachgerecht geplant wird. Die danach erforderlichen Untersuchungen müssen von Sachverständigen durchgeführt werden.

...

6 IV. Die Haltlinie (Zeichen 294) sollte nur so weit vor der Lichtzeichenanlage angebracht werden, dass die Lichtzeichen aus einem vor ihr wartenden Personenkraftwagen noch ohne Schwierigkeit beobachtet werden können (vgl. aber Nummer III 3 zu § 25; Rn. 5). Befindet sich z. B. die Unterkante des grünen Lichtzeichens 2,10 m über einem Gehweg, so sollte der Abstand zur Haltlinie 3,50 m betragen, jedenfalls über 2,50 m. Sind die Lichtzeichen wesentlich höher angebracht oder muss die Haltlinie in geringerem Abstand markiert werden, so empfiehlt es sich, die Lichtzeichen verkleinert weiter unten am gleichen Pfosten zu wiederholen.

Zu den Nummern 1 und 2

7 I. An Kreuzungen und Einmündungen sind Lichtzeichenanlagen für den Fahrverkehr erforderlich,

1. wo es wegen fehlender Übersicht immer wieder zu Unfällen kommt und es nicht möglich ist, die Sichtverhältnisse zu verbessern oder den kreuzenden oder einmündenden Verkehr zu verbieten,

8 2. wo immer wieder die Vorfahrt verletzt wird, ohne dass dies mit schlechter Erkennbarkeit der Kreuzung oder mangelnder Verständlichkeit der Vorfahrtregelung zusammenhängt, was jeweils durch Unfalluntersuchungen zu klären ist,

9.3.3 Lichtsignalanlagen an Knotenpunkten, Engstellen und Fußgängerüberwegen

VwV-StVO zu § 37 Wechsellichtzeichen, Dauerlichtzeichen und Grünpfeil

9 3. wo auf einer der Straßen, sei es auch nur während der Spitzenstunden, der Verkehr so stark ist, dass sich in den wartepflichtigen Kreuzungszufahrten ein großer Rückstau bildet oder einzelne Wartepflichtige unzumutbar lange warten müssen.

10 II. Auf Straßenabschnitten, die mit mehr als 70 km/h befahren werden dürfen, sollen Lichtzeichenanlagen nicht eingerichtet werden; sonst ist die Geschwindigkeit durch Zeichen 274 in ausreichender Entfernung zu beschränken.

...

15 VII. Bei der Errichtung von Lichtzeichenanlagen an bestehenden Kreuzungen und Einmündungen muss immer geprüft werden, ob neue Markierungen (z. B. Abbiegestreifen) anzubringen sind oder alte Markierungen (z. B. Fußgängerüberwege) verlegt oder aufgehoben werden müssen, ob Verkehrseinrichtungen (z. B. Geländer für Fußgänger) anzubringen oder ob bei der Straßenbaubehörde anzuregende bauliche Maßnahmen (Verbreiterung der Straßen zur Schaffung von Stauraum) erforderlich sind.

16 VIII. Die Schaltung von Lichtzeichenanlagen bedarf stets gründlicher Prüfung. Dabei ist auch besonders auf die sichere Führung der Abbieger zu achten.

17 IX. Besonders sorgfältig sind die Zeiten zu bestimmen, die zwischen dem Ende der Grünphase für die eine Verkehrsrichtung und dem Beginn der Grünphase für die andere (kreuzende) Verkehrsrichtung liegen. Die Zeiten für Gelb und Rot-Gelb sind unabhängig von dieser Zwischenzeit festzulegen. Die Übergangszeit Rot und Gelb (gleichzeitig) soll für Kraftfahrzeugströme eine Sekunde dauern, darf aber nicht länger als zwei Sekunden sein. Die Übergangszeit Gelb richtet sich bei Kraftfahrzeugströmen nach der zulässigen Höchstgeschwindigkeit in der Zufahrt. In der Regel beträgt die Gelbzeit 3 s bei zul. V = 50 km/h, 4 s bei zul. V = 60 km/h und 5 s bei zul. V = 70 km/h. Bei Lichtzeichenanlagen, die im Rahmen einer Zuflussregelungsanlage aufgestellt werden, sind abweichend hiervon für Rot mindestens 2 s und für die Übergangssignale Rot und Gelb (gleichzeitig) bzw. Gelb mindestens 1 s zu wählen. Bei verkehrsabhängigen Lichtzeichenanlagen ist beim Rücksprung in die gleiche Phase eine Alles-Rot-Zeit von mindestens 1 s einzuhalten, ebenso bei Fußgänger-Lichtzeichenanlagen mit der Grundstellung Dunkel für den Fahrzeugverkehr. Bei Fußgänger-Lichtzeichenanlagen soll bei Ausführung eines Rücksprungs in die gleiche Fahrzeugphase die Mindestsperrzeit für den Fahrzeugverkehr 4 s betragen.

X. Pfeile in Lichtzeichen

18 1. Solange ein grüner Pfeil gezeigt wird, darf kein anderer Verkehrsstrom Grün haben, der den durch den Pfeil gelenkten kreuzt; auch darf Fußgängern, die in der Nähe den gelenkten Verkehrsstrom kreuzen, nicht durch Markierung eines Fußgängerüberwegs Vorrang gegeben werden. Schwarze Pfeile auf Grün dürfen nicht verwendet werden.

19 2. Wenn in einem von drei Leuchtfeldern ein Pfeil erscheint, müssen auch in den anderen Feldern Pfeile gezeigt werden, die in die gleiche Richtung weisen. Vgl. Nummer X 6.

20 3. Darf aus einer Kreuzungszufahrt, die durch ein Lichtzeichen geregelt ist, nicht in allen Richtungen weitergefahren werden, so ist die Fahrtrichtung durch die Zeichen 209 bis 214 vorzuschreiben. Vgl. dazu Nummer III zu den Zeichen 209 bis 214 (Rn. 3). Dort, wo Missverständnisse sich auf andere Weise nicht beheben lassen, kann es sich empfehlen, zusätzlich durch Pfeile in den Lichtzeichen die vorgeschriebene Fahrtrichtung zum Ausdruck zu bringen; dabei sind schwarze Pfeile auf Rot und Gelb zu verwenden.

21 4. Pfeile in Lichtzeichen dürfen nicht in Richtungen weisen, die durch die Zeichen 209 bis 214 verboten sind.

22 5. Werden nicht alle Fahrstreifen einer Kreuzungszufahrt zur gleichen Zeit durch Lichtzeichen freigegeben, so kann auf Pfeile in den Lichtzeichen dann verzichtet werden, wenn die in die verschiedenen Richtungen weiterführenden Fahrstreifen baulich so getrennt sind, dass zweifelsfrei erkennbar ist, für welche Richtung die verschiedenen Lichtzeichen gelten. Sonst ist die Richtung, für die die Lichtzeichen gelten, durch Pfeile in den Lichtzeichen zum Ausdruck zu bringen.

23 Hierbei sind Pfeile in allen Lichtzeichen nicht immer erforderlich. Hat z. B. eine Kreuzungszufahrt mit Abbiegestreifen ohne bauliche Trennung ein besonderes Lichtzeichen für den Abbiegeverkehr, so genügen in der Regel Pfeile in diesen Lichtzeichen. Für den anderen Verkehr sollten Lichtzeichen ohne Pfeile gezeigt werden. Werden kombinierte Pfeile in solchen Lichtzeichen verwendet, dann darf in keinem Fall gleichzeitig der zur Hauptrichtung parallel gehende Fußgängerverkehr freigegeben werden (vgl. Nummer XI; Rn. 27 ff.).

9.3.3 Lichtsignalanlagen an Knotenpunkten, Engstellen und Fußgängerüberwegen

VwV-StVO zu § 37 Wechsellichtzeichen, Dauerlichtzeichen und Grünpfeil

24 6. Wo für verschiedene Fahrstreifen besondere Lichtzeichen gegeben werden sollen, ist die Anbringung der Lichtzeichen besonders sorgfältig zu prüfen (z. B. Lichtzeichenbrücken, Peitschenmaste, Wiederholung am linken Fahrbahnrand). Wo der links abbiegende Verkehr vom übrigen Verkehr getrennt geregelt ist, sollte das Lichtzeichen für den Linksabbieger nach Möglichkeit zusätzlich über der Fahrbahn angebracht werden; eine Anbringung allein links ist in der Regel nur bei Fahrbahnen für eine Richtung möglich, wenn es für Linksabbieger lediglich einen Fahrstreifen gibt.

25 7. Wo der Gegenverkehr durch Rotlicht aufgehalten wird, um Linksabbiegern, die sich bereits auf der Kreuzung oder Einmündung befinden, die Räumung zu ermöglichen, kann das diesen durch einen nach links gerichteten grünen Pfeil, der links hinter der Kreuzung angebracht ist, angezeigt werden. Gelbes Licht darf zu diesem Zweck nicht verwendet werden.

26 8. Eine getrennte Regelung des abbiegenden Verkehrs setzt in der Regel voraus, dass für ihn auf der Fahrbahn ein besonderer Fahrstreifen mit Richtungspfeilen markiert ist (Zeichen 297).

XI. Grünpfeil

27 1. Der Einsatz des Schildes mit grünem Pfeil auf schwarzem Grund (Grünpfeil) kommt nur in Betracht, wenn der Rechtsabbieger Fußgänger- und Fahrzeugverkehr der freigegebenen Verkehrsrichtungen ausreichend einsehen kann, um die ihm auferlegten Sorgfaltspflichten zu erfüllen. Es darf nicht verwendet werden, wenn

28 a) dem entgegenkommenden Verkehr ein konfliktfreies Abbiegen nach links signalisiert wird,

29 b) für den entgegenkommenden Linksabbieger der grüne Pfeil gemäß § 37 Abs. 2 Nr. 1 Satz 4 verwendet wird,

30 c) Pfeile in den für den Rechtsabbieger gültigen Lichtzeichen die Fahrtrichtung vorschreiben,

31 d) beim Rechtsabbiegen Gleise von Schienenfahrzeugen gekreuzt oder befahren werden müssen,

32 e) der freigegebene Fahrradverkehr auf dem zu kreuzenden Radweg für beide Richtungen zugelassen ist oder der Fahrradverkehr trotz Verbotes in der Gegenrichtung in erheblichem Umfang stattfindet und durch geeignete Maßnahmen nicht ausreichend eingeschränkt werden kann,

33 f) für das Rechtsabbiegen mehrere markierte Fahrstreifen zur Verfügung stehen,

34 g) die Lichtzeichenanlage überwiegend der Schulwegsicherung dient oder

35 h) sich im unmittelbaren Bereich des rechtsabbiegenden Fahrverkehrs eine Aufstellfläche für das Linksabbiegen mit indirekter Radverkehrsführung befindet.

36 2. An Kreuzungen und Einmündungen, die häufig von seh- oder gehbehinderten Personen überquert werden, soll die Grünpfeil-Regelung nicht angewandt werden. Ist sie ausnahmsweise an Kreuzungen oder Einmündungen erforderlich, die häufig von Blinden oder Sehbehinderten überquert werden, so sind Lichtzeichenanlagen dort mit akustischen oder anderen geeigneten Zusatzeinrichtungen auszustatten.

37 3. Für Knotenpunktzufahrten mit Grünpfeil ist das Unfallgeschehen regelmäßig mindestens anhand von Unfallsteckkarten auszuwerten. Im Falle einer Häufung von Unfällen, bei denen der Grünpfeil ein unfallbegünstigender Faktor war, ist der Grünpfeil zu entfernen, soweit nicht verkehrstechnische Verbesserungen möglich sind. Eine Unfallhäufung liegt in der Regel vor, wenn in einem Zeitraum von drei Jahren zwei oder mehr Unfälle mit Personenschaden, drei Unfälle mit schwerwiegendem oder fünf Unfälle mit geringfügigem Verkehrsverstoß geschehen sind.

38 4. Der auf schwarzem Grund ausgeführte grüne Pfeil darf nicht leuchten, nicht beleuchtet sein und nicht retroreflektieren. Das Schild hat eine Breite von 250 mm und eine Höhe von 250 mm.

XII. Grünpfeil für den Radverkehr

39 1. Für die Anordnung des Grünpfeils für den Radverkehr (Zeichen 721) gelten die Vorgaben der Nummer XI mit Ausnahme der Nummer 1 Buchstabe e und der Nummer 4 Satz 2 entsprechend.

40 2. Über die in Nummer XI Nummer 1 Satz 2 genannten Fällen hinaus kommt eine Anordnung des Grünpfeils für den Radverkehr nicht in Betracht, wenn

9.3.3 Lichtsignalanlagen an Knotenpunkten, Engstellen und Fußgängerüberwegen

VwV-StVO zu § 37 Wechsellichtzeichen, Dauerlichtzeichen und Grünpfeil

41 a) bei allgemein hohem Radverkehrsaufkommen der Anteil des geradeaus fahrenden Radverkehrs den Anteil des nach rechts abbiegenden Radverkehrs erheblich übersteigt und die Verkehrsfläche ein sicheres Überholen des wartenden Radverkehrs nicht gewährleistet oder

42 b) der nach rechts abbiegende Radverkehr in der Knotenpunktzufahrt auf einem gemeinsamen Geh- und Radweg (Zeichen 240) oder einem für den Radverkehr freigegebenen Gehweg geführt wird (Zeichen 239 in Verbindung mit Zusatzzeichen 1022-10).

43 Befindet sich in der Straße, in die eingebogen wird, ein baulich angelegter Radweg, muss dieser deutlich von dem daneben befindlichen Gehweg abgegrenzt sein. Warteflächen für zu Fuß Gehende müssen über eine hinreichende Größe verfügen. Entsprechendes gilt bei Vorliegen eines getrennten Rad- und Gehweges (Zeichen 241).

44 3. Zeichen 721 ist grundsätzlich am Hauptsignalgeber anzubringen. Sind besondere Lichtzeichen für den Radverkehr vorhanden, soll Zeichen 721 am Signalgeber für den Radverkehr angebracht werden, wenn hierdurch der Fußverkehr nicht gefährdet wird.

45 4. Eine gemeinsame Anordnung von Zeichen 720 und Zeichen 721 ist unzulässig, wenn der Radverkehr auf einem am rechten Fahrbahnrand befindlichen Radfahrstreifen, einem Schutzstreifen für den Radverkehr oder einem straßenbegleitenden, nicht abgesetzten, baulich angelegten Radweg geführt wird und der Radverkehr die Lichtzeichen für den Fahrverkehr zu beachten hat.

Zu Nummer 2

46 Vgl. für verengte Fahrbahn Nummer II zu Zeichen 208 (Rn. 2); bei Festlegung der Phasen ist sicherzustellen, dass auch langsamer Fahrverkehr das Ende der Engstelle erreicht hat, bevor der Gegenverkehr freigegeben wird.

Zu Nummer 3

47 Die Farbfolge Gelb – Rot darf lediglich dort verwendet werden, wo Lichtzeichenanlagen nur in größeren zeitlichen Abständen in Betrieb gesetzt werden müssen, z. B. an Bahnübergängen, an Ausfahrten aus Feuerwehr- und Straßenbahnhallen und Kasernen. Diese Farbfolge empfiehlt sich häufig auch an Wendeschleifen von Straßenbahnen und Oberleitungsomnibussen. Auch an Haltebuchten von Oberleitungsomnibussen und anderen Linienomnibussen ist ihre Anbringung zu erwägen, wenn auf der Straße starker Verkehr herrscht. Sie oder Lichtzeichenanlagen mit drei Farben sollten in der Regel da nicht fehlen, wo Straßenbahnen in eine andere Straße abbiegen.

Zu Nummer 4

48 I. Vgl. Nummer X 6 bis 8 zu den Nummern 1 und 2; Rn. 24 bis 26.

49 II. Besondere Zeichen sind die in der Anlage 4 der Straßenbahn-Bau- und Betriebsordnung aufgeführten. Zur Markierung vorbehaltener Fahrstreifen vgl. zu Zeichen 245.

Zu Nummer 5

50 I. Im Lichtzeichen für Fußgänger muss das rote Sinnbild einen stehenden, das grüne einen schreitenden Fußgänger zeigen. Zur Möglichkeit der Verwendung des sog. Ost-Ampelmännchens wird auf die Richtlinien für Lichtsignalanlagen (RiLSA) verwiesen.

51 II. Lichtzeichen für Radfahrer sollten in der Regel das Sinnbild eines Fahrrades zeigen. Besondere Lichtzeichen für Radfahrer, die vor der kreuzenden Straße angebracht werden, sollten in der Regel auch Gelb sowie Rot und Gelb (gleichzeitig) zeigen. Sind solche Lichtzeichen für einen abbiegenden Radfahrverkehr bestimmt, kann entweder in den Lichtzeichen zusätzlich zu dem farbigen Sinnbild des Fahrrades ein farbiger Pfeil oder über den Lichtzeichen das leuchtende Sinnbild eines Fahrrades und in den Lichtzeichen ein farbiger Pfeil gezeigt werden.

Zu Nummer 6

52 … Vgl. im Übrigen zur Signalisierung für den Radverkehr die Richtlinien für Lichtsignalanlagen (RiLSA).

VwV-StVO zu § 41 Vorschriftzeichen

Zu Zeichen 274 Zulässige Höchstgeschwindigkeit

5 III. Außerhalb geschlossener Ortschaften ist die zulässige Höchstgeschwindigkeit vor Lichtzeichenanlagen auf 70 km/h zu beschränken.

9.3.4 Knotenbeeinflussungsanlagen

Knotenbeeinflussungsanlagen (KBA) sind Verkehrsbeeinflussungsanlagen im Bereich von (meist planfreien) Knotenpunkten, die den Verkehrsablauf im Knotenbereich – meist vor Ausfahrten und hinter Einfahrten – durch geeignete Beschränkungen und Fahrstreifenzuteilungen in Abhängigkeit vom aktuellen Verkehrsgeschehen so beeinflussen, dass er flüssiger und sicherer wird. Hierzu können insbesondere Wechsellichtzeichen (§ 37 Abs. 2 StVO), Dauerlichtzeichen (§ 37 Abs. 3 StVO), substitutive Wechselwegweiser und Markierungsleuchtknopfreihen (§ 37 Abs. 5 Satz 4 StVO) zum Einsatz kommen. Werden im Bereich von Ausfahrten die Fahrstreifen dynamisch bestimmten Richtungen zugewiesen, so müssen auch die (Vor-)Wegweiser entsprechend dynamisch und fahrstreifenbezogen ausgebildet werden. Wird im Zulauf von Einfahrten der rechte Fahrstreifen mit dem roten Diagonalkreuz (Dauerlichtzeichen) gesperrt, um den einfahrenden Fahrzeugen einen Fahrstreifen mehr zur ungehinderten Einfahrt zur Verfügung zu stellen, kann es sinnvoll sein, diese Sperrung nach genügender Vorwarnung mit Wechselverkehrszeichen durch entsprechende dynamische Markierungen und Schranken zu unterstützen.

Zu den Knotenbeeinflussungsanlagen werden auch Anlagen zur Zuflussregelung gerechnet. Durch sie wird, z. B. im Zusammenhang mit dem Abfluss von Großveranstaltungen (Messen, Sportveranstaltungen), erreicht, dass der Zufluss so dosiert und gleichmäßig erfolgt, dass der Verkehr im Abflussbereich der Einfahrt nicht ins Stocken gerät. Dadurch wird trotz kurzfristiger Behinderung mittel- und langfristig ein größerer Abfluss auf der Zufahrtsrampe erreicht. Den Zeitverlusten der Einfahrer stehen in der Summe deutlich größere vermiedene Zeitverluste des Verkehrs auf der durchgehenden Fahrbahn gegenüber. Diese Anlagen sind in enger Abstimmung aller Beteiligten, auch aus dem untergeordneten Netz und eventueller Ausweichrouten, zu planen, zu realisieren und zu betreiben.

Nähere Informationen geben die

- „Hinweise für Zuflussregelungsanlagen (H ZRA)“, Ausgabe 2008, FGSV Verlag.

9.3.5 Streckenbeeinflussungsanlagen

Streckenbeeinflussungsanlagen (SBA) sind Verkehrsbeeinflussungsanlagen, die den Verkehrsablauf entlang einer Strecke durch Warnungen oder Beschränkungen beeinflussen (*Bild 9.5*). Typische Warnungen sind Stau und Nebel, typische Beschränkungen solche der zulässigen Höchstgeschwindigkeit und Überholverbote. Mit den verkehrsabhängigen Beschränkungen soll in erster Linie der Verkehr in Längs- und Querrichtung vergleichmäßigt und so die Pulkbildung eingeschränkt werden. Daher ist es wichtig, den momentanen Verkehrszustand ausreichend genau zu erfassen. Wenn Gefahren vorliegen, die ein stärkeres Eingreifen zwingend erfordern, sollte die Anlage die zulässige Höchstgeschwindigkeit so wählen, dass ein Großteil der Fahrer in ihrem Verhalten bestätigt, die anderen aber motiviert werden, sich diesem Großteil anzupassen. Streckenbeeinflussungsanlagen bestehen aus **Messquerschnitten, Umfeldstationen, Streckenstationen, der Unterzentrale und Anzeigequerschnitten**. An den Messquerschnitten werden zyklisch für jeden Fahrstreifen die Geschwindigkeit sowie, unterschieden nach Pkw und Lkw-ähnlichen Fahrzeugen, die Verkehrsmengen erfasst. Zur Detektion umfeldbedingter Gefahren wie Nebel oder Nässe sind besondere Detektoren (Umfeldstationen), möglichst an kritischen Punkten, erforderlich. Die Messquerschnitte und Umfeldstationen sind an Streckenstationen angeschlossen. Diese übermitteln die Daten an die Unterzentrale (Steuerrechner). Dort wird aus den übermittelten Daten das Schaltbild errechnet. Die Schaltbilder werden an die Streckenstationen übermittelt. Diese steuern die ihnen zugeordneten Wechselverkehrszeichen (Anzeigequerschnitte) an, nehmen deren Rückmeldung entgegen und übermitteln diese an den Steuerrechner.

Die Anlagen kennen grundsätzlich drei Betriebsmodi. Im Regelfall laufen sie im **Automatikmodus**. Hierzu fragt sie zyklisch, bei neueren Anlagen im 15-Sekunden-Rhythmus, die Verkehrs- und Umfelddaten ab und bildet auf Grundlage der hinterlegten Steuerungslogik und Parameter automatisch das Schaltbild. Die Schaltung von **Sonderprogrammen** dient der verkehrsrechtlichen Absicherung von Situationen, die einer automatischen Detektion nicht zugänglich sind und deshalb Bedienereingriffe erfordern (z. B. Arbeitsstellen oder Unfälle). Sonderprogramme werden manuell für einen oder mehrere aufeinanderfolgende Anzeigequerschnitte aktiviert,

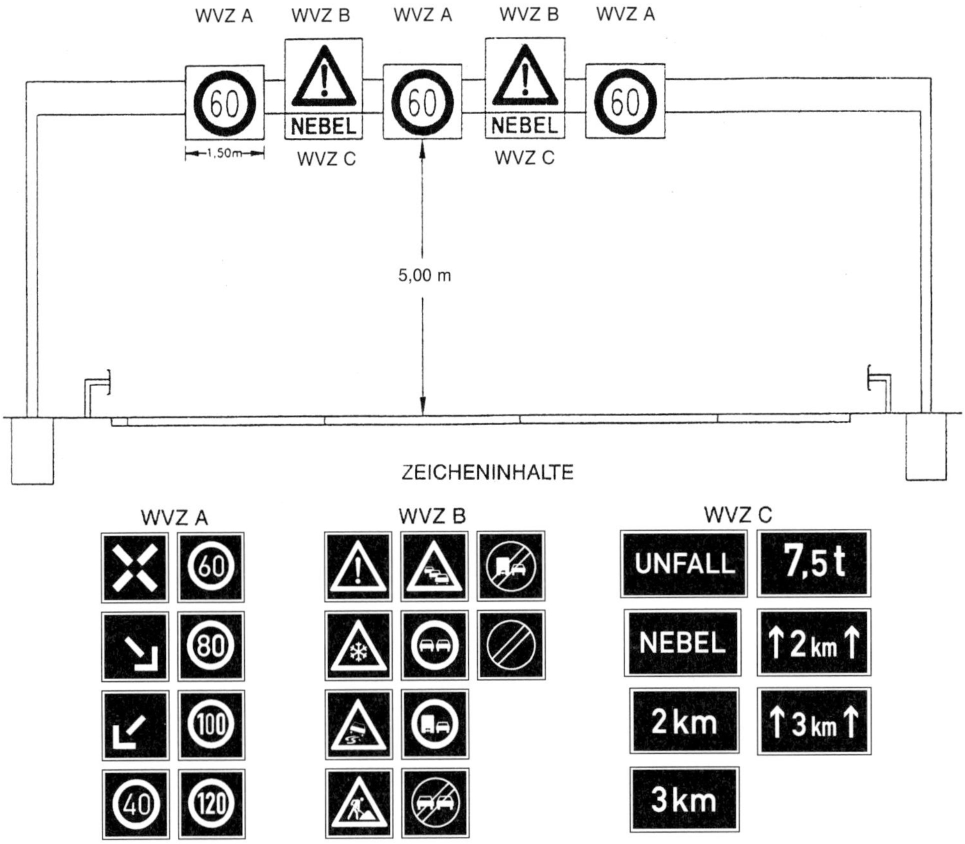

Bild 9.5 Beispiel einer Verkehrszeichenbrücke mit Wechselverkehrszeichen und deren Anzeigemöglichkeiten
Quelle: Muster RE-Entwurf, BMV, RWVZ, FGSV

unterliegen aber im Übrigen automatischer Priorisierung, Trichterung und Quer-/Längsabgleich. **Handprogramme** werden ebenfalls durch Bedienereingriffe aktiviert. Mit ihnen können einzelnen oder mehreren Wechselverkehrszeichen feste Inhalte zugewiesen werden, die weder der Priorisierung noch der Trichterung oder dem Quer-/Längsabgleich unterliegen. Sie dürfen nur in Ausnahmefällen aktiviert werden und erfordern einen sehr sorgfältigen und verantwortungsbewussten Umgang. Alle Bedienereingriffe erfolgen über den Bedienrechner, der in der Regel in der Verkehrsrechnerzentrale untergebracht ist.

Die Automatiksteuerung besteht in der Regel aus folgenden Modulen:

- Harmonisierung (Geschwindigkeitsbeschränkung 120, 100, 80 oder ggf. 60 km/h)
- Lkw-Überholverbot
- Stauwarnung (Aufbau eines Geschwindigkeitstrichters vor dem Stauende, in der Regel 120–80–60)
- Nässewarnung (Geschwindigkeitsbeschränkungen in Abhängigkeit von der Niederschlagsintensität oder Wasserfilmdicke, zusätzlich Zeichen 114)
- Nebelwarnung.

Daneben kann an hochbelasteten Ein- oder Ausfahrten durch fahrstreifenweise gestaffelte Geschwindigkeitsbeschränkungen das Ein- oder Ausfahren erleichtert (Ein- und Ausfahrhilfen) oder Staus abgesichert werden, die ausschließlich die Ausfahrt betreffen.

Die von den RWVA vorgegebenen Abstände der Anzeigequerschnitte untereinander (1 500 bis 2 500 m) haben sich nicht bewährt. Mit diesen Abständen ist keine hinreichend situationsangepasste Reaktion möglich. Die Schaltbilder ändern sich während der Zeit, die zum Durchfahren der Strecke zwischen zwei Anzeigequerschnitten benötigt wird, ggf. mehrfach, und Geschwindigkeitstrichter dehnen sich über fünf und mehr Kilometer aus. Einen zweckmäßigen Kompromiss zwischen der Reaktionsmöglichkeit auf sich dynamisch ändernde Verkehrslagen und der Möglichkeit situationsangepasster Schaltungen einerseits und wirtschaftlichen Aspekten andererseits dürften Abstände zwischen 800 und 1 200 m darstellen.

Die Anlagen werden zweckmäßigerweise so realisiert, dass das Erkennen schaltungswürdiger Zustände (z. B. lokaler Abfall der Geschwindigkeiten, lokale Zunahme der Verkehrsdichte, Nebel) zu einem ersten lokal begrenzten Schaltvorschlag führt, der von der Steuerung mit den aus anderen Ursachen gefundenen und gleichzeitig zur Anzeige notwendig erscheinenden überlagert wird. Mehrere Schaltvorschläge für ein Wechselverkehrszeichen werden priorisiert, wobei dem restriktiveren Schaltvorschlag Vorrang eingeräumt wird, vgl. Zeicheninhalte in *Bild 9.5* (Priorisierung spaltenweise von links oben nach rechts unten). Sodann wird ein Längs- und Querabgleich durchgeführt, um ein plausibles Gesamtschaltbild zu erreichen.

Beim Einrichten von Arbeitsstellen kürzerer Dauer im Bereich von Streckenbeeinflussungsanlagen können diese so geschaltet werden, dass sie unterstützend wirken, z. B. durch Warnung vor der Baustelle, durch Beschränkung der zulässigen Höchstgeschwindigkeit und durch das Sperren einzelner Fahrstreifen. Wegen der im Allgemeinen (noch) vergleichsweise großen Abstände zwischen den Anzeigequerschnitten sind hier allerdings in der Regel auch noch die normalen Warneinrichtungen nach den RSA erforderlich. In jedem Fall ist durch organisatorische Maßnahmen sicherzustellen, dass keine Widersprüche zwischen VBA und örtlicher Beschilderung auftreten.

Vor Arbeitsstellen längerer Dauer, bei denen mit Staus zu rechnen ist, sollen nach dem in Abschnitt 7.2.2 genannten Leitfaden umsetzbare Stauwarnanlagen eingerichtet werden. Nähere Informationen enthalten die

- „Hinweise für umsetzbare Stauwarnanlagen (HUS)“, Ausgabe 1999, BASt

deren Anwendung mit

- BMV-RS S 28/38.58.60-38/70 „Hinweise für umsetzbare Stauwarnanlagen (HUS)“, Ausgabe 1999 vom 24.9.1999

empfohlen wurde.

Zu den Streckenbeeinflussungsanlagen im Sinne der hier gewählten Systematik zählen auch die Fahrstreifenzuteilungen. Diese Anlagen erlauben es mit den sogenannten Dauerlichtzeichen, vor allem an Ein-/Ausfallstraßen oder in Arbeitsstellen die Fahrstreifen dynamisch der einen oder anderen Richtung zuzuteilen. Wechselverkehrsführungen für Arbeitsstellen längerer Dauer insbesondere auf Autobahnen und autobahnähnlich ausgebauten Straßen haben in jüngerer Vergangenheit große Entwicklungsfortschritte erzielt. Insbesondere dort, wo eine Erhaltung der regulären Fahrstreifenanzahl durch halbseitiges Bauen nicht möglich ist, wie z. B. in Tunneln oder auf Großbrücken, kann mit fernbedienbaren Wechselverkehrsführungen ein wichtiger Beitrag zur Minimierung der verkehrlichen Folgen geleistet werden. Entsprechend haben auch die RSA 21 diese Thematik aufgenommen, den genauen Aufbau der Verkehrsführung aber wegen der aktuell noch gegebenen Entwicklungsdynamik auf diesem Gebiet nicht bis ins Detail ausspezifiziert.

Zu den Abschnitten 9.3.4 und 9.3.5

VwV-StVO zu § 37 Wechsellichtzeichen, Dauerlichtzeichen und Grünpfeil

Zu Absatz 3

53 I. Dauerlichtzeichen dürfen nur über markierten Fahrstreifen (Zeichen 295, 296, 340) gezeigt werden. Ist durch Zeichen 223.1 das Befahren eines Seitenstreifens angeordnet, können Dauerlichtzeichen diese Anordnung und die Anordnungen durch Zeichen 223.2 und Zeichen 223.3 unterstützen, aber nicht ersetzen (vgl. Nummer IX zu den Zeichen 223.1 bis 223.3; Rn. 9).

...

56 IV. Umkehrstreifen im Besonderen

Wird ein Fahrstreifen wechselweise dem Verkehr der einen oder der anderen Fahrtrichtung zugewiesen, müssen die Dauerlichtzeichen für beide Fahrtrichtungen über allen Fahrstreifen gezeigt werden. Bevor die Fahrstreifenzuweisung umgestellt wird, muss für eine zur Räumung des Fahrstreifens ausreichende Zeit das Zeichen gekreuzte rote Balken für beide Richtungen gezeigt werden.

VwV-StVO
zu § 41
Vorschriftzeichen

Zu Zeichen 274 Zulässige Höchstgeschwindigkeit

1 I. Geschwindigkeitsbeschränkungen aus Sicherheitsgründen sollen auf bestehenden Straßen angeordnet werden, wenn Unfalluntersuchungen ergeben haben, dass häufig geschwindigkeitsbedingte Unfälle aufgetreten sind. Dies gilt jedoch nur dann, wenn festgestellt worden ist, dass die geltende Höchstgeschwindigkeit von der Mehrheit der Kraftfahrer eingehalten wird. Im anderen Fall muss die geltende zulässige Höchstgeschwindigkeit durchgesetzt werden. Geschwindigkeitsbeschränkungen können sich im Einzelfall schon dann empfehlen, wenn aufgrund unangemessener Geschwindigkeiten häufig gefährliche Verkehrssituationen festgestellt werden.

II. Außerhalb geschlossener Ortschaften können Geschwindigkeitsbeschränkungen nach Maßgabe der Nummer I erforderlich sein,

2 1. wo Fahrzeugführer insbesondere in Kurven, auf Gefällstrecken und an Stellen mit besonders unebener Fahrbahn (vgl. aber Nummer I zu § 40; Rn. 1), ihre Geschwindigkeit nicht den Straßenverhältnissen anpassen; die zulässige Höchstgeschwindigkeit soll dann auf diejenige Geschwindigkeit festgelegt werden, die vorher von 85 % der Fahrzeugführer von sich aus ohne Geschwindigkeitsbeschränkungen, ohne überwachende Polizeibeamte und ohne Behinderung durch andere Fahrzeuge eingehalten wurde,

3 2. wo insbesondere auf Steigungs- und Gefällstrecken eine Verminderung der Geschwindigkeitsunterschiede geboten ist; die zulässige Höchstgeschwindigkeit soll dann auf diejenige Geschwindigkeit festgelegt werden, die vorher von 85 % der Fahrzeugführer von sich aus ohne Geschwindigkeitsbeschränkungen, ohne überwachende Polizeibeamte und ohne Behinderung durch andere Fahrzeuge eingehalten wurde,

4 3. wo Fußgänger oder Radfahrer im Längs- oder Querverkehr in besonderer Weise gefährdet sind; die zulässige Höchstgeschwindigkeit soll auf diesen Abschnitten in der Regel 70 km/h nicht übersteigen.

4a Liegt zwischen zwei Geschwindigkeitsbeschränkungen auf einer einbahnigen Landstraße ohne Überholfahrstreifen nur ein kurzer Streckenabschnitt (unter 600 Meter) und wäre deshalb ein Überholvorgang infolge der geringen Überholstrecke mit erheblichen Risiken verbunden, so kommt zur Verstetigung des Verkehrsflusses eine Absenkung der Geschwindigkeit auch zwischen den beiden in der Geschwindigkeit beschränkten Streckenabschnitten in Betracht. Die Anordnung der abgesenkten Geschwindigkeit in diesem Bereich setzt voraus, dass die Anordnung eines Überholverbotes als milderes Mittel für diesen Abschnitt nicht ausreicht.

5 III. Außerhalb geschlossener Ortschaften ist die zulässige Höchstgeschwindigkeit vor Lichtzeichenanlagen auf 70 km/h zu beschränken.

6 IV. Das Zeichen soll so weit vor der Gefahrstelle aufgestellt werden, dass eine Gefährdung auch bei ungünstigen Sichtverhältnissen ausgeschlossen ist. Innerhalb geschlossener Ortschaften sind im Allgemeinen 30 bis 50 m, außerhalb geschlossener Ortschaften 50 bis 100 m und auf Autobahnen und autobahnähnlichen Straßen 200 m ausreichend.

7 V. Vor dem Beginn geschlossener Ortschaften dürfen Geschwindigkeitsbeschränkungen zur stufenweisen Anpassung an die innerorts zulässige Geschwindigkeit nur angeordnet werden, wenn die Ortstafel (Zeichen 310) nicht rechtzeitig, im Regelfall auf eine Entfernung von mindestens 100 m, erkennbar ist.

8 VI. Auf Autobahnen und autobahnähnlichen Straßen dürfen nicht mehr als 130 km/h angeordnet werden. Nur dort darf die Geschwindigkeit stufenweise herabgesetzt werden. Eine Geschwindigkeitsstufe soll höchstens 40 km/h betragen. Der Mindestabstand in Metern zwischen den unterschiedlichen Höchstgeschwindigkeiten soll das 10-fache der Geschwindigkeitsdifferenz in km/h betragen. Nach Streckenabschnitten ohne Beschränkung soll in der Regel als erste zulässige Höchstgeschwindigkeit 120 km/h angeordnet werden.

9 VII. Das Zeichen 274 mit Zusatzzeichen „bei Nässe" soll statt des Zeichens 114 dort angeordnet werden, wo das Gefahrzeichen als Warnung nicht ausreicht.

10 VIII. Innerhalb geschlossener Ortschaften kommt eine Anhebung der zulässigen Höchstgeschwindigkeit auf höchstens 70 km/h grundsätzlich nur auf Vorfahrtstraßen (Zeichen 306) in Betracht, auf denen benutzungspflichtige Radwege vorhanden sind und der Fußgängerquerverkehr durch Lichtzeichenanlagen sicher geführt wird. Für Linksabbieger sind Abbiegestreifen erforderlich.

9.3.5 Streckenbeeinflussungsanlagen

VwV-StVO
zu § 41
Vorschriftzeichen

11 IX. Zur Verwendung des Zeichens an Bahnübergängen vgl. Nummer IV 2 zu Zeichen 201; Rn. 5 und an Arbeitsstellen vgl. die Richtlinien für die [verkehrsrechtliche] Sicherung von Arbeitsstellen an Straßen (RSA), die das Bundesministerium für Verkehr und digitale Infrastruktur im Einvernehmen mit den obersten Landesbehörden im Verkehrsblatt bekannt gibt.

12 X. Geschwindigkeitsbeschränkungen aus Gründen des Lärmschutzes dürfen nur nach Maßgabe der Richtlinien für straßenverkehrsrechtliche Maßnahmen zum Schutz der Bevölkerung vor Lärm (Lärmschutz-Richtlinien-StV) angeordnet werden. Zur Lärmaktions- und Luftreinhalteplanung siehe Bundes-Immissionsschutzgesetz.

13 XI. Innerhalb geschlossener Ortschaften ist die Geschwindigkeit im unmittelbaren Bereich von an Straßen gelegenen Kindergärten, -tagesstätten, -krippen, -horten, allgemeinbildenden Schulen, Förderschulen für Menschen mit Behinderungen, Alten- und Pflegeheimen, Einrichtungen für Menschen mit Behinderungen (z. B. Wohnheime, Tageseinrichtungen oder Werkstätten) oder Krankenhäusern in der Regel auf Tempo 30 km/h zu beschränken, soweit die Einrichtungen über einen direkten Zugang zur Straße verfügen oder im Nahbereich der Einrichtungen starker Ziel- und Quellverkehr mit all seinen kritischen Begleiterscheinungen (z. B. Bring- und Abholverkehr mit vielfachem Ein- und Aussteigen, erhöhter Parkraumsuchverkehr, häufige Fahrbahnquerungen durch Fußgänger, Pulkbildung von Radfahrern und Fußgängern) vorhanden ist. Dies gilt insbesondere auch auf klassifizierten Straßen (Bundes-, Landes- und Kreisstraßen) sowie auf weiteren Vorfahrtstraßen (Zeichen 306). Im Ausnahmefall kann auf die Absenkung der Geschwindigkeit verzichtet werden, soweit etwaige negative Auswirkungen auf den ÖPNV (z. B. Taktfahrplan) oder eine drohende Verkehrsverlagerung auf die Wohnnebenstraßen zu befürchten ist. In die Gesamtabwägung sind dann die Größe der Einrichtung und Sicherheitsgewinne durch Sicherheitseinrichtungen und Querungshilfen (z. B. Fußgängerüberwege, Lichtzeichenanlagen, Sperrgitter) einzubeziehen. Die streckenbezogene Anordnung ist auf den unmittelbaren Bereich der Einrichtung und insgesamt auf höchstens 300 m Länge zu begrenzen. Die beiden Fahrtrichtungen müssen dabei nicht gleich behandelt werden. Die Anordnungen sind, soweit Öffnungszeiten (einschließlich Nach- und Nebennutzungen) festgelegt wurden, auf diese zu beschränken.

13a Innerhalb geschlossener Ortschaften ist die Geschwindigkeit auch entlang hochfrequentierter Schulwege in der Regel auf Tempo 30 km/h zu beschränken. Dies gilt insbesondere auch auf klassifizierten Straßen (Bundes-, Landes- und Kreisstraßen) sowie auf weiteren Vorfahrtstraßen (Zeichen 306). Im Ausnahmefall kann auf die Absenkung der Geschwindigkeit verzichtet werden, soweit etwaige negative Auswirkungen auf den ÖPNV (z. B. Taktfahrplan) oder eine drohende Verkehrsverlagerung auf die Wohnnebenstraßen zu befürchten sind. In die Gesamtabwägung sind Sicherheitsgewinne durch Sicherheitseinrichtungen und Querungshilfen (z. B. Lichtzeichenanlagen, Sperrgitter) einzubeziehen. Die beiden Fahrtrichtungen müssen dabei nicht gleich behandelt werden. Die Anordnungen sind, soweit Öffnungszeiten (einschließlich Nach- und Nebennutzungen) festgelegt wurden, auf diese zu beschränken.

Hochfrequentierte Schulwege sind Straßenabschnitte, die innerhalb eines Stadt- oder Dorfteils eine Bündelungswirkung hinsichtlich der Wege zwischen Wohngebieten und allgemeinbildenden Schulen haben. Diese Wege können auch im Zusammenhang mit der Nutzung des ÖPNV bestehen. Ihre Lage ist begründet darzulegen. Sie kann sich auch aus Schulwegplänen ergeben, die von den betroffenen Schulen und der zuständigen Straßenverkehrsbehörde sowie gegebenenfalls Polizei und Straßenbaubehörde erarbeitet wurden.

13b Innerhalb geschlossener Ortschaften kann die Geschwindigkeit auch im unmittelbaren Bereich von Fußgängerüberwegen auf Tempo 30 km/h beschränkt werden. Dies gilt insbesondere auch auf klassifizierten Straßen (Bundes-, Landes- und Kreisstraßen) sowie auf weiteren Vorfahrtstraßen (Zeichen 306). In die Gesamtabwägung sind Sicherheitsgewinne durch Sicherheitseinrichtungen (z. B. Sperrgitter) einzubeziehen. Die Beschränkung auf Tempo 30 km/h kommt insbesondere dann in Betracht, wenn die für Fußgängerüberwege bei Tempo 50 km/h erforderlichen Sichtweiten nicht sichergestellt werden können oder Fahrzeugführende ihre Fahrgeschwindigkeit bei Annäherung an den Fußgängerüberweg regelmäßig nicht derart verringern, dass den querungswilligen Fußgängern ihr Vorrang erkennbar eingeräumt werden wird. Die Anordnung ist auf insgesamt höchstens 300 m Länge zu begrenzen. Die beiden Fahrtrichtungen müssen dabei nicht gleich behandelt werden.

9.3.5 Streckenbeeinflussungsanlagen

VwV-StVO zu § 41 Vorschriftzeichen

14 XII. Liegt innerhalb geschlossener Ortschaften zwischen zwei Geschwindigkeitsbeschränkungen nur ein kurzer Streckenabschnitt (bis zu 500 Meter), so kommt zur Verstetigung des Verkehrsflusses eine Absenkung der Geschwindigkeit auch zwischen den beiden in der Geschwindigkeit beschränkten Streckenabschnitten in Betracht. Dieses fördert nicht nur die Verkehrssicherheit, sondern trägt auch zur Verringerung der verkehrsbedingten Lärm- und Abgasbelastung bei.

...

Zu Zeichen 276 Überholverbot

1 I. Das Zeichen ist nur dort anzuordnen, wo die Gefährlichkeit des Überholens für den Fahrzeugführer nicht ausreichend erkennbar ist.

2 II. Wo das Überholen bereits durch Zeichen 295 unterbunden ist, darf das Zeichen nicht angeordnet werden.

3 III. Außerhalb geschlossener Ortschaften ist das Zeichen in der Regel auf beiden Straßenseiten aufzustellen.

4 IV. Zur Verwendung des Zeichens an Gefahrstellen vgl. Nummer I zu § 40; Rn. 1.

Zu Zeichen 277 Überholverbot für Kraftfahrzeuge über 3,5 t

1 I. Das Zeichen soll nur auf Straßen mit erheblichem und schnellem Fahrverkehr angeordnet werden, wo der reibungslose Verkehrsablauf dies erfordert. Das kommt z. B. an Steigungs- und Gefällstrecken in Frage, auf denen Lastkraftwagen nicht mehr zügig überholen können; dabei ist maßgeblich die Stärke und Länge der Steigung oder des Gefälles; Berechnungen durch Sachverständige empfehlen sich.

II. Bei Anordnung von Lkw-Überholverboten auf Autobahnen und autobahnähnlich ausgebauten Straßen ist ergänzend Folgendes zu beachten:

2 1. Auf Autobahnen empfehlen sich Lkw-Überholverbote an unfallträchtigen Streckenabschnitten (z. B. an Steigungs- oder Gefällstrecken, Ein- und Ausfahrten oder vor Fahrstreifeneinziehung von links).

3 2. Auf zweistreifigen Autobahnen können darüber hinaus Überholverbote – auch z. B. auf längeren Strecken – in Betracht kommen, wenn bei hohem Verkehrsaufkommen durch häufiges Überholen von Lkw die Geschwindigkeit auf dem Überholstreifen deutlich vermindert wird und es dadurch zu einem stark gestörten Verkehrsfluss kommt, durch den die Verkehrssicherheit beeinträchtigt werden kann.

4 3. Unter Beachtung des Grundsatzes der Verhältnismäßigkeit kann das Überholverbot auf Fahrzeuge mit einem höheren zulässigen Gesamtgewicht als 3,5 t beschränkt werden, insbesondere an Steigungsstrecken. Wenn das Verkehrsaufkommen und die Fahrzeugzusammensetzung kein ganztägiges Überholverbot erfordern, kommt eine Beschränkung des Überholverbots auf bestimmte Tageszeiten in Betracht. Von dem Überholverbot können auf Autobahnen und Kraftfahrstraßen Wohnmobile mit einer zulässigen Gesamtmasse über 3,5 t bis 7,5 t auf Steigungsstrecken ausgenommen werden, auf denen der durch die 12. Ausnahmeverordnung zur StVO eingeräumte Geschwindigkeitsvorteil besonders zum Tragen kommt.

5 III. Aufgrund der bei Überholmanövern in Tunneln von Lkw ausgehenden Gefahr sollte in Tunneln mit mehr als einem Fahrstreifen in jeder Richtung ein Lkw-Überholverbot angeordnet werden. Von einer Anordnung des Zeichens kann abgesehen werden, wenn nachgewiesen wird, dass hiervon keine negativen Auswirkungen auf die Verkehrssicherheit ausgehen.

9.3.6 Anlagen zur temporären Seitenstreifenfreigabe

StVO Anlage 2 Vorschriftzeichen (zu § 41 Absatz 1) Abschnitt 4 Seitenstreifen als Fahrstreifen, Haltestellen und Taxenstände		
zu 11 bis 13		**Erläuterung** Wird das Zeichen 223.1, 223.2 oder 223.3 für eine Fahrbahn mit mehr als zwei Fahrstreifen angeordnet, zeigen die Zeichen die entsprechende Anzahl der Pfeile.
11	**Zeichen 223.1**  **Seitenstreifen befahren**	**Ge- oder Verbot** Das Zeichen gibt den Seitenstreifen als Fahrstreifen frei; dieser ist wie ein rechter Fahrstreifen zu befahren.
11.1	Ende in … m	**Erläuterung** Das Zeichen 223.1 mit dem Zusatzzeichen kündigt die Aufhebung der Anordnung an.
12	**Zeichen 223.2**  **Seitenstreifen nicht mehr befahren**	**Ge- oder Verbot** Das Zeichen hebt die Freigabe des Seitenstreifens als Fahrstreifen auf.
13	**Zeichen 223.3**  **Seitenstreifen räumen**	**Ge- oder Verbot** Das Zeichen ordnet die Räumung des Seitenstreifens an.

Eine erweiterte Form von Streckenbeeinflussungsanlagen erlaubt es, mithilfe der Zeichen 223.1 bis 223.3 zeitweise die Seitenstreifen als (rechte) Fahrstreifen zu nutzen.

Seitenstreifen sind eine grundlegende Voraussetzung für den sicheren Betrieb von Autobahnen (darauf wurde auch schon in der Begründung des Bundesrats zur Einführung ausdrücklich hingewiesen). Die – auch nur zeitweise – Nutzung des Seitenstreifens kann diesbezüglich zu Einschränkungen führen.

Gleichwohl kann sie in der Gesamtabwägung sinnvoll sein, um die Zeit bis zu einem bedarfsgerechten Ausbau zu überbrücken.

9.3.6 Anlagen zur temporären Seitenstreifenfreigabe

Wesentliche Eingangsgröße dieser Gesamtabwägung ist, dass die Regelung nur zu den Zeiten gültig ist, an denen tatsächlich hohes Verkehrsaufkommen herrscht. Dann können die Vorteile der mehrstreifigen Verkehrsführung (z. B. weniger Unfälle durch Stauungen) die Nachteile des fehlenden Seitenstreifens (z. B. Unfälle im Zusammenhang mit liegen gebliebenen oder Betriebsdienst-Fahrzeugen) überwiegen. Ob und zu welchen Zeiten dies tatsächlich der Fall ist oder sein wird, ist vor der Anordnung und während des Betriebs fortlaufend zu prüfen. Weitere Voraussetzung ist, dass der Seitenstreifen baulich geeignet ist, dauerhaft den Schwerverkehr des rechten Fahrstreifens aufzunehmen.

Der provisorische und zeitlich eingeschränkte Charakter der Seitenstreifenfreigabe wird dadurch unterstrichen, dass die Markierung zwischen Hauptfahrbahn und Seitenstreifen als Breitstrich Zeichen 295 „Fahrbahnbegrenzungslinie" unverändert erhalten bleibt und durch die Erläuterung 3. a) zu Zeichen 295 (siehe Anlage 2 StVO) lediglich während der durch Zeichen 223.1 angeordneten Seitenstreifenbenutzung erlaubt wird, diese wie eine Leitlinie zu überfahren.

Die Zeichen 223.1 bis 223.3 werden nur während der Zeit gezeigt, in der der Seitenstreifen genutzt werden kann und soll. Sie sind daher als Wechselverkehrszeichen auszubilden. Eine Unterstützung durch Dauerlichtzeichen, vor allem zu Beginn und Ende der Freigabe, erscheint sinnvoll. Auch die Wegweisung, die im Bereich der Seitenstreifenfreigabe zur Verdeutlichung der Regelung fahrstreifenbezogen erfolgen soll, ist dann mit Wechselverkehrszeichen auszuführen. Zu den Zeiten der Seitenstreifenfreigabe ist gemäß VwV-StVO außerdem die zulässige Höchstgeschwindigkeit in diesem Abschnitt auf höchstens 100 km/h zu beschränken. Bei starkem Lkw-Verkehr kann auch ein Lkw-Überholverbot sinnvoll sein. Daher ist die Integration in eine Streckenbeeinflussungsanlage (siehe Abschnitt 9.3.5) zu empfehlen.

Vor und regelmäßig während der Freigabe ist zu prüfen, ob der Seitenstreifen frei von liegen gebliebenen Fahrzeugen ist. Dazu ist es derzeit noch notwendig, die Strecke prüfend abzufahren. Automatische Systeme (z. B. Videodetektion) befinden sich in der Entwicklung, sind aber noch nicht so ausgereift, dass sie zur allgemeinen Anwendung empfohlen werden können. Ein wichtiger Beitrag zur Verkehrssicherheit ist die Einschränkung der Freigabe des Seitenstreifens auf Zeiträume mit so dichtem Verkehr, dass bei Liegenbleiben eines Fahrzeugs (mit Ausrollen) die nachfolgende Fahrzeugkolonne zwangsläufig ebenfalls verzögern muss, und Situationen, in denen ein Liegenbleiber quasi „allein auf weiter Flur" steht und ein auf dem freigegebenen Seitenstreifen frei fahrendes Fahrzeug mit dem Liegenbleiber kollidiert, zumindest sehr unwahrscheinlich sind.

Insbesondere bei Integration in eine Streckenbeeinflussungsanlage sei dahingestellt, ob eine Beschränkung auf 100 km/h tatsächlich zwingend erforderlich ist, oder ob nicht auch höhere Geschwindigkeitsbeschränkungen, z. B. 120 km/h, vertretbar sind. Dies hätte zumindest positive Effekte auf die Akzeptanz der Streckenbeeinflussungsanlage insgesamt, von der Verkehrsteilnehmer zu Recht situationsangepasste Schaltungen erwarten.

Die Zeichen 223.1 bis 223.3 werden generell beidseitig aufgestellt. Am Beginn der Benutzungsstrecke gibt Zeichen 223.1 den Seitenstreifen zur Benutzung frei. Es soll (zumindest für die Anfangszeit) durch ein Zusatzzeichen „Seitenstreifen befahren" erläuternd unterstützt werden. Zeichen 223.1 sollte in Abständen von 1 000 bis 2 000 m wiederholt werden, bei der Integration in eine Verkehrsbeeinflussungsanlage (wegen der dann fahrstreifenbezogenen Anzeige von mindestens Zeichen 274) auch in größeren Abständen.

Am Ende der Benutzungsstrecke sind zu unterscheiden: Geht der befahrbare Seitenstreifen in den Ausfädelungsstreifen einer Ausfahrt oder eines Autobahnknotens oder in einen regulären Fahrstreifen über (was aus Gründen der Kapazität die Regel sein sollte), so ist dies wenigstens 400 m vor dem Ende durch Zeichen 223.1 mit dem Zusatzzeichen „Ende in ... m" anzukündigen. Auf die Notwendigkeit, die Wegweisung fahrstreifenbezogen als Wechselverkehrszeichen auszuführen, wurde bereits hingewiesen. Endet die befahrbare Strecke des Seitenstreifens und stehen dann nur noch die regulären Fahrstreifen zur Verfügung, so wird dies durch Zeichen 223.2 angeordnet. Zeichen 223.2 ist wenigstens 400 m vorher durch Zeichen 223.3 mit dem Zusatzzeichen „Seitenstreifen räumen" anzukündigen.

Derzeit sieht die StVO die Anordnung der vorstehend beschriebenen Zusatzzeichen vor. Ob diese zum Inhalt des Hauptverkehrszeichens redundante „Bedienungsanleitung" über 20 Jahre nach Einführung dieser Verkehrszeichen tatsächlich noch erforderlich ist, sei dahingestellt. Ebenso sollte man über die in der VwV-StVO verankerte beidseitige Anbringung eines Verkehrszeichens nachdenken, das sich nahezu ausschließlich an den Verkehr auf dem (regulären) Hauptfahrstreifen richtet. Auch die feste Vorgabe der Abmessungen von Zeichen 223 erscheint angesichts drei- und vierstreifiger Richtungsfahrbahnen mit temporärer Seitenstreifenfreigabe diskussionswürdig.

Zu Abschnitt 9.3.6

VwV-StVO
zu § 41
Vorschriftzeichen

Zu den Zeichen 223.1 bis 223.3 Befahren eines Seitenstreifens als Fahrstreifen

1 I. Die Zeichen dürfen nur für die Tageszeiten angeordnet werden, zu denen auf Grund der Verkehrsbelastung eine erhebliche Beeinträchtigung des Verkehrsablaufs zu erwarten ist. Sie sind deshalb als Wechselverkehrszeichen auszubilden. Die Anordnung darf nur erfolgen, wenn der Seitenstreifen von den baulichen Voraussetzungen her wie ein Fahrstreifen (vgl. § 7 Abs. 1 Satz 2 StVO) befahrbar ist. Vor jeder Anordnung ist zu prüfen, ob der Seitenstreifen frei von Hindernissen ist. Während der Dauer der Anordnung ist die Prüfung regelmäßig zu wiederholen.

2 II. Die Zeichen sind beidseitig anzuordnen. Die Abmessung der Zeichen beträgt 2,25 m × 2,25 m.

3 III. Das Zeichen 223.1 soll durch ein Zusatzzeichen „Seitenstreifen befahren“ unterstützt werden. Das Zusatzzeichen soll dann zu jedem Zeichen angeordnet werden.

4 IV. Das Zeichen 223.1 darf nur in Kombination mit einer Beschränkung der zulässigen Höchstgeschwindigkeit (Zeichen 274) auf nicht mehr als 100 km/h angeordnet werden. Zusätzlich empfiehlt sich bei starkem Lkw-Verkehr die Anordnung von Zeichen 277.

5 V. Das Zeichen 223.1 ist je nach örtlicher Situation in Abständen von etwa 1 000 bis 2 000 m aufzustellen. Die Standorte sind mit einer Verkehrsbeeinflussungsanlage abzustimmen. Im Bereich einer Verkehrsbeeinflussungsanlage können die Abstände zwischen zwei Zeichen vergrößert werden.

6 VI. Das Zeichen 223.2 ist in der Regel im Bereich einer Anschlussstelle anzuordnen. Wenigstens 400 m vorher ist entweder Zeichen 223.3 oder 223.1 mit dem Zusatz „Ende in ... m“ anzuordnen. Die Anordnung von Zeichen 223.1 mit dem Zusatz „Ende in ... m“ empfiehlt sich nur, wenn der befahrbare Seitenstreifen in einer Anschlussstelle in den Ausfädelungsstreifen übergeht und nur noch vom ausfahrenden Verkehr benutzt werden kann. Zeichen 223.3 soll durch ein Zusatzzeichen „Seitenstreifen räumen“ unterstützt werden.

7 VII. Im Bereich von Ausfahrten ist die Nutzung des Seitenstreifens als Fahrstreifen in der Wegweisung zu berücksichtigen. Vorwegweiser und Wegweiser sind dann fahrstreifenbezogen als Wechselwegweiser auszuführen.

8 VIII. Zur Markierung vgl. zu Zeichen 295 Nummer 2 (lfd. Nummer 68 der Anlage 2); Rn. 9.

9 IX. Die Zeichen können durch Dauerlichtzeichen unterstützt werden. Dies empfiehlt sich besonders für Zeichen 223.2; vgl. Nummer I zu § 37 Abs. 3; Rn. 53.

9.3.7 Netzbeeinflussungsanlagen

StVO Anlage 3 Richtzeichen (zu § 42 Absatz 2) Abschnitt 12 Sonstige Verkehrsführung		
		1. Umlenkungspfeil
78	**Zeichen 467.1** 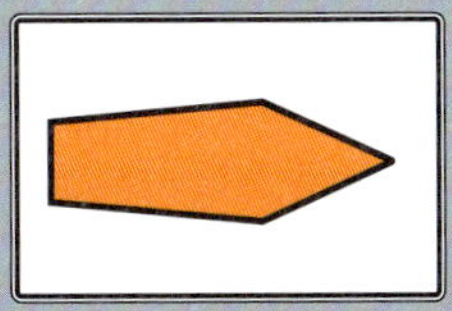 **Umlenkungspfeil**	**Erläuterung** Das Zeichen kennzeichnet Alternativstrecken auf Autobahnen, deren Benutzung im Bedarfsfall empfohlen wird (Streckenempfehlung).
79	**Zeichen 467.2** 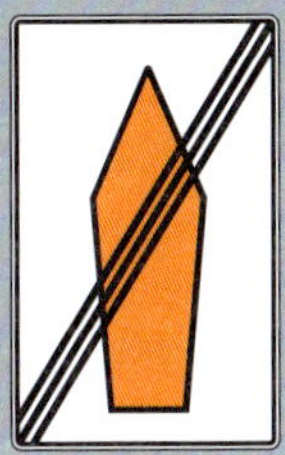	**Erläuterung** Das Zeichen kennzeichnet das Ende einer Streckenempfehlung.

Netzbeeinflussungsanlagen (NBA) sind Verkehrsbeeinflussungsanlagen, bei denen Verkehrsströme bei Bedarf mit dynamischen Wegweisern von der Originalroute auf benachbarte Netzmaschen (Alternativroute) umgeleitet werden. Oft reicht es schon aus, wenn nur ein kleiner Prozentsatz der umleitungsfähigen Fahrzeuge die neue Führung akzeptiert, um Stauungen und damit größere Zeitverluste auf der Originalroute zu vermeiden.

Die Umleitungsstrecken sollten – jeweils unter Berücksichtigung der aktuellen Verkehrslage – keine (wesentlich) längeren Fahrzeiten erfordern. Netzbeeinflussungsanlagen bieten sich vor allem dort an, wo genügend dichte Netzmaschen vorliegen, die so ungleichmäßig ausgelastet sind, dass die Umleitungsstrecke den zusätzlichen Verkehr auch in Spitzenzeiten aufnehmen kann.

Für die Wegweisung ist das substitutive und das additive Prinzip möglich. Beim substitutiven Prinzip (*Bild 9.6*) werden einzelne Ziele in Wegweisern ausgetauscht. Beim additiven Prinzip (*Bild 9.7*) werden durch zusätzliche, normalerweise weiße Tafeln Umleitungshinweise gegeben. Die Umleitungsstrecke selbst wird beim additiven Prinzip durch den aus Frankreich übernommenen Umlenkungspfeil, auch „Delestage-Pfeil“ oder „Flèche“ (frz. flèche = Pfeil, Zeichen 467) genannt, gekennzeichnet.

Beim substitutiven Prinzip ist die Tatsache, dass eine vom normalen Zustand abweichende Zielführung angezeigt wird, nicht ohne Weiteres zu erkennen. Deshalb werden substitutive Wechselwegweiser in der Regel mit gelbem Blinklicht kombiniert, das bei vom Normalzustand abweichenden Inhalten aktiviert wird und so auch die Ortskundigen zu Aufmerksamkeit auffordert. Die Akzeptanz ist in der Regel höher als beim additiven Prinzip. Das substitutive Prinzip sollte aber auch nur dort gewählt werden, wo sich Normal- und Umleitungsroute nicht zu sehr unterscheiden und die Gefahr von Fehlleitungen für Nutzer, die auf dem Weg zum angezeigten Ziel liegende Zwischenziele dann nicht mehr erreichen würden, gering ist. Der bis heute wirksame wesentliche Vorzug der substitutiven Wechselwegweiser ist jedoch die Möglichkeit, die Verkehrsführung im Ausfahrtbereich – entsprechende Markierung vorausgesetzt – zu variieren. Auch bei beengten Platzverhältnissen – z. B. bei Kombination mit einer Streckenbeeinflussungsanlage im Zulauf auf einen Tunnel – können sie weiterhin das Mittel der Wahl sein. In moderner Ausführung werden

9.3.7 Netzbeeinflussungsanlagen

Bild 9.6 Beispiel für einen Wechselwegweiser nach dem substitutiven Prinzip
Quelle: Regler, Schleich

oftmals eine oder zwei Zeilen in lichtoptischer und damit vollvariabler Darstellung ausgeführt.

Beim additiven Prinzip ist die Veränderung der Zielführung eindeutig erkennbar. Die Angabe von Ort und Art der Verkehrsstörung ermöglicht es den Nutzern, ihre Entscheidung in Abhängigkeit von ihrem Fahrtziel und ihren persönlichen Präferenzen zu wählen. Die Akzeptanz ist beim additiven Prinzip geringer.

Die herkömmlichen mechanischen Wechselwegweiser werden größtenteils nach und nach ersetzt durch die dynamischen Wegweiser mit integrierter Stauinformation (dWiSta). Diese folgen grundsätzlich dem additiven Prinzip, stützen ihre Routenempfehlung aber im Wesentlichen auf die Inhalte der statischen blauen Wegweisung. Wesentlicher Vorzug der dWiSta ist die Möglichkeit, auf verkehrsrelevante Ereignisse wie Staulängen, Verlustzeiten, Vollsperrungen o.a. hinzuweisen. Damit können zum einen je nach Ereignis sehr hohe Akzeptanzraten erzielt werden; zum anderen ist es aber auch möglich, nur auf ein Ereignis hinzuweisen, die Routenwahl aber – z.B. wegen des aktuellen Fehlens einer Alternativroute mit Kapazitätsreserven – den Verkehrsteilnehmern selbst zu überlassen.

Soweit sich Originalroute und Alternativroute (ganz oder in Teilen) in unterschiedlichen Zuständigkeiten straßenrechtlicher und straßenverkehrsrechtlicher Art befinden, sind entsprechende vorherige einvernehmliche Regelungen notwendig. Hier bieten sich die Vorabdefinition und Abstimmung von Verkehrslenkungsstrategien an, d.h. bestimmte Ausgangssituationen, auf die mit definierten Maßnahmenbündeln unterschiedlicher Zuständigkeiten reagiert werden kann (Strategiemanagement). Tritt die entsprechende Ausgangssituation ein, erfolgt zwischen den Beteiligten nur noch eine Ja-/Nein-Abfrage unter Wahrung der jeweiligen Zuständigkeiten und Verantwortlichkeiten.

Weitere Hinweise geben die

- „Hinweise zu Planung und Betrieb von betreiberübergreifenden Netzsteuerungen in der Verkehrsbeeinflussung“, Ausgabe 2008, FGSV Verlag.

Wesentlich für ein gutes Funktionieren von Netzbeeinflussungsanlagen ist eine ausreichend genaue Detektion des Verkehrszustands auf Original- und Alternativroute sowie eine ausreichend genaue Prognose dieses Zustands zumindest für die Durchfahrtszeit.

Zur Gestaltung der Wegweisung nach dem additiven Prinzip hat das für den Verkehr zuständige Bundesministerium mit

- ARS 09/2022 (StB 27/7123.1/1/3646142) „Dynamische Wegweiser mit integrierten Stauinformationen (dWiSta) – Hinweise für die einheitliche Gestaltung und Anwendung an Bundesfernstraßen, Ausgabe 2022 (dWiSta-Hinweise 2022)“ vom 14.4.2022 (VkBl. S. 301)

auf der Basis der Ergebnisse einer Forschungsarbeit ausführliche Hinweise für die Anordnung und Gestaltung der Wegweiser gegeben (siehe *Bild 9.7*).

Die dWiSta-Hinweise 2022 sehen auf Autobahnen als Standorte vor:

- Überkopfbeschilderung (Regelfall): 500 m vor dem ersten Vorwegweiser, ggf. 250 m nach dem ersten Vorwegweiser wiederholt
- Seitliche Beschilderung (Ausnahme): 250 m vor dem ersten Vorwegweiser (in Ausnahmefällen nach dem Vorwegweiser).

Die dWiSta-Hinweise 2022 beschreiben, wie dem Fahrzeugführer die nötigen Informationen dargeboten werden können, ohne seine aus physiologischen und psychologischen Gründen beschränkte Aufnahmefähigkeit zu überfordern. Die wesentlichen Aussagen sind:

- Es ist sinnvoll, mit einem fixen grafischen Grundschema (einschließlich Pfeilen) zu arbeiten, das an die Gestaltung der statischen Wegweiser angelehnt ist. Das erleichtert, eine innere Vor-

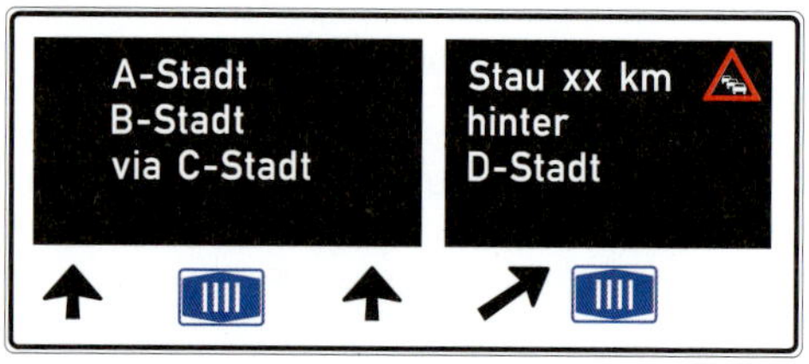

Bild 9.7 Beispiel für einen Wechselwegweiser nach dem additiven Prinzip
Quelle: dWiSta-Hinweise 2022

stellung der Netzstruktur aufzubauen, auf deren Basis die individuellen Routenentscheidungen getroffen werden.

- Die Verwendung von Sinnbildern erleichtert die Aufnahme der Informationen.
- Umleitungsempfehlungen sollten nur gegeben werden, wenn die Umleitungsroute ausreichend aufnahmefähig ist.
- Der Grund für die Umleitungsempfehlung sollte nach Art und Ort angegeben werden; insbesondere der Ort ist wichtig für Kraftfahrer, die den gestörten Ast der Autobahn ohnehin nur teilweise befahren wollen.
- Die angezeigten Informationen dürfen nur unmittelbar der aktuellen Wegweisung und Stauinformation dienen; präventive Hinweise auf Veranstaltungen, Hinweise auf Verhaltensänderungen oder gar Werbung dürfen nicht angezeigt werden.
- Die in Umleitungsempfehlungen verwendeten Ortsangaben müssen in der statischen Wegweisung der Wegweiserkette, deren Bestandteil die dWiSta sind, enthalten (= wiederzufinden) sein.

Um Missbrauch zu vermeiden, sind die anzuzeigenden Texte bei der Projektierung der Anlage zwischen Straßenbau- und Straßenverkehrsbehörde abzustimmen, als Bestandteil der Anlage anzuordnen und fest zu programmieren (d. h. die jeweiligen Operatoren können nur aus den programmierten Texten auswählen).

Zu Abschnitt 9.3.7

VwV-StVO zu § 42 Richtzeichen

Zu Zeichen 467.1 Umlenkungspfeil

1 I. Das Zeichen wird entweder zusätzlich oder in den Schildern gezeigt, die der Ankündigung, Vorwegweisung, Wegweisung und Bestätigung einer empfohlenen Umleitungsstrecke dienen. Sie sind zusätzlich zur blauen Autobahnwegweisung aufgestellt.

2 II. Die Umlenkungsbeschilderung zeigt den Umlenkungspfeil und etwaige schwarze Symbole und Aufschriften auf weißem Grund.

3 III. Der umzulenkende Verkehr wird am Beginn der Umlenkung durch entsprechende Ziele und den orangefarbenen Umlenkungspfeil geführt. In Verlauf der Umlenkungsroute brauchen die Ziele nicht erneut ausgeschildert zu werden. Der Umlenkungspfeil als Leitsymbol übernimmt die weitere Wegführung.

4 IV. Bei Überschneidungen von umgelenkten Routen kann es zweckmäßig sein, die Routen regional zu nummerieren. Die Nummer kann in schwarzer Schrift in dem Pfeilzeichen eingesetzt werden.

5 V. Einzelheiten werden in den „Richtlinien für Wechselverkehrszeichen an Bundesfernstraßen (RWVZ)“ festgelegt, die das Bundesministerium für Verkehr und digitale Infrastruktur im Einvernehmen mit den zuständigen obersten Landesbehörden im Verkehrsblatt bekanntgibt.

BMDV StB 27/7123.1/1/3646142 14. April 2022

Dynamische Wegweiser mit integrierten Stauinformationen (dWiSta)

Hinweise für die einheitliche Gestaltung und Anwendung an Bundesfernstraßen, Ausgabe 2022 (Auszug)[1]

1 Grundlagen

1.1 Ziele

Dynamische Wegweiser mit integrierten Stauinformationen (dWiSta) sind Verkehrseinrichtungen i. S. d. § 43 Abs. 1 Straßenverkehrs-Ordnung (StVO). Hierbei handelt es sich um Wechselverkehrszeichenanlagen (WVA), die der Netzbeeinflussung auf Bundesfernstraßen dienen. Die Anzeigetafeln werden i. d. R. als Überkopfanzeigen vor Autobahnknotenpunkten oder Anschlussstellen aufgestellt.

Mit dWiSta werden dem Verkehrsteilnehmer Informationen z. B. über Störungen im Verlauf des Netzes übermittelt und, wenn möglich, Umlenkungsempfehlungen gegeben. dWiSta stellen in erster Linie aufgrund ihrer Flexibilität eine technisch und inhaltlich optimierte Form der additiven Wechselwegweisung dar.

1 Der vollständige Text der dWiSta (Stand 2022) kann auf der Webseite der BASt (www.bast.de) kostenfrei heruntergeladen werden.

9.3.7 Netzbeeinflussungsanlagen

BMDV-Erlass vom 14.4.2022

Durch die Ausweitung der Anzahl von Netzbeeinflussungsanlagen und die sich hieraus ergebende Überschneidung von beeinflussten Netzmaschen und die Überlagerung von bedeutenden Strömen des Fern- und Regionalverkehrs insbesondere in den Ballungsräumen können sich im Hinblick auf eine effiziente Verkehrssteuerung im regionalen Autobahnnetz weitergehende Anforderungen an eine dynamische Netzbeeinflussung ergeben.

In diesem Papier werden die möglichen Anwendungsfelder von dWiSta beschrieben sowie Gestaltungsgrundsätze und -grenzen genannt.

1.2 Randbedingungen

Aufgrund der hohen Verkehrsdichte und Geschwindigkeit müssen sich die Verkehrsteilnehmer insbesondere auf Autobahnen in hohem Maße auf ihre Fahraufgabe konzentrieren. Aus Gründen der Verkehrssicherheit sind zusätzliche straßenseitige Informationen auf für die kollektive Verkehrssteuerung erforderliche Inhalte zu begrenzen.

Der Wunsch, Verkehrsteilnehmern zur Erhöhung der Sicherheit und Leichtigkeit des Verkehrs möglichst viele Informationen zur Verfügung zu stellen, stößt schnell an die Grenzen der visuellen und kognitiven Informationsverarbeitung.

Mittels dWiSta sollen Verkehrsteilnehmer informiert und geleitet werden. Um dieses Ziel zu erreichen, ist die Begreifbarkeit auch für den internationalen Verkehr von besonderer Bedeutung. Hierzu haben sich international verständliche und durch die Wiener Konvention vereinheitlichte Sinnbilder (Piktogramme) bewährt.

Unabhängig von der Art der Informationen – Text oder Sinnbilder – erhöhen zu viele Informationen die Blickzuwendungszeit und die Anzahl der fehlerhaften Interpretationen.

Durch die Verwendung von Piktogrammen und die Beschränkung der Gesamtinformation auf wesentliche Inhalte tragen dWiSta zu einer effizienten Steuerung des Verkehrs bei.

2 Einsatzzwecke und Anforderungen

2.1 Allgemein

Einsatz und Gestaltung von dWiSta erfolgen nach einheitlichen Grundregeln unter Beachtung der Straßenverkehrs-Ordnung (StVO) und der zugehörigen Verwaltungsvorschrift und – soweit die vorliegenden Hinweise keine abweichenden Regelungen enthalten – unter Berücksichtigung der geltenden Technischen Regelwerke (z. B. RWBA, RWVA, RWVZ, EN 12966, TLS).

Voraussetzung für dWiSta vor wichtigen BAB-Entscheidungspunkten (wie Autobahnkreuzen oder -dreiecken) sind häufige Netzüberlastungen bei gleichzeitig vorhandenen leistungsfähigen Alternativrouten. In den steuerungsrelevanten Netzabschnitten muss eine ausreichende Erfassung der Verkehrsdaten auf der Haupt- und Alternativroute sichergestellt sein.

dWiSta können insbesondere in Ballungsräumen substitutive Wechselwegweiseranlagen nicht gleichwertig ersetzen. Hier dienen sie der Effizienzsteigerung netzbeeinflussender Maßnahmen mithilfe zusätzlicher Informationen. Die Verkehrsteilnehmer sollen aktuell und präzise über Störungen im Netz informiert werden, um die alternativen Routenempfehlungen nachvollziehen zu können.

Die dWiSta-Anzeige dient der Beeinflussung des motorisierten Individualverkehrs auf den folgenden Abschnitten des Netzbeeinflussungskorridors auf Bundesfernstraßen. Hinweise zur Umsetzung *städtischer Steuerungsstrategien* bzw. multi-modaler Verkehrsmanagementaufgaben sind im Einzelfall möglich, aber zur Vermeidung möglicher Informationsüberfrachtung und aufgrund einer geringen Begreifbarkeit im Einzelfall zu prüfen. Ein denkbarer Anwendungsfall ist die Zielwegweisung zu Parkplätzen bei Großveranstaltungen, wenn durch eine eindeutige Zielführung des BAB-Verkehrs zu verfügbaren Parkflächen im nachgeordneten Netz, wie z. B. bei Messe- und Sportveranstaltungen, Verkehrsstörungen auf Abschnitten des Bundesfernstraßennetzes vermieden oder vermindert werden können. Unter Umständen kann eine Kostenbeteiligung Dritter erforderlich werden.

dWiSta werden regelmäßig als Überkopfbeschilderung ausgebildet. Sie sind 500 m vor dem ersten Vorwegweiser aufzustellen. Zur besseren Wahrnehmung und Verdeutlichung der Anzeigeinhalte ist eine Wiederholung der Anzeigeinhalte durch einen zweiten dWiSta-Standort 250 m nach dem ersten Vorwegweiser zweckmäßig. Eine Verdeckung der wegweisenden Beschilderung oder der dynamischen Anzeigen vorhandener Streckenbeeinflussungsanlagen ist dabei auszuschließen. Bei Verdeckungsgefahr sind alternative Standorte zu prüfen. Bei einem Einsatz im Zuge von zweistreifigen Richtungsfahrbahnen kann hierbei auch in begründeten Ausnahmefällen eine seitliche Aufstellung in Betracht kommen. Geeignete Standorte für dWiSta in seitlicher Aufstellung sind dann 250 m vor sowie in Ausnahmefällen auch nach dem ersten Vorwegweiser. Eine Prinzipskizze zur

BMDV-Erlass vom 14.4.2022

Anordnung von dWiSta im Zusammenhang mit der wegweisenden Beschilderung ist in Kapitel 3.5 dargestellt.

Bei der dWiSta-Netzsteuerung ist zur Entlastung der Operatoren in den Rechnerzentralen ein weitgehend automatischer Betrieb anzustreben; dies schließt die Ermittlung von Staulängen oder Reise- bzw. Verlustzeiten mit ein. Die eingesetzte Steuerungsalgorithmik soll hierbei, insbesondere bei mehreren sich überlagernden Netzmaschen, über eine Prioritätenreihung verfügen, die einen eindeutigen Schaltvorschlag unterbreitet und den Operatoren einen aufwendigen manuellen Abgleich der verfügbaren Informationsdatenquellen erspart.

Umlenkungsempfehlungen sollen nur dann gezeigt werden, wenn die Alternativroute zum Zeitpunkt der Schaltempfehlung ausreichend Kapazitäten aufweist und sich durch die Schaltempfehlungen merkliche Reisezeitvorteile für die Verkehrsteilnehmer ergeben. Ansonsten kann gegebenenfalls eine alleinige Anzeige der Stauinformation erfolgen (siehe Abbildungen 6 und 7).

Die Überfrachtung mit Informationen ist aus Gründen der Verkehrssicherheit zu vermeiden. Die Informationen müssen in kurzer Zeit vom Verkehrsteilnehmer gelesen, verarbeitet und zugeordnet werden können. Technisch ist die Höhe der Anzeige auf maximal vier Textzeilen zu begrenzen. Die darauf angezeigten Textinformationen sind zur Unterstützung einer besseren Begreifbarkeit möglichst auf drei Zeilen zu begrenzen. Die Länge der Textzeilen, die von der Anzahl der Wörter je Zeile abhängig ist, sollte ebenfalls vor dem Hintergrund der möglichen Überfrachtung möglichst kurz gehalten werden.

2.2 Verkehrslenkung

Haupteinsatzzweck von dWiSta ist die Verkehrslenkung durch verkehrsabhängige Wechselwegweisung und Alternativroutenführung bei Staus und Störungen im BAB-Netz und im Einzelfall auch im nachgeordneten Netz. Darüber hinaus dienen sie zur Information der Verkehrsteilnehmer über Ausmaß und Ort der Verkehrsstörung (x km Stau hinter x), insbesondere bei längeren Staus und Vollsperrungen auf unmittelbar vor ihnen befindlichen Netzmaschen oder auf einem weiter entfernt liegenden BAB-Netzabschnitt in einem vermaschten Netz. Es ist darauf zu achten, dass die wegweisende Beschilderung und die dWiSta widerspruchsfrei gestaltet werden. Als additive Wegweiser ist es nicht die Aufgabe von dWiSta, sämtliche Wegweisungsziele der statischen oder substitutiven Wegweisung zu wiederholen. Gegebenenfalls sind zur Umleitung durch dWiSta geeignete Sammelziele zu bilden.

Die Netzbeeinflussung mittels dWiSta-Tafeln erfolgt in der Regel durch die Angabe eines Zwischenziels. Bei kurzen Netzmaschen ist die Angabe eines Zwischenziels nicht (immer) forderlich. Zur Wahrung der Kontinuität ist zu prüfen, ob und in welchem Umfang die Wegweisung an wesentlichen Entscheidungspunkten im Verlauf der Alternativroute durch geeignete Maßnahmen zu ergänzen ist.

Zur Erhöhung der Akzeptanz der dWiSta-Anzeigen ist nach Möglichkeit jede Umlenkungsempfehlung für Alternativrouten mit den entscheidungsrelevanten Informationen zu Art und Umfang der Störung, wie z. B. zur Staulänge oder zum Reisezeitverlust, im Verlauf der Hauptroute zu verknüpfen. In Ausnahmefällen können die Informationen auf die Art der Störung beschränkt bleiben. Im Fall einer aktuellen Vollsperrung wird anstelle der Stauinformation in der 1. Zeile das Wort „Sperrung" angezeigt.

Die Einschaltzeitpunkte der dWiSta-Anzeigen sind abhängig von den örtlichen Gegebenheiten wie z. B. der Netzdichte, der Leistungsfähigkeit der Alternativroute oder der Ursache der Störung.

2.3 Verkehrsinformation

Haupteinsatzzweck von dWiSta ist die situationsangepasste Verkehrslenkung mittels Alternativroutenführung. dWiSta können auch genutzt werden, um verkehrssicherheitsrelevante und zur Aufrechterhaltung des Verkehrsflusses in der Netzmasche bedeutende Verkehrsinformationen an die Verkehrsteilnehmer weiterzugeben. Diese sind gegenüber der Verkehrslenkung jedoch stets nachrangig einzusetzen und unterliegen den gleichen Anforderungen an die Begrenzung der Anzeigeinhalte auf ein für den Verkehrsteilnehmer verständliches Maß.

Die Anzeige von Werbung und Kampagnen auf dWiSta ist nicht zulässig (§ 33 StVO).

3 Gestaltung von dWiSta

3.1 Anzeigesystem

Wegweisungs- und Informationsanzeigen mit Richtungspfeilen und nebeneinander angeordneten Textblöcken haben Vorteile gegenüber einer inhaltsgleichen Darstellung ohne Richtungspfeile. Dieser Grundsatz gilt bei Einsatz der dWiSta insbesondere für den Regel-

9.3.7 Netzbeeinflussungsanlagen

BMDV-Erlass vom 14.4.2022

fall, bei dem die Informationsanzeige mit einer Umlenkungsempfehlung verknüpft wird. In diesem Fall fördern die dWiSta mit Richtungspfeilen signifikant häufiger die Entscheidungen zur Wahl der empfohlenen Alternativroute. Zudem erleichtern die Pfeile dem Verkehrsteilnehmer die Feststellung, ob und inwieweit er von der angezeigten Störung betroffen ist.

3.2 Anzeigeinhalte

Das Feld 1 ist für die Anzeige von StVO-Zeichen und Symbolen gemäß Verkehrszeichenkatalog vorgesehen. Die Darstellung erfolgt durch Schwarz-Weiß-Umkehrung. Eine Ausführung erfolgt nach den Vorgaben der StVO, wobei § 39 Abs. 4 zu berücksichtigen ist.

Das Feld 2 ist für textliche Angaben vorgesehen. Eine einheitliche Anzeigesystematik in den jeweiligen Netzmaschen ist vorzusehen.

3.3 Regeln zur Begrenzung der Informationsinhalte

Verkehrsteilnehmer können während der kurzen Zeit der Vorbeifahrt an Verkehrszeichen nur eingeschränkt Informationen aufnehmen und fehlerfrei verarbeiten. In den Richtlinien für die wegweisende Beschilderung auf Autobahnen (RWBA) sind daher Regeln für die Begrenzung der Informationsinhalte enthalten. Diese sind auch für dWiSta sinngemäß anzuwenden.

Entsprechend RWBA sollen BAB-Wegweiser nicht mehr als sieben Wegweisungsinformationen enthalten. Textuelle Zielangaben und Piktogramme stellen in diesem Zusammenhang jeweils eine Wegweisungsinformation dar. Diese Grenzen der Informationsaufnahme werden auch in internationalen Studien bestätigt. Hier wurde als Grenze der Begreifbarkeit für dynamische Verkehrszeichen eine maximale Anzahl von drei bis vier Informationseinheiten identifiziert; dies entspricht etwa fünf bis sieben Worten.

Zur besseren Verständlichkeit für den Verkehrsteilnehmer und im Einklang mit internationalen Vereinbarungen sind auch die Informationsinhalte von dWiSta auf das erforderliche Minimum zu begrenzen. Bereits bei der Planung von Netzbeeinflussungsanlagen ist auf Möglichkeiten zur Reduzierung von Anzeigeinhalten, z. B. durch Bündelung von Umleitungszielen, zu achten.

Im Interesse der Verkehrsteilnehmer sind insbesondere

- redundante Informationen in den Textzeilen zu vermeiden. Hierunter fallen unter anderem die gleichzeitige Anzeige von Staudauer und Staulänge oder die Kombination aus Piktogrammen und Textergänzungen (z. B. von Piktogrammen, Nummern und Namen von Anschlussstellen oder Sonderzielen).
- in den jeweiligen Textblöcken in der Regel nur drei Zeilen anzuzeigen. Die vierte Zeile bleibt Reisezeitanzeigen und Sonderfällen der Wegweisung vorbehalten, wenn die erforderliche Wegweisungsinformation nicht in drei Zeilen dargestellt werden kann. Werden ausnahmsweise vier Textzeilen angezeigt, sind die Anzeigeninhalte der übrigen Textblöcke zu begrenzen.

3.4 Schaltbilder

Umlenkungsempfehlung bei Stau/Vollsperrung

Die Darstellung einer Umlenkungsempfehlung im BAB-Netz erfolgt neben der Anzeige des/r umgelenkten Ziels(e) mithilfe eines in der blauen Wegweisung bereits enthaltenen oder in Ausnahmefällen noch aufzunehmenden Zwischenziels. Davor ist jeweils das Wort „via“ anzuzeigen. Grundsätzlich bestehen die drei folgenden Möglichkeiten:

- via Ortsbezeichnung (im Verlauf oder nahe der Alternativroute – Regelfall)
- via Autobahnknoten (Kreuz, Dreieck, Anschlussstelle)
- via BAB-Nummer(n) (ggf. Fernziel oder Autobahnknoten).

Für die Umlenkung mittels Zwischenziel ist eine der folgenden drei Varianten zu wählen:

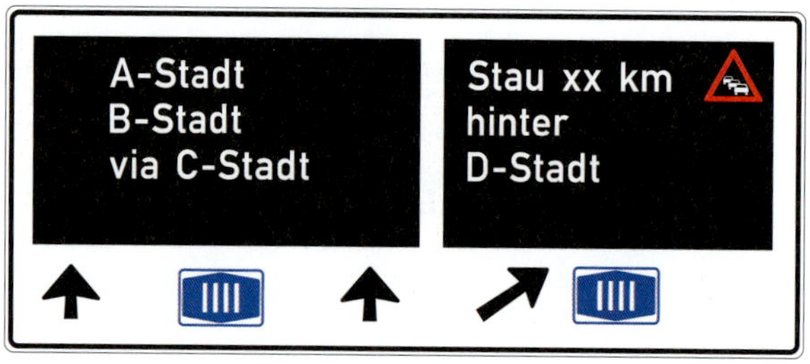

Abbildung 2: Beispiel Umlenkung mittels Ortsbezeichnung

BMDV-Erlass vom 14.4.2022

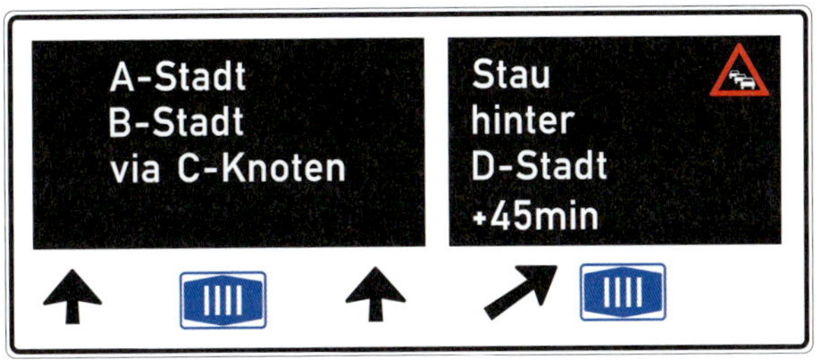

Abbildung 3: Beispiel Umlenkung mittels Autobahnknoten

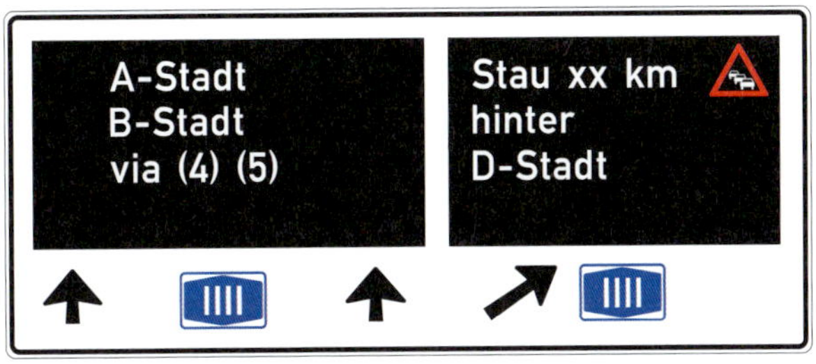

Abbildung 4: Beispiel Umlenkung mittels Zwischenziel via Knotenpunktnummer

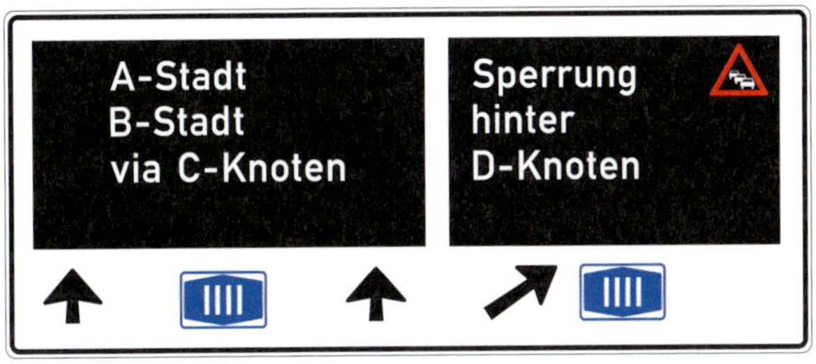

Abbildung 5: Beispiel Sperrung

Sofern die Knotenpunkt-Nr. oder die BAB-Nr. gezeigt werden soll, sind diese gemäß StVO (u. a. § 39 ff. bzw. RWBA) auszuführen. Umlenkungen mittels mehr als zwei aufeinanderfolgenden BAB-Nummern sind zu vermeiden.

Im Falle einer aktuellen Sperrung wird in der ersten Zeile das Wort „Sperrung“ angezeigt, anstelle der Stauinformation.

Stauinformation

Die Information über das Stauereignis erfolgt entweder durch Angabe der Staulänge oder, sofern eine verlässliche Ermittlung möglich ist, durch Angabe der Verlustzeit. Bei größeren Netzmaschen ist die Zeitangabe gegebenenfalls auf 5-Minuten-Werte zu runden.

Bei gleichzeitiger Überlastung der Haupt- und Alternativroute kann eine Angabe von Stauinformationen ohne Umlenkungsempfehlung auf die nicht vorhandenen Alternativen hinweisen.

Regelfall:

Abbildung 6: Beispiel Stauinformation Haupt- und Alternativroute

9.3.7 Netzbeeinflussungsanlagen

BMDV-Erlass vom 14.4.2022

Alternative:

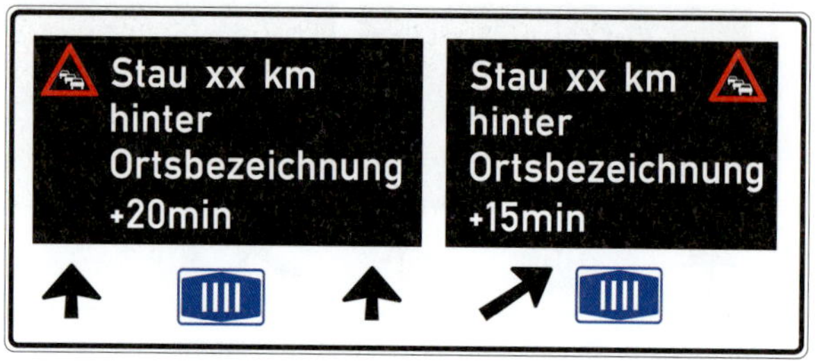

Abbildung 7: Beispiel Stauinformation Haupt- und Alternativroute mit Zeitangabe

Warnhinweise

Bei erheblicher Verkehrseinschränkung durch Sperrung einzelner Anschlussstellen, Brücken oder Tunnel für alle Verkehrsteilnehmer oder einzelne Fahrzeugklassen können zur Unterstützung der statischen Beschilderung Warnhinweise mit Umlenkungsempfehlungen auf dWiSta angezeigt werden.

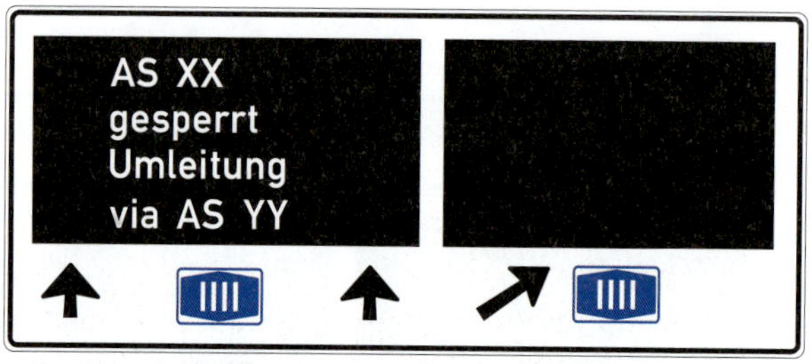

Abbildung 8: Beispiel Sperrung Anschlussstelle

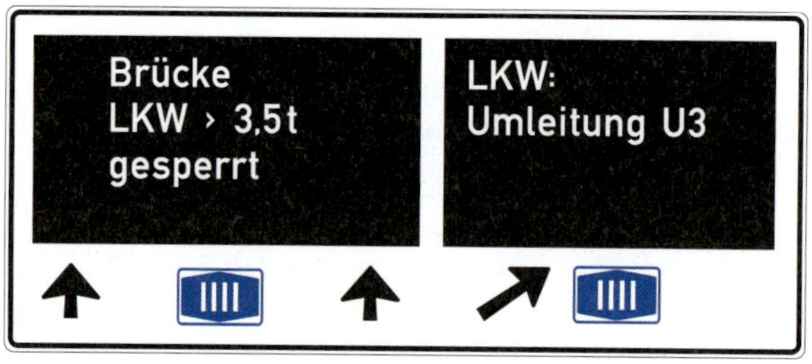

Abbildung 9: Beispiel Brückensperrung

Baustellenankündigung

Bei erwarteten erheblichen Verkehrsbehinderungen, z. B. durch Fahrstreifenreduzierungen, kann im Vorfeld auf geplante Arbeitsstellen hingewiesen werden. Die Information sollte rechtzeitig, in der Regel eine Woche vor Beginn der Bauarbeiten und der zu erwartenden verkehrlichen Einschränkung, angezeigt werden.

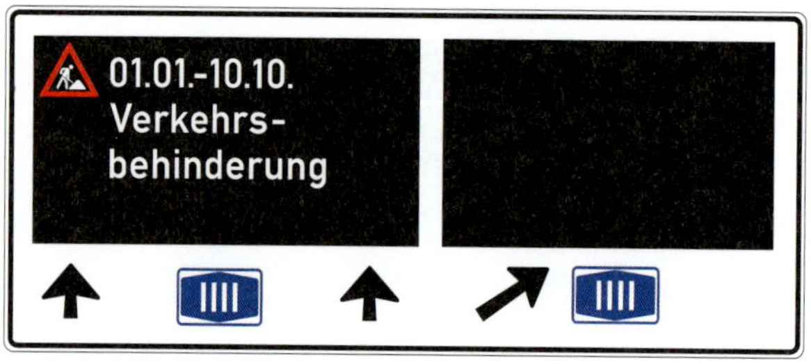

Abbildung 10: Beispiel Baustellenankündigung

BMDV-Erlass vom 14.4.2022

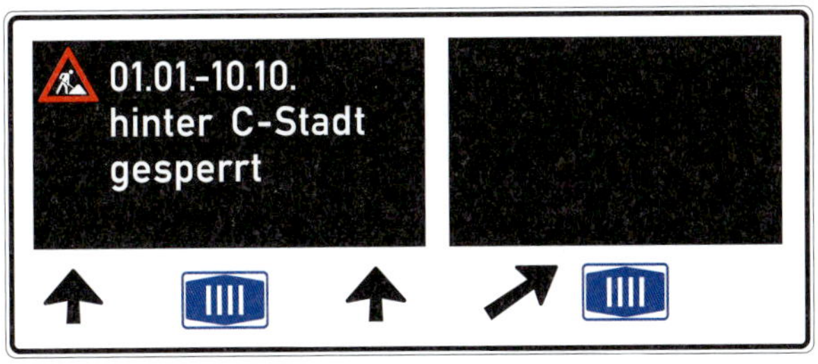

Abbildung 11: Beispiel Ankündigung Sperrung

Veranstaltung

Sofern keine Störungen oder Warnungen für den Netzabschnitt vorliegen, können Hinweise auf aktuelle Veranstaltungen mit erheblicher Verkehrsbedeutung und besonderem Verkehrslenkungsbedürfnis (Überlastung der Normalroute, Parkplätze belegt) gegeben werden. Diese Hinweise dürfen nicht zu Werbezwecken und Kampagnen gezeigt werden. Die Ausweisung der Veranstaltungsorte erfolgt neutral durch die Verwendung standardisierter Begriffe „Messe“ oder Symbole (Stadion). Die zusätzliche Angabe der Ortsbezeichnung ist in der Regel entbehrlich, da der Zielort aus der statischen Wegweisung ersichtlich ist. Sie wird nur bei Verwechslungsgefahr angezeigt.

Regelfall:

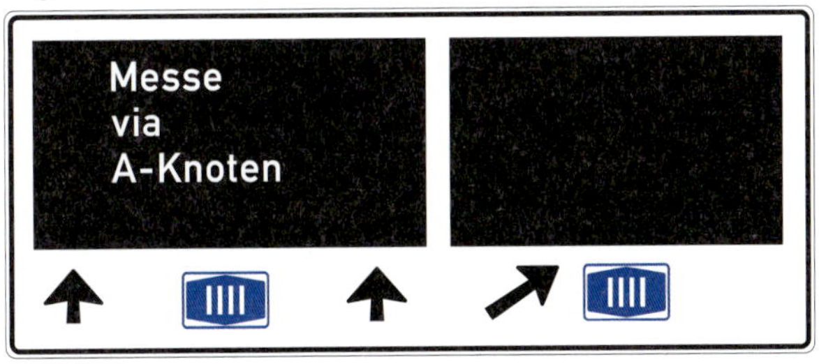

Abbildung 12: Beispiel Wegweisung Messe ohne zusätzliche Ortsangabe

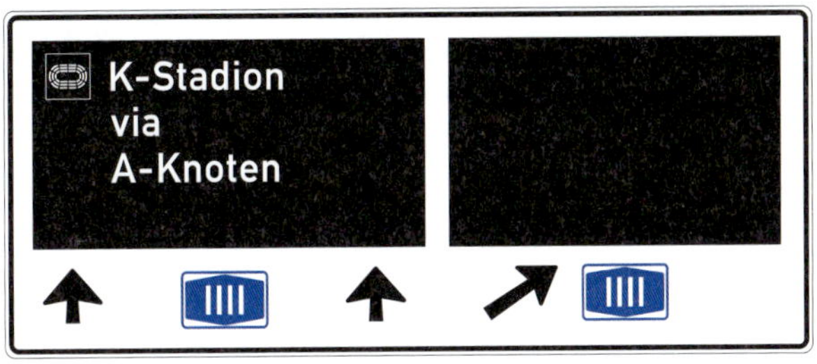

Abbildung 13: Beispiel Wegweisung Stadion

BMDV-Erlass vom 14.4.2022

3.5 Prinzipskizze zur Anordnung von dWiSta im Knotenpunktbereich

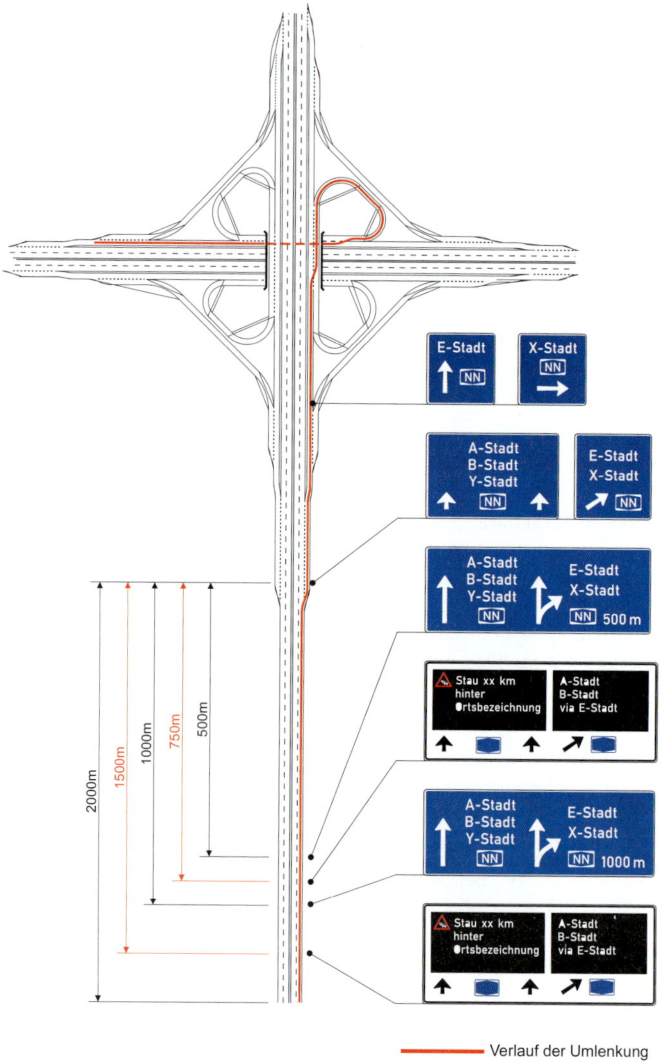

Abbildung 14: dWiSta-Standorte vor AK Umlenkung (Prinzipskizze)

9.3.8 Parkleitsysteme

In Städten und im Zusammenhang mit Großveranstaltungen (z. B. Messen oder Sportveranstaltungen) können Parkleitsysteme sinnvoll sein, mit denen Parksuchverkehr vermieden wird.

Da hier in der Regel unterschiedliche Zuständigkeiten gegeben sind, ist ein abgestimmtes Vorgehen beim Bau und Betrieb unerlässlich.

Zu unterscheiden ist grundsätzlich zwischen einfachen „Frei/Besetzt"-Anzeigen und Anzeigen mit Restkapazitäten. Wo Parkleitsysteme bereits in größerer Entfernung zum Ziel ansetzen, kann sich eine Prognose der Restkapazität auf Grundlage sowohl der aktuellen Detektion als auch historischer Belegungsganglinien empfehlen. Im innerstädtischen Bereich sind Parkleitsysteme in der Regel als additive Systeme angelegt, um die Grundwegweisung nicht zu überladen. Bei Sportstätten können sie auch zur Trennung von Zuschauergruppen genutzt werden.

9.3.9 Sonstige Telematikanlagen

Wenn im Bereich eines **schienengleichen Bahnübergangs** Signalanlagen erstellt werden müssen oder aber zur Sicherung des Bahnübergangs eine Straßenverkehrssignalanlage notwendig wird, dann muss die Steuerung Eingriffsmöglichkeiten bei Zugfahrten enthalten. Solche Anlagen sind deshalb stets im Einvernehmen mit dem zuständigen Bahnunternehmen und der für die technische Bahnaufsicht verantwortlichen Behörde zu erstellen. Einzelheiten hierzu enthalten die

- „Richtlinien über Abhängigkeiten zwischen der technischen Sicherung von Bahnübergängen und der Verkehrsregelung an benachbarten Straßenkreuzungen und -einmündungen (BÜSTRA)", Ausgabe 1984, BMV.

Im Zusammenhang mit **öffentlichen Verkehrsmitteln** wird es vor allem in Städten in der Regel sinnvoll sein, die dynamischen Verkehrszeichen und Verkehrseinrichtungen in Abstimmung mit den öffentlichen Verkehrsmitteln zu schalten. Meist wird es sogar sinnvoll sein, unter Berücksichtigung der Anzahl der beförderten Personen oder allgemeiner verkehrlicher Ziele die öffentlichen Verkehrsmittel zu bevorzugen. Siehe dazu die

- „Hinweise zu Bevorrechtigungsmaßnahmen für den ÖPNV im städtischen Verkehrsmanagement", Ausgabe 2018, FGSV Verlag.

Die Bevorzugung kann von Randbedingungen, z. B. von den befahrenen Linien, eventuellen Verspätungen oder Besetzungsgraden abhängig gemacht werden, wenn die eingesetzten Detektoren oder die Verbindung zwischen Verkehrsrechner des Straßennetzes und Betriebsleitrechner des öffentlichen Verkehrsmittels diese Informationen zur Verfügung stellen.

Die Bevorzugung der öffentlichen Verkehrsmittel kann sich auch positiv auf den Individualverkehr auswirken, insbesondere wenn Phasen für die öffentlichen Verkehrsmittel dann nicht mehr regelmäßig, sondern nur noch in den Umläufen mit Bedarf geschaltet werden. Die eingesparte, sonst nicht genutzte Freigabezeit kann dann an die Kfz-Ströme verteilt werden.

Transportable Lichtsignalanlagen können vor allem in Bereichen von Arbeitsstellen mit Vorteil genutzt werden. Ihre Signalgeber dürfen sich in Größe und Farbe nicht von solchen ortsfester Anlagen unterscheiden. Transportable Lichtsignalanlagen werden in der Regel an der rechten Fahrbahnseite dort aufgestellt, wo das erste Fahrzeug zum Halten kommen soll (*Bild 9.8*). Einzelheiten siehe Abschnitt 7.4.3 der RiLSA sowie die

- „Technischen Lieferbedingungen für transportable Lichtsignalanlagen (TL transportable LSA)", Ausgabe 2023, BMDV.

Auch transportable Lichtsignalanlagen sind in der Regel automatisch zu betreiben, bevorzugt verkehrsabhängig (z. B. mit Radar- oder Infrarotdetektoren an den Signalgebern). Wegen der beim Einsatz als Engstellensignalisierung langen Räumzeiten sind gelegentlich Umlaufzeiten bis zu mehreren Minuten nötig. Zu Umfang und Inhalt der verkehrsrechtlichen Anordnung gibt Abschnitt 1.3 der RiLSA Hinweise. Auf Straßen mit starkem Pendlerverkehr bietet es sich an,

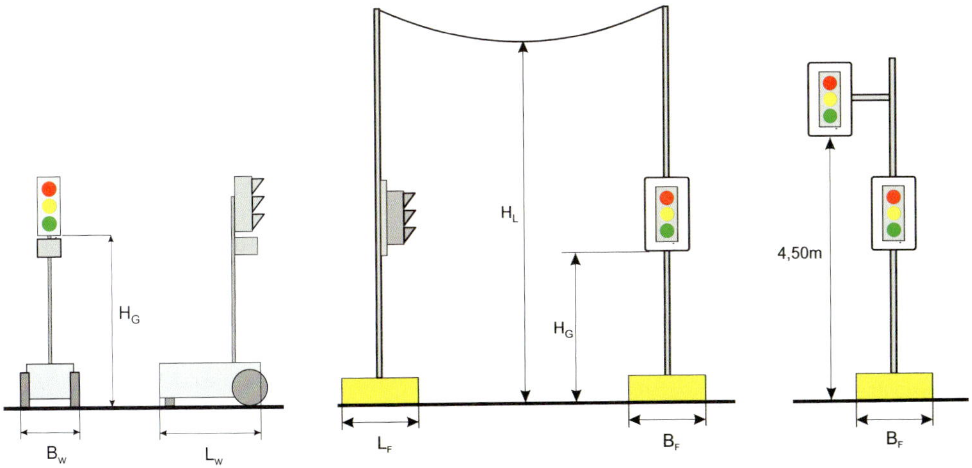

Bild 9.8 Fahrbare und kabelgebundene stationäre Lichtsignalanlagen Quelle: TL transportable LSA

unterschiedliche Freigabezeiten für Schwachlastzeit (Nacht, Wochenende), Verkehrsspitze in der einen (Morgen), Verkehrsspitze in der anderen Richtung (Abend), normales Tagesverhältnis (Tag) festzulegen. Können mit vertretbarem Aufwand außerhalb der Arbeitszeit beide Fahrstreifen freigegeben werden, so ist anzuordnen, die Anlage in diesen Zeiten abzuschalten. Auch die Sperrung beider Fahrtrichtungen durch manuelle Schaltung, z. B. zur Versorgung der Baustelle, ist auf einen bestimmten Zeitraum zu begrenzen. Ansonsten sollte durch die Bauart sichergestellt werden, dass die verkehrstechnisch und sicherheitsrelevanten Parameter nicht beliebig durch Baustellenpersonal verändert werden können.

Für Arbeitsstellen in Knotenpunktbereichen sind auch transportable Lichtsignalanlagen mit mehreren Zufahrtsrichtungen möglich.

Auch zur Sicherung des Verkehrsablaufs in **Straßentunneln** wird zunehmend auf Wechselverkehrszeichen zurückgegriffen.

Feuerwehranlagen werden dort eingesetzt, wo das häufige Einfahren von Hilfsdiensten in stark oder schnell befahrene Straßen zur Sicherung der Einsatzfahrzeuge oder des fließenden Verkehrs notwendig ist.

Solche Anlagen werden in der Regel mit zweifeldigen Signalgebern (Gelb – Rot) ausgeführt. Durch geeignete Maßnahmen sollte sichergestellt werden, dass die Inanspruchnahme auf die notwendigen Fälle beschränkt wird. Zur Beschleunigung der Fahrt zum Einsatzort kann es insbesondere bei Hilfsdiensten, die regelmäßig zugweise ausrücken (wie z. B. die Feuerwehr), sinnvoll sein, in der zentralen Steuerung besondere Programme vorzusehen, die auf den Fahrtrouten der Hilfsfahrzeuge die Lichtsignalanlagen so schalten, dass sich eventuelle Stauungen auflösen und die Fahrzeuge durch die Signalanlage gesichert die Kreuzungen queren können.

Durch geeignete An- und Abmeldung sollte dafür gesorgt werden, dass die Beeinträchtigung für den Querverkehr auf das notwendige Minimum beschränkt bleibt.

Die Verwendung der aus den Anlagen verfügbaren Daten für **Informationsdienste** ist möglich und sinnvoll. Derzeit werden aus vielen Anlagen automatisch Mitteilungen für den RDS-TMC-Dienst (Radio Data System – Traffic Message Channel) der Rundfunkanstalten erzeugt. Auch eine Einspeisung in private Dienste erscheint grundsätzlich möglich.

Zu Abschnitt 9.3.9

VwV-StVO zu § 37 Wechsellichtzeichen, Dauerlichtzeichen und Grünpfeil

Zu Nummer 2

46 Vgl. für verengte Fahrbahn Nummer II zu Zeichen 208 (Rn. 2); bei Festlegung der Phasen ist sicherzustellen, dass auch langsamer Fahrverkehr das Ende der Engstelle erreicht hat, bevor der Gegenverkehr freigegeben wird.

Zu Nummer 3

47 Die Farbfolge Gelb – Rot darf lediglich dort verwendet werden, wo Lichtzeichenanlagen nur in größeren zeitlichen Abständen in Betrieb gesetzt werden müssen, z. B. an Bahnübergängen, an Ausfahrten aus Feuerwehr- und Straßenbahnhallen und Kasernen. Diese Farbfolge empfiehlt sich häufig auch an Wendeschleifen von Straßenbahnen und Oberleitungsomnibussen. Auch an Haltebuchten von Oberleitungsomnibussen und anderen Linienomnibussen ist ihre Anbringung zu erwägen, wenn auf der Straße starker Verkehr herrscht. Sie oder Lichtzeichenanlagen mit drei Farben sollten in der Regel da nicht fehlen, wo Straßenbahnen in eine andere Straße abbiegen.

VwV-StVO zu §§ 39 bis 43 Allgemeines über Verkehrszeichen und Verkehrseinrichtungen

5 Die Leichtigkeit des Verkehrs ist für alle Verkehrsarten mit den zur Verfügung stehenden Mitteln zu erhalten. Die Verkehrssicherheit aller Verkehrsteilnehmer geht der Leichtigkeit des Verkehrs vor. Der Förderung der öffentlichen Verkehrsmittel sowie des nichtmotorisierten Verkehrs ist besondere Aufmerksamkeit zu widmen.

Fahrzeug-Rückhalte-systeme

10

10.1 Allgemeines

In Abschnitt 10 werden Fahrzeug-Rückhaltesysteme behandelt. Sie dienen dazu, von der Fahrbahn abkommende Fahrzeuge aufzufangen oder umzulenken, um so die Unfallfolgen zu mildern.

Fahrzeug-Rückhaltesysteme sind keine Verkehrseinrichtungen im Sinne der StVO. Wo und wie sie anzubringen sind, bestimmt die Straßenbaubehörde allein. Selbstverständlich ist eine rechtzeitige Zusammenarbeit mit Verkehrsbehörden und Polizei anzustreben und empfehlenswert, alleine um eine in sich abgestimmte, einheitliche Gesamtgestaltung zu erreichen und um Fehlinvestitionen zu vermeiden (das gilt insbesondere deswegen, weil die zulässige Höchstgeschwindigkeit im betroffenen Streckenabschnitt eine wesentliche Eingangsgröße für die Auswahl der Rückhaltesysteme ist).

Fahrzeug-Rückhaltesysteme werden dort angebracht, wo für Fahrzeuge eine **erhöhte Wahrscheinlichkeit** besteht, von der Fahrbahn abzukommen, **und** das Abkommen von der Fahrbahn für die Insassen eines Fahrzeugs oder für außerhalb der Fahrbahn befindliche Personen voraussichtlich **schwerere Folgen** haben würde als der Anprall an die Rückhaltesysteme.

Die einheitliche Anwendung von Fahrzeug-Rückhaltesystemen ist in den

- „Richtlinien für passiven Schutz an Straßen durch Fahrzeug-Rückhaltesysteme (RPS)“, Ausgabe 2009, FGSV Verlag

beschrieben. Diese Richtlinien behandeln den Einsatz von Fahrzeug-Rückhaltesystemen.

Die RPS übernehmen die Terminologie der Europäischen Normung (DIN EN 1317) und gliedern die „Fahrzeug-Rückhaltesysteme“ in:

- Schutzeinrichtungen,
- Anfangs- und Endkonstruktionen,
- Übergangskonstruktionen,
- Anpralldämpfer.

Die RPS behandeln generelle Anforderungen an Fahrzeug-Rückhaltesysteme, Einsatzkriterien und einsatzspezifische Anforderungen (Abkommenswahrscheinlichkeit, äußerer Fahrbahnrand, Mittel- und Seitentrennstreifen, Ränder von Brücken und Stützwänden, Mittel- und Seitentrennstreifen auf Brücken, Wände und Portale). Der vorübergehende Einsatz von Fahrzeug-Rückhaltesystemen, beispielsweise in Arbeitsstellen, ist in den ZTV-SA geregelt.

Die RPS wurden durch das

- ARS 28/2010 (StB 11/7123.11/2-02-1312656) „Richtlinien für passiven Schutz an Straßen durch Fahrzeug-Rückhaltesysteme (RPS 2009) und Einsatzfreigabeverfahren für Fahrzeug-Rückhaltesysteme“ vom 20.12.2010 (VkBl. 2011 S. 44)

eingeführt, wobei die dazugehörigen „Einsatzfreigabeverfahren für Fahrzeug-Rückhaltesysteme“ durch die „Technischen Kriterien für den Einsatz von Fahrzeug-Rückhaltesystemen in Deutschland“ (TK FRS) ersetzt wurden:

- ARS 15/2017 (StB 11/7123.11/2-03-1/2824066) „Technische Kriterien für den Einsatz von Fahrzeug-Rückhaltesystemen in Deutschland“ vom 23.8.2017 (VkBl. S. 820).

Ergänzend dafür stehen Einsatzempfehlungen für Fahrzeug-Rückhaltesysteme

- RS (S 11/7123.11/3-1052612) „Richtlinien für passiven Schutz an Straßen durch Fahrzeug-Rückhaltesysteme (RPS 2009) – Einsatzempfehlungen für Fahrzeug-Rückhaltesysteme“, Stand 06/2009 vom 15.7.2009 (fortgeschrieben 07/2020; www.bast.de > Fachthemen > Verkehrstechnik > Schutzeinrichtungen)

zur Verfügung, in denen weitere Hinweise für Schutzeinrichtungen am äußeren Fahrbahnrand, im Mittel- oder Seitentrennstreifen sowie auf Brücken und Stützwänden, zu Übergangs-, Anfangs- und Endkonstruktionen und konstruktiven Besonderheiten gegeben werden sowie Wissenswertes und häufige Fragen beantwortet werden. Das Papier wird vom Bund-Länder-Arbeitsgremium „Schutzeinrichtungen“ erarbeitet und aktualisiert.

Die RPS geben an, wie Fahrzeug-Rückhaltesysteme nach der DIN EN 1317 „bei der Planung von Bundesfernstraßen bzw. im Rahmen von Unterhaltungsmaßnahmen“ ausgewählt werden sollen. Die beigefügten „Einsatzempfehlungen“ helfen dabei, die Anforderungen der DIN EN 1317, RPS 2009 der europäischen Ausschreibungspraxis und des laufenden Betriebs zu berücksichtigen und bei Widersprüchen angemessen gegeneinander abzuwägen.

Zu der Europäischen Normung siehe Abschnitt 12.11.3.

In den RPS finden sich Kriterien, welche Verkehrszeichen durch eine Schutzeinrichtung geschützt werden müssen. Diese Angaben werden in dem

- ARS 02/2022 (StB 26/7122.3/5/3612626) „Grundsätze für die passiv sichere Aufstellung von Verkehrszeichen“ vom 2.2.2022 (VkBl. S. 78)

konkretisiert.

Die RPS 2009 teilen die Fahrzeug-Rückhaltesysteme in Übereinstimmung mit der DIN EN 1317 nach Aufhaltestufen (Energiebetrachtungen), Wirkungsbereichsklassen (Deformationen) und Anprallheftigkeitsstufen (auf den Kopf der Insassen wirkende Beschleunigungen) ein. Als Grundlage für die Auswahl werden kritische Abstände von Hindernissen zum Fahrbahnrand in Abhängigkeit von der Geschwindigkeit festgelegt und vier Gefährdungsstufen unterschieden. Ein kurzes Kapitel behandelt den Schutz von Zweiradfahrern.

Zur Zulassung und Gütesicherung der passiven Schutzeinrichtungen sind in der DIN EN 1317 in den Teilen 1 bis 4 allgemeine Prüfkriterien sowie Leistungsklassen und Abnahmekriterien für die Prüfung der Schutzelemente definiert. Darin werden unterschiedliche Rückhaltesysteme bzw. deren End- und Übergangskonstruktionen verschiedenen Anprallszenarien ausgesetzt und nach Aufhaltestufe, Wirkungsbereich und Anprallheftigkeitsstufe (bei Schutzeinrichtungen) bzw. Leistungsstufe, seitlicher Verschiebung, Zurückleitungsbereich und Anprallheftigkeitsstufe (bei Anpralldämpfern) klassifiziert.

Die Einsatzempfehlungen erleichtern den Straßenbaubehörden die Auswahl der auf dem Markt angebotenen Fahrzeug-Rückhaltesysteme und die Bewertung als Gesamtsystem. Mit der Einsatzempfehlung soll erreicht werden, dass das sicherheitsrelevante Gesamtsystem in Bezug auf Verfügbarkeit, Qualität, Fertigung, Reparatur und Ersatz sowie Ausschreibung und Vergabe für alle Beteiligten beherrschbar bleibt, ohne seine Vielfalt unsinnig einzuschränken und den europaweiten Wettbewerb unzulässig zu behindern. So wird z. B. sichergestellt, dass ein auf einer Brücke verwendetes System auf der anschließenden Strecke als gerammtes System fortgeführt oder mittels einer für diesen Übergang geprüften Übergangskonstruktion an das auf der Strecke verwendete System angeschlossen werden kann.

Da noch keine harmonisierte Norm für Übergangskonstruktionen auf europäischer Ebene existiert, ist es notwendig, die

- „Technischen Liefer- und Prüfbedingungen für Übergangskonstruktionen zur Verbindung von Schutzeinrichtungen (TLP ÜK)“, Ausgabe 2017, BASt

zur Bewertung von Übergangselementen zu haben. Diese wurden mit

- ARS 16/2017 (StB 11/7123.11/2-03/2833819) „Technische Liefer- und Prüfbedingungen für Übergangskonstruktionen zur Verbindung von Schutzeinrichtungen (TLP ÜK)“ vom 23.8.2017 (VkBl. S. 822)

eingeführt.

Die im Auftrag des für den Verkehr zuständigen Bundesministeriums von der BASt entwickelten technischen Kriterien sind in den „Technischen Kriterien für den Einsatz von Fahrzeug-Rückhaltesystemen in Deutschland“ (TK FRS) vom 29.7.2019 beschrieben. Daraus wird von der BASt eine „Technische Übersichtsliste für Fahrzeug-Rückhaltesysteme in Deutschland“ (Stand 28.7.2020, korrigierte Fassung vom 12.8.2020) erarbeitet, in der die eingereichten Unterlagen der Hersteller in Bezug auf die TK FRS vorgeprüft wurden. Die Liste wird fortlaufend fortgeschrieben.

Zur Vereinheitlichung und Präzisierung von Bauverträgen im Zusammenhang mit passiven Schutzeinrichtungen wurden erarbeitet:

- „Zusätzliche Technische Vertragsbedingungen und Richtlinien für Fahrzeug-Rückhaltesysteme (ZTV-FRS)“, Ausgabe 2013/Fassung 2017, FGSV Verlag.

Diese werden ergänzt durch das

- ARS 27/2023 (StB 26/7123.11/2-03/3826735) „Anforderungen an die Art und den Umfang der Reparatur von Fahrzeug-Rückhaltesystemen aus Stahl und Beton“ vom 28.12.2023 (VkBl. 2024 S. 22).

In den folgenden Abschnitten werden die Fahrzeug-Rückhaltesysteme nach Art ihrer Wirkung behandelt. Dabei wird unterschieden nach abweisenden (Abschnitt 10.2) und auffangenden (Abschnitt 10.3) Systemen. Abweisende Systeme eignen sich vor allem für Situationen, bei denen die problematischen Hindernisse seitlich der Fahrtrichtung liegen, und bei denen in Abweisrichtung genügend freier Raum vorhanden ist, in den sich das vom Regelweg abgekommene Fahrzeug mit unveränderter oder nur geringfügig verminderter Geschwindigkeit bewegen kann. Auffangende Systeme sind dort nötig, wo mangels dieses freien Raums (wegen des Hindernisses selbst oder aus anderen Gründen) das abgekommene Fahrzeug in kurzer Zeit mit hoher, möglichst gleichmäßiger Verzögerung zum Stehen gebracht werden muss. Wegen der größeren nötigen Krafteinwirkung entstehen bei auffangenden Systemen in der Regel größere Schäden am abgekommenen Fahrzeug, und es werden dessen Insassen größeren Kräften und damit Gefährdungen ausgesetzt. In der Regel sollte daher versucht werden, die gefährdende Situation mit abweisenden Systemen zu bewältigen und auffangende Systeme nur dann anzuwenden, wenn keine andere Gestaltung möglich ist.

10.2 Abweisende Fahrzeug-Rückhaltesysteme

Mit abweisenden Fahrzeug-Rückhaltesystemen, in den RPS 2009 „Schutzeinrichtungen" genannt, werden von der Fahrbahn abkommende Fahrzeuge entlang der Schutzeinrichtung umgelenkt. In den meisten Fällen ist es vorteilhaft, wenn die umgelenkten Fahrzeuge an der Schutzeinrichtung entlanggleiten, dabei Energie verlieren und (ggf. bis zum Stillstand) abgebremst werden. Werden sie nur umgelenkt, entsteht zwar manchmal geringerer bis gar kein Schaden am Fahrzeug; es besteht jedoch die Gefahr, dass die Fahrzeuge unkontrolliert zurück in den Verkehrsraum gelenkt werden, was zu Folgeunfällen führen kann.

Die notwendige Aufhaltestufe wird nach Bild 7 der RPS 2009 (siehe *Bild 10.1*) in Abhängigkeit von der Gefährdungsstufe, der zulässigen Höchstgeschwindigkeit, der Abkommenswahrscheinlichkeit und der Verkehrsstärke ermittelt. Darauf wird hingewiesen mit:

- ARS 08/2016 (StB 11/7122.3/5-2383989) „Technische Lieferbedingungen für transportable Schutzeinrichtungen (TL-Transportable Schutzeinrichtungen 97) – Streichung der planungsrelevanten Breite (Planungsbreite)" vom 11.4.2016 (VkBl. S. 391)
- „Technische Lieferbedingungen für transportable Schutzeinrichtungen (TL-Transportable Schutzeinrichtungen 97)", Ausgabe 1997, BMV, FGSV Verlag.

Schutzeinrichtungen werden meist als Stahlschutzplanken oder Betonschutzwände ausgeführt. In einigen europäischen Ländern haben sich auch Seilsysteme bewährt.

Dabei ist für **sich verformende Systeme** (meist aus Stahl gefertigt) charakteristisch, dass sie durch die Verformung Energie aufnehmen und dadurch das anprallende Fahrzeug verlangsamen und in der Regel nicht in den Verkehrsraum zurückprallen lassen. Außerdem werden durch die Verformung kleinere Anprallheftigkeitsstufen erreicht. Allerdings sind schon bei leichten Anprallvorgängen sowohl Fahrzeug als auch Schutzeinrichtung in der Regel nicht unerheblich beschädigt und müssen repariert werden. **Starre Systeme** überstehen häufig auch mittlere oder stärkere Anprallvorgänge unbeschädigt, führen aber zu größeren Anprallheftigkeitsstufen. Bei der Entscheidung für ein System ist daher vor allem bei hoch belasteten Straßen die Gefährdung des Verkehrs durch die für eine Reparatur notwendige Tagesbaustelle abzuwägen gegen die Gefährdung der Insassen des anprallenden Fahrzeugs durch die Anprallheftigkeit vor allem bei größeren zu erwartenden Anprallwinkeln.

Ein gutes System ist dabei so konzipiert, dass es die anprallenden Fahrzeuge möglichst gleichmäßig umlenkt, sodass gefährliche Beschleunigungsspitzen vermieden werden. Es muss schwere Fahrzeuge (Lkw) so sicher abfangen, dass der angegebene Wirkungsbereich nicht überschritten, aber auch möglichst ausgenutzt wird (größere Auslenkungen führen zu kleineren Beschleunigungen). Gleichzeitig muss es aber so nachgiebig sein, dass es auch durch leichte Fahrzeuge (Pkw) verformt werden kann, da hier sonst die Beschleunigungen zu hoch werden. Viele Systeme für hohe Aufhaltestufen sehen daher Verformungselemente für leichte Fahrzeuge in Verbindung mit Grundkonstruktionen vor.

Unter den **Stahlschutzplanken** wurden in Deutschland bisher vier Arten von Schutzplanken eingesetzt:

- Einfache Schutzplanken
- Doppelte Schutzplanken
- Einfache Distanzschutzplanken
- Doppelte Distanzschutzplanken.

Diese erfüllten die Anforderungen der Klasse H2. Vor allem in Mittelstreifen und auf Brücken wurden allerdings seit der Verfügbarkeit der DIN EN 1317 auch Systeme höherer Rückhaltestufen eingesetzt, um Mittelstreifenunfälle mit Plankendurchbrüchen und Abstürze von Brücken zu vermeiden.

Der Vereinheitlichung und Präzisierung von Bauverträgen im Zusammenhang mit Stahlschutzplanken dienen die:

- „Technischen Lieferbedingungen für Stahlschutzplanken (TL-SP 99)", Ausgabe 1999, FGSV Verlag.

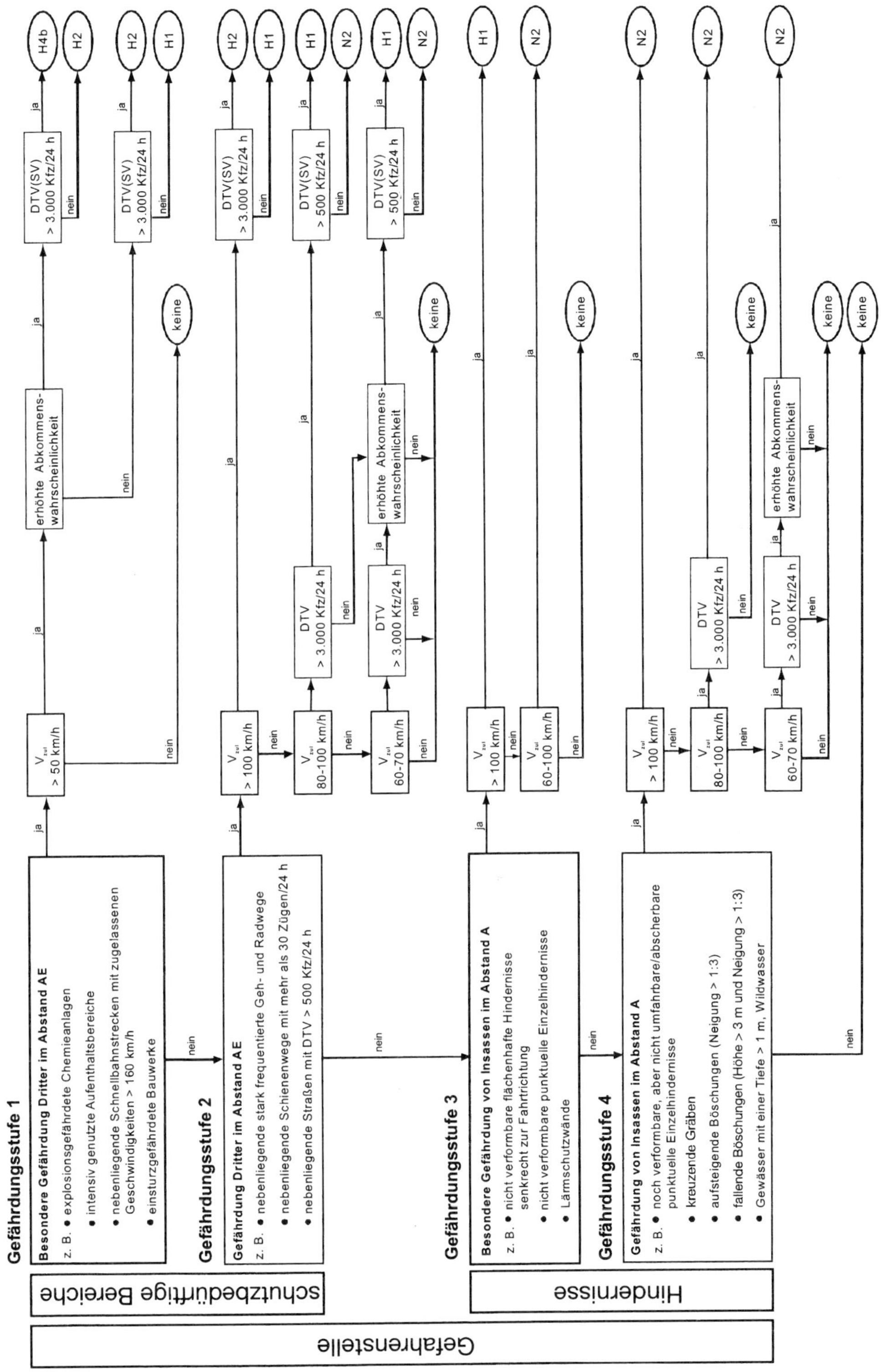

Bild 10.1 Einsatzkriterien für Schutzeinrichtungen am äußeren Fahrbahnrand Quelle: RPS

Nach dem noch nicht aufgehobenen Erlass

- ARS 08/1999 (S 28/38.62.00/142 BASt 98) „Passive Schutzeinrichtungen; Technische Lieferbedingungen für Stahlschutzplanken (TL-SP 99)" vom 1.12.1999 (VkBl. 2000 S. 62)

sind sie grundsätzlich noch gültig. Da sie aber noch auf die RPS 89 abgestimmt sind und daher nicht mehr dem aktuellen Stand entsprechen, sind sie nur sinngemäß anwendbar und notfalls durch Regelungen im Leistungsverzeichnis oder den Besonderen Vertragsbedingungen zu überdecken.

Für die Reparatur gilt das

- ARS 11/2013 (StB 11/7123.11/2-03-1984831) „Richtlinien für passiven Schutz an Straßen durch Fahrzeug-Rückhaltesysteme (RPS) – Reparatur" vom 1.7.2013 (VkBl. S. 751).

Betonschutzwände sind starre abweisende Schutzeinrichtungen, die sich von der konstruktiven Konzeption her bei der Aufnahme der Anprallenergie nicht verformen. Die Anprallenergie wird vor allem durch die Reibung der Räder und der Karosserie an der Schutzwand umgewandelt.

Betonschutzwände können als durchgehende Wand in Gleitschalungsbauweise, aber auch aus einzelnen Fertigteilen und Einzelelementen gebildet werden.

Der Vereinheitlichung und Präzisierung von Bauverträgen im Zusammenhang mit Betonschutzwand-Fertigteilen dienen die

- „Technischen Lieferbedingungen für Betonschutzwand-Fertigteile (TL BSWF 96)", Ausgabe 1996, FGSV Verlag.

Nach dem noch nicht aufgehobenen Erlass

- ARS 03/1996 (StB 13/38.62.20/79 BASt 95) „Technische Lieferbedingungen für Betonschutzwand-Fertigteile, Ausgabe 1996 (TL-BSWF 96)" vom 30.4.1996 (VkBl. S. 376)

sind sie grundsätzlich noch gültig. Da sie aber noch auf die RPS 89 abgestimmt sind und daher nicht mehr dem aktuellen Stand entsprechen, sind sie nur sinngemäß anwendbar und notfalls durch Regelungen im Leistungsverzeichnis oder den Besonderen Vertragsbedingungen zu überdecken.

Soweit Betonschutzwände aus Ortbeton erstellt werden sollen, gilt das

- ARS 18/2013 (StB 11/7123.11/2-03-2050362) „Anforderungen an den Nachweis der Leistungsfähigkeit von Betonschutzwänden in Ortbetonbauweise – Vergleichsverfahren BSW Ortbeton (VGVF BSW O 2013)" vom 5.9.2013 (VkBl. S. 936).

Um eine **einheitliche Gestaltung auf Brücken** – insbesondere hinsichtlich der Systembefestigung auf der Kappe sowie der Anschlussstrecken vor und hinter der Brücke – zu gewährleisten, wurden entsprechende Richtzeichnungen erstellt. Diese sind im

- „Verzeichnis der gültigen Richtzeichnungen und Richtlinien für Brücken- und andere Ingenieurbauwerke", Stand 01/2022, BASt

beschrieben, das von dem für den Verkehr zuständigen Bundesministerium herausgegeben, ständig ergänzt und fortgeschrieben wird (www.bast.de/DE/Publikationen/Regelwerke/Ingenieurbau/Entwurf/RIZ-ING).

Als **Schutz motorisierter Zweiradfahrer** können spezielle Pfosten an für Zweiradfahrer besonders gefährlichen Stellen eingesetzt werden oder mit einer den Anprall dämpfenden Ummantelung versehen werden.

Für das Ausrüsten bereits vorhandener Schutzplankenpfosten wurden im

- ARS 22/1997 (StB 13/38.62.00/60 BASt 97) „Einsatz von Schutzplankenpfostenummantelungen (SPU) an Bundesfernstraßen" vom 16.5.1997 (VkBl. S. 424)

Kriterien definiert.

Der Vereinheitlichung und Präzisierung von Bauverträgen im Zusammenhang mit Schutzplankenpfostenummantelungen dienen die

- „Technischen Lieferbedingungen für Schutzplankenpfostenummantelungen (TL-SPU 93)", Ausgabe 1993, BMV, FGSV Verlag.

Nach den noch nicht aufgehobenen Erlassen

- ARS 08/1993 (StB 13/38.62.00/3 BASt 93) „Technische Lieferbedingungen für Schutzplankenpfostenummantelungen (TL-SPU 93)" vom 15.4.1993 (VkBl. S. 432)

und

- ARS 20/1996 (StB 13/38.62.00/91 BASt 96) „Technische Lieferbedingungen für Schutzplankenpfostenummantelungen (TL-SPU 93); Änderung der Prüfung an Schutzplankenpfostenummantelungen (SPU)" vom 23.7.1996 (VkBl. S. 405)
- ARS 13/2016 (StB 11/7123.11/2-03-2520986) „Technische Lieferbedingungen für Schutzplankenpfostenummantelungen (TL-SPU 93)" vom 21.4.2016 (VkBl. S. 414)

sind sie grundsätzlich ebenfalls noch gültig. Da sie aber noch auf die RPS 89 abgestimmt sind und daher nicht mehr dem aktuellen Stand entsprechen, sind sie nur sinngemäß anwendbar und notfalls durch Regelungen im Leistungsverzeichnis oder den Besonderen Vertragsbedingungen zu überdecken.

Darüber hinaus kann das

- „Merkblatt zur Verbesserung der Straßeninfrastruktur für Motorradfahrende (MVMot)", Ausgabe 2021, FGSV Verlag

Anregungen zur Verbesserung der Motorradsicherheit geben.

Zu Abschnitt 10.2

BMV – StB 13/38.62.00/60 BASt 97 16. Mai 1997

Einsatz von Schutzplankenpfostenummantelungen (SPU) an Bundesfernstraßen

Zur Minderung von Unfallfolgen beim Anprall von Motorradfahrern an Schutzplanken können die Pfosten mit Schutzplankenpfostenummantelungen (SPU) nachgerüstet werden. Hierfür sind nur die durch die Bundesanstalt für Straßenwesen nach den TL-SPU geprüften Produkte zu verwenden.

Bei der Ausstattung von Strecken ist es erforderlich, nach objektiven Kriterien vorzugehen, die das Unfallgeschehen sowie die örtlichen Besonderheiten der jeweiligen Straßenabschnitte berücksichtigen. Die zuständigen Straßenbauverwaltungen sollen daher künftig in Abstimmung mit den Straßenverkehrsbehörden und der Polizei sowie in Zusammenarbeit mit den Motorradverbänden auf lokaler Ebene jene Streckenabschnitte festlegen, die im Rahmen eines eigens dafür aufzustellenden Programmes mit SPU ausgerüstet werden sollen.

In Ergänzung zu den Regelungen der Richtlinien für passive Schutzeinrichtungen an Straßen, Ausgabe 89 – RPS 89 (Bezugsschreiben) bitte ich die folgenden Kriterien für die Ausrüstung vorhandener Schutzplanken mit SPU auf außerörtlichen Bundesstraßen zugrunde zu legen:

SPU sollen angebracht werden,

- wenn an den unten genannten, charakteristischen Streckenabschnitten ein auffälliges Unfallgeschehen nachgewiesen wird oder
- wenn sich nach polizeilichen Erkenntnissen ein Unfallschwerpunkt mit Motorradfahrerbeteiligung abzeichnet.

Bevor eine vorhandene Schutzplanke mit SPU nachgerüstet wird, ist zu prüfen, ob gemäß den RPS 89 an der jeweiligen Stelle tatsächlich eine Schutzplanke erforderlich ist. Entbehrliche Schutzplanken sind gegebenenfalls zu entfernen. Sofern Schutzplanken mit einem zusätzlichen unteren Holm ausgerüstet wurden, um Folgen von Motorradunfällen zu mindern, kommt der Einsatz von SPU nicht in Betracht.

Mögliche, besondere Unfallgefahren für Motorradfahrer können auf Streckenabschnitten gegeben sein mit

- unstetiger Linienführung (Qualität der Radienrelation außerhalb des brauchbaren Bereiches gemäß RAS-L 1995),
- nicht richtliniengerechten Kurven (z. B. Radien unterhalb R_{min}),
- ungünstigem Kurvenverlauf („Hundekurven", d. h. Eilinien bzw. Korbbögen),
- Kurven ohne richtliniengerechte Querneigung,
- sehr hoher Kurvigkeit (KU > 300 gon/km),
- hoher Kurvigkeit in Kombination mit hoher Längsneigung KU > 150 gon/km und s > 4 %,
- Kehren,
- besonderen Gefahren bzgl. der Griffigkeit bei Nässe (z. B. Pflasterstrecken) oder
- abschnittsweiser nicht vorhersehbarer Feuchtigkeitsbildung (z. B. durch schattige Waldlage).

Besondere Unfallgefahren für die Motorradfahrer können auch in Verbindungsrampen von Autobahnknotenpunkten mit nicht richtliniengerechten Trassierungselementen auftreten.

Die Zuständigkeit für die Ausstattung der Bundesfernstraßen mit passiven Schutzeinrichtungen liegt alleine bei den Straßenbaubehörden. An zusätzlichen Streckenabschnitten, für die nach den aufgeführten Kriterien keine besonderen Unfallgefahren für Motorradfahrer

BMV-Erlass vom 16.5.1997

gegeben sind, sollte eine Ausrüstung mit SPU auch bei Kostenübernahme durch Dritte nicht erfolgen.

Das nach den genannten Kriterien aufgestellte Ausrüstungsprogramm bitte ich im Rahmen der zur Verfügung stehenden Haushaltsmittel zügig umzusetzen. Die Instandhaltung und Reparatur der vorhandenen und neuen SPU sollte im Rahmen Ihrer Erhaltungsmaßnahmen besonders berücksichtigt werden.

Im Interesse der Verkehrssicherheit und einer einheitlichen Straßenausstattung empfehle ich, die Vorgehensweise für die nachträgliche Ausrüstung der Schutzplanken mit SPU auch für die Straßen in Ihrer Zuständigkeit einzuführen.

(VkBl. 1997 S. 424)

10.3 Auffangende Fahrzeug-Rückhaltesysteme

Auffangende Schutzeinrichtungen (nach RPS 2009 „Anpralldämpfer") werden dort angeordnet, wo vor gefährlichen Hindernissen abweisende Schutzeinrichtungen nicht angeordnet werden können, z. B. vor Wegweisungsmasten hinter Trenninselspitzen. Bei den auffangenden Schutzeinrichtungen muss beim Anprall die gesamte kinetische Anprallenergie in Formänderungsarbeit umgewandelt werden.

In der DIN EN 1317, Teile 1 und 3, werden unterschiedliche Anprallszenarien definiert und anhand der auftretenden Deformation und Verrückung in Aufhaltestufen unterteilt.

Auffangende Schutzeinrichtungen findet man in unterschiedlicher Form.

Man unterscheidet:

- Trägheits-Anpralldämpfer (z. B. mit Wasser oder Sand gefüllte Behälter),
- zusammenpressbare Anpralldämpfer (z. B. zusammenpressbare Stahlblechtonnen bestimmter Konstruktion),
- energieabsorbierende Schutzplankenendstücke (z. B. an Schutzplankenstrecken anschließende Konstruktionen, die sich teleskopartig zusammenschieben lassen).

Sie werden dort eingesetzt, wo einzeln stehende gefährliche Hindernisse (z. B. Brückenpfeiler, Hindernisse in Trenninselspitzen) gesichert oder der Beginn einer Schutzplankenstrecke oder einer Betongleitwand entschärft werden müssen.

Sonstige Zeichen und Einrichtungen an Straßen

11

11.1 Allgemeines

In Abschnitt 11 werden weitere Elemente der Straßenausstattung behandelt, die den Verkehrszeichen und Verkehrseinrichtungen (siehe Abschnitte 3 bis 9) sehr ähnlich sind, aber keinen ordnungsrechtlichen Einfluss auf das Verkehrsverhalten haben, und die keine Fahrzeugrückhaltesysteme (siehe Abschnitt 10) sind. Diese weiteren Elemente der Straßenausstattung sind alleine nach Straßenrecht, also im Zusammenhang mit der Straßenbaulast oder der Eigentümereigenschaft an der Straße, zu beurteilen. Entsprechend trifft die Entscheidung, ob solche Zeichen und Einrichtungen angeordnet werden, die Straßenbaubehörde alleine, ggf. nach Anhörung der sonstigen Träger öffentlicher und privater Belange (dazu werden allerdings in der Regel auch die Verkehrsbehörden und die Polizei gehören). Daher hat sich auch hier die vertrauensvolle Zusammenarbeit bewährt.

Wegen der Ähnlichkeit mit den Verkehrszeichen und Verkehrseinrichtungen werden sie im Rahmen der HAV behandelt, allerdings in diesem besonderen Abschnitt.

Zu Abschnitt 11.1

StVO § 43 Verkehrseinrichtungen

(1) Verkehrseinrichtungen sind Schranken, Sperrpfosten, Absperrgeräte sowie Leiteinrichtungen, die bis auf Leitpfosten, Leitschwellen und Leitborde rot-weiß gestreift sind. Leitschwellen und Leitborde haben die Funktion einer vorübergehend gültigen Markierung und sind gelb. Verkehrseinrichtungen sind außerdem Absperrgeländer, Parkuhren, Parkscheinautomaten, Blinklicht- und Lichtzeichenanlagen sowie Verkehrsbeeinflussungsanlagen. § 39 Absatz 1 gilt entsprechend.

(2) Regelungen durch Verkehrseinrichtungen gehen den allgemeinen Verkehrsregeln vor.

(3) Verkehrseinrichtungen nach Absatz 1 Satz 1 ergeben sich aus Anlage 4. Die durch Verkehrseinrichtungen (Anlage 4 Nummer 1 bis 7) gekennzeichneten Straßenflächen darf der Verkehrsteilnehmer nicht befahren.

(4) Zur Kennzeichnung nach § 17 Absatz 4 Satz 2 und 3 von Fahrzeugen und Anhängern, die innerhalb geschlossener Ortschaften auf der Fahrbahn halten, können amtlich geprüfte Park-Warntafeln verwendet werden.

11.2 Wildschutzzäune

Zum Schutz des Verkehrs vor wild lebenden Tieren, die über die Fahrbahn wechseln, können entlang einzelner Straßenzüge Schutzzäune errichtet werden.

Mit den

- ARS 13/1992 (StB 13/38.68.00/29 Va 92) „Richtlinien für Wildschutzzäune an Bundesfernstraßen (Wildschutzzaun-Richtlinie – WSchuZR) – Zustimmung des BMV“ vom 28.2.1992 (VkBl. S. 147)

und

- ARS 11/2005 (S 11/38.68.00/139 Vma 04 III) „Richtlinien für Wildschutzzäune an Bundesfernstraßen (Wildschutzzaun-Richtlinie – WSchuZR) – Fortschreibung“ vom 4.4.2005 (VkBl. S. 354)

hat das für den Verkehr zuständige Bundesministerium 1985 für die Bundesfernstraßen die „Richtlinien für Wildschutzzäune an Bundesfernstraßen“ (WSchuZR) eingeführt und dann im Lauf der Zeit fortgeschrieben. Die Änderungen betreffen im Wesentlichen die interne Vorgehensweise (Genehmigungsvorbehalte, Berichtspflichten).

Nach diesen Richtlinien sollen Wildschutzzäune nur an Streckenabschnitten anbaufreier Straßen mit planfreien Knoten und ohne sonstige Zufahrten errichtet werden, an denen erhebliche Gefahren durch Unfälle mit Wild zu erwarten sind. Infrage kommen vor allem zweibahnige Straßen, da durch deren größere Querschnittsbreiten mit größeren Verweilzeiten und Orientierungsproblemen des Wildes zu rechnen ist und außerdem in der Regel höhere Geschwindigkeiten zu erwarten sind. Planfreie Knoten oder sonstige Zufahrten vertragen sich nicht mit Wildschutzzäunen, da sie zu Unterbrechungen der Zäune führen und damit die Gefahr besteht, dass Wild in den Straßenraum gelangt und dann vom Zaun dort gefangen ist.

Die Richtlinien berücksichtigen die Auswahl der Zaunabschnitte, deren Entwurf, die zweckmäßige Ausführung (in Abhängigkeit von den vorherrschenden Wildarten), die Kontrolle und die Unterhaltung.

Soweit die Zäune angeordnet werden, um die Gefährdung des Verkehrs zu verringern, kann und soll der Straßenbaulastträger die Kosten für die Errichtung und Erhaltung tragen. Die Kontrolle der Schutzzäune soll in der Regel unentgeltlich durch die Forsteigentümer, Forstbehörden oder Jagdgenossenschaften erfolgen. Dazu sind (möglichst vor der Errichtung des Zaunes) entsprechende Vereinbarungen zu schließen.

Alte Verträge über das Errichten und Unterhalten von Wildsperrzäunen nach den früher praktizierten „Vorläufigen Richtlinien für die Anordnung von Wildsperrzäunen an Bundesfernstraßen" sind zu halten. Nur Besonderheiten des Einzelfalls können ausnahmsweise eine abweichende Behandlung rechtfertigen; in der Regel ist ein Festhalten an den abgeschlossenen Verträgen als für die Jagdseite zumutbar anzusehen.

Schutzzäune sind ein zusätzlicher Beitrag des Trägers der Straßenbaulast, um Behinderungen des Verkehrs zu minimieren. Die Verkehrssicherungspflicht allein jedoch wird bereits mit dem Aufstellen von Zeichen 142 „Wildwechsel" erfüllt. Das Errichten und Unterhalten von Wildschutzzäunen kann dem Träger der Straßenbaulast im Planfeststellungsbeschluss in der Regel nicht auferlegt werden (Planfeststellungsrichtlinien 2019 – PlafeR 19, VkBl. 2020 S. 211 Nr. 35 Abs. 4).

Begleitende Maßnahmen zur Entschärfung von Unfallpunkten mit Wildunfällen sind in Zusammenarbeit mit Jagdbehörde und Jägerschaft festzulegen. Hierzu zählen neben dem Aufstellen von Zeichen 142 „Wildwechsel" das Anlegen von Wildäckern und Duftzäunen sowie das Anbringen von Wildwarnreflektoren. Eine systematische Beobachtung der weiteren Unfallentwicklung ist erforderlich.

Über die Wirksamkeit von Wildwarnreflektoren hat eine im Auftrag des für den Verkehr zuständigen Bundesministeriums erfolgte wissenschaftliche Untersuchung ergeben, dass ein statistisch abgesicherter Beweis ihrer Wirksamkeit unter den bei uns gegebenen Freilandbedingungen nicht zu erbringen war. Beim Installieren von Wildwarnreflektoren an Bundesfernstraßen übernimmt der Bund hierfür nicht die Kosten.

Zu Abschnitt 11.2

PlafeR 19

35. Im Planfeststellungsbeschluss nicht zu treffende Entscheidungen

(4) Die Errichtung und Unterhaltung von Wildschutzzäunen (siehe Wildschutzzaun-Richtlinien) können dem Träger der Straßenbaulast im Planfeststellungsbeschluss nur auferlegt werden, wenn sich die Errichtung z.B. nach der objektiven Gefahrenlage und im Hinblick auf den vorhandenen Wildbestand oder aus naturschutzfachlichen Gründen (z.B. als Maßnahme zur Schadensbegrenzung in FFH-Gebieten) als notwendig erweist.

11.3 Blendschutzzäune

Auf freien Strecken von Straßen mit ausreichend breitem Mittelstreifen kann durch das Anbringen von Blendschutzzäunen eine Verbesserung der Sichtverhältnisse bei Nacht erzielt werden. Ferner ist es möglich, mithilfe von Blendschutzzäunen bei parallel laufenden Verkehrswegen (z.B. Straße und Eisenbahnstrecke) die Gefahr gegenseitiger Blendung zu verringern.

Blendschutzzäune auf dem Mittelstreifen von Straßen mit Richtungstrennung kommen infrage, wenn

- die Unfallquote bei Dunkelheit besonders hoch ist,
- die nächtliche Verkehrsbelastung besonders stark ist, vor allem, wenn bei Dunkelheit häufig Spitzenbelastungen auftreten und Stauungen die Folge sind,
- besonders ungünstige topografische Verhältnisse vorliegen, die zu einer starken Blendstörung führen. Um dies festzustellen, empfiehlt es sich, die Strecke mehrfach bei Dunkelheit zu befahren und Aufzeichnungen über die Häufigkeit von Blendstörungen an bestimmten Stellen zu fertigen.

Kurze Unterbrechungen des Blendschutzzaunes im Verlauf längerer Blendschutzstrecken sollten vermieden werden.

11.4 Verkehrsspiegel

Verkehrsspiegel können an unübersichtlichen Straßenstellen (z. B. Einfahrten) wertvoll für die Verkehrssicherheit sein, weil sie den Einblick bei schwierigen Sichtverhältnissen verbessern.

Obwohl es Stellen gibt, an denen die spiegelbildliche Wiedergabe des Verkehrsgeschehens die Verkehrsteilnehmer irritieren kann, hat im Allgemeinen die gezielte, verkehrstechnisch richtige Anwendung von Verkehrsspiegeln einen positiven Effekt gezeigt.

Verkehrsspiegel sind jedoch keine Verkehrseinrichtung im Sinne des § 43 StVO, sondern lediglich Teil der Straßenausstattung. Soweit ihr Wert für die Verkehrssicherheit zu bejahen ist und Straßenbaubehörde und Polizei nicht widersprechen, kann man in Anlehnung an ein Schreiben des für den Verkehr zuständigen Bundesministeriums vom 12.10.1976, StV 4/36.32.43/4049 M 46, die Auffassung vertreten, dass ein von der Straßenverkehrsbehörde angeregter Verkehrsspiegel mit unter die Kostenregelung des § 5b Abs. 1 StVG fällt.

Beschaffen, Aufstellen, Erhalten

12

12.1 Allgemeines

In Abschnitt 12 werden die Beschaffung, die Anbringung, der Betrieb, die Unterhaltung und ggf. die Beseitigung der Verkehrszeichen und Verkehrseinrichtungen behandelt.

Dieser Bereich fällt zu einem großen Teil unter die europäischen Beschaffungs- und Vergaberegelungen und wurde dementsprechend in den letzten Jahren in weiten Bereichen in die europäische Normung übergeführt. Die Notwendigkeit, solche europäischen Normen in die vielfältigen europäischen Amtssprachen zu übersetzen, führt dazu, dass in die Normen sprachlich einfachere, eher beschreibende Bezeichnungen aufgenommen werden. Daher werden in den Normen

- Verkehrsschilder als vertikale Verkehrszeichen und
- Fahrbahnmarkierungen als horizontale Verkehrszeichen

bezeichnet. In diesem Werk werden aus sprachlichen Gründen bewusst auch weiterhin die Bezeichnungen „Verkehrsschilder" und „(Fahrbahn-)Markierung" als Stellvertreter für „vertikale Verkehrszeichen" und „horizontale Verkehrszeichen" verwendet. Damit schließen sie auch die Verkehrseinrichtungen mit ein, die als Schilder ausgeführt sind.

Zu behandeln sind insbesondere:

- rechtliche Grundlagen, insbesondere die Verpflichtung zu Beschaffung, Anbringung, Betrieb, Unterhaltung und Beseitigung,
- technische Ausgestaltung,
- vergaberechtliche Besonderheiten,
- organisatorische Besonderheiten.

Die rechtlichen Grundlagen werden in Abschnitt 12.2 vorgestellt. Danach obliegen Beschaffung, Anbringung, Betrieb, Unterhaltung und ggf. Beseitigung in der Regel dem Straßenbaulastträger. Abschnitt 12 befasst sich weitgehend mit diesen Baulastträgerpflichten.

Die technische Ausgestaltung für die verschiedenen Elemente der Straßenausstattung wird in den Abschnitten 12.3 bis 12.9 behandelt. Sie umfasst insbesondere:

- die genaue Festlegung der geometrischen Form (auf der Grundlage der StVO, der dazu ergangenen Verwaltungsvorschriften und der Anordnung),
- die Entscheidung für eine grundsätzliche Bauart,
- die Wahl des Materials,
- die Wahl der Anbringung (Aufstellung, Applikation usw.).

Die finanziellen und vergaberechtlichen Besonderheiten werden in den Abschnitten 12.10 und 12.11 behandelt. Bei der Beschaffung sind auch die Anforderungen des öffentlichen Vergaberechts zu beachten. Die Anbringung von Verkehrszeichen und Verkehrseinrichtungen zählt zu den Bauleistungen. Daher sind in der Regel die VOB und die dazu ergangenen Verwaltungsvorschriften zu beachten. Wegen der sogenannten Koordinierungsrichtlinie ergeben sich weitere Anforderungen aus EU-Regelungen, mit denen die Herstellung eines einheitlichen europäischen Marktes erreicht werden soll. Dazu gehören insbesondere die Anwendung europäischer Normen, die Anwendung europäischer Zulassungsverfahren und die Notifizierungspflicht für neue Regelungen. Insbesondere bei größeren Maßnahmen ist es nötig, die Maßnahmen durch entsprechende Planungen und Entwürfe vorzubereiten.

Die organisatorischen Besonderheiten werden in Abschnitt 12.12 angesprochen. Es obliegt dem Baulastträger auch, die Verkehrszeichen und Verkehrseinrichtungen „in einem dem regelmäßigen Verkehrsbedürfnis genügenden Zustand zu bauen, zu unterhalten, zu erweitern oder sonst zu verbessern". Um entsprechende Maßnahmen ableiten zu können, ist es nötig, den Soll- und den Ist-Zustand regelmäßig zu überwachen, zu dokumentieren und wertend zu vergleichen.

Zu Abschnitt 12.1

VwV-StVO zu den §§ 39 bis 43 Allgemeines über Verkehrszeichen und Verkehrseinrichtungen

6 II. Soweit die StVO und diese Allgemeine Verwaltungsvorschrift für die Ausgestaltung und Beschaffenheit, für den Ort und die Art der Anbringung von Verkehrszeichen und Verkehrseinrichtungen nur Rahmenvorschriften geben, soll im Einzelnen nach dem jeweiligen Stand der Wissenschaft und Technik verfahren werden, den das Bundesministerium für Verkehr und digitale Infrastruktur nach Anhörung der zuständigen obersten Landesbehörden im Verkehrsblatt erforderlichenfalls bekannt gibt.

12.2 Rechtliche Grundlagen

Das Beschaffen, Anbringen, Unterhalten und Entfernen der Verkehrszeichen und Verkehrseinrichtungen obliegt in der Regel dem Träger der Straßenbaulast für diejenige Straße, in deren Verlauf die Verkehrszeichen oder Verkehrseinrichtungen anzubringen sind, sonst dem Eigentümer der Straße.

Die Verkehrszeichen und Verkehrseinrichtungen, zumindest wenn die Verkehrseinrichtungen „der Sicherheit oder Leichtigkeit des Straßenverkehrs oder dem Schutz der Anlieger dienen", sind zusammen mit der Bepflanzung als sogenanntes „Zubehör" nach den Straßengesetzen ausdrücklich Bestandteil der Straße (siehe § 1 Abs. 4 FStrG für die Bundesfernstraßen stellvertretend für die ähnlich angelegten Landesstraßengesetze). Sie unterliegen damit der Straßenbaulast und sind vom Träger der Straßenbaulast nach § 3 FStrG (und den entsprechenden Regelungen der Ländergesetze) „in einem dem regelmäßigen Verkehrsbedürfnis genügenden Zustand zu bauen, zu unterhalten, zu erweitern oder sonst zu verbessern". Dabei umfasst die **Unterhaltung** alle notwendigen Aufgaben während der Nutzungsdauer, insbesondere Reinigung, Reparaturen und Ersatz, aber auch Betrieb und Beleuchtung (einschließlich Beleuchtung von Fußgängerüberwegen) sowie das Beseitigen sichtbehindernden Bewuchses. **Die Straßenbaulastträger sind somit verantwortlich für eine ausreichende Qualität der Verkehrszeichen während der gesamten Gebrauchsdauer, also im Neu- und im Gebrauchszustand** (siehe dazu auch Kommentare zum Straßenrecht, z. B. Kodal; Krämer; Rinke; u. a.: Straßenrecht für das Bundesfernstraßengesetz).

Zur Kostentragung präzisiert § 5b StVG, dass Straßenbaulastträger/Eigentümer in der Regel auch die Kosten für die Verkehrszeichen und Verkehrseinrichtungen zu tragen haben. Nur in einigen wenigen Ausnahmefällen obliegt die Kostentragung für bestimmte Verkehrszeichen und Verkehrseinrichtungen oder Anordnungsgründe anderen Institutionen, die daran ein besonderes Interesse haben. Dies gilt insbesondere für Bahnübergänge (siehe Abschnitt 5.4) und Arbeitsstellen.

Die StVO greift die Regelung der Gesetze auf und präzisiert sie; zunächst grundsätzlich in § 45 Abs. 5 und den dazu ergangenen Verwaltungsvorschriften; § 45 Abs. 3 und die dazu ergangenen Verwaltungsvorschriften legen dann fest, dass die Straßenbaubehörden in der Regel die Art der Anbringung sowie die Ausgestaltung bestimmen. Sie sind außerdem vor der Verfügung der Anordnung zu hören, nicht zuletzt, damit dabei auch die sich aus der Umsetzung ergebenden Belange berücksichtigt werden können. In der Regel werden diese Entscheidungen wegen ihrer vielen gegenseitigen Abhängigkeiten jedoch einvernehmlich getroffen.

Im Spannungsfeld zwischen dem Straßenverkehrs- und dem Straßen(bau)recht lässt sich damit zusammenfassen:

- Die Straßenverkehrsbehörden als Vollzugsorgan des Straßenverkehrsrechts und die Straßenbaubehörden als Verkehrsbehörden müssen (auch mit der Polizei als Überwachungsorgan) eng zusammenarbeiten, was zu vielfältigen gegenseitigen Kooperations- und Informationspflichten führt.
- Die Straßenverkehrsbehörden verantworten federführend den Regelungsinhalt der Verkehrszeichen und Verkehrseinrichtungen.
- Die Straßenbaubehörden verantworten federführend den materiellen Zustand der Verkehrszeichen und Verkehrseinrichtungen.

Entsprechend sind auch unterschiedliche **Kontrollinstrumente** vorgesehen. Die Straßenverkehrsbehörden werden innerdienstlich durch die VwV-StVO zu § 45 zu Abs. 3 verpflichtet, den Regelungsinhalt durch regelmäßige Verkehrsschauen (Zeitraster zwei Jahre) zu überprüfen (nähere Diskussion siehe Abschnitt 2.9.2). Die Straßenbaubehörden überprüfen den materiellen Zustand im Rahmen der im Rhythmus von wenigen Tagen fälligen Streckenkontrollen (nähere Diskussion, siehe Abschnitt 12.12.3).

Zusammenfassend ergibt sich für den Straßenbaulastträger die Verpflichtung, die Verkehrszeichen und Verkehrseinrichtungen in einem dem regelmäßigen Verkehrsbedürfnis genügenden Zustand zu betreiben. Er muss sie entsprechend beschaffen, anbringen, kontrollieren sowie reparieren und notfalls ersetzen.

Von den Verkehrszeichen und Verkehrseinrichtungen dürfen keine übermäßigen Gefahren für die Verkehrsteilnehmer und unbeteiligte Dritte ausgehen. Auch dies ist von den Straßenbaulastträgern in eigener Verantwortung zu beachten. Die meisten Straßenbaugesetze verpflichten die Straßenbaulastträger, dafür einzustehen, dass ihre Bauten allen Anforderungen der Sicherheit und Ordnung genügen (z. B. § 4 FStrG). Teilweise sind diese Anforderungen in Regelwerken direkt kodifiziert, teilweise müssen sie indirekt aus der allgemeinen Verpflichtung hergeleitet werden (wofür eine entsprechende Verwaltungsausbildung hilfreich ist).

Konkret geht es dabei z. B. darum, die Standsicherheit zu gewährleisten, die Schilderkanten so auszubilden, dass keine übermäßige Verletzungsgefahr besteht, oder die Aufprallsicherheit der Aufstelleinrichtungen zu gewährleisten. Manchmal können Verkehrszeichen oder Verkehrseinrichtungen aus technischen Gründen oder wegen der Sicherheit und Leichtigkeit des Verkehrs nicht auf Straßengrund angebracht werden. Dann müssen die Eigentümer der Anliegergrundstücke nach § 5b Abs. 6 StVG die Anbringung in ihren Grundstücken gegen angemessene Entschädigung in Geld dulden.

Zu Abschnitt 12.2

FStrG § 1 Einteilung der Bundesstraßen des Fernverkehrs

(4) Zu den Bundesfernstraßen gehören

1. der Straßenkörper; das sind besonders der Straßengrund, der Straßenunterbau, die Straßendecke, die Brücken, Tunnel, Durchlässe, Dämme, Gräben, Entwässerungsanlagen, Böschungen, Stützmauern, Lärmschutzanlagen, Trenn-, Seiten-, Rand- und Sicherheitsstreifen;
2. der Luftraum über dem Straßenkörper;
3. das Zubehör; das sind die Verkehrszeichen, die Verkehrseinrichtungen und -anlagen aller Art, die der Sicherheit oder Leichtigkeit des Straßenverkehrs oder dem Schutz der Anlieger dienen, und die Bepflanzung;

3a. Einrichtungen zur Erhebung von Maut und zur Kontrolle der Einhaltung der Mautpflicht;

4. die Nebenanlagen; das sind solche Anlagen, die überwiegend den Aufgaben der Straßenbauverwaltung der Bundesfernstraßen dienen, z. B. Straßenmeistereien, Gerätehöfe, Lager, Lagerplätze, Entnahmestellen, Hilfsbetriebe und -einrichtungen;
5. die Nebenbetriebe an den Bundesautobahnen (§ 15 Abs. 1).

FStrG § 3 Straßenbaulast

(1) Die Straßenbaulast umfasst alle mit dem Bau und der Unterhaltung der Bundesfernstraßen zusammenhängenden Aufgaben. Die Träger der Straßenbaulast haben nach ihrer Leistungsfähigkeit die Bundesfernstraßen in einem dem regelmäßigen Verkehrsbedürfnis genügenden Zustand zu bauen, zu unterhalten, zu erweitern oder sonst zu verbessern; dabei sind die sonstigen öffentlichen Belange einschließlich des Umweltschutzes sowie die Belange der Menschen mit Behinderungen und der Menschen mit Mobilitätsbeeinträchtigungen mit dem Ziel, möglichst weitreichende Barrierefreiheit zu erreichen, zu berücksichtigen. Betriebswege auf Brücken im Zuge von Bundesautobahnen und Betriebswege auf Brücken im Zuge von Bundesstraßen, die als Kraftfahrstraßen ausgewiesen sind, sind bedarfsabhängig durch den Träger der Straßenbaulast so zu bauen und zu unterhalten, dass auf ihnen auch öffentlicher Radverkehr abgewickelt werden kann.

(1a) Bei dem Bau oder der Änderung von Bundesautobahnen sind die Möglichkeiten der Erzeugung erneuerbarer Energien auf nutzbaren Flächen oder auf nutzbaren Anlagen auszuschöpfen; ausgenommen ist der Straßengrund. Dabei sind die Grundsätze der Wirtschaftlichkeit ebenso wie die technische Umsetzbarkeit zu beachten.

(1b) Nutzbare Flächen und nutzbare Anlagen sind vom Träger der Straßenbaulast innerhalb von fünf Jahren in einem Kataster festzuhalten.

(2) Soweit die Träger der Straßenbaulast unter Berücksichtigung ihrer Leistungsfähigkeit zur Durchführung von Maßnahmen nach Absatz 1 Satz 2 außerstande sind, haben sie auf einen nicht verkehrssicheren Zustand durch Verkehrszeichen hinzuweisen. Diese hat die Straßenbaubehörde oder auf Bundesautobahnen die Gesellschaft privaten Rechts im Sinne des Infrastrukturgesellschaftserrichtungsgesetzes vorbehaltlich anderweitiger Maßnahmen der Straßenverkehrsbehörde aufzustellen.

FStrG § 4 Sicherheitsvorschriften

Die Träger der Straßenbaulast haben dafür einzustehen, dass ihre Bauten allen Anforderungen der Sicherheit und Ordnung genügen. Behördlicher Genehmigungen, Erlaubnisse und Abnahmen durch andere als die Straßenbaubehörden bedarf es nicht. Straßenbaubehörde im Sinne dieses Gesetzes ist auch das Fernstraßen-Bundesamt, soweit dem Bund die Verwaltung einer Bundesfernstraße zusteht. Für Baudenkmäler gilt Satz 2 nur, soweit ein Planfeststellungsverfahren durchgeführt worden ist.

StVG
§ 5b
Unterhaltung der Verkehrszeichen

(1) Die Kosten der Beschaffung, Anbringung, Entfernung, Unterhaltung und des Betriebs der amtlichen Verkehrszeichen und -einrichtungen sowie der sonstigen vom Bundesministerium für Verkehr und digitale Infrastruktur zugelassenen Verkehrszeichen und -einrichtungen trägt der Träger der Straßenbaulast für diejenige Straße, in deren Verlauf sie angebracht werden oder angebracht worden sind, bei geteilter Straßenbaulast der für die durchgehende Fahrbahn zuständige Träger der Straßenbaulast. Ist ein Träger der Straßenbaulast nicht vorhanden, so trägt der Eigentümer der Straße die Kosten.

(2) Diese Kosten tragen abweichend vom Absatz 1

a) die Unternehmer der Schienenbahnen für Andreaskreuze, Schranken, Blinklichter mit oder ohne Halbschranken;
b) die Unternehmer im Sinne des Personenbeförderungsgesetzes für Haltestellenzeichen;
c) die Gemeinden in der Ortsdurchfahrt für Parkuhren und andere Vorrichtungen oder Einrichtungen zur Überwachung der Parkzeit, Straßenschilder, Geländer, Wegweiser zu innerörtlichen Zielen und Verkehrszeichen für Laternen, die nicht die ganze Nacht brennen;
d) die Bauunternehmer und die sonstigen Unternehmer von Arbeiten auf und neben der Straße für Verkehrszeichen und -einrichtungen, die durch diese Arbeiten erforderlich werden;
e) die Unternehmer von Werkstätten, Tankstellen sowie sonstigen Anlagen und Veranstaltungen für die entsprechenden amtlichen oder zugelassenen Hinweiszeichen;
f) die Träger der Straßenbaulast der Straßen, von denen der Verkehr umgeleitet werden soll, für Wegweiser für Bedarfsumleitungen.

(3) Das Bundesministerium für Verkehr und digitale Infrastruktur wird ermächtigt, durch Rechtsverordnung mit Zustimmung des Bundesrates bei der Einführung neuer amtlicher Verkehrszeichen und -einrichtungen zu bestimmen, dass abweichend von Absatz 1 die Kosten entsprechend den Regelungen des Absatzes 2 ein anderer zu tragen hat.

(4) Kostenregelungen auf Grund kreuzungsrechtlicher Vorschriften nach Bundes- und Landesrecht bleiben unberührt.

(5) Diese Kostenregelung umfasst auch die Kosten für Verkehrszählungen, Lärmmessungen, Lärmberechnungen und Abgasmessungen.

(6) Können Verkehrszeichen oder Verkehrseinrichtungen aus technischen Gründen oder wegen der Sicherheit und Leichtigkeit des Straßenverkehrs nicht auf der Straße angebracht werden, haben die Eigentümer der Anliegergrundstücke das Anbringen zu dulden. Schäden, die durch das Anbringen oder Entfernen der Verkehrszeichen oder Verkehrseinrichtungen entstehen, sind zu beseitigen. Wird die Benutzung eines Grundstücks oder sein Wert durch die Verkehrszeichen oder Verkehrseinrichtungen nicht unerheblich beeinträchtigt oder können Schäden, die durch das Anbringen oder Entfernen der Verkehrszeichen oder Verkehrseinrichtungen entstanden sind, nicht beseitigt werden, so ist eine angemessene Entschädigung in Geld zu leisten. Zur Schadensbeseitigung und zur Entschädigungsleistung ist derjenige verpflichtet, der die Kosten für die Verkehrszeichen und Verkehrseinrichtungen zu tragen hat. Kommt eine Einigung nicht zustande, so entscheidet die höhere Verwaltungsbehörde. Vor der Entscheidung sind die Beteiligten zu hören. Die Landesregierungen werden ermächtigt, durch Rechtsverordnung die zuständige Behörde abweichend von Satz 5 zu bestimmen. Sie können diese Ermächtigung auf oberste Landesbehörden übertragen.

StVO
§ 45
Verkehrszeichen und Verkehrseinrichtungen

(3) Im Übrigen bestimmen die Straßenverkehrsbehörden, wo und welche Verkehrszeichen und Verkehrseinrichtungen anzubringen und zu entfernen sind, bei Straßennamensschildern nur darüber, wo diese so anzubringen sind, wie Zeichen 437 zeigt. Die Straßenbaubehörden legen – vorbehaltlich anderer Anordnungen der Straßenverkehrsbehörden – die Art der Anbringung und der Ausgestaltung, wie Übergröße, Beleuchtung fest; ob Leitpfosten anzubringen sind, bestimmen sie allein. Sie können auch – vorbehaltlich anderer Maßnahmen der Straßenverkehrsbehörden – Gefahrzeichen anbringen, wenn die Sicherheit des Verkehrs durch den Zustand der Straße gefährdet wird.

…

(5) Zur Beschaffung, Anbringung, Unterhaltung und Entfernung der Verkehrszeichen und Verkehrseinrichtungen und zu deren Betrieb einschließlich ihrer Beleuchtung ist der Baulastträger verpflichtet, sonst der Eigentümer der Straße. Das gilt auch für die von der Straßenverkehrsbehörde angeordnete Beleuchtung von Fußgängerüberwegen.

VwV-StVO
zu § 45
Verkehrszeichen und Verkehrseinrichtungen

Zu Absatz 3

54 II. Vor der Entscheidung über die Anbringung oder Entfernung jedes Verkehrszeichens und jeder Verkehrseinrichtung sind die Straßenbaubehörden und die Polizei zu hören, in Zweifelsfällen auch andere Sachverständige. Soweit höhengleiche Kreuzungen von Straßen, Wegen oder Plätzen mit besonderen Bahnkörpern von Straßenbahnen

VwV-StVO zu § 45 Verkehrszeichen und Verkehrseinrichtungen

geregelt werden, sind vor jeder Entscheidung das Straßenbahnunternehmen und die nach den personenbeförderungsrechtlichen Vorschriften zuständige Technische Aufsichtsbehörde des Straßenbahnunternehmens zu hören. Ist nach § 5b StVG ein Dritter Kostenträger, so soll auch er gehört werden.

...

Zu Absatz 5

62 Wer zur Unterhaltung der Verkehrszeichen und Verkehrseinrichtungen verpflichtet ist, hat auch dafür zu sorgen, dass diese jederzeit deutlich sichtbar sind (z. B. durch Reinigung, durch Beschneiden oder Beseitigung von Hecken und Bäumen).

12.3 Ausführung – Allgemeines

12.3.1 Allgemeines

Die Ausführung, also die genaue geometrische Gestalt, die Materialwahl und die Art der Herstellung, sind grundlegend in § 39 StVO und den dazu ergangenen Verwaltungsvorschriften geregelt. In der StVO selbst sind im Wesentlichen nur die Dinge geregelt, die für die rechtliche Wirkung der Verkehrszeichen und Verkehrseinrichtungen erforderlich sind, z. B. dass Fahrbahnmarkierungen in der Regel weiß sind und dass gelbe Markierungen als vorübergehende Markierungen die weißen Markierungen aufheben. In der VwV-StVO sind die Dinge geregelt, die wegen der Einheitlichkeit innerhalb des Geltungsbereichs der StVO geregelt werden müssen. Sie werden durch sogenannte „Verkehrsblatt-Verlautbarungen" und den „Katalog der Verkehrszeichen" (VzKat) (BAnz AT 9.4.2025 B2) ergänzt. Diese Regelungen sind, da Ausfluss eines Bundesgesetzes, auch beim Vollzug durch die Länder und die von ihnen beauftragten Behörden bindend. Sie regeln allerdings nur die grundsätzlichen Fragen von Größe, Form, Inhalt und Sichtbarkeit.

Darüber hinaus bleibt es den einzelnen Straßenbaulastträgern unbenommen, die Art der Ausführung und Aufstellung selbst zu bestimmen. Sie haben dabei aber wie bei allen Baulastträgerentscheidungen die Anforderungen

- aus der Sicherheit und Leichtigkeit des Verkehrs,
- aus der Wirtschaftlichkeit und Sparsamkeit im Umgang mit öffentlichen Mitteln,
- aus den anderen gesetzlichen Vorgaben, insbesondere zum Schutz des Umfeldes,
- und ggf. andere Anforderungen aus dem öffentlichen und privaten Raum

zu beachten und – soweit widersprüchlich – gegeneinander abzuwägen.

In den folgenden Abschnitten wird besprochen, nach welchen Kriterien die Baulastträger Größe, Form und Inhalt, lichttechnische Eigenschaften sowie die detaillierte Ausführung (Bauart) der Verkehrsschilder und Markierungen wählen sollten.

Die meisten der dort getroffenen Festlegungen, insbesondere zu Größe, Form und lichttechnischen Eigenschaften, basieren auf umfangreichen Untersuchungen zur menschlichen Wahrnehmung, vor allem im Verkehrsumfeld. Von diesen Festlegungen sollte nur abgewichen werden, wenn triftige Gründe vorliegen und die entsprechenden Untersuchungen bei der Abwägung berücksichtigt wurden.

12.3.2 Form und Inhalt

Verkehrszeichen dürfen nur so gestaltet sein, wie es die StVO, die VwV-StVO und die dazu ergangenen Verkehrsblatt-Verlautbarungen vorgeben. Diese Vorschrift ist sehr eng gefasst.

Die Verkehrszeichen und Verkehrseinrichtungen, insbesondere deren genaue Größenverhältnisse und Signalbilder, sind daher nach dem

- Katalog der Verkehrszeichen (VzKat), Anlage zur Allgemeinen Verwaltungsvorschrift zur Straßenverkehrs-Ordnung (VwV-StVO) vom 30.5.2017 (BAnz AT 29.5.2017 B8), zuletzt geändert durch VwV vom 3.4.2025 (BAnz AT 9.4.2025 B2)

zu gestalten, der als Anlage der VwV-StVO von dem für den Verkehr zuständigen Bundesministerium erstellt und herausgegeben wird. Er wurde 2017 grundlegend überarbeitet, neu herausgegeben und durch bei der BASt erhältliche Dokumente ergänzt und fortgeschrieben.

Im VzKat sind fast alle Gestaltungsvarianten der Verkehrszeichen aufgeführt und mit einer eindeutigen Nummer versehen, die sich aus der Nummer des StVO-Zeichens, meist durch Hinzufügen von Unternummern, ergibt. Zur Vermeidung von Fehlern empfiehlt es sich, diese VzKat-Nummern generell als Referenz, also z. B. auch für Anordnungen und Bestellvorgänge, zu verwenden.

Um ein stets gleiches Erscheinungsbild der Verkehrszeichen zu gewährleisten, kann für das Darstellen der Zeichen auf die Bilddatenbank der Bundesanstalt für Straßen- und Verkehrswesen (BASt) zurückgegriffen werden. Ferner existieren Digitaldaten der Verkehrszeichen sowie Grafikprogramme für rechnergestütztes Zeichnen, die gegen Kostenerstattung angefordert werden können. Nähere Informationen unter www.bast.de > Verkehrstechnik > Fachthemen > Verkehrszeichen und Symbole und in der

- BMV-VkBl.-Verlautbarung (StV 12/36.42.39) „Verkehrszeichen der Straßenverkehrs-Ordnung (StVO)" vom 7.3.1988 (VkBl. S. 184).

Mittelschrift nach DIN 1451, Teil 2, Ausgabe 2/86 (Schriftform B)

ÄBCDEFGHIJKLMN
ÖPQRSTÜVWXYZ
äbcdefghijklmnöp
qrstüvwxyzß ?!/)%
1234567890 – " . , : ; > <

Engschrift nach DIN 1451, Teil 2, Ausgabe 2/86 (Schriftform A)

ÄBCDEFGHIJKLMN
ÖPQRSTÜVWXYZ
äbcdefghijklmnöp
qrstüvwxyzß ?!/)%
1234567890 – " . , : ; > <

Bild 12.1 Schrift nach DIN 1451, Teil 2 „Schrift für den Straßenverkehr", Mittelschrift, Engschrift

12.3.2 Form und Inhalt

Entwurfsgrundsätze für Verkehrszeichen sind auch in den

- „Richtlinien für die wegweisende Beschilderung außerhalb von Autobahnen (RWB 2000)“, Ausgabe 2000, BMVBW, FGSV Verlag

sowie in den

- „Richtlinien für die wegweisende Beschilderung auf Autobahnen (RWBA 2023)“, Ausgabe 2023, BMDV, FGSV Verlag

zu finden (siehe Abschnitte 8.2 und 8.3).

Geringfügige Abweichungen von den vorgeschriebenen Maßen sind, wenn dies keine auffällige Veränderung des Zeichens zur Folge hat, aus besonderen Gründen zulässig, z. B. Vorschriftzeichen, die auf Vorwegweisern (Zeichen 438, 439 und 440) aufgesetzt sind.

Für Verkehrszeichen einschließlich Zusatzzeichen ist die im Normblatt DIN 1451, Teil 2 festgelegte Schrift zu verwenden (*Bild 12.1*). Diese Schrift wurde speziell für eine sichere Erkennbarkeit aus großer Entfernung und aus der Bewegung heraus gestaltet. Dies lässt sich z. B. an der Gestaltung der Zeichen „6“, „8“ und „9“ im Vergleich zu anderen Schriften erkennen (siehe auch Abschnitt 8.2.5).

Größe und Art (Engschrift, Mittelschrift) der Schrift richten sich danach, aus welcher Entfernung die Schrift zu lesen sein soll. In der Regel kommt die Mittelschrift zur Anwendung.

Die erforderliche Lesbarkeitsentfernung einer Schilderschrift hängt von der Lesezeit ab. Die Lesbarkeitsentfernung, also die Entfernung, aus der eine Schrift gelesen werden kann, lässt sich überschlägig anhand folgender Formel ermitteln (Heller, Fritz: Regeln zur Bemessung und Gestaltung beschrifteter Verkehrsschilder. Straßenverkehrstechnik 1. Jg. (1957) Heft 12, S. 455 ff.):

Lesbarkeitsentfernung in m = Schrifthöhe in cm × Sichtweitenfaktor

Der Sichtweitenfaktor beträgt bei mittleren Lichtverhältnissen ohne Blendung für einen Beobachter mit normalem Sehvermögen bei Tageslicht

	aus fahrendem Fahrzeug	aus haltendem Fahrzeug
Engschrift	2,6	3,1
Mittelschrift	3,0	3,7

Angenommen sei eine Mittelschrift mit einer Schrifthöhe von 28 cm, d. h. die Höhe der Großbuchstaben beträgt 28 cm. Dann kann diese Schrift aus einem in Fahrt befindlichen Fahrzeug aus einer Entfernung von etwa 28 × 3,0 = 84 m gelesen werden. Umgekehrt muss eine Mittelschrift, die aus 84 m Entfernung gelesen werden soll, 84 : 3,0 = 28 cm hoch sein.

Hinsichtlich Buchstabenbreiten und deren Abständen zueinander, siehe die in der DIN 1451, Teil 2 enthaltenen Tabellen. Bei Ausführung der Beschilderung sind die Festlegungen der DIN zu beachten und den entsprechenden Ausschreibungen zugrunde zu legen.

Zu Abschnitt 12.3.2

VwV-StVO zu den §§ 39 bis 43 Allgemeines über Verkehrszeichen und Verkehrseinrichtungen

III. Allgemeines über Verkehrszeichen

7 1. Es dürfen nur die in der StVO abgebildeten Verkehrszeichen verwendet werden oder solche, die das Bundesministerium für Verkehr und digitale Infrastruktur nach Anhörung der zuständigen obersten Landesbehörden durch Verlautbarung im Verkehrsblatt zulässt.

Die Formen der Verkehrszeichen müssen den Mustern der StVO entsprechen.

Mehrere Verkehrszeichen oder ein Verkehrszeichen mit wenigstens einem Zusatzzeichen dürfen gemeinsam auf einer weißen Trägertafel aufgebracht werden. Die Trägertafel hat einen schwarzen Rand und einen weißen Kontraststreifen. Zusatzzeichen werden jeweils von einem zusätzlichen schwarzen Rand gefasst. Einzelne Verkehrszeichen dürfen nur auf einer Trägertafel aufgebracht sein, wenn wegen ungünstiger Umfeldbedingungen eine verbesserte Wahrnehmbarkeit erreicht werden soll.

8 2. Allgemeine Regeln zur Ausführung der Gestaltung von Verkehrszeichen sind als Anlage zu dieser Verwaltungsvorschrift im Katalog der Verkehrszeichen in der aktuellen Ausgabe (VzKat) ausgeführt.

9 Gefahrzeichen können spiegelbildlich dargestellt werden (die einzelnen Varianten ergeben sich aus dem VzKat),

10 a) wenn dadurch verdeutlicht wird, wo die Gefahr zu erwarten ist (Zeichen 103, 105, 117, 121) oder

VwV-StVO zu den §§ 39 bis 43 Allgemeines über Verkehrszeichen und Verkehrseinrichtungen

11 b) wenn sie auf der linken Fahrbahnseite wiederholt werden (Zeichen 117, 133 bis 142); die Anordnung von Gefahrzeichen für beide Fahrbahnseiten ist jedoch nur zulässig, wenn nach den örtlichen Gegebenheiten nicht ausgeschlossen werden kann, dass Verkehrsteilnehmer das nur rechts befindliche Gefahrzeichen nicht oder nicht rechtzeitig erkennen können.

...

19 5. Als Schrift ist die Schrift für den Straßenverkehr gemäß DIN 1451, Teil 2 zu verwenden.

...

V. Allgemeines über Verkehrseinrichtungen

57 Für Verkehrseinrichtungen gelten die Vorschriften der Nummern I, III 1, 2, 4, 5, 6, 10 und 13 sinngemäß.

BMV – StV 12/36.42.39 7. März 1988

Verkehrszeichen der Straßenverkehrs-Ordnung (StVO)

Verkehrszeichen der Straßenverkehrs-Ordnung (StVO) müssen nach den geltenden Vorschriften gestaltet und ausgeführt sein, damit ein einheitliches Erscheinungsbild gewährleistet ist. Es muss daher auf entsprechend einheitliches Bildmaterial als Ausgang für die Reprotechnik bei den Verkehrszeichenherstellern, Druckereien usw. zurückgegriffen werden können. Die

Bundesanstalt für Straßenwesen (BASt)
Fachgruppe V 3.1
Brüderstr. 53, 51427 Bergisch Gladbach

hat eine Bildbank mit solchem einheitlichen Urbildmaterial (Belegbilder) erstellt. In diesen sind die folgenden gültigen

- StVO-Verkehrszeichen (Haupt- und Zusatzzeichen)
- Schriftzeichen nach DIN 1451 Teil 2 einschließlich der Markierungszeichen
- Grafischen Symbole für StVO-Verkehrszeichen einschließlich der zugehörigen Varianten
- Grafischen Symbole für Lichtzeichenanlagen und
- die wichtigsten Verkehrslenkungstafeln (wird derzeit vervollständigt)

enthalten. Für diese Verkehrszeichen existieren Digitaldaten für rechnergestütztes Zeichnen, Konstruieren, Fertigen und anderes mehr, die auf Magnetbänder oder Disketten gespeichert sind.

Die BASt kann gegen Kostenerstattung Arbeitsunterlagen zu den o.g. Zeichen zur Verfügung stellen. Da auf dieser Grundlage eine einheitliche Darstellung der amtlichen Zeichen sichergestellt werden kann, sollten Ämter, Verkehrszeichenhersteller, Druckereien usw. das Angebot der BASt nutzen.

(VkBl. 1988 S. 184)

Anmerkung: Weitere Informationen und Online-Update unter www.bast.de > Verkehrstechnik > Fachthemen > Verkehrszeichen und Symbole

12.3.3 Lichttechnische Eigenschaften

Verkehrszeichen müssen unter möglichst allen Bedingungen in vergleichbarer Weise sichtbar sein.

Dafür müssen sie bestimmte lichttechnische Eigenschaften aufweisen. Für den Sichtbarkeitsprozess maßgebend ist die Lichtmenge, die beim Verkehrsteilnehmer ankommt. Maßgebend für den Erkennungsprozess ist der Helligkeits- und/oder Farbkontrast (Unterschied der Lichtmenge), der zwischen den einzelnen Informationsträgern der Verkehrszeichen untereinander und zur Umgebung des Schildes besteht. Dabei sind auch immer die besonderen Eigenschaften des menschlichen Wahrnehmungsapparates zu berücksichtigen, der sich zwar in einem weiten Bereich anpassen (adaptieren) kann, zu einem bestimmten Zeitpunkt aber immer nur einen gewissen Helligkeitsbereich verarbeiten kann (dieser wird in der Regel vom hellsten Punkt im Blickfeld bestimmt; „Blendung“).

In den folgenden Absätzen wird versucht, eine allgemeinverständliche Darstellung der Grundlagen zu geben, die es auch Laien auf dem Gebiet der Lichttechnik erlaubt, die wesentlichen Zusammenhänge nachzuvollziehen und bei ihren Entscheidungen zu berücksichtigen. Für die zahlen- und formelmäßigen Zusammenhänge wird auf die lichttechnische Fachliteratur verwiesen.

12.3.3 Lichttechnische Eigenschaften

Licht ist eine Form von Energie. Da der menschliche Wahrnehmungsapparat aber nur in einem bestimmten Frequenzbereich empfindlich ist, berücksichtigen die lichttechnischen Größen diese Empfindlichkeit (V_{lambda}-Korrektur). Anzumerken ist, dass das menschliche Auge unter Tageslichtbedingungen anders empfindlich ist als bei Dunkelheit, was durch unterschiedliche Korrekturwerte berücksichtigt wird.

Die von einem durchschnittlichen Menschen wahrgenommene Lichtenergie wird **Lichtstrom Φ_v** genannt und in Lumen [lm] angegeben (der Index v steht dabei für „visuell“). Summiert man den in alle Richtungen abgestrahlten Lichtstrom auf, so erhält man den Gesamtlichtstrom der Beleuchtungsquelle (siehe *Bild 12.2* ①).

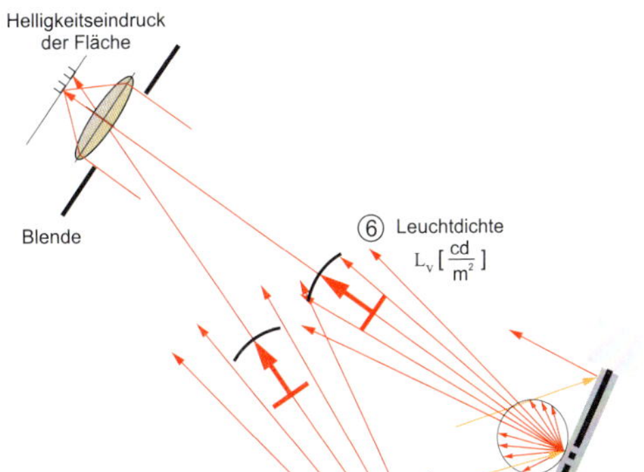

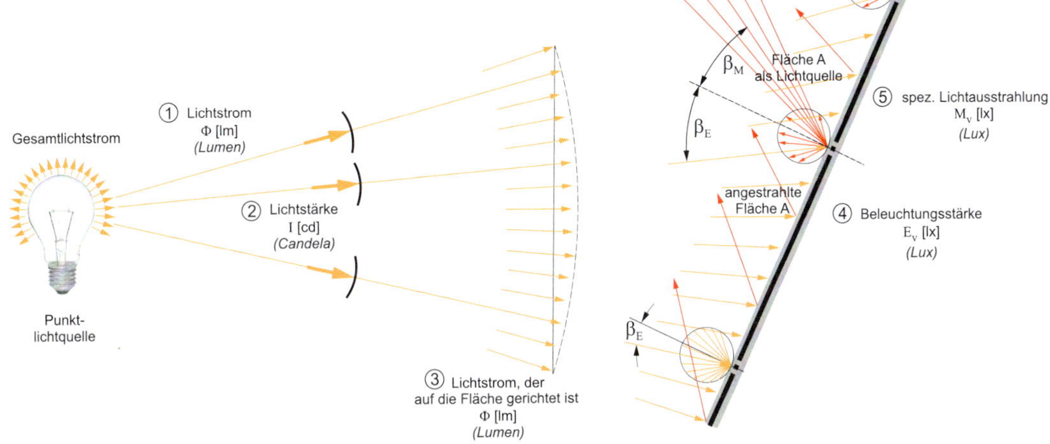

Symbol	Bezeichnung	Formelzeichen	Einheit	Definition
	Raumwinkel	Ω	Steradiant [sr; –]	$\Omega = \frac{A_{Kugelflächenanschnitt}}{r^2}$
	abgestrahlte Leistung	P_Φ	Watt [W]	
	Faktoren, die die menschliche Wahrnehmung berücksichtigen	K_m, $V(\lambda)$	$\frac{lm}{W}$, [–]	
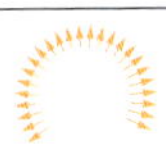	① Lichtstrom (von Menschen wahrnehmbare Lichtleistung)	Φ_V	Lumen [lm]	$\Phi_V = P_\Phi \cdot K_m \cdot V(\lambda)$
	② Lichtstärke (Helligkeit einer Punktlichtquelle)	I_V	Candela [cd; $\frac{lm}{sr}$]	$I_V = \frac{d\,\Phi_V}{d\Omega}$
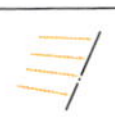	③ auf ein Flächenelement gerichteter Lichtstrom	Φ_V	Lumen [lm]	$d\Phi_{V,A} = I_V \cdot d\Omega_A = I_V \cdot \frac{dA \cdot \cos\beta_E}{r^2}$
	④ Beleuchtungsstärke	E_V	Lux [lx; $\frac{lm}{m^2}$]	$E_V = \frac{d\,\Phi_{V,A}}{dA} = I_V \cdot \frac{\cos\beta_E}{r^2}$
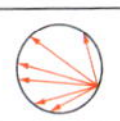	⑤ spez. Lichtausstrahlung	M_V	[$\frac{lm}{m^2}$]	$M_V = f\,(\text{Material, Richtung}) \cdot E_V$
	⑥ Leuchtdichte (Helligkeit einer flächigen Lichtquelle)	L_V	[$\frac{cd}{m^2}$]	$L_V = \frac{d^2\,\Phi_{V,M}}{d\Omega \cdot dA \cdot \cos\beta_M} = \frac{d\,M_V}{d\Omega \cdot \cos\beta_M} = \frac{d\,I_{V,M}}{dA \cdot \cos\beta_M}$

Bild 12.2 Veranschaulichung lichttechnischer Größen

12.3.3 Lichttechnische Eigenschaften

Will man abstrakt angeben, wie groß die Lichtenergie in einer bestimmten Richtung ist, so bezieht man den Lichtstrom in dieser Richtung auf einen (gedanklich kleinen) Raumwinkel und erhält die **Lichtstärke I_v** (siehe *Bild 12.2* ②), die in Candela [cd] angegeben wird. Diese abstrakte Lichtstärke einer Lichtquelle ist in der Regel abhängig von der Ausstrahlrichtung, aber unabhängig von der Entfernung.

Der auf eine Fläche gerichtete Lichtstrom (siehe *Bild 12.2* ③) ergibt sich aus der Lichtstärke und dem Raumwinkel der Fläche aus Sicht der Lichtquelle. Um die **Beleuchtungsstärke E_v** (siehe *Bild 12.2* ④) der angestrahlten Fläche A zu ermitteln, wird dieser Lichtstrom auf die Größe der Fläche bezogen, in Abhängigkeit vom Einstrahlwinkel β_E (zwischen Einstrahlrichtung und Flächennormale) um den Faktor $\cos(\beta_E)$ reduziert und in Lux [lx] angegeben. Die Reduktion um den Faktor $\cos(\beta_E)$ berücksichtigt, dass sich der schräg auftreffende Lichtstrom auf eine größere Fläche verteilt. Je weiter die beleuchtete Fläche von der Lichtquelle entfernt ist, desto kleiner ist der Raumwinkel, damit der auf die Fläche gerichtete Lichtstrom und davon abhängig die Beleuchtungsstärke. Bei einer Punktlichtquelle nimmt die Beleuchtungsstärke quadratisch mit der Entfernung ab.

Die auftreffende Energie wird in Wärme umgewandelt oder wieder als Licht abgestrahlt. Wie, hängt von den lichttechnischen Eigenschaften der Fläche ab (siehe nachfolgend). Wird ein Teil der Energie wieder als Licht abgestrahlt, so wird die beleuchtete Fläche selbst wieder zu einer Leuchtquelle und damit Ausgangspunkt von Lichtstrom und Lichtstärke. Die **spezifische Lichtausstrahlung M_v** (siehe *Bild 12.2* ⑤) ergibt sich aus der Beleuchtungsstärke und den lichttechnischen Eigenschaften der Fläche und wird wie die Beleuchtungsstärke in Lux [lx] gemessen.

Das dadurch erzeugte richtungsabhängige Lichtfeld kann durch die **Leuchtdichte L_v** (siehe *Bild 12.2* ⑥) beschrieben werden, indem die Lichtausstrahlung in eine bestimmte Richtung auf den jeweiligen (gedanklich kleinen) Raumwinkel und die um den Faktor $\cos(\beta_M)$ (für den Abstrahlwinkel zwischen Abstrahlrichtung und Flächennormale) abgeminderte abstrahlende Fläche bezogen wird. Die Einheit ist cd/m^2. Wie die Lichtstärke ist die Leuchtdichte unabhängig von der Entfernung zur Leuchtquelle, aber abhängig von der Richtung.

Die Leuchtdichte entspricht dem Helligkeitseindruck, den ein Betrachter von einer Fläche hat. Dies lässt sich einfach herleiten. Aus der Fläche der Blendenöffnung ergibt sich der Raumwinkel, aus der Fläche des Sensorelementes (Sehzelle, Filmkorn, Sensorpixel) über den Maßstabsfaktor die Fläche des Leuchtelements, die das Sensorelement bestrahlt. Durch Multiplikation der (richtungsbezogenen) Leuchtdichte mit dem Raumwinkel und der relevanten Leuchtelementfläche kann dann der Lichtstrom (die Lichtenergie) berechnet werden, der auf das Sensorelement auftrifft. Vergrößert man den Abstand um den Faktor f, so verkleinert sich der Raumwinkel auf $1/f^2$, während sich die relevante Leuchtelementfläche um den Faktor f^2 vergrößert. Die beiden Veränderungen heben sich auf, sodass die auf das Sensorelement auftreffende Lichtenergie (der Lichtstrom), die letztlich den Helligkeitseindruck auslöst, auch bei veränderter Entfernung gleich bleibt.

Lichttechnisch lässt sich eine Oberfläche nun danach charakterisieren, wie sie die auftreffende Lichtenergie verteilt. Grundsätzlich sind mehrere Möglichkeiten denkbar, die in der Regel gemischt auftreten (siehe *Bild 12.3*):

- **Absorption:** Die Energie wird in Wärme umgewandelt.
- **Spiegelnde Reflexion:** Die Energie wird wieder als Lichtenergie abgegeben, und zwar nach der Regel Einfallswinkel = Ausfallswinkel.
- **Retroreflexion:** Die Energie wird wieder als Lichtenergie abgegeben, und zwar entgegen der Richtung, aus der der Lichtstrahl auf die Oberfläche aufgetroffen ist.
- **Diffuse Reflexion:** Die Energie wird wieder als Lichtenergie abgegeben, und zwar in alle möglichen Richtungen.
- **Eindringen in das Medium:** Bei durchsichtigen Medien setzt das Licht seinen Weg im Medium fort (nach den Brechungsgesetzen in verändertem Winkel).
- **Farbverschiebung (Fluoreszenz):** Die Energie wird wieder als Lichtenergie abgegeben, aber mit Lichtquanten niedriger Energie, damit mit

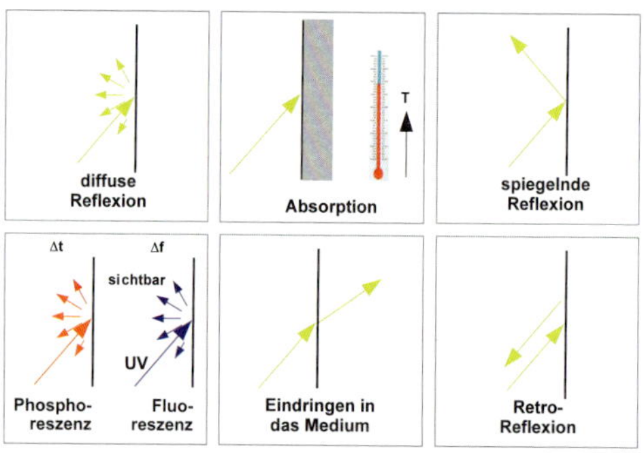

Bild 12.3 Schematische Darstellung der lichttechnischen Eigenschaften einer Oberfläche

einer höheren Wellenlänge (in der Regel vom ultravioletten in den sichtbaren Bereich verschoben); der Energieverlust wird in der Regel absorbiert (siehe dort).
- **Zeitverschiebung (Phosporeszenz, Nachleuchten):** Die Energie wird wieder als Lichtenergie abgegeben, aber mit zeitlicher Verzögerung.

In der Regel treten die verschiedenen Reflexionsformen gemischt auf. So wird auch bei einer „normalen" diffusen Reflexion meist ein gewisser Anteil der Energie absorbiert. Gegenstände erscheinen farbig, weil nur das Licht der entsprechenden Farbe reflektiert wird, das Licht der anderen Farben aber absorbiert wird. Lediglich bei der sogenannten Totalreflexion wird die gesamte Energie reflektiert. Da diese physikalisch bedingt nur an Grenzflächen von dichteren zu weniger dichten Materialien auftritt, treten bei der technischen Nutzung aber im Gesamtsystem meist doch Verluste auf, nämlich beim Übergang des Lichtes in das dichte Medium und aus ihm heraus.

Für die Tagessichtbarkeit von Verkehrszeichen wird die diffuse Reflexion benötigt, für die Nachtsichtbarkeit die Retroreflexion. Die optisch wirksamen Materialien und Beschichtungen sind daher so konzipiert, dass sie sowohl diffus reflektierend als auch retroreflektierend wirken (und, bei farbigen Materialien, auch absorbierend, um nur das Licht der jeweiligen Farbe zu reflektieren). Da das Material aber letztlich nur die eintreffende Energie verteilen kann, wirken hoch retroreflektierende Ausführungen am Tag dunkler. Denn ein größerer Teil des Sonnenlichtes wird nicht diffus zu den Beobachtern reflektiert, sondern wird in den Himmel retroreflektiert. Durch den Einbau fluoreszierender Farbstoffe kann dieser Effekt in gewissem Maße kompensiert werden, indem ultraviolettes Licht in sichtbares Licht umgewandelt wird. Das ist vor allem bei diesigem Wetter vorteilhaft, bei dem ultraviolettes Licht verfügbar und Helligkeit benötigt wird.

Die Retroreflexion sollte das Licht möglichst genau in die Richtung zurückwerfen, aus der es kommt, damit die auftreffende Energie, z. B. aus dem Streulicht der Scheinwerfer, möglichst gut ausgenutzt werden kann. Umgekehrt ist es notwendig, das zurückgestrahlte Licht auch ein wenig zu streuen, damit das Licht nicht nur in die Scheinwerfer, sondern auch zu den etwas höher sitzenden Fahreraugen zurückgestrahlt wird. Der hier benötigte Winkelbereich wird umso größer, je weiter die Augen des Fahrers von den Scheinwerfern entfernt sind (z. B. Lkw) und je näher sich das Fahrzeug am Schild befindet.

Diese erwünschten Eigenschaften führen zu Mindestanforderungen, die an die retroreflektierenden Materialien gestellt werden, aus denen die lichttechnisch wirksame Oberfläche von Verkehrszeichen gebildet wird:

- Für die **Tagessichtbarkeit** werden bestimmte Leuchtdichtefaktoren gefordert (Verhältnis der Leuchtdichte des Materials zu der Leuchtdichte einer ideal weißen Oberfläche).
- Für die **Nachtsichtbarkeit** werden gefordert
  - für beleuchtete Verkehrszeichen Mindestleuchtdichten;
  - für retroreflektierende Verkehrszeichen spezifische Rückstrahlwerte (Leuchtdichtewerte, bezogen auf die Beleuchtungsstärke (des Verkehrszeichens); bei Verkehrsschildern eingeteilt in drei Leistungsklassen, RA1 (niedrigste Anforderungen), RA2 und RA3 (höchste Anforderungen)).
- Für die **Farbechtheit** werden entsprechende Farbkoordinaten im CIE-Farbraum gefordert.

Zu den konkreten Anforderungen siehe Abschnitt 12.4.3.

12.3.4 Baupolizeiliche Gesichtspunkte

Wie in Abschnitt 12.2 ausgeführt, haben die Straßenbaulastträger die alleinige Verantwortung dafür, „dass ihre Bauten allen Anforderungen der Sicherheit und Ordnung genügen". Dies gilt auch für die baupolizeilichen Anforderungen an die Anlagen der Straßenausstattung.

Hier sind zu nennen z. B. die Standfestigkeit der Aufstelleinrichtungen vom einfachen Schildermast bis zur Schilderbrücke, die Rutschsicherheit der Markierungen, die Absturzsicherung bei großen Höhenunterschieden, die Anprallsicherheit von festen oder transportablen Aufstelleinrichtungen oder der Berührschutz bei elektrisch betriebenen Anlagen.

Viele dieser Anforderungen sind im Technischen Regelwerk berücksichtigt. Bei der Anwendung ist sicherzustellen, dass diese Anforderungen auch beim Abwägen mit anderen Gestaltungsanforderungen mit dem nötigen Gewicht eingehen.

Für die Sicherstellung gewisser Eigenschaften, z. B. der Anprallsicherheit von transportablen Aufstelleinrichtungen, sind umfangreiche Versuche notwendig.

Bei eventuell vorgesehenen Abweichungen von der Standardausführung ist zu bedenken, dass auch kleine Änderungen große Auswirkungen haben können. Insofern sollten Standardausführungen sicherheitsrelevanter Einrichtungen nur mit äußerster Vorsicht und unter Berücksichtigung der möglichen Sicherheitsauswirkungen modifiziert werden.

12.3.5 Systematik des Regelwerks

Die Verkehrszeichen und Verkehrseinrichtungen unterliegen als Bestandteil des Bauwerks Straße den Bauproduktenregelungen der Europäischen Union, zunächst der Bauproduktenrichtlinie aus dem Jahr 1988, die zur Bauproduktenverordnung aus dem Jahr 2011 weiterentwickelt wurde (www.dibt.de/de/service/rechtsgrundlagen > EU-Bauproduktenrecht). Die Regelungen sollen den freien Handel mit Bauprodukten erleichtern, ohne die gewohnten nationalen Anforderungen in Bezug auf Sicherheit und Gebrauchstauglichkeit infrage zu stellen. **Dazu wurde ein einheitliches europäisches Zulassungsverfahren geschaffen, das auf einer Sammlung sogenannter „harmonisierter Normen“ aufbaut.**

Um einerseits den unterschiedlichen Anforderungen in den Mitgliedstaaten Rechnung zu tragen, andererseits aber doch schrittweise zu einer Vereinheitlichung zu gelangen, wurde folgende Strategie angewandt:

- Europäische Normen regeln nicht mehr wie „alte Normen“ vordergründig, wie gewisse Bauteile beschaffen sein müssen, sondern schaffen für die verschiedenen maßgebenden Eigenschaften ein einheitliches Klassifikationssystem mit unterschiedlichen Anforderungsniveaus; der Anwender muss dann für jede Eigenschaft festlegen, welches Anforderungsniveau die von ihm gewünschte Ware erfüllen muss.
- Die Einteilung der Leistungsklassen wird so gewählt, dass sich alle bisherigen nationalen Anforderungen durch entsprechende Kombinationen von Leistungsklassen abbilden lassen.
- Durch nationale Umsetzungsdokumente können dann die bisherigen Anforderungen im neuen Normensystem gestellt werden.

Inhaltlich ändert sich damit zunächst nicht sehr viel; die bisherigen Anforderungen an Bauprodukte können unverändert weitergeführt werden. Da die einzelnen Eigenschaften aber nach einheitlichen Normen spezifiziert (und geprüft) werden, reicht eine einheitliche europäische Zulassung aus. Die Anbieter müssen ihre Produkte also nicht mehr in allen Mitgliedstaaten zulassen. Außerdem werden die Anforderungen über das einheitliche Klassensystem vergleichbar.

Da außerdem zumindest die öffentlichen Auftraggeber der Mitgliedstaaten verpflichtet sind, im mandatierten Bereich auf die Leistungsklassen der mandatierten Normen zurückzugreifen (und in diesem Bereich keine zusätzlichen Forderungen stellen dürfen), werden europaweit auch weniger unterschiedliche Anforderungen gestellt.

Das einheitliche Verfahren lässt einfache Vergleiche der Anforderungen und Möglichkeiten zu. Das führt mittelfristig auch zu einer Vereinheitlichung der Anforderungen.

Mit Regelungen nach der Bauproduktenrichtline dürfen allerdings nur die Eigenschaften angesprochen werden, für die die Mitgliedstaaten in den Europäischen Verträgen ihre Hoheit nicht aufgegeben haben. Bei den meisten Bauprodukten trifft das auf alle Eigenschaften zu. Bei den Verkehrszeichen und Verkehrseinrichtungen sind jedoch einige Eigenschaften, z. B. die genaue Formgebung des Signalbildes oder die Art der Anwendung, in der Hoheit der Mitgliedstaaten verblieben. Konkret bedeutet das, dass bei öffentlichen Ausschreibungen gewisse Anforderungen an Verkehrsschilder in Übereinstimmung mit sogenannten harmonisierten europäischen Normen gefordert werden müssen, andere Anforderungen dagegen national festgelegt werden. Insofern hat in diesem Bereich die Forderung nach dem „Erfüllen anerkannter Gütebedingungen“ immer noch ihre Berechtigung; die von den harmonisierten Normen geforderten Eigenschaften werden über das CE-Zeichen, die restlichen Eigenschaften über das Güteschutz-Verfahren abgedeckt.

Wie in Abschnitt 12.11 noch vertieft besprochen wird, handelt es sich bei den meisten Verträgen zur Herstellung von Straßeninfrastruktur um Werkverträge, die die Lieferung der verwendeten Bau- und Hilfsstoffe einschließen.

Im Bereich des Straßenwesens werden diese Verträge normalerweise aufbauend auf den VOB/B und VOB/C formuliert. Dieses System sieht auch eventuelle

- „Zusätzliche Technische Vertragsbedingungen (ZTV)“

vor, also Vertragsbedingungen, die detaillierter oder spezifischer als die VOB/C sind, aber doch nicht nur für eine, sondern für eine Vielzahl von Baumaßnahmen geeignet sind.

Diese ZTV regeln im Wesentlichen die Erstellung des Werkes. Für die Lieferkomponente beziehen sie in der Regel

- „Technische Lieferbedingungen (TL)“ und
- „Technische Prüfbedingungen (TP)“,

(oft auch gemeinsam als „Technische Liefer- und Prüfbedingungen (TLP)“ erstellt) ein, die sich wiederum auf die entsprechenden

- harmonisierten Europäischen Normen (in der Regel als „DIN EN“ veröffentlicht)

beziehen.

Für den Bereich der Bundesfernstraßen lässt das für den Verkehr zuständige Bundesministerium solche ZTV, TL und TP in der Regel von den Ausschüssen der Forschungsgesellschaft für Straßen- und Verkehrswesen (FGSV) ausarbeiten. Diese Ausschüsse arbeiten auch bei der europäischen Normung mit.

Die so ausgearbeiteten ZTV, TL und TP tragen häufig den Zusatz „-StB“ (Straßenbau) und sind wie die VOB/C meist Kombinationsdokumente, die aus Vertragsbedingungen (in gerader Schrift und mit Randstrich) sowie aus Richtlinien zu ihrer Anwendung (in kursiver Schrift ohne Randstrich) bestehen und dann „Zusätzliche Technische ... bedingungen und Richtlinien“ genannt werden.

Soweit die Verwaltung der Bundesfernstraßen den Ländern obliegt („Auftragsverwaltung“; derzeit trifft das nach Art. 90 GG und der Vereinbarungslage für die meisten Bundesstraßen, nicht jedoch für die Bundesautobahnen zu), bittet das für den Verkehr zuständige Bundesministerium die obersten Straßenbaubehörden dieser Länder, diese Regelwerke für den Bereich der von ihnen verwalteten Bundesfernstraßen anzuwenden. Den Ländern empfiehlt es, dies auch im Bereich ihrer eigenen Straßen zu tun.

12.3.6 Sonstige Qualitätsanforderungen (z. B. Güteanforderungen)

Im Zusammenhang mit der Umstellung auf einheitliche europäische Spezifikationen (siehe Abschnitt 12.11.3) ergibt sich auch eine Änderung beim Nachweis, ob die geforderten Eigenschaften erfüllt sind. Im mandatierten Bereich, d. h. dem Bereich von Eigenschaften, die der europäischen Normung unterliegen, wird dieser Nachweis grundsätzlich durch das CE-Zeichen erbracht. Öffentliche Vergabestellen dürfen grundsätzlich auch keine weiteren Nachweise fordern, wobei ihnen Eingangskontrollen unbenommen bleiben.

Das CE-Zeichen ist eine Eigenerklärung derjenigen Institution, die das Produkt in den Warenverkehr bringt, also des Herstellers, Importeurs o. Ä. Je nach Gefährdung der Bevölkerung sehen die Mandate vor, dass diese Eigenerklärung mehr oder weniger durch externe Prüf-, Überwachungs- und Zertifizierungs- (PÜZ-)Stellen überwacht wird. Insofern unterscheidet sich das Vorgehen nach den europäischen Regelungen von der bisher in Deutschland in weiten Bereichen üblichen Praxis, eine öffentlich kontrollierte Güteüberwachung zu etablieren, sei es durch Systeme der öffentlichen Hand oder durch privat organisierte Systeme (Güteschutzgemeinschaften, RAL-Gütezeichen). Die mit der Einführung des CE-Zeichens einhergehende Übertragung der Produktverantwortung auf den Vertreiber ist eine politisch gewollte Veränderung und wird durch entsprechende Gesetzgebung zur Produkthaftung (Produkthaftungsgesetz – ProdHaftG) unterstützt.

Für die nicht mandatierten Eigenschaften bleibt es den Bestellern unbenommen, andere Arten der Qualitätssicherung zu fordern. Allerdings sind den öffentlichen Auftraggebern auch hier Schranken gesetzt, um Diskriminierung von Wettbewerbern zu vermeiden. So müssen z. B. grundsätzlich auch Nachweise aus anderen Mitgliedstaaten anerkannt werden, soweit aus ihnen die Gleichwertigkeit für die Verwendung abgeleitet werden kann. Hinsichtlich der Gütebedingungen kann nur gefordert werden, dass „die Ausführung der Verkehrszeichen ... nicht unter den Anforderungen anerkannter Gütebedingungen liegen“ darf, nicht jedoch, dass das Produkt ein bestimmtes Gütezeichen tragen muss. Allerdings ist ein entsprechendes Gütezeichen ein geeigneter Weg, die Einhaltung der Gütebedingungen nachzuweisen.

12.3.6 Sonstige Qualitätsanforderungen

Verkehrszeichen und Verkehrseinrichtungen haben den „Anforderungen anerkannter Gütebedingungen“ zu entsprechen (VwV-StVO zu den §§ 39 bis 43, III 4, Rn. 18).

Als Gütebedingungen liegen die

- RAL-GZ 628 „Verkehrszeichen und Verkehrseinrichtungen“, 2010,

vor, die von der Güteschutzgemeinschaft Verkehrszeichen und Verkehrseinrichtungen e. V. als Grundlage für das RAL-Gütezeichen „Verkehrszeichen und Verkehrseinrichtungen“ verwendet werden.

Die Förderung der Qualität von Markierungsarbeiten hat sich die „Deutsche Studiengesellschaft für Straßenmarkierungen e. V. (DSGS)“ zum Ziel gesetzt.

Mit Fragen der Güte und Weiterentwicklung der Schutzplanken befassen sich die „Studiengesellschaft für Stahlschutzplanken“ und die „Gütegemeinschaft Stahlschutzplanken e. V.“.

Zu Abschnitt 12.3.6

VwV-StVO zu den §§ 39 bis 43 Allgemeines über Verkehrszeichen und Verkehrseinrichtungen

III. Allgemeines über Verkehrszeichen

18 4. Die Ausführung der Verkehrszeichen darf nicht unter den Anforderungen anerkannter Gütebedingungen liegen.

12.4 Ausführung – Ortsfeste Verkehrsschilder und Leiteinrichtungen

12.4.1 Allgemeines

In diesem Abschnitt wird behandelt, wie die Verkehrsschilder so hergestellt und aufgestellt werden müssen, dass den Verkehrsteilnehmern das festgelegte Signalbild mit den gewünschten lichttechnischen Eigenschaften dargeboten wird.

Die grundsätzlichen Schilderinhalte wurden in den Abschnitten 3 bis 9, die grundsätzlichen Anforderungen an die Sichtbarkeit in den Abschnitten 2.6 und 12.3.3 behandelt.

Zunächst ist festzulegen:

- die geometrische Ausgestaltung (Abschnitt 12.4.2):
  - Größe des Schildes
  - Form und Größe der verschiedenfarbigen Signalflächen und Symbole.

Die weitere Entscheidung für eine bestimmte Ausführungsart (Umsetzung) lässt sich dann in mehrere Phasen gliedern:

- die Wahl der grundsätzlichen Bauart (Abschnitt 12.4.3):
  - konventionell beschichtet
  - retroreflektierend
  - innen- oder außenbeleuchtet
- die Wahl der mechanischen Konstruktion (Abschnitt 12.4.4):
  - Trägermaterial mit seiner Ausformung und Befestigung
  - ggf. Beleuchtungseinrichtungen
- die Wahl der lichttechnisch wirksamen Baustoffe (Abschnitt 12.4.5).

Harmonisierte Norm für Verkehrsschilder (im europäischen Kontext „vertikale Verkehrszeichen" genannt) ist die

- DIN EN 12899-1 „Ortsfeste, vertikale Straßenverkehrszeichen – Teil 1: Ortsfeste Verkehrszeichen", Ausgabe 2008.

Die Umsetzung in Deutschland erfolgt mit

- „Zusätzliche Technische Vertragsbedingungen und Richtlinien für vertikale Verkehrszeichen (ZTV VZ)", Ausgabe 2011, FGSV Verlag,
- „Technische Liefer- und Prüfbedingungen für vertikale Verkehrszeichen (TLP VZ)", Ausgabe 2011, FGSV Verlag.

Die Einführung für die Bundesfernstraßen (mit der Anregung, die Regelwerke auch im Zuständigkeitsbereich der Länder zu verwenden) erfolgte mit

- ARS 09/2011 (StB 11/7122.3/4/1448158) „Technische Liefer- und Prüfbedingungen für vertikale Verkehrszeichen (TLP VZ); Zusätzliche Technische Vertragsbedingungen und Richtlinien für vertikale Verkehrszeichen (ZTV VZ); Merkblatt für die Wahl der lichttechnischen Leistungsklasse von vertikalen Verkehrszeichen und Verkehrseinrichtungen (M LV)" vom 21.7.2011 (VkBl. 2012 S. 42)
- ARS 18/2015 (StB 11/7123.13/2-2496626) „Technische Liefer- und Prüfbedingungen für vertikale Verkehrszeichen (TLP VZ 2011); Mikroprismatische retroreflektierende Folien für Verkehrszeichen" vom 23.10.2015 (VkBl. S. 754)
- ARS 02/2022 (StB 26/7122.3/5/3612626) „Grundsätze für die passiv sichere Aufstellung von Verkehrszeichen" vom 2.2.2022 (VkBl. S. 78).

In der DIN EN 12899-1 werden bei Materialien, bei denen die Rückstrahlwirkung auf Glasperlen beruht, für die Tagessichtbarkeit Werte für die Farbechtheit (x-, y-Koordinaten in der CIE-Normfarbtafel) und Mindestwerte für den sogenannten Leuchtdichtefaktor β, ein Maß für das Energieverhältnis der diffusen Reflexion, gefordert.

Für die Retroreflexion werden entsprechend Mindestwerte für den spezifischen Rückstrahlwert R_A gefordert, aus den in Abschnitt 12.3.3 angesprochenen Gründen für verschiedene Winkel β außerhalb der exakten Rückstrahlrichtung.

Für Materialien, bei denen die Rückstrahlwirkung auf der Wirkung von (Mikro-)Prismen beruht, ist eine „Europäische Technische Bewertung" (ETA) erforderlich, in der ähnliche Eigenschaften geprüft werden.

Die für Verkehrszeichen und Verkehrseinrichtungen verwendeten Farben müssen den Bestimmungen des Normblattes

- DIN 6171 „Aufsichtfarben für Verkehrszeichen und Verkehrseinrichtungen", Ausgabe 2017,

entsprechen.

Für eine schnelle visuelle Prüfung der Farben können Farbkarten verwendet werden. Ein solcher Farbenvergleich kann nicht den Anspruch erheben, physikalisch exakt zu sein, reicht aber häufig für die Zwecke der Praxis.

Zu Abschnitt 12.4.1

VwV-StVO
zu den §§ 39 bis 43
Allgemeines über
Verkehrszeichen
und Verkehrs-
einrichtungen

III. Allgemeines über Verkehrszeichen

20 6. Die Farben müssen den Bestimmungen und Abgrenzungen des Normblattes „Aufsichtsfarben für Verkehrszeichen – Farben und Farbgrenzen“ (DIN 6171) entsprechen.

12.4.2 Größe und Geometrie

Die Abmessungen (Größe) der Schilder und Verkehrseinrichtungen sind in der VwV-StVO zu den §§ 39 bis 43 und in Teil 1 Ziffer 4 des VzKat geregelt. Sie richten sich in erster Linie nach den zu erwartenden Geschwindigkeiten: Um eine gewisse Zeit der Sichtbarkeit zu gewährleisten, muss das Schild größer sein, wenn schneller gefahren wird. Die Ausführungen in den Abschnitten 2.8 und 8.2.5 gelten entsprechend.

Auf Autobahnen und autobahnähnlichen Straßen ohne Geschwindigkeitsbeschränkung können Wiederholungen auf zweistreifigen Fahrbahnen auch kleiner, nämlich in der Größe 2 statt der dort sonst notwendigen Größe 3, ausgeführt werden. Zeichen, die sich nur an den Fußgänger- und Radverkehr richten oder das Halten und Parken regeln, können ausnahmsweise auch kleiner, sogar kleiner als die Größe 1, ausgeführt werden, wenn dies, z. B. aus gestalterischen Erwägungen, dringend geboten erscheint und die Schilder auch dann noch für ihre Zielgruppe ausreichend erkennbar und lesbar sind. Auch in gestalterisch sensiblen Gebieten kann es in Ausnahmefällen sinnvoll sein, kleinere Schilder einzusetzen; dann ist aber immer zu prüfen, ob die Schilder noch rechtzeitig und zuverlässig wahrgenommen und erkannt werden können.

Die Festlegungen berücksichtigen, dass die Verkehrszeichen rechtzeitig wahrgenommen werden können und bei der Vorbeifahrt genügend Zeit verbleibt, den Schilderinhalt aufzunehmen, zu verarbeiten und entsprechend zu reagieren. Sie stellen außerdem sicher, dass die verschiedenen Verkehrszeichen in einem ausgewogenen Größenverhältnis zueinander stehen.

Formal obliegt die Festlegung der angemessenen Größe nach § 45 Abs. 3 StVO in der Regel den Straßenbaubehörden. Nur in Ausnahmefällen können und sollen die Straßenverkehrsbehörden Anordnungen zur Über- oder Untergröße treffen. In der Praxis wird man solche Festlegungen meist gemeinsam treffen.

Die Details der geometrischen Form ergeben sich aus dem VzKat und den bei der Bundesanstalt für Straßen- und Verkehrswesen (www.bast.de) erhältlichen Konstruktionszeichnungen.

Zu Abschnitt 12.4.2

StVO
§ 45
Verkehrszeichen
und Verkehrs-
einrichtungen

(3) ... Die Straßenbaubehörden legen – vorbehaltlich anderer Anordnungen der Straßenverkehrsbehörden – die Art der Anbringung und der Ausgestaltung, wie Übergröße, Beleuchtung fest; ob Leitpfosten anzubringen sind, bestimmen sie allein. ...

VwV-StVO
zu den §§ 39 bis 43
Allgemeines über
Verkehrszeichen
und Verkehrs-
einrichtungen

III. Allgemeines über Verkehrszeichen

7 1. Es dürfen nur die in der StVO abgebildeten Verkehrszeichen verwendet werden oder solche, die das Bundesministerium für Verkehr und digitale Infrastruktur nach Anhörung der zuständigen obersten Landesbehörden durch Verlautbarung im Verkehrsblatt zulässt.

Die Formen der Verkehrszeichen müssen den Mustern der StVO entsprechen.

Mehrere Verkehrszeichen oder ein Verkehrszeichen mit wenigstens einem Zusatzzeichen dürfen gemeinsam auf einer weißen Trägertafel aufgebracht werden. Die Trägertafel hat einen schwarzen Rand und einen weißen Kontraststreifen. Zusatzzeichen werden jeweils von einem zusätzlichen schwarzen Rand gefasst. Einzelne Verkehrs-

VwV-StVO zu den §§ 39 bis 43 Allgemeines über Verkehrszeichen und Verkehrseinrichtungen

zeichen dürfen nur auf einer Trägertafel aufgebracht sein, wenn wegen ungünstiger Umfeldbedingungen eine verbesserte Wahrnehmbarkeit erreicht werden soll.

8 2. Allgemeine Regeln zur Ausführung der Gestaltung von Verkehrszeichen sind als Anlage zu dieser Verwaltungsvorschrift im Katalog der Verkehrszeichen in der aktuellen Ausgabe (VzKat) ausgeführt.

9 Gefahrzeichen können spiegelbildlich dargestellt werden (die einzelnen Varianten ergeben sich aus dem VzKat),

10 a) wenn dadurch verdeutlicht wird, wo die Gefahr zu erwarten ist (Zeichen 103, 105, 117, 121) oder

11 b) wenn sie auf der linken Fahrbahnseite wiederholt werden (Zeichen 117, 133 bis 142); die Anordnung von Gefahrzeichen für beide Fahrbahnseiten ist jedoch nur zulässig, wenn nach den örtlichen Gegebenheiten nicht ausgeschlossen werden kann, dass Verkehrsteilnehmer das nur rechts befindliche Gefahrzeichen nicht oder nicht rechtzeitig erkennen können.

3. Größe der Verkehrszeichen

12 a) Die Ausführung der Verkehrszeichen und Verkehrseinrichtungen ist auf das tatsächliche Erfordernis zu begrenzen; unnötig groß dimensionierte Zeichen sind zu vermeiden.

13 b) Sofern in dieser Vorschrift nichts anderes bestimmt wird, erfolgt die Wahl der benötigten Verkehrszeichengröße – vor dem Hintergrund einer sorgfältigen Abwägung – anhand folgender Tabellen:

Verkehrszeichen	Größe 1 (70 %)	Größe 2 (100 %)	Größe 3 (125 bzw. 140 %)
Ronde (Ø)	420	600	750 (125 %)
Dreieck (Seitenl.)	630	900	1 260 (140 %)
Quadrat (Seitenl.)	420	600	840 (140 %)
Rechteck (H × B)	630 × 420	900 × 600	1 260 × 840 (140 %)

Maße in mm

Zusatzzeichen	Größe 1 (70 %)	Größe 2 (100 %)	Größe 3 (125 %)
Höhe 1	231 × 420	330 × 600	412 × 750
Höhe 2	315 × 420	450 × 600	562 × 750
Höhe 3	420 × 420	600 × 600	750 × 750

Maße der Zusatzzeichen in mm

14 c) Größenangaben für Sonderformen (z. B. Zeichen 201 „Andreaskreuz“), die in dieser Vorschrift nicht ausgeführt werden, sind im VzKat festgelegt.

15 d) In der Regel richtet sich die Größe nach der am Aufstellungsort geltenden zulässigen Höchstgeschwindigkeit:

Größen der Verkehrszeichen für Dreiecke, Quadrate und Rechtecke

Geschwindigkeitsbereich (km/h)	Größe
20 bis weniger als 50	1
50 bis 100	2
mehr als 100	3

Größen der Verkehrszeichen für Ronden

Geschwindigkeitsbereich (km/h)	Größe
0 bis 20	1
mehr als 20 bis 80	2
mehr als 80	3

12.4.2 Größe und Geometrie

VwV-StVO zu den §§ 39 bis 43 Allgemeines über Verkehrszeichen und Verkehrseinrichtungen

16 e) Auf Autobahnen und autobahnähnlich ausgebauten Straßen ohne Geschwindigkeitsbeschränkung werden Verbote und vergleichbare Anordnungen zunächst durch Verkehrszeichen der Größe 3 nach den Vorgaben des VzKat angekündigt, Wiederholungen erfolgen bei zweistreifigen Fahrbahnen in der Regel in der Größe 2.

17 f) Kleinere Ausführungen als Größe 1 kommen unter Berücksichtigung des Sichtbarkeitsgrundsatzes nur für den Fußgänger- und Radverkehr sowie die Regelungen des Haltens und Parkens in Betracht. Das Verhältnis der vorgeschriebenen Maße soll auch dann gegeben sein. Im Übrigen sind bei allen Verkehrszeichen kleine Abweichungen von den Maßen zulässig, wenn dies aus besonderen Gründen notwendig ist und die Wahrnehmbarkeit und Lesbarkeit der Zeichen nicht beeinträchtigt.

...

19 5. Als Schrift ist die Schrift für den Straßenverkehr DIN 1451, Teil 2 zu verwenden.

...

44 14. Sollen Verkehrszeichen nur zu gewissen Zeiten gelten, dürfen sie sonst nicht sichtbar sein. Nur die Geltung der Zeichen 224, 229, 230, 245, 250, 251, 253, 255, 260, 261, 270.1, 274, 276, 277, 277.1, 283, 286, 290.1, 314, 314.1 und 315 darf stattdessen auf einem Zusatzzeichen, z. B. „8–16 h", zeitlich beschränkt werden. Vorfahrtregelnde Zeichen vertragen keinerlei zeitliche Beschränkungen.

...

16. Zusatzzeichen im Besonderen

46 a) Sie sollten, wenn irgend möglich, nicht beschriftet sein, sondern nur Sinnbilder zeigen. Wie Zusatzzeichen auszugestalten sind, die in der StVO oder in dieser Vorschrift nicht erwähnt, aber häufig notwendig sind, ergibt sich aus dem Katalog der Verkehrszeichen (VzKat) oder aus Verkehrsblatt-Verlautbarungen des zuständigen Bundesministeriums nach Nummer III 1 (Rn. 7). Abweichungen von dort aufgeführten Zusatzzeichen sind nicht zulässig; andere Zusatzzeichen bedürfen der Zustimmung der zuständigen obersten Landesbehörde oder der von ihr bestimmten Stelle. Für die mit Zeichen 330.1 und 330.2 gekennzeichneten Autobahnen in der Baulast des Bundes bedürfen andere Zusatzzeichen der Zustimmung des Fernstraßen-Bundesamts.

...

48 c) Entfernungs- und Längenangaben sind auf- oder abzurunden. Anzugeben sind z. B. 60 m statt 63 m, 80 m statt 75 m, 250 m statt 268 m, 800 m statt 750 m, 1,2 km statt 1235 m.

...

V. Allgemeines über Verkehrseinrichtungen

57 Für Verkehrseinrichtungen gelten die Vorschriften der Nummern I, III 1, 2, 4, 5, 6, 10 und 13 sinngemäß.

Katalog der Verkehrszeichen (VzKat)

Teil 1 – Allgemeines

1. Grundlagen

(1) Der VzKat enthält alle Verkehrszeichen[1] (inkl. Zusatzzeichen) und Verkehrseinrichtungen gemäß den §§ 39 bis 43 der Straßenverkehrs-Ordnung (StVO) sowie zulässige Varianten von diesen. Außerdem enthält er Verkehrszeichen, die von dem für Verkehr zuständigen Bundesministerium nach Anhörung der zuständigen obersten Landesbehörden durch Verkehrsblattverlautbarung eingeführt sind. Der VzKat umfasst alle bundesweit eingeführten und damit amtlich zugelassenen Verkehrszeichen. Als Anlage zur Allgemeinen Verwaltungsvorschrift zur StVO (VwV-StVO zu den §§ 39 bis 43 Randnummer 8) ist er Bestandteil der VwV-StVO und wird mit ihr eingeführt.

(2) Im Sinne der Einheitlichkeit und Verständlichkeit der Verkehrszeichen für den nationalen sowie internationalen Straßenverkehr sind neben den Ausführungen des VzKat besonders die Vorschriften zu den §§ 39 bis 43 VwV-StVO zu beachten.

(3) Bei Verkehrszeichen mit variablen Inhalten (z. B. Richtzeichen) werden im VzKat in der Regel nicht alle möglichen Ausführungsvarianten wiedergegeben. Die bildliche Darstellung beschränkt sich dann auf das in der StVO enthaltene Verkehrszeichenbeispiel, bei Bedarf um bedeutsame Ausführungsvarianten ergänzt. Im Hinblick auf die konkrete Ausführung

---

1 Der Begriff Verkehrszeichen schließt im Folgenden Zusatzzeichen und Verkehrseinrichtungen in der Regel mit ein.

Katalog der Verkehrszeichen (VzKat)

solcher Verkehrszeichen und ihre möglichen Varianten findet sich ein Hinweis auf das entsprechende Regelwerk:

- Richtlinien für die wegweisende Beschilderung außerhalb von Autobahnen (RWB)
- Richtlinien für die wegweisende Beschilderung auf Autobahnen (RWBA)
- Richtlinien für die touristische Beschilderung (RtB)
- Richtlinien für Umleitungsbeschilderungen (RUB)
- Richtlinien für Wechselverkehrszeichen an Bundesfernstraßen (RWVZ)
- Richtlinien für die Sicherung von Arbeitsstellen an Straßen (RSA) [jetzt: Richtlinien für die verkehrsrechtliche Sicherung von Arbeitsstellen an Straßen (RSA 21)]
- Richtlinien für die Anordnung von verkehrsregelnden Maßnahmen für den Transport gefährlicher Güter auf Straßen
- Richtlinien für die Kennzeichnung von Ingenieurbauwerken mit beschränkter Durchfahrtshöhe über Straßen
- Eisenbahn-Bau- und Betriebsordnung (EBO).

(4) Damit alle Verkehrszeichen stets ein einheitliches Erscheinungsbild haben, muss auf ein standardisiertes Datenmaterial für Verkehrszeichenhersteller, Druckereien, etc. zurückgegriffen werden können. Hierfür erstellt die Bundesanstalt für Straßenwesen (BASt) von allen Verkehrszeichen digitalisierte Vorlagen und hält diese für PC-gestütztes Zeichnen, Konstruieren und Fertigen vor. Die Digitaldaten sämtlicher amtlicher Verkehrszeichen und Verkehrseinrichtungen können bei der BASt bezogen werden.

(5) Der VzKat ist als Loseblattsammlung konzipiert. Für etwaige Änderungen/Ergänzungen bietet jede Seite den Raum für mindestens ein weiteres Zeichen.

(6) Verkehrszeichen mit einem veränderlichen numerischen Inhalt werden nicht in allen möglichen Varianten dargestellt. Es wird lediglich ein Zeichen abgebildet. Die Varianten werden über die Unternummer festgelegt. Die Unternummer steht dabei für den Zahlenwert im Zeichen (vgl. Nummer 3 Abschnitt (3)).

...

4. Größen der Verkehrszeichen

(1) Die Größe der Verkehrszeichen richtet sich nach den Vorgaben der VwV-StVO zu den §§ 39 bis 43 Randnummern 12 ff.). Demnach sind lediglich Größenangaben zu Sonderformen von Verkehrszeichen (z. B. Zeichen 201 Andreaskreuz) im VzKat festgelegt. Eine entsprechende Maßangabe wird jeweils beim Verkehrszeichen angegeben [Höhe × Breite in Millimeter].

(2) Damit auf Zonenzeichen dargestellte Hauptzeichen (z. B. Zeichen 274 in Zeichen 274.1 Beginn einer Tempo 30-Zone) im Vergleich zu Nicht-Zonenzeichen nicht zu klein ausfallen, sollten Zonenzeichen in der Regel in der nächstgrößeren Größe als nach VwV-StVO vorgesehen, ausgeführt sein. Dies bedeutet für Zonenzeichen in der Regel Größe 3. (VwV-StVO zu den §§ 39 bis 43 Randnummer 17a).

12.4.3 Grundsätzliche Bauart

Um eine ausreichende Sichtbarkeit bei Nacht zu gewährleisten, müssen Verkehrszeichen rückstrahlend sein oder beleuchtet werden.

Ausgenommen sind die Verkehrszeichen für den ruhenden Verkehr, insbesondere also Zeichen 283 „Haltverbot“ und 286 „Eingeschränktes Haltverbot“. Allerdings wird auch bei diesen die retroreflektierende Ausführung empfohlen, vor allem, wenn sie am gleichen Pfosten wie andere Verkehrszeichen angebracht werden. Soweit die Zeichen zwar den ruhenden Verkehr regeln, sich aber an den fahrenden Verkehr wenden (z. B. Wegweiser zu Parkeinrichtungen), sollten sie wie Verkehrszeichen für den fahrenden Verkehr behandelt werden.

Heute werden allerdings meist auch die Verkehrsschilder für den ruhenden Verkehr und die beleuchteten retroreflektierend ausgebildet. Für vergleichsweise geringe Mehrkosten erhält man eine deutlich bessere Erkennbarkeit in der Nacht oder eine Rückfallebene bei Ausfall der Beleuchtung.

Ein Verkehrszeichen gilt nur dann als von außen beleuchtet, wenn es von einer eigenen Lichtquelle angestrahlt wird.

Alleine über der Fahrbahn angebrachte Vorschriftzeichen müssen sehr stark retroreflektieren, um auch bei Abblendlicht, von dem über der Fahrbahn nur sehr wenig Streulicht ankommt, sicher erkennbar zu sein. Sie können auch von innen oder außen beleuchtet werden oder selbstleuchtend als Wechselverkehrszeichen ausgeführt sein.

Sind die Hauptzeichen retroreflektierend oder leuchtend, dann müssen die Zusatzzeichen in gleicher Art ausgeführt sein.

Bei Zeichen, bei denen die Erkennbarkeit in besonderer Weise gewährleistet sein muss, z. B. bei Zeichen 206 „Halt. Vorfahrt gewähren.", empfiehlt es sich, bei beleuchteten Zeichen eine Bauart zu wählen, die bei Ausfall der Beleuchtung auch retroreflektiert.

Konkrete Vorschläge dafür, unter welchen Bedingungen welche Sichtbarkeitsqualitäten sinnvoll sind, gibt das

- „Merkblatt für die Wahl der lichttechnischen Leistungsklasse von vertikalen Verkehrszeichen und Verkehrseinrichtungen (M LV)", Ausgabe 2011, FGSV Verlag

sowie die einleitenden Bemerkungen des VzKat.

Tabelle 12.1 gibt die Tabelle 1 M LV 2011 wieder.

Für die Herstellung von Verkehrsschildern wird in der Regel eine retroreflektierende Folie auf einen einfachen Bildträger aufgebracht (nachfolgend wiedergegeben). Bei innenbeleuchteten Schildern muss die Folie ausreichend transparent sein, um die Beleuchtungswirkung zu ermöglichen.

Bei den deutlich besser erkennbaren beleuchteten Schildern unterscheidet man innenbeleuchtete Ausführungen (mit bei Beleuchtung durchscheinendem Signalbild) und außenbeleuchtete Ausführungen. Die Beleuchtung ist jedoch mit hohen investiven Kosten (Ausführung, Kabelzuführung) und Betriebskosten (Energie, Wartung) verbunden. Beleuchtete Schilder werden daher – wenn überhaupt – meist nur innerörtlich verwendet, wo wegen der hellen Umgebung auch hohe Leuchtdichten benötigt werden, auf der anderen Seite keine langen Stromzuführungen eingerichtet werden müssen und die Wartungskosten durch Synergien mit anderen technischen Einrichtungen (Straßenbeleuchtung, Lichtsignalanlagen) reduziert werden können. Der Verzicht auf beleuchtete Beschilderung außerorts wurde möglich mit der Einführung hoch retroreflektierender Folien, die auch bei Überkopf-Beschilderung, die nur vom Streulicht der Scheinwerfer erreicht wird, ausreichend hohe Leuchtdichten für eine sichere Erkennbarkeit ermöglichen.

In der Regel wird man die lichttechnisch wirksame Schicht auch bei beleuchteten Schildern retro-

Tabelle 12.1 Wahl der Leistungsklasse bezüglich Retroreflexion und/oder Leuchtdichte (Verkehrszeichen bei Dunkelheit)

Zeichen nach § 39 bis § 43 StVO		normales Umfeld			hell erleuchtetes Umfeld und/oder viele externe Lichtquellen		
		Autobahn	außerorts	innerorts	Autobahn	außerorts	innerorts
alle Zeichen außer den nachstehend aufgeführten*)	Aufstellort: **rechts**	RA2	RA1/RA2	RA2	RA2/RA3	RA2	RA3/**be**
	Aufstellort: **hoch/links**	RA2	RA2	RA2	RA3	RA2/RA3	RA3/**be**
Warte- und Haltegebote an Bahnübergängen		–	RA2/RA3	RA2/RA3	–	RA3	RA3
Warte- und Haltgebote an Kreuzungen, Einmündungen und bei verengter Fahrbahn; Zeichen für vorgeschriebene Fahrtrichtung und vorgeschriebene Vorbeifahrt		RA2/RA3	RA2	RA2/RA3	RA3	RA3	RA3/**be**
Zeichen in Arbeitsstellen		RA2	RA2	RA2**)	RA2/RA3	RA2	RA2
Sonderwege, Haltverbote und Parken; touristische Unterrichtungstafeln gemäß Z 386 StVO und VwV-StVO zu Zeichen 386***)		RA1					

*) Sofern für diese nicht in gesonderten Regelwerken Festlegungen getroffen werden (z. B. Zeichen 350 in den R-FGÜ).
**) Vorhandene Bestände an Materialien der Retroreflexions-Klasse 1 (RA1) können aufgebraucht werden.
***) Sofern nicht in Form eines braunen Farbeinsatzes in einem Wegweiser nach RWB integriert.

Erläuterungen zur Tabelle 1:
RA1: Retroreflexions-Klasse 1 (früher „Typ 1")
RA2: Retroreflexions-Klasse 2 (früher „Typ 2")
RA3: Retroreflexions-Klasse 3 (früher „Typ 3")
be: von innen oder außen beleuchtet
/: Auswahl nach Randbedingungen
links: wenn das Zeichen nur links steht, wird eine höherwertige Leistungsklasse gegenüber der Rechtsaufstellung (**„rechts"**) empfohlen

Quelle: M LV

reflektierend ausführen, da die Mehrkosten nicht erheblich sind und für den Fall des Beleuchtungsausfalls immer noch eine gewisse Nachtsichtbarkeit gewährleistet werden kann. Dabei ist zu berücksichtigen, dass bei innenbeleuchteten Schildern durchscheinende lichttechnisch wirksame Beschichtungen verwendet werden müssen (und damit Teilüberklebungen für Änderungen und Reparaturen in der Regel nicht möglich sind) und dass bei außenbeleuchteten Schildern möglicherweise geringfügig höhere Beleuchtungsstärken nötig sind, da gewisse Anteile der anstrahlenden Lichtmenge zur Beleuchtungsquelle zurückgestrahlt werden.

In Ausnahmefällen kann es zur Erhöhung der Aufmerksamkeit sinnvoll sein, Verkehrszeichen lichttechnisch erzeugt als Wechselverkehrszeichen auszubilden, auch wenn immer nur ein Begriff gezeigt wird. Dabei ist zu berücksichtigen, dass das Zeichen bei Ausfall der Stromversorgung überhaupt nicht gezeigt wird. Diese Option darf daher nur bei solchen Zeichen gewählt werden, die die Verkehrsteilnehmer bei ihren Aufgaben unterstützen, nicht jedoch dort, wo der Ausfall zu widersprüchlichen Situationen führen kann, wie z. B. bei vorfahrtregelnden Zeichen.

Zu Abschnitt 12.4.3

VwV-StVO zu den §§ 39 bis 43 Allgemeines über Verkehrszeichen und Verkehrseinrichtungen

III. Allgemeines über Verkehrszeichen

21 7. Verkehrszeichen, ausgenommen solche für den ruhenden Verkehr, müssen rückstrahlend oder von außen oder innen beleuchtet sein. Das gilt auch für Verkehrseinrichtungen nach § 43 Abs. 3 Anlage 4 und für Zusatzzeichen. Werden Zusatzzeichen verwendet, müssen sie wie die Verkehrszeichen rückstrahlend oder von außen oder innen beleuchtet sein. Hinsichtlich lichttechnischer Anforderungen wird auf die EN 12899-1 „Ortsfeste, vertikale Straßenverkehrszeichen" sowie die einschlägigen Regelwerke der Forschungsgesellschaft für Straßen- und Verkehrswesen (FGSV) verwiesen.

22 Ein Verkehrszeichen ist nur dann von außen beleuchtet, wenn es von einer eigenen Lichtquelle angeleuchtet wird.

23 Verkehrszeichen können auch lichttechnisch erzeugt als Wechselverkehrszeichen in Wechselverkehrszeichengebern dargestellt werden. Einzelheiten enthalten die „Richtlinien für Wechselverkehrszeichen an Bundesfernstraßen (RWVZ)" und die „Richtlinien für Wechselverkehrszeichenanlagen an Bundesfernstraßen (RWVA)", die das Bundesministerium für Verkehr und digitale Infrastruktur im Einvernehmen mit den zuständigen obersten Landesbehörden im Verkehrsblatt bekannt gibt.

...

29 a) Links allein oder über der Straße allein dürfen sie nur angebracht werden, wenn Missverständnisse darüber, dass sie für den gesamten Verkehr in einer Richtung gelten, nicht entstehen können und wenn sichergestellt ist, dass sie auch bei Dunkelheit auf ausreichende Entfernung deutlich sichtbar sind.

Katalog der Verkehrszeichen (VzKat)

Teil 1 – Allgemeines

5. Materialien und Ausführung von Verkehrszeichen

Verkehrszeichen sind material- und ausführungstechnisch nach den einschlägigen internationalen und nationalen Vorschriften herzustellen und zu unterhalten. Die Ausführung der Verkehrszeichen darf nicht unter den Anforderungen anerkannter Gütebedingungen liegen (vgl. VwV-StVO zu den §§ 39 bis 43 Randnummer 18).

Werden Verkehrszeichen als Wechselverkehrszeichen nur durch Leuchten erzeugt, können abweichend von der im VzKat abgebildeten Darstellung die weißen Flächen schwarz und die schwarzen Sinnbilder und der schwarze Rand weiß sein. Einzelheiten enthalten die „Richtlinien für Wechselverkehrszeichen an Bundesfernstraßen (RWVZ)" und die „Richtlinien für Wechselverkehrszeichenanlagen an Bundesfernstraßen (RWVA)" (vgl. VwV-StVO zu den §§ 39 bis 43 Randnummer 23).

12.4.3 Grundsätzliche Bauart

BMVBS – StB
11/7122.3/4-1448158
21. Juli 2011

Merkblatt für die Wahl der lichttechnischen Leistungsklasse von vertikalen Verkehrszeichen und Verkehrseinrichtungen (M LV)

Die Forschungsgesellschaft für Straßen- und Verkehrswesen hat in Zusammenarbeit mit der Bundesanstalt für Straßenwesen die „Technischen Liefer- und Prüfbedingungen für vertikale Verkehrszeichen" (TLP VZ), Ausgabe 2011, die „Zusätzlichen Technischen Vertragsbedingungen und Richtlinien für vertikale Verkehrszeichen" (ZTV VZ), Ausgabe 2011 und das „Merkblatt für die Wahl der lichttechnischen Leistungsklasse von vertikalen Verkehrszeichen und Verkehrseinrichtungen" (M LV), Ausgabe 2011, aufgestellt und Ihnen sowie den maßgeblichen Verbänden zur Stellungnahme übersandt. Die TLP VZ wurden nach Übermittlung Ihrer Stellungnahmen aus den ursprünglichen TL VZ und TP VZ zusammengeführt. In den aktuellen Regelwerken sind die Stellungnahmen weitestgehend berücksichtigt.

Für den Bereich der Bundesfernstraßen bitte ich die „Technischen Liefer- und Prüfbedingungen für vertikale Verkehrszeichen" (TLP VZ), Ausgabe 2011, die „Zusätzlichen Technischen Vertragsbedingungen und Richtlinien für vertikale Verkehrszeichen" (ZTV VZ), Ausgabe 2011 sowie die Tabelle 1 des „Merkblatt für die Wahl der lichttechnischen Leistungsklasse von vertikalen Verkehrszeichen und Verkehrseinrichtungen" (M LV), Ausgabe 2011, anzuwenden.

Gemäß Kapitel 6.1.3 der ZTV VZ dürfen nur zugelassene Signalbild-Materialien und zertifizierte Materialkombinationen nach TLP VZ verwendet werden. Die Bewertung der Konformität mit den für Deutschland ausgewählten Klassen erfolgt durch die Bundesanstalt für Straßenwesen. Über die für Deutschland freigegebenen Signalbild-Materialien wird bei der BASt eine Liste geführt und diese in regelmäßigen Abständen veröffentlicht.

In Ergänzung zu Kapitel 7.3 der ZTV VZ und Punkt 8 der Grundsätze für die Aufstellung von Verkehrszeichen an Bundesstraßen (ARS 21/2000) sind gemäß RPS 2009 (ARS 28/2010) passive Schutzeinrichtungen vor Schildkonstruktionen auf Gabelständern oder Trimasten vorzusehen, sofern nicht die passive Sicherheit der Schildkonstruktion nach DIN EN 12767 nachgewiesen wurde.

Bei der Wahl der lichttechnischen Leistungsklasse von vertikalen Verkehrszeichen und Verkehrseinrichtungen beziehungsweise der Anwendung der Tabelle 1 des M LV bitte ich Folgendes zu berücksichtigen:

- Eine Umrüstung vorhandener Verkehrszeichen und Verkehrseinrichtungen ist nicht erforderlich.
- Die Tabelle 1 des M LV enthält keine Vorgaben über den zu verwendenden Reflexfolien-Aufbau. Es kann Gründe geben, den Reflexfolien-Aufbau bei der Ausschreibung gesondert vorzugeben.
- Auf eine Kombination von Reflexfolien verschiedener Retroreflexions-Klassen und/oder Reflexfolien-Aufbauten innerhalb eines Verkehrszeichens oder einer Verkehrseinrichtung (z. B. RA3 auf RA2 und/oder Reflexfolien-Aufbau C auf Reflexfolien-Aufbau B) ist zu verzichten.
- Im Außerortsbereich sind von außen oder von innen beleuchtete Verkehrszeichen an Bundesfernstraßen nur in begründeten Ausnahmefällen zu verwenden. Streckenabschnitte mit solchen Anlagen bitte ich mir regelmäßig im Rahmen der Bund-Länder-Dienstbesprechung vkt mit Angabe der Investitions- und Betriebskosten zu benennen.

Im Interesse einer einheitlichen Gestaltung der Straßenausstattung empfehle ich, die TLP VZ, die ZTV VZ sowie die Tabelle 1 des M LV auch für die in Ihren Zuständigkeitsbereich liegenden Straßen einzuführen.

Ich bitte, mir einen Abdruck Ihres Einführungserlasses zu übersenden.

Die Allgemeinen Rundschreiben Straßenbau Nr. 33/2001 – S 28/ 38.60.70/43 F 2001 vom 8.10.2001 (HWBV), ARS-Nr. 28/1999 – S 28/38.60.65-30/31 BASt 99 vom 3.12.1999 und ARS-Nr. 40/1997 – StB 13/38.60.65-30/101 Va 97 vom 29.10.1997 hebe ich hiermit auf.

(VkBl. 2012 S. 42)

12.4.4 Mechanische Konstruktion

Verkehrsschilder bestehen in der Regel aus einem Bildträger aus Aluminium, der auf der Rückseite grau beschichtet ist und auf der Vorderseite mit einer retroreflektierenden Folie beklebt wird, die ggf. durch Druck oder Überkleben mit weiteren Folien das Signalbild darstellt.

Material und Konstruktion müssen entsprechend der europäischen Bauproduktenrichtlinie und deren nationaler Umsetzung den in Abschnitt 12.4.1 erwähnten ZTV, TLP und den europaweit einheitlichen DIN EN entsprechen. Um auch die nationalen Anforderungen, z. B. an Form und Inhalt, zu gewährleisten, wird in der VwV-StVO außerdem gefordert, dass die Ausführung nicht unter den Anforderungen anerkannter Gütebedingungen liegen darf (siehe Abschnitt 12.3.6).

Bei den Bildträgern unterscheidet man im Wesentlichen zwischen drei verschiedenen Ausführungen:

■ Flache Bildträger

Planebene, flache Bildträger, deren Blechdicke je nach Größe zwischen 2 und 3 mm variiert. Das Flachschild muss durchbohrt werden, um mit Schellen an Rohrpfosten oder anderen Befestigungsmöglichkeiten angebracht werden zu können.

■ Randverformte Bildträger

Bildträger dieser Ausführung besitzen einen geformten Rand. Durch ein „Umbördeln" des Randes wird eine erhebliche Versteifung des Schildkörpers erreicht. Der Rand schützt durch seine Rundung beim Anprall gegen Schnittverletzungen und dient zugleich zur Aufnahme der Schellenbefestigung. Mit geeigneten Klemmen kann der Bildträger an Rohrpfosten oder anderen Aufstellvorrichtungen befestigt werden, ohne dass ein Durchbohren des Schildes und damit eine Verletzung der Folien erforderlich wird.

■ Profilverstärkte Bildträger

Bildträger, bei denen der Rand mit einem speziellen umlaufenden Profil verstärkt ist. Durch dieses Profil gewinnt das Schild mehr Stabilität. Auch hier ist ein Durchbohren der Schildoberfläche beim Befestigen an den Aufstellvorrichtungen nicht erforderlich. Weil das Randprofil nicht aufgeschweißt, sondern nur durch Anpressen mit dem Blech verbunden ist, muss auf der Vorderseite des Schildes ein Teil des Randprofils überstehen, um das Schild zu fassen.

Die Rückseite der Schilder ist in einer neutralen Farbe zu beschichten, um die Verkehrsteilnehmer möglichst wenig abzulenken. Die TLP VZ sehen die Farbe Grau vor.

Die von der VwV-StVO grundsätzlich erlaubte gewölbte Ausführung der Verkehrsschilder (um ggf. ihre seitliche Erkennbarkeit zu verbessern) wird in Deutschland in der Regel nicht ausgeführt und ist in den Vertragstexten auch nicht mehr vorgesehen.

Die Schellensysteme oder sonstigen Befestigungseinrichtungen, mit denen das Schild an der Aufstellvorrichtung befestigt wird, sind nach der Systematik der Norm noch Teil des Verkehrsschildes (da es seine Verformung maßgebend beeinflusst).

Zu Abschnitt 12.4.4

VwV-StVO zu den §§ 39 bis 43 Allgemeines über Verkehrszeichen und Verkehrseinrichtungen

III. Allgemeines über Verkehrszeichen

31 c) Verkehrszeichen können so gewölbt sein, dass sie auch seitlich erkennbar sind, wenn dies nach ihrer Zweckbestimmung geboten erscheint und ihre Sichtbarkeit von vorn dadurch nicht beeinträchtigt wird. Dies gilt insbesondere für die Zeichen 250 bis 267, nicht jedoch für vorfahrtregelnde Zeichen.

ZTV VZ Ausgabe 2011

6 Stoffe, Bauteile

...

6.1.2 Auswahl der Bildträgerkonstruktionen

(1) Flache Bildträger (Aluminiumblech der Stärke 2 mm oder 3 mm) sind für Standorte zu wählen, wo keine Verletzungsgefahr von den Kanten des flachen Bildträgers ausgehen

ZTV VZ
Ausgabe 2011

kann. Insbesondere sind sie im Bereich von Geh- und Radwegen weder in Kopfhöhe noch in Tiefaufstellung zu verwenden.

Erfüllen sie aufgrund der notwendigen Abmessung nicht die Anforderungen an die maximal zulässige Verformung nach TLP VZ, Abschnitt 3.1.3, sind randverformte oder profilverstärkte Bildträger anzuordnen.

Anmerkung: Zur Befestigung flacher Bildträger muss das Signalbild durchbohrt werden, wodurch Faltenbildung entstehen kann und Folienkorrosion zu erwarten ist.

(2) Randverformte Bildträger sind für Standorte zu wählen, wo von den Kanten eines flachen Bildträgers eine Verletzungsgefahr insbesondere für Fußgänger und/oder Radfahrer ausgehen kann.

Erfüllen sie aufgrund der notwendigen Abmessung nicht die Anforderungen an die maximal zulässige Verformung nach TLP VZ, Abschnitt 3.1.3, sind profilverstärkte Bildträger anzuordnen.

Anmerkung: Randverformte Bildträger sind eine Alternative zu profilverstärkten Verkehrszeichen und brauchen zur Befestigung nicht durchbohrt zu werden. Allerdings sind die Signalbildränder wie bei den flachen Verkehrszeichen ungeschützt und können korrodieren. Die passive Sicherheit ist gegenüber dem flachen Bildträger verbessert, eine Verletzungsgefahr im Bereich der Eckradien ist immer noch gegeben.

(3) Profilverstärkte Bildträger sind für Standorte zu wählen, wo von den Kanten eines flachen oder randverformten Bildträgers eine Verletzungsgefahr insbesondere für Fußgänger und/oder Radfahrer ausgehen kann.

Sie sind außerdem zu wählen, wenn erhöhte Anforderungen an den Verformungswiderstand zu berücksichtigen sind. Regional anzuwendende Windlasten, Vandalismus und erhöhte Belastungen aus Schneeräumung können diese Anforderungen begründen.

Anmerkung: Profilverstärkte Bildträger widerstehen durch ihre Steifigkeit selbst Anpralllasten aus Schneeräumung. Bei einem Unfall geht von ihnen eine geringere Verletzungsgefahr aus. Sie sollen nicht für die Größe 1 verwendet werden, da konstruktionsbedingt der retroreflektierende Kontraststreifen bei Verkehrszeichen in Untergröße stark eingeschränkt wird. Allerdings werden Untergrößen überwiegend in Bereichen mit geringer zulässiger Höchstgeschwindigkeit ($v < 50$ km/h) eingesetzt, so dass die Anforderungen an Kontraststreifen unbedeutend sind.

12.4.5 Herstellen des Signalbildes

Zur Herstellung des Signalbildes werden heute als lichttechnisch wirksame Schicht in der Regel selbstklebende, retroreflektierende Kunststofffolien verwendet, die großtechnisch hergestellt werden.

Diese Folien retroreflektieren zunächst das gesamte Lichtspektrum, wirken also weiß. Durch geeignete Beschichtungen direkt beim Herstellungsprozess, durch späteren Farbauftrag (z. B. Siebdruck oder mithilfe von großflächigen Tintenstrahldruckern) oder durch zusätzliches Aufbringen farbiger Folien können farbige Wirkungen erzielt werden.

Technisch haben sich drei verschiedene Konstruktionsprinzipien solcher Folien etabliert (*Bild 12.4*):

- Der **Aufbau-Typ A** (eingebundene Mikroglaskugeln) nutzt die retroreflektierende Wirkung von Glaskugeln.
- Der **Aufbau-Typ B** (eingekapselte Mikroglaskugeln) nutzt ebenfalls die retroreflektierende Wirkung von Glaskugeln, ist aber gegenüber dem Aufbau-Typ A optimiert.
- Der **Aufbau-Typ C** (Mikroprismen) nutzt die retroreflektierende Wirkung von drei senkrecht aufeinanderstehenden Spiegeln, die technisch in der Regel über totalreflektierende oder spiegelnd beschichtete, durchleuchtete Prismen hergestellt werden.

Aufbau-Typ B weist gegenüber dem Aufbau-Typ A bessere Retroreflexions-Eigenschaften (etwa dreifache Rückstrahlwerte) auf, ist aber wegen des komplexeren Herstellungsverfahrens geringfügig teurer. Aufbau-Typ C weist gegenüber den Aufbau-Typen A und B nochmals (etwa dreifach) höhere Rückstrahlwerte auf, allerdings auf Kosten einer engeren Ausrichtung, was sich bei geringen Betrachtungsentfernungen und großen Abständen zwischen Scheinwerfer und Fahrerauge (z. B. bei Lkw) bemerkbar machen kann. Aufbau-Typ C hat sich außerdem als weniger alterungsanfällig gezeigt.

Je nach der im M LV für die spezifische Aufstellsituation gesehenen „Lichttechnischen Leistungsklasse“ RA 1, RA 2 oder RA 3 (siehe Abschnitt 12.4.3) müssen retroreflektierende Schilder nach den ZTV VZ bei der Abnahme und beim Ende der Verjährungsfrist gewisse Mindestrückstrahlwerte aufweisen. Für beleuchtete Verkehrszeichen sind entsprechend mittlere Mindestleuchtdichten vorgegeben.

Für die Herstellung der Farbwirkung werden entweder die Deckschichten der Folien schon beim Herstellungsprozess eingefärbt, oder es werden einfarbige, in der Regel weiße Folien (meist im Siebdruckverfahren, neuerdings vor allem für Wegweiser auch mit speziellen Tinten für Tintenstrahldrucker) eingefärbt oder mit farbig durchscheinenden Folien überklebt. Dabei ist zu berücksichtigen, dass die Einfärbung zu Verringerungen der spezifischen Rückstrahlwerte führt (daher sind für farbige Folien auch geringere Vorgaben vorgesehen).

Über die nach Kapitel 6.1.3 der ZTV VZ zugelassenen Signalbild-Materialien und zertifizierten Materialkombinationen nach TLP VZ, die mit den für Deutschland ausgewählten Klassen konform sind, führt die Bundesanstalt für Straßen- und Verkehrswesen (www.bast.de) eine Liste.

Die Rückseiten von Verkehrszeichen werden neutral nach DIN 6171 in „Verkehrsgrau B" beschichtet, die Gehäuse von innenbeleuchteten Verkehrszeichen und die Schaltschränke von Verkehrssteuergeräten in „Verkehrsgrau A" (um die thermische Abstrahlung/Energieaufnahme zu verhindern und den Kontrast zu den Haltevorrichtungen klein zu halten).

Werden zum Befestigen von Verkehrszeichen Pfosten oder Rohrrahmen verwendet, dann sollen diese grau oder weiß sein. Soweit feuerverzinkte oder aus Aluminium bestehende Pfosten und Rohrrahmen verwendet werden, müssen diese nicht weiter beschichtet werden.

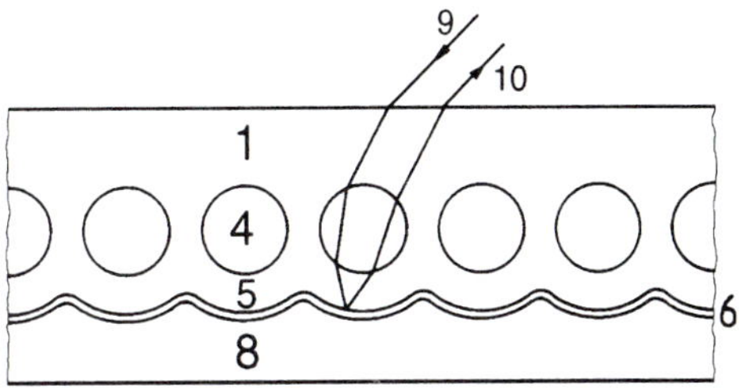

Reflexstoffe mit eingebundenen Mikroglaskugeln, Aufbau-Typ A

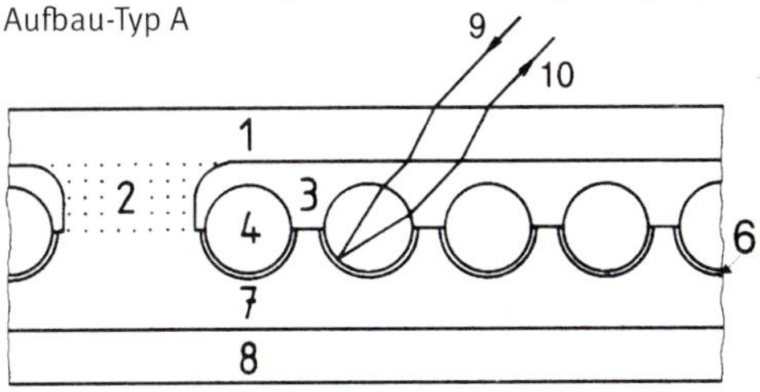

Reflexstoffe mit eingekapselten Mikroglaskugeln, Aufbau-Typ B

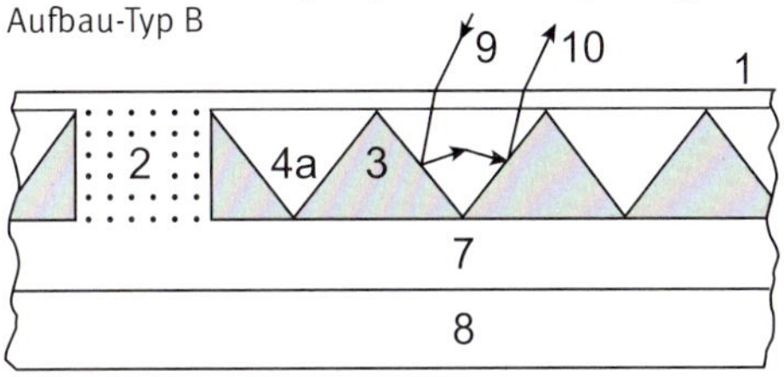

Reflexstoffe auf der Basis von Mikroprismen, Aufbau-Typ C

1 Deckschicht
2 Verschweißung
3 Luftschicht
4 Mikroglaskugeln
4a Mikroprismen
5 Abstandsschicht
6 Reflexschicht
7 Trägerschicht
8 Kleber
9 auftreffender Lichtstrahl
10 reflektierender Lichtstrahl

Bild 12.4 Konstruktion und Wirkungsweise der Folien-Aufbau-Typen A, B, C
Quelle: Nach BMV – Forschung Straßenbau und Straßenverkehrstechnik, Heft 713

Zu Abschnitt 12.4.5

Katalog der Verkehrszeichen (VzKat)

Teil 1 – Allgemeines

5. Materialien und Ausführung von Verkehrszeichen

Verkehrszeichen sind material- und ausführungstechnisch nach den einschlägigen internationalen und nationalen Vorschriften herzustellen und zu unterhalten. Die Ausführung der Verkehrszeichen darf nicht unter den Anforderungen anerkannter Gütebedingungen liegen (vgl. VwV-StVO zu den §§ 39 bis 43 Randnummer 18).

Werden Verkehrszeichen als Wechselverkehrszeichen nur durch Leuchten erzeugt, können abweichend von der im VzKat abgebildeten Darstellung die weißen Flächen schwarz und die schwarzen Sinnbilder und der schwarze Rand weiß sein. Einzelheiten enthalten die „Richtlinien für Wechselverkehrszeichen an Bundesfernstraßen (RWVZ)" und die „Richtlinien für Wechselverkehrszeichenanlagen an Bundesfernstraßen (RWVA)" (vgl. VwV-StVO zu den §§ 39 bis 43 Randnummer 23).

12.4.6 Sonstige Ausstattung der Schilder

Darüber hinaus ist es möglich, die Oberflächeneigenschaften von Verkehrszeichen durch spezielle Schutzfolien (z. B. Laminate mit Anti-Graffiti- oder Anti-Tau-Wirkung) zu verbessern. Dabei ist immer zu berücksichtigen, dass diese Laminate den spezifischen Rückstrahlwert verändern (in der Regel verkleinern). Sie müssen daher als System mit den Grundfolien zugelassen sein.

„Anti-Graffiti-Laminate“ haben eine Oberflächenstruktur, die die Haftung üblicher Sprühfarben verringert und damit die Schilder weniger attraktiv für Sprühaktionen macht oder deren Entfernung erleichtert.

„Anti-Tau-Laminate“ verändern die Oberfläche so, dass die Tautropfen zu einem dünnen Wasserfilm zerlaufen.

Auftreffende Lichtstrahlen werden zwar durch den Wasserfilm gebrochen, reflektieren aber wieder parallel. Die durch die Tautropfen sonst bewirkte wilde Streuung und damit Minderung der Retroreflexionseigenschaften (dunkle Stellen auf den Schildern) tritt nicht ein.

Weil die Anti-Tau-Folie einen hohen Selbstreinigungseffekt besitzt, können auch Einsparungen in der Unterhaltung erwartet werden.

Zu Abschnitt 12.4.6

Siehe Zu Abschnitt 12.4.5.

12.4.7 Wahl des Aufstellortes und der Aufstellgeometrie

In der Regel ist in der verkehrsrechtlichen Anordnung (siehe Abschnitt 2) nur grob bestimmt, wo die Verkehrsschilder anzubringen sind. Es obliegt den Straßenbaubehörden, die Art der Aufstellung und im Zusammenhang damit den genauen Ort und die sonstigen geometrischen Größen (z. B. Ausrichtung) festzulegen.

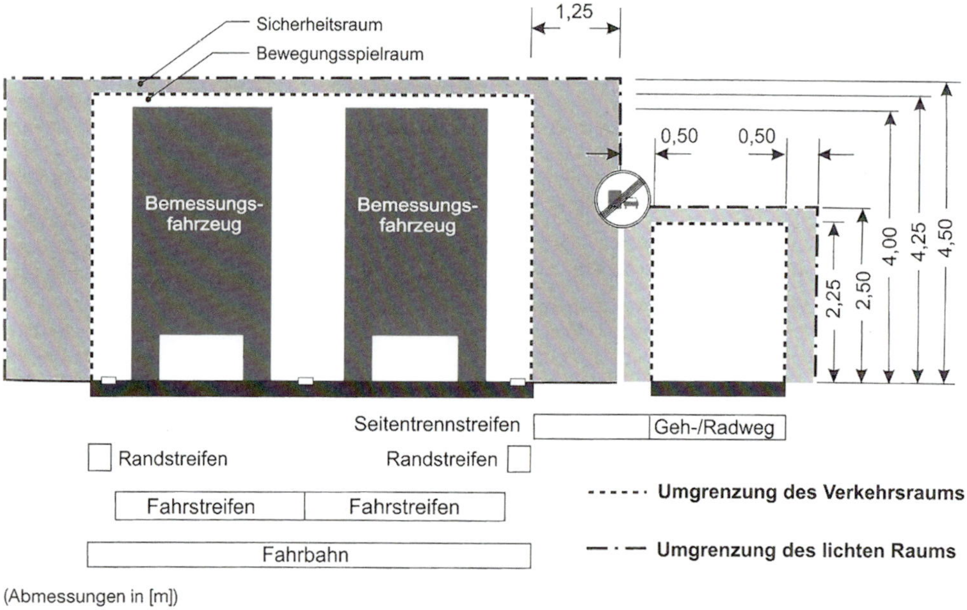

Bild 12.5 Bestandteile des Straßenquerschnitts mit Abgrenzung des lichten Raumes und des Verkehrsraumes

Quelle: RAL 2012

12.4.7 Wahl des Aufstellortes und der Aufstellgeometrie

Um eine gute Sichtbarkeit zu gewährleisten, sind die Schilder in der Regel möglichst nahe an der Straße und auf die sich annähernden Verkehrsteilnehmer hin ausgerichtet aufzustellen; nur bei manchen Schildern, z. B. Zeichen 283/286 („Haltverbot“) mit Pfeilmarkierungen oder Zeichen 220 („Einbahnstraße“), kann es sich empfehlen, sie zu einem gewissen Grad oder ganz längs der Straße auszurichten, um sie auch von hinten erkennbar zu machen oder den Richtungsbezug zu verdeutlichen.

Bei der Wahl des Aufstellortes sind neben den VwV-StVO zu den §§ 39 bis 43, Rn. 42 f. die lich-

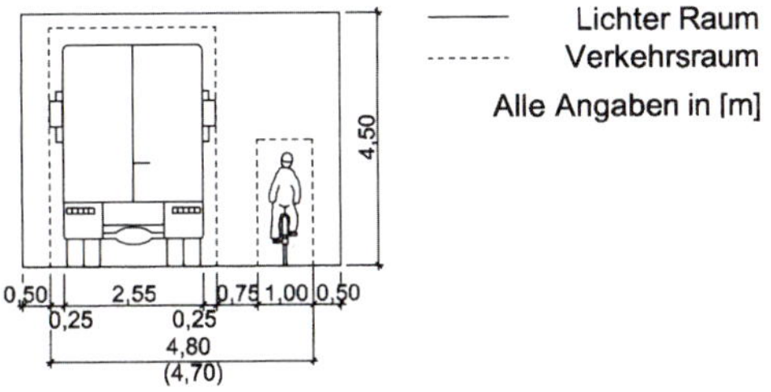

Bild 12.6 Mindestbreite zum Nebeneinanderfahren von Nutzfahrzeugen und Radfahrern
Quelle: RASt 06

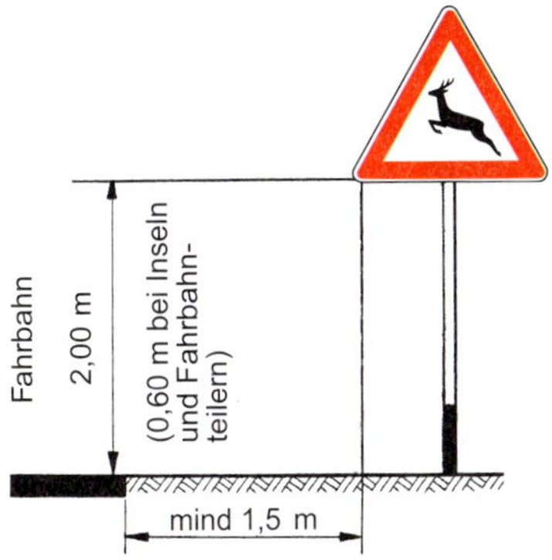

Anbringung neben der Fahrbahn außerhalb von Ortschaften. Die Höhenangaben gelten auch für innerorts

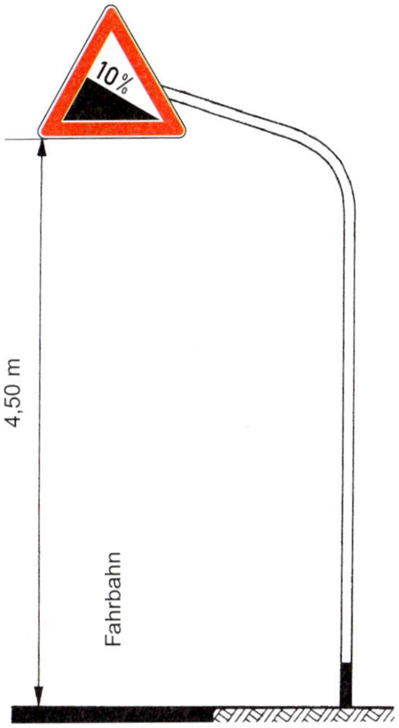

Anbringung über der Fahrbahn (4,70 m, wenn Erneuerung des Oberbaues durch Hocheinbau zu erwarten ist oder entlang wichtiger Strecken für Großraumtransporte, RAL 2012), ggf. Anfahrschutz gemäß RPS berücksichtigen

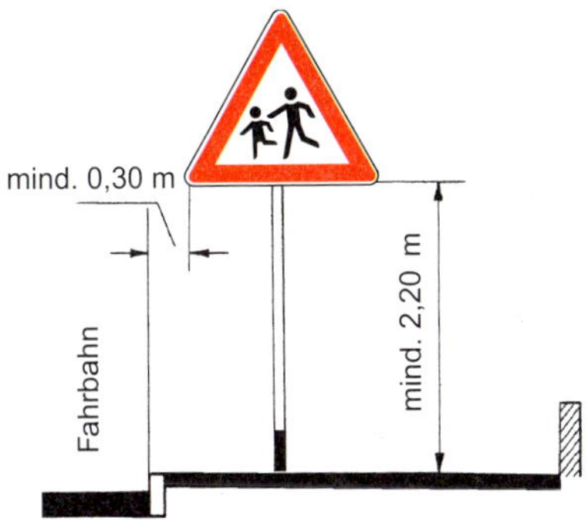

Anbringung über einem Rad- oder Gehweg. Innerhalb von Ortschaften dürfen die Seitenabstände 0,50 m, keinesfalls aber weniger als 0,30 m betragen, außerhalb 1,50 m

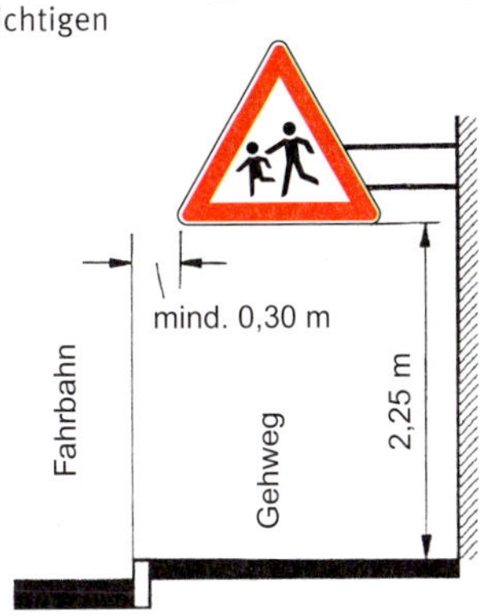

Anbringung über einem Gehweg bei beengten Verhältnissen. Innerhalb von Ortschaften dürfen die Seitenabstände 0,50 m, keinesfalls aber weniger als 0,30 m betragen, außerhalb 1,50 m

Bild 12.7 Platzierung der Verkehrszeichen im Straßenraum

12.4.7 Wahl des Aufstellortes und der Aufstellgeometrie

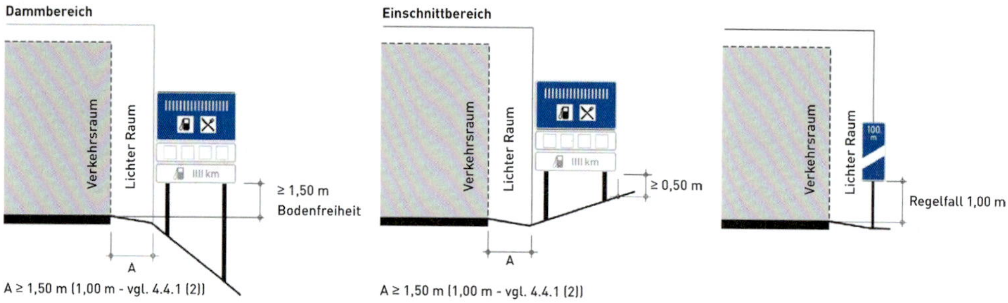

Bild 12.8 Platzierung der Verkehrszeichen im Bereich von Autobahnen und autobahnähnlichen Straßen

Quelle: RWBA 2023

ten Höhen und Abstände zu beachten, die sich aus den Regelungen zum „lichten Raum" (das ist der um den „Sicherheitsraum" erweiterte Verkehrsraum) ergeben (siehe auch Kapitel 4.2.3 der RAL 2012 oder Kapitel 4.1 der RASt 2006). Der lichte Raum ist von festen Hindernissen freizuhalten. Nach den RAL dürfen Standardpfosten (Ø ≤ 76 mm) auf der Grenze des lichten Raums stehen, leicht verformbare Teile von Verkehrseinrichtungen (z. B. Standardverkehrsschilder) dürfen in den Sicherheitsraum hineinragen, aber nicht näher als 0,50 m an den Verkehrsraum. Massivere Aufstelleinrichtungen sind ggf. gegen Anprall zu schützen (siehe Abschnitt 10). Beim Verkehrsraum ist dabei zu berücksichtigen, dass die oberen Kanten höherer Fahrzeuge bei deutlich tiefer liegenden Fahrbahnrändern (insbesondere innerorts z. B. wegen historisch bedingter „gewölbter" Fahrbahnoberfläche oder ungewöhnlich tiefer Entwässerungsrinne) teilweise sehr viel größeren Breitenbedarf haben, als bei den Grundmaßen der Richtlinien angesetzt. Hier ist eine Vergrößerung des seitlichen Abstandes zu erwägen. Ggf. sind Warnmarkierungen nötig.

Problematisch kann außerdem sein, wenn Aufstellvorrichtungen zwischen den verschiedenen Verkehrsräumen (z. B. zwischen Fahrbahn und Radweg, Radweg und Gehweg oder Fahrbahn und Gehweg) angeordnet werden sollen. Die Sicherheitsräume dieser Verkehrsräume dürfen sich nämlich grundsätzlich überschneiden; sobald eine Aufstellvorrichtung zwischen ihnen angeordnet wird, sind die Sicherheitsräume zur Aufstellrichtung einzeln zu gewährleisten, was zu erhöhtem Breitenaufwand führt oder eine „Engstelle" erzeugt.

Bei Verkehrszeichen, die über einem Fuß- oder Radweg angebracht sind, sollte der Abstand zur Unterkante des Schildes 2,20 m betragen. Bei Verkehrszeichen, die seitlich nur wenig in den Raum eines Fußweges hineinragen, kann dieses Maß geringfügig (etwa 0,15 m) unterschritten werden.

Der Abstand vom Rand der Fahrbahn bis zum äußeren Rand des Zeichens soll in der Regel außerhalb geschlossener Ortschaften 1,50 m, innerorts 0,50 m, in Ausnahmefällen 0,30 m betragen. Bei beengten Verhältnissen können möglicherweise durch leichtes Schrägstellen der Zeichen die geforderten Randabstände eingehalten werden.

Ist der Raum zu schmal, um auf einem Fußweg, einem Radweg oder neben der Fahrbahn Pfosten aufzustellen, empfiehlt sich das Anbringen mittels Mauerarm oder Galgen (siehe auch *Bild 12.7*).

Soweit zu den einzelnen Verkehrszeichen nichts anderes gesagt ist, sind folgende Maße zu beachten:

Die Unterkante von Schildern soll in der Regel 2,00 m, auf Inseln und Verkehrsteilern 0,60 m vom Boden entfernt sein. Beim Anbringen über der Fahrbahn darf das Maß von 4,50 m nicht unterschritten werden (*Bild 12.5*).

Innerorts betrug die Mindestbreite beim Nebeneinanderfahren von Nutzfahrzeugen und Radfahrern bisher 4,70 m (*Bild 12.6*). Nach der neuen Regelung in § 5 Abs. 4 StVO (Mindestabstand 1,50 m) ist dieses Maß um 0,75 m auf 5,45 m zu vergrößern.

Hinweise für die Aufstellung an Autobahnen und autobahnähnlichen Straßen gibt *Bild 12.8*.

Um Spiegelungen auf großflächigen Zeichen zu vermeiden, sollten bei deren Aufstellung die folgenden Regelungen beachtet werden (siehe auch *Bild 12.9*):

I Schilder neben gerade verlaufenden Fahrbahnen sind um etwa 3° von der Fahrbahn wegzudrehen.

II Schilder neben gekrümmt verlaufenden Fahrbahnen sind ebenfalls um 3° von der Fahrbahn wegzudrehen (der Winkel wird gebildet von der Senkrechten zur Kurventangente und der Schildfläche).

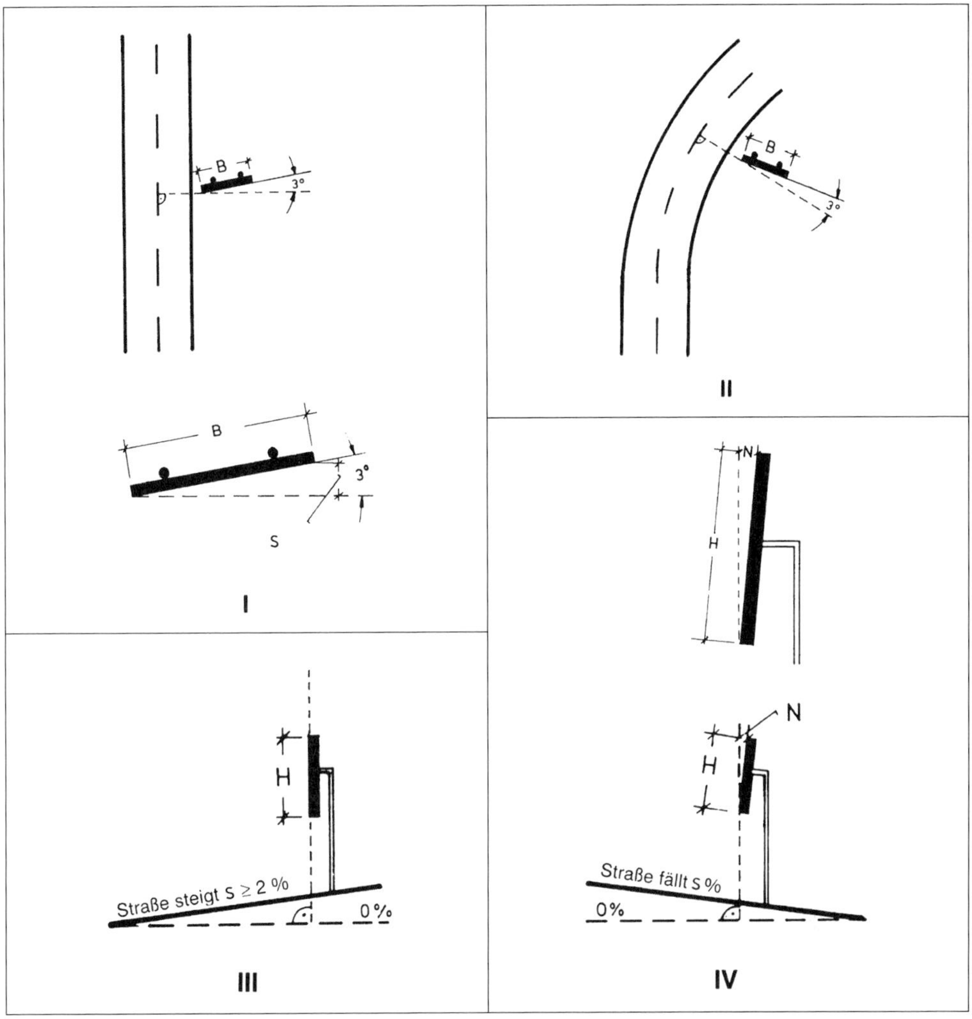

Bild 12.9 Montage retroreflektierender, großflächiger Verkehrsschilder beim Anbringen neben (I, II) und über der Fahrbahn (III, IV)

III Schilder über der Fahrbahn von Straßen, die mehr als 2 % steigen, sind senkrecht zu montieren.

IV Schilder über der Fahrbahn von abfallenden, waagerechten oder bis +2 % steigenden Straßen sind nach hinten zçu neigen. Die Neigung des Schildes beträgt (2 – (±s)) %, wobei s die Neigung der Straße in % ist; +s % bedeutet, die Straße steigt, –s % bedeutet, die Straße fällt.

Bei der abschließenden Wahl des Aufstellortes sind auch ggf. im Boden verlegte Leitungen (Entwässerung, Fernmeldekabel, andere Versorgungsleitungen) zu berücksichtigen.

Verkehrszeichen und Verkehrseinrichtungen, die zu nah an der Fahrbahn oder zu tief angebracht sind, verschmutzen leicht (Sprüh- und Spritzschmutz). Versuche haben gezeigt, dass der Grad der Verschmutzung abnimmt, wenn man die Verkehrszeichen höher anordnet oder weiter von der Fahrbahn abrückt (*Bild 2.19*). Damit rücken sie allerdings auch mehr aus dem Blickfeld der Verkehrsteilnehmer.

12.4.7 Wahl des Aufstellortes und der Aufstellgeometrie

Zu Abschnitt 12.4.7

VwV-StVO zu den §§ 39 bis 43 Allgemeines über Verkehrszeichen und Verkehrseinrichtungen

III. Allgemeines über Verkehrszeichen

25 Strecken- und Verkehrsverbote (Abschnitt 6 und 7 der Anlage 2 (zu § 41 Absatz 1) Vorschriftzeichen) gelten grundsätzlich für sämtliche Fahrstreifen einer Fahrtrichtung. Sofern diese nur für einzelne Fahrstreifen gelten sollen, sind diese in der Regel so anzubringen, dass sie dem betreffenden Fahrstreifen zweifelsfrei zugeordnet werden können (Verkehrszeichenbrücken oder Auslegermaste).

26 Muss von einer solchen Anbringung abgesehen werden oder sind die Zeichen nur vorübergehend angeordnet, z. B. bei Arbeitsstellen, sind die Ge- oder Verbotszeichen auf einer Verkehrslenkungstafel (Zeichen 501 ff.) am rechten Fahrbahnrand anzuzeigen (vgl. VwV zu den Zeichen 501 bis 546 Verkehrslenkungstafeln, Rn. 8). Insbesondere außerhalb geschlossener Ortschaften sollen die angeordneten Ge- oder Verbotszeichen durch eine gleiche Verkehrslenkungstafel mit Entfernungsangabe auf einem Zusatzzeichen angekündigt werden.

27 Bei den Zeichen 209 bis 214 und 245 reicht eine Aufstellung rechts neben dem Fahrstreifen, für den sie gelten, aus. Der Grundsatz der allgemeinen Darstellungsmöglichkeit fahrstreifenbezogener Anordnungen auf Verkehrslenkungstafeln (vgl. VwV zu den Zeichen 501 bis 546 Verkehrslenkungstafeln, Rn. 8) bleibt hiervon unberührt.

28 9. Verkehrszeichen sind gut sichtbar in etwa rechtem Winkel zur Fahrbahn rechts daneben anzubringen, soweit nicht in dieser Verwaltungsvorschrift anderes gesagt ist.

29 a) Links allein oder über der Straße allein dürfen sie nur angebracht werden, wenn Missverständnisse darüber, dass sie für den gesamten Verkehr in einer Richtung gelten, nicht entstehen können und wenn sichergestellt ist, dass sie auch bei Dunkelheit auf ausreichende Entfernung deutlich sichtbar sind.

30 b) Wo nötig, vor allem an besonders gefährlichen Straßenstellen, können die Verkehrszeichen auf beiden Straßenseiten, bei getrennten Fahrbahnen auf beiden Fahrbahnseiten aufgestellt werden.

31 c) Verkehrszeichen können so gewölbt sein, dass sie auch seitlich erkennbar sind, wenn dies nach ihrer Zweckbestimmung geboten erscheint und ihre Sichtbarkeit von vorn dadurch nicht beeinträchtigt wird. Dies gilt insbesondere für die Zeichen 250 bis 267, nicht jedoch für vorfahrtregelnde Zeichen.

32 10. Es ist darauf zu achten, dass Verkehrszeichen nicht die Sicht behindern, insbesondere auch nicht die Sicht auf andere Verkehrszeichen oder auf Blinklicht- oder Lichtzeichenanlagen verdecken.

...

34 Sind dennoch an einer Stelle oder kurz hintereinander mehrere Verkehrszeichen unvermeidlich, muss dafür gesorgt werden, dass die für den fließenden Verkehr wichtigen besonders auffallen. Kann dies nicht realisiert werden oder wird ein für den fließenden Verkehr bedeutsames Verkehrszeichen an der betreffenden Stelle nicht erwartet, ist jene Wirkung auf andere Weise zu erzielen (z. B. durch Übergröße oder gelbes Blinklicht).

35 a) Am gleichen Pfosten oder sonst unmittelbar über- oder nebeneinander dürfen nicht mehr als drei Verkehrszeichen angebracht werden; bei Verkehrszeichen für den ruhenden Verkehr kann bei besonderem Bedarf abgewichen werden.

36 aa) Gefahrzeichen stehen grundsätzlich allein (vgl. Nummer I zu § 40; Rn. 1).

37 bb) Mehr als zwei Vorschriftzeichen sollen an einem Pfosten nicht angebracht werden. Sind ausnahmsweise drei solcher Verkehrszeichen an einem Pfosten vereinigt, dann darf sich nur eins davon an den fließenden Verkehr wenden.

38 cc) Vorschriftzeichen für den fließenden Verkehr dürfen in der Regel nur dann kombiniert werden, wenn sie sich an die gleichen Verkehrsarten wenden und wenn sie die gleiche Strecke oder den gleichen Punkt betreffen.

39 dd) Verkehrszeichen, durch die eine Wartepflicht angeordnet oder angekündigt wird, dürfen nur dann an einem Pfosten mit anderen Verkehrszeichen angebracht werden, wenn jene wichtigen Zeichen besonders auffallen.

40 b) Dicht hintereinander sollen Verkehrszeichen für den fließenden Verkehr nicht folgen. Zwischen Pfosten, an denen solche Verkehrszeichen gezeigt werden, sollte vielmehr ein so großer Abstand bestehen, dass der Verkehrsteilnehmer bei der dort gefahrenen Geschwindigkeit Gelegenheit hat, die Bedeutung der Verkehrszeichen nacheinander zu erfassen.

VwV-StVO zu den §§ 39 bis 43 Allgemeines über Verkehrszeichen und Verkehrseinrichtungen

41 12. An spitzwinkligen Einmündungen ist bei der Aufstellung der Verkehrszeichen dafür zu sorgen, dass Benutzer der anderen Straße sie nicht auf sich beziehen, auch nicht bei der Annäherung; erforderlichenfalls sind Sichtblenden oder ähnliche Vorrichtungen anzubringen.

42 13. a) Die Unterkante der Verkehrszeichen sollte sich, soweit nicht bei einzelnen Zeichen anderes gesagt ist, in der Regel 2 m über Straßenniveau befinden, über Radwegen 2,20 m, an Schilderbrücken 4,50 m, auf Inseln und an Verkehrsteilern 0,60 m.

43 b) Verkehrszeichen dürfen nicht innerhalb der Fahrbahn aufgestellt werden. In der Regel sollte der Seitenabstand von ihr innerhalb geschlossener Ortschaften 0,50 m, keinesfalls weniger als 0,30 m betragen, außerhalb geschlossener Ortschaften 1,50 m.

44 14. Sollen Verkehrszeichen nur zu gewissen Zeiten gelten, dürfen sie sonst nicht sichtbar sein. Nur die Geltung der Zeichen 224, 229, 230, 245, 250, 251, 253, 255, 260, 261, 270.1, 274, 276, 277, 277.1, 283, 286, 290.1, 314, 314.1 und 315 darf stattdessen auf einem Zusatzzeichen, z. B. „8–16 h“, zeitlich beschränkt werden. Vorfahrtregelnde Zeichen vertragen keinerlei zeitliche Beschränkungen.

45 15. Besteht bei Verkehrszeichen an einem Pfosten kein unmittelbarer Bezug, ist dies durch eine Abstand von etwa 10 cm zu verdeutlichen.

...

47 b) Mehr als zwei Zusatzzeichen sollten an einem Pfosten, auch zu verschiedenen Verkehrszeichen, nicht angebracht werden. Die Zuordnung der Zusatzzeichen zu den Verkehrszeichen muss eindeutig erkennbar sein (§ 39 Abs. 3 Satz 3).

12.4.8 Aufstellvorrichtungen – Allgemein

Aufstellvorrichtungen werden benötigt, um Verkehrsschilder an der gewünschten Stelle zu montieren, ohne dass von ihnen eine übermäßige Gefährdung für die Verkehrsteilnehmer oder Dritte ausgeht.

Verkehrsschilder sind mit wenigen Ausnahmen (z. B. Beschilderung von Arbeitsstellen nach Abschnitt 7.2, Schilder an fahrenden Fahrzeugen nach Abschnitt 7.4) fest aufzustellen, um sie dauerhaft sichtbar zu halten.

Kriterien für die Auswahl von Aufstellvorrichtungen sind insbesondere

- Standfestigkeit (auch gegenüber Windlasten aus Wetter und vorbeifahrendem Verkehr) und Anprallsicherheit,
- Wirtschaftlichkeit (z. B. Beschaffungskosten, Lebensdauer, Wartungsaufwand, Reparaturaufwand),
- externe Anforderungen (z. B. Umweltverträglichkeit der Rohstoffe und Herstellmethoden).

Verkehrsschilder und Aufstellvorrichtung bilden normalerweise ein System, das einheitlich nach DIN EN 12899 geprüft und mit einem CE-Kennzeichen versehen werden muss. Damit werden die Kriterien der Sicherheit und Dauerhaftigkeit (im Rahmen des Normenmandats) abgedeckt.

Aus wirtschaftlichen Gründen, insbesondere über die Vereinfachung der Lagerhaltung im Zusammenhang mit Reparaturen, kann es sich empfehlen, eine Vereinheitlichung der Aufstellvorrichtungen und des Befestigungsmaterials anzustreben. Das gilt vor allem für Verkehrsschilder gängiger Größen.

Aufstellvorrichtungen können sehr unterschiedlich ausgeführt sein. Für kleinere Verkehrsschilder verwendet man in der Regel Rohrpfosten in einfachen Fundamenten, für größere Verkehrsschilder spezielle „Gabelständer“ (die trotz ihrer im Vergleich zu einfachen Rohrpfosten mit einem Durchmesser von max. 76 mm deutlich größeren Belastbarkeit keine festen Hindernisse darstellen).

Für sehr große Überkopf-Wegweiser (siehe Abschnitt 8) und andere Verkehrsschilder (insbesondere Telematik-Anlagen, siehe Abschnitt 9) können auch „Verkehrszeichenbrücken“ erforderlich werden.

Über die erwähnten DIN EN 12899, TLP VZ und ZTV VZ hinaus hat das für den Verkehr zuständige Bundesministerium mit

- ARS 02/2022 (StB 26/7122.3/5/3612626) „Grundsätze für die passiv sichere Aufstellung von Verkehrszeichen“ vom 2.2.2022 (VkBl. S. 78)

die im Jahr 2000 eingeführten

- „Grundsätze für die Aufstellung von Verkehrsschildern an Bundesfernstraßen“, Ausgabe 2000, BMVBW (VkBl. S. 512) fortgeschrieben und nun als

- „Grundsätze für die passiv sichere Aufstellung von Verkehrszeichen“, Ausgabe 2022, BMDV (www.bast.de > Verkehrstechnik > Publikationen > Regelwerke)

bekannt gegeben. Die Grundsätze beschreiben im Wesentlichen die zuvor erwähnten „Gabelständer“ und nunmehr auch sogenannte „Trimaste“, mit denen auch größere Verkehrsschilder (z. B. Wegweiser) so angebracht werden können, dass sie von von der Fahrbahn abkommenden Pkw unterfahren werden können und daher nicht als feste, durch besondere Maßnahmen zu schützende Hindernisse anzusehen sind. Gegenüber den Grundsätzen von 2000 haben sich einige Maße geändert. Insbesondere ist nun eine Spreizung zwischen den Gurtrohren von 0,75 m vorgegeben. Auch wird nun nicht mehr ausdrücklich gefordert, dass die Fundamente nur wenige Zentimeter aus dem Boden ragen dürfen; herausragende Fundamente sind nach heutigem Verständnis auch ohne ausdrückliche Erwähnung als feste Hindernisse anzusehen.

Zu Abschnitt 12.4.8

VwV-StVO
zu den §§ 39 bis 43
Allgemeines über Verkehrszeichen und Verkehrseinrichtungen

III. Allgemeines über Verkehrszeichen

24 8. Die Verkehrszeichen müssen fest eingebaut sein, soweit sie nicht nur vorübergehend aufgestellt werden. Pfosten, Rahmen und Schilderrückseiten sollen grau sein.

…

28 9. Verkehrszeichen sind gut sichtbar in etwa rechtem Winkel zur Fahrbahn rechts daneben anzubringen, soweit nicht in dieser Verwaltungsvorschrift anderes gesagt ist.

…

32 10. Es ist darauf zu achten, dass Verkehrszeichen nicht die Sicht behindern, insbesondere auch nicht die Sicht auf andere Verkehrszeichen oder auf Blinklicht- oder Lichtzeichenanlagen verdecken.

BMDV
StB 26/7122.3/5/3612626
2. Februar 2022
(Version 02)

Grundsätze für die passiv sichere Aufstellung von Verkehrszeichen, Ausgabe 2022

1 Allgemeines

Passiv sichere Tragkonstruktionen sind keine Hindernisse im Sinne der RPS 2009 (ARS 28/2010) und eine zusätzliche Absicherung mit Fahrzeug-Rückhaltesystemen ist nicht erforderlich. Im Rahmen von Forschungen konnte für einige konkrete Konstruktionen die passive Sicherheit nachgewiesen werden. Ggf. kann auch für weitere Konstruktionen die passive Sicherheit durch Anprallversuche nach DIN EN 12767 nachgewiesen werden.

Unter Einhaltung der nachfolgend beschriebenen Bedingungen können die genannten Tragkonstruktionen als passiv sicher eingestuft und auf Fahrzeug-Rückhaltesysteme verzichtet werden, wobei alle weiteren Anforderungen der Technischen Liefer- und Prüfbedingungen für vertikale Verkehrszeichen (TLP VZ 2011) bzw. der Zusätzlichen Technischen Vertragsbedingungen und Richtlinien für vertikale Verkehrszeichen (ZTV VZ 2011) erfüllt werden müssen.

1.1 Allgemeine Grundsätze

Als passiv sicher werden Rohrpfosten mit $d \leq 76{,}1$ mm mit einer Wanddicke $t \leq 2{,}9$ mm aus Stahl sowie $d \leq 76{,}0$ mm mit einer Wanddicke $t \leq 3{,}0$ mm aus Aluminium sowie Gabelständer und Trimasten, die die Anforderungen der Abschnitte 2. bzw. 3. erfüllen, angesehen.

Tragkonstruktionen aus U-, T- oder Doppel-T-Profilen sind unabhängig von den Abmessungen durch Fahrzeug-Rückhaltesysteme zu sichern. Insbesondere bei hohen Anprallgeschwindigkeiten treten für Fahrzeuginsassen gefährliche Verzögerungen auf. An den Fahrzeugen entstehen darüber hinaus erhebliche Schäden.

Knotenbleche zwischen Gurtrohren bzw. Rohrpfosten und Fußplatten dürfen nicht verwendet werden.

Bei einer lichten Höhe der Schilderunterkante von ≥ 1,5 m über dem Gelände können anprallende Personenkraftwagen nach Abreißen der Ständer das Schild unterqueren.

Windverbände zwischen den einzelnen Ständern eines Schildes sind nicht vorzusehen. Sind Windverbände aus statischen Gründen notwendig, müssen Fahrzeug-Rückhaltesysteme angeordnet werden.

1.2 Bemessung

Für kleine und mittlere Verkehrszeichen ist keine Bemessung erforderlich, wenn die Schildgrößen und Bodenfreiheiten nach den Tabellen 1 und 2 im Anhang eingehalten werden. Die Tabellen entstammen dem zurückgezogenen ARS 21/2000 und werden mittelfristig aktualisiert.

BMDV-Erlass vom 2.2.2022

2 Passiv sichere Gabelständer

Gabelständer, die den nachstehenden Vorgaben entsprechen, können als passiv sicher eingestuft werden.

2.1 Allgemeine Anforderungen

Der Gabelständer besteht aus feuerverzinktem Stahl der Güte S 235 JR.

Die Schweißnaht zwischen Gurtrohr und Fußplatte ist als umlaufende Kehlnaht auszuführen (maximal a = 3 mm). Auf der Vorder- und Rückseite der Gurtrohre ist im Bereich der Schweißnaht jeweils eine Ausklinkung vorzusehen, die einen Durchmesser von 16 mm aufweist. Alternativ kann auf der in Fahrtrichtung abgewandten Seite des Gurtrohres eine Kerbe vorgesehen werden, die die umlaufende Schweißnaht um ca. 32 mm verringert. Die Fußplatten sind auf einem geeigneten Fundament zu montieren. Dabei kann der Gabelständer mit vertikalem Montageabstand nach den Vorgaben der statischen Berechnung auf dem Fundament montiert werden.

Die Befestigung der Schildertafeln an den Ständer soll so ausgeführt sein, dass angefahrene Ständer leicht abgerissen werden können. Dies ist durch die Verwendung von Aluminiumklemmschellen sicherzustellen. Bei der Aufstellung müssen die Gabelständer einen gegenseitigen Abstand von ≥ 1,80 m haben (gemäß Abbildung 1), weil dann von der Fahrbahn abkommende Pkw in der Regel nur gegen einen der Ständer prallen. Dies gilt unabhängig von der Anzahl der verwendeten Gabelständer.

2.2 Gabelständer mit Gurtrohrdurchmesser 76 mm

Es sind Gurtrohre mit einem Außendurchmesser von 76,1 mm zu wählen. Die Spreizung zwischen den Gurtrohren beträgt 750 mm. Die Wandstärke der Gurtrohre liegt bei maximal 2,9 mm und die Abmessungen der diagonalen bzw. horizontalen Rohre (Ausfachung) betragen maximal 33,7/2,9 mm (Außendurchmesser/Wanddicke).

Die Höhe der Felder der Fachwerkstruktur beträgt 1 m. Eine Abweichung davon gilt für das unterste Feld, das zum Ausgleich bei verschiedenen Ständerhöhen verwendet wird. Wenn das unterste Feld kleiner als 0,5 m ausfällt, erfolgt der Ausgleich der verschiedenen Ständerhöhen durch die zwei unteren Felder, die dann mit gleicher Höhe ausgelegt werden müssen.

Die Diagonalen werden in den untersten beiden Fächern von unten nach oben von dem vorderen zum hinteren Gurtrohr angebracht. In den darüberliegenden Fächern kann die Richtung variiert werden. Des Weiteren sind für jede Fußplatte vier Ankerstangen (M24; Festigkeitsklasse min. 4.6) als quadratisches Ankerbild gemäß Abbildung 2 zur Fixierung vorzusehen (Fußplattendicke t = 20 mm). Zur Verbesserung der Montagefähigkeit können die Durchgangsbohrungen auch als Langlöcher ausgeführt werden.

2.3 Gabelständer mit Gurtrohrdurchmesser 60 mm

Es sind Gurtrohre mit einem Außendurchmesser von 60,3 mm zu wählen. Eine Spreizung von 750 mm zwischen den Gurtrohren darf nicht überschritten werden. Die Wandstärke der Gurtrohre liegt bei maximal 2,9 mm und die Abmessungen der diagonalen bzw. horizontalen Rohre (Ausfachung) betragen maximal 31,8/2,9 mm (Außendurchmesser/Wanddicke).

Die Höhe der Felder der Fachwerkstruktur beträgt 1 m. Eine Abweichung davon gilt für das unterste Feld, das zum Ausgleich bei verschiedenen Ständerhöhen verwendet wird. Wenn das unterste Feld kleiner als 0,5 m ausfällt, erfolgt der Ausgleich der verschiedenen Ständerhöhen durch die zwei unteren Felder, die dann mit gleicher Höhe ausgelegt werden müssen.

Für die Richtung der Diagonalen gibt es keine Vorgaben.

Es sind für jede Fußplatte zwei Ankerstangen (M20; Festigkeitsklasse min. 4.6) nach Ankerbild in Abbildung 3 vorzusehen. Zur Verbesserung der Montagefähigkeit können die Durchgangsbohrungen auch als Langlöcher ausgeführt werden.

2.4 Gabelständer mit Gurtrohrdurchmesser 48 mm

Es sind Gurtrohre mit einem Außendurchmesser von 48,3 mm zu wählen. Eine Spreizung von 500 mm zwischen den Gurtrohren darf nicht überschritten werden. Die Wandstärke der Gurtrohre liegt bei maximal 2,9 mm und die Abmessungen der diagonalen bzw. horizontalen Rohre (Ausfachung) betragen maximal 26,9/2,9 mm (Außendurchmesser/Wanddicke).

Für den Gabelständer mit einem Gurtrohrdurchmesser von 48 mm gibt es keine weiteren konstruktiven Einschränkungen. Ausklinkungen oder eine Kerbe im Bereich der Schweißnaht nach Abschnitt 2.1 sind beim Gabelständer mit einem Gurtrohrdurchmesser von 48 mm nicht erforderlich.

12.4.8 Aufstellvorrichtungen – Allgemein

BMDV-Erlass vom 2.2.2022

3 Passiv sichere Trimaste

Der Trimast besteht aus feuerverzinktem Stahl der Güte S 235 JR.

Es sind Rohre mit einem Außendurchmesser von ≤ 48,3 mm zu wählen. Die Spreizung zwischen den Gurtrohren beträgt 350 mm. Die Wandstärke der Gurtrohre liegt bei maximal 2,9 mm und die Abmessungen der diagonalen bzw. horizontalen Rohre betragen maximal 26,9/2,6 mm (Außendurchmesser/Wanddicke).

Die Höhe der Felder der Fachwerkstruktur beträgt 750 mm. Eine Abweichung davon gilt für das unterste Feld, das zum Ausgleich bei verschiedenen Masthöhen verwendet wird. Wenn das unterste Feld kleiner als 375 mm ausfällt, erfolgt der Ausgleich der verschiedenen Masthöhen durch die zwei unteren Felder, die dann mit gleicher Höhe ausgelegt werden müssen. Die Felddiagonalen sind entsprechend der Zeichnung in Abbildung 5 zu positionieren.

Die Schweißnaht zwischen Gurtrohr und Fußplatte ist als umlaufende Kehlnaht auszuführen (maximal a = 3 mm). In den Gurtrohren sind im Bereich der Schweißnaht jeweils zwei Ausklinkungen mit einem Durchmesser von 16 mm vorzusehen. Die Ausklinkungen sind so zu positionieren, dass sie sich um 90° versetzt zu der Position der Ankerstäbe auf gegenüberliegenden Seiten des Gurtrohres befinden.

Jede Fußplatte ist mit zwei Ankerstäben (min. M16; Festigkeitsklasse min. 4.6) auf einem geeigneten Fundament zu montieren. Die vorderen Fußplatten sind dabei senkrecht zur Frontseite des Trimasten anzuordnen, während die Fußplatte des hinteren Gurtrohres parallel zur Frontseite gestellt ist. Die Ankerstäbe sind auf gegenüberliegenden Seiten des Gurtrohres vorzusehen. Der Trimast kann mit vertikalem Montageabstand nach den Vorgaben der statischen Berechnung auf dem Fundament montiert werden.

Für die Befestigung der Schildertafeln an den Masten sind Aluminiumklemmschellen zu verwenden.

4 Anhang – Abbildungen

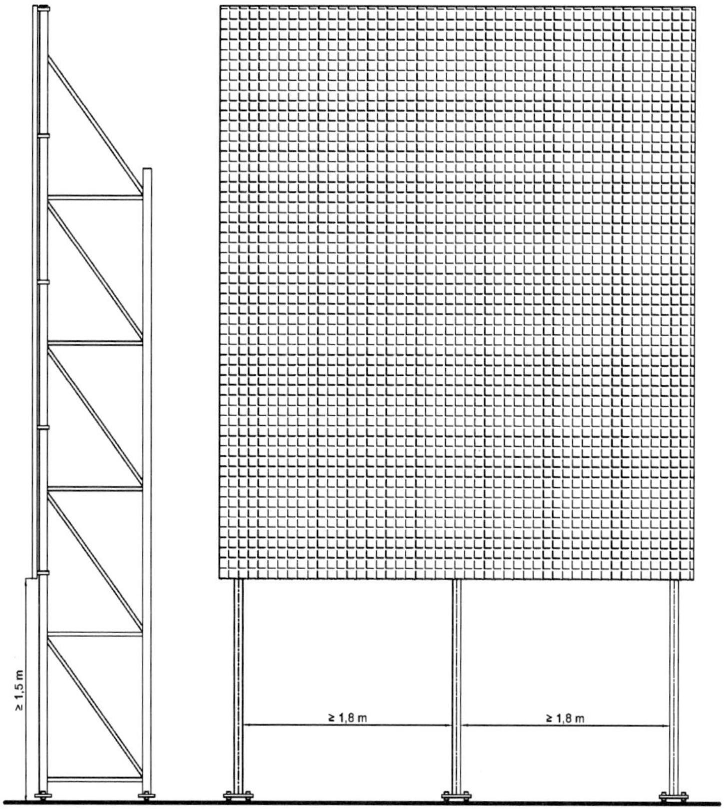

Abbildung 1: Übersicht

12.4.8 Aufstellvorrichtungen – Allgemein

BMDV-Erlass
vom 2.2.2022

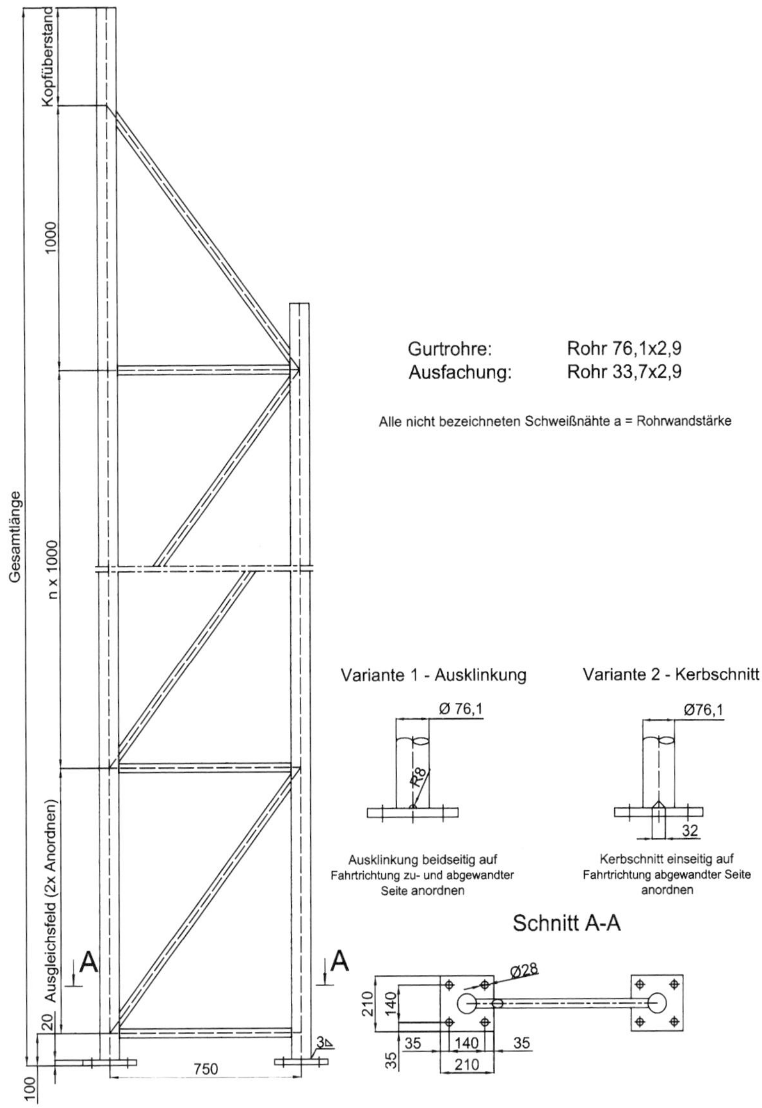

Abbildung 2: Gabelständer mit Gurtrohrdurchmesser 76 mm

12.4.8 Aufstellvorrichtungen – Allgemein

BMDV-Erlass vom 2.2.2022

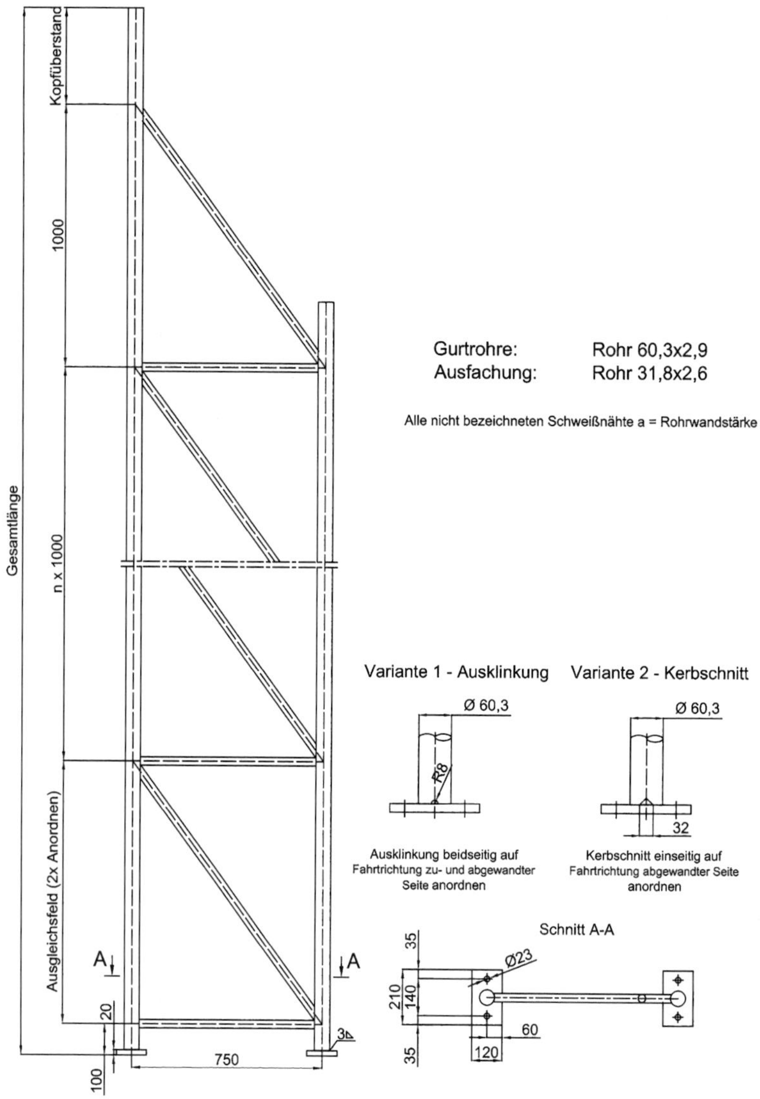

Abbildung 3: Gabelständer mit Gurtrohrdurchmesser 60 mm

BMDV-Erlass vom 2.2.2022

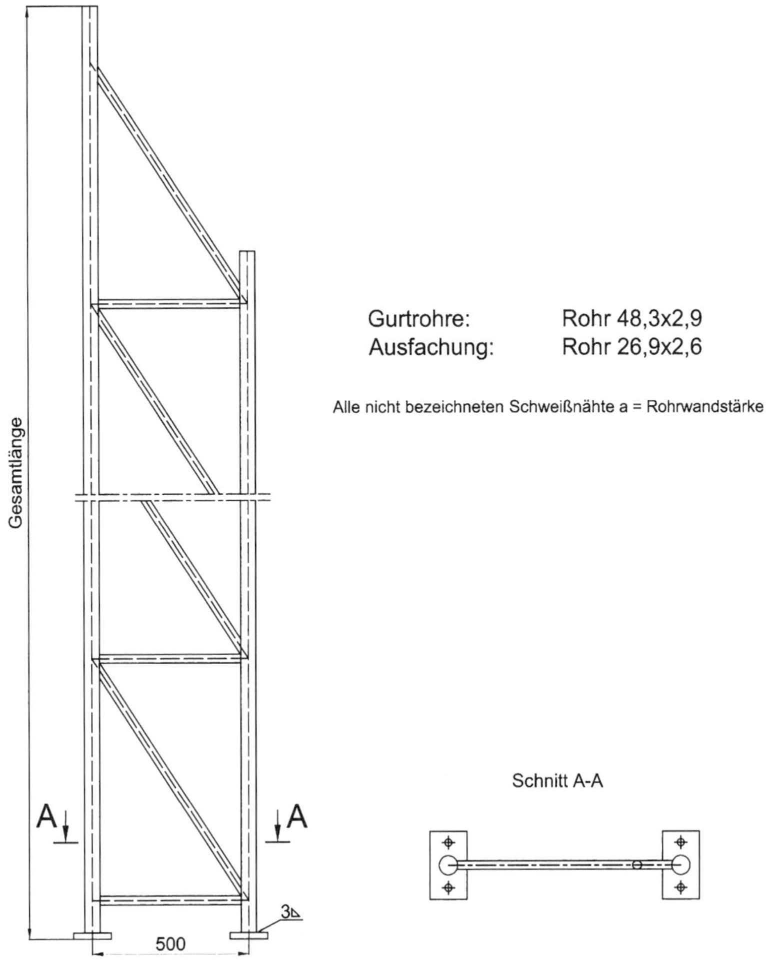

Abbildung 4: Gabelständer mit Gurtrohrdurchmesser 48 mm

12.4.8 Aufstellvorrichtungen – Allgemein

BMDV-Erlass
vom 2.2.2022

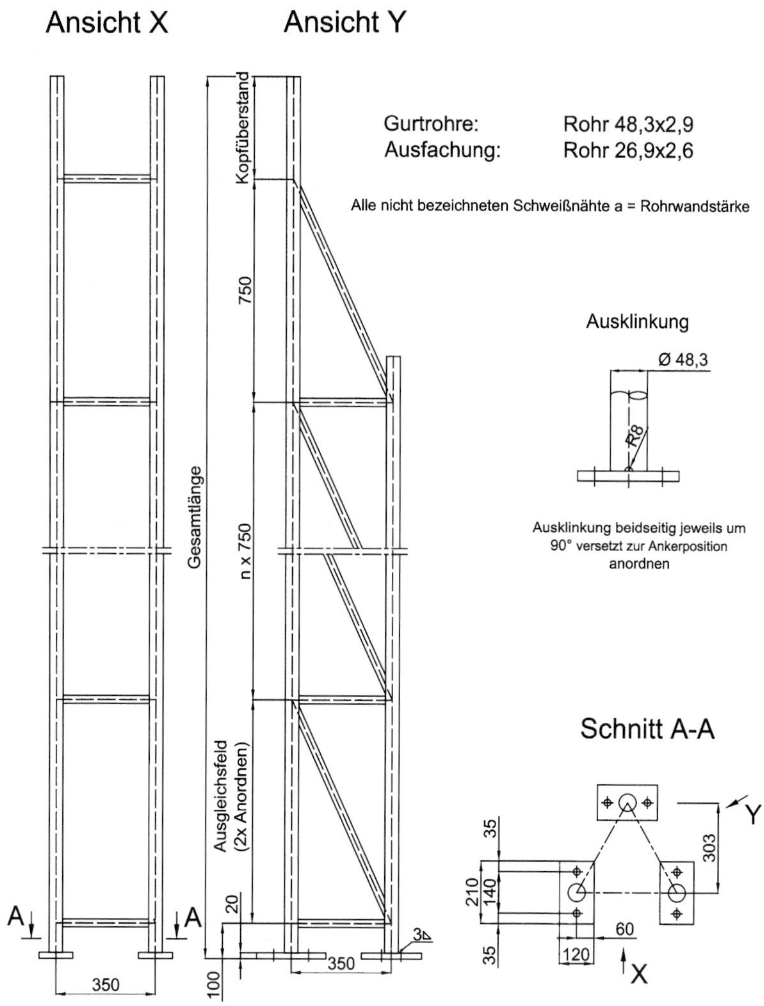

Abbildung 5: Trimast

BMDV-Erlass vom 2.2.2022

Tabelle 1: Maximal notwendiger Rohrquerschnitt (kleine Verkehrsschilder)

Schildgröße [m²]	Bodenfreiheit [m]	Maximal notwendiger Rohrquerschnitt Durchmesser [mm]/Wandstärke [mm]	
		Stahlpfosten	Aluminiumpfosten
≤ 0,4	≤ 0,6	-	60,0/2,5
≤ 1,0		60,3/2,0	76,0/3,0
≤ 0,4	≤ 1,25	-	60,0/2,5
≤ 0,5		60,3/2,0	-
≤ 1,0		76,1/2,0	76,0/3,0
≤ 1,4		76,1/2,9	-
≤ 0,45	≤ 2,00	-	60,0/2,5
≤ 0,55		60,3/2,0	-
≤ 0,85		76,1/2,0	76,0/3,0
≤ 1,15		76,1/2,9	-
≤ 0,4	≤ 2,25	-	60,0/2,5
≤ 0,5		60,3/2,0	-
≤ 0,8		76,1/2,0	76,0/3,0
≤ 1,1		76,1/2,9	-

Tabelle 2: Maximal notwendiger Rohrquerschnitt (mittelgroße Verkehrsschilder)

Schildgröße [m²]	Bodenfreiheit [m]	Maximal notwendiger Rohrquerschnitt Durchmesser [mm]/Wandstärke [mm]			
		1 Stahl-Pfosten	2 Stahl-Pfosten	1 Aluminium-Pfosten	2 Aluminium-Pfosten
≤ 0,8	≤ 0,6	-	-	-	60,0/2,5
≤ 2,0		-	60,3/2,0	-	76,0/3,0
≤ 0,8	≤ 1,25	-	-	-	60,0/2,5
≤ 1,0		-	60,3/2,0	-	-
≤ 2,0		-	76,1/2,0	-	76,0/3,0
≤ 2,8		-	76,1/2,9	-	-
≤ 0,9	≤ 2,00	-	-	-	60,0/2,5
≤ 1,1		-	60,3/2,0	108,0/4,0[1]	-
≤ 1,55		88,9/3,2[1]	-	-	-
≤ 1,7		-	76,1/2,0	-	76,0/3,0
≤ 2,3		-	76,1/2,9	-	-
≤ 0,8	≤ 2,25	-	-	-	60,0/2,5
≤ 1,0		-	60,3/2,0	108,0/4,0[1]	-
≤ 1,6		88,9/3,2[1]	76,1/2,0	-	76,0/3,0
≤ 2,2		-	76,1/2,9	-	-

[1]Absicherung mit Schutzeinrichtung in der Regel erforderlich.

12.4.9 Aufstellvorrichtungen – Standardverkehrsschilder und kleinere Wegweiser

Für Standardverkehrsschilder und kleinere Wegweiser verwendet man meist einfache und einheitliche Aufstellvorrichtungen, z. B. Rohrpfosten in einfachen Fundamenten, an denen die Schilder mit Schellen befestigt werden, oder auch mehr oder weniger einheitliche Rohrrahmen.

Eine Möglichkeit dieser Vereinheitlichung besteht darin, die IVZ-Norm „Industrie-Norm für Aufstellvorrichtungen von Standardverkehrszeichen" anzuwenden. Die in der IVZ-Norm enthaltenen Anforderungen an Aufstellvorrichtungen von Standardverkehrszeichen sind von der Güteschutzgemeinschaft Verkehrszeichen und Verkehrseinrichtungen e. V. neu überarbeitet und dem Stand der technischen Entwicklung angepasst worden.

Die als IVZ-Norm veröffentlichte Fassung ist in Anlage 4 abgedruckt. Die Hersteller unterwerfen sich den umfangreichen Eignungsprüfungen und Fertigungskontrollen, um die gestellten Anforderungen zu erfüllen. Diese Firmen können beim Erfüllen der Normen ihre Konstruktionen als **normengerecht** kennzeichnen.

12.4.10 Aufstellvorrichtungen – Größere Wegweiser und andere große Verkehrsschilder

Größere Wegweiser und andere größere Verkehrszeichen erfordern in der Regel besondere Überlegungen zur Wahl der Aufstelleinrichtungen.

Bei seitlich der Fahrbahn aufgestellten größeren Verkehrsschildern wird man in der Regel versuchen, sogenannte **Gabelständer und Trimaste** zu verwenden, deren Ausführung in den mit dem

- ARS 02/2022 (StB 26/7122.3/5/3612626) „Grundsätze für die passiv sichere Aufstellung von Verkehrszeichen" vom 2.2.2022 (VkBl. S. 78) fortgeschriebenen
- „Grundsätzen für die passiv sichere Aufstellung von Verkehrszeichen", Ausgabe 2022, BMDV (www.bast.de > Verkehrstechnik > Publikationen > Regelwerke),

siehe Abschnitt 12.4.8, näher beschrieben ist; diese benötigten bei richtiger Verwendung keinen speziellen Anprallschutz.

Für große Verkehrsschilder sind für eine Aufstellung über der Fahrbahn, sei es seitlich mithilfe eines Kragarms oder über der gesamten Fahrbahn mithilfe von Verkehrszeichenbrücken, in der Regel massivere Konstruktionen erforderlich, die dann auch mit passiven Schutzeinrichtungen gegen Aufprall von Fahrzeugen geschützt werden müssen.

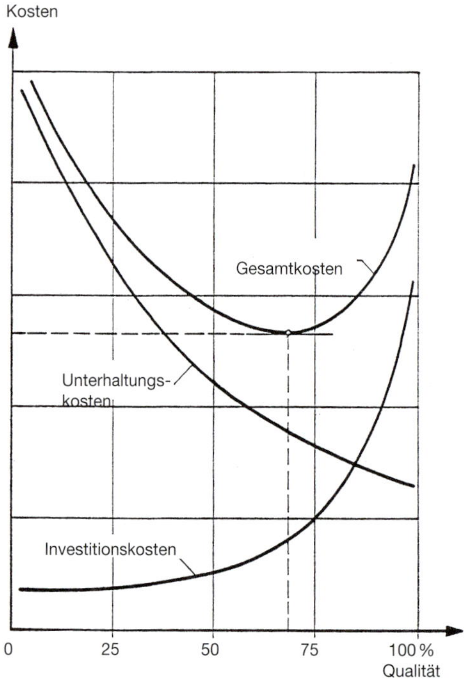

Bild 12.10 Relative Abhängigkeit der Investitions-, Unterhaltungs- und Gesamtkosten vom Grad der Qualität

Für die konstruktive Gestaltung von **Verkehrszeichenbrücken** gelten die

- „Zusätzlichen Technischen Vertragsbedingungen und Richtlinien für Ingenieurbauten (ZTV-ING); Teil 8.3 Weitere Bauwerke, Verkehrszeichenbrücken, Ausgabe 2022", BMDV, FGSV Verlag

auf die zuletzt hingewiesen wurde mit

- ARS 06/2024 (StB 24/7192.70/31/3851270) „Fortschreibung der Zusätzlichen Technischen Vertragsbedingungen und Richtlinien für Ingenieurbauten (ZTV-ING)", Ausgabe 2023, vom 28.2.2024 (VkBl. S. 257).

Diese ZTV enthalten auch Vorgaben für die Bemessung und die Materialwahl. Als Baustoffe für die Tragkonstruktion von Verkehrszeichenbrücken sind Stahl oder Aluminium zugelassen. Die Teile der Tragkonstruktion müssen auswechselbar sein; es sind Hohlprofile oder Bauteile mit Hohlquerschnitt zu verwenden. Auf einfache Erhaltung und auf gute Zugänglichkeit bei Bauwerksprüfungen und Wartungsarbeiten ist zu achten.

Bei der Wahl des Baustoffs sollte geprüft werden, welcher Baustoff je nach Standort und zu erwartender Standzeit einer Verkehrszeichenbrücke am wirtschaftlichsten ist. Hierbei ist eine Gesamtbetrachtung der Investitionskosten und der zu erwartenden Unterhaltungskosten (z. B. Inspektionen, Beschichtungen, Sanierungen infolge Abtrag des Zinküberzuges, einschließlich Kosten damit zusammenhängender Verkehrsbehinderungen) anzustellen (*Bild 12.10*). Auch die Kosten einer möglichen Entsorgung wie auch die Umweltauswirkung der Entsorgung von Konstruktion und Sanierungsabfall sind in die Überlegungen für die Baustoffwahl einzubeziehen.

Bei großflächigen Verkehrszeichen ist die Verstrebung auf der Rückseite so auszuführen, dass sie nicht als Kältespeicher wirkt und dadurch das Zeichen an diesen Stellen vorzeitig beschlägt.

12.4.11 Beleuchtung

Die erforderlichen Leuchtdichten für außenbeleuchtete, retroreflektierende Verkehrsschilder sind zu finden in den

- „Zusätzlichen Technischen Vertragsbedingungen und Richtlinien für vertikale Verkehrszeichen (ZTV VZ)", Ausgabe 2011, FGSV Verlag,

die für innenbeleuchtete in den

- „Technischen Liefer- und Prüfbedingungen für vertikale Verkehrszeichen (TLP VZ)", Ausgabe 2011, FGSV Verlag.

Bei der Konzeption der Beleuchtung ist zu beachten, dass keine störenden Spiegelungen entstehen, dass die Fahrbahn möglichst nicht erleuchtet wird und dass der Gegenverkehr nicht durch am Schild vorbeistrahlendes Licht geblendet wird (siehe *Bild 12.11*). Bei Anstrahlung von oben, die sich vor allem in der Nähe von von Fußgängern begangenen Flächen empfiehlt, sollte eventueller Schattenwurf bedacht werden. Die Leuchten müssen feuchtigkeitsfest konstruiert sein und den VDE-Bestimmungen genügen. Ein Anstrahlen der Verkehrsschilder durch die Straßenbeleuchtung gilt nicht als Außenbeleuchtung.

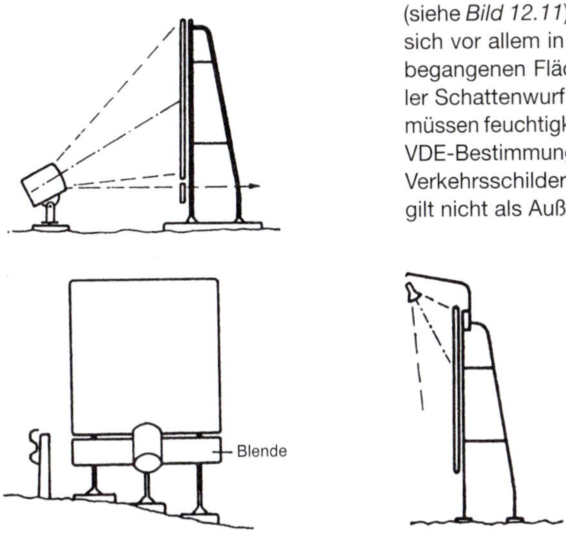

a. von unten

b. von oben

Bild 12.11 Anstrahlen von Verkehrszeichen

Zu Abschnitt 12.4.11

VwV-StVO zu den §§ 39 bis 43 Allgemeines über Verkehrszeichen und Verkehrseinrichtungen

III. Allgemeines über Verkehrszeichen

22 Ein Verkehrszeichen ist nur dann von außen beleuchtet, wenn es von einer eigenen Lichtquelle angeleuchtet wird.

12.5 Ausführung – Fahrbahnmarkierungen

12.5.1 Allgemeines

In diesem Abschnitt wird behandelt, wie Markierungen so konzipiert und appliziert werden müssen, dass den Verkehrsteilnehmern das festgelegte Signalbild mit den gewünschten lichttechnischen Eigenschaften dargeboten wird.

Die grundsätzlichen Fragen der Markierungen mit ihrer Geometrie wurden in den Abschnitten 3 bis 9, die Anforderungen an die Sichtbarkeit in den Abschnitten 2.6 und 12.3.3 besprochen.

Dabei ist festzulegen:

- die geometrische Ausgestaltung
  - Breite und Länge der Strichmuster
  - Form und Größe der verschiedenfarbigen Signalflächen und Symbole
  - Lage auf der Straße
- die Ausführung
  - Typ I oder Typ II (verbesserte Nachtsichtbarkeit bei Nässe)
  - eingelegte oder aufgelegte Markierung
- das Markierungsmaterial.

Harmonisierte Normen für Fahrbahnmarkierungen (im europäischen Kontext „Straßenmarkierungen" genannt) sind

- DIN EN 1436 „Straßenmarkierungsmaterialien – Anforderungen an Markierungen auf Straßen und Prüfverfahren", Ausgabe 2018
- DIN EN 1790 „Straßenmarkierungsmaterialien – Vorgefertigte Markierungen", Ausgabe 2013.

Die Umsetzung in Deutschland erfolgte mit den

- „Zusätzlichen Technischen Vertragsbedingungen und Richtlinien für Markierungen auf Straßen (ZTV M 13)", Ausgabe 2013, FGSV Verlag
- „Technischen Lieferbedingungen für Markierungsmaterialien (TL M 23)", Ausgabe 2023, FGSV Verlag.

Die Bekanntgabe (mit Bitte um Anwendung) für die Bundesfernstraßen (und die Anregung, die Regelwerke auch im Zuständigkeitsbereich der Länder anzuwenden) erfolgte mit

- ARS 26/2023 (StB 26/7122.3/4/3844039) „Technische Lieferbedingungen für Markierungsmaterialien, Ausgabe 2023 (TL M 23)" vom 28.12.2023 (VkBl. 2024 S. 21).

Für Herstellungsverträge von Markierungen („Applikation"; i. d. R. einschließlich der Lieferung der Markierungsstoffe) wurden erarbeitet:

- „Zusätzliche Technische Vertragsbedingungen und Richtlinien für Markierungen auf Straßen (ZTV M 13)", Ausgabe 2013, FGSV Verlag.

Die Bekanntgabe (mit der Bitte um Anwendung) für die Bundesfernstraßen erfolgte mit

- ARS 24/2013 (StB 11/7122.3/4-ZTV M-2067976) „Zusätzliche Technische Vertragsbedingungen und Richtlinien für Markierungen auf Straßen (ZTV M 13)" vom 18.11.2013 (VkBl. S. 1197)
- ARS 25/2016 (StB 11/7122.3/4-ZTV-M2665581) „Zusätzliche Technische Vertragsbedingungen und Richtlinien für Markierungen auf Straßen (ZTV M 13) – Änderungen, Ergänzungen, Erläuterung" vom 2.11.2016 (VkBl. S. 696).

12.5.2 Geometrische Gestalt

Die geometrische Gestalt der Fahrbahnmarkierung wird in den RMS (Richtlinien für die Markierung von Straßen) geregelt. Derzeit noch aktuell, aber in der Überarbeitung (und nur für den Bereich der Autobahnen fertiggestellt; nachfolgend beschrieben) sind die

- „Richtlinien für die Markierung von Straßen, Teil 1: Abmessungen und geometrische Anordnung von Markierungszeichen (RMS-1)", Ausgabe 1993, FGSV Verlag
- „Richtlinien für die Markierung von Straßen, Teil 2: Anwendung von Fahrbahnmarkierungen (RMS-2)", Ausgabe 1980, Berichtigter Nachdruck 1995, FGSV Verlag

die (wegen ihrer StVO-Relevanz) bekannt gegeben wurden mit

- VkBl.-Verlautbarung (StV 12/StB 13/36.42/50-12) „Richtlinien für die Markierung von Straßen (RMS). Teil 1: Abmessungen und geometrische

12.5.2 Geometrische Gestalt

Benennung	Grundformen (m)	Markierungszeichen
durchgehender Schmalstrich (S)		Fahrstreifenbegrenzung Fahrbahnbegrenzung Radfahrstreifen-begrenzung Parkflächenbegrenzung
unterbrochener Schmalstrich 1 : 2 außerhalb von Knotenpunkten (S)	1 : 2 : 1	Leitlinie
unterbrochener Schmalstrich 1 : 1 innerhalb von Knotenpunkten (S)	1 : 1 : 1	Leitlinie
unterbrochener Schmalstrich 2 : 1 (S)	2 : 1 : 2	Warnlinie
durchgehender Breitstrich (B)		Fahrbahnbegrenzung Sonderfahrstreifen-begrenzung Radfahrstreifen-begrenzung
unterbrochener Breitstrich 1 : 1 (B)	1 : 1 : 1	unterbrochene Fahrbahnbegrenzung
unterbrochener Breitstrich 2 : 1 (B)	2 : 1 : 2	unterbrochene Sonderfahrstreifen-begrenzung
Doppelstrich aus einem durchgehenden und einem unterbrochenen Schmalstrich 1 : 2 (S)	1 : 2 : 1 — 0,12/0,15	einseitige Fahrstreifenbegrenzung
Doppelstrich aus zwei durchgehenden Schmalstrichen (S)	0,12/0,15	Fahrstreifen-begrenzung
Doppelstrich aus zwei unterbrochenen Schmalstrichen 2 : 1 (S)	2 : 1 : 2 — 0,12/0,15	Fahrstreifenmarkierung für den Richtungs-wechselbetrieb/ Wechselfahrstreifen

Bild 12.12 Markierungszeichen
Quelle: RMS-1

Anordnung von Markierungszeichen (RMS-1)" vom 23.8.1993 (VkBl. S. 667).

Mit

- ARS 33/1993 (StB 13/StV 12/38.61.30/144 Va 93) „Richtlinien für die Markierung von Straßen, Teil 1: Abmessungen und geometrische Anordnung von Markierungszeichen (RMS-1)", Ausgabe 1993, vom 29.9.1993 (VkBl. S. 728)

hat das für den Verkehr zuständige Bundesministerium die obersten Straßenbaubehörden der Länder um deren Anwendung im Bereich der Bundesfernstraßen gebeten und ihnen die Anwendung für die Straßen in ihrem eigenen Zuständigkeitsbereich empfohlen.

Für Straßen, die nach den „Richtlinien für die Anlage von Autobahnen (RAA)" als Autobahnen bezeichnet werden, also „alle anbaufreien, zweibahnig mehrstreifigen und durchgehend planfrei geführten Straßen, die nur für den schnellen Kraftfahrzeugverkehr bestimmt sind", „unabhängig von der Beschilderung nach der Straßenverkehrs-Ordnung und der Widmung nach Straßenrecht", wurden die

- „Richtlinien für die Markierung von Straßen, Teil A: Autobahnen (RMS)", Ausgabe 2019, FGSV Verlag

erarbeitet.

Mit

- ARS 23/2019 (StB 11/7122.3/4-RMS/3240443) „Bekanntmachung der Richtlinien für die Markierung von Straßen (RMS), Teil A: Markierung von Autobahnen" vom 9.12.2019 (VkBl. 2020 S. 110)

hat das für den Verkehr zuständige Bundesministerium die obersten Straßenbaubehörden der Länder um dessen Anwendung im Bereich der Bundesfernstraßen gebeten und ihnen die

12.5.2 Geometrische Gestalt

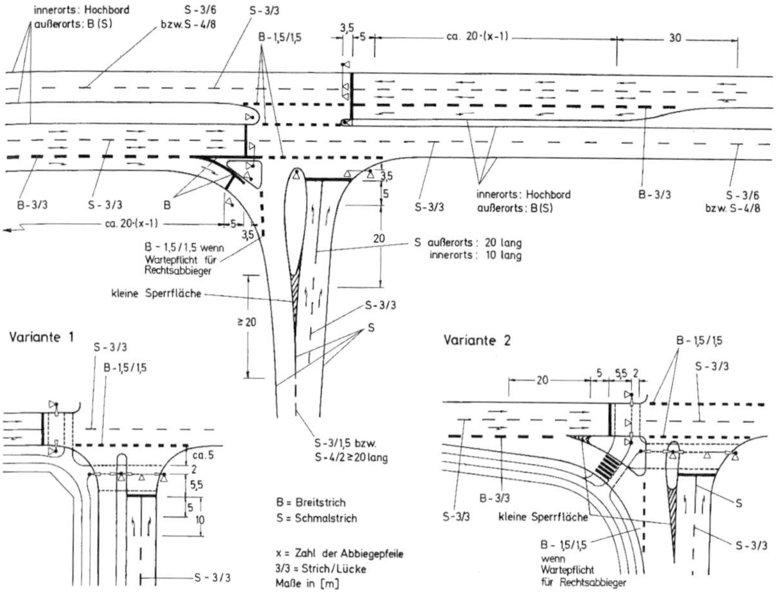

Bild 12.13 Beispiel für die Markierung eines Knotenpunktbereichs
Quelle: RMS-2

Anwendung für die Straßen in ihrem eigenen Zuständigkeitsbereich empfohlen.

Die RMS sind in zwei Teile gegliedert. Der erste Teil (RMS-1) behandelt die Abmessungen und die geometrische Anordnung von Markierungszeichen, der zweite (RMS-2) die Anwendung der Fahrbahnmarkierungen. Als Beispiel für Teil 1 dient *Bild 12.12.*

Die Breite der Schmalstriche beträgt 0,12 m (auf Autobahnen 0,15 m), die der Breitstriche 0,25 m (auf Autobahnen 0,30 m). Die Strichlänge der unterbrochenen Linien (z. B. Leitlinien) beträgt außerhalb von Knotenpunkten innerorts 3,00 m, außerorts 4,00 m und auf Autobahnen 6,00 m.

Die RMS-2 geben Anwendungsbeispiele für die freie Strecke und die Knotenpunkte (z. B. *Bild 12.13*).

Die Vorgaben der RMS sind sehr detailliert. Die Zeichnungen können mit nur kleinen Anpassungen oder Ergänzungen als Konstruktionszeichnungen verwendet werden (siehe z. B. *Bild 12.14*). Die grundsätzliche Lage der Markierung ist allerdings in jedem Einzelfall nachvollziehbar festzulegen.

Für die Detailkonstruktion der Pfeile und Symbole wurden Konstruktionszeichnungen ausgearbeitet, die bei der FGSV ausleihbar sind:

- „Richtlinien für die Markierung von Straßen (RMS) – Konstruktionszeichnungen", Ausgabe 1981, FGSV Verlag.

Bild 12.14 Grundkonstruktion der Sperrflächen
Quelle: RMS-1

Benennung	Grundformen (m)	Markierungszeichen
Schrägstrichgatter	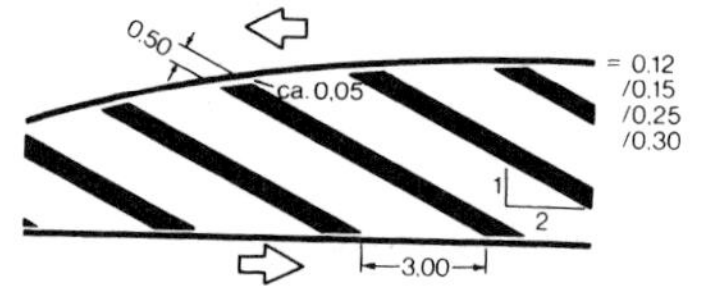	Sperrfläche
kleines Schrägstrichgatter	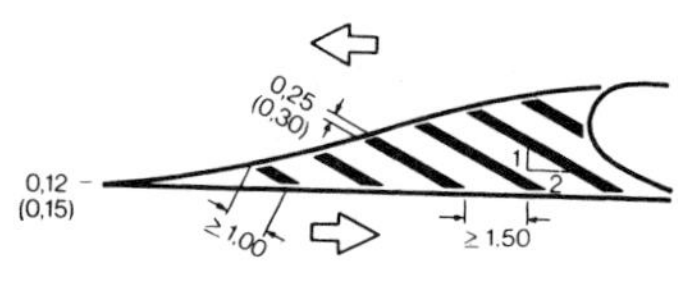	kleine Sperrfläche

Zu Abschnitt 12.5.2

VwV-StVO zu den §§ 39 bis 43 Allgemeines über Verkehrszeichen und Verkehrseinrichtungen

IV. Allgemeines über Markierungen

49 1. Markierungen sind nach den Richtlinien für die Markierung von Straßen (RMS) auszuführen. Das Bundesministerium für Verkehr und digitale Infrastruktur gibt die RMS im Einvernehmen mit den zuständigen obersten Landesbehörden im Verkehrsblatt bekannt.

12.5.3 Ausführung und Materialwahl

Die wesentliche Eigenschaft von Fahrbahnmarkierungen ist ihre Sichtbarkeit. Sie sollen bei Tag und Nacht gleichermaßen sichtbar sein und daher gewisse lichttechnische Eigenschaften erfüllen.

Für die Tagessichtbarkeit wird das erreicht durch eine „helle“ Farbgebung, die auch auf hellen Fahrbahnoberflächen noch genügend Kontrast zeigt (Versuche aus der Anfangszeit der Markierungen, bei denen die Markierung auf hellen Betonoberflächen mit schwarzer Farbe ausgeführt worden war, haben zu keinen überzeugenden Ergebnissen geführt).

Für die Nachtsichtbarkeit werden retroreflektierende Materialien (in der Regel sehr kleine Glaskügelchen) so in das Material eingearbeitet, dass sie das Scheinwerferlicht retroreflektieren (siehe Abschnitt 12.3.3). Nicht eingefärbte Markierung erscheint aus der Sicht des Fahrers in der Scheinwerferfarbe und wird als weiß wahrgenommen. Die retroreflektierende Ausführung ist in der VwV-StVO für Fahrbahnmarkierungen vorgeschrieben, die sich auf den fließenden Verkehr beziehen.

Fahrbahnmarkierungen werden, wie der Name schon sagt, auf die Fahrbahn aufgebracht. Dort unterliegen sie den direkten mechanischen Beanspruchungen durch den Verkehr und last- oder temperaturbedingten Verformungen des Fahrbahnbelags. Daraus ergeben sich bestimmte mechanische Anforderungen an das Material und seine Verbindung mit der Fahrbahnoberfläche, die im Folgenden diskutiert werden.

Fahrbahnmarkierungen werden schließlich regelmäßig auch be- und überfahren. Daraus ergeben sich Anforderungen an minimale Höhenunterschiede zwischen der Markierungsoberfläche und der nicht markierten Fahrbahnfläche sowie an die Oberflächenrauheit, um die nötige Griffigkeit zu gewährleisten.

Die verschiedenen Anforderungen lassen sich mit sehr unterschiedlichen Materialien und Materialkombinationen erreichen, die alle ihre spezifischen Vor- und Nachteile haben.

Die Ausführungsarten lassen sich zunächst einmal grob in zwei Typen einteilen.

Typ-I-Markierungen sind die althergebrachten Markierungen, bei denen die sichtbare Oberfläche relativ glatt und parallel zur Straßenebene ist. Dieser Markierungstyp lässt sich vergleichsweise leicht herstellen, ist recht widerstandsfähig gegen mechanische Angriffe (z. B. Schneepflug) und verschmutzt nicht zu schnell.

Bei der Nachtsichtbarkeit, insbesondere bei Nässe, kommt es jedoch zu Problemen. Generell ist es bei Markierungen technisch schwierig, die Retroreflexion herzustellen, da sowohl die Beleuchtungs- als auch die Beobachtungs-Lichtstrahlen nur in kleinen Winkeln zur Oberfläche einstrahlen bzw. abgestrahlt werden müssen (im Gegensatz zu den Verkehrsschildern, wo sie nahezu senkrecht auftreffen bzw. abgestrahlt werden). Dies erfordert, dass die rückstrahlenden Glasperlen nicht zu weit ins Markierungsmaterial eingebettet sein dürfen, da sie dann lichttechnisch nicht mehr wirksam sind. Sie dürfen aber auch nicht zu weit herausragen, weil sie dann einem stärkeren mechanischen Angriff unterliegen und gleichzeitig weniger im Material verankert sind. Bei Nässe ist die Retroreflexion dadurch gefährdet, dass schon relativ kleine Wasserfilme die Glasperlen überfluten; dann wird das Scheinwerferlicht an der Wasseroberfläche spiegelnd reflektiert und erreicht die retroreflektierenden Perlen gar nicht mehr; die Markierung ist nachts bei Nässe nahezu nicht mehr zu sehen.

In dem Versuch, dieses Problem zu umgehen, werden **Typ-II-Markierungen** in ihrer Höhe so gestaltet, dass stark geneigte Flächen entstehen, die aus einem möglichen Wasserfilm herausragen. Diese Flächen wirken auch bei Nässe retroreflektierend. Allerdings sind die so geformten Markierungen wesentlich anfälliger

12.5.3 Ausführung und Materialwahl

gegen mechanischen Angriff. Außerdem führt ihr Befahren zu größerer Geräuschentwicklung, insbesondere wenn die Gesamtstruktur grob und regelmäßig ist.

Die **Struktur von Typ-II-Markierungen** kann durch Formen des Markierungsmaterials oder durch verteiltes, also nicht vollflächiges Aufbringen des Markierungsmaterials (Agglomeratmarkierung) hergestellt werden.

Nähere Informationen zu Agglomeratmarkierungen sind zu finden im 2020 überarbeiteten

- „Merkblatt für Agglomeratmarkierungen", Ausgabe 2020, FGSV Verlag,

das das für den Verkehr zuständige Bundesministerium mit

- ARS 14/2020 (StB 11/7122.3/4/2957804) „Merkblatt für Agglomeratmarkierungen, Ausgabe 2020" vom 28.5.2020 (VkBl. S. 642)

bekannt gegeben hat.

Verkehrsfreigabemarkierungen können notwendig werden, wenn die Fahrbahnoberfläche unmittelbar nach der Herstellung noch nicht geeignet ist, einen dauerhaften Verbund mit einer endgültigen Markierung sicherzustellen, andererseits aus Gründen der Sicherheit und Leichtigkeit des Verkehrs eine Markierung sinnvoll erscheint.

Auch die für Fahrbahnmarkierungen **verwendeten Materialien** sind sehr unterschiedlich, von dünnen Farben über beschichtete Folien bis hin zu dicken Massen. Sie müssen bei der Applikation verarbeitbar sein, sich während der Nutzung aber möglichst stabil verhalten. Das lässt sich erreichen z. B. bei Farben durch Lösungsmittel oder Dispersionsprozesse oder bei Massen durch Erwärmung/Abkühlung (Thermoplaste) oder durch chemische Prozesse (Zwei- oder Mehrkomponenten-Materialien oder strahlungsindizierte Erhärtungsreaktionen). Folien werden zur Applikation auf die Straßenoberfläche geklebt. Bei allen Materialien ist zu beachten, dass die Umwelt z. B. durch Lösungsmittel oder Reaktionsstoffe nicht übermäßig beeinträchtigt wird.

Die Markierungen werden in der Regel auf die Straßenoberfläche aufgelegt (aufgelegte Markierungen). Dann dürfen sie eine bestimmte Dicke (i. d. R. wenige Millimeter) nicht überschreiten, um fahrdynamische Effekte zu vermeiden und um den Wasserabfluss nicht übermäßig zu behindern. Bei besonderen Anforderungen an die Haltbarkeit kann es sinnvoll sein, die Markierungen dicker auszuführen; dann müssen sie in gefräste Vertiefungen eingelegt werden (eingelegte Markierungen). Auch dann darf die Oberfläche der Markierungen nur wenig über die Straßenoberfläche ragen.

Vor allem bei kompliziert geformten Pfeilen, Schriftzeichen oder Sinnbildern kann es sinnvoll sein, Markierungen als Folien oder aus Markierungsmassen in Werken vorzufertigen und vor Ort dann nur noch dauerhaft mit der Straßenoberfläche zu verbinden.

Allen Markierungsstoffen ist gemeinsam, dass sie Reflexstoffe (für die retroreflektiven Eigenschaften) und Griffigkeitsmittel (zur Gewährleistung der Griffigkeit) enthalten oder dass diese Stoffe bei der Applikation fest mit der Oberfläche verbunden werden.

Um mit dieser Vielfalt effizient umgehen zu können, werden die verschiedenen Materialien und Systeme von der Bundesanstalt für Straßen- und Verkehrswesen auf ihre **Anwendbarkeit für das deutsche Fernstraßennetz** bewertet und darüber eine Liste geführt (www.bast.de > Qualitätsbewertung > Listen > Straßenausstattung).

Markierungen können ausnahmsweise auch aus aufeinanderfolgenden, optisch zusammenhängend wirkenden **Markierungsknöpfen** hergestellt werden. Dies kann z. B. auf Pflasterdecken sinnvoll sein. Ansonsten kann es gelegentlich sinnvoll sein, die Sichtbarkeit und Wirkung der Markierung durch zusätzlich angebrachte Markierungsknöpfe zu unterstützen.

In verkehrsberuhigten Geschäftsbereichen kann es gestalterisch sinnvoll sein und ist es angesichts der geringen gefahrenen Geschwindigkeiten vertretbar, Markierungen auch durch **unterschiedliche Materialwahl der Straßenoberfläche** auszubilden, soweit die verwendeten Materialien unter allen Beleuchtungsverhältnissen ausreichenden Kontrast zueinander haben und als Markierung zu erkennen sind.

Die wesentlichen Eigenschaften von Straßenmarkierungen sind (siehe ZTV M, TL M, DIN EN):

■ Lichttechnische Eigenschaften

Sie werden charakterisiert:

- für die Sichtbarkeit bei Tag durch die Helligkeit bei Normbedingungen (Leuchtdichtekoeffizient bei diffuser Beleuchtung) und durch den „Farbort", also die lichttechnische Beschreibung der Farbe als Bereich im CIE-Farbraum,
- für die Sichtbarkeit in der Nacht durch Retroreflexions-Eigenschaften (Leuchtdichtekoeffizient bei Retroreflexion).

Dabei müssen die geometrischen Vorgaben der Zeichen mit gewissen Toleranzen eingehalten werden. Die Markierungen müssen tags und nachts vollflächig wirken; das heißt, dass die Markierungen (z. B. bestimmte Kaltspritzplastiken) zwar bei näherer Betrachtung durchaus nur aus einzelnen kleinen markierten Bereichen bestehen dürfen. Aus der Fahrerperspektive, d. h. unter flachen Winkeln mit einer bestimmten Entfernung, dürfen die Unterbrechungen jedoch nicht erkennbar sein.

Zur einheitlichen farblichen Ausführung von roten oder grünen Einfärbungen, wie sie z. B. zur besseren Erkennbarkeit von Fahrradwegen oder Gefahrenstellen verwendet werden, hat die BASt Empfehlungen für die Wahl der Farborte erarbeitet:

- „Empfehlungen zur farblichen Ausführung roter und grüner Einfärbungen (Version 1.0)", Ausgabe 2020, BASt [www.bast.de > Verkehrstechnik > Publikationen > Fachveröffentlichungen …].

Tabelle 12.2 Verkehrsklassen P und ihre Anwendung

Verkehrsklasse P nach DIN EN 13197	Anzahl der Radüberrollungen in Mio.	Anwendung nach ZTV M 13
P 2	0,1	
P 4	0,5	Gruppe A aus Farben Typ I (tägliche Verkehrsmenge ≤ 5 000)
P 5	1	Gruppe A aus Farben Typ I (tägliche Verkehrsmenge ≤ 5 000)
P 6	2	Gruppe B aus Farben Typ II (tägliche Verkehrsmenge ≤ 2 500) Gruppe A (tägliche Verkehrsmenge > 5 000 bis ≤ 15 000) oder B (tägliche Verkehrsmenge > 2 500 bis ≤ 15 000) aus sonstigen spritzbaren Markierungsstoffen
P 7	4	Gruppe B mit sonstigen spritzbaren Markierungsstoffen (tägliche Verkehrsmenge > 10 000 bei Erstmarkierung) Gruppe A und B mit allen anderen Systemen (tägliche Verkehrsmenge > 15 000) Gruppe C als Agglomeratmarkierungen

Gruppe A (beanspruchte Markierungen):
- Fahrbahnbegrenzungen von einbahnigen Straßen
- Schrägstrichgatter der Sperrflächen
- Vorübergehend befahrene Verkehrsflächen
- Alle stark beanspruchten Markierungen (Gruppe B) auf Straßen mit einer mittleren täglichen Verkehrsmenge unter 2 500 Fahrzeugen pro Fahrstreifen

Gruppe B (stark beanspruchte Markierungen):
- Fahrbahnbegrenzungen von zweibahnigen Straßen und Fahrbahnbegrenzungen einbahniger Straßen mit befahrbarem Seitenstreifen (Mehrzweckfahrstreifen)
- Fahrstreifenbegrenzungen
- Leitlinien sowie Warnlinien
- Umrandungen von Sperrflächen
- Alle unter Abschnitt 5.4.1 genannten wenig beanspruchten Markierungen (Gruppe A) auf Straßen mit einer mittleren täglichen Verkehrsmenge über 5 000 Fahrzeugen pro Fahrstreifen

Gruppe C (besonders stark beanspruchte Markierungen):
- Unterbrochene Fahrbahnbegrenzungen
- Quermarkierungen
- Markierungen im Kreisverkehr
- Pfeile, Buchstaben und Ziffern sowie sonstigen Markierungszeichen
- Alle unter Abschnitt 5.4.2 genannten stark beanspruchten Markierungen (Gruppe B) auf Straßen mit einer mittleren täglichen Verkehrsmenge mit mehr als 15 000 Fahrzeugen pro Fahrstreifen

12.5.3 Ausführung und Materialwahl

■ Verschleißfestigkeit

DIN EN und ZTV ordnen den Einsatzbereichen von Markierungen verschiedene Verkehrsklassen P zu. Bei der Zuordnung der Markierungen zur Verkehrsklasse P sind das Markierungssystem, die Beanspruchung, die Anzahl der Radüberrollungen und die tägliche Verkehrsmenge zu berücksichtigen. Eine Übersicht ist in *Tabelle 12.2* dargestellt. Weitere Details sind den ZTV M 13 zu entnehmen. Die Verschleißfestigkeit wird in Rundlauf-Prüfanlagen an Mustern bestimmt. Maßstab ist dabei, dass nach einer gewissen Anzahl von Überrollungen ca. 90 % der Markierung unbeschädigt sind.

■ Griffigkeit

Charakterisiert durch den sogenannten SRT-Wert (Skid Resistance Tester; Messung mit dem Pendelgerät) oder durch entsprechende Werte anderer Messgeräte, die nachweisbar gleichwertige und übertragbare Messwerte ermitteln.

■ Weitere Eigenschaften

Die Markierung darf nicht zur Rissbildung in der Fahrbahnoberfläche führen.

Zur Prüfung von Markierungen siehe Abschnitt 12.5.5.

Zu Abschnitt 12.5.3

StVO § 39 Verkehrszeichen

(5) Auch Markierungen und Radverkehrsführungsmarkierungen sind Verkehrszeichen. Sie sind grundsätzlich weiß. Nur als vorübergehend gültige Markierungen sind sie gelb; dann heben sie die weißen Markierungen auf. Gelbe Markierungen können auch in Form von Markierungsknopfreihen, Markierungsleuchtknopfreihen oder als Leitschwellen oder Leitborde ausgeführt sein. Leuchtknopfreihen gelten nur, wenn sie eingeschaltet sind. Alle Linien können durch gleichmäßig dichte Markierungsknopfreihen ersetzt werden. In verkehrsberuhigten Geschäftsbereichen (§ 45 Absatz 1d) können Fahrbahnbegrenzungen auch mit anderen Mitteln, insbesondere durch Pflasterlinien, ausgeführt sein. Schriftzeichen und die Wiedergabe von Verkehrszeichen auf der Fahrbahn dienen dem Hinweis auf ein angebrachtes Verkehrszeichen.

VwV-StVO zu den §§ 39 bis 43 Allgemeines über Verkehrszeichen und Verkehrseinrichtungen

IV. Allgemeines über Markierungen

50 2. Die auf den fließenden Verkehr bezogenen Markierungen sind retroreflektierend auszuführen.

51 3. Markierungsknöpfe sollen nur dann anstelle der Markierungslinien verwendet werden, wenn dies aus technischen Gründen zweckmäßig ist, z. B. auf Pflasterdecken.

52 4. Dagegen können Markierungen aller Art durch das zusätzliche Anbringen von Markierungsknöpfen in ihrer Wirkung unterstützt werden; geschieht dies an einer ununterbrochenen Linie, dürfen die Markierungsknöpfe nicht gruppenweise gesetzt werden. Zur Kennzeichnung gefährlicher Kurven und zur Verdeutlichung des Straßenverlaufs an anderen unübersichtlichen Stellen kann das zusätzliche Anbringen von Markierungsknöpfen auf Fahrstreifenbegrenzungen, auf Fahrbahnbegrenzungen und auf Leitlinien nützlich sein.

53 5. Markierungsknöpfe müssen in Grund und Aufriss eine abgerundete Form haben. Der Durchmesser soll nicht kleiner als 120 mm und nicht größer als 150 mm sein. Die Markierungsknöpfe dürfen nicht mehr als 25 mm aus der Fahrbahn herausragen.

54 6. Nach Erneuerung oder Änderung einer dauerhaften Markierung darf die alte Markierung nicht mehr sichtbar sein, wenn dadurch Zweifel über die Verkehrsregelung entstehen könnten.

55 7. Durch Schriftzeichen, Sinnbilder oder die Wiedergabe eines Verkehrszeichens auf der Fahrbahn kann der Fahrzeugverkehr lediglich zusätzlich auf eine besondere Verkehrssituation aufmerksam gemacht werden. Von dieser Möglichkeit ist nur sparsam Gebrauch zu machen. Sofern dies dennoch in Einzelfällen erforderlich sein sollte, sind die Darstellungen ebenfalls nach den RMS auszuführen.

56 8. Pflasterlinien in verkehrsberuhigten Geschäftsbereichen (vgl. § 39 Abs. 5 letzter Satz) müssen ausreichend breit sein, in der Regel mindestens 10 cm, und einen deutlichen Kontrast zur Fahrbahn aufweisen.

12.5.4 Applikation

Für das Aufbringen der Markierung auf die Fahrbahnoberfläche („Applikation") muss die Fahrbahnoberfläche geeignet, insbesondere beständig sein und ggf. zur Verbesserung der Hafteigenschaften z. B. durch Primer vorbereitet sein.

Bei eingelegten Markierungen ist die Fahrbahnoberfläche vor der Applikation etwas schmaler als die Breite der Markierung und in der vorgeschriebenen Tiefe auszufräsen. Die ausgefräste Fläche ist von losem Material zu reinigen und ggf. entsprechend der Zulassung vorzubereiten.

Die Vorgehensweise bei Applikation muss der der Zulassungsprüfung entsprechen.

Um die richtige geometrische Lage sicherzustellen, wird in der Regel eine Vormarkierung mit Punkten oder schmalen Linien aus nur kurzfristig sichtbaren Farben durchgeführt, an der sich das Applikationspersonal orientieren kann.

Die Applikation selbst erfolgt in der Regel maschinell durch Spritzen (z. B. Farbe, reaktive Plastiken), mithilfe eines Ziehschuhs (flüssige Massen), durch Extrusion (plastische Massen) oder durch Aufkleben/Aufrollen (vorgefertigte Markierungen wie Folien oder vorgefertigte Massen) in der vorgeschriebenen Zusammensetzung und Menge.

Dabei ist sicherzustellen, dass kein Markierungsmaterial vertragen wird (z. B. durch überrollende Fahrzeuge oder Regen bei wasserlöslichen Materialien).

Soweit die Beistoffe zur Gewährleistung von Retroreflexion und Griffigkeit nicht Bestandteil der Markierungsstoffe sind, sind sie am Ende der Applikation gleichmäßig, in der Regel maschinell, so rechtzeitig aufzubringen, dass sie sich dauerhaft mit dem Markierungsstoff verbinden.

Als Hilfe für das Vermeiden von und den Umgang mit typischen Problemen wurden erarbeitet:

- „Hinweise für Markierungen auf neuen Fahrbahnoberflächen", (W 1) Ausgabe 2014, FGSV Verlag.

12.5.5 Qualitätssicherung und Prüfung

Für die Qualitätssicherung und die Prüfung von Fahrbahnmarkierungen sind außerdem zu beachten:

- „Technische Prüfbedingungen für Markierungssysteme (TP M)", Ausgabe 2018, FGSV Verlag
- „Leitfaden zur Probenahme von Markierungsmaterialien zur Durchführung der Mustergleichheitsprüfung gemäß ZTV M 13", (W 2) Ausgabe 2015, FGSV Verlag
- „Merkblatt für die Anerkennung als Prüfstelle zur Messung verkehrstechnischer und anderer Eigenschaften von Fahrbahnmarkierungen gemäß ZTV M 13", Stand 05/2022, mit Ergänzung vom 12.7.2023, BASt (www.bast.de > Verkehrstechnik > Qualitätsbewertung > Anerkennung > Straßenausstattung)
- „Liste der anerkannten Prüfstellen für Fahrbahnmarkierungen", Stand Juli 2009, BASt (www.bast.de > Verkehrstechnik > Qualitätsbewertung > Anerkennung > Straßenausstattung).

12.6 Ausführung – Dynamische Verkehrszeichen und Verkehrseinrichtungen

12.6.1 Allgemeines

In diesem Abschnitt werden die für dynamische Verkehrszeichen und Verkehrseinrichtungen nötigen Außenanlagen, insbesondere die Detektoren, Anzeigevorrichtungen, Kommunikationswege und Schalteinrichtungen behandelt. Er gibt außerdem Hinweise für ihre Ausschreibung und Vergabe, ihre Wartung und ihren Betrieb.

Die Anlagen selbst, ihre Konzeption, Steuerung und die sie behandelnden allgemeinen Regelwerke sind in Abschnitt 9 beschrieben.

Lichtsignalanlagen regeln als Wechsellichtzeichen den Vorrang an Knotenpunkten, Fußgängerquerungen oder Engstellen. Als Dauerlichtzeichen geben sie Fahrstreifen zum Befahren frei, ordnen das Räumen von Fahrstreifen nach einer bestimmten Seite an oder sperren Fahrstreifen für den Verkehr einer Fahrtrichtung. Sie wurden in der Vergangenheit meist als gerätetechnische Einheit erstellt und betrieben. Hier bahnt sich derzeit ein Umbruch an. Bei den Verkehrsbeeinflussungsanlagen wird – nicht zuletzt gefördert durch die „Technischen Lieferbedingungen für Streckenstationen" (TLS; siehe Abschnitt 12.6.8) – ein modularer, allgemein genormter Aufbau angestrebt, der grundsätzlich einen gemischten Betrieb von Anlagenteilen unterschiedlicher Hersteller erlaubt.

Zu den Wechselverkehrszeichen im Sinne dieses Abschnittes sollen keine solchen Verkehrsschilder zählen, die durch manuelle Handlungen vor Ort z. B. auf- und zugeklappt werden. Allerdings werden heute anstelle solcher Klappschilder i. d. R. ferngesteuerte Wechselverkehrszeichen verwendet, z. B. um das Überqueren der Fahrbahn zu den Klappschildern auf dem Mittelstreifen beim Einrichten von Kontrollstellen des Bundesamtes für Logistik und Mobilität (BALM) zu vermeiden. Damit können die nur während der Kontrolle notwendigen Schilder auf dem Mittelstreifen als Wechselverkehrszeichen vom rechten Fahrbahnrand aus durch Fernbedienung aktiviert und deaktiviert werden.

12.6.2 Detektoren

Als Detektoren werden in der Regel Induktivschleifen mit entsprechenden Auswerteschaltungen, innerorts häufig auch Infrarot-Detektoren, außerorts häufig auch Radar-Detektoren verwendet. Je nach Verwendungszweck (Vorbeifahrterkennung, Rückstauerkennung, Geschwindigkeitsmessung, Fahrzeugklassifikation, Empfindlichkeit) eignen sich die verschiedenen Bauformen unterschiedlich und können auch dem jeweiligen Verwendungszweck angepasst ausgebildet werden. Nähere Informationen enthalten vor allem für Anwendungen innerorts und an Lichtsignalanlagen die

- „Hinweise zu Detektionstechnologien im Straßenverkehr", Ausgabe 2019, FGSV Verlag

und vor allem für Anwendungen an Verkehrsbeeinflussungsanlagen außerorts die

- „Technischen Lieferbedingungen für Streckenstationen (TLS)", Ausgabe 2012, BASt (siehe Abschnitt 12.6.8).

Der alleinige Einsatz von Videoanlagen mit automatischer Bildauswertung kann derzeit trotz weltweiter Bemühungen noch nicht empfohlen werden. Auch für die Freimeldung an Anlagen zur Seitenstreifenfreigabe ist diese Technik nur als Unterstützung der Operatoren, nicht jedoch zur automatischen Detektion verwendbar. Zur Erfassung umfeldbedingter Gefahren, z. B. Nebel, Nässe oder Glatteis (Glättemeldeanlagen), werden besondere Detektoren, teilweise in der Fahrbahn, eingesetzt (Umfelddatenerfassung).

Fahrzeuge des öffentlichen Linienverkehrs sind in der Regel mit interaktiven Meldesystemen (Infrarot, Funk, Transponder) ausgestattet, die mit entsprechenden (elektronischen) „Baken" am Fahrbahnrand kommunizieren können. Diese Systeme erlauben häufig nicht nur die Anwesenheitsmeldung, sondern auch Datenübertragung, z. B. befahrene Linie, Verspätung, Besetzungsgrad.

12.6.3 Signalgeber

Lichtsignalgeber (kurz: Signalgeber) sind Geräte, die – meist als Bestandteile von Lichtsignalanlagen (siehe Abschnitt 9) – über Leuchtfelder Lichtsignale geben; es werden ein- und mehrfeldige Signalgeber verwendet. Einzelheiten sind zu finden in Abschnitt 6.2 der

Bild 12.15 Beispiele für Signalgeber an Lichtsignalanlagen

- „Richtlinien für Lichtsignalanlagen (RiLSA) – Lichtzeichenanlagen für den Straßenverkehr“, Ausgabe 2015, FGSV Verlag.

Als **Signalgeber für Kraftfahrzeuge** (*Bild 12.15*, links) werden Signalgeber mit runden, farbigen Leuchtfeldern (in der Regel Ø 20 cm) verwendet. In besonderen Fällen – vor allem dann, wenn eine Lichtzeichenanlage schon aus größerer Entfernung wahrzunehmen sein soll – sind Signalgeber mit Leuchtfeldern Ø 30 cm erforderlich. Sind keine Signale für besondere Verkehrsarten vorhanden, dann gelten die Lichtzeichen für alle Verkehrsteilnehmer. Die Leuchtfelder müssen übereinander angeordnet sein, von oben nach unten: Rot, Gelb, Grün. Diese Reihenfolge der Anbringung, die (zeitliche) Farbfolge sowie die Gestaltung der Leuchtfelder sind in § 37 Abs. 2 und 3 StVO verbal beschrieben. Abweichungen hiervon sind nicht zulässig.

Signalgeber für den Straßenbahnverkehr und für Linienbusse (*Bild 12.15*, rechts) sind drei- oder mehrfeldig und zeigen nach den Bestimmungen der „Straßenbahn-Bau- und Betriebsordnung – BOStrab“ weiß leuchtende Symbole auf schwarzem Grund, z. B. quer, senkrecht oder schräg gerichteten Strich, Punkt, Dreieck. Die besonderen „Richtlinien des Verbandes öffentlicher Verkehrsbetriebe (VDV)“ sind zu beachten.

Der Fußgängerverkehr wird in der Regel durch **Signalgeber für Fußgänger** (*Bild 12.15,* Mitte) geregelt. Es werden meist Signalgeber mit zwei Leuchtfeldern (Rot/Grün) verwendet. **Signalgeber für den Radverkehr** sollten dreifeldig dreibegriffig (Rot/Gelb/Grün) ausgebildet werden. Kombinierte Signalgeber für den Fußgänger- und Radverkehr sollten insbesondere wegen unterschiedlicher Räumzeiten und fehlender Gelbphase für den Radverkehr vermieden werden. In manchen Städten werden auch die Signalgeber für die Fußgänger dreifeldig, jedoch zweibegriffig (mit doppeltem roten Feld) ausgebildet. Die Signalgeber für Fußgänger zeigen das rote Sinnbild eines stehenden oder das grüne Sinnbild eines gehenden Fußgängers, die Signalgeber für die Radfahrer das Symbol eines Fahrrads in der jeweiligen Farbe, alle auf schwarzem Grund. Einzelheiten siehe VwV-StVO zu § 37 Zu Nummer 5, Rn. 50, 51.

Fahrstreifen-Signalgeber für Wechselfahrstreifen (Dauerlichtzeichen) sind Signalgeber, die über markierten Fahrstreifen angebracht sind und entweder einen nach unten gerichteten grünen Pfeil („Der Verkehr auf dem Fahrstreifen ist freigegeben“), einen gelb blinkenden, schräg nach unten gerichteten Pfeil („Der Fahrstreifen ist in Pfeilrichtung zu wechseln“) oder rote, gekreuzte Schrägbalken („Der Fahrstreifen darf nicht benutzt werden, davor darf nicht gehalten werden“) zeigen (*Bild 12.16*). Sie ermöglichen es, einzelne Fahrstreifen nur in der einen oder der anderen Richtung befahren zu lassen (z. B. morgens stadteinwärts, abends stadtauswärts). Der Signalgeber mit dem grünen, nach unten gerichteten Pfeil ist in der Regel rechts anzuordnen. Die Signalgeber müssen so über den Fahrstreifen angebracht sein, dass eine eindeutige Zuordnung zu den Fahrstreifen gegeben ist. Der gelbe Räumpfeil und die roten, gekreuzten Schrägbalken kommen auch bei Verkehrsbeeinflussungsanlagen zum Einsatz. Dort unterstützen sie die Absicherung von Arbeits- und Einsatzstellen sowie das Räumen temporär freigegebener Seitenstreifen.

Als Fahrstreifensignale sind ferner auch einfeldige Signalgeber in der Bauweise von Matrixzeichen zulässig. Beim Einsatz in Verkehrsbeeinflussungsanlagen ist diese Bauform die Regel (siehe Abschnitt 12.6.4).

Bild 12.16 Fahrstreifensignale für Wechselfahrstreifen (Dauerlichtzeichen) Quelle: RiLSA

12.6.3 Signalgeber

Weiße Ziffern auf schwarzem Grund

Bild 12.17 Geschwindigkeitssignale (Lampenausführung) Quelle: RiLSA

Als **Geschwindigkeitssignalgeber** (*Bild 12.17*) werden entweder normale Signalgeber verwendet, die mit weißen leuchtenden Ziffern die jeweils empfohlene Geschwindigkeit anzeigen, wobei das oberste Signalfeld die höchste Geschwindigkeit anzeigt, oder aber Signalgeber, bei denen die Ziffern aus Leuchtpunkten zusammengesetzt sind, sogenannte Rasterausführung (fest gesteckte Lichtpunkte für Schriftzeichen oder Sinnbilder) oder (Voll-)Matrixzeichen (vollflächig angeordnete Lichtpunkte, von denen zur Darstellung von Schriftzeichen oder Sinnbildern bestimmte Lichtpunkte aktiviert werden).

Signalgeber bestehen in der Regel aus Gehäuse, Optik und Befestigungseinrichtung. Gehäuse und Befestigungseinrichtung sind so konzipiert, dass die Zuleitungskabel aus dem Mast verdeckt eingeführt werden können. Die Optik besteht in der Regel noch aus Leuchtmittel, ggf. Reflektor, ggf. Phantomlichtschutz (Schute) und ggf. Streuscheibe. Sollen Pfeile oder Sinnbilder gezeigt werden, werden diese durch innerhalb der Streuscheibe angeordnete Schablonen erzeugt (außer bei LED-Signalgebern, siehe Abschnitt 12.6.4)

Standardbetriebsspannung für die Signalleuchten neuer Signalanlagen ist 40 V, für die auch die Schnittstelle standardisiert ist (ältere Anlagen sind für 220 V und 10 V konzipiert und verwenden klassische Signallampen).

Zunehmend werden LED-Panels statt Lampen mit Reflektor eingesetzt, was zu Vereinfachungen bei der Wartung und Energieeinsparung führen kann, aber auch andere Bauformen der Lampenüberwachung bedingt.

Abschnitt 9 der RiLSA verweist auf die gültigen Normen, insbesondere auf die inzwischen gültigen harmonisierten europäischen Normen.

Zu Abschnitt 12.6.3

StVO § 37 Wechsellichtzeichen, Dauerlichtzeichen und Grünpfeil

(1) Lichtzeichen gehen Vorrangregeln und Vorrang regelnden Verkehrszeichen vor. Wer ein Fahrzeug führt, darf bis zu 10 m vor einem Lichtzeichen nicht halten, wenn es dadurch verdeckt wird.

(2) Wechsellichtzeichen haben die Farbfolge Grün – Gelb – Rot – Rot und Gelb (gleichzeitig) – Grün. Rot ist oben, Gelb in der Mitte und Grün unten.

1. An Kreuzungen bedeuten:

   Grün: „Der Verkehr ist freigegeben".

   Er kann nach den Regeln des § 9 abbiegen, nach links jedoch nur, wenn er Schienenfahrzeuge dadurch nicht behindert.

   Grüner Pfeil: „Nur in Richtung des Pfeils ist der Verkehr freigegeben".

   Ein grüner Pfeil links hinter der Kreuzung zeigt an, dass der Gegenverkehr durch Rotlicht angehalten ist und dass, wer links abbiegt, die Kreuzung in Richtung des grünen Pfeils ungehindert befahren und räumen kann.

   Gelb ordnet an: „Vor der Kreuzung auf das nächste Zeichen warten".

   Keines dieser Zeichen entbindet von der Sorgfaltspflicht.

   Rot ordnet an: „Halt vor der Kreuzung".

   Nach dem Anhalten ist das Abbiegen nach rechts auch bei Rot erlaubt, wenn rechts neben dem Lichtzeichen Rot ein Schild mit grünem Pfeil auf schwarzem Grund (Grünpfeil) angebracht ist. Durch das Zeichen wird der Grünpfeil auf den Radverkehr beschränkt.

StVO
§ 37
Wechsellichtzeichen, Dauerlichtzeichen und Grünpfeil

Wer ein Fahrzeug führt, darf nur aus dem rechten Fahrstreifen abbiegen. Soweit der Radverkehr die Lichtzeichen für den Fahrverkehr zu beachten hat, dürfen Rad Fahrende auch aus einem am rechten Fahrbahnrand befindlichen Radfahrstreifen oder aus straßenbegleitenden, nicht abgesetzten, baulich angelegten Radwegen abbiegen. Dabei muss man sich so verhalten, dass eine Behinderung oder Gefährdung anderer Verkehrsteilnehmer, insbesondere des Fußgänger- und Fahrzeugverkehrs der freigegebenen Verkehrsrichtung, ausgeschlossen ist.

Schwarzer Pfeil auf Rot ordnet das Halten, schwarzer Pfeil auf Gelb das Warten nur für die angegebene Richtung an.

Ein einfeldiger Signalgeber mit Grünpfeil zeigt an, dass bei Rot für die Geradeaus-Richtung nach rechts abgebogen werden darf.

2. An anderen Straßenstellen, wie an Einmündungen und an Markierungen für den Fußgängerverkehr, haben die Lichtzeichen entsprechende Bedeutung.
3. Lichtzeichenanlagen können auf die Farbfolge Gelb – Rot beschränkt sein.
4. Für jeden von mehreren markierten Fahrstreifen (Zeichen 295, 296 oder 340) kann ein eigenes Lichtzeichen gegeben werden. Für Schienenbahnen können besondere Zeichen, auch in abweichenden Phasen, gegeben werden; das gilt auch für Omnibusse des Linienverkehrs und nach dem Personenbeförderungsrecht mit dem Schulbus-Zeichen zu kennzeichnende Fahrzeuge des Schüler- und Behindertenverkehrs, wenn diese einen vom übrigen Verkehr freigehaltenen Verkehrsraum benutzen; dies gilt zudem für Krankenfahrzeuge, Fahrräder, Taxen und Busse im Gelegenheitsverkehr, soweit diese durch Zusatzzeichen dort ebenfalls zugelassen sind.
5. Gelten die Lichtzeichen nur für zu Fuß Gehende oder nur für Rad Fahrende, wird das durch das Sinnbild „Fußgänger" oder „Radverkehr" angezeigt. Für zu Fuß Gehende ist die Farbfolge Grün – Rot – Grün; für Rad Fahrende kann sie so sein. Wechselt Grün auf Rot, während zu Fuß Gehende die Fahrbahn überschreiten, haben sie ihren Weg zügig fortzusetzen.
6. Wer ein Rad fährt, hat die Lichtzeichen für den Fahrverkehr zu beachten. Davon abweichend sind auf Radverkehrsführungen die besonderen Lichtzeichen für den Radverkehr zu beachten. An Lichtzeichenanlagen mit Radverkehrsführungen ohne besondere Lichtzeichen für Rad Fahrende müssen Rad Fahrende bis zum 31. Dezember 2016 weiterhin die Lichtzeichen für zu Fuß Gehende beachten, soweit eine Radfahrerfurt an eine Fußgängerfurt grenzt.

(3) Dauerlichtzeichen über einem Fahrstreifen sperren ihn oder geben ihn zum Befahren frei.

Rote gekreuzte Schrägbalken ordnen an:
„Der Fahrstreifen darf nicht benutzt werden".

Ein grüner, nach unten gerichteter Pfeil bedeutet:
„Der Verkehr auf dem Fahrstreifen ist freigegeben".

Ein gelb blinkender, schräg nach unten gerichteter Pfeil ordnet an:
„Fahrstreifen in Pfeilrichtung wechseln".

(4) Wo Lichtzeichen den Verkehr regeln, darf nebeneinander gefahren werden, auch wenn die Verkehrsdichte das nicht rechtfertigt.

(5) Wer ein Fahrzeug führt, darf auf Fahrstreifen mit Dauerlichtzeichen nicht halten.

VwV-StVO
zu § 37
Wechsellichtzeichen, Dauerlichtzeichen und Grünpfeil

1 Die Gleichungen der Farbgrenzlinien in der Farbtafel nach DIN 6163 Blatt 5 sind einzuhalten.

Zu Absatz 1

2 So bleiben z. B. die Zeichen 209 ff. „Vorgeschriebene Fahrtrichtung" neben Lichtzeichen gültig, ebenso die die Benutzung von Fahrstreifen regelnden Längsmarkierungen (Zeichen 295, 296, 297, 340).

Zu Absatz 2

3 I. Die Regelung des Verkehrs durch Lichtzeichen setzt eine genaue Prüfung der örtlichen Gegebenheiten baulicher und verkehrlicher Art voraus und trägt auch nur dann zu einer Verbesserung des Verkehrsablaufs bei, wenn die Regelung unter Berücksichtigung der Einflüsse und Auswirkungen im Gesamtstraßennetz sachgerecht geplant wird. Die danach erforderlichen Untersuchungen müssen von Sachverständigen durchgeführt werden.

VwV-StVO zu § 37 Wechsellichtzeichen, Dauerlichtzeichen und Grünpfeil

4 II. Wechsellichtzeichen dürfen nicht blinken, auch nicht vor Farbwechsel.

5 III. Die Lichtzeichen sind rund, soweit sie nicht Pfeile oder Sinnbilder darstellen. Die Unterkante der Lichtzeichen soll in der Regel 2,10 m und, wenn die Lichtzeichen über der Fahrbahn angebracht sind, 4,50 m vom Boden entfernt sein.

6 IV. Die Haltlinie (Zeichen 294) sollte nur so weit vor der Lichtzeichenanlage angebracht werden, dass die Lichtzeichen aus einem vor ihr wartenden Personenkraftwagen noch ohne Schwierigkeit beobachtet werden können (vgl. aber Nummer III 3 zu § 25; Rn. 5). Befindet sich z. B. die Unterkante des grünen Lichtzeichens 2,10 m über einem Gehweg, so sollte der Abstand zur Haltlinie 3,50 m betragen, jedenfalls über 2,50 m. Sind die Lichtzeichen wesentlich höher angebracht oder muss die Haltlinie in geringerem Abstand markiert werden, so empfiehlt es sich, die Lichtzeichen verkleinert weiter unten am gleichen Pfosten zu wiederholen.

Zu den Nummern 1 und 2

...

X. Pfeile in Lichtzeichen

24 6. Wo für verschiedene Fahrstreifen besondere Lichtzeichen gegeben werden sollen, ist die Anbringung der Lichtzeichen besonders sorgfältig zu prüfen (z. B. Lichtzeichenbrücken, Peitschenmaste, Wiederholung am linken Fahrbahnrand). Wo der links abbiegende Verkehr vom übrigen Verkehr getrennt geregelt ist, sollte das Lichtzeichen für den Linksabbieger nach Möglichkeit zusätzlich über der Fahrbahn angebracht werden; eine Anbringung allein links ist in der Regel nur bei Fahrbahnen für eine Richtung möglich, wenn es für Linksabbieger lediglich einen Fahrstreifen gibt.

...

Zu Nummer 5

50 I. Im Lichtzeichen für Fußgänger muss das rote Sinnbild einen stehenden, das grüne einen schreitenden Fußgänger zeigen. Zur Möglichkeit der Verwendung des sog. Ost-Ampelmännchens wird auf die Richtlinien für Lichtsignalanlagen (RiLSA) verwiesen.

51 II. Lichtzeichen für Radfahrer sollten in der Regel das Sinnbild eines Fahrrades zeigen. Besondere Lichtzeichen für Radfahrer, die vor der kreuzenden Straße angebracht werden, sollten in der Regel auch Gelb sowie Rot und Gelb (gleichzeitig) zeigen. Sind solche Lichtzeichen für einen abbiegenden Radfahrverkehr bestimmt, kann entweder in den Lichtzeichen zusätzlich zu dem farbigen Sinnbild des Fahrrades ein farbiger Pfeil oder über den Lichtzeichen das leuchtende Sinnbild eines Fahrrades und in den Lichtzeichen ein farbiger Pfeil gezeigt werden.

12.6.4 Wechselverkehrszeichengeber

Wechselverkehrszeichengeber WZG (techn.)/ Wechselzeichengeber (jur.) sind Geräte, mit denen unterschiedliche Verkehrszeichen bei Bedarf gezeigt werden können. Sie dürfen sich grundsätzlich nicht von Standardverkehrszeichen nach der StVO unterscheiden. Bei aktiv leuchtenden Zeichen ist aber eine Schwarz-Weiß-Umkehr möglich: Gemäß StVO und VzKat werden schwarze Zeichenanteile weißleuchtend, weiße Anteile dunkel dargestellt (vgl. § 39 Abs. 4 Satz 2 StVO).

Zeichen zur temporären Nutzung des Seitenstreifens (Zeichen 223.1 bis 223.3) sind als Wechselverkehrszeichen auszubilden (vgl. VwV-StVO zu Zeichen 223.1 bis 223.3; Rn. 1).

Um die Auffälligkeit zu erhöhen, können Wechselverkehrszeichen mit zusätzlichem gelben Blinklicht ausgestattet sein. Dort, wo sich Lichtsignalanlagen befinden, sollte jedoch auf die Verwendung gelber Blinklichter im Zusammenhang mit Wechselverkehrszeichen verzichtet werden.

Wechselverkehrszeichen können so konstruiert sein, dass der Bildwechsel mechanisch erfolgt (z. B. durch Band, Schlitzscheibe, breite oder schmale Prismen) oder dass die unterschiedlichen Zeichen durch Leuchttechnik erzeugt werden (z. B. durch Glasfaserbündel, durch lichtemittierende Dioden (LED) oder mit hinterstrahlten Flüssigkristallanzeigen (Liquid Crystal Display – LCD). In jedem Fall muss es möglich sein, zu überwachen, ob das Zeichen unverstümmelt gezeigt wird. Die Helligkeit aktiv leuchtender Zeichen ist der Umgebungshelligkeit anzupassen (tags heller, nachts dunkler). Zeichen mit mechanischem Bildwechsel werden heute in der Regel als Prismenwender ausgeführt. Sie haben den Vorteil eines sehr geringen Energieverbrauchs (nur beim Bildwechselvorgang wird etwas Elektrizität benötigt) und können auch bei Ausfall von Steuerung oder Energieversorgung bestimmte Inhalte anzeigen.

Nachteilig sind der sehr eingeschränkte Zeichenvorrat und das Risiko eines „Festgehens" der Mechanik, insbesondere bei seltener Betätigung oder bei Beaufschlagung mit hochgeschleudertem Schnee oder Eis, z. B. durch den Winterdienst. Lichttechnisch erzeugte Zeichen werden heutzutage in der Regel als LED ausgeführt. Sie haben den Vorteil eines nahezu unbeschränkten Zeichenvorrats, größerer Auffälligkeit und der Unmöglichkeit mechanisch bedingter Ausfälle. Nachteilig sind der höhere Energieverbrauch und die bei Darstellung bestimmter Farben (z. B. Blau) relativ hohen Beschaffungskosten. Vollmatrixzeichen können insbesondere Sinnbilder prinzipbedingt nur mit Abweichungen von der Solldarstellung erzeugen.

Für die Anwendung an Bundesfernstraßen gelten die

- „Richtlinien für Wechselverkehrszeichen an Bundesfernstraßen (RWVZ)", Ausgabe 1997, BASt,

eingeführt mit

- ARS 15/1997 (StB 13/StV 12/38.58.60/169 BASt 96) „Richtlinien für Wechselverkehrszeichen an Bundesfernstraßen (RWVZ), Ausgabe 1997" vom 18.4.1997 (VkBl. S. 520),

sowie die

- „Richtlinien für Wechselverkehrszeichenanlagen an Bundesfernstraßen (RWVA)", Ausgabe 1997, BASt,

eingeführt mit

- ARS 16/1997 (StB 13/StV 12/38.58.60/169 BASt 96) „Richtlinien für Wechselverkehrszeichenanlagen an Bundesfernstraßen (RWVA), Ausgabe 1997" vom 18.4.1997 (VkBl. S. 521).

Harmonisierte europäische Norm ist die

- DIN EN 12966 „Vertikale Verkehrszeichen; Wechselverkehrszeichen", Ausgabe 2019.

Zu Abschnitt 12.6.4

StVO
§ 39
Verkehrszeichen

(2) Regelungen durch Verkehrszeichen gehen den allgemeinen Verkehrsregeln vor. Verkehrszeichen sind Gefahrzeichen, Vorschriftzeichen und Richtzeichen. Als Schilder stehen sie regelmäßig rechts. Gelten sie nur für einzelne markierte Fahrstreifen, sind sie in der Regel über diesen angebracht.

VwV-StVO
zu den §§ 39 bis 43
Allgemeines über Verkehrszeichen und Verkehrseinrichtungen

III. Allgemeines über Verkehrszeichen

23 Verkehrszeichen können auch lichttechnisch erzeugt als Wechselverkehrszeichen in Wechselverkehrszeichengebern dargestellt werden. Einzelheiten enthalten die „Richtlinien für Wechselverkehrszeichen an Bundesfernstraßen (RWVZ)" und die „Richtlinien für Wechselverkehrszeichenanlagen an Bundesfernstraßen (RWVA)", die das Bundesministerium für Verkehr und digitale Infrastruktur im Einvernehmen mit den zuständigen obersten Landesbehörden im Verkehrsblatt bekannt gibt.

VwV-StVO
zu § 39
Verkehrszeichen

Zu Absatz 2

2 Verkehrszeichen, die als Wechselverkehrszeichen aus einem Lichtraster gebildet werden (sogenannte Matrixzeichen), zeigen die sonst schwarzen Symbole, Schriften und Ziffern durch weiße Lichter an, der sonst weiße Untergrund bleibt als Hintergrund für die Lichtpunkte schwarz. Diese Umkehrung für Weiß und Schwarz ist nur solchen Matrixzeichen vorbehalten.

12.6.5 Markierungsleuchtknöpfe

Zur Ergänzung von verkehrsbeeinflussenden Maßnahmen kann es sinnvoll und wünschenswert sein, auch Fahrstreifenbegrenzungslinien (Zeichen 295) oder Leitlinien (Zeichen 340) dynamisch auszubilden. Dies ist mit Markierungsleuchtknöpfen möglich, die in die Fahrbahn eingelassen sind. Sie sind so konstruiert, dass sie in ausgeschaltetem Zustand möglichst wenig auffallen, in eingeschaltetem Zustand jedoch als eine Kette aktiv gelb leuchtender Punkte eine deutlich höhere Führungswirkung besitzen als die normale Markierung. Anforderungen an Markierungsleuchtknöpfe sind enthalten in den

- „Anforderungen an Markierungsleuchtknöpfe (MLK)“, Ausgabe 2001, BASt (VkBl. S. 487),

die eingeführt wurden mit

- ARS 36/2001 (S 28/38.58.60/17 Va 01) „Verkehrsbeeinflussung – Markierungsleuchtknöpfe“ vom 29.9.2001.

Sie sind der Gefahr einer Beschädigung durch den Winterdienst (Räumschilde) ausgesetzt und nur mit großem Aufwand und Eingriff in den Verkehr instand zu halten.

Auch deshalb hat sich die Zahl der Anwendungsfälle bislang in engen Grenzen gehalten.

Zu Abschnitt 12.6.5

VwV-StVO zu § 39 Verkehrszeichen

Zu Absatz 5

Vorübergehende Markierungen

3 I. Gelbe Markierungsleuchtknöpfe dürfen nur in Kombination mit Dauerlichtzeichen oder Wechselverkehrszeichen (z. B. Verkehrslenkungstafel, Wechselwegweiser) angeordnet werden. Als Fahrstreifenbegrenzung (Zeichen 295) sollte der Abstand der Leuchtknöpfe auf Autobahnen 6 m, auf anderen Straßen außerorts 4 m und innerorts 3 m betragen. Werden gelbe Markierungsleuchtknöpfe als Leitlinie angeordnet, muss der Abstand untereinander deutlich größer sein.

4 II. Nach den RSA können gelbe Markierungen, gelbe Markierungsknopfreihen oder gelbe retroreflektierende Elemente auch im Sockelbereich von temporär eingesetzten transportablen Schutzeinrichtungen als Fahrbahnbegrenzung angebracht werden.

12.6.6 Tragkonstruktionen und Anbringung

Signalgeber für Lichtsignalanlagen, ausgenommen reine Linksabbieger-Signalgeber und Straßenbahn-Signalgeber, sind in der Regel am rechten Rand des Verkehrsweges anzubringen, für den sie gelten. Signalgeber für Straßenbahnen und Linienbusse sind möglichst abgesetzt von den Straßenverkehrs-Signalgebern oder, wenn dies nicht möglich ist, darüber anzubringen. Es kann empfehlenswert sein, jeder Verkehrseinrichtung zwei Signalgeber zuzuordnen. Neben der besseren Erkennbarkeit der Signale kann man dadurch erreichen, dass der Ausfall einer einzigen Rotlampe nicht zum Abschalten der gesamten Anlage führt. Das Anbringen der Signalgeber auf Standrohr- oder Auslegermasten ist anzustreben, jedoch ist, je nach örtlichen Erfordernissen, auch das Aufhängen an Drahtseilen, Wandarmen oder eine ähnliche Befestigung zulässig. Als zusätzliche Signalgeber, vor allem auch zur besseren Erkennbarkeit der Signale für die an der Haltlinie stehenden Fahrzeuge, dürfen auch kleinere, am gleichen Pfosten weiter unten angebrachte Signalgeber verwendet werden. Einzelheiten sind im Abschnitt 6.4 der RiLSA zu finden. *Bild 12.18* zeigt die mögliche Anordnung von Signalgebern für eine Straße mit vier Fahrstreifen.

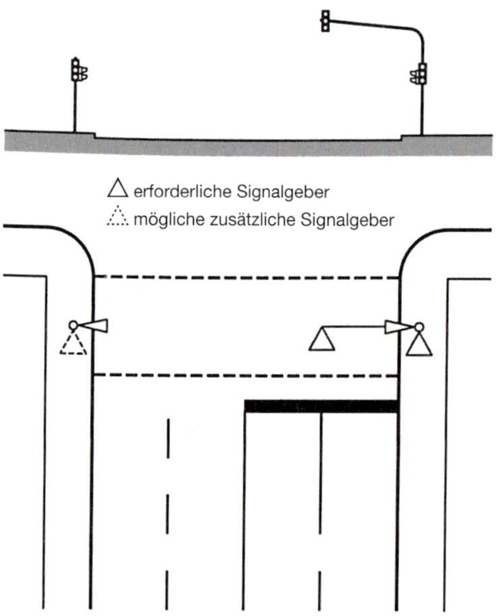

Bild 12.18 Anbringung der Signalgeber bei einer Straße mit vier Fahrstreifen Quelle: RiLSA

Die Signalgeber sind so auszurichten, dass die Lichtsignale gut zu erkennen sind. Folgende Grundregeln haben sich bewährt:

- rechten unteren Signalgeber eher auf Nähe
- linken unteren Signalgeber eher auf Ferne
- hoch montierte Signalgeber stets auf Ferne
- tief angebrachte Signalgeber ganz auf Nähe einstellen.

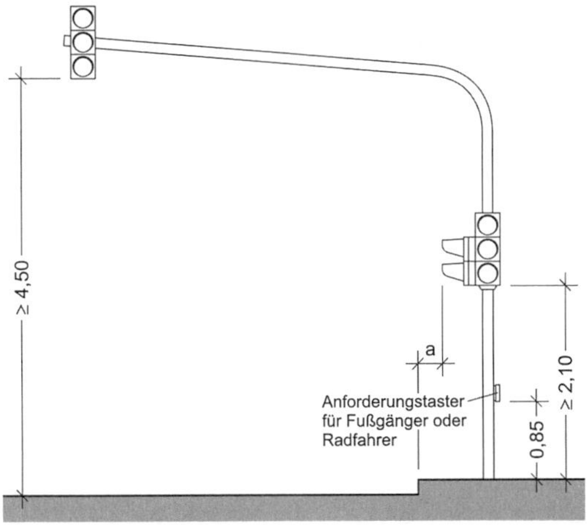

V [km/h]	a [m]
≤ 70	≥ 0,75
≤ 50	≥ 0,50

Bild 12.19 Mindesthöhen und -abstände für Signalgeber Quelle: RiLSA

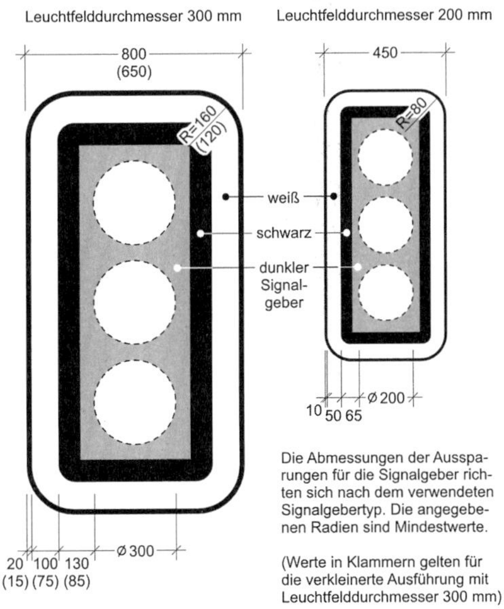

Bild 12.20 Kontrastblenden an Signalgebern Quelle: RiLSA

Die Stelle, an der die Fahrzeuge vor einer „Halt!" zeigenden Signalanlage zu warten haben, ist durch eine Haltlinie (Zeichen 294) kenntlich zu machen. Die Haltlinie ist dabei so anzubringen, dass die Signalgeber von einem haltenden Pkw aus gut zu erkennen sind.

Bei Signalgebern und **Wechselverkehrszeichengebern**, die sich an Rohrmasten über der

Bild 12.21 Sinnbilder für Hilfssignalgeber Quelle: RiLSA

Fahrbahn befinden, muss eine lichte Höhe von 4,50 m gewahrt werden (4,70 m, wenn eine Erneuerung des Oberbaus durch Hocheinbau zu erwarten ist). Die Außenkante der Signalgeber auf Rohrmasten soll mindestens 0,50 m von der Bordsteinkante entfernt sein. Auf Gehwegen soll die Unterkante der Signalgeber mindestens 2,10 m über der Gehwegoberkante liegen (*Bild 12.19*).

Bei der Verwendung von Verkehrszeichenbrücken soll der Abstand der Signalgeber zur Fahrbahnoberkante mindestens 5,00 m betragen, die Stiele sind an Straßen mit Geschwindigkeiten über 50 km/h durch Fahrzeug-Rückhaltesysteme gegen Anfahren zu schützen.

Auf Autobahnen sind die Zeichen so auszurichten, dass sie vom Erkennungspunkt 150 m

12.6.6 Tragkonstruktionen und Anbringung

vor dem Schild in etwa 1,00 m Höhe optimal zu erkennen sind.

Über das Anbringen von Signalgebern in Straßentunneln informieren die

- „Richtlinien für die Ausstattung und den Betrieb von Straßentunneln (RABT)", Ausgabe 2006, FGSV Verlag
- „Empfehlungen für die Ausstattung und den Betrieb von Straßentunneln mit einer Planungsgeschwindigkeit von 80 km/h oder 100 km/h" (EABT-80/100), Ausgabe 2019, FGSV Verlag.

Blendschuten sind anzubringen, um die Leuchtfelder gegen einfallendes Fremdlicht abzuschirmen.

Kontrastblenden empfehlen sich, um Signalgeber, die infolge von Besonderheiten des Hintergrundes (z. B. störende Lichtquellen, Sonnenblendung) schlecht erkennbar sind, in ihrer Auffälligkeit besser hervorzuheben. Als Kontrastblenden sind für alle Hintergrundarten weiße Tafeln zu verwenden, die eine abgesetzte schwarze Randlinie besitzen (*Bild 12.20*).

Sichtblenden können in Ausnahmefällen notwendig werden, um Signalgeber nur für bestimmte Fahrtrichtungen, nicht jedoch für andere erkennbar werden zu lassen. Es können Lamellenblenden oder Abschirmblenden (Schuten) verwendet werden.

Ortsfestes gelbes Blinklicht kann zur Warnung vor Gefahren an besonders kritischen Punkten verwendet werden. Durch das gelbe Blinken soll die Aufmerksamkeit der Verkehrsteilnehmer auf ein besonders wichtiges, aufgrund der örtlichen Gegebenheiten wenig auffallendes Verkehrszeichen oder eine entsprechende Verkehrseinrichtung oder auf eine schlecht erkennbare Gefahrenstelle gelenkt werden. Im gelben Blinklicht dürfen folgende schwarze Sinnbilder gezeigt werden: Straßenbahn, Kraftomnibus, Fahrrad, schreitender Fußgänger, Reiter oder ein schwarzer Pfeil (*Bild 12.21*; vgl. Bild 57 RiLSA). Ansonsten wird das gelbe Blinklicht vollflächig ohne Sinnbild gezeigt. Ortsfestes gelbes Blinklicht sollte nur sparsam verwendet werden, um den Warneffekt nicht abzunutzen.

Für Behinderte und alte Menschen sollen Anforderungsschalter für Fußgänger nach DIN 18024, Teil 1, in 0,85 m Höhe angebracht werden. Des Weiteren sollen Fußgängerschutzanlagen in der Nähe von Blinden- und Altersheimen zusätzlich mit akustischen Signalen ausgestattet werden. Es hat sich bewährt, wenn das akustische Signal, welches beim Grün für Fußgänger ertönt, nach einigen Sekunden leiser wird. Einzelheiten über Zusatzeinrichtungen für Sehbehinderte siehe RiLSA, Abschnitt 6.2.8.

Zu Abschnitt 12.6.6

StVO § 38 Blaues Blinklicht und gelbes Blinklicht

(3) Gelbes Blinklicht warnt vor Gefahren. Es kann ortsfest oder von Fahrzeugen aus verwendet werden. Die Verwendung von Fahrzeugen aus ist nur zulässig, um vor Arbeits- oder Unfallstellen, vor ungewöhnlich langsam fahrenden Fahrzeugen oder vor Fahrzeugen mit ungewöhnlicher Breite oder Länge oder mit ungewöhnlich breiter oder langer Ladung zu warnen.

VwV-StVO zu § 37 Wechsellichtzeichen, Dauerlichtzeichen und Grünpfeil

Zu Absatz 2

5 III. Die Lichtzeichen sind rund, soweit sie nicht Pfeile oder Sinnbilder darstellen. Die Unterkante der Lichtzeichen soll in der Regel 2,10 m und, wenn die Lichtzeichen über der Fahrbahn angebracht sind, 4,50 m vom Boden entfernt sein.

6 IV. Die Haltlinie (Zeichen 294) sollte nur so weit vor der Lichtzeichenanlage angebracht werden, dass die Lichtzeichen aus einem vor ihr wartenden Personenkraftwagen noch ohne Schwierigkeit beobachtet werden können (vgl. aber Nummer III 3 zu § 25; Rn. 5). Befindet sich z. B. die Unterkante des grünen Lichtzeichens 2,10 m über einem Gehweg, so sollte der Abstand zur Haltlinie 3,50 m betragen, jedenfalls über 2,50 m. Sind die Lichtzeichen wesentlich höher angebracht oder muss die Haltlinie in geringerem Abstand markiert werden, so empfiehlt es sich, die Lichtzeichen verkleinert weiter unten am gleichen Pfosten zu wiederholen.

Zu den Nummern 1 und 2

...

11 III. Bei Lichtzeichen, vor allem auf Straßen, die mit mehr als 50 km/h befahren werden dürfen, soll geprüft werden, ob es erforderlich ist, durch geeignete Maßnahmen (z. B. Blenden hinter den Lichtzeichen, übergroße oder wiederholte Lichtzeichen,

VwV-StVO zu § 37 Wechsellichtzeichen, Dauerlichtzeichen und Grünpfeil

entsprechende Gestaltung der Optik) dafür zu sorgen, dass sie auf ausreichende Entfernung erkennbar sind. Ferner ist die Wiederholung von Lichtzeichen links von der Fahrbahn, auf Inseln oder über der Straße zu erwägen, weil nur rechts stehende Lichtzeichen durch voranfahrende größere Fahrzeuge verdeckt werden können.

...

XI. Grünpfeil

37 3. Für Knotenpunktzufahrten mit Grünpfeil ist das Unfallgeschehen regelmäßig mindestens anhand von Unfallsteckkarten auszuwerten. Im Falle einer Häufung von Unfällen, bei denen der Grünpfeil ein unfallbegünstigender Faktor war, ist der Grünpfeil zu entfernen, soweit nicht verkehrstechnische Verbesserungen möglich sind. Eine Unfallhäufung liegt in der Regel vor, wenn in einem Zeitraum von drei Jahren zwei oder mehr Unfälle mit Personenschaden, drei Unfälle mit schwerwiegendem oder fünf Unfälle mit geringfügigem Verkehrsverstoß geschehen sind.

...

Zu Absatz 3

53 I. Dauerlichtzeichen dürfen nur über markierten Fahrstreifen (Zeichen 295, 296, 340) gezeigt werden. Ist durch Zeichen 223.1 das Befahren eines Seitenstreifens angeordnet, können Dauerlichtzeichen diese Anordnung und die Anordnungen durch Zeichen 223.2 und Zeichen 223.3 unterstützen, aber nicht ersetzen (vgl. Nummer IX zu den Zeichen 223.1 bis 223.3; Rn. 9).

54 II. Die Unterkante der Lichtzeichen soll in der Regel 4,50 m vom Boden entfernt sein.

55 III. Die Lichtzeichen sind an jeder Kreuzung und Einmündung und erforderlichenfalls auch sonst in angemessenen Abständen zu wiederholen.

56 IV. Umkehrstreifen im Besonderen

Wird ein Fahrstreifen wechselweise dem Verkehr der einen oder der anderen Fahrtrichtung zugewiesen, müssen die Dauerlichtzeichen für beide Fahrtrichtungen über allen Fahrstreifen gezeigt werden. Bevor die Fahrstreifenzuweisung umgestellt wird, muss für eine zur Räumung des Fahrstreifens ausreichende Zeit das Zeichen gekreuzte rote Balken für beide Richtungen gezeigt werden.

VwV-StVO zu § 38 Blaues Blinklicht und gelbes Blinklicht

Zu Absatz 3

3 II. Ortsfestes gelbes Blinklicht sollte nur sparsam verwendet werden und nur dann, wenn die erforderliche Warnung auf andere Weise nicht deutlich genug gegeben werden kann. Empfehlenswert ist vor allem, es anzubringen, um den Blick des Kraftfahrers auf Stellen zu lenken, die außerhalb seines Blickfeldes liegen, z. B. auf ein negatives Vorfahrtzeichen (Zeichen 205 und 206), wenn der Kraftfahrer wegen der baulichen Beschaffenheit der Stelle nicht ausreichend klar erkennt, dass er wartepflichtig ist. Aber auch auf eine Kreuzung selbst kann so hingewiesen werden, wenn diese besonders schlecht erkennbar oder aus irgendwelchen Gründen besonders gefährlich ist. Vgl. auch Nummer VI zu § 37 Abs. 2 Nr. 1 und 2; Rn. 14. Im gelben Blinklicht dürfen nur schwarze Sinnbilder für einen schreitenden Fußgänger, ein Fahrrad, eine Straßenbahn, einen Kraftomnibus, einen Reiter oder ein schwarzer Pfeil gezeigt werden.

VwV-StVO zu den §§ 39 bis 43 Allgemeines über Verkehrszeichen und Verkehrseinrichtungen

III. Allgemeines über Verkehrszeichen

41 12. An spitzwinkligen Einmündungen ist bei der Aufstellung der Verkehrszeichen dafür zu sorgen, dass Benutzer der anderen Straße sie nicht auf sich beziehen, auch nicht bei der Annäherung; erforderlichenfalls sind Sichtblenden oder ähnliche Vorrichtungen anzubringen.

42 13. a) Die Unterkante der Verkehrszeichen sollte sich, soweit nicht bei einzelnen Zeichen anderes gesagt ist, in der Regel 2 m über Straßenniveau befinden, über Radwegen 2,20 m, an Schilderbrücken 4,50 m, auf Inseln und an Verkehrsteilern 0,60 m.

43 b) Verkehrszeichen dürfen nicht innerhalb der Fahrbahn aufgestellt werden. In der Regel sollte der Seitenabstand von ihr innerhalb geschlossener Ortschaften 0,50 m, keinesfalls weniger als 0,30 m betragen, außerhalb geschlossener Ortschaften 1,50 m.

44 14. Sollen Verkehrszeichen nur zu gewissen Zeiten gelten, dürfen sie sonst nicht sichtbar sein. Nur die Geltung der Zeichen 224, 229, 230, 245, 250, 251, 253, 255, 260, 261, 270.1, 274, 276, 277, 277.1, 283, 286, 290.1, 314, 314.1 und 315 darf stattdessen auf einem Zusatzzeichen, z. B. „8–16 h“, zeitlich beschränkt werden. Vorfahrtregelnde Zeichen vertragen keinerlei zeitliche Beschränkungen.

12.6.7 Energieversorgung

Detektions- und Anzeigevorrichtungen benötigen zum Betrieb elektrische Energie. Die zunächst einfachste Versorgungsmöglichkeit ist der Anschluss an das Stromnetz, was für Anlagen innerorts meist unschwer möglich ist, bei den häufig weit abseits von Ansiedlungen mit ausgebautem Stromnetz liegenden Verkehrsbeeinflussungsanlagen aber zu aufwendigen Zuleitungen und damit zu hohen Kosten führt.

In solchen Fällen sollte geprüft werden, ob nicht eine Stromversorgung über Solarpaneele und Stützbatterie wirtschaftlicher ist. Zur Überbrückung der dunklen Jahreszeit kann sich der Einsatz von Brennstoffzellen anbieten.

Signalgeber von Lichtsignalanlagen werden mit 220 V, 40 V oder 10 V betrieben. Aus wirtschaftlichen Gründen sind die niedrigen Spannungen vorzuziehen. Die RiLSA sehen 40 V als Standardspannung vor. Für diese Spannung wurden auch Schnittstellen definiert.

Bei Streckenbeeinflussungsanlagen kann es sinnvoll sein, von vornherein zusätzliche Leistung und Kabelwege bereitzuhalten, um später ggf. die Abfolge der Anzeigequerschnitte verdichten zu können.

Auch Kontrolleinrichtungen der Polizei können Strombedarf haben (bis hin zur Heizung von Schalt- oder Aufenthaltsräumen). Es empfiehlt sich, den Bedarf rechtzeitig vor der Planung abzustimmen.

12.6.8 Kommunikationswege

Signalgeber und Wechselverkehrszeichengeber müssen manuell oder von Schaltgeräten angesteuert werden, die verschiedenen Schaltgeräte unter Umständen untereinander oder von Zentralen koordiniert werden. Dazu sind Kommunikationswege nötig.

Nachrichtentechnisch am unkompliziertesten sind Kabelverbindungen. Während früher für jede Schaltüberwachungsfunktion eine eigene Ader benötigt wurde, ist es heute unter Nutzung moderner Elektronik möglich, über wenige Adernpaare ganze Anlagen oder sogar mehrere Anlagen zu steuern. Trotzdem sind Kabelverbindungen in der Regel bautechnisch sehr aufwendig. Je nach Einsatzzweck können daher auch andere Kommunikationswege sinnvoll sein, z. B. Kurzstreckenfunk für Baustellengeräte (Signalanlagen oder Stauwarnanlagen) oder Mobilfunktechnologie. Bei Lichtsignalanlagen mit zeitweise gleichen Umlaufzeiten kann eine Koordination auch durch Funkuhr-Synchronisierung erreicht werden.

Bei Lichtsignalanlagen sind die Anlagen wie erwähnt meist als Ganzes von einem Hersteller konzipiert und erstellt, die Kommunikationswege damit in internen Standards spezifiziert. Eine Anlage besteht in der Regel aus mehreren Signalgebern, ggf. auch Detektoren, die mit mehradrigen Leitungen an ein Steuergerät angeschlossen sind. Mehrere Steuergeräte können sich entweder untereinander direkt abstimmen oder – ggf. über Zwischenstufen – von einer Zentrale koordiniert werden

Bei Verkehrsbeeinflussungsanlagen, deren Einrichtungen in der Regel über viele Kilometer entfernt angeordnet sind, werden einzelne beieinander liegende Detektoren und Anzeigevorrichtungen von sogenannten Streckenstationen angesteuert, die über sogenannte Unterzentralen mit der Verkehrs(rechner)zentrale verbunden sind (siehe *Bild 12.22*). Um bei den weit verzweigten und inzwischen an vielen Stellen miteinander verzahnten Anlagen eine weitgehende Hersteller-Unabhängigkeit zu erreichen, hat das für den Verkehr zuständige Bundesministerium schon 1989 Technische Lieferbedingungen für Streckenstationen herausgegeben und angewandt, die neben dem Aufbau der Streckenstationen selbst vor allem auch die an sie angrenzenden Kommunikationswege definieren. Die aktuelle Ausgabe heißt

- „Technische Lieferbedingungen für Streckenstationen, Ausgabe 2012 (TLS 2012)", BASt

und wurde eingeführt mit

- ARS 02/2013 (StB 12/7123.1/1/1150966 vom 3.1.2013) „Verkehrsbeeinflussung auf Bundesfernstraßen; Technische Lieferbedingungen für Streckenstationen, Ausgabe 2012 (TLS 2012)" vom 3.1.2013 (VkBl. S. 150).

Die TLS beziehen auch den Anschluss von Geräten für Glatteismeldeanlagen, Verkehrszähleinrichtungen und Achslastmessstellen ein und erlauben so die Integration dieser Einrichtungen in ein Gesamtsystem, was die gemeinsame Nutzung der Kommunikationswege und die gemeinsame Auswertung der Daten erlaubt.

Ebenfalls definiert sind Anschlüsse für Geschwindigkeitsüberwachungsanlagen der Polizei. Dazu ist anzumerken, dass eine solche Überwachung in vielen Fällen dem eigentlichen Ziel der Ver-

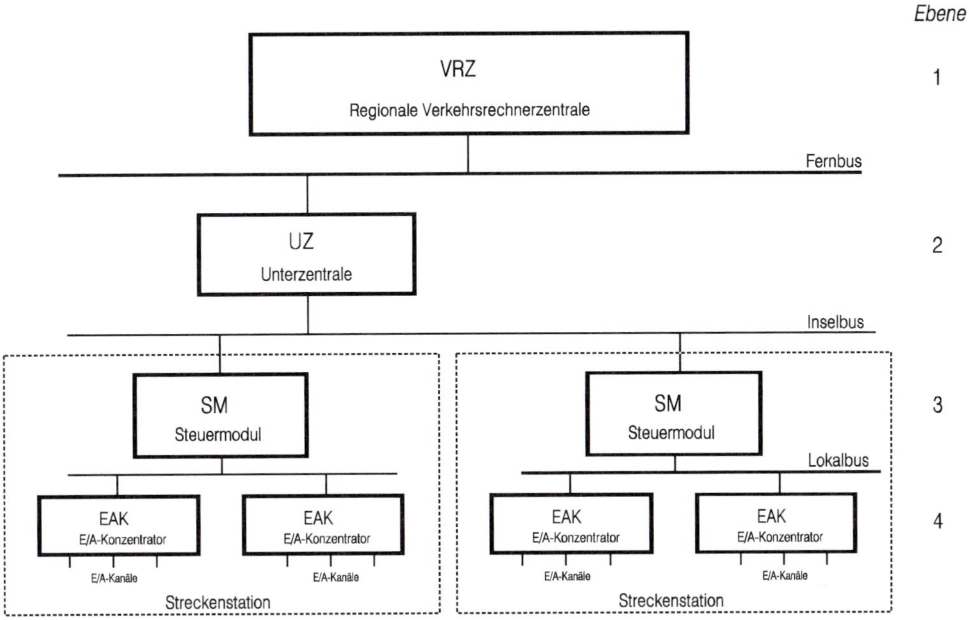

Bild 12.22 Schematischer Aufbau einer Verkehrsbeeinflussungsanlage Quelle: TLS

kehrsbeeinflussungsanlage entgegenläuft, da die gewünschte Vergleichmäßigung durch Bremsmanöver vor den Messquerschnitten ins Gegenteil verkehrt wird. Nachdem die Regelprogramme auch so konzipiert sein sollen, dass sie nur bei stärkerem Verkehr das Geschwindigkeitsniveau des Großteils der Fahrzeuge anzeigen und die schnelleren Fahrer wegen des starken Verkehrs mehr mäßigen wollen als bremsen können, ist eine solche Überwachung bei einer gut konzipierten Anlage mit regelmäßiger verkehrstechnischer Pflege der Steuerung meist nicht notwendig. Sinnvoll kann sie allenfalls dort sein, wo aus guten Gründen das Gesamtniveau der Geschwindigkeit gesenkt werden soll oder wo Spurzuteilungen und Überholverbote überwacht werden sollen. Die rechtzeitige Abstimmung der Überwachungsquerschnitte schon bei der Planung ist von der Polizei einzufordern.

Da die Streckenstationen wie in *Bild 12.22* erkennbar an maßgebender Stelle im Gesamtsystem platziert sind, wird über die TLS fast die gesamte Struktur und fast der gesamte Datenaustausch von Verkehrsbeeinflussungsanlagen festgelegt.

Nach den TLS werden die Streckenstationen mit den Unterzentralen hardwaremäßig mit einem (für heutige Verhältnisse relativ langsamen und damit inhaltlich leider sehr begrenzten) sogenannten Inselbus untereinander verbunden, der physikalisch als Bus und logisch als Stern im Abfrage-(Polling-)Verfahren betrieben wird. Master ist die Unterzentrale. Die Unterzentralen wurden früher über Modemleitungen, heute häufig über Weitverkehrs-Datennetze (Wide Area Networks – WANs) mit den sie steuernden Verkehrsrechnerzentralen verbunden.

12.6.9 Ausschreibung und Vergabe

Für die Ausschreibung von Lichtsignalanlagen liegt der Leistungsbereich LB 132 „Lichtzeichenanlagen" des „Standard-Leistungskatalogs (StLK)" vor. Die Texte des StLK liegen auch auf Datenträgern vor.

Für die Ausschreibung von Verkehrsbeeinflussungsanlagen sollten die in Abschnitt 12.6.8 bereits erwähnten „Technischen Lieferbedingungen für Streckenstationen (TLS)" vereinbart werden, soweit dies nicht ohnehin vorgegeben ist.

Mit den TLS wird das Ziel verfolgt, „Funktionen und Schnittstellen einheitlich festzulegen, sodass die Geräte auch unterschiedlicher Hersteller vom Leistungsumfang her weitgehend identisch und damit auch im Wettbewerb miteinander vergleichbar sind. Außerdem soll ermöglicht werden, bestehende Streckenstationen durch Hinzufügen weiterer Datenerfassungs-/Datenausgabegeräte (z. B. zur Verkehrsdatenerfassung, zur Wechselverkehrszeichensteuerung) zu erweitern bzw. weitere Streckenstationen an eine Unterzentrale anzuschließen, ohne dass hierdurch bereits vorhandene Einrichtungen umgerüstet werden müssen und ohne dass dabei die Straßenbauverwaltung bei der Auftragsvergabe an den Ersteller der bereits vorhandenen Streckenausrüstung gebunden ist."

Um eine möglichst große Flexibilität und Erweiterbarkeit zu gewährleisten, fordern die TLS, auch intern eine modulare Konzeption zu wählen (*Bild 12.22*). Die Schnittstellen zwischen den Modulen, zu den Kommunikationsleitungen, zu den angeschlossenen Detektoren und Zeichengebern sowie für Servicegeräte werden definiert.

Für die Anbieter von Streckenausrüstungen sollen die TLS zur Abgrenzung der anzubietenden Leistungen dienen und so einen freien Wettbewerb ermöglichen.

Die Anwendung der TLS hat seit ihren ersten Versionen zu einer weitgehenden Vereinheitlichung der Verkehrsbeeinflussungsanlagen geführt. Dies führte zu Vorteilen sowohl auf der Herstellerseite (größere Bauserien, weniger Sonderanfertigungen) als auch auf der Bestellerseite (niedrigere Kosten).

Für Lichtsignalanlagen wird über die OCIT-Initiative (www.ocit.org) eine Standardisierung betrieben.

Sowohl bei Lichtsignalanlagen als auch bei Verkehrsbeeinflussungsanlagen empfiehlt es sich, die Wartung (siehe Abschnitt 12.6.10) für einen angemessenen Zeitraum in die Ausschreibung aufzunehmen. Dadurch kann sichergestellt werden, dass auch die Wartungskosten bei der Wertung der Angebote angemessen berücksichtigt werden können. Auch sollte eine rechtssichere Regelung zum Schutz vor vorzeitiger „Abkündigung" von Ersatzteillieferungen oder anderweitigem Support vereinbart werden.

12.6.10 Wartung

Fehlerhafte Anlagen können zu Gefährdungen des Verkehrs führen. Daher ist es erforderlich, Signalanlagen sorgfältig zu warten. Dies schließt eine regelmäßige Überprüfung und Reinigung sowie den regelmäßigen Austausch bestimmter Bauteile, z. B. der Signallampen, ein.

Sofern die Wartung einer Firma übertragen wird, ist ein Wartungsvertrag abzuschließen. Mögliche Störungen sollten nach Bedeutung für die Verkehrs- und Betriebssicherheit kategorisiert und je Kategorie geeignete Reaktionszeiten vereinbart werden.

Dabei ist die Frage zu prüfen, ob verkehrstechnisch eine Beseitigung bestimmter Störungen an Wochenenden oder Feiertagen erforderlich ist. Oftmals ist es bei größeren Schäden gar nicht möglich – selbst wenn eine Störbeseitigung an Feiertagen vereinbart wurde –, eine Schadensbeseitigung vorzunehmen (z. B. umgefahrener Signalmast).

Muster-Wartungsverträge beziehen sich in der Regel nur auf die Wartung einfacher Anlagen. Bei zentralgesteuerten Anlagen sowie bei besonderen Gegebenheiten ist festzulegen, welche weiteren Leistungen erforderlich werden.

Es empfiehlt sich, aus organisatorischen Gründen die einzelnen Signalmaste, Ausleger und gegebenenfalls auch die einzelnen Signalgeber zu nummerieren.

Um die Wartungsarbeiten kontrollieren zu können, ist, sofern keine automatischen Aufzeichnungen erfolgen, von der Wartungsfirma für jede Anlage oder Anlagegruppe ein Wartungsbuch zu führen. Eingehende Meldungen von Störungen und ihre Beseitigung sind unabhängig davon vom Betreiber der Anlage in einem Störbuch unter Angabe von Datum und Uhrzeit festzuhalten.

Der Betreiber von Signalanlagen muss sich durch Stichproben von der ordnungsgemäßen Wartung überzeugen.

12.6.11 Betrieb

Über Ein- und Ausschaltzeiten, Programme, Störungen und Reparaturen sollte ein Signalkontrollbuch geführt werden, sofern nicht automatische Aufzeichnungen erfolgen.

Signalanlagen können zeitweise abgeschaltet werden, wenn aufgrund geringen Verkehrsaufkommens eine Verkehrsregelung durch Signalanlagen nicht mehr notwendig ist oder wenn der Grund für das Betreiben einer Signalanlage vorübergehend entfällt.

Bevor darüber entschieden wird, ist zu untersuchen, welche Auswirkungen hierdurch auf die Verkehrssicherheit, auf die Qualität des Verkehrsablaufs und auf Umweltbelange zu erwarten sind. Die Entscheidung trifft die Straßenverkehrsbehörde.

Eine nächtliche Abschaltung von Signalanlagen hat sich überwiegend als nachteilig hinsichtlich der Verkehrssicherheit erwiesen; andererseits waren keine nennenswerten Vorteile bei Strom- oder Kraftstoffersparnis und auch keine Lärmverminderung festzustellen. Daher sollten solche Abschaltungen in der Regel unterbleiben; schaltet man nachts, aus welchen Gründen auch immer, ab, so sind die Auswirkungen auf die Verkehrssicherheit aufmerksam zu beobachten. Grundlage für die Entscheidung, abzuschalten sind insbesondere die Ganglinien der Verkehrsstärken sowie Ergebnisse der Unfalluntersuchungen. Auch die Belange des Fußgängerverkehrs sollten gebührend berücksichtigt werden.

In der Regel sind solche Abschaltungen allerdings problematisch, da Verkehrsanlagen aus Gründen der Verkehrssicherheit für die Regelung mit Lichtsignalanlagen baulich grundlegend anders gestaltet sein sollen als für den Betrieb ohne Lichtsignalanlage. So sollten z. B. Knotenpunkte, die mit Lichtsignalanlagen geregelt werden, möglichst mehrere Fahrstreifen pro Zufahrt aufweisen, um die Grünzeiten effektiver ausnutzen zu können und solche, die ohne Lichtsignalanlagen betrieben werden, aber möglichst nur einen Fahrstreifen je Zufahrt, um gegenseitige Sichtbehinderungen und unerwartete Vorbeifahrten zu vermeiden. Zudem stehen bei zeitgemäßen verkehrsabhängigen Steuerungen Programme zur Verfügung, welche die Zahl der Halte sowie die Wartezeiten weitestgehend minimieren (z. B. Hauptrichtung-Dauergrün).

Werden Lichtsignalanlagen abgeschaltet, so soll entsprechend der VwV-StVO in den wartepflichtigen Knotenpunktzufahrten gelbes Blinklicht gezeigt werden.

Zur Betriebskontrolle von Signalanlagen können Geräte zur Fernüberwachung angebracht werden (z. B. Videokameras, Faseroptik).

Zu Abschnitt 12.6.11

VwV-StVO zu § 37 Wechsellichtzeichen, Dauerlichtzeichen und Grünpfeil

Zu den Nummern 1 und 2

14 VI. Lichtzeichenanlagen sollten in der Regel auch nachts in Betrieb gehalten werden; ist die Verkehrsbelastung nachts schwächer, so empfiehlt es sich, für diese Zeit ein besonderes Lichtzeichenprogramm zu wählen, das alle Verkehrsteilnehmer möglichst nur kurz warten lässt. Nächtliches Ausschalten ist nur dann zu verantworten, wenn eingehend geprüft ist, dass auch ohne Lichtzeichen ein sicherer Verkehr möglich ist. Solange die Lichtzeichenanlagen, die nicht nur ausnahmsweise in Betrieb sind, nachts abgeschaltet sind, soll in den wartepflichtigen Kreuzungszufahrten gelbes Blinklicht gegeben werden. Darüber hinaus kann es sich empfehlen, negative Vorfahrtzeichen (Zeichen 205 und 206) von innen zu beleuchten. Solange Lichtzeichen gegeben werden, dürfen diese Vorfahrtzeichen dagegen nicht beleuchtet sein.

12.7 Ausführung – Rückhaltesysteme

Siehe Abschnitt 10.

12.8 Ausführung – Sonstige Verkehrszeichen und Verkehrseinrichtungen

■ Leitpfosten und sonstige Leiteinrichtungen

Die Ausführung von Leitpfosten wird derzeit noch geregelt durch das

- RS (StB-Bl-116 Vms 57) „Anordnung und Ausführung von Leitpfosten und Leitplanken an Bundesfernstraßen" vom 16. März 1957,

mit dem Teile der seinerzeit noch in Bearbeitung befindlichen

- „Hinweise für die Anordnung und Ausführung von senkrechten Leiteinrichtungen an Bundesfernstraßen (HLB 1957)". Auszug Kap. 5 und 7: Straße und Autobahn 8 (1957) 6: S. 219–222

eingeführt wurden.

Für die Ausführung der Leitpfosten existiert inzwischen die europäische Norm

- DIN EN 12899-3 „Ortsfeste, vertikale Straßenverkehrszeichen, Teil 3: Leitpfosten und Retroreflektoren", Ausgabe 2008,

deren Umsetzung in Deutschland (in eine TLP Leitpfosten o. Ä.) allerdings noch nicht abgeschlossen ist.

Hinweise für die Beurteilung der Ausführung von Leiteinrichtungen, die an Fahrzeug-Rückhaltesystemen angebracht werden sollen, geben die

- „Hinweise zur Nutzung von Fahrzeug-Rückhaltesystemen als Träger von Leiteinrichtungen (H FL)", Ausgabe 2008, FGSV Verlag.

■ Leitkegel

Für Leitkegel existiert die

- DIN EN 13422 „Straßenverkehrszeichen (vertikal) – Transportable Straßenverkehrszeichen – Leitkegel und Leitzylinder", Ausgabe 2020.

Deren Umsetzung in Deutschland erfolgt mit den

- „Technischen Lieferbedingungen für Leitkegel (TL-Leitkegel)", Ausgabe 1994, BMV, FGSV Verlag,

die mit

- ARS 16/1994 (StB 13/38.61.50/80 BASt 93) „Technische Lieferbedingungen für Leitkegel (TL-Leitkegel)" vom 27.5.1994 (VkBl. S. 630)

eingeführt wurden.

Da die TL älter sind als die aktuelle Ausgabe der Produktnorm, sollten die Widersprüche in den Besonderen Vertragsbedingungen (BVB) aufgelöst werden.

12.9 Ausführung – Temporäre Verkehrszeichen und Verkehrseinrichtungen

Nicht ortsfeste Verkehrsschilder, wie sie z. B. zur Sicherung von Arbeitsstellen verwendet werden, wurden bisher in Deutschland nach den gleichen Kriterien beschafft und betrieben wie ortsfeste Verkehrsschilder. Die aktuelle europäische Norm DIN EN 12899 (siehe Abschnitt 12.4.1) regelt allerdings ausdrücklich nur ortsfeste Verkehrsschilder. Für die nicht ortsfesten Verkehrsschilder gelten die (überarbeiteten) nationalen Normen weiter, die allerdings vergleichbare Anforderungen stellen wie die europäischen Normen. Ein der ZTV-VZ entsprechendes Regelwerk für nicht ortsfeste Verkehrsschilder wird derzeit erarbeitet.

Zur Ausführung von Sicherungsarbeiten an Straßen existieren die

- „Zusätzlichen Technischen Vertragsbedingungen und Richtlinien für Sicherungsarbeiten an Arbeitsstellen an Straßen (ZTV-SA 97)", Ausgabe 1997, Berichtigter Nachdruck Juni 2001, BMV, FGSV Verlag,

die auch die Beschaffung von Verkehrsschildern, Aufstelleinrichtungen, vorübergehenden Markierungen, Absperrgeräten (mit Straßenbahnschranken), Warneinrichtungen, Transportablen Lichtsignalanlagen, Leitelementen und Transportablen Schutzeinrichtungen regeln. Auf sie wurde hingewiesen (mit inhaltlichen Ergänzungen) mit

- ARS 34/1997 (StB 13/38.59.10-02/84 BASt 97) „Zusätzliche Technische Vertragsbedingungen und Richtlinien für Sicherungsarbeiten an

Arbeitsstellen an Straßen (ZTV-SA 97)“ vom 12.8.1997 (VkBl. S. 794)
- ARS 18/1999 (S 28/38.58.10/38 Va 99) „Änderungen zu den Zusätzlichen Technischen Vertragsbedingungen und Richtlinien für Sicherungsarbeiten an Arbeitsstellen an Straßen (ZTV-SA 97)“ vom 17.8.1999 (VkBl. S. 670).

Ergänzend zu den ZTV-SA wurde auch eine Reihe von Technischen Lieferbedingungen aufgestellt, insbesondere

- „Technische Lieferbedingungen für Warnleuchten (TL-Warnleuchten 90)“, Ausgabe 1991/1998, BMV, FGSV Verlag,
- „Technische Lieferbedingungen für Leitkegel (TL-Leitkegel)“, Ausgabe 1994, BMV, FGSV Verlag,
- „Technische Lieferbedingungen für transportable Lichtsignalanlagen (TL transportable LSA)“, Ausgabe 2022, BMDV, FGSV Verlag,
- „Technische Lieferbedingungen für transportable Schutzeinrichtungen (TL-Transportable Schutzeinrichtungen 97)“, Ausgabe 1997, BMV, FGSV Verlag,
- „Technische Lieferbedingungen für bauliche Leitelemente (TL-Leitelemente 97)“, Ausgabe 1997, BMV, FGSV Verlag,
- „Technische Lieferbedingungen für Warnbänder bei Arbeitsstellen an Straßen (TL-Warnbänder 97)“, Ausgabe 1997, BMV, FGSV Verlag,
- „Technische Lieferbedingungen für Aufstellvorrichtungen für Schilder und Verkehrseinrichtungen an Arbeitsstellen (TL-Aufstellvorrichtungen 97)“, Ausgabe 1997, BMV, FGSV Verlag,
- „Technische Lieferbedingungen für fahrbare Absperrtafeln (TL-Absperrtafeln 97)“, Ausgabe 1997, BMV, FGSV Verlag,
- „Technische Lieferbedingungen für Leit- und Warnbaken (TL-Leitbaken 97)“, Ausgabe 1997, BMV, FGSV Verlag,
- „Technische Lieferbedingungen für Absperrschranken (TL-Absperrschranken 97)“, Ausgabe 1997, BMV, FGSV Verlag,
- „Technische Lieferbedingungen für Markierungsmaterialien (TL M 23)“, Ausgabe 2023, FGSV Verlag,

auf die vom für Verkehr zuständigen Bundesministerium hingewiesen wurde mit

- ARS 35/1997 (StB 13/38.59.10-02/84 BASt 97) „TL-Absperrschranken 97; TL-Leitbaken 97; TL-Absperrtafeln 97; TL-Aufstellvorrichtungen 97; TL-Vorübergehende Markierungen 97; TL-Warnbänder 97; TL-Leitelemente 97; TL-Transportable Schutzeinrichtungen 97; TL-Transportable Lichtsignalanlagen 97“ vom 12.8.1997 (VkBl. S. 795) und
- ARS 07/2024 (StB 26/7122.3/5/3852682) „Technische Lieferbedingungen für transportable Lichtsignalanlagen (TL transportable LSA), Ausgabe 2023 und Zusätzliche Technische Vertragsbedingungen und Richtlinien für transportable Lichtsignalanlagen (ZTV transportable LSA 2023)“ vom 1.3.2024 (VkBl. S. 263).

Die Technischen Lieferbedingungen werden derzeit immer noch überarbeitet. Vorgesehen ist, sie dabei in einem Werk zusammenzufassen.

Die zur Beschaffung und Aufstellung führenden Abwägungen führen im Bereich der temporären Verkehrszeichen und Verkehrseinrichtungen teilweise zu anderen Ergebnissen als bei ortsfesten Verkehrszeichen und Verkehrseinrichtungen. Insbesondere sind zu berücksichtigen

- leichte Aufstellbarkeit,
- leichte und rückstandsfreie Entfernbarkeit,
- Betrieb mit lokaler Energieversorgung,
- höhere Anprallwahrscheinlichkeit (da z. B. als Absperreinrichtung bewusst im „normalen“ Verkehrsraum angeordnet),
- höherer Verschleiß durch häufige Montage, Demontage und Transport,
- notwendige Zwischenlagerung zwischen Einsätzen.

Bei temporären Lichtsignalanlagen (z. B. zur Engstellensignalisierung an Arbeitsstellen) ist besonders hervorzuheben, dass Signallageplan, Signalzeitenplan und Phasenfolgeplan Bestandteil der verkehrsrechtlichen Anordnung sein müssen (siehe Teil A, Abschnitt 3.2, Abs. 4 RSA).

12.10 Planung und Kostentragung

12.10.1 Allgemeines

Die Beschaffung, Anbringung, Entfernung, Unterhaltung und der Betrieb der amtlichen sowie sonstigen vom für den Verkehr zuständigen Bundesministerium zugelassenen Verkehrszeichen und Verkehrseinrichtungen obliegt nach dem Straßenverkehrsgesetz (StVG), detailliert durch die StVO, in der Regel dem Straßenbaulastträger. Dieser hat in der Regel auch die Kosten zu übernehmen. Gesetz, StVO und ggf. vertragliche Vereinbarungen sehen jedoch auch andere Kostenträger vor (siehe Abschnitt 12.10.2).

Im vorliegenden Abschnitt sollen einige Aspekte diskutiert werden, wie diese Aufgabe zweckmäßig organisiert wird.

Für die Standardbeschilderung hat es sich im Regelfall als zweckmäßig und ausreichend erwiesen, wenn für Arbeitsaufwand und Kosten mit Pauschalansätzen für die Neu- und die Ersatzbeschaffung gearbeitet wird und der Austausch selber auf unteren operationellen Ebenen organisiert wird.

Es empfiehlt sich jedoch, die verwendeten Pauschalansätze regelmäßig anhand von Inventarisierungen (siehe Abschnitt 12.12.2) zu überprüfen und fortzuschreiben.

Sonderereignisse, z. B. größere Austauschaktionen wegen Änderungen von StVO-Regelungen, sind gesondert zu berücksichtigen.

In bestimmten Fällen kann es auch aus wirtschaftlichen Gründen sinnvoll sein, anstelle von vielen einzelnen Reparatur- und Erneuerungsmaßnahmen für bestimmte Streckenabschnitte einen Gesamtaustausch vorzusehen. Dies gilt insbesondere, wenn ein solcher Austausch deutlich effektiver abzuwickeln ist als eine Vielzahl von Einzelmaßnahmen oder wenn mit dem Austausch eine Umstellung auf neue Standards vollzogen werden kann.

Für größere Beschaffungs- und Umbaumaßnahmen, z. B. im Zusammenhang mit dem Neu- oder Umbau von Streckenabschnitten oder Knotenpunkten, bei der Fortschreibung des Wegweisungssystems oder auch bei der Beschaffung einzelner größerer Elemente der Straßenausstattung, sind aus haushaltsrechtlichen Gründen formelle Entwürfe und gesonderte Anforderungen von Haushaltsmitteln erforderlich (siehe Abschnitt 12.10.3).

12.10.2 Kostentragung und Vereinbarungen

§ 5b StVG bürdet die Kosten für Beschaffung, Anbringung, Entfernung, Unterhaltung und Betrieb der Verkehrszeichen und -einrichtungen in der Regel dem Baulastträger der Straße auf, in deren Verlauf sie angebracht sind.

Das Straßenverkehrsgesetz (StVG) nennt auch Ausnahmen, insbesondere für

- die Unternehmer der Schienenbahnen für Andreaskreuze, Schranken, Blinklichter mit oder ohne Halbschranken;
- die Unternehmer im Sinne des Personenbeförderungsgesetzes für Haltestellenzeichen;
- die Gemeinden in der Ortsdurchfahrt für Parkuhren und andere Vorrichtungen oder Einrichtungen zur Überwachung der Parkzeit, Straßenschilder, Geländer, Wegweiser zu innerörtlichen Zielen und Verkehrszeichen für Laternen, die nicht die ganze Nacht brennen;
- die Bauunternehmer und die sonstigen Unternehmer von Arbeiten auf und neben der Straße für Verkehrszeichen und -einrichtungen, die durch diese Arbeiten erforderlich werden;
- die Unternehmer von Werkstätten, Tankstellen sowie sonstigen Anlagen und Veranstaltungen für die entsprechenden amtlichen oder zugelassenen Hinweiszeichen;
- die Träger der Straßenbaulast der Straßen, von denen der Verkehr umgeleitet werden soll, für Wegweiser für Bedarfsumleitungen.

§ 51 StVO präzisiert außerdem, dass auch die Kosten der Zeichen der touristischen Beschilderung (siehe Abschnitt 8.5.2) vom Veranlasser zu tragen sind. Außerdem sind immer wieder Sonderregelungen dort zu beachten, wo die Zuständigkeitsbereiche mehrerer Baulastträger aneinandergrenzen, insbesondere bei Ortsdurchfahrten, Straßenkreuzungen und Kreuzungen mit anderen Verkehrswegen. Siehe dazu z. B.:

- die Straßen(bau)gesetze von Bund (FStrG) und Ländern mit den dazu ergangenen Verordnungen (z. B. Bundesfernstraßenkreuzungsverordnung (FStrKrV)) oder
- das Eisenbahnkreuzungsgesetz (EBKrG).

Die Einzelfälle werden normalerweise in Vereinbarungen (z. B. Ortsdurchfahrten- oder Kreuzungsvereinbarung) der Beteiligten geregelt, die auch organisatorische Abweichungen der Zuständigkeiten (in der Regel gegen Kostenersatz) vorsehen können, um eine wirtschaftlichere Vorgehensweise zu erreichen.

Im Zuge von Ortsdurchfahrten, für die der Bund Träger der Straßenbaulast ist, tragen die Gemeinden die Kosten für weiße Einsätze in Wegweisern. Es empfiehlt sich, diese Kosten in geeigneter Weise zu pauschalieren.

Ähnliche Regelungen gelten auch für die touristische Wegweisung (siehe Abschnitt 8.5.2) und die Wegweisung zu temporären Großveranstaltungen (siehe Abschnitt 8.5.4). Für die Bundesfernstraßen siehe dazu die dort angegebenen Allgemeinen Rundschreiben Straßenbau des für den Verkehr zuständigen Bundesministeriums.

Die Kosten für die wegweisende Beschilderung für den Radverkehr der Bundesstraße, der über Wirtschafts- und Forstwege oder geeignete Straßen anderer Baulastträger geführt wird, übernimmt der Bund. Auch wenn mehrere Wege ausgeschildert werden, übernimmt der Bund für jeden Abschnitt der Bundesstraße die Kosten nur für einen Weg, in der Regel für den straßenbegleitenden. Siehe dazu

- BMDV-RS (StB 26/7123.6/4/3888363) „Kostenübernahme für die wegweisende Beschilderung für den Radverkehr an Bundesfernstraßen begleitenden Radwegen" vom 22.10.2024.

Werden Verkehrsschilder und Verkehrseinrichtungen von Dritten beschädigt (z. B. durch Unfälle), so haben diese die Kosten der Reparatur zu ersetzen. Die Abwicklung richtet sich nach bürgerlichem Recht.

Zu Abschnitt 12.10.2

StVG
§ 5b
Unterhaltung der Verkehrszeichen

(1) Die Kosten der Beschaffung, Anbringung, Entfernung, Unterhaltung und des Betriebs der amtlichen Verkehrszeichen und -einrichtungen sowie der sonstigen vom Bundesministerium für Verkehr und digitale Infrastruktur zugelassenen Verkehrszeichen und -einrichtungen trägt der Träger der Straßenbaulast für diejenige Straße, in deren Verlauf sie angebracht werden oder angebracht worden sind, bei geteilter Straßenbaulast der für die durchgehende Fahrbahn zuständige Träger der Straßenbaulast. Ist ein Träger der Straßenbaulast nicht vorhanden, so trägt der Eigentümer der Straße die Kosten.

(2) Diese Kosten tragen abweichend vom Absatz 1

a) die Unternehmer der Schienenbahnen für Andreaskreuze, Schranken, Blinklichter mit oder ohne Halbschranken;
b) die Unternehmer im Sinne des Personenbeförderungsgesetzes für Haltestellenzeichen;
c) die Gemeinden in der Ortsdurchfahrt für Parkuhren und andere Vorrichtungen oder Einrichtungen zur Überwachung der Parkzeit, Straßenschilder, Geländer, Wegweiser zu innerörtlichen Zielen und Verkehrszeichen für Laternen, die nicht die ganze Nacht brennen;
d) die Bauunternehmer und die sonstigen Unternehmer von Arbeiten auf und neben der Straße für Verkehrszeichen und -einrichtungen, die durch diese Arbeiten erforderlich werden;
e) die Unternehmer von Werkstätten, Tankstellen sowie sonstigen Anlagen und Veranstaltungen für die entsprechenden amtlichen oder zugelassenen Hinweiszeichen;
f) die Träger der Straßenbaulast der Straßen, von denen der Verkehr umgeleitet werden soll, für Wegweiser für Bedarfsumleitungen.

(3) Das Bundesministerium für Verkehr und digitale Infrastruktur wird ermächtigt, durch Rechtsverordnung mit Zustimmung des Bundesrates bei der Einführung neuer amtlicher Verkehrszeichen und -einrichtungen zu bestimmen, dass abweichend von Absatz 1 die Kosten entsprechend den Regelungen des Absatzes 2 ein anderer zu tragen hat.

(4) Kostenregelungen aufgrund kreuzungsrechtlicher Vorschriften nach Bundes- und Landesrecht bleiben unberührt.

(5) Diese Kostenregelung umfasst auch die Kosten für Verkehrszählungen, Lärmmessungen, Lärmberechnungen und Abgasmessungen.

(6) Können Verkehrszeichen oder Verkehrseinrichtungen aus technischen Gründen oder wegen der Sicherheit und Leichtigkeit des Straßenverkehrs nicht auf der Straße angebracht werden, haben die Eigentümer der Anliegergrundstücke das Anbringen zu dulden. Schäden, die durch das Anbringen oder Entfernen der Verkehrszeichen oder Verkehrseinrichtungen entstehen, sind zu beseitigen. Wird die Benutzung eines Grundstücks oder sein Wert durch die Verkehrszeichen oder Verkehrseinrichtungen nicht unerheblich beeinträchtigt oder können Schäden, die durch das Anbringen oder Entfernen der Verkehrszeichen oder Verkehrseinrichtungen entstanden sind, nicht beseitigt werden, so ist eine angemessene Entschädigung in Geld zu leisten. Zur Schadensbeseitigung und zur Entschädigungsleistung ist derjenige verpflichtet, der die Kosten für die Verkehrszeichen und Verkehrseinrichtungen zu tragen hat. Kommt eine Einigung nicht zustande, so entscheidet die höhere Verwaltungsbehörde. Vor der Entscheidung sind die Beteiligten zu hören. Die Landesregierungen werden ermächtigt, durch Rechtsverordnung die zuständige Behörde abweichend von Satz 5 zu bestimmen. Sie können diese Ermächtigung auf oberste Landesbehörden übertragen.

StVO § 51 Besondere Kostenregelung

Die Kosten der Zeichen 386.1, 386.2 und 386.3 trägt abweichend von § 5b Absatz 1 des Straßenverkehrsgesetzes derjenige, der die Aufstellung dieses Zeichens beantragt.

12.10.3 Entwurf (bei größeren Maßnahmen)

Für größere Maßnahmen, das können die Ausstattung von größeren Straßenbaumaßnahmen oder eigenständige Ausstattungsmaßnahmen (z. B. die großräumige Umgestaltung der Wegweisung oder die Einrichtung von dynamischen Verkehrszeichenanlagen) sein, sind nach den Vorgaben des Haushaltsrechts in der Regel vor dem Baubeginn sogenannte Entwürfe zu erstellen und von der zuständigen vorgesetzten Behörde genehmigen zu lassen, aus denen die Art der Ausführung und die Bau- und Betriebskosten hervorgehen.

Sofern für Maßnahmen der Beschilderung Kosten ermittelt werden müssen, ist die Anweisung zur Kostenermittlung und zur Veranschlagung von Straßenbaumaßnahmen (AKVS) zu beachten (Hauptgruppe 8).

Siehe dazu

- ARS 07/2023 (StB 12/722.2/44-/3798809) „Fortschreibung der Anweisung zur Kostenermittlung und zur Veranschlagung von Straßenbaumaßnahmen, Ausgabe 11/2020 (AKVS 2014, Ausgabe 11/2020)“ vom 3.5.2023 (VkBl. S. 390)
- „Anweisung zur Kostenermittlung und zur Veranschlagung von Straßenbaumaßnahmen (AKVS 2014/2020)“, Ausgabe 04/2023, BMDV (www.bmdv.bund.de).

12.11 Ausschreibung, Vergabe und Qualitätssicherung

12.11.1 Allgemeines

Bei der Beschaffung sind auch die Anforderungen des öffentlichen Vergaberechts zu beachten.

Abschnitt 12.11.2 gibt einen allgemeinen Überblick über dessen Anforderungen. Für größere Bauvorhaben (es zählt das Gesamtvolumen und nicht die Größe einzelner Verträge) sind bei der Vergabe europarechtliche Vorgaben zu beachten. Außerdem sind Spezifikationen und Zulassungen von Bauprodukten europaweit vereinheitlicht. Diesem Themenkomplex ist Abschnitt 12.11.3 gewidmet.

Die Regelungen, die zur Beschaffung (Lieferung) von Verkehrszeichen und Verkehrseinrichtungen gelten (sei es direkt durch die öffentlichen Stellen, z. B. für kleinere Maßnahmen oder zur Lagerhaltung für Reparaturen und andere Erhaltungsmaßnahmen, oder indirekt für die nachfolgend beschriebenen Herstellungsverträge), sind in Abschnitt 12.11.4 zusammengestellt.

Soweit der Vertragsinhalt auch das Aufstellen der Verkehrszeichen und Verkehrseinrichtungen umfasst, sind die Regelungen des Abschnitts 12.11.5 zu beachten. Dabei zählt die Aufstellung von Verkehrszeichen und Verkehrseinrichtungen zu den Bauleistungen, da sie fest mit dem Bauwerk Straße verbunden werden oder zur Herstellung des Bauwerks erforderlich sind. Daher sind für öffentliche Auftraggeber in der Regel die VOB und die dazu ergangenen Verwaltungsvorschriften zu beachten, bei größeren Baumaßnahmen auch erweiterte EU-Regelungen.

Bei der Abnahme der Lieferung oder Leistung muss festgestellt werden, ob die vereinbarte Qualität geliefert oder hergestellt wurde.

Da es dabei um beträchtliche Streitwerte gehen kann, muss im Vertrag nicht nur hinreichend genau vereinbart sein, welche Eigenschaften die zu liefernden oder herzustellenden Gegenstände haben, sondern auch, wie diese Eigenschaften gemessen werden.

Im Bereich des Straßenwesens, und damit auch für die Lieferung und Aufstellung von Verkehrszeichen und Verkehrseinrichtungen, sind dazu in der Regel entsprechende Vereinbarungen in den Technischen Vertragsbedingungen zu finden. Auf der Ebene der „Allgemeinen Technischen Vertragsbedingungen“ und der „Zusätzlichen Technischen Vertragsbedingungen“ (ATV, ZTV; siehe Abschnitt 12.11.2) sind sie meistens nur als getrennte Abschnitte zu finden. Im Bereich der Lieferungen (auch im Zusammenhang mit der Herstellung) werden sie wegen der notwendigen Integration der einheitlichen europäischen Normung heute in der Regel als getrennte „Technische Prüfbedingungen“ vorgehalten.

Da die Anwendung dieser Prüfmethoden meistens besondere Kenntnisse, Erfahrungen und Qualitätsmanagementsysteme erfordert, müssen die durchführenden Stellen diese Eigenschaften nachweisen und sich entsprechend anerkennen lassen. Dazu sind Regelwerke und Verzeichnisse verfügbar, meist unterschieden nach nationalen und EU-harmonisierten Prüfverfahren.

12.11.2 Öffentliche Vergaben

Öffentliche Vergaberegelungen sollen sicherstellen, dass

- **die Maßnahmen nach den Haushaltsgrundsätzen von Wirtschaftlichkeit und Sparsamkeit durchgeführt werden;**
- **alle geeigneten Bewerber in gleicher Weise Zugänge zu öffentlichen Aufträgen haben;**
- **Manipulationen verhindert werden.**

Die Haushaltsgrundsätze von Wirtschaftlichkeit und Sparsamkeit sagen letztlich aus, dass mit öffentlichen Geldern vernünftig umgegangen werden soll. Die Verwaltung (Exekutive) soll **sparsam** sein, also nur die Dinge beschaffen und die Arbeiten ausführen lassen, die zur Erfüllung der staatlichen Aufgaben notwendig sind, und sie auch nur so bescheiden zu beschaffen oder ausführen zu lassen, wie das zur Erfüllung dieser Aufgaben notwendig ist. Sie soll außerdem **wirtschaftlich** handeln, d. h. sie soll darauf achten, dass die eingesetzten Mittel zur erhaltenen Leistung in einem möglichst guten Verhältnis stehen. In der Regel werden wirtschaftliche Lösungen auch sparsam sein. Es sind jedoch auch Fälle denkbar, die wirtschaftlich, aber nicht sparsam sind (z. B. sehr aufwendige Lösungen) oder die sparsam, aber nicht wirtschaftlich sind. Dann ist im Einzelfall abzuwägen.

Alle geeigneten Bewerber sollen in gleicher Weise Zugang zu öffentlichen Aufträgen haben. Dies ergibt sich alleine schon aus den Grundrechten, insbesondere dem der Gleichheit (vor dem Gesetz und damit der Staatsverwaltung). Diese Forderung unterstützt aber auch die Forderung nach der wirtschaftlichen Vergabe und der Manipulationsvermeidung, da über ein größeres Bewerberfeld und die Öffentlichkeit des Verfahrens die Wahrscheinlichkeit für wirtschaftliche Angebote erhöht und die Manipulationsmöglichkeiten verringert werden.

Die Verhinderung von Manipulationen ist notwendig, da solche regelmäßig zu weniger wirtschaftlichen Verhaltensweisen und zur ungerechtfertigten Bevorzugung einzelner Personen und Firmen führen.

Der gleichberechtigte Zugang aller geeigneten Bewerber zum Vergabeverfahren wird durch den öffentlichen Wettbewerb erreicht. Manipulationen werden einerseits durch die vereinfachte Wirtschaftlichkeitsprüfung (in der Regel Preisvergleich für vorgegebene Leistung), andererseits durch den grundsätzlich unbegrenzten Marktzugang und die Öffentlichkeit des Verfahrens erschwert.

Im Bauwesen werden diese Anforderungen an die Vergabe in der Regel dadurch erfüllt, dass eine bestimmte gewünschte Leistung genau vorgegeben und diese dann im öffentlichen Wettbewerb vergeben wird. Bei der Festsetzung des gewünschten Leistungsniveaus berücksichtigen die ausschreibenden Stellen aus ihrer langjährigen Erfahrung das Gebot der Sparsamkeit und deren grundsätzliche Abwägung zur Wirtschaftlichkeit. **Bei vorgegebenem Leistungsniveau ist dann in der Regel das Angebot mit dem niedrigsten Preis das wirtschaftlichste, wenn, wie das bei der öffentlichen Vergabe versucht wird, nur Wettbewerber zugelassen werden, die aufgrund ihrer Fachkunde, Leistungsfähigkeit und Zuverlässigkeit erwarten lassen, dass die Leistung anforderungsgerecht erstellt wird, und wenn diese anforderungsgerechte Leistungserstellung durch geeignete Kontrollen und Nachbesserungsverlangen sichergestellt wird.** Kann ein Bieter glaubhaft machen, dass er durch eine andere Ausführung ein Angebot unterbreiten kann, das die Anforderungen aus Wirtschaftlichkeit und Sparsamkeit besser erfüllt, so ist die Möglichkeit eines Nebenangebots gegeben, das dann von der Vergabestelle ausführlicher zu prüfen ist.

Die für Vergaben öffentlicher Auftraggeber maßgebenden Regelungen werden in Deutschland seit langer Zeit in „Verdingungsordnung“ (VO …) genannten Werken niedergelegt. Die „Verdingungsordnung für Bauleistungen“ (VOB) ist das älteste dieser Werke. Es ist in drei Teile gegliedert:

- Teil A regelt als interne Verwaltungsvorschrift das Verfahren;
- Teil B wird als Grundgerüst des jeweiligen Werk- oder Liefervertrags vereinbart;
- Teil C enthält eine Sammlung von DIN-Normen mit speziellen technischen Grundregelungen für einzelne Gewerke.

12.11.2 Öffentliche Vergaben

In Anlehnung an die VOB wurde eine „Verdingungsordnung für (sonstige) Leistungen“ (VOL) aufgestellt. Davon wird derzeit allerdings nur noch der Teil B genutzt. Die Regelungen des Teils A sind aufgegangen in den Regelungen des vierten Teils des Gesetzes gegen Wettbewerbsbeschränkungen (§§ 97ff. GWB) sowie der darauf erlassenen Vergabeverordnung (VgV) für europarelevante Vergaben und der Unterschwellenvergabeordnung (UVgO) als Richtlinie zum Haushaltsvollzug.

Für freiberufliche Leistungen im EU-Bereich gibt es schließlich inzwischen noch eine VOF, die nur Vergaberegelungen enthält.

Die Verdingungsordnungen wurden im Laufe der Zeit immer weiterentwickelt. Auch die Zuordnung von Leistungsbereichen hat sich geändert. Dabei hat sich auch die Interpretation der Abkürzung geändert. „VO“ heißt inzwischen „Vergabe- und Vertragsordnung für …“. Derzeit wird das Aufstellen von Verkehrszeichen und Verkehrseinrichtungen (einschließlich der dafür notwendigen Beschaffung durch den Auftragnehmer) von der VOB behandelt, da diese Tätigkeit zu den Bauleistungen gerechnet wird (siehe Abschnitt 12.11.1). Soweit Verkehrszeichen und Verkehrseinrichtungen vom öffentlichen Auftraggeber für die eigene Verwendung oder für die Lagerhaltung erworben werden, sind die für Lieferungen gültigen Regelungen (Teil 4 GWB, VgV, UVgO, VOL/B) einschlägig.

Die VOB werden vom „Deutschen Vergabe- und Vertragsausschuss für Bauleistungen“ erstellt, der beim für das öffentliche Bauen zuständigen Bundesministerium (derzeit das Bundesministerium für Wohnen, Stadtentwicklung und Bauwesen BMWSB) eingerichtet ist, und dem Vertreter von Auftragnehmern und Auftraggebern angehören. Daher geht man davon aus, dass die erarbeiteten Regelungen in sich ausgewogen sind, was zu Ausnahmeregelungen im Vertragsrecht geführt hat (siehe § 310 BGB).

Zur einheitlichen Handhabung des Vergabeverfahrens werden von großen Auftraggebern, so z. B. auch vom für den Verkehr zuständigen Bundesministerium, innerdienstliche Werke herausgegeben, die die VOB/A aus Sicht des Auftraggebers interpretieren und ergänzen sowie die auf die VOB/B aufbauende Vertragsgestaltung durch Mustergliederungen, Formblätter und Textvorschläge vereinheitlichen. Im Bereich des für den Verkehr zuständigen Bundesministeriums heißt dieses Werk „Handbuch für die Vergabe und Ausführung von Bauleistungen im Straßen- und Brückenbau (HVA B-StB)“. Die Länder sind vom für den Verkehr zuständigen Bundesministerium angewiesen, diese Regelungen für den Bau der Bundesfernstraßen zu beachten. Die Länder und die Kommunen, häufig sogar private Firmen berücksichtigen sie für ihren eigenen Straßenbau meist auch, da sie sich in der Praxis bewährt haben.

Die in der VOB/B aufgezeigte Vertragsstruktur sieht darüber hinaus sogenannte „Zusätzliche Vertragsbedingungen (ZVB)“ und „Zusätzliche Technische Vertragsbedingungen (ZTV)“ vor. In diesen können die Regelungen von VOB/B und VOB/C für bestimmte Bereiche weiter detailliert werden. Diese Texte müssen ausdrücklich als Vertragsbestandteil erklärt werden, um wirksam zu werden.

Der Bund hat, größtenteils in Zusammenarbeit mit den Ausschüssen der FGSV, für seine Straßen solche Vertragswerke und weitere technische Regelwerke erarbeitet, die die in den vorigen Abschnitten diskutierten komplexen Zusammenhänge berücksichtigen und daher meistens auch von den anderen Straßenbaulastträgern, insbesondere den Ländern und Kommunen (Landkreise, Städte, Gemeinden), mehr oder weniger unverändert verwendet werden. Sie werden häufig mit Allgemeinen Rundschreiben Straßenbau (ARS) an die obersten Landesstraßenbaubehörden der Länder bekannt gegeben (auch für die Bundesfernstraßen obliegt die Umsetzung der straßenrechtlichen Regelungen wegen der im Grundgesetz vorgesehenen Auftragsverwaltung den Ländern).

Dabei sind meist nur die Zusätzlichen Technischen Vertragsbedingungen (ZTV), Technischen Liefer- (TL) und Prüfbedingungen (TP) sowie Normen so formuliert, dass sie direkt als Bestandteil der Verträge zwischen den Baulastträgern und den ausführenden Firmen vereinbart werden können. Richtlinien, Merkblätter, Hinweise usw. richten sich an die Mitarbeiter und Beauftragten der Straßenbaulastträger, um sie bei ihren abwägenden Entscheidungen und ggf. bei der Formulierung eigener Vertragstexte zu unterstützen.

Aus ordnungs- und wettbewerbspolitischen Zielsetzungen wird verstärkt eine Vergabe nach Fachlosen angestrebt (siehe hierzu § 97 Abs. 4 GWB (Gesetz gegen Wettbewerbsbeschränkungen) und § 5 Abs. 2 VOB/A).

Einschränkungen zu Jahresausschreibungen sind ebenfalls im nachstehend abgedruckten Erlass des für den Verkehr zuständigen Bundesministeriums vom 16. Februar 1999 zu finden.

Zu Abschnitt 12.11.2

GWB
§ 97
Grundsätze
der Vergabe

(4) Mittelständische Interessen sind bei der Vergabe öffentlicher Aufträge vornehmlich zu berücksichtigen. Leistungen sind in der Menge aufgeteilt (Teillose) und getrennt nach Art oder Fachgebiet (Fachlose) zu vergeben. Mehrere Teil- oder Fachlose dürfen zusammen vergeben werden, wenn wirtschaftliche oder technische Gründe dies erfordern. Wird ein Unternehmen, das nicht öffentlicher Auftraggeber oder Sektorenauftraggeber ist, mit der Wahrnehmung oder Durchführung einer öffentlichen Aufgabe betraut, verpflichtet der öffentliche Auftraggeber oder Sektorenauftraggeber das Unternehmen, sofern es Unteraufträge vergibt, nach den Sätzen 1 bis 3 zu verfahren.

BMVBW
S 12/70.10.00/75
Va 98
16. Februar 1999

Jahresausschreibungen (Jahresverträge/Rahmenverträge)

(1) Vorliegende Erkenntnisse zeigen, dass im Bereich der Bundesfernstraßen Preisabsprachen, Unregelmäßigkeiten sowie Spekulationsangebote bei „Jahresausschreibungen", auch als Jahresverträge oder Rahmenverträge bezeichnet, dann anzutreffen sind, wenn sie gegen die im Bereich der Bundesfernstraßen geltenden Vergabebestimmungen (VOB, HVA-StB) verstoßen.

(2) Bei diesen Ausschreibungen bzw. Verträgen werden Lieferungen und Bauleistungen – meist aus dem Bereich der Straßenausstattungen – zunehmend aber auch Instandsetzungsmaßnahmen – ohne verbindliche Mengenvorgaben, jedoch mit verbindlicher Festlegung von Einheitspreisen auch bei wesentlicher Über- oder Unterschreitung der Mengen und in den meisten Fällen ohne oder nur mit ungefähren Liefer- bzw. Ausführungsorten für einen definierten Zeitraum – vergeben. In vielen Fällen werden diese Leistungen in Form sog. Abruf- bzw. Rahmenverträge abgewickelt. Dabei werden die Leistungen z. T. eigenständig von verschiedenen Organisationseinheiten, z. B. AM/SM, abgerufen und abgerechnet. Ein häufiger Anwendungsbereich ist z. B. die Reparatur unfallbeschädigter Schutzplanken.

Häufig werden bei Jahresausschreibungen auch noch die Laufzeiten ohne Wettbewerb verlängert.

(3) Nicht zu beanstanden sind dagegen solche Jahresausschreibungen, bei denen die Vergabe und Abwicklung wie bei objektbezogenen (konventionellen) Maßnahmen auf der Grundlage eines genau ermittelten Jahresbedarfs mit eindeutiger Leistungsbeschreibung und konkreten Vorgaben für die Ausführungsorte und den Ausführungszeitraum erfolgt.

(4) In den letzten Jahren ist eine starke Zunahme des Leistungsumfanges bei den nicht VOB-konformen „Jahresverträgen" festzustellen. So hat die Querschnittsprüfung des Bundesrechnungshofes für das Jahr 1996 über Vergaben von Aufträgen für das Aufbringen von Fahrbahnmarkierungen und für die Montage von Schutzplanken im Bereich der Bundesfernstraßen ergeben, dass seit der letzten Prüfung im Jahr 1991 die Anzahl der „Jahresverträge"

- bei Markierungsarbeiten um 64 % und
- bei Schutzplankenarbeiten um 114 % (!)

zugenommen hat.

Weiterhin hat sich bei der Länderabfrage des BMV (siehe Bezugsschreiben) und bei der Behandlung dieses Themas in den Bund/Länder-Ausschüssen herausgestellt, dass verstärkt auch Instandsetzungsmaßnahmen an Deckschichten und im Brückenbau über nicht VOB-konforme Jahresausschreibungen abgewickelt werden.

(5) Das BMVBW und der Bundesrechnungshof verkennen nicht, dass Jahresausschreibungen ein geeignetes Instrument sein können, damit die Straßenbauverwaltungen in unvorhersehbaren Bedarfsfällen möglichst schnell handeln können.

Dann muss aber in Hinblick auf eine wirtschaftliche Vergabe von Liefer- und Bauleistungen und die Bekämpfung von Unregelmäßigkeiten bei der Vergabe und Vertragsabwicklung von Jahresausschreibungen im Bereich der Bundesfernstraßen folgendes beachtet werden:

a) Anwendungsbereich

- Keine Einschränkung, wenn die vom BMVBW eingeführten Vergabe- und Vertragsregelungen (VOB, HVA-StB) beachtet werden.

b) Vergabe

- Anwendung der Öffentlichen Ausschreibung bzw. des Offenen Verfahrens.
- Begrenzung des Leistungsumfanges auf wenige Positionen.

BMVBW-Erlass vom 16.2.1999

- Vorgabe realistischer Mengenansätze durch Abschätzung des Bedarfs anhand des Vorjahresergebnisses; wenn dies nicht möglich sein sollte, sind Staffelungen vorzusehen.
- Eindeutige und erschöpfende Beschreibung der Leistung einschließlich Ausführungsort.

c) Vertragsabwicklung

- Begrenzung der Höhe des Einzelabrufes bei Rahmenverträgen.
- Besondere Prüfung und Überwachung von Positionen mit Spekulationspreisen.
- Laufzeitbegrenzung des Vertrages auf max. 1 Jahr bzw. Beendigung des Vertrages bei Erreichen der Auftragssumme.
- Leistungsabrechnung nach Aufmaß.
- Berücksichtigung der Mehr- und Mindermengen bei der Abrechnung.
- Anfertigung von Abnahmeprotokollen auch bei Einzelabruf.
- Soll-/Ist-Vergleich nach Abschluss der Maßnahme.

d) Zusätzlich empfehle ich folgende organisatorische Maßnahmen:

- Einführung des „Mehraugenprinzips" bei der Vergabe und Abwicklung,
- Erhöhte Dienst- und Fachaufsicht.

(6) Im Interesse einer einheitlichen Handhabung empfehle ich, in Ihrem Zuständigkeitsbereich entsprechend zu verfahren.

(7) Über Ihre Erfahrungen bei der Anwendung der o. g. Regelungen bitte ich um Stellungnahme bis 30.6.2000.

(VkBl. 1999 S. 237)

12.11.3 Verträge und europäische Normung

■ Vereinheitlichung in Europa

Im Zusammenhang mit dem Aufbau des europäischen Binnenmarktes wurden und werden Handelshemmnisse zwischen den europäischen Staaten systematisch beseitigt. Nicht nur alle lokalen oder nationalen Bewerber, sondern alle Bewerber aus dem Gemeinschaftsgebiet sollen sich gleichberechtigt um öffentliche Aufträge bewerben können.

Landesspezifische Anforderungen an die zu liefernden oder zu erstellenden Gegenstände oder Dienstleistungen können Bewerber aus anderen Mitgliedstaaten benachteiligen, weil sie zusätzlichen Aufwand für die Spezifizierung und Zulassung erfordern. Um diese Hemmnisse zu beseitigen, wurden in den letzten 20 Jahren systematisch mehrere Regelungen zur Vereinheitlichung und Fortentwicklung der Vergaben im öffentlichen Bereich veranlasst. Zu nennen sind insbesondere:

- „Richtlinie 2014/24/EU des Europäischen Parlaments und des Rates vom 26. Februar 2014 über die öffentliche Auftragsvergabe und zur Aufhebung der Richtlinie 2004/18/EG" (ABl. EU L 94/65)
- „Richtlinie 2014/25/EU des Europäischen Parlaments und des Rates vom 26. Februar 2014 über die Vergabe von Aufträgen durch Auftraggeber im Bereich der Wasser-, Energie- und Verkehrsversorgung sowie der Postdienste und zur Aufhebung der Richtlinie 2004/17/EG" (ABl. EU L 94/243).

Die wesentlichen Inhalte dieser europäischen Regelungen sind:

- Ab einem gewissen Umfang müssen die Aufträge europaweit ausgeschrieben werden.
- Bewerber aus anderen Ländern dürfen nicht unangemessen benachteiligt werden.
- Produkte, die in einem anderen Land in gleicher Weise als sicher und brauchbar geprüft sind, sind gleichberechtigt zu den national geprüften zu akzeptieren.
- Es besteht ein Rechtsweg, um Ansprüche auf Auftragserteilung geltend zu machen.

In Deutschland wurden diese europäischen Regelungen im Wesentlichen dadurch umgesetzt, dass für die EU-relevanten Vergabeverfahren (in der Regel den größeren Baumaßnahmen)

- die VOB fortgeschrieben wurden,
- das Gesetz gegen Wettbewerbsbeschränkungen (GWB) durch zusätzliche Regelungen und eine Vergabeverordnung ergänzt wurde.

Die Verankerung im GWB wurde notwendig, um die von der EU geforderte gesetzliche Verankerung und einen direkten Rechtsschutz zu erreichen.

Eine besondere Herausforderung, nicht nur für öffentliche und insbesondere dort die Bauaufträge, stellte im europäischen Vereinheitlichungsprozess die Vereinheitlichung der Anforderungen an die Sicherheit (sowohl in Bezug auf Haftung als auch auf Zulassung) wie auch die Gebrauchstauglichkeit von Produkten dar. Der individuelle Nachweis, dass ein ausländisches Produkt gleichwertig ist, konnte allenfalls als Übergangsregelung angesehen werden.

Eine Verbesserung ließ sich nur über eine Vereinheitlichung des bis dahin nationalen unterschiedlichen Normenwesens erreichen. Daher wurde schon relativ bald (nämlich 1961) eine europäische Normungsorganisation CEN (www.cen.eu) gegründet, der die nationalen Normungsorganisationen als „national members" und interessierte Gruppierungen als „associate members" angehören. Für die elektrotechnische Normung gibt es mit CENELEC, für die Telekommunikation mit ETSI ähnliche Organisationen.

Im Baubereich wurde mit der sogenannten

- „Richtlinie 89/106/EWG des Rates vom 21. Dezember 1988 zur Angleichung der Rechts- und Verwaltungsvorschriften der Mitgliedstaaten über Bauprodukte" (Bauproduktenrichtlinie)

ein schlüssiges System zur Anforderungsbeschreibung, Konformitätsüberprüfung und Kennzeichnung von Bauprodukten etabliert, das 2011 fortgeschrieben wurde mit der

- „Verordnung (EU) Nr. 305/2011 des Europäischen Parlaments und des Rates vom 9. März 2011 zur Festlegung harmonisierter Bedingungen für die Vermarktung von Bauprodukten und zur Aufhebung der Richtlinie 89/106/EWG des Rates (EU-Bauproduktenverordnung EU-BauPVO)" (ABl. EU L 88 vom 4.4.2011 S. 5 ff.), zuletzt geändert mit Verordnung (EU) 2019/2020 vom 20. Juni 2019.

Zur Anforderungsbeschreibung wurden dazu die nationalen Normen und anderen qualitätsbestimmenden Regelungen stufenweise in europäisch harmonisierte Normen überführt. Zur Überprüfung der Konformität werden verschiedene Systeme von der Herstellererklärung bis hin zur Fremdüberwachung durch „notifizierte Stellen" beschrieben. Als einheitliche Kennzeichnung der Konformität mit den europaweit vereinheitlichten Anforderungen dient das CE-Zeichen. Einzelzulassungen werden ebenfalls geregelt, sind aber hinsichtlich der Verkehrszeichen und Verkehrseinrichtungen nur für bestimmte Bereiche und Eigenschaften relevant (z. B. für retroreflektierende Folien auf der Basis von Mikroprismen, für Schilderbrücken oder für Fundamentsysteme).

Europäische Normen

Die europäischen Normen geben nicht mehr wie die meisten bisherigen nationalen Normen Eigenschaften fest vor, sondern beschreiben für jeden zu spezifizierenden Wert Klassen von möglichen Werten. Erst im Vertrag wird dann vorgegeben, welche Klasse für die jeweilige Eigenschaft gefordert wird. Damit können die Produkte europaweit einheitlich klassifiziert und geprüft (zugelassen) werden, ohne die anforderungsgerechte Beschreibung der geforderten Leistungen infrage zu stellen.

Die europäischen Normen waren so aufzustellen, dass alle bisher bestehenden nationalen Anforderungen durch entsprechende Klassenkombinationen ausgedrückt werden können.

Der Weg von den nationalen zu den harmonisierten Normen geschah in mehreren Schritten:

- Zunächst wurde für einen bestimmten Bereich die jeweilige Normungsorganisation (CEN, CENELEC, ...) durch ein Mandat ermächtigt und aufgefordert, den europäischen Normungsprozess aufzunehmen. Ab diesem Zeitpunkt durften in diesem Bereich keine neuen nationalen Regelungen eingeführt werden.
- Die Normungsorganisation stellte durch einen beauftragten Ausschuss oder Unterausschuss alle zu diesem Zeitpunkt geltenden nationalen Regelungen zusammen und erarbeitete darauf aufbauend einen ersten Entwurf. In diesem wurde versucht, die bestehenden nationalen Regelungen in einem Klassensystem zu beschreiben.
- Die Normungsorganisation ließ, wieder durch Ausschuss/Unterausschuss, dieses erste Papier zu einer harmonisierten Norm weiterentwickeln.
- Die harmonisierte Norm wurde im Amtsblatt der EU veröffentlicht.

Die europäischen Normen haben nur eine zeitlich beschränkte Gültigkeitsdauer. Bei der regelmäßigen Fortschreibung wird eine weitere Vereinheitlichung, auch auf der Basis der Anwendung und Erfahrungen aus den Mitgliedsländern, angestrebt.

Europäische Konformitätsprüfung

Die Konformität eines Produktes mit den maßgebenden Regelungen wird durch ein CE-Zeichen dokumentiert, das auf oder an dem Produkt angebracht wird. Die Berechtigung zur Anbringung ergibt sich über bereichsabhängig verschiedene Systeme (*Tabelle 12.3*), die bereits bei der Mandatserteilung für die Normung festgelegt werden.

Die grundsätzliche Idee ist, den Nachweis der Konformität (und damit der Sicherheit und

Tabelle 12.3 Systeme für die Konformitätsprüfung

	Elemente der Konformitätskontrolle	Systeme					
		1+	1	2+	2	3	4
Hersteller	Erstprüfung			×	×		×
	Prüfung von im Werk entnommenen Proben	×	×	×			
	Werkseigene Produktionskontrolle	×	×	×	×	×	×
Notifizierte Stelle	Erstprüfung	×	×			×	
	Stichprobenprüfung (audit testing)	×					
	Erstinspektion des Werkes und der Werkseigenen Produktionskontrolle	×	×	×	×		
	Laufende Überwachung, Beurteilung und Anerkennung der Werkseigenen Produktionskontrolle	×	×	×			
		Zertifikat			Herstellererklärung		

Gebrauchstauglichkeit) möglichst einfach, aber dem Schutzzweck entsprechend auch ausführlich genug, vor allem aber europaweit einheitlich zu gestalten. In dem abgestuften System werden zunächst die Hersteller verpflichtet, die Übereinstimmung zu gewährleisten. Sie haften ja auch im Rahmen der Produzenten- und Produkthaftung. Bei den „schwächeren" Systemen 2, 3 und 4 reicht eine Herstellererklärung als Nachweis der Konformität aus. Je größer die Gefährdung für die Nutzer oder die Allgemeinheit, desto mehr werden externe Stellen, sogenannte notifizierte Stellen, in den Nachweisprozess eingebunden. Bei den „stärkeren" Systemen 1+, 1 und 2+ muss eine notifizierte Stelle die Konformität mit einem Zertifikat bestätigen. Je größer die potenzielle Gefährdung durch das Produkt, desto „stärker" soll das System gewählt werden.

Alle Systeme setzen eine **Erstprüfung** des Produktes und eine **Werkseigene Produktionskontrolle** (WPK) voraus. Bei den Systemen 4, 2 und 2+ wird diese Erstprüfung vom Hersteller, bei den Systemen 1+, 1 und 3 von einer notifizierten Stelle vorgenommen. Die Werkseigene Produktionskontrolle kann im einfachsten Fall auch nur durch gewisse Fertigungsregeln und deren Überwachung erfolgen. In der Regel wird aber eine gewisse Form der Eigenüberwachung des Produktes notwendig sein.

Ab dem System 2 erfolgt eine **Erstinspektion** des Werks und der Werkseigenen Produktionskontrolle durch eine notifizierte Stelle. Ab dem System 2+ muss die Werkseigene Produktionskontrolle laufend durch eine notifizierte Stelle **überwacht**, **beurteilt und anerkannt** werden. Nur beim System 1+ ist eine (stichprobenartige) **Prüfung des Produkts** selber durch eine notifizierte Stelle vorgesehen.

Soweit die Hersteller in diesen Systemen Erklärungen über die Konformität abgeben, haften sie dafür (Produzenten- und Produkthaftung).

Konformitätsvermutung

Voraussetzungen für eine Konformitätsvermutung sind:

- Die Norm gründet auf einen Normungsauftrag durch die Kommission (mandatierte Norm).
- Sie wird der Kommission von der Normenorganisation vorgelegt.
- Sie wird von der Kommission im Amtsblatt der EU veröffentlicht.
- Sie wird in eine nationale Norm umgesetzt.

Bei Konformität mit einer nationalen Norm (DIN EN … soweit es sich um die Umsetzung einer harmonisierten Norm handelt, deren Fundstelle veröffentlicht wurde, ist davon auszugehen, dass die wesentlichen Anforderungen der anwendbaren Richtlinie (z. B. Druckgeräterichtlinie) erfüllt sind.

12.11.4 Verträge zur Lieferung

Die Lieferung von Verkehrszeichen und Verkehrseinrichtungen kann direkt an den öffentlichen Auftraggeber erfolgen oder Teil von Verträgen zur Aufstellung sein. In diesem Abschnitt werden zunächst allgemein die technisch-rechtlichen Aspekte solcher Lieferungen (Spezifikation der Lieferleistungen) besprochen und dann auf die vergaberechtlichen Aspekte von reinen Lieferverträgen eingegangen. Die vergaberechtlichen Aspekte von Verträgen zur Aufstellung, die die Lieferung einschließen, werden in Abschnitt 12.11.5 besprochen.

Spezifikation von Verkehrszeichen und Verkehrseinrichtungen

Für die meisten stationären Verkehrszeichen und Verkehrseinrichtungen (und nur für die stationären ist die europäische Normung bindend) liegen inzwischen harmonisierte europäische Normen vor (siehe die jeweiligen Abschnitte 12.3 bis 12.8).

Durch die nationale Umsetzung wird festgelegt, welche der in den harmonisierten Normen definierten Klassen vorzugsweise angewandt werden sollen. Im Bereich der Straßenausstattung geschieht das – wie in den meisten Bereichen des Straßenbaus – mit sogenannten „Technischen Lieferbedingungen" (TL), in der Regel ergänzt durch „Technische Prüfbedingungen" (TP), manchmal auch kombiniert als „Technische Liefer- und Prüfbedingungen" (TLP). Diese werden zum größten Teil durch Gremien der Forschungsgesellschaft für Straßen- und Verkehrswesen (FGSV) mit den Straßenbaulastträgern (insbesondere dem für den Verkehr zuständigen Bundesministerium und den Straßenbauverwaltungen der Bundesländer) sowie unter Beteiligung der Lieferanten und ihrer Verbände erarbeitet.

Die Erarbeitung dieser Texte erfolgt zwar vordergründig für die Verwendung im Netz der Bundesfernstraßen, in der Regel übernehmen aber die anderen Straßenbaulastträger (Länder, Kreise, Städte und Gemeinden) die Regelungen auch für ihren eigenen Zuständigkeitsbereich.

Im Bereich der Verkehrszeichen sind außerdem Anforderungen zu stellen, die – da nahe an der nationalen Gesetzgebung – nicht der Harmonisierung auf der Basis der Europäischen Verträge unterliegen, sondern national individuell zu regeln sind. Da dementsprechend die harmonisierten europäischen Normen nicht alle wesentlichen Anforderungen beschreiben, sind darüber hinaus in den TL und den TP auch noch konkrete direkte nationale Anforderungs- und Prüfsysteme vorgesehen, die aber konsequenterweise nur diese nicht harmonisierten Anforderungsbereiche regeln dürfen.

Die detaillierte Besprechung der einzelnen Technischen Liefer- und Prüfbedingungen für die verschiedenen Produktgruppen erfolgt in den Abschnitten 12.3 bis 12.9.

Bei der Beschreibung von Schildern in Leistungsverzeichnissen empfiehlt es sich, das Nummernsystem des „Katalogs der Verkehrszeichen" (VzKat; siehe Abschnitt 2.6.1) zu verwenden. Ferner soll bei Größenangaben in Anlehnung an die DIN 825, Blatt 1, zunächst die Höhe und dann die Breite des Schildes angegeben werden (z. B. 900 auf 600 mm).

Die Einteilung der Unternummern im VzKat erfolgt nach dem Richtungsbezug, der im Bild des Verkehrszeichens ausgedrückt wird:

10...19	für linksweisend, gleichzeitig geradeaus **und** linksweisend oder bei Aufstellung rechts
20...29	für rechtsweisend, gleichzeitig geradeaus **und** rechtsweisend oder bei Aufstellung links
30...39	für beidseitig weisend, geradeaus weisend oder richtungsneutral (z. B. auch sperrend)
40...49	für doppelseitig wirksam (z. B. beidseitig bedruckt)
50...99	für Zeichen, die sich in das System der o. g. Unternummern nicht einordnen lassen (z. B. Zeichen ohne richtungsweisendes Element).

Bei Verkehrszeichen mit variablen Zahlenwerten (z. B. Zeichen 274) wird die Unternummer aus dem im Verkehrszeichen enthaltenen Zahlenwert gebildet (z. B. Zeichen 274-70).

Vergabe von Lieferleistungen

Soweit Verkehrszeichen und Verkehrseinrichtungen beschafft werden, um sie selber aufzustellen (z. B. für Reparaturen, zur Sicherung eigener Baustellen oder für kleinere Beschilderungsmaßnahmen), handelt es sich um Lieferverträge. Solche Beschaffungen sind notwendig, da kleinere Beschilderungsmaßnahmen, z. B. die Aufstellung oder Reparatur einzelner Standardverkehrszeichen oder die Absicherung eigener kleiner Baustellen, häufig wirtschaftlicher mit dem eigenen fachkundigen Personal und selber vorgehaltenen Material erledigt werden können als durch Vergabe an Unternehmer.

Öffentliche Auftraggeber sind dann gehalten, die Vergabevorschriften für Lieferverträge einzuhalten, insbesondere die in Abschnitt 12.11.2 beschriebenen Regelungen von GWB, VgV und UVgO.

Weitere Hinweise für das Aufstellen der Verdingungsunterlagen, die Durchführung der Vergabeverfahren und das Abwickeln der Verträge zu Lieferleistungen sind zu finden im

- „Handbuch für die Vergabe und Ausführung von Lieferungen und Leistungen im Straßen- und Brückenbau (HVA L-StB)", BMVI, Ausgabe 2017 (https://bmdv.bund.de/SharedDocs/DE/Artikel/StB/handbuch-fuer-die-vergabe-und-ausfuehrung-von-lieferungen-und-leistungen-im-strassen-und-brueckenbau.html).

Siehe dazu auch

- ARS 13/2017 (StB 14/7135.2/010-2824430) „Handbuch für die Vergabe und Ausführung von Lieferungen und Leistungen im Straßen- und Brückenbau (HVA L-StB), Ausgabe 2017" vom 6.7.2017 (VkBl. S. 742)
- ARS 18/2017 (StB 14/7135.2/010-2900763) 1. „Handbuch für die Vergabe und Ausführung von Lieferungen und Leistungen im Straßen- und Brückenbau (HVA L-StB), Ausgabe April 2017" 2. „Handbuch für die Vergabe und Ausführung von freiberuflichen Leistungen im Straßen- und Brückenbau (HVA F-StB), Ausgabe April 2017" vom 13.10.2017 (VkBl. S. 936).

12.11.5 Verträge zur Aufstellung (auch mit Lieferung)

Soweit der vorgesehene Vertrag nicht nur die Lieferung, sondern auch (oder nur) die Aufstellung von Verkehrszeichen und Verkehrseinrichtungen umfasst, sind die vergaberechtlichen Aspekte von Bauverträgen zu beachten (für reine Lieferverträge siehe Abschnitt 12.11.4). Diese Zuordnung ergibt sich, da, wie in Abschnitt 12.11.1 ausgeführt, zumindest die ortsfesten Verkehrszeichen und Verkehrseinrichtungen Bestandteil des Bauwerks werden.

Für die nicht ortsfesten Verkehrszeichen und Verkehrseinrichtungen (z. B. für die Sicherung der Arbeitsstellen, siehe Abschnitt 7.2) gibt es kein europäisches Normungsmandat zur Regelung von Eigenschaften und Prüfungen. Die Verwendung von nicht ortsfesten Verkehrszeichen und Verkehrseinrichtungen für die Sicherung von Baustellen unterliegt jedoch (wegen ihrer Bedeutung für den Bauablauf) dem Regelungsbereich der VOB. Seit 2016 werden „Verkehrssicherungsarbeiten" sogar nicht mehr nur im allgemeinen Teil, sondern als eigenes Kapitel in der VOB/C behandelt:

- DIN 18329 „VOB Vergabe- und Vertragsordnung für Bauleistungen – Teil C: Allgemeine Technische Vertragsbedingungen für Bauleistungen (ATV) – Verkehrssicherungsarbeiten", Ausgabe 2019.

Spezifikation der Leistung

Auch im Bereich der Verkehrszeichen und Verkehrseinrichtungen haben Gremien der Forschungsgesellschaft für Straßen- und Verkehrswesen (FGSV) in Abstimmung mit den Straßenbaulastträgern (insbesondere dem für den Verkehr zuständigen Bundesministerium und den Straßenbauverwaltungen der Bundesländer) sowie unter Beteiligung der Bauverbände von der in der VOB/B grundsätzlich vorgesehenen Möglichkeit Gebrauch gemacht, sogenannte „Zusätzliche Technische Vertragsbedingungen" (ZTV) und Richtlinien zu erarbeiten.

Die Erarbeitung dieser Texte erfolgt zwar vordergründig für die Verwendung im Netz der Bundesfernstraßen, in der Regel übernehmen aber die anderen Straßenbaulastträger (Länder, Kreise, Städte und Gemeinden) die Regelungen auch für ihren eigenen Zuständigkeitsbereich.

Die detaillierte Besprechung der einzelnen Technischen Liefer- und Prüfbedingungen für die verschiedenen Produktgruppen erfolgt in den Abschnitten 12.3 bis 12.9.

Für die Lieferspezifikation der einzubauenden Verkehrszeichen und Verkehrseinrichtungen siehe Abschnitt 12.11.4.

Für die detaillierte Spezifikation der Bauleistungen (Leistungsverzeichnisse) hat das für den Verkehr zuständige Bundesministerium Mustertexte („Standardleistungskatalog für den Straßen- und Brückenbau – STLK") erarbeiten lassen.

Der aktuelle Stand wird jeweils mit Allgemeinem Rundschreiben bekannt gegeben. Zur Drucklegung war aktuell das

- ARS 13/2024 (StB 14/7134.5/005-3885714) „Standardleistungskatalog für den Straßen- und Brückenbau (STLK); Ausgabestand 03/24" vom 18.4.2024 (VkBl. S. 342).

Auch der STLK wird von vielen anderen Straßenbaulastträgern für ihren Zuständigkeitsbereich verwendet. Da die dort vorgeschlagenen Ausschreibungstexte einheitlich formatiert sind und auch in elektronisch lesbarer Form vorliegen, werden sie auch von zahlreichen Ausschreibungs-, Kalkulations- und Bauabwicklungsprogrammen, sowohl auf der Auftraggeber- als auch auf der Auftragnehmerseite, verwendet. Dies erleichtert auch den Datenaustausch in der Angebots- und in der Abrechnungsphase.

Einige Länder halten in gleicher Weise formatierte sogenannte Standardleistungsbücher vor. Das gleiche Format erlaubt, die gleichen Anwendungsprogramme zu nutzen. Der wesentliche Unterschied ist, dass der STLK zum Ziel hat, möglichst alle denkbaren, halbwegs sinnvollen Ausschreibungstexte abzubilden und die Anwendungsentscheidung dem Anwender zu überlassen, während bei den Standardleistungsbüchern bewusst eine Auswahl von Vorzugslösungen getroffen wurde, von denen nur in begründeten Ausnahmefällen abgewichen werden soll. Dies ist wegen des gleichen Formats durch die Anwendung von STLK-Texten auch unschwer möglich, ohne den einheitlichen Datenfluss zu unterbrechen.

Der „Standard-Leistungskatalog für den Straßen- und Brückenbau (STLK)“ enthält derzeit unter anderem folgende Leistungsbereiche (LB):

- LB 101 Baustelleneinrichtung, Baubegleitende Leistungen
- LB 102 Entsorgung
- LB 105 Verkehrssicherung an Arbeitsstellen
- LB 108 Baugruben, Leitungsgräben
- LB 127 Lärmschutzkonstruktionen
- LB 129 Fahrzeug-Rückhaltesysteme und Leiteinrichtungen
- LB 130 Verkehrsschilder
- LB 131 Fahrbahnmarkierungen
- LB 132/832 Lichtsignalanlagen
- LB 134 Kabelverlegung.

(*Anmerkung:* Soweit die Leistungsbereiche überarbeitet werden und im Gelbdruck vorliegen, so ist die erste Ziffer „8“ statt „1“; siehe das jeweils aktuelle ARS.)

Nähere Informationen siehe immer das aktuelle zum STLK ergangene ARS. Einzelheiten zu diesem Gesamtkomplex enthalten die

- „Richtlinien für das Anwenden des Standardleistungskataloges (STLK) im Straßen- und Brückenbau“, Ausgabe 2019, FGSV Verlag

und die entsprechenden Programmsysteme. Siehe dazu

- ARS 08/2021 (StB 14/7138.4/21-3468803) „Projektmanagementsystem (PM-System) RIB iTWO® 2020 …“ vom 5.3.2021 (VkBl. S. 298)
- ARS 19/2023 (StB 14/7138.4/021-3819589) „AVA-Software RIB iTWO Version 2023 der Fa. RIB Software GmbH mit dem iTWO-Konfigurationspaket Straßenbau nach Vorgaben der FG AVA/StB – Freigabe zur Anwendung im Bereich der Bundesfernstraßen“ vom 24.7.2023 (VkBl. S. 471).

Bei Wechselverkehrszeichen sind besondere Leistungsbeschreibungen zu erstellen, in denen vor allem Art und Weise der Wechseltechnik und der Steuerung zu definieren sind.

Vergabe von (Aufstell-)Bauleistungen

Öffentliche Auftraggeber sind gehalten, die Vergabevorschriften für Bauverträge einzuhalten, insbesondere die in Abschnitt 12.11.2 beschriebene VOB. Deren Anwendung wird geregelt und kommentiert in den

- ARS 17/2012 (StB 14/7133.10/013-1794815) „Vergabe- und Vertragsordnung für Bauleistungen (VOB); VOB, Ausgabe 2012“ vom 8.10.2012 (VkBl. S. 793)
- ARS 20/2019 (StB 14/7133.10/013-3213047) „Herausgabe der Vergabe- und Vertragsordnung für Bauleistungen (VOB), Ausgabe 2019; Fortschreibung der VOB, Teil A (VOB/A); Fortschreibung der VOB, Teil C (VOB/C), Ausgabe September 2019“ vom 24.9.2019 (VkBl. S. 702)
- ARS 24/2023 (StB 14/7133.10/013-3835719) „VOB 2019, Ergänzungsband 2023“ vom 14.12.2023 (VkBl. 2024 S. 19).

Weitere Hinweise für das Aufstellen der Verdingungsunterlagen, die Durchführung der Vergabeverfahren und das Abwickeln der Verträge zu Lieferleistungen sind zu finden im

- „Handbuch für die Vergabe und Ausführung von Bauleistungen im Straßen- und Brückenbau (HVA B-StB)“, BMDV, Ausgabe 2023 (https://bmdv.bund.de/SharedDocs/DE/Artikel/StB/handbuch-fuer-die-vergabe-und-ausfuehrung-von-bauleistungen-im-strassen-und-brueckenbau-hva-b-stb.html),

auf das hingewiesen wurde mit

- ARS 08/2023 (StB 14/7134.2/005-3794750) „Handbuch für die Vergabe und Ausführung von Bauleistungen im Straßen- und Brückenbau (HVA B-StB)“, Ausgabe März 2023 vom 17.5.2023 (VkBl. S. 418).

12.12 Zustandskontrolle und Erhaltung

12.12.1 Allgemeines

Die laufende Kontrolle der Straßenanlage, dazu gehören auch die Verkehrszeichen und Verkehrseinrichtungen, und ihre Erhaltung in einem verkehrssicheren Zustand ist nach dem Straßenrecht originäre Aufgabe des Straßenbaulastträgers. Darauf weist auch § 45 Abs. 5 StVO nochmals hin.

Von der laufenden Kontrolle der Straßenanlage, die im Rhythmus von wenigen Tagen erfolgen muss, ist die regelmäßige verkehrsrechtliche Prüfung (Verkehrsschau) abzugrenzen, die im Rhythmus von einigen Jahren durchgeführt werden muss und in Abschnitt 2.9.2 behandelt wird.

Inventarisierung, laufende Kontrolle und systematische Erhaltung hängen eng miteinander zusammen. Es empfiehlt sich, ein übergreifendes Konzept auszuarbeiten. Nachfolgend wird auf diese Aspekte im Detail eingegangen.

Zu Abschnitt 12.12.1

StVO § 45 Verkehrszeichen und Verkehrseinrichtungen

(5) Zur Beschaffung, Anbringung, Unterhaltung und Entfernung der Verkehrszeichen und Verkehrseinrichtungen und zu deren Betrieb einschließlich ihrer Beleuchtung ist der Baulastträger verpflichtet, sonst der Eigentümer der Straße. Das gilt auch für die von der Straßenverkehrsbehörde angeordnete Beleuchtung von Fußgängerüberwegen.

VwV-StVO zu § 45 Verkehrszeichen und Verkehrseinrichtungen

Zu Absatz 5

62 Wer zur Unterhaltung der Verkehrszeichen und Verkehrseinrichtungen verpflichtet ist, hat auch dafür zu sorgen, dass diese jederzeit deutlich sichtbar sind (z. B. durch Reinigung, durch Beschneiden oder Beseitigung von Hecken und Bäumen).

12.12.2 Inventarisierung

Inventarisierung ist die systematische Erfassung von Gegenständen, hier aller oder Teile der Verkehrszeichen, Verkehrseinrichtungen und sonstigen Straßenausstattungsgegenstände.

Eine Inventarisierung umfasst folgende Arbeitsschritte:

- Erfassen und Aufbereiten der Daten
- Fortschreiben
- Ablage und Speicherung
- Auswertung.

Mit einer Inventarisierung wird der Ist- und/oder der Sollzustand der Einrichtungen erfasst, insbesondere, wo welche Zeichen und Einrichtungen stehen, möglicherweise auch, wann und durch wen sie angeordnet wurden und wie ihre Abmessungen sind. Das ermöglicht (je nach Art und Umfang der in der Inventarisierung verfügbaren Daten) insbesondere

- eine Abschätzung des investierten Wertes und eine Abschätzung des Erhaltungsbedarfs;
- über den direkten oder indirekten Vergleich von Soll- und Ist-Zustand eine Erkennung von Handlungsbedarf, seine Bewertung und eine abgestufte Maßnahmenplanung;
- die einfache und systematische Abstimmung zwischen verschiedenen Elementen der Straßenausstattung (z. B. Zielspinnen in der Wegweisung);
- die Abstimmung von geplanten Veränderungen mit dem Bestand, z. B. bei Veränderungen im Wegweisungssystem;
- die schnelle Reaktion auf Anfragen von Bürgern oder aus dem politischen Raum.

Durch eine Inventarisierung können diese Auswertungen auf der Grundlage einer einheitlichen Datenbasis und ohne umfangreiche Einzelerhebungen vor Ort durchgeführt werden. Dies rechtfertigt in der Regel den Aufwand für die Inventarisierung.

Einfache Formen der Inventarisierung können schon mit geringem Aufwand durchgeführt werden, z. B. durch straßenweise Ablage von verkehrsrechtlichen Anordnungen oder Bildern/ Bilddateien. Solche einfachen Inventarisierungen lassen aber nur begrenzte Auswertungen zu. Je umfangreicher die Inventarisierung konzipiert wird, desto mehr Auswertungen sind möglich, desto aufwendiger wird aber der Ersterfassungs- und Fortschreibungsprozess. Hilfen für die richtige Entscheidung geben die

- „Hinweise für die Inventarisierung der Beschilderung und Markierung an Straßen", Ausgabe 1995, FGSV Verlag,

die derzeit aktualisiert werden. Mit einer Neuauflage ist in Kürze zu rechnen.

In der Regel wird es sinnvoll sein, eine Integration der Datensammlung in eine Straßeninformationsbank anzustreben. Siehe dazu das

- ARS 24/2010 (StB 12/7114-1/1-1263688) „Anweisung Straßeninformationsbank-Teilsysteme: Netzdaten und Bestandsdaten; Objektkatalog im Straßen- und Verkehrswesen (OKSTRA); Überlassung von Straßen- und Brückendaten an Dritte" vom 28.10.2010 (VkBl. S. 586).

Von großer Bedeutung ist eine angepasste Fortschreibung der Inventarisierungsdaten. Eine solche Fortschreibung wird bei Einrichtungen, die einem schnellen Verschleiß unterliegen (z. B. Fahrbahnmarkierungen), anders zu organisieren sein als die Fortschreibung für Einrichtungen mit langer Lebensdauer (z. B. Autobahnwegweiser).

12.12.3 Laufende Kontrolle

Die laufende Kontrolle geschieht üblicherweise im Rahmen der regelmäßigen Streckenkontrolle, die normalerweise in engem zeitlichen Rhythmus (Wochen- bis Tagesrhythmus) durchgeführt wird.

Die Details regeln die einzelnen Straßenbaulastträger unterschiedlich, meist sogar mit konkreten „Dienstanweisungen zur Durchführung der Streckenwartung". Bei diesen Regelungen sollte auch vorgesehen sein, dass regelmäßig Kontrollfahrten bei Nacht oder anderen ungünstigen Witterungszuständen erfolgen sollten. Auch die Zufahrt von den Nebenstraßen muss kontrolliert werden, um eventuelle Mängel der wegweisenden oder vorfahrtregelnden Beschilderung erkennen zu können.

Bäume und Sträucher können innerhalb kurzer Zeit Verkehrszeichen verdecken. Daher muss im Rahmen der Unterhaltung sichergestellt werden, dass störende Pflanzen regelmäßig zurückgeschnitten oder eventuell ganz entfernt werden (besondere Überlegungen sind beim Aufstellen von Verkehrszeichen im Winter nötig, wenn die Bäume nicht belaubt sind und die störende Wirkung des Laubwerkes nicht offensichtlich ist). Um zu verhindern, dass niedrig stehende Verkehrszeichen durch Gras verdeckt werden, kann man z. B. den Rasen vor dem Verkehrszeichen abstechen (kleines Sichtdreieck) und durch Kiesschüttung ersetzen.

Wegen der Vielzahl der von den Streckenkontrollen zu überprüfenden Gegenstände kann es sinnvoll sein, die Qualität der Beschilderung regelmäßig, z. B. halb- oder vierteljährlich, zu einem Schwerpunktthema zu machen und so die Aufmerksamkeit der Straßenwärter gezielt auf diesen Teil ihrer Tätigkeit zu lenken. In der Regel wird das dazu führen, dass diese das Thema auch außerhalb der Schwerpunktaktionen verstärkt beachten.

In der Regel führen die Streckenkontrollfahrzeuge eine Auswahl häufig zu ersetzender Verkehrsschilder, Aufstelleinrichtungen und Befestigungsmaterialien mit, um kleinere Schäden direkt beheben zu können. Größere Reparaturen werden den Straßenmeistereien gemeldet und dann gezielt durchgeführt.

Die Reinigung der Verkehrsschilder und Verkehrseinrichtungen (z. B. auch der Leitpfosten) wird zweckmäßigerweise in einem sinnvollen Rhythmus durchgeführt, der die Verfügbarkeit des Personals und die besonderen Anforderungen an die Sichtbarkeit in den dunkleren Wintermonaten berücksichtigt.

Besondere Aufmerksamkeit verlangt die Beurteilung der **Sichtbarkeit bei Nacht**. Weil die Reflexstoffe im Laufe der Zeit altern und an Rückstrahlwirkung verlieren, muss von Zeit zu Zeit überprüft werden, ob die Erkennbarkeit bei Nacht noch zufriedenstellend ist. Es sind Verfahren entwickelt worden, bei denen man mittels Messgeräten die relevanten lichttechnischen Kennwerte bestimmt, damit diejenigen Zeichen „herausgefiltert" werden, die eine unzureichende Reflexion aufweisen.

Das Thema Qualitätskontrolle behandelt auch das

- „Merkblatt zur Qualitätssicherung von dauerhaft verwendeten Verkehrsschildern (M QVS)", Ausgabe 2008, FGSV Verlag,

das mit

- BMVBS-RS (S11/7122.3/4 – HQvV-819342)

zur Anwendung empfohlen wurde.

12.12.4 Systematische Erhaltung

Wie bei allen technischen Einrichtungen lässt auch bei Verkehrszeichen und Verkehrseinrichtungen der Gebrauchswert mit der Zeit nach. Sie bedürfen daher einer regelmäßigen Erhaltung.

Je nach Art der zu erhaltenden Gegenstände können unterschiedliche Erhaltungsstrategien sinnvoll sein. Bei teureren Gegenständen (z. B. Wegweisern, Dauermarkierungen) bietet es sich an, eine regelmäßige Zustandserfassung durchzuführen, deren Rhythmus sich an Erfahrungswerten orientiert, und dann beim Erreichen entsprechender Warnwerte gezielt Erhaltungsmaßnahmen zu planen. Bei einfacheren Gegenständen (z. B. Farbmarkierungen, Standard-Beschilderungen) kann es sinnvoll sein, eine regelmäßige Erneuerung vorzunehmen, da die Kosten der Zustandserfassung die eines Fehlaustauschs (Ersatz eines noch brauchbaren Gegenstandes) übersteigen würden.

Der Aufwand für die Erhaltung der Verkehrszeichen und Verkehrseinrichtungen ist bei der Verteilung der verfügbaren Mittel zu berücksichtigen. Dabei ist zu bedenken, dass eine kurzfristige Verschiebung in die folgende Abrechnungsperiode zwar häufig direkt ohne Folgen möglich ist, dass dann aber in der folgenden Periode ein entsprechend höherer Aufwand anzusetzen ist. Wird dies nicht beachtet, fällt der Gebrauchswert der Straße kontinuierlich. Das kann unter Umständen kurz-, mittel- oder langfristig zu Sicherheits- und damit verbunden zu Haftungsproblemen führen.

13 Anlagen

Anlage 1 Zusatzzeichen

Nachstehend folgt eine Wiedergabe der im „Katalog der Verkehrszeichen – VzKat" (Stand 4/2025) aufgeführten Zusatzzeichen und ihrer Bedeutung. Abweichungen von diesen Zeichen sind nicht zulässig. Der Einsatz anderer Zusatzzeichen bedarf der Zustimmung der obersten Landesbehörde oder der von ihr bestimmten Stelle.

Die für die Reproduktion erforderlichen Bilddaten der Verkehrs- und Zusatzzeichen und das Programm werden von der Bundesanstalt für Straßenwesen (www.bast.de) gegen Kostenerstattung zur Verfügung gestellt.

Einteilung

Die Zusatzzeichen (Zz) werden in vier Hauptgruppen mit Untergruppen eingeteilt und den Nummern entsprechend zugeordnet:

VzKat (Stand 11/2021)

Zusatzzeichen nach § 39 Absatz 3 StVO

Allgemeine Zusatzzeichen

1000 Richtungsangaben durch Pfeile
1001 Länge einer Strecke
1002 Verlauf der Vorfahrtstraße
1004 Entfernungsangaben
1005 Entfernungsangaben mit verbalem Zusatz
1006 Hinweis auf Gefahren durch Sinnbild
1007 Hinweis auf Gefahren durch verbale Angabe
1008 Hinweis auf geänderte Vorfahrt, Verkehrsführung oder besondere Verkehrsregelung
1010 Hinweis durch Sinnbild
1012 Hinweis durch verbale Angabe
1013 Besondere Hinweise zur Seitenstreifenfreigabe
1014 Tunnelkategorien gemäß ADR-Übereinkommen

Zusatzzeichen nach § 41 Absatz 2 StVO

Zusatzzeichen mit Ausnahmen „frei"

1020 Personengruppen frei (verbale Angabe oder mit Sinnbild)
1022 Einspurige Fahrzeuge frei
1024 Mehrspurige Fahrzeuge frei
1026 Besondere Fahrzeuge und Transportgüter frei (verbale Angabe)
1028 Sonstige Fahrzeug-, Personengruppen frei (verbale Angabe)
1031 Freistellung vom Verkehrsverbot nach § 40 Absatz 1 BImSchG

Beschränkende Zusatzzeichen

1040 Zeitangaben ohne Beschränkung auf Wochentage
1042 Zeitangaben mit Beschränkung auf Wochentage
1044 Personengruppen
1046 Einspurige Fahrzeuge
1048 Mehrspurige Fahrzeuge
1049 Sonstige oder mehrere mehrspurige Fahrzeuge
1050 Fahrzeuge (verbale Angabe)
1052 Fahrzeuge mit besonderer Ladung
1053 Sonstige Beschränkungen

Erweiternde Zusatzzeichen

1060 Erweiternde Zusatzzeichen

Zusatzzeichen nach § 39 Absatz 3 StVO: Allgemeine Zusatzzeichen

Zusatzzeichen 1000 Richtungsangaben durch Pfeile

1000-10

Richtung, linksweisend

1000-20

Richtung, rechtsweisend

1000-11

Vorankündigung, linksweisend

1000-21

Vorankündigung, rechtsweisend

1000-12

Fußgänger Gehweg gegenüber benutzen, linksweisend

1000-22

Fußgänger Gehweg gegenüber benutzen, rechtsweisend

1000-13

Umleitungsbeschilderung Dreiviertelkreis

1000-23

Umleitungsbeschilderung Viertelkreis

1000-30

Beide Richtungen, zwei gegengerichtete waagerechte Pfeile

1000-31

Beide Richtungen, zwei gegengerichtete senkrechte Pfeile

1000-32

Radverkehr kreuzt von links und rechts oder Radverkehr ist in der Gegenrichtung zugelassen

1000-34

Umleitungsbeschilderung Halbkreis

Zusatzzeichen 1001 Länge einer Strecke

1001-30-800[1), 2)]

auf ... m

1001-31-3[1), 2)]

auf ... km

1001-32-500[1), 2)]

1001-33-2[1), 2)]

gemäß VwV-StVO in Tunneln -32: noch ... m
-33: noch ... km

1) Zweiter Teil der Unternummer steht jeweils für den Zahlenwert
2) Entfernungsangaben sind auf- oder abzurunden: bei 100 m auf volle 10 m; 100–500 m auf volle 50 m; 500–1 000 m auf volle 100 m; > 1 000 m in km maximal einer Dezimale

Zusatzzeichen 1002 Verlauf der Vorfahrtstraße

Verlauf der Vorfahrtstraße an Kreuzungen

1002-10

von unten nach links

1002-20

von unten nach rechts

1002-11

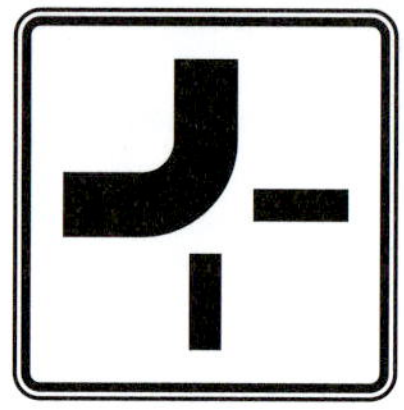

von oben nach links

1002-21

von oben nach rechts

Verlauf der Vorfahrtstraße an Einmündungen

1002-12

von unten nach links,
Einmündung von oben

1002-22

von unten nach rechts,
Einmündung von oben

1002-14

von oben nach links,
Einmündung von unten

1002-24

von oben nach rechts,
Einmündung von unten

1002-13

von unten nach links,
Einmündung von rechts

1002-23

von unten nach rechts,
Einmündung von links

Zusatzzeichen 1004 Entfernungsangaben

1004-30-100[1), 2), 3)]

Entfernungsangabe
in … m

1004-31-2[2), 3)]

Entfernungsangabe
in … km

1004-32

Stop in 100 m

1) in Verbindung mit Verkehrslenkungstafeln (Zeichen 501 ff.) auch in 500 × 1 250 mm
2) Zweiter Teil der Unternummer steht jeweils für den Zahlenwert
3) Entfernungsangaben sind auf- oder abzurunden: bei 100 m auf volle 10 m; 100–500 m auf volle 50 m; 500–1 000 m auf volle 100 m; > 1 000 m in km maximal einer Dezimale

Zusatzzeichen 1005 Entfernungsangaben mit verbalem Zusatz

1005-30-200[1, 2]

500 × 1250 mm

Reißverschluss erst in … m

Zusatzzeichen 1006 Hinweis auf Gefahren durch Sinnbild

1006-30

Schleudergefahr für Wohnwagengespanne an Gefällestrecken mit starkem Seitenwind auf Autobahnen

1006-31

Unfallgefahr

1006-32

Unfallgefahr Lkw

Zusatzzeichen 1007 Hinweis auf Gefahren durch verbale Angabe

1007-30

Ölspur

1007-31

Rauch

1007-32

Rollsplitt

1007-33

Baustellenausfahrt

1007-34

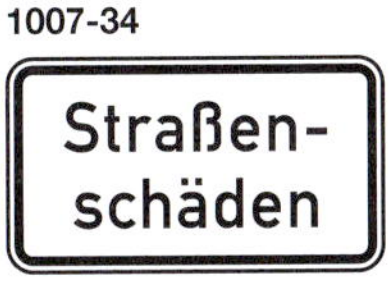

Straßenschäden

1007-35

Verschmutzte Fahrbahn

1007-36

Sprengarbeiten

1007-37

Ausfahrt

1007-38

Baustellenverkehr

1007-39

Fehlende Fahrbahnmarkierung

1007-50

Unfall

1007-51

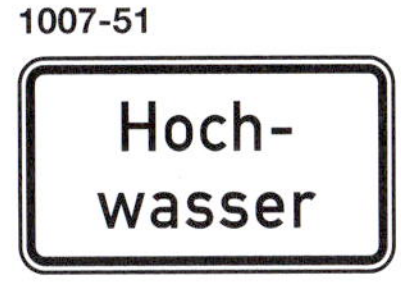

Hochwasser

1) in Verbindung mit Einengungstafel (Zeichen 531 ff.)
2) Zweiter Teil der Unternummer steht jeweils für den Zahlenwert

Zusatzzeichen 1007 Hinweis auf Gefahren durch verbale Angabe

1007-52

Neuer Fahrbahnbelag

1007-53

Spurrinnen

1007-54

Linksabbieger

1007-55

Skiabfahrt kreuzt

1007-56

Skiwanderweg kreuzt

1007-57

Kuppe

1007-58

Polizeikontrolle (Anordnung auch in Verbindung mit Zeichen 274, möglichst mit Zeitangabe)

1007-59-200[1)]

Ende Seitenstreifen in 200 m

1007-60

Seitenstreifen nicht befahrbar

1007-61

Nebel (Ausführung nach RWVZ 1997)

1007-62

Zufahrt

Zusatzzeichen 1008 Hinweis auf geänderte Vorfahrt, Verkehrsführung oder besondere Verkehrsregelung

1008-30

Vorfahrt geändert

1008-31

Verkehrsführung geändert

1008-32

Industriegebiet Schienenfahrzeuge haben Vorrang (zu Zeichen 201 StVO)

1008-33

Hafengebiet Schienenfahrzeuge haben Vorrang (zu Zeichen 201 StVO)

1008-34

Keine Wendemöglichkeit

1) Zweiter Teil der Unternummer steht jeweils für den Zahlenwert

Zusatzzeichen 1010 Hinweis durch Sinnbild[1]

1010-10

Erlaubt Kindern auch auf der Fahrbahn und dem Seitenstreifen zu spielen

1010-11

Wintersport erlaubt

1010-12

Kennzeichnung von Parkflächen, auf denen Anhänger auch länger als 14 Tage parken dürfen

1010-13

Kennzeichnung von Parkflächen, auf denen Wohnwagen auch länger als 14 Tage parken dürfen

1010-14

Information Rollende Landstraße

1010-15

Information Leistungsumfang (zu Zeichen 448.1) (Ausführung nach RWBA)

1010-50

Kraftwagen und sonstige mehrspurige Fahrzeuge

1010-51[2]

Kraftfahrzeuge mit einer zulässigen Gesamtmasse über 3,5 t, einschließlich ihrer Anhänger, und Zugmaschinen, ausgenommen Personenkraftwagen und Kraftomnibusse

1010-52[2]

Radverkehr

1010-53

Fußgänger

1010-54

Reiter

1010-55

Viehtrieb

1010-56[2]

Straßenbahn

1010-57[2]

Kraftomnibus

1010-58[2]

Personenkraftwagen

1010-59[2]

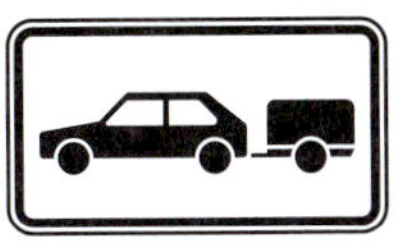

Personenkraftwagen mit Anhänger

1010-60[2]

Lastkraftwagen mit Anhänger

1010-61[2]

Kraftfahrzeuge und Züge, die nicht schneller als 25 km/h fahren können oder dürfen

1) Die Sinnbilder können auch doppelt nach dem Vorbild von Zeichen 1010-72 angeordnet werden
2) Kann auch Teil eines beschränkenden Zusatzzeichen nach § 41 Absatz 2 StVO sein

Zusatzzeichen 1010 Hinweis durch Sinnbild[1]

1010-62[2]

Krafträder, auch mit Beiwagen, Kleinkrafträder und Mopeds

1010-63[2]

Mofas

1010-64

Gespannfuhrwerk

1010-65[2]

E-Bikes

1010-66

Elektrisch betriebene Fahrzeuge (nach EmoG)

1010-67[2]

Wohnmobile

1010-68[2]

Elektrokleinstfahrzeug im Sinne der Elektrokleinstfahrzeuge-Verordnung (eKFV)

1010-69[2]

Fahrrad zum Transport von Gütern oder Personen – Lastenfahrrad

1010-70[2]

Carsharing

1010-71

Personenkraftwagen oder Krafträder mit Beiwagen, die mit mindestens drei Personen besetzt sind – mehrfach besetzte Personenkraftwagen

1010-72

Krafträder, auch mit Beiwagen, Kleinkrafträder und Mopeds und Kraftwagen und sonstige mehrspurige Fahrzeuge

Zusatzzeichen 1012 Hinweis durch verbale Angabe

1012-30

Ladezone

1012-31

Ende

1012-32

Radfahrer absteigen

1012-33

Keine Mofas

1012-34

Grüne Welle bei … km/h

1012-35

Bei Rot hier halten

1012-36

Lärmschutz

1012-37

Zuflussregelung

1) Die Sinnbilder können auch doppelt nach dem Vorbild von Zeichen 1010-72 angeordnet werden
2) Kann auch Teil eines beschränkenden Zusatzzeichen nach § 41 Absatz 2 StVO sein

Zusatzzeichen 1012 Hinweis durch verbale Angabe

1012-38

Nebenstrecke
(Ausführung nach RWB)

1012-50

Schule

1012-51

Kindergarten

1012-52

Altenheim

1012-53

Krankenhaus

1012-54

Seniorenheim

1012-55

Schulweg

1012-56

Spielplatz

1012-57

Behinderteneinrichtung

Zusatzzeichen 1013 Besondere Hinweise zur Seitenstreifenfreigabe

1013-50

Seitenstreifen befahren
800 × 2250 mm

1013-51

Seitenstreifen räumen
800 × 2250 mm

1013-52-400[1)]

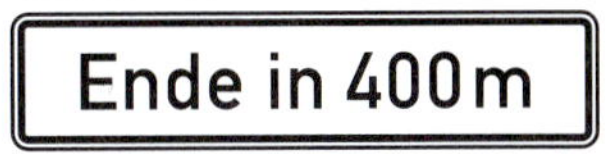

Ende in … m
500 × 2250 mm

Zusatzzeichen 1013 in Verbindung mit Zeichen 223.1 bis 223.3

Zusatzzeichen 1014 Tunnelkategorien gemäß ADR-Übereinkommen

1014-50

Tunnelkategorie B

1014-51

Tunnelkategorie C

1014-52

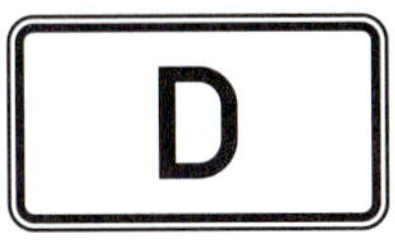

Tunnelkategorie D

1014-53

Tunnelkategorie E

Tunnelkategorien gemäß ADR-Übereinkommen (Ausführung nach VkBl. 2007 S. 703)

1) Zweiter Teil der Unternummer steht jeweils für den Zahlenwert

Zusatzzeichen nach § 41 Absatz 2 StVO: Zusatzzeichen mit Ausnahmen „frei“

Zusatzzeichen 1020 Personengruppen frei (verbale Angabe oder mit Sinnbild)

1020-11

Schwerbehinderte mit Parkausweis Nr. ... frei

1020-12

Radverkehr und Anlieger frei

1020-13

Inline-Skaten und Rollschuhfahren zugelassen

1020-14

Wintersport frei

1020-30

Anlieger frei

1020-31

Anlieger oder Parken frei

1020-32

Bewohner mit Parkausweis Nr. ... frei

Zusatzzeichen 1022 Einspurige Fahrzeuge frei[1)]

1022-10

Radverkehr frei

1022-11

Mofas frei

1022-12

Krafträder, auch mit Beiwagen, Kleinkrafträder und Mofas frei

1022-13

E-Bikes frei

1022-14

Radverkehr und Mofas frei

1022-15

E-Bikes und Mofas frei

1022-16

Elektrokleinstfahrzeuge frei

1022-17

Fahrrad zum Transport von Gütern oder Personen – Lastenfahrräder – frei

1) Die Sinnbilder können auch doppelt nach dem Vorbild von Zeichen 1022-14 bzw. 1022-15 angeordnet werden

Zusatzzeichen 1024 Mehrspurige Fahrzeuge frei[1)]

1024-10

Personenkraftwagen frei

1024-11

Personenkraftwagen mit Anhänger frei

1024-12

Kraftfahrzeuge mit einer zulässigen Gesamtmasse über 3,5 t, einschließlich ihrer Anhänger, und Zugmaschinen, ausgenommen Personenkraftwagen und Kraftomnibusse frei

1024-13

Lastkraftwagen mit Anhänger frei

1024-14

Kraftomnibus frei

1024-15

Schienenbahn frei

1024-16

Straßenbahn frei

1024-17

Kraftfahrzeuge und Züge, die nicht schneller als 25 km/h fahren können oder dürfen frei

1024-18

Gespannfuhrwerke frei

1024-19

Wohnmobile mit einer zulässigen Gesamtmasse bis 7,5 t ausgenommen

1024-20

Elektrisch betriebene Fahrzeuge frei (nach EmoG)

1024-21

Carsharingfahrzeuge frei

1024-22

Personenkraftwagen oder Krafträder mit Beiwagen, die mit mindestens drei Personen besetzt sind – mehrfach besetzte Personenkraftwagen frei

1) Die Sinnbilder können auch doppelt nach dem Vorbild von Zeichen 1022-14 bzw. 1022-15 angeordnet werden

Zusatzzeichen 1026 Besondere Fahrzeuge und Transportgüter frei (verbale Angabe)

1026-30

Taxi frei

1026-31

Kraftomnibusse im Gelegenheitsverkehr frei

1026-32

Linienverkehr frei

1026-33

Einsatzfahrzeuge frei

1026-34

Krankenfahrzeuge frei

1026-35

Lieferverkehr frei

1026-36

Landwirtschaftlicher Verkehr frei

1026-37

Forstwirtschaftlicher Verkehr frei

1026-38

Land- und forstwirtschaftlicher Verkehr frei

1026-39

Betriebs- und Versorgungsdienst frei

1026-60

Elektrofahrzeuge während des Ladevorgangs frei (nach StVG)

1026-61

Elektrofahrzeuge frei (nach StVG)

1026-62

Gülletransport frei

1026-63

E-Bikes frei

Zusatzzeichen 1028 Sonstige Fahrzeug-, Personengruppen frei (verbale Angabe)

1028-30

Baustellenfahrzeuge frei

1028-31

Bis Baustelle frei

1028-32

Anlieger bis Baustelle frei

1028-33

Zufahrt bis ... frei

1028-34

Fährbenutzer frei

Zusatzzeichen 1031 Freistellung vom Verkehrsverbot nach § 40 Absatz 1 BImSchG

1031-50

rote, gelbe und grüne Plakette

1031-51

gelbe und grüne Plakette

1031-52

grüne Plakette

Zusatzzeichen 1031 in Verbindung mit Zeichen 270.1

Zusatzzeichen nach § 41 Absatz 2 StVO: Beschränkende Zusatzzeichen

Zusatzzeichen 1040 Zeitangaben ohne Beschränkung auf Wochentage

1040-10

Wintersport erlaubt, zeitlich beschränkt (10–16 h)

1040-30

Zeitliche Beschränkung (16–18 h)

1040-31

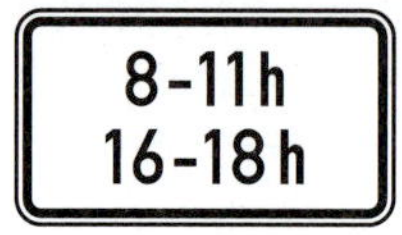

Zeitliche Beschränkung (8–11 h, 16–18 h)

1040-32

Parkscheibe 2 Stunden

1040-33

Parken mit Parkscheibe in gekennzeichneten Flächen 2 Stunden

1040-34

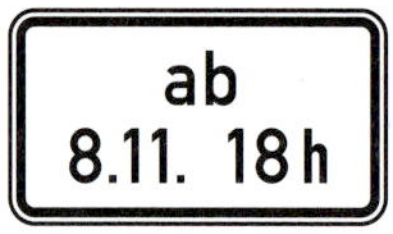

Ab Zeitpunkt

1040-35

Lärmschutz (mit Zeitangabe)

1040-36

Schulweg i. V. m. zeitlicher Begrenzung (zu Zeichen 101 oder 274)

1040-37

Kraftfahrzeuge mit einer zulässigen Gesamtmasse über 3,5 t, einschließlich ihrer Anhänger, und Zugmaschinen, ausgenommen Personenkraftwagen und Kraftomnibusse im angegebenen Zeitraum frei

Zusatzzeichen 1042 Zeitangaben mit Beschränkung auf Wochentage

1042-30

Zeitliche Beschränkung (werktags)

1042-31

Zeitliche Beschränkung (werktags 18–19 h)

1042-32

Zeitliche Beschränkung (werktags 8.30–11.30 h, 16–18 h)

1042-33

Zeitliche Beschränkung (Mo–Fr, 16–18 h)

1042-34

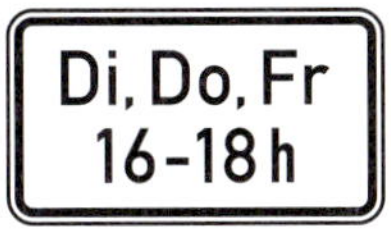

Zeitliche Beschränkung (Di, Do, Fr, 16–18 h)

1042-35

Zeitliche Beschränkung (6–22 h an Sonn- und Feiertagen)

1042-36

Schulbus (tageszeitliche Benutzung)

1042-37

Parken Sa und So erlaubt

1042-38

Werktags außer samstags

1042-50

Straßenreinigung (mit Zeit- und Datumsangabe)

1042-51

Sa und So

1042-52

Sa, So und an Feiertagen

1042-53

Schulweg i. V. m. zeitlicher Begrenzung an Werktagen (zu Zeichen 101 oder 274)

Zusatzzeichen 1044 Personengruppen

1044-10

Nur Schwerbehinderte mit außergewöhnlicher Gehbehinderung und Blinde

1044-11

Nur Schwerbehinderte mit Parkausweis Nr. …

1044-12

Nur Schwerbehinderte mit außergewöhnlicher Gehbehinderung und Blinde, mit Anzahl der Parkstände

1044-30

Nur Bewohner mit Parkausweis Nr. …

Zusatzzeichen 1046 Einspurige Fahrzeuge

Als beschränkende Zusatzzeichen nach § 41 Absatz 2 StVO können für einspurige Fahrzeuge die Zeichen 1010-52, 1010-62, 1010-63, 1010-65, 1010-68 und 1010-69 angeordnet werden

Zusatzzeichen 1048 Mehrspurige Fahrzeuge

1048-14

Nur Sattelkraftfahrzeuge

1048-15

Nur Sattelkraftfahrzeuge und Lastkraftwagen mit Anhänger

1048-18

Nur Schienenbahnen

1048-20

Nur Personenkraftwagen mit Anhänger und Kraftfahrzeuge mit einer zulässigen Gesamtmasse über 3,5 t, einschließlich ihrer Anhänger, und Zugmaschinen, ausgenommen Personenkraftwagen und Kraftomnibusse

Als beschränkende Zusatzzeichen nach § 41 Absatz 2 StVO können für mehrspurige Fahrzeuge außerdem die Zeichen 1010-51, 1010-56, 1010-57, 1010-58, 1010-59, 1010-60, 1010-67 und 1010-70 angeordnet werden

Zusatzzeichen 1049 Sonstige oder mehrere mehrspurige Fahrzeuge

1049-11

Kraftfahrzeuge und Züge, die nicht schneller als 25 km/h fahren können oder dürfen, dürfen überholt werden

1049-12

Nur militärische Kettenfahrzeuge

1049-13

Nur Lkw (Zz 1010-51), Kraftomnibus (Zz 1010-57) und Pkw mit Anhänger (Zz 1010-59)

Als beschränkendes Zusatzzeichen nach § 41 Absatz 2 StVO kann für sonstige oder mehrere mehrspurige Fahrzeuge außerdem das Zeichen 1010-61 angeordnet werden

Zusatzzeichen 1050 Fahrzeuge (verbale Angabe)

1050-30

Taxi

1050-31

… Taxen

1050-32

Elektrofahrzeuge während des Ladevorgangs (nach StVG)

1050-33

Elektrofahrzeuge (nach StVG)

Zusatzzeichen 1052 Fahrzeuge mit besonderer Ladung

1052-30

Nur kennzeichnungspflichtige Kraftfahrzeuge mit gefährlichen Gütern

1052-31

Nur Fahrzeuge mit wassergefährdender Ladung

Zusatzzeichen 1053 Sonstige Beschränkungen

1053-30

Parken in gekennzeichneten Flächen erlaubt

1053-31

Mit Parkschein

1053-32

Gebührenpflichtig

1053-33

Massenangabe – 7,5 t

1053-34

Auf dem Seitenstreifen

1053-35

Bei Nässe

1053-36

Durchgangsverkehr

1053-37

Massenangabe – 12 t

Anordnung als Kombination der Zeichen 1053-36 und -37 nur in Verbindung mit Zeichen 253

1053-38

Querparken als Sinnbild

1053-39

Schrägparken als Sinnbild

1053-52

Nur innerhalb gekennzeichneter Parkflächen

1053-53

Parken mit Parkschein in gekennzeichneten Flächen

1053-54

Während des Ladevorgangs

1053-55

Massenangabe – 3,5 t

Zusatzzeichen nach § 41 Absatz 2 StVO: Erweiternde Zusatzzeichen

Zusatzzeichen 1060 Erweiternde Zusatzzeichen

1060-31

Haltverbot auch auf dem Seitenstreifen – rechts

1060-32

Auch Kraftomnibusse und Pkw mit Anhängern (im Bereich von Lkw-Kontrollen)

1060-33

Massenangabe – 2,8 t

1060-34

Haltverbot auch auf dem Seitenstreifen – links

Anlage 2 Sinnbilder

Nachfolgend sind die Sinnbilder nach § 39 und § 42 StVO abgebildet.

	Kraftwagen und sonstige mehrspurige Kraftfahrzeuge
	Kraftfahrzeuge mit einer zulässigen Gesamtmasse über 3,5 t, einschließlich ihrer Anhänger, und Zugmaschinen, ausgenommen Personenkraftwagen und Kraftomnibusse
	Radverkehr
	Fahrrad zum Transport von Gütern oder Personen – Lastenfahrrad
	Fußgänger
	Reiter
	Viehtrieb
	Straßenbahn
	Kraftomnibus
	Personenkraftwagen
	Personenkraftwagen oder Krafträder mit Beiwagen, die mit mindestens drei Personen besetzt sind – mehrfachbesetzte Personenkraftwagen

	Personenkraftwagen mit Anhänger
	Lastkraftwagen mit Anhänger
	Wohnmobil
	Kraftfahrzeuge und Züge, die nicht schneller als 25 km/h fahren können oder dürfen
	Krafträder, auch mit Beiwagen, Kleinkrafträder und Mofas
	Mofas
	Einsitzige zweirädrige Kleinkrafträder mit elektrischem Antrieb, der sich auf eine bauartbedingte Geschwindigkeit von nicht mehr als 25 km/h selbsttätig abregelt – E-Bikes
	Elektrokleinstfahrzeug im Sinne der Elektrokleinstfahrzeuge-Verordnung (eKFV)
	Gespannfuhrwerke
	Schnee- oder Eisglätte
	Steinschlag
	Splitt, Schotter

	Bewegliche Brücke
	Ufer
	Fußgängerüberweg
	Amphibienwanderung
	Unzureichendes Lichtraumprofil
	Flugbetrieb
	Bevorrechtigung elektrisch betriebener Fahrzeuge
	Carsharing
	Autobahnausfahrt
	Autobahnkreuz oder Autobahndreieck

Anlage 3 Tabellen

Tabelle 1 Geschwindigkeiten [km/h] und Durchfahrzeiten [sec] zum Durchfahren einer Messstrecke s [m]

Geschwindigkeit [km/h]	Länge der Messstrecke s [m]				
	20 m	30 m	40 m	50 m	60 m
1	2	3	4	5	6
0 – 10	mehr als 7,20	mehr als 10,80	mehr als 14,40	mehr als 18,00	mehr als 21,60
10 – 20	7,20 – 3,60	10,80 – 5,40	14,40 – 7,20	18,00 – 9,00	21,60 – 10,80
20 – 30	3,60 – 2,40	5,40 – 3,60	7,20 – 4,80	9,00 – 6,00	10,80 – 7,20
30 – 40	2,40 – 1,80	3,60 – 2,70	4,80 – 3,60	6,00 – 4,50	7,20 – 5,40
40 – 50	1,80 – 1,44	2,70 – 2,16	3,60 – 2,88	4,50 – 3,60	5,40 – 4,32
50 – 60	1,44 – 1,20	2,16 – 1,80	2,88 – 2,40	3,60 – 3,00	4,32 – 3,60
60 – 70	1,20 – 1,02	1,80 – 1,53	2,40 – 2,05	3,00 – 2,55	3,60 – 3,06
70 – 80	1,02 – 0,90	1,53 – 1,35	2,05 – 1,80	2,55 – 2,00	3,06 – 2,70
80 – 90	0,90 – 0,80	1,35 – 1,25	1,80 – 1,60	2,25 – 2,00	2,70 – 2,40
90 – 100	0,80 – 0,72	1,20 – 1,08	1,60 – 1,44	2,00 – 1,80	2,40 – 2,16
100 – 110	0,72 – 0,65	1,08 – 0,99	1,44 – 1,31	1,80 – 1,65	2,16 – 1,98
110 – 120	0,65 – 0,60	0,99 – 0,90	1,31 – 1,20	1,65 – 1,50	1,98 – 1,80
120	0,60 sec	0,90 sec	1,20 sec	1,50 sec	1,80 sec

Beispiel:

a) **Tabelle**

Messstrecke s = 40 m

Gestoppte Zeit T = 2,6 Sekunden (Zeit, die ein Fahrzeug zum Durchfahren der Messstrecke s benötigt)

Geschwindigkeit V liegt zwischen 50 und 60 km/h

b) **Berechnung** $V = \frac{s \cdot 3{,}6}{T} = \frac{40 \cdot 3{,}6}{2{,}6} = 55{,}4$ km/h

Tabelle 2 Bremswege [m]

Weg, der in 1 sec zurückgelegt wird [m]	Geschwindigkeit [km/h]	Bremsverzögerung [m/sec²]							
		2,0	2,5	3,0	3,5	4,0	4,5	5,0	5,5
		Reibungskoeffizient μ							
		0,20	0,25	0,30	0,35	0,40	0,45	0,50	0,55
0,0	0	0	0	0	0	0	0	0	0
2,8	10	1,9	1,5	1,3	1,1	1,0	0,9	0,8	0,7
5,6	20	7,7	6,2	5,1	4,4	3,8	3,4	3,1	2,8
8,3	30	17	14	12	9,9	8,7	7,7	6,9	6,3
11	40	31	25	21	18	15	14	12	11
14	50	48	38	32	27	24	21	19	17
17	60	69	55	46	40	35	31	28	25
19	70	94	75	63	54	47	42	38	34
22	80	125	99	82	70	61	55	49	45
25	90	155	125	105	89	78	69	62	57
28	100	190	155	130	110	96	85	77	70
31	110	230	185	155	115	115	115	93	85
33	120	280 m	220 m	185 m	160 m	140 m	125 m	110 m	100 m

Bemerkung: Die mögliche Bremsverzögerung kann nie größer sein als die Bremsverzögerung, die zu dem vorhandenen Reibungskoeffizienten gehört (z. B. die mögliche Bremsverzögerung bei einem Reibungskoeffizienten von µ 0,35 kann nie größer als 3,5 m/sec² sein)

Bremsweg $s = \frac{V^2}{260 \cdot \mu}$ (ohne den Weg in der Reaktionszeit von 1 sec)

wobei V = Geschwindigkeit [km/h]

Tabelle 3 Reibungskoeffizienten für verschiedene Deckenarten

Deckenart	Mittelwert des Reibungskoeffizienten µ für trockene, nasse und schlüpfrige Fahrbahn		
	trocken	nass	schlüpfrig
Beton	0,55	0,50	0,30
Schwarzdecke			
– rau	0,55	0,50	0,30
– glatt	0,50	0,45	0,25
Pflaster			
– Granit	0,50	0,40	0,25
– Basalt	0,50	0,35	0,20

Anlage 4 Industrienorm für Aufstellvorrichtungen von Verkehrszeichen nach DIN EN 12899-1/ TLP VZ – IVZ-Norm 2022 – korrigierte Fassung 2024

IVZ-Norm 2022/ Fassung 2024

Aufgestellt von der Güteschutzgemeinschaft Verkehrszeichen und Verkehrseinrichtungen e. V. (GVZ)

Vorwort zur vierten Überarbeitung

Dieses Dokument wurde vom Arbeitskreis IVZ-Norm bearbeitet.

Leiter: B. Eng. (FH) Adrian Kaplik, Hagen

Mitarbeiter: Dipl.-Ing. Christian Bargen, Hagen
Dipl.-Ing. Gregor Becker, Hockenheim
Siegfried Colberg, Peine
Dipl.-Ing. Wolfgang Kunz, Chemnitz
Dipl.-Ing. Kai-Uwe Pook, Weilheim (bis 2020)
Dipl.-Wirt.-Ing. (FH) Thomas Ries, Bruchsal
Jens Rohwedder, Springe
Carsten Seitz, Ludwigsburg

Die IVZ-Norm beschreibt die Anforderungen an ortsfeste, vertikale Verkehrszeichen und deren Aufstellvorrichtungen nach mandatierten und freiwilligen europäischen Normen sowie nach ergänzenden nationalen Regeln.

Mit Veröffentlichung der harmonisierten DIN EN 12899-1 müssen Aufstellvorrichtungen für Verkehrszeichen das CE-Zeichen tragen und mit den Anforderungen aus der DIN EN 12899-1 übereinstimmen. Beschaffer von Verkehrszeichen und deren Aufstellvorrichtungen können, wenn diese von zertifizierten Herstellern geliefert werden, davon ausgehen, dass sie den in dieser Norm dargestellten Kombinationen entsprechen und mit zugelassenen, nach der DIN EN 12899 zertifizierten Bauteilen aufgestellt worden sind.

Um allen Beteiligten diese Sicherheit zu gewährleisten, war es an der Zeit, die IVZ-Norm einem Update zu unterziehen.

Im Fokus der Überarbeitung der IVZ-Norm 2007 stand die Aktualisierung aller relevanten Regelwerke und deren Bezeichnungen und damit verbundenen Anforderungen.

Die Überarbeitung der Grafiken und die Korrektur vorhandener Schreibfehler war im Zuge der Überarbeitung obligatorisch.

Zudem war es das Ziel der Überarbeitung, den aktuellen Stand der Technik widerzuspiegeln. Auch ständige Fragestellungen sollten nun mit einer eindeutigen Antwort versehen werden.

So wurde die IVZ-Norm 2007 um folgende Punkte ergänzt/erweitert:

- Nennung aller normativen Verweise, die für die Anwendung dieses Dokumentes notwendig sind
- Ergänzung von betonlosen Fundamenttypen und Präzisierung bezüglich der Einsatzzwecke der vorhandenen Fundamenttypen
- Ergänzung neuer geprüfter Konstruktionsformen für Rohrrahmen und anderer Aufstellvorrichtungen
- beispielhafte Darstellung der Aluminium-Klemmschelle mit Benennung der einzelnen Bestandteile
- Nennung des Durchmessers für die Lochung von Bildträgern
- Berücksichtigung des ARS 02/2022 und der Grundsätze zur passiven Sicherheit von Aufstellvorrichtungen
- Ausführung des Zwischenraumes zwischen Fundament und Fußplatte als Luftspalt.

Hinweis: Die IVZ-Norm 2022 wurde als „korrigierter Nachdruck 2024" überarbeitet. Die Korrekturen sind im nachfolgend abgedruckten Text berücksichtigt bzw. korrigiert.

IVZ-Norm 2022/
Fassung 2024

1 Vorbemerkungen

1.1 Gesetzliche Grundlagen

Die Baukoordinierungs- und Lieferkoordinierungsrichtlinie legen fest, dass im Rahmen der öffentlichen Beschaffung europäische Normen angewendet werden müssen.

Die Aufstellvorrichtungen von ortsfesten Verkehrszeichen sind gemäß Entscheidung der Europäischen Kommission Bauprodukte entsprechend der Bauproduktenverordnung. Sie unterliegen der CE-Kennzeichnungsverordnung. Aufstellvorrichtungen ohne CE-Zeichen dürfen nach der Bekanntmachung der mandatierten europäischen Normen DIN EN 12899 Teile 1, 4 und 5 im europäischen Wirtschaftsraum unter Berücksichtigung der in den Normen genannten Übergangsfristen nicht mehr in Verkehr gebracht werden.

Der Nachweis der Übereinstimmung mit den mandatierten Anforderungen gemäß Mandat 111 hinsichtlich der CE-Kennzeichnungsverordnung und der Bauproduktenverordnung ist durch ein Zertifikat einer für diese Anforderungen anerkannten Stelle im Sinne der Bauproduktenverordnung zu führen.

Dieser Nachweis ist zwingend vorgeschrieben und muss in deutscher Sprache abgefasst sein. Er ist durch das CE-Zeichen zu dokumentieren. Dieses Kennzeichen ist dauerhaft an den Aufstellvorrichtungen anzubringen.

1.2 Geltungsbereich

Diese Norm gilt für Aufstellvorrichtungen und Beschilderungen neben der Fahrbahn sowie Befestigungsmittel und Gründungsarten von Verkehrszeichen nach StVO.

Mit dieser Norm werden Aufstellvorrichtungen von Verkehrszeichen beschrieben. Sie ist das von der DIN EN 12899-1 geforderte Lieferdokument, mit dem die von der RAL Güteschutzgemeinschaft für Verkehrszeichen und Verkehrseinrichtungen e. V. Hagen autorisierten Anwender nachweisen, dass die beschriebenen Aufstellvorrichtungen die Anforderungen nach DIN EN 12899-1 und TLP VZ erfüllen.

2 Allgemeines

2.1 Prüfungen

Die klassifizierten Produktfamilien der vorliegenden Norm sind durch die Technische Universität Dortmund geprüft und durch StrAus-Zert (vom DIBt notifizierte Zertifizierungsstelle der Straßenausstatter) auf Übereinstimmung mit der DIN EN 12899-1 und TLP VZ zertifiziert worden. StrAus-Zert überwacht die Einhaltung dieser Norm und erteilt das Recht zur CE-Kennzeichnung der Produkte nach der Bauproduktenverordnung (BauPVO).

2.2 Normative Verweisungen

Die folgenden zitierten Dokumente sind für die Anwendung dieses Dokumentes erforderlich. Bei datierten Verweisungen gilt nur die in den Bezug genommene Ausgabe. Bei undatierten Verweisungen gilt die letzte Ausgabe des in Bezug genommenen Dokumentes (einschließlich aller Änderungen).

DIN EN 12899-1, Ortsfeste, vertikale Straßenverkehrszeichen –
Teil 1: Ortsfeste Verkehrszeichen

DIN EN 12899-4, Ortsfeste, vertikale Straßenverkehrszeichen –
Teil 4: Werkseigene Produktionskontrolle

DIN EN 12899-5, Ortsfeste, vertikale Straßenverkehrszeichen –
Teil 5: Erstprüfung

TLP VZ, Technische Liefer- und Prüfbedingungen für vertikale Verkehrszeichen

VwV-StVO, Allgemeine Verwaltungsvorschrift zur Straßenverkehrs-Ordnung

DIN EN 1090-2, Ausführung von Stahltragwerken und Aluminiumtragwerken –
Teil 2: Technische Regeln für die Ausführung von Stahltragwerken

DIN EN 1090-3, Ausführung von Stahltragwerken und Aluminiumtragwerken –
Teil 3: Technische Regeln für die Anforderungen an Aluminiumtragwerke

DIN EN 1991-1-1, Eurocode 1: Einwirkungen auf Tragwerke –
Teil 1-1: Allgemeine Einwirkungen auf Tragwerke – Wichten, Eigengewicht und Nutzlasten im Hochbau

DIN EN 1993-1-1, Eurocode 3: Bemessung und Konstruktion von Stahlbauten –
Teil 1-1: Allgemeine Bemessungsregeln und Regeln für den Hochbau

DIN EN 1999-1-1, Eurocode 9: Bemessung und Konstruktion von Aluminiumtragwerken –
Teil 1: Allgemeine Bemessungsregeln

IVZ-Norm 2022/ Fassung 2024

RWB, Richtlinien für wegweisende Beschilderung außerhalb von Autobahnen

RWBA, Richtlinien für wegweisende Beschilderung auf Autobahnen

DIN EN ISO 1461, Durch Feuerverzinken auf Stahl aufgebrachte Zinküberzüge (Stückverzinken) – Anforderungen und Prüfungen

DIN EN 573-3, Aluminium und Aluminiumlegierungen – Chemische Zusammensetzungen und Form von Halbzeug – Teil 3: Chemische Zusammensetzung und Erzeugnisformen

DIN EN 485-2, Aluminium und Aluminiumlegierungen – Bänder, Bleche und Platten – Teil 2: Mechanische Eigenschaften

DIN EN 10025-2, Warmgewalzte Erzeugnisse aus Baustählen – Teil 2: Technische Lieferbedingungen für unlegierte Baustähle

DIN EN 10240, Innere und/oder äußere Schutzüberzüge für Stahlrohre – Festlegungen für durch Schmelztauchverzinken in automatisierten Anlagen hergestellte Überzüge

ZTV-ING 8-3, Zusätzliche Technische Vertragsbedingungen und Richtlinien für Ingenieurbauten – Teil 8: Weitere Bauwerke; Abschnitt 3 Verkehrszeichenbrücken

ZTV VZ, Zusätzliche Technische Vertragsbedingungen und Richtlinien für vertikale Verkehrszeichen

Güte- und Prüfbestimmungen Verkehrszeichen und Verkehrseinrichtungen (RAL-GZ 628)

2.3 Kennzeichnung

Aufstellvorrichtungen, die die Anforderungen der vorgenannten Spezifikationen erfüllen, sind mit dem CE-Zeichen, der Angabe DIN EN 12899-1 sowie der Firmenbezeichnung des Herstellers zu kennzeichnen.

Die Angaben zum Herstelldatum, zur Prüfstelle und zur Leistungsklasse erfolgen in den Lieferpapieren.

Die notwendigen Angaben wie das CE-Zeichen, die harmonisierte technische Spezifikation, die Jahresangabe des erstmaligen Anbringens, die Kennnummer der notifizierten Stelle sowie Name und Anschrift des Herstellers können bei Aufstellvorrichtungen durch Kappen, dauerhaft haftende Aufkleber oder Typenschilder erfolgen. Die Kennzeichnung muss gut sichtbar, leserlich und dauerhaft auf der Aufstellvorrichtung angebracht sein.

2.4 Herstellerqualifikation

Für geschweißte Aufstellvorrichtungen und Schellen aus Stahl gemäß IVZ-Norm muss die Ausführungsklasse mindestens EXC2 nach DIN EN 1090-2 entsprechen.

2.5 Werkstoffe

2.5.1 Rohrpfosten/-masten

Stahl: Es ist Stahl mindestens der Qualität S235 JR zu verwenden. Für die Auswahl der Stahlsorte und die Bemessung gilt DIN EN 1993-1.

Aluminium: Aluminiumwerkstoffe müssen DIN EN 573-3 mit der Bezeichnung EN AW 6060 T6/T66 oder EN AW 6005A T6 entsprechen.

2.5.2 Rohrrahmen

Es ist Stahl mindestens der Qualität S235 JR zu verwenden. Für die Auswahl der Stahlsorte und die Bemessung gilt DIN EN 1993-1.

2.5.3 Schellen

Stahl: Nach DIN EN 1993-1 muss mindestens die Qualität S235 JR oder rostfreier Stahl mindestens der Stahlgruppe A2 gewählt werden.

Aluminium: Aluminiumwerkstoffe müssen DIN EN 573-3 mit der Bezeichnung EN AW 6060 T66 oder EN AW 6005A T6 entsprechen.

2.5.4 Schellenbänder und Spannelemente

Nach DIN EN 1993-1 muss mindestens die Qualität S235 JR oder rostfreier Stahl mindestens der Stahlgruppe A2 gewählt werden.

2.5.5 Schrauben und Muttern

Für Schellenhalte- und Schildbefestigungsschrauben sowie Muttern ist rostfreier Stahl mindestens der Stahlgruppe A2 zu verwenden.

2.6 Bemessung der Befestigungsteile

Alle Befestigungsteile müssen die auf sie wirkenden Kräfte übertragen können. Für kleine und mittelgroße Verkehrszeichen ist kein gesonderter Nachweis erforderlich.

IVZ-Norm 2022/
Fassung 2024

2.7 Ausführung des Fußpunktes

Der Zwischenraum zwischen Fundament und Fußplatte ist als Luftspalt auszuführen. Dies gilt auch bei Aufstellvorrichtungen für Bodenbeschilderung. Dabei ist sicherzustellen, dass eine Entwässerung nach außen gewährleistet ist. Ist eine Unterfugung seitens des Auftraggebers dennoch gefordert, so ist diese Unterfugung als Sonderleistung zu betrachten.

2.8 Korrosionsschutz

Stahlbauteile sind, soweit sie nicht aus rostfreiem Stahl bestehen, nach DIN EN ISO 1461 feuerverzinkt auszuführen. Stahlpfosten müssen nach DIN EN ISO 1461 oder DIN EN 10240 verzinkt sein.

Für Aluminiumbauteile ist kein zusätzlicher Korrosionsschutz erforderlich.

2.9 Bodenfreiheit

Die Bodenfreiheit (BF) beträgt:

– bei Hochaufstellung	2,00 m
– über Fußwegen	2,20 m
– über Rad und kombinierten Rad- und Fußwegen	2,20 m
– bei Wegweisern außerorts	1,50 m
– auf Inseln und Verkehrsteilern	0,60 m
– bei Tiefaufstellung (Pfeilwegweiser)	1,00 m
– bei Leitbaken/Leitplatten	0,30 m.

2.10 Seitenabstand

Verkehrszeichen dürfen nicht innerhalb der Fahrbahn aufgestellt werden. In der Regel gelten für den Seitenabstand (SA) folgende Maße vom äußeren befestigten Fahrbahnrand bis zur Außenkante Schild:

innerorts: 0,50 m, keinesfalls weniger als 0,30 m

außerorts: 1,50 m, Wegweiser bei beengten Verhältnissen mindestens 1,00 m.

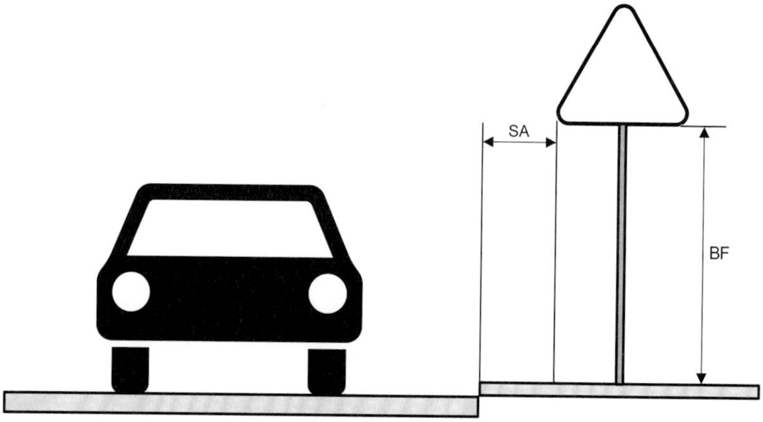

Abbildung 1: Anbringung neben der Fahrbahn

2.11 Gründung

Die sichere Aufstellung von vertikalen Verkehrszeichen kann je nach Bodenbeschaffenheit, Windeinwirkung und Anforderungen an die passive Sicherheit durch Eingraben, Versetzen in Ortbeton, Bodenhülsen, Betonsockelsteine und Fertigfundamente oder durch vor Ort gefertigte Fundamente erfolgen.

2.11.1 Gründungstiefe

Sofern zu den einzelnen Gründungsarten keine abweichenden Angaben gemacht werden, sind alle Gründungen grundsätzlich frostfrei, also mindestens 80 cm unterhalb der Geländeoberkante, auszuführen.

Fundamente dürfen nicht mehr als 5 cm aus der umgebenden Geländeoberfläche herausragen.

IVZ-Norm 2022/
Fassung 2024

2.11.2 Betongüte

Bei Verkehrszeichen mit variablen Bildinhalten ist für die Gründung eine Betonmindestfestigkeitsklasse von C25/30 zu verwenden. Die erforderlichen Expositionsklassen sind im Leistungsverzeichnis (Langtext) klar zu definieren. Diese Vorgaben sind in der Statik zu übernehmen.

Die Betongüte ist auf dem Lieferschein zu vermerken. Baustellen für Beschilderung neben der Fahrbahn fallen abweichend von der ZTV-ING 8-3 in die Überwachungsklasse I.

Die Herstellung von Probekörpern auf der Baustelle entfällt.

Für die Gründung von Verkehrszeichen mit festen Bildinhalten ist mindestens Beton der Festigkeitsklasse C12/15 zu verwenden.

2.11.3 Abmessungen

Die seitliche Betonüberdeckung der Ankerkörbe für Aufstellvorrichtungen von mittelgroßen und großen Verkehrszeichen beträgt mindestens 10 cm; die Mindestbreite der Fundamente beträgt 50 cm.

3 Anforderungen an Aufstellvorrichtungen von Verkehrszeichen mit festen Bildinhalten

3.1 Bemessung Aufstellvorrichtungen

Die Aufstellvorrichtungen von Verkehrszeichen mit festen Bildinhalten bedürfen keiner Bemessung. Die Einhaltung der zulässigen Verformungen nach TLP VZ ist durch Belastungsversuche und darauf aufgebaute Rechenmodelle nachgewiesen worden.

3.2 Rohrpfosten/-masten

Rohrpfosten/-masten aus Stahl und Aluminium dürfen nur mit den Durchmessern und Wandungen aus Tabelle 1 verwendet werden.

Rohrpfosten/-masten sind mit einer Kappe oben zu verschließen, um das Eindringen von Wasser zu verhindern.

Tabelle 1: Durchmesser und Wandungen von Rohrpfosten/-masten (in mm)

Stahl-Rohrpfosten/-masten		Aluminium-Rohrpfosten/-masten	
Durchmesser	Wandung	Durchmesser	Wandung
60,3	2,0	60,0	2,5
60,3	2,9	76,0	3,0
76,1	2,0	108,0	4,0
76,1	2,9		
88,9	3,2		

3.3 Einbeinige Rohrrahmen

Standrohre und Rahmenrohre einbeiniger Rohrrahmen aus Stahl dürfen nur mit den Durchmessern und Wandungen aus Tabelle 2 verwendet werden.

Tabelle 2: Durchmesser und Wandungen von Stand- und Rahmenrohren (in mm)

Standrohre		Rahmenrohre	
Durchmesser	Wandung	Durchmesser	Wandung
60,3	2,0	26,9	min. 1,75 – max. 2,9
60,3	2,9	33,7	min. 2,0 – max. 2,9
76,1	2,0		
76,1	2,9		

3.4 Zweibeinige Rohrrahmen

Stand-/Rahmenrohre und Zwischenrohre zweibeiniger Rohrrahmen aus Stahl dürfen nur mit den Durchmessern und Wandungen aus Tabelle 3 verwendet werden.

IVZ-Norm 2022/
Fassung 2024

Tabelle 3: Durchmesser und Wandungen von Stand-/Rahmenrohren mit zugehörigen Zwischenrohren (in mm)

Stand- / Rahmenrohre		Zwischenrohre	
Durchmesser	Wandung	Durchmesser	Wandung
48,3	min. 2,0 – max. 2,9	48,3	min. 2,0 – max. 2,9
60,3	min. 2,0 – max. 2,9	60,3	min. 2,0 – max. 2,9
76,1	2,9	76,1	min. 2,0 – max. 2,9

3.5 Rohrrahmen ohne Standrohr

Rohrrahmen aus Stahl ohne Standrohr zur Befestigung als Fahne mit Rohrschellen oder Stahlband dürfen nur mit den Durchmessern und Wandungen aus Tabelle 4 verwendet werden.

Tabelle 4: Durchmesser und Wandungen von Rohrrahmen ohne Standrohr (in mm)

Durchmesser	Wandung
26,9	min. 1,75 – max. 2,9
33,7	min. 2,0 – max. 2,9
48,3	min. 2,0 – max. 2,9

4 Anforderungen an die Gründung von Verkehrszeichen mit festen Bildinhalten

4.1 Auswahl der Gründungsart

Die Auswahl der Gründungsart ist abhängig von Standortfaktoren (Bodenbeschaffenheit) und Verkehrszeichenmerkmalen (Bodenfreiheit, Schildfläche) sowie Anforderungen an die Standsicherheit und den Grad der passiven Sicherheit.

Ein etwaiger Leitungsverlauf im Gründungsbereich muss zwingend bekannt sein.

Fundamente für Rohrpfosten und Rohrrahmen dürfen nur mit den Abmessungen nach Tabelle 5 und 6 oder größer verwendet werden.

Tabelle 5: Stahl-Rohrpfosten

Rohrdurchmesser [mm]	Fundamenttyp	Mindestabmessung Ø x Höhe [cm]
48,3	A	30 x 75
60,3	A	30 x 75
76,1	B	30 x 85
88,9	C	30 x 95
108,0	D	30 x 105

Tabelle 6: Aluminium-Rohrpfosten

Rohrdurchmesser [mm]	Fundamenttyp	Mindestabmessung Ø x Höhe [cm]
60,0	A	30 x 75
76,0	B	30 x 85
108,0	D	30 x 105

4.1.1 Versetzen in Ortbeton

Diese Gründungsart ist bei allen Bodenarten, Bodenfreiheiten und Schildflächen von Standardverkehrszeichen anwendbar. Der Ortbeton C 12/15 ist erdfeucht herzustellen. Er ist lagenweise einzubauen und zu verdichten. Die Menge richtet sich nach den Anforderungen an die Standsicherheit. Der Durchmesser des Fundamentes beträgt mindestens 30 cm. Der Pfosten ist durch einen Erdanker gegen Verdrehen zu sichern. Die Länge des Erdankers beträgt mindestens 200 mm. Der Erdanker besteht aus einem Stahl mit einem Durchmesser (Ø) von mindestens 10 mm (Fundamentabmessungen siehe Tabellen 5 und 6).

IVZ-Norm 2022/
Fassung 2024

4.1.2 Versetzen in Bodenhülse

Diese Gründungsart wird wie unter 4.1.1 beschrieben ausgeführt. Statt der Aufstellvorrichtung wird eine Bodenhülse einbetoniert, die die Aufstellvorrichtung aufnimmt. Sie dient zum einfachen Aufstellen oder Austauschen der Aufstellvorrichtung bei Bedarfsbeschilderungen oder in anfahrgefährdeten Straßenräumen. Die Bodenhülse ist einzubetonieren und wird für Pfosten mit einem Durchmesser bis 76,1 mm eingesetzt (Fundamentabmessungen siehe Tabellen 5 und 6).

4.1.3 Montieren auf Fertigfundament

Das Fertigfundament ist für alle Pfostendimensionen einsetzbar. Die Mindestabmessungen entsprechen der Tabelle 5. Diese Fertigfundamente können als Köcherfundament, Fertigfundament mit Bodenhülse oder mit Ankerkorb ausgeführt sein. Die Dimensionen von Fertigfundamenten mit eingelassenen Ankerkörben betragen 30 × 30 × 80 cm für Pfosten mit Durchmessern von höchstens 60,3 mm, 40 × 40 × 80 cm für Pfosten mit Durchmessern von 76,1 mm und 50 × 50 × 80 cm für Pfosten mit dem Durchmesser von 88,9 und 108 mm bei einer Bodenfreiheit von max. 2,20 m. Wird die Ausführung in Tiefaufstellung angeordnet, kann die Fundamenthöhe auf 60 cm reduziert werden.

4.1.4 Eingraben mit Erdanker

Diese Gründungsart ist nur bei gut verdichtbaren Böden, Bodenfreiheiten bis 2,20 m und Schildflächen bis max. 0,75 m² anwendbar. Die Länge des Erdankers beträgt mindestens 200 mm. Der Erdanker besteht aus einem Rundeisen mit dem Durchmesser (Ø) von mindestens 10 mm. Der Bodenaushub ist lagenweise zu verfüllen und zu verdichten. Sofern der Bodenaushub aus schlecht verdichtbaren Böden (z. B. bindige Böden) besteht, ist ein Bodenaustausch mit gut verdichtbarem Material wie z. B. Frostschutzmaterial auszuführen.

4.1.5 Versetzen in Betonsockelstein

Der Betonkörper ist hier vorgefertigt. Die Fixierung des Pfostens erfolgt durch Holzkeile oder Stahlschellen. Der Betonsockelstein wird für Pfosten mit einem Durchmesser bis 76,1 mm eingesetzt. Er ist bündig mit der Geländeoberfläche einzubauen. Die Aufstandsfläche ist zu glätten. Mit dem Aushub wird die verbliebene Fläche angedeckt. Der Betonsockelstein hat eine Mindestgrundfläche von 23 × 23 cm und eine Mindesthöhe von 55 cm. Dieses Verfahren ist nur in Ausnahmefällen bei sehr gut verdichtbarem Untergrund oder Bodenaustausch mit gut verdichtbarem Frostschutzmaterial anzuwenden.

4.1.6 Weitere betonlose Gründungsarten

Bei diesen Gründungsarten werden z. B. feuerverzinkte Stahlhülsen in den Boden eingeschraubt oder eingeschlagen. Die Feuerverzinkung muss die Anforderungen der DIN EN ISO 1461 erfüllen. Es muss ein geeigneter Boden anstehen. In felsigen oder sandigen Böden sind diese Gründungsarten ungeeignet. Das Verfahren muss statisch nachgewiesen sein. Für den Einbau sind die Herstellerangaben und der Leitungsverlauf im Boden zu beachten.

4.2 Bewehrung

Für Fundamente von Aufstellvorrichtungen für Verkehrszeichen mit festen Bildinhalten ist eine konstruktive Bewehrung nicht erforderlich.

5 Anforderungen an Aufstellvorrichtungen von mittelgroßen Verkehrszeichen

Mittelgroße Verkehrszeichen sind Verkehrszeichen mit festen oder variablen Bildinhalten bis zu einer Fläche von 2,80 m².

Ihre Aufstellvorrichtungen bedürfen keiner Bemessung. Die Einhaltung der zulässigen Verformungen nach TLP VZ ist durch Belastungsversuche und darauf aufgebaute Rechenmodelle nachgewiesen.

IVZ-Norm 2022/
Fassung 2024

6 Anforderungen an die Gründung von mittelgroßen Verkehrszeichen

6.1 Bemessung

Eine individuelle Bemessung ist nicht erforderlich. Die Ausführung der Fundamente erfolgt entsprechend der zertifizierten Systemstatik, wobei die zugehörigen Schildflächen und Bodenfreiheiten nicht überschritten werden dürfen. Sollen die Fundamente abweichend von der Systemstatik ausgeführt werden, erfolgt eine Bemessung nach Abschnitt 14.3.2.

Tabelle 7: Fundamentabmessungen und Aufstellvorrichtungen für mittelgroße Verkehrszeichen

Schildgröße	Bodenfreiheit	Stahl-Rohrpfosten	Aluminium-Rohrpfosten	Fundament nach Abschnitt 4.1
[m²]	[m]	Anzahl x d [mm] x Wandung [mm]	Anzahl x d [mm] x Wandung [mm]	
≤ 0,8	≤ 0,6		2 x 60,0 x 2,5	2 x A
≤ 2,0		2 x 60,3 x 2,0		2 x A
			2 x 76,0 x 3,0	2 x B
≤ 0,8	≤ 1,25		2 x 60,0 x 2,5	2 x A
≤ 1,0		2 x 60,3 x 2,0		2 x A
≤ 2,0		2 x 76,1 x 2,0	2 x 76,0 x 3,0	2 x B
≤ 2,8		2 x 76,1 x 2,9		2 x B
≤ 1,0	≤ 1,50	2 x 60,3 x 2,0		2 x A
≤ 1,8		2 x 76,1 x 2,0		2 x B
≤ 2,5		2 x 76,1 x 2,9		2 x B
≤ 0,9	≤ 2,00		2 x 60,0 x 2,5	2 x A
≤ 1,1		2 x 60,3 x 2,0		2 x A
			1 x 108,0 x 4,0	D
≤ 1,55		1 x 88,9 x 3,2		C
≤ 1,7		2 x 76,1 x 2,0	2 x 76,0 x 3,0	2 x B
≤ 2,3		2 x 76,1 x 2,9		2 x B
≤ 0,8	≤ 2,25		2 x 60,0 x 2,5	2 x A
≤ 1,0		2 x 60,3 x 2,0		2 x A
			1 x 108,0 x 4,0	D
≤ 1,6		2 x 76,1 x 2,0	2 x 76,0 x 3,0	2 x B
≤ 2,2		2 x 76,1 x 2,9		2 x B

6.2 Bewehrung

Bei Gründungen nach der Systemstatik ist eine konstruktive Bewehrung nicht erforderlich.

7 Passive Sicherheit

Tragkonstruktionen in Rundrohrkonstruktion und Gabelform können bei geeigneter Ausführung als umfahrbare Gegenstände angesehen werden. Bedingt durch die Fachwerkkonstruktion können die Rohre dieser Ständer verhältnismäßig klein und leicht gehalten werden.

Tragkonstruktionen aus Profilträgern wie z. B. U-, T- oder Doppel-T-Profilen können unabhängig von den Abmessungen nicht als umfahrbare Gegenstände angesehen werden. Insbesondere bei hohen Anprallgeschwindigkeiten treten für Insassen von Fahrzeugen gefährliche Verzögerungen auf; an den Fahrzeugen entstehen erhebliche Schäden.

7.1 Konstruktive Einzelheiten

Es sind möglichst leicht verformbare Konstruktionen zu wählen. Als leicht verformbar werden Rohrpfosten bis 76,1 mm Außendurchmesser mit einer Wanddicke bis zu 2,9 mm aus Stahl und bis 76,0 mm Außendurchmesser mit einer Wanddicke bis zu 3,0 mm aus Aluminium angesehen.

IVZ-Norm 2022/ Fassung 2024

Bei Gabelständern und Trimasten sind die konstruktiven Vorgaben aus dem ARS 02/2022 und der bezogenen Anlage „Grundsätze für die passive sichere Aufstellung von Verkehrszeichen" zu beachten.

Bei einer Aufstellvorrichtung sollen die Gabelständer den vorgeschriebenen gegenseitigen lichten Abstand von ≥ 1,80 m voneinander haben, damit dann von der Fahrbahn abkommende Pkw in der Regel nur gegen einen Ständer prallen.

Windverbände zwischen den einzelnen Ständern eines Verkehrsschildes sind nicht vorzusehen. Sollten Windverbände aus statischen Gründen notwendig sein, ist die Tragkonstruktion nicht als umfahrbar anzusehen.

7.2 Anbringung der Bildträger

Die Bildträger sind mit einer lichten Höhe von ≥ 1,5 m über dem Gelände anzubringen. Eine gegebenenfalls erforderliche stärkere Dimensionierung der Aufstellvorrichtung ist in Kauf zu nehmen. Die Befestigung der Bildträger an diesen Rohrkonstruktionen kann mit Aluminium-Klemmschellen erfolgen.

7.3 Aufstellvorrichtung

Um die Umfahrbarkeit sicherzustellen, sind die Rohre der Gabelständer und Rohrpfosten mit einem Durchmesser von höchstens 76,1 mm stets nur mit einer Rundschweißnaht an entsprechend dimensionierte Fußplatten anzuschließen. Die Schweißnaht soll nicht stärker als statisch erforderlich ausgebildet werden, wobei jedoch die geringste Mindestschweißnahtdicke von a = 2 mm verwendet wird. Knotenbleche sind nicht anzuordnen.

7.4 Schutzeinrichtungen

Bei Aufstellung der Verkehrszeichen entsprechend des ARS 02/2022 kann auf die Anordnung von Schutzeinrichtungen verzichtet werden.

Derartige Konstruktionen können als passiv sicher behandelt werden.

Aufstellvorrichtungen von Verkehrszeichen, die z. B. aus statischen Gründen die oben angegebenen Bedingungen nicht erfüllen können, sind in Verbindung mit Rückhaltesystemen aufzustellen.

7.5 Fundamentierung

Fundamente von Schilderpfosten und Aufstellvorrichtungen dürfen an keiner Stelle mehr als 5 cm aus dem umgebenden Boden herausragen. Die von den Schilderpfosten und Tragkonstruktionen übertragenen Kräfte müssen vom Fundament aufgenommen werden können.

IVZ-Norm 2022/
Fassung 2024

8 Typennummern für Aufstellvorrichtungen

8.1 Rohrpfosten/-masten

Rohrpfosten/-masten aus Stahl und Aluminium ohne Fußplatten werden für die jeweiligen Längen- und Durchmesser-Kombinationen mit Typennummern aus den Tabellen 8 und 9 geführt. Zum Lieferumfang gehören Erdanker und Kunststoffkappe.

Tabelle 8: Stahl-Rohrpfosten/-masten ohne Fußplatten

Durchmesser/ Wandung	Längen für Rohrpfosten [mm]														
	1750	**2000**	**2250**	**2500**	**2750**	**3000**	**3250**	**3500**	**3750**	**4000**	**4250**	**4500**	**4750**	**5000**	**5250**
60,3/2,0	S117	S120	S122	S125	S127	S130	S132	S135	S137	S140	S142	-	-	-	-
60,3/2,9	S217	S220	S222	S225	S227	S230	S232	S235	S237	S240	S242	-	-	-	-
76,1/2,0	-	-	S322	S325	S327	S330	S332	S335	S337	S340	S342	-	-	-	-
76,1/2,9	-	-	S422	S425	S427	S430	S432	S435	S437	S440	S442	S445	S447	-	-
88,9/3,2	-	-	S522	S525	S527	S530	S532	S535	S537	S540	S542	S545	S547	S550	S552

Tabelle 9: Aluminium-Rohrpfosten/-masten ohne Fußplatten

Durchmesser/ Wandung	Längen für Rohrpfosten [mm]														
	1750	**2000**	**2250**	**2500**	**2750**	**3000**	**3250**	**3500**	**3750**	**4000**	**4250**	**4500**	**4750**	-	-
60,0/2,5	A217	A220	A222	A225	A227	A230	A232	A235	A237	-	-	-	-	-	-
76,0/3,0	-	A420	A422	A425	A427	A430	A432	A435	A437	A440	A442	-	-	-	-
108,0/4,0	-	-	-	-	-	-	A632	A635	A637	A640	A642	A645	A647	-	-

8.2 Ausleger mit Rohrpfosten und Wand- bzw. Bandbefestigung

8.2.1 Ausleger-Rohrpfosten

Tabelle 10: Ausleger Rohrpfosten

Abbildungen	Abmessungen: Rohrlänge [mm]	Rohr Ø [mm] / t [mm]	Länge der Rohrauslage [mm] l	Höhe der Rohrauslage [mm] h	h1	h2	**Typen-nr.**
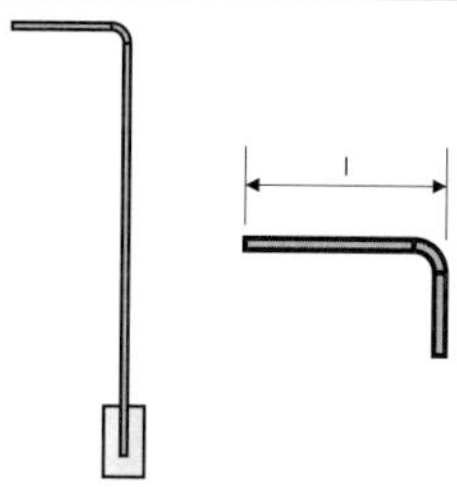	3150	60,3/2,0	500	-	-	-	ALP10
	3250	60,3/2,0	750	-	-	-	ALP20
	3300	60,3/2,9	1000	-	-	-	ALP30
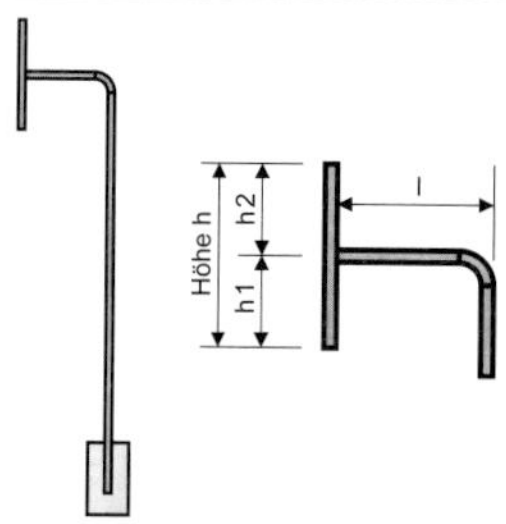	3550	60,3/2,0	500	750	450	350	ALP100
	3550	60,3/2,9	500	1100	400	700	ALP200
	3550	76,1/2,0	500	1100	400	700	ALP300

Legende:
ø = Durchmesser
h = Höhe
l = Länge
t = Wandstärke

IVZ-Norm 2022/ Fassung 2024

8.2.2 Ausleger für Bandbefestigung

Tabelle 11: Ausleger für Bandbefestigung

Abbildungen	Abmessungen Höhe der Rohrauslage [mm] h	Länge der Rohrauslage [mm] l	Rohr Ø [mm] / t [mm]	Typennr.
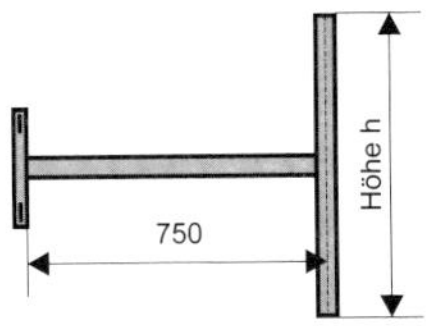	600	750	60,3/2,0	ALPB10
	750	750	60,3/2,0	ALPB20
	900	750	60,3/2,0	ALPB30
	1100	750	60,3/2,0	ALPB40
	1250	750	60,3/2,0	ALPB50
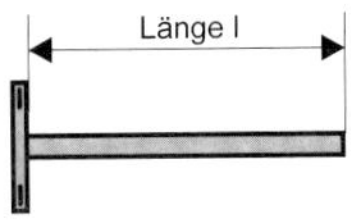	-	700	60,3/2,0	ALPB100
	-	900	60,3/2,0	ALPB200
	-	1300	60,3/2,0	ALPB300

8.2.3 Ausleger für Wandbefestigung

Tabelle 12: Ausleger für Wandbefestigung

Abbildungen	Abmessungen Höhe der Rohrauslage [mm] h	Länge der Rohrauslage [mm] l	Rohr Ø [mm] / t [mm]	Typennr.
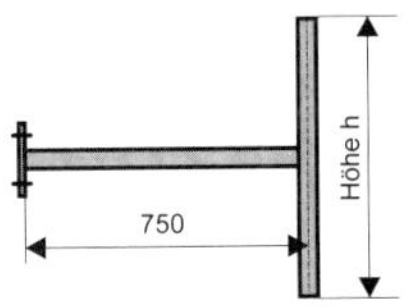	600	750	60,3/2,0	ALPW10
	750	750	60,3/2,0	ALPW20
	900	750	60,3/2,0	ALPW30
	1100	750	60,3/2,0	ALPW40
	1250	750	60,3/2,0	ALPW50
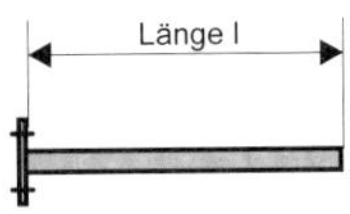	-	700	60,3/2,0	ALPW100
	-	900	60,3/2,0	ALPW200
	-	1300	60,3/2,0	ALPW300

8.3 Rohrrahmen

Einbeinige und zweibeinige Rohrrahmen aus Stahl werden für die jeweiligen Verkehrszeichenformen und -größen sowie Aufstellarten mit Typennummern aus Tabelle 14 geführt. Zum Lieferumfang gehören Erdanker.

Tabelle 13: Aufstellarten in Rohrrahmen

	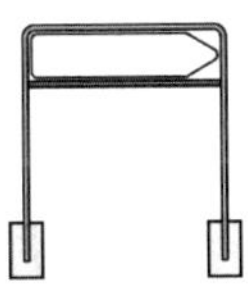	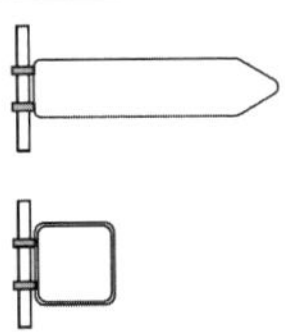	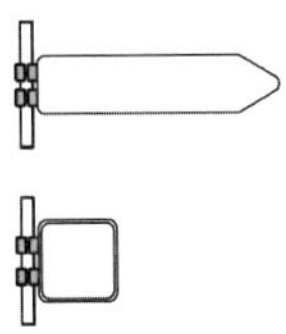
E Einbeinige Aufstellung	**Z** Zweibeinige Aufstellung	**FB** Fahnenhalterung für Stahlbandbefestigung	**FS** Fahnenhalterung mit Rohrschelle

Tabelle 14: Einbeinige und zweibeinige Rohrrahmen

Schilderformen	Abmessungen [mm] / Typennummern								
Dreieck	SL 630 E01	SL 900 E02	SL 1260 E03			VZ 205 SL 630 E06	VZ 205 SL 900 E07	VZ 205 SL 1260 E08	
Ronde	Ø 420 E11 Z11	Ø 600 E12 Z12	Ø 750 E13				Tief-aufstellung Ø 600 E17	Tief-aufstellung Ø 750 E18	
Achteck		B 900 E22	B 1050 E23						
Quadrat	420 x 420 E31 FB31 FS31/…*)	600 x 600 E32 Z32 FB32 FS32/…*)	840 x 840 E33 Z33 FB33 FS33/…*)	750 x 750 E34 Z34 FB34 FS34/…*)	500 x 500 E35		VZ 306/307 420 x 420 E36	VZ 306/307 600 x 600 E37	
Rechteck	200 x 750 E41	200 x 1000 E42	300 x 800 E43	333 x 1000 E44	333 x 1250 E45 Z45	350 x 1050 E46 Z46	420 x 630 E47 FS47/…*) FB47	600 x 900 E48 Z48 FS48/…*) FB48	840 x 1260 E49 Z49
Rechteck	650 x 1000 Z51 FS51/…*)	1000 x 1500 Z52							
Rechteck	630 x 420 Z61 FS61/…*) FB61	900 x 600 Z62 FS62/…*) FB62	750 x 500 E63				Tief-aufstellung 750 x 500 E67		
Rechteck	250 x 1500 Z71	250 x 2000 Z72	250 x 2500 Z73	333 x 1000 Z74	500 x 1500 Z75	500 x 2000 Z76	500 x 2500 Z77		
Ronde + Rechteck	Ø 420 + 231 x 420 Z201	Ø 600 + 330 x 600 Z202							
2 Quadrate		600 x 600 + 600 x 600 E212		750 x 750 + 750 x 750 Z214					
Quadrat + Rechteck		600 x 600 + 330 x 600 E222 Z222		750 x 750 + 200 x 750 Z224					

…*) mit Rohrschelle für Rohrdurchmesser:	60,0 / 60,3	76,0 / 76,1	88,9	108,0
Unternummer:	…/1	…/3	…/5	…/6

Fortsetzung Tabelle 14: Einbeinige und zweibeinige Rohrrahmen

Schilderformen	Abmessungen [mm] / Typennummern								
Pfeilwegweiser Höhe [mm]									
250 mm	250 x 1000 **E**811 **Z**811 **FB**811 **FS**811/..*)								
350 mm		350 x 1250 **E**822 **Z**822 **FB**822 **FS**822/..*)	350 x 1500 **E**823 **Z**823 **FB**823 **FS**823/..*)	350 x 1750 **E**824 **Z**824	350 x 2000 **Z**825				350 x 1400 **E**829 **Z**829 **FB**829 **FS**829/..*)
400 mm			400 x 1500 **E**833 **Z**833 **FB**833 **FS**833/..*)	400 x 1750 **E**834 **Z**834 **FB**834 **FS**834/..*)	400 x 2000 **E**835 **Z**835	400 x 2250 **Z**836			
450 mm			450 x 1500 **E**843 **Z**843 **FB**843 **FS**843/..*)	450 x 1750 **E**844 **Z**844	450 x 2000 **E**845 **Z**845	450 x 2250 **Z**846			
500 mm				500 x 1750 **E**854 **Z**854	500 x 2000 **E**855 **Z**855	500 x 2250 **Z**856	500 x 2500 **Z**857		
600 mm					600 x 2000 **Z**875	600 x 2250 **Z**876	600 x 2500 **Z**877		
2 x 350 mm		350 x 1250 350 x 1250 **Z**922	350 x 1500 350 x 1500 **Z**923	350 x 1750 350 x 1750 **Z**924	350 x 2000 350 x 2000 **Z**925				
2 x 400 mm			400 x 1500 400 x 1500 **Z**933	400 x 1750 400 x 1750 **Z**934	400 x 2000 400 x 2000 **Z**935	400 x 2250 400 x 2250 **Z**936			
2 x 450 mm			450 x 1500 450 x 1500 **Z**943	450 x 1750 450 x 1750 **Z**944	450 x 2000 450 x 2000 **Z**945	450 x 2250 450 x 2250 **Z**946			
2 x 500 mm				500 x 1750 500 x 1750 **Z**954	500 x 2000 500 x 2000 **Z**955	500 x 2250 500 x 2250 **Z**956	500 x 2500 500 x 2500 **Z**957		
2 x 600 mm					600 x 2000 600 x 2000 **Z**975	600 x 2250 600 x 2250 **Z**976	600 x 2500 600 x 2500 **Z**977		

...*) mit Rohrschelle für Rohrdurchmesser:	60,0 / 60,3	76,0 / 76,1	88,9	108,0
Unternummer:	.../1	.../3	.../5	.../6

IVZ-Norm 2022/
Fassung 2024

8.4 Rohrschellen und Bandschellen

Rohrschellen aus Stahl und Aluminium sowie Bandschellen zur Stahlbandbefestigung werden für die jeweiligen Kombinationen von Lochabstand und Rohrdurchmesser mit Typennummern aus den Tabellen 15 bis 17 geführt. Rohrschellenhersteller müssen dem Besteller zur Erfüllung der CE-Konformität einen von einer anerkannten Stelle zertifizierten Anwendungshinweis zur Verfügung stellen. Zum Lieferumfang gehören die Schellenschrauben und Unterlegscheiben einschließlich Muttern.

Doppelseitig verwendbare Rohrschellen und Bandschellen werden mit einem vorangestellten „D“ bezeichnet, z. B. DR107.

Tabelle 15: Stahl-Rohrschellen

Rohrdurchmesser [mm]	Lochabstände [mm] Typennummern			
	70	350	500	700
60,3	R107	R135	R150	R170
76,1	R307	R335	R350	R370
88,9	R507	R535	R550	R570
108,0	R607	R635	R650	R670

Tabelle 16: Bandschellen

Lochabstände [mm] Typennummern			
70	350	500	700
B107	B135	B150	B170

Tabelle 17: Aluminium-Rohrschellen

Rohrdurchmesser [mm]	Lochabstände [mm] Typennummern			
	70			
60,0	AR107			
76,0	AR307			
108,0	AR607			

Tabelle 18: Lochabstände von Rohrschellen und Bandschellen

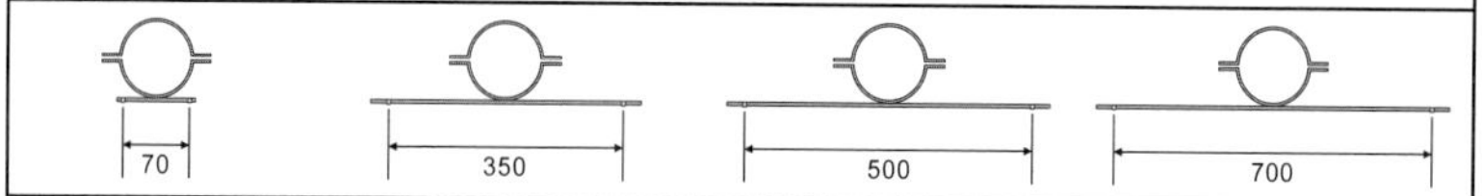

IVZ-Norm 2022/
Fassung 2024

8.5 Klemmschellen

Edelstahl- und Aluminium-Klemmschellen sowie Bandschellen für Stahlbandbefestigung werden für jeweilige Rohrdurchmesser mit Typennummern der Tabellen 19 und 20 geführt. Zum Lieferumfang gehören Schellenschrauben und Unterlegscheiben einschließlich Muttern (siehe Abbildung 2).

Tabelle 19: Edelstahl-Klemmschellen

Durchmesser [mm]	Typennummer
60,3	EK1
76,1	EK3
Stahlbandbefestigung	EKB

Tabelle 20: Aluminium-Klemmschellen

Durchmesser [mm]	Typennummer
60,0	AK1
76,0	AK3
108,0	AK6
Stahlbandbefestigung	AKB

Doppelseitig verwendbare Klemmschellen werden mit einem vorangestellten „D“ bezeichnet, z. B. DAK1.

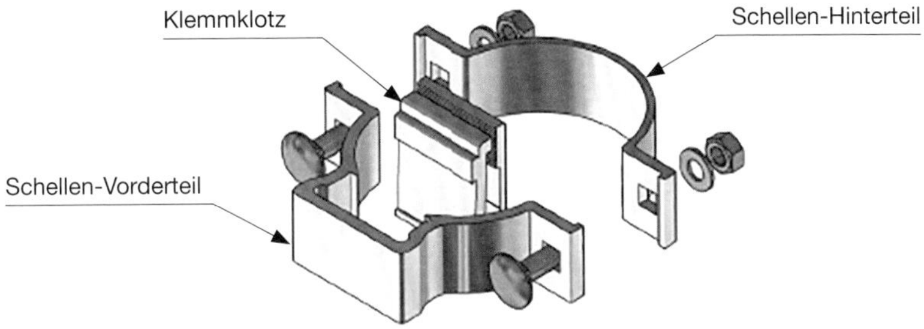

Abbildung 2: Beispielhafte Darstellung einer Aluminium-Klemmschelle

IVZ-Norm 2022/
Fassung 2024

9 Standardpläne für die Lochung von Verkehrszeichen und -einrichtungen

In den folgenden Standardplänen I und II sind für die Lochung von Verkehrszeichen und Verkehrseinrichtungen die Lochabstände zur Befestigung mit Schellen an Rohrpfosten dargestellt. Die Lochabstände in Standardplan III gelten für die Befestigung der Verkehrszeichen in Rohrrahmen (Abschnitt 8.3).

Die Lochung ist mit einem Durchmesser von 7 mm ±0,5 mm auszuführen.

Die dargestellten Standardpläne der Lochung sind allgemeingültig für alle zugelassenen Bildträgermaterialien. Alle zugelassenen Bildträgermaterialien werden auf Grundlage dieser Standardpläne geprüft und zugelassen. Es sind die jeweiligen materialspezifischen Verarbeitungs- und Zulassungsvorgaben einzuhalten.

Tabelle 21: Standard-Lochpläne für Verkehrszeichen und -einrichtungen

Größen [mm]	Standardplan I Lochabstand 70 [mm]	Standardplan II Lochabstand 70–700 [mm]	Standardplan III für Rohrrahmen
SL 630	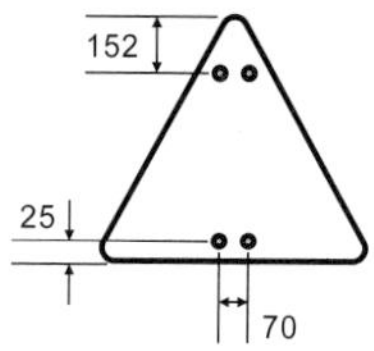	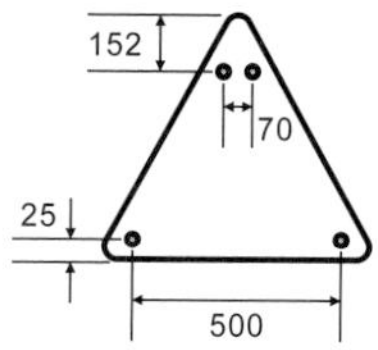	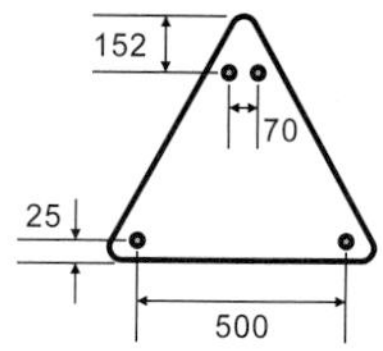
SL 900	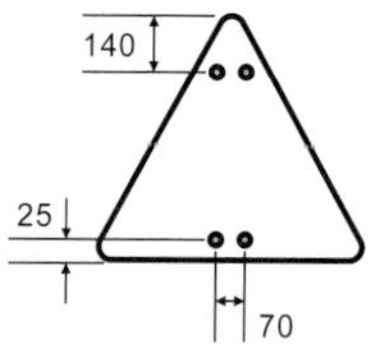	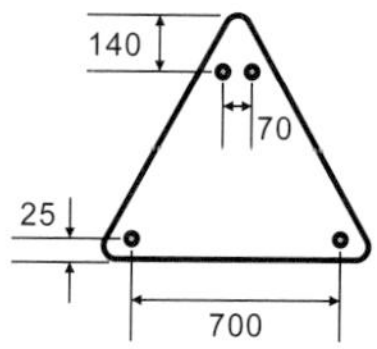	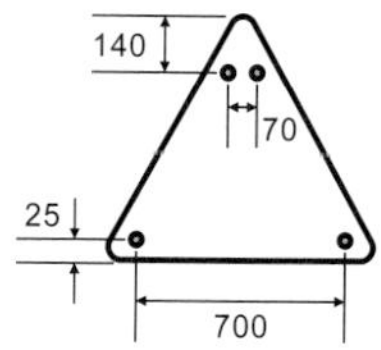
SL 1260	nicht zugelassen	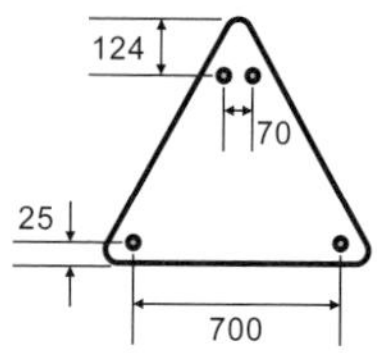	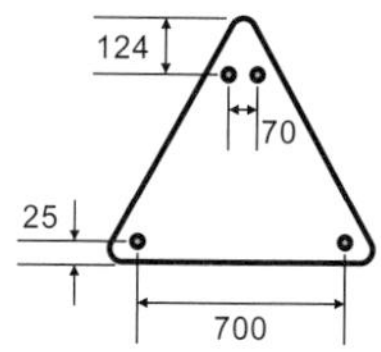
SL 630	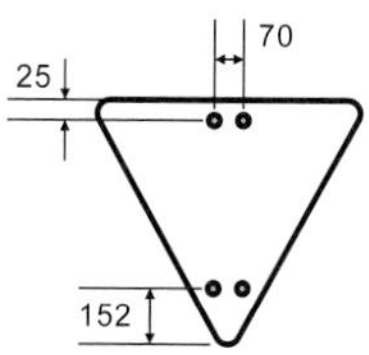	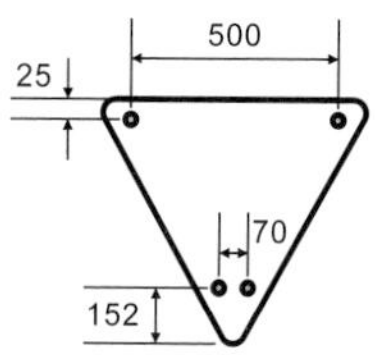	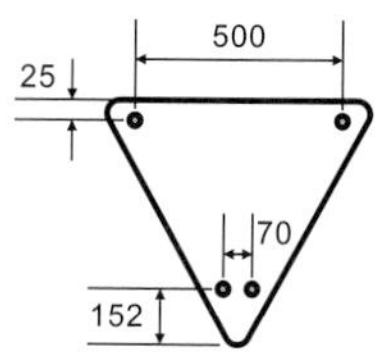
SL 900	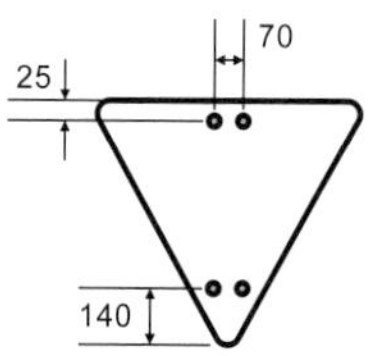	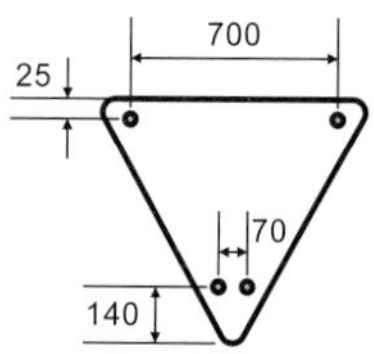	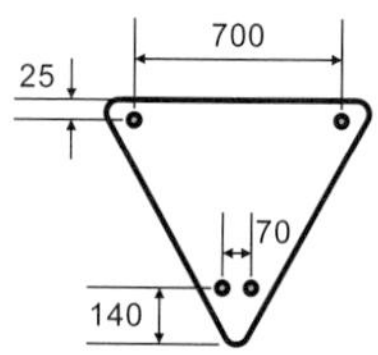

Fortsetzung Tabelle 21: Standard-Lochpläne für Verkehrszeichen und -einrichtungen			
Größen [mm]	Standardplan I Lochabstand 70 [mm]	Standardplan II Lochabstand 70–700 [mm]	Standardplan III für Rohrrahmen
SL 1260	nicht zugelassen	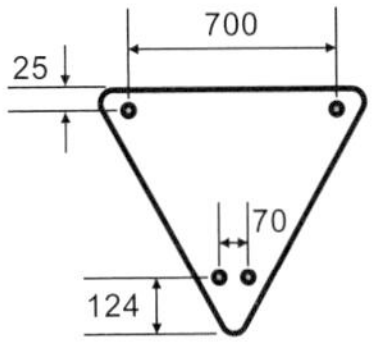	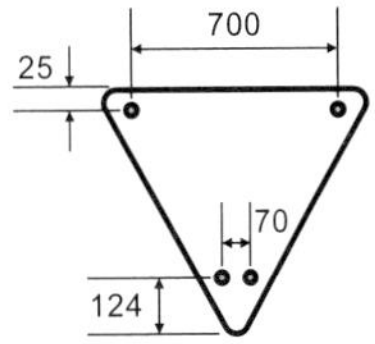
Ø 420	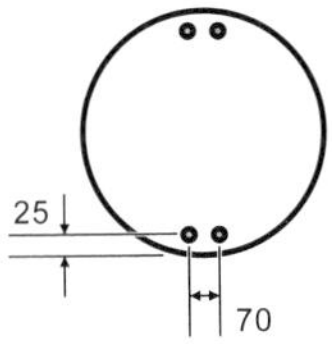	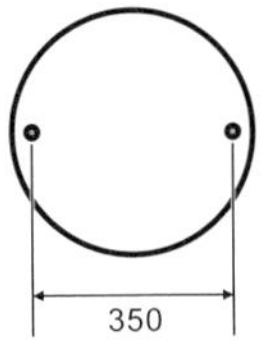	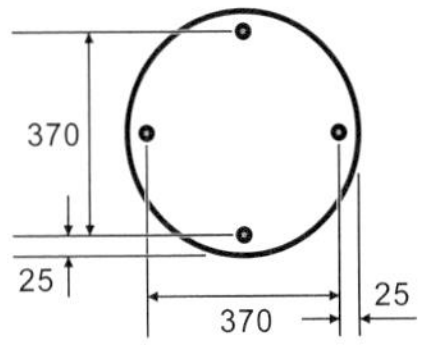
Ø 600	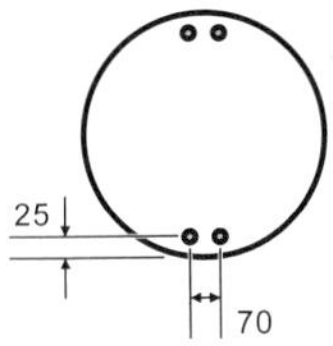	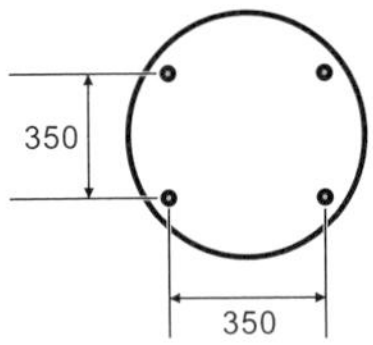	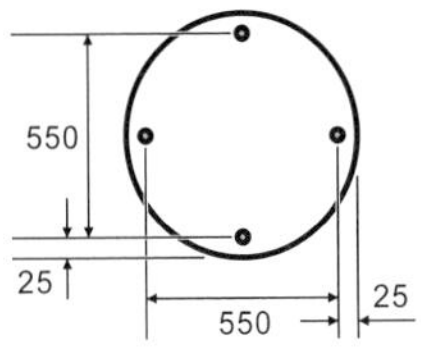
Ø 750	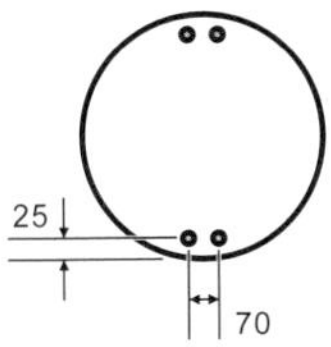	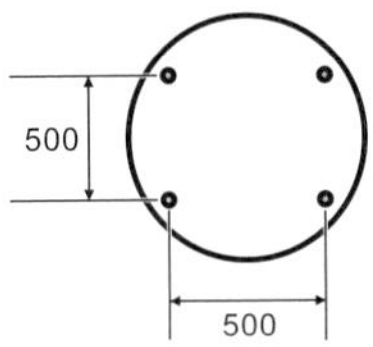	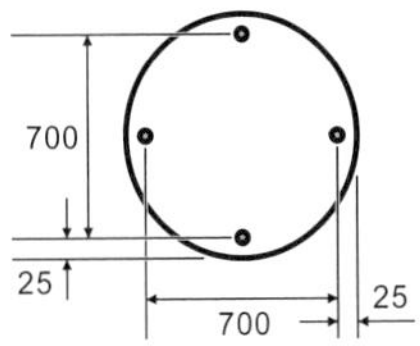
420 x 420	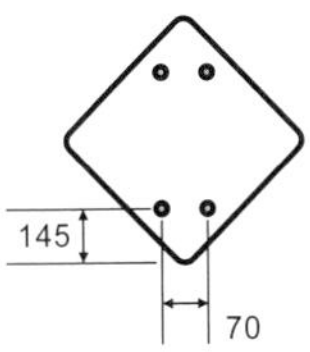	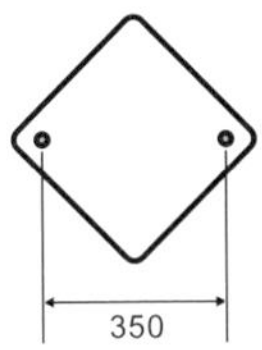	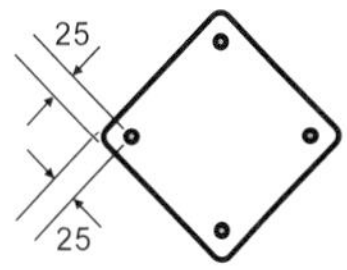
600 x 600	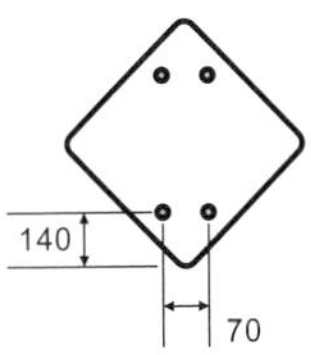	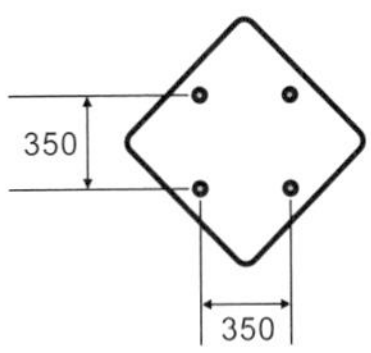	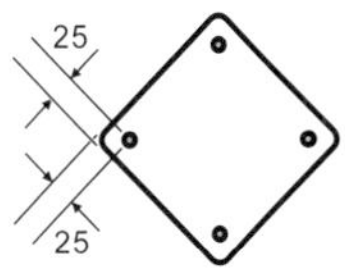

Fortsetzung Tabelle 21: Standard-Lochpläne für Verkehrszeichen und -einrichtungen

Größen [mm]	Standardplan I Lochabstand 70 [mm]	Standardplan II Lochabstand 70–700 [mm]	Standardplan III für Rohrrahmen
840 x 840	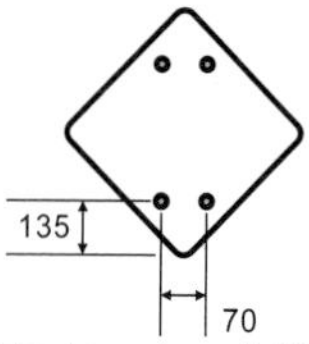 siehe Anmerkung S. 805	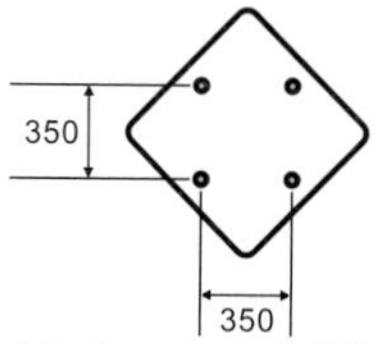 siehe Anmerkung S. 805	
420 x 420	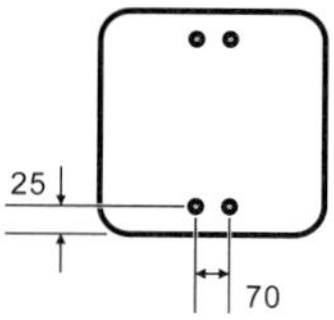		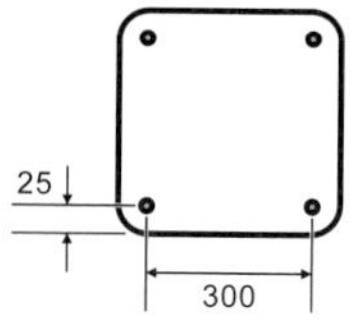
500 x 500	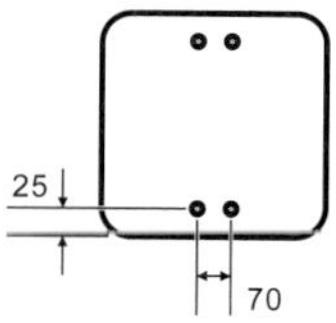	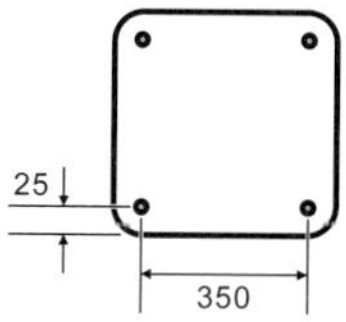	
600 x 600	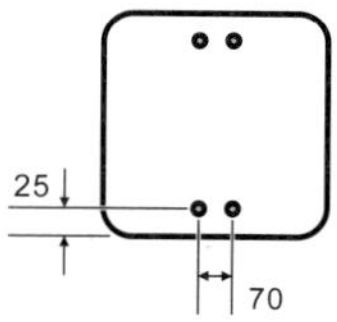	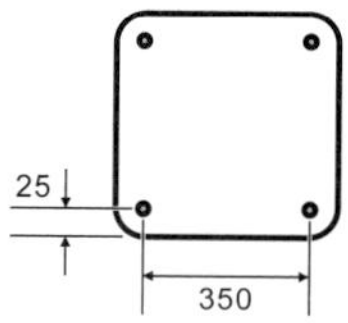	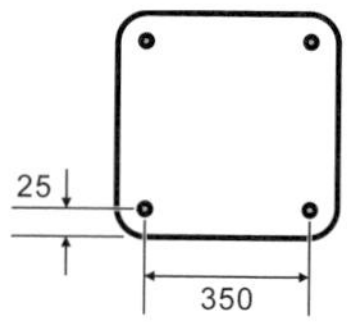
650 x 650	nicht zugelassen	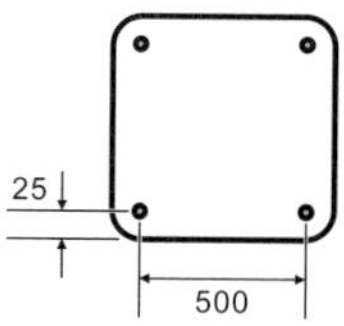	
750 x 750 840 x 840	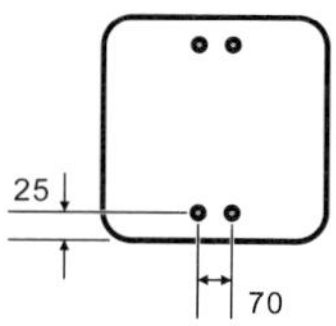 siehe Anmerkung S. 805	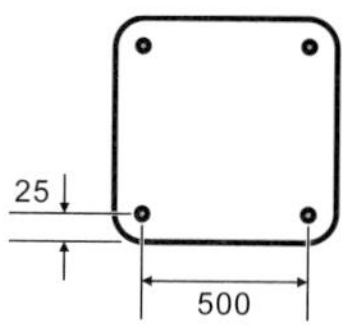 siehe Anmerkung S. 805	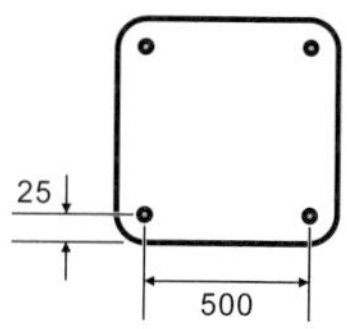

Fortsetzung Tabelle 21: Standard-Lochpläne für Verkehrszeichen und -einrichtungen

Größen [mm]	Standardplan I Lochabstand 70 [mm]	Standardplan II Lochabstand 70–700 [mm]	Standardplan III für Rohrrahmen
B900	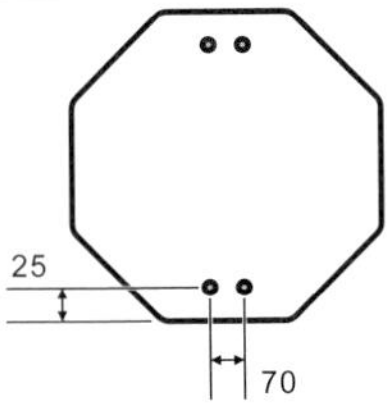 siehe Anmerkung S. 805	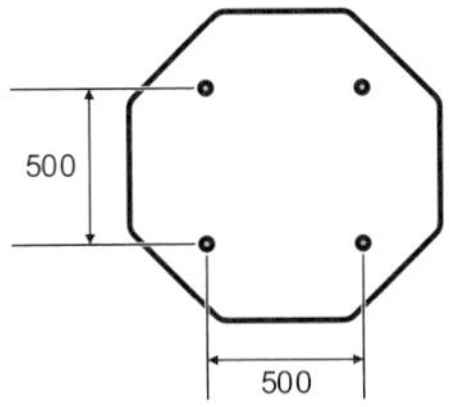 siehe Anmerkung S. 805	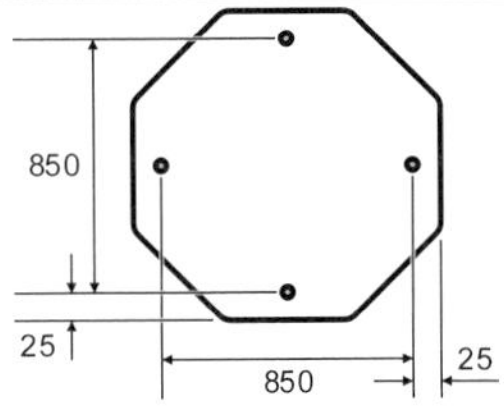
B1050	nicht zugelassen	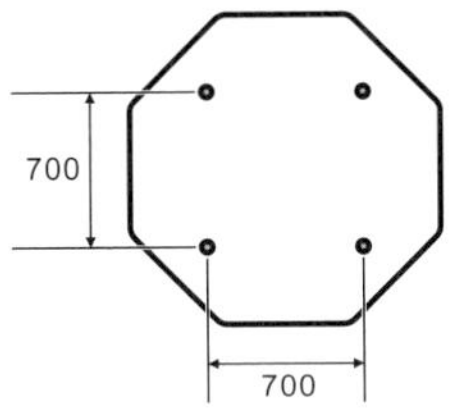 siehe Anmerkung S. 805	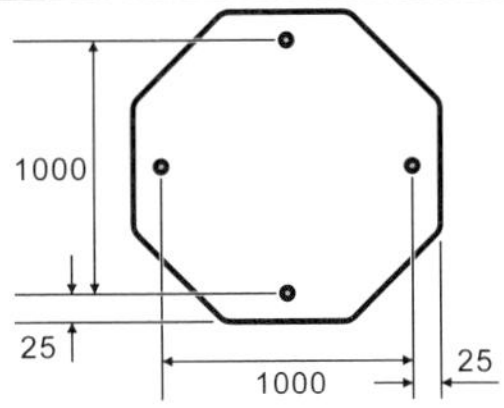
200 x 750 300 x 800 420 x 630	nicht zugelassen	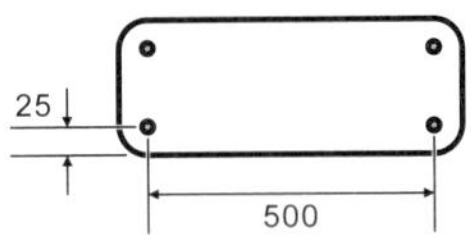	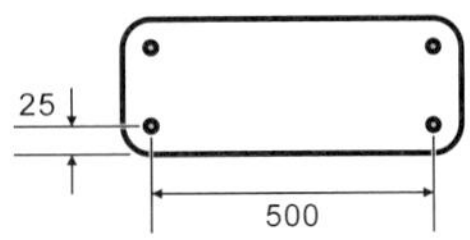
200 x 1000 333 x 1000 600 x 900	nicht zugelassen	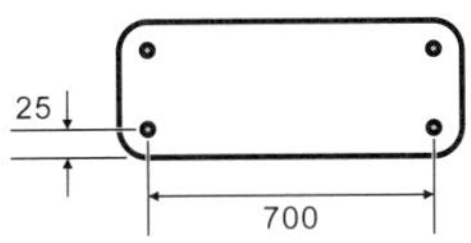	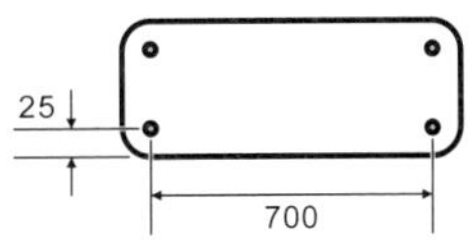
333 x 1250	nicht zugelassen	nicht zugelassen	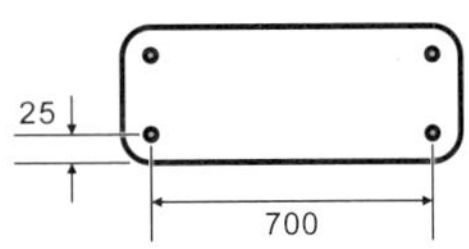
350 x 1050	nicht zugelassen	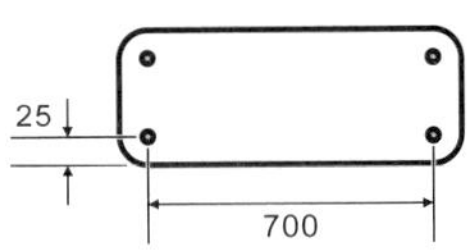 siehe Anmerkung S. 805	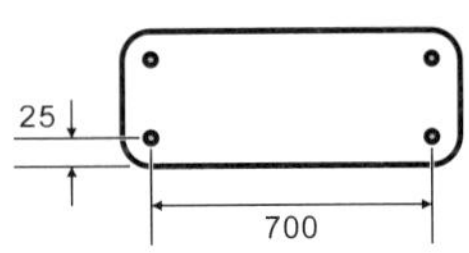

Fortsetzung Tabelle 21: Standard-Lochpläne für Verkehrszeichen und -einrichtungen

Größen [mm]	Standardplan I Lochabstand 70 [mm]	Standardplan II Lochabstand 70–700 [mm]	Standardplan III für Rohrrahmen
840 x 1260	nicht zugelassen	nicht zugelassen	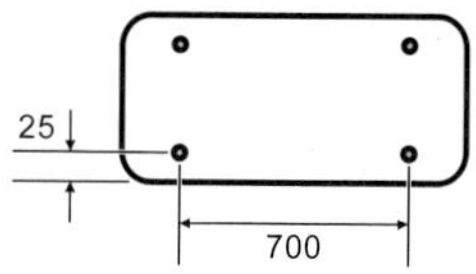
231 x 420 250 x 420 315 x 420	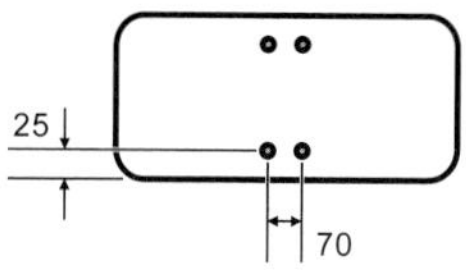		
330 x 600 450 x 600	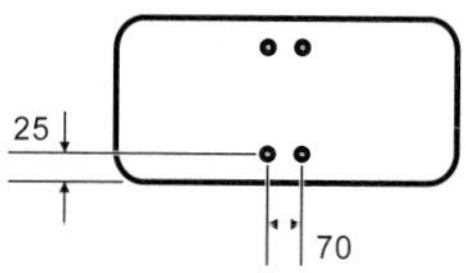	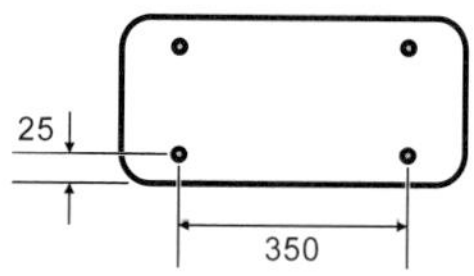	
412 x 750 562 x 750	nicht zugelassen	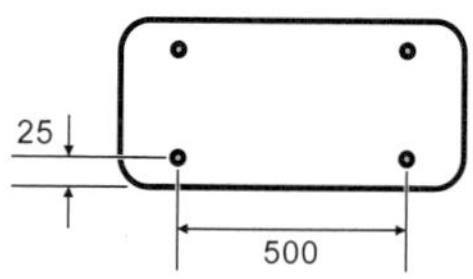	
420 x 231 600 x 330	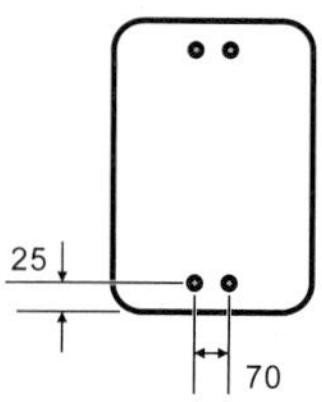		
750 x 500	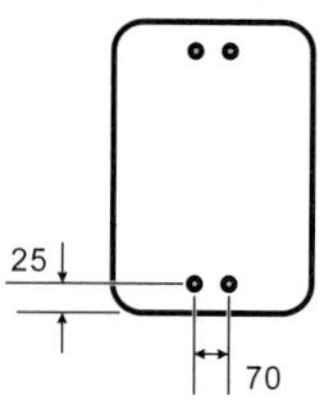	nicht zugelassen	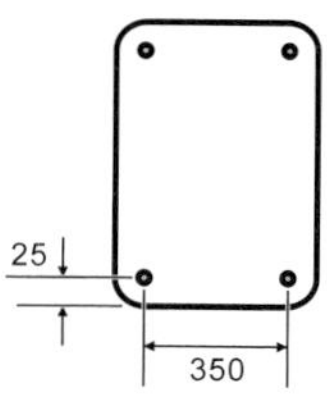

Fortsetzung Tabelle 21: Standard-Lochpläne für Verkehrszeichen und -einrichtungen			
Größen [mm]	Standardplan I Lochabstand 70 [mm]	Standardplan II Lochabstand 70–700 [mm]	Standardplan III für Rohrrahmen
630 x 420	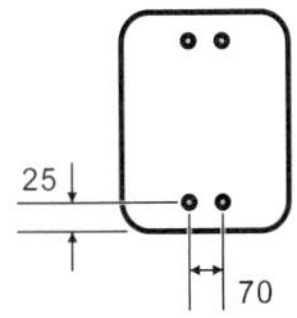		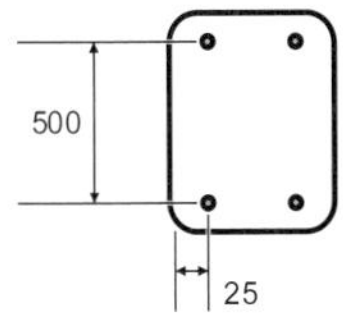
900 x 600	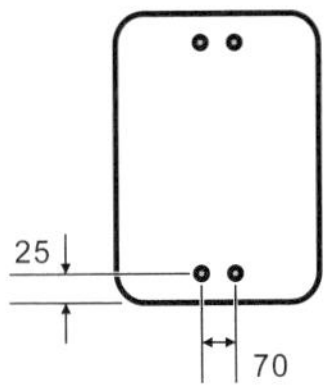	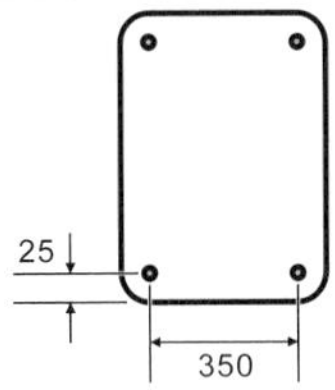 siehe Anmerkung unten	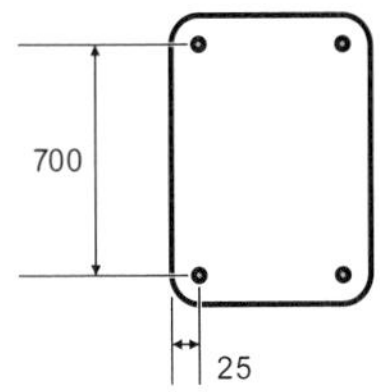
1000 x 250 1000 x 300	nicht zugelassen		
1200 x 600		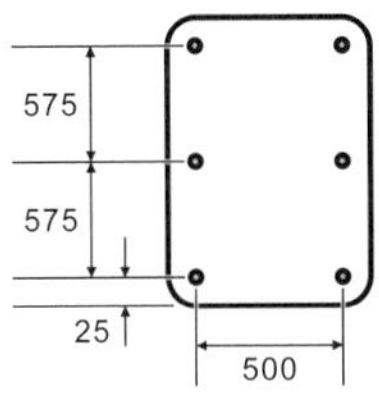	
1260 x 840		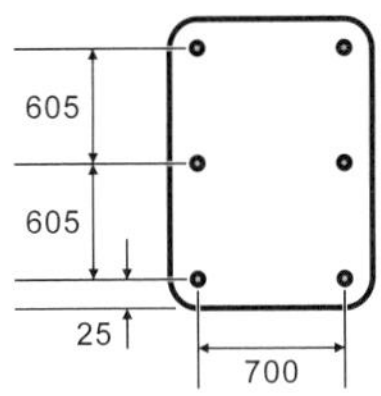	
1500 x 650		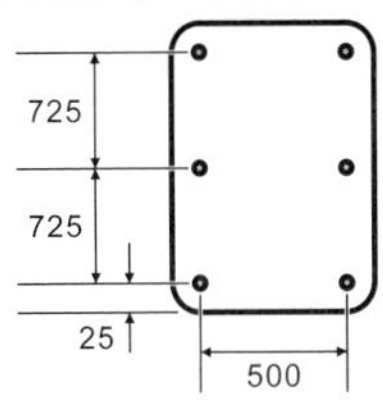 siehe Anmerkung unten	

Alle in Tabelle 21 aufgeführten Verkehrszeichen sind in profilverstärkter und randverformter Ausführung CE-konform. Die Rechtecke 1 200 × 600 mm, 1 260 × 840 mm und 1 500 × 650 mm werden jedoch nur profilverstärkt und nicht randverformt hergestellt.

Anmerkung zu ausgewiesenen Bildträgerformaten in Tabelle 21: CE-konforme Ausführung nur möglich bei 3 mm Blechdicke für Bildträger aus Aluminium.

Tabelle 22: Standard-Lochpläne für Verkehrszeichen und -einrichtungen

Größen [mm]	Standardpläne III für Rohrrahmen
250 x 1200	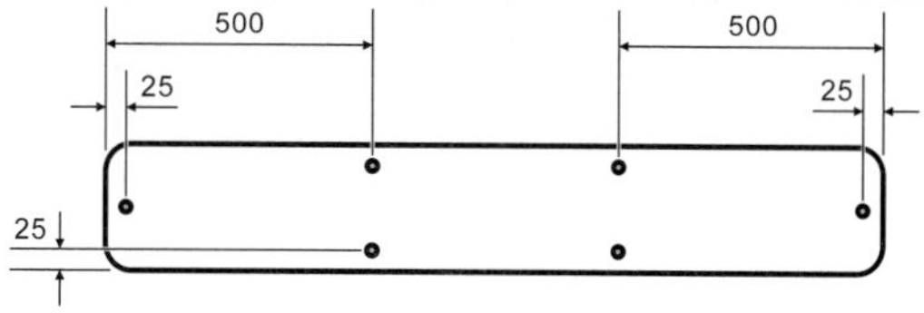
250 x 1500 250 x 1600 250 x 2000 500 x 1500 500 x 1600 500 x 2000	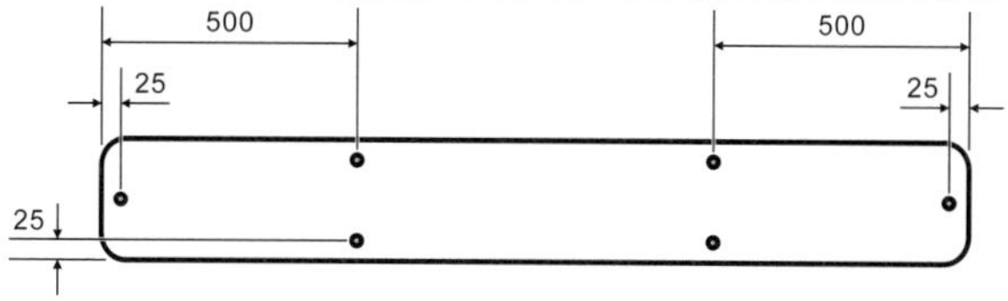
250 x 2400 250 x 2500 500 x 2400 500 x 2500	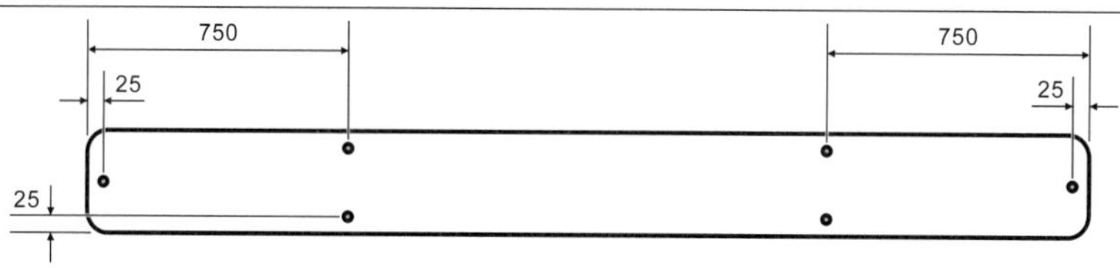
250 x 1000	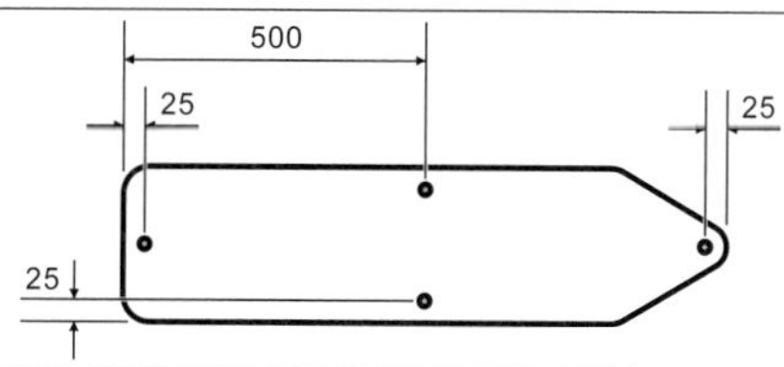
350 x 1250 350 x 1400 350 x 1500 350 x 1750 400 x 1500 400 x 1750 450 x 1500 450 x 1750	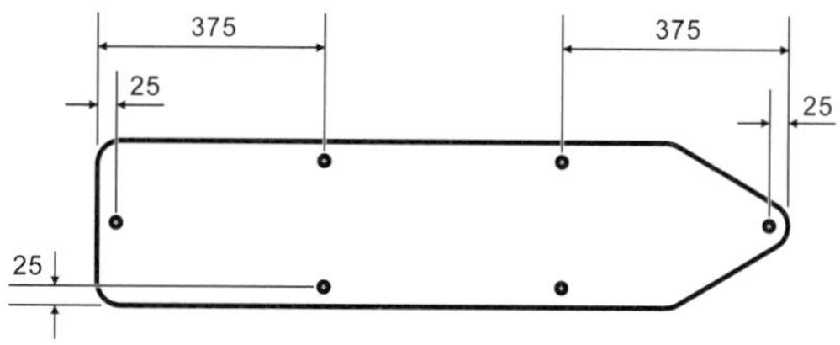
400 x 2000 450 x 2000 500 x 1750 500 x 2000 600 x 2000	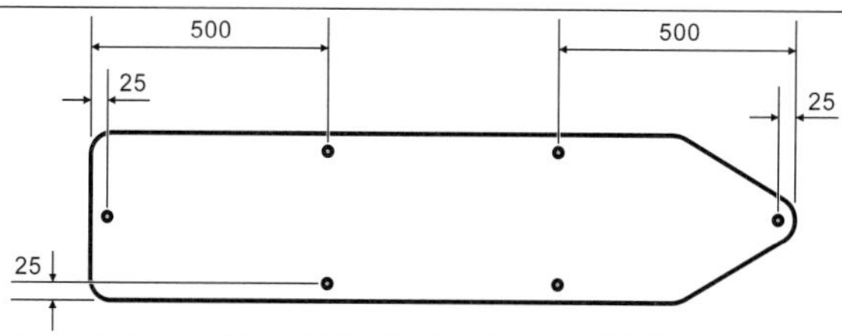
500 x 2500 600 x 2500	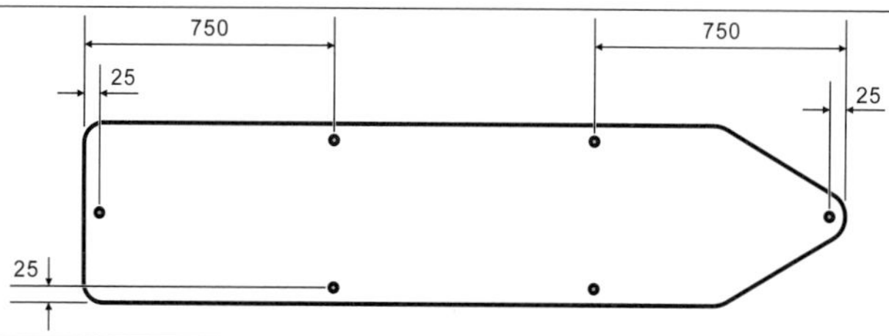

IVZ-Norm 2022/
Fassung 2024

10 Aufstellarten von Verkehrszeichen und Verkehrszeichenkombinationen

Die Einhaltung der zulässigen Verformungen nach TLP VZ bei den einzelnen Aufstellarten ist durch Belastungsversuche und darauf aufgebaute Rechenmodelle nachgewiesen. Die Aufstellarten beschreiben die Kombinationen, die in Bodenfreiheit, Abmessung und Anzahl der Verkehrszeichen die Anforderungen nach TLP VZ erfüllen und mit dem CE-Zeichen gekennzeichnet werden, sofern die betreffenden Produkte von zertifizierten Herstellern gefertigt worden sind.

Dieser Darstellung sind die Typennummern aus Tabelle 8 für Stahl-Rohrpfosten/-masten, Tabelle 9 für Aluminium-Rohrpfosten/-masten und Tabelle 14 für Rohrrahmen zugeordnet.

Legende:
ø = Durchmesser
t = Wandstärke
B = Abstand der parallelen Seiten
BF = **B**oden**f**reiheit
SL = **S**eiten**l**änge
E = **E**inbeinige Aufstellung
Z = **Z**weibeinige Aufstellung
FB = **F**ahnenhalterung für Stahl**b**andbefestigung
FS = **F**ahnenhalterung mit Rohr**s**chellen

IVZ-Norm 2022/ Fassung 2024

11 Aufstellarten – Verkehrszeichen an Rohrpfosten

Tabelle 23: Aufstellung mit Stahl-Rohrpfosten										
Abbildungen	Abmessungen		Bodenfreiheit (BF) 2000 mm				Bodenfreiheit (BF) 2200 mm			
	Größen [mm]	Fläche [m²]	Rohrlänge [mm]	Rohr Ø [mm] / t [mm]	Rohrtyp	Fund.-typ	Rohrlänge [mm]	Rohr Ø [mm] / t [mm]	Rohrtyp	Fund.-typ
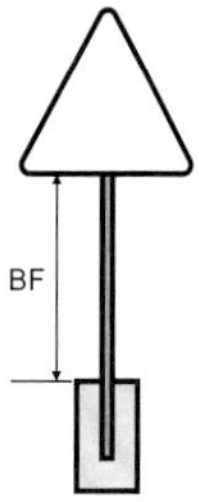	SL 630	0,17	3250	60,3/2,0	S132	A	3500	60,3/2,0	S135	A
	SL 900	0,35	3500	60,3/2,0	S135	A	3750	60,3/2,0	S137	A
	SL 1260	0,69	3750	76,1/2,0	S337	B	4000	76,1/2,0	S340	B
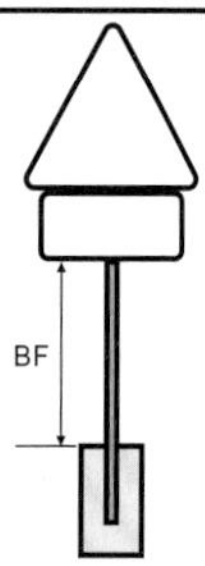	SL 630 231 x 420	0,27	3500	60,3/2,0	S135	A	3750	60,3/2,0	S137	A
	SL 900 330 x 600	0,55	3750	60,3/2,0	S137	A	4000	76,1/2,0	S340	B
	SL 1260 412 x 750	1,00	4250	76,1/2,9	S442	B	4500	76,1/2,9	S445	B
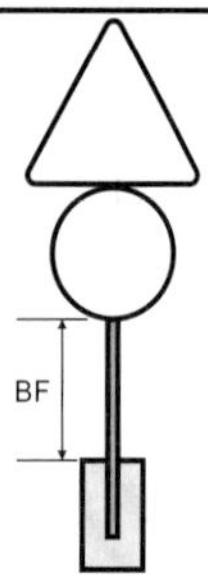	SL 630 Ø 420	0,31	3500	60,3/2,0	S135	A	3750	60,3/2,0	S137	A
	SL 900 Ø 600	0,63	4000	76,1/2,0	S340	B	4250	76,1/2,0	S342	B
	SL 1260 Ø 750	1,13	4500	76,1/2,9	S445	B	4750	88,9/3,2	S547	C
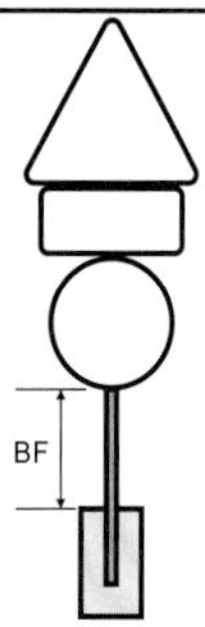	SL 630 231 x 420 Ø 420	0,41	3750	60,3/2,0	S137	A	4000	60,3/2,0	S140	A
	SL 900 330 x 600 Ø 600	0,83	4250	76,1/2,0	S342	B	4500	76,1/2,9	S445	B
	SL 1260 412 x 750 Ø 750	1,44	5000	88,9/3,2	S550	C	5250	88,9/3,2	S552	C

Fortsetzung Tabelle 23: Aufstellung mit Stahl-Rohrpfosten

Abbildungen	Abmessungen		Bodenfreiheit (BF) 2000 mm				Bodenfreiheit (BF) 2200 mm			
	Größen [mm]	Fläche [m²]	Rohrlänge [mm]	Rohr Ø [mm] / t [mm]	Rohrtyp	Fund.-typ	Rohrlänge [mm]	Rohr Ø [mm] / t [mm]	Rohrtyp	Fund.-typ
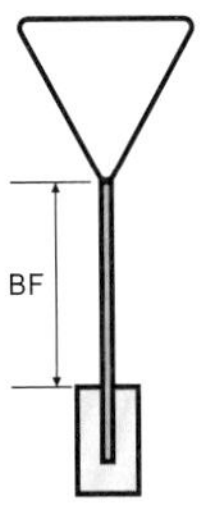	SL 630	0,17	3250	60,3/2,0	S132	A	3500	60,3/2,0	S135	A
	SL 900	0,35	3500	60,3/2,0	S135	A	3750	60,3/2,0	S137	A
	SL 1260	0,69	3750	76,1/2,0	S337	B	4000	76,1/2,0	S340	B
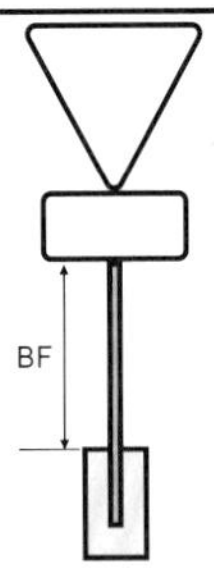	SL 900 330 x 600	0,55	3750	60,3/2,0	S137	A	4000	76,1/2,0	S340	A
	SL 900 450 x 600	0,62	3750	76,1/2,0	S337	B	4000	76,1/2,0	S340	B
	SL 1260 412 x 750	1,00	4250	76,1/2,9	S442	B	4500	76,1/2,9	S445	B
	SL 1260 562 x 750	1,11	4250	76,1/2,9	S442	B	4500	88,9/3,2	S545	C
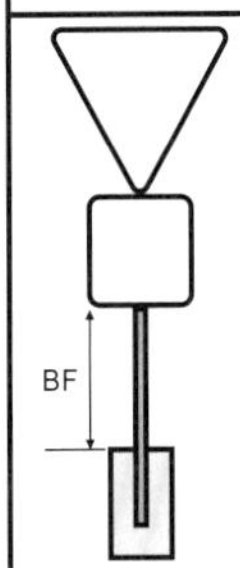	SL 900 600 x 600	0,71	4000	76,1/2,0	S340	B	4250	76,1/2,0	S342	B
	SL 1260 750 x 750	1,25	4500	88,9/3,2	S545	C	4750	88,9/3,2	S547	C
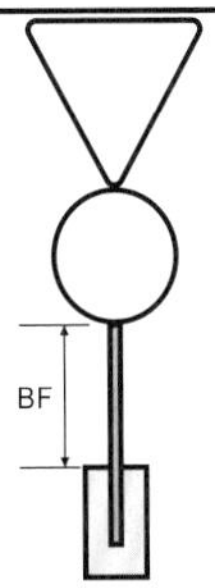	SL 900 Ø 600	0,63	4000	76,1/2,0	S340	B	4250	76,1/2,0	S342	B
	SL 1260 Ø 750	1,13	4500	76,1/2,9	S445	B	4750	88,9/3,2	S547	C

Fortsetzung Tabelle 23: Aufstellung mit Stahl-Rohrpfosten

Abbildungen	Abmessungen		Bodenfreiheit (BF) 2000 mm				Bodenfreiheit (BF) 2200 mm			
	Größen [mm]	Fläche [m^2]	Rohrlänge [mm]	Rohr Ø [mm] / t [mm]	Rohrtyp	Fund.-typ	Rohrlänge [mm]	Rohr Ø [mm] / t [mm]	Rohrtyp	Fund.-typ
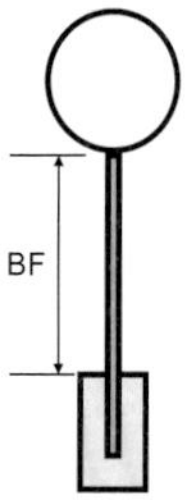 BF	Ø 420	0,14	3000	60,3/2,0	S130	A	3250	60,3/2,0	S132	A
	Ø 600	0,28	3250	60,3/2,0	S132	A	3500	60,3/2,0	S135	A
	Ø 750	0,44	3500	60,3/2,0	S135	A	3750	60,3/2,0	S137	A
			Bodenfreiheit (BF) 600 mm							
	Ø 420	0,14	1750	60,3/2,0	S117	A				
	Ø 600	0,28	1750	60,3/2,0	S117	A				
	Ø 750	0,44	2000	60,3/2,0	S120	A				
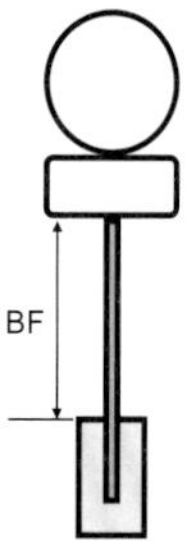 BF	Ø 420 231 x 420	0,24	3250	60,3/2,0	S132	A	3500	60,3/2,0	S135	A
	Ø 420 315 x 420	0,27	3250	60,3/2,0	S132	A	3500	60,3/2,0	S135	A
	Ø 600 330 x 600	0,48	3500	60,3/2,0	S135	A	3750	60,3/2,0	S137	A
	Ø 600 450 x 600	0,55	3750	60,3/2,0	S137	A	4000	76,1/2,0	S340	B
	Ø 750 412 x 750	0,75	3750	76,1/2,0	S337	B	4000	76,1/2,0	S340	B
	Ø 750 562 x 750	0,86	4000	76,1/2,9	S440	B	4250	76,1/2,9	S442	B
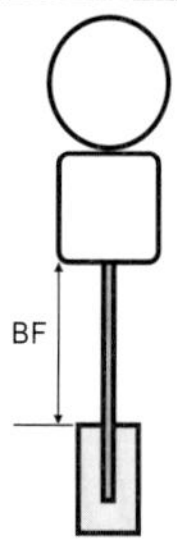 BF	Ø 420 420 x 420	0,32	3500	60,3/2,0	S135	A	3750	60,3/2,0	S137	A
	Ø 600 600 x 600	0,64	3750	76,1/2,0	S337	B	4000	76,1/2,0	S340	B
	Ø 750 750 x 750	1,00	4000	76,1/2,9	S440	B	4250	76,1/2,9	S442	B
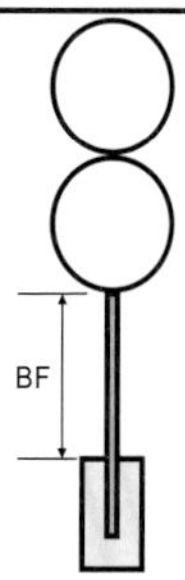 BF	Ø 420 Ø 420	0,28	3500	60,3/2,0	S135	A	3750	60,3/2,0	S137	A
	Ø 600 Ø 600	0,56	3750	76,1/2,0	S337	B	4000	76,1/2,0	S340	B
	Ø 750 Ø 750	0,88	4000	76,1/2,9	S440	B	4250	76,1/2,9	S442	B

Fortsetzung Tabelle 23: Aufstellung mit Stahl-Rohrpfosten										
Abbildungen	Abmessungen		Bodenfreiheit (BF) 2000 mm				Bodenfreiheit (BF) 2200 mm			
	Größen [mm]	Fläche [m²]	Rohrlänge [mm]	Rohr Ø [mm] / t [mm]	Rohrtyp	Fund.-typ	Rohrlänge [mm]	Rohr Ø [mm] / t [mm]	Rohrtyp	Fund.-typ
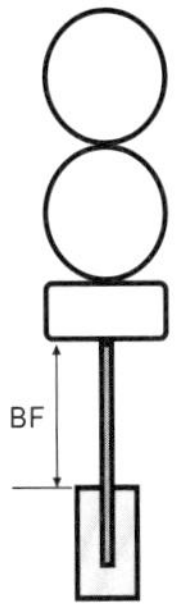	Ø 600 Ø 600 450 x 600	0,83	4250	76,1/2,0	S342	B	4500	76,1/2,9	S445	B
	Ø 750 Ø 750 562 x 750	1,30	4750	88,9/3,2	S547	C	5000	88,9/3,2	S550	C
	Ø 420 231 x 420 Ø 420 231 x 420	0,47	4000	60,3/2,0	S140	A	4250	60,3/2,0	S142	A
	Ø 600 330 x 600 Ø 600 330 x 600	0,96	4500	76,1/2,9	S445	B	4750	76,1/2,9	S447	B
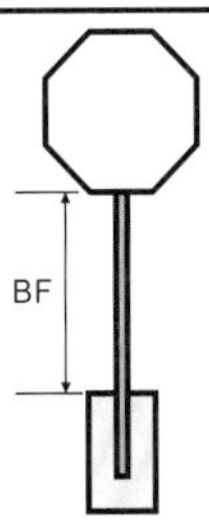	B 900	0,67	3500	76,1/2,0	S335	B	3750	76,1/2,0	S337	B
	B 1050	0,91	3750	76,1/2,9	S437	B	4000	76,1/2,9	S440	B
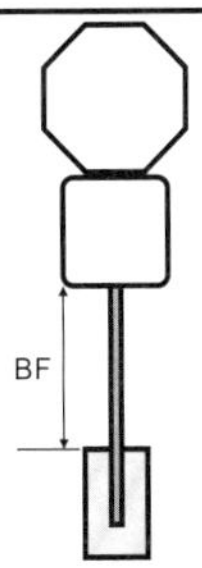	B 900 600 x 600	1,03	4250	76,1/2,9	S442	B	4500	76,1/2,9	S445	B

Fortsetzung Tabelle 23: Aufstellung mit Stahl-Rohrpfosten

Abbildungen	Abmessungen		Bodenfreiheit (BF) 2000 mm				Bodenfreiheit (BF) 2200 mm			
	Größen [mm]	Fläche [m²]	Rohrlänge [mm]	Rohr Ø [mm] / t [mm]	Rohrtyp	Fund.-typ	Rohrlänge [mm]	Rohr Ø [mm] / t [mm]	Rohrtyp	Fund.-typ
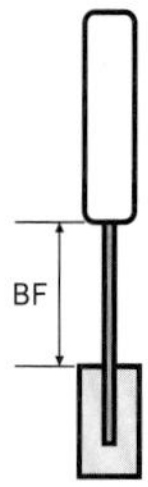			**Bodenfreiheit (BF) 300 mm**							
	1000 x 250	0,25	2000	60,3/2,0	S120	A				
	1000 x 300	0,30	2000	60,3/2,0	S120	A				
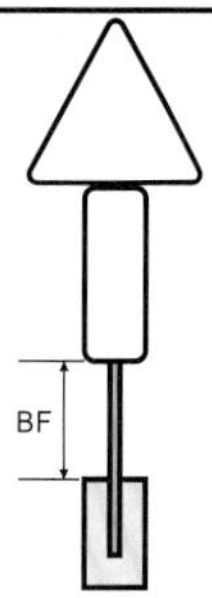			**Bodenfreiheit (BF) 300 mm**							
	SL 900 1000 x 300	0,65	2750	60,3/2,0	S127	A				
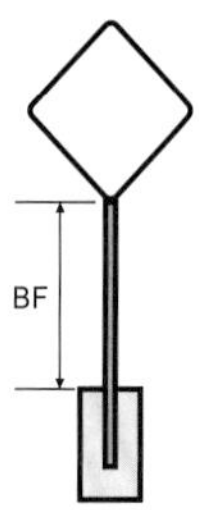	420 x 420	0,18	3250	60,3/2,0	S132	A	3500	60,3/2,0	S135	A
	600 x 600	0,36	3500	60,3/2,0	S135	A	3750	60,3/2,0	S137	A
	840 x 840	0,71	3750	76,1/2,0	S337	B	4000	76,1/2,0	S340	B
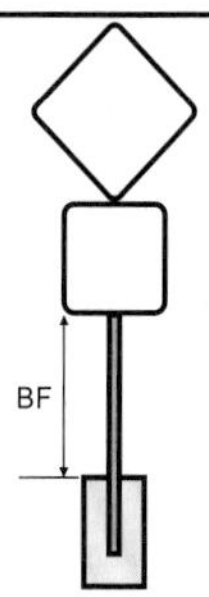	420 x 420 420 x 420	0,36	3500	60,3/2,0	S135	A	3750	60,3/2,0	S137	A
	600 x 600 600 x 600	0,72	4000	76,1/2,0	S340	B	4250	76,1/2,0	S342	B

Fortsetzung Tabelle 23: Aufstellung mit Stahl-Rohrpfosten

Abbildungen	Abmessungen		Bodenfreiheit (BF) 2000 mm				Bodenfreiheit (BF) 2200 mm			
	Größen [mm]	Fläche [m²]	Rohrlänge [mm]	Rohr Ø [mm] / t [mm]	Rohrtyp	Fund.-typ	Rohrlänge [mm]	Rohr Ø [mm] / t [mm]	Rohrtyp	Fund.-typ
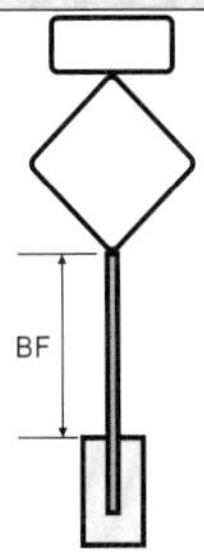	250 x 420 420 x 420	0,28	3500	60,3/2,0	S135	A	3750	60,3/2,0	S137	A
	250 x 420 600 x 600	0,47	3750	60,3/2,0	S137	A	4000	60,3/2,0	S140	A
	250 x 420 840 x 840	0,81	4000	76,1/2,0	S340	B	4250	76,1/2,9	S442	B
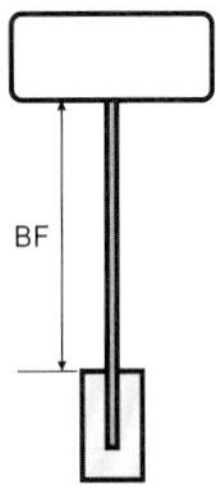	200 x 750	0,15	2750	60,3/2,0	S127	A	3000	60,3/2,0	S130	A
	200 x 1000	0,20	2750	60,3/2,0	S127	A	3000	60,3/2,0	S130	A
	300 x 800	0,24	3000	60,3/2,0	S130	A	3250	60,3/2,0	S132	A
	333 x 1000	0,33	3000	60,3/2,0	S130	A	3250	60,3/2,0	S132	A
	333 x 1250	0,42	3000	60,3/2,0	S130	A	3250	60,3/2,0	S132	A
	350 x 1050	0,37	3000	60,3/2,0	S130	A	3250	60,3/2,0	S132	A
	420 x 630	0,26	3000	60,3/2,0	S130	A	3250	60,3/2,0	S132	A
	600 x 900	0,54	3250	60,3/2,0	S132	A	3500	76,1/2,0	S335	B
	840 x 1260	1,06	3500	76,1/2,9	S435	B	3750	76,1/2,9	S437	B
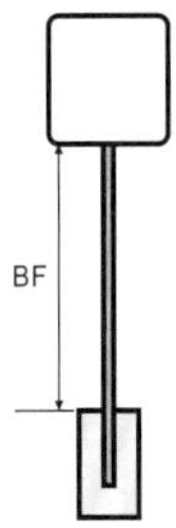	420 x 420	0,18	3000	60,3/2,0	S130	A	3250	60,3/2,0	S132	A
	600 x 600	0,36	3250	60,3/2,0	S132	A	3500	60,3/2,0	S135	A
	750 x 750	0,56	3500	76,1/2,0	S335	B	3750	76,1/2,0	S337	B
	840 x 840	0,71	3500	76,1/2,0	S335	B	3750	76,1/2,0	S337	B
			Bodenfreiheit (BF) 1000 mm							
	500 x 500	0,25	2250	60,3/2,0	S122	A	500 x 500			
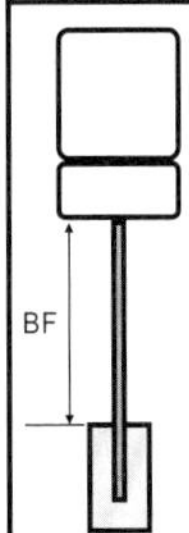	420 x 420 231 x 420	0,27	3250	60,3/2,0	S132	A	3500	60,3/2,0	S135	A
	600 x 600 330 x 600	0,56	3500	76,1/2,0	S335	B	3750	76,1/2,0	S337	B
	840 x 840 412 x 750	1,02	4000	76,1/2,9	S440	B	4250	76,1/2,9	S442	B

Fortsetzung Tabelle 23: Aufstellung mit Stahl-Rohrpfosten

Abbildungen	Abmessungen		Bodenfreiheit (BF) 2000 mm				Bodenfreiheit (BF) 2200 mm			
	Größen [mm]	Fläche [m²]	Rohrlänge [mm]	Rohr Ø [mm] / t [mm]	Rohrtyp	Fund.-typ	Rohrlänge [mm]	Rohr Ø [mm] / t [mm]	Rohrtyp	Fund.-typ
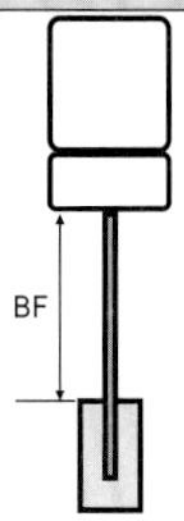	420 x 420 315 x 420	0,31	3250	60,3/2,0	S132	A	3500	60,3/2,0	S135	A
	600 x 600 450 x 600	0,63	3750	76,1/2,0	S337	B	4000	76,1/2,0	S340	B
	840 x 840 562 x 750	1,13	4250	76,1/2,9	S442	B	4500	88,9/3,2	S545	C
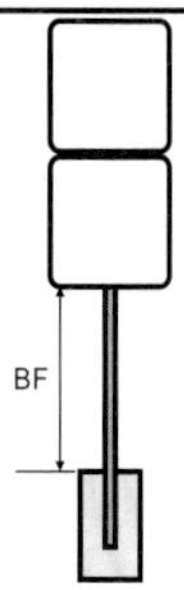	420 x 420 420 x 420	0,36	3500	60,3/2,0	S135	A	3750	60,3/2,0	S137	A
	600 x 600 600 x 600	0,72	3750	76,1/2,0	S337	B	4000	76,1/2,0	S340	B
	840 x 840 750 x 750	1,27	4250	88,9/3,2	S542	C	4500	88,9/3,2	S545	C
	840 x 840 840 x 840	1,41	4250	88,9/3,2	S542	C	4500	88,9/3,2	S545	C
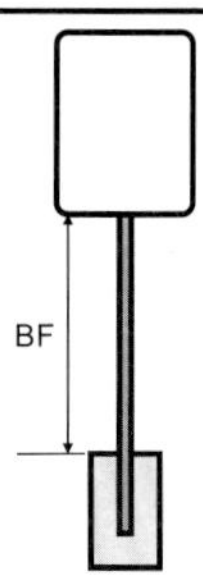	630 x 420	0,26	3250	60,3/2,0	S132	A	3500	60,3/2,0	S135	A
	900 x 600	0,54	3500	60,3/2,0	S135	A	3750	76,1/2,0	S337	B
	1260 x 840	1,06	4000	76,1/2,9	S440	B	4250	76,1/2,9	S442	B
			Bodenfreiheit (BF) 1000 mm							
	1500 x 650	0,98	3250	76,1/2,0	S332	B				
			Bodenfreiheit (BF) 600 mm							
	750 x 500	0,38	2000	60,3/2,0	S120	A				
	1200 x 600	0,72	2500	60,3/2,0	S125	A				
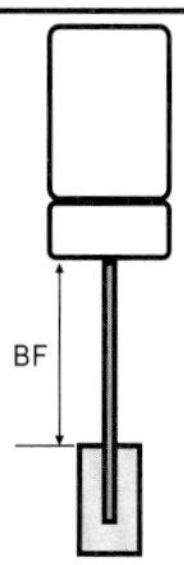	630 x 420 231 x 420	0,36	3500	60,3/2,0	S135	A	3750	60,3/2,0	S137	A
	900 x 600 330 x 600	0,74	3750	76,1/2,0	S337	B	4000	76,1/2,0	S340	B
	1260 x 840 412 x 750	1,37	4250	88,9/3,2	S542	C	4500	88,9/3,2	S545	C

Fortsetzung Tabelle 23: Aufstellung mit Stahl-Rohrpfosten

Abbildungen	Abmessungen		Bodenfreiheit (BF) 1000 mm				Bodenfreiheit (BF) 2000 mm			
	Größen [mm]	Fläche [m²]	Rohrlänge [mm]	Rohr Ø [mm] / t [mm]	Rohrtyp	Fund.-typ	Rohrlänge [mm]	Rohr Ø [mm] / t [mm]	Rohrtyp	Fund.-typ
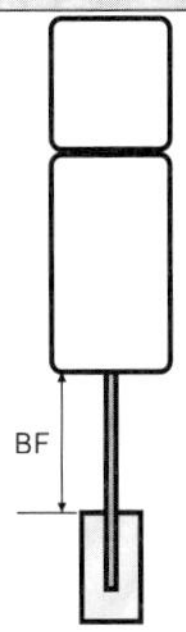	650 x 650 1500 x 650	1,40	3750	76,1/2,9	S437	B				

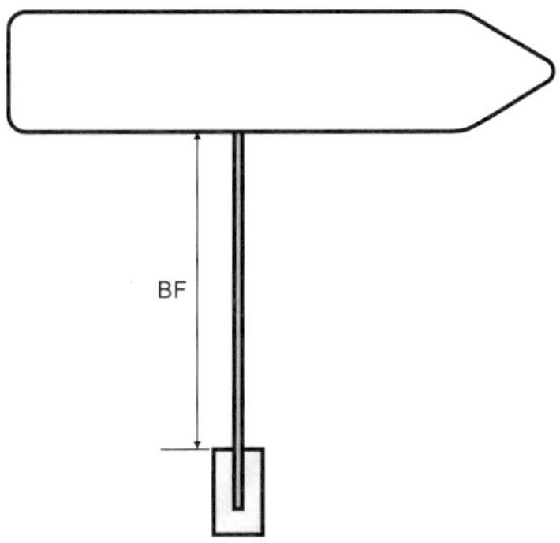

Abmessungen		Bodenfreiheit (BF) 2000 mm			
Größen [mm]	Fläche [m²]	Rohrlänge [mm]	Rohr Ø [mm] / t [mm]	Rohrtyp	Fundament-typ
250 x 1000	0,23	2750	60,3/2,0	S127	A
350 x 1250	0,39	3000	60,3/2,0	S130	A
350 x 1400	0,45	3000	60,3/2,0	S130	A
350 x 1500	0,48	3000	60,3/2,0	S130	A
350 x 1750	0,57	3000	76,1/2,0	S330	B
400 x 1500	0,55	3000	60,3/2,0	S130	A
400 x 1750	0,65	3000	76,1/2,0	S330	B
400 x 2000	0,75	3000	76,1/2,0	S330	B
450 x 1500	0,61	3000	76,1/2,0	S330	B
450 x 1750	0,72	3000	76,1/2,0	S330	B
450 x 2000	0,84	3000	76,1/2,0	S330	B
500 x 1750	0,79	3250	76,1/2,0	S332	B
500 x 2000	0,92	3250	76,1/2,9	S432	B
500 x 2500	1,17	3250	88,9/3,2	S532	C
600 x 2000	1,08	3250	76,1/2,9	S432	B
600 x 2500	1,38	3250	88,9/3,2	S532	C
		Bodenfreiheit (BF) 2200 mm			
250 x 1000	0,23	3000	60,3/2,0	S130	A
350 x 1250	0,39	3250	60,3/2,0	S132	A
350 x 1400	0,45	3250	60,3/2,0	S132	A
350 x 1500	0,48	3250	60,3/2,0	S132	A
350 x 1750	0,57	3250	76,1/2,0	S332	B
400 x 1500	0,55	3250	76,1/2,0	S332	B
400 x 1750	0,65	3250	76,1/2,0	S332	B
400 x 2000	0,75	3250	76,1/2,0	S332	B
450 x 1500	0,61	3250	76,1/2,0	S332	B
450 x 1750	0,72	3250	76,1/2,0	S332	B
450 x 2000	0,84	3250	76,1/2,9	S432	B
500 x 1750	0,79	3500	76,1/2,0	S335	B
500 x 2000	0,92	3500	76,1/2,9	S435	B
500 x 2500	1,17	3500	88,9/3,2	S535	C
600 x 2000	1,08	3500	76,1/2,9	S435	B
600 x 2500	1,38	3500	88,9/3,2	S535	C

Fortsetzung Tabelle 23: Aufstellung mit Aluminium-Rohrpfosten

Abbildungen	Abmessungen		Bodenfreiheit (BF) 2000 mm				Bodenfreiheit (BF) 2200 mm			
	Größen [mm]	Fläche [m²]	Rohrlänge [mm]	Rohr Ø [mm] / t [mm]	Rohrtyp	Fund.-typ	Rohrlänge [mm]	Rohr Ø [mm] / t [mm]	Rohrtyp	Fund.-typ
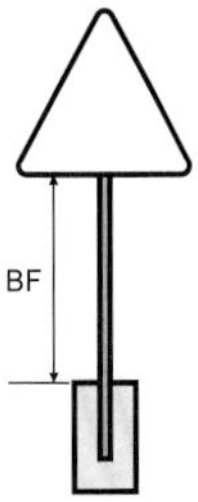	SL 630	0,17	3250	60,0/2,5	A232	A	3500	60,0/2,5	A235	A
	SL 900	0,35	3500	60,0/2,5	A235	A	3750	60,0/2,5	A237	A
	SL 1260	0,69	3750	76,0/3,0	A437	B	4000	76,0/3,0	A440	B
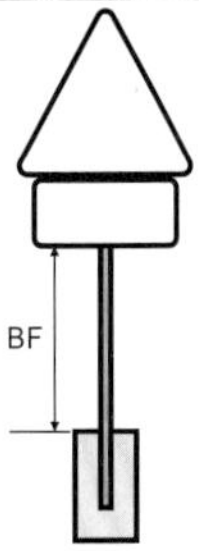	SL 630 231 x 420	0,27	3500	60,0/2,5	A235	A	3750	60,0/2,5	A237	A
	SL 900 330 x 600	0,55	3750	76,0/3,0	A437	B	4000	76,0/3,0	A440	B
	SL 1260 412 x 750	1,00	4250	108,0/4,0	A642	D	4500	108,0/4,0	A645	D
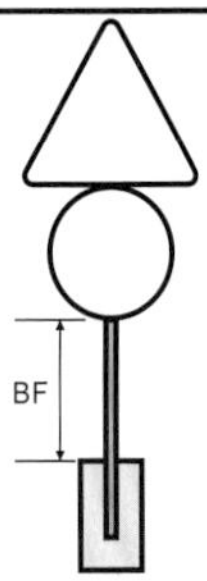	SL 630 Ø 420	0,31	3500	60,0/2,5	A235	A	3750	60,0/2,5	A237	A
	SL 900 Ø 600	0,63	4000	76,0/3,0	A440	B	4250	76,0/3,0	A442	B
	SL 1260 Ø 750	1,13	4500	108,0/4,0	A645	D				
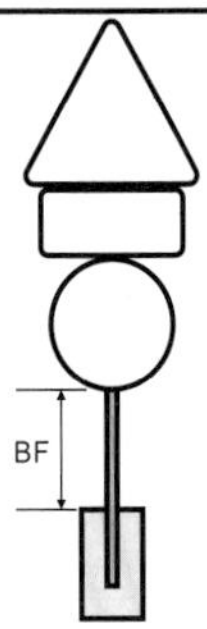	SL 630 231 x 420 Ø 420	0,41	3750	60,0/2,5	A237	A	4000	76,0/3,0	A440	B
	SL 900 330 x 600 Ø 600	0,83	4250	76,0/3,0	A442	B	4500	108,0/4,0	A645	D

Fortsetzung Tabelle 23: Aufstellung mit Aluminium-Rohrpfosten

Abbildungen	Abmessungen		Bodenfreiheit (BF) 2000 mm				Bodenfreiheit (BF) 2200 mm			
	Größen [mm]	Fläche [m²]	Rohrlänge [mm]	Rohr Ø [mm] / t [mm]	Rohrtyp	Fund.-typ	Rohrlänge [mm]	Rohr Ø [mm] / t [mm]	Rohrtyp	Fund.-typ
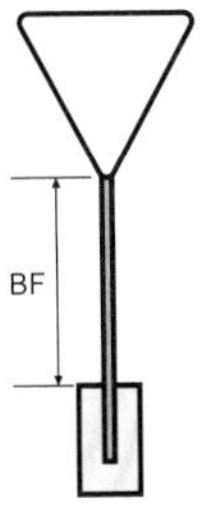	SL 630	0,17	3250	60,0/2,5	A232	A	3500	60,0/2,5	A235	A
	SL 900	0,35	3500	60,0/2,5	A235	A	3750	60,0/2,5	A237	A
	SL 1260	0,69	3750	76,0/3,0	A437	B	4000	76,0/3,0	A440	B
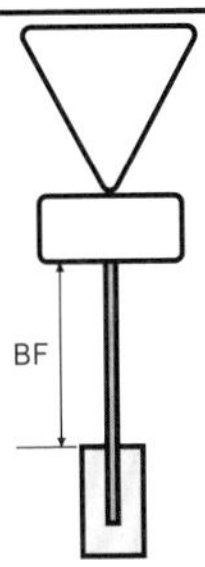	SL 900 330 x 600	0,55	3750	76,0/3,0	A437	B	4000	76,0/3,0	A440	B
	SL 900 450 x 600	0,62	3750	76,0/3,0	A437	B	4000	76,0/3,0	A440	B
	SL 1260 412 x 750	1,00	4250	108,0/4,0	A642	D	4500	108,0/4,0	A645	D
	SL 1260 562 x 750	1,11	4250	108,0/4,0	A642	D				
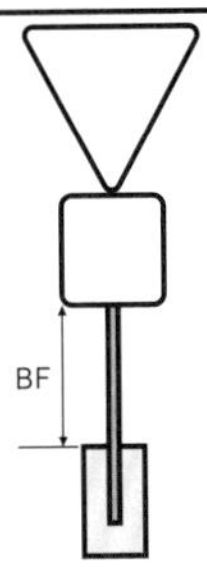	SL 900 600 x 600	0,71	4000	76,0/3,0	A440	B	4250	76,0/3,0	A442	B
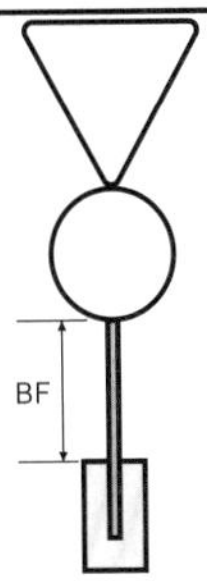	SL 900 Ø 600	0,63	4000	76,0/3,0	A440	B	4250	76,0/3,0	A442	B
	SL 1260 Ø 750	1,13	4500	108,0/4,0	A645	D				

Fortsetzung Tabelle 23: Aufstellung mit Aluminium-Rohrpfosten

Abbildungen	Abmessungen		Bodenfreiheit (BF) 2000 mm				Bodenfreiheit (BF) 2200 mm			
	Größen [mm]	Fläche [m²]	Rohrlänge [mm]	Rohr Ø [mm] / t [mm]	Rohrtyp	Fund.-typ	Rohrlänge [mm]	Rohr Ø [mm] / t [mm]	Rohrtyp	Fund.-typ
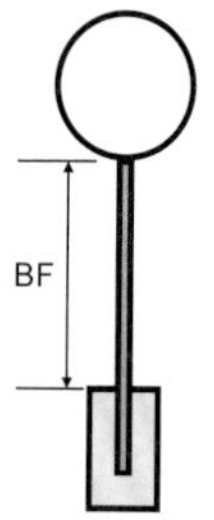	Ø 420	0,14	3000	60,0/2,5	A230	A	3250	60,0/2,5	A232	A
	Ø 600	0,28	3250	60,0/2,5	A232	A	3500	60,0/2,5	A235	A
	Ø 750	0,44	3500	60,0/2,5	A235	A	3750	76,0/3,0	A437	B
			Bodenfreiheit (BF) 600 mm							
	Ø 420	0,14	1750	60,0/2,5	A217	A				
	Ø 600	0,28	1750	60,0/2,5	A217	A				
	Ø 750	0,44	2000	60,0/2,5	A220	A				
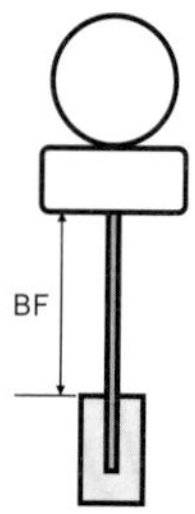	Ø 420 231 x 420	0,24	3250	60,0/2,5	A232	A	3500	60,0/2,5	A235	A
	Ø 420 315 x 420	0,27	3250	60,0/2,5	A232	A	3500	60,0/2,5	A235	A
	Ø 600 330 x 600	0,48	3500	76,0/3,0	A435	B	3750	76,0/3,0	A437	B
	Ø 600 450 x 600	0,55	3750	76,0/3,0	A437	B	4000	76,0/3,0	A440	B
	Ø 750 412 x 750	0,75	3750	76,0/3,0	A437	B	4000	76,0/3,0	A440	B
	Ø 750 562 x 750	0,86	4000	108,0/4,0	A640	D	4250	108,0/4,0	A642	D
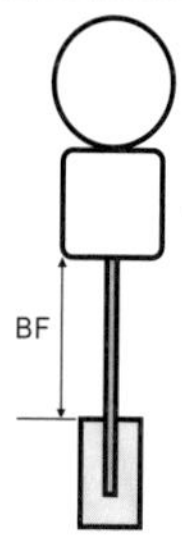	Ø 420 420 x 420	0,32	3500	60,0/2,5	A235	A	3750	60,0/2,5	A237	A
	Ø 600 600 x 600	0,64	3750	76,0/3,0	A437	B	4000	76,0/3,0	A440	B
	Ø 750 750 x 750	1,00	4000	108,0/4,0	A640	D	4250	108,0/4,0	A642	D
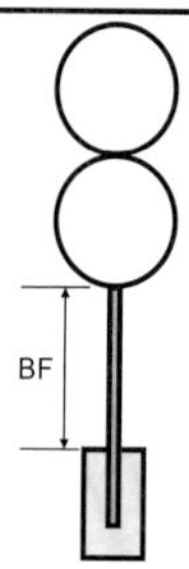	Ø 420 Ø 420	0,28	3500	60,0/2,5	A235	A	3750	60,0/2,5	A237	A
	Ø 600 Ø 600	0,56	3750	76,0/3,0	A437	B	4000	76,0/3,0	A440	B
	Ø 750 Ø 750	0,88	4000	108,0/4,0	A640	D	4250	108,0/4,0	A642	D

Fortsetzung Tabelle 23: Aufstellung mit Aluminium-Rohrpfosten

Abbildungen	Abmessungen		Bodenfreiheit (BF) 2000 mm				Bodenfreiheit (BF) 2200 mm			
	Größen [mm]	Fläche [m²]	Rohrlänge [mm]	Rohr Ø [mm] / t [mm]	Rohrtyp	Fund.-typ	Rohrlänge [mm]	Rohr Ø [mm] / t [mm]	Rohrtyp	Fund.-typ
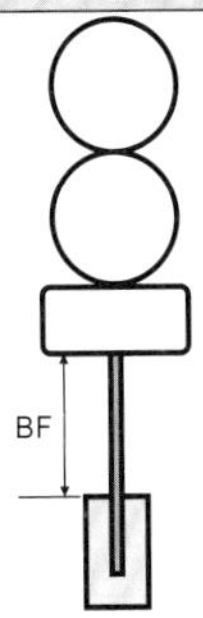	Ø 600 Ø 600 450 x 600	0,83	4250	76,0/3,0	A442	B	4500	108,0/4,0	A645	D
	Ø 420 231 x 420 Ø 420 231 x 420	0,47	4000	76,0/3,0	A440	B	4250	76,0/3,0	A442	B
	Ø 600 330 x 600 Ø 600 330 x 600	0,96	4500	108,0/4,0	A645	D	4750	108,0/4,0	A647	D
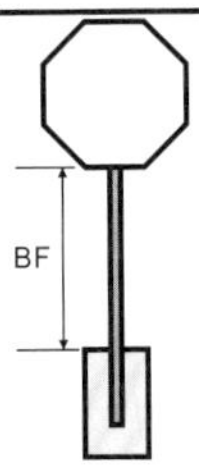	B 900	0,67	3500	76,0/3,0	A435	B	3750	76,0/3,0	A437	B
	B 1050	0,91	3750	108,0/4,0	A637	D	4000	108,0/4,0	A640	D
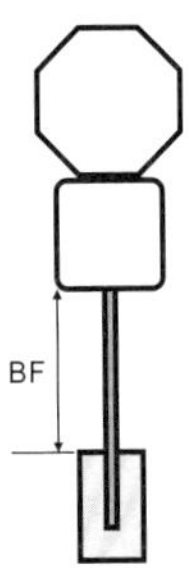	B 900 600 x 600	1,03	4250	108,0/4,0	A642	D	4500	108,0/4,0	A645	D

Tabelle 23: Aufstellung mit Aluminium-Rohrpfosten

Abbildungen	Abmessungen		Bodenfreiheit (BF) 2000 mm				Bodenfreiheit (BF) 2200 mm			
	Größen [mm]	Fläche [m²]	Rohrlänge [mm]	Rohr Ø [mm] / t [mm]	Rohrtyp	Fund.-typ	Rohrlänge [mm]	Rohr Ø [mm] / t [mm]	Rohrtyp	Fund.-typ
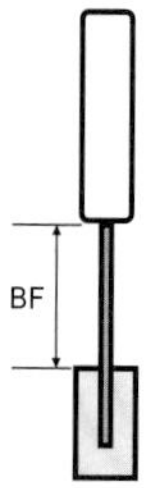			Bodenfreiheit (BF) 300 mm							
	1000 x 250	0,25	2000	60,0/2,5	A220	A				
	1000 x 300	0,30	2000	60,0/2,5	A220	A				
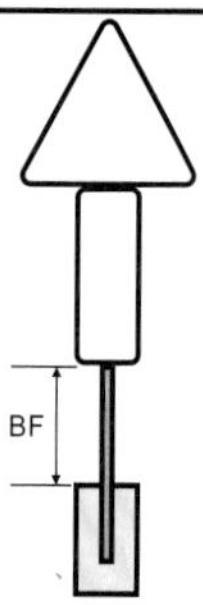			Bodenfreiheit (BF) 300 mm							
	SL 900 1000 x 300	0,65	2750	60,0/2,5	A227	A				
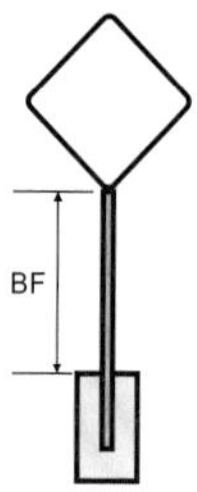	420 x 420	0,18	3250	60,0/2,5	A232	A	3500	60,0/2,5	A235	A
	600 x 600	0,36	3500	60,0/2,5	A235	A	3750	60,0/2,5	A237	A
	840 x 840	0,71	3750	76,0/3,0	A437	B	4000	76,0/3,0	A440	B
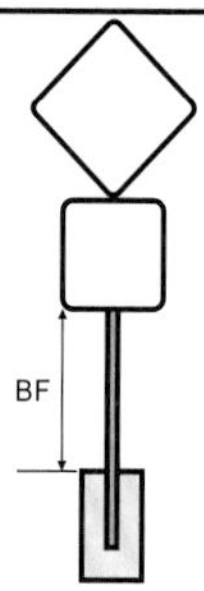	420 x 420 420 x 420	0,36	3500	60,0/2,5	A235	A	3750	60,3/2,0	A237	A
	600 x 600 600 x 600	0,72	4000	76,0/3,0	A440	B	4250	76,0/3,0	A442	B

Fortsetzung Tabelle 23: Aufstellung mit Aluminium-Rohrpfosten

Abbildungen	Abmessungen		Bodenfreiheit (BF) 2000 mm				Bodenfreiheit (BF) 2200 mm			
	Größen [mm]	Fläche [m²]	Rohrlänge [mm]	Rohr Ø [mm] / t [mm]	Rohrtyp	Fund.-typ	Rohrlänge [mm]	Rohr Ø [mm] / t [mm]	Rohrtyp	Fund.-typ
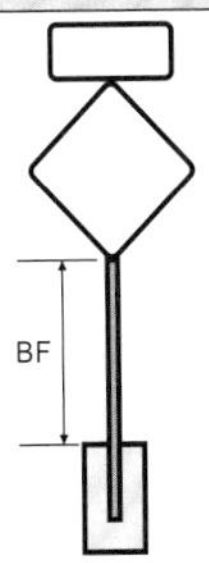	250 x 420 420 x 420	0,28	3500	60,0/2,5	A235	A	3750	60,0/2,5	A237	A
	250 x 420 600 x 600	0,47	3750	76,0/3,0	A437	B	4000	76,0/3,0	A440	B
	250 x 420 840 x 840	0,81	4000	76,0/3,0	A440	B	4250	108,0/4,0	A642	D
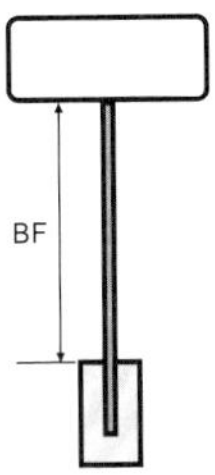	200 x 750	0,15	2750	60,0/2,5	A227	A	3000	60,0/2,5	A230	A
	200 x 1000	0,20	2750	60,0/2,5	A227	A	3000	60,0/2,5	A230	A
	300 x 800	0,24	3000	60,0/2,5	A230	A	3250	60,0/2,5	A232	A
	333 x 1000	0,33	3000	60,0/2,5	A230	A	3250	60,0/2,5	A232	A
	333 x 1250	0,42	3000	60,0/2,5	A230	A	3250	76,0/3,0	A432	B
	350 x 1050	0,37	3000	60,0/2,5	A230	A	3250	60,0/2,5	A232	A
	420 x 630	0,26	3000	60,0/2,5	A230	A	3250	60,0/2,5	A232	A
	600 x 900	0,54	3250	76,0/3,0	A432	B	3500	76,0/3,0	A435	B
	840 x 1260	1,06	3500	108,0/4,0	A635	D	3750	108,0/4,0	A637	D
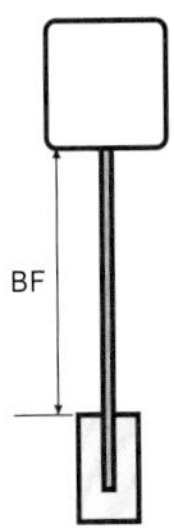	420 x 420	0,18	3000	60,0/2,5	A230	A	3250	60,0/2,5	A232	A
	600 x 600	0,36	3250	60,0/2,5	A232	A	3500	60,0/2,5	A235	A
	750 x 750	0,56	3500	76,0/3,0	A435	B	3750	76,0/3,0	A437	B
	840 x 840	0,71	3500	76,0/3,0	A435	B	3750	76,0/3,0	A437	B
			Bodenfreiheit (BF) 1000 mm							
	500 x 500	0,25	2250	60,0/2,5	A222	A				
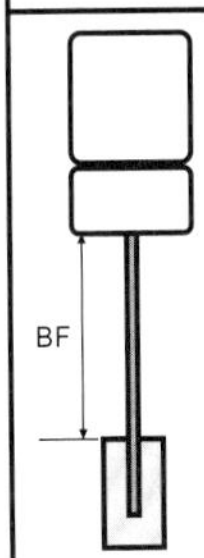	420 x 420 231 x 420	0,27	3250	60,0/2,5	A232	A	3500	60,0/2,5	A235	A
	600 x 600 330 x 600	0,56	3500	76,0/3,0	A435	B	3750	76,0/3,0	A437	B
	840 x 840 412 x 750	1,02	4000	108,0/4,0	A640	D	4250	108,0/4,0	A642	D

Fortsetzung Tabelle 23: Aufstellung mit Aluminium-Rohrpfosten

Abbildungen	Abmessungen		Bodenfreiheit (BF) 2000 mm				Bodenfreiheit (BF) 2200 mm			
	Größen [mm]	Fläche [m²]	Rohrlänge [mm]	Rohr Ø [mm] / t [mm]	Rohrtyp	Fund.-typ	Rohrlänge [mm]	Rohr Ø [mm] / t [mm]	Rohrtyp	Fund.-typ
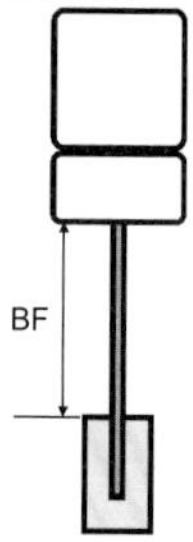	420 x 420 315 x 420	0,31	3250	60,0/2,5	A232	A	3500	60,0/2,5	A235	A
	600 x 600 450 x 600	0,63	3750	76,0/3,0	A437	B	4000	76,0/3,0	A440	B
	840 x 840 562 x 750	1,13	4250	108,0/4,0	A642	D				
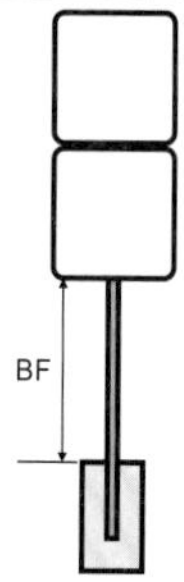	420 x 420 420 x 420	0,36	3500	60,0/2,5	A235	A	3750	60,0/2,5	A237	A
	600 x 600 600 x 600	0,72	3750	76,0/3,0	A437	B	4000	76,0/3,0	A440	B
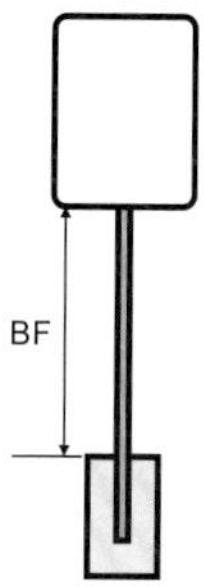	630 x 420	0,26	3250	60,0/2,5	A232	A	3500	60,0/2,5	A235	A
	900 x 600	0,54	3500	76,0/3,0	A435	B	3750	76,0/3,0	A437	B
	1260 x 840	1,06	4000	108,0/4,0	A640	D	4250	108,0/4,0	A642	D
			Bodenfreiheit (BF) 1000 mm							
	1500 x 650	0,98	3250	76,0/3,0	A432	B				
			Bodenfreiheit (BF) 600 mm							
	750 x 500	0,38	2000	60,0/2,5	A220	A				
	1200 x 600	0,72	2500	76,0/3,0	A425	B				
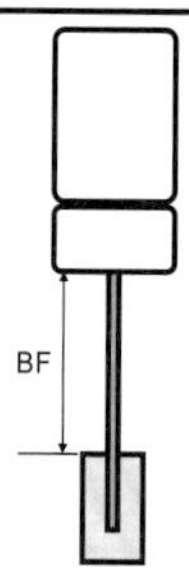	630 x 420 231 x 420	0,36	3500	60,0/2,5	A235	A	3750	60,0/2,5	A237	A
	900 x 600 330 x 600	0,74	3750	76,0/3,0	A437	B	4000	76,0/3,0	A440	B

Fortsetzung Tabelle 23: Aufstellung mit Aluminium-Rohrpfosten

Abbildungen	Abmessungen		Bodenfreiheit (BF) 2000 mm				Bodenfreiheit (BF) 2200 mm			
	Größen [mm]	Fläche [m²]	Rohrlänge [mm]	Rohr Ø [mm] / t [mm]	Rohrtyp	Fund.-typ	Rohrlänge [mm]	Rohr Ø [mm] / t [mm]	Rohrtyp	Fund.-typ
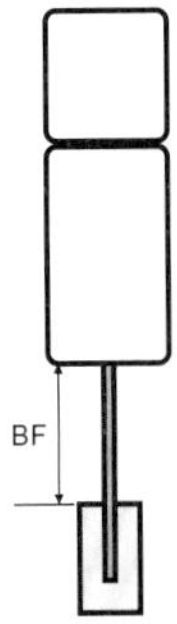			Bodenfreiheit (BF) 1000 mm							
	650 x 650 1500 x 650	1,40	3750	108,0/4,0	A637	D				

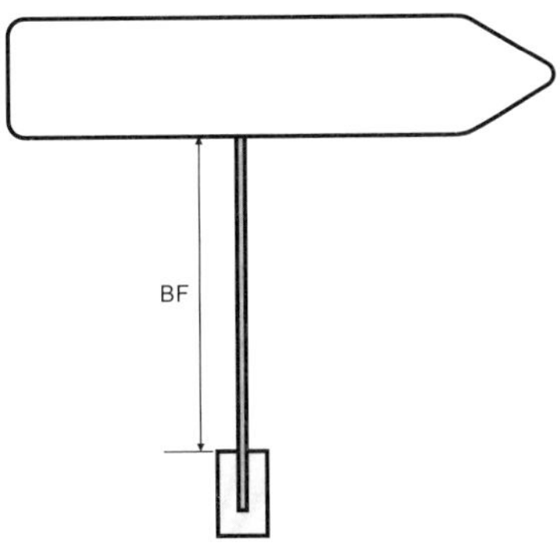

Abmessungen		Bodenfreiheit (BF) 2000 mm			
Größen [mm]	Fläche [m²]	Rohr-länge [mm]	Rohr Ø [mm] / t [mm]	Rohrtyp	Fundament-typ
250 x 1000	0,23	2750	60,0/2,5	A227	A
350 x 1250	0,39	3000	60,0/2,5	A230	A
350 x 1400	0,45	3000	60,0/2,5	A230	A
350 x 1500	0,48	3000	76,0/3,0	A430	B
350 x 1750	0,57	3000	76,0/3,0	A430	B
400 x 1500	0,55	3000	76,0/3,0	A430	B
400 x 1750	0,65	3000	76,0/3,0	A430	B
400 x 2000	0,75	3000	76,0/3,0	A430	B
450 x 1500	0,61	3000	76,0/3,0	A430	B
450 x 1750	0,72	3000	76,0/3,0	A430	B
450 x 2000	0,84	3000	76,0/3,0	A430	B
500 x 1750	0,79	3250	76,0/3,0	A432	B
500 x 2000	0,92	3250	108,0/4,0	A632	D
500 x 2500	1,17	-	-	-	-
600 x 2000	1,08	3250	108,0/4,0	A632	D
600 x 2500	1,38	-	-	-	-
		Bodenfreiheit (BF) 2200 mm			
250 x 1000	0,23	3000	60,0/2,5	A230	A
350 x 1250	0,39	3250	60,0/2,5	A232	A
350 x 1400	0,45	3250	76,0/3,0	A432	B
350 x 1500	0,48	3250	76,0/3,0	A432	B
350 x 1750	0,57	3250	76,0/3,0	A432	B
400 x 1500	0,55	3250	76,0/3,0	A432	B
400 x 1750	0,65	3250	76,0/3,0	A432	B
400 x 2000	0,75	3250	76,0/3,0	A432	B
450 x 1500	0,61	3250	76,0/3,0	A432	B
450 x 1750	0,72	3250	76,0/3,0	A432	B
450 x 2000	0,84	3250	108,0/4,0	A632	D
500 x 1750	0,79	3500	76,0/3,0	A435	B
500 x 2000	0,92	3500	108,0/4,0	A635	D
500 x 2500	1,17	-	-	-	-
600 x 2000	1,08	-	-	-	-
600 x 2500	1,38	-	-	-	-

IVZ-Norm 2022/
Fassung 2024

12 Aufstellarten – Pfeilwegweiser an zwei Pfosten

Geometrische Voraussetzungen

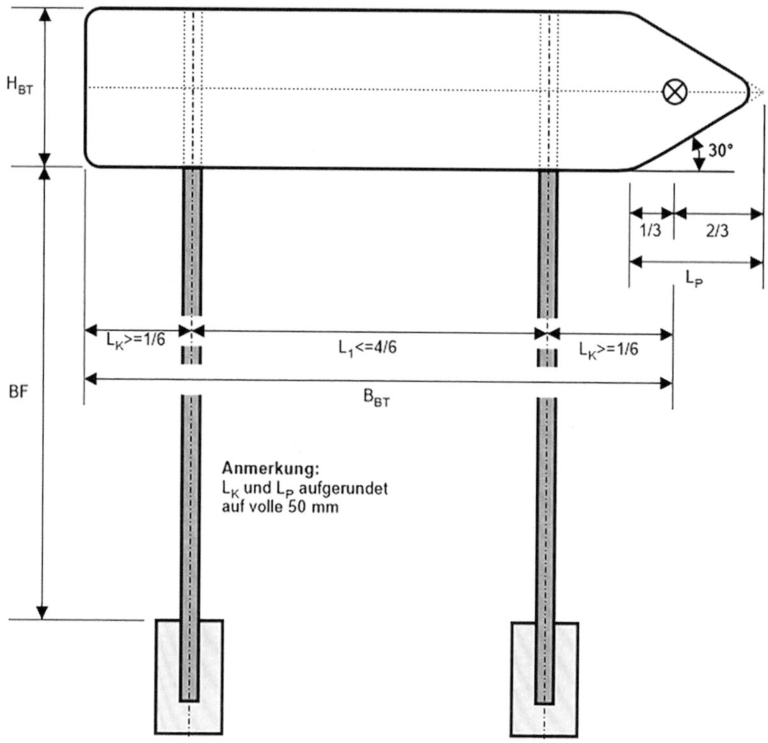

Abbildung 3: Geometrie und Aufstelleranordnung

Tabelle 24: Aufstellung mit Stahl-Rohrpfosten

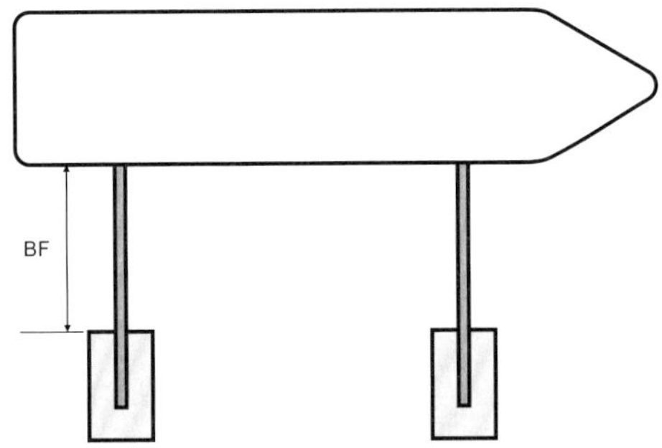

Abmessungen		Bodenfreiheit (BF) 1000 mm				Bodenfreiheit (BF) 1500 mm			
Größen [mm]	Fläche [m²]	Rohrlänge [mm]	Rohr Ø [mm] / t [mm]	Rohrtyp	Fund.-typ	Rohrlänge [mm]	Rohr Ø [mm] / t [mm]	Rohrtyp	Fund.-typ
350 x 1250	0,40	2000	60,3/2,0	S120	A	2500	60,3/2,0	S125	A
350 x 1500	0,48	2000	60,3/2,0	S120	A	2500	60,3/2,0	S125	A
350 x 1750	0,57	2000	60,3/2,0	S120	A	2500	60,3/2,0	S125	A
350 x 2000	0,66	2000	60,3/2,0	S120	A	2500	60,3/2,0	S125	A
400 x 1500	0,54	2000	60,3/2,0	S120	A	2500	60,3/2,0	S125	A
400 x 1750	0,64	2000	60,3/2,0	S120	A	2500	60,3/2,0	S125	A
400 x 2000	0,74	2000	60,3/2,0	S120	A	2500	60,3/2,0	S125	A
400 x 2250	0,84	2000	60,3/2,0	S120	A	2500	60,3/2,0	S125	A
450 x 1500	0,60	2000	60,3/2,0	S120	A	2500	60,3/2,0	S125	A
450 x 1750	0,72	2000	60,3/2,0	S120	A	2500	60,3/2,0	S125	A
450 x 2000	0,83	2000	60,3/2,0	S120	A	2500	60,3/2,0	S125	A
450 x 2250	0,94	2000	60,3/2,0	S120	A	2500	60,3/2,0	S125	A
450 x 2500	1,06	2000	60,3/2,0	S120	A	2500	60,3/2,0	S125	A
500 x 1750	0,78	2250	60,3/2,0	S122	A	2750	60,3/2,0	S127	A
500 x 2000	0,91	2250	60,3/2,0	S122	A	2750	60,3/2,0	S127	A
500 x 2250	1,04	2250	60,3/2,0	S122	A	2750	60,3/2,0	S127	A
500 x 2500	1,17	2250	60,3/2,0	S122	A	2750	76,1/2,0	S327	B
550 x 1750	0,86	2250	60,3/2,0	S122	A	2750	60,3/2,0	S127	A
550 x 2000	1,00	2250	60,3/2,0	S122	A	2750	60,3/2,0	S127	A
550 x 2500	1,27	2250	60,3/2,0	S122	A	2750	76,1/2,0	S327	B
550 x 3000	1,55	2250	76,1/2,0	S322	B	2750	76,1/2,0	S327	B
600 x 2000	1,08	2250	60,3/2,0	S122	A	2750	60,3/2,0	S127	A
600 x 2250	1,23	2250	60,3/2,0	S122	A	2750	76,1/2,0	S327	B
600 x 2500	1,38	2250	60,3/2,0	S122	A	2750	76,1/2,0	S327	B
600 x 2750	1,53	2250	76,1/2,0	S322	B	2750	76,1/2,0	S327	B
700 x 2250	1,40	2250	60,3/2,0	S122	A	2750	76,1/2,0	S327	B
700 x 2500	1,58	2250	76,1/2,0	S322	B	2750	76,1/2,0	S327	B
700 x 3000	1,93	2250	76,1/2,0	S322	B	2750	76,1/2,9	S427	B
700 x 3500	2,28	2250	76,1/2,0	S322	B	2750	76,1/2,9	S427	B

Fortsetzung Tabelle 24: Aufstellung mit Stahl-Rohrpfosten

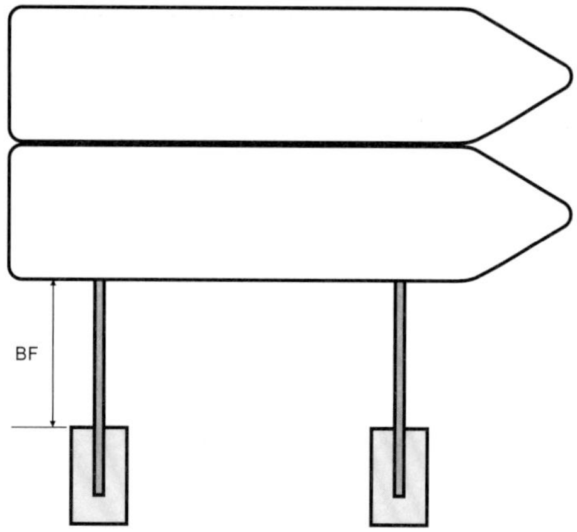

Abmessungen		Bodenfreiheit (BF) 1000 mm				Bodenfreiheit (BF) 1500 mm			
Größen [mm]	Fläche [m²]	Rohrlänge [mm]	Rohr Ø [mm] / t [mm]	Rohrtyp	Fund.-typ	Rohrlänge [mm]	Rohr Ø [mm] / t [mm]	Rohrtyp	Fund.-typ
350 x 1250 | 350 x 1250	0,79	2250	60,3/2,0	S122	A	2750	60,3/2,0	S127	A
350 x 1500 | 350 x 1500	0,97	2250	60,3/2,0	S122	A	2750	60,3/2,0	S127	A
350 x 1750 | 350 x 1750	1,14	2250	60,3/2,0	S122	A	2750	76,1/2,0	S327	B
350 x 2000 | 350 x 2000	1,32	2250	60,3/2,0	S122	A	2750	76,1/2,0	S327	B
400 x 1500 | 400 x 1500	1,09	2500	60,3/2,0	S125	A	3000	76,1/2,0	S330	B
400 x 1750 | 400 x 1750	1,29	2500	60,3/2,0	S125	A	3000	76,1/2,0	S330	B
400 x 2000 | 400 x 2000	1,49	2500	76,1/2,0	S325	B	3000	76,1/2,0	S330	B
400 x 2250 | 400 x 2250	1,69	2500	76,1/2,0	S325	B	3000	76,1/2,0	S330	B
450 x 1500 | 450 x 1500	1,21	2500	60,3/2,0	S125	A	3000	76,1/2,0	S330	B
450 x 1750 | 450 x 1750	1,43	2500	76,1/2,0	S325	B	3000	76,1/2,0	S330	B
450 x 2000 | 450 x 2000	1,66	2500	76,1/2,0	S325	B	3000	76,1/2,0	S330	B
450 x 2500 | 450 x 2500	2,12	2500	76,1/2,0	S325	B	3000	76,1/2,9	S432	B
500 x 1750 | 500 x 1750	1,57	2750	76,1/2,0	S327	B	3250	76,1/2,0	S332	B
500 x 2000 | 500 x 2000	1,82	2750	76,1/2,0	S327	B	3250	76,1/2,9	S432	B
500 x 2250 | 500 x 2250	2,08	2750	76,1/2,0	S327	B	3250	76,1/2,9	S432	B
500 x 2500 | 500 x 2500	2,33	2750	76,1/2,9	S427	B	3250	88,9/3,2	S532	C
550 x 1750 | 550 x 1750	1,72	2750	76,1/2,0	S327	B	3250	76,1/2,9	S432	B
550 x 2000 | 550 x 2000	2,00	2750	76,1/2,0	S327	B	3250	76,1/2,9	S432	B
550 x 2500 | 550 x 2500	2,55	2750	76,1/2,9	S427	B	3250	88,9/3,2	S532	C
600 x 2000 | 600 x 2000	2,15	2750	76,1/2,9	S427	B	3250	76,1/2,9	S432	B
600 x 2250 | 600 x 2250	2,45	2750	76,1/2,9	S427	B	3250	88,9/3,2	S532	C
600 x 2500 | 600 x 2500	2,75	2750	76,1/2,9	S427	B	3250	88,9/3,2	S532	C

Fortsetzung Tabelle 24: Aufstellung mit Stahl-Rohrpfosten

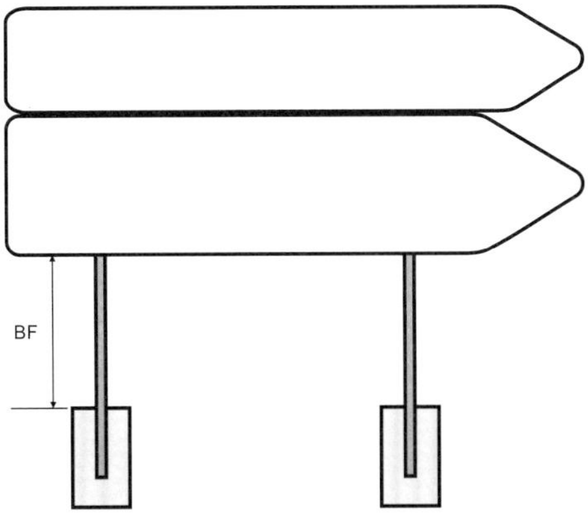

Abmessungen		Bodenfreiheit (BF) 1000 mm				Bodenfreiheit (BF) 1500 mm			
Größen [mm]	Fläche [m²]	Rohrlänge [mm]	Rohr Ø [mm] / t [mm]	Rohrtyp	Fund.-typ	Rohrlänge [mm]	Rohr Ø [mm] / t [mm]	Rohrtyp	Fund.-typ
350 x 1500 | 450 x 1500	1,09	2500	60,3/2,0	S125	A	3000	76,1/2,0	S330	B
350 x 1750 | 450 x 1750	1,29	2500	60,3/2,0	S125	A	3000	76,1/2,0	S330	B
350 x 2000 | 450 x 2000	1,49	2500	76,1/2,0	S325	B	3000	76,1/2,0	S330	B
350 x 2250 | 450 x 2250	1,69	2500	76,1/2,0	S325	B	3000	76,1/2,0	S330	B
400 x 1750 | 500 x 1750	1,43	2500	76,1/2,0	S325	B	3000	76,1/2,0	S330	B
400 x 2000 | 500 x 2000	1,65	2500	76,1/2,0	S325	B	3000	76,1/2,9	S430	B
400 x 2250 | 500 x 2250	1,89	2500	76,1/2,0	S325	B	3000	76,1/2,9	S430	B
400 x 2500 | 500 x 2500	2,11	2500	76,1/2,0	S325	B	3000	76,1/2,9	S430	B
450 x 2000 | 600 x 2000	1,90	2750	76,1/2,0	S327	B	3250	76,1/2,9	S432	B
450 x 2250 | 600 x 2250	2,17	2750	76,1/2,9	S427	B	3250	76,1/2,9	S432	B
450 x 2500 | 600 x 2500	2,44	2750	76,1/2,9	S427	B	3250	88,9/3,2	S532	C
450 x 2750 | 600 x 2750	2,70	2750	76,1/2,9	S427	B	3250	88,9/3,2	S532	C
550 x 2250 | 700 x 2250	2,54	3000	76,1/2,9	S430	B	3500	88,9/3,2	S535	C

Fortsetzung Tabelle 24: Aufstellung mit Stahl-Rohrpfosten

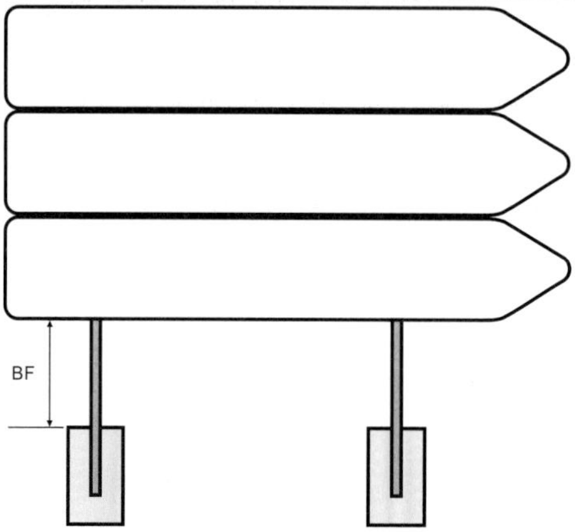

Abmessungen		Bodenfreiheit (BF) 1000 mm				Bodenfreiheit (BF) 1500 mm			
Größen [mm]	Fläche [m²]	Rohrlänge [mm]	Rohr Ø [mm] / t [mm]	Rohrtyp	Fund.-typ	Rohrlänge [mm]	Rohr Ø [mm] / t [mm]	Rohrtyp	Fund.-typ
350 x 1250 | 350 x 1250 350 x 1250	1,19	2750	60,3/2,0	S127	A	3250	76,1/2,0	S332	B
350 x 1500 | 350 x 1500 350 x 1500	1,45	2750	76,1/2,0	S327	B	3250	76,1/2,0	S332	B
350 x 1750 | 350 x 1750 350 x 1750	1,71	2750	76,1/2,0	S327	B	3250	76,1/2,9	S432	B
350 x 2000 | 350 x 2000 350 x 2000	1,98	2750	76,1/2,0	S327	B	3250	76,1/2,9	S432	B
400 x 1500 | 400 x 1500 400 x 1500	1,63	2750	76,1/2,0	S327	B	3250	76,1/2,9	S432	B
400 x 1750 | 400 x 1750 400 x 1750	1,93	2750	76,1/2,0	S327	B	3250	76,1/2,9	S432	B
400 x 2000 | 400 x 2000 400 x 2000	2,23	2750	76,1/2,9	S427	B	3250	76,1/2,9	S432	B
400 x 2250 | 400 x 2250 400 x 2250	2,53	2750	76,1/2,9	S427	B	3250	88,9/3,2	S532	C
450 x 1500 | 450 x 1500 450 x 1500	1,81	3000	76,1/2,0	S330	B	3500	76,1/2,9	S435	B
450 x 1750 | 450 x 1750 450 x 1750	2,15	3000	76,1/2,9	S430	B	3500	76,1/2,9	S435	B
450 x 2000 | 450 x 2000 450 x 2000	2,49	3000	76,1/2,9	S430	B	3500	88,9/3,2	S535	C
500 x 1750 | 500 x 1750 500 x 1750	2,35	3250	76,1/2,9	S432	B	3750	88,9/3,2	S537	C
500 x 2000 | 500 x 2000 500 x 2000	2,73	3250	76,1/2,9	S432	B	-	-	-	-
550 x 1750 | 550 x 1750 550 x 1750	2,58	3250	76,1/2,9	S432	B	3750	88,9/3,2	S537	C

Fortsetzung Tabelle 24: Aufstellung mit Stahl-Rohrpfosten

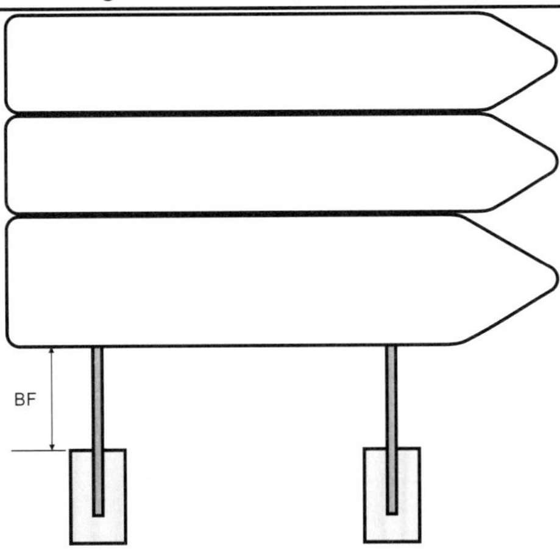

Abmessungen		Bodenfreiheit (BF) 1000 mm				Bodenfreiheit (BF) 1500 mm			
Größen [mm]	Fläche [m²]	Rohrlänge [mm]	Rohr Ø [mm] / t [mm]	Rohrtyp	Fund.-typ	Rohrlänge [mm]	Rohr Ø [mm] / t [mm]	Rohrtyp	Fund.-typ
350 x 1500 | 350 x 1500 450 x 1500	1,57	2750	76,1/2,0	S327	B	3250	76,1/2,9	S432	B
350 x 1750 | 350 x 1750 450 x 1750	1,86	2750	76,1/2,0	S327	B	3250	76,1/2,9	S432	B
350 x 2000 | 350 x 2000 450 x 2000	2,15	2750	76,1/2,9	S427	B	3250	76,1/2,9	S432	B
350 x 2250 | 350 x 2250 450 x 2250	2,43	2750	76,1/2,9	S427	B	3250	88,9/3,2	S532	C
400 x 1750 | 400 x 1750 500 x 1750	2,07	3000	76,1/2,9	S430	B	3500	76,1/2,9	S435	B
400 x 2000 | 400 x 2000 500 x 2000	2,40	3000	76,1/2,9	S430	B	3500	88,9/3,2	S535	C
400 x 2250 | 400 x 2250 500 x 2250	2,73	3000	76,1/2,9	S430	B	3500	88,9/3,2	S535	C
450 x 2000 | 450 x 2000 600 x 2000	2,73	3250	88,9/3,2	S532	C	-	-	-	-

Fortsetzung Tabelle 24: Aufstellung mit Stahl-Rohrpfosten

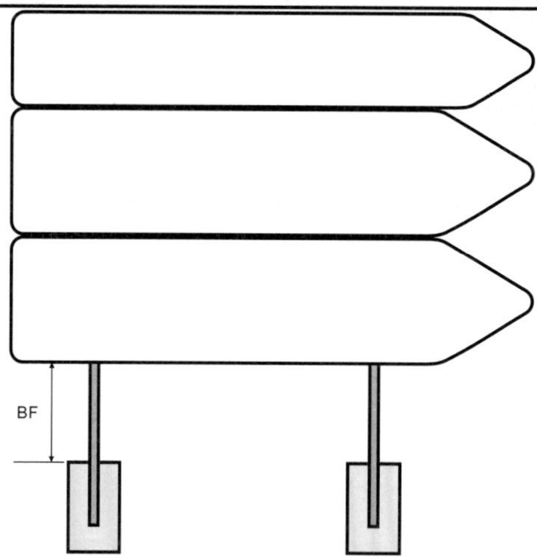

Abmessungen		Bodenfreiheit (BF) 1000 mm				Bodenfreiheit (BF) 1500 mm			
Größen [mm]	Fläche [m²]	Rohrlänge [mm]	Rohr Ø [mm] / t [mm]	Rohrtyp	Fund.-typ	Rohrlänge [mm]	Rohr Ø [mm] / t [mm]	Rohrtyp	Fund.-typ
350 x 1500 | 450 x 1500 450 x 1500	1,69	3000	76,1/2,0	S330	B	3500	76,1/2,9	S435	B
350 x 1750 | 450 x 1750 450 x 1750	2,00	3000	76,1/2,0	S330	B	3500	76,1/2,9	S435	B
350 x 2000 | 450 x 2000 450 x 2000	2,32	3000	76,1/2,9	S430	B	3500	88,9/3,2	S535	C
350 x 2250 | 450 x 2250 450 x 2250	2,63	3000	76,1/2,9	S430	B	3500	88,9/3,2	S535	C
400 x 1750 | 500 x 1750 500 x 1750	2,21	3000	76,1/2,9	S430	B	3500	88,9/3,2	S535	C
400 x 2000 | 500 x 2000 500 x 2000	2,56	3000	76,1/2,9	S430	B	3500	88,9/3,2	S535	C

Fortsetzung Tabelle 24: Aufstellung mit Stahl-Rohrpfosten

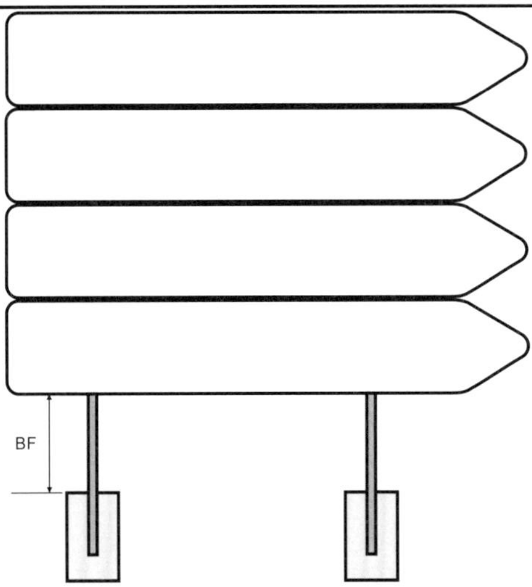

Abmessungen		Bodenfreiheit (BF) 1000 mm				Bodenfreiheit (BF) 1500 mm			
Größen [mm]	Fläche [m²]	Rohrlänge [mm]	Rohr Ø [mm] / t [mm]	Rohrtyp	Fund.-typ	Rohrlänge [mm]	Rohr Ø [mm] / t [mm]	Rohrtyp	Fund.-typ
350 x 1250 | 350 x 1250 350 x 1250 | 350 x 1250	1,59	3000	76,1/2,0	S330	B	3500	76,1/2,9	S435	B
350 x 1500 | 350 x 1500 350 x 1500 | 350 x 1500	1,94	3000	76,1/2,0	S330	B	3500	76,1/2,9	S435	B
350 x 1750 | 350 x 1750 350 x 1750 | 350 x 1750	2,29	3000	76,1/2,9	S430	B	3500	88,9/3,2	S535	C
350 x 2000 | 350 x 2000 350 x 2000 | 350 x 2000	2,64	3000	76,1/2,9	S430	B	3500	88,9/3,2	S535	C
400 x 1500 | 400 x 1500 400 x 1500 | 400 x 1500	2,18	3250	76,1/2,9	S432	B	3750	88,9/3,2	S537	C
400 x 1750 | 400 x 1750 400 x 1750 | 400 x 1750	2,58	3250	76,1/2,9	S432	B	3750	88,9/3,2	S537	C
450 x 1500 | 450 x 1500 450 x 1500 | 450 x 1500	2,41	3500	76,1/2,9	S435	B	4000	88,9/3,2	S540	C

Fortsetzung Tabelle 24: Aufstellung mit Stahl-Rohrpfosten

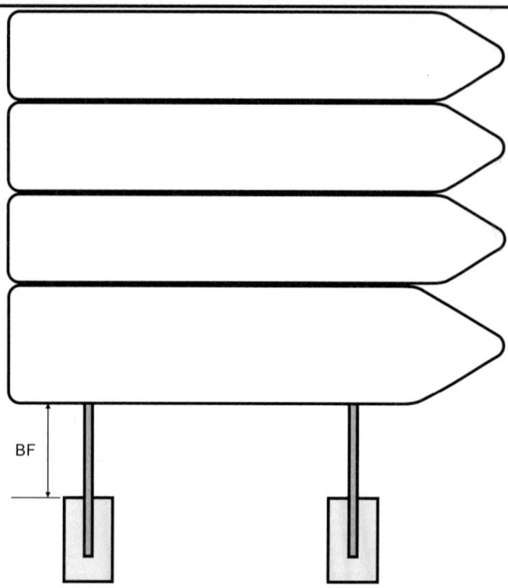

Abmessungen		Bodenfreiheit (BF) 1000 mm				Bodenfreiheit (BF) 1500 mm			
Größen [mm]	Fläche [m²]	Rohrlänge [mm]	Rohr Ø [mm] / t [mm]	Rohrtyp	Fund.-typ	Rohrlänge [mm]	Rohr Ø [mm] / t [mm]	Rohrtyp	Fund.-typ
350 x 1500 | 350 x 1500 350 x 1500 | 450 x 1500	2,06	3250	76,1/2,9	S432	B	3750	88,9/3,2	S537	C
350 x 1750 | 350 x 1750 350 x 1750 | 450 x 1750	2,43	3250	76,1/2,9	S432	B	3750	88,9/3,2	S537	C
400 x 1750 | 400 x 1750 400 x 1750 | 500 x 1750	2,72	3250	88,9/3,2	S532	C	-	-	-	-

Fortsetzung Tabelle 24: Aufstellung mit Stahl-Rohrpfosten

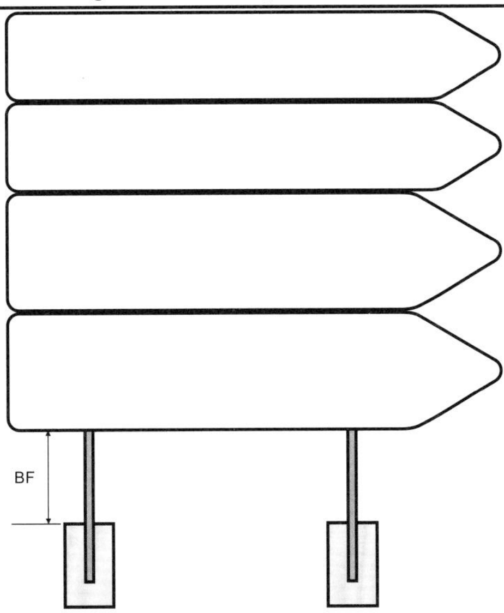

Abmessungen		Bodenfreiheit (BF) 1000 mm				Bodenfreiheit (BF) 1500 mm			
Größen [mm]	Fläche [m²]	Rohrlänge [mm]	Rohr Ø [mm] / t [mm]	Rohrtyp	Fund.-typ	Rohrlänge [mm]	Rohr Ø [mm] / t [mm]	Rohrtyp	Fund.-typ
350 x 1500 | 350 x 1500 450 x 1500 | 450 x 1500	2,17	3250	76,1/2,9	S432	B	3750	88,9/3,2	S537	C
350 x 1750 | 350 x 1750 450 x 1750 | 450 x 1750	2,57	3250	76,1/2,9	S432	B	3750	88,9/3,2	S537	C

Fortsetzung Tabelle 24: Aufstellung mit Stahl-Rohrpfosten

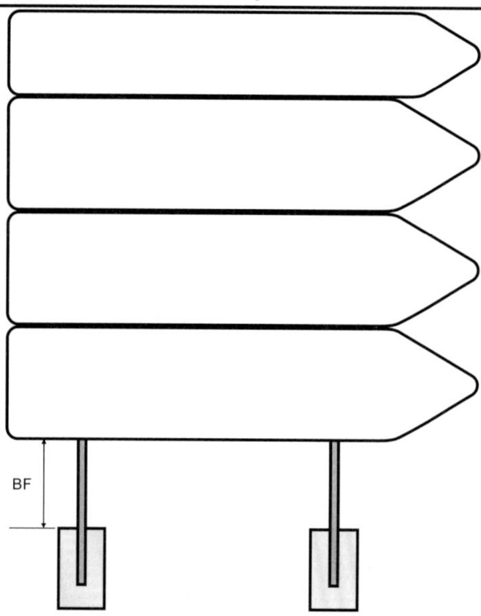

Abmessungen		Bodenfreiheit (BF) 1000 mm				Bodenfreiheit (BF) 1500 mm			
Größen [mm]	Fläche [m²]	Rohrlänge [mm]	Rohr Ø [mm] / t [mm]	Rohrtyp	Fund.-typ	Rohrlänge [mm]	Rohr Ø [mm] / t [mm]	Rohrtyp	Fund.-typ
350 x 1500 | 450 x 1500 450 x 1500 | 450 x 1500	2,29	3250	76,1/2,9	S432	B	3750	88,9/3,2	S537	C
350 x 1750 | 450 x 1750 450 x 1750 | 450 x 1750	2,72	3250	88,9/3,2	S432	C	-	-	-	-

Fortsetzung Tabelle 24: Aufstellung mit Aluminium-Rohrpfosten

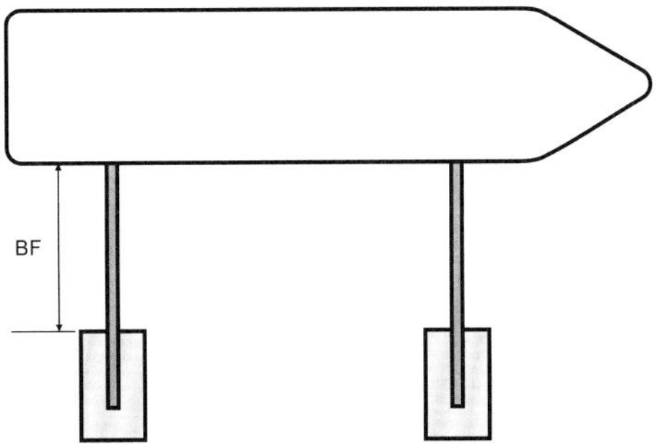

Abmessungen		Bodenfreiheit (BF) 1000 mm				Bodenfreiheit (BF) 1500 mm			
Größen [mm]	Fläche [m²]	Rohrlänge [mm]	Rohr Ø [mm] / t [mm]	Rohrtyp	Fund.-typ	Rohrlänge [mm]	Rohr Ø [mm] / t [mm]	Rohrtyp	Fund.-typ
350 x 1250	0,40	2000	60,0/2,5	A220	A	2500	60,0/2,5	A225	A
350 x 1500	0,48	2000	60,0/2,5	A220	A	2500	60,0/2,5	A225	A
350 x 1750	0,57	2000	60,0/2,5	A220	A	2500	60,0/2,5	A225	A
350 x 2000	0,66	2000	60,0/2,5	A220	A	2500	60,0/2,5	A225	A
400 x 1500	0,54	2000	60,0/2,5	A220	A	2500	60,0/2,5	A225	A
400 x 1750	0,64	2000	60,0/2,5	A220	A	2500	60,0/2,5	A225	A
400 x 2000	0,74	2000	60,0/2,5	A220	A	2500	60,0/2,5	A225	A
400 x 2250	0,84	2000	60,0/2,5	A220	A	2500	76,0/3,0	A425	B
450 x 1500	0,60	2000	60,0/2,5	A220	A	2500	60,0/2,5	A225	A
450 x 1750	0,72	2000	60,0/2,5	A220	A	2500	60,0/2,5	A225	A
450 x 2000	0,83	2000	60,0/2,5	A220	A	2500	60,0/2,5	A225	A
450 x 2250	0,94	2000	60,0/2,5	A220	A	2500	76,0/3,0	A425	B
450 x 2500	1,06	2000	60,0/2,5	A220	A	2500	76,0/3,0	A425	B
500 x 1750	0,78	2250	60,0/2,5	A222	A	2750	60,0/2,5	A227	A
500 x 2000	0,91	2250	60,0/2,5	A222	A	2750	76,0/3,0	A427	B
500 x 2250	1,04	2250	60,0/2,5	A222	A	2750	76,0/3,0	AA27	B
500 x 2500	1,17	2250	76,0/3,0	A422	B	2750	76,0/3,0	A427	B
550 x 1750	0,86	2250	60,0/2,5	A222	A	2750	76,0/3,0	A427	B
550 x 2000	1,00	2250	60,0/2,5	A222	A	2750	76,0/3,0	A427	B
550 x 2500	1,27	2250	76,0/3,0	A422	B	2750	76,0/3,0	A427	B
550 x 3000	1,55	2250	76,0/3,0	A422	B	2750	76,0/3,0	A427	B
600 x 2000	1,08	2250	60,0/2,5	A222	A	2750	76,0/3,0	A427	B
600 x 2250	1,23	2250	76,0/3,0	A422	B	2750	76,0/3,0	A427	B
600 x 2500	1,38	2250	76,0/3,0	A422	B	2750	76,0/3,0	A427	B
600 x 2750	1,53	2250	76,0/3,0	A422	B	2750	76,0/3,0	A427	B
700 x 2250	1,40	2250	76,0/3,0	A422	B	2750	76,0/3,0	A427	B
700 x 2500	1,58	2250	76,0/3,0	A422	B	2750	108,0/4,0	A627	D
700 x 3000	1,93	2250	76,0/3,0	A422	B	2750	108,0/4,0	A627	D
700 x 3500	2,28	2250	108,0/4,0	A622	D	2750	108,0/4,0	A627	D

Fortsetzung Tabelle 24: Aufstellung mit Aluminium-Rohrpfosten

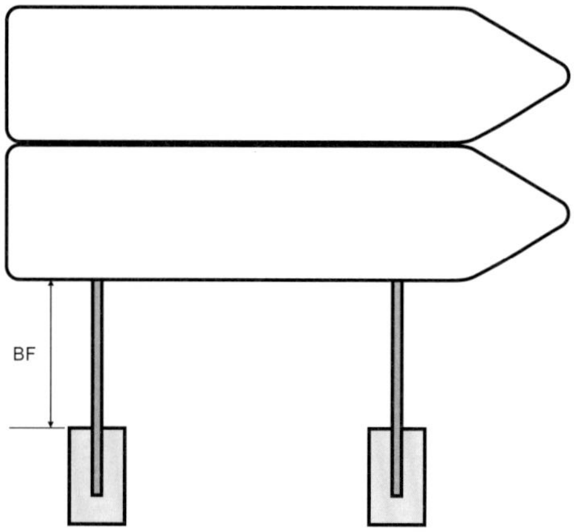

Abmessungen		Bodenfreiheit (BF) 1000 mm				Bodenfreiheit (BF) 1500 mm			
Größen [mm]	Fläche [m²]	Rohrlänge [mm]	Rohr Ø [mm] / t [mm]	Rohrtyp	Fund.-typ	Rohrlänge [mm]	Rohr Ø [mm] / t [mm]	Rohrtyp	Fund.-typ
350 x 1250 | 350 x 1250	0,79	2250	60,0/2,5	A222	A	2750	60,0/2,5	A227	A
350 x 1500 | 350 x 1500	0,97	2250	60,0/2,5	A222	A	2750	76,0/3,0	A427	B
350 x 1750 | 350 x 1750	1,14	2250	76,0/3,0	A422	B	2750	76,0/3,0	A427	B
350 x 2000 | 350 x 2000	1,32	2250	76,0/3,0	A422	B	2750	76,0/3,0	A427	B
400 x 1500 | 400 x 1500	1,09	2500	76,0/3,0	A425	B	3000	76,0/3,0	A430	B
400 x 1750 | 400 x 1750	1,29	2500	76,0/3,0	A425	B	3000	76,0/3,0	A430	B
400 x 2000 | 400 x 2000	1,49	2500	76,0/3,0	A425	B	3000	76,0/3,0	A430	B
400 x 2250 | 400 x 2250	1,69	2500	76,0/3,0	A425	B	3000	108,0/4,0	A630	D
450 x 1500 | 450 x 1500	1,21	2500	76,0/3,0	A425	B	3000	76,0/3,0	A430	B
450 x 1750 | 450 x 1750	1,43	2500	76,0/3,0	A425	B	3000	76,0/3,0	A430	B
450 x 2000 | 450 x 2000	1,66	2500	76,0/3,0	A425	B	3000	108,0/4,0	A630	D
450 x 2500 | 450 x 2500	2,12	2500	108,0/4,0	A625	D	3000	108,0/4,0	A630	D
500 x 1750 | 500 x 1750	1,57	2750	76,0/3,0	A427	B	3250	108,0/4,0	A632	D
500 x 2000 | 500 x 2000	1,82	2750	76,0/3,0	A427	B	3250	108,0/4,0	A632	D
500 x 2250 | 500 x 2250	2,08	2750	108,0/4,0	A627	D	3250	108,0/4,0	A632	D
500 x 2500 | 500 x 2500	2,33	2750	108,0/4,0	A627	D	3250	108,0/4,0	A632	D
550 x 1750 | 550 x 1750	1,72	2750	76,0/3,0	A427	B	3250	108,0/4,0	A632	D
550 x 2000 | 550 x 2000	2,00	2750	108,0/4,0	A627	D	3250	108,0/4,0	A632	D
550 x 2500 | 550 x 2500	2,55	2750	108,0/4,0	A627	D	3250	108,0/4,0	A632	D
600 x 2000 | 600 x 2000	2,15	2750	108,0/4,0	A627	D	3250	108,0/4,0	A632	D
600 x 2250 | 600 x 2250	2,45	2750	108,0/4,0	A627	D	3250	108,0/4,0	A632	D
600 x 2500 | 600 x 2500	2,75	2750	108,0/4,0	A627	D	3250	108,0/4,0	A632	D

Fortsetzung Tabelle 24: Aufstellung mit Aluminium-Rohrpfosten

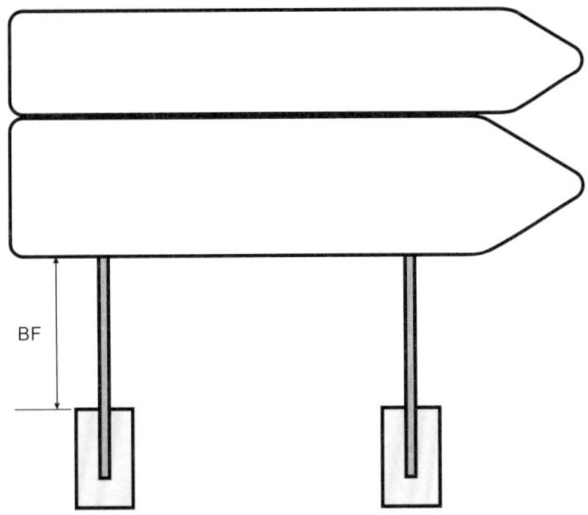

Abmessungen		Bodenfreiheit (BF) 1000 mm				Bodenfreiheit (BF) 1500 mm			
Größen [mm]	Fläche [m²]	Rohrlänge [mm]	Rohr Ø [mm] / t [mm]	Rohrtyp	Fund.-typ	Rohrlänge [mm]	Rohr Ø [mm] / t [mm]	Rohrtyp	Fund.-typ
350 x 1500 | 450 x 1500	1,09	2500	76,0/3,0	A425	B	3000	76,0/3,0	A430	B
350 x 1750 | 450 x 1750	1,29	2500	76,0/3,0	A425	B	3000	76,0/3,0	A430	B
350 x 2000 | 450 x 2000	1,49	2500	76,0/3,0	A425	B	3000	108,0/4,0	A630	D
350 x 2250 | 450 x 2250	1,69	2500	76,0/3,0	A425	B	3000	108,0/4,0	A630	D
400 x 1750 | 500 x 1750	1,43	2500	76,0/3,0	A425	B	3000	76,0/3,0	A430	B
400 x 2000 | 500 x 2000	1,65	2500	76,0/3,0	A425	B	3000	108,0/4,0	A630	D
400 x 2250 | 500 x 2250	1,89	2500	76,0/3,0	A425	B	3000	108,0/4,0	A630	D
400 x 2500 | 500 x 2500	2,11	2500	108,0/4,0	A625	D	3000	108,0/4,0	A630	D
450 x 2000 | 600 x 2000	1,90	2750	108,0/4,0	A627	D	3250	108,0/4,0	A632	D
450 x 2250 | 600 x 2250	2,17	2750	108,0/4,0	A627	D	3250	108,0/4,0	A632	D
450 x 2500 | 600 x 2500	2,44	2750	108,0/4,0	A627	D	3250	108,0/4,0	A632	D
450 x 2750 | 600 x 2750	2,70	2750	108,0/4,0	A627	D	3250	108,0/4,0	A632	D
550 x 2250 | 700 x 2250	2,54	3000	108,0/4,0	A630	D	3500	108,0/4,0	A635	D

Fortsetzung Tabelle 24: Aufstellung mit Aluminium-Rohrpfosten

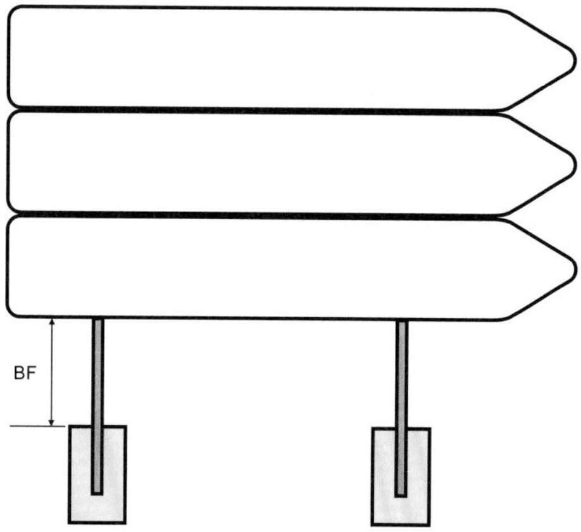

Abmessungen		Bodenfreiheit (BF) 1000 mm				Bodenfreiheit (BF) 1500 mm			
Größen [mm]	Fläche [m²]	Rohrlänge [mm]	Rohr Ø [mm] / t [mm]	Rohrtyp	Fund.-typ	Rohrlänge [mm]	Rohr Ø [mm] / t [mm]	Rohrtyp	Fund.-typ
350 x 1250 | 350 x 1250 350 x 1250	1,19	2750	76,0/3,0	A427	B	3250	76,0/3,0	A432	B
350 x 1500 | 350 x 1500 350 x 1500	1,45	2750	76,0/3,0	A427	B	3250	76,0/3,0	A432	B
350 x 1750 | 350 x 1750 350 x 1750	1,71	2750	76,0/3,0	A427	B	3250	108,0/4,0	A632	D
350 x 2000 | 350 x 2000 350 x 2000	1,98	2750	108,0/4,0	A627	D	3250	108,0/4,0	A632	D
400 x 1500 | 400 x 1500 400 x 1500	1,63	2750	76,0/3,0	A427	B	3250	108,0/4,0	A632	D
400 x 1750 | 400 x 1750 400 x 1750	1,93	2750	108,0/4,0	A627	D	3250	108,0/4,0	A632	D
400 x 2000 | 400 x 2000 400 x 2000	2,23	2750	108,0/4,0	A627	D	3250	108,0/4,0	A632	D
400 x 2250 | 400 x 2250 400 x 2250	2,53	2750	108,0/4,0	A627	D	3250	108,0/4,0	A632	D
450 x 1500 | 450 x 1500 450 x 1500	1,81	3000	108,0/4,0	A630	D	3500	108,0/4,0	A635	D
450 x 1750 | 450 x 1750 450 x 1750	2,15	3000	108,0/4,0	A630	D	3500	108,0/4,0	A635	D
450 x 2000 | 450 x 2000 450 x 2000	2,49	3000	108,0/4,0	A630	D	3500	108,0/4,0	A635	D
500 x 1750 | 500 x 1750 500 x 1750	2,35	3250	108,0/4,0	A632	D	3750	108,0/4,0	A637	D
500 x 2000 | 500 x 2000 500 x 2000	2,73	3250	108,0/4,0	A632	D	3750	108,0/4,0	A637	D
550 x 1750 | 550 x 1750 550 x 1750	2,58	3250	108,0/4,0	A632	D	3750	108,0/4,0	A637	D

Fortsetzung Tabelle 24: Aufstellung mit Aluminium-Rohrpfosten

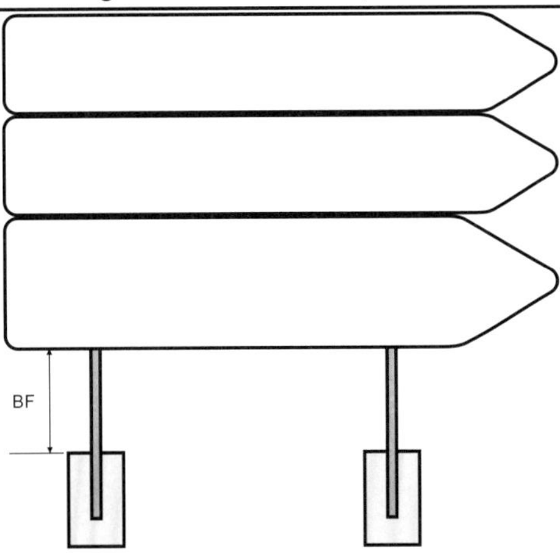

Abmessungen		Bodenfreiheit (BF) 1000 mm				Bodenfreiheit (BF) 1500 mm			
Größen [mm]	Fläche [m²]	Rohrlänge [mm]	Rohr Ø [mm] / t [mm]	Rohrtyp	Fund.-typ	Rohrlänge [mm]	Rohr Ø [mm] / t [mm]	Rohrtyp	Fund.-typ
350 x 1500 | 350 x 1500 450 x 1500	1,57	2750	76,0/3,0	A427	B	3250	108,0/4,0	A632	D
350 x 1750 | 350 x 1750 450 x 1750	1,86	2750	108,0/4,0	A627	D	3250	108,0/4,0	A632	D
350 x 2000 | 350 x 2000 450 x 2000	2,15	2750	108,0/4,0	A627	D	3250	108,0/4,0	A632	D
350 x 2250 | 350 x 2250 450 x 2250	2,43	2750	108,0/4,0	A627	D	3250	108,0/4,0	A632	D
400 x 1750 | 400 x 1750 500 x 1750	2,07	3000	108,0/4,0	A630	D	3500	108,0/4,0	A635	D
400 x 2000 | 400 x 2000 500 x 2000	2,40	3000	108,0/4,0	A630	D	3500	108,0/4,0	A635	D
400 x 2250 | 400 x 2250 500 x 2250	2,73	3000	108,0/4,0	A630	D	3500	108,0/4,0	A635	D
450 x 2000 | 450 x 2000 600 x 2000	2,73	3250	108,0/4,0	A632	D	3750	108,0/4,0	A637	D

Fortsetzung Tabelle 24: Aufstellung mit Aluminium-Rohrpfosten

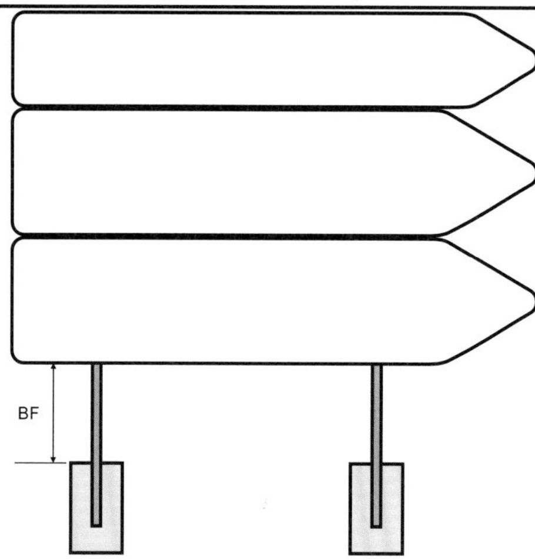

Abmessungen		Bodenfreiheit (BF) 1000 mm				Bodenfreiheit (BF) 1500 mm			
Größen [mm]	Fläche [m²]	Rohrlänge [mm]	Rohr Ø [mm] / t [mm]	Rohrtyp	Fund.-typ	Rohrlänge [mm]	Rohr Ø [mm] / t [mm]	Rohrtyp	Fund.-typ
350 x 1500 | 450 x 1500 450 x 1500	1,69	3000	76,0/3,0	A430	B	3500	108,0/4,0	A635	D
350 x 1750 | 450 x 1750 450 x 1750	2,00	3000	108,0/4,0	A630	D	3500	108,0/4,0	A635	D
350 x 2000 | 450 x 2000 450 x 2000	2,32	3000	108,0/4,0	A430	D	3500	108,0/4,0	A635	D
350 x 2250 | 450 x 2250 450 x 2250	2,63	3000	108,0/4,0	A630	D	3500	108,0/4,0	A635	D
400 x 1750 | 500 x 1750 500 x 1750	2,21	3000	108,0/4,0	A430	D	3500	108,0/4,0	A635	D
400 x 2000 | 500 x 2000 500 x 2000	2,56	3000	108,0/4,0	A630	D	3500	108,0/4,0	A635	D

Fortsetzung Tabelle 24: Aufstellung mit Aluminium-Rohrpfosten

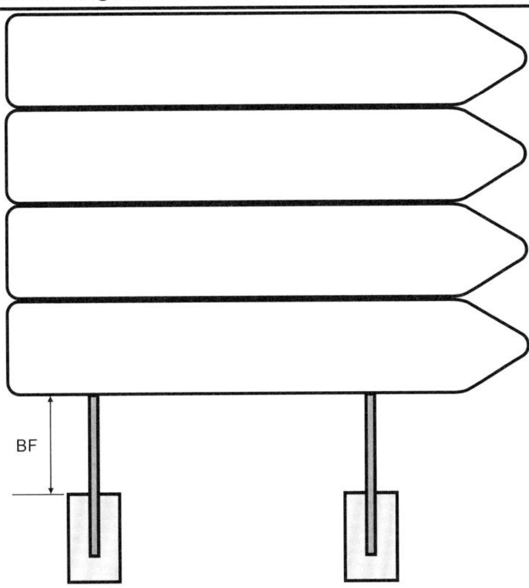

Abmessungen		Bodenfreiheit (BF) 1000 mm				Bodenfreiheit (BF) 1500 mm			
Größen [mm]	Fläche [m²]	Rohrlänge [mm]	Rohr Ø [mm] / t [mm]	Rohrtyp	Fund.-typ	Rohrlänge [mm]	Rohr Ø [mm] / t [mm]	Rohrtyp	Fund.-typ
350 x 1250 | 350 x 1250 350 x 1250 | 350 x 1250	1,59	3000	76,0/3,0	A430	B	3500	108,0/4,0	A635	D
350 x 1500 | 350 x 1500 350 x 1500 | 350 x 1500	1,94	3000	108,0/4,0	A630	D	3500	108,0/4,0	A635	D
350 x 1750 | 350 x 1750 350 x 1750 | 350 x 1750	2,29	3000	108,0/4,0	A630	D	3500	108,0/4,0	A635	D
350 x 2000 | 350 x 2000 350 x 2000 | 350 x 2000	2,64	3000	108,0/4,0	A630	D	3500	108,0/4,0	A635	D
400 x 1500 | 400 x 1500 400 x 1500 | 400 x 1500	2,18	3250	108,0/4,0	A632	D	3750	108,0/4,0	A637	D
400 x 1750 | 400 x 1750 400 x 1750 | 400 x 1750	2,58	3250	108,0/4,0	A632	D	3750	108,0/4,0	A637	D
450 x 1500 | 450 x 1500 450 x 1500 | 450 x 1500	2,41	3500	108,0/4,0	A635	D	4000	108,0/4,0	A640	D

Fortsetzung Tabelle 24: Aufstellung mit Aluminium-Rohrpfosten

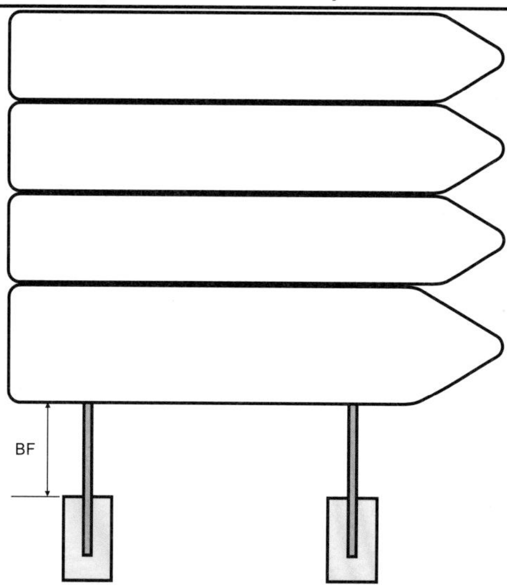

Abmessungen		Bodenfreiheit (BF) 1000 mm				Bodenfreiheit (BF) 1500 mm			
Größen [mm]	Fläche [m²]	Rohrlänge [mm]	Rohr Ø [mm] / t [mm]	Rohrtyp	Fund.-typ	Rohrlänge [mm]	Rohr Ø [mm] / t [mm]	Rohrtyp	Fund.-typ
350 x 1500 | 350 x 1500 350 x 1500 | 450 x 1500	2,06	3000	108,0/4,0	A630	D	3500	108,0/4,0	A635	D
350 x 1750 | 350 x 1750 350 x 1750 | 450 x 1750	2,43	3000	108,0/4,0	A630	D	3500	108,0/4,0	A635	D
400 x 1750 | 400 x 1750 400 x 1750 | 500 x 1750	2,72	3250	108,0/4,0	A632	D	3750	108,0/4,0	A637	D

Fortsetzung Tabelle 24: Aufstellung mit Aluminium-Rohrpfosten

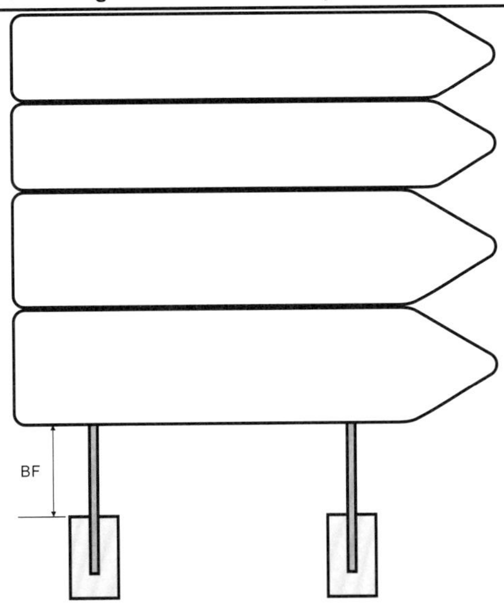

Abmessungen		Bodenfreiheit (BF) 1000 mm				Bodenfreiheit (BF) 1500 mm			
Größen [mm]	Fläche [m²]	Rohrlänge [mm]	Rohr Ø [mm] / t [mm]	Rohrtyp	Fund.-typ	Rohrlänge [mm]	Rohr Ø [mm] / t [mm]	Rohrtyp	Fund.-typ
350 x 1500 | 350 x 1500 450 x 1500 | 450 x 1500	2,17	3250	108,0/4,0	A632	D	3750	108,0/4,0	A637	D
350 x 1750 | 350 x 1750 450 x 1750 | 450 x 1750	2,57	3250	108,0/4,0	A632	D	3750	108,0/4,0	A637	D

Fortsetzung Tabelle 24: Aufstellung mit Aluminium-Rohrpfosten

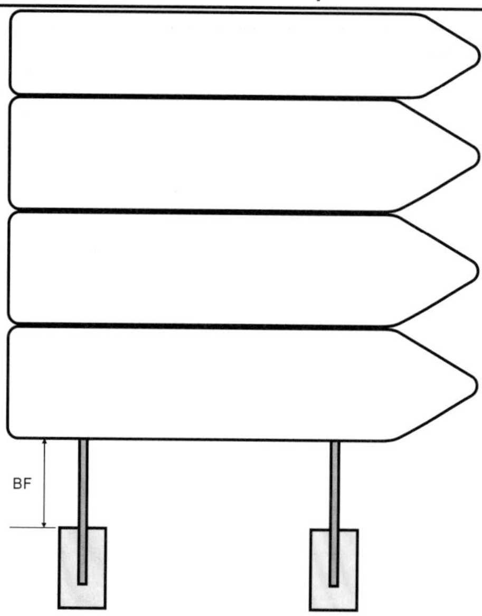

Abmessungen		Bodenfreiheit (BF) 1000 mm				Bodenfreiheit (BF) 1500 mm			
Größen [mm]	Fläche [m²]	Rohrlänge [mm]	Rohr Ø [mm] / t [mm]	Rohrtyp	Fund.-typ	Rohrlänge [mm]	Rohr Ø [mm] / t [mm]	Rohrtyp	Fund.-typ
350 x 1500 | 450 x 1500 450 x 1500 | 450 x 1500	2,29	3250	108,0/4,0	A632	D	3750	108,0/4,0	A637	D
350 x 1750 | 450 x 1750 450 x 1750 | 450 x 1750	2,72	3250	108,0/4,0	A632	D	3750	108,0/4,0	A637	D

IVZ-Norm 2022/
Fassung 2024

13 Aufstellarten – Verkehrszeichen an Auslegerpfosten

Tabelle 25: Ausleger Rohrpfosten

Abbildungen	Abmessungen		Auslage	Bodenfreiheit (BF) 2200 mm			
	Größe [mm]	Fläche [m²]	Länge der Rohrauslage [mm]	Rohrlänge [mm]	Rohr Ø [mm] / t [mm]	Typennr.	Fund.-typ
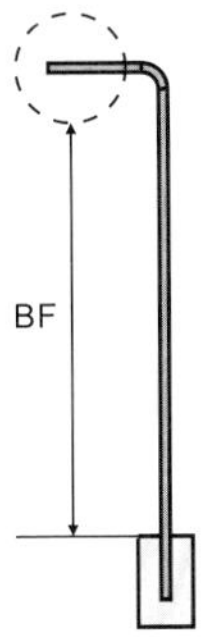	Ø 600	0,28	500	3150	60,3/2,0	ALP10	B
	CE-konforme Ausführung nur möglich bei Standard-Lochplan II						
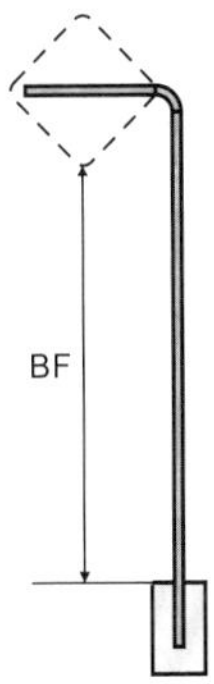	600 x 600	0,36	750	3300	60,3/2,0	ALP20	B
	CE-konforme Ausführung nur möglich bei Standard-Lochplan II						
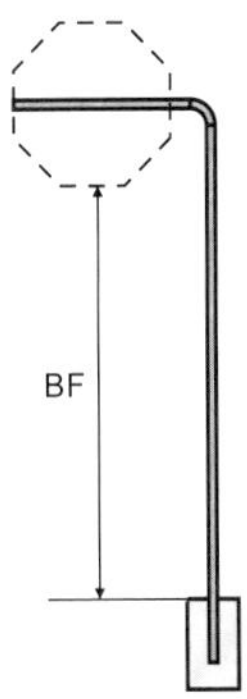	B900	0,67	1000	3300	60,3/2,9	ALP30	B
	CE-konforme Ausführung nur möglich bei Standard-Lochplan II						

Fortsetzung Tabelle 25: Ausleger Rohrpfosten

Abbildungen	Abmessungen		Auslage	Bodenfreiheit (BF) 2200 mm			
	Größe [mm]	Fläche [m²]	Länge der Rohrauslage [mm]	Rohrlänge [mm]	Rohr Ø [mm] / t [mm]	Typennr.	Fund.-typ
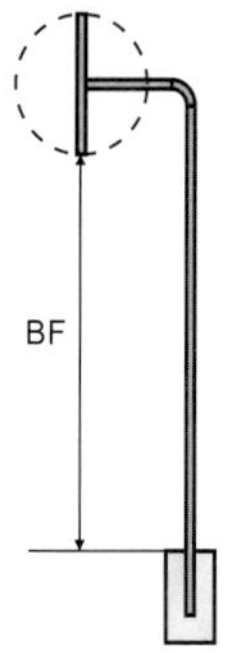	Ø 600	0,28	750	3550	60,3/2,0	ALP100	B
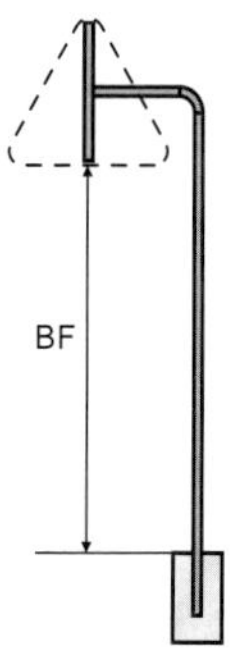	SL900	0,35	750	3550	60,3/2,0	ALP100	B
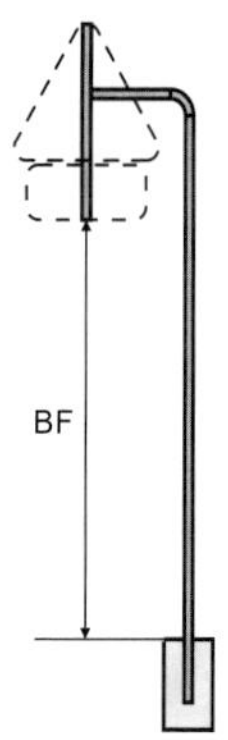	SL900 330 x 600	0,55	500	3550	60,3/2,9	ALP200	B

IVZ-Norm 2022/
Fassung 2024

Tabelle 26: Ausleger für Bandbefestigung

Abbildungen	Abmessungen		Abmessung Ausleger			
	Größen [mm]	Fläche [m²]	Höhe [mm]	Länge der Rohrauslage [mm]	Rohr Ø [mm] / t [mm]	Typennr.
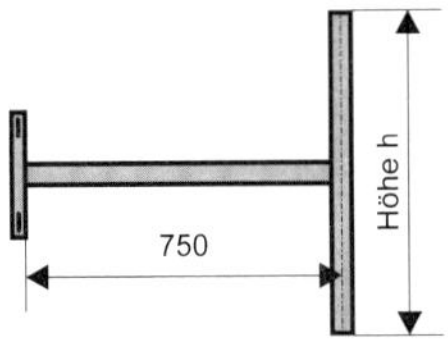	600 x 600	0,36	600	750	60,3/2,0	ALPB10
	750 x 750	0,57	750	750	60,3/2,0	ALPB20
	840 x 840	0,71	900	750	60,3/2,0	ALPB30
	B1050	0,92	1100	750	60,3/2,0	ALPB40
	B1050	0,92	1250	750	60,3/2,0	ALPB50
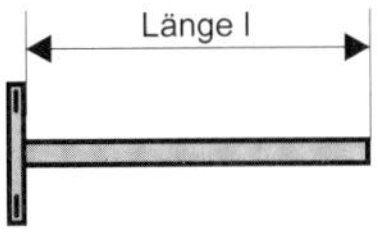	650 x 650	0,43	-	700	60,3/2,0	ALPB100
	840 x 840	0,71	-	900	60,3/2,0	ALPB200
	B1050	0,92	-	1300	60,3/2,0	ALPB300

Tabelle 27: Ausleger für Wandbefestigung

Abbildungen	Abmessungen		Abmessung Ausleger			
	Größen [mm]	Fläche [m²]	Höhe [mm]	Länge der Rohrauslage [mm]	Rohr Ø [mm] / t [mm]	Typennr.
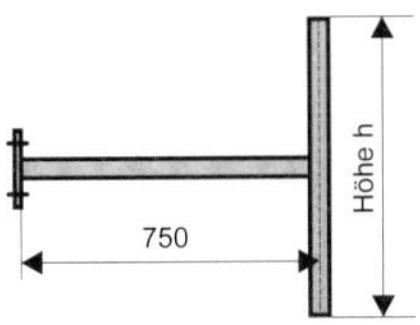	600 x 600	0,36	600	750	60,3/2,0	ALPW10
	750 x 750	0,57	750	750	60,3/2,0	ALPW20
	840 x 840	0,71	900	750	60,3/2,0	ALPW30
	B1050	0,92	1100	750	60,3/2,0	ALPW40
	B1050	0,92	1250	750	60,3/2,0	ALPW50
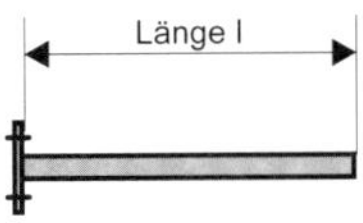	650 x 650	0,43	-	700	60,3/2,0	ALPW100
	840 x 840	0,71	-	900	60,3/2,0	ALPW200
	B1050	0,92	-	1300	60,3/2,0	ALPW300

IVZ-Norm 2022/
Fassung 2024

14 Informativer Anhang: Große Verkehrszeichen

14.1 Befestigungsmittel

Alle Schraubverbindungen an den schwingungsbelasteten Aussteifungsprofilen bei wegweisender Großbeschilderung sind gegen selbstständiges Losdrehen in anderweitiger Form als durch Kontermuttern zu sichern (siehe Abbildung 4). Dabei sind nur normierte Sicherungselemente oder Sicherungselemente mit allgemeiner Zulassung zu verwenden.

Bei untergeordneten Bauteilen können weiterhin Verfahren wie z. B. Kontermuttern zur Anwendung kommen.

Alform-Klemmschellen müssen bei Beschilderung ≥ 6 m² neben der Fahrbahn gekontert werden.

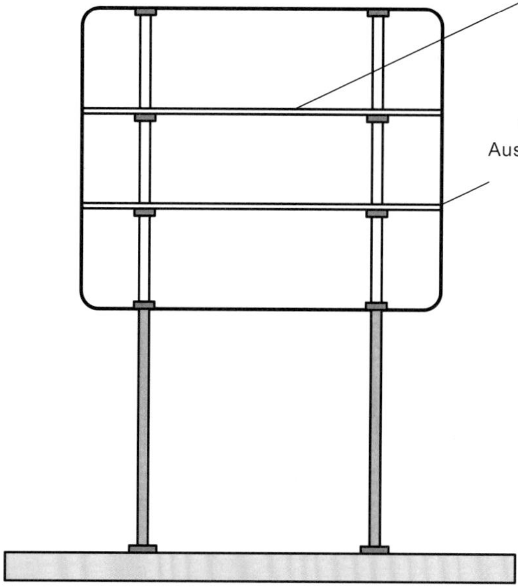

Abbildung 4: Darstellung der mit normierten Sicherungselementen zu sichernden Schraubverbindungen

14.2 Anforderungen an Aufstellvorrichtungen großer Verkehrszeichen mit variablen Bildinhalten

Aufstellvorrichtungen großer Verkehrszeichen sind standortbezogen individuell zu bemessen. Auf eine Prüfung durch einen Prüfstatiker kann verzichtet werden, wenn der Auftragnehmer eine durch eine akkreditierte Stelle im Rahmen der Erstprüfung akzeptierte Bemessungsmethode einsetzt und die Eingangswerte der TLP VZ und den Vorgaben des Leistungsverzeichnisses sowie den folgenden Abschnitten entsprechen.

Es sind die Windlasten der „Zusätzlichen Technischen Vertragsbedingungen und Richtlinien für Ingenieurbauten (ZTV-ING 8-3)“ zu verwenden. Für die Nachweise der Tragkonstruktionen aus Stahl ist DIN EN 1993-1 anzuwenden; allerdings darf beim statischen Nachweis ein reduzierter Teilsicherheitsbeiwert $\gamma_Q = 1{,}35$ für Windlasten und für Eigenlasten $\gamma_G = 1{,}2$ für den Grenzzustand der Tragfähigkeit verwendet werden (siehe DIN EN 1991-1, Abs. 2.2 (3) in Verbindung mit DIN EN 12899-1 Abs. 5.2, Klasse PAF1). Für Tragkonstruktionen aus Aluminium gilt DIN EN 1999-1.

Bei Fachwerkständern sind auch die Gurtrohre und die Diagonalen nachzuweisen. Der Abstand des untersten horizontalen Rohres vom Fundament muss in der statischen Berechnung berücksichtigt werden.

Die Fachwerkkonstruktion ist so zu wählen, dass sich zugehörige Systemlinien in einem Punkt schneiden.

IVZ-Norm 2022/ Fassung 2024

Die Abmessungen der Ständerkonstruktion sollen entsprechend DIN EN 1993-1 vorgesehen werden. Abweichend von DIN EN 1993-1 darf bei Erfüllung der statischen Anforderungen eine Mindestschweißnahtdicke von a = 2 mm verwendet werden.

14.2.1 Gebrauchstauglichkeit

Der Nachweis der Gebrauchstauglichkeit entfällt.

14.2.2 Betriebsfestigkeit

Der Nachweis der Betriebsfestigkeit entfällt.

14.3 Anforderungen an die Gründung großer Verkehrszeichen mit variablen Bildinhalten

14.3.1 Gründungsart

Große Verkehrszeichen werden auf Ortbeton- oder Fertigteilfundamente montiert.

14.3.2 Bemessung

Für Fundamente großer Verkehrszeichen ist eine individuelle Bemessung erforderlich. Seitlicher Bodendruck darf bei der Bemessung nicht angesetzt werden. Der Standsicherheitsnachweis ist gegen Kippen und Gleiten zu führen. Die Sohlpressung ist nachzuweisen.

14.3.3 Bewehrung

Eine Bewehrung ist entsprechend der statischen Bemessung auszuführen.

14.3.4 Anker

Auswahl und Dimensionierung der Verankerung erfolgen entsprechend der statischen Bemessung. Die Anker sind mithilfe einer Schablone zu setzen oder zu einem Ankerkorb zu verschweißen. Es ist feuerverzinkter Stahl mindestens in der Qualität 4.6 zu verwenden.

Der Ankerkorb ist statisch nachzuweisen.

14.4 Konstruktionsraster Großschild

Zur Einhaltung der nach den TLP VZ zulässigen Verformungen legt diese IVZ-Norm das Konstruktionsraster von Großschildern in Bezug auf die Anzahl und die Abstände der Aussteifungstraversen und Aufsteller (Gabelständer) fest. Die angegebenen Werte basieren auf Belastungsversuchen und darauf aufgebauten Rechenmodellen mit definierten Bildträgerblechen, Randprofilen und Aussteifungstraversen für Großverkehrszeichen.

Für Schilder mit Komponenten, die dem zertifizierten Bildträgersystem nicht entsprechen, muss die Einhaltung der zulässigen Durchbiegung nach TLP VZ gesondert nachgewiesen werden.

14.4.1 Konstruktionsvarianten

Die Klassifizierung der Konstruktionsvarianten von Großschildern erfolgt nach den Abbildungen 5 bis 7.

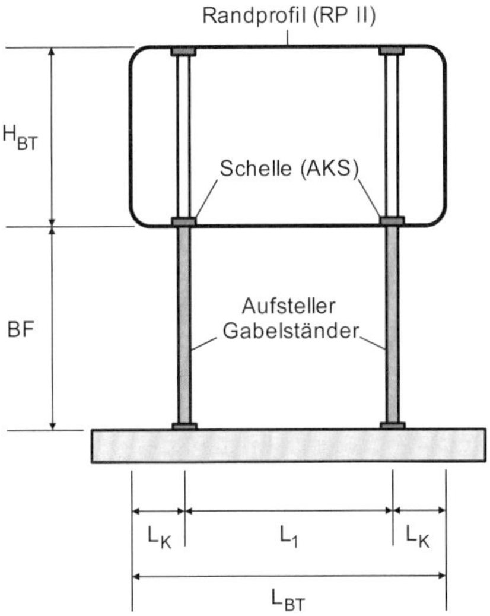

Abbildung 5: Aufstellart RP II ohne Aussteifungstraverse mit zwei Gabelständern

IVZ-Norm 2022/
Fassung 2024

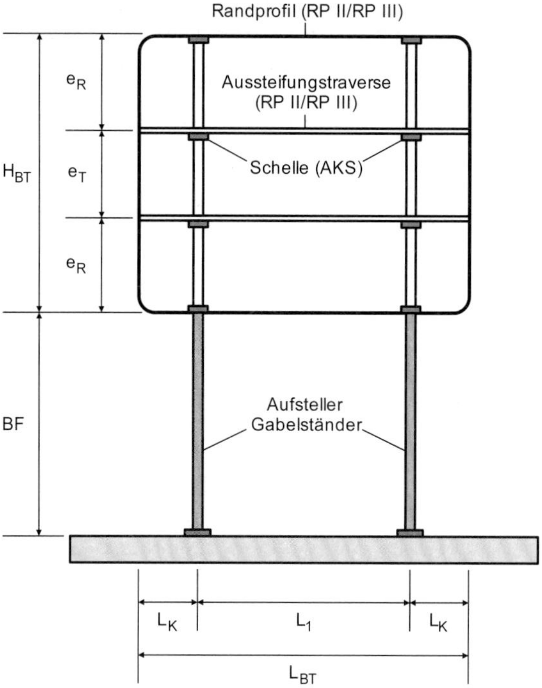

Abbildung 6: Aufstellart RP II oder III mit Aussteifungstraverse(n) und mit zwei Gabelständern

IVZ-Norm 2022/
Fassung 2024

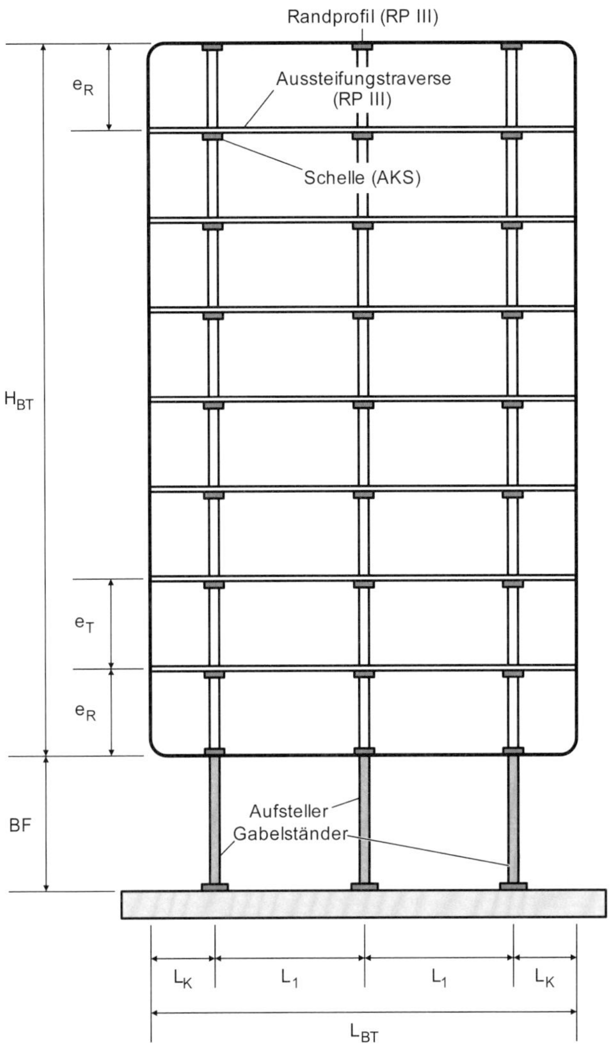

Abbildung 7: Aufstellart RP III mit Aussteifungstraversen und mit mehr als zwei Gabelständern

Tabelle 28: Zuordnung der Konstruktionsvarianten						
Aufstellart	**Aufsteller**		**Traversen**		**Bildträger**	
	Anzahl	**Abstand L_1 [m]**	**Randprofil**	**Aussteifungs-traversen**	**Fläche A_{BT} [m²]**	**Höhe H_{BT} [m]**
Abbildung 5	2	1,20 … 1,80	RP II	ohne	≤ 6 m²	
Abbildung 6	2	1,20 … 1,80	RP II	mit	≤ 6 m²	
Abbildung 6	2	1,20 … 1,80	RP III	mit	> 6 m²	≤ 3,00 m
Abbildung 7	3	1,20 … 1,80 … 2,40	RP III	mit	> 6 m²	≤ 6,00 m

IVZ-Norm 2022/
Fassung 2024

14.4.2 Vorgaben für Konstruktionsraster

Die Bestimmung der Traversenabstände der Rand- (e_R) und Innenfelder (e_T) erfolgt nach dem Verhältnis:

$$e_T / e_R = 1,25$$

Die Bestimmung der Aufstellerabstände (L_1) und der Schildüberstände (L_K) erfolgt nach dem Verhältnis:

$$L_1 / L_K = 3,2$$

Die maximal zulässigen Abstände ergeben sich aus den Tabellen der von StrAus-Zert zertifizierten Berechnungen. Die Wahl anderer Konstruktionen erfordert jeweils eine individuelle Berechnung.

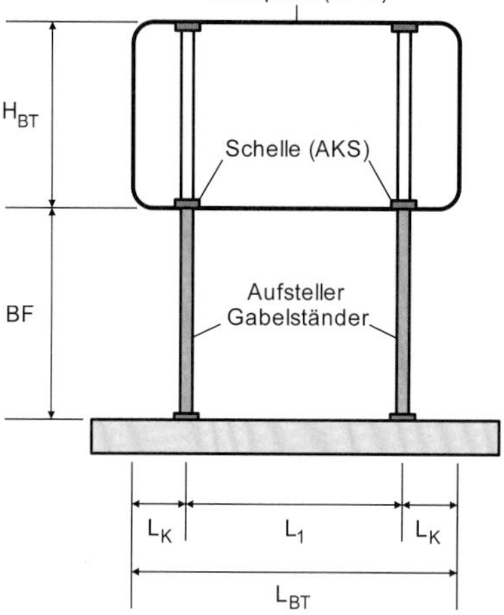

Abbildung 8: Konstruktionsraster für wegweisende Großschilder ohne Aussteifungstraverse für zweibeinige Aufstellart und RP II

Für die Variante ohne Aussteifungstraverse (Abbildung 8) ist die Ermittlung der maximalen Bildträgerhöhe max. H_{BT} in Abhängigkeit von Aufstellerabstand L_1 und Windzone maßgebend.

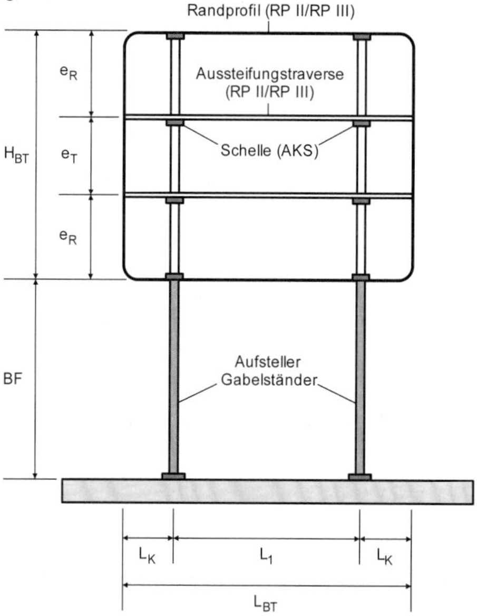

Abbildung 9: Konstruktionsraster für wegweisende Großschilder mit Aussteifungstraversen für zweibeinige Aufstellart und RP II oder III

IVZ-Norm 2022/
Fassung 2024

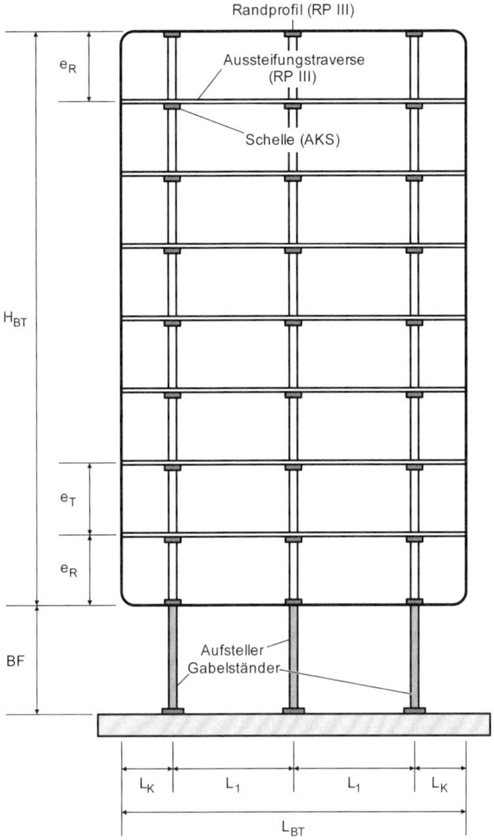

Abbildung 10: Konstruktionsraster für wegweisende Großschilder mit Aussteifungstraversen für mehr als zweibeinige Aufstellart und RP III

Für die Traversenaufteilung gilt:

$$e_R = 0{,}8 \times e_T$$

$$L_K = L_1 / 3{,}2$$

Allgemein gilt:

$$L_{BT} = (\text{Aufstelleranzahl} - 1) \times L_1 + 2 \times (L_1 / 3{,}2)$$

$$\mathbf{L_{BT} = (Aufstelleranzahl - 3/8) \times L_1}$$

$$H_{BT} = e_T \times (n - 2) + 2 \times e_R$$

$$H_{BT} = e_T \times (n - 2) + 2 \times 0{,}8 \times e_T$$

$$\mathbf{H_{BT} = e_T \times (n - 0{,}4)}$$

wobei

n Anzahl der Blechfelder ($n \geq 2$)

$\mathbf{e_T \leq max.\ e_T}$

Für die Aufstellarten nach Abbildungen 9 und 10 ist die Überprüfung des maximal zulässigen Traversenabstandes max. e_T in Abhängigkeit von Aufstellerabstand L_1 und Windzone nach ZTV-ING vorzunehmen. Hierfür gelten die Werte der entsprechenden Tabellen der zertifizierten Berechnungen.

Verkehrszeichenanlagen, deren Komponenten (Verkehrszeichen, Schelle, Aufstellvorrichtung) von Herstellern geliefert werden, die nach der Bauproduktenverordnung zertifiziert sind, erfüllen die Bedingungen der DIN EN 12899-1 zur CE-Kennzeichnung, wenn sie nach dieser Norm aufgestellt werden.

Hersteller mit der Berechtigung zum Führen des RAL-Gütezeichens sind zertifizierte Hersteller nach der DIN EN 12899-1.

Anlage 5 Zitierte Quellen

Liste der zitierten Rundschreiben des für den Verkehr zuständigen Bundesministeriums

bis 1984

- RS (StB-Bl-116 Vms 57) „Anordnung und Ausführung von Leitpfosten und Leitplanken an Bundesfernstraßen“ vom 16.3.1957
- ARS 13/1963 (StB 2/4 – Rum – 251 Vms 63) „Festlegung von Umleitungen bei der Sperrung von Bundesfernstraßen“ vom 19.12.1963 (VkBl. 1964 S. 125)

1985 – 1989

- BMV-VkBl.-Verlautbarung (StV 12/36.42.39) „Verkehrszeichen der Straßenverkehrs-Ordnung (StVO)“ vom 7.3.1988 (VkBl. S. 184)

1990 – 1994

- ARS 15/1991 (StB 13/70.22.00/58 Va 92) „Technische Lieferbedingungen für Warnleuchten, Ausgabe 1991 (TL Warnleuchten 90)“ vom 20.8.1991 (VkBl. S. 708)
- ARS 13/1992 (StB 13/38.68.00/29 Va 92) „Richtlinien für Wildschutzzäune an Bundesfernstraßen (Wildschutzzaun-Richtlinien – WSchuZR) – Zustimmung des BMV“ vom 28.2.1992 (VkBl. S. 147)
- „Merkblatt über die Ausrüstung von privaten Begleitfahrzeugen zur Absicherung von Großraum- und Schwertransporten“, Ausgabe 2015, Verkehrsblatt-Verlag
- ARS 11/1992 (StB 11/14.87.02-15/8 Va 92) „Merkblatt Alleen (MA-StB 92)“ vom 4.4.1992
- ARS 46/1992 (StB 18/38.72.00/36 Va 92) „Tankstellen an Autobahnen; Beliefererfarben, -namen und -zeichen“ vom 30.11.1992 (VkBl. S. 710)
- ARS 08/1993 (StB 13/38.62.00/3 BASt 93) „Technische Lieferbedingungen für Schutzplankenpfostenummantelungen (TL-SPU 93)“ vom 15.4.1993 (VkBl. S. 432)
- VkBl.-Verlautbarung (StV 12/StB 13/36.42/50-12) „Richtlinien für die Markierung von Straßen (RMS), Teil 1 Abmessungen und geometrische Anordnung von Markierungszeichen (RMS-1)“ vom 23.8.1993 (VkBl. S. 667)
- ARS 33/1993 (StB 13/StV 12/38.61.30/144 Va 93) „Richtlinien für die Markierung von Straßen; Teil 1: Abmessungen und geometrische Anordnung von Markierungszeichen (RMS-1)“, Ausgabe 1993, vom 29.9.1993 (VkBl. S. 728)
- ARS 16/1994 (StB 13/38.61.50/80 BASt 93) „Technische Lieferbedingungen für Leitkegel (TL-Leitkegel)“ vom 27.5.1994 (VkBl. S. 630)
- BMV-VkBl.-Verlautbarung (StV 12/36.42.42-450) „Hinweisschilder auf Autohöfe an Autobahnen“ vom 24.10.1994 (VkBl. S. 699)

1996

- ARS 03/1996 (StB 13/38.62.20/79 BASt 95) „Technische Lieferbedingungen für Betonschutzwand-Fertigteile, Ausgabe 1996 (TLBSWF 96)“ vom 30.4.1996 (VkBl. S. 376)
- ARS 20/1996 (StB 13/38.62.00/91 BASt 96) „Technische Lieferbedingungen für Schutzplankenpfostenummantelungen (TL-SPU 93); Änderung der Prüfungen an Schutzplankenpfostenummantelungen (SPU)“ vom 23.7.1996 (VkBl. S. 405)

1997

- ARS 15/1997 (StB 13/StV 12/38.58.60/169 BASt 96) „Richtlinien für Wechselverkehrszeichen an Bundesfernstraßen (RWVZ), Ausgabe 1997" vom 18.4.1997 (VkBl. S. 520)
- ARS 16/1997 (StB 13/StV 12/38.58.60/169 BASt 96) „Richtlinien für Wechselverkehrszeichenanlagen an Bundesfernstraßen (RWVA), Ausgabe 1997" vom 18.4.1997 (VkBl. S. 521)
- ARS 22/1997 (StB 13/38.62.00/60 BASt 97) „Einsatz von Schutzplankenpfostenummantelungen (SPU) an Bundesfernstraßen" vom 16.5.1997 (VkBl. S. 424)
- ARS 34/1997 (StB 13/38.59.10-02/84 BASt 97) „Zusätzliche Technische Vertragsbedingungen und Richtlinien für Sicherungsarbeiten an Arbeitsstellen an Straßen (ZTV-SA 97)" vom 12.8.1997 (VkBl. S. 794)
- ARS 35/1997 (StB 13/38.59.10-02/84 BASt 97) „TL-Absperrschranken 97; TL-Leitbaken 97; TL-Absperrtafeln 97; TL-Aufstellvorrichtungen 97; TL-Vorübergehende Markierungen 97; TL-Warnbänder 97; TL-Leitelemente 97; TL-Transportable Schutzeinrichtungen 97; TL-Transportable Lichtsignalanlagen 97" vom 12.8.1997 (VkBl. S. 795)

1998

- ARS 10/1998 (StB 13/38.59.10-02/184 BASt 97) „Ergänzungsprüfung von Warnleuchten gemäß den Technischen Lieferbedingungen für Warnleuchten (TL-Warnleuchten 90)" vom 12.3.1998 (VkBl. S. 288)

1999

- ARS 05/1999 (S 28/38.59.10/126 BASt 98) „Ergänzungen zu den Technischen Lieferbedingungen für transportable Schutzeinrichtungen (TL-Transportable Schutzeinrichtungen 97)" vom 15.12.1998 (VkBl. 1999, S. 99)
- ARS 08/1999 (S 28/38.62.00/142 BASt 98) „Passive Schutzeinrichtungen; Technische Lieferbedingungen für Stahlschutzplanken (TL-SP 99)" vom 1.12.1999 (VkBl. 2000 S. 62)
- ARS 18/1999 (S 28/38.58.10/38 Va 99) „Änderungen zu den Zusätzlichen Technischen Vertragsbedingungen und Richtlinien für Sicherungsarbeiten an Arbeitsstellen an Straßen (ZTV-SA 97)" vom 17.8.1999 (VkBl. S. 670)
- ARS 19/1999 (S 28/38.59.00/5 HE 99) „Arbeitsstellen an Straßen; Merkblatt über Rahmenbedingungen für erforderliche Fachkenntnisse zur Verkehrssicherung von Arbeitsstellen an Straßen (M VAS 99)" vom 16.8.1999 (VkBl. S. 694)
- BMV-RS S 28/38.58.60-38/70 BASt 99 „Hinweise für umsetzbare Stauwarnanlagen (HUS); – Ausgabe 1999" vom 24.9.1999
- ARS 27/1999 (S 28/38.60.70-50/144 Va 99) „Wegweisende Beschilderung; Richtlinien für die wegweisende Beschilderung außerhalb von Autobahnen (RWB 2000)" vom 15.11.1999 (VkBl. S. 781)

2000

- ARS 14/2000 (S 28/S 32/38.54.10-02/21 BASt 99) „Kennzeichnung von Ingenieurbauwerken mit beschränkter Durchfahrtshöhe über Straßen" vom 20.6.2000 (VkBl. S. 337)

2001

- BMV-RS S 28/38.59.00/17 BASt 01 „Baustellenmanagement/Bauarbeiten an Bundesfernstraßen; Änderung der Baustelleninformationsschilder für Bundesfernstraßen" vom 20.7.2001

- ARS 32/2001 (S 15/S 32/38.02.02-01/105 Va 01) „Richtlinien zur Werbung an (Bundes-)Autobahnen aus straßenverkehrs- und straßenrechtlicher Sicht" vom 17.9.2001 (VkBl. S. 463)
- ARS 36/2001 (S 28/38.58.60/17 Va 01) „Verkehrsbeeinflussung – Markierungsleuchtknöpfe" vom 29.9.2001

2005

- ARS 11/2005 (S 11/38.68.00/139 Vma 04 III) „Richtlinien für Wildschutzzäune an Bundesfernstraßen (Wildschutzzaun-Richtlinie – WSchuZR) – Fortschreibung" vom 4.4.2005 (VkBl. S. 354)

2006

- ARS 06/2006 (S 15/7165.8/3-2/489929) „Zusätzliche Hinweise auf das Dienstleistungsangebot in Autobahnrastanlagen und Autohöfen" vom 27.4.2006 (VkBl. 2007 S. 115)

2007

- BMV-VkBl.-Verlautbarung (S 32/7332.4/0-599225) „Ergänzung des Katalogs der grafischen Symbole in Kapitel 5.7 der RWB 2000 um die Piktogramme ‚Freibad' und ‚Hallenbad'" vom 31.1.2007 (VkBl. S. 76)
- BMV-VkBl.-Verlautbarung (S 32/7332.4/0-654721) „Ergänzung des Katalogs der grafischen Symbole in Kapitel 5.7 der RWB 2000 um das Piktogramm ‚Zentrum'" vom 5.4.2007 (VkBl. S. 245)

2008

- ARS 15/2008 (S 15/7162.2/9/899400) „Richtlinie für das Aufstellen von Hinweisschildern auf Gottesdienste und sonstige regelmäßige religiöse Veranstaltungen von Kirchen und sonstigen Religionsgemeinschaften" vom 11.8.2008 (VkBl. S. 461)
- BMVBS-RS (S 11/7123.10/6-1-891608) „Grundsätze für Bau und Finanzierung von Radwegen im Zuge von Bundesstraßen in der Baulast des Bundes 2008" vom 17.10.2008

2009

- RS (S 11/7123.11/3-1052612) „Richtlinien für passiven Schutz an Straßen durch Fahrzeug-Rückhaltesysteme (RPS 2009) – Einsatzempfehlungen für Fahrzeug-Rückhaltesysteme", Stand 6/2009 vom 15.7.2009 (fortgeschrieben 7/2020)

2010

- ARS 17/2010 (StB 15/7163.1/4/01261223) „Richtlinien für die Aufstellung von nichtamtlichen Wegweisern für Messen, Ausstellungen, sportliche und ähnliche temporäre Großveranstaltungen" vom 10.8.2010 (VkBl. S. 378)
- ARS 24/2010 (StB 12/7114-1/1-1263688) „– Anweisung Straßeninformationsbank-Teilsysteme: Netzdaten und Bestandsdaten; Objektkatalog im Straßen- und Verkehrswesen (OKSTRA); Überlassung von Straßen- und Brückendaten an Dritte" vom 28.10.2010 (VkBl. S. 586)
- ARS 28/2010 (StB 11/7123.11/2-02-1312656) „Richtlinien für passiven Schutz an Straßen durch Fahrzeug-Rückhaltesysteme (RPS 2009) und Einsatzfreigabeverfahren für Fahrzeug-Rückhaltesysteme" vom 20.12.2010 (VkBl. 2011 S. 44)

2011

- ARS 02/2011 (StB 11/7437.2/3-05/1371916) „Empfehlungen für Rastanlagen an Straßen" vom 2.3.2011 (VkBl. S. 340)
- ARS 09/2011 (StB 11/7122.3/4/1448158) „Technische Liefer- und Prüfbedingungen für vertikale Verkehrszeichen (TLP VZ); Zusätzliche Technische Vertragsbedingungen und Richtlinien für vertikale Verkehrszeichen (ZTV VZ); Merkblatt für die Wahl der lichttechnischen Leistungsklasse von vertikalen Verkehrszeichen und Verkehrseinrichtungen (M LV)" vom 21.7.2011 (VkBl. 2012 S. 42)

2012

- ARS 17/2012 (StB 14/7133.10/013-1794815) „Vergabe- und Vertragsordnung für Bauleistungen (VOB); VOB, Ausgabe 2012" vom 8.10.2012 (VkBl. S. 793)

2013

- ARS 02/2013 (StB 12/7123.1/1/1150966) „Verkehrsbeeinflussung auf Bundesfernstraßen; Technische Lieferbedingungen für Streckenstationen, Ausgabe 2012 (TLS 2012)" vom 3.1.2013 (VkBl. S. 150)
- ARS11/2013 (StB 11/7123.11/2-03-1984831) „Richtlinien für passiven Schutz an Straßen durch Fahrzeugrückhaltesysteme (RPS) – Reparatur" vom 1.7.2013 (VkBl. S. 751)
- ARS 18/2013 (StB 11/7123.11/2-03-2050362) „Anforderungen an den Nachweis der Leistungsfähigkeit von Betonschutzwänden in Ortbetonbauweise – Vergleichsverfahren BSW Ortbeton (VGVF BSW O 2013)" vom 5.9.2013 (VkBl. S. 936)
- ARS 24/2013 (StB 11/7122.3/4-ZTV M-2067976) „Zusätzliche Technische Vertragsbedingungen und Richtlinien für Markierungen auf Straßen (ZTV M 13)" vom 18.11.2013 (VkBl. S. 1197)

2015

- ARS 18/2015 (StB 11/7123.13/2-2496626) „Technische Liefer- und Prüfbedingungen für vertikale Verkehrszeichen (TLP VZ 2011); Mikroprismatische retroreflektierende Folien für Verkehrszeichen" vom 23.10.2015 (VkBl. S. 754)

2016

- ARS 08/2016 (StB 11/7122.3/5-2383989) „Technische Lieferbedingungen für transportable Schutzeinrichtungen (TL-Transportable Schutzeinrichtungen 97) – Streichung der planungsrelevanten Breite (Planungsbreite)" vom 11.4.2016 (VkBl. S. 391)
- ARS 13/2016 (StB 11/7123.11/2-03-2520986) „Technische Lieferbedingungen für Schutzplankenpfostenummantelungen (TL-SPU 93)" vom 21.4.2016 (VkBl. S. 414)
- ARS 25/2016 (StB 11/7122.3/4-ZTV-M-2665581) „Zusätzliche Technische Vertragsbedingungen und Richtlinien für Markierungen auf Straßen (ZTV M 13) – Änderungen, Ergänzungen, Erläuterung" vom 2.11.2016 (VkBl. S. 696)

2017

- ARS 13/2017 (StB 14/7135.2/010-2824430) „Handbuch für die Vergabe und Ausführung von Lieferungen und Leistungen im Straßen- und Brückenbau (HVA L-StB), Ausgabe April 2017" vom 6.7.2017 (VkBl. S. 742)

- ARS 15/2017 (StB 11/7123.11/2-03-1/2824066) „Technische Kriterien für den Einsatz von Fahrzeug-Rückhaltesystemen in Deutschland“ vom 23.8.2017 (VkBl. S. 820)
- ARS 16/2017 (StB 11/7123.11/2-03/2833819) „Technische Liefer- und Prüfbedingungen für Übergangskonstruktionen zur Verbindung von Schutzeinrichtungen (TLP ÜK)“ vom 23.8.2017 (VkBl. S. 822)
- ARS 18/2017 (StB 14/7135.2/010-2900763) 1. „Handbuch für die Vergabe und Ausführung von Lieferungen und Leistungen im Straßen- und Brückenbau (HVA L-StB), Ausgabe April 2017“ 2. „Handbuch für die Vergabe und Ausführung von freiberuflichen Leistungen im Straßen- und Brückenbau (HVA F-StB), Ausgabe April 2017“ vom 13.10.2017 (VkBl. S. 936)

2019

- ARS 07/2019 (StB 12/7437.2/3-05/3155789) „Empfehlungen für Rastanlagen an Straßen“ vom 20.5.2019 (VkBl. S. 422)
- ARS 20/2019 (StB 14/7133.10/013-3213047) „Herausgabe der Vergabe- und Vertragsordnung für Bauleistungen (VOB), Ausgabe 2019; Fortschreibung der VOB, Teil A (VOB/A); Fortschreibung der VOB, Teil C (VOB/C), Ausgabe 2019“ vom 24.9.2019 (VkBl. S. 702)
- ARS 23/2019 (StB 11/7122.3/4-RMS/3240443) „Bekanntmachung der Richtlinien für die Markierung von Straßen (RMS), Teil A: Markierung von Autobahnen“ vom 9.12.2019 (VkBl. 2020 S. 110)

2020

- ARS 14/2020 (StB 11/7122.3/4/2957804) „Merkblatt für Agglomeratmarkierungen, Ausgabe 2020“ vom 28.5.2020 (VkBl. S. 642)
- ARS 19/2020 (StB 13/7144.2/02-20/3411587) „Richtlinien für den Lärmschutz an Straßen – Ausgabe 2019 – (RLS-19)“ vom 24.11.2020 (VkBl. S. 844)

2021

- ARS 06/2021 (StB 11/7122.3/1-ASR/3443443) „Handlungshilfe für das Zusammenwirken von ASR A5.2 und RSA bei der Planung von Straßenbaustellen im Grenzbereich zum Straßenverkehr (Ausgabe 2020)“ vom 3.2.2021 (VkBl. S. 94)
- ARS 08/2021 (StB 14/7138.4/21-3468803) „Projektmanagementsystem (PM) RIB iTWO 2020 …“ vom 5.3.2021 (VkBl. S. 298)
- ARS 17/2021 (StB 27/7437.2/3-05/3301125) „Empfehlungen für Rastanlagen an Straßen“ vom 19.7.2021 (VkBl. S. 819)
- ARS 19/2021 (StB 26/7122.3/4-RUB/3516563) „Richtlinien für Umleitungsbeschilderungen (RUB)“ vom 23.8.2021 (VkBl. S. 1008)
- ARS 24/2021 (StB 26/7122.3/4-RSA/3524007) „Richtlinien für die verkehrsrechtliche Sicherung von Arbeitsstellen an Straßen (RSA 21)“ vom 8.11.2021 (VkBl. 2022 S. 46)
- ARS 25/2021 (26/7122.1/4-3597316) „Straßeninfrastruktur-Sicherheitsmanagement“ vom 19.11.2021 (VkBl. S. 1160)

2022

- ARS 02/2022 (StB 26/7122.3/5/3612626) „Grundsätze für die passiv sichere Aufstellung von Verkehrszeichen“ vom 2.2.2022 (VkBl. S. 78)

- ARS 09/2022 (StB27/7123.1/1/3646142) „Dynamische Wegweiser mit integrierten Stauinformationen (dWiSta) – Hinweise für die einheitliche Gestaltung und Anwendung an Bundesfernstraßen, Ausgabe 2022 (dWiSta-Hinweise 2022)" vom 14.4.2022 (VkBl. S. 301)
- ARS 19/2022 (StB 15/7174.2/4-6/3638859) „Richtlinien für die Planung, Baudurchführung und Abrechnung von Maßnahmen nach dem Eisenbahnkreuzungsgesetz 2022 (Richtlinien Planen Bauen Abrechnen 2022)" vom 15.8.2022 (VkBl. S. 547)
- Nr. 185 (StV 12/7332.2/42-01/3680989) „Bekanntmachung des Zeichens 343 – Kurvenmarkierung für Zweiradfahrende" vom 24.10.2022 (VkBl. S. 803)

2023

- ARS 04/2023 (StB 26/7122.3/5/3764898) „Technische Liefer- und Prüfbedingungen für Sichtzeichen (TLP Sichtzeichen" vom 27.2.2023 (VkBl. S. 166)
- ARS 07/2023 (StB 12/722.2/44-/3798809) „Fortschreibung der Anweisung zur Kostenermittlung und zur Veranschlagung von Straßenbaumaßnahmen, Ausgabe 11/2020 (AKVS 2014, Ausgabe 11/2020)" vom 3.5.2023 (VkBl. S. 390)
- ARS 08/2023 (StB 14/7134.2/005-3794750) „Handbuch für die Vergabe und Ausführung von Bauleistungen im Straßen- und Brückenbau (HVA B-StB), Ausgabe März 2023" vom 17.5.2023 (VkBl. S. 418)
- ARS 10/2023 (StB 24/7192.70/21/3795709) „Fortschreibung der Richtlinien für den Entwurf, die konstruktive Ausbildung und Ausstattung von Ingenieurbauten (RE-ING) – Ausgabe 2023/03" vom 25.5.2023 (VkBl. S. 403)
- ARS 19/2023 (StB 14/7138.4/021-3819589) AVA-Software RIB iTWO Version 2023 der Fa. RIB Software GmbH mit dem iTWO-Konfigurationspaket Straßenbau nach Vorgaben der FG AVA/StB – Freigabe zur Anwendung im Bereich der Bundesfernstraßen" vom 24.7.2023 (VkBl. S. 471)
- ARS 24/2023 (StB 14/7133.10/013-3835719) „VOB 2019, Ergänzungsband 2023" vom 14.12.2023 (VkBl. 2024 S. 19)
- ARS 25/2023 (StB 26/7122.3/5/3733289) „Richtlinien zur Baubetriebsplanung auf Bundesautobahnen (RBAP)" vom 18.12.2023 (VkBl. 2024 S. 20)
- ARS 26/2023 (StB 26/7122.3/4/3844039) „Technische Lieferbedingungen für Markierungsmaterialien, Ausgabe 2023 (TL M 23)" vom 28.12.2023 (VkBl. 2024 S. 21)
- ARS 27/2023 (StB 26/7123.11/2-03/3826735) „Anforderungen an die Art und den Umfang der Reparatur von Fahrzeug-Rückhaltesystemen aus Stahl und Beton" vom 28.12.2023 (VkBl. 2024 S. 22)

2024

- ARS 04/2024 (StB 15/7174.2/4-5/3609853) „Vollzug des Eisenbahnkreuzungsgesetzes; Richtlinien für die Durchführung von Verwaltungsverfahren nach dem Eisenbahnkreuzungsgesetz 2024 (EKrG-Richtlinien 2024)" vom 12.2.2024 (VkBl. S. 146)
- ARS 06/2024 (StB 24/7192.70/31/3851270) „Fortschreibung der Zusätzlichen Technischen Vertragsbedingungen und Richtlinien für Ingenieurbauten (ZTV-ING) – Ausgabe 2023/12" vom 28.2.2024 (VkBl. S. 257)
- ARS 07/2024 (StB 26/7122.3/5/3852682) „Technische Lieferbedingungen für transportable Lichtsignalanlagen (TL transportable LSA), Ausgabe 2023 und Zusätzliche Technische Vertragsbedingungen und Richtlinien für transportable Lichtsignalanlagen (ZTV transportable LSA 2023)" vom 1.3.2024 (VkBl. S. 263)
- ARS 13/2024 (StB 14/7134.5/005-3815097) „Standardleistungskatalog für den Straßen- und Brückenbau (STLK); Ausgabestand 03/24" vom 18.4.2024 (VkBl. S. 342)

- ARS 15/2024 (StB 26/7122.3/5-RWBA/3830078) „Richtlinien für die wegweisende Beschilderung auf Autobahnen (RWBA 2023)“, Ausgabe 2023, BMDV, FGSV Verlag
- RS (StB 26/7123.6/4/3888363) „Kostenübernahme für die wegweisende Beschilderung für den Radverkehr an Bundesfernstraßen begleitenden Radwegen“ vom 20.10.2024

Diese und weitere Rundschreiben des für den Verkehr zuständigen Bundesministeriums sind über den Verkehrsblatt-Verlag (www.verkehrsblatt.de) zu beziehen.

Liste der zitierten technischen Veröffentlichungen der FGSV

Arbeitsgruppe 1 Verkehrsplanung

EVE	Empfehlungen für Verkehrserhebungen, Ausgabe 2012
STLK	Richtlinien für das Anwenden des Standardleistungskataloges im Straßen- und Brückenbau
RLS-19	Richtlinien für den Lärmschutz an Straßen, Ausgabe 2019

Arbeitsgruppe 2 Straßenentwurf

HBS	Handbuch für die Bemessung von Straßenverkehrsanlagen, Ausgabe 2015
RSAS	Richtlinien für das Sicherheitsaudit von Straßen, Ausgabe 2019
EAÖ	Empfehlungen für Anlagen des öffentlichen Personennahverkehrs, Ausgabe 2013
EFA	Empfehlungen für Fußgängerverkehrsanlagen, Ausgabe 2002
ERA	Empfehlungen für Radverkehrsanlagen, Ausgabe 2010
H RSV	Hinweise zu Radschnellverbindungen und Radvorrangrouten, Ausgabe 2021
EAR	Empfehlungen für Anlagen des ruhenden Verkehrs, Ausgabe 2023
M WBF	Merkblatt zur wegweisenden Beschilderung für den Fußgängerverkehr, Ausgabe 2007
R-FGÜ	Richtlinien für die Anlage und Ausstattung von Fußgängerüberwegen, Ausgabe 2001
M WBR	Merkblatt zur wegweisenden Beschilderung für den Radverkehr, Ausgabe 2024
„Hinweise zum Einsatz bargeldloser Zahlungsmittel beim Parken“, Ausgabe 2007	
M Anlage von Kreisverkehren	Merkblatt für die Anlage von Kreisverkehren, Ausgabe 2006
AP Turbokreisverkehre	Arbeitspapier Turbokreisverkehre, Ausgabe 2015
Hinweise P+R und B+R	Hinweise zu Park+Ride (P+R) und Bike+Ride (B+R), Ausgabe 2018
ERS	Empfehlungen für Rastanlagen an Straßen, Ausgabe 2011
RAA	Richtlinien für die Anlage von Autobahnen, Ausgabe 2008
RAL	Richtlinien für die Anlage von Landstraßen, Ausgabe 2012
RASt 06	Richtlinien für die Anlage von Stadtstraßen, Ausgabe 2006
RAL-L-73	Richtlinien für die Anlage von Landstraßen, Ausgabe 1973

Arbeitsgruppe 3 Verkehrsmanagement

ZTV VZ	Zusätzliche Technische Vertragsbedingungen und Richtlinien für vertikale Verkehrszeichen, Ausgabe 2011
TLP VZ	Technische Liefer- und Prüfbedingungen für vertikale Verkehrszeichen, Ausgabe 2011

M LV	Merkblatt für die Wahl der lichttechnischen Leistungsklasse von vertikalen Verkehrszeichen und Verkehrseinrichtungen, Ausgabe 2011
M DV	Merkblatt für die Durchführung von Verkehrsschauen, Ausgabe 2013
M Agglomeratmarkierungen	Merkblatt für Agglomeratmarkierungen, Ausgabe 2020
H Variable Fahrstreifenzuteilungen	Hinweise zu variablen Fahrstreifenzuteilungen – Anwendungsbeispiele und Einsatzmöglichkeiten (H Variable Fahrstreifenzuteilungen), Ausgabe 2003
ESN	Empfehlungen für die Sicherheitsanalyse von Straßennetzen, Ausgabe 2003
H Lichtsignalsteuerungszentralen	Hinweise zu Lichtsignalsteuerungszentralen als Bestandteil des kommunalen Verkehrsmanagements, Ausgabe 2018
H Geschwindigkeitswarnanlagen	Hinweise für Planung und Einsatz von Geschwindigkeitswarnanlagen, Ausgabe 2001
H VBA Außerortsstraßen	Hinweise für neue Verfahren zur Verkehrsbeeinflussung auf Außerortsstraßen, Ausgabe 2000
TL M 23	Technische Lieferbedingungen für Markierungsmaterialien, Ausgabe 2023
MVAS 99	Merkblatt über Rahmenbedingungen für erforderliche Fachkenntnisse zur Verkehrssicherung von Arbeitsstellen an Straßen, Ausgabe 1999
RSA 21	Richtlinien für die verkehrsrechtliche Sicherung von Arbeitsstellen an Straßen, Ausgabe 2021
ZTV-FRS	Zusätzliche Technische Vertragsbedingungen und Richtlinien für Fahrzeug-Rückhaltesysteme, Ausgabe 2013/Fassung 2017
TL-SP 99	Technische Lieferbedingungen für Stahlschutzplanken, Ausgabe 1999
TL BSWF 96	Technische Lieferbedingungen für Betonschutzwand-Fertigteile, Ausgabe 1996
H Bevorrechtigungsmaßnahmen ÖPNV	Hinweise zu Bevorrechtigungsmaßnahmen für den ÖPNV im städtischen Verkehrsmanagement, Ausgabe 2018
H Steuerungsmodelle WVZ	Hinweise für Steuerungsmodelle von Wechselverkehrszeichenanlagen in Außerortsbereichen, Ausgabe 1992
H Verkehrsflußanalyse VBA	Hinweise zur Verkehrsflußanalyse, Störfallentdeckung und Verkehrsflußprognose für die Verkehrsbeeinflussung in Außerortsbereichen, Ausgabe 1992
H Inventarisierung der Beschilderung	Hinweise für die Inventarisierung der Beschilderung und Markierung an Straßen, Ausgabe 1995
RPS	Richtlinien für passiven Schutz an Straßen durch Fahrzeug-Rückhaltesysteme, Ausgabe 2009
M TI	Merkblatt für Tafeln mit lichttechnischem Informationsteil, Ausgabe 2015
ZTV M 13	Zusätzliche Technische Vertragsbedingungen und Richtlinien für Markierungen auf Straßen, Ausgabe 2013
RtB	Richtlinien für die touristische Beschilderung, Ausgabe 2008
TLP ÜK	Technische Liefer- und Prüfbedingungen für Übergangskonstruktionen zur Verbindung von Schutzeinrichtungen, Ausgabe 2017, BASt
H Markierungen auf neuen Fahrbahnoberflächen	Hinweise für Markierungen auf neuen Fahrbahnoberflächen, Ausgabe 2014

Mustergleichheitsprüfung gemäß ZTV M 13	Leitfaden zur Probenahme von Markierungsmaterialien zur Durchführung der Mustergleichheitsprüfung gemäß ZTV M 13, Ausgabe 2015
TP M	Technische Prüfbedingungen für Markierungssysteme, Ausgabe 2018
EABT-80/100	Empfehlungen für die Ausstattung und den Betrieb von Straßentunneln mit einer Planungsgeschwindigkeit von 80 km/h oder 100 km/h, Ausgabe 2019
AP VFR	Arbeitspapier Einfärbungen, linienhafte Kennzeichnungen und die Wiedergabe von Verkehrszeichen auf der Fahrbahn für den Radverkehr, Ausgabe 2021
RMS-Konstruktionszeichnungen	Richtlinien für die Markierung von Straßen – Konstruktionszeichnungen, Ausgabe 1981
RMS-1	Richtlinien für die Markierung von Straßen – Teil 1: Abmessungen und geometrische Anordnung von Markierungszeichen, Ausgabe 1993
RMS-2	Richtlinien für die Markierung von Straßen – Teil 2: Anwendung von Fahrbahnmarkierungen, Ausgabe 1980, Berichtigter Nachdruck 1995
RUB	Richtlinien für Umleitungsbeschilderungen, Ausgabe 2021
H LiS	Hinweise für die Lichtsignalsteuerung in Straßennetzen, Ausgabe 2014
RiLSA	Richtlinien für Lichtsignalanlagen – Lichtzeichenanlagen für den Straßenverkehr, Ausgabe 2015
H QML	Hinweise zum Qualitätsmanagement an Lichtsignalanlagen, Ausgabe 2014
H ZRA	Hinweise für Zuflussregelungsanlagen, Ausgabe 2008
M Uko	Merkblatt zur Örtlichen Unfalluntersuchung in Unfallkommissionen, Ausgabe 2012, FGSV Verlag
MVMot	Merkblatt zur Verbesserung der Straßeninfrastruktur für Motorradfahrende, Ausgabe 2021
H FL	Hinweise zur Nutzung von Fahrzeug-Rückhaltesystemen als Träger von Leiteinrichtungen, Ausgabe 2008
H Detektoren	Hinweise zu Detektionstechnologien im Straßenverkehr, Ausgabe 2019
H Wirksamkeitsschätzung VBA	Hinweise zur Wirksamkeitsschätzung und Wirksamkeitsberechnung von Verkehrsbeeinflussungsanlagen, Ausgabe 2007
H Netzsteuerungen in der VBA	Hinweise zu Planung und Betrieb von betreiberübergreifenden Netzsteuerungen in der Verkehrsbeeinflussung, Ausgabe 2008
M QVS	Merkblatt zur Qualitätssicherung von dauerhaft verwendeten Verkehrsschildern, Ausgabe 2008
TLP Sichtzeichen	Technische Liefer- und Prüfbedingungen für Sichtzeichen, Ausgabe 2023

Arbeitsgruppe 4 Infrastrukturmanagement

M BGriff	Merkblatt zur Bewertung der Straßengriffigkeit bei Nässe, Ausgabe 2012

Arbeitsgruppe 5 Erd- und Grundbau

RiStWag 16	Richtlinien für bautechnische Maßnahmen an Straßen in Wasserschutzgebieten, Ausgabe 2016

Arbeitsgruppe 9 Querschnittsaufgaben

M Verkehrsberuhigung	Merkblatt über bauliche Maßnahmen zur Verkehrsberuhigung, Ausgabe 1994
M Parken auf Nebenflächen	Merkblatt über Schutzmaßnahmen gegen das Parken auf Nebenflächen, Ausgabe 1993

Diese und weitere technische Veröffentlichungen sind über den FGSV Verlag (www.fgsv-verlag.de) zu beziehen.

Liste der zitierten Richtlinien des für den Verkehr zuständigen Bundesministeriums und der BASt

RBAP	Richtlinien zur Baubetriebsplanung auf Bundesautobahnen, Stand Juni 2023, BMDV
RWB 2000	Richtlinien für die wegweisende Beschilderung außerhalb von Autobahnen, Ausgabe 2000, BMVBW
RWBA 2023	Richtlinien für die wegweisende Beschilderung auf Autobahnen, Ausgabe 2023, BMDV
RE-ING	Richtlinien für den Entwurf, die konstruktive Ausbildung und Ausstattung von Ingenieurbauten, Stand 2024/12
RWVZ	Richtlinien für Wechselverkehrszeichen an Bundesfernstraßen, Ausgabe 1997, Verkehrsblatt-Verlag
RWVA	Richtlinien für Wechselverkehrszeichenanlagen an Bundesfernstraßen, Ausgabe 1997, Verkehrsblatt-Verlag
VLärmSchR 97	Richtlinien für den Verkehrslärmschutz an Bundesfernstraßen in der Baulast des Bundes (VkBl. 1997 S. 434)
Lärmschutz-Richtlinien-StV	Richtlinien für straßenverkehrsrechtliche Maßnahmen zum Schutz der Bevölkerung vor Lärm, BMVBS 2007
BÜSTRA	Richtlinien über Abhängigkeiten zwischen der technischen Sicherung von Bahnübergängen und der Verkehrsregelung an benachbarten Straßenkreuzungen und -einmündungen, Ausgabe 1984, BMV
MA-StB 92	Merkblatt Alleen, Ausgabe 1992, BMV
MARZ	Merkblatt für die Ausstattung von Verkehrsrechnerzentralen und Unterzentralen, Ausgabe 2018, BASt
HUS	Hinweise für umsetzbare Stauwarnanlagen, Ausgabe 1999, BASt
HLB 1957	Hinweise für die Anordnung und Ausführung von senkrechten Leiteinrichtungen an Bundesfernstraßen. Auszug Kap. 5 und 7: Straße und Autobahn 8 (1957) 6: S. 219–222
ZTV-SA 97	Zusätzliche Technische Vertragsbedingungen und Richtlinien für Sicherungsarbeiten an Arbeitsstellen an Straßen, Ausgabe 1997, Berichtigter Nachdruck Juni 2001, BMV
ZTV-ING	Zusätzliche Technische Vertragsbedingungen und Richtlinien für Ingenieurbauten; Teil 8.3 Weitere Bauwerke, Verkehrszeichenbrücken, Ausgabe 2022, BMDV
TL-Absperrschranken	Technische Lieferbedingungen für Absperrschranken, Ausgabe 1997, BMV
TL-Leitbaken	Technische Lieferbedingungen für Leit- und Warnbaken, Ausgabe 1997, BMV
TL-Absperrtafeln	Technische Lieferbedingungen für fahrbare Absperrtafeln, Ausgabe 1997, BMV
TL-Aufstellvorrichtungen	Technische Lieferbedingungen für Aufstellvorrichtungen für Schilder und Verkehrseinrichtungen an Arbeitsstellen, Ausgabe 1997, BMV
TL-Warnbänder	Technische Lieferbedingungen für Warnbänder bei Arbeitsstellen an Straßen, Ausgabe 1997, BMV
TL-Leitelemente	Technische Lieferbedingungen für bauliche Leitelemente, Ausgabe 1997, BMV

TL-Transportable Schutzeinrichtungen	Technische Lieferbedingungen für transportable Schutzeinrichtungen, Ausgabe 1997, BMV
TLP ÜK	Technische Liefer- und Prüfbedingungen für Übergangskonstruktionen zur Verbindung von Schutzeinrichtungen, Ausgabe 2017, BASt
TL-Leitkegel	Technische Lieferbedingungen für Leitkegel, Ausgabe 1994, BMV
TL-SPU 93	Technische Lieferbedingungen für Schutzplankenpfostenummantelungen, Ausgabe 1993, BMV
TL transportable LSA	Technische Lieferbedingungen für transportable Lichtsignalanlagen, Ausgabe 2023, BMDV
TLS	Technische Lieferbedingungen für Streckenstationen, Ausgabe 2012, BASt
ASR A5.2	Technische Regeln für Arbeitsstätten „Anforderungen an Arbeitsplätze und Verkehrswege auf Baustellen im Grenzbereich zum Straßenverkehr – Straßenbaustellen“, Ausgabe 2018, geändert Januar 2023, BMAS/ASTA
AVERZ	Autobahnverzeichnis, Ausgabe 2016, BASt
BVERZ	Bundesstraßenverzeichnis, Ausgabe 2009, BASt
HVA B-StB	Handbuch für die Vergabe und Ausführung von Bauleistungen im Straßen- und Brückenbau, Ausgabe 2023, BMDV
HVA L-StB	Handbuch für die Vergabe und Ausführung von Lieferungen und Leistungen im Straßen- und Brückenbau, Ausgabe 2017, BMVBS
MLK	Anforderungen an Markierungsleuchtknöpfe, Ausgabe 2001, BASt (VkBl. S. 487)
AKVS 2014	Anweisung zur Kostenermittlung und zur Veranschlagung von Straßenbaumaßnahmen, Ausgabe 04/2023, BMDV

„Grundsätze für die passiv sichere Aufstellung von Verkehrszeichen“, Ausgabe 2022, BMDV, BASt

„Empfehlungen zur farblichen Ausführung roter und grüner Einfärbungen (Version 1.0)“, Ausgabe 2020, BASt

„Technische Kriterien für den Einsatz von Fahrzeug-Rückhaltesystemen in Deutschland“ (TK FRS), Ausgabe 2019, BASt

„Einsatzempfehlungen für Fahrzeug-Rückhaltesysteme“, Ausgabe 2020, BASt

„Merkblatt für die Anerkennung als Prüfstelle zur Messung verkehrstechnischer und anderer Eigenschaften von Fahrbahnmarkierungen gemäß ZTV M“, Stand 05/2022, mit Ergänzungen vom 12.7.2023, BASt

„Liste der anerkannten Prüfstellen für Fahrbahnmarkierungen“, BASt

„Freigabeliste für Markierungssysteme, die gemäß ZTV M 13 für den Einsatz auf Bundesfernstraßen geeignet sind“, BASt

„Aufnahme von Wegweisungsinformationen im Straßenverkehr – AWewiS“, Reihe Forschung Straßenbau und Straßenverkehrstechnik, Färber, B.; Färber, Br.; Siegener, W.; Süther, B., Heft 979 (2007)

„Verzeichnis der gültigen Richtzeichnungen und Richtlinien für Brücken- und andere Ingenieurbauwerke“, Stand 01/2022, BASt

Erlasse bezüglich Überprüfung von Brücken nach DIN 1072 mit Beiblatt 1 (Mai 1988) und deren Einstufung in Brückenklassen

„Radverkehrsführung an Haltestellen“, Ausgabe 2000, Heft V 76, BASt

„Verkehrssichere Anlage und Gestaltung von Radwegen“, Ausgabe 1993, Heft V 9, BASt

„Empfehlungen zur flächenhaften Verkehrsberuhigung städtischer Teilgebiete in den neuen Bundesländern" (1994), Verkehrspolitische Grundsatzabteilung des BMV

„Europäisches Übereinkommen über die Hauptstraßen des internationalen Verkehrs (AGR)" vom 15.11.1975, Stand 2016 (unece.org/list-agreements)

„Leitfaden zur Durchführung von Bahnübergangsschauen", Ausgabe 2003, BMV

Diese und weitere Veröffentlichungen sind über das für den Verkehr zuständige Bundesministerium (www.bmdv.bund.de), die Bundesanstalt für Straßen- und Verkehrswesen (www.bast.de), den Verkehrsblatt-Verlag (www.verkehrsblatt.de) oder den FGSV Verlag (www.fgsv-verlag.de) zu beziehen.

Liste der zitierten technischen Normen

DIN VDE 0832	VDE-Bestimmungen für Straßenverkehrs-Signalanlagen, Ausgabe 2021
DIN EN 1317	Rückhaltesysteme an Straßen, Ausgabe 2011
DIN EN 1436	Straßenmarkierungsmaterialien – Anforderungen an Markierungen auf Straßen und Prüfverfahren, Ausgabe 2018
DIN 1451-2	Schrift für den Straßenverkehr. Teil 2: Serifenlose Linear-Antiqua; Verkehrsschrift, Ausgabe 1986
DIN EN 1790	Straßenmarkierungsmaterialien – Vorgefertigte Markierungen, Ausgabe 2013
DIN 6171	Aufsichtfarben für Verkehrszeichen und Verkehrseinrichtungen, Ausgabe 2017
DIN EN 12899-1	Ortsfeste, vertikale Straßenverkehrszeichen – Teil 1: Ortsfeste Verkehrszeichen, Ausgabe 2008
DIN EN 12899-3	Ortsfeste, vertikale Straßenverkehrszeichen – Teil 3: Leitpfosten und Retroreflektoren, Ausgabe 2008
DIN EN 12966	Vertikale Verkehrszeichen – Wechselverkehrszeichen, Ausgabe 2023
DIN EN 13422	Straßenverkehrszeichen (vertikal) – Transportable verformbare Warnvorrichtungen und Leiteinrichtungen – Transportable Straßenverkehrszeichen – Leitkegel und Leitzylinder, Ausgabe 2020
DIN 18040-1	Barrierefreies Bauen – Planungsgrundlagen – Teil 1: Öffentlich zugängliche Gebäude, Ausgabe: 2010-10
DIN 18329	VOB Vergabe- und Vertragsordnung für Bauleistungen – Teil C: Allgemeine Technische Vertragsbedingungen für Bauleistungen (ATV) – Verkehrssicherungsarbeiten, Ausgabe 2023
DIN 67524-1	Beleuchtung von Straßentunneln und Unterführungen – Teil 1: Gütemerkmale und Richtwerte, Ausgabe 2019
DIN 67524-2	Beleuchtung von Straßentunneln und Unterführungen – Teil 2: Berechnung und Messung, Ausgabe 2024

Diese und weitere DIN-Normen sind über DIN Media (ehem. Beuth Verlag; www.dinmedia.de) zu beziehen.

Stichwortverzeichnis

(Die Ziffern beziehen sich auf den Abschnitt in der HAV)

P

Q

R

S

T

U

V

W

Z